注册会计师全国统一考试辅导用书 | 2024

CPA知识点全解及真题模拟
审 计 上册

高顿教育CPA教研中心 编著

文匯出版社

图书在版编目(CIP)数据

CPA 知识点全解及真题模拟. 审计 / 高顿教育 CPA 教研中心编著. —上海：文汇出版社，2024.3

ISBN 978-7-5496-4222-9

Ⅰ.①C… Ⅱ.①高… Ⅲ.①审计—资格考试—习题集 Ⅳ.①F23-44

中国国家版本馆 CIP 数据核字(2024)第 044959 号

CPA 知识点全解及真题模拟　审计

作　　者 / 高顿教育 CPA 教研中心
责任编辑 / 邱奕霖
封面设计 / 王重屹
版式设计 / 汤惟惟
出版发行 / 文匯出版社
　　　　　上海市威海路 755 号
　　　　　（邮政编码:200041）
印刷装订 / 上海中华印刷有限公司
版　　次 / 2024 年 3 月第 1 版
印　　次 / 2024 年 3 月第 1 次印刷
开　　本 / 787 毫米×1092 毫米　1/16
字　　数 / 1370 千字
印　　张 / 51
书　　号 / ISBN 978-7-5496-4222-9
定　　价 / 124.00 元

我们有话对你说

> CPA证书可谓财经类证书的天花板，8月的那场考试对于参考的任何人来说无疑都是一场挑战。在备考过程中，我知道你们会痛苦，会质疑，实际上没有谁能在CPA考试前游刃有余，多多少少都有些狼狈不堪。所以请各位一定要保持乐观的心态，大家都一样。没有所谓的适合不适合。实在学不会，放一放，洗把脸继续学，好的心态会让你先成功一半。选择走这条成长之路，我要为你们的勇敢和毅力鼓掌。
>
> 在接下来的陪伴中，我会给你3个备考小锦囊：
>
> 锦囊1：务必保持良好的作息习惯和规律性的锻炼。这将对你们的学习和应考起到关键作用。我见过很多学生因为备考，身心疲惫，最后无法站上8月的战场。
>
> 锦囊2：用好这本"大蓝本"。请各位坚信，我们每个人都蕴含着无限的可能性。在面对困难和挫折时，请勿轻易言弃，"大蓝本"有应对之道。"敲黑板"标志着我们考试的重点；"名师说"引领我们深入理解知识；"框架图"带大家搭框架补血肉；"模拟题"则帮助我们自我检验。我们一起逐一攻克，难题必将破解；胜利，也必将越来越近。
>
> 锦囊3：在考试重难点的地方，我已经为你准备了详细的视频讲解。它可以超越时空的限制，让我在你需要的时候帮你解惑。
>
> 备考之路漫漫，我会在你每一个艰难的时刻，给你最贴心的陪伴。别怕，坚持下去，胜利的终点一定会到达的！
>
> 韩自清

新手指南别跳过

亲爱的小伙伴,当你翻开这本书的那一刻,你已经迈出了备考注册会计师的重要一步。然而,这条道路并非一帆风顺,它可能比你预想的更具挑战性。在投身于这场考试之前,让我们先来了解一下可能会遇到的困难和障碍,以便您能更加从容地应对,最终成功通关。

一、审计讲什么?

(一)教材结构

CPA审计科目一共为二十三章,我们可以将其分成八大模块:

①审计基本原理(1—6)。

②审计测试流程(7—8)。

③各类交易和账户余额的审计(9—12)。

④对特殊事项的考虑(13—17)。

⑤完成审计工作与出具审计报告(18—19)。

⑥企业内部控制审计(20)。

⑦质量管理(21)。

⑧职业道德(22—23)。

这八大模块的关系如下图所示:

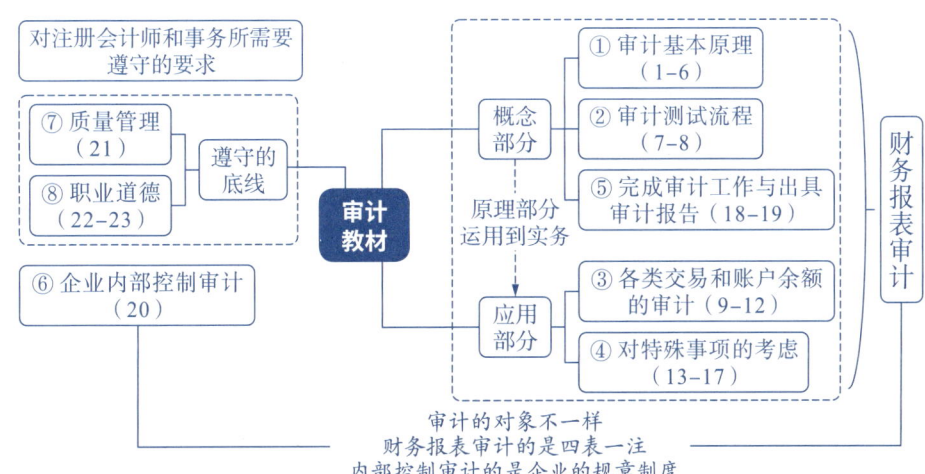

从图中可以看出,财务报表审计的篇幅占比达到80%,而审计的基本原理奠定了实务的一些运用,所以有的时候不要恐惧于审计书之厚,如果你能将原理部分学好的话,那么应用部分其实就是原理部

分的衍生,整本审计书将一切为二,内容少了一半。

(二) 2024 年教材主要变化

章节	主要变化
第一章	将审计的定义调整为"财务报表审计的概念",更为严谨,并对政府审计和注册会计师审计的区别作了细化,但是无实质性的变化,请考生注意其中的某些表述,重点掌握客观题。
第三章	对"通过电子函证方式发出询证函时采取的控制措施"进行了重新编写,考试可能会涉及主观题,考生需要对该考点加以重视。
第四章	对于样本规模的考虑因素进行了微调,将第二节中的"可接受信赖过度风险"和第三节的"可接受的误受风险"改成了"可接受的抽样风险",但其实质内容没有发生变化,主要还是聚焦在客观题的表达方式。
第五章	对于"数据分析"部分进行了重新编写,建议考生重点关注重新编写的内容。考核方式大概率是客观题。
第六章	本章修订了审计工作底稿的编制目的、重大事项的具体表述,无实质性变化,概念上新增了审计档案的定义,可能会涉及客观题。
第七章	本章有一些细节性改动,比如,对于小型被审计单位的考虑中的规定有所调整。在固有风险等级的评价中,"重要程度"一词被替换为"严重程度",无实质性变化。
第八章	对"总体应对措施"作了一些表述上的修订,考生需要熟悉新的表述,客观题可能有所涉及。
第九章	本章微调了一些细节,比如应收账款处增加了合同资产;对于收入确认存在舞弊风险的假定不适用于业务的具体情况进行了举例;对于评估控制风险,新增了注册会计师可以根据自身偏好的审计技术或方法进行评估的观点。考生以理解为主。
第十四章	在与治理层沟通的"沟通的事项"中,将"值得关注的内部控制缺陷"挪到了"补充事项"中,这一变化可能会涉及客观题,考生需要关注。
第十七章	对"关联方的审计"进行了重新编写,但是无实际性变化,考生不必为此有太多焦虑。
第二十三章	在信息技术系统服务处新增了一个例子,考生需要重点关注。

二、审计如何考?

(一) 2024 年考试时间

2024 年 8 月 23 日—8 月 25 日举行专业阶段考试。

(二) 本科目考试特点

审计科目考试题型、题量、分值及建议做题时间如下表所示:

题型	单选题	多选题	简答题	综合题
分值 (题量)	1 分×20 题=20 分	2 分×15 题=30 分	5 分×5 题+6 分×1 题=31 分	1 题×19 分=19 分
建议做题时间	20 分钟	25 分钟	70 分钟	35 分钟

关于做题时间安排,审计考试通常给予考生相对充裕的时间,因此同学们无需在这方面过于担忧。针对各题型的得分要点总结如下:

1. **单选题**

单选题就像小试牛刀,相对其他题目来说可是轻松多了。它主要就是考考你的基本功扎实不扎实,有没有掌握审计知识的小窍门。通常来说,**单选题总分有20分,你要是能拿到16分以上**,那可就算是个学霸了!所以,同学们,别小看了这单选题,它可是检验你审计知识掌握程度的试金石哦!

2. **多选题**

多选题向来是让考生们头疼的"老大难",每道题目就像是一个小小的迷宫,里面藏着多个知识点,有时候还会把一些看起来相似但实际上完全不同的知识点混在一起出题,如果你没有完全吃透概念,或者对知识点把握不够准确,那么很容易就会迷失方向。

多选、漏选、错选,在考试中均不得分。不要小看这个失分,在CPA考试中,**多选题总分有30分**,如果你想取得一个理想的成绩,**那么至少需要拿到20分**。所以,大家在备考的时候,一定要把每个知识点都吃透,把握概念的精髓,这样才能在考试中游刃有余。

3. **简答题**

简答题通常是由5—6个小问题组合而成的大山,而每个小问题则是需要我们攀爬的小山峰。对于许多考生来说,这座大山看起来陡峭而危险,他们常常站在山脚下,不知道如何开始攀登,这种情况常常导致他们考试失败。**简答题的总分值是31分**,考生需要尽可能地拿到更高的分数,**通常至少需要拿到20分**。因此,考生需要针对简答题进行充分的准备和训练,了解中注协考试题目的语言风格,并能够准确**把握题目的核心要点**,**抓住关键词**,从而提高自己的答题能力和得分率。只有通过不断地练习和思考,才能更好地应对考试中的挑战。

4. **综合题**

综合题本质上和简答题大同小异,就是爱搞点儿"创新"。**它喜欢把会计的知识点和审计掺和起来**,考考你审计的那些知识点。要是你对会计知识摸不着头脑,那可就容易失去宝贵的分数啦!**综合题总分有19分,最好能拿个10分以上**。

三、审计怎么学?

(一)本科目学习误区

1. **看书不认真**

审计考试,文科性质浓,咬文嚼字少不了。一字之差,结果千差万别,所以考生们可得认真对待每个字,不可掉以轻心。

2. **学习纯靠死记硬背**

审计属于文科性质的考试,但是考试时侧重理解,很多考生在学习时死记硬背,没有带到工作场景,不清楚自己的审计立场,所以没有办法灵活应对考试题目。

3. **做题靠感觉**

诚然,考试做题时我们需要一些"题感",就像炒菜的时候要找感觉一样。但是在平时练习的时候,咱们可得把每一道题都当成一道美食,不仅要尝尝味道,还要知道这道菜为什么好吃,为什么不好吃。所以,希望你在做题的时候,能说出自己选择的理由,不要"蒙"个答案就完事了。要认真思考,才能真正掌握知识。

(二)本科目学习建议

步骤	内容
善用大蓝本的考频模块,明确重点	审计学知识点零碎,考生常常难以准确把握应试重点和考试方向。为了帮助考生明确备考重点,我们在**每个知识点下列示了考频条**。一般来说,**考试频率高的知识点考查概率较高**。通过分析历年真题,考生可以了解哪些知识点是经常出现且较为重要的,从而有针对性地进行备考。
通过真题模块读透真题	真题共分为两个模块,其一是知识点例题模块,其二是课后经典真题模块。 针对知识点例题模块,在每个重要知识点下,我们都提供了最新且具有高价值的真题,以便考生能够准确理解中注协的表述方式以及该知识点的考核方式,从而明确考试的整体方向。这些真题的附注旨在帮助考生更好地掌握知识点,提高应试能力。 针对课后经典真题模块,我们将精选除知识点例题外的更多具有代表性的经典真题提供给大家进行练习。 对于希望进行真题操练的同学,需要把这两个模块都加以充分利用。
学前思维导图搭建框架	审计学知识点繁多且琐碎,所以我们在**每章章前**以及**节前通过思维导图**将各个知识点进行有效串联,帮助考生更好地理解它们的内在联系和逻辑关系,从而更清晰地掌握审计学的整体框架。
善用节后导图、章后总结及时复习	为了方便同学能及时复习,我们设置了**节后导图**,在同学们学完一节之后,立马对每一节的知识点的细节进行梳理,从而让同学们学习不迷糊,所学即有所得。 我们还精心设置了章后复习模块,总结需要熟读的知识点,并标出需要背记的关键词。这样可以帮助同学们在作答主观题时更好地运用相关知识点,避免出现脑洞空空的情况。
模拟题模块检验所学是否为所得	当复习结束之后,最好去试一试我们的模拟题目版块,以达到对知识点的检验,看看自己是不是真的会了,懂了。 对于一些**重难点题目**,我们会在题目解析中**讲解解题思路**,帮助同学们更好地审题,更好地掌握。
利用好你的错题	对于错题,我们不仅需要反复练习,更需要深入挖掘其中的逻辑错误,从而发现自己的思维盲点和知识漏洞。通过反复练习,我们可以逐渐巩固知识点,提高解题的准确性和速度。同时,我们还可以通过错题集锦的方式,将错题记录下来,以便后续的复习和巩固。这样不仅可以提高学习效率,还可以帮助我们更好地掌握知识点,为未来的考试通过打下坚实的基础。

本书得以顺利付梓,要感谢在本书撰写和审校中作出重大贡献的诸多老师。特别感谢陈岩、邹杨正、王蕊、樊彩娜、张晓贝、杨素素、陈任远等几位老师,为本书尽心尽力。

最后,就算前路漫漫,我们也会在你每一个艰难的时刻,陪在你身边,给你最贴心的陪伴。别怕,坚持下去,胜利的终点一定会到达!

目 录

第一章　审计概述
- 2　第一节　审计的概念与保证程度
- 10　第二节　审计要素
- 15　第三节　审计目标
- 19　第四节　审计基本要求
- 23　第五节　审计风险
- 28　第六节　审计过程

第二章　审计计划
- 32　第一节　初步业务活动
- 38　第二节　总体审计策略和具体审计计划
- 43　第三节　重要性

第三章　审计证据
- 55　第一节　审计证据的性质
- 61　第二节　审计程序
- 62　第三节　函证
- 76　第四节　分析程序

第四章　审计抽样方法
- 86　第一节　审计抽样的相关概念
- 93　第二节　审计抽样在控制测试中的应用
- 107　第三节　审计抽样在细节测试中的运用

第五章　信息技术对审计的影响
- 127　第一节　信息技术对企业财务报告和内部控制的影响
- 128　第二节　信息技术中的一般控制和信息处理控制测试
- 131　第三节　信息技术对审计过程的影响
- 133　第四节　数据分析

第六章　审计工作底稿
- 138　第一节　审计工作底稿概述
- 141　第二节　审计工作底稿的格式、要素和范围
- 146　第三节　审计工作底稿的归档

第七章　风险评估

- 150　第一节　风险识别和评估概述
- 151　第二节　风险评估程序、信息来源以及项目组内部的讨论
- 153　第三节　了解被审计单位及其环境和适用的财务报告编制基础
- 162　第四节　了解被审计单位的内部控制体系各要素
- 175　第五节　评估重大错报风险

第八章　风险应对

- 182　第一节　针对财务报表层次重大错报风险的总体应对措施
- 186　第二节　针对认定层次重大错报风险的进一步审计程序
- 191　第三节　控制测试
- 201　第四节　实质性程序

第九章　销售与收款循环的审计

- 209　第一节　销售与收款循环的特点
- 211　第二节　销售与收款循环的业务活动和相关内部控制
- 214　第三节　销售与收款循环的重大错报风险的评估
- 219　第四节　测试销售与收款循环的内部控制
- 220　第五节　销售与收款循环的实质性程序

第十章　采购与付款循环的审计

- 230　第一节　采购与付款循环的特点
- 231　第二节　采购与付款循环的业务活动和相关内部控制
- 233　第三节　采购与付款循环的重大错报风险
- 235　第四节　测试采购与付款循环的内部控制
- 236　第五节　采购与付款循环的实质性程序

第十一章　生产与存货循环的审计

- 241　第一节　生产与存货循环的特点
- 242　第二节　生产与存货循环的业务活动和相关内部控制
- 244　第三节　生产与存货循环的重大错报风险
- 245　第四节　生产与存货循环的控制测试
- 246　第五节　生产与存货循环的实质性程序

第十二章　货币资金的审计

- 260　第一节　货币资金审计概述
- 262　第二节　货币资金的重大错报风险
- 264　第三节　测试货币资金的内部控制
- 266　第四节　货币资金的实质性程序

第一章 审计概述

轻装上阵

本章讲什么?

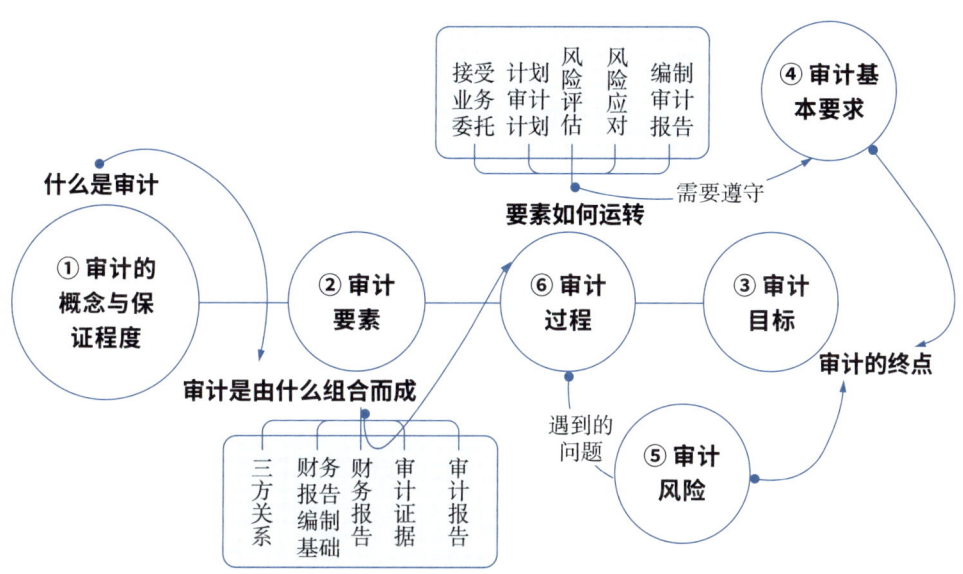

解决了什么是审计（①审计的概念与保证程度），审计由哪些要素组合而成（②审计要素），以及"先"做什么"再"做什么的审计流程（⑥审计过程）。在审计过程中，注册会计师除了会遇到审计上的麻烦（⑤审计风险），还要对自己有一定的要求（④审计基本要求），最终达到审计的终点（③审计目标）。

本章如何考?

本章相关知识点在考试中多以单选题、多选题、综合题的形式出现，每年考查分值约为9分。客观题一般以本章知识点作为背景进行考查，综合题一般与风险评估结合起来进行考查。

本章怎么学?

审计概述是审计基本原理的首章内容，主要是涉及审计的基本概念，难度不大，但是分值不低，需要考生在学习的过程中，充分理解审计的概念、保证程度、审计要素、审计风险模型，对于与认定相关的知识点，要结合综合题进行准备，在本书结尾设有跨章节综合题模块，建议考生结合起来掌握。

2024 年本章主要变化

本章在 2024 年将审计的定义调整为"财务报表审计的概念",更为严谨,并对政府审计和注册会计师审计的区别作了细化,请考生注意其中的细节,掌握客观题。

考点冲浪

第一节 审计的概念与保证程度

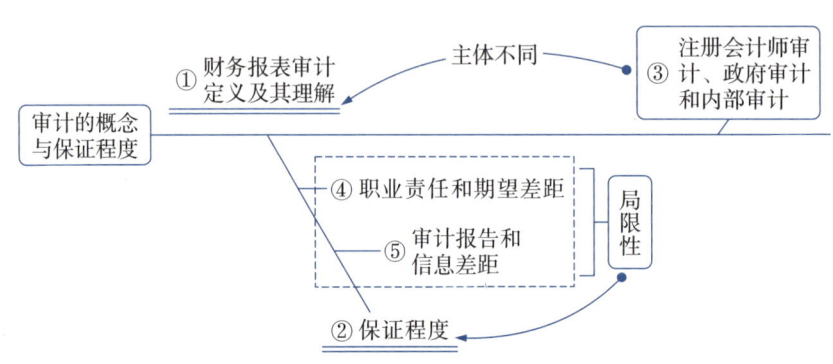

图 1-1 审计的概念与保证程度

一、审计的产生★

审计产生的根本原因是所有权和经营权的分离。

> **名师说**
> 对于大型公司来说,股东精力有限,管理一家公司比较困难,因此常常会雇佣管理层来帮助其经营管理。这样就出现了股东拥有公司的所有权,管理者拥有经营权的两权分离的情况。所有者需要对经营者的行为进行监督和控制,经营者需要定期通过财务报表向所有者报告财务状况和经营成果。

敲黑板①
2024 年将"审计的概念"修订为"财务报表审计的概念",无实质性变化。

在审计发展过程中,注册会计师为了满足委托人的需要,应对审计环境的变化,不断对审计方法进行变革。审计方法从账项基础审计、制度基础审计到风险导向审计,都是注册会计师作出的探索。

二、财务报表审计的概念(①2024 年新修)★

敲黑板②
考生注意,并不是所有的错报,而是重大错报。如果题目出现"注册会计师对财务报表是否不存在错报提供合理保证"这种表述,那么该表述是错误的。

考频 2019 年单选题(1)、2018 年单选题(1)

财务报表审计是指注册会计师对财务报表是否不存在②**重大错报**提供合理保证,以**积极方式**提出意见,增强**除**管理层**之外**的预期使用者(例如,购买企业股票的股民通常就是财务报表的预期使用者)对财务报表信赖的程度。

对审计的定义的理解:

(1) 审计的用户是财务报表的预期使用者。

(2) 审计的目的是改善财务报表的质量，增强除管理层之外的预期使用者对财务报表的信赖程度，即以合理保证的方式提高财务报表的可信度，而不涉及为如何利用信息提供建议。

> **名师说** 审计的目标主要是合理保证"四表一注"上的金额是否合理、披露是否恰当，至于这个企业经营状况是否良好、值不值得股民去投资（即怎么样看报表、用报表），注册会计师不形成结论，所以不涉及为如何利用信息提供建议。

(3) 审计的保证程度是**合理保证**。合理保证是高水平的保证，由于审计的固有限制，审计不提供绝对保证。

(4) 审计的基础是独立性和专业性，通常由具备专业胜任能力和独立性的注册会计师来执行。注册会计师应独立于被审计单位和预期使用者。

> **名师说** 所谓注册会计师独立于被审计单位和预期使用者，考生可以这么理解：我的母亲不能是被审计单位的管理层，因为我不敢说我母亲的账是错的，即注册会计师应当独立于被审计单位。我的父亲不能购买被审计单位的股票，因为如果我说了被审计单位的坏话，股票下跌，我父亲的经济就会受损。因此注册会计师应当独立于财务报表预期使用者。

(5) 审计的最终产品是**审计报告**。注册会计师针对财务报表是否在所有重大方面按照财务报告编制基础编制并实现公允反映发表审计意见，并以审计报告的形式予以传达。注册会计师按照审计准则和相关职业道德的要求执行审计工作，能够形成这样的意见。

经典例题 1-1 （2019年·单选题）

下列有关财务报表审计的说法中，错误的是（　　）。

A. 审计的目的是增强预期使用者对财务报表的信赖程度
B. 审计不涉及为如何利用信息提供建议
C. 审计只提供合理保证，不提供绝对保证
D. 审计的最终产品是审计报告和已审计财务报表

【解析】财务报表审计的目的是改善财务报表的质量和内涵，增强除管理层之外的预期使用者对财务报告的信赖程度，选项A表述正确。

财务报表审计主要的目的是对财务报表是否不存在重大错报提供合理保证，而不涉及为如何利用这些财务信息提供建议，选项B表述正确。

由于审计的固有局限性，审计只提供合理保证，不提供绝对保证，选项C表述正确。

审计的最终产品是审计报告，不包括已审计财务报表，选项D表述错误，当选。

财务报表的编制责任在于被审计单位的管理层，注册会计师不能编制财务报表。所以即使注册会计师发现财务报表存在错报，也只能要求被审计单位进行更正，而不能直接替被审计单位的修正。因此，已审财务报表并非注册会计师的最终产品。

【答案】D

三、保证程度★

考频 2021年多选题（1）、2020年多选题（1）、2019年多选题（1）、2018年多选题（1）

注册会计师的业务范围，见图1-2。

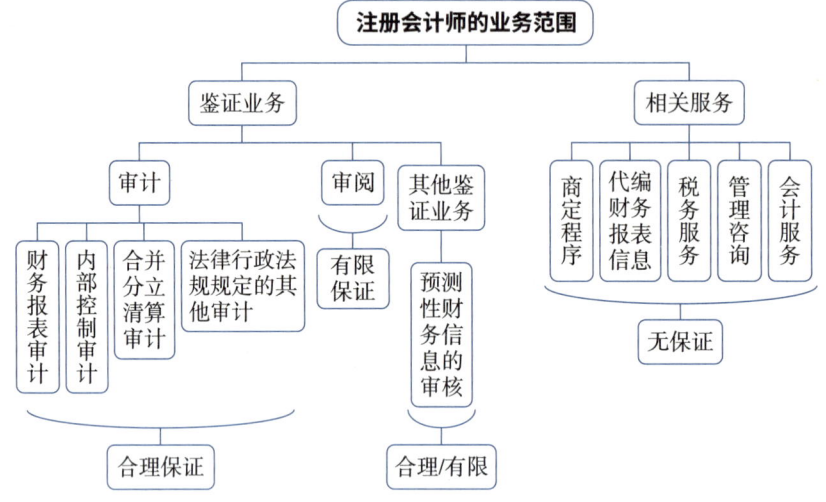

图1-2 注册会计师的业务范围

> **名师说**
>
> （1）**内部控制审计**是指注册会计师对内部控制设计有效性和运行有效性进行审计，即注册会计师去审被审计单位的规章制度（内部控制）是否设计合理，有没有得到执行，有没有一贯运行。
>
> （2）**预测性财务信息的审核**是指注册会计师对被审核单位依据对未来可能发生的事项或采取的行动的假设而编制的财务信息进行审核。比如说，审计被审计单位的预算报表，由于是预算，所以是预测性财务信息。
>
> （3）**商定程序**是指注册会计师对特定财务数据、单一财务报表或整套财务报表等财务信息执行与特定主体商定的具有审计性质的程序，并就执行的商定程序及其结果出具报告，即商量着定下来的审计程序。有点类似于VIP私人定制的"审计业务"。但需要注意，其不属于鉴证业务。

鉴证业务提供保证，相关服务不提供保证。

鉴证业务的保证程度包括合理保证和有限保证。其中，审计业务提供合理保证，审阅业务提供有限保证。合理保证与有限保证的区别，见表1-1。

表 1－1 合理保证与有限保证的区别

区别 \ 保证程度	合理保证（财务报表审计业务）	有限保证（财务报表审阅业务）
目标	在可接受的低①**审计风险**下，以积极方式对财务报表整体发表审计意见，提供高水平的保证	在可接受审阅风险下，以消极方式对财务报表整体发表审阅意见，提供有意义水平的保证，**该保证水平低于审计业务的保证水平**
证据收集程序	通过一个不断修正的、系统化的执业过程，获取充分、适当的证据。**证据收集程序**包括检查记录或文件、检查有形资产、观察、询问、函证、重新计算、重新执行、分析程序等	通过一个不断修正的、系统化的执业过程，获取充分、适当的证据。证据收集程序受到有意识的限制，②**主要**采用询问和分析程序获取证据
所需证据数量	较多	较少
③检查风险	较低	较高
财务报表的可信性	较高	较低
提出结论的方式	以积极方式提出结论。如："我们认为，ABC 公司财务报表在所有重大方面按照企业会计准则的规定编制，公允地反映了 ABC 公司于 2×19 年 12 月 31 日的财务状况以及 2×19 年度的经营成果和现金流量" **名师说** 我是好人。	以消极方式提出结论。如："根据我们的审阅，我们没有注意到任何事项使我们相信，ABC 公司财务报表没有按照企业会计准则的规定编制，未能在所有重大方面公允反映被审阅单位的财务状况、经营成果和现金流量" **名师说** 我不是坏人。

敲黑板①

审计风险是指财务报表存在重大错报时，注册会计师发表不恰当审计意见的可能性。

敲黑板②

注意：审阅搜集证据的方法，不是只有询问和分析，而是主要采用询问和分析程序。

敲黑板③

检查风险是指注册会计师实施审计程序后没有发现重大错报的风险。

有限保证的保证程度并不是低水平，而是其保证程度在与合理保证的保证程度做对比时较低。如果题目中说有限保证是低水平的保证，考生应该判断其为错误表述。

经典例题 1－2 （2020 年·多选题）

下列各项中，属于合理保证鉴证业务的有（   ）。

A. 财务报表审计业务

B. 内部控制审计业务

C. 审计和审阅以外的其他鉴证业务

D. 财务报表审阅业务

【解析】本题考查注册会计师对所执行业务的保证水平，鉴证业务的保证程度分为：合理保证和有限保证。审计属于合理保证（高水平保证）的鉴证业务，选项 AB 正确；审阅属于有限保证（低于审计业务的保证水平）的鉴证业务，选项 D 错误；除审计、审阅以外的其他鉴证业务，有的提供的是合理保证，有的提供的是有限保证，不能一概而论，选项 C 错误。

【答案】AB

经典例题 1-3 〔经典真题·单选题〕

下列有关财务报表审计和财务报表审阅的区别的说法中，错误的是（　　）。

A. 财务报表审计所需证据的数量多于财务报表审阅
B. 财务报表审计提出结论的方式与财务报表审阅不同
C. 财务报表审计采用的证据收集程序少于财务报表审阅
D. 财务报表审计提供的保证水平高于财务报表审阅

〔解析〕保证程度越高，需要的证据就越多，所以财务报表审计所需证据的数量多于财务报表审阅，选项 A 正确。

财务报表审计是以积极的方式提出结论，财务报表审阅是以消极的方式提出结论，因此财务报表审计提出结论的方式与财务报表审阅不同，选项 B 正确。

财务报表审计采用的证据收集程序包括：检查记录或文件、检查有形资产、观察、询问、函证、重新计算、重新执行、分析程序等；财务报表审阅采用的证据收集程序主要是询问和分析程序。所以财务报表审计采用的证据收集程序多于财务报表审阅，选项 C 错误，当选。

由于财务报表审计是合理保证，财务报表审阅是有限保证，所以财务报表审计提供的保证水平是高于财务报表审阅的，选项 D 正确。

〔答案〕C

四、注册会计师审计、政府审计和内部审计 ★（见表 1-2、表 1-3）

〔考频〕2021 年单选题（1）

表 1-2　政府审计与注册会计师审计的区别

	政府审计	注册会计师审计
定义	是指政府审计机关（包括审计署和地方审计厅局）依法对国务院各部门和地方各级人民政府及其各部门的财政支出，国有的金融机构和企业事业组织的财务收支，以及其他应当接受审计的财政收支、财务收支的真实、合法和效益进行审计和监督	是指注册会计师接受客户委托，**对被审计单位财务报表、内部控制的有效性**等进行独立检查并发表意见
目标对象	对政府的财政收支或者国有金融机构和企事业组织的财务收支进行审计，确定其是否真实、**合法和有效** 〔名师说〕有效指的是效益，即效率、效果，财务报表审计的主要目标是对财务报表是否不存在重大错报提供合理保证，而政府审计除了关注财务报表真实性和合法性之外，还关注政府收支的效率和效果，这一点是政府审计与注册会计师审计的本质区别。	注册会计师审计的对象是除政府审计对象以外的事项。 注册会计师审计的目的主要是对被审计单位的财务报表或内部控制发表审计意见，说明被审计单位财务报表是否符合会计准则的规定，是否公允反映了财务状况、经营成果和现金流量，或者被审计单位财务报告内部控制在基准日是否有效。（2024 年新修） 〔名师说〕这里考生需要注意的是，对于部分国有金融机构和企事业单位，可能同时进行政府审计和注册会计师审计，但审计目的是不同的。

续表

	政府审计	注册会计师审计
依据	《中华人民共和国审计法》和审计署制定的《国家审计准则》	《中华人民共和国注册会计师法》和财政部批准发布的注册会计师审计准则
经费收入	政府审计是**行政行为**,政府审计机关履行职责所必需的经费列入同级财政预算,由同级人民政府予以保证	注册会计师审计是**市场行为**,是有偿服务,费用由注册会计师和审计客户协商确定。但是注册会计师在发表审计意见时,独立性不能受到干扰
取证权限	**政府审计具有更大的强制力**,各有关单位和个人应当支持、协助审计机关工作,如实向审计机关反映情况,提供有关证明材料	注册会计师审计受市场行为的局限,在获取审计证据时,很大程度上有赖于企业及相关单位的配合和协助,对企业及相关单位没有行政强制力
处理方式	审计机关对违反国家规定的财政收支、财务收支行为可在职权范围内作出审计决定或者向有关主管机关提出处理、处罚意见	注册会计师在遇到审计范围**受到限制**或就审计发现的问题提请被审计单位调整有关数据或进行披露但**被拒绝**时,没有行政强制力,只能按照审计准则的规定,根据具体情况作出专业性的处理,包括出具非无保留意见的审计报告、必要时解除业务约定或向监管机构报告

表1-3 注册会计师审计与内部审计之间的联系与区别

内容		内部审计	注册会计师审计
区别	①独立性	受所在单位的直接领导,**独立性受到一定的限制**,其独立性只是相对于本单位其他职能部门而言的	**注册会计师审计是由独立于被审计单位的第三方进行的,具有较强的独立性**
	方式	内部审计是单位根据自身经营管理的需要安排进行的	注册会计师审计是接受委托进行的
	程序	内部审计可以根据所执行业务的目的和需要选择并实施必要的程序	注册会计师审计需要严格按照执业准则的规定程序进行
	职责	**内部审计只对本单位负责,其审计工作主要服务于内部管控的需要**	不仅对被审计单位负责,而且对社会负责,其审计质量对广大财务信息使用者做出相关决策有直接影响
	作用	内部审计的结论只作为本单位改善工作的参考,对外不起鉴证作用,并对外保密	注册会计师审计的结论要对外公开并起鉴证作用
联系		注册会计师审计与内部审计之间的联系主要体现在:前者在执行业务时可以利用被审计单位的内部审计工作,内部审计应当做好与注册会计师审计的沟通和合作等协调工作,以提高审计效率和效果	

敲黑板①

只是独立受限,并不是完全不具有独立性。

▎**经典例题 1-4** (2021年·单选题)

下列有关注册会计师审计和政府审计的共同点的说法中，正确的是(   )。

A. 注册会计师审计和政府审计的取证权限相同
B. 注册会计师审计和政府审计的依据都是《中华人民共和国审计法》
C. 注册会计师审计和政府审计都可以对发现的问题提出处理、处罚意见
D. 注册会计师审计和政府审计都是国家治理体系及治理能力现代化建设的重要方面

【解析】注册会计师审计和政府审计共同发挥作用，是国家维护市场经济秩序，强化经济监督的有力手段，两者都是国家治理体系及治理能力现代化建设的重要方面（选项 D 正确），但也存在以下几方面的区别：(1) 审计目的和对象不同。(2) 审计的标准不同。政府审计的依据是《中华人民共和国审计法》和审计署制定的国家审计准则，注册会计师审计的依据是《中华人民共和国注册会计师法》和财政部批准发布的注册会计师审计准则（选项 B 错误）。(3) 经费或收入来源不同。(4) 取证权限不同（选项 A 错误）。(5) 对发现问题的处理方式不同（选项 C 错误）。

【答案】D

五、职业责任和期望差距 ★

职业责任是注册会计师作为一个职业应尽的义务，在很大程度上反映财务报表使用人的期望。通常而言，财务报表使用人期望注册会计师评价被审计单位管理层的会计确认、计量与披露，判断财务报表是否存在重大错报（而无论这种错报是否出于故意）。长期以来，注册会计师职业界普遍接受的责任是通过审计以发现财务报表中存在的重大非故意错报。社会公众与注册会计师职业界在对职业责任的认识上存在的差距便形成了"**期望差距**"。注册会计师需要了解并尽可能缩小期望差距，在执业过程中应**充分关注舞弊风险**，合理制定审计计划，实施必要的审计程序，最终对发现财务报表中的重大舞弊提供合理保证。

六、审计报告和信息差距 ★

原来的审计报告模式是短式标准审计报告模式，具有格式统一、要素一致、内容简洁、意见明确等优点，但也存在着信息含量低、相关性差等缺陷，这种缺陷导致公众产生"信息差距"，即财务报告使用者作出决策需要的信息与他们从审计报告和已审计财务报表中得到的信息之间存在的差距。

改革后（2016 年后）的审计报告模式增加了审计报告要素，特别是引进了关键审计事项部分，提高了审计报告的相关性和决策有用性，缩小了"信息差距"。

本节总结

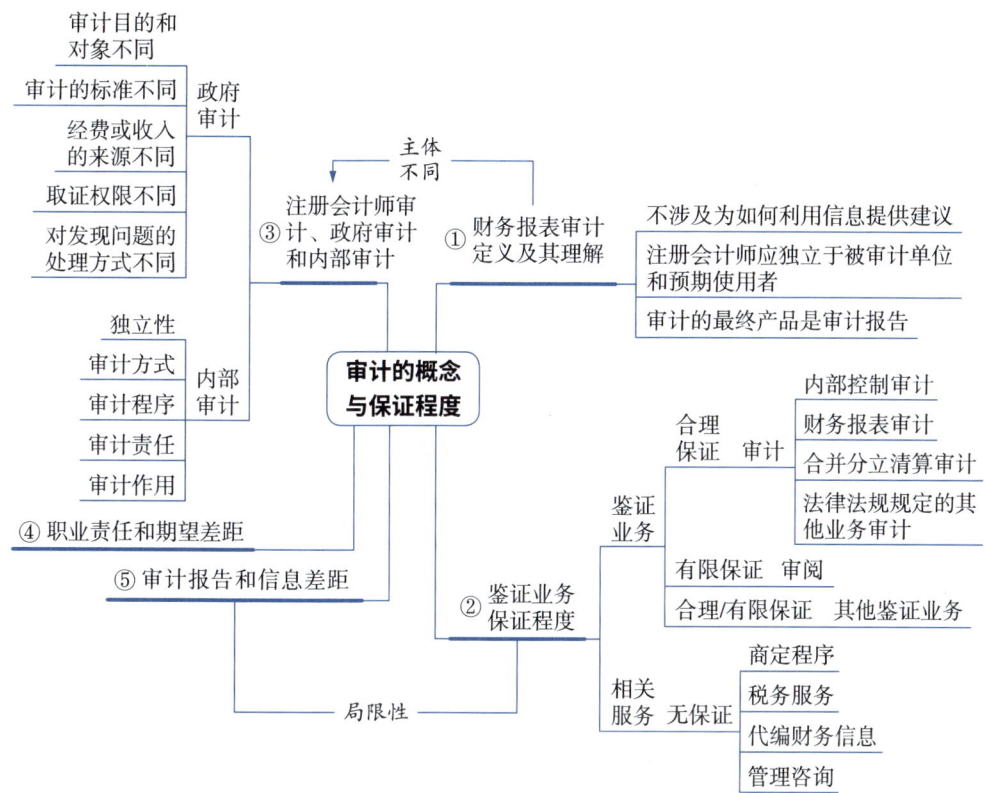

图 1-3 审计的概念与保证程度

第二节 审计要素

审计要素包括审计业务的**三方关系人**、**财务报表**、**财务报表编制基础**、**审计证据**和**审计报告**。

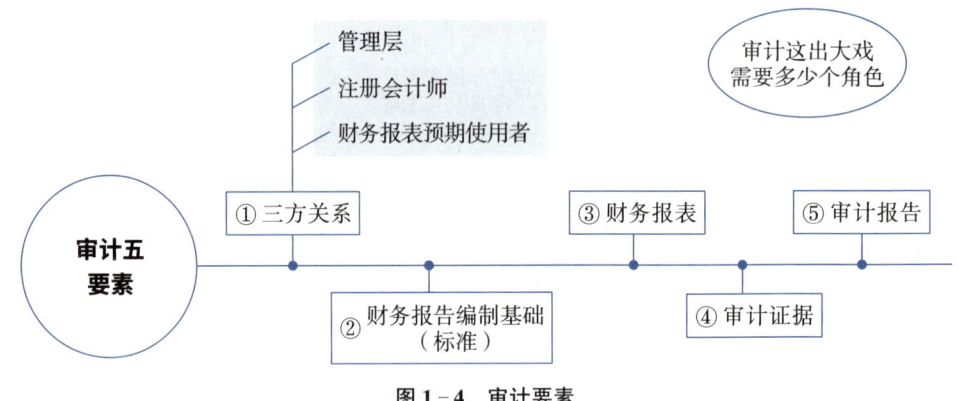

图 1-4 审计要素

一、审计业务的三方关系人★

审计业务的三方关系人-知识精讲

考频 2022 年单选题（1）、2020 年单选题（1）、2018 年单选题（2）

三方关系人：注册会计师、被审计单位管理层（责任方）和财务报表的预期使用者。

三方之间的关系：注册会计师对由被审计单位管理层负责的财务报表发表审计意见，以增强除管理层之外的预期使用者对财务报表的信赖程度。

管理层也可能是预期使用者之一，但不是唯一的预期使用者。 管理层和预期使用者可能来自同一企业，但并不意味着两者就是同一方。

（一）注册会计师（见表1-4）

表 1-4 注册会计师的相关内容

项目	内容
定义	①**注册会计师**是指项目合伙人、项目组其他成员或承接审计业务的**会计师事务所**
责任	按照审计准则的规定对财务报表发表审计意见
要求	遵守职业道德要求（包括保持专业胜任能力），遵循审计准则的规定，计划和实施审计工作，获取充分、适当的审计证据，得出合理的审计结论，发表恰当的审计意见
方式	签署审计报告

敲黑板①
注册会计师不一定是自然人，有时候也可能是法人。

（二）被审计单位管理层（见表1-5）

表1-5 被审计单位管理层的概述

项目		内容
定义		责任方是对财务报表负责的组织或人员 **名师说** 管理层也称为责任方，是指对被审计单位经营活动的执行负有经营管理责任的人员，对财务报表编制负责。（管理层通常包括经理、副经理、财务总监、总会计师等其他高级管理人员。） 治理层是指对被审计单位战略方向以及管理层履行经营管理责任负有监督责任的人员或组织。（治理层通常包括董事会和监事会。）
责任	编制	按适用的财务报告编制基础编制财务报表，使其实现公允反映
	内控	设计、执行和维护必要的内部控制，以使财务报表不存在由于舞弊或错误导致的重大错报
	条件	向注册会计师提供必要的工作条件，包括： （1）允许注册会计师接触与编制财务报表相关的所有信息； （2）向注册会计师提供审计所需的其他信息（如关联方等）； （3）允许注册会计师在获取审计证据时不受限制地接触其认为必要的内部人员和其他相关人员
前提		管理层和治理层认可并理解其应当承担上述责任是注册会计师执行审计工作的前提
确认形式		要求管理层就其已履行的某些责任提供书面声明
观点		如果财务报表存在重大错报，而注册会计师通过审计没有发现，并不能减轻管理层和治理层对财务报表的责任

经典例题1-5 （2018年·单选题）

下列各项中，不属于财务报表审计的前提条件的是（　　）。

A. 管理层按照适用的财务报告编制基础编制财务报表，并使其实现公允反映

B. 管理层设计、执行和维护必要的内部控制，以使财务报表不存在由于舞弊或错误导致的重大错报

C. 管理层承诺将更正注册会计师在审计过程中识别出的重大错报

D. 管理层向注册会计师提供必要的工作条件

【解析】审计工作的前提条件包括：(1) 按照适用的财务报告编制基础编制财务报表，并使其实现公允反映（如适用）（选项A）。(2) 设计、执行和维护必要的内部控制，以使财务报表不存在由于舞弊或错误导致的重大错报（选项B）。(3) 向注册会计师提供必要的工作条件，包括：①允许注册会计师接触与编制财务报表相关的所有信息（如记录、文件和其他事项）；②向注册会计师提供审计所需要的其他信息；③允许注册会计师在获取审计证据时不受限制地接触其认为必要的内部人员和其他相关人员（选项D）。因此，本题的正确答案为选项C。

【答案】C

审计业务的三方关系人-例题解析

（三）预期使用者（见表1-6）

表1-6 预期使用者

要素	内容
定义	预期使用者是指预期使用审计报告和财务报表的组织或人员，主要是指与财务报表有重要和共同利益的主要利益相关者
注意	管理层不能是唯一的预期使用者
	在实务中可能难以明确所有的预期使用者。例如，上市公司财务报表审计报告的收件人为"XX股份有限公司全体股东"，但除了股东之外，公司债权人、证券监管机构等显然也是预期使用者
	如无法识别使用审计报告的所有组织和人员，应根据法律法规的规定或与委托人签订的协议识别预期使用者

经典例题1-6 2022年·单选题

下列有关审计报告和财务报表预期使用者的说法中，错误的是(　　)。

A. 注册会计师可能无法识别所有的预期使用者
B. 预期使用者可能是组织，也可能是个人
C. 审计报告的收件人通常为预期使用者
D. 对于上市公司而言，预期使用者是指上市公司的全体股东

【解析】注册会计师可能无法识别使用审计报告的所有组织和人员，尤其在各种可能的预期使用者对财务报表存在不同的利益需求时，审计报告的收件人应当尽可能地明确为所有的预期使用者，但在实务中往往很难做到这一点，有时审计报告并不向某些特定组织或人员提供，但这些组织或人员也有可能使用审计报告，选项A正确。

预期使用者是指预期使用审计报告和财务报表的组织或人员，主要是指与财务报表有重要和共同利益的主要利益相关者，选项B正确。

审计报告的收件人通常为全体股东，而股东是预期使用者，所以审计报告的收件人通常为预期使用者，选项C正确。

在实务中可能难以明确所有的预期使用者。例如，上市公司财务报表审计报告的收件人为"××股份有限公司全体股东"，但除了股东之外，公司债权人、证券监管机构等显然也是预期使用者，选项D错误。

【答案】D

二、财务报告编制基础（见表1-7）

表1-7 财务报告编制基础

	内容
定义	标准是评价、计量列报鉴证对象的基准，好比丈量物体的尺子

续表

基础类型	通用目的	旨在满足广大财务报表使用者共同的财务信息需求，主要指会计准则和会计制度
	特殊目的	旨在满足财务报表特定使用者对财务信息需求，包括计税核算基础、监管机构的报告要求和合同的约定等
要点		财务报表审计业务的标准就是适用的**财务报告编制基础**

三、财务报表（见表1-8）

表1-8 财务报表

	内容
定义	**是指依据某一财务报表编制基础对被审计单位的历史信息作出的结构性表述**
要求	管理层和治理层（如适用）在编制财务报表时需要： **名师说** 出现"治理层（如适用）"的表述时，一般是指治理层兼负有经营管理责任的情形。 （1）根据相关法律法规的规定确定使用的财务报告编制基础； （2）根据使用的财务报告基础编制财务报表； （3）在财务报表中对适用的财务报告编制基础作出恰当的说明
要点	①**单一财务报表和相关附注也可能构成整套财务报表**

敲黑板①
单一报表不构成整套财务报表，必须要"一表一注"。

四、审计证据★（见表1-9）

考频 2020年单选题（1）、2018年多选题（1）

表1-9 审计证据

要素	内容
定义	是指注册会计师为了得出审计结论和形成审计意见而使用的必要信息。审计证据在性质上具有累积性
获取途径	**主要是在审计过程中通过实施审计程序获取**
列举	（1）内部来源的信息，如会计记录等； （2）外部来源的信息，如专家编制的信息等； （3）以前审计中获取的信息； （4）接受与保持客户或业务过程中，实施质量管理程序时获取的信息
范围	既包括支持和佐证管理层认定的信息，也包括与这些认定相矛盾的信息；在某些情况下，信息的缺乏（如管理层拒绝提供注册会计师要求的书面声明）本身也构成审计证据（发表无法表示审计意见的审计证据）

经典例题 1-7 （2020年·单选题）

下列有关审计证据的说法中，错误的是( )。

A. 审计证据可能包括被审计单位聘请的专家编制的信息
B. 审计证据可能包括与管理层认定相矛盾的信息
C. 信息的缺乏本身不构成审计证据
D. 审计证据可能包括以前审计中获取的信息

【解析】审计证据是指注册会计师为了得出审计结论、形成审计意见而使用的所有信息，审计证据既包括支持和佐证管理层认定的信息，也包括与这些认定相矛盾的信息。在某些情况下，信息的缺乏（如管理层拒绝提供注册会计师要求的书面声明）本身也构成审计证据，可以被注册会计师利用，选项C表述错误，当选。

【答案】C

五、审计报告 ★

注册会计师应当针对财务报表在所有**重大**方面是否符合适当的财务报告编制基础，以书面报告的形式发表能够提供合理保证程度的意见。

导致注册会计师出具①**非无保留意见**的两种情形：

① 根据获取的审计证据，得出财务报表整体存在重大错报的结论；
② 无法获取充分、适当的审计证据，不能得出财务报表整体不存在重大错报的结论。

> 敲黑板①
> 关于非无保留意见的详细阐述，参见"审计报告"章节。

本节总结

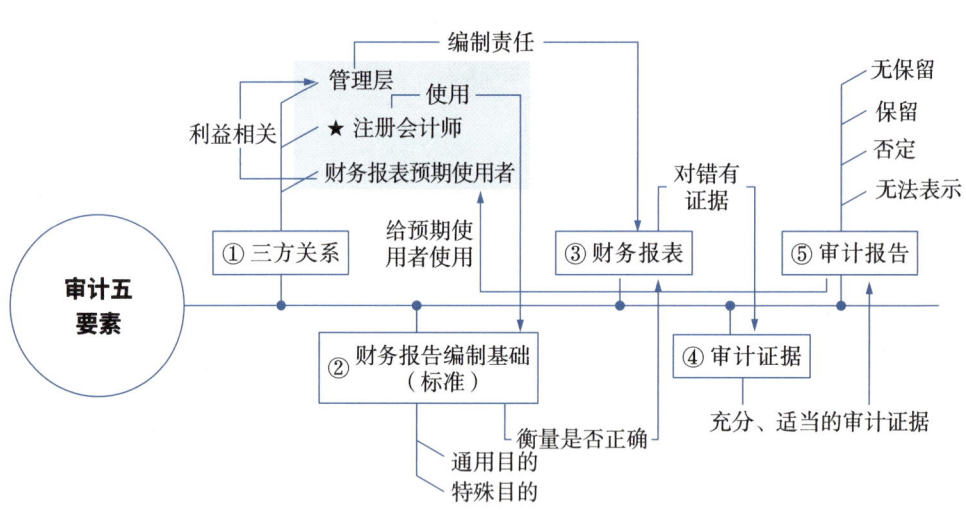

备注：以星星作为起点。

第三节 审计目标

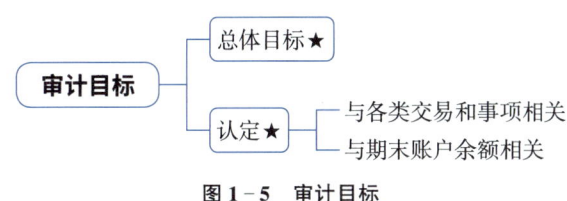

图 1-5 审计目标

一、总体目标★

（1）对财务报表整体是否不存在由于舞弊或错误导致的重大错报获取合理保证，使注册会计师能够对财务报表是否在所有重大方面按照适用的财务报告编制基础编制发表审计意见。

（2）按照审计准则的规定，①根据审计结果对财务报表出具审计报告，并与管理层和治理层沟通。

对被审计单位内部控制是否存在重大缺陷提供合理保证、发表审计意见，不是财务报表审计的总体目标。

二、认定★

认定，是指管理层针对财务报表要素的确认、计量和列报（包括披露）作出一系列明确或暗含的意思表达。注册会计师在识别、评估和应对重大错报风险的过程中，将管理层的认定用于考虑可能发生的不同类型的错报。

1. 各类交易、事项及相关披露的认定与②具体审计目标（见表 1-10）

表 1-10 各类交易、事项及相关披露的认定与具体审计目标

认定	含义	审计目标
发生	记录或披露的交易和事项已发生，且与被审计单位有关	确认已记录的交易是真实的
完整性	所有应当记录的交易和事项均已记录，所有应当包括在财务报表中的相关披露均已包括	确认已发生的交易确实已经记录，所有应包括在财务报表中的相关披露均已包括
准确性	与交易和事项有关的金额及其他数据已恰当记录，相关披露已得到恰当计量和描述	确认已记录的交易是按正确金额反映的，相关披露已得到恰当计量和描述
截止	交易和事项已记录于正确的会计期间	确认接近于资产负债表日的交易记录于恰当的期间
分类	交易和事项已记录于恰当的账户	确认被审计单位记录的交易经过适当分类
列报	交易和事项已被恰当地汇总或分解且表述清楚，相关披露在适用的财务报告编制基础下是相关的、可理解的	确认被审计单位的交易和事项已被恰当地汇总或分解且表述清楚，相关披露在适用的财务报告编制基础下是相关的、可理解的

考生可以这样理解：财务报表上的项目与一个认定相结合，可以构成一个具体目标。具体审计目标=财务报表上的某项目+某一认定。

各类交易、事项及相关披露的认定与具体审计目标-知识精讲

名师说

（1）某公司2×24年年末营业收入明细中有一笔销售给甲公司的货款，交易金额为50万元，经查明，该笔收入为虚构。违反了发生认定。需要关注的是，发生认定通常跟交易的金额无关，而是跟交易的笔数有关。

（2）某公司2×24年12月10日发生了一笔销售交易，但没有在销售明细账和总账中记录。违反了完整性认定，即有一笔交易该记没有记。

（3）甲公司于2×24年销售给乙公司一批商品，合同单价为50元，数量为1 000件，经检查，甲公司入账时错把50元写成了55元，导致入账金额为5 500元。违反了准确性认定。需要注意的是，在该案例当中，交易的笔数是正确的，只是金额错了，所以违反的只是准确性而不是发生或者存在认定。

（4）注册会计师在检查营业收入时，发现一笔2×24年12月31日的销售收入计入了2×25年1月5日。交易笔数、金额都是正确的，所以违反了截止认定。

（5）年末，某公司处置一项投资性房地产，收到价款400万元，应该确认"其他业务收入"科目，在财务报表中以"营业收入项目"列示，而该公司在财务报表中以"营业外收入"项目列示。违反了分类认定。

（6）注册会计师查看该公司财务报表附注，发现收入的确认原则未得到准确、清晰的说明。违反了列报认定。

期末账户余额及相关披露的认定与具体审计目标-知识精讲

2. 期末账户余额及相关披露的认定与具体审计目标（见表1-11）

表1-11 期末账户余额及相关披露的认定与具体审计目标

认定	含义	审计目标
存在	记录的资产、负债和所有者权益是存在的	确认记录的金额确实存在
权利和义务	记录的资产由被审计单位拥有或控制，记录的负债是被审计单位应当履行的偿还义务	确认资产归属于被审计单位，负债属于被审计单位的义务。例如，将寄放在仓库第三方存货确认为自己的存货，则违反了权利和义务的认定
完整性	所有应当记录的资产、负债和所有者权益均已记录，所有应当包括在财务报表中的相关披露均已包括	确认已存在的金额均已记录，所有应包括在财务报表中的相关披露均已包括
准确性、计价和分摊	资产、负债和所有者权益以恰当的金额包括在财务报表中，与之相关的计价或分摊调整已恰当记录，相关披露已得到恰当计量和描述	资产、负债和所有者权益以恰当的金额包括在财务报表中，与之相关的计价或分摊调整已恰当记录，相关披露已得到恰当计量和描述
分类	资产、负债和所有者权益已记录于恰当的账户	资产、负债和所有者权益已记录于恰当的账户
列报	资产、负债和所有者权益已被恰当地汇总或分解且表述清楚，相关披露在适用的财务报告编制基础下是相关的、可理解的	资产、负债和所有者权益已被恰当地汇总或分解且表述清楚，相关披露在适用的财务报告编制基础下是相关的、可理解的

3. 认定、具体审计目标和审计程序之间的关系举例（见表1-12）

表1-12 认定、具体审计目标和审计程序之间的关系举例

认定	财务报表项目	具体审计目标	审计程序
存在	存货	资产负债表的存货存在	实施存货监盘程序
完整性	营业收入	销售收入包括了所有已发货的交易	检查发货单和销售发票的编号以及销售明细账
准确性、计价和分摊	应收账款	应收账款反映的销售业务是否基于正确的价格和数量，计算是否准确	比较价格清单与发票上的价格、发货单与销售订购单上的数量是否一致，重新计算发票上的金额
截止	营业收入	销售业务记录在恰当的期间	比较上一年度最后几天和下一年度最初几天的发货单日期与记账日期
权利和义务	固定资产	资产负债表中的固定资产确实为公司拥有	查阅所有权证书、购货合同、结算单和保险单
准确性、计价和分摊	应收账款	以净值记录应收款项	检查应收账款账龄分析表、评估计提的坏账准备是否充足

经典例题 1-8 （单选题）

对于下列销售收入认定，通过比较资产负债表日前后几天的发货单日期与记账日期，注册会计师认为最可能证实的是( )。

A. 发生　　　　　　　　B. 完整性
C. 截止　　　　　　　　D. 分类

【解析】通过比较资产负债表日前后几天的发货单日期与记账日期，可以发现是否存在推迟或提前入账的情况，即最可能证实的是截止认定。

【答案】C

经典例题 1-9 （单选题）

注册会计师在监盘时，发现仓库有一批存货被单独存放，经询问，这批存货为货到单未到的存货，未被登记入账，该事项违反了( )认定。

A. 完整性　　　　　　　B. 存在
C. 权利和义务　　　　　D. 分类

【解析】对于货到单未到的情况应该暂估入账，被审计单位未入账，违反了完整性认定。

【答案】A

经典例题 1-10 （单选题）

对于下列固定资产认定，查阅所有权证书、购货合同、结算单和保险单，注册会计师认为最可能证实的是( )。

A. 准确性、计价和分摊　　B. 分类
C. 权利和义务　　　　　　D. 完整性

【解析】查阅所有权证书、购货合同、结算单和保险单是为了确定固定资产的所有权，选项C正确。

【答案】C

经典例题 1-11 (2018年·综合题)

认定-例题解析

上市公司甲公司是ABC会计师事务所的常年审计客户，主要从事汽车的生产和销售。A注册会计师负责审计甲公司2017年度财务报表，确定财务报表整体的重要性为1 000万元，明显微小错报的临界值为30万元。

资料一：

A注册会计师在审计工作底稿中记录了所了解的甲公司情况及其环境，部分内容摘录如下：

（1）2017年，在钢材价格及劳动力成本大幅上涨的情况下，甲公司通过调低主打车型的价格，保持了良好的竞争力和市场占有率。

资料二：

A注册会计师在审计工作底稿中记录了甲公司的财务数据，部分内容摘录如下：

项目	未审数 2017年	已审数 2016年
营业收入	100 000	95 000
营业成本	89 000	84 500

要求：针对资料一，结合资料二，假定不考虑其他条件，逐项指出资料一所列事项是否可能表明存在重大错报风险。如果认为可能表明存在重大错报风险，简要说明理由，并说明该风险主要与哪些财务报表项目的哪些认定相关（不考虑税务影响）。

答案

事项序号	是否可能表明存在重大错报风险（是/否）	理由	财务报表项目名称及认定
（1）	是	在原材料和人工成本上涨，而主要产品价格下降的情况下，毛利率仍与上年相当，可能存在多计收入、少计成本的风险 **名师说** 毛利率=（收入−成本）/收入 2016年甲公司的毛利率=11.05% 2017年甲公司的毛利率=11% 两者接近。	营业收入（发生） 营业成本（完整性/准确性）

本节总结

表 1-13 本节总结

利润表	资产负债表
1. 发生	1. 存在
2. 完整性	2. 完整性
3. 准确性	3. 准确性、计价和分摊
4. 截止	—
5. 分类	4. 分类
6. 列报	5. 列报
—	6. 权利和义务

第四节 审计基本要求

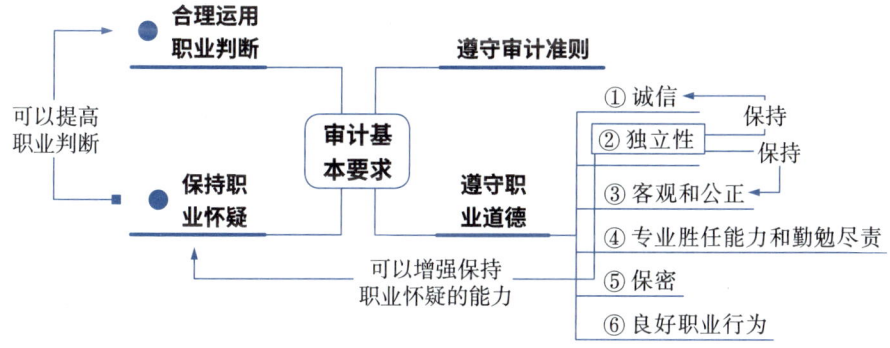

图 1-6 审计基本要求

一、遵守审计准则★

审计准则是衡量注册会计师执行财务报表审计业务的权威性标准，涵盖从接受业务委托到出具审计报告的整个过程，①注册会计师在执业过程中应当遵守审计准则的要求。

二、遵守职业道德守则★

注册会计师的职业道德基本原则包括6个方面，即诚信、独立性、客观和公正、专业胜任能力和勤勉尽责、保密以及良好职业行为。

敲黑板①

即使注册会计师没有发现财务报表上的重大错报导致审计失败，由于审计的固有局限性，也不能说明注册会计师没有遵守审计准则。

三、保持职业怀疑★（见表1-14）

考频 2021年单选题（1）、2018年单选题（1）

表1-14 保持职业怀疑

		内容
定义		**职业怀疑**，是指注册会计师执行审计业务的一种态度，包括采取质疑的思维方式，对可能表明由于舞弊或错误导致错报的情况保持警觉，以及对审计证据进行审慎评价，**可以从四个方面进行理解**
四个方面	秉持质疑	摒弃"存在即合理"的逻辑思维，职业怀疑与职业道德基本原则相互关联。例如，保持独立性可以增强注册会计师在审计中保持职业怀疑的能力
	对引起疑虑的情形保持警觉	应当运用职业怀疑的情形包括但不限于： （1）相互矛盾的审计证据； （2）引起对文件记录、对询问答复的可靠性产生怀疑的信息； （3）表明可能存在舞弊的情况； （4）表明需要实施除审计准则规定外的其他审计程序的情形
	审慎评价审计证据	1. 职业怀疑要求注册会计师注重进一步调查并确定需要修改或追加的审计程序。 2. 重要观点：注册会计师可以在审计成本与信息的可靠性之间进行权衡。 3. 对注册会计师的**要求**： 审计中的困难、时间或成本等事项（常见事项如路途遥远而放弃监盘等）本身，**不能**作为省略不可替代的审计程序或满足于说服力不足的审计证据的理由
	客观评价管理层	1. 不应依赖以往对管理层和治理层诚信形成的判断。 2. 即使认为管理层和治理层是正直、诚实的，也不能降低保持职业怀疑的要求。 3. 但是也无需直接假定管理层和治理层不诚信，并以此为前提计划审计工作
作用		1. 保证审计质量的关键要素； 2. 有助于注册会计师恰当运用职业判断； 3. 提高审计程序设计及执行有效性，降低审计风险； 4. 对于注册会计师发现舞弊、防止审计失败至关重要

经典例题1-12 （2021年·单选题）

下列有关注册会计师保持职业怀疑的说法中，错误的是（　　）。

A. 保持职业怀疑可以增强注册会计师在审计中保持独立性的能力

B. 职业怀疑要求注册会计师质疑相互矛盾的证据的可靠性

C. 职业怀疑要求注册会计师在评价管理层和治理层时，不应依赖以往对管理层和治理层诚信形成的判断

D. 保持职业怀疑有助于注册会计师恰当运用职业判断

（解析）保持独立性可以增强注册会计师在审计中保持职业怀疑的能力，而不是保持职业怀疑可以增强注册会计师在审计中保持独立性的能力，因果倒置，选项A错误，当选。

（答案）A

▎**经典例题 1-13**　（2018 年·单选题）

下列有关职业怀疑的说法中，错误的是（　　）。

A. 注册会计师应当在整个审计过程中保持职业怀疑
B. 保持职业怀疑是注册会计师的必备技能
C. 保持职业怀疑是保证审计质量的关键要素
D. 保持职业怀疑可以使注册会计师发现所有由于舞弊导致的错报

(解析) 保持职业怀疑，有助于使注册会计师认识到存在由于舞弊导致的重大错报的可能性，但不能使注册会计师发现"所有"由于舞弊导致的错误，选项 D 错误，当选。正因为如此，注册会计师只能"合理保证"。

(答案) D

四、合理运用职业判断★（见表 1-15）

(考频) 2022 年多选题（1）、2018 年多选题（1）

表 1-15　合理运用职业判断

要素	内容
含义	在审计准则、财务报告编制基础和职业道德要求的框架下，综合运用相关知识、技能和经验，作出适合审计业务具体情况、有根据的行动决策。 **职业判断是注册会计师行业的精髓**
时间	职业判断贯穿于注册会计师执业的各个环节。从决定是否接受业务委托，到出具业务报告，注册会计师都需要作出重要的职业判断
环节	职业判断涉及注册会计师职业中的各类决策，包括与具体会计处理相关的决策，以及与遵守职业道德相关的决策
举例	（1）确定重要性，以识别和评估重大错报风险； （2）确定所需实施的审计程序的性质、时间安排和范围； （3）评价审计证据是否充分、适当，是否需要执行更多的工作； （4）评价管理层在运用适用的财务报告编制基础时作出的判断； （5）根据已获取的审计证据得出结论，如评价管理层在编制财务报表时作出的会计估计的合理性； （6）①运用职业道德概念框架识别、评估和应对对职业道德基本原则不利的影响
决策 步骤	（1）确定职业判断的问题和目标； （2）收集和评价相关信息； （3）识别可能采取的解决方案； （4）评价可供选择的方案； （5）②得出职业判断结论并作出书面记录

敲黑板①
考试常考。

敲黑板②
不能只记录结论。

续表

要素			内容
衡量标准	准确性或意见一致性		准确性或意见一致性,即职业判断结论与特定标准或客观事实的相符程度,或者不同职业判断主体针对同一职业判断问题所作判断在彼此间认同的程度
	决策一贯性和稳定性		决策一贯性和稳定性,同一注册会计师针对同一项目的不同判断问题,所作出的判断之间是否符合应有的内在逻辑,同一注册会计师针对相同的职业判断问题,在不同时点所作出的判断是否结论相同或相似
	可辩护性	概念	可辩护性,即是否能够证明自己的工作,理由的充分性、思维的逻辑性和程序的合规性通常是可辩护性的基础
		提高可辩护性的方法	对下列事项进行书面记录,有利于提高职业判断的可辩护性: (1) 对职业判断问题和目标的描述; (2) 解决职业判断相关问题的思路; (3) 收集到的相关信息; (4) 得出的结论以及得出结论的理由; (5) 就决策结论与被审计单位进行沟通的方式和时间
提高职业判断的方法			(1) 丰富的知识、经验和良好的专业技能; (2) 独立、客观和公正; (3) 保持适当的职业怀疑

名师说

如果完全不质疑,那就没有自我判断。

经典例题 1-14 (2022 年·多选题)

注册会计师需要对职业判断作出适当的书面记录,下列各项中,对其进行书面记录有利于提高职业判断的可辩护性的有(   )。

A. 注册会计师对职业判断问题和目标的描述
B. 注册会计师解决职业判断相关问题的思路
C. 注册会计师收集到的相关信息
D. 注册会计师就决策结论与被审计单位进行沟通的方式和时间

解析 注册会计师需要对职业判断进行适当书面记录,对下列事项进行书面记录,有利于提高职业判断的可辩护性:
(1) 对职业判断问题和目标的描述(选项 A);
(2) 解决职业判断相关问题的思路(选项 B);
(3) 收集到的相关信息(选项 C);
(4) 得出的结论以及得出结论的理由;
(5) 就决策结论与被审计单位进行沟通的方式和时间(选项 D)。

答案 ABCD

经典例题 1-15 (2018 年·多选题)

下列各项中,属于审计基本要求的有(   )。

A. 遵守审计准则 B. 遵守职业道德守则
C. 保持职业怀疑 D. 合理运用职业判断

解析 审计的基本要求包括：遵守审计准则、遵守职业道德守则、保持职业怀疑、合理运用职业判断。以上四个选项均正确。

答案 ABCD

本节总结

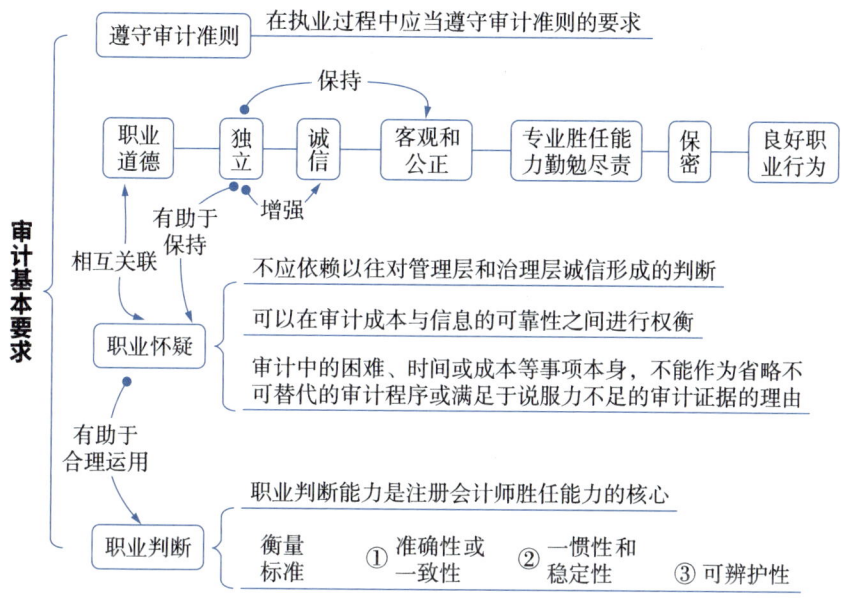

图 1-7 审计基本要求

第五节 审计风险

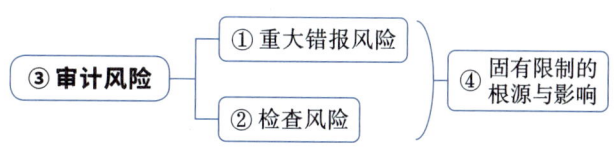

图 1-8 审计风险

审计风险，是指当财务报表存在重大错报时，注册会计师发表<u>不恰当审计意见</u>的可能性。审计风险是一个与审计过程相关的技术术语，并不是指注册会计师执行业务的法律后果，如因诉讼、负面宣传或其他与财务报表审计相关的事项而导致损失的可能性。

审计风险取决于重大错报风险和检查风险。

一、重大错报风险★

考频 2022年单选题（1）、2022年多选题（1）、2021年单选题（1）、2020年单选题（1）、2019年单选题（1）、2019年多选题（1）、2018年单选题（1）

重大错报风险-知识精讲

重大错报风险是指财务报表在审计①前存在重大错报的可能性。重大错报风险分为两个层次，见表1-16、表1-17。

（一）财务报表层次重大错报风险

表1-16 财务报表层次重大错报风险

	内容
含义	指与财务报表整体存在广泛联系的重大错报风险
要点	（1）通常与②控制环境和其他因素（如经济萧条）有关； （2）需要考虑舞弊引起的特别风险； （3）难以界定于具体认定，通常影响不同的多项认定，可以增大认定层次发生重大错报的可能性

敲黑板①
重大错报风险与被审计单位的风险相关，独立于财务报表审计而存在，属于客观存在的风险。换言之，注册会计师不能去"提高"或"降低"财务报表的重大错报风险，只能进行"评估"。

敲黑板②
可以将控制环境理解为管理层对内部控制的态度和措施。比如，有时候有些人违反了规章制度，但是领导觉得无所谓，这就是控制环境薄弱的表现。

（二）认定层次重大错报风险

表1-17 认定层次重大错报风险

			内容
含义			指与某类交易、事项、期末账户余额或财务报表披露相关的重大错报风险
分类	固有风险	含义	指在考虑相关的内部控制之前，某一认定发生错报的可能性
		理解要点	固有风险独立于内部控制，是由某一事项等内在性质、外在环境等所决定的。固有风险的高低受固有风险因素的影响
		举例	（1）复杂的计算比简单计算更可能出错； （2）由于本身的不确定性，会计估计发生错报的可能性较大
		固有风险因素 概念	指在不考虑控制的情况下，导致交易类别、账户余额和披露的某一认定易于发生错报（无论该错报是由舞弊还是错误导致）的③因素
		固有风险因素 要点	（1）固有风险因素可以是定性的，也可以是定量的； （2）固有风险因素包括事项或情况的复杂性、主观性、变化、不确定性，以及管理层偏向或其他舞弊风险因素
	控制风险	含义	指某一认定发生错报，但没有被内部控制及时防止或发现并纠正的可能性
		理解要点	（1）控制风险取决于内部控制的设计的合理性和运行的有效性； （2）由于控制的固有局限性，控制风险始终存在
	关系		认定层次的重大错报风险=固有风险×控制风险
要点			（1）固有风险和控制风险有时难以分割地交织在一起； （2）对于识别出的认定层次重大错报风险，应当分别评估固有风险和控制风险； （3）对于识别出的财务报表层次重大错报风险，审计准则未明确规定

敲黑板③
注意固有风险因素与固有风险的区别。固有风险是"可能性"，固有风险因素是"因素"。

经典例题 1-16 （2022年·单选题）

下列有关重大错报风险的说法中，错误的是(   )。

A. 重大错报风险与被审计单位的风险相关
B. 重大错报风险受财务报表审计影响
C. 财务报表层次和认定层次都可能存在重大错报风险
D. 重大错报风险是由舞弊或错误造成的风险

解析 重大错报风险是指财务报表在审计前存在重大错报的可能性，它与被审计单位的风险相关（选项A正确），独立于财务报表审计而存在，所以与财务报表审计无关（选项B错误）。

注册会计师应当从财务报表层次和各类交易、账户余额和披露认定层次识别重大错报风险。所以财务报表层次和认定层次都可能存在重大错报风险，选项C正确。

重大错报风险指的是财务报表在审计前存在重大错报的可能性，而导致错报的原因可能是舞弊或者错误，选项D正确。

答案 B

二、检查风险★ （见表1-18）

考频 2021年单选题（1）

表1-18 检查风险的相关内容

	内容
定义	检查风险是指财务报表存在重大错报，注册会计师①**实施审计程序后**没有发现错报的风险
降低检查风险的途径	（1）适当计划审计工作； （2）在项目组成员之间进行适当的职责分配； （3）保持职业怀疑的态度； （4）监督、指导和复核项目组成员执行的工作
要点	（1）检查风险越低，审计的保证程度越高。为提供适当高的保证程度（合理保证），注册会计师应当将检查风险降低到适当低的水平（可接受水平）； （2）检查风险取决于审计程序设计的合理性和执行的有效性； （3）由于注册会计师通常不对所有交易、账户余额和披露进行检查以及其他原因，**检查风险不可能降低为零**

敲黑板①

重大错报风险独立于注册会计师，与注册会计师无关。而检查风险取决于注册会计师。

经典例题 1-17 （经典真题·单选题）

下列有关检查风险的说法中，错误的是(   )。

A. 检查风险是指注册会计师未通过审计程序发现错报，因而发表不恰当审计意见的风险
B. 检查风险取决于审计程序设计的合理性和执行的有效性
C. 检查风险通常不可能降低为零
D. 保持职业怀疑有助于降低检查风险

解析 检查风险是指如果存在某一错报，该错报单独或连同其他错报可能是重大的，注册会计师在实施审计程序后没有发现这种错报的风险，不涉及审计意见。审计风险是指当财

务报表存在重大错报时,注册会计师发表不恰当审计意见的可能性。选项 A 属于审计风险而非检查风险,当选。

答案 A

三、检查风险与重大错报风险的反向关系★

检查风险与重大错报风险的反向关系-知识精讲

敲黑板①

这里需要注意的是,审计风险模型下的重大错报风险是认定层次的。

在既定的审计风险水平下,可接受的检查风险水平与①**认定层次**重大错报风险的评估结果呈**反向关系**:评估的重大错报风险越高,可接受的检查风险越低;评估的重大错报风险越低,可接受的检查风险越高。审计风险模型如下:

审计风险 = 重大错报风险 × 检查风险

> **名师说** 本章中所学习的风险,均不能降低为 0。重大错报风险不能调整或控制,仅能评估。检查风险能够进行控制,但不能降低为 0。审计风险取决重大错报风险与检查风险,自然无法降低为 0。

四、审计的固有限制★

考频 2021 年多选题(1)、2020 年单选题(1)、2019 年单选题(1)、2018 年多选题(1)

(一)固有限制的根源(见表 1-19)

表 1-19 固有限制的根源的相关内容

项目	内容
财务报告的性质	编制财务报表需要作出判断,许多财务报表项目涉及主观决策、评估或一定程度的不确定性,并且可能存在一系列可接受的解释或判断。因此,某些财务报表项目的金额本身就存在一定的变动幅度,这种变动幅度不能通过实施追加的审计程序来消除
审计程序的性质	(1) 管理层或其他人员可能有意或无意地不提供与财务报表编制相关的或注册会计师要求的全部信息; (2) 舞弊可能涉及精心策划和蓄意实施以进行隐瞒; (3) 审计不是对涉嫌违法行为的官方调查
财务报告的及时性和成本效益的权衡	(1) 计划审计工作,使审计工作以有效的方式得到执行; (2) 将审计资源投向最可能存在重大错报风险的领域,并相应地在其他领域减少审计资源; (3) 运用测试和其他方法检查总体中存在的错报

(二)固有限制的影响

1. 无法提供绝对保证

由于审计存在固有限制,注册会计师据以得出结论和形成审计意见的大多数审计证据**是说服性而非结论性的**,这意味着注册会计师不可能将检查风险降至零,从而不可能将审计风险降至零。换言之,注册会计师不能对财务报表不存在由于舞弊或错误导致的重大错报获取绝对保证。**审计的固有限制不能作为注册会计师满足于说服力不足的审计证据的理由。**

2. 不能减轻审计责任

由于审计存在固有限制，注册会计师完成审计工作后发现由于舞弊或错误导致的财务报表重大错报，并不表明注册会计师没有按照审计准则的规定执行审计工作。①注册会计师是否按照审计准则的规定执行了审计工作，取决于：

(1) 在具体情况下实施的审计程序；

(2) 获取的审计证据的充分性和适当性；

(3) 根据总体目标和对审计证据的评价结果而出具审计报告的恰当性。

敲黑板①

这里需要注意的是，即使注册会计师没有发现所有重大的错报，也不能说明注册会计师没有遵守审计准则，因为审计是"合理保证"财务报表上是否存在重大错报。

▎经典例题 1-18　（2020年·单选题）

下列各项中，不属于审计的固有限制来源的是(　　)。

A. 管理层编制财务报表时需要作出判断

B. 管理层可能不提供注册会计师要求的全部信息

C. 注册会计师在合理的时间内以合理的成本完成审计的需要

D. 注册会计师对重大错报风险的评估可能不恰当

【解析】本题考查审计的固有限制的来源。审计的固有限制源于：（1）财务报表的性质（选项A）；（2）审计程序的性质（选项B）；（3）在合理的时间内以合理的成本完成审计的需要（选项C）。

【答案】D

▎经典例题 1-19　（2019年·单选题）

下列各项中，不属于审计固有限制来源的是(　　)。

A. 注册会计师可能满足于证明力不足的审计证据

B. 注册会计师获取审计证据的能力受法律上的限制

C. 管理层可能不提供编制财务报表相关的全部信息

D. 管理层在编制财务报表过程中可能运用判断

【解析】本题考查审计的固有限制的来源。审计的固有限源于：（1）财务报表的性质（选项D）；（2）审计程序的性质（选项BC）；（3）在合理的时间内以合理的成本完成审计的需要。

【答案】A

本节总结

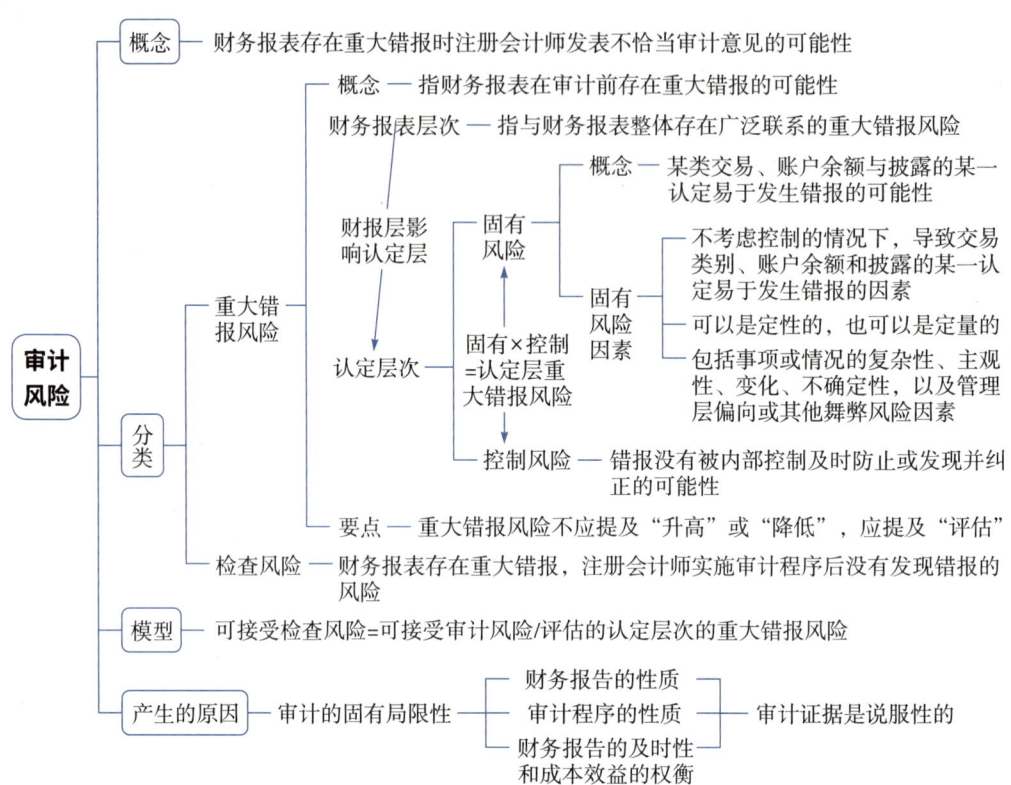

图 1-9 审计风险

> **敲黑板①**
> 审计过程这部分内容未出现考题，考生只需要了解即可。

第六节 ①审计过程

风险导向审计以重大错报风险的识别、评估和应对作为工作主线。审计过程大致可分为以下五个主要阶段，见表 1-20。

表 1-20 审计过程

阶段	内容
接受业务委托	（1）接受客户、保持现有业务或接受现有客户的新业务时，事务所应执行有关客户与业务的接受与保持的程序，以识别和评估会计师事务所面临的风险。 （2）除考虑客户诚信外，还需要考虑自身能力，如能否获得合适的具有相应资格的员工；能否获得专业化协助；是否存在任何利益冲突；能否对客户保持独立性等。 （3）决定接受业务委托后，应与客户就审计约定条款达成一致意见。对于连续审计，应根据具体情况确定是否需要修改业务约定条款，以及是否需要提醒客户注意现有的业务约定书

续表

阶段	内容
计划审计工作	执行审计程序前,注册会计师必须制定计划,使审计业务以有效的方式执行。计划审计工作主要包括: (1) 确定初步业务活动; (2) 制定总体审计策略; (3) 制定具体审计计划。 计划审计工作是一项需要不断修订的工作,贯穿于整个审计过程的始终。其中,风险评估既是制定总体审计策略的重点,也是制定具体计划的依据;风险应对既是制定具体计划的目的,也是获取审计证据的手段
识别和评估重大错报风险	注册会计师必须实施风险评估程序,以作为评估财务报表层次和认定层次重大错报风险的基础。 风险评估贯穿于整个审计过程,包括至少3个阶段: (1) 根据了解的被审计单位及其环境初步评估重大错报风险; (2) 根据控制测试的结论再次评价重大错报风险; (3) 根据实质性程序的结果对重大错报风险进行最终评价。 风险评估过程需要大量的职业判断,贯穿于整个审计过程的始终
应对重大错报风险	注册会计师在评估财务报表层次重大错报风险后,应当运用职业判断,针对评估的财务报表层次重大错报风险确定总体应对措施,并针对评估的认定层次重大错报风险设计和实施进一步审计程序,以将审计风险降至可接受的低水平
编制审计报告	注册会计师在完成进一步审计程序后,还应当按照有关审计准则的规定做好审计完成阶段的工作,并根据所获取的审计证据,合理运用职业判断,形成适当的审计意见

章末总结

考点加油站

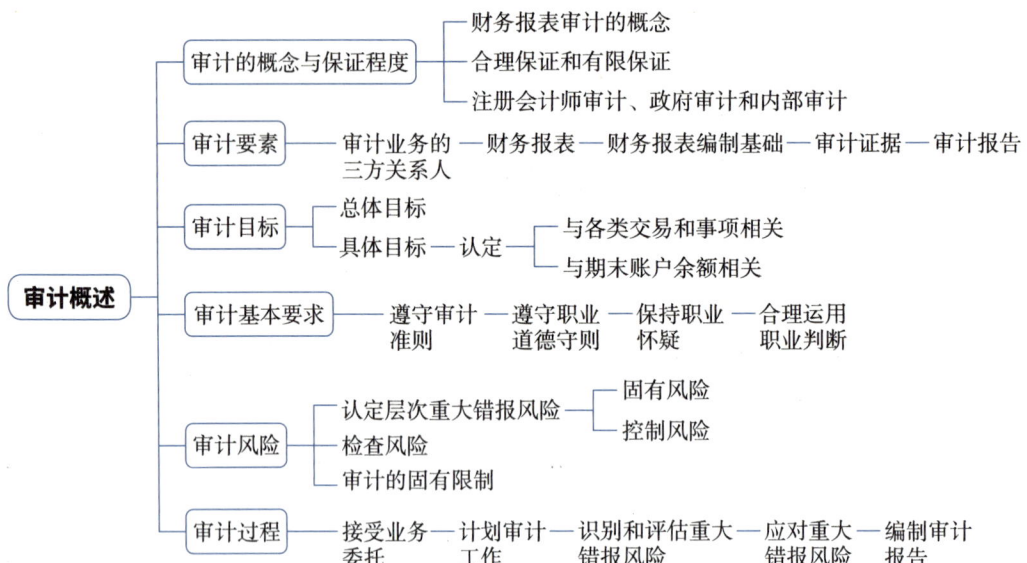

 8%

第二章 审计计划

轻装上阵

本章讲什么？

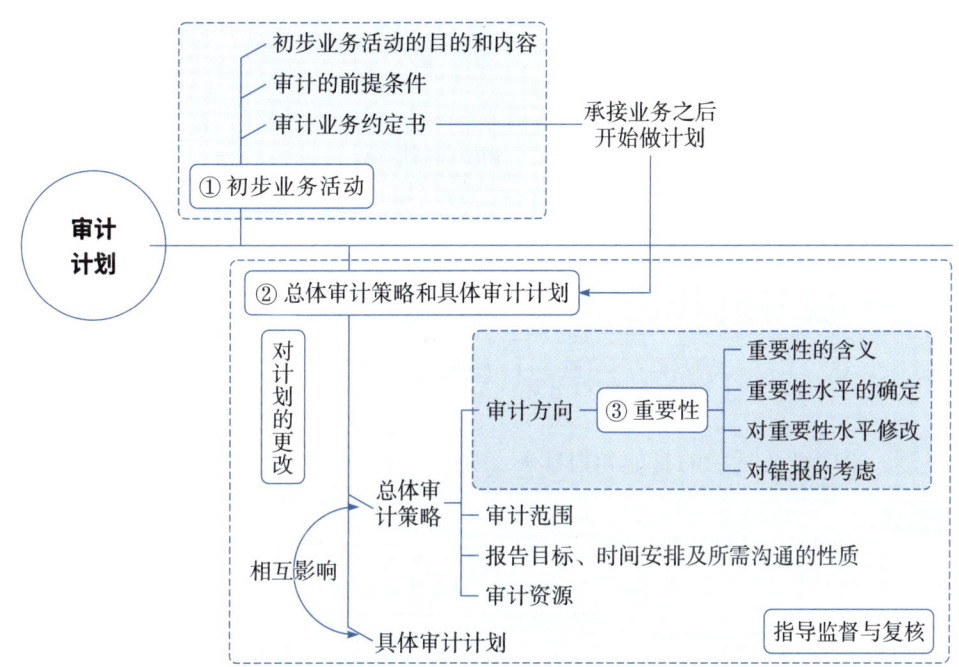

在接手一项业务之初，我们会进行①初步业务活动以确定是否承接该业务。注册会计师并非单独一人执行审计，而是由一组人员共同参与。因此，我们需要制定详细的审计计划（即②总体审计策略与具体审计计划）。总体审计策略是初步计划，为具体审计计划的细化和实施提供指导。在制定计划过程中，我们需要明确是否重大的标准，即确定③重要性水平，以确保审计的准确性和有效性。

本章如何考？

本章相关知识点在考试中多以单选题、多选题、简答题的形式出现，每年考查分值约为 6 分，选择题和简答题一般以本章知识进行考查。

本章怎么学？

审计计划中的三部分内容，初步业务活动、总体审计策略和具体审计计划的考查方式以客观题为主，重要性对于考生理解审计来说至关重要，与对集团财务报表审计的特殊考虑、完成工作、审计报告的理解均有密切联系，需要考生重点掌握。

2024年本章主要变化

2024年本章内容无实质性变化。

考点冲浪

第一节　初步业务活动

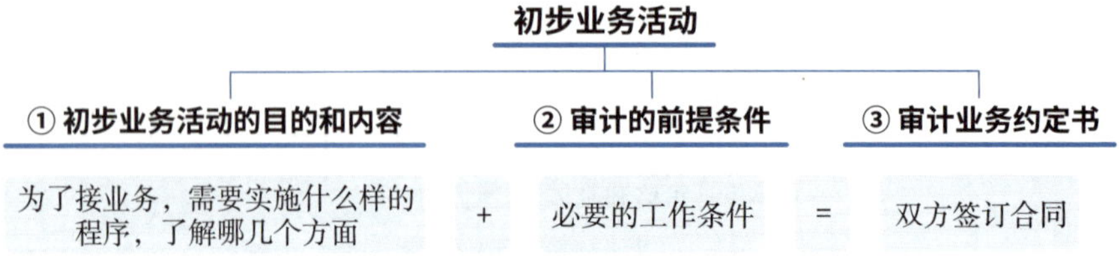

```
                        初步业务活动
        ┌───────────────────┼───────────────────┐
  ①初步业务活动的目的和内容    ②审计的前提条件        ③审计业务约定书

  为了接业务，需要实施什么样的      必要的工作条件           双方签订合同
    程序，了解哪几个方面      +                =
```

图 2-1　初步业务活动

一、初步业务活动的目的和内容★（见表 2-1）

考频　2022 年多选题（1）、2019 年多选题（1）

敲黑板①
质量管理程序是事务所必须严格遵守的内部规章制度，用来确保其业务活动符合既定的标准和要求。为了确保承接的业务符合事务所的战略目标和价值观，事务所通常会制定相应的规章制度，对业务承接进行规范和管理。

表 2-1　初步业务活动的目的和内容

内容	目的
评价遵守职业道德要求的情况	确保注册会计师具备执行业务所需要的独立性和能力
针对保持客户关系和具体审计业务实施相应的①质量管理程序	确保不存在因管理层诚信问题而可能影响注册会计师保持该项业务意愿的事项 **名师说**　这里需要我们理解的是，在初始业务活动阶段，我们无须确认管理层是诚信的，只要未发现诚信问题，即可接受该管理层承接业务。
就审计业务约定条款达成一致意见	确保会计师事务所与被审计单位之间不存在对业务约定条款的误解

▌经典例题 2-1　（2022年·多选题）

下列各项中，属于注册会计师应当开展的初步业务活动的有（　　）。
A. 针对保持审计业务实施质量管理程序
B. 评价管理层是否存在诚信问题
C. 评价注册会计师是否具备执行业务所需要的专业胜任能力
D. 评价注册会计师是否具备执行业务所需要的独立性

【解析】初步业务活动需要实现以下三个目的：

(1) 具备执行业务所需的独立性和专业胜任能力（选项CD正确）；

(2) 不存在因管理层诚信问题而可能影响注册会计师保持该项业务的意愿的事项（选项B正确）；

(3) 与被审计单位之间不存在对业务约定条款的误解。

为了实现初步业务活动，注册会计师需要开展一系列工作，主要包括以下三个方面的内容：

(1) 针对保持客户关系和具体审计业务实施相应的质量管理程序（选项A正确）；

(2) 评价遵守相关职业道德要求的情况；

(3) 就审计业务约定条款达成一致意见。

[答案] ABCD

二、审计的前提条件★（见表2-2）

考频　2021年单选题、2021年多选题、2020年单选题（1）

审计的前提条件是指被审计单位管理层在编制财务报表时采用的可接受财务报告编制基础，**以及**管理层对注册会计师执行审计工作的前提认可。

表2-2　审计的前提条件

		内容
财务报告编制基础	确定可接受性	(1) 被审计单位的性质； (2) 财务报表的目的； (3) 财务报表的性质； (4) 法律法规是否规定了适用的财务报告编制基础 **名师说** 就被审计单位的**性质**而言，商业企业、公共部门实体和非营利组织适用的财务报告编制基础有所差别。 就财务报表的**目的**而言，满足广大财务报表使用者的需要和满足特定使用者的需要，其适用的财务报告编制基础可能有所不同。 就财务报表的**性质**而言，整套财务报表和单一财务报表适用的财务报告编制基础不同。 就法律法规的**规定**而言，法律法规规定上市公司的财务报告编制基础是企业会计准则，上市公司应该遵循规定。
就管理层的责任达成一致	编制	按适用的编制基础编制财务报表，使其实现公允反映
	内控	设计、执行和维护必要的内部控制，以使财务报表不存在由于舞弊或错误导致的重大错报
	条件	向注册会计师提供必要的工作条件，包括： (1) 允许注册会计师接触与编制财务报表相关的所有信息； (2) 向注册会计师提供审计所需的其他信息（如关联方等）； (3) 允许注册会计师在获取审计证据时不受限制地接触其认为必要的内部人员和其他相关人员
拒绝业务		如果管理层**不认可其责任**，或不同意提供①**书面声明**，注册会计师承接此类审计业务是不恰当的，除非法律法规另有规定

这里的书面声明，可以暂时理解为管理层的保证书。该内容在以后章节中会详细说明。

经典例题 2-2 （2021年·单选题）

下列各项中，不属于审计的前提条件的是( )。
A. 存在可接受的财务报告编制基础
B. 管理层愿意接受非无保留意见的审计报告
C. 管理层认可并理解其对财务报表承担的责任
D. 管理层向注册会计师提供必要的工作条件

【解析】审计的前提条件有两个：管理层在编制财务报表时采用可接受的财务报告编制基础（选项A正确，不选）；就管理层的责任达成一致意见：①按照适用的财务报告编制基础编制财务报表，并使其实现公允反映；②设计、执行和维护必要的内部控制，以使财务报表不存在由于舞弊或错误导致的重大错报；③向注册会计师提供必要的工作条件（选项CD正确，不选）。

【答案】B

经典例题 2-3 （2021年·多选题）

在确定被审计单位财务报告编制基础的可接受性时，下列各项中，注册会计师需要考虑的有( )。
A. 被审计单位的性质
B. 财务报表的目的
C. 财务报表的性质
D. 被审计单位管理层是否充分了解财务报告编制基础

【解析】在确定编制财务报表所采用的财务报告编制基础的可接受性时，注册会计师需要考虑下列相关因素：（1）被审计单位的性质（选项A）；（2）财务报表的目的（选项B）；（3）财务报表的性质（选项C）；（4）法律法规是否规定了适用的财务报告编制基础（选项D错误，不选）。

【答案】ABC

三、审计业务约定书★

【考频】2019年单选题（1）、2018年多选题（1）

会计师事务所承接任何审计业务，都应与被审计单位签订审计业务约定书。

> 【敲黑板①】
> 审计业务约定书的基本内容是可能以多选题的形式出现的，考生需要牢记。

（一）①审计业务约定书的基本内容（应当包含的内容）

1. 财务报表审计的目标与范围；
2. 注册会计师的责任；
3. 管理层的责任；
4. 适用的财务报告编制基础；
5. 审计报告的预期形式和内容，以及对在特定情况下出具的审计报告可能不同于预期形式和内容的说明。

经典例题 2-4 （2019年·单选题）

通常无须包含在审计业务约定书中的是( )。
A. 财务报表审计的目标与范围

B. 出具审计报告的日期
C. 管理层和注册会计师的责任
D. 用于编制财务报表所适用的财务报告编制基础

（解析）审计业务约定书的具体内容和形式可能因被审计单位不同而不同，但应当包括：(1) 财务报表审计的目标与范围（选项A）；(2) 注册会计师的责任；(3) 管理层的责任（选项C）；(4) 指出用于编制财务报表所适用的财务报告编制基础（选项D）；(5) 注册会计师拟出具的审计报告的预期形式和内容，以及对在特定情况下出具的审计报告可能不同于预期形式和内容的说明。对于审计报告的出具日期，一般不会写在约定书中，因为在审计过程中可能出现各种变化，出具报告的日期也可能调整，选项B符合题意，当选。

（答案）B

（二）审计业务约定书的特殊考虑（见图 2-2）

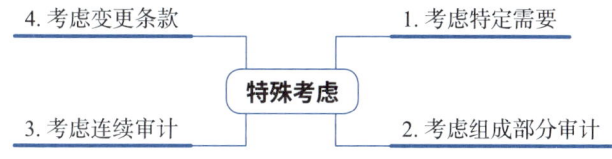

图 2-2 特殊考虑事项

1. ① 考虑特定需求

如果情况需要，注册会计师**还可能**考虑在审计业务约定书中列明以下内容：

① 详细说明审计工作范围，包括提及适用的法律法规、审计准则，以及职业道德守则和其他公告；

② 对审计业务结果的其他沟通形式；

③ 关于注册会计师按照《中国注册会计师审计准则第 1504 号——在审计报告中沟通关键审计事项》的规定，在审计报告中沟通关键审计事项的要求；

④ 说明由于审计和内部控制的固有限制，即使审计工作按照审计准则的规定得到恰当地计划和执行，仍不可避免地存在某些重大错报未被发现的风险；

⑤ 计划和执行审计工作的安排，包括审计项目组的构成；

⑥ 预期管理层将提供书面声明；

⑦ 预期管理层将允许注册会计师接触管理层知悉的与财务报表编制相关的所有信息（包括与披露相关的所有信息）；

⑧ 管理层同意及时提供财务报表草稿和其他所有附带信息，以使注册会计师能够按照预定的时间表完成审计工作；

⑨ 管理层同意告知注册会计师在审计报告日至财务报表报出日之间注意到的可能影响财务报表的事实；

⑩ 收费的计算基础和收费安排；

⑪ 管理层确认收到审计业务约定书并同意其中的条款；

⑫ 在某些方面对利用其他注册会计师和专家工作的安排；

⑬ 对审计涉及的内部审计人员和被审计单位其他员工工作的安排；

⑭ 在首次审计的情况下，与前任注册会计师沟通的安排；

⑮ 说明对注册会计师责任存在可能存在的限制；

敲黑板①

考虑特定需要的内容较多，且不是应当在审计业务约定书中列明的内容，所以考生无需着重学习，简单了解即可。

敲黑板①

考试中可能会在多选题中考查对组成部分进行审计时，是否向组成部分单独致送审计业务约定书的考虑因素。

敲黑板②

是否：不一定致送。

⑯ 注册会计师与被审计单位之间需要达成进一步协议的事项；

⑰ 向其他机构或人员提供审计工作底稿的义务。

2. 组成部分的审计

如果母公司的注册会计师<u>同时</u>也是组成部分注册会计师，①要考虑以下几项因素，决定②是否向组成部分单独致送审计业务约定书：

① 组成部分注册会计师的委托人；
② 是否对组成部分单独出具审计报告；
③ 与审计委托相关的法律法规的规定；
④ 母公司占组成部分的所有权份额；
⑤ 组成部分管理层相对于母公司的独立程度。

▎**经典例题 2-5** 经典真题·单选题

下列有关审计业务约定书的说法中，错误的是（　　）。

A. 审计业务约定书应当包括注册会计师的责任和管理层的责任
B. 如果集团公司的注册会计师同时也是组成部分注册会计师，则无需向组成部分单独致送审计业务约定书
C. 对于连续审计，注册会计师可能不需要每期都向被审计单位致送新的审计业务约定书
D. 注册会计师应当在签订审计业务约定书之前确定审计的前提条件是否存在

【解析】如果母公司的注册会计师同时也是组成部分注册会计师，需要考虑相关因素，决定是否向组成部分单独致送审计业务约定书。选项 B 表述错误，当选。（注意，审计准则中有很多事项需要结合诸多考虑因素进行职业判断，此时，过于绝对的结论就是错误的。）

【答案】B

3. 连续审计

对于连续审计，注册会计师应当根据具体情况评估是否需要对审计业务约定条款作出修改，以及是否需要提醒被审计单位注意现有的条款。注册会计师**可以**决定**不**在每期都致送新的审计业务约定书或其他书面协议。然而，下列因素可能导致注册会计师修改审计业务约定条款或提醒被审计单位注意现有的业务约定条款：

① 有迹象表明被审计单位误解审计目标和范围；
② 需要修改约定条款或增加特别条款；
③ 被审计单位<u>高级管理人员</u>近期发生变动；
④ 被审计单位所有权发生<u>重大变动</u>；
⑤ 被审计单位业务的性质或规模发生<u>重大变化</u>；
⑥ 法律法规的规定发生变化；
⑦ 编制财务报表采用的财务报告编制基础发生变更；
⑧ 其他报告要求发生变化。

【名师说】考生需注意以上因素中的表达方式，比如说，被审计单位所有权不是发生变动就会修改业务约定书，而是发生重大变动；被审计单位的业务的性质或规模也不是发生变化就会修改业务约定书，而是发生重大变化。

4. 审计业务约定条款的变更

（1）变更审计业务约定条款的要求

在完成审计业务前如果被审计单位或委托人要求将审计业务变更为保证程度较低的业务，注册会计师**应当**确定是否存在合理理由予以变更。

通常**合理的**理由：环境变化对审计服务的需求产生影响；对原来要求的审计业务的性质存在误解。

通常**不合理的**理由：①管理层施加的或其他情况引起的审计范围受到限制。

如果没有合理的理由，注册会计师**不应**同意变更。

如果注册会计师不同意变更审计业务约定条款，而管理层又不允许继续执行原审计业务。注册会计师应当：在适用的法律法规允许的情况下，解除审计业务约定，确定是否有约定义务或其他义务向治理层、所有者或监管机构等报告该事项。

审计业务约定条款的变更-知识精讲

敲黑板①

这里需要注意，只要是审计范围受限，不论出于什么原因，都属于不合理理由。

经典例题 2-6 （2018年·多选题）

下列各项中，通常可以作为变更审计业务的合理理由的有（ ）。

A. 环境变化对审计服务的需求产生影响
B. 委托方对原来要求的审计业务的性质存在误解
C. 管理层对审计范围施加限制
D. 客观因素导致审计范围受到限制

【解析】导致业务变更的合理理由只有：①环境变化对审计服务的需求产生影响（情势变更）（选项A）；②对原来要求的审计业务的性质存在误解（重大误解）（选项B）。除此以外的都不是合理理由。

【答案】AB

（2）变更为审阅业务或相关服务业务的要求（见表2-3）

表2-3 变更为审阅业务或相关服务业务的要求

情形		能否在报告中提及原审计业务和已执行程序
审计→审阅		不应提及（为避免引起报告使用者误解）
审计→相关服务	商定程序	可以提及已执行的程序
	其他	不应提及（为避免引起报告使用者误解）

名师说

只有审计变为商定程序，才可以在报告中提及已执行的程序。审计变更为除商定程序以外的其他任何业务，都不能提及原审计业务和已执行的审计程序。

本节总结

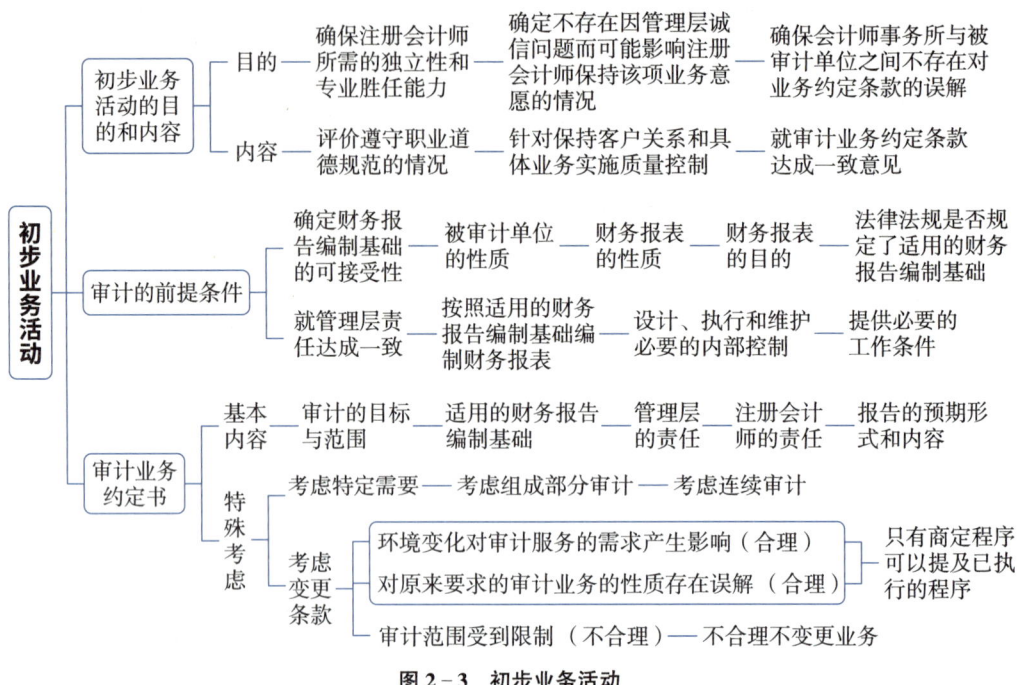

图 2-3 初步业务活动

第二节 总体审计策略和具体审计计划

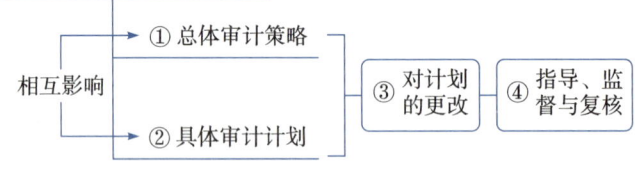

图 2-4 总体审计策略和具体审计计划

敲黑板①
总体审计策略的内容较多，考生以了解为主。

敲黑板②
这部分内容考查频率较低，考生阅读了解即可。

一、①总体审计策略 ★★

注册会计师**应当**为审计工作制定总体审计策略。

总体审计策略用以确定审计范围、时间安排和方向，**并指导具体审计计划的制定**。

（一）②审计范围（审什么东西）

为确定审计范围需要考虑下列事项：

(1) 编制拟审计的财务信息所依据的财务报告编制基础,包括是否需要将财务信息调整至按照其他财务报告编制基础编制。
(2) 特定行业的报告要求,如某些行业监管机构要求提交的报告。
(3) 预期审计工作涵盖的范围,包括应涵盖的组成部分的数量及所在地点。
(4) 母公司和集团组成部分之间存在的控制关系的性质,以确定如何编制合并财务报表。
(5) 由组成部分注册会计师审计组成部分的范围。
(6) 拟审计的经营分部的性质,包括是否需要具备专门知识。
(7) 外币折算,包括外币交易的会计处理、外币财务报表的折算和相关信息的披露。
(8) 除为合并目的执行的审计工作之外,对个别财务报表进行法定审计的需求。
(9) 内部审计工作的可获得性及注册会计师拟信赖内部审计工作的程度。
(10) 被审计单位使用服务机构的情况及注册会计师如何取得有关服务机构内部控制设计和运行有效性的证据。
(11) 对利用在以前审计工作中获取的审计证据(如获取的与风险评估程序和控制测试相关的审计证据)的预期。
(12) 信息技术对审计程序的影响,包括数据的可获得性和对使用计算机辅助审计技术的预期。
(13) 协调审计工作与中期财务信息审阅的预期涵盖范围和时间安排,以及中期审阅所获取的信息对审计工作的影响。
(14) 与被审计单位人员的时间协调和相关数据的可获得性。

(二) 报告目标、时间安排及所需沟通的性质(什么时候沟通以及沟通的目标)

这部分内容考查频率较低,考生阅读了解即可。

为计划报告目标、时间安排和所需沟通,①**需要考虑下列事项:**
(1) 被审计单位对外报告的时间表,包括中间阶段和最终阶段。
(2) 与管理层和治理层举行会谈,讨论审计工作的性质、时间安排和范围。
(3) 与管理层和治理层讨论注册会计师拟出具的报告的类型和时间安排以及沟通的其他事项,包括审计报告、管理层建议书和向治理层通报的其他事项。
(4) 与管理层讨论预期就整个审计业务中对审计工作的进展进行的沟通。
(5) 与组成部分注册会计师沟通拟出具的报告的类型和时间安排,以及与组成部分审计相关的其他事项。
(6) 项目组成员之间沟通的预期的性质和时间安排,包括项目组会议的性质和时间安排,以及复核已执行工作的时间安排。
(7) 预期是否需要和第三方进行其他沟通,包括与审计相关的法定或约定的报告责任。

(三) 审计方向(审计的重点)

确定审计方向时,注册会计师需要考虑下列事项。
(1) ②**重要性方面**。具体包括:
① 确定计划的重要性;
② 确定组成部分重要性且与组成部分注册会计师沟通;
③ 重新考虑重要性;
④ 识别重要的组成部分和账户余额。
(2) 重大错报风险较高的审计领域。
(3) 评估的财务报表层次重大错报风险对指导、监督及复核的影响。
(4) 项目组人员的选择(在必要时包括项目质量复核人员)和工作分工,包括向重大错

重要性是在总体审计策略的审计方向里确定的。

报风险较高的审计领域分派具备适当经验的人员。

（5）项目预算，包括考虑为重大错报风险可能较高的审计领域分配适当的工作时间。

（6）如何向项目组成员强调在收集和评价审计证据过程中保持职业怀疑的必要性。

（7）以往审计中对内部控制运行有效性进行评价的结果，包括所识别的控制缺陷的性质及应对措施。

（8）管理层重视设计和实施健全的内部控制的相关证据，包括这些内部控制得以适当记录的证据。

（9）业务交易量规模，以基于审计效率的考虑确定是否依赖内部控制。

（10）对内部控制重要性的重视程度。

（11）管理层用于识别和编制适用的财务报告编制基础所要求的披露（包括从总账和明细账之外的其他途径获取的信息）的流程。

（12）影响被审计单位经营的**重大发展变化**，包括信息技术、业务流程和关键管理人员的变化，以及收购、兼并和分立。

（13）重大的行业发展情况，如行业法规**变化和新的**报告规定。

（14）会计准则及会计制度的①**变化**。该变化可能涉及作出重大的新披露或对现有披露作出重大修改。

（15）**其他重大变化**，如影响被审计单位的法律环境的变化。

敲黑板①

通常来说，发生"变化"即为"新"，但凡是新的东西，往往出错的概率较高，即风险较高。

（四）审计资源

注册会计师应当在总体审计策略中清楚地说明审计资源的规划和调配，包括确定执行审计业务所必需的审计资源的性质、时间安排和范围。具体内容如下：

（1）向具体审计领域调配的资源，包括向高风险领域分派有适当经验的项目组成员，就复杂的问题利用专家工作等。

（2）向具体审计领域分配资源的多少，包括分派到重要地点进行存货监盘的项目组成员的人数，在集团审计中复核组成部分注册会计师工作的范围，向高风险领域分配的审计时间预算等。

（3）何时调配这些资源，包括是在期中审计阶段还是在关键的截止日期调配资源等。

（4）如何管理、指导、监督这些资源，包括预期何时召开项目组预备会和总结会，预期项目合伙人和经理如何进行复核，②**是否需要实施项目质量复核等**。

敲黑板②

项目质量复核又称"组外复核"，不是所有的审计项目都需要实施，所以注册会计师需要在审计开始时确认。

二、**具体审计计划**★★ （见表2-4）

考频 2022年多选题（1）

表2-4 具体审计计划的相关内容

		内容
概念		（1）确定拟实施的审计程序的性质、时间安排和范围属于具体审计计划的**核心内容**； （2）审计程序包括风险评估程序、进一步审计程序和其他审计程序
③**风险评估程序**	必要性	风险评估程序是注册会计师在每个审计项目中都必须实施的**必要程序**
	组成	④**包括询问、分析、观察和检查**
	目的	为了**充分**识别和评估财务报表重大错报风险

敲黑板③

为了了解被审计单位而实施的程序，我们可以把它称为风险评估程序。

敲黑板④

将在"审计程序"中详细阐述。

续表

	内容
①进一步审计程序（见图2-5）	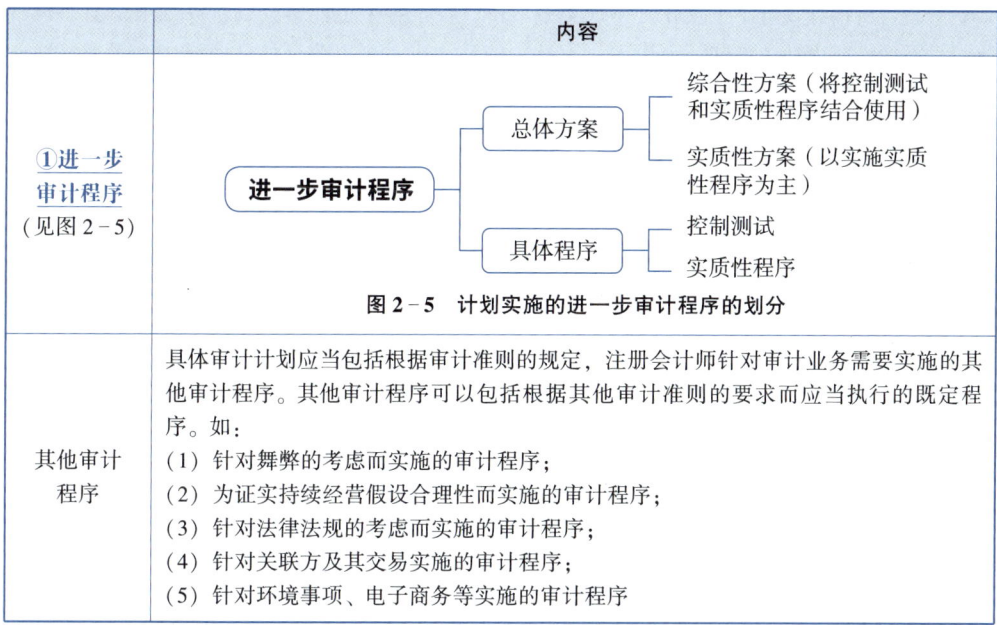 图2-5 计划实施的进一步审计程序的划分
其他审计程序	具体审计计划应当包括根据审计准则的规定，注册会计师针对审计业务需要实施的其他审计程序。其他审计程序可以包括根据其他审计准则的要求而应当执行的既定程序。如： （1）针对舞弊的考虑而实施的审计程序； （2）为证实持续经营假设合理性而实施的审计程序； （3）针对法律法规的考虑而实施的审计程序； （4）针对关联方及其交易实施的审计程序； （5）针对环境事项、电子商务等实施的审计程序

敲黑板①

为了应对风险而实施的审计程序，就可以称为进一步审计程序。进一步审计程序可以分为控制测试与实质性程序，该部分的内容将在"风险应对"章节中进行阐述。

▌经典例题 2-7　2022年·单选题

下列各项中，属于具体审计计划的是（　　）。

A. 签订审计业务约定书
B. 确定重要性水平
C. 确定风险评估程序的性质、时间安排和范围
D. 确定审计资源的规划与调配

解析　具体审计计划包括风险评估程序、进一步审计程序和其他审计程序。选项A属于初步业务活动，选项B属于总体审计策略的审计方向，选项D属于总体审计策略的审计资源。

答案　C

三、审计过程中对计划的更改 ★★

计划审计工作**贯穿**于整个审计业务的始终，注册会计师**应在**必要时对总体审计策略和具体审计计划作出更新和修改。

> **名师说**　例如，对重要性水平的修改，对某类交易、账户余额和披露的重大错报风险的评估和进一步审计程序（包括总体方案和拟实施的具体审计程序）的更新和修改等。

制定总体审计策略的过程**通常**在制定具体审计计划之前，但是两项计划具有内在紧密联系，对其中一项的决定**可能会影响甚至改变**对另外一项的决定。

如果注册会计师在审计过程中对总体审计策略或具体审计计划作出重大修改，**应当**在审计工作底稿中记录作出的重大修改和理由。

> **名师说**　所谓计划赶不上变化，在现实生活中，各位考生也能体会到，计划很少会一成不变，在审计中是同一个道理。审计中的计划也是可以改变的。考试中会考查，注册会计师制定计划时选择了综合性方案，但是做控制测试后发现内控无效，于是换成了实质性方案，并替换了原审计计划底稿中的综合性方案。这种做法是不恰当的，审计计划可以更改毋庸置疑，但是原底稿不能作废，而是应该在底稿中记录重大修改和理由。

经典例题 2-8 （经典真题·单选题）

下列有关审计计划的说法中，正确的是（　　）。
A. 制定总体审计策略的过程通常在具体审计计划之前
B. 总体审计策略不受具体审计计划的影响
C. 具体审计计划的核心是确定审计的范围和审计方案
D. 制定审计计划的工作应当在实施进一步审计程序之前完成

【解析】审计计划包括总体审计策略和具体审计计划，虽然制定总体审计策略的过程通常在具体审计计划之前，但是二者具有内在紧密联系，对其中一项的决定可能会影响甚至改变另外一项的决定，选项 A 正确，选项 B 错误；具体审计计划的核心是确定审计程序的性质、时间安排和范围的决策，选项 C 错误；在审计过程中，注册会计师可能根据对被审计单位情况的了解程度对审计计划进行修正，计划审计工作是一个持续的不断修正的过程，贯穿于整个审计业务的始终。所以不能说审计计划在实施进一步审计程序之前"完成"，选项 D 错误。

【答案】A

四、指导、监督与复核★★

注册会计师**应当**制定计划，确定对项目组成员的指导、监督，以及对其工作进行复核的性质、时间安排和范围。指导、监督与复核的性质、时间安排和范围主要取决于下列因素：
（1）被审计单位的规模和复杂程度；
（2）审计领域；
（3）评估的重大错报风险；
（4）执行审计工作的项目组成员的专业素质和胜任能力。

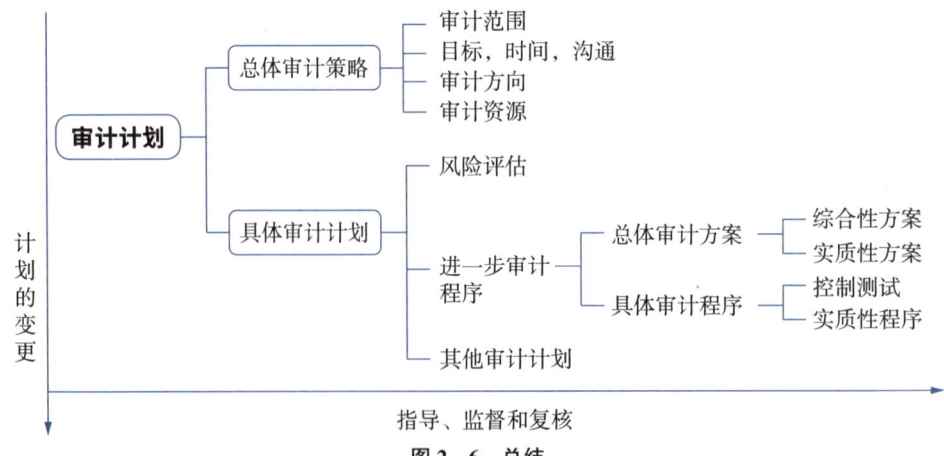

图 2-6　总结

第三节 重要性

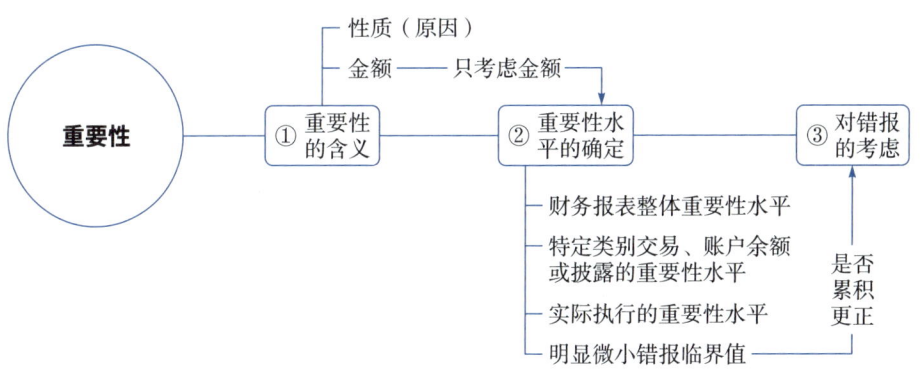

图 2-7 重要性

> **名师说**　考生对重要性的理解对于后续章节的学习十分重要，另外重要性既可以单独考查简答题，也可以考查客观题，需要考生全面掌握，作为基础理论的重中之重。

一、重要性的含义 ★★

审计开始（制定总体审计策略）时，必须对重大错报的规模和性质做出判断，确定财务报表层次和认定层次的重要性水平，见表 2-5。

表 2-5 重要性

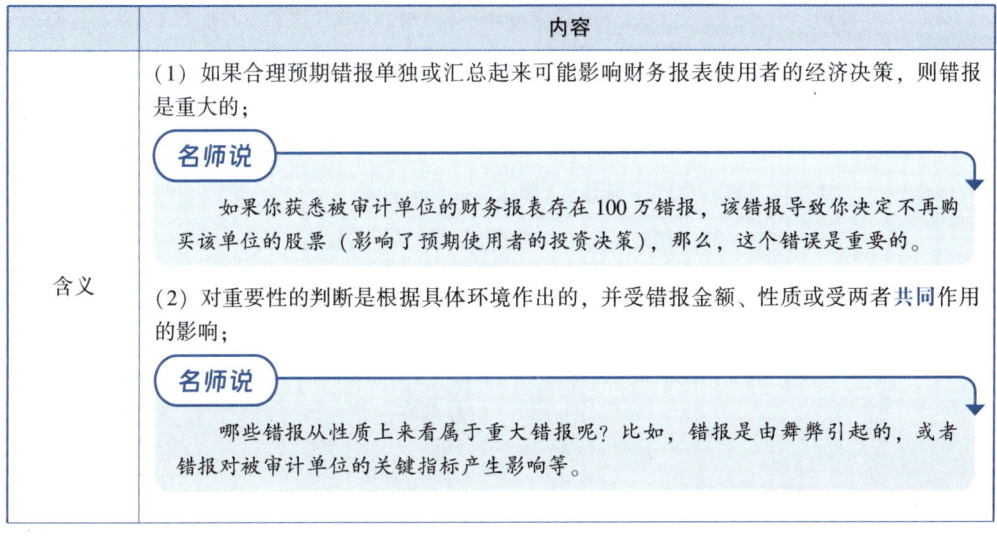

	内容
含义	（1）如果合理预期错报单独或汇总起来可能影响财务报表使用者的经济决策，则错报是重大的； **名师说**　如果你获悉被审计单位的财务报表存在 100 万错报，该错报导致你决定不再购买该单位的股票（影响了预期使用者的投资决策），那么，这个错误是重要的。 （2）对重要性的判断是根据具体环境作出的，并受错报金额、性质或受两者共同作用的影响； **名师说**　哪些错报从性质上来看属于重大错报呢？比如，错报是由舞弊引起的，或者错报对被审计单位的关键指标产生影响等。

续表

	内容
	(3) 由于不同财务报表使用者对财务信息的需求可能差异很大,因此不考虑错报对个别财务报表使用者可能产生的影响 **名师说** 注册会计师在制定重要性时,主要考虑的是大多数人。
目的	(1) 决定风险评估程序的性质、时间安排和范围; (2) 识别和评估重大错报风险; (3) 确定进一步审计程序的性质、时间安排和范围; (4) 评价识别出的错报对财务报表的影响和对审计报告中审计意见的影响

二、重要性水平的确定 ★★

重要性水平的确定-
确定财务报表整体的
重要性-知识精讲

考频 2022年单选题(2)、2021年单选题(1)、2020年单选题(2)、2020年多选题(1)、2018年综合题(1)

(一)确定财务报表整体的重要性(见表2-6)

表2-6 确定财务报表整体的重要性

		内容
何时确定		在计划审计工作(制定总体审计策略/审计方向)时,注册会计师应当(初步地)确定一个可接受的重要性水平,以发现金额方面的重大错报
怎样确定	原则	注册会计师<u>应当</u>运用职业判断确定重要性,经常根据事务所惯例和自身经验予以考虑,<u>但不考虑与具体项目相关的固有不确定性</u>(如重大会计估计) **名师说** 注册会计师在确定重要性水平时,不需要考虑与具体项目计量相关的固有不确定性,例如,财务报表含有高度估计不确定性的大额估计,注册会计师并不会因此而确定一个比不含有该估计的财务报表更高或更低的财务报表整体的重要性。
	方法	<u>基准×百分比=财务报表整体的重要性水平</u>
基准	考虑因素	(1) 财务报表要素(如资产、负债、所有者权益;收入和费用); (2) 被审计单位的所有权结构和融资方式; (3) 被审计单位的性质、所处的生命周期阶段以及所处行业和经济环境; (4) 是否存在财务报表使用者特别关注的项目; (5) 基准的相对波动性

续表

		内容
基准	考虑因素	**名师说** ① 对于财务报表要素，注册会计师可以考虑选择资产、负债、所有者权益、收入和费用等； ② 对于特别关注的项目，比如，为了评价财务业绩，财务报表使用者特别关注利润或者收入等，那么注册会计师就可能会选择利润或者收入作为基准； ③ 对于被审计单位的性质、所处的生命周期阶段以及行业和经济环境，比如，对于非营利组织，通常选择总收入或费用总额作为基准；对于新设立的企业，通常选择总资产作为基准；对于成长期的企业，通常选择营业收入作为基准；对于成熟期的企业，通常选择经常性业务的税前利润作为基准。 ④ 对于被审计单位的所有权结构和融资方式，被审计单位是债务融资还是权益融资，注册会计师选择的基准也不一样，债务融资会关注偿债能力，权益融资会关注盈利能力； ⑤ 对于基准的波动性，注册会计师在选择基准时，更愿意选择相对稳定的基准。
	要点	（1）如果微利或微亏状态是由于宏观经济环境的波动或经营的周期性而导致，可考虑采用过去3~5年经常性业务的平均税前利润作为基准； （2）如果利润逐年下滑，而非循环往复，则采用财务报表使用者关注的其他财务指标作为基准，如营业收入、总资产等。**但须注意**，如果经营规模较上一年度没有重大变化，通常使用替代性基准确定的重要性**不宜**超过上一年度的重要性； （3）就选定的基准而言，相关的财务数据通常包括前期财务成果和财务状况、①**本期最新的财务成果和财务状况、本期的预算和预测结果**
百分比	考虑要素	（1）是否为上市公司或公众利益实体； （2）财务报表使用者的范围； （3）被审计单位是否由集团内部关联方提供融资或是否有大额对外融资； （4）财务报表使用者是否对基准数据特别敏感等。 **名师说** 百分比的考虑因素一共有四项，其实从归类的角度来看，可以划分为两类：①是否为上市公司、财务报表使用者的范围考虑的是使用者的范围以及是否融资（无论是债权人还是股权人的增加，都会导致财务报表使用者范围的增加）。②范围大，则应选择较低的百分比；范围小，则可以选择较高的百分比。对基准数据的敏感考虑的是使用者的敏感性，使用者较敏感，则应选择较低的百分比；使用者较不敏感，则可以选择较高的百分比。
	要点	确定适当的百分比需要运用职业判断
联系		**百分比和选定的基准之间存在一定的联系**（如经常性业务的税前利润对应的百分比通常比营业收入对应的百分比高）

敲黑板①

如果被审计单位的情况或被审计单位所处的行业和经济环境情况发生变化，本期最新的财务成果和财务状况、本期的预算和预测结果可能需要作出相应调整。

常用基准举例，见表2-7。

表2-7 ①常用基准举例

被审计单位的情况	可能选择的基准
企业的盈利水平保持稳定	经常性业务的税前利润
企业近年来经营状况大幅度波动：盈利和亏损交替发生，或由正常盈利变为微利或微亏，或本年度税前利润因情况变化而出现意外增加或减少	过去3~5年经常性业务的平均税前利润或亏损（取绝对值），或其他基准（例如营业收入）
企业为新设企业，处于开办期，尚未开始经营，目前正在建造厂房及购买机器设备	总资产
企业处于新兴行业，目前侧重于抢占市场份额、扩大知名度和影响力	营业收入
国际企业集团设立的研发中心，主要为集团下属企业提供研发服务，并以成本加成的方式向相关企业收取费用	成本与营业费用总额
开放式基金，致力于优化投资组合、提高基金净值、为基金持有人创造投资价值	净资产
公益性质的基金会	捐赠收入或捐赠支出总额

敲黑板①

"常用基准"这个知识点既可以出选择题，也可以出简答题，需要考生全面掌握。考试中可能会考企业处于新兴行业，目前侧重于抢占市场份额、扩大知名度和影响力，注册会计师选择了净资产作为基准。考生应该清楚地判断出这种做法不恰当，根据背景描述，该企业更应选择营业收入作为基准。

重要性水平的确定-确定财务报表整体的重要性-例题解析

▍**经典例题2-9** 经典真题·单选题

下列有关在确定财务报表整体的重要性时选择基准的说法中，正确的是（　　）。

A. 注册会计师应当充分考虑被审计单位的性质和重大错报风险，选取适当的基准
B. 对于以营利为目的的被审计单位，注册会计师应当选取税前利润作为基准
C. 基准一经选定，需在各年度中保持一致
D. 基准可以是本期财务数据的预算和预测结果

解析 选项A错误，在确定重要性基准时，不需要考虑重大错报风险；选项B错误，对于以营利为目的的被审计单位，注册会计师通常选取经常性业务的税前利润作为基准，而不是"应当"；选项C错误，重要性水平的基准是可以根据被审计单位的实际情况变化的，并不是各年度中保持一致。

答案 D

▍**经典例题2-10** 2020年·单选题

下列各项中，注册会计师为确定财务报表整体的重要性而选择基准时，通常无须考虑的是（　　）。

A. 是否为首次接受委托的审计项目　　B. 被审计单位的性质
C. 被审计单位的所有权结构　　　　　D. 被审计单位的融资方式

解析 选择基准时应当考虑的因素：
(1) 财务报表要素；
(2) 是否存在特定会计主体的财务报表使用者特别关注的项目；
(3) 被审计单位性质、所处生命周期阶段及所处行业和经济环境（选项B）；
(4) 被审计单位的所有权结构和融资方式（选项C和选项D）；
(5) 基准的相对波动性。

答案 A

(二) ①特定类别交易、账户余额或披露的重要性水平（见表2-8）

表2-8 特定类别交易、账户余额或披露的重要性水平

	内容
定义	特定类别的交易、账户余额或披露发生错报时，虽然错报金额低于财务报表整体的重要性，但如能合理预期该错报可能影响报表使用者作出的经济决策，应确定该认定的重要性水平 **名师说** 如果说财务报表是用于衡量整份财务报表的整体错报是否重大，那么特定类别交易、账户余额或披露的重要性水平就是用来衡量某一项目的错报是否重大。它们两者的关系有点类似于考研，不仅要看总分是否达标（财务报表整体重要性水平），还要看某一科目是否达标（特定类别交易、账户余额或披露的重要性水平）。 财务报表整体的重要性、实际执行的重要性、明显微小错报，是每一个审计业务中都必须制定的。但是特定类别交易、账户余额或披露的重要性水平不是必须设置的，是否设置取决于被审计单位的具体情况。
考虑因素	(1) 法律法规或适用的财务报告编制基础是否影响财务报表使用者对特定项目（如<u>关联方交易</u>、<u>管理层和治理层的薪酬</u>及对具有较高估计不确定性的公允价值会计估计的敏感性分析）计量或披露的预期； (2) 与被审计单位所处行业相关的关键性披露（如制药企业的研究与开发成本）； (3) 财务报表使用者是否特别关注财务报表中单独披露的业务的特定方面（如关于分部或重大企业合并的披露）
要点	(1) 特定类别交易、账户余额或披露的重要性水平②应低于财务报表整体的重要性；特定类别交易、账户余额或披露的重要性的总和无需小于财务报表整体的重要性。 (2) 在根据被审计单位的特定情况考虑是否存在上述交易、账户余额或披露时，了解治理层和管理层的看法和预期通常是有用的。 (3) 与财务报表层次的重要性相同，认定层次的重要性<u>也需要相应确定实际执行的重要性</u>

敲黑板①
特定类别交易、账户余额或披露的重要性水平也可以称为认定层次重要性水平。

敲黑板②
应当低于，不可等于。

（三）实际执行的重要性水平

1. 层次

（1）财务报表层次实际执行的重要性，是为将未更正和未发现错报的汇总数超过财务报表整体重要性的可能性降至适当的低水平而设定的错报预警水平。

名师说
实际执行的重要性水平明确了注册会计师的工作范围，当已发现的错报超过实际执行的重要性水平，注册会计师需要扩大审计范围，防止已发现的错报加上未发现的错报超过财务报表整体的重要性水平。

（2）特定认定层次实际执行的重要性，旨在将某类认定中未更正与未发现错报的汇总数超过认定层次重要性水平的可能性降至适当的低水平。

实际执行的重要性水平-知识精讲

> **名师说**　财务报表层次实际执行的重要性水平是应当制定的，如果因存在特殊情形制定了特定认定层次的重要性水平，注册会计师也应当制定认定层次实际执行的重要性水平。

2. 确定

确定实际执行的重要性，并非简单的机械计算，需要职业判断，具体考虑因素，见表2-9。

表2-9　实际执行重要性水平的确定

	内容
考虑要素	(1) 对被审计单位的了解； (2) 前期审计工作中识别出的错报的性质和范围； (3) 根据前期识别出的错报对本期错报作出的预期
要点	无需将整体重要性平均分配或按比例分配给各个项目，作为实际执行重要性。**通常而言**，财务报表层次实际执行的重要性为财务报表整体重要性的50%~75%
情况	接近50%的情况：(1) 首次接受委托的审计项目；(2) 连续审计项目，以前年度审计调整较多；(3) 项目总体风险较高；(4) 存在或预期存在值得关注的内部控制缺陷
	接近75%的情况：(1) 连续审计项目，以前年度审计调整较少；(2) 项目总体风险介于低等至中等；(3) 以前期间的审计经验表明内部控制运行有效

经典例题 2-11　（2020年·多选题）

下列各项审计工作中，注册会计师需要使用财务报表整体重要性的有（　　）。

A. 确定风险评估程序的性质、时间安排和范围

B. 识别和评估重大错报风险

C. 确定实际执行的重要性

D. 评价已识别的错报对财务报表的影响

（解析）本题考查财务报表整体的重要性，注册会计师使用整体重要性水平（将财务报表作为整体）的目的有：

(1) 决定风险评估程序的性质、时间安排和范围（选项A）；

(2) 识别和评估重大错报风险（选项B）；

(3) 确定进一步审计程序的性质、时间安排和范围，通常而言，实际执行的重要性通常为财务报表整体重要性的50%~75%（选项C）；在形成审计结论阶段，要使用整体重要性水平和为了特定类别交易、账户余额和披露而确定的较低金额的重要性水平来评价已识别的错报对财务报表的影响和对审计报告中审计意见的影响（选项D）。

（答案）ABCD

3. 应用（见表2-10）

表2-10　实际执行重要性水平的应用

		内容
要点		注册会计师在计划审计工作时可以根据实际执行的重要性确定需要对哪些类型的交易、账户余额和披露实施进一步审计程序。**即通常选取金额超过实际执行的重要性的财务报表项目**
误区		但是不代表注册会计师可以对所有金额**低于**实际执行的重要性的财务报表项目不实施进一步审计程序
原因	汇总	单个金额低于实际执行的重要性的财务报表项目汇总起来可能金额重大，注册会计师需要考虑汇总后的潜在错报风险
	低估	对于存在低估风险的财务报表项目，不能仅仅因为其金额低于实际执行的重要性而不实施进一步审计程序 **名师说** 一个项目账面金额为100万元，如果存在被高估的风险，那么这个项目最多可能被高估100万元。另一方面，如果这个项目存在被低估的风险，那么它有可能从500万元被低估成100万元，也有可能从1 000万元被低估成100万元。 这意味着，当一个项目存在被低估的风险时，其可能的错误范围是巨大的，从最小值到无穷大。因此，评估一个项目时必须谨慎处理所有可能的风险因素，尤其是被低估的风险，因为一旦项目被低估，其实际价值可能会远远高于账面金额，从而带来巨大的损失。
原因	舞弊	对于识别出存在舞弊风险的财务报表项目，不能因为其金额低于实际执行的重要性而不实施进一步审计程序
①具体运用环节	实质性分析程序	在实施实质性分析程序时，注册会计师确定的已记录金额与预期值之间的可接受差异通常不超过实际执行的重要性
	细节测试	在运用审计抽样实施细节测试时，注册会计师可以将可容忍错报的金额设定为等于或低于实际执行的重要性

敲黑板①
该知识点在此处只需了解即可，详情参见"分析程序用作实质性程序""审计抽样运用在细节测试"。

经典例题2-12　（2022年·单选题）

下列各项中，注册会计师需要运用实际执行的重要性的是（　　）。
A. 确定多大金额的错报可能影响财务报表使用者基于财务报表作出的经济决策
B. 确定明显微小错报临界值
C. 在运用审计抽样时确定可容忍错报
D. 评价未更正错报对审计意见的影响

解析　可容忍错报不应超过实际执行重要性水平，选项C当选。选项A、D需要运用的是财务报表层次或者认定层次的重要性水平，不当选。选项B运用的是明显微小错报临界值。

答案　C

(四)明显微小错报临界值(见表2-11)

表2-11 明显微小错报临界值

	内容
概念	注册会计师可能将低于某一金额的错报界定为明显微小的错报,**对这类错报不需要累积,也不需要更正** **名师说** 这些明显微小的错报,无论单独或者汇总起来,无论从规模、性质或其发生的环境来看都是明显微不足道的。
时间	注册会计师需要在制定审计策略和审计计划时,确定一个明显微小错报的临界值,①低于该临界值的错报被视为明显微小的错报,**可以不累积**
确认	明显微小错报临界值的判断需要注册会计师的职业判断
考虑因素	(1) **以前年度审计中识别出的错报(包括已更正和未更正错报)的数量和金额**; (2) **重大错报风险的评估结果**; (3) **被审计单位治理层和管理层对注册会计师与其沟通错报的期望**; (4) **被审计单位的财务指标是否勉强达到监管机构的要求或投资者的期望**
注意	(1) 如果不确定一个或多个错报是否明显微小,就不能认为这些错报是明显微小的; (2) 明显微小错报明显不重大,**但这不等同于不重大**; (3) 明显微小错报的金额的数量级与重要性水平相比,是完全不同的(明显微小错报的数量级更小,或性质完全不同)
特例	如果注册会计师认为有必要,可以单独为重分类错报确定一个**更高的临界值**

> **敲黑板①**
> 必须小于,不能等于。

经典例题2-13 （2019年·单选题）

下列各项中,不属于注册会计师使用财务报表整体重要性的目的的是(   )。

A. 决定风险评估程序的性质、时间安排和范围
B. 识别和评估重大错报风险
C. 确定审计中识别的错报是否需要累积
D. 评价已识别的错报对审计意见的影响

解析 本题考查制定财务报表整体重要性的目的。注册会计师使用整体重要性水平的目的有:(1) 决定风险评估程序的性质、时间安排和范围(选项A);(2) 识别和评估重大错报风险(选项B);(3) 确定进一步审计程序的性质、时间安排和范围;(4) 评价已识别的错报对财务报表的影响和对审计报告中审计意见的影响(选项D)。

答案 C

经典例题2-14 （2021年·多选题）

下列有关明显微小错报的说法中,正确的有(   )。

A. 注册会计师不需要累积明显微小的错报
B. 明显微小错报的汇总数不会对财务报表产生重大影响
C. 明显微小错报的金额的数量级小于不重大错报的金额的数量级
D. 如果不确定一个或多个错报是否明显微小,就不能认为这些错报是明显微小的

解析 注册会计师可能将低于某一金额的错报界定为明显微小的错报,对这类错报不需

要累积（选项 A），因为注册会计师认为这些错报的汇总数明显不会对财务报表产生重大影响（选项 B）。"明显微小" 不等同于 "不重大"。明显微小错报的金额的数量级，与按照《中国注册会计师审计准则第 1221 号——计划和执行审计工作时的重要性》确定的重要性的数量级相比，是完全不同的，明显微小错报的数量级更小，或其性质完全不同（选项 C）。如果不确定一个或多个错报是否明显微小，就不能认为这些错报是明显微小的（选项 D）。

【答案】ABCD

考虑因素小结，见表 2－12。

表 2－12 ①考虑因素小结

各类重要性考虑因素小结-知识精讲

	财务报表整体的重要性水平		特定类别交易、账户余额或披露的重要性水平	实际执行	明显微小
目的	审计意见类型是否重大		审计意见是否重大	是否扩大范围	错报是否累积、是否更正
考虑要素	基准	百分比	法律法规或适用的财务报告编制基础的影响	对被审计单位的了解	被审计单位治理层和管理层对注册会计师与其沟通错报的期望
	财务报表要素	是否为上市公司或公众利益实体			
	所有权结构和融资方式	是否由集团内部关联方提供融资或是否有大额对外融资	财务报表使用者是否特别关注财务报表中单独披露的业务的特定方面	项目总体风险/重大错报风险的评估结果	重大错报风险的评估结果
考虑要素	性质、所处的生命周期阶段以及所处行业和经济环境	财务报表使用者的范围		前期审计工作中识别出的错报的性质和范围	以前年度审计中识别出的错报的数量和金额
	是否存在财务报表使用者特别关注的项目	财务报表使用者是否对基准数据特别敏感等	关键性披露	根据前期识别出的错报对本期错报作出的预期	被审计单位的财务指标是否勉强达到监管机构的要求或投资者的期望
	基准的相对波动性				
	都不考虑项目的固有不确定性				

敲黑板①

该总结需要熟练掌握，是考试中的高频考点。

三、审计过程中对重要性的修改（见表 2－13）

表 2－13 审计过程中对重要性的修改

	内容
概念	注册会计师可能需要修改财务报表整体的重要性和特定类别的交易、账户余额或披露的重要性水平
原因	（1）审计过程中情况发生**重大变化**； （2）获取新信息； （3）通过实施进一步审计程序，注册会计师对被审计单位及其经营所了解的情况发生变化
要点	如修改后的重要性水平低于修改前的水平，注册会计师需要考虑此前已进行的工作是否恰当，包括评估的重大错报风险和确定的重点审计领域是否需要修改，已实施的审计程序是否需要补充以及已获取的审计证据是否充分、适当

四、错报 ★★

考频 2020年综合题（1）、2019年单选题（1）、2019年综合题（1）、2018年多选题（1）

（一）错报的含义

错报是指某一财务报表项目的金额、分类、列报或披露与按适用的财务报告编制基础应列示的信息之间存在的差异；或者根据注册会计师的判断，需要对其作出的必要调整。

（二）错报的根源

1. 收集或处理用以编制财务报表的数据时出现错误；
2. 遗漏某项金额或披露；
3. 由于疏忽或明显误解有关事实作出不正确的会计估计；
4. 注册会计师认为管理层对会计估计作出不合理的判断或对会计政策作出不恰当的选择和运用；
5. 信息的分类、汇总或分解不恰当。

（三）错报的类型（见表2-14）

表2-14 错报的类型

类型	内容
事实错报	收集或处理数据错误，或舞弊导致的对事实的误解或忽略，或故意舞弊行为；本质是违反客观事实
判断错报	注册会计师认为由以下情形而导致的差异： (1) 管理层对会计估计作出不合理的判断； (2) 不恰当地选择和运用会计政策
①推断错报	通常是指通过测试样本估计出的总体错报**减去**在测试中发现的已经识别的具体错报

敲黑板①
注意，推断错误不是通过测试样本估计出的总体错报，还需要减去在测试中发现的已识别的具体错报。

（四）对错报的考虑（见表2-15）

表2-15 对错报的考虑

	内容
关系	错报可能不会孤立发生，一项错报的发生表明可能还存在其他错报。（例如，由于内部控制失效而导致的错报。）
②接近	**抽样风险和非抽样风险**可能导致某些错报未被发现。审计过程中累积错报的汇总数接近重要性，表明存在比可接受的低风险更大的风险（风险可能不能接受），即未被发现的错报连同审计过程中累积错报的汇总数，可能超过重要性
原因	注册会计师可能要求管理层了解错报的原因、确定错报的金额，并对财务报表作出适当调整。（例如，依据样本错报推断总体错报时，注册会计师可能提出这些要求。）

敲黑板②
抽样风险与非抽样风险参见"审计抽样"章节。

考点加油站

章末总结

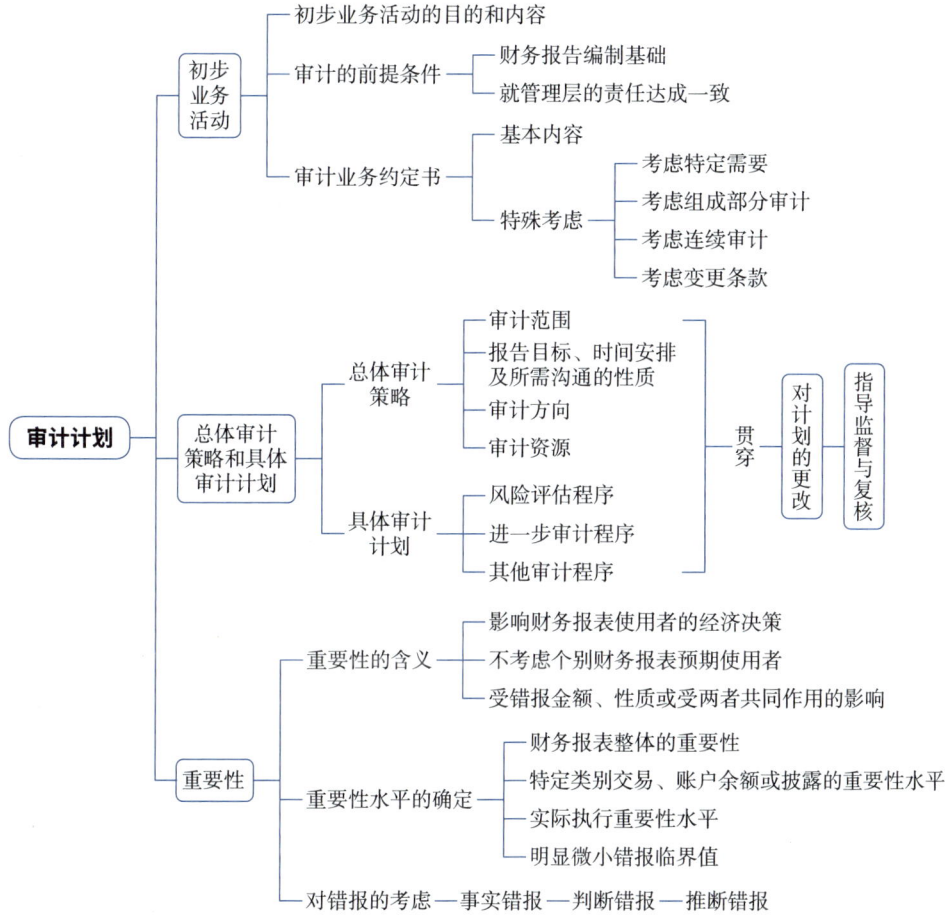

 14%

第三章 审计证据

轻装上阵

本章讲什么?

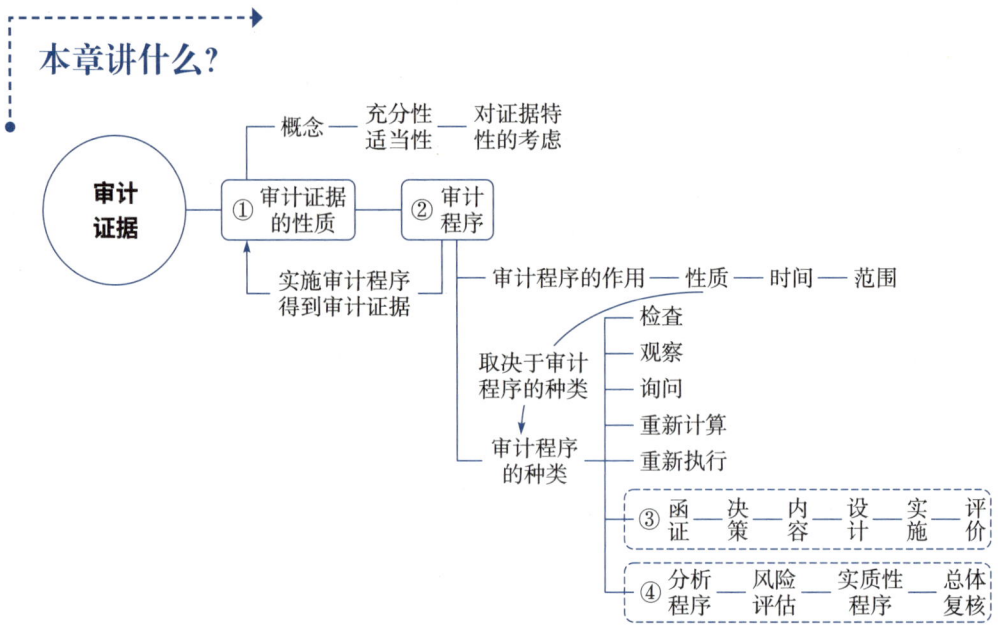

注册会计师在执行②**审计程序**以获取①**审计证据**时,需要对审计程序的三个方面保持关注:性质(干什么样的活)、时间(什么时候)和范围(这个活干多少次)。其中,审计程序的性质涉及七个方面:检查、观察、询问、重新计算、重新执行、③**函证**和④**分析程序**。

本章如何考?

本章属于基础章节,难度不大,但考频较高,对于审计证据小节,常常考查客观题。审计程序小节,内容简单且重要,主客观考题均有。函证和分析程序是考试的重中之重,分值较高,函证更偏重考查主观题,分析程序主客观考题均有,考生需要加以重视。

本章怎么学?

审计证据章节一方面阐述了审计证据的性质,另一方面介绍了七种审计程序。七种程序中,函证和分析程序应当作为重点把握。对于函证程序,函证的设计、函证的发出、函证的收回这整个过程,都需要熟练掌握。对于分析程序,重点把握其在风险评估、实质性分析程序、总体复核三方面运用的目的。

2024 年本章主要变化

本章在 2024 年对"通过电子函证方式发出询证函时采取的控制措施"进行了重新编写，考生需要对该考点加以重视。

考点冲浪

第一节 审计证据的性质

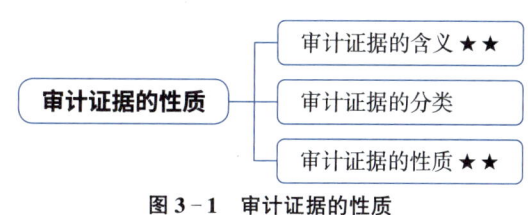

图 3-1 审计证据的性质

一、审计证据的含义 ★★

审计证据是指为了得出审计结论、形成审计意见而使用的所有信息。

二、审计证据的分类

（1）**会计记录中含有的信息**：原始凭证、记账凭证、总分类账和明细分类账、其他调整，以及各类计算表和电子数据表。

（2）**其他的信息**：会计记录以外的信息，如被审计单位会议记录、内部控制手册、询证函回函、分析师的报告、与竞争者的比较数据；也包括注册会计师获取或编制的计算表、分析表等。

> **名师说** 审计证据来源于会计记录与其他的信息。会计信息和其他的信息**应当结合，缺一不可**：没有前者，审计工作无法进行；没有后者，可能无法识别重大错报风险。

三、审计证据的性质★★（见图 3-2）

考频 2022年单选题（1）、2022年多选题（1）、2020年单选题（1）、2019年单选题（2）

审计证据的性质-
知识精讲

图 3-2 审计证据的性质

（一）审计证据的充分性（见表 3-1）

表 3-1 审计证据的充分性

		内容
定义		充分性是对审计证据数量的衡量，主要与注册会计师确定的**样本量**有关
影响因素	重大错报风险	评估的重大错报风险**越高**，所需审计证据的数量**越多**
	可接受审计风险	可接受的审计风险**越低**，需要的审计证据就**越多**
	审计证据的质量	审计证据质量**越高**，需要的①**审计证据**可能**越少**

敲黑板①
需要注意的是，审计证据质量存在缺陷，可能无法通过获取更多的审计证据予以弥补。数量上的缺陷也不能通过质量来弥补。

（二）审计证据的适当性（质量）（见表 3-2）

表 3-2 审计证据的适当性

		内容
定义		适当性包括**相关性和可靠性**，跟审计证据的质量相关。适当性是对审计证据质量的衡量，只有②**相关且可靠**的审计证据才是高质量的
可靠性	通常考虑的原则	（1）从外部独立来源获取的证据比从其他来源获取的证据可靠； （2）内控有效时内部生成的证据比薄弱时的证据可靠； （3）直接获取的证据比间接或推论得出的证据可靠； （4）以文件、记录形式存在的证据比口头证据可靠； （5）从原件获取的证据比从传真或复印件获取的可靠

敲黑板②
相关的证据不是高质量的证据，可靠的证据也不是高质量的证据，只有相关且可靠的审计证据才是高质量的证据。

> **名师说**
> 判断审计证据的可靠性原则是通常原则，或称一般原则，并不是绝对原则，如果考试中出现外部独立来源的证据一定比其他来源获取的证据可靠，考生应该判定为错误，因为该证据有可能是不具备资质者提供的。

续表

		内容
相关性	定义	是指审计证据的信息、审计程序的目的与相关认定之间存在逻辑联系
	影响因素	(1) **测试方向**。 例如，如果某审计程序的目的是测试应付账款的**多计错报**，则测试已记录的应付账款可能是相关的审计程序。 如果某审计程序的目的是测试应付账款的**漏记错报**，则测试已记录的应付账款很可能不是相关的审计程序，相关的审计程序可能是测试期后支出、未支付发票、供应商结算单以及发票未到的收货报告单等。 **名师说** 测试方向小结 | 名称 | 程序 | 通常应对情况 | 通常应对认定 | |---|---|---|---| | 逆查 | 由账到证 | 高估 | 存在或发生认定 | | 顺查 | 由证到账 | 低估 | 完整性认定 | (2) **特定程序可能只与某些认定相关，而与其他认定无关**。 例如，检查期后应收账款收回的记录和文件可以提供有关存在的审计证据，但未必提供与截止测试相关的审计证据。 (3) **某一认定的审计证据，不能替代与其他认定相关的审计证据**。 例如，证明存货的存在认定的审计证据不能代替证明存货准确性、计价和分摊认定的审计证据。 (4) **不同来源或不同性质的审计证据可能与同一认定相关**。 例如，检查形成应收账款的合同、发票、发运凭证可以提供与应收账款存在认定相关的审计证据，询证函回函也可以提供与应收账款存在认定相关的审计证据
要点		(1) 审计证据质量越高，需要的审计证据数量可能越少； (2) ①仅靠获取更多的审计证据无法弥补其质量上的缺陷； (3) 审计证据的适当性无法弥补分性的不足； (4) 审计证据的可靠性不影响审计证据的相关性； (5) 审计证据的相关性不影响审计证据的可靠性

敲黑板①
虽然注册会计师全国统一考试教材上的说法是"可能"，但在考试中数量是不能弥补质量的缺陷的。

经典例题 3-1　2022年·单选题

下列有关审计证据适当性的说法中，错误的是(　　)。
A. 审计证据的适当性是对审计证据质量的衡量
B. 审计证据适当性的核心内容是相关性和可靠性
C. 获取更多的审计证据无法弥补审计证据适当性的缺陷
D. 审计证据的适当性可以弥补充分性的不足

(解析) 审计证据的适当性，是对审计证据质量的衡量，即审计证据在支持审计意见所有的结论方面具有相关性和可靠性。相关性和可靠性是审计证据适当性的核心内容。选项AB正确，不选。

如果注册会计师获取的审计证据不可靠，那么证据数量再多都难起到证明作用。选项C

正确，不选。

注册会计师应当获取充分、适当的审计证据，以得出合理的审计结论，作为形成审计意见的基础。审计证据质量越高，需要的审计证据可能越少，并不表明适当性直接可以弥补充分性的不足。在获取高质量审计证据的情况下，可能不需要特别多的审计证据，但是如果本身充分性不足，适当性是无法直接弥补的。选项 D 错误，当选。

(答案) D

经典例题 3-2　（2020年·单选题）

审计证据的性质-
例题解析

下列有关审计证据的相关性的说法中，错误的是(　　)。
A. 审计证据的相关性是审计证据适当性的核心内容之一
B. 审计证据的相关性影响审计证据的充分性
C. 审计证据的可靠性影响审计证据的相关性
D. 审计证据的相关性可能受测试方向的影响

(解析) 相关性和可靠性是审计证据适当性的核心内容，只有相关且可靠的审计证据才是高质量的。选项 A 正确，不选。

审计证据的可靠性不影响审计证据的相关性。相关性是指用作审计证据的信息与审计程序的目的和所考虑相关认定之间的逻辑关系，用作审计证据的信息可能受到测试方向的影响。选项 D 正确，不选。

可靠性是指审计证据的可信程度，可信程度不会影响相关性。选项 C 错误，当选。

审计证据的相关性衡量的是审计证据的质量，而充分性衡量审计证据的数量，注册会计师需要获取的审计证据的数量也受到审计证据质量的影响。选项 B 正确，不选。

(答案) C

经典例题 3-3　（2022年·多选题）

下列各项因素中，影响注册会计师需要获取审计证据的数量的有(　　)。
A. 评估的重大错报风险
B. 获取的审计证据与审计目的的相关程度
C. 审计证据的来源
D. 获取审计证据的具体环境

(解析) 注册会计师需要获取的审计证据的数量受其对重大错报风险评估的影响（评估的重大错报风险越高，需要的审计证据可能越多）（选项 A），并受审计证据质量的影响（审计证据质量越高，需要的审计证据可能越少）。

审计证据的适当性，是对审计证据质量的衡量，即审计证据在支持审计意见所依据的结论方面具有的相关性和可靠性。

审计证据的相关性，是指用作审计证据的信息与审计程序的目的和所考虑的相关认定之间的逻辑联系（选项 B）。

审计证据的可靠性是指证据的可信程度，审计证据的可靠性受其来源和性质的影响，并取决于获取审计证据的具体环境（选项 CD）。

(答案) ABCD

(三) 对证据特性的考虑（见表3-3）

考频 2021年简答题（1）、2020年简答题（1）

表3-3　对证据特性的考虑

	内容
对文件记录可靠性的考虑	审计工作①通常不涉及鉴定文件记录的真伪，但如果识别出的情况使注册会计师认为文件记录可能是伪造的，或文件记录中的某些条款已发生变动，注册会计师应当作出进一步调查
使用被审计单位生成信息时的考虑	应就信息的准确性和完整性获取审计证据
证据相互矛盾时的考虑	（1）如果从不同来源或不同性质的证据能相互印证，则具有更强的说服力； （2）如果从不同来源或不同性质的证据不一致，则表明某项证据可能不可靠，应当追加必要的审计程序
对获取证据的成本的考虑	可以考虑取证成本与信息有用性之间的关系，但不应以取证的困难和成本为由减少不可替代的审计程序
信息缺乏也可能成为审计证据	例如，管理层拒绝提供要求的声明，本身就构成审计范围受到广泛性限制的证据

> **敲黑板①**
> 如果考试中出现"审计工作不涉及鉴定文件记录的真伪"的说法，考生应该将其判定为错误。

经典例题3-4 （经典真题·单选题）

下列有关审计证据的说法中，正确的是(　　)。
A. 审计证据不包括会计师事务所接受与保持客户或业务时实施质量管理程序获取的信息
B. 注册会计师无需鉴定作为审计证据的文件记录的真伪
C. 注册会计师可以考虑获取审计证据的成本与所获取信息的有用性之间的关系
D. 外部证据与内部证据矛盾时，注册会计师应当采用外部证据

解析 审计证据包括会计师事务所接受与保持客户或业务时实施质量管理程序获取的信息，选项A错误。审计工作通常不涉及鉴定文件记录的真伪，注册会计师也不是鉴定文件记录真伪的专家。但是，如果在审计过程中识别出的情况使其认为文件记录可能是伪造的，或文件记录中的某些条款已发生变动，注册会计师应当作出进一步调查，包括直接向第三方询证，或考虑利用专家的工作以评价文件记录的真伪。例如，如果发现某银行询证函回函有伪造或篡改的迹象，注册会计师应当作进一步的调查，并考虑是否存在舞弊的可能性。必要时应当通过适当方式聘请专家予以鉴定，选项B错误。注册会计师可以考虑获取审计证据的成本与所获取信息的有用性之间的关系，选项C正确。如果从不同来源获取的审计证据或获取的不同性质的审计证据不一致，表明某项审计证据可能不可靠，注册会计师应当追加必要的审计程序，不能直接采用外部证据，选项D错误。

答案 C

本节总结

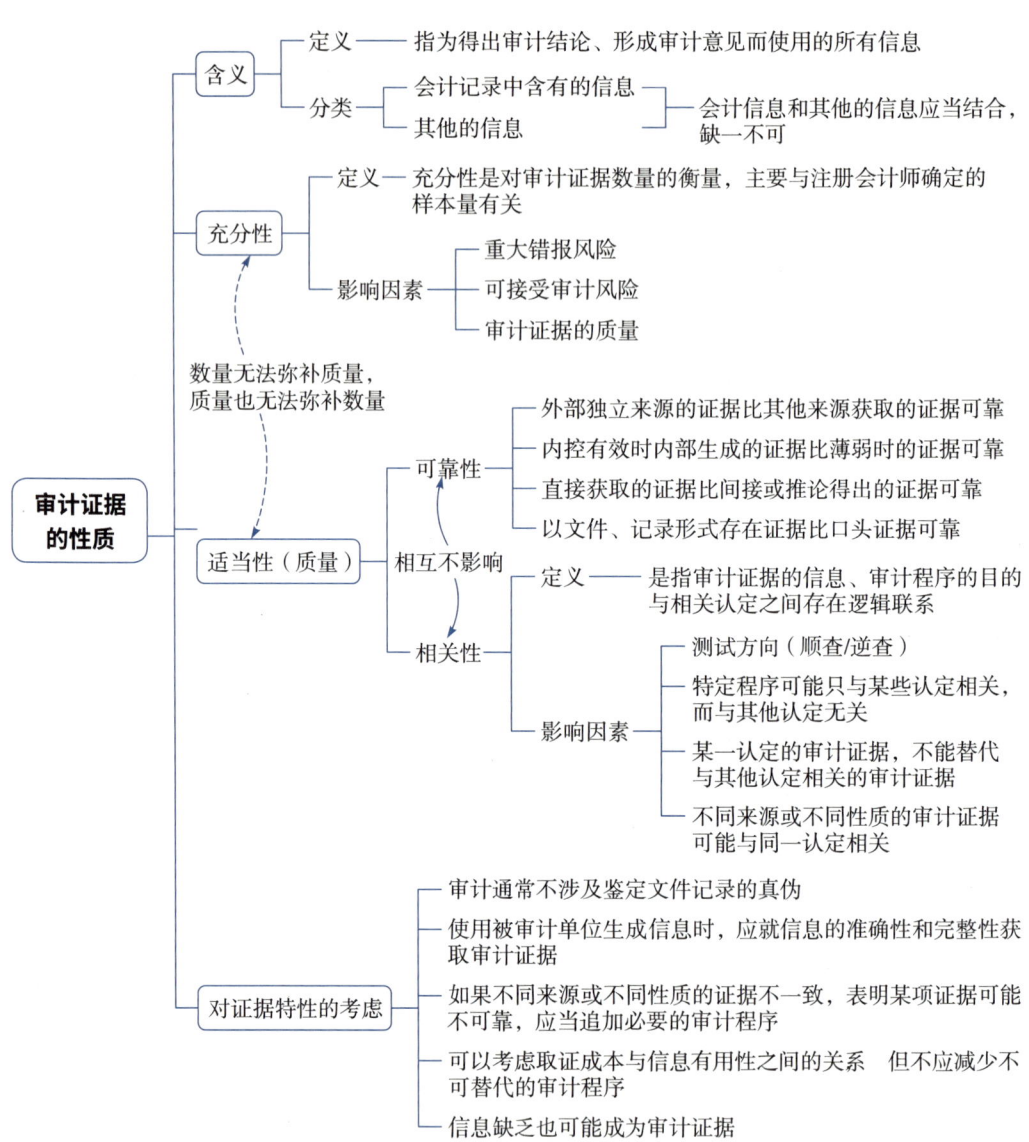

图 3-3 审计证据的性质

第二节 审计程序

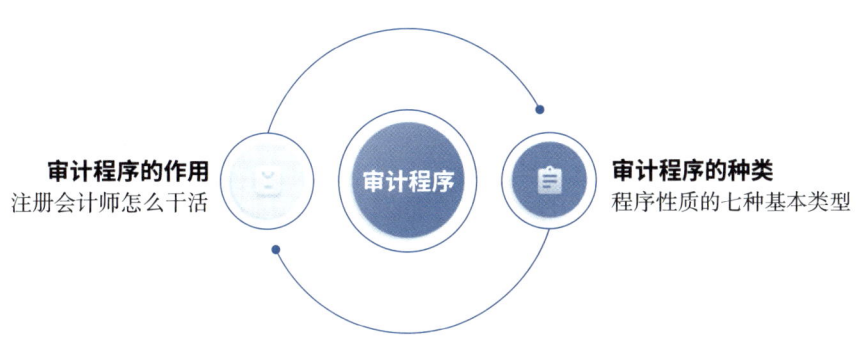

图 3-4 审计程序

一、审计程序的作用★ （见表 3-4）

表 3-4 审计程序的作用

	内容
定义	是指注册会计师在审计过程中的某个时间，对将要获取的某类审计证据如何进行收集的详细指令
解决问题	（1）选用何种审计程序； （2）对选定的审计程序，应当选取多大的样本规模； （3）应当从总体中选取哪些项目； （4）何时执行这些程序

> **名师说**
> 审计中经常会提到审计程序的性质、时间安排和范围，简单理解审计程序的性质就是指选用何种审计程序；审计程序的范围就是指从总体中选取哪些项目，确定多大的样本规模；审计程序的时间安排就是指何时执行审计程序。
> 程序的性质、时间安排和范围主要在"风险应对"章节学习。样本规模详细阐述参见"审计抽样"章节。

二、审计程序的种类★ （见表 3-5）

表 3-5 审计程序的种类

种类	内容	要点
检查	（1）记录和文件（纸质、电子或其他介质）； （2）实物（固定资产、存货、现金、应收票据等）	可以为其存在提供可靠的审计证据，但不一定能够为权利和义务或计价等认定提供可靠的审计证据。 证据的可靠程度取决于记录或文件的性质和来源

续表

种类	内容	要点
观察	（1）相关人员正在从事的活动（盘点）； （2）相关人员正在实施的程序（专家）	仅限于观察时点；而且被观察人员的行为可能因被观察而受到影响
询问	被审计单位内部或外部的知情人员获取财务信息和非财务信息，并对答复进行评价的过程	（1）单独实施不足以获取充分适当的审计证据； （2）可以以书面或口头方式
①函证	函证是指注册会计师通过直接从第三方获取书面答复以作为审计证据的过程	（1）不局限于账户余额，还有交易条款； （2）答复可以采用纸质、电子或其他介质等形式； （3）可靠性较高
重新计算	注册会计师以人工方式或使用计算机辅助审计技术，对记录或文件中的数据计算的准确性进行核对	—
重新执行	注册会计师以人工方式或使用计算机辅助审计技术，重新独立执行作为被审计单位内部控制组成部分的程序或控制	—
分析程序	分析程序是指注册会计师通过研究不同财务数据之间以及财务数据与非财务数据之间的内在关系，对财务信息做出评价	分析程序还包括在必要时对识别出的、与其他相关信息不一致或与预期数据严重偏离的波动或关系进行调查

敲黑板①

函证一定要获取书面答复，不能获取口头答复。

第三节　函证

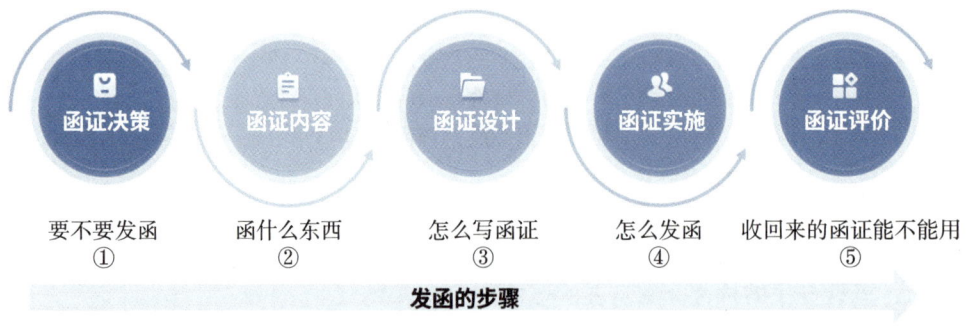

图 3-5　函证

一、函证决策★★★（见表3-6）

考频 2021年多选题（1）、2018年简答题（1）

表3-6 函证决策的考虑因素

	因素	说明
应当考虑	评估的认定层次重大错报风险	评估的重大错报风险**越高**，对证据的相关性和可靠性的要求越高，实施函证程序的可能性就越高
	函证程序所针对的认定	函证能为应收账款的存在提供相关、可靠的证据，但仅能为应收账款的计价提供部分证据。（不涉及应收账款的坏账计提准备）
	其他审计程序能否将检查风险降至可接受水平	如可选择其他程序，则不一定实施函证（如果被审计单位与应收账款的存在有关的内部控制设计良好并有效运行，可适当减少函证的样本量）
可以考虑	预期被询证者对函证事项的了解	如果被询证者对所函证的信息具有必要的了解，其提供的回复可靠性更高
	预期被询证者的客观性	如果被询证者是被审计单位的关联方，则其回复的可靠性会降低
	预期被询证者回复询证函的能力或意愿	某些情况下，可能是为了避免承担相关责任，被询证者可能不会回复，也可能只是随意回复或可能试图限制对其回复的依赖程度。这可能会影响函证的可靠性

▌经典例题3-5 （2021年·多选题）

在作出是否有必要实施函证的决策时，下列各项因素中，注册会计师应当考虑的有（   ）。

A. 评估的认定层次重大错报风险
B. 函证程序针对的认定
C. 被审计单位管理层协助注册会计师实施函证程序的能力或意愿
D. 实施除函证以外的其他审计程序获取的审计证据

（解析）注册会计师应当确定是否有必要实施函证以获取认定层次的充分、适当的审计证据。在作出决策时，注册会计师应当考虑以下三个因素：（1）评估的认定层次的重大错报风险（选项A正确）；（2）函证程序针对的认定（选项B正确）；（3）实施除函证以外的其他审计程序（选项D正确）。

（答案）ABD

二、函证的内容★★★

考频 2022年综合题（1）、2021年简答题（2）、2020年简答题（1）、2019年简答题（1）、2018年简答题（2）

确定函证的内容时，需要考虑函证的**对象**、函证程序实施的**范围**、函证的**时间**安排，并**对管理层要求不实施函证的情况进行处理**。

（一）函证的对象（见表3-7）

表3-7 函证的对象

对象	项目	内容
银行存款、借款及与金融机构往来的其他重要信息	必要性	注册会计师**应当**对银行存款、借款及与金融机构往来的其他重要信息实施函证程序（①**包括零余额账户和在本期内注销的账户**）
	不函	有充分证据表明某一银行存款、借款及与金融机构往来的其他重要信息对财务报表不重要**且**与之相关的重大错报风险**很低**
	记录	如果不对这些项目实施函证，**应当**在审计工作底稿中说明理由
应收账款	必要性	注册会计师应当对应收账款实施函证
	不函	②**有充分证据表明应收账款对财务报表不重要或注册会计师认为函证很可能无效**
	记录	如果不对应收账款实施函证，应在审计工作底稿中说明理由
	替代	如果认为函证很可能无效，应当实施替代审计程序
③其他内容	根据情况实施	交易性金融资产，应收票据，其他应收款，预付账款，由其他单位代为保管、加工或销售的存货，长期股权投资，应付账款，预收账款，保证、抵押或质押，或有事项，重大或异常的交易

敲黑板①
如果考试中出现"零余额账户、本期内注销的账户不需要函证"的说法，考生应当将其判定为错误。

敲黑板②
对于银行存款和应收账款虽然都要求应当函证，但各自也存在可以不函证的情形。需要提醒考生注意，两者的豁免条款很容易混淆。如果考试中出现"有充分证据表明银行存款对财务报表不重要或函证很可能无效，因此未对银行存款实施函证程序"的说法，考生应该将其判定为错误。

敲黑板③
这些项目函证与否，要根据具体情况进行分析，准则没有强制其必须实施函证。

与金融机构往来的其他重要信息包括：
1. 作为委托人的委托贷款；
2. 作为借款人的委托贷款；
3. 担保（公司向其他单位提供的担保以银行为担保收益人的担保/银行向公司提供的担保）；
4. 公司为出票人且由银行承兑而尚未支付的银行承兑汇票；
5. 公司向银行已经贴现而尚未到期的商业汇票；
6. 公司为持票人且由银行托收的商业汇票；
7. 银行开具的信用证；
8. 与银行之间未履行完毕的外汇买卖合约；
9. 托管的证券或其他产权文件；
10. 由银行发行的未到期银行理财产品；
11. 资金归集（资金池或其他资金管理）账户的具体信息；**考试中若出现以上内容，考生需要知道，应当实施函证。**

▍**经典例题3-6** （2020年·简答题）

ABC会计师事务所的A注册会计师负责审计甲公司2019年度财务报表。与函证相关的部分事项如下：

（1）2020年3月现场审计工作开始前，甲公司已收回2019年年末的大部分应收账款。A注册会计师检查了相关的收款单据和银行对账单，结果满意，决定不对应收账款实施函证程序，并在审计工作底稿中记录了不发函的上述理由。

（要求）针对上述事项，指出A注册会计师的做法是否恰当。如不恰当，简要说明理由。

(答案) 不恰当。应当对应收账款实施函证,除非不重要或函证很可能无效/收款单据和银行对账单可能不可靠。

(二) 函证程序实施的范围

可以从总体中①选取特定项目进行函证,也可以随机选取。选取的特定项目可能包括的内容,见表 3-8。

表 3-8 选取的特定项目

项目	典型例子
金额较大的项目	应收账款
账龄较长的项目	
交易频繁但期末余额较小的项目	应付账款
重大关联方交易	—
重大或异常的交易	—
可能存在争议、舞弊或错误的交易	—

敲黑板①

选取特定项目,符合条件的才有资格被选取,不符合条件的就不选取,但这不属于审计抽样,需要结合"审计抽样"的知识点进行学习。

(三) 函证的时间 (见表 3-9)

表 3-9 函证的时间

截止日选择		说明
资产负债表日后		通常以资产负债表日为截止日,在资产负债表日后适当时间内实施函证
资产负债表日前	条件	重大错报风险评估为低水平
	程序	对所函证项目,自该截止日起至资产负债表日止发生的变动实施实质性程序 **名师说** 针对函证,一般是获取期末余额的审计证据。因此,如果期中实施了函证,搜集的证据只是针对期中之前,期中之后还需要再搜集证据,从而将审计结论延伸至期末。

经典例题 3-7 (2018年·简答题)

ABC 会计师事务所的 A 注册会计师负责审计甲公司 2017 年度财务报表。审计工作底稿中与函证相关的部分内容摘录如下:

(1) A 注册会计师评估认为应收账款的重大错报风险较高,为尽早识别可能存在的错报,在期中审计时对截至 2017 年 9 月末的余额实施了函证程序,在期末审计时对剩余期间的发生额实施了细节测试,结果满意。

(要求) 针对上述事项,指出 A 注册会计师的做法是否恰当。如不恰当,简要说明理由。

(答案) 不恰当。重大错报风险较高时,应在期末或接近期末实施函证,在期末审计时应再次发函/只有重大错报风险评估为低水平,才可以在期中实施函证。

(四)管理层要求不实施函证时的处理(见表 3-10)

表 3-10 管理层要求不实施函证时的处理

特殊情况	解决方案
管理层要求不实施函证	当被审计单位要求对拟函证的某些账户余额或其他信息不实施函证时,注册会计师**应当**考虑要求是否合理,并获取审计证据予以支持
	分析管理层要求不实施函证的原因时,注册会计师应保持职业怀疑态度,并考虑: (1) 管理层是否诚信; (2) 是否可能存在重大的舞弊或错误; (3) 替代审计程序能否提供与这些账户余额或其他信息相关的充分、适当的审计证据
	如认为要求不合理,且因其阻挠而无法实施函证,**应视为**审计范围受限,考虑对审计报告的影响
	如认为管理层的要求合理,注册会计师**应实施**替代审计程序

经典例题 3-8 (2021 年·综合题)

上市公司甲公司是 ABC 会计师事务所的常年审计客户,主要从事信息技术服务和智能产品的研发、生产与销售。A 注册会计师负责审计甲公司 2021 年度财务报表,确定集团财务报表整体的重要性为 800 万元,实际执行的重要性为 600 万元。A 注册会计师的审计工作底稿部分内容摘录如下:

(3) 因甲公司管理层要求不对应付账款实施函证,A 注册会计师拟直接实施替代审计程序,以获取与应付账款余额相关的审计证据。

〔要求〕针对上述事项,假定不考虑其他条件,指出 A 注册会计师的做法是否恰当。如不恰当,简要说明理由。

〔答案〕不恰当。应当考虑管理层的要求是否合理,并获取审计证据予以支持。

三、询证函的设计★★★

设计询证函的总体要求-知识精讲

考频：2022 年单选题(1)、2022 年简答题(1)、2020 年简答题(1)、2019 年简答题(1)、2018 年简答题(2)

(一) 设计询证函的总体要求

询证函的设计服从于审计目标的需要。

1. 在针对账户余额的存在认定获取审计证据时,通常应当在询证函中列明相关信息,要求对方核对确认。

敲黑板①

通常应当在询证函中列明相关信息,也可以不列明。在考试中如果看到"针对账户余额的存在认定获取证据时,应当在询证函中列明相关信息",考生应将其判定为错误。

2. ①在针对账户余额的完整性认定获取审计证据时,需要改变询证函的内容设计或者采用其他审计程序。

> **名师说**
> （1）在函证应收账款时，询证函中不列出账户余额，而是要求被询证者填写，这样有助于发现应收账款的低估错报。
> （2）在对应付账款的完整性获取审计证据时，根据被审计单位的供货商明细表（或者供应商清单）向被审计单位的主要供货商发出询证函，就比从应付账款明细表中选择询征对象更容易发现未入账的负债。

▎**经典例题 3-9** （2019年·简答题）

ABC 事务所的 A 注册会计师负责审计甲公司 2018 年度财务报表。审计工作底稿中与函证相关的部分内容摘录如下：

（5）甲公司未对货到票未到的原材料进行暂估。A 注册会计师从应付账款明细账中选取 90% 的供应商实施函证程序，要求供应商在询证函中填列余额信息。

〔要求〕指出 A 注册会计师的做法是否恰当。如不恰当，简要说明理由。

〔答案〕不恰当。注册会计师应当从供应商清单中选取函证对象/从应付账款明细账中选取函证对象不足以应对低估风险。

设计询证函的总体要求-例题解析

（二）影响函证可靠性的因素（见表 3-11）

表 3-11　影响函证可靠性的因素

五项因素	内容
函证的方式	消极的函证方式/积极的函证方式
以往审计或类似业务的经验	当注册会计师根据以往经验认为，即使询证函设计恰当，回函率仍很低，应考虑从其他途径获取审计证据
拟函证信息的性质	信息的性质是指信息的内容和特点。注册会计师**应当**了解被审计单位与第三方之间交易的实质，以确定哪些信息需要进行函证 **名师说**　对那些非常规合同或交易，注册会计师不仅应对账户余额或交易金额做出函证，还应当考虑对交易或合同的条款实施函证，以确定是否存在重大口头协议，客户是否有自由退货的权利，付款方式是否有特殊安排等。
选择被询证者的适当性	注册会计师**应当**向对所函证信息知情的第三方发送询证函。询证函所提供的审计证据的可靠性还受到被询证者的能力、独立性、客观性、回函者是否有权回函等因素的影响。当存在重大、异常、在期末前发生、对财务报表产生重大影响的交易，而被询证者在经济上依赖于被审计单位时，注册会计师**应当考虑**被询证者可能被驱使提供不正确的回函
被询证者易于回函的信息类型	某些被询证者的信息系统可能便于对形成账户余额的每笔交易函证，而不是对账户余额本身进行函证。如被审计单位管理层授权被询证者向注册会计师提供有关信息，被询证者可能更愿意回函

经典例题 3-10 (2022年·简答题)

ABC 会计师事务所的 A 注册会计师负责审计甲公司 2021 年度财务报表。与货币资金审计相关的部分事项如下：

（1）A 注册会计师在向某银行乙分行函证前从甲公司获悉，受疫情影响，乙分行无法接收函证，由该银行丙分行代为接收和处理函证。A 注册会计师因此根据该银行官网公布的丙分行地址，向丙分行进行函证，回函相符，据此认可了函证结果。

〖要求〗针对上述事项，指出 A 注册会计师的做法是否恰当。如不恰当，简要说明理由。

〖答案〗不恰当。应核实被询证者的适当性/授权安排。

经典例题 3-11 (2022年·单选题)

在设计询证函时，注册会计师应当考虑可能影响函证可靠性的因素。下列各项中，通常不会影响函证可靠性的是（　　）。

A. 选取函证样本的方法　　B. 函证的方式
C. 拟函证信息的性质　　D. 被询证者易于回函的信息类型

〖解析〗影响函证可靠性的因素：
（1）函证的方式（选项 B）；
（2）以往审计或类似业务的经验；
（3）拟函证信息的性质（选项 C）；
（4）选择被询证者的适当性；
（5）被询证者易于回函的信息类型（选项 D）。

〖答案〗A

（三）选择函证方式（见表 3-12）

表 3-12　积极的函证方式和消极的函证方式的区别

	积极的函证方式	消极的函证方式
要求	①被询证者在所有情况下都必须回函	②被询证者仅在不同意询证函列示信息时回函
函证信息	（1）列明信息，要求确认其是否正确（可能对方不加以验证直接确认）；（2）不列明信息，要求被询证者填写信息或提供进一步信息（可能导致回函率低）	列明信息
不回函原因	（1）被询证者不存在；（2）没有收到询证函；（3）没有理会询证函	（1）被询证者不存在；（2）没有收到询证函；（3）没有理会询证函；（4）同意函证所列信息；（5）询证函中的信息对被询证者有利
适用情形	都适用	③同时满足以下四点：（1）重大错报风险评估为低水平；（2）涉及大量余额较小的账户；（3）预期不存在大量的错误；（4）没有理由相信被询证者不认真对待函证
可采用积极或消极方式实施函证，也可将两种方式结合使用		

〖敲黑板①〗积极式询证函只有收到回函后，才能为财务报表认定提供审计证据。

〖敲黑板②〗若消极式询证函没有收到回函，并不能表明所函证的信息准确。

〖敲黑板③〗需要同时满足这 4 点才可以，考试中有可能在简答题中出现，需要考生牢记。

四、函证的实施（控制）★★★

考频 2022 年多选题（1）、2022 年简答题（1）、2020 年简答题（1）、2019 年简答题（1）

对函证过程的控制-知识精讲

（一）对函证过程的控制

1. 针对函证发出前的控制

控制涉及函证的全过程。询证函发出前，要恰当设计、充分核对，经被审计单位盖章，由注册会计师直接发出，并注意：

（1）需要被询证者确认的信息是否与被审计单位账簿记录一致。例如，需要银行确认的信息是否与银行对账单等保持一致；

（2）考虑被询证者是否适当，包括对被函证信息是否知情、是否具有客观性、是否拥有回函的授权等；

（3）是否已在询证函中正确填列供被询证者①**直接**向注册会计师回函的地址；

（4）是否已将被询证者的名称、地址与被审计单位记录核对，以确保询证函中的名称、地址等内容的准确性。

为核对②**部分或全部**被询证者的名称、地址，注册会计师可以执行的程序包括：

① 通过拨打公共查询电话核实被询证者的名称和地址；
② 通过被询证者的网站或其他公开网站核对被询证者的名称和地址；
③ 将被询证者的名称和地址信息与被审计单位持有的相关合同**等文件核对**；
④ 对于供应商或客户，可以将被询证者的名称、地址与增值税专用发票中的对方单位名称、地址进行核对。

> **敲黑板①**
> 询证函回函应该由被询证者直接寄回给事务所，不能寄给被审计单位。因此，需要在询证函中正确填列供被询证者直接向注册会计师回函的地址。

> **敲黑板②**
> 可以只核对部分，考试中如果看到"核对部分"，考生应将其判定为正确表述，不要认为注册会计师的做法不恰当。

经典例题 3-12 （2020 年·简答题）

ABC 会计师事务所的 A 注册会计师负责审计甲公司 2019 年度财务报表。与函证相关的部分事项如下：

（1）在发出询证函前，A 注册会计师根据风险评估结果选取部分被询证者，通过查询公开网站等方式，验证了甲公司管理层提供的被询证者名称和地址的准确性，结果满意。

（要求）针对上述事项，指出 A 注册会计师的做法是否恰当。如不恰当，简要说明理由。

（答案）恰当。

2. 针对发出方式的控制（见表 3-13）

表 3-13 针对发出方式的控制

发出方式		说明
邮寄		不使用被审计单位本身的邮寄设施，独立寄发
跟函	③**独自**	如果被询证者同意注册会计师独自前往被询证者执行函证程序，注册会计师可以独自前往
	陪伴	如果注册会计师跟函时需有被审计单位人员陪伴，④**注册会计师需要在整个过程中保持对询证函的控制**，同时，对被审计单位和被询证者之间串通舞弊的风险保持警觉
电子		如果注册会计师根据具体情况选择通过电子方式发送询证函，在发函前可以基于对特定询证方式所存在的风险评估，考虑相应的控制措施

> **敲黑板③**
> 考试不涉及该点，了解注册会计师可以独自跟函即可。

> **敲黑板④**
> "注册会计师需要在整个过程中保持对询证函的控制"这句话，容易在简答题中考查，考生应背记。

经典例题 3-13 （2022年·多选题）

下列有关注册会计师对函证的全过程保持控制的说法中，正确的有（　　）。

A. 询证函经被审计单位盖章后，应当由注册会计师直接发出

B. 在询证函发出前，注册会计师需要恰当地设计询证函，并对询证函上的各项资料进行充分核对

C. 注册会计师采取跟函方式发送并收回询证函时，需要在整个过程中保持对询证函的控制，对被审计单位和被询证者之间串通舞弊的风险保持警觉

D. 注册会计师需要在询证函中填列回函地址，要求被询证者直接向注册会计师回函

【解析】询证函经被审计单位盖章后，应当由注册会计师直接发出，选项 A 正确。

为使函证程序能有效地实施，在询证函发出前，注册会计师需要恰当地设计询证函，并对询证函上的各项资料进行充分核对，选项 B 正确。

如果注册会计师跟函时需要有被审计单位员工陪伴，注册会计师需要在整个过程中保持对询证函的控制，同时，对被审计单位和被询证者之间串通舞弊的风险保持警觉，选项 C 正确。

在询证函发出前，注意事项可能包括是否已在询证函中正确填列被询证者直接向注册会计师回函的地址，选项 D 正确。

因此，四个选项均正确。

【答案】ABCD

3. ① 通过电子函证方式发出询证函时采取的控制措施

电子函证方式见表 3-14。**（2024 年新修）**

敲黑板①
此处可能涉及客观题，尤其是对于任何平台，注册会计师都应当评价不同平台的安全性。

表 3-14　通过电子函证方式发出询证函时采取的控制措施

要点	内容	
种类	专门提供询证函平台服务的第三方平台	被询证者自身的电子询证函平台
性质	是为注册会计师、被审计单位和被询证者提供网上平台服务的专业服务机构（例如：中国银行业协会的银行证区块链服务平台）	是被询证者自主负责的平台（例如：商业银行等金融机构）
区别	系统设置和函证流程有明显区别	
要求	注册会计师**应当**评估使用不同平台的安全可靠性	
可能导致风险	（1）第三方电子询证函平台独立性风险，即电子询证函平台在形式上或实质上没有独立于被审计单位的风险。 （2）第三方电子询证函平台安全性风险，主要包括： 一是函证相关方的身份真实性风险； 二是第三方电子询证函平台的操作风险，如操作电子函核心业务（如回函）的人员未经适当的授权； 三是第三方电子询证函平台信息传输安全性风险，如发函和回函信息可能被拦截、修改、删除和泄露等； 四是第三方电子询证函平台记录函证控制过程的完整性风险	

续表

要点	内容
①要考虑实施的评估程序	（1）评估第三方电子询证函平台聘请的信息安全认证机构或专业人员的胜任能力、专业素质和独立性，并记录相关评估过程、获取的证据和得出的结论。 （2）取得第三方电子询证函平台聘请的信息安全认证机构颁发的信息系统安全测评证书或专业人员出具的鉴证报告等由电子询证函平台定期公开发布的信息，了解第三方电子询证函平台及其所有者和运营商的组织架构、是否存在被监管机构处罚、是否存在涉诉信息等与电子询证函平台的独立性、安全可靠性等方面相关的信息，评估通过第三方电子询证函平台收发电子询证函是否可靠。同时，记录其依据信息安全认证机构颁发的信息系统安全测评证书或专业人员出具的鉴证报告来合理评估第三方电子询证函平台可靠性的过程、获取的证据及得出的结论。 （3）了解第三方电子询证函平台聘请的信息安全认证机构或专业人员测试的范围、实施的程序、程序涵盖的期间以及自实施程序以来的时间间隔，评估信息安全认证机构或专业人员的工作是否支持通过第三方电子询证函平台实施函证程序的可靠性。评估第三方电子询证函平台可靠性的工作通常在会计师事务所层面实施，而无须由单个审计项目组来实施

敲黑板①

考生需要注意，这些程序是需要考虑的，不是一定要实施的。如果题目中说"注册会计师运营这些程序验证平台的可靠性"，那么这种说法是恰当的。

（二）积极式函证未收到回函时的处理（见表3-15）

表3-15 积极式函证未收到回函时的处理

特殊情况	解决方案
积极方式下未收到回函	积极的函证方式没有收到回函，不能形成任何审计结论 ②应考虑必要时再次向被询问者寄发询证函 如果未能得到被询证者的回应，应当实施替代审计程序。替代审计程序应能提供与函证同样效果的审计证据
积极方式下未收到回函	**名师说** 应收账款的替代性审计程序包括： （1）检查资产负债表日后收回的货款，值得注意的是，注册会计师不能仅查看应收账款的贷方发生额，还要查看相关的收款单据，以证实付款方确为该客户且与资产负债表日的应收账款相关。 （2）检查相关的销售合同、销售单、出库单等文件。注册会计师需要根据被审计单位的收入确认条件和时点，确定能够证明收入发生的凭证。 （3）检查被审计单位与客户之间的往来邮件，如有关发货、对账、催款等事宜的邮件。 以上三个替代性审计程序无需都实施，可以根据被审计单位的具体情况有选择地实施。 如果识别出认定层次重大错报风险，且认为积极式函证是必要程序，则下列情况下，替代程序不能提供所需要的审计证据： （1）可获取的佐证管理层认定的信息只能从外部获得； （2）存在特定舞弊风险因素

敲黑板②

不一定要再次寄发，但是应当考虑是否有寄发的必要。

经典例题 3-14 （2019年·简答题）

ABC 事务所的 A 注册会计师负责审计甲公司 2018 年度财务报表。审计工作底稿中与函证相关的部分内容摘录如下：

（4）A 注册会计师对应收账款余额实施了函证程序，有 15 家客户未回函。A 注册会计师对其中 14 家实施了替代程序，结果满意。对剩余一家的应收账款余额，因其小于明显微小错报临界值，A 注册会计师不再实施替代程序。

【要求】指出 A 注册会计师的做法是否恰当。如不恰当，简要说明理由。

【答案】不恰当。注册会计师应当对所有未回函的余额实施替代程序。

五、函证的评价★★★

【考频】2021年单选题（1）

函证所获取的审计证据的可靠性主要取决于**设计询证函**、**实施函证程序**和**评价函证结果**等程序的适当性。

评价函证的可靠性时，注册会计师**应当**考虑：

（1）对询证函的设计、发出及收回的控制情况；

（2）被询证者的胜任能力、独立性、授权回函情况、对函证项目的了解及其客观性；

（3）被审计单位施加的限制或回函中的限制。

经典例题 3-15 （2021年·单选题）

下列各项中，通常不影响询证函回函的可靠性的是（　　）。

A. 被询证者的客观性

B. 询证函发出及收回的控制情况

C. 回函的及时性

D. 回函中包含的限制条款

【解析】在评价函证的可靠性时，注册会计师**应当**考虑：

（1）对询证函的设计、发出及收回的控制情况（选项 B，不选）；

（2）被询证者的胜任能力、独立性、授权回函情况、对函证项目的了解及其客观性（选项 A，不选）；

（3）被审计单位施加的限制或回函中的限制（选项 D，不选）。

【答案】C

评价回函的可靠性-知识精讲

1. 评价回函的可靠性（见表 3-16）

表 3-16　评价回函的可靠性

方式		说明
邮寄回函	验证	（1）被询证者确认的询证函是否为**原件**，是否与注册会计师发出的询证函是同一份； （2）回函是否由被询证者**直接**寄给注册会计师；

续表

方式		说明
邮寄回函	验证	(3) 寄给注册会计师的回邮信封或快递信封中记录的**发件方名称**、**地址**是否与询证函中记载的被询证者名称、地址一致； (4) 回邮信封上寄出方的邮戳显示**发出城市**或地区是否与被询证者的地址一致； (5) 被询证者加盖在询证函上的**印章以及签名**中显示的被询证者名称是否与询证函中记载的被询证者名称一致。在认为必要的情况下，注册会计师还可以进一步与被审计单位持有的其他文件进行核对或亲自前往被询证者进行核实等
	收回方式	**如果被询证者将回函寄至被审计单位，被审计单位将其转交注册会计师，该回函不能视为可靠的审计证据**。在这种情况下，注册会计师可以要求被询证者直接书面回复
跟函		(1) 了解被询证者处理函证的通常**流程**和处理**人员**； (2) 确认处理询证函人员的**身份**和处理询证函的**权限**，如索要名片、观察员工卡或姓名牌等； (3) **观察**处理询证函的人员是否按照处理函证的正常**流程**认真处理询证函。例如，该人员是否在其计算机系统或相关记录中核对相关信息
①电子回函		(1) 注册会计师和回函者**采用一定的程序为电子形式的回函创造安全环境**，可以降低电子回函可靠性差的风险；电子函证程序涉及多种确认发件人身份的技术，如加密技术、电子数码签名技术、网页真实性认证程序； (2) 当注册会计师存有疑虑时，可以向被询证者核实回函的来源及内容。必要时，要求被询证者提供原件 **名师说**　例如，当被询证者通过电子邮件回函时，注册会计师可以通过电话联系被询证者，确定被询证者是否发送了回函。
口头答复		**不能作为可靠的审计证据**，可以要求被询证者提供直接书面回复。如果仍未收到书面回函，注册会计师需要实施替代程序

> **敲黑板①**
> 两个程序只需选择其中一种即可，无需同时实施。

经典例题 3-16 （经典真题·综合题）

ABC 会计师事务所首次接受委托，审计上市公司甲公司 2016 年度财务报表，委派 A 注册会计师担任项目合伙人。A 注册会计师确定财务报表整体的重要性为 1 200 万元。甲公司主要提供快递物流服务。A 注册会计师在审计工作底稿中记录了实施的进一步审计程序，部分内容摘录如下：

（4）甲公司的某企业客户利用甲公司的快递服务，向 A 注册会计师寄回了询证函回函。A 注册会计师认为回函可靠性受到影响，重新发函并要求该客户通过其他快递公司寄回询证函。

（要求）假定不考虑其他条件，指出 A 注册会计师的做法是否恰当。如不恰当，简要说明理由。

（答案）恰当。

2. ②评价回函的限制性条款（见表 3-17）

免责或其他限制条款可能影响函证可靠性，但不一定使回函失去可靠性，**需要具体分析**。

> **敲黑板②**
> 如果考试中出现限制性条款会影响回函的可靠性，考生应该判定为错误。限制性条款可能影响也可能不影响，所以才需要评价。

表 3-17 评价回函的限制性条款

对回函可靠性不产生影响的条款举例	对回函可靠性产生影响的限制条款举例
"提供的本信息仅出于礼貌,我方没有义务必须提供,我方不因此承担任何明示或暗示的责任、义务和担保"	"本信息是从电子数据库中取得,可能不包括被询证方所拥有的全部信息"
"本回复仅用于审计目的,被询证方、其员工或代理人无任何责任,也不能免除注册会计师做其他询问或执行其他工作的责任"	"本信息既不能保证准确也不能保证是最新的,其他方可能会持有不同意见"
其他限制条款与所测试的认定无关	"接收人不能依赖函证中的信息"

名师说
例如,当注册会计师的审计目标是投资是否存在,并使用函证来获取审计证据时,回函中针对投资价值的免责条款往往不会影响回函的可靠性。

经典例题 3-17 〔经典真题·简答题〕

ABC 会计师事务所的 A 注册会计师负责审计甲公司 2016 年度财务报表。与货币资金审计相关的部分事项如下:

(6) 乙银行在银行询证函回函中注明:"接收人不能依赖函证中的信息。"A 注册会计师认为该条款不影响回函的可靠性,认可了回函结果。

〈要求〉针对上述事项,指出 A 注册会计师的做法是否恰当。如不恰当,简要说明理由。

〈答案〉不恰当。该条款影响回函的可靠性。

敲黑板①
不符事项,是指被询证者提供的信息与询证函要求确认的信息不一致,或与被审计单位的记录的信息不一致。
(2024 年新增)

3. 对不符事项的处理

注册会计师**应当调查**①**不符事项**,以确定②**是否表明存在错报**。

询证函回函中指出的不符事项可能显示财务报表存在错报或潜在错报。当识别出错报时,注册会计师需要评价该错报是否表明存在舞弊。

不符事项可以为注册会计师判断来自类似的被询证者回函的质量及类似账户的回函质量提供依据。不符事项还可能显示被审计单位与财务报告相关的内部控制存在缺陷。

敲黑板②
需要注意的是,不符事项**并不表明一定存在错报**,例如询证回函的差异是由于函证程序的时间安排、计量或书写错误造成的。

4. ③**注册会计师需要关注的舞弊风险迹象**

与函证程序有关的**舞弊风险**迹象的例子包括:

(1) 管理层**不允许**寄发询证函;
(2) 管理层**过度热情**配合函证程序,如希望提前获悉函证样本,帮助催促回函等;
(3) 管理层试图干预、拦截、篡改询证函或回函,如**坚持以特定的方式**发送询证函;
(4) 管理层提供的函证相关信息**含糊、矛盾、不完整或有缺失**;
(5) 被询证者将**回函寄至被审计单位**,被审计单位将其转交注册会计师;
(6) 注册会计师跟进访问被询证者,发现回函信息与被询证者**记录不一致**。例如,对银行的跟进访问表明提供给注册会计师的银行函证结果与银行的账面记录不一致;又如,从银行分支机构获取的信息和银行总行提供的信息不一致;
(7) 从**私人电子信箱**发送的回函;
(8) 收到**同一日期**发回的、**相同笔迹**的多份回函;
(9) 不同被询证者回函信封上的联系方式(地址、电话等)**相同或相近**;位于不同地址

敲黑板③
此处只需要了解即可,考试时出现**右侧所述**情况,考生需要知道出现舞弊风险即可。

的多家被询证者的回函邮戳显示的发函地址相同；

（10）回函上的印章和签名与被询证者的印章和签名**不符**，或印章**模糊不清**难以核对，或印章存在**明显瑕疵**；

（11）收到不同被询证者用快递寄回的回函，但快递的交寄人或发件人是同一个人或是被审计单位的员工（或关联方），或者虽然寄件人名字不同，但手机号或其他联系方式相同，或者不同被询证者回函单号相连或相近；

（12）回函邮戳显示的发函地址与被审计单位记录的被询证者的**地址不一致**；

（13）不正常的**回函率**。例如：银行函证未回函；与以前年度相比，回函率异常偏高或回函率重大变动；向被审计单位的债权人发送的询证函回函率很低；过于完美的回函，所有回函均能收回且回函没有差异；

（14）被询证者**缺乏独立性**。例如：被审计单位及其管理层具有强大的背景和地位，能够对被询证者（包括银行和其他第三方）施加重大影响以使其向注册会计师提供虚假或误导信息（如被审计单位是被询证者唯一或重要的客户或供应商）；被询证者既是被审计单位资产的保管人又是资产的管理者；

（15）管理层为掩盖财务报告的舞弊而**不愿及时**（例如在财务报表截止日前）整改值得关注的内部控制缺陷；

（16）管理层**不愿意提高**函证所涉及信息（如抵押、担保等信息）的披露质量，使财务报表更为完整透明，但**又不能提供合理解释**。

5. 注册会计师针对舞弊风险迹象**可以**采取的应对措施

针对舞弊风险迹象，注册会计师根据具体情况可以实施的审计程序的例子包括：

（1）验证被询证者是否存在、是否与被审计单位之间缺乏独立性，其业务性质和规模是否与被询证者和被审计单位之间的交易记录相匹配；

（2）将被审计单位档案中有关被询证者的签名样本、公司公章与回函核对；

（3）要求与被询证者相关人员直接沟通并讨论询证事项，考虑是否有必要前往被询证者工作地点以验证其是否存在，并进一步了解相关回函信息的真实性和准确性；

（4）分别在期中和期末寄发询证函，并使用被审计单位账面记录和其他相关信息核对相关账户的期间变动；

（5）考虑从人民银行征信中心、被审计单位开户行等相关机构直接获取被审计单位的信用报告，并与被审计单位会计记录相核对，以证实是否存在被审计单位没有记录的贷款、担保、开立银行承兑汇票、信用证、保函等事项。

本节总结

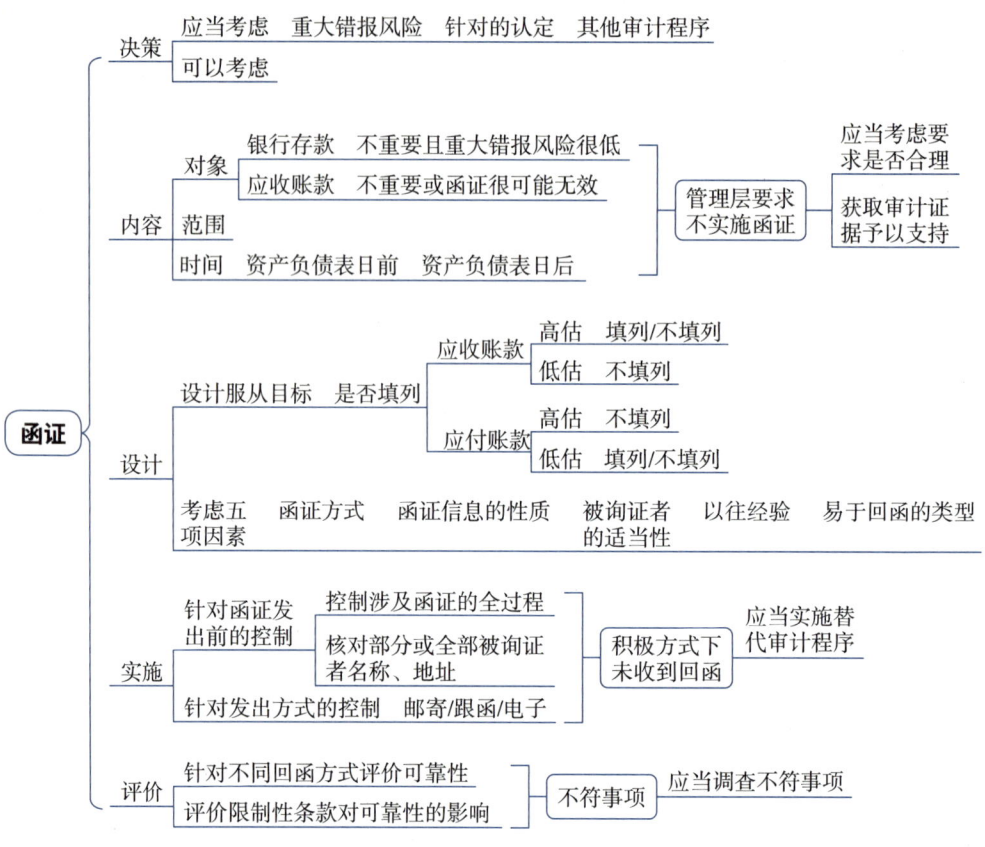

图 3-6 函证

第四节 分析程序

图 3-7 分析程序

一、分析程序的目的 ★

考频 2022 年单选题（1）

分析程序是指注册会计师通过研究不同财务数据之间以及财务数据与非财务数据之间的内在关系，对财务信息做出评价。分析程序还包括在必要时（①**预期值与实际值之差大于可接受差异额**）对识别出的、与其他相关信息不一致或与预期数据严重偏离的波动或关系进行调查。

注册会计师实施分析程序的目的包括：

（1）**用作风险评估程序**，以了解被审计单位及其环境等方面；

（2）当使用分析程序比细节测试能更有效地将认定层次的检查风险降至可接受的水平时，**分析程序可以用作实质性程序**；

（3）在临近审计结束时对财务报表进行**总体复核**。

这里值得注意的是，注册会计师在风险评估阶段和审计结束时的总体复核阶段**必须运用**分析程序，在实施实质性程序阶段**可选用分析程序**。

> 敲黑板①
>
> 这里可以理解为，注册会计师估计的数字跟实际财务报表金额之间的差异，大于注册会计师的可容忍的程度，所以需要进行调查。

▎经典例题 3-18　（2022 年·单选题）

下列有关注册会计师实施分析程序的目的的说法中，错误的是（　　）。

A. 用作风险评估程序

B. 用作控制测试程序

C. 用作实质性程序

D. 用作临近审计结束时对财务报表进行总体复核

（解析）注册会计师实施分析程序的目的包括：

（1）用作风险评估（选项 A）；

（2）用作实质性程序（选项 C）；

（3）在审计结束或临近结束时对财务报表进行复核（选项 D）。

（答案）B

二、用作风险评估程序 ★★　（见表 3-18）

考频 2018 年单选题（1）

表 3-18　用作风险评估程序

	内容
目的	了解被审计单位及其环境等方面并评估重大错报风险，识别那些可能表明财务报表存在重大错报风险的异常变化
强制	在风险评估中运用分析程序是强制要求。但注册会计师无须在了解被审计单位及其环境等方面的每一方面都实施分析程序。 **名师说**　例如，在了解内控时，一般不用分析程序，因为内部控制往往不存在大量具有预期关系的数据，注册会计师无法对内部控制进行分析。

续表

	内容
具体运用	(1) 重点关注关键的账户余额、趋势和财务比率等方面； (2) 形成合理预期； (3) 与被审计单位记录的金额、依据记录计算的比率或趋势比较； (4) 评估可能存在的重大错报风险
程序特点	分析程序使用的数据**汇总性比较强**，分析的对象主要是账户余额及其相互之间的关系。具体方法通常是余额分析，辅之以趋势分析和比率分析
缺陷	与实质性分析程序相比，用作风险评估的分析程序**不足以提供很高的**保证水平

▌**经典例题 3-19** （2018 年·单选题）

下列有关用作风险评估程序的分析程序的说法中，错误的是(　　)。
A. 此类分析程序的主要目的在于识别可能表明财务报表存在重大错报风险的异常变化
B. 此类分析程序所使用数据的汇总性较强
C. 此类分析程序通常不需要确定预期值
D. 此类分析程序通常包括对账户余额变化的分析，并辅之以趋势分析和比率分析

（解析）在风险评估程序中运用分析程序的主要目的在于识别那些可能表明财务报表存在重大错报风险的异常变化（选项 A）。因此，所使用的数据汇总性比较强（选项 B），其对象主要是财务报表中账户余额及其相互之间的关系；所使用的分析程序通常包括对账户余额变化的分析，并辅之以趋势分析和比率分析（选项 D）。与实质性分析程序相比，风险评估过程中使用的分析程序所进行比较的性质、预期值的精确程度，以及分析和调查的范围都并不足以提供很高的保证水平，但风险评估程序中使用的分析程序也需要确定预期值，只不过其精确程度不如实质性分析程序，选项 C 错误，当选。

（答案）C

用作实质性程序
-知识精讲

三、用作实质性程序★★

考频：2021 年综合题（1）、2020 年单选题（1）、2020 年简答题（1）、2020 年综合题（1）、2019 年单选题（1）、2019 年综合题（1）、2018 年综合题（1）

（一）总体要求

实质性分析程序是指用作实质性程序的分析程序，它与细节测试都可用于收集审计证据，以识别财务报表认定层次的重大错报。**它不是强制程序**，因为：
（1）①**细节测试同样可能实现目的；**
（2）分析程序的实行，需要满足一定的前提和基础，不一定适用于所有财务报表认定，在设计和实施实质性分析程序时，注册会计师**应当考虑**的因素，见表 3-19。

敲黑板①
如果在考试中出现"分析程序的效果不如细节测试好"的描述，考生应该将其判定为错误，若设计恰当，两者可以达到相同目的。

表 3-19　设计和实施分析程序的考虑因素

考虑因素	内容
适用性	考虑相关认定的重大错报风险和实施的细节测试（如有），确定特定实质性分析程序对这些认定的适用性

续表

考虑因素	内容
可靠性	考虑可获得信息的来源、可比性、性质和相关性以及与信息编制相关的控制，评价作出预期时使用的数据的可靠性
精确度	对已记录的金额或比率作出预期，并评价预期值是否足够精确以识别重大错报
差异额	确定已记录金额与预期值之间可接受的差异额

(3) 实质性分析程序的精确度可能受到种种限制，所提供的证据在很大程度上是间接证据，①**证明力相对较弱**。从审计过程整体来看，注册会计师**不能**仅依赖实质性分析程序，而忽略对细节测试的运用。

敲黑板①

这里的"相对较弱"指的是相对细节测试较弱。

应试点拨

细节测试与实质性分析的对比总结表

具体类型		内容
具体类型	细节测试	检查、询问、观察、函证、重新计算
	实质性分析程序	**分析程序**
联系	效率效果	在实质程序中运用分析程序**可以**减少细节测试的工作量，节约审计成本，降低审计风险，**使审计工作更有效率和效果**
	精确程度	相对于细节测试而言，**实质性分析程序**能够达到的**精确度**可能受到种种**限制**，所提供的证据在很大程度上是间接证据，**证明力相对较弱**
	相同目的	细节测试和实质性分析程序**同样**可能实现实质性程序的目的
	运用环节	**在某些审计领域**，如果重大错报风险较低且数据之间具有稳定的预期关系，注册注会计师**可以单独**使用实质性分析程序获取充分、适当的审计证据
		从审计过程整体来看，注册计会计师不能仅依赖实质性分析程序，而忽略对细节测试的运用

（二）对于特定认定适用性（能不能用）

1. 实质性分析程序通常适用于在一段时期内存在预期关系的大量交易。

分析程序的运用建立在这种预期的基础上，数据之间的关系存在且在没有反证的情况下继续存在。在某些审计领域，如果重大错报风险低**且**数据之间具有稳定的预期关系，注册会计师②**可以单独使用实质性分析程序**来获得充分、适当的审计证据。（例如，根据租金水平、公寓数量和空置率，可以测算出一幢公寓大楼的总租金收入。如果这些基础数据得到恰当的核实，上述分析程序能提供具有说服力的证据，从而可能无需利用细节测试再作进一步验证。）

2. 实质性分析程序的适用性受到认定的性质和评估重大错报风险的影响。（例如，如果针对销售订单处理的内部控制存在缺陷，对与应收账款相关的认定，注册会计师可能更多地依赖细节测试，而非实质性分析程序。）

3. 在针对同一认定实施细节测试时，特定的实质性分析程序也可能被视为是适当的。

敲黑板②

能不能用实质性分析程序的前提是，是否存在稳定的预期关系；但是能不能单独使用实质性分析程序的前提是，不仅存在稳定的预期关系，而且重大错报风险低。

(例如，注册会计师在对应收账款余额的计价认定获取审计证据时，除了对后期收到的现金实施细节测试外，也可以对应收账款的账龄实施实质性分析程序，以确定应收账款的可收回性。)

▎**经典例题 3-20** (2019年·单选题)

下列有关实质性分析程序的说法中，错误的是(　　)。

A. 实质性分析程序达到的精确度低于细节测试
B. 实质性分析程序并不适用于所有财务报表认定
C. 实质性分析程序提供的审计证据是间接证据，因此无法为相关财务报表认定提供充分、适当的审计证据
D. 注册会计师可以对某些财务报表认定同时实施实质性分析程序和细节测试

(解析) 相对于细节测试而言，实质性分析程序能够达到的精确度可能受到种种限制，所提供的证据在很大程度上是间接证据，证明力相对较弱。选项 A 正确，不选。

分析程序有其运用的前提和基础，它并不适用于所有财务报表认定。选项 B 正确，不选。

在某些审计领域，如果重大错报风险低且数据之间具有稳定的预期关系，注册会计师可以单独使用实质性分析程序获得充分、适当的审计证据，所以实质性分析程序可以为相关财务报表认定提供充分、适当的审计证据。选项 C 错误，当选。

当使用分析程序比细节测试更能有效地将认定层次重大错报风险降至可接受的水平时，注册会计师可以考虑单独或结合细节测试，运用实质性分析程序。选项 D 正确，不选。

(答案) C

（三）数据的可靠性

数据可靠性越高，预期的准确性越高，分析程序将更有效；计划获取的保证水平越高，对数据可靠性的要求也就越高。在确定数据的可靠性是否能够满足实质性分析程序的需要时，相关的考虑因素及举例见表 3-20。

表 3-20　数据可靠性的考虑因素及举例

考虑因素	举例
可获得信息的**来源**	例如从被审计单位以外的独立来源获取的信息可能更加可靠
可获得信息的**可比性**	例如对于生产和销售特殊产品的被审计单位，可能需要对宽泛的行业数据进行补充，使其更具有可比性
可获得信息的**性质**和**相关性**	例如预算是否作为预期的结果，而不是作为将要达到的目标
与信息编制相关的**控制**，用以确保信息完整、准确和有效	例如与预算的编制、复核和维护相关的控制 **名师说** 当针对评估的风险实施实质性分析程序时，如果使用被审计单位编制的信息，注册会计师可能需要考虑测试与信息编制相关控制的有效性，目的是就该信息的准确性和完整性获取审计证据，以更好地判断分析程序使用的数据是否可靠。

(四) 预期值的准确程度

准确程度是对预期值与真实值之间的接近程度的度量，也称精确度。分析程序的有效性很大程度上取决于注册会计师形成的预期值的准确性。

预期值的<u>准确程度越高</u>，注册会计师通过分析程序获取的<u>保证水平将越高</u>。

在评价作出预期的准确程度是否足以在计划的保证水平上识别重大错报时，注册会计师应当考虑下列主要因素，见表3-21。

表3-21 评价预期值的准确程度的考虑因素及解析

考虑因素	解析
对实质性分析程序的预期结果作出预测的准确性	例如，与各年的研究开发和广告费用支出相比，注册会计师通常预期各期的毛利率更具有稳定性
信息可分解的程度	<u>通常</u>可分解程度越高，预期值的准确性越高，注册会计师将相应获取较高的保证水平
财务和非财务信息的可获得性	在设计实质性分析程序时，注册会计师应考虑是否可以获得财务信息（如预算和预测）以及非财务信息（如已生产或已销售产品的数量），以有助于运用分析程序

(五) 已记录金额与预期值之间的可接受的差异额

预期值只是一个估计数据，大多数情况下与已记录金额并不一致，为此，在设计和实施实质性分析程序时，注册会计师应当确定已记录金额与预期值之间①<u>可接受的差异额</u>。如果实际差异额在可接受差异额的范围之内，注册会计师无需做进一步调查。反之，当预期值与实际值之差大于可接受差异额，注册会计师应当就其差异额（全额）实施进一步审计程序调查原因。

在确定该差异额时，注册会计师需要考虑：

①重要性水平与保证程度（重要性水平越高，可接受差异额越大；保证水平越高，可接受差异额越小）；

②重大错报风险（重大错报风险水平越低，可接受差异额越大）。

> 敲黑板①
>
> 与"重要性水平"知识点相关联，可接受的差异额不应超过实际执行的重要性。

经典例题3-21 （2015年·简答题）

甲公司是ABC会计师事务所的常年审计客户。A注册会计师负责审计甲公司2014年度财务报表。审计工作底稿中与分析程序相关的部分内容摘录如下：

（1）A注册会计师对运输费用实施实质性分析程序，确定已记录金额与预期值之间可接受的差异额为150万元，实际差异为350万元。A注册会计师就超出可接受差异额的200万元询问了管理层，并对其答复获取了充分、适当的审计证据。

要求 针对上述事项，逐项指出A注册会计师的做法是否恰当。如不恰当，提出改进建议。

答案 不恰当。应当针对350万元的差异进行调查。

四、用于总体复核★★（见表3-22）

考频 2020年单选题（1）

表3-22　用于总体复核

事项	内容
目的	在审计结束或临近结束时，注册会计师运用分析程序的目的是确定财务报表整体是否与注册会计师对被审计单位的了解一致
强制	这时运用分析程序时强制要求，注册会计师在这个阶段**应当**运用分析程序
程序特点	比较的内容、手段与风险评估阶段基本相同；分析的时间、重点、层次不同，数据的数量、质量、详细程度不同，**往往集中于财务报表层次**
再评风险	总体复核时，如果识别出以前未识别的重大错报风险，应重新考虑评估的风险是否恰当，计划的审计程序是否充分，是否有必要追加审计程序

经典例题3-22　（经典真题·单选题）

下列有关注册会计师在临近审计结束时运用分析程序的说法中，错误的是（　　）。

A. 注册会计师进行分析的重点通常集中在财务报表层次
B. 注册会计师进行分析的目的在于识别可能表明财务报表存在重大错报风险的异常变化
C. 注册会计师采用的方法与风险评估程序中使用的分析程序基本相同
D. 注册会计师进行分析并非为了对特定账户余额和披露提供实质性的保证水平

解析 在总体复核阶段实施的分析程序的主要目的是确定财务报表整体是否与其对被审计单位的了解一致（选项B说法错误，当选），并非为了对特定账户余额和披露提供实质性的保证水平（选项D说法正确，不选），采用的方法与风险评估程序中使用的分析程序基本相同（选项C说法正确，不选），并且往往集中在财务报表层次（选项A说法正确，不选）。

答案 B

名师说　实质性分析程序运用在不同阶段总结表

	目的	要点
风险评估	了解被审计单位及其环境等方面并**评估**财务报表层次和认定层次的**重大错报风险**	**在对内部控制的了解中，无需使用分析程序**，在此阶段的分析程序使用数据的汇总性较强，通常包括对账户余额变化的分析，并辅助以趋势分析和比率分析
	识别那些可能表明财务报表存在重大错报风险的异常变化	
实质程序	与细节测试一样，都可以用于收集审计证据，以**识别财务报表认定层次的重大错报**	重大错报风险较低且数据之间具有稳定的预期关系，注册会计师可以**单独**使用实质性分析程序
	对特定账户余额和披露提供实质性的保证水平	
总体复核	确定财务报表整体是否与其对被审计单位的了解一致	集中在**财务报表层次**

本节总结

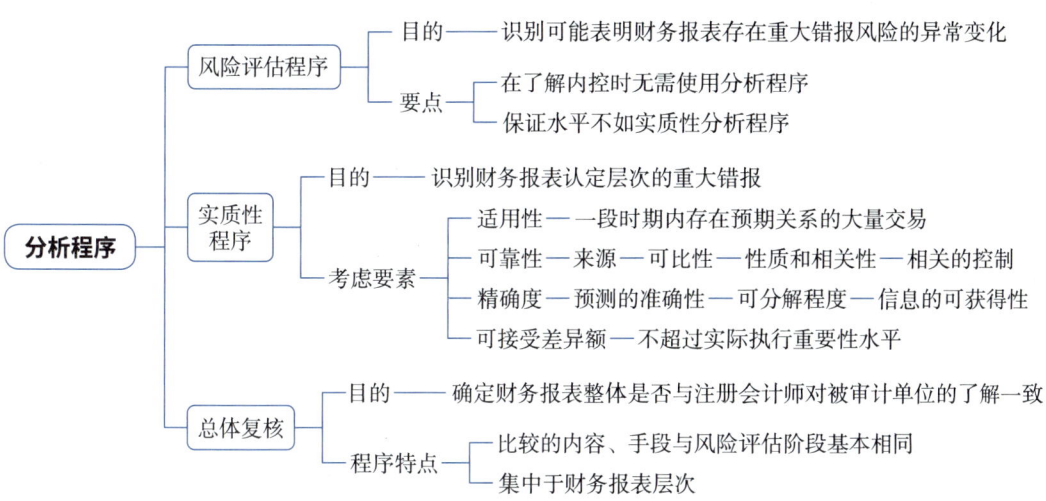

图 3-8　分析程序

考点加油站

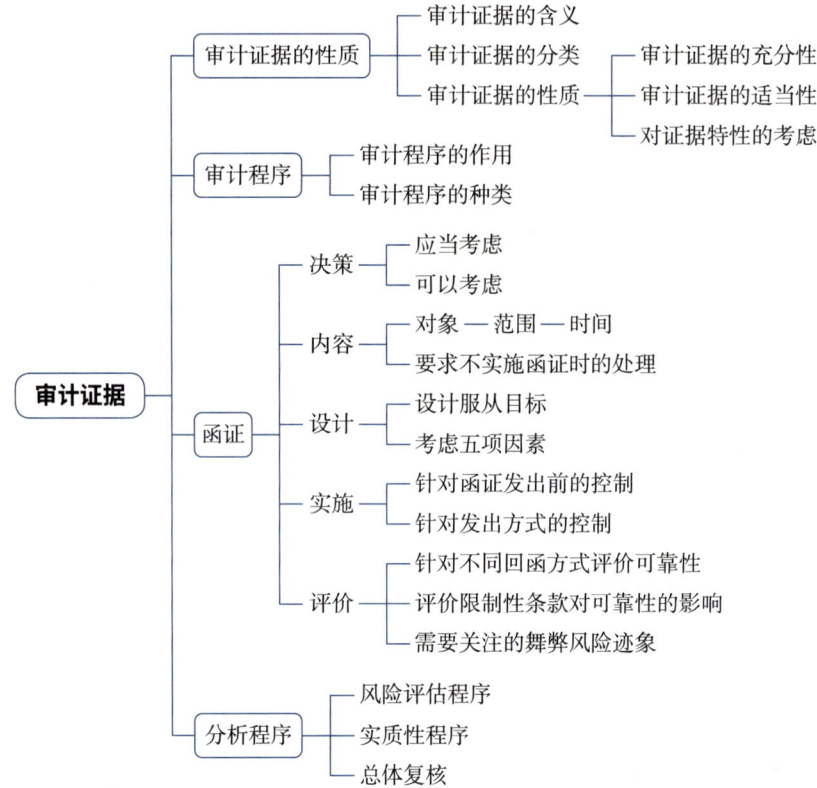

第四章　审计抽样方法

轻装上阵

本章讲什么？

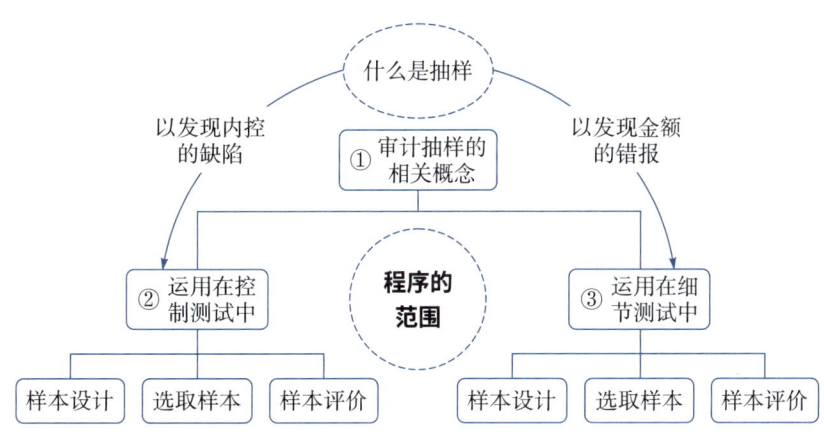

审计抽样旨在解决审计程序的范围问题，即通过选取更多的样本，可以扩大审计范围。①**审计抽样的相关概念**介绍了什么是抽样，审计抽样可以应用于审计的两个环节中，分别是控制测试②**审计抽样运用在控制测试中**和细节测试③**审计抽样运用在细节测试中**。

本章如何考？

本章相关知识点在考试中主要以客观题的形式进行考查，有些年份也考查过简答题，每年考查分值为 4~6 分。同时，考试也会将本章知识点与其他章节的知识点相结合，以简答题或综合题的形式出现。

本章怎么学？

本章的主要内容是审计抽样的原理及其运用，先介绍审计抽样的相关概念，然后从"样本设计""选取样本"和"评价样本结果"三个阶段分别介绍在控制测试和细节测试中如何通过抽样获取相关审计证据。从历年考试来看，虽然审计抽样具体运用的内容较多、较为复杂，但考试中考查最多的是与审计抽样相关的概念以及抽样的基础知识，值得考生牢牢把握。

2024 年本章主要变化

本章在 2024 年对于样本规模的考虑因素进行了微调，将第二节中的"可接受信赖过度风险"和第三节中的"可接受的误受风险"改成了"可接受的抽样风险"，考生需关注客观题。

考点冲浪

第一节 审计抽样的相关概念

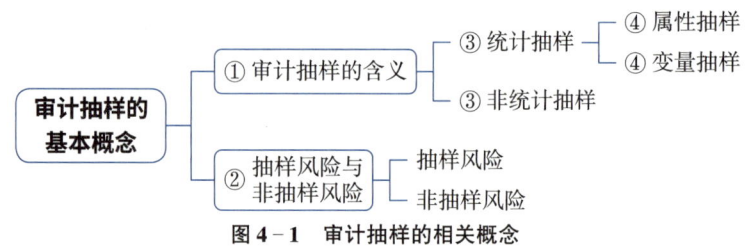

图 4-1 审计抽样的相关概念

一、审计抽样★

考频 2022年多选题（1）、2020年单选题（1）、2019年单选题（1）、2018年单选题（1）、2018年多选题（1）

（一）基本特征（见表4-1）

表 4-1 审计抽样

审计抽样基本特征-知识精讲

敲黑板①
"都有被选取的机会"并不一定表明"被选取的机会均等"。

	基本概念
目的	在合理的时间内以合理的成本完成审计工作，旨在帮助注册会计师确定实施审计程序的**范围**，获取充分、适当的审计证据
定义	注册会计师对具有审计相关性的总体中**低于百分之百**的项目实施审计程序，使所有抽样单元①**都有被选取的机会**，为注册会计师针对整个总体得出结论提供合理的基础
特征	(1) 对具有审计相关性的总体中低于百分之百的项目实施审计程序； **名师说** 　　如果针对总体进行百分之百的测试，就是通常所说的全查，而不是审计抽样。 (2) 所有抽样单元都有被选取的机会； **名师说** 　　审计抽样时，所有抽样单元都应有被选取成为样本的机会，注册会计师不能存有偏向，只挑选具备某一特征的项目（例如，金额大或账龄长的应收账款）进行测试。如果只选取特定项目实施审计程序，那就不是审计抽样。 (3) 可以根据样本项目的测试结果推断出有关抽样总体的结论 **名师说** 　　如果注册会计师从某类交易或账户余额中选取低于百分之百的项目实施审计程序，却不准备据此推断总体的特征，那也不是审计抽样。例如，注册会计师挑选几笔交易，追查其在被审计单位会计系统中的运行轨迹，以获取对被审计单位内部控制的总体了解，而不是评价该类交易的整体特征，那就不是审计抽样。

续表

	基本概念
样本代表总体	只有当从抽样总体中选取的样本具有**代表性**时，注册会计师才能根据样本项目的测试结果推断出有关总体的结论。 代表性，是指在既定的风险水平下，注册会计师根据样本得出的结论，与对整个总体实施与样本相同的审计程序得出的结论**类似**。 **名师说**　由于抽样风险，即有些错误可能无法抽到，样本的结论无法跟总体的结果相同，只能类似。 样本具有代表性**并不意味**着根据样本测试结果推断的错报一定与总体中的错报**完全相同**，如果样本的选取是无偏向的，该样本通常就具有了代表性。 **名师说**　如果样本的选取是无偏向的，那么该样本通常就具有了代表性，但是样本具有代表性**并不意味着**根据样本测试结果推断的错报一定与总体中的错报**完全相同**，只能说是**类似**。 代表性与整个样本而非样本中的单个项目相关，与样本规模无关，而与如何选取样本相关。 此外，代表性通常只与错报的发生率而非错报的特定性质相关。比如，异常情况导致的样本错报就不具有代表性。 **名师说**　代表性与**整体样本**、**如何选取**以及**错报的发生率**相关，与**单个项目**、**样本规模**以及**错报的特定性质**无关。

经典例题 4-1　（2022年·多选题）

下列各项中，属于审计抽样的基本特征的有（　　）。

A. 对具有审计相关性的总体中低于百分之百的项目实施审计程序

B. 所有抽样单元都有被选取的机会

C. 可以根据样本项目的测试结果推断出有关总体的结论

D. 可以运用概率论计量抽样风险

【解析】　审计抽样应同时具备三个基本特征：（1）对具有审计相关性的总体中低于百分之百的项目实施审计程序；（2）所有抽样单元都有被选取的机会；（3）可以根据样本项目的测试结果推断出有关抽样总体的结论。选项ABC正确，当选。

【答案】　ABC

经典例题 4-2　（2020年·单选题）

下列有关审计抽样的样本代表性的说法中，错误的是（　　）。

A. 样本代表性与样本规模相关

B. 样本代表性与如何选取样本相关

C. 样本代表性与整个样本而非样本中的单个项目相关

D. 样本代表性通常与错报的发生率相关

审计抽样基本特征-例题解析

【解析】选项 A 说法错误，样本的代表性与样本规模无关。

选项 B 说法正确，样本的代表性与选取样本的方法相关。如果选取样本完全随机，那么样本一般能够代表总体。相反，若有偏向地选取样本，则样本往往不具代表性。

选项 C 说法正确，代表性是指在既定的风险水平下，注册会计师根据样本得出结论，与对整个总体实施与样本相同的审计程序得出的结论类似。因此，代表性与整个样本而非样本中的单个项目相关。

选项 D 说法正确，代表性通常只与错报的发生率而非错报的特定性质相关，比如，异常情况导致的样本错报就不具有代表性。

【答案】A

（二）适用范围（见表 4-2）

表 4-2 适用范围

审计程序	具体内容	是否适用
风险评估	风险评估中的所有内容	否
控制测试	留下运行轨迹的控制	是
	未留下运行轨迹的控制	否
	自动化信息处理控制	否
实质性程序	细节测试	是
	实质性分析	否

审计抽样也**可以**与其他选取测试项目的方法结合进行。

例如，在审计应收账款时，注册会计师可以使用选取特定项目的方法将应收账款中的单个重大项目挑选出来单独测试，再针对剩余的应收账款余额进行抽样。

经典例题 4-3 （2019 年·单选题）

下列与内部控制有关的审计工作中，通常可以使用审计抽样的是（　　）。

A. 评价内部控制设计的合理性
B. 确定控制是否得到执行
C. 测试自动化信息处理控制的运行有效性
D. 测试留下运行轨迹的人工控制的运行有效性

【解析】选项 A，评价内部控制设计的合理性是风险评估程序的内容，风险评估程序不适宜运用审计抽样，不选；选项 B，确定控制是否得到执行只需要少量的样本即可，不需要运用审计抽样，不选；选项 C，除非系统发生变动，信息技术处理具有内在一贯性，不选。

【答案】D

抽样风险-知识精讲

二、抽样风险与非抽样风险★

考频 2022 年单选题（1）、2018 年单选题（1）

（一）抽样风险

抽样风险是指注册会计师**根据样本得出的结论**，可能**不同于如果对整个总体实施**与样本相同的审计程序得出的结论的风险。抽样风险是由抽样引起的，与样本规模和抽样方法相关。

> **名师说**
> 抽样方法即审计抽样的方法，指的是统计抽样和非统计抽样。通常来说，非统计抽样的样本规模和统计抽样的样本规模是不同的，所以抽样方法不一样，导致样本规模不一样，所以也会影响抽样风险。

1. 控制测试中的抽样风险

（1）信赖过度风险是指推断的控制有效性高于其实际有效性的风险，也可以说，尽管样本结果支持注册会计师计划信赖内部控制的程度，但实际偏差率不支持该信赖程度的风险。

> **名师说**
> 举例来说，假设某控制总共执行了10 000次，其中只有10次是有效运行的，剩余9 990次都出现了偏差。注册会计师对该项控制实施抽样，选取样本10个，正好选到有效运行的10次，样本的偏差率为0，随即推断总体认为该控制运行有效。而如果注册会计师对该控制总体全部项目实施程序，就会发现该控制的实际偏差率为99.9%，该控制实际无效。这就是抽样导致的信赖过度风险。

信赖过度风险与审计的效果有关。如果注册会计师评估的控制有效性高于其实际有效性，从而导致评估的重大错报风险水平偏低，注册会计师可能不适当地减少了从实质性程序中获取的证据，因此审计的有效性下降。

（2）信赖不足风险是指推断的控制有效性低于其实际有效性的风险，也可以说，尽管样本结果不支持注册会计师计划信赖内部控制的程度，但实际偏差率支持该信赖程度的风险。

> **名师说**
> 举例来说，假设某控制总共执行了10 000次，其中只有10次有偏差，剩余9 990次均有效运行。注册会计师对该项控制实施抽样，选取样本10个，正好选到有偏差的10次，样本的偏差率为100%，随即推断总体认为该控制运行无效。而如果注册会计师对该控制总体全部项目实施程序，就会发现该控制的实际偏差率为0.1%，该控制实际有效运行。这就是抽样导致的信赖不足风险。

信赖不足风险与审计的效率有关。当注册会计师评估的控制有效性低于其实际有效性时，评估的重大风险水平高于实际水平，注册会计师可能会增加不必要的实质性程序。在这种情况下，审计效率可能降低。

2. 细节测试中的抽样风险

（1）误受风险是指注册会计师推断某一重大错报不存在而实际上存在的风险。

如果账面金额实际上存在重大错报而注册会计师认为其不存在重大错报，那么注册会计师通常会停止对该账面金额继续进行测试，并根据样本结果得出账面金额无重大错报的结论。与信赖过度风险类似，误受风险影响审计效果，容易导致注册会计师发表不恰当的审计意见。

（2）误拒风险是指注册会计师推断某一重大错报存在而实际上不存在的风险。

与信赖不足风险类似，误拒风险影响审计效率。如果账面金额不存在重大错报而注册会计师认为其存在重大错报，注册会计师会扩大细节测试的范围并考虑获取其他审计证据，最终注册会计师会得出恰当的结论。在这种情况下，审计效率可能降低。

> **应试点拨**
>
> 考生需要牢牢把握抽样风险表，学会区分两种测试中的抽样风险以及对审计的不同影响，几乎每年必考！
>
> 表 4-3 抽样风险表
>
> | 审计程序 | 影响审计效果 | 影响审计效率 |
> | --- | --- | --- |
> | 控制测试 | 信赖过度风险 | 信赖不足风险 |
> | 细节测试 | 误受风险 | 误拒风险 |
>
> 对于注册会计师而言，信赖过度风险及误受风险（即影响审计**效果**的风险）更容易导致注册会计师发表不恰当的审计意见，因而更应予以关注。

▌经典例题 4-4（2022 年·单选题）

下列有关抽样风险的说法中，错误的是（　　）。

A. 审计程序设计不当导致的风险属于抽样风险

B. 抽样风险是指注册会计师根据样本得出的结论，不同于对整个总体实施与样本相同的审计程序得出的结论的可能性

C. 相较于影响审计效率的抽样风险，注册会计师更应关注影响审计效果的抽样风险

D. 抽样风险与样本规模是反向变动关系

(解析) 非抽样风险指实施抽样时，与抽样风险无关的因素导致注册会计师得出错误结论的可能性。出现非抽样风险的原因包括：

(1) 选择的总体不适合于测试目标；

(2) 未能适当地定义误差（包括控制偏差或错报）；

(3) 选择了不适于实现特定目标的审计程序（选项 A）；

(4) 注册会计师未能适当地评价审计发现的情况。

(答案) A

（二）非抽样风险★★★

非抽样风险，是指注册会计师由于任何**与抽样风险无关**的原因而**得出错误结论**的风险。注册会计师即使对某类交易或账户余额的所有项目实施审计程序，也可能仍未能发现重大错报或控制失效。在审计过程中，可能导致非抽样风险的原因包括下列情况：

(1) 注册会计师选择了**不适于实现特定目标的审计程序**。例如，注册会计师依赖应收账款函证来揭露未入账的应收账款。

(2) 注册会计师选择的**总体不适于测试目标**。例如，注册会计师在测试销售收入完整性认定时将主营业务收入日记账界定为总体。

(3) 注册会计师**未能适当地定义误差**（包括控制偏差或错报），导致注册会计师未能发现样本中存在的偏差或错报。例如，注册会计师在测试现金支付授权控制的有效性时，未将签字人未得到适当授权的情况界定为控制偏差。

(4) 注册会计师**未能适当地评价审计发现的情况**。例如，注册会计师错误解读审计证据可能导致没有发现误差。注册会计师对所发现误差的重要性的判断有误，从而忽略了性质十

分重要的误差,也可能导致得出不恰当的结论。

非抽样风险是由**人为因素**造成的,虽然**难以量化**非抽样风险,但通过采取适当的质量控制政策和程序,对审计工作进行适当的指导、监督和复核,仔细设计审计程序,以及对审计实务的适当改进,注册会计师可以将非抽样风险降至①**可以接受的水平**。

> **敲黑板①**
> 非抽样风险可以降低,但不能消除!考生需着重掌握抽样风险与非抽样风险的区分,以及非抽样风险不能通过扩大样本规模来降低,考试常考查选择题。

▌经典例题 4-5 （2018年·单选题）

下列有关非抽样风险的说法中,错误的是（　　）。

A. 非抽样风险不能量化
B. 非抽样风险影响审计风险
C. 注册会计师可以通过采取适当的质量管理政策和程序降低非抽样风险
D. 注册会计师可以通过扩大样本规模降低非抽样风险

（解析）非抽样风险是由人为因素造成的,难以量化（选项A正确）；非抽样风险,是指注册会计师由于任何与抽样风险无关的原因而得出错误结论的风险（选项B正确）；通过采取适当的质量管理政策和程序,对审计工作进行适当的指导、监督和复核,仔细设计审计程序,以及对审计实务的适当改进,注册会计师可以将非抽样风险降至可以接受的水平（选项C正确）；注册会计师可以通过扩大样本规模来降低抽样风险（不是非抽样风险）,选项D错误。

（答案）D

三、统计抽样和非统计抽样（审计抽样的类型） ★ （见表4-4）

> **考频** 2021年单选题（1）

表4-4 ②统计抽样与非统计抽样对照表

	统计抽样	非统计抽样
优点	（1）客观地**计量**和精确地**控制**抽样风险； （2）高效设计样本； （3）计量已获得的审计证据的充分性； （4）能定量评价样本的结果	（1）操作简单,使用成本低； （2）适合定性分析
缺点	（1）需要特殊的专业技能,增加了培训注册会计师的成本； （2）单个样本项目要符合统计要求,增加了额外费用	**无法量化**抽样风险
相同点	（1）在设计、实施和评价样本时都离不开职业判断； （2）运用得当都可以获取充分、适当的审计证据,非统计抽样也能提供与统计抽样方法**同样有效**的结果； （3）注册会计师在统计抽样与非统计抽样方法之间进行选择时**主要考虑成本效益**	

> **敲黑板②**
> 统计抽样与非统计抽样的优缺点互为补充,考生需掌握此表,考试易考查选择题。

▌经典例题 4-6 （2021年·单选题）

下列有关统计抽样和非统计抽样的共同点的说法中,错误的是（　　）。

A. 统计抽样和非统计抽样都需要注册会计师运用职业判断
B. 统计抽样和非统计抽样都能客观计量抽样风险
C. 统计抽样和非统计抽样都难以量化非抽样风险
D. 如果设计得当,非统计抽样能够提供与统计抽样同样有效的结果

（解析）选项A正确,虽然统计抽样可以量化抽样风险,但和非统计抽样一样,需要运用职业判断。

选项 B 错误，统计抽样能量化抽样风险即客观计量，而非统计抽样只能凭经验主观判断抽样风险。

选项 C 正确，非抽样风险是人为因素导致错误结论的风险，人为因素无论是在统计抽样还是非统计抽样均属于难以量化的因素。

选项 D 正确，如果设计得当，非统计抽样能够提供与统计抽样同样有效的结果，并没有绝对的孰优孰劣之分。

答案　B

四、属性抽样和变量抽样★（见表 4-5）

表 4-5　①属性抽样和变量抽样

	属性抽样	变量抽样
定义	对总体中某一事件发生率得出结论的**统计抽样方法** **名师说** 在控制测试中，注册会计师只测试内部控制是否有效执行（属性），而不测试内部控制失控所导致的错报金额（变量）。	对总体金额得出结论的**统计抽样方法**
适用范围	控制测试	细节测试
目的	测试某一特定控制的偏差率，而不考虑交易金额大小	确定记录金额是否合理

敲黑板①
审计抽样的方式只有两种，即统计抽样和非统计抽样；所谓的属性抽样和变量抽样，只是统计抽样在不同环节的运用。

本节总结

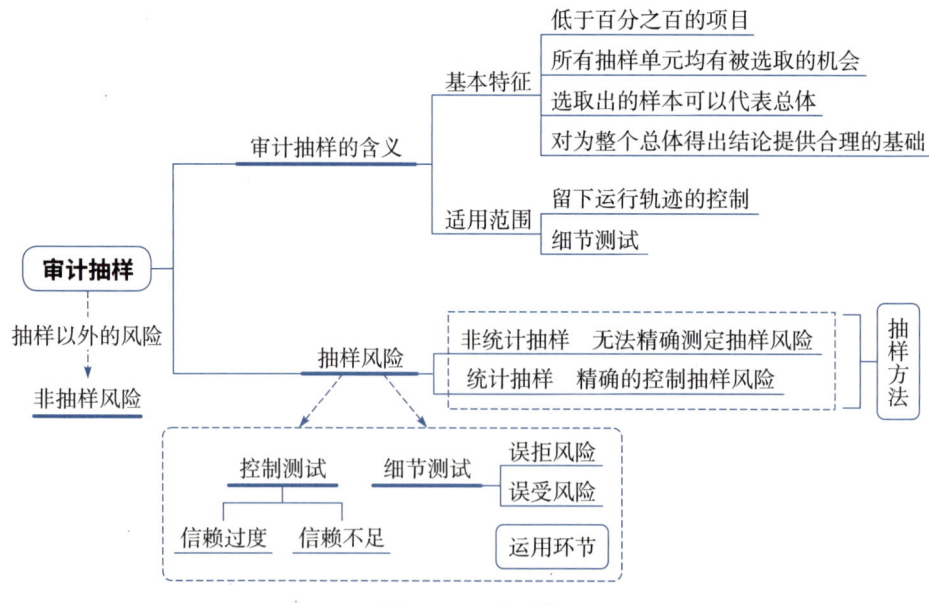

图 4-2　审计抽样

第二节 审计抽样在控制测试中的应用

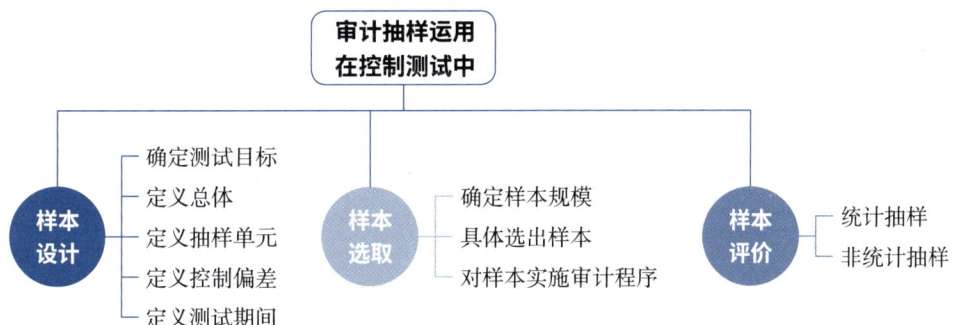

图 4-3 审计抽样在控制测试中的应用

在控制测试中应用审计抽样有两种方法,见表 4-6。

表 4-6 审计抽样的两种方法

方法	要点
发现抽样	(1) 这种方法在注册会计师预计控制高度有效时可以使用,以证实控制的有效性; (2) 在发现抽样中,注册会计师使用的预计总体偏差率是 0; (3) 在检查样本时,一旦发现一个偏差,就立即停止抽样; (4) 如果在样本中没有发现偏差,则可以得出总体偏差率可以接受的结论
①属性估计抽样	用以估计被测试控制的偏差发生率,或控制未有效运行的频率

> **敲黑板①**
> 本书主要对属性估计抽样法进行讲解,对于发现抽样法,考生只需要了解即可。

一、样本设计阶段 ★★

考频 2022 年简答题 (1)、2020 年综合题 (1)

(一) 确定控制测试目标

注册会计师实施控制测试的目标是提供关于控制运行有效性的审计证据,以支持计划的重大错报风险评估水平。因此,控制测试主要关注:① 控制在所审计期间的相关时点是如何运行的;② 控制是否得到一贯执行;③ 控制由谁或以何种方式执行。

(二) 定义总体 ★★ (见表 4-7)

表 4-7 定义总体

	内容
定义	是指注册会计师从中选取样本并期望据此得出结论的整个数据集合

续表

	内容
①适当性	注册会计师应确定总体适合于特定的审计目标,包括适合于测试的方向 **名师说** 例如,在控制测试中,如果要测试用以保证所有发运商品都已开单的控制是否有效运行,则注册会计师从已开单的项目中抽取样本不能发现控制偏差,因为该总体不包含那些已发运但未开单的项目。为发现这种控制偏差,将所有已发运的项目作为总体通常比较适当
完整性	注册会计师应当从<u>总体项目内容</u>和<u>涉及时间</u>等方面确定总体的完整性 **名师说** 例如,如果注册会计师从档案中选取付款证明,除非确信所有的付款证明都已归档,否则注册会计师不能对该期间的所有付款证明得出结论
同质性	同质性是指总体中的所有项目应该具有同样的特征。 (1) 不同的控制情况,应被定义为不同的独立主体; **名师说** 例如,如果被审计单位的出口和内销业务的处理方式不同,则注册会计师应分别评价两种不同的控制情况,因而会出现两个独立的总体。 (2) 在本期发生重大变化的内部控制(不具有同质性),应针对变化前后分别定义总体

敲黑板①
可以理解为:注册会计师定义的总体跟审计目标是否相关,相关即为适当。

▎**经典例题 4-7** 〔经典真题·综合题〕

甲公司是ABC会计师事务所的常年审计客户。A注册会计师负责审计甲公司2013年度财务报表,确定财务报表整体的重要性为240万元,税前利润为180万元。

A注册会计师在审计工作底稿中记录了实施的控制测试,部分内容摘录如下:

控制	控制测试
财务总监负责审批金额超过50万元的付款申请单,并在系统中进行电子签署	A注册会计师从系统中导出已经由财务总监审批的付款申请单,抽取样本进行检查

〔要求〕指出所列控制测试是否恰当。如不恰当,提出改进建议。

〔答案〕不恰当,控制测试的总体应为所有金额超过50万元的付款申请单。

(三)②定义抽样单元★★

1. 注册会计师定义的<u>抽样单元</u>应与审计测试<u>目标</u>相适应。
2. 抽样单元通常是能够提供控制运行证据的一份文件资料、一个记录或其中一行,每个抽样单元构成了总体中的一个项目,举例见表4-8。

敲黑板②
可以理解为注册会计师要抽的东西。

表4-8 抽样单元举例

测试目标	抽样单元
销售发票的复核效果	已开具的每一张销售发票

续表

测试目标	抽样单元
销售发票的商品数量是否与发货凭证核对一致	每一张销售发票及其所附的发运凭证
签订销售合同的人员是否不少于两人	每一份已签订的销售合同

（四）定义控制偏差

1. 控制偏差是表明内部控制未能有效执行的事实或情况。
2. 注册会计师应根据对内部控制的理解，确定哪些特征能够显示被测试控制的运行情况，据此定义构成偏差的条件。
3. 在评估控制运行的有效性时，注册会计师应当考虑其认为必要的①所有控制环节。

敲黑板①

只有当控制的所有的环节都得到执行，才能认为控制得到执行。

▎**经典例题 4-8**　（经典真题·综合题）

ABC 会计师事务所负责审计甲公司 2014 年度财务报表，审计工作底稿中与内部控制相关的部分内容摘录如下：

（5）甲公司内部控制制度规定，财务经理每月应复核销售返利计算表，检查销售收入金额和返利比例是否准确，如有异常，进行调查并处理，复核完成后签字存档。审计项目组选取了 3 个月的销售返利计算表，检查了财务经理的签字，认为该控制运行有效。

〔要求〕指出 A 注册会计师的做法是否恰当。如不恰当，提出改进建议。

〔答案〕不恰当。只检查财务经理的签字不足够/应当检查财务经理是否按规定完整实施了该控制。

▎**经典例题 4-9**　（2022 年·简答题）

ABC 会计师事务所的 A 注册会计师负责审计上市公司甲公司 2021 年度财务报表和 2021 年末财务报告内部控制，采用整合审计方法执行审计。与内部控制审计相关的部分事项摘录如下：

（4）甲公司财务经理每月将仓储部门编制的产成品收发存明细表中的产成品出库记录与当月确认收入对应的产品信息进行核对，记录核对情况，调查识别出的任何不符事项，并记录差异调查和解决的过程及结果。A 注册会计师选取了 3 个月的样本项目，核对了产成品收发存明细表中的出库记录与当月确认收入对应的产品信息，结果相符，据此认为该项控制运行有效。

〔要求〕针对上述事项，指出 A 注册会计师的做法是否恰当。如不恰当，简要说明理由。

〔答案〕不恰当。应检查证明控制得到执行的证据/执行人审核时留下的记号或标记/针对偏差报告的书面说明等。

名师说

在本题中，一共有 4 个环节：① 财务经理每月进行核对；② 记录核对情况；③ 如有异常，进行调查并处理；④ 复核完成后签字存档。

只有这 4 个环节都完成，才能证明该控制运行有效，但是注册会计师只查了①④，没有对②③进行检查，即本题中的注册会计师认为所谓控制偏差即经理是否签字，属于定义控制偏差有误，只有 4 个环节都无误，才叫控制无偏差。

(五) 定义测试期间

注册会计师通常在期中实施控制测试。由于期中测试获取的证据只与控制截至期中测试时点的运行有关,注册会计师需要确定如何获取关于剩余期间的证据。

注册会计师可以采取的两种做法,见表4-9。

表4-9 获取剩余期间证据的两种方法

两种做法		要点
将测试扩展至在剩余期间发生的交易,以获取额外的证据	定义	注册会计师可能将总体定义为包括整个被审计期间的交易,但在期中实施初始测试。 【例1:如果被审计单位在当年的前10个月开具了编号从1到10 000的发票。注册会计师可能估计,根据企业的经营周期,剩下两个月中将开具2 500张发票;因此注册会计师在选取所需的样本时用1到12 500作为编号。所选取的发票中,编号小于或等于10 000的样本项目在期中审计时进行检查,剩余的样本项目将在期末审计时进行检查。】
	高估	高估剩余期间抽样单元的数量,导致部分被选取的项目编号对应的交易没有发生。 【例2,接例1:在剩余期间(11月~12月)只开具了2 000张发票,定义12 500张,实际只发生了12 000张,即为高估。】
	处理方案	可以用其他交易代替。 【例3,接例2:如果抽到12 300号,由于该交易没有发生,所以可以另外选一个号,继续抽。】 考虑到这种可能性,注册会计师可能希望比最低样本规模稍多选取一些项目,对多余的项目只在需要作为替代项目时才进行检查
将测试扩展至在剩余期间发生的交易,以获取额外的证据	低估	低估剩余期间抽样单元的数量,导致一些交易没有被选取的机会。 【例4,接例1:在剩余期间(11月~12月)开具了3 000张发票,定义12 500张,实际发生了13 000张,即为低估,这样会导致125 001号至13 000号发票没有机会被选取。】
	处理方案	可以重新定义总体,以将样本中未包含的项目排除在外,对未包含在重新定义总体中的项目,可以实施替代程序。 【例5,接例4:此时可以重新定义总体,假设12 501号是在12月1日的第一张凭证,则可以定义1~12 500号为1月1日到11月30日的总体,将12 501~13 000号定义为12月的总体。】
	停止测试	注册会计师可能不需等到被审计期间结束,就能得出关于控制的运行有效性是否支持其计划评估的重大错报风险水平的结论。在这种情况下,注册会计师可能决定不将样本扩展至期中测试以后发生的交易,而是相应地修正计划的重大错报风险评估水平和实质性程序。 【例6:注册会计师确定整个期间控制的偏差超过2个时,则控制运行无效,而在测试1月~10月的项目时就已经发现了3个偏差,这样就能得出控制运行无效的结论。11月~12月的项目可以不必再进行控制测试,直接去实施实质性程序。】

续表

两种做法		要点
不将测试扩展至在剩余期间发生的交易	定义	总体只包括从年初到期中测试日为止的交易，测试结果也只能针对这个期间进行推断，注册会计师可以使用替代方法测试剩余期间的控制有效性 **名师说** 假如注册会计师于10月份进行控制测试，在这种做法下，直接将总体定义为1月~10月的所有交易。此时，"高估"或"低估"总体的问题不复存在。
不将测试扩展至在剩余期间发生的交易	影响剩余期间审计证据因素	(1) 评估认定层次的重大错报风险的重要程度（**风险越重要，剩余期间测试的就越多**）； (2) 在期中测试的特定控制和测试结果，以及自期中测试后控制发生的重大变动（**如果发生重大变化，则剩余期间测试的越多**）； (3) 在期中对有关控制运行有效性获取的审计证据的程度（**如果期中获取的证据越充分，则剩余期间测试得越少**）； (4) 剩余期间的长度（**剩余期间越长，针对剩余期间需要获取的证据就越多**）； (5) 在信赖控制的基础上拟缩小实质性程序的范围（**拟减少实质性程序范围越大，表明打算少做实质性程序，意味着对拟控制的信赖程度越高，那么剩余期间需要补充的证据就越多**）； (6) 控制环境（**如果控制环境越好，则剩余期间测试得越少**）
	内控变化	注册会计师**应当**获取与控制在剩余期间发生的所有重大变化的性质和程度有关的证据，包括其人员的变化； 如果发生了重大变化，注册会计师应修正其对内部控制的了解，并考虑对变化后的控制进行测试，或者注册会计师也可以考虑对剩余期间实施实质性程序分析程序或总结测试

二、选取样本阶段★★

考频 2021年单选题、2020年单选题（1）、2018年单选题（1）

（一）选取样本的方法★★（见表4-10）

表4-10 选取样本的方法

		内容
简单随机选样	方法	注册会计师可以使用计算机或随机数表获得所需的随机数，选取匹配的随机样本
	要点	使用这种方法时，相同数量的抽样单元组成的每种组合被选取的概率都相等
	范围	简单随机选样在统计抽样和非统计抽样中均适用

续表

		内容
系统选样	方法	按相同的间隔从总体中选取样本，**也称等距选样**
	步骤	（1）计算选样间距：d=总体规模÷样本规模； （2）在 1 到 d 中随机确定选样起点； （3）根据间距顺序选取样本
	例题	如果销售发票的总体范围是 652~3 151 号，设定的样本量是 125： （1）计算选样间距 d=总体规模÷样本规模=（3 152-652）÷125=20； （2）在 652~671 号中，随机确定选样起点； （3）如果随机起点是 661 号，那么其余的 124 个项目是 681（=661+20）号，701（=681+20）号……依此类推，直至第 3 141 号
	优点	使用方便，节省时间，对总体中的项目不需要编号，只要简单数出每一个间距即可，并可用于无限总体
	缺点	要求总体项目随机排列，**否则样本不具代表性**
	应对措施	（1）增加随机起点的个数； （2）观察总体特征的分布，如确认呈随机分布，则采用系统选样法，**否则不采用**
	范围	系统选样在统计抽样和非统计抽样中**均适用**
随意选样	方法	随意选样是指注册会计师不带任何偏见地选取样本，**也叫任意选样**
	缺点	注册会计师很难完全无偏见地选取样本项目，即这种方法难以彻底排除注册会计师的个人偏好对选取样本的影响，因而很可能使样本失去代表性
	范围	随意选样**只适用于非统计抽样**
①整群选样	方法	使用这种方法时，注册会计师从总体中选取一群（或多群）连续的项目 **名师说** 例如：总体为 20×1 年的所有付款单据，从中选取 2 月 3 日、5 月 17 日和 7 月 19 日这三天的所有付款单据作为样本。
	缺点	整群选样通常**不能**在审计抽样中使用，因为大部分总体的结构都使连续的项目之间可能具有相同的特征，但与总体中其他项目的特征不同
	范围	虽然在有些情况下，注册会计师检查一群项目可能是适当的审计程序，但当注册会计师希望根据样本作出有关整个总体的有效推断时，**极少将整群选样作为适当的选样方法**

敲黑板①

考试当中，主观题出现整群选样，通常来说都是不恰当的选择方法。

▎**经典例题 4-10** 经典真题·综合题

A 注册会计师在审计工作底稿中记录了实施的进一步审计程序，部分内容摘录如下：

（1）在采用审计抽样测试甲公司付款审批控制时，A 注册会计师确定总体为 2016 年度的所有付款单据，抽样单元为单张付款单据，选取自 2016 年 12 月 26 日至 12 月 31 日的全部付款单据共计 80 张作为样本，测试结果满意。

（要求）指出 A 注册会计师的做法是否恰当。如不恰当，简要说明理由。

（答案）不恰当。整群选样通常不适用于审计抽样，应从全年的付款单据中选取样本。

（二）确定样本规模

1. 量化影响因素（见表 4-11）

表 4-11 控制测试中影响样本规模的因素

		内容
①可接受的抽样风险	要点	（1）控制测试中的抽样风险包括信赖不足风险和信赖过度风险。 （2）对于控制信赖不足风险，虽然可能会导致审计过度而影响审计效率，但给注册会计师审计工作造成的影响较小。 （3）信赖过度风险与审计效果有关。与信赖不足风险相比，信赖过度风险更容易导致注册会计师发表不恰当的审计意见，因此在实施控制测试时，注册会计师主要关注信赖过度风险。 （4）可接受的信赖过度风险与样本规模反向变动。注册会计师愿意接受的信赖过度风险越低，样本规模通常越大
	影响依赖过度风险的因素	（1）该控制所针对的风险的重要性； （2）控制环境的评估结果； （3）针对风险的控制程序的重要性； （4）证明该控制能够防止、发现和改正认定层次重大错报的审计证据的相关性和可靠性； （5）在与某认定有关的其他控制的测试中获取证据的范围； （6）控制的叠加程度； （7）对控制的观察和询问所获得的答复可能不能准确反映该控制得以持续适当运行的风险
可容忍偏差率	概念	可容忍偏差率是注册会计师能够接受的最大偏差数量，如果偏差超过这一数量则**减少或取消**对内部控制的信赖
	要点	可容忍偏差率与样本规模**反向变动** **名师说** 预期控制好，越寄予期望，则要求越高，可容忍偏差率越低，需要抽样越多；预期控制不好，越失望，则要求越低，可容忍偏差率越高，最后抽样越少。
	影响因素	在确定可容忍偏差率时，应考虑计划评估的控制有效性。**计划评估的控制有效性越低**（注册会计师越不指望通过依赖该项控制来减少实质性程序），确定的**可容忍偏差率通常越高**，所需的样本规模就越小
预计总体偏差率	概念	指的就是注册会计师预计总体中存在偏差的情况
	要点	（1）预计总体偏差率与样本规模同向变动； （2）**当预计总体偏差率较高时，很可能不进行控制测试**； （3）**预计总体偏差率不应超过可容忍偏差率**，如果预期总体偏差率高得无法接受，则意味着控制有效性很低，注册会计师通常决定**不实施控制测试**，而实施更多的实质性程序
	影响因素	通常根据对控制设计和执行情况的了解，或根据从总体中抽取少量项目进行检查的结果，对拟测试总体的预计偏差率进行评估，也可以根据上年测试结果和控制环境等因素对预计总体偏差率进行估计

控制测试中影响样本规模的因素
—知识精讲

敲黑板①

2024 年将"可接受信赖过度风险"改成"可接受抽样风险"，但是其中的实质性内容没有发生变化。

续表

	内容	
总体规模	要点	一般而言，总体规模对样本规模的影响**几乎为零**
	影响因素	(1) 注册会计师通常将抽样单元超过2 000个的总体视为①**大规模总体**； (2) 对大规模总体而言，总体的实际容量对样本规模几乎没有影响； (3) 对小规模总体而言，审计抽样比其他选择测试项目的方法的效率低（审计抽样不划算）
其他因素		(1) 控制运行的相关期间：控制运行的相关期间越长，需要测试的样本**越多**； (2) 控制程序的复杂程度：控制程序越复杂，测试的样本**越多**； (3) 所测试的控制的类型：通常对人工控制实施的测试要多过自动化控制

敲黑板①
考试中除非题目中提及小规模，否则一般是大规模。

控制测试中影响样本规模的因素及其与样本规模的关系，见表4-12。

表4-12 控制测试中影响样本规模的因素及其与样本规模的关系

影响因素	与样本规模的关系
可接受的信赖过度风险	反向变动
可容忍偏差率	反向变动
预计总体偏差	同向变动
总体规模	影响很小

■ **经典例题4-11** （2021年·单选题）

在运用审计抽样实施控制测试时，下列各项中，与样本规模同向变动的是（　　）。

A. 可接受的信赖过度风险　　　　B. 可容忍偏差率

C. 预计总体偏差率　　　　　　　D. 总体规模

（解析）预计总体偏差率与样本规模同向变动，选项C正确；可容忍偏差率、可接受的信赖过度风险与样本规模反向变动，选项AB误，不选；在大规模总体中，总体的实际容量对样本规模几乎没有影响，选项D错误，不选。

（答案）C

■ **经典例题4-12** （2020年·单选题）

在运用审计抽样实施控制测试时，下列各项因素中，不影响样本规模的是（　　）。

A. 选取样本的方法　　　　　　　B. 控制的类型

C. 可容忍偏差率　　　　　　　　D. 控制运行的相关期间的长短

（解析）选取样本的方法与样本规模无关，选项A符合题意，当选。样本规模还取决于所测试的控制的类型，通常对人工控制实施的测试要多于自动化控制，因为人工控制更容易发生错误和偶然的失败，而针对计算机系统的信息技术，只要控制有效发挥作用，曾经测试过的自动化控制一般都能保持可靠运行，选项B不符合题意，不选。可容忍偏差率越高，预期结果越差，则要求越低，样本规模越小，选项C不符合题意，不选。控制运行的相关期间越长（年或季度），需要测试的样本越多，因为注册会计师需要对整个拟信赖期间控制的有效性获取证据，选项D不符合题意，不选。

（答案）A

控制测试中影响样本规模的因素-例题解析

2. 针对运行频率较低的内部控制的考虑

某些重要的内部控制并不经常运行。例如，银行存款余额调节表的编制可能是按月执行，针对年末结账流程的内部控制则是一年执行一次。注册会计师可以根据表 4-13 确定所需的样本规模。

一般情况下，样本规模接近表 4-13 中样本数量区间的下限是适当的。如果控制发生变化，或曾经发现控制缺陷，样本规模更可能接近甚至超过表 4-13 中样本数量区间的上限。如果拟测试的控制是针对相关认定的唯一控制，则注册会计师往往可能需要测试比表 4-13 中所列的更多的样本。

表 4-13 测试运行频率较低的内部控制的有效性

控制运行频率和总体的规模	测试的样本量
1 次/季度（4）	2
1 次/月度（12）	2~5
1 次/半月（24）	3~8
1 次/周（52）	5~15

3. 确定样本量

实施控制测试时，注册会计师可能使用统计抽样，也可能使用非统计抽样。

在非统计抽样中，注册会计师可以只对影响样本规模的因素进行定性的估计，并运用职业判断确定样本规模。

使用统计抽样方法时，注册会计师必须对影响样本规模的因素进行量化，并利用根据统计公式开发的专门的计算机程序或专门的样本量表来确定样本规模。

(三) 选取样本并对其实施审计程序（见表 4-14）

表 4-14 可能出现的几种情况

	内容
无效单据	"作废"是典型的无效单据。如果能够合理确信该无效单据是正常的且不构成设定的偏差，就要用另外的单据替代；如果使用了随机选样，要用一个替代随机数与新的样本对应
未使用单据	当总体定义为整个期间的交易但在期中实施控制测试时，可能高估总体规模和编号范围。此时，选取的样本中超出实际编号的都被视为未使用单据。通常所说的空白单据也属于未使用单据。如果合理确信"未使用"不构成控制偏差，要用另一笔交易替代该项目，以满足控制测试的样本规模
不适用单据	例如，定义的偏差为没有验收报告支持的付款交易，选取的样本中包含的电话费虽无验收报告，但不构成控制偏差。这意味着选取的项目不适用于定义的偏差。如果合理确信"未使用"不构成控制偏差，要用另一笔交易替代该项目，以满足控制测试的样本规模
无法检查	某些被测试的控制只在部分样本单据上留下了运行证据。如果找不到该单据（如丢失），或由于无法对选取的项目实施检查（如严重污损），也无法使用替代程序测试控制的运行是否适当（如果是内部单据，可找其他部门留存的副联），就要考虑将该样本项目视为控制偏差

经典例题 4-13 经典真题·单选题

在使用审计抽样实施控制测试时，下列情形中，注册会计师不能另外选取替代样本的是（　　）。

A. 单据丢失　　　　　　　　　B. 单据不适用
C. 单据无效　　　　　　　　　D. 单据未使用

解析 单据丢失，如果无法使用替代程序测试控制的运行是否适当，就要考虑将该样本项目视为控制偏差，选项A正确，当选。如果合理确信"未使用、无效或不适用"不构成控制偏差，要用另一笔交易替代该项目，以满足控制测试的样本规模，选项BCD错误，不选。

答案 A

评价样本结果
阶段-知识精讲

三、评价样本结果阶段 ★★

考频 2022年多选题（1）、2020年多选题（1）、2018年综合题（1）

无论使用统计抽样还是非统计抽样方法，注册会计师**都需要**运用职业判断来评价样本结果。

（一）计算偏差率 ★

（1）将样本中发现的偏差数量除以样本规模，就可以计算出**样本偏差率**。
（2）**样本偏差率**就是注册会计师对**总体偏差率的最佳估计**。
（3）在控制测试中无须另外推断总体偏差率，但注册会计师必须考虑抽样风险。

（二）考虑抽样风险 ★

1. 使用统计抽样方法
（1）使用统计抽样的方法。

$$总体偏差率上限（MDR）= R/n = 风险系数/样本规模$$

其中，控制测试中常用的风险系数，见表4-15。

表4-15 控制测试中常用的风险系数表（局部）

样本中发现偏差的数量	信赖过度风险	
	5%	10%
0	3.0	2.3
1	4.8	3.9
2	6.3	5.3

例如，信赖过度风险为10%，样本规模为50，发现1例偏差时，估计的总体偏差率上限 = R/n = 3.9/50 = 7.8%。

（2）使用样本结果评价表（见表 4-16）。

表 4-16　信赖过度风险为 10% 的总体偏差率上限（局部）

样本规模	样本中发现的偏差数							
	0	1	2	3	4	5	6	7
50	4.6	7.6	10.3	12.9	15.4	17.8	*	*
55	4.1	6.9	9.4	11.8	14.1	16.3	18.4	*
60	3.8	6.4	8.7	10.8	12.9	15.0	16.9	18.9

例如，信赖过度风险为 10%，样本规模为 50，发现 1 例偏差时，查表得到估计的总体偏差率上限 7.6%（公式法为 7.8%）。

（3）得出结论。

注册会计师将估计的**总体偏差率上限**与**可容忍偏差率**比较，形成属性抽样的结论。

如果估计的总体偏差率上限**低于且不接近**可容忍偏差率，则总体**可以接受**。这时注册会计师对总体得出结论，样本结果支持计划评估的控制有效性，从而支持计划的重大错报风险评估水平。

如果估计的总体偏差率上限**大于或等于**可容忍偏差率，则总体**不能接受**。这时注册会计师对总体得出结论，样本结果不支持计划评估的控制有效性，从而不支持计划的重大错报风险评估水平。此时，注册会计师应当修正重大错报风险评估水平，并增加实质性程序的数量。注册会计师也可以对影响重大错报风险评估水平的其他控制进行测试，以支持计划的重大错报风险评估水平。

如果估计的总体偏差率上限**低于但接近**可容忍偏差率，注册会计师应当**结合其他审计程序**的结果，**考虑**是否接受总体，并考虑是否需要扩大测试范围，以进一步证实计划评估的控制有效性和重大错报风险水平。

表 4-17　①使用统计抽样方法

原理	样本偏差率→估计总体偏差率上限→可容忍偏差率			
计算结果	情形	标准	结论	
估计总体偏差率上限	不低于	可容忍偏差率	拒绝总体	
	低于但接近		考虑是否接受总体	
	低于且不接近		接受总体	

名师说
考虑是否接受总体，意为可以选择拒绝总体，也可以选择接受总体。如果选择接受总体，则需扩大控制测试范围以进一步获取充分、适当的审计证据。

敲黑板①
考试常考，考生需要牢记。

2. 使用非统计抽样法

如果样本偏差率**大于**可容忍偏差率，则总体**不能接受**。

如果样本偏差率**大大低于**可容忍偏差率，则注册会计师通常认为总体**可以接受**。

如果样本偏差率**虽然低于**可容忍偏差率,**但**两者**很接近**,则注册会计师通常认为总体实际偏差率高于可容忍偏差率的抽样风险很高,因而总体**不可接受**。

如果样本偏差率与可容忍偏差率之间的**差额不是很大也不是很小**,以至于不能认定总体是否可以接受时,注册会计师则要**考虑**扩大样本规模,以进一步收集证据。

表 4-18 ①使用非统计抽样法

原理	样本偏差率=估计的总体偏差率→可容忍偏差率		
计算结果	情形	标准	结论
样本偏差率 (估计的 总体偏差率)	大于	可容忍偏差率	拒绝总体
	低于但接近		考虑扩大样本规模
	低于但差异不大也不小		
	大大低于		接受总体

敲黑板①
考试常考,考生需要牢记。

名师说　统计抽样可以精确计量抽样风险,估计总体偏差率**上限**;非统计抽样无法量化抽样风险,不能估计总体偏差率上限,只能用样本偏差率(即总体偏差率的最佳估计)与可容忍偏差率相比较,所以在判断总体能否接受时比统计抽样更为严格。

▌经典例题 4-14　(2022 年·多选题)

下列有关注册会计师在实施控制测试时使用非统计抽样方法确定总体是否可以接受的说法中,正确的有(　　)。

A. 如果总体偏差率高于可容忍偏差率,则总体不可接受
B. 如果总体偏差率大大低于可容忍偏差率,注册会计师通常认为总体可以接受
C. 如果总体偏差率低于可容忍偏差率,但差额不是很大也不是很小,注册会计师通常认为总体可以接受
D. 如果总体偏差率低于可容忍偏差率,但两者非常接近,注册会计师应当扩大样本规模或实施其他测试,以进一步收集证据

(**解析**) 在非统计抽样中,抽样风险无法直接计量。注册会计师通常将估计的总体偏差率(即样本偏差率)与可容忍偏差率相比较,运用职业判断确定总体是否可以接受。

(1) 如果总体偏差率高于可容忍偏差率,则总体不能接受(选项 A 正确)。

(2) 如果总体偏差率大大低于可容忍偏差率,注册会计师通常认为总体可以接受(选项 B 正确)。

(3) 如果总体偏差率虽然低于可容忍偏差率,但两者很接近,注册会计师通常认为实际的总体偏差率高于可容忍偏差率的抽样风险很高,因而总体不可接受(选项 D 错误)。

(4) 如果总体偏差率与可容忍偏差率之间的差额不是很大也不是很小,以至于不能认定总体是否可以接受时,注册会计师则要考虑扩大样本规模或实施其他测试,以进一步收集证据(选项 C 错误)。

(**答案**) AB

评价样本结果
阶段-例题解析

(三) 考虑控制偏差的性质和原因★★ (见表4-19)

表4-19

因素	内容
定性评价	除了关注偏差率和抽样风险之外,注册会计师还应当调查识别出所有偏差的性质和原因。即使样本的评价结果在可接受的范围内,注册会计师也应对样本中的所有控制偏差进行定性分析 **名师说** 即使样本偏差率远远低于可容忍偏差率,也应对该偏差进行定性分析(找原因),而不是直接接受该总体。
性质重要	如果对偏差的分析表明是故意违背了控制政策或程序,应考虑是否存在舞弊。控制偏差未必一定导致财务报表金额的错报。如偏差更容易导致金额错报,该偏差就更重要
控制偏差的处理方法	(1) 扩大样本规模,以进一步收集证据。但是如果确定控制偏差是系统或舞弊导致,**扩大样本规模通常无效**,注册会计师需要直接采用第2种方法; (2) 认为控制没有有效运行,样本结果不支持计划的控制运行有效性和重大错报风险的评估水平,因而提高重大错报风险的评估水平,增加对相关账户的实质性程序

(四) 得出总体结论★

1. 进一步测试其他控制 (如①**补偿性控制**),以支持计划的控制运行有效性和重大错报风险的评估水平。

2. 提高重大错报风险评估水平,并相应修改计划的实质性程序的性质、时间安排和范围。

经典例题4-15 （2020年·多选题）

在执行内部控制审计时,下列有关控制偏差的说法中,正确的有( )。

A. 如果发现的控制偏差是系统性偏差,注册会计师应当考虑对审计方案的影响
B. 如果发现的控制偏差是系统性偏差,注册会计师应当扩大样本规模进行测试
C. 如果发现控制偏差,注册会计师应当确定偏差对与所测试控制相关的风险评估的影响
D. 如果发现的控制偏差是人为有意造成的,注册会计师应当考虑舞弊的可能迹象

(解析) 如果发现的控制偏差是系统性偏差或人为有意造成的偏差,注册会计师应当考虑舞弊的可能迹象以及对审计方案的影响 (选项B错误,选项AD正确)。如果发现控制偏差,注册会计师应当确定对下列事项的影响: (1) 与所测试控制相关的风险的评估 (选项C正确);(2) 需要获取的审计证据;(3) 控制运行有效性的结论。

(答案) ACD

四、②记录抽样程序

注册会计师应当记录所实施的审计程序,以形成审计工作底稿。在控制测试中使用审计抽样时,注册会计师通常记录下列内容:
(1) 对所测试的设定控制的描述;
(2) 与抽样相关的控制目标,包括相关认定;
(3) 对总体和抽样单元的定义,包括注册会计师如何考虑总体的完整性;

敲黑板①

补偿性控制是针对内部控制的某些环节的不足或缺陷而采取的控制措施。可以简单地理解为:如果A出错了,B帮A错误修正,那么B就是补偿性控制。

敲黑板②

有关记录抽样程序的内容在考试中较少涉及,考生了解即可。

(4) 对偏差的构成条件的定义；
(5) 可接受的信赖过度风险，可容忍偏差率，以及在抽样中使用的预计总体偏差率；
(6) 确定样本规模的方法；
(7) 选样方法；
(8) 选取的样本项目；
(9) 对如何实施抽样程序的描述。

本节总结

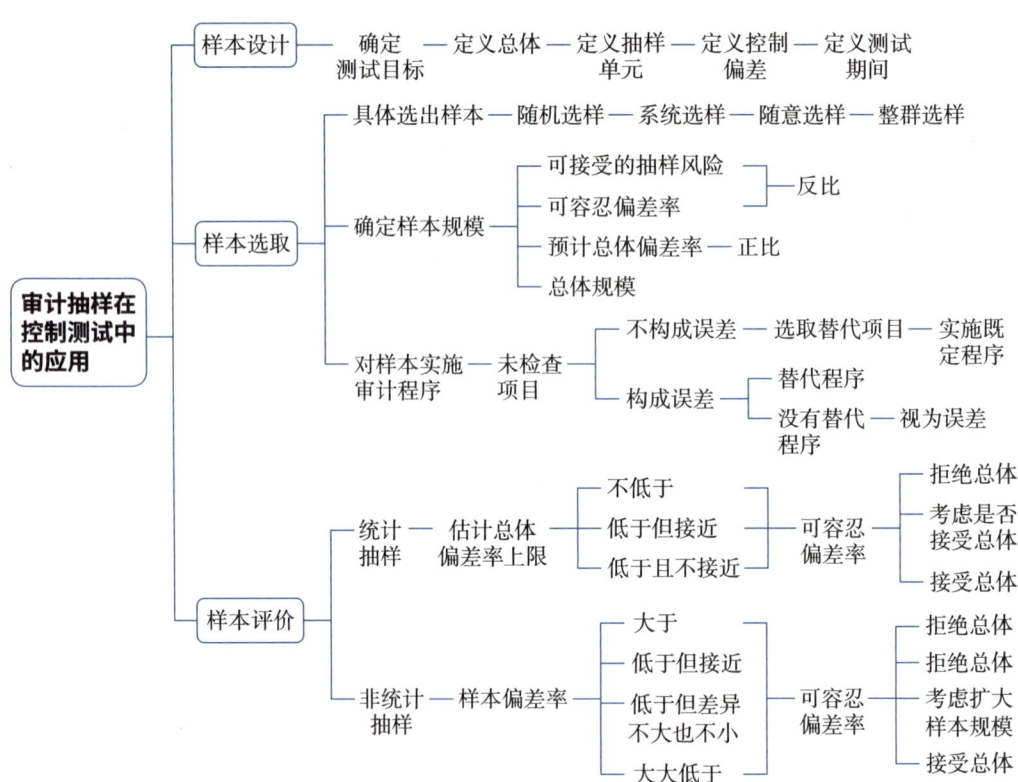

图 4-4　审计抽样在控制测试中的应用

第三节 审计抽样在细节测试中的运用

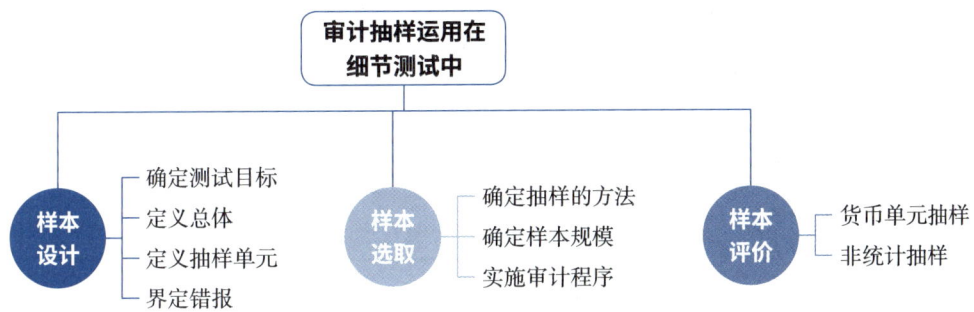

图 4-5 审计抽样运用在细节测试中

在细节测试中使用审计抽样也分为样本设计、选取样本和评价样本结果三个阶段。

一、样本设计阶段★★

（一）确定测试目标

在细节测试中，审计抽样通常用来测试有关财务报表金额的一项或多项认定（如应收账款的存在）的合理性。如果该金额是合理而正确的，则注册会计师将接受与之相关的认定，认为财务报表金额不存在重大错报。

（二）定义总体（见表4-20）

表 4-20 定义总体

特性	分析
适当性	（1）总体适合于特定的审计目标。 **名师说** 例如：注册会计师如果对已记录的项目进行抽样，就无法发现由于某些项目被隐瞒而导致的金额低估。 （2）不同性质的交易可能导致借方余额、贷方余额和零余额多种情况并存，注册会计师需要根据风险、相关认定和审计目标进行不同的考虑 **名师说** 应收账款账户可能既有借方余额，又有贷方余额。借方余额由赊销导致（形成资产），贷方余额则由预收货款导致（形成负债）。对于借方余额，注册会计师较为关心其存在性；对于贷方余额，则更为关心其完整性。如果贷方余额金额重大，注册会计师可能认为分别测试借方余额和贷方余额能更为有效地实现审计目标，此时，注册会计师可以将存在借方余额的应收账款账户与存在贷方余额的应收账款账户区分开来，作为两个独立的总体对待。

续表

特性	分析
完整性	(1) 代表总体的实物包括整个总体。 (2) 逐一进行检查的单个重大项目**不构成**抽样总体，属于**特定项目选取**。 (3) 在审计抽样时，销售收入和销售成本通常被视为两个独立的总体。为了减少样本量而仅将毛利率作为一个总体是不恰当的 **名师说** 收入的错误并非总能被成本错报抵销，反之亦然。当存在舞弊时，被审计单位记录了虚构的销售收入，该笔收入没有与之相匹配的销售成本。如果仅将毛利率作为一个总体，样本量可能太小，无法发现收入舞弊。

（三）定义抽样单元★★

1. 抽样单元可能是一个账户余额、一笔交易或交易中的一个记录，甚至是每个货币单元。

2. 注册会计师定义抽样单元时，**应考虑**实施计划的审计程序或替代程序的难易程度。

名师说
如果将抽样单元界定为客户明细账余额，当某客户没有回函证实该余额时，注册会计师可能需要对构成该余额的每一笔交易进行测试。因此，如果将抽样单元界定为构成应收账款余额的每笔交易，审计抽样的效率可能更高。

▌**经典例题 4-16**　（2019年·多选题）

运用审计抽样进行细节测试时，下列各项中，可以作为抽样单元的有（　　）。
A. 一个账户余额
B. 一笔交易
C. 交易中的一个记录
D. 每个货币单元

（解析）在细节测试中，注册会计师应根据审计目标和所实施审计程序的性质，定义抽样单元。抽样单元可能是：（1）一个账户余额；（2）一笔交易；（3）交易中的一个记录，如销售发票中的单个项目；（4）每个货币单元。故选项ABCD都正确。

（答案）ABCD

（四）界定错报

注册会计师应根据审计目标界定错报，其中，**不构成错报**的情况有：

（1）客观因素：在对应收账款存在的细节测试中（如函证），客户在函证日之前支付、被审计单位在函证日之后不久收到的款项不构成错报。

（2）认定相关：被审计单位在不同客户之间**误登明细账**，也不影响应收账款总账余额。即使在不同客户之间误登明细账可能对审计的其他方面（如对舞弊的可能性或坏账准备的适当性的评估）产生重要影响，注册会计师在评价应收账款函证程序的样本结果时，**也不宜将其判定为错报**。

二、选取样本阶段★★

考频 2022年单选题（1）、2019年单选题（1）、2019年多选题（1）、2019年综合题

选取样本阶段的主要内容，见图4-6。

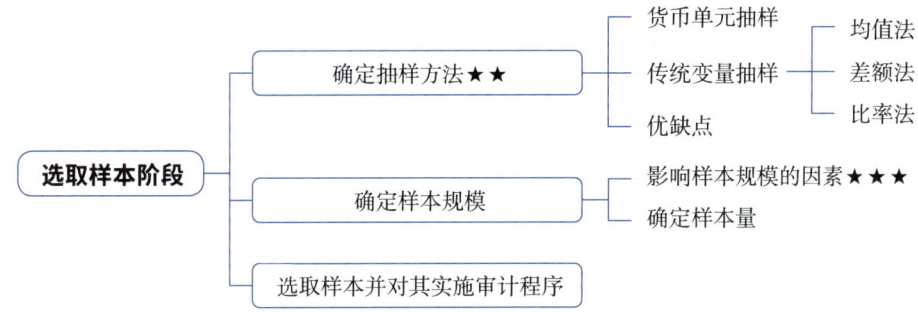

图4-6 选取样本阶段示意图

（一）确定抽样方法★★

在细节测试中进行审计抽样，可能使用统计抽样，①也可能使用非统计抽样。

注册会计师在细节测试中，常用的统计抽样方法包括货币单元抽样和传统变量抽样。

1. 货币单元抽样

货币单元抽样是一种运用属性抽样原理对货币金额而不是对发生率得出结论的统计抽样方法，它是概率比例规模抽样方法的分支，有时也被称为金额单元抽样、累计货币金额抽样以及综合属性变量抽样等。

货币单元抽样以货币单元作为抽样单元，例如，假设总体包含100个应收账款明细账户，共有余额200 000元。若采用货币单元抽样，则认为总体含有200 000个抽样单元，而不是100个。总体中的每个货币单元被选中的机会相同，所以总体中某一项目被选中的概率等于该项目的金额与总体金额的比率，项目金额越大，被选中的概率就越大，这样有助于注册会计师将审计重点放在较大的账户余额或交易上。但实际上注册会计师并不是对总体中的货币单元实施检查，而是对包含被选取货币单元的账户余额或交易实施检查。注册会计师检查的账户余额或交易被称为逻辑单元。

选取样本阶段-确定抽样方法-货币单元抽样-知识精讲

敲黑板①

注册会计师全国统一考试教材主要介绍了在细节测试中使用统计抽样的方法（尤以货币单元抽样为主），考生需要掌握；而对于非统计抽样则一笔带过，考生只需简单了解即可。

▎经典例题4-17

在应收账款明细账户中，账户A1，A2，A3，A4，A5……的账面金额分别为200元、150元、350元、100元、700元……，见表4-21。

表4-21 应收账款总体表

账户（逻辑单元）	账目金额（元）	累计合计数	相关的货币单元
A1	200	200	1~200
A2	150	350	201~350
A3	350	700	351~700
A4	100	800	701~800
A5	700	1 500	801~1 500
…	…	…	…

在货币单元抽样中，注册会计师实施检查的账户称为"逻辑单元"，注册会计师需将逻辑单元的账面金额逐个累加起来，并划分出每一逻辑单元所对应的货币单元区间，然后对货币单元进行抽样，并对包含被选取货币单元的账户（逻辑单元）实施检查。

假如注册会计师采用计算机程序随机生成3个数字：156、521、1 022，则相当于账户A1（1~200 中包含156）、A3（351~700 中包含521）和A5（801~1 500 中包含1 022）将被作为样本实施检查。

2. 传统变量抽样

传统变量抽样运用正态分布理论，根据样本结果推断总体的特征。传统变量抽样涉及难度较大、较为复杂的数学计算，注册会计师通常使用计算机程序确定样本规模，一般不需懂得这些方法所用的数学公式。

在细节测试中运用传统变量抽样时，①常见的方法有以下三种，见表4－22。

> **敲黑板①**
> 传统变量抽样的三种方法需要考生掌握，这是审计考试中为数不多的可能考查计算的知识点，曾考查过简答题。

表4－22 传统变量抽样方法表

传统变量抽样方法	适用条件	公式
均值法	（1）未对总体进行分层，不适用均值法； （2）预计样本项目的审定金额和账面金额之间没有差异或只有少量差异	$\dfrac{\text{样本审定金额}}{\text{样本规模}} = \dfrac{\text{总体审定金额}}{\text{总体规模}}$ 总体错报金额＝总体金额－总体审计金额
差额法	（1）样本项目存在错报； （2）错报金额与项目数量密切相关	$\dfrac{\text{样本错报金额}}{\text{样本规模}} = \dfrac{\text{总体错报金额}}{\text{总体规模}}$
比率法	（1）样本项目存在错报； （2）错报金额与项目金额密切相关	$\dfrac{\text{样本错报金额}}{\text{样本金额}} = \dfrac{\text{总体错报金额}}{\text{总体金额}}$

经典例题4－18（经典真题·简答题）

A注册会计师负责审计甲公司2011年度财务报表。在针对存货实施细节测试时，A注册会计师决定采用传统变量抽样方法实施统计抽样。甲公司2011年12月31日存货账面余额合计为150 000 000元。A注册会计师确定的总体规模为3 000，样本规模为200，样本账面余额合计为12 000 000元，样本审定金额合计为8 000 000元。

（要求）代A注册会计师分别采用均值法、差额法和比率法三种方法计算推断的总体错报金额。

（答案）

（1）均值法：

样本项目的平均审定金额＝样本审定金额÷样本规模＝8 000 000÷200＝40 000（元）

总体的审定金额＝样本平均审定金额×总体规模＝40 000×3 000＝120 000 000（元）

推断的总体错报＝存货的审定金额－存货的账面余额＝120 000 000－150 000 000＝－30 000 000（元）

（2）差额法：

样本平均错报＝样本实际金额与账面金额的差额÷样本规模＝（8 000 000－12 000 000）÷200＝－20 000（元）

推断的总体错报＝样本平均错报×总体规模＝－20 000×3 000＝－60 000 000（元）

（3）比率法：

比率 = 8 000 000 ÷ 12 000 000 = 2/3

估计的总体实际金额 = 总体账面金额 × 比率 = 150 000 000 × 2/3 = 100 000 000（元）

推断的总体错报 = 估计的总体实际金额 - 总体账面金额 = 100 000 000 - 150 000 000 = -50 000 000（元）

3. 货币单元抽样与传统变量抽样的优缺点（见表 4-23）

表 4-23　①货币单元抽样与传统变量抽样比较

货币单元抽样与
传统变量抽样比
较-知识精讲

敲黑板①

① 两种抽样的优缺点可结合后文对两种抽样的进一步介绍来理解。② 货币单元抽样与传统变量抽样的优缺点互为补充，考生可对照掌握，考试容易考查客观题。

	货币单元抽样	传统变量抽样
优点	（1）货币单元抽样以属性抽样原理为基础，注册会计师可以很方便地计算样本规模和评价样本结果，因而通常比传统变量抽样**更易于使用**； （2）货币单元抽样在确定所需的样本规模时**无须直接考虑总体的特征（如变异性）**，因为总体中的每一个货币单元都有相同的规模，而传统变量抽样的样本规模是在总体项目共有特征的变异性或标准差的基础上计算的； （3）货币单元抽样中，项目被选取的概率与其货币金额大小成比例，因而**无须**通过**分层**减少变异性，而传统变量抽样通常需要对总体进行分层以减小样本规模； （4）在货币单元抽样中使用系统选择法选取样本时，如果项目金额等于或大于选样间距，货币单元抽样将**自动识别所有单个重大项目**，即该项目一定会被选中； （5）如果注册会计师**预计不存在错报**，货币单元抽样的**样本规模**通常比传统变量抽样方法**更小**； （6）货币单元抽样的样本更容易设计，且可在能够获得完整的最终总体之前开始选取样本	（1）如果账面金额与审定金额之间存在**较多差异**，传统变量抽样可能只需**较小**的**样本规模**就能满足审计目标； （2）注册会计师关注总体的**低估**时，使用传统变量抽样比货币单元抽样**更合适**； （3）需要在每一层追加选取额外的样本项目时，传统变量抽样更易于扩大样本规模； （4）对**零余额或负余额**项目的选取，传统变量抽样不需要在设计时予以特别考虑
缺点	（1）货币单元抽样**不适用**于测试总体的**低估**，因为账面金额小但被严重低估的项目被选中的概率低，如果在货币单元抽样中发现低估，注册会计师在评价样本时需要特别考虑； （2）对**零余额或负余额**的选取需要在设计时予以**特别考虑**。例如，如果准备对应收账款进行抽样，注册会计师可能需要将贷方余额分离出去，作为一个单独的总体，如果检查零余额的项目对审计目标非常重要，则注册会计师需要单独对其进行测试，因为零余额的项目在货币单元抽样中不会被选取； （3）当发现错报时，如果风险水平一定，货币单元抽样在评价样本时可能**高估**抽样风险的影响，从而导致注册会计师更可能拒绝一个可接受的总体账面金额（**误拒风险**）； （4）在货币单元抽样中，注册会计师通常需要逐个累计总体金额，以确定总体是否完整，是否与财务报表一致，不过如果相关会计数据以电子形式储存，就不会额外增加大量的审计成本； （5）当预计总体**错报**的金额**增加**时，货币单元抽样所需的样本规模也会增加，这种情况下，货币单元抽样的**样本规模可能大于**传统变量抽样所需的规模	（1）传统变量抽样比货币单元抽样**更复杂**，注册会计师通常需要借助计算机程序来完成； （2）在传统变量抽样中确定样本规模时，注册会计师**需要估计总体特征的标准差**，而这种估计往往难以作出，注册会计师可能利用以前对总体的了解或根据初始样本的标准差进行估计； （3）如果存在非常大的项目，或者在总体的账面金额与审定金额之间存在非常大的差异，而且样本规模比较小，**正态分布理论可能不适用**，注册会计师更可能得出错误的结论； （4）如果几乎**不存在错报**，则传统变量抽样中的差异法和比率法将无法使用

经典例题 4-19　2022年·单选题

下列有关货币单元抽样的优点的说法中，错误的是(　　)。
A. 货币单元抽样以属性抽样原理为基础，通常比传统变量抽样更易于使用
B. 货币单元抽样无须通过分层减少总体的变异性
C. 货币单元抽样的样本更容易设计，且可在能够获得完整的最终总体之前开始选取样本
D. 货币单元抽样的样本规模小于传统变量抽样所需的规模

【解析】选项A正确，货币单元抽样是一种用属性抽样原理对金额而不是对发生率得出结论的统计抽样方法。由于其无须考虑样本的变异性，因此其比传统变量抽样更容易使用。

选项B正确，货币单元抽样是以每一元钱作为其抽样单元，每一元钱之间不存在差异性，因此无须考虑总体的变异性。

选项C正确，因为货币单元抽样的总体就是多少个一元钱，这很容易确定，可在能够获得完整的最终总体之前开始选取样本。

选项D错误，在预计错报数量很小的情况下，货币单元的样本规模才会小于传统变量抽样的规模，选项D说法过于绝对。

【答案】D

（二）确定样本规模

1. 评价样本规模的影响因素（见表4-24）

细节测试中影响样本规模的因素-知识精讲

敲黑板①

考试重点。

敲黑板②

2024年将"可接受的误受风险"改成"可接受的抽样风险"，但是其中的实质性内容没有发生变化。

表4-24　①细节测试中影响样本规模的因素

影响因素	要点	与样本规模的关系
②可接受的抽样风险	细节测试中的抽样风险包括误受风险和误拒风险。误受风险是指注册会计师推断某一重大错报不存在而实际上存在的风险，它与审计的效果有关，注册会计师通常更为关注。可接受的误受风险，受以下要素影响： (1) 可接受的审计风险； 【名师说】 可接受的审计风险越高，可接受的误受风险越高； 评估的重大错报风险越高，可接受的误受风险越低； 其他实质性程序的检查风险越高，该实质性程序可接受的误受风险越低。 (2) 评估的重大错报风险； (3) 其他实质性程序的检查风险	反向变动
可容忍错报	可容忍错报不应超过实际执行重要性水平	反向变动
预计总体错报	预计总体错报不应超过可容忍错报	同向变动
总体规模	总体中的项目数量在细节测试中对样本规模的影响很小，因此，按总体的固定百分比确定样本规模通常缺乏效率	影响很小

扫码抽奖赢壕礼

IPhone、高顿图书、IPad、保温杯...海量奖品等你抽

100%中奖！抽奖即有 壕礼相赠！

扫码添加"福利官"即可抽奖 >>>

见面礼 24年CPA备考带学营

奖品多多，豪华大奖好运带回家！

*PS.活动时间：自收货之日起~24年8月23日

100%中奖

扫码抽奖赢壕礼

IPhone、高顿图书、IPad、保温杯...海量奖品等你抽

HELLO, CPAER~

拿到这本书

意味着你的CPA备考正式步入正轨了

花点时间学起来吧!

注意哦!有福利啦~

扫右侧二维码,添加"福利官"参与福利抽奖活动!

奖品多多,豪华大奖好运带回家!

*PS.活动时间:自收货之日起~24年8月23日

续表

影响因素	要点	与样本规模的关系
总体的变异性	(1) 衡量变异性或分散程度的指标是标准差； (2) 如果使用非统计抽样，注册会计师不需要量化期望的总体标准差； (3) 如果总体项目存在重大的变异性，注册会计师可以考虑将总体分层	同向变动

2. 分层（见表 4-25）

表 4-25　分层

项目	内容
目的	为了降低总体变异性，从而在抽样风险没有成比例增加的前提下减小样本规模，或在不减小样本规模的情况下降低抽样风险。如果总体变异性较小，则不需要分层
原理	分层将总体划分为多个子总体，每个子总体由一组具有相同特征（通常为货币金额）的抽样单元组成（降低每一层中项目的变异性）
处理	注册会计师通常对不同层采用不同的抽样比例或审计程序，先用各层样本推断各层总体，再将推断结论合并形成总体结论
操作	在细节测试中，分层的依据可能包括项目的账面金额，与项目处理有关的控制的性质，或与特定项目（如更可能包含错报的那部分总体项目）有关的特殊考虑等。注册会计师应当仔细界定子总体，以使每一抽样单元只能属于一层

【案例】

为了函证应收账款，注册会计师可以将应收账款账户按其金额大小分为三层。

第一层：100% 检查的单个重大项目；

第二层：账面金额为 1 000～10 000 元的 150 个大额项目，该层账面金额小计为 860 000 元；

第三层：账面金额小于 1 000 元的 1 500 个小额项目，该层账面金额小计为 340 000 元。

单元金额	总额	应对措施
账户金额在 100 000 元以上的	700 000 元	全部函证
账户金额为 1 000～100 000 元的	860 000 元	采用适当的选样方法选取
账户金额在 1～1 000 元的	340 000 元	采用适当的选样方法选取

如果确定剩余的样本量为 60，注册会计师可以根据各层账面金额在总体账面金额中的占比大致分配样本，从第二层选取 40 个项目（860 000÷1 200 000，接近于 2/3，从第三层选取 20 个项目）。

经典例题 4-20 （经典真题·单选题）

下列有关细节测试样本规模的说法中，错误的是(　　)。

A. 总体项目的变异性越低，通常样本规模越小

B. 当总体被适当分层时，各层样本规模的汇总数通常等于在对总体不分层的情况下确定的样本规模

C. 当误受风险一定时，可容忍错报越低，所需的样本规模越大

D. 对于大规模总体，总体的实际规模对样本规模几乎没有影响

（解析）变异性实际是一种分散程度，总体项目变异性越低，样本规模越小，选项 A 表述正确，不选；分层可以降低每一层中项目的变异性，从而在抽样风险没有成比例增加的前提下减小样本规模，因而，总体被适当分层时，各层样本规模的汇总数通常小于不分层情况下确定的样本规模，选项 B 表述错误，当选；可容忍错报是指注册会计师能够接受的最大金额的错报，因此当误受风险一定时，注册会计师确定的可容忍错报越低，样本规模越大，选项 C 表述正确，不选；在总体规模较大的情况下，其对样本规模的影响几乎为零，选项 D 表述正确，不选。

（答案）B

2. 确定样本量

（1）查表法。

① 基于货币单元抽样法的样本量。细节测试货币单元抽样样本规模，见表 4-26。

表 4-26 细节测试货币单元抽样样本规模

误受风险	预计总体错报与可容忍错报之比	可容忍错报与总体账面金额之比									
		50%	30%	10%	8%	6%	5%	4%	3%	2%	1%	0.5%
5%	—	6	10	30	38	50	60	75	100	150	300	600
5%	0.1	8	13	37	46	62	74	92	123	184	368	736
5%	0.2	10	16	47	58	78	93	116	155	232	463	925
5%	0.3	12	20	60	75	100	120	150	200	300	600	1 199
5%	0.4	17	27	81	102	135	162	203	270	405	809	1 618
5%	0.5	24	39	116	145	193	231	289	385	577	1 154	2 308
10%	—	5	8	24	29	39	47	58	77	116	231	461
10%	0.2	7	12	35	43	57	69	86	114	171	341	682
10%	0.3	9	15	44	55	73	87	109	145	217	433	866
10%	0.4	12	20	58	72	96	115	143	191	286	572	1 144
10%	0.5	16	27	80	100	134	160	200	267	400	799	1 597

例如，注册会计师确定的误受风险为 10%，可容忍错报与总体账面金额之比为 5%，预计总体错报与可容忍错报之比为 0.2，根据表 4-26，注册会计师可确定样本规模为 69。

（2）公式法。注册会计师还可以使用下列公式确定样本规模：

样本规模=总体账面金额÷可容忍错报×保证系数

货币单元抽样确定样本规模时的保证系数，见表 4-27。

表 4-27 货币单元抽样确定样本规模时的保证系数

预计总体错报与可容忍错报之比	误受风险							
	5%	10%	15%	20%	25%	30%	35%	37%	50%
0.00	3.00	2.31	1.90	1.61	1.39	1.21	1.05	1.00	0.70
0.05	3.31	2.52	2.06	1.74	1.49	1.29	1.12	1.06	0.73

续表

预计总体错报与可容忍错报之比	误受风险							
	5%	10%	15%	20%	25%	30%	35%	37%	50%
0.10	3.68	2.77	2.25	1.89	1.61	1.39	1.20	1.13	0.77
0.15	4.11	3.07	2.47	2.06	1.74	1.49	1.28	1.21	0.82
0.20	4.63	3.41	2.73	2.26	1.90	1.62	1.38	1.30	0.87
0.25	5.24	3.83	3.04	2.49	2.09	1.76	1.50	1.41	0.92
0.30	6.00	4.33	3.41	2.77	2.30	1.93	1.63	1.53	0.99

如果注册会计师确定的误受风险为10%，预计总体错报与可容忍错报之比为0.20，根据表4-27，保证系数为3.41，由于可容忍错报与总体账面金额之比为5%，注册会计师确定的样本规模为69（3.41÷5% = 68.2，出于谨慎考虑，将样本规模确定为69），这与根据表4-26得出的样本规模相同。

（3）适用情况（见表4-28）

表4-28 适用情况

情形		要点
统计抽样	货币单元抽样	注册会计师运用查表法确定货币单元抽样的样本量
	传统变量抽样	注册会计师运用计算机程序确定样本规模。 样本规模 = $\dfrac{总体账面金额}{可容忍错报}$ × 保证系数
非统计抽样		如果使用非统计抽样，注册会计师也可以根据运用查表法了解细节测试的样本规模。再考虑影响样本规模的各种因素及非统计抽样与货币单元抽样之间的差异，运用职业判断确定所需的适当样本规模。 例如：如果在设计非统计抽样时没有对总体进行分层，则考虑到总体的变异性，注册会计师可能将样本规模调增50%

（三）选取样本并对其实施审计程序

注册会计师应当仔细选取样本，以使样本能够代表抽样总体的特征，注册会计师可以根据具体情况，从简单随机选择、系统选样或随意选样中挑选适当的选样方法选取样本，也可以使用计算机辅助审计技术提高选样的效果。

货币单元抽样可以采用简单随机选样或系统选样。例4-17展示了在货币单元抽样中以系统选样法选取样本的过程。

经典例题 4-21

如果用系统选样法选取样本，注册会计师需要先确定选样间隔，即用总体账面金额除以样本规模，得到样本间隔，然后在第一个间隔中确定一个随机起点，从这个随机起点开始，按照选样间隔，从总体中顺序选取样本，注册会计师再对包含被选取货币单元的账户余额或交易（即逻辑单元）实施检查。

例如，在应收账款明细账户中，账户A1，A2，A3，A4，A5……的账面金额分别为

200 元、150 元、350 元、100 元、700 元……如果注册会计师确定的选样间隔为 300 元，然后从 1 元~300 元（含 300 元）之间选择一个随机起点，如第 150 元，随后挑选出来的样本依次为第 450 元（150+300）、第 750 元（450+300）、第 1 050 元（750+300）、第 1 350 元（1 050+300）……注册会计师将要实施检查的逻辑单元为账户 A1（含第 150 元）、A3（含第 450 元）、A4（含第 750 元）、A5（含第 1 050 元）……，具体见表 4－29。

表 4－29 货币单元抽样中以系统选样法选取样本

账户（逻辑单元）	账目金额（元）	累计合计数	相关的货币单元	选取的数
A1	200	200	1~200	150
A2	150	350	201~350	
A3	350	700	351~700	450
A4	100	800	701~800	750
A5	700	1 500	801~1 500	1 050、1 350
…	…	…	…	…

从上例可以看出：

（1）货币单元抽样以货币单元作为抽样单元，总体中的**每个货币单元被选中的机会相同**，所以总体中的某一项目被选取的概率等于该项目的金额与总体金额的比率，项目**金额越大，被选中的概率就越大**，因而**无需分层**（无需考虑总体的变异性）。

（2）如果逻辑单元的账面金额**大于或等于**选样间隔，该项目**一定会被挑选**出来（如 A3、A5）。

（3）如果逻辑单元的账面金额是选样间隔的**数倍**，该项目将**不止一次**被挑选出来，如账户 A5，包含了第 1 050 元和第 1 350 元，有两次被选取的机会。这种情况下，最终选取的逻辑单元数量小于确定的样本规模，为简化样本评价工作，注册会计师可能对账面金额大于或等于选样间隔的项目实施 100% 的检查，而不将其纳入抽样总体。

三、评价样本结果阶段★★

评价样本结果阶段-知识精讲

（一）货币单元抽样

使用货币单元抽样时，需要注意基本原理，即每一个被选取的货币单元（逻辑单元）都代表了整个选样间隔中所有的货币单元，见表 4－30。

表 4－30

情形	推断方法
逻辑单元账面价值≥选样间隔	推断的错报＝逻辑单元的实际错报
逻辑单元账面价值<选样间隔	（1）逐项计算错报百分比 错报百分比 = $\dfrac{\text{样本账面金额} - \text{样本审定金额}}{\text{样本账面金额}}$ （2）推断的错报＝错报百分比×选样间隔

【案例1】

使用货币单元抽样法时，注册会计师确定的选样间隔是3 000元，在样本中发现了3个高估错报，列示如下表。计算注册会计师推断的错报金额。

序号	账面金额（元）	审定金额（元）
样本1	100	0
样本2	200	150
样本3	5 000	4 000

【解析】

序号	账面金额（元）	审定金额（元）	判断	错报百分比（%）	推断的错报（元）
样本1	100	0	小于选样间隔	$\frac{100-0}{100}=100$	3 000×100%=3 000
样本2	200	150	小于选样间隔	$\frac{200-150}{200}=25$	3 000×25%=750
样本3	5 000	4 000	大于选样间隔	无需计算	5 000-4 000=1 000

注册会计师推断的错报金额是3 000+750+1 000=4 750元。

（二）考虑抽样风险 ★

在细节测试中，推断的错报是注册会计师对总体错报作出的最佳估计，但注册会计师要适当考虑抽样风险，以评价样本结果。

1. 非统计抽样

在非统计抽样中，注册会计师运用职业判断和经验考虑抽样风险，见表4-31。

表4-31 细节测试的非统计抽样判断原则

原理	推断的总体错报→可容忍错报			
计算结果	情形	标准	结论
推断的总体错报	大于	可容忍错报	拒绝总体
	低于但接近		考虑扩大样本规模
	低于但差异不大也不小		
	大大低于		接受总体

> **名师说** 细节测试的非统计抽样也不能量化抽样风险，无法计算出总体错报的上限，只能用推断的总体错报与可容忍错报相比进行判断，判断原则与控制测试非统计抽样的判断原则类似。

2. 货币单元抽样（统计抽样）

注册会计师需要考虑抽样风险的影响，计算总体错报的上限。

（1）计算方法（见表4-32）

表 4-32　货币单元抽样的计算方法

步骤	情形	计算方法
计算基本精确度	样本中**没有发现错报**	基本精确度=保证系数×选样间隔
计算"大间距"	在账面金额大于或等于选样间隔的逻辑单元中发现了错报	事实错报=逻辑单元的实际错报
计算"小间距"	在账面金额**小于**选样间隔的逻辑单元中发现的错报百分比**低于等于100%**	推断错报=错报百分比×选样间隔×相应的保证系数增量
合并	总体错报的上限=基本精确度+从"大间距"中发现的错报+从"小间距"中推断的错报	

在货币单元抽样中，注册会计师通常使用表 4-33 中的保证系数，考虑抽样风险的影响，计算总体错报的上限。

表 4-33　货币单元抽样评价样本结果时的保证系数

高估错报的数量	误受风险								
	5%	10%	15%	20%	25%	30%	35%	37%	50%
0	3.00	2.31	1.90	1.61	1.39	1.21	1.05	1.00	0.70
1	4.75	3.89	3.38	3.00	2.70	2.44	2.22	2.14	1.68
2	6.30	5.33	4.73	4.28	3.93	3.62	3.35	3.25	2.68
3	7.76	6.69	6.02	5.52	5.11	4.77	4.46	4.35	3.68
4	9.16	8.00	7.27	6.73	6.28	5.90	5.55	5.43	4.68
5	10.52	9.28	8.50	7.91	7.43	7.01	6.64	6.50	5.68

（2）判断总体是否可接受（见表 4-34）

表 4-34　判断总体是否可以接受

原理	总体错报的上限→可容忍错报		
计算结果	情形	标准	结论
总体错报的**上限**	大于等于	可容忍错报	拒绝总体
	小于		接受总体

例如，如果误受风险为 5%，选样间隔为 3 000 元，注册会计师在样本中没有发现错报。则只需要计算基本精确度。

总体错报的上限=基本精确度=保证系数×选样间隔=3×3 000=9 000 元

例如，如果误受风险为 5%，选样间隔为 3 000 元，注册会计师在样本中发现 1 个错报，该项目的账面金额为 5 000 元，审定金额为 4 000 元。

总体错报的上限=基本精确度+从"大间距"中发现的错报=事实错报+基本精确度=1 000+3×3 000=10 000 元

例如，如果误受风险为 5%，选样间隔为 3 000 元，注册会计师在样本中发现 2 个错报，账户 A 的账面金额为 2 000 元，审定金额为 1 500 元；账户 B 的账面金额为 1 000 元，审定金额为200元，则：

第一步：推断错报汇总（见表 4-35）。

表 4-35　推断错报汇总表

账户	账面金额 a（元）	审定金额 b（元）	错报金额 c=a-b（元）	错报百分比 d=c/a（%）	选样间隔 e（元）	推断错报 f=d×e（元）
A	2 000	1 500	500	25	3 000	750
B	1 000	200	800	80	3 000	2 400
合计						3 150

第二步：计算总体的错报上限（见表 4-36）。

表 4-36　总体错报上限计算表

推断错报	保证系数的增量	推断错报×保证系数的增量
2 400	1.75（4.75~3.00）	4 200
750	1.55（6.30~4.75）	1 162.5
小计		5 362.5
加上：基本精确度		3×3 000＝9 000
总体的错报上限		14 362.5

在既定的误受风险水平下，第一个保证系数的增量即为 M_1-M_0，第二个保证系数的增量即为 M_2-M_1，以此类推。

经典例题 4-22　*统计抽样示例（货币单元抽样）*

注册会计师拟通过函证测试 XYZ 公司 2×19 年 12 月 31 日应收账款余额的存在性。2×19 年 12 月 31 日，XYZ 公司应收账款账户共有 602 个，其中：借方账户有 600 个，账面金额为 2 300 000 元；贷方账户有 2 个，账面金额为 3 000 元；另有 6 个借方账户被视为单个重大项目。

注册会计师准备使用货币单元抽样法，根据实际情况作出下列判断：

1. 确定总体（见表 4-37）

表 4-37　统计抽样总体表

项目分类	项目数量（个）	总金额（元）
贷方账户（单独测试）	2	3 000
单个重大项目（100%检查）	6	300 000
抽样总体	**594**	**2 000 000**
合计	602	2 303 000

注：贷方账户单独测试，因此表中总金额不包含贷方账户金额。

2. 确定抽样单元

注册会计师定义的抽样单元是每个货币单元。

3. 确定样本规模

注册会计师确定可接受的误受风险为 10%，可容忍的错报为 40 000 元，预计的总体错报为8 000元。

根据表4-26，当可接受的误受风险为10%，可容忍的错报与总体账面金额之比为2%，预计总体错报与可容忍错报之比为20%时，样本量为171。

4. 选取样本并实施函证

注册会计师使用系统选样选取包含抽样单元的逻辑单元进行检查，选样间隔为11 695元（2 000 000÷171）。

注册会计师对样本中的171个账户（上述6个单个重大项目和2个贷方账户已单独测试，未发现错报）逐一实施函证程序，收到了155封询证函回函。注册会计师对没有收到回函的22个账户实施了替代程序，认为能够合理保证这些账户不存在错报。在收到回函的155个账户中，有4个存在高估，注册会计师对其作了进一步调查，确定只是笔误导致，不涉及舞弊等因素。

5. 推断总体错报（见表4-38）

表4-38 推断错报汇总表

账户	账面金额	审定金额	错报金额	错报百分比	选样间隔	推断错报
A1	200	190	10	5%	11 695	585
A2	50	40	10	20%	11 695	2 339
A3	3 000	2 700	300	10%	11 695	1 170
A4	16 000	15 000	1 000	不适用	不适用	1 000
合计						5 094

注：如果逻辑单元的账面金额大于或等于选样间隔，推断的错报就是该逻辑单元的实际错报金额，账户A4正是这种情况。

6. 计算总体错报的上限并得出结论

注册会计师使用表4-33中的保证系数，考虑抽样风险的影响，计算总体错报的上限，见表4-39。

表4-39 计算总体的错报上限

推断错报	保证系数的增量	推断错报×保证系数的增量（元）
2 399元	1.58（3.89~2.31）	3 696
1 170元	1.44（5.33~3.89）	1 685
585元	1.36（6.69~5.33）	796
小计		6 177
加上：基本精确度		2.31×11 695 = 27 015
加上：账户A4的事实错报		1 000
总体的错报上限		34 192

总体错报上限小于可容忍错报，因此注册会计师得出结论，样本结果支持应收账款账面金额。

(三) 考虑错报的性质和原因★★

除了评价错报的金额和频率以及抽样风险之外，注册会计师还<u>应当</u>考虑：
1. 错报的性质和原因；
2. 错报与审计工作其他阶段之间可能存在的关系。

(四) 得出总体结论★（见表4-40）

表4-40 得出总体结论

结论	内容
调整	如果样本结果不支持总体账面金额，且注册会计师认为账面金额可能存在错报，**注册会计师通常会建议被审计单位对错报进行调查**，并在必要时调整账面记录
累计	依据被审计单位已更正的错报对推断的总体错报额进行调整后，注册会计师应当将剩余的推断错报与其他交易或账户余额中的错报总额汇总起来，以评价财务报表整体是否存在重大错报
记录	无论样本结果是否表明错报总额超过了可容忍错报，注册会计师都<u>应当</u>要求被审计单位的管理层记录已发现的事实错报（除非低于明显微小错报临界值）

▌经典例题 4-23

非统计抽样示例

注册会计师拟通过函证测试 ABC 公司 2×19 年 12 月 31 日应收账款余额的存在认定。2×19 年 12 月 31 日，ABC 公司应收账款账户共有 935 个，其中：借方账户有 905 个，账面金额为 4 250 000 元；贷方账户有 30 个，账面金额为 5 000 元；另有 5 个借方账户被视为单个重大项目。

注册会计师准备使用非统计抽样方法，根据实际情况作出下列判断：

1. 确定总体（见表4-41）

表4-41 非统计抽样总体表

项目分类	项目数量（个）	总金额（元）
贷方账户（单独测试）	30	5 000
单个重大项目（100%检查）	5	500 000
抽样总体	**900**	**3 750 000**
合计	935	4 255 000

注：贷方账户单独测试，因此表中总金额不包含贷方账户金额。

2. 确定抽样单元

注册会计师定义的抽样单元是每个应收账款明细账账户。

3. 分层

考虑到总体的变异性，注册会计师根据各明细账账户的账面金额，将总体分成两层，见表4-42。

表 4-42　样本分层表

层次	层账面总额（元）	层账户数量（个）	层样本规模（个）
第一层	2 500 000	250	58
第二层	1 250 000	650	28
合计	3 750 000	900	86

4. 确定样本规模

注册会计师确定可接受的误受风险为10%，可容忍的错报为150 000元，预计的总体错报为30 000元。

根据表4-26，当可接受的误受风险为10%，可容忍的错报与总体账面金额之比为4%，预计总体错报与可容忍错报之比为20%时，样本量为86。注册会计师运用职业判断和经验，认为这个样本规模是适当的，不需要调整。注册会计师根据各层账面金额在总体账面金额中的占比大致分配样本，从第一层选取58个项目，从第二层选取28个项目（见表4-42）。

5. 对样本实施函证

注册会计师对91个账户（86个样本加5个单个重大项目）逐一实施函证程序，收到了80个询证函回函。注册会计师对没有收到回函的11个账户实施了替代程序，认为能够合理保证这些账户不存在错报。在收到回函的80个账户中，有4个存在高估，注册会计师对其作了进一步调查，确定只是笔误导致，不涉及舞弊等因素。错报情况，见表4-43。

表 4-43　事实错报汇总表

账户	总体账面金额（元）	样本账面金额（元）	样本审定金额（元）	样本错报金额（元）
单个重大账户	500 000	500 000	499 000	1 000
第一层	2 500 000	739 000	738 700	300
第二层	1 250 000	62 500	62 350	150
合计	4 250 000	1 301 500	1 300 050	1 450

注：为方便汇总错报，此表将单个重大账户一并纳入。但实际上，注册会计师需要对单个重大账户实施100%的检查。

6. 推断总体错报

注册会计师运用职业判断和经验认为，错报金额与项目的金额（而非数量）紧密相关，因此选择比率法评价样本结果。注册会计师分别推断每一层的错报金额，见表4-44。

表 4-44　推断错报汇总表

层次	总体账面总额（元）	样本账面总额（元）	样本审定金额（元）	样本错报金额（元）	层错报金额（元）
第一层	2 500 000	739 000	738 700	300	1 015
第二层	1 250 000	62 500	62 350	150	3 000
合计	3 750 000	801 500	801 050	450	4 015

第一层的推断错报金额约为 1 015 元（300÷739 000×2 500 000）；

第二层的推断错报金额约为 3 000 元（150÷62 500×1 250 000）。

再加上实施 100%检查的单个重大账户中发现的错报，注册会计师推断的错报总额为 5 015 元（1 000+4 015）。

7. 得出总体结论

ABC 公司的管理层同意更正 1 450 元的事实错报，因此，剩余的推断错报为 3 565 元（5 015－1 450）。剩余的推断错报（3 565 元）远远低于可容忍错报（150 000 元），注册会计师认为总体实际错报金额超过可容忍错报的抽样风险很低，因而总体可以接受。也就是说，即使在其推断的错报上加上合理的抽样风险允许限度，也不会出现一个超过可容忍错报的总额。

注册会计师得出结论，样本结果支持应收账款账面金额。不过，注册会计师还应将剩余的推断错报与其他事实错报和推断错报汇总，以评价财务报表整体是否可能存在重大错报。

（四）①记录抽样程序

在细节测试中使用审计抽样时，注册会计师通常在审计工作底稿中记录下列内容：

(1) 测试的目标，受到影响的账户和认定；
(2) 对总体和抽样单元的定义，包括注册会计师如何考虑总体的完整性；
(3) 对错报的定义；
(4) 可接受的误受风险；
(5) 可接受的误拒风险（如涉及）；
(6) 估计的错报及可容忍错报；
(7) 使用的审计抽样方法；
(8) 确定样本规模的方法；
(9) 选样方法；
(10) 选取的样本项目；
(11) 对如何实施抽样程序的描述，以及在样本中发现的错报的清单；
(12) 对样本的评价；
(13) 总体结论概要；
(14) 在进行样本评估和作出职业判断时，认为重要的性质因素。

敲黑板①

有关记录抽样程序的内容在考试中较少涉及，考生了解即可。

本节总结

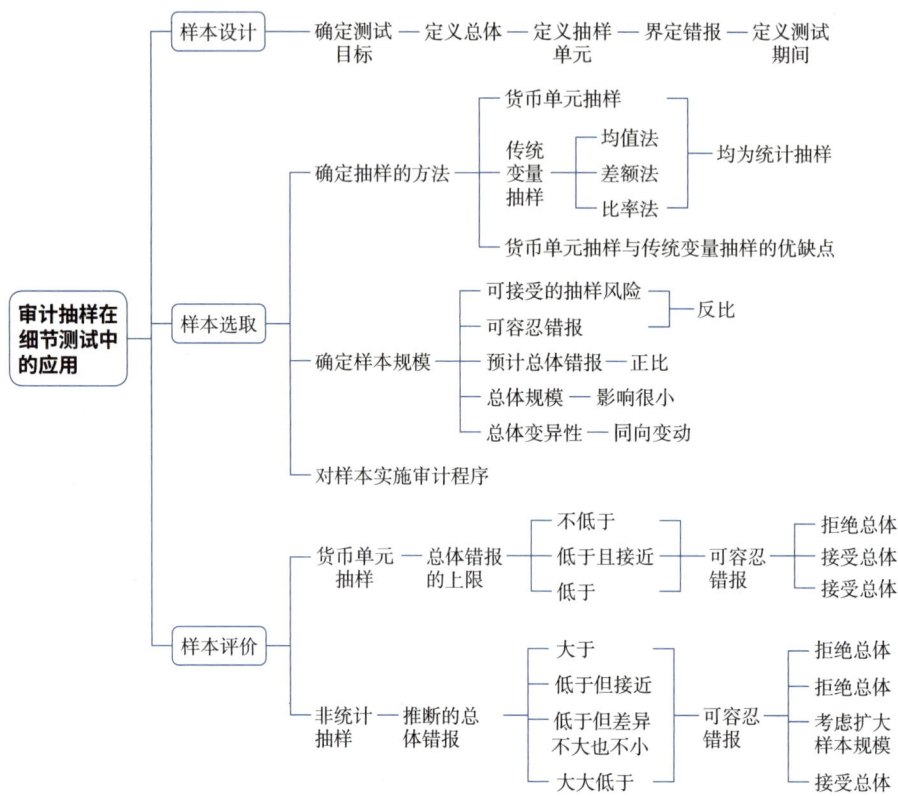

图 4-7 审计抽样在细节测试中的运用

考点加油站

章末总结

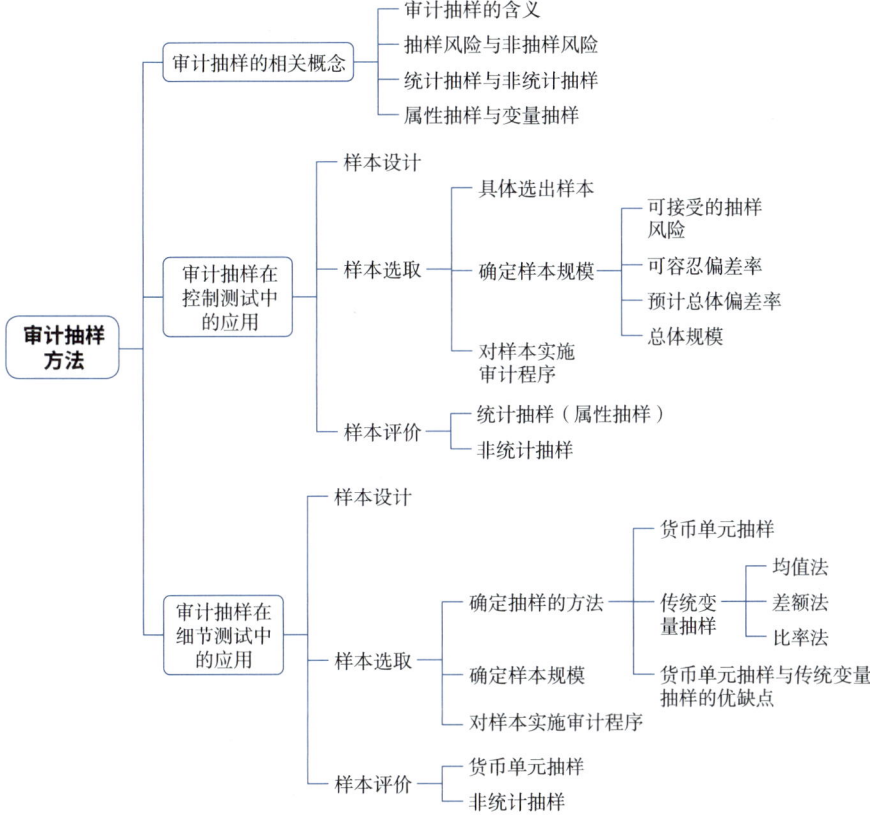

第五章　信息技术对审计的影响

轻装上阵

本章讲什么？

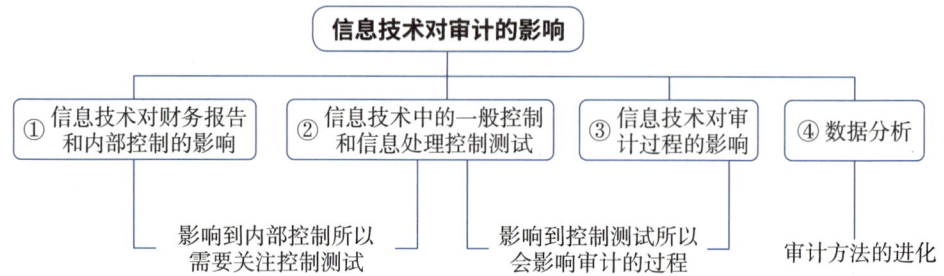

随着信息技术的广泛普及，大量企业的会计处理从人工处理向信息化过渡，相当一部分企业已经全面实施电算化。因此，信息技术的应用与普及势必对财务报告和内部控制产生影响（①**信息技术对财务报告和内部控制的影响**）。

在信息技术环境下，传统的人工控制逐渐被自动化控制所替代。对于人工控制，其基本原理不会发生实质性的改变，注册会计师仍需要按照标准执行相关的审计程序。对于自动化控制，注册会计师需要从信息技术一般控制审计、信息处理控制审计以及公司层面信息技术控制审计三方面进行考虑（②**信息技术中的一般控制和信息处理控制测试**）。

信息技术的应用与普及，也对注册会计师的工作提出了更高的要求，因此注册会计师必须在计划和执行审计工作时对企业的信息技术进行全面考虑（③**信息技术对审计过程的影响**）。

信息技术不仅对审计过程产生了影响，对审计方法也产生了一定的影响，注册会计师可以使用更为高效的④**数据分析**来进行审计。

本章如何考？

本章属于非重点章节，每年考查分值约为1分，重要性排在全书各章的末位。其核心内容与审计和财会的专业知识相关度非常低，更倾向于信息技术的介绍。

本章怎么学？

2024年对于本章的"数据分析"部分进行了重新编写，建议考生重点关注重新编写的内容。此外，信息技术对企业财务报告和内部控制的影响，以及信息技术中一般控制和信息处理控制的测试是容易考查到的要点。本章考试难度不大，分值也较低，但内容较杂，建议以理解为主进行学习。

2024 年本章主要变化

对于"数据分析"部分进行了重新编写，考核方式大概率是客观题。

考点冲浪

第一节 信息技术对企业财务报告和内部控制的影响

一、信息技术对企业财务报告的影响★

（一）信息技术对管理和会计核算的影响
(1) 计算机输入和输出设备代替了手工记录；
(2) 计算机显示屏和电子影像代替了纸质凭证；
(3) 计算机文档代替了纸质日记账和分类账；
(4) 网络通信和电子邮件代替了公司间的邮寄；
(5) 管理需求固化到应用程序之中；
(6) 灵活多样的报告代替了固定的定期报告；
(7) 数据更加充分，信息实现共享；
(8) 系统问题的存在比偶然性误差更为普遍。

（二）有效的信息系统需要实现下列功能并保留记录结果
(1) 识别和记录全部经授权的交易；
(2) 及时、详细记录交易内容，并在财务报告中对全部交易进行适当分类；
(3) 衡量交易价值，并在财务报告中适当体现相关价值；
(4) 确定交易发生的期间，并将交易记录在适当的会计期间；
(5) 将相关交易信息在财务报告中作适当披露。

（三）对注册会计师的要求
注册会计师在进行财务报表审计时，如果依赖相关信息系统所形成的财务信息和报告作为审计工作的依据，则需要在整个过程中考虑信息的准确性、完整性、授权体系及访问限制四个方面。

二、信息技术对企业内部控制的影响★（见表 5-1）

自动控制能为企业带来好处，同时也会产生特定的风险。

表 5-1 信息技术对企业内部控制的影响

影响	内容
积极影响	(1) 能有效处理大流量交易及数据； (2) 比较①不容易被绕过； (3) 系统、数据库及操作系统的相关安全控制职责可以有效分离； (4) 提高信息的及时性、准确性，并使信息变得更易获取； (5) 提高管理层对企业业务活动及相关政策的监督水平

敲黑板①

"不容易被绕过"的意思为"不容易被人为规避"。

续表

影响	内容
消极影响	(1) 可能对数据进行**错误处理**，也可能**处理错误的数据**； (2) 如果相关**安全控制无效**，会增加对数据信息非授权访问的风险； (3) 数据**丢失风险**或数据无法访问，如系统瘫痪； (4) **不适当**的人工干预或人为绕过自动控制

▎**经典例题 5-1** （单选题）

下列关于信息技术对企业内部控制的影响中，错误的是（　　）。

A. 管理层可人为绕过自动控制

B. 数据可能无法访问

C. 安全控制失效导致记录被篡改

D. 能有效处理大流量交易及数据，所以采用自动控制比人工控制更优

（解析）自动控制能为企业带来好处，同时也会产生特定的风险，在某些情况下，不一定比人工控制更优，企业应采用两种控制相结合。

（答案）D

三、注册会计师在信息化环境下面临的挑战 ★

（1）对业务流程开展和内部控制运作的理解。

（2）对信息系统相关审计风险的认识。信息系统带来效率的同时，也产生了由于信息技术导致的风险。

（3）审计范围的确定。在确定审计范围时，注册会计师往往受困于**信息系统的复杂性和专业性**。

（4）审计内容的变化。①审计内容很可能包括对信息系统中的相关自动控制的测试。

（5）审计线索的隐性化。信息系统封装了信息处理的过程，内部处理和运算独立于系统的用户。

（6）审计技术改进的必要性。传统的抽样方法难以覆盖海量数据。

（7）有待优化的知识结构。必须了解和掌握信息技术，熟悉信息技术的运用和信息系统的风险及控制。

（8）与专业团队的充分协同工作。审计的各个阶段都应积极引进专业人员参与。

敲黑板①

因为会计核算与财务报告是由信息系统通过程序进行自动处理的，因此审计内容很有可能包括对信息系统中的相关自动控制的测试。

信息技术中的一般控制和信息处理控制测试-知识精讲

敲黑板②

本章的重点在于第二节，可能会考查多选题或综合题，主要掌握对注册会计师的要求及一般控制的内容。

第二节　②信息技术中的一般控制和信息处理控制测试

一、信息技术一般控制 ★★

1. 一般控制的定义

信息系统一般控制是指为了保证信息系统的安全，对整个信息系统以及外部各种环境要素实施的、对所有的应用或控制模块具有普遍影响的控制措施。

2. 一般控制的作用

（1）通常会对实现部分或全部财务报表认定作出**间接贡献**。

（2）有些情况下，**也可能**对实现信息处理目标和财务报表认定作出①**直接贡献**。

3. 对注册会计师的要求

如果注册会计师计划依赖自动化信息处理控制、自动化会计程序或依赖系统生成信息的控制，他们就需要对相关的信息技术一般控制进行测试。

4. 一般控制的内容（见表 5-2）

表 5-2　一般控制的内容

内容	目标
程序开发	确保系统的开发、配置和实施能够实现管理层的信息处理控制目标
程序变更	确保对程序和相关基础组件的变更经过请求、授权、执行、测试和实施，以达到管理层应用控制目标
程序和数据访问	确保分配的访问程序和数据的权限经过用户身份认证并经过授权
计算机运行	确保业务系统根据管理层的控制目标完整准确地运行，确保运行问题被完整准确地识别并解决，以维护财务数据的完整性

敲黑板①

如果考试中的题目表述为"一般控制只对财务认定作出间接贡献，不对其作出直接贡献"，此表述应被视为错误表述。

二、信息处理控制★★

信息处理控制，是指与被审计单位信息系统中自动化与人工两方面相关的控制。信息处理的类型如下：

（1）信息技术应用程序进行的信息处理。

（2）人工进行的信息处理。

信息处理控制一般要经过输入、处理及输出等环节。和人工控制类似，系统自动控制关注的要素包括：**完整性、准确性、存在和发生**等。

1. 要素的含义

（1）完整性：系统处理数据的完整性，例如各系统之间数据传输的**完整性、销售订单的系统自动顺序编号、总账数据的完整性**等；

（2）准确性：系统运算逻辑的准确性，例如金融机构利息计提逻辑的准确性、生产企业的物料成本运算逻辑的准确性、应收账款账龄的准确性等；

（3）存在和发生：信息系统相关的**逻辑校验控制**，例如限制检查、合理性检查、存在检查和格式检查等；部分业务操作的**授权管理**，例如入账审批管理的权限设定和授予、物料成本逻辑规则修改权限的设定和授予等。

2. 常见的系统自动化控制以及信息处理控制审计关注点列示如下：

（1）系统自动生成报告；

（2）系统配置和科目映射；

（3）接口控制；

（4）访问和权限。

> **敲黑板①**
>
> 考生需要熟悉"公司层面信息技术控制""一般控制"以及"信息处理控制"中的内容，要能加以区分。

三、①公司层面信息技术控制 ★★

常见的公司层面信息技术控制包括但不限于：

(1) 信息技术规划的制定；
(2) 信息技术年度计划的制定；
(3) 信息技术内部审计机制的建立；
(4) 信息技术外包管理；
(5) 信息技术预算管理；
(6) 信息安全和风险管理；
(7) 信息技术应急预案的制定；
(8) 信息系统架构和信息技术复杂性。（记忆）

▌经典例题 5－2 （单选题）

下列各项中，不属于信息系统一般控制的是（　　）。

A. 程序开发和变更
B. 计算机运行故障管理
C. 数据备份和灾难恢复
D. 信息系统的外包和预算管理

（解析）选项 D 属于公司层面信息技术控制。

（答案）D

四、信息技术一般控制、信息处理控制与公司层面控制三者之间的关系 ★★

公司层面信息技术控制是公司信息技术整体控制环境，决定了信息技术**一般控制**和信息**处理控制**的风险基调。

信息技术**一般控制是基础**，信息技术一般控制的有效与否会直接关系到信息**处理控制的有效性是否能够信任**。

▌经典例题 5－3 （多选题）

下列有关信息技术一般控制的说法中，正确的有（　　）。

A. 信息技术一般控制只能对实现部分或全部财务报表认定作出间接贡献
B. 信息技术一般控制是公司层面控制的基础
C. 信息技术一般控制包括程序开发、程序变更、程序和数据访问以及计算机运行四个方面
D. 信息技术一般控制旨在保证信息系统的安全

（解析）选项 A，信息技术一般控制通常会对实现部分或全部财务报表认定作出间接贡献，但在有些情况下，信息技术一般控制也可能对实现信息处理目标和财务报表认定作出直接贡献。选项 B，信息技术一般控制是所有信息处理控制的基础。

（答案）CD

第三节 信息技术对审计过程的影响

一、信息技术对审计的影响★★

考频 2021年多选题、2020年单选题

信息技术对审计的影响-知识精讲

信息技术在企业中的应用**并不改变**注册会计师制定审计目标、进行风险评估和了解内部控制的原则性要求，审计准则和财务报告审计目标在所有情况下都适用。注册会计师必须更深入了解企业的信息技术应用范围和性质，因为系统的设计和运行对审计风险的评价、业务流程和控制的了解、审计工作的执行以及需要收集的审计证据的性质都有直接的影响。

信息技术**对审计过程的影响**主要体现在以下几个方面：
（1）对**审计线索**的影响；
（2）对审计**技术手段**的影响；
（3）对**内部控制**的影响；
（4）对**审计内容**的影响；
（5）对**注册会计师**的影响。

经典例题 5－4 （2021年·多选题）

下列各项中，受被审计单位信息技术应用情况影响的有（ ）。
A. 审计目标　　　B. 审计线索　　　C. 审计内容　　　D. 审计技术手段

解析 信息技术在企业中的应用并不改变注册会计师制定审计目标、进行风险评估和了解内部控制的原则性要求，审计准则和财务报告审计目标在所有情况下都适用，故选项A错误，不选。信息技术对审计过程的影响主要体现在以下几个方面：（1）对审计线索的影响（选项B）；（2）对审计技术手段的影响（选项D）；（3）对内部控制的影响；（4）对审计内容的影响（选项C）；（5）对注册会计师的影响。

答案 BCD

经典例题 5－5 （2020年·单选题）

下列各项中，不受被审计单位信息系统的设计和运行直接影响的是（ ）。
A. 财务报表审计目标的制定　　　B. 审计风险的评估
C. 注册会计师对被审计单位业务流程的了解　D. 需要收集的审计证据的性质

信息技术对审计的影响-例题解析

解析 注册会计师必须更深入地了解企业的信息技术应用范围和性质，因为系统的设计和运行对审计风险的评价、业务流程和控制的了解、审计工作的执行以及需要收集的审计证据的性质都有直接的影响。选项BCD不选，财务报表审计的总体目标可概括为"发表意见、出具报告"，不受被审计单位信息系统设计和运行的直接影响。

答案 A

二、信息技术审计范围的确定★★

注册会计师在确定审计策略时，需要结合被审计单位**业务流程复杂度**、**信息系统复杂度**、系统生成的交易数量和业务对系统的依赖程度、信息和复杂计算的数量、信息技术**环境规模和复杂度**五个方面，对信息技术审计范围进行适当考虑，见表5－3。

表 5-3 审计策略的考虑因素

方面	要点
评估业务流程的复杂度	考虑因素： (1) 某流程是否涉及过多人员及部门，并且相关人员及部门之间的关系复杂且界限不清； (2) 某流程是否涉及大量操作及决策活动； (3) 某流程的数据处理过程是否涉及复杂的公式和大量的数据录入操作； (4) 某流程是否需要对信息进行手工处理； (5) 对系统生成的报告的依赖程度
评估信息系统的复杂度	评估信息系统复杂度需要大量职业判断，同时受到所使用系统类型（如**商业软件**或**自行研发系统**）的影响： (1) **商业软件**：需考虑系统复杂程度、市场份额、参数设置范围、客制化程度； (2) **自行研究系统**：需考虑系统复杂程度、距离上一次系统架构重大变更的时间、系统变更对财务系统的影响结果、系统变更之后的系统运行情况及运行期间
评估信息技术环境的规模和复杂度	(1) 评估信息技术环境的规模和复杂度时，应当主要考虑产生财务数据的信息系统数量、信息系统接口以及数据传输方式、信息部门的结构与规模、网络规模、用户数量、外包及访问方式（例如本地登录或远程登录）； (2) 信息技术环境复杂并不一定意味着信息系统是复杂的，反之亦然

三、信息技术一般控制对控制风险的影响 ★★

(1) 注册会计师通常**优先**评估**公司层面**信息技术控制和信息技术**一般控制**的有效性；

(2) 如果**一般控制有效**，注册会计师可以更多地**信赖信息处理控制**，**测试**这些控制的运行**有效性**，并将控制风险评估为**低于"最高"**水平；

(3) 信息技术一般控制对信息处理控制的有效性具有**普遍性影响**，无效的一般控制增加了应用控制不能防止或发现并纠正认定层次重大错报的可能性。

四、信息处理控制对控制风险和实质性程序的影响 ★★

(1) 在评估信息处理控制对**控制风险和实质性程序**的影响时，注册会计师需要将**控制**与**具体的审计目标**相联系；

(2) 如果针对某一具体审计目标，注册会计师能够识别出有效的信息处理控制，在通过测试确定其运行有效后，注册会计师能够**减少实质性程序**。

五、IT 环境下的审计 ★★ （见表 5-4）

表 5-4 IT 环境下的审计

类型	内容
在**不太复杂** IT 环境下的审计	注册会计师可采取**传统方式**进行审计，即"**绕过**计算机进行审计"。 需要**了解**信息技术一般控制和信息处理控制，但**不测试其运行有效性**，即不依赖其降低评估的控制风险水平，更多的审计工作将依赖非信息技术类审计方法
在**较为复杂** IT 环境下的审计	需要"**穿过计算机进行审计**"。 可能需要更多运用各项审计技术和审计工具开展具体的审计工作

第四节 ①数据分析

一、数据分析的概念

数据分析是注册会计师获取审计证据的一种**手段**，是指注册会计师在计划和执行审计工作时，通过对内部或外部数据进行分析、建模或可视化处理，以发现其中隐含的模式、偏差或不一致，从而揭示出对审计有用的信息的**方法**。

二、数据分析的作用

1. 数据分析能够帮助注册会计师以**快速**、**低成本**的方式实现对被审计单位②**整套完整数据**（而非运用抽样技术抽出的样本数据）进行检查，不仅能够在很大程度上提高审计的效率和效果，也有助于注册会计师从全局的角度更好地把握被审计单位交易和事项的经济实质，从而有助于提高审计质量。

2. 运用数据分析技术可以提高注册会计师识别舞弊的能力，降低审计风险，提升审计质量。注册会计师通过对业务数据、财务和非财务数据等进行多维度分析，可以精准有效地识别出异常情况，从而为审计提供方向和思路。

> **名师说**：例如，注册会计师通过收集和分析不同来源的数据，如银行网银数据、税务数据等，与被审计单位提供的数据相互印证，可能能够发现异常情况，提示下一步审计的方向和重点领域。

3. 利用数据分析技术，进行持续的审计和监控，能够帮助注册会计师及时识别出偏差，有助于注册会计师与被审计单位保持持续沟通，及早地对偏差进行调查。

4. 数据分析可以帮助注册会计师向治理层（包括审计委员会）提供更加深入和更有针对性的观点和建议。

> **名师说**：例如，数据分析可以提供含有丰富内容的可视化图表和更细颗粒度的信息，从而提升审计的附加价值。

三、数据分析的基本步骤

（一）应用阶段

数据分析可应用于审计的不同阶段，如风险评估、了解和测试内部控制、实质性程序等。

敲黑板①
本节为2024年全新编写，也是在数据分析日趋广泛应用的大背景下作出的调整，考生了解其中的内容，并对于一些观点有所熟悉即可。

敲黑板②
如果题目说数据分析是一种抽样方法，那么这种说法是错误的。

> **名师说**　虽然分析程序不能用于了解和测试内部控制，但是数据分析不同于分析程序。分析程序是指注册会计师通过研究不同财务数据之间以及财务数据与非财务数据之间的内在关系，对财务信息做出评价。而数据分析是通过对内部或外部数据进行分析（使用数据的范围要广于分析程序）、建模或可视化处理，以发现其中隐含的模式、偏差或不一致，其中就包括了对偏差的发现，因此它可以用于与内部控制相关的环节。

（二）基本步骤

数据分析可总结为计划数据分析、获取和整理数据、评价所用数据的相关性和可靠性、具体执行数据分析、评价和应对数据分析结果五个步骤。具体如图5-1及表5-5所示。

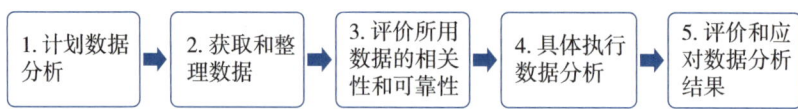

图5-1　数据分析的基本步骤简图

表5-5　数据分析的基本步骤

步骤	具体内容
1.计划数据分析	确定数据分析所针对的财务报表账户、披露和相关认定，数据分析的总体目标和具体目标，应用数据分析的总体，以及选择数据、程序及具体步骤等
2.获取和整理数据	校验数据的准确性和完整性，通常是注册会计师进行实际数据分析工作的**起点**。 > **名师说**　例如，验证被审计单位某一期间会计分录的完整性时，可以将会计分录个数与原始数据进行核对，将会计分录各科目的合计数与管理层科目余额表进行核对。 **目的**：整理数据主要是为了**识别数据中的错误**，以及校验所采集数据的**准确性和完整性**，包括数据一致性校验、处理无效值和缺失值等方面的工作
3.评价所用数据的相关性和可靠性	**必要性**：对于数据分析而言，注册会计师**应当考虑**数据是否相关且可靠以实现其目标。 **相关性**：是指用作审计证据的信息与审计程序的目的和所考虑的相关认定之间的逻辑关系。对于同一套数据，在不同审计目标下，对相关性的考虑可能不同。 > **名师说**　例如，当注册会计师评估与会计分录相关的舞弊风险存在于报告期末，而决定仅测试报告期末的会计分录时，那么报告期末的会计分录数据就是相关的。 **可靠性**：注册会计师在评价数据的可靠性时，**应考虑**数据的准确性和完整性，并考虑数据的来源和性质、获取数据的环境、与数据生成和维护相关的控制等

续表

步骤	具体内容
4. 具体执行数据分析	在具体执行数据分析时,注册会计师最初可能识别出大量异常项目,其中,某些项目可能表明存在之前未识别出的风险、高于初始评估水平的风险、控制缺陷或错报,从而需要作出审计应对;但也可能有一些项目并不表明存在上述情况,不需要作出审计应对。此时,注册会计师可以考虑实施下列程序: (1) 重新更准确地定义可能表明需要审计应对的事项的数据特征,重新进行数据分析; (2) 将所识别出的异常项目分为若干子集,针对每一个子集设计并执行有针对性的审计程序
5. 评价和应对数据分析结果	该步骤旨在得出执行数据分析的目的是否已实现的结论

四、数据分析面临的主要挑战

数据分析面临着许多挑战,见表 5-6。

表 5-6 数据分析面临的主要挑战

挑战	具体内容
1. 审计对象信息或审计证据的数字化程度	(1) 大量单据,尤其是外部单据仍以纸质形式存在; (2) 不同企业的信息系统架构、业务系统和数据结构差别较大; (3) 业务系统和财务系统自动对接的程度相差较大
2. 电子数据的可获得性	(1) 有些企业的财务系统不能按照国家标准要求的数据接口输出数据; (2) 财务系统和业务系统之间的接口不匹配,导致不同系统之间不能互联互通,出现了信息"孤岛化"的情况
3. 数据标准的统一	**面临的挑战**: (1) 不同企业之间、同一企业的不同业务之间,可能缺乏统一的数据标准; (2) 不同企业的数据在单位、编码、格式等方面存在明显差异,结构化数据与非结构化数据混杂交错。 **导致的结果**:注册会计师在数据分析前需要在数据的访问、整理、清理、转换等过程中耗费大量的时间与精力,从而降低了效率和效果。 **改进的方案**:中国注册会计师协会正在制定注册会计师审计数据标准
4. 被审计单位的信息技术一般控制和信息处理控制存在缺陷	如果被审计单位的信息技术一般控制和信息处理控制**存在缺陷,并且缺乏补偿性控制或其他可应对缺陷的因素**,则提取的数据可能不准确、不完整

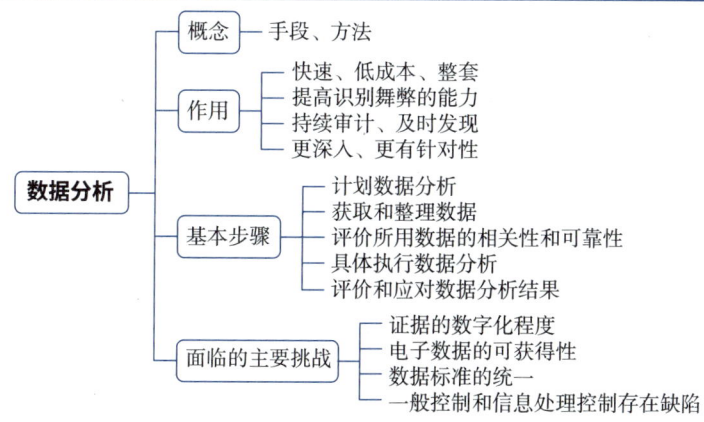

图 5-2 数据分析

章末总结

考点加油站

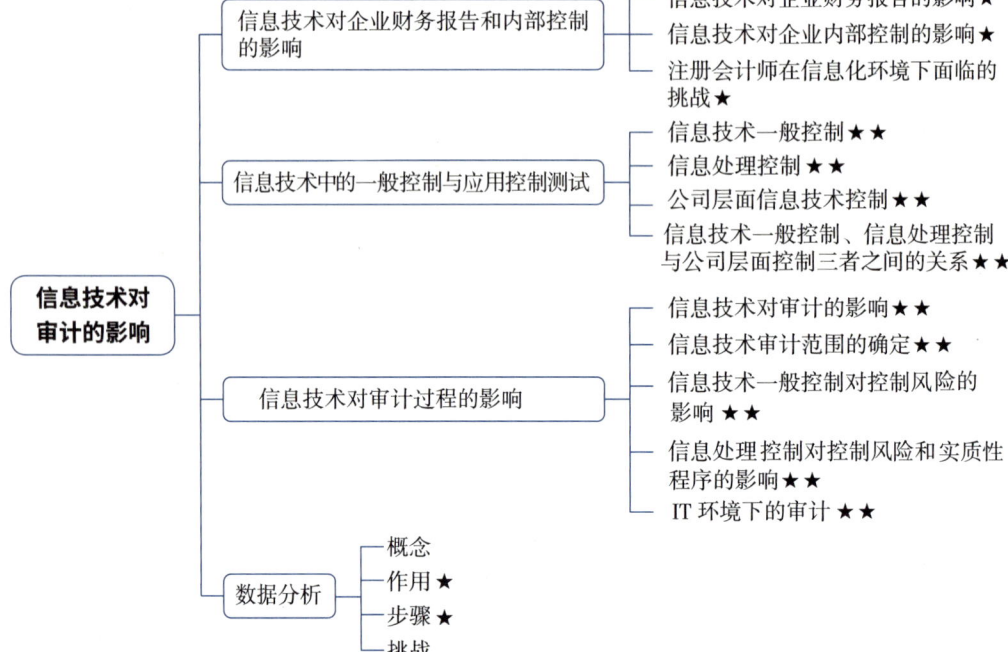

第六章 审计工作底稿

本章讲什么？

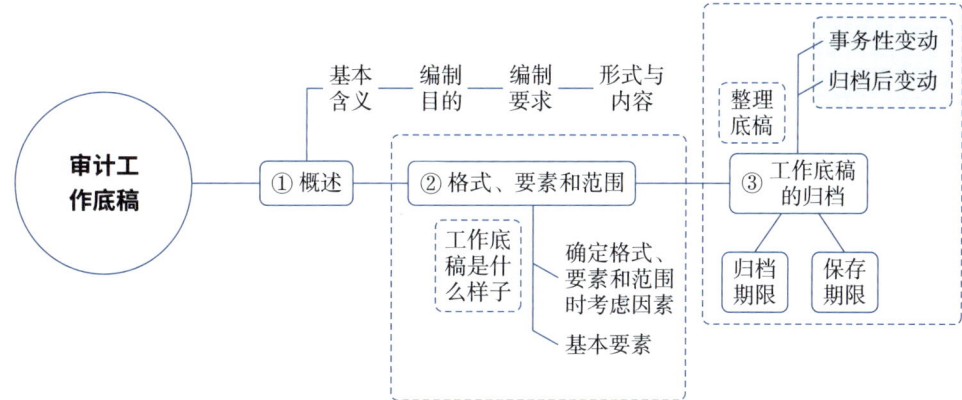

①**审计工作底稿概述**：介绍了审计工作底稿的基本概念，让考生对审计工作底稿有初步的了解。

②**工作底稿的格式、要素和范围**：阐述了影响审计工作底稿形态的要素，以及审计工作底稿的必须要包含的要素。

③**工作底稿的归档**：介绍了审计工作底稿的归整（归档整理）以及保存。

本章如何考？

本章在考试中多以客观题、简答题的形式出现，每年考查分值约为2~4分。同时，考试也会将本章知识点与其他章节的知识点相结合，在简答题或综合题中出现。

本章怎么学？

本章内容不多，在学习过程中，考生需要掌握审计工作底稿的编制目的、工作底稿的性质和要素，以及工作底稿的归档工作。尤其需要关注的是审计工作底稿的归档，包括归档工作的性质、归档期限、归档后的变动及保存期限等。

2024年本章主要变化

本章在2024年修订了审计工作底稿的编制目的、重大事项的具体表述，并新增了审计档案的定义，请考生注意客观题。

考点冲浪

第一节 审计工作底稿概述

一、审计工作底稿的含义 ★

审计工作底稿是指注册会计师对制定的审计计划、实施的审计程序、获取的相关审计证据，以及得出的审计结论作出的记录。

审计工作底稿是**审计证据的载体**，是注册会计师在审计过程中形成的审计工作记录和获取的资料。

二、审计工作底稿的编制目的 ★★（见表6-1）

表格中2024年新修内容只是在表述方面进行了修改，无实质性修改，考生只要熟悉新的表述即可。

表6-1 ①审计工作底稿的编制目的

	内容
主要目的	对内：提供证据，作为注册会计师得出实现总体目标结论的基础。**（2024年新修）** 对外：提供证据，证明已按准则规定执行了审计工作
其他目的	（1）保留对未来审计工作持续产生重大影响的事项的记录； （2）有助于计划和执行审计工作； （3）有助于监督"指导、监督与复核责任"的履行； （4）便于说明执行工作的情况； （5）便于会计师事务所实施项目质量复核、其他类型的项目复核以及质量管理体系中的监控活动；**（2024年新修）** （6）便于监管机构和注册会计师协会实施执业质量检查

▌**经典例题6-1** 〖经典真题·多选题〗

下列各项中，属于注册会计师编制审计工作底稿的目的的有（　　）。

A. 有助于项目组计划和执行审计工作
B. 保留对未来审计工作持续产生重大影响的事项的记录
C. 便于后任注册会计师的查阅
D. 便于监管机构对会计师事务所实施执业质量检查

〖解析〗除了主要目的外，编制审计工作底稿还可以实现下列目的：

（1）有助于项目组计划和执行审计工作（选项A正确）；

（2）有助于负责督导的项目组成员按照《中国注册会计师审计准则第1121号——对财务报表审计实施的质量管理》的规定，履行指导、监督与复核审计工作的责任；

（3）便于项目组说明其执行审计工作的情况；

（4）保留对未来审计工作持续产生重大影响的事项的记录（选项B正确）；

（5）便于会计师事务所实施项目质量复核、其他类型的项目复核以及质量管理体系中的监控活动；

（6）便于监管机构和注册会计师协会根据相关法律法规或其他相关要求，对会计师事务所实施执业质量检查（选项D正确）。

〖答案〗ABD

三、审计工作底稿的编制要求★

注册会计师编制的审计工作底稿,应当使未曾接触该项审计工作的有经验的专业人士清楚地了解:

(1) 按照审计准则和相关法律法规的规定实施的**审计程序**的性质、时间安排和范围;
(2) 实施审计程序的结果和获取的**审计证据**;
(3) 审计中遇到的重大事项和**得出的结论**,以及在得出结论时作出的**重大职业判断**。

有经验的专业人士是指会计师事务所内部或外部的具有审计实务经验,并且对下列方面有合理了解的人士:

(1) 审计过程;
(2) 审计准则和相关法律法规的规定;
(3) 被审计单位所处的经营环境;
(4) 与被审计单位所处行业相关的会计和审计问题。

四、审计工作底稿的性质★★★

(一) 审计工作底稿的形式(见表6-2)

表6-2 审计工作底稿的形式

	内容
形式	审计工作底稿可以以纸质、电子或其他介质形式存在,但应能通过打印等方式,转换成纸质形式的审计工作底稿
保管	以电子或其他介质形式存在的审计工作底稿,**应**与其他纸质形式的审计工作底稿一并归档
控制	(1) 清晰地显示工作底稿生成、修改及复核的时间和人员; (2) 在审计业务的所有阶段,保护信息的完整性和安全性; (3) 防止未经授权改动审计工作底稿; (4) 允许项目组和其他经授权的人员为适当履行职责而接触审计工作底稿

(二) 审计工作底稿的内容(见表6-3)

表6-3 审计工作底稿的内容

	内容
通常包括的内容	(1) 总体审计策略,具体审计计划,重大事项概要; (2) 分析表、问题备忘录、核对表; (3) 询证函回函、有关重大事项的往来信件、书面声明、被审计单位文件记录的摘要或复印件; (4) 业务约定书、管理建议书、项目组内部或项目组与被审计单位举行的会议记录、与其他人士的沟通文件及错报汇总表等

续表

	内容
通常包括的内容	**名师说** 上述工作底稿包括的内容中，第（1）、（2）项为注册会计师的工作记录（自身编制的信息），第（3）项为注册会计师实施程序时从被审计单位内部或外部获取的资料，第（4）项为注册会计师编制或获取的与该审计项目相关的其他资料。考生尤其需要注意第（4）项中的内容也属于工作底稿的范畴，需与其他底稿一同归档保存。
不包括的内容	（1）已被取代的审计工作底稿的草稿或财务报表的草稿； （2）反映不全面或初步思考的记录； （3）存在印刷错误或其他错误而作废的文本； （4）重复的文件、记录等 **名师说** 　　（1）所谓工作底稿"不包括的内容"，即在审计报告日后，注册会计师无需归档整理成最终档案加以保存的内容（联系"归档工作的性质"）。上述这些草稿、错误的文本或重复的文件、记录不直接构成审计结论和审计意见的支持性证据，因此，注册会计师通常无须保留这些记录。 　　（2）审计计划、重要性的确定及风险评估等工作是一个持续的、不断修正的过程，贯穿于整个审计业务的始终，而这些"修正"不代表之前记录的内容是"草稿"或"初步思考的记录"，注册会计师应当在工作底稿中记录作出的重大修改及其理由，保留修改的痕迹。考生对此需注意加以区分。 　　例如，由于在审计过程中识别出重大错报并提出审计调整建议，注册会计师重新评估并修改了重要性。此时，注册会计师不能将记录计划阶段评估的重要性的工作底稿删除，只保留记录重新评估的重要性的工作底稿，而应当记录对重要性做出的修改以及理由，保留原重要性和重新评估的重要性之间的修改痕迹。

经典例题 6-2 （经典真题·简答题）

ABC 会计师事务所的质量管理制度部分内容摘录如下：

（1）所有项目组应当在每年 4 月 30 日之前将上一年度的业务约定书交给事务所行政管理部门集中保存。

（要求）指出 ABC 会计师事务所的质量管理制度的内容是否恰当。如不恰当，简要说明理由。

（答案）不恰当。业务约定书应当纳入业务工作底稿。

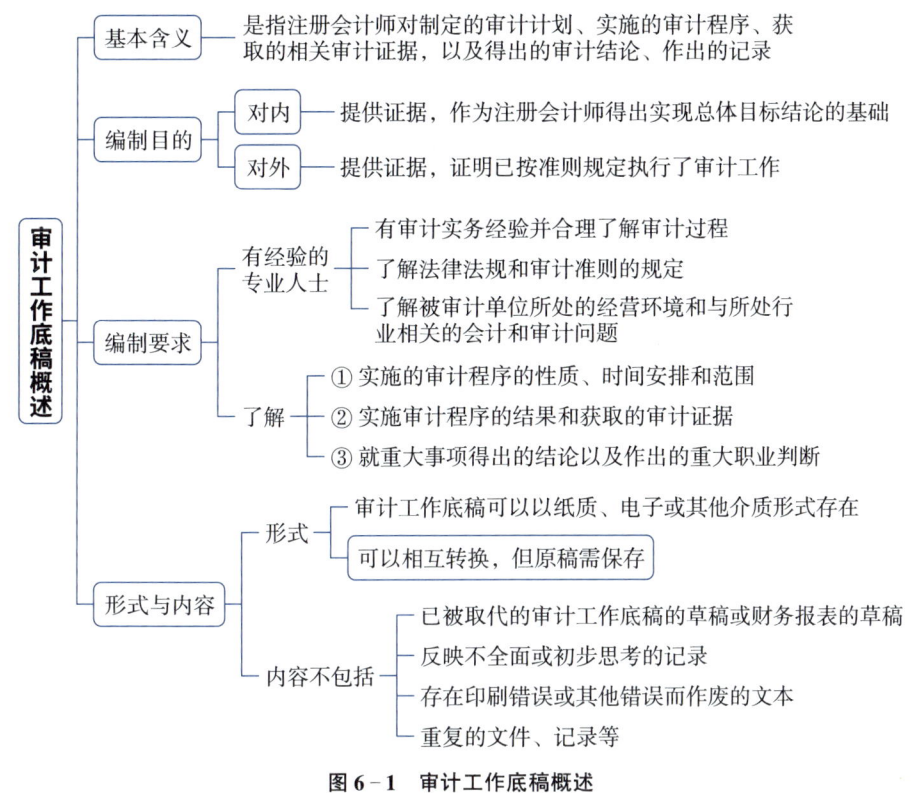

图 6-1　审计工作底稿概述

第二节　审计工作底稿的格式、要素和范围

一、确定格式、要素和范围时的考虑因素★（见表 6-4）

考频　2020 年单选题（1）

确定格式、要素和范围时的考虑因素-知识精讲

表 6-4　确定格式、要素和范围时的考虑因素

考虑因素	分析
（1）被审计单位的规模和复杂程度	企业规模越大、越复杂，底稿就越多、越细
（2）识别出的重大错报风险	风险越高，底稿记录的内容就越多，范围就越广
（3）拟实施审计程序的①性质	函证与存货监盘的底稿在内容、格式及范围方面是不同的
（4）审计方法和使用的工具	计算机测试与人工测试是不同的
（5）已获取审计证据的重要程度	可能根据审计证据的重要程度进行有选择性的记录，审计证据的重要程度也会影响审计工作的格式、内容和范围

敲黑板①

这里只"谈"性质，不涉及"时间安排"和"范围"。

续表

考虑因素	分析
(6) 识别出的例外事项的性质和范围	例如，某个函证的回函表明存在不符事项，如果在实施恰当的追查后发现该例外事项并未构成错报，注册会计师可能只在审计工作底稿中解释发生该例外事项的原因及影响。反之，如果该例外事项构成错报，注册会计师可能需要执行额外的审计程序并获取更多的审计证据，由此编制的审计工作底稿在内容和范围方面可能有很大不同
(7) 当从已执行工作或获取证据的记录中不易确定结论或结论的基础时，记录结论或结论基础的必要性	在某些情况下，特别是在涉及复杂的事项时，注册会计师仅将已执行的审计工作或获取的审计证据记录下来，并不容易使其他有经验的注册会计师通过合理的分析，得出审计结论或结论的基础。此时注册会计师应当考虑是否需要进一步说明并记录得出结论的基础（即得出结论的过程）及该事项的结论

确定格式、要素和范围时的考虑因素-例题解析

▎**经典例题 6-3** （2020年·单选题）

下列各项因素中，注册会计师在确定审计工作底稿的要素和范围时通常无需考虑的是（　）。

A. 审计方法
B. 审计程序的范围
C. 已获取的审计证据的重要程度
D. 识别出的例外事项的性质

（解析）审计工作底稿的格式、要素和范围取决于诸多因素，例如：(1) 被审计单位的规模和复杂程度；(2) 拟实施审计程序的性质；(3) 识别出的重大错报风险；(4) 已获取的审计证据的重要程度（选项C）；(5) 识别出的例外事项的性质和范围（选项D）；(6) 当从已执行审计工作或获取审计证据的记录中不易确定结论或结论的基础时，记录结论或结论基础的必要性；(7) 审计方法和使用的工具（选项A）。

（答案）B

二、审计工作底稿的要素 ★★

考频 2022年简答题（2）、2020年综合题（1）

（一）标题

标题是必备要素。

标题的内容可能包括：

1. 单位：被审计单位的名称。
2. 项目：审计项目的名称。
3. 时间：资产负债表日或底稿覆盖的会计期间。

（二）审计过程记录（识别特征/重大事项及其相关的重大职业判断/不一致）

1. 识别特征（见表6-5）

识别特征是指被测试项目或事项的征象或标志，①**通常具有唯一性**，便于其他人员（编制者以外的人员）识别该项目或事项，并重新执行该测试。例如：

(1) 项目合伙人、项目质量复核人根据识别特征有重点地选择工作底稿进行复核；

识别特征主要考查判断其是否具有唯一性，考生可重点掌握各类单据的识别特征（通常为编号），其他各项会判断即可。

(2) 以后年度的审计项目组成员根据识别特征快捷地查找需要参照的工作底稿;
(3) 行业主管部门在监督质量时可以根据识别特征抽取所关注的工作底稿。

表6-5 识别特征示例

情形	识别特征
单据的唯一编号	如订购单、发运单、签收单、会计凭证等,但需要注意区别不同的年份和期间,保证编号是可以被直接锁定的。一般按年份排列的:识别特征是××年的××号。 如果被审计单位不按年份,仅以序列号排列:××号
特定项目选取	如被测试项目的选取条件、银行大额交易测试中对高于某一金额的要求 (例如:选取总体金额在14万元以上的特定项目进行测试,则"金额在14万元以上"就是识别特征。)
需要运用到审计抽样的程序	通过记录样本的**来源**、**抽样的起点及抽样间隔**来识别 (例如:4/1至9/30的发运记录,从第100号发运单开始每隔5号系统抽取发运单)
询问	以询问的**时间**、**被询问人的姓名**及**职位**作为识别特征
观察	观察的**对象**或观察**过程**、相关被观察**人员**及其各自的**责任**、观察的**地点**和**时间**作为识别特征

▍经典例题 6-4 （2022年·简答题）

ABC 会计师事务所的 A 注册会计师负责审计甲公司 2021 年度财务报表。与审计工作底稿相关的部分事项如下:

(2) A 注册会计师在对甲公司的原材料采购业务选取采购订单实施细节测试时,以单笔订单作为抽样单元,将供应商名称作为测试订单的识别特征记录于审计工作底稿中。

(要求) 针对上述事项,指出 A 注册会计师的做法是否恰当。如不恰当,简要说明理由。

(答案) 不恰当。对订单而言,供应商名称不具有唯一性,不适合作为识别特征。

2. 重大事项及其相关的重大职业判断(见表6-6)

表6-6 重大事项及其相关的重大职业判断

	内容
重大事项	(1) **引起特别风险的事项**; (2) 实施审计程序的结果表明财务信息**可能存在重大错报**,或需要修正以前对重大错报风险的评估和针对这些风险拟采取的应对措施; (3) 导致注册会计师难以实施必要审计程序的情形; (4) 可能导致在审计报告中发表非无保留意见或者增加强调事项段的事项(①2024年新修)
重大职业判断	运用职业判断的程度是决定工作底稿格式、内容和范围的重要因素。与职业判断相关的底稿包括: (1) 如果审计准则要求"应当考虑"某些信息或因素,并且这种考虑在特定业务情况下是重要的,记录得出结论的理由; (2) 记录对某些方面主观判断的合理性(如某些重大会计估计的合理性)得出结论的基础; (3) 如果针对导致文件记录的真实性(证据的可靠性)产生怀疑的情况实施了进一步调查,记录对这些文件记录真实性得出结论的基础

敲黑板①

此修改仅为表述上的修改,考生只需熟悉新表述方式即可。

续表

	内容
记录要求	（1）应当记录与管理层、治理层和其他人员对重大事项讨论的性质、时间、地点和人员； （2）重大事项汇总至重大事项概要中，重大事项概要包括识别的重大事项、如何恰当解决以及其他支持性底稿的交叉索引

3. 针对重大事项如何处理不一致的情况

如果识别出的信息与针对某重大事项得出的最终结论不一致，注册会计师应当记录如何处理不一致的情况。

上述情况包括但不限于：注册会计师针对该信息执行的审计程序、项目组成员对某事项的职业判断不同而向专业技术部门的咨询情况，以及项目组成员和被咨询人员不同意见（如项目组与专业技术部门的不同意见）的解决情况。

对如何解决这些不一致的记录要求并不意味着注册会计师需要保留不正确的或被取代的审计工作底稿。

▎经典例题 6-5 （2020年·综合题）

甲公司是 ABC 会计师事务所的常年审计客户，主要从事家电产品的生产、批发和零售。A 注册会计师负责审计甲公司 2019 年度财务报表，确定财务报表整体的重要性为 800 万元，明显微小错报的临界值为 40 万元。A 注册会计师在审计工作底稿中记录了审计计划，部分事项如下：

（3）因实施穿行测试时发现甲公司与投资和筹资相关的内部控制未得到执行，A 注册会计师将投资和筹资循环的审计策略由综合性方案改为实质性方案，并用新编制的审计计划工作底稿替换了原工作底稿。

(要求) 针对上述事项，假定不考虑其他条件，指出 A 注册会计师的做法是否恰当。如不恰当，简要说明理由。

(答案) 不恰当。不应替换原工作底稿，应当在原工作底稿的基础上记录对审计计划作出的重大修改及其理由。

（三）审计结论

审计工作的每一部分都应包含与已实施审计程序的结果及其是否实现既定审计目标相关的结论，还应包括审计程序识别出的例外情况和重大事项如何得到解决的结论。

（四）审计标识及说明

审计标识被用于与已实施审计程序相关的底稿。每张底稿都应包含对已实施程序的性质和范围所作的解释，以支持每一个标识的含义。审计工作底稿中可使用各种审计标识，但应说明其含义，并保持前后一致。

例如：

∧：纵加核对

<：横加核对

B：与上年结转数核对一致

T：与原始凭证核对一致

G：与总分类账核对一致

S：与明细账核对一致

T/B：与试算平衡表核对一致

C：已发询证函

C\：已收回询证函

（五）索引号及编号

注册会计师可以按照所记录的审计工作的内容层次进行编号（例如按发生日期对营业收入编号）。

每张审计工作底稿都需要注明索引号及顺序编号，以说明其在审计工作底稿中的放置位置，并与其他相关审计工作底稿（例如营业收入与销售合同）之间保持清晰的勾稽（引用）关系。

（六）**编制人员和复核人员及执行日期**（见表 6-7）

表 6-7 编制人员和复核人员及执行日期

	内容
应当	（1）测试的具体项目或事项的识别特征； （2）审计工作的执行人员及完成审计工作的日期； （3）审计工作的复核人员及复核的日期和范围； （4）如适用，项目质量复核人员及复核的日期
可以	（1）通常，每一张底稿均需要注明编制人员、复核人员、完成日期和完成复核日期； （2）如果若干底稿记录同一性质的具体审计程序或事项，并且编制在同一个索引号中，可以仅在底稿的第一页上记录审计工作的执行人员和复核人员并注明日期

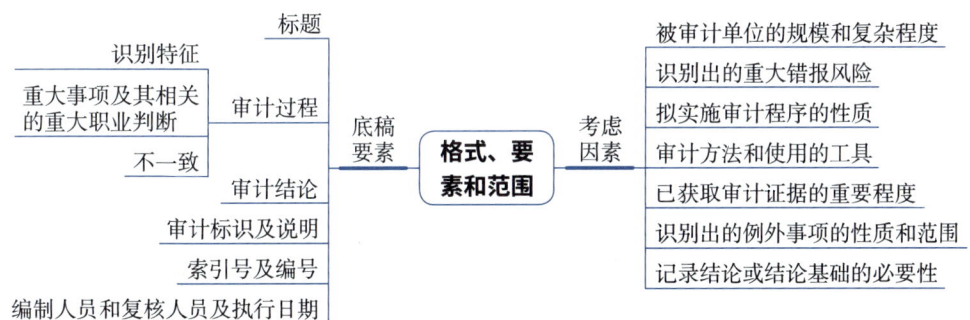

图 6-2 审计工作底稿的格式、要素和范围

第三节 审计工作底稿的归档

考频 2022年简答题（3）、2020年单选题（3）、2019年单选题（1）、2018年多选题（1）

审计档案是指一个或多个文件夹或其他存储介质，以实物或电子形式存储构成某项具体业务的审计工作底稿的记录。（2024年新增）

审计工作底稿归档的相关内容，包括归档工作的性质、归档后的变动、归档期限、保存期限等，见表6-8及图6-3。

表6-8 审计工作底稿的归档

		内容
事务性变动（★★★）	定义	审计工作底稿归档属于事务性工作，**不涉及**实施新的审计程序或得出新的审计结论
	内容	（1）删除或废弃被取代的审计工作底稿； （2）对审计工作底稿进行分类、整理和交叉索引； （3）对审计档案归整工作的完成核对表签字认可； （4）记录在审计报告日前获取的、与审计项目组相关成员进行讨论并取得一致意见的审计证据
归档后的变动（★★）	有必要变动的情况	（1）注册会计师已实施了必要的审计程序，取得了充分、适当的审计证据并得出了恰当的审计结论，但审计工作底稿的记录不够充分； （2）审计报告日后，发现例外情况要求实施**新的**审计程序或追加审计程序，或导致注册会计师得出新的结论 **名师说** 例外情况：审计报告日后发现与已审计财务信息相关，且在审计报告日已经存在的事实，如审计报告日前获知该事实，可能影响审计报告。
	应当记录	（1）修改或增加审计工作底稿的具体理由； （2）修改或增加审计工作底稿的时间和人员，以及复核的时间和人员
归档期限（★）	60天	（1）如果完成了审计工作，归档期限为**审计报告日后60天内**； （2）如果未能完成审计业务，归档期限为**中止后60天内**； （3）如果对客户的同一财务信息执行不同的委托业务，出具两个或多个不同的报告，各自分别归整为最终审计档案
保存期限（★）	10年	（1）如果完成审计业务，自**审计报告日**起，对工作底稿至少保存10年； （2）如果未能完成审计业务，自业务**中止日**起，至少保存10年； （3）在完成最终审计档案的归整工作后，不应在规定保存期限届满前删除或废弃任何性质的工作底稿 **名师说** （1）由于在完成最终审计档案的归整工作后，注册会计师不应在规定的保存期届满前删除或废弃任何性质的审计工作底稿，所以归档后的变动只能增加或修改，不能删除。若修改，也必须保留原有记录，留下修改痕迹。 （2）有关审计报告日后发现的例外事项可能会导致注册会计师实施新程序、得出新结论，此处的例外事项将在"期后事项"章节中作进一步阐述。

■ 经典例题 6-6 （2020年·单选题）

下列有关保存审计工作底稿的做法中，错误的是(   )。

A. 自审计报告日起保存 10 年

B. 自审计工作底稿归档日起保存 10 年

C. 自所审计财务报表的财务报表日起保存 15 年

D. 无限期保存所有审计工作底稿

(解析) 在极端情况下，如注册会计师在 2015 年审计 2005 年度的财务报表，自所审计财务报表的财务报告日起保存 15 年，即保存到 2015 年 12 月 31 日，显然，这不符合准则相关规定。故选项 C 说法错误，当选。审计工作底稿归档日通常晚于审计报告日，故选项 B 说法正确，不选。选项 AD 均符合准则规定"至少保存 10 年"的要求，故说法正确，不选。

(答案) C

■ 经典例题 6-7 （2019年·单选题）

下列各项中，不属于审计工作底稿归档期间的事务性变动的是(   )。

A. 删除被取代的工作底稿

B. 对审计工作底稿进行分类和整理

C. 将在审计报告日后获取的管理层书面声明放入审计工作底稿

D. 将在审计报告日前获取的，与项目组相关成员进行讨论达成一致意见的审计证据列入审计工作底稿

(解析) 选项 ABD，不涉及新的程序或新的结论，属于事务性变动，不选；选项 C，审计报告日后获取的管理层书面声明属于新获取的审计证据，不属于事务性变动，当选。

(答案) C

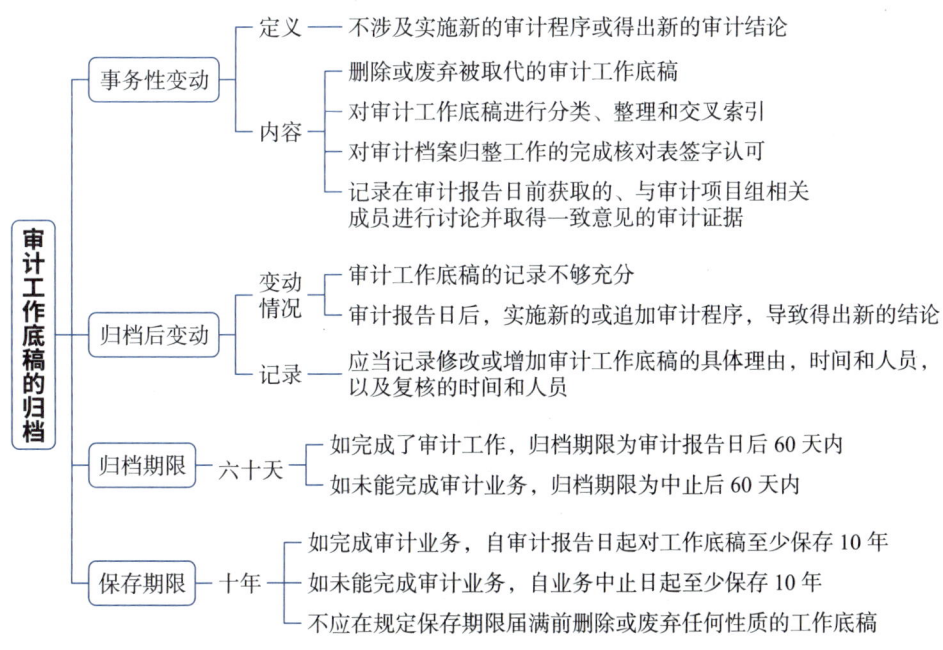

图 6-3 审计工作底稿的归档

章末总结

审计工作底稿

概述

基本含义
- 是指注册会计师对制定的审计计划、实施的审计程序、获取的相关审计证据，以及得出的审计结论作出的记录
- 工作底稿不能代替被审计单位的会计记录

主要编制目的
- 对内——提供证据，作为注册会计师得出实现总体目标结论的基础
- 对外——提供证据，证明已按准则规定执行了审计工作

编制要求
- 了解
  - 实施的审计程序的性质、时间安排和范围
  - 实施审计程序的结果和获取的审计证据
  - 就重大事项得出的结论以及作出的重大职业判断
- 有经验专业人士
  - 有审计实务经验并合理了解审计过程
  - 了解法律法规和审计准则的规定
  - 了解被审计单位所处的经营环境和与所处行业相关的会计和审计问题

格式、要素和范围

形式与内容
- 形式
  - 审计工作底稿可以以纸质、电子或其他介质形式存在
  - 可以相互转换，但原稿均需保存
- 内容不包括
  - 已被取代的审计工作底稿的草稿或财务报表的草稿
  - 反映不全面或初步思考的记录
  - 存在印刷错误或其他错误而作废的文本
  - 重复的文件、记录等

考虑因素

基本要素
- 识别特征——是指被测试项目或事项的征象或标志，通常具有唯一性
- 签名与日期
  - 测试的具体项目或事项的识别特征
  - 审计工作的执行人员及完成审计工作的日期
  - 审计工作的复核人员及复核的日期和范围
  - 如适用，项目质量复核人员及复核的日期

工作底稿的归档

事务性变动
- 定义——不涉及实施新的审计程序或得出新的审计结论
- 内容
  - 删除或废弃被取代的审计工作底稿
  - 对审计工作底稿进行分类、整理和交叉索引
  - 对审计档案归整工作的完成核对表签字认可
  - 记录在审计报告日前获取的、与审计项目组相关成员进行讨论并取得一致意见的审计证据

归档后变动
- 变动情况
  - 审计工作底稿的记录不够充分
  - 审计报告日后，实施新的或追加审计程序，导致得出新的结论
- 记录——应记录修改或增加审计工作底稿的具体理由，时间和人员，以及复核的时间和人员

归档期限——六十天
- 如果完成了审计工作，归档期限为审计报告日后60天内
- 如果未能完成审计业务，归档期限为中止后60天内

保存期限——十年
- 如果完成审计业务，自审计报告日起 对工作底稿至少保存10年
- 如果未能完成审计业务，自业务中止日起 至少保存10年
- 不应在规定保存期限届满前删除或废弃任何性质的工作底稿

30%

第七章 风险评估

轻装上阵

本章讲什么？

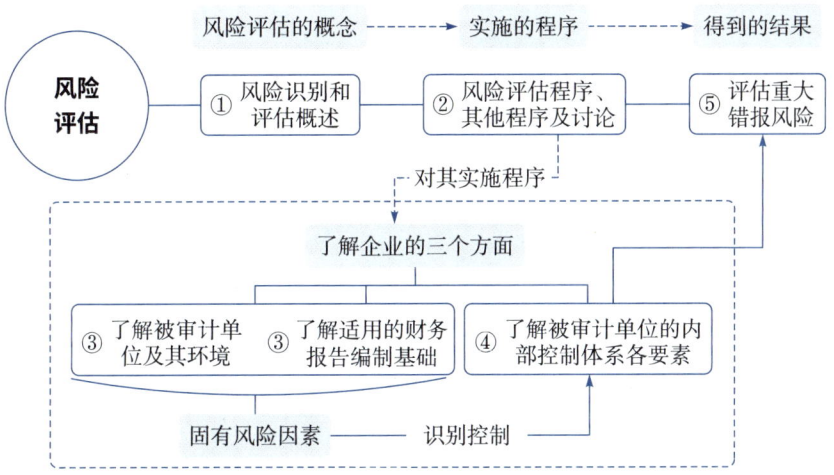

本章第一节①**风险识别和评估概述**阐述了风险评估基本概念，注册会计师通过实施审计程序（②**风险评估程序、其他程序及讨论**）以③**了解被审计单位及其环境和适用的财务报告编制基础**并④**了解被审计单位的内部控制体系各要素**，通过上述了解收集相关审计证据，用以⑤**评估重大错报风险**。

本章如何考？

本章是审计理论核心内容，是考试中的绝对重点。各种题型中均有考查，尤以综合题形式出现较多。每年考查分值为6~8分。考试时，本章极易与其他章节知识点相结合，如实务循环审计、特殊业务审计等。

本章怎么学？

在本章的学习过程中，考生应当理解风险评估在整个审计过程中的核心意义。在此基础上，对于"了解被审计单位的内部控制"和"评估重大错报风险"中历年反复考查的重要考点应当进行适当记忆。同时，注意与审计概述中财务报表认定的相关概念结合起来进行学习，以应对考试主观题中关于重大错报风险评估的相关试题。

2024年本章主要变化

本章在2024年有一些细节性改动，比如，对于小型被审计单位的考虑中的规定有所调整。在固有风险等级的评价中，"重要程度"一词被替换为"严重程度"，考生需要注意这些细节对客观题的影响。

第一节 风险识别和评估概述

风险识别和评估的概念与作用，见表7-1。

表7-1 风险识别和评估概述

	内容
定义	指注册会计师通过实施风险评估程序，识别和评估财务报表层次和认定层次的重大错报风险。其中风险识别是指找出财务报表层次和认定层次的重大错报风险；风险评估是指对重大错报发生的可能性和后果严重程度进行评估
提供重要基础	(1) 初步确定重要性水平，评估、修订重要性水平； (2) 考虑会计政策的选择和运用、财务报表的列报是否适当； (3) 识别需要特别考虑的领域，包括关联方交易、持续经营假设、交易是否具有合理商业目的； (4) 确定在实施分析程序时所使用的预期值； (5) 设计和实施进一步程序，以将审计风险降至可接受的低水平； (6) 评价所获取审计证据的充分性和适当性
必要	了解被审计单位及其环境、适用的财务报告编制基础和内部控制体系各要素是必要的程序

名师说
(1) 了解被审计单位及其环境等方面是一个连续动态地收集、更新与分析信息的过程，与审计计划中讲到的对审计计划的修正以及对重要性的修正一样，都贯穿整个审计过程的始终。
(2) 注册会计师对被审计单位及其环境的了解程度，要**低于**管理层为经营管理企业而对被审计单位及其环境需要了解的程度。

第二节 风险评估程序、信息来源以及项目组内部的讨论

一、①风险评估程序和信息来源★★★

（一）②询问程序

询问管理层和被审计单位内部其他人员是注册会计师了解被审计单位及其环境等方面的一个重要信息来源。风险评估程序中的询问对象及内容，见表7-2。

表7-2 风险评估程序中的询问对象及内容

询问对象	询问内容
管理层和财务报告负责人	（1）管理层所关注的问题。如新的竞争对手、主要客户和供应商流失、新的税收法规的实施以及经营目标或战略的变化等。 （2）被审计单位最近的财务状况、经营成果和现金流量。 （3）可能影响财务报告的交易和事项，或者目前发生的重大会计处理问题，如重大的并购事宜等。 （4）被审计单位发生的其他重要变化，如所有权结构、组织结构的变化，以及内部控制的变化等
治理层	财务报表编制的环境
内审人员	本年度针对被审计单位内部控制的设计、执行和运行有效性而实施的内部审计程序，以及管理层是否根据实施这些程序的结果采取了适当的应对措施
参与生成、处理或记录复杂或异常交易的员工	评价被审计单位选择和运用某项会计政策的恰当性
内部法律顾问	诉讼、舞弊、产品质量保证、售后责任
销售人员	营销策略的变化、销售趋势或与客户的合同安排

敲黑板①
注册会计师在实施风险评估程序时，应当实施下列程序，但是在了解被审计单位及其环境等每一方面时，下列程序无须都实施。

敲黑板②
注意，询问程序不能单独使用，应与检查或观察程序相结合，这是考试的常考点。

（二）③分析程序

分析程序是指注册会计师通过研究不同财务数据之间以及财务数据与非财务数据之间的内在关系，对财务信息做出评价。分析程序还包括调查识别出的、与其他相关信息不一致或与预期数据严重偏离的波动或关系进行调查。

注册会计师**应当**预期可能存在的合理关系，并与被审计单位记录的金额、依据记录金额计算的比率或趋势相比较；如果发现异常或未预期到的关系，注册会计师应当在识别重大错报风险时考虑这些比较结果。

敲黑板③
此处分析程序的相关内容与本书"审计证据"章节中的分析程序"用作风险评估程序"相似，同学在学习这里时，可以与前文相互照应。

（三）观察和检查程序

观察和检查程序可以支持对管理层和其他相关人员的询问结果，并可以提供有关被审计单位及其环境的信息。不同的观察、检查的对象及举例说明，见表7-3。

表 7-3 风险评估程序中观察、检查的对象及举例说明

程序对象	举例说明
观察被审计单位的经营活动	观察被审计单位人员正在从事的生产活动和内部控制活动,增加注册会计师对被审计单位人员如何进行生产经营活动及实施内部控制的了解
检查文件、记录和内部控制手册	检查被审计单位的经营计划、策略、章程,与其他单位签订的合同、协议,各业务流程操作指引和内部控制手册等,了解被审计单位组织结构和内部控制制度的建立健全情况。注册会计师还可以检查外部来源的信息,比如检查行业分析师的报告**(2024年新修)**
阅读由管理层和治理层编制的报告	阅读管理层和治理层编制的报告,了解自上一期审计结束至本期审计期间被审计单位发生的重大事项
实地查看被审计单位的生产经营场所和厂房设备	通过现场访问和实地察看被审计单位的生产经营场所和厂房设备,可以帮助注册会计师了解被审计单位的性质及其经营活动
追踪交易在财务报告信息系统中的处理过程（穿行测试）	通过追踪某笔或某几笔交易在业务流程中如何生成、记录、处理和报告,以及相关控制如何控制,注册会计师可以确定被审计单位的交易流程和相关控制是否与之前通过其他程序所了解的一致,并确定相关控制是否得到执行

> **名师说**
> （1）以上程序获取的皆为内部信息,注册会计师可能考虑是否需要获取外部信息作为补充。
> （2）风险评估程序可以概括为"多问、多看、多查、多分析",同时要注意穿行测试实际是检查和观察程序的一种综合运用,其本身并不属于审计的基本程序。

二、其他审计程序和信息来源★（见表7-4）

表 7-4 其他审计程序和信息来源

	内容
其他审计程序	如果认为从外部获取的信息有助于识别重大错报风险（**非强制**）,注册会计师应当实施其他审计程序
举例	询问**外部**人员:法律顾问、评估师、投资顾问和财务顾问等
	阅读**外部**信息:证券分析师、银行、评级机构出具的有关行业经济或市场环境等状况的报告,法规或金融出版物,政府部门或民间组织发布的行业报告和统计数据等
其他信息来源	（1）注册会计师应当考虑在评价客户关系和审计业务的接受或保持过程中获取的信息是否与识别重大错报风险相关; （2）在连续审计情况下,可利用以前审计期间获取的信息,但应确定被审计单位及其环境是否已发生变化,以及该变化是否可能影响信息在本期的相关性; （3）如果以前提供过其他服务,如执行中期财务报表审阅业务,所获得的经验可能也有助于识别重大错报风险; （4）注册会计师还应当考虑向被审计单位提供其他服务所获得的经验是否有助于识别重大错报风险

三、项目组内部的讨论★（见表7-5）

表7-5　项目组内部的讨论

	内容
必要性	在所有业务阶段都非常必要，可以保证所有的事情得到恰当的考虑
目的	（1）使经验较丰富的项目组成员（包括项目合伙人）有机会分享其根据对被审计单位的了解形成的见解，共享信息有助于增进所有项目组成员对项目的了解。 （2）使项目组成员能够讨论被审计单位面临的经营风险，固有风险因素如何影响各类交易、账户余额和披露易于发生错报的可能性，以及财务报表易于发生由舞弊或错误导致的重大错报的方式和领域。
目的	（3）帮助项目组成员更好地了解在各自负责的领域中潜在的财务报表重大错报，并了解各自实施的审计程序的结果可能如何影响审计的其他方面，包括对确定进一步审计程序的性质、时间安排和范围的影响。特别是讨论可以帮助项目组成员基于各自对被审计单位性质和情况的了解，进一步考虑相矛盾的信息。 （4）为项目组成员交流和分享在审计过程中获取的、可能影响重大错报风险评估结果或应对这些风险的审计程序的新信息提供基础
讨论的内容	（1）分享了解的信息； （2）分享审计思路和方法； （3）为项目组指明审计方向
参与讨论的人员	注册会计师应当运用职业判断确定参与项目组内部讨论的成员。**项目组关键成员**（项目合伙人、对重大事项进行决策、判断、咨询的人员等）**应当**参与讨论，但不要求所有成员每次都参与讨论。如果需要专家，专家也应参与讨论。①**项目合伙人**应当确定向未参与讨论的项目组成员②**通报哪些事项**
时间和方式	**根据需要**，在③**整个审计**过程中持续交换有关财务报表发生重大错报可能性的信息。讨论时应强调保持职业怀疑态度，警惕可能发生重大错报的迹象，并对这些迹象进行严格追踪

敲黑板①
注意，必须是项目合伙人，如果考试中将项目合伙人换成项目经理，则该表述是不恰当的。

敲黑板②
注意，不是所有事项都需要通报。

敲黑板③
只要有需要，什么时候都可以沟通，并不是只有在风险评估阶段才需要项目组内部的讨论。

第三节　了解被审计单位及其环境和适用的财务报告编制基础

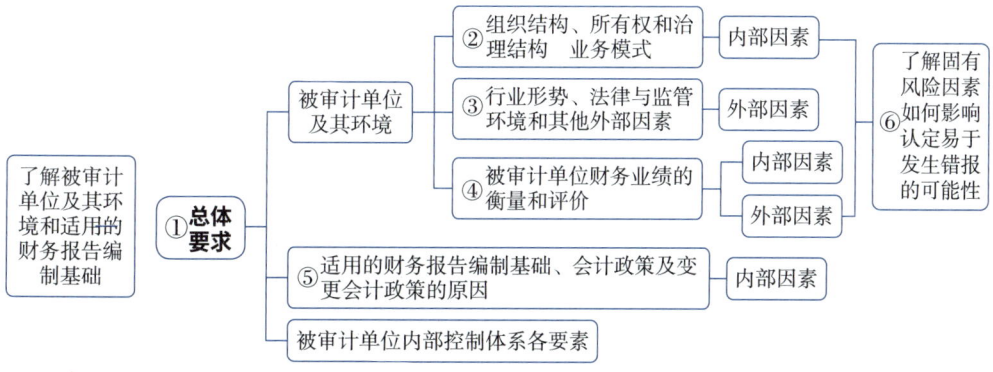

图7-1　了解被审计单位及其环境等方面示意图

注册会计师全国统一考试教材中的这一节介绍了被审计单位及其环境的前五大方面,最后一个方面"了解被审计单位的内部控制"放到了下一节做专题介绍。

了解被审计单位及其环境和适用的财务报告编制基础-总体要求-知识精讲

一、总体要求★★★（见表7-6）

表7-6　总体要求

	内容	
了解方向	(1) 被审计单位及其环境。 ①组织结构、所有权和治理结构、业务模式（包括该业务模式利用信息技术的程度）；【内部因素】 ②行业形势、法律环境、监管环境和其他因素；【外部因素】 ③财务业绩的标准，包括内部和外部使用的标准。【外部+内部】	基于(1)与(2)，了解被审计单位按照适用的财务报告编制基础编制财务报表时，固有风险因素怎样影响各项认定易于发生错报的可能性以及影响的程度
	(2) 适用的财务报告编制基础、会计政策以及变更会计政策的原因【内部因素】	
	(3) 审计单位内部控制体系各要素【内部因素】	
要点	上述需了解的各方面可能会互相影响，因此，注册会计师在对上述各方面进行了解和评价时，**应当考虑各因素之间的相互关系**。 **名师说** 　　例如：被审计单位的行业形势、法律环境、监管环境和其他外部因素可能影响审计单位的目标、战略以及相关经营风险，而被审计单位的性质、目标、战略以及相关经营风险可能影响审计单位对会计政策的选择和运用，以及内部控制的设计和执行	
性质范围	实施风险评估程序进行了解的性质和范围，取决于被审计单位的性质和情况，如（1）被审计单位的规模和复杂程度（包括信息技术环境）；（2）审计单位政策和程序、业务流程和体系的标准程度；（3）注册会计师以往与被审计单位或类似行业、类似企业交往的经验；（4）审计单位文件记录的性质和形式；等等	

二、组织结构、所有权和治理结构、业务模式

考频 2021年单选题（1）

（一）组织结构

复杂的组织结构可能导致某些特定的重大错报风险。注册会计师**应当**了解被审计单位的财务报表合并、商誉减值以及长期股权投资核算等。

（二）所有权结构

注册会计师**应当了解**所有权结构以及所有者与其他人员或实体（包括关联方）之间的关系，考虑关联方关系是否已经得到识别，以及关联方交易是否得到恰当会计处理。

名师说

　　例如，注册会计师应当了解被审计单位属于国有企业、外商投资企业、民营企业，还是属于其他类型的企业；还应当了解其直接控股母公司、间接控股母公司、最终控股母公司和其他股东的构成，以及所有者与其他人员或实体（如控股母公司控制的其他企业）之间的关系。

(三) 治理结构

良好的治理结构可以对被审计单位的经营和财务运作实施有效的监督，从而降低财务报表发生重大错报的风险。注册会计师**应当了解**被审计单位的治理结构。

注册会计师**应当考虑**治理层能在独立于管理层的情况下对审计单位事务包括财务报告作出客观判断。

(四) 业务模式（见表7-7）

表7-7 业务模式

		内容
目的		(1) 注册会计师了解被审计单位的目标、战略和业务模式有助于从战略层面和整体层面了解被审计单位，并了解被审计单位承担和面临的经营风险； (2) 了解影响财务报表的经营风险有助于注册会计师识别重大错报风险； (3) 了解业务模式主要是为了了解和评价审计单位经营风险可能对财务报表重大错报产生的影响 **名师说** 业务模式可能会影响经营风险，经营风险可能会影响重大错报风险，所以注册会计师需要了解业务模式。
概念	目标	目标是企业经营活动指针
	战略	战略是管理层为实现经营目标采用的方法
	经营风险	经营风险是指可能对被审计单位实现目标和实施战略的能力产生不利影响的重要状况、事项、情况、作为（或不作为）所导致的风险，或由于制定不恰当的目标和战略而导致的风险。**管理层有责任识别和应对这些风险**
内容	要点	注册会计师在了解被审计单位业务模式时，要了解下列活动：**经营活动、投资活动和筹资活动**
	经营活动	了解被审计单位经营活动有助于注册会计师识别预期在报表中反映的主要交易类别、重要账户余额和披露
	投资活动	了解投资活动有助于注册会计师关注被审计单位在经营策略和方向上的重大变化
	筹资活动	了解筹资活动有助于评估被审计单位在融资方面的压力，并进一步考虑在可预见未来的持续经营能力
①经营风险对重大错报风险的影响	关系	(1) 经营风险与财务报表重大错报风险是既有关系又相互区别的两个概念，前者范围比后者**更广**； (2) 经营风险可能对某类交易、账户余额和披露的认定层次重大错报风险或财务报表层次重大错报风险产生**直接影响**； (3) **并非所有经营风险都与财务报表相关并导致重大错报风险**
	要点	多数经营风险最终都会产生财务后果，从而影响财务报表
	责任	注册会计师没有责任识别或评估对财务报表没有重大影响的经营风险
要点		**注册会计师并非需要了解被审计单位业务模式的所有方面**

敲黑板①

考试重点，考生需要熟练掌握。

经典例题 7-1 〔2021年·单选题〕

下列有关注册会计师了解被审计单位性质的说法中，错误的是(　　)。

A. 了解被审计单位所有权结构，有助于注册会计师识别关联方关系并了解被审计单位的决策过程

B. 了解被审计单位经营活动，有助于注册会计师识别预期在财务报表中反映的主要交易类别、重要账户余额和列报

C. 了解被审计单位筹资活动，有助于注册会计师评估被审计单位在融资方面的压力，并进一步考虑被审计单位在可预见未来的持续经营能力

D. 了解被审计单位治理结构，有助于注册会计师关注被审计单位在经营策略和方向上的重大变化

〔解析〕注册会计师应当了解所有权结构以及所有者与其他人员或实体之间的关系，包括关联方关系，考虑关联方关系是否已经得到识别，以及关联方交易是否得到恰当的会计处理，选项A正确。

了解被审计单位的经营活动，有助于注册会计师识别预期在财务报表中反映的主要交易类别、重要账户余额和披露，选项B正确。

了解被审计单位的筹资活动，有助于注册会计师评估被审计单位在融资方面的压力，并进一步考虑被审计单位在可预见未来的持续经营能力，选项C正确。

了解被审计单位投资活动（而非治理结构），有助于注册会计师关注被审计单位在经营策略和方向上的重大变化。选项D错误，当选。

〔答案〕D

经典例题 7-2 〔经典真题·单选题〕

下列有关经营风险对重大错报风险的影响的说法中，错误的是(　　)。

A. 多数经营风险最终都会产生财务后果，从而可能导致重大错报风险

B. 注册会计师在评估重大错报风险时，没有责任识别或评估对财务报表没有重大影响的经营风险

C. 经营风险通常不会对财务报表层次重大错报风险产生直接影响

D. 经营风险可能对认定层次重大错报风险产生直接影响

〔解析〕多数但非所有的经营风险最终都会产生财务后果，从而影响财务报表，选项A正确。

注册会计师并不需要了解被审计单位业务模式的所有方面。经营风险比财务报表重大错报风险范围更广，注册会计师没有责任了解或识别所有的经营风险，那些与财务报表重大错报风险无关的经营风险，注册会计师没有责任对其进行识别或评估，选项B正确。

经营风险可能对各类交易、账户余额和披露的认定层次重大错报风险或财务报表层次重大错报风险产生直接影响，选项C错误，选项D正确。

〔答案〕C

三、行业形势、法律环境与监管环境以及其他外部因素★★★（见表7-8）

表7-8　行业形势、法律环境、监管环境和其他外部因素

因素	内容
行业形势	（1）所处行业的市场竞争，包括市场需求、生产能力和价格竞争； （2）生产经营的季节性和周期性； （3）与被审计单位产品相关的生产技术发展； （4）能源供应与成本
法律环境与监管环境	（1）会计原则和行业特定惯例； （2）受管制行业的法规框架； （3）对被审计单位经营活动产生重大影响的法律法规，包括直接的监管活动； （4）税收政策； （5）政府政策； （6）影响行业和被审计单位经营活动的环保要求
其他外部因素	注册会计师应当了解被审计单位经营的其他外部因素，主要包括总体经济情况、利率、融资的可获得性、通货膨胀水平或币值变动等
了解的重点和程度	（1）注册会计师对上述外部因素了解的范围和程度，因被审计单位所处行业、规模以及其他因素（如市场地位）的不同而不同； （2）注册会计师可以考虑将了解的重点，放在对审计单位的经营活动可能产生重要影响的关键外部因素，以及与前期相比发生的重大变化上； （3）注册会计师应当考虑被审计单位所在行业的性质或监管程度是否可能导致特定的重大错报风险，并考虑项目组是否配备了具有相关知识和经验的成员

四、被审计单位财务业绩的衡量和评价★★★（见表7-9）

表7-9　①被审计单位财务业绩的衡量和评价

敲黑板①

需要将其与舞弊风险关联。

	内容
概念	被审计单位管理层经常会衡量和评价关键业绩指标（包括财务的和非财务的）的完成情况、预算及差异分析、分部信息和分支机构、部门或其他层次的业绩报告以及与竞争对手的业绩比较信息等
目标	了解用于评价审计单位财务业绩的标准，有助于注册会计师考虑这些内部或外部的衡量标准，是否会导致被审计单位面临实现业绩目标的压力。这些压力可能促使管理层采取某些措施，从而增加易于发生由管理层偏向或舞弊导致的错报的可能性（如改善经营业绩或有意歪曲财务报表）
了解的主要方面	（1）关键业绩指标（财务的或非财务的）、关键比率、趋势和经营统计数据； （2）同期财务业绩比较分析； （3）预算、预测、差异分析，分部信息与分支结构、部门或其他不同层次的业绩报告； （4）员工业绩考核与激励性报酬政策； （5）被审计单位与竞争对手的业绩比较
关注结果	注册会计师应当关注被审计单位内部财务业绩衡量所显示的未预期到的结果或趋势、管理层的调查结果和纠正措施，以及相关信息是否显示财务报表可能存在重大错报

续表

	内容
考虑可靠性	如果拟利用被审计单位内部信息系统生成的财务业绩衡量指标，注册会计师**应考虑**相关信息是否可靠，以及利用这些信息是否足以实现审计目标
对小型被审计单位的考虑	小型被审计单位通常没有正式的财务业绩衡量和评价程序，管理层往往依据某些关键指标，作为评价财务业绩和采取适当行动的基础，注册会计师①**可以**了解管理层使用的关键指标

敲黑板①
2024年将注册会计师"应当"了解管理层使用的关键指标改成"可以"了解管理层使用的关键指标。该点在客观题可能进行考核，考生需要关注。

五、适用的财务报告编制基础、会计政策及变更会计政策的原因

考频 2019年单选题（1）

注册会计师应当了解适用的财务报告编制基础、会计政策及变更会计政策的原因，并评价被审计单位的会计政策否适当、是否与适用的财务报告编制基础一致。

表7-10 了解时需要考虑的事项

	内容
需要考虑的因素	（1）被审计单位与适用的财务报告编制基础相关的财务报告实务。 **名师说** 例如会计政策和行业惯例，包括特定行业财务报表中的"相关交易类别、账户余额和披露"（如银行业的贷款和投资、医药行业的研究与开发活动）。又如异常或复杂交易（包括带有争议或新兴领域的交易）的会计处理（如对加密货币的会计处理） （2）就被审计单位对会计政策的选择和运用（包括发生的变化以及变化的原因）获得的了解
要点	这里的"相关交易类别、账户余额和披露"是指存在"相关认定"的交易类别、账户余额和披露。 **名师说** 如果某财务报表认定可能存在一个或多个错报，这个或这些错报将导致财务报表发生重大错报，则该认定为**相关认定**。
要点	了解被审计单位及其环境等方面，可能有助于注册会计师考虑被审计单位财务报告预期发生变化（如相比以前期间）的领域

六、了解固有风险因素如何影响认定易于发生错报的可能性（见表7-11）

（一）固有风险的概念及作用

表7-11 了解固有风险因素如何影响认定易于发生错报的可能性

	内容
概念	固有风险因素，是指在不考虑内部控制的情况下，导致交易类别、账户余额和披露的某一认定易于发生错报（无论该错报是由舞弊还是错误导致）**的因素**

续表

		内容
重要作用		固有风险因素可能通过影响错报发生的**可能性**以及发生时其可能的**重要程度**来影响认定易于发生错报的可能性。 了解被审计单位及其环境和适用的财务报告编制基础，**有助于**注册会计师识别可能导致各类交易、账户余额和披露的认定易于发生错报的固有风险因素
①因素		与适用的财务报告编制基础要求的信息（以下简称所需信息）编制相关的固有风险因素
	复杂性	这是由信息的性质或编制所需信息的方式导致的，包括编制过程本身较为复杂的情况
	主观性	由于知识或信息的可获得性受到限制，客观编制所需信息的能力存在固有局限性。因此，管理层可能需要对采取的适当方法和财务报表中的相关信息作出选择或主观判断
	变化	随着时间的变化，被审计单位的经营、经济环境、会计、监管、所处行业或经营环境中其他方面的事项或情况也会产生变化，其影响反映在所需信息中
	不确定性	不能仅通过直接观察可验证的充分精确的和全面的数据编制所需信息时，会导致不确定性
	其他因素	管理层偏向或其他舞弊风险因素导致易于发生错报的其他因素。管理层偏向的可能性，是管理层有意或无意地在信息编制过程中未保持中立造成的
影响	对某类交易、账户余额和披露的影响	(1) 某类交易、账户余额和披露由于其复杂性或主观性而导致易于发生错报的可能性，通常与其变化或不确定性的程度密切相关； (2) 某类交易、账户余额和披露由于其复杂性或主观性而致易于发生错报的可能性越大，注册会计师越有必要保持职业怀疑； (3) 注册会计师对重大错报风险的识别和固有风险的评价，也受到固有风险因素之间相互关系的影响； (4) 某些事项或情况影响由管理层偏向因素导致易于发生错报的可能性，这些事项也可能影响由其他舞弊风险因素导致易于发生错报的可能性

> **敲黑板①**
>
> 考生需要对固有风险的五个要素有所理解，便于考试的时候所有区分。例如，区分什么情况下属于复杂性，什么情况下属于不确定性。

（三）可能表明财务报表存在重大错报风险的事项和情况（见表7-12）

以下是按照固有风险因素分类，说明可能导致财务报表存在财务报表层次或认定层次重大错报风险的事项和情况（包括交易）的示例。

表7-12 可能表明财务报表存在重大错报风险的事项和情况

		内容
复杂性	监管	(1) 在高度复杂的监管环境中开展业务
	业务模式	(2) 存在复杂的联营或合资企业
	适用的财务报告编制基础	(3) 涉及复杂过程的会计计量
	交易	(4) 使用表外融资、特殊目的实体以及其他复杂的融资安排
主观性	适用的财务报告编制基础	(5) 某项会计具有多种可能的衡量标准。例如，管理层确认折旧费用或建造收入和费用； (6) 管理层对非流动资产（如投资性房产）的估值技术或模型的选择

续表

		内容
变化	经济情况	(7) 在经济不稳定（如货币发生重大贬值或经济发生严重通货膨胀）的国家或地区开展业务
	市场	(8) 在不稳定的市场开展业务（如期货交易）
	客户流失	(9) 持续经营和资产流动性出现问题，包括重要客户流失
	行业模式	(10) 审计单位经营所处的行业发生变化
	业务模式	(11) 供应链发生变化； (12) 开发新产品或提供新服务，或进入新的业务领域
	地理	(13) 开辟新的经营场所
	被审计单位组织结构	(14) 被审计单位发生变化，如发生重大收购、重组或其他非常规事项； (15) 拟出售分支机构或业务分部
	人力资源的胜任能力	(16) 关键人员变动（包括核心执行人员的离职）
	信息技术	(17) 信息技术环境发生变化； (18) 安装新的与财务报告相关的重大信息技术系统
	适用的财务报告编制基础	(19) 采用新的会计准则
	资本	(20) 获取资本或借款的能力受到新的限制
	监管	(21) 经营活动或财务业绩受到监管机构或政府机构的调查； (22) 受到环境保护相关的新立法的影响
不确定性	报告	(23) 涉及重大计量不确定性（包括会计估计）的事项或交易及相关披露； (24) 存在未决诉讼或有负债（如售后质量保证、财务担保和环境补救）
其他因素	报告	(25) 管理层和员工编制虚假财务报告的机会，包括遗漏披露应包含的重大信息或信息晦涩难懂
	交易	(26) 从事重大的关联方交易； (27) 发生大额非常规或非系统性交易（包括公司间的交易和在期末发生大量收入的交易）； (28) 按照管理层特定意图记录的交易（如债务重组、资产和交易性债券的分类）

其他可能表明存在财务报表层次重大错报风险的事项或情况包括：

(1) 缺乏具备会计和财务报告技能的员工；

(2) 存在控制缺陷，尤其是内部环境、风险评估和内部监督中的控制缺陷和管理层未处理的内部控制缺陷；

(3) 以往曾发生错报或错误，或者在本期期末出现重大会计调整。

经典例题 7-3 （2019年·单选题）

下列有关注册会计师了解被审计单位对会计政策的选择和运用的说法中，错误的是(   )。

A. 如果被审计单位变更了重要的会计政策，注册会计师应当考虑会计政策的变更是否能

够提供更可靠、更相关的会计信息

B. 在缺乏权威性标准或共识的领域，注册会计师应当协助被审计单位选用适当的会计政策

C. 当新的会计准则颁布施行时，注册会计师应当考虑被审计单位是否应采用新的会计准则

D. 注册会计师应当关注被审计单位是否采用激进的会计政策

【解析】在缺乏权威性标准或共识的领域，注册会计师应当关注被审计单位选用了哪些会计政策、为什么选择这些会计政策以及选用这些会计政策产生的影响，协助被审计单位选用会计政策可能违反独立性。选项 B 错误，当选。

【答案】B

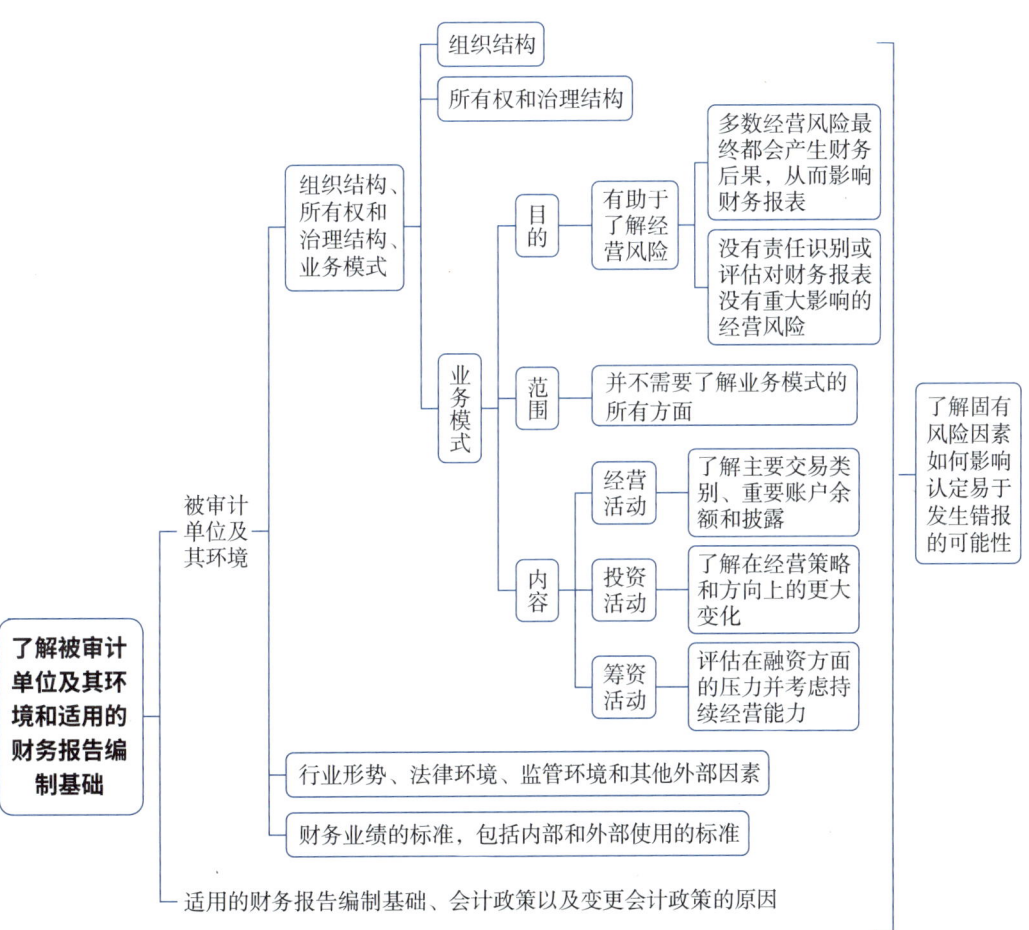

图 7-2 了解被审计单位及其环境和适用的财务报告编制基础

第四节 了解被审计单位的内部控制体系各要素

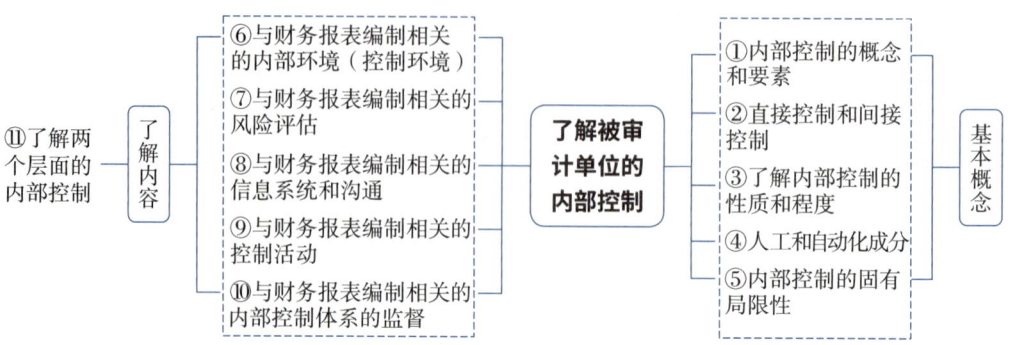

图 7-3 了解被审计单位的内部控制体系各要素

一、内部控制的概念和要素（见表 7-13）

表 7-13 内部控制的概念和要素

	内部控制
概念	指被审计单位为了合理保证财务报告的**可靠性**、**经营的效率和效果**以及**对法律法规的遵守**，由治理层、管理层和其他人员设计与执行的政策及程序
要素	(1) 内部环境（控制环境）； (2) 风险评估； (3) 信息与沟通（信息系统与沟通）； (4) 控制活动； (5) 内部监督
要点	无论怎样划分内部控制要素，注册会计师都应重点考虑某项控制是否能够以及**如何防止或发现并纠正**各类交易、账户余额和披露存在的**重大错报**

二、直接控制和间接控制

【考频】2019年综合题（1）

（一）识别与审计相关的控制的方法（见表 7-14）

表 7-14 识别与审计相关的控制的方法

	内容
概念	(1) 注册会计师需要了解和评价的只是与审计相关的内部控制，**并非被审计单位所有的内部控制**。 (2) 审计单位的目标与为实现目标提供合理保证的控制之间存在直接关系。被审计单位的目标和控制，与财务报告、经营及合规有关。**但这些目标和控制并非都与注册会计师的风险评估相关**。 (3) 并非每个经营部门和业务流程的内部控制都与审计相关

续表

	内容
案例	（1）用于防止未经授权购买、使用或处置资产的内部控制，可能包括财务报告和经营目标相关的控制。注册会计师对这些控制的考虑，**通常仅限于与财务报告可靠性相关的控制**。 **名师说** 假设被审计单位买了一台机器，注册会计师一般只关注入账金额是否合理，后续计量是否恰当，但是这个机器到底要有没有满荷运转，注册会计师不关心，即不关注与资产有效运行的内控。 （2）被审计单位通常有一些与目标相关但与审计无关的控制，注册会计师无须对其加以考虑。**例如**，被审计单位可能依靠某一复杂的自动化控制提高经营活动的效率和效果（如航空公司用于维护航班时间表的自动化控制系统），但这些控制通常**与审计无关**
分类	与审计相关的控制，按照其对防止、发现或纠正认定错报发挥作用的方式，分为**直接控制**和**间接控制**

经典例题 7-4　（2019 年·综合题）

甲公司是 ABC 会计师事务所的常年审计客户，主要从事轨道交通车辆配套产品的生产和销售。A 注册会计师负责审计甲公司 2018 年度财务报表，确定财务报表整体的重要性为 1 000 万元，实际执行的重要性为 500 万元。A 注册会计师在审计工作底稿中记录了审计计划，部分内容摘录如下：

（1）甲公司利用生产管理系统中的自动化控制进行生产工人的排班调度，以提高生产效率。A 注册会计师认为该控制与审计无关，拟不纳入了解内部控制的范围。

要求　假定不考虑其他条件，指出审计计划的内容是否恰当。如不恰当，简要说明理由。

答案　恰当。

（二）直接控制和间接控制区分的依据及作用（见表 7-15）

表 7-15　直接控制和间接控制区分的依据及作用

情形		内容
直接控制	概念	指用以精准防止、发现或纠正认定错报的内部控制
	影响	对防止、发现或纠正认定层次错报产生直接影响
	内容	信息系统与沟通以及控制活动要素中的控制①**主要**为直接控制
间接控制	概念	指**不足**以精准防止、发现或纠正认定错报的内部控制
	影响	对防止、发现或纠正认定层次错报产生间接影响
	内容	内部环境、风险评估和内部监督中的控制主要是间接控制。 注意： （1）这些要素中的某些控制也可能是直接控制； （2）更有可能影响对财务报表层次重大错报风险的识别和评估，但也可能影响对认定层次重大错报风险的识别和评估

敲黑板①

如果考试中说"信息系统与沟通以及控制活动要素中的控制为直接控制"，漏掉"主要"，那么该表达错误。

续表

情形	内容
举例	例如：销售经理对分地区的销售点的销售情况进行复核，与销售收入完整性的认定只是间接相关。相应地，该项控制在降低销售收入完整性认定中的错报风险方面的效果，要比与该认定直接相关的控制（如将发货单与开具的销售发票相核对）的效果差

三、了解内部控制的性质和程度（见表7-16）

表7-16 了解内部控制的性质和程度

		内容
程度	1. 设计是否合理	设计不当的控制可能表明内部控制存在重大缺陷，不需要再考虑控制是否得到执行
	2. 是否得到执行	确定内部控制是否得到执行，不包括对控制是否得到一贯执行的测试，后者是控制测试的目的
性质		(1) 询问被审计单位的人员； (2) 观察特定控制的运用； (3) 检查文件和报告； (4) 追踪交易在财务报告信息系统中的处理过程（穿行测试）
了解内控与控制测试的关系	人工控制	人工控制在某一时点得到执行，并不能表明在其他时点也有效运行。对人工控制的了解不能代替控制测试
	自动控制	(1) 由于信息技术处理流程的内在一贯性，实施审计程序确定某项自动化控制是否得到执行，也可能实现对控制运行有效性测试的目标； (2) 如果存在某些可以使控制得到一贯运行的自动化控制（信息技术一般控制），则**对控制的了解可以代替测试控制**

经典例题 7-5 （经典真题·综合题）

ABC会计师事务所负责审计甲公司2014年度财务报表，审计工作底稿中与内部控制相关的部分内容摘录如下：

（1）审计项目组拟信赖与固定资产折旧计提相关的自动化信息处理控制。因该控制在2013年度审计中测试结果满意，且在2014年未发生变化，审计项目组仅对信息技术一般控制实施测试。

（要求）指出审计项目组的做法是否恰当。如不恰当，提出改进建议。

（答案）恰当。

经典例题 7-6 （经典真题·多选题）

下列有关注册会计师了解内部控制的说法中，正确的有(　　)。

A. 注册会计师在了解被审计单位内部控制时，应当确定其是否得到一贯执行
B. 注册会计师不需要了解被审计单位所有的内部控制
C. 注册会计师对内部控制的了解通常不足以测试控制运行的有效性
D. 注册会计师询问被审计单位人员不足以评价内部控制设计的有效性

(解析) 了解内部控制包含评价内部控制的设计并确定控制是否正在运行,不包括对控制是否得到一贯执行的测试,选项 A 错误;

注册会计师需要了解和评价的内部控制只是与财务报表审计相关的内部控制,并非被审计单位所有的内部控制,选项 B 正确;

除非存在某些可以使控制得到一贯运行的自动化控制,否则注册会计师对控制的了解并不足以测试控制运行的有效性,选项 C 正确;

询问本身并不足以测试控制运行的有效性,需要将询问与其他审计程序结合使用,选项 D 正确。

(答案) BCD

四、内部控制的人工和自动化成分★★★

1. 考虑内部控制的人工和自动化特征及其影响

内部控制可能既包括人工成分,又包括自动化成分,在风险评估以及设计和实施进一步审计程序时,注册会计师应当考虑内部控制人工和自动化特征及其影响。

2. 信息技术优势及相关内部控制风险(见表 7-17)

表 7-17 信息技术优势及相关内部控制风险

优势	内部控制风险
(1) 在处理大量的交易或数据时,一贯运用事先确定的业务规则,并进行复杂运算; (2) 提高信息的及时性、可获得性及准确性; (3) 促进对信息的深入分析; (4) 提高对被审计单位的经营业绩及其政策和程序执行情况进行监督的能力; (5) 降低控制被规避的风险; (6) 通过对应用系统、数据库系统和操作系统执行安全控制,提高不兼容职务分离的有效性	(1) 所依赖的系统或程序不能正确处理数据,或处理了不正确的数据,或两种情况并存; (2) 未经授权访问数据; (3) 信息技术人员可能获得超越其职责范围的数据访问权限; (4) 未经授权改变主文档的数据; (5) 未经授权改变系统或程序; (6) 未能对系统或程序做出必要的修改; (7) 不恰当的人为干预; (8) 可能丢失数据或不能访问所需要的数据

3. 人工控制的适用范围及相关内部控制风险(见表 7-18)

表 7-18 人工控制的适用范围及相关内部控制风险

适用范围	内部控制风险
(1) 存在大额、异常或偶发的交易; (2) 存在难以界定、预计或预测的错误的情况; (3) 针对变化的情况,需要对现有的自动化控制进行人工干预; (4) 监督自动化控制的有效性	(1) 人工控制可能更容易被规避、忽视或凌驾; (2) 人工控制可能不具有一贯性; (3) 人工控制可能更容易产生简单错误或失误

五、内部控制的局限性★★★（见表7-19）

敲黑板①

在本书中，涉及"局限性"的知识点总共有两处，一处是"审计概述"章节中的"审计的固有限制"；另一处则是这里的"内部控制的局限性"，考生在考试时要注意审题，不要混淆。

表7-19 ①内部控制的局限性

		内容
原因	主要原因	（1）在决策时人为判断可能出现错误、人为失误导致内部控制失效； （2）可能由于人员串通或管理层不当凌驾于内部控制之上而被规避
	其他原因	（1）人员素质不适应岗位要求； （2）实施内部控制的成本效益
影响		无论如何设计和执行，只能对财务报告可靠性提供合理保证
		无论评估的控制风险多低，都不能仅依赖内部控制而不实施实质性程序

六、与财务报表编制相关的内部环境（控制环境）

考频 2022年单选题（1）

（一）概念

内部环境包括治理职能和管理职能，以及治理层和管理层对内部控制及其重要性的态度、认识和措施。 控制环境设定了被审计单位的内部控制基调，影响员工对内部控制的意识。良好的控制环境是实施有效内部控制的基础。

在评价控制环境的设计和实施情况时，注册会计师应当了解管理层在治理层的监督下，是否营造并保持了诚实守信和合乎道德的文化，以及是否建立了防止或发现并纠正舞弊和错误的恰当控制。

（二）内容（见表7-20）

敲黑板②

熟悉内部环境的要素，注意选择题。

表7-20 ②内部环境的要素

内容	具体分析
诚信和道德价值观念的沟通与落实	（1）书面规范； （2）企业文化； （3）管理人员的表率； （4）惩罚措施
对胜任能力的重视	（1）财务人员以及信息管理人员的胜任能力和培训； （2）财务人员配备足够； （3）财务人员技能
治理层的参与程度	（1）相对于管理层的独立性； （2）经验和品德； （3）采取措施的适当性； （4）与内部审计人员和注册会计师的互动等
管理层的理念和经营风格	（1）对内部控制的关注； （2）在有效监督下； （3）经营风格； （4）对内控缺陷和违规事项的反应

续表

内容	具体分析
组织结构及职权与责任的分配	(1) 授权； (2) 职责划分
人力资源政策与实务	招聘、培训、考核、咨询、晋升和薪酬等

▍经典例题 7-7 （2022年·单选题）

下列各项中，通常不属于被审计单位控制环境要素的是（　　）。

A. 管理层对胜任能力的重视
B. 管理层如何识别和评估与财务报告相关的经营风险
C. 管理层的理念和经营风格
D. 被审计单位的人力资源政策与实务

【解析】 控制环境（内部环境）的要素包括：（1）诚信和道德价值观念的沟通与落实；（2）管理层对胜任能力的重视（选项A）；（3）治理层的参与程度；（4）管理层的理念和经营风格（选项C）；（5）组织结构及职权与责任的分配；（6）人力资源政策与实务（选项D）。

管理层如何识别和评估与财务报告相关的经营风险属于被审计单位的风险评估要素。因此，选项B当选。

【答案】 B

（三）要点（见表7-21）

表7-21 内部环境的要点

方面	具体分析
广泛性	内部环境对重大错报风险的评估**具有广泛影响**。如认为内部环境薄弱，可能导致财务报表层次的重大错报风险，很难认定某一流程的控制是有效的
舞弊	**不能**绝对防止舞弊，但有助于降低舞弊风险
责任	防止或发现并纠正舞弊和错误是被审计单位治理层和管理层的责任
错报	本身并不能防止或发现并纠正认定层次的重大错报。在评估重大错报风险时，**应将**内部环境连同其他内部控制要素产生的影响一并考虑。例如，与对控制的监督和具体控制活动一并考虑

（四）程序（见表7-22）

表7-22 对内部环境实施的风险评估程序

	了解控制、流程和组织结构	评价下列方面的情况
①应当实施风险评估程序	(1) 管理层如何履行其管理职责； (2) 在治理层与管理层分离的体制下，治理层的独立性以及治理层监督内部控制体系的情况； (3) 被审计单位内部权限和职责的分配情况；	(1) 在治理层的监督下，管理层是否营造并保持了诚实守信和合乎道德的文化； (2) 根据审计单位的性质和复杂程度，内部环境是否为内部控制体系的其他要素奠定了适当的基础；

敲黑板①

非重点，考试之前应当阅读一遍，以防考试中出现"黑天鹅"。

续表

	了解控制、流程和组织结构	评价下列方面的情况
应当实施风险评估程序	(4) 被审计单位如何吸引、培养和留住具有胜任能力的人员； (5) 被审计单位如何使其人员致力于实现内部控制体系的目标	(3) 识别出的内部环境方面的控制缺陷，是否会削弱被审计单位内部控制体系的其他要素

七、与财务报表编制相关的风险评估工作（见表7-23）

表7-23 与财务报表编制相关的风险评估程序

情况	内容
概念	被审计单位风险评估工作的作用是识别、评估和管理影响其实现经营目标能力的各种风险。而针对财务报告目标的风险评估则包括识别与财务报告相关的经营风险，评估风险的重大性和发生的可能性，以及采取措施管理这些风险
应当实施程序	1. 了解被审计单位的工作：(1) 识别与财务报告目标相关的经营风险；(2) 评估上述风险的重要程度和发生的可能性；(3) 应对上述风险 2. 根据被审计单位的性质和复杂程度，评价其风险评估工作是否适合其具体情况
如果注册会计师识别出重大错报风险，而管理层未能识别出这些风险	(1) 判断这些风险是否是被审计单位风险评估工作应当识别出的风险； (2) **如果这些风险是被审计单位风险评估工作应当识别出的风险，则应当了解被审计单位风险评估工作未能识别出这些风险的原因**； (3) 考虑对前述的注册会计师"评价其风险评估工作是否适合其具体情况"的影响

八、与财务报告编制相关的信息系统与沟通（见表7-24）

表7-24 与财务报表编制相关的风险评估程序

方面	分析
概念	(1) **与财务报表编制相关的信息系统由一系列的活动和政策、会计记录和支持性记录组成**； (2) **与财务报告相关的信息系统应当与业务流程相适应**； **名师说** 业务流程：是指被审计单位开发、采购、生产、销售、发送产品和提供服务、保证遵守法律法规、记录信息等一系列的活动。 (3) 与财务报告相关的信息系统所生成信息的质量，对管理层能否作出恰当的经营管理决策以及编制可靠的财务报告具有重大影响

续表

方面	分析	
了解	（1）注册会计师在了解被审计单位的信息系统时，应了解被审计单位如何生成交易和获取信息，这其中可能包括与被审计单位为应对合规目标和经营目标而设置的系统（被审计单位的政策）相关的信息，因为这类信息可能与财务报表编制相关； （2）某些被审计单位的信息系统可能是高度集成的，控制的设计可以同时实现财务报告、合规和经营这三个控制目标	
沟通	注册会计师**应当了解**： （1）被审计单位内部如何对财务报告的岗位职责以及与财务报告相关的重大事项进行沟通； （2）管理层与治理层（特别是审计委员会）之间的沟通； （3）被审计单位与外部（包括与监管部门）的沟通	
应当实施的风险评估程序	1. 了解被审计单位的信息处理活动（包括数据和信息），以及在这些活动中使用的资源，针对相关交易类别、账户余额和披露的信息处理活动的政策	（1）信息在被审计单位信息系统中的传递情况，包括交易如何生成，与交易相关的信息如何进行记录、处理、更正、结转至总账、在财务报表中报告，以及其他方面的相关信息如何获取、处理、在财务报表中披露； （2）与信息传递相关的会计记录、财务报表特定项目以及其他支持性记录； （3）被审计单位的财务报告过程； （4）与上述第1点至第3点相关的被审计单位资源，包括信息技术环境
	2. 了解被审计单位如何沟通与财务报表编制相关的重大事项，以及信息系统和内部控制体系其他要素中的相关报告责任	（1）被审计单位内部人员之间的沟通，包括就与财务报告相关的岗位职责和相关人员的角色进行的沟通； （2）管理层与治理层之间的沟通； （3）被审计单位与监管机构等外部各方的沟通
	3. 评价被审计单位的信息系统与沟通是否能够为被审计单位按照适用的财务报告编制基础编制财务报表提供适当的支持	

九、与财务报表编制相关的控制活动（见表7-25）

表7-25　与财务报表编制相关的控制活动

方面	内容
定义	控制活动是指有助于确保管理层的指令得以执行的政策和程序
范围	**如果多项控制活动能够实现同一目标，不必了解与该目标相关的每项控制活动**
目标	**注册会计师应当按照审计准则的规定识别控制活动要素中的控制。这些控制包括信息处理控制和信息技术一般控制**

续表

方面		内容
①可能相关	授权和批准	有了授权才能确认交易是有效的(即交易具有经济实质或符合被审计单位的政策)
	实物或逻辑控制	这包括应对资产安全的控制,以防止未经授权的访问、获取、使用或处置资产。实物或逻辑控制包括下列控制: (1) 对资产和记录采取适当的安全保护措施; (2) 对访问计算机程序和数据文件设置授权; (3) 定期盘点并将盘点记录与会计记录相核对(例如,现金、有价证券和存货的定期盘点控制)
	职责分离	即将交易授权、交易记录以及资产保管等不相容职责分配给不同员工
	调节	即将两项或多项数据要素进行比较。如果发现差异,则采取措施使数据相一致。调节通常应对所处理交易的完整性或准确性
	验证	即将两个或多个项目互相进行比较,或将某个项目与政策进行比较,如果两个项目不匹配或者某个项目与政策不一致,则可能对其执行跟进措施。验证通常应对所处理交易的完整性、准确性或有效性

> **敲黑板①**
> 考生需要熟悉控制活动中的内容,注意与其他要素相互区分,不要张冠李戴。

十、与财务报表编制相关的内部控制体系的监督★★★ (见表7-26)

表7-26 与财务报表编制相关的内部控制体系的监督

	内容
含义	监督是由适当的人员,在适当、及时的基础上,评估控制的设计和运行情况的过程。对控制的监督是指评价内部控制在一段时间内运行有效性的过程。对控制的监督涉及及时评估控制的有效性并采取必要的补救措施
活动	管理层通过持续的监督活动、单独的评价活动或两者相结合实现对控制的监督 **持续的监督活动**:通常贯穿于被审计单位日常重复的活动中,包括常规管理和监督工作 **单独评价活动**:被审计单位可能使用内部审计人员或具有类似职能的人员对内部控制的设计和执行进行**专门评价**,以找出内部控制的优点和不足,并提出改进的建议。被审计单位也可能利用与外部有关各方面沟通或交流所获取的信息监督相关的控制活动
应当实施的风险评估的程序	(1) 了解被审计单位实施的持续性评价和单独评价,以及识别控制缺陷的情况和整改的情况; (2) 了解被审计单位的内部审计,包括内部审计的性质、职责和活动; (3) 了解被审计单位在监督内部控制体系的过程中所使用信息的来源,以及管理层认为这些信息足以信赖的依据; (4) 根据被审计单位的性质和复杂程度,评价被审计单位对内部控制体系的监督是否适合其具体情况

经典例题 7-8 经典真题·单选题

下列各项中,属于对控制的监督的是( )。
A. 授权与批准　　　　　　　　B. 职权与责任的分配
C. 业绩评价　　　　　　　　　D. 内审部门定期评估控制的有效性

(解析) 对控制的监督是指被审计单位评价内部控制在一段时间内运行有效性的过程，包括及时评价控制的设计和运行，以及根据情况的变化采取必要的纠正措施，选项 D 正确，当选。选项 ABC 不属于对控制的监督，不选。

(答案) D

十一、在整体层面和业务流程层面了解内部控制 ★★★

考频 2019 年多选题（1）、2018 年单选题（1）

内部控制的某些要素（如控制环境）**更多地**对被审计整体层面产生影响，而其他要素（如信息系统与沟通、控制活动）则可能**更多地**与特定业务流程相关。整体层面的控制较差甚至可能使最好的业务流程层面控制失效。整体层面和业务流程层面的控制，见表 7-27。

表 7-27 整体层面和业务流程层面的控制

整体层面控制	业务流程层面控制
（1）与控制环境相关的控制； （2）与被审计单位整体相关的控制； （3）应对舞弊和管理层凌驾于内部控制之上风险的控制； （4）信息系统的一般控制； （5）财务报告流程的控制	（1）与循环和认定相关的控制； （2）信息技术应用程序/自动化信息处理； （3）具体的控制活动

1. 业务流程层面控制的了解步骤（见表 7-28）

表 7-28 业务流程层面控制的了解步骤

步骤	要点
确定重要业务流程和重要交易类别	将被审计单位的整个经营活动划分为几个重要的业务循环，有助于注册会计师更有效地了解和评估重要业务流程及相关控制
了解重要交易流程并进行记录	了解每一类重要交易在信息技术或人工系统中生成、记录、处理及在财务报表中报告的程序。这是确定在哪些环节可能发生错报的基础
确定可能发生错报的环节	注册会计师应根据管理层认定和重要业务流程的环节，确认被审计单位是否针对重要认定设置了控制。缺乏控制的环节通常属于可能发生错报的环节。对于设置了控制的环节，还需要进一步识别和了解相关的控制
识别和了解相关控制	（1）针对业务流程中容易发生错报的环境，注册会计师应当确定被审计单位是否建立了有效的控制以防止或发现并纠正这些错报、被审计单位是否遗漏了必要的控制以及是否识别了可以最有效测试的控制； （2）通常将流程中的控制分为**预防性控制**和**检查性控制** 【名师说】 在某些情况下，注册会计师之前的了解可能表明被审计单位在业务流程层面对某些重要交易流程所设计的控制是无效的，或者注册会计师并不打算信赖控制，这时注册会计师没有必要进一步了解在业务流程层面的控制。

续表

步骤	要点
执行穿行测试（证实对交易流程和相关控制的了解）	(1) 确认对业务流程的了解； (2) 确认对重要交易的了解是完整的，即所有与认定相关的可能错报环节都已识别； (3) 确认所获取的有关流程中的预防性控制和检查性控制信息的准确性； (4) 评估控制设计的有效性； (5) 确认控制是否得到执行； (6) 确认之前所做的书面记录的准确性
进行内部控制的初步评价	根据执行上述程序获取的审计证据，注册会计师对控制的评价结论可能为： (1) ①所设计的控制单独或连同其他控制能否防止或发现并纠正重大错报； (2) 控制本身设计是合理的，但没有得到执行； (3) 控制本身设计就是无效的或缺乏必要的控制

> **敲黑板①**
> 只有在第一种情况下，注册会计师会进行后续的控制测试。参考"风险应对"章节中"控制测试的要求"的相关内容。

经典例题 7-9　（2019 年 · 多选题）

下列各项中，属于注册会计师通过实施穿行测试可以实现的目的的有（　　）。

A. 确认对业务流程的了解　　　　B. 确认对重要交易的了解是否完整
C. 评价控制设计的有效性　　　　D. 确认控制是否得到执行

〔解析〕 执行穿行测试可获得下列方面的证据：(1) 确认对业务流程的了解；(2) 确认对重要交易的了解是完整的，即在交易流程中所有与财务报表认定相关的可能发生错报的环节都已识别；(3) 确认所获取的有关流程中的预防性控制和检查性控制信息的准确性；(4) 评估控制设计的有效性；(5) 确认控制是否得到执行；(6) 确认之前所做的书面记录的准确性。选项 ABCD 均正确。

〔答案〕 ABCD

2. 预防性控制和检查性控制

（1）预防性控制。

预防性控制通常用于正常业务流程的每一项交易，以防止错报的发生。相关示例，见表 7-29。

表 7-29　预防性控制示例

对控制的描述	控制用来防止的错报
计算机程序自动生成收货报告，同时也更新采购档案	防止出现购货漏记账的情况
在更新采购档案之前必须先有收货报告	防止记录了未收到购货的情况
销货发票价格根据价格清单信息确定	防止销货计价错误
系统将各凭证上的账户号码与会计科目表对比，然后进行一系列的逻辑测试	防止出现分类错报

（2）检查性控制。

建立检查性控制的目的是发现流程中可能发生的错报，并且可以通过此类控制监督被审计单位流程和相应的预防性控制能否有效地发挥作用。相关示例，见表 7-30。

表 7-30 检查性控制示例

对控制的描述	控制预期查出的错报
定期编制银行存款余额调节表，跟踪调查挂账的项目	发现错报和未达账项
计算机每天比较运出货物的数量和开票数量。如果发现差异，产生报告，由开票主管复核和追查	查找没有开票和记录的出库货物，以及与真实发货无关的发票
将预算与实际费用间的差异列入计算机编制的报告中并由部门经理复核。记录所有超过预算一定比例的差异情况和解决措施	查找本月发生的重大分类错误或没有记录及没有发生的大笔收入、支出以及相关联的资产和负债项目

名师说 对于预防性控制和检查性控制的区别，考生只需记住预防性控制针对的是"事前"，即在相关结果发生前的控制，而检查性控制针对的是"事后"，即控制在执行时，相关的结果事实上已经发生了。

经典例题 7-10 （2018年·单选题）

下列各项控制中，属于检查性控制的是（　　）。
A. 财务总监复核并批准财务经理提出的撤销银行账号的申请
B. 出纳不能兼任收入或支出的记账工作
C. 财务经理根据其权限复核并批准相关付款
D. 财务经理复核会计编制的银行存款余额调节表

（解析）选项 ABC 均属于事前控制，属于预防性控制，不选；财务经理复核会计编制的银行存款余额调节表，属于事后控制，因此是检查性控制，选项 D 当选。

（答案）D

3. 对财务报告流程的了解（见表 7-31）

表 7-31 对财务报告流程的了解

	内容
概念	有关信息从具体交易的业务流程过入总账、财务报表以及相关列报的流程，即财务报告流程及其控制
财务报告流程	(1) 将业务数据汇总计入总账的程序，即如何将重要业务流程的信息与总账和财报告系统相联系； (2) 在总账中生成、记录和处理会计分录的程序； (3) 记录对财务报表常规和非常规调整的程序，如合并、重分类等； (4) 草拟财务报表和相关披露的程序
关系	财务报告流程与财务报表的**列报**认定直接相关
评估要素	了解财务报告流程时应考虑评估的内容包括： (1) 主要的输入信息、执行的程序、主要的输出信息； (2) 每一财务报告流程要素中涉及信息技术的程度； (3) 管理层的哪些人员参与其中； (4) 记账分录的主要类型，如标准分录、非标准分录等； (5) 管理层和治理层对流程实施监督的性质和范围

本节总结

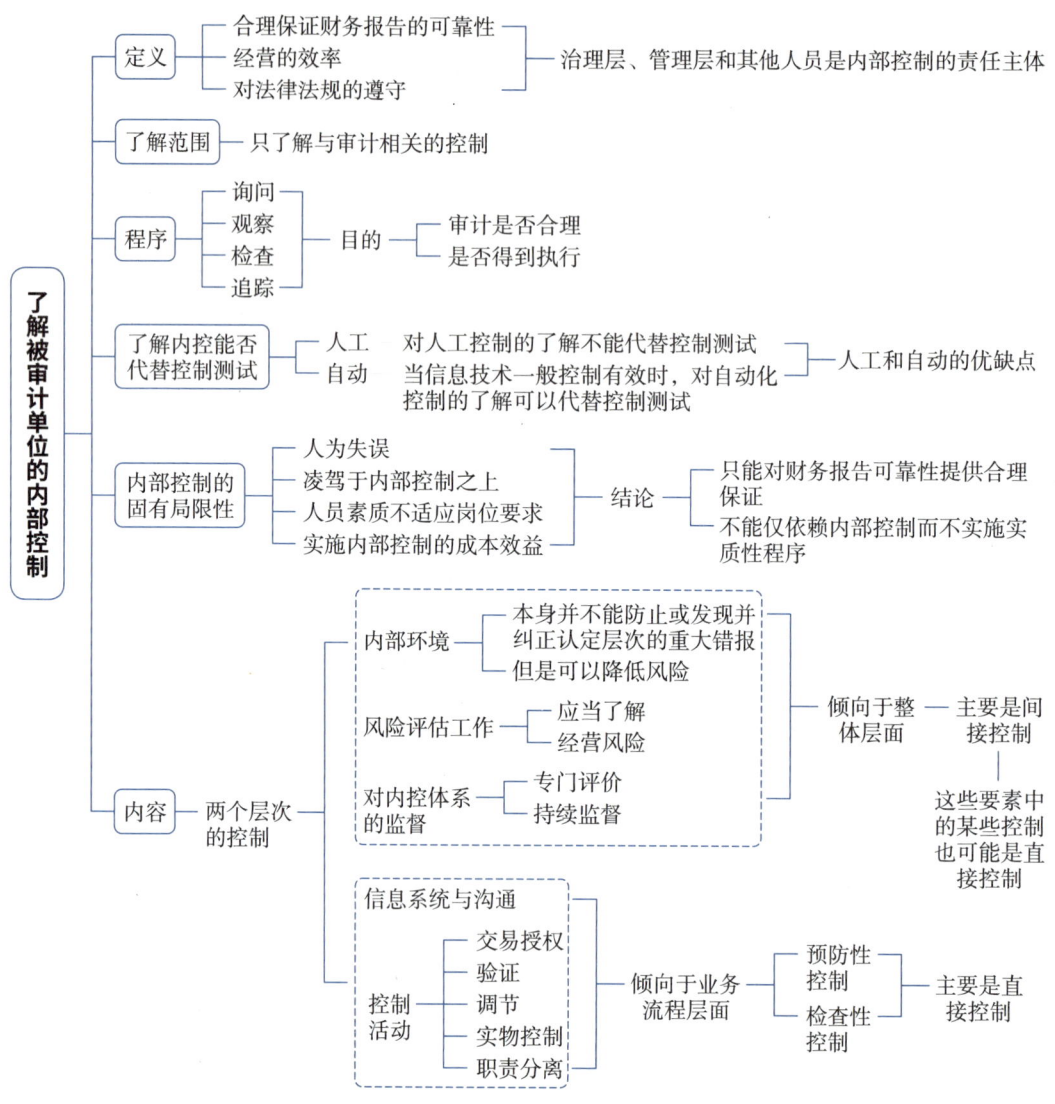

图 7-4 了解被审计单位的内部控制

第五节 评估重大错报风险

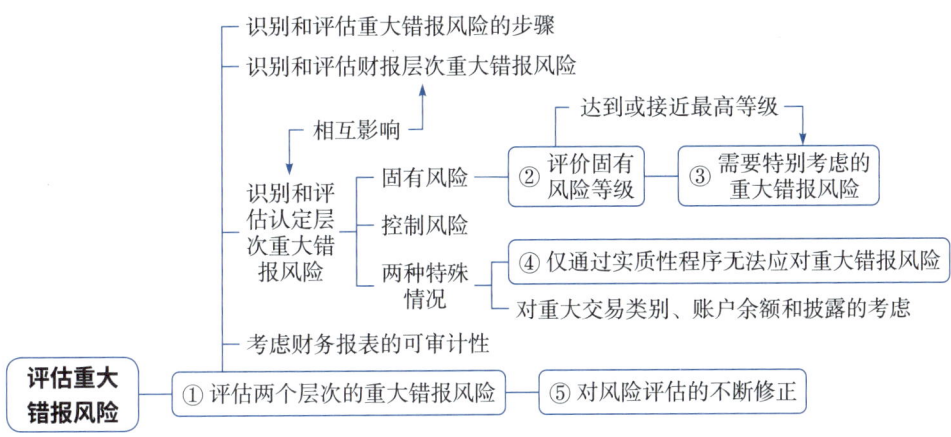

图 7-5 评估重大错报风险

一、识别和评估财务报表层次和认定层次的重大错报风险★★★（见表 7-32）

考频 2022 年简答题、2019 年单选题（1）

表 7-32 识别和评估财务报表层次和认定层次的重大错报风险

方面	内容		
识别和评估重大错报风险的步骤	（1）利用实施风险评估程序所了解的信息； （2）识别两个层次的重大错报风险； （3）评估两个层次的重大错报风险； （4）评价审计证据的适当性； （5）修正识别或评估的结果。 还需要考虑利用执行有关客户关系和具体业务接受与保持的程序、以前审计以及通过其他途径所获取的与本期财务报表发生错报相关的信息		
识别和评估财务报表层次重大错报风险	对于识别出的财务报表层次重大错报风险，注册会计师应当从下列两方面对其进行评估： （1）评价这些风险对财务报表整体产生的影响； （2）确定这些风险是否影响对认定层次风险的评估结果		
识别和评估认定层次重大错报风险	定义	审计准则规定，注册会计师应当识别确定哪些认定是"相关认定"，进而确定哪些交易类别、账户余额和披露是"相关交易类别、账户余额和披露"	
	相关认定	（1）如果注册会计师识别出交易类别、账户余额和披露的某项认定存在重大错报风险，那么，该项认定是相关认定； （2）注册会计师识别确定某项认定是否属于相关认定，应当依据其固有风险，**而不考虑相关控制的影响**； （3）注册会计师识别出相关认定后，在评估认定层次重大错报风险时，才应当考虑相关控制的影响	

续表

方面		内容
识别和评估认定层次重大错报风险	固有风险	对于识别出的认定层次重大错报风险,注册会计师应当分别评估固有风险和控制风险。在评估固有风险时,**注册会计师应当考虑**: (1) 固有风险因素如何以及在何种程度上影响相关认定易于发生错报的可能性; (2) 财务报表层次重大错报风险如何以及在何种程度上影响认定层次重大错报风险中固有风险的评估
	控制风险	**注册会计师在拟测试控制运行有效性的情况下,应当评估控制风险。** 如拟不测试控制运行有效性,则应当将固有风险的评估结果作为重大错报风险的评估结果
	两种特殊情况	(1) 仅实施实质性程序无法应对的重大错报风险。 对这类风险,注册会计师应当根据相关审计准则的规定,对相关控制的设计和执行进行了解和测试。 **名师说** 　　风险应对里仅有的两个干实事的,一个是实质性程序,一个是控制测试。现在仅实施实质性程序不够,那么就必须要做控制测试了。 (2) 对重大交易类别、账户余额和披露的考虑。 如果注册会计师未将重大交易类别、账户余额和披露确定为"相关交易类别、账户余额和披露",则应当评价这样做是否适当。 **名师说** 　　例如,注册会计师可能确定被审计单位披露的高管薪酬是重大披露,但对该披露未识别出重大错报风险即未识别出相关认定,注册会计师应当评价这样做是否恰当。
可审计性		如发现下列情况,并对报表局部或整体的可审计性产生疑问,应考虑发表保留或无法表示意见,必要时考虑解约: (1) 会计记录的状况和可靠性存在重大问题,不能获取充分、适当的审计证据以发表无保留意见; (2) 对管理层的诚信存在严重疑虑

评估固有风险等级-知识精讲

二、评估固有风险等级(见表7-33)

表7-33 评估固有风险等级

方面	内容
概念	在评估与特定认定层次重大错报风险相关的固有风险等级时,注册会计师**应当运用职业判断**,确定错报发生的**可能性和严重程度综合起来**的影响程度。 固有风险等级是指注册会计师对固有风险水平在一个范围内作出的从低到高的判断。作出该判断**应当考虑被审计单位的性质**和**具体情况**,并考虑评估的**错报发生的可能性**和**严重程度以及固有风险因素**

续表

方面	内容	
考虑因素	错报发生的可能性	在考虑错报发生的可能性时,注册会计师应当基于对固有风险因素的考虑,评估错报发生的概率
	错报的严重程度	注册会计师应当考虑错报的**定性和定量**两个方面(即注册会计师可能根据错报的金额大小、性质或情况,判断各类交易、账户余额和披露在认定层次的错报是重大的)
要点	评估的固有风险等级较高,并**不意味着**评估的错报发生的可能性和严重程度都较高。评估的固有风险等级较高也可能是错报发生的可能性和严重程度的不同组合导致的。**例如,较低的错报发生的可能性和极高的严重程度可能导致评估的固有风险等级较高。**注册会计师可以以不同的方式描述这些等级类别(如区分最高、较高、中、低等进行定性描述)	

三、需要特别考虑的重大错报风险★★★

考频 2021年单选题(1)、2020年简答题(1)、2019年单选题(1)、2018年单选题(1)

需要特别考虑的重大错报风险–知识精讲

(一)确定特别风险的考虑事项(见表7-34)

表7-34 确定特别风险的考虑事项

	内容
概念	①**特别风险**,是指注册会计师识别出的符合下列特征之一的重大错报风险: (1)根据固有风险因素对**错报发生的可能性**和**错报的严重程度的影响**,注册会计师将固有风险评估为达到或接近固有风险等级的最高级(上限); (2)根据其他审计准则的规定,注册会计师应当将其作为特别风险
考虑因素	以下事项**可能**导致注册会计师评估认为重大错报风险具有较高的固有风险等级,进而将其确定为特别风险: (1)交易具有多种可接受的会计处理,因此涉及主观性; (2)会计估计具有高度不确定性或模型复杂; (3)支持账户余额的数据收集和处理较为复杂; (4)账户余额或定量披露涉及复杂的计算; (5)对会计政策存在不同的理解; (6)被审计单位业务的变化涉及会计处理发生变化,如合并和收购
不考虑	在判断哪些风险是特别风险时,注册会计师**不应考虑**识别出的控制对相关风险的抵消效果
②**应当**	(1)舞弊导致的重大错报风险; (2)管理层凌驾于控制之上的风险; (3)超出正常经营过程的重大关联方交易导致的风险

敲黑板①

考生需要记住,特别风险是重大错报风险中的一种。

敲黑板②

对于属于应当确定为特别风险的情况,考生应当熟记。

经典例题7-11 (2022年·简答题)

ABC会计师事务所的A注册会计师负责审计甲公司2021年度财务报表。与货币资金审计相关的部分事项如下:

(4)A注册会计师评估认为甲公司存在隐瞒关联方资金占用的风险。在了解了甲公司与关联方资金占用相关的内部控制后,A注册会计师认为内部控制设计有效并得到执行,因此该风险不构成特别风险。

(要求) 针对上述事项，指出A注册会计师的做法是否恰当。如不恰当，简要说明理由。

(答案) 不恰当。在判断特别风险时，不应考虑识别出的控制对相关风险的抵销效果。

经典例题 7-12 （2021年·单选题）

下列各项重大错报风险中，注册会计师应当评估为特别风险的是(　　)。
A. 与重大资产余额相关的重大错报风险
B. 与管理层挪用货币资金相关的重大错报风险
C. 与关联方交易相关的重大错报风险
D. 与具有高度估计不确定性的会计估计相关的重大错报风险

(解析) 应当评估为特别风险的事项只有三个：(1) 舞弊导致的重大错报风险；(2) 管理层凌驾于控制之上的风险；(3) 超出被审计单位正常经营过程的重大关联方交易导致的重大错报风险。其余事项都需要作进一步评估才能确定是否存在特别风险。管理层挪用货币资金属于舞弊行为，选项B正确。

(答案) B

(二) 非常规交易和判断事项导致的特别风险

日常的、不复杂的、经正规处理的交易不太可能产生特别风险。特别风险通常与重大的**非常规交易和判断事项**有关。

(1) 非常规交易。

非常规交易具有下列特征：① 管理层更多地干预会计处理；② 数据收集和处理进行更多的人工干预；③ 复杂的计算或会计处理方法；④ 非常规交易的性质可能使被审计单位难以对由此产生的特别风险实施有效控制。

(2) 判断事项。

判断事项通常包括作出的会计估计（具有计量的重大不确定性）。主要由于下列原因：① 对涉及会计估计、收入确认等方面的会计原则存在不同的理解；② 所要求的判断可能是主观和复杂的，或需要对未来事项作出假设。

(三) 考虑与特别风险相关的控制（见表7-35）

表7-35 与特别风险相关的控制

	内容
专门控制	(1) 与重大非常规交易或判断事项相关的风险很少受日常控制的约束，**应了解**是否针对特别风险设计和实施了专门控制； (2) 如果管理层未能实施控制以恰当应对特别风险，注册会计师**应当**认为内部控制存在值得关注的内部控制缺陷，**应当**与治理层沟通
控制测试	如果计划测试旨在减轻特别风险的控制，**①不应依赖以前审计**获取的关于内部控制运行有效性的审计证据

敲黑板① 对于特别风险，上一年的审计证据不能利用，但是期中的审计证据可以利用。

名师说　应当注意，考虑与特别风险相关的控制应当与上述提到的"判断哪些风险属于特别风险时不应考虑控制的抵销作用"这一说法相区别。注册会计师对该风险是否为特别风险的判断更加强调针对风险事项本身的性质。但当注册会计师确定某一风险是特别风险**后**，应当了解其内部控制。

四、仅通过实质性程序无法应对的重大错报风险★★★（见表7-36）

表7-36 仅通过实质性程序无法应对重大错报风险

	内容
背景	当日常交易采用高度自动化处理时，审计证据可能仅以电子形式存在，实质性程序中的检查、计算、观察等程序均难以实施，注册会计师仅通过实施实质性程序难以获取充分、适当审计证据的可能性。审计证据的充分性和适当性取决于自动化信息系统相关控制的有效性
应对	应当评价被审计单位针对这些风险设计的控制（了解），并确定其执行情况（控制测试）

五、对风险评估的修正★★★

注册会计师对认定层次重大错报风险的评估，可能随着审计过程中不断获取审计证据而作出相应的变化。因此，评估重大错报风险与了解被审计单位及其环境等方面一样，也是一个连续和动态地收集、更新与分析信息的过程，**贯穿于审计过程的始终**。

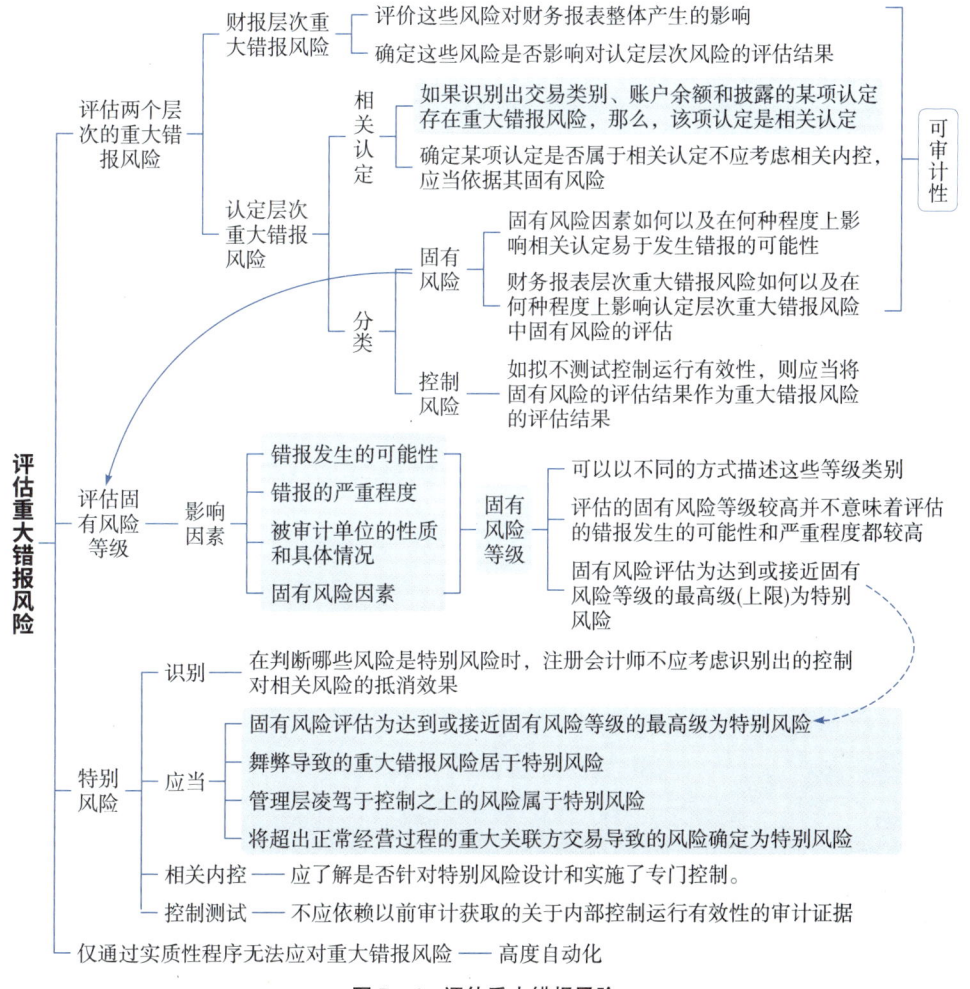

图7-6 评估重大错报风险

章末总结

考点加油站

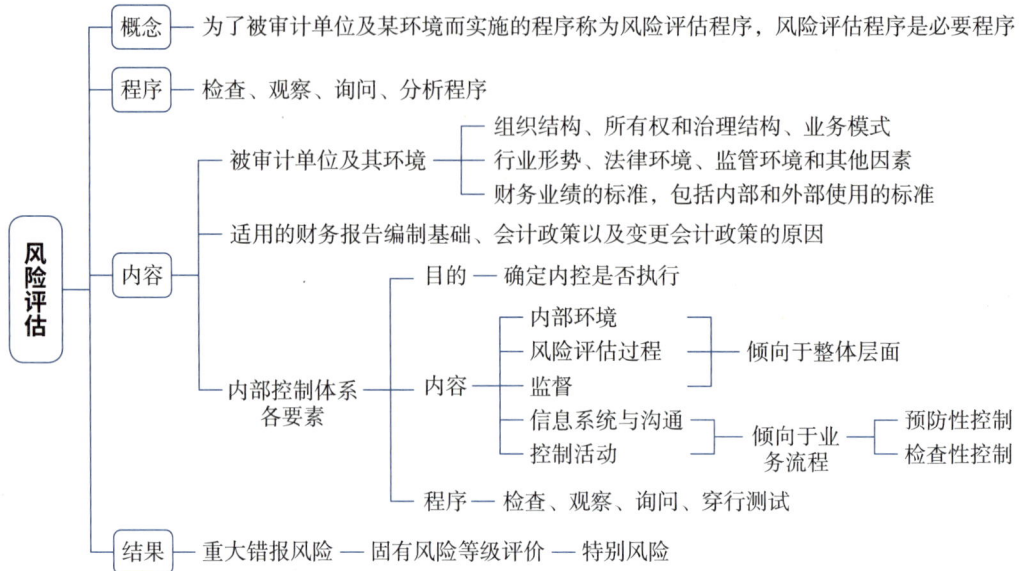

35%

第八章　风险应对

轻装上阵

本章讲什么?

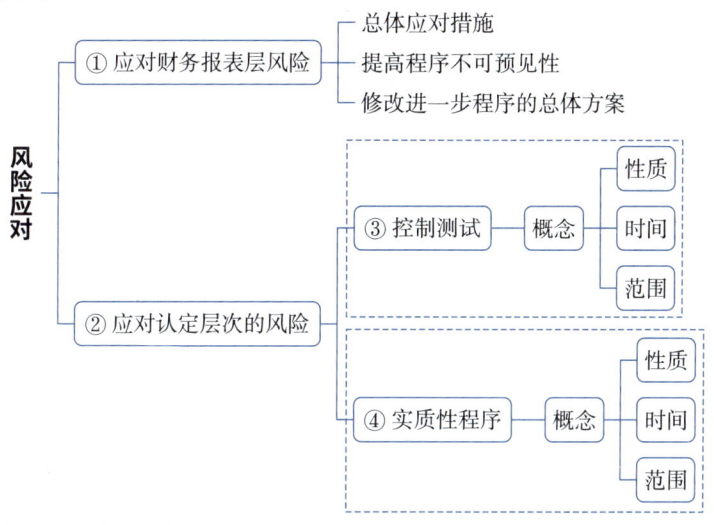

在第七章中,我们识别了两个层次的重大错报风险。在本章中,我们将学习风险应对的内容。针对评估的财务报表层次的重大错报风险,确定总体应对措施(①**针对财务报表层次重大错报风险的总体应对措施**);针对评估的认定层次的重大错报风险,设计和实施进一步审计程序(②**针对认定层次重大错报风险的进一步审计程序**),将审计风险降至可接受的低水平。其中,针对认定层次重大错报风险的进一步审计程序,又可以分为③**控制测试**与④**实质性程序**。

本章如何考?

本章属于审计核心理论,主要内容为注册会计师在风险评估结束后进入风险应对阶段的要求。本章考试集中于"控制测试"和"实质性程序"两个核心内容,但难度较风险评估有所降低,考生只要掌握好几个重点核心知识点即能应对。本章每年考查分值约为5分。

本章怎么学?

在本章的学习中,考生应当以"控制测试"和"实质性程序"为绝对重点,从"性质""时间"和"范围"三个角度去掌握,其中尤以"时间"为关键,这也是考试中考查较多的地方。

2024年本章主要变化

本章在2024年对总体应对措施作了修订，请考生关注客观题。

考点冲浪

第一节 针对财务报表层次重大错报风险的总体应对措施

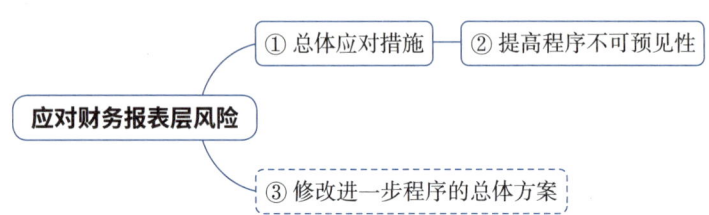

图8-1 针对财务报表层次重大错报风险的总体应对措施

一、总体应对措施★★★ （见表8-1）

考频 2022年单选题（1）、2020年单选题（1）

表8-1 总体应对措施

	内容
要点	(1) 向审计项目组强调保持职业怀疑的必要性； (2) 指派更有经验或具有特殊技能的审计人员，或聘用专家参与工作； (3) 对指导和监督项目组成员并复核其工作的性质、时间安排和范围作出调整；**（2024年新增）** (4) 在选择进一步审计程序时融入更多的不可预见的因素； (5) 对总体审计策略或对拟实施的审计程序作出调整 **（2024年新修）**
举例	如果控制环境存在缺陷，注册会计师在对拟实施审计程序的性质、时间安排和范围作出总体修改时，**应当考虑**： (1) 在期末而非期中实施更多的审计程序； (2) 通过实施实质性程序获取更广泛的审计证据； **名师说** 注意扩大实质性程序的范围与通过实施实质性程序获取更广泛的审计证据的区别。前者属于进一步审计程序，后者属于总体应对措施。 扩大实质性程序的范围，是指抽取更多的样本；通过实施实质性程序获取更广泛的审计证据，是指对更多的财务报表项目实施实质性程序。 (3) 增加拟纳入审计范围的经营点的数量

经典例题 8-1 （经典真题·单选题）

下列各项措施中，不能应对财务报表层次重大错报风险的是（　　）。

A. 在期末而非期中实施更多的审计程序　　B. 扩大控制测试的范围

C. 增加拟纳入审计范围的经营地点的数量　　D. 增加审计程序的不可预见性

【解析】注册会计师针对评估的财务报表层次的重大错报风险，应当确定的总体应对措施包括：（1）向项目组强调保持职业怀疑的必要性；（2）指派更有经验或具有特殊技能的审计人员，或聘用专家参与工作；（3）对指导和监督项目组成员并复核其工作的性质、时间安排和范围作出调整；（4）在选择拟实施的进一步审计程序时融入更多的不可预见的因素（选项D）；（5）对总体审计策略或对拟实施的审计程序作出调整，包括：①在期末而非期中实施更多的审计程序（选项A）；②通过实施实质性程序获取更广泛的审计证据；③增加拟纳入审计范围的经营地点的数量（选项C）。

【答案】B

二、增加审计程序不可预见性的方法 ★★★（见表 8-2）

【考频】2019 年单选题（1）

增加审计程序不可预见性的方法-知识精讲

表 8-2　增加审计程序不可预见性的方法

	内容
思路	（1）对某些未测试过的**低于**重要性水平或风险**较小**的账户余额和认定实施实质性程序； （2）**调整**实施审计程序的**时间**，使其超出被审计单位的预期； （3）采取不同的**审计抽样方法**，使当期抽取的测试样本与以前有所不同； （4）选取**不同的地点**实施审计程序，或预先**不告知被审计单位**所选定的测试地点
注意	（1）事先与被审计单位高层管理人员沟通要求实施不可预见性程序，**但不告知其具体内容**。注册会计师可以在签订审计业务约定书时明确提出这一要求。 （2）虽然对于不可预见性程度**没有量化**的规定，但项目组可根据对舞弊风险的评估等确定具有不可预见性的程序。 （3）项目合伙人需要安排项目组成员有效地实施具有不可预见性的审计程序，但同时要**避免使项目组成员处于困难境地**

经典例题 8-2 （2019 年·单选题）

下列有关审计程序不可预见性的说法中，错误的是（　　）。

A. 增加审计程序的不可预见性是为了避免管理层对审计效果的人为干预

B. 增加审计程序的不可预见性会导致注册会计师实施更多的审计程序

C. 注册会计师无需量化审计程序的不可预见程度

D. 注册会计师在设计拟实施审计程序的性质、时间安排和范围时，都可以增加不可预见性

增加审计程序不可预见性的方法-例题解析

【解析】在设计拟实施审计程序的性质、时间安排和范围时，增加审计程序的不可预见性可以避免既定思维对审计方案的限制，避免对审计效果的人为干涉，从而使得针对重大错报风险的进一步审计程序更加有效。选项 A 正确，不选。

增加审计程序的不可预见性，可以通过调整审计程序的性质、时间安排和范围来达成，并非一定会导致注册会计师实施更多的审计程序。选项 B 错误，当选；选项 D 正确，不选。

虽然对于不可预见性程度没有量化的规定，但审计项目组可根据对舞弊风险的评估等确

定具有不可预见性的审计程序。选项 C 正确，不选。

答案 B

经典例题 8-3　2022 年·单选题

下列各项措施中，通常无法增加审计程序不可预见性的是（　　）。

A. 调整实施审计程序的时间
B. 采取不同的审计抽样方法
C. 指派更有经验的项目质量复核人员
D. 选取不同的地点实施审计程序

解析　注册会计师可以通过以下方式提高审计程序的不可预见性：(1) 对某些未测试过的低于设定的重要性水平或风险较小的账户余额和认定实施实质性程序；(2) 调整实施审计程序的时间，使被审计单位不可预期（选项 A）；(3) 采取不同的审计抽样方法，使当期抽取的测试样本与以前有所不同（选项 B）；(4) 选取不同的地点实施审计程序，或预先不告知被审计单位所选定的测试地点（选项 D）。

答案 C

表 8-3　增加审计程序不可预见性的示例

审计领域	可能适用的不可预见性审计程序
存货	向以前审计过程中接触不多的被审计单位员工询问，例如采购、销售、生产人员等
	在不事先通知被审计单位的情况下，选择一些以前未曾到过的盘点地点进行存货监盘
现金和银行存款	多选几个月的银行存款余额调节表进行测试
	对有大量银行账户的，考虑改变抽样方法
	名师说　这里的"大量银行账户"指的是金额小且风险低的大量银行账户。
销售和应收账款	向以前审计中接触不多或未曾接触过的被审计单位员工询问，例如负责处理大客户账户的销售部人员
	改变实质性分析程序的对象，例如按细类分析收入
	针对销售和销售退回延长截止测试期间
	实施以前未曾考虑过的程序，例如： (1) 函证确认销售条款或对销售额较不重要、以前未曾关注的销售，例如对出口销售实施实质性程序； (2) 实施更细致的分析程序，例如使用计算机辅助审计技术复核销售及客户账户； (3) 测试以前未曾函证过的账户余额，如金额为负或零的账户或余额低于以前设定的重要性水平的账户； (4) 改变函证日期，把函证截止日提前或推迟； **名师说**　这里的"提前"并不是指提前至期中，而是指提前几天。 (5) 对关联公司，除函证外，实施其他程序验证

续表

审计领域	可能适用的不可预见性审计程序
采购和应付账款	如果以前未曾对应付账款余额普遍进行函证，可考虑直接向供应商函证确认余额。如果经常采用函证方式，可考虑改变函证的范围或者时间
	对以前由于低于设定的重要性水平而未曾测试过的采购项目，进行细节测试
	使用计算机辅助审计技术审阅采购和付款账户，以发现特殊项目，例如不同供应商使用相同的银行账户
固定资产	对以前由于低于设定的重要性水平而未曾测试过的固定资产进行测试，例如考虑实地盘查一些价值较低的固定资产，如汽车和其他设备等
集团审计项目	修改组成部分审计工作的范围或区域，如增加某些不重要的组成部分的审计工作量，或实地去组成部分开展审计工作

名师说：增加审计程序不可预见性的方法可以主要从审计程序的时间安排和范围两方面做文章，考生可以从这个角度去盘点审计程序是否具备不可预见性。值得注意的是，通常增加审计范围可以增加不可预见性，但是，对被审计单位所有银行存款进行函证（包括零余额及当期注销的）就属于常规审计程序，不具有不可预见性。考生对此应当注意区分。

三、总体审计方案★★★

考频 2022年单选题（1）

注册会计师评估的财务报表层次重大错报风险和采取的总体应对措施会对拟实施进一步审计程序的总体审计方案有重大影响。总体审计方案包括两类，见表8-4。

表8-4 两类总体审计方案

	内容
综合性方案	综合性方案是指控制测试与实质性程序结合使用
	注册会计师可以以**成本效益原则**选择**综合性方案**
实质性方案	进一步审计程序以实质性程序**为主**
	如果财务报表层次的重大错报风险高，**倾向于实质性方案**
	名师说：这里说倾向于实质性方案，但是没有说一定要做实质性方案。如果企业是高度自动化企业，那么即使重大错报风险水平高，企业也可能使用综合性方案（多做控制测试）。

经典例题 8-4 （2022年·单选题）

下列有关注册会计师拟实施进一步审计程序的总体审计方案的说法中，错误的是（　　）。

A. 注册会计师出于成本效益的考虑通常可以采用综合性方案设计进一步审计程序

B. 如仅通过实质性程序无法应对重大错报风险，注册会计师应当采用综合性方案设计进一步审计程序

C. 如注册会计师的风险评估程序未能识别出与认定相关的任何控制，注册会计师可能认为采用实质性方案设计进一步审计程序是适当的

D. 当评估的财务报表层次重大错报风险属于高风险水平，注册会计师拟实施进一步审计程序的总体方案往往更倾向于综合性方案

【解析】通常情况下，注册会计师出于成本效益的考虑可以采用综合性方案设计进一步审计程序，即将测试控制运行的有效性与实质性程序结合使用。但在某些情况下（如仅实施实质性程序无法应对重大错报风险），注册会计师必须通过控制测试，才能有效应对评估的某一认定的重大错报风险；而另一些情况（如注册会计师的风险评估程序未能识别出认定相关的任何控制，或注册会计师认为控制很可能不符合成本效益原则），注册会计师可能认为仅实施实质性程序就是适当的。选项 ABC 正确，不选。

如财务报表层次重大错报风险高，倾向于实质性方案，选项 D 错误，当选。

【答案】D

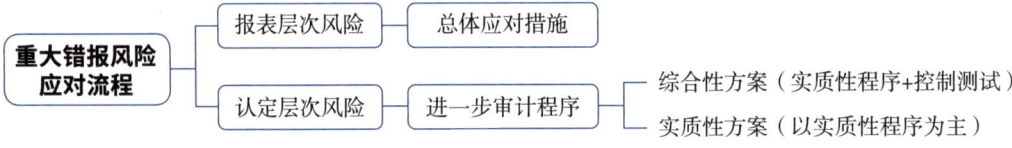

图 8-2　重大错报风险应对流程

第二节　针对认定层次重大错报风险的进一步审计程序

一、进一步审计程序的含义和要求★★★（见表 8-5）

考频　2021 年多选题（1）

表 8-5　进一步审计程序的含义和要求

	要点
含义	进一步审计程序是相对于风险评估程序而言，指注册会计师针对各类交易、账户余额和披露认定层次重大错报风险而实施的审计程序，包括控制测试和实质性程序 【名师说】性质、时间安排和范围是描述审计程序的三个维度，这三个维度确定后，一个审计程序也就确定了。其中，性质是指什么程序（询问、检查、观察、函证等）；时间安排是指何时执行程序或对何时的审计证据执行程序（期中或期末）；范围是指审计程序所测试的样本数量

续表

	要点
应当考虑的因素	(1) 风险的重要性，即风险造成的后果的严重程度； (2) 重大错报发生的可能性； (3) 涉及的各类交易、账户余额和披露的特征； (4) 采用的特定控制的性质（例如：人工还是自动）； (5) 是否拟获取审计证据，以确定内部控制在防止或发现并纠正重大错报方面的有效性
结果	注册会计师对认定层次重大错报的风险的评估为确定进一步审计程序的总体方案奠定了基础

经典例题 8-5 （2021年·多选题）

在设计进一步审计程序时，下列各项因素中，注册会计师应当考虑的有（　　）。

A. 风险的重要性

B. 重大错报发生的可能性

C. 被审计单位采用的特定控制的性质

D. 涉及的各类交易、账户余额和披露的特征

解析 在设计进一步审计程序时，注册会计师应当考虑下列因素：(1) 风险的重要性（选项A）；(2) 重大错报发生的可能性（选项B）；(3) 涉及的各类交易、账户余额和披露的特征（选项D）；(4) 被审计单位采用的特定控制的性质（选项C）；(5) 注册会计师是否拟获取审计证据，以确定内部控制在防止或发现并纠正重大错报方面的有效性。

答案 ABCD

二、进一步审计程序的性质 ★★★ （见表8-6）

考频 | 2021年多选题（1）

表8-6 进一步审计程序的性质

	内容
概念	进一步审计程序的性质是指进一步审计程序的目的和类型。在应对评估的风险时，合理确定审计程序的**性质是最重要的**
目的	进一步审计程序的目的包括控制测试与实质性程序 **名师说** 控制测试是指用于评价内部控制在防止或发现并纠正认定层次重大错报方面的运行有效的审计程序。实质性程序是指用于发现认定层次重大错报的审计程序，包括对各类交易、账户余额和披露的细节测试以及实质性分析程序。

续表

类型	内容
类型	包括检查、观察、询问、函证、重新计算、重新执行和分析程序 **名师说**

名称	性质
了解内控	检查、观察、询问、穿行测试
风险评估	检查、观察、询问、分析程序
控制测试	检查、观察、询问、重新执行
实质性程序	检查、观察、询问、分析程序、函证、重新计算

选择要点	(1) 注册会计师**应当**根据认定层次重大错报风险的评估结果选择审计程序； (2) 在确定拟实施的审计程序时，注册会计师**应当**考虑评估的认定层次重大错报风险的**原因**； (3) 如果在拟实施进一步审计程序时拟利用**被审计单位信息系统生成的信息**，注册会计师**应当**就信息的**准确性**和**完整性**获取审计证据

经典例题 8-6 （2021年·多选题）

下列各项中，注册会计师在确定进一步审计程序的性质时，通常需要考虑的有（　　）。

A. 确定的重要性水平
B. 认定层次重大错报风险的评估结果
C. 评估的认定层次重大错报风险产生的原因
D. 在实施进一步审计程序时，注册会计师是否拟利用被审计单位信息系统生成的信息

【解析】在确定进一步审计程序的性质时，注册会计师首先需要考虑的是认定层次重大错报风险的评估结果（选项B）。在确定拟实施的审计程序时，注册会计师接下来应当考虑评估的认定层次重大错报风险产生的原因（选项C）。如果在实施进一步审计程序时拟利用被审计单位信息系统生成的信息，注册会计师应当就信息的准确性和完整性获取审计证据（选项D）。在确定进一步审计程序的范围时，注册会计师应当考虑确定的重要性水平（选项A错误，不选）。

【答案】BCD

三、进一步审计程序的时间 ★★★

考频 2020年多选题（1）、2018年单选题（1）

（一）时间的含义

进一步审计程序的时间是指注册会计师**何时**实施进一步审计程序或审计证据适用的**期间****或时点**。因此，当提及进一步审计程序的时间时，在某些情况下指的是审计程序的实施时间，在另一些情况下是指需要获取的审计证据适用的期间或时间。

名师说：例如：如果在2022年1月5日，注册会计师向银行发出函证，核实被审计单位2021年12月31日的银行存款，在此案例中，2022年1月5日是审计程序的实施时间，2021年12月31日是实施程序后获取审计证据适用的时间点。

（二）时间的选择（见表8-7）

表8-7 时间的选择

	期中审计
概述	主要是在期中与期末之间权衡。期末实施程序属于常态，当重大错报风险较高时，注册会计师<u>应当考虑</u>在期末或接近期末实施实质性程序
优点	早发现，早解决，早计划
缺陷	(1) 可能难以获取期中以前的充分、适当的审计证据； (2) 剩余期间还会发生重大交易或事项，从而对所审计期间的财务报表认定产生重大影响； (3) 管理层可能在期末调整甚至篡改期中以前的记录
结论	如果期中实施了进一步程序，还<u>应当</u>针对剩余期间获取审计证据
考虑因素	(1) 控制环境； **名师说**：控制环节薄弱，倾向于期末。 (2) 何时能得到相关信息； **名师说**：例如：如果电子化的交易和账户文档在期中之后可能被覆盖，则注册会计师可能需在期中就实施审计程序。 (3) 错报风险的性质； **名师说**：例如：假设被审计单位收入的截止认定存在重大错报风险水平为高，则注册会计师倾向于年末实施审计程序。 (4) 审计证据适用的期间或时点； **名师说**：例如：如果是为了获取资产负债表日的存货余额证据，注册会计师倾向于期末。 (5) 编制财务报表的时间，尤其是编制某些披露的时间，这些披露为资产负债表、利润表、所有者权益变动表或现金流量表中记录的金额提供了进一步解释
要点	某些审计程序<u>只能在期末</u>或期末以后实施： (1) 将财务报表中的信息与其所依据会计记录相核对或调解； (2) 检查财务报表编制过程中所做的会计调整等

经典例题 8-7 （2020年·多选题）

下列各项因素中，注册会计师在确定实施审计程序的时间时，需要考虑的因素有（　　）。
A. 何时能得到相关信息
B. 审计证据适用的期间
C. 错报风险的性质
D. 被审计单位的控制环境

【解析】注册会计师在确定何时实施审计程序时，应当考虑的几项重要因素包括：（1）控制环境（选项D）；（2）何时能得到相关信息（选项A）；（3）错报风险的性质（选项C）；（4）审计证据适用的期间或时点（选项B）；（5）编制财务报表的时间，尤其是编制某些披露的时间，这些披露为资产负债表、利润表、所有者权益变动表或现金流量表中记录的金额提供了进一步解释。

【答案】ABCD

四、进一步审计程序的范围★★★（表8-8）

表8-8　进一步审计程序的范围

	内容
概述	进一步审计程序的范围是指实施进一步审计程序（包含控制测试和实质性程序）所涉及的数量，包括抽取的样本量、对某项控制活动的观察次数等
	只有当审计程序的性质与风险相关时，扩大程序的范围才是有效的
一般考虑因素	（1）确定的重要性水平； 【名师说】重要性水平越低，审计程序的范围越大。 （2）评估的重大错报风险； 【名师说】重大错报风险越高，审计程序的范围越大。 （3）计划获取的保证程度 【名师说】计划获取的保证程度越高，审计程序的范围越大。
计算机辅助审计	可以对电子化的交易和账户文档进行更广泛（甚至100%）的测试
审计抽样	鉴于进一步审计程序的范围往往是通过一定的抽样方法加以确定的，因此注册会计师需要慎重考虑抽样过程对审计范围的影响是否能够有效实现审计目的。 如果存在下列情形，注册会计师依据样本得出的结论可能与对总体实施同样的审计程序得出的结论不同，出现不可接受的风险： （1）从总体中选择的样本量过小； （2）选择的抽样方法对实现特定目标不适当（例如：应收账款的低估使用了货币单元抽样）； （3）未对发现的例外事项进行恰当的追查

第三节 控制测试

一、控制测试的概念和要求★★★（见表8-9）

考频 2020年综合题（1）、2018年综合题（1）

表8-9 控制测试的含义和要求

		内容
概念		控制测试是为了证实控制执行的有效性而实施的测试，包括测试控制如何运行、是否一贯执行、由谁或以何种方式运行
要求		控制测试需要考虑成本效益，并非在任何情况下都要实施。当存在下列情形之一时，应实施控制测试： (1) 在评估认定层次重大错报风险时，预期控制运行有效； (2) ①仅实质性程序不足以提供认定层次充分、适当的证据
注意区分	了解内部	(1) 评价控制的设计； (2) 确定控制是否得到执行
	控制测试	控制运行是否有效（即确定内部控制是否得到一贯执行）

敲黑板①
注意：仅实质性程序不足以提供认定层次充分、适当的证据，并不意味着只需要做控制测试，而是说除了实质性程序还需要做控制测试。

▎**经典例题8-8** 〔2020年·综合题〕

甲公司是ABC会计师事务所的常年审计客户，主要从事家电产品的生产、批发和零售。A注册会计师负责审计甲公司2019年度财务报表，确定财务报表整体的重要性为800万元，明显微小错报的临界值为40万元。A注册会计师在审计工作底稿中记录了实施进一步审计程序的情况，部分内容摘录如下：

（1）A注册会计师在期中审计时针对2019年1月至9月与采购相关的内部控制实施测试，发现存在控制缺陷，因此，未测试2019年10月至12月的相关控制，通过细节测试获取了与2019年度采购交易相关的审计证据。

〔要求〕针对上述事项，假定不考虑其他条件，指出A注册会计师的做法是否恰当。如不恰当，简要说明理由。

〔答案〕恰当。

二、控制测试的性质★★★

考频 2019年综合题（1）

（一）控制测试性质的概念（见表8-10）

表8-10 控制测试性质的概念

	内容
定义	控制测试性质是指控制测试所使用的程序类型及其组合
程序	询问、观察、检查、重新执行

续表

	内容
影响因素	决定控制测试的性质的主要因素是计划从控制测试获取的保证程度。对控制有效性的信赖程度越高，应当获取越有说服力（相关性）的审计证据
要点	尤其在仅实施实质性程序无法获取充分、适当的审计证据时，应当获取有关控制运行有效性的更高的保证水平 **名师说** 注册会计师在风险应对中的有效手段有两种：一是控制测试，二是实质性程序。如果控制测试少做，实质性程序就会多做。如果实质性程序少做，控制测试就会多做。当然，在设计合理的时候，控制测试与实质性程序的总量会减少。 因此，当仅实施实质性程序无法获取充分、适当的审计证据时，注册会计师对控制测试的要求就会更高，获取控制运行有效性的保证水平就更高。

（二）确定控制测试性质的三方面考虑（见表 8-11）

表 8-11　确定控制测试性质的三方面考虑

	要点
控制的性质	如果存在反映控制运行有效性的文件记录，可实施检查程序；否则应考虑询问、观察，或借助计算机辅助审计技术。 **名师说** 例如，某些控制可能存在反映控制运行有效性的文件记录，此时注册会计师可以检查这些文件记录以获取控制运行有效的审计证据。
直接/间接	不仅应考虑与认定直接相关的控制，还应考虑与认定间接相关的控制。 **名师说** 例如，被审计单位可能针对超出信用额度例外赊销交易设置报告和审核制度（与认定直接相关的控制）；在测试该项制度运行有效性时，注册会计师不仅应当考虑审核的有效性，还应当考虑与例外赊销报告中信息准确性有关的控制（与认定间接相关的控制）是否运行有效。
自动化应用	对于一项自动化的信息处理控制，由于信息技术处理过程的内在一贯性，注册会计师可以利用该项控制得以执行的审计证据和信息技术一般控制（特别是对系统变动的控制）运行有效的审计证据，作为支持该项控制在相关期间运行有效性的重要审计证据

（三）实施控制测试时对双重目的的实现

双重目的，是指针对同一交易同时实施控制测试和细节测试，以同时实现评价控制是否有效运行和发现认定层次重大错报的双重目的。

例如，检查发票复核情况时，如发现未复核或存在未能复核出的错报，顺便记录或计算失控金额。

（四）实质性程序结果对控制测试结果的影响（终评）

如果实施实质性程序发现被审计单位没有识别出的重大错报，通常表明内部控制存在值得关注的缺陷，注册会计师**应当**就这些缺陷与管理层和治理层进行沟通。同时，注册会计师应考虑降低对相关控制的信赖程度、调整实质性程序的性质、扩大实质性程序的范围等。**但实质性程序未发现某项认定存在错报，不能说明相关的控制运行有效。**

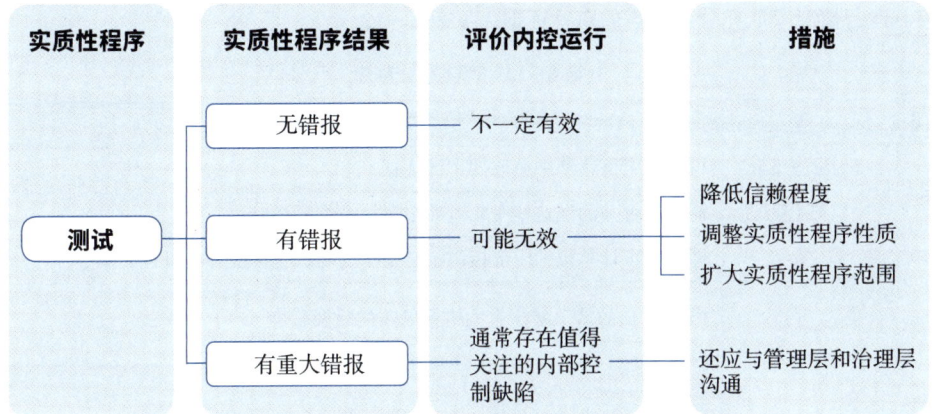

图 8-3 实施实质性程序的结果对控制测试结果影响

▎经典例题 8-9 （2019 年·综合题）

甲公司是 ABC 会计师事务所的常年审计客户，主要从事轨道交通车辆配套产品的生产和销售。A 注册会计师负责审计甲公司 2018 年度财务报表，确定财务报表整体的重要性为 1 000 万元，实际执行的重要性为 500 万元。A 注册会计师在审计工作底稿中记录了审计计划，部分内容摘录如下：

（1）A 注册会计师抽样测试了与职工薪酬相关的控制，发现一个偏差。因针对职工薪酬实施实质性程序未发现错报，A 注册会计师认为该偏差不构成缺陷，相关控制运行有效。

〖要求〗指出 A 注册会计师的做法是否恰当。如不恰当，简要说明理由。

〖答案〗不恰当。实施实质性程序未发现错报，并不能说明相关的控制运行有效。

三、控制测试时间 ★★★

〖考频〗2022 年多选题（1）、2019 年单选题（1）、2018 年单选题（1）、2018 年简答题（1）

（一）控制测试时间的含义

如果仅需要测试控制在特定时点的运行有效性，注册会计师只需获取该时点的审计证据（例如：对被审计单位期末存货盘点进行控制测试）。

如果想获得控制在一个期间有效运行的充分、适当的证据，**仅**在多个不同时点测试运行的有效性并进行简单累加是不够的，还应**测试其他控制，包括测试对控制的监督。**

〖名师说〗"其他控制"应当具备的功能是能提供相关控制在所有相关时点都运行有效的审计证据；被审计单位对控制的监督起到的就是一种检验相关控制在所有相关时点是否都有效运行的作用。因此，注册会计师测试这类活动能够强化控制在某期间运行有效性的审计证据效力。

(二)期中实施控制测试

期中测试控制比期末测试具有更积极的作用。但即使已证实控制在期中运行有效性,仍需考虑如何能将该结论合理延伸至期末。注册会计师<u>应</u>实施下列两类审计程序,针对剩余期间控制运行情况获取充分、适当的审计证据,见表8-12。

控制测试时间-期中实施控制测试-知识精讲

表8-12 两类审计程序

类别	情况		要点
变没变	没有变化		可能决定信赖期中获取的审计证据
	发生变动		需要了解并测试这些变化对期中审计证据的影响
补多少	要点		即使被审计单位的内部控制没有发生变化,也需要补充审计证据
	考虑因素	(1)评估的认定层次重大错报风险的重要程度 **名师说** 风险越高,剩余期间需要的证据越多。
		(2)期中测试的特定控制自期中测试后发生的重大变动 **名师说** 一般有重大变动,剩余期间需要的证据会增多,但如果测试的是自动化控制,注册会计师可以通过测试系统一般控制的有效性以获取控制在剩余期间运行有效性的审计证据。
		(3)期中获取的控制运行有效性证据的充分程度 **名师说** 如果期中获取的证据比较充分,则对剩余期间可以适当减少补充证据。
		(4)剩余期间的长度 **名师说** 剩余期间越长,针对剩余期间需要获取的证据就越多。
		(5)在信赖控制的基础上拟减少实质性程序的范围 **名师说** 拟减少实质性程序范围越大,则表明控制的信赖程度越高,这时对剩余期间需要补充的证据就越多。
		(6)控制环境的强弱 **名师说** 控制环境越薄弱,对剩余期间需要补充的证据就越多。

续表

类别	情况	要点
补多少	考虑因素	(7) 测试对控制的监督也能作为一项有益的补充证据 **名师说** 如果对控制的监督能获取更多的证据，则对剩余期间需要补充的证据越少。

经典例题 8-10 （2018年·单选题）

如果注册会计师已获取有关控制在期中运行有效的审计证据，下列有关剩余期间补充证据的说法中，错误的是（　　）。

A. 被审计单位的控制环境越有效，注册会计师需要获取的剩余期间的补充证据越少

B. 注册会计师可以通过测试被审计单位对控制的监督，将控制在期中运行有效的审计证据合理延伸至期末

C. 如果控制在剩余期间发生了变化，注册会计师可以通过实施穿行测试，将期中获取的审计证据合理延伸至期末

D. 注册会计师在信赖控制的基础上拟减少的实质性程序的范围越大，注册会计师需要获取的剩余期间的补充证据越多

【解析】剩余期间补充测试内部控制时应当考虑的因素：(1) 评估的认定层次重大错报风险的重要程度。(2) 在期中测试的特定控制，以及自期中测试后发生的重大变动。(3) 在期中对有关控制运行有效性获取的审计证据的程度。(4) 剩余期间的长度。(5) 在信赖控制的基础上拟缩小实质性程序的范围。注册会计师对相关控制的信赖程度越高，需要获取的剩余期间的补充证据越多（选项 D 说法正确，不选）。(6) 控制环境。在注册会计师总体上拟信赖控制的前提下，控制环境越薄弱，注册会计师需要获取的剩余期间的补充证据越多（选项 A 说法正确，不选）。(7) 测试被审计单位对控制的监督也可以作为一项有益的补充证据（选项 B 说法正确，不选）。如果控制在剩余期间发生了变化，注册会计师不能通过实施穿行测试，将期中获取的审计证据合理延伸至期末（选项 C 说法错误，当选）。

【答案】C

控制测试时间-期中实施控制测试-例题解析

（三）考虑以前控制测试的证据（见表 8-13）

表 8-13 考虑以前控制测试的证据

控制测试时间-考虑以前控制测试的证据-知识精讲

		内容
未变化	基本思路	即考虑拟信赖的以前审计中测试的控制在本期是否发生变化。如果拟信赖以前审计获取的有关控制运行有效性的审计证据，注册会计师**应当**通过实施询问并结合观察或检查程序，获取这些控制**是否已经发生变化的审计证据**
	针对特别风险	不论是否发生变化，都不应依赖以前审计获取的证据，应在本期测试这些控制的运行有效性
	不针对特别风险	**应**运用职业判断确定是否在本期审计中测试其运行有效性，以及本次测试与上次测试的间隔期间，**但每三年至少对全部控制轮流测试一次**

续表

		内容
变化	要点	如果控制在本期发生变化，注册会计师<u>应当</u>考虑以前审计获取的有关控制运行有效性的审计证据是否与本期审计相关
	①相关	如果系统的变化仅仅使被审计单位从中获取新的报告，则通常不影响原有控制执行有效的证据
	无关	如果系统的变化引起数据累积或计算程序发生改变，则可能影响以前控制测试证据的相关性（不能利用）。注册会计师<u>应在</u>本期测试这些控制的运行有效性
时间间隔	影响因素	（1）内部控制其他要素的有效性，包括控制环境、对控制的监督以及被审计单位的风险评估过程； （2）控制特征（人工/自动化）产生的风险； （3）信息技术一般控制的有效性； （4）影响内部控制的重大人事变动； （5）环境变化而特定控制缺乏相应变化导致的风险； （6）重大错报风险和对控制的信赖程度
决策	应当	如果拟信赖以前获取的某些控制有效运行的审计证据，<u>应</u>在每次审计时选取足够数量的控制（选取的是本期要测试的控制，不是样本规模）测试其运行有效性
	禁止	<u>不应</u>将所有拟信赖控制的测试集中于某一次审计而在之后的两次审计中<u>不进行任何测试</u>

敲黑板①

所谓"相关"，是指本期结果与上期有关，简单来说就是没有变化，所以可以利用。

名师说

对于注册会计师是否需要在本期测试某项控制的决策过程，可以概括为图8-4。

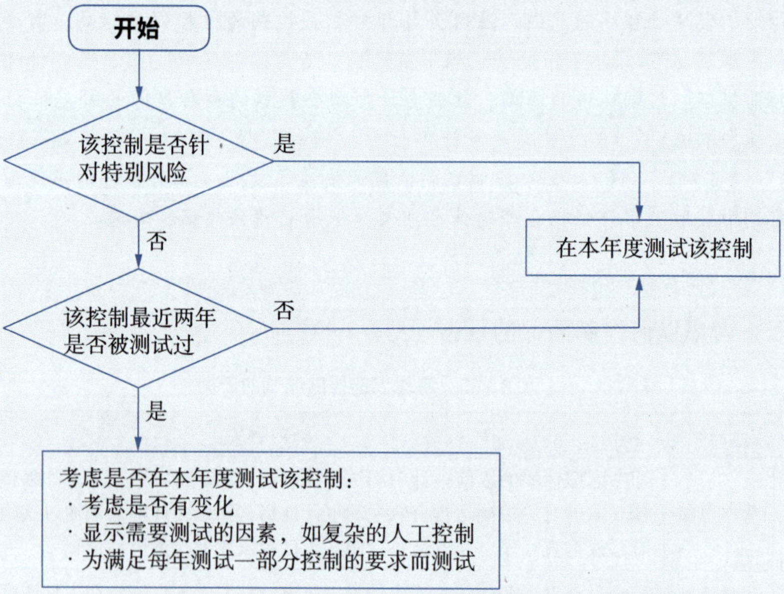

图8-4 本审计期间测试某项控制的决策过程

经典例题 8-11 (2019年·单选题)

对于财务报表审计业务，在决定是否信赖以前审计获取的有关控制运行有效性的审计证据时，下列各项中，注册会计师通常无需考虑的是( )。

A. 控制发生的频率
B. 控制是否是复杂的人工控制
C. 控制是否是自动化控制
D. 控制在本年是否发生变化

解析 能否利用以前审计获取的有关控制运行有效性的审计证据，主要考虑控制的性质（是否是针对特别风险的），以及控制在本期是否发生变化，与控制的运行频率无关，选项A符合题意，当选；人工控制一般稳定性较差，注册会计师可能决定在本期审计中继续测试该控制的运行有效性，选项B不符合题意，不选；自动化控制相对比较稳定，注册会计师可能决定在本期审计中拟利用以前审计获取的有关控制运行有效性的审计证据，选项C不符合题意，不选；控制在本期发生了变化，之前获取的审计证据可能与本期不再相关，注册会计师可能决定在本期审计中重新测试该控制的运行有效性，选项D不符合题意，不选。

答案 A

经典例题 8-12 (经典真题·多选题)

下列情形中，注册会计师不应利用以前年度获取的有关控制运行有效的审计证据的有( )。

A. 注册会计师拟信赖旨在减轻特别风险的控制
B. 控制在过去两年审计中未经测试
C. 控制在本年发生重大变化
D. 被审计单位的控制环境薄弱

控制测试时间-考虑以前控制测试的证据-例题解析

解析 鉴于特别风险的特殊性，对于旨在减轻特别风险的控制，不论该控制在本期是否发生变化，注册会计师都不应依赖以前审计获取的证据，选项A正确，当选；如果拟信赖的控制自上次测试后未发生变化，且不属于旨在减轻特别风险的控制，注册会计师应当运用职业判断确定是否在本期审计中测试其运行有效性，以及本次测试与上次测试的时间间隔，但每三年至少对控制测试一次，选项B正确，当选；关于如何考虑以前审计获取的有关控制运行有效性的审计证据，基本思路是考虑拟信赖的以前审计中测试的控制在本期是否发生变化，如果控制在本年发生重大变化，则不应利用以前年度获取的有关控制运行有效的审计证据，选项C正确，当选；当被审计单位控制环境薄弱或对控制的监督薄弱时，注册会计师应当缩短再次测试控制的时间间隔或完全不信赖以前审计获取的审计证据，即仍可能利用以前年度获取的有关控制运行有效性的审计证据，选项D错误，不选。

答案 ABC

四、控制测试的范围★★★（见表 8-14）

表 8-14 控制测试的范围

控制测试的
范围-知识精讲

		内容
一般考虑因素		(1) 对控制的信赖程度（同向）。 (2) 整个拟信赖期间控制执行的频率（同向）。 (3) 所审计期间，拟信赖控制运行有效性的时间长度（同向）。 (4) 控制的预期偏差率（同向）。 (5) 测试与认定相关的其他控制获取的证据的范围（反向）。 **名师说**　如果能从其他控制获取的证据越多，那么本控制可以越少测。 (6) 拟获取的有关认定层次控制运行有效性的证据的相关性和可靠性（反向） **名师说**　相关性和可靠性其实就是审计证据的质量，如果审计证据质量越高，则所需数量越少，控制测试的范围就越小。
对自动化控制测试范围的特别考虑	要点	在确认信息处理控制具有内在一贯性的基础上，一旦确定信息技术内部控制正在执行，注册会计师通常无须扩大控制测试的范围
	执行程序	(1) 测试与信息处理控制有关的一般控制的运行有效性； (2) 确定系统是否发生变动，如果发生变动，是否存在适当的系统变动控制； (3) 确定对交易的处理是否使用授权批准的软件版本
 考生对该知识点了解即可，若考试中出现控制测试，除非特别指定，一般都是指业务流程层次的控制测试。	①测试两个层次	控制测试可用于每个层次的内部控制。 对整体层次的控制的测试通常更加主观（如管理层对胜任能力的重视）。 对整体层次控制进行测试，通常比业务流程层次控制（如检查付款是否得到授权）更难以记录。 因此，整体层次控制和信息技术一般控制的评价通常记录的是文件备忘录和支持性证据。注册会计师最好在审计的早期测试整体层次控制，因为测试结果会影响其他审计程序的性质和范围

经典例题 8-13　2022·多选题

下列各项中，注册会计师实施控制测试的范围通常与之同向变动的有（　　）。

A. 注册会计师拟信赖控制运行有效性的时间长度
B. 控制的预期偏差
C. 通过测试与认定相关的其他控制获取的审计证据的充分性和适当性
D. 拟获取的控制运行有效性的审计证据的相关性和可靠性

控制测试的
范围-例题解析

【解析】在确定控制测试的范围时，除考虑对控制的信赖程度外，还可能考虑以下因素：
(1) 在拟信赖期间，执行控制的频率。控制执行的频率越高，控制测试的范围越大。
(2) 在所审计期间，拟信赖控制运行有效性的时间长度。拟信赖期间越长，控制测试的范围越大。（同向）选项 A 正确。

(3) 控制的预期偏差。控制的预期偏差率越高，需要实施控制测试的范围越大。（同向）选项 B 正确。

(4) 通过测试与认定相关的其他控制获取的审计证据的范围。针对同一认定，可能存在不同的控制。当针对其他控制获取审计证据的充分性和适当性较高时，测试该控制的范围可适当缩小。（反向）选项 C 错误。

(5) 拟获取的有关认定层次控制运行有效性的审计证据的相关性和可靠性。如拟获取的有关证据的相关性和可靠性较高（审计质量越高），测试该控制的范围可适当缩小（审计证据的质量影响数量）。（反向）选项 D 错误。

答案 AB

本节总结

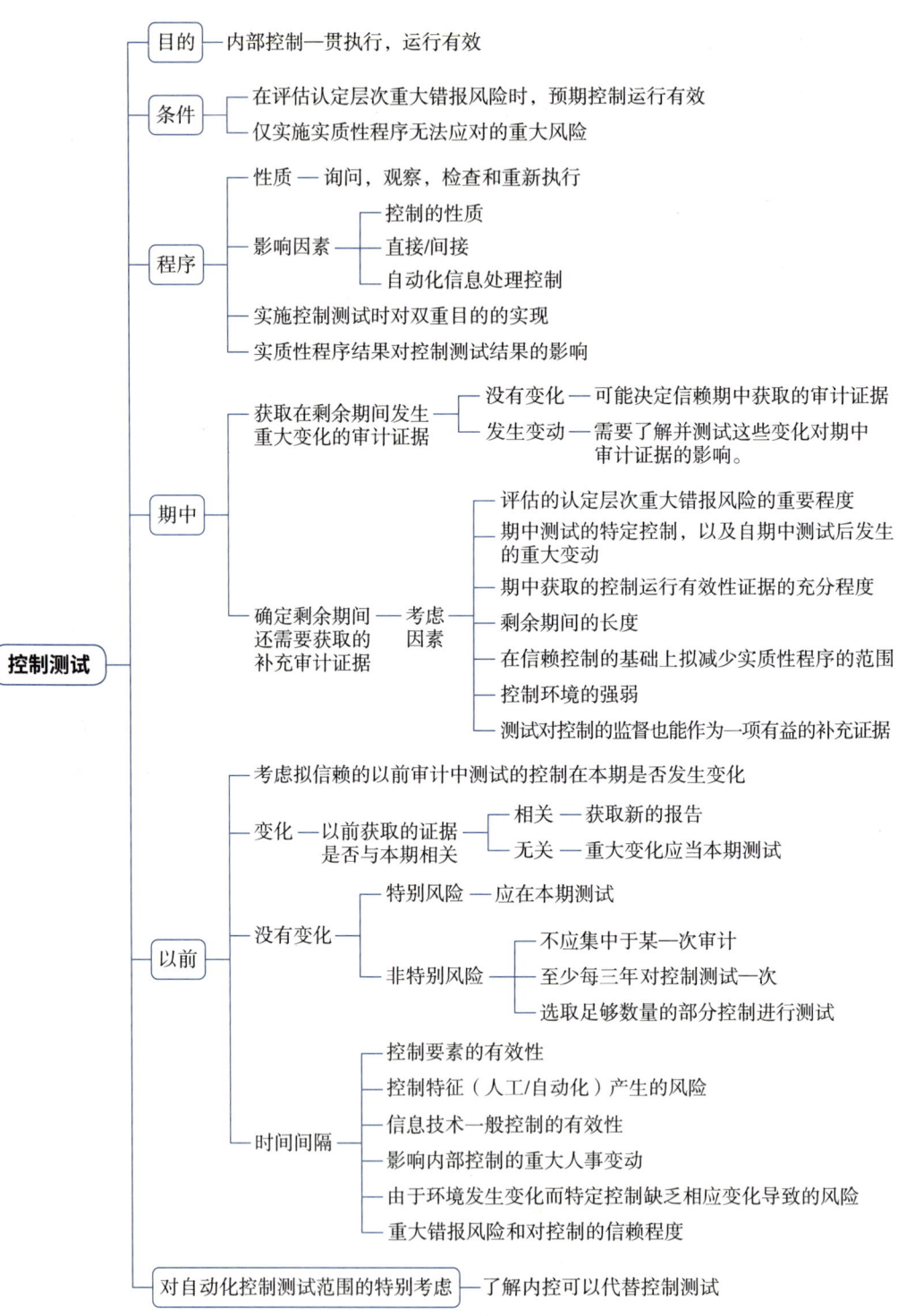

图 8-5 控制测试

第四节 实质性程序

一、实质性程序的含义和要求★★★（见表8-15）

考频 2021年单选题（1）、2020年简答题（1）、2019年多选题（1）、2018年简答题（3）

表8-15 实质性程序的含义和要求

	内容
目的	实质性程序用于发现认定层次的重大错报 **名师说** 从功能上说，通过实施实质性程序能回答两个问题：第一，有没有错；第二，如果有错，错多少。考试时，考生可以从这个角度去区分实质性程序和控制测试。
必要性	实质性程序是必要程序。无论评估的重大错报风险结果如何，注册会计师都<u>应当</u>针对所有重大类别的交易、账户余额和披露实施实质性程序 注册会计师<u>应当</u>实施的实质性程序包括①<u>下列两项</u>： （1）将财务报表与其所依据的会计记录进行核对或调解； （2）检查财务报表编制过程中做出的重大会计分录和其他调整
针对特别风险	（1）如果针对特别风险实施的程序仅为实质性程序，这些程序应当包括细节测试； （2）仅实施实质性分析不足以获取有关特别风险的充分、适当的审计证据； （3）注册会计师应当专门针对特别风险设计和实施实质性程序 **名师说** 根据针对特别风险实施审计程序的要求，以下几种情形是恰当的： （1）控制测试+实质性分析程序； （2）控制测试+细节测试； （3）细节测试+实质性分析程序； （4）细节测试。

敲黑板①

此考点此前只考过一次，属于偏但不超纲的知识点，考生在临考前关注一下即可。

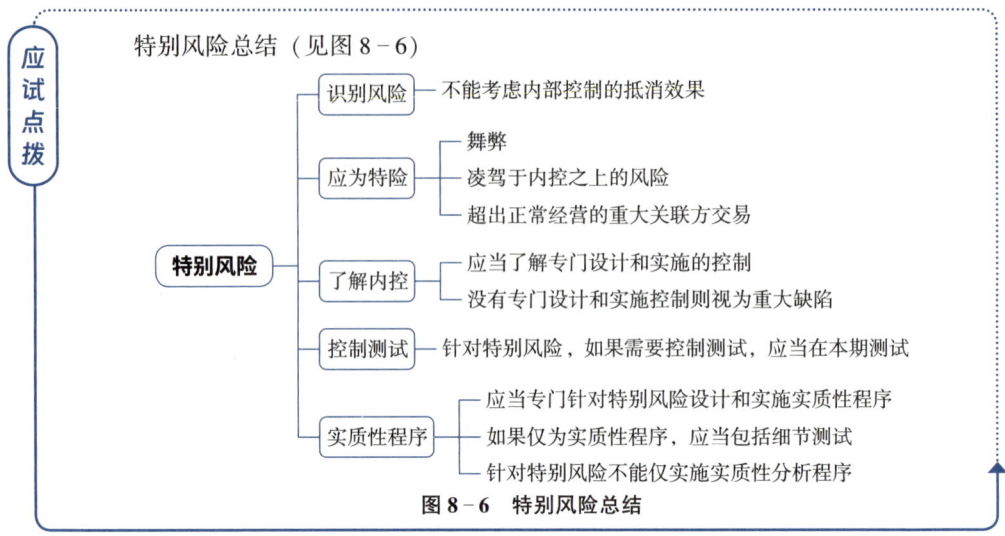

图 8-6 特别风险总结

经典例题 8-14 （2021年·单选题）

下列有关控制测试和实质性程序的说法中，错误的是（　　）。

A. 如果认为仅通过实施实质性程序无法获取认定层次的充分、适当的审计证据，注册会计师应当实施控制测试

B. 无论是否实施控制测试，注册会计师均应对所有重大类别的交易、账户余额和披露实施实质性程序

C. 注册会计师可以针对同一交易同时实施控制测试和实质性程序，以实现双重目的

D. 注册会计师应当针对特别风险同时实施控制测试和实质性程序

【解析】如果实质性程序无法应对重大错报风险，注册会计师必须通过实施控制测试，才可能有效应对评估出的某一认定的重大错报风险。选项 A 正确，不选。

无论选择何种方案，注册会计师都应当针对所有重大类别的交易、账户余额和披露设计和实施实质性程序。选项 B 正确，不选。

控制测试的目的是评价控制是否有效运行；细节测试的目的是发现认定层次重大错报。尽管两者目的不同，但注册会计师可以考虑针对同一交易同时实施控制测试和细节测试，以达到双重目的。选项 C 正确，不选。

注册会计师可以针对特别风险仅实施实质性程序（即如果针对特别风险实施的程序仅为实质性程序，这些程序应当包括细节测试，或将细节测试和实质性分析程序结合使用）。选项 D 错误，当选。

【答案】D

经典例题 8-15 （2019年·多选题）

下列有关与特别风险相关的控制的说法中，正确的有（　　）。

A. 注册会计师应当了解和评价与特别风险相关的控制的设计情况，并确定其是否得到执行

B. 对于与特别风险相关的控制，注册会计师不能利用以前审计获取的有关控制运行有效性的审计证据

C. 如果被审计单位未能实施控制以恰当应对特别风险，注册会计师应当针对特别风险实

施细节测试

D. 如果注册会计师实施控制测试后认为与特别风险相关的控制运行有效，对特别风险实施的实质性程序可以仅为实质性分析程序

【解析】针对特别风险，注册会计师应当了解和评估相关的控制活动，即评价其设计，并确定其是否得到执行，选项 A 正确；如果注册会计师拟信赖针对特别风险的控制，那么所有关于该控制运行有效性的审计证据必须来自当年的控制测试，选项 B 正确；如果针对特别风险实施的程序仅为实质性程序，这些程序应当包括细节测试，或将细节测试和实质性分析程序结合使用，以获取充分、适当的审计证据，选项 CD 正确。

【答案】ABCD

二、实质性程序的性质 ★★★

（一）实质性程序的类型

（1）实质性程序的性质，是指实质性程序的类型及其组合。例如，存货监盘就是由询问、观察、实物检查组合而成的程序。

（2）实质性程序的具体类型包括：

① 细节测试（检查、询问、观察、函证、重新计算）；

② 实质性分析程序。

（二）细节测试的方向

（1）在针对存在或发生认定设计细节测试时，选择包含在财务报表金额中的项目（逆向），并获取相关审计证据。

（2）针对完整性认定的细节测试，应选择有证据表明应包含在财务报表金额中的项目（正向），并调查是否确实包括在内；对漏记应付账款的风险，可检查期后付款记录。

（三）①设计实质性分析的考虑因素

实质性分析适用于在一段时期内存在可预期关系的大量交易。设计实质性分析时应考虑以下因素：

（1）对特定认定使用实质性分析程序的适当性；

（2）对已记录的金额或比率作出预期时，所依据的数据的可靠性；

（3）预期的准确程度是否足以在计划的保证水平上识别重大错报；

（4）已记录金额与预期值之间可接受的差异额；

（5）当实施实质性分析程序时，如果使用被审计单位编制的信息，注册会计师应当考虑测试与信息编制相关的控制，以及这些信息是否在本期或前期经过审计。

> 敲黑板①
> 该知识点在第三章第四节"分析程序"中已作详细阐述，此处不再过多展开。

三、实质性程序的时间 ★★★

【考频】2021 年多选题（1）

（一）实质性程序的常态时间

注册会计师通常在期末或接近期末实施实质性程序，这是由财务报表审计的性质，即编制财务报表的时间决定的。

注：期中实施控制测试具有更积极的作用。

（二）考虑是否在期中实施实质性程序

1. 对成本效益的权衡

期中实施实质性程序，本身也要消耗审计资源；为使期中获得的证据的有效性能够合理延伸至期末，又需要进一步消耗审计资源。

注册会计师需要权衡这两部分审计资源的总和是否能够显著小于完全在期末实施实质性程序所需消耗的审计资源。**如不符合成本效益原则，往往在期末实施实质性程序。**

> **敲黑板①**
> 此处容易考查客观题，考生需要注意。

2. ①是否在期中实施实质性程序的考虑因素

（1）控制环境和其他相关的控制；（控制环境越弱，越不适宜在期中实施。）

（2）实施审计程序所需信息在期中之后的可获得性；（如果只能在期中获取审计证据，那么注册会计师应当在期中实施。）

（3）实质性程序的目的；（如果只是为了获取中期证据，注册会计师则倾向于期中实施。）

（4）评估的重大错报风险；（风险越高，越不适宜在期中实施。）

（5）特定类别交易或账户余额以及相关认定的性质；（如测试截止性认定，只能在期末实施。）

（6）在剩余期间，能否通过实施实质性程序或将其与控制测试结合，降低期末存在错报而未被发现的风险。（如果在剩余期间无法降低该风险，则只能在期末实施。）

▍经典例题 8-16 （2021年·多选题）

在确定是否在期中实施实质性程序时，下列各项中，注册会计师通常需要考虑的有（　　）。

A. 实施审计程序所需信息在期中之后的可获得性
B. 相关认定的性质
C. 评估的重大错报风险
D. 成本效益的权衡

（解析）下列因素可能对是否在期中实施实质性程序产生影响：（1）控制环境和其他相关的控制；（2）实施审计程序所需信息在期中之后的可获得性（选项A）；（3）实质性程序的目的；（4）评估的重大错报风险（选项C）；（5）特定类别交易或账户余额以及相关认定的性质（选项B）；（6）针对剩余期间，能够通过实施实质性程序或将实质性程序与控制测试相结合，降低期末存在错报而未被发现的风险（选项D）。

（答案）ABCD

3. 将期中证据的有效性延伸到期末的两种选择（见表8-16）

表8-16 将期中证据的有效性延伸到期末的两种选择

	内容
首选	针对剩余期间实施进一步实质性程序
备选	将实质性程序和控制测试结合使用，如果仅实质性程序不足以将期中结论延伸至期末，还**应**测试剩余期间控制运行的有效性或针对期末实施实质性程序
都不做	如果识别出舞弊导致的重大错报风险，为将期中结论延伸至期末而实施的程序通常是无效的，**应考虑**在期末或者接近期末实施实质性程序

> 如果注册会计师在期中对应收账款实施了函证。
> ① 剩余期间只有2笔交易：注册会计师可以对这2笔交易实施其他实质性程序，比如检查期后回款，检查相关的销售合同、销售单、发运凭证等支持性凭证。
> ② 剩余期间有20 000笔交易：注册会计师可以对交易相关的控制进行测试，确定需要从20 000笔交易中抽取多少笔交易实施其他实质性程序。
> ③ 如果识别出舞弊导致的重大错报风险：因为重大错报风险是舞弊导致，相关内部控制无法再信赖，可获取的佐证管理层认定的信息只能从外部获得，所以注册会计师只能在期末实施函证。

（三）如何考虑以前审计获取的审计证据

以前年度实施实质性程序获取的证据，对本期只有很弱的证据效力或没有证据效力，不足以应对本期的重大错报风险。

> 注意与控制测试的区别。
> 以前年度实施控制测试获取的证据，如果上期仍然与本期相关，且不针对特别风险，注册会计师通常可以利用。但是对于以前年度实施实质性程序获取的审计证据，则通常不足以应对本期的重大错报风险。

只有以前的审计证据及事项未发生重大变动时（例如，以前的某项诉讼在本期没有任何进展），以前的证据才可用作本期的有效证据。即便如此（即使未发生重大变动），也应在本期实施审计程序，以确定证据是否具有持续相关性。

四、实质性程序的范围★★★

确定实质性程序范围时，应当考虑认定层次重大错报风险和控制测试结论。
（1）确定细节测试范围时，既要考虑样本规模的大小，也要考虑选样方法的有效性。
（2）确定实质性分析程序的范围需要考虑两个方面：
① 分析什么层次的数据。例如，按不同产品线、不同季节或月份、不同经营地点或存货存放地点等实施实质性分析。
② ①调查什么幅度或性质的偏差。这取决于认定层次（实际执行）的重要性水平。

敲黑板①
此处的"调查什么幅度"，指的就是实质性分析中介绍的"可接受差异额"。

本节总结

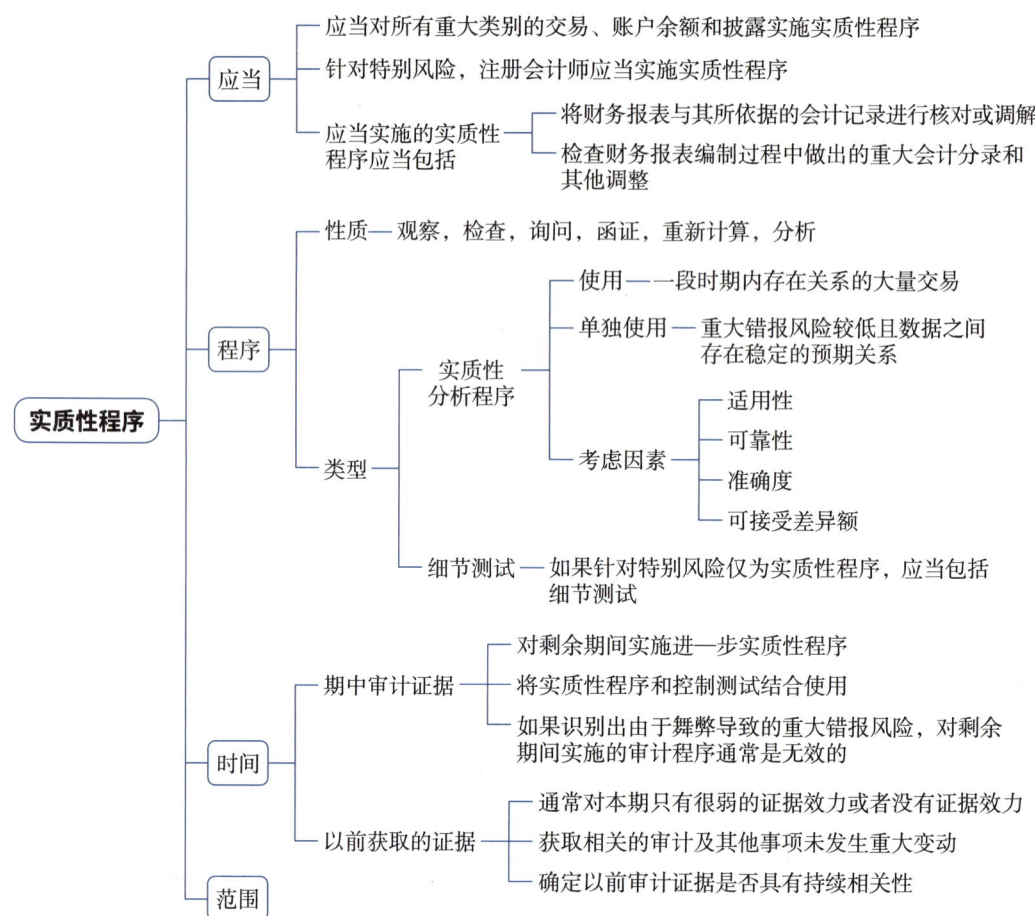

图 8-7 实质性程序

考点加油站

章末总结

- 风险应对
  - 应对财务报表层次风险
    - 总体应对措施
    - 提高程序不可预见性
    - 修改进一步程序的总体方案
  - 应对认定层次的风险
    - 进一步审计程序的含义和要求
      - 控制测试
      - 实质性程序
    - 进一步审计程序的性质
      - 概念
      - 目的
      - 类型
    - 进一步审计程序的时间
      - 时间的含义
      - 时间的选择
        - 期中
        - 期末
    - 进一步审计程序的范围
      - 概述
      - 考虑因素
  - 控制测试
    - 控制测试的概念
    - 控制测试的性质
      - 概念
      - 考虑因素
      - 双重目的的实现
      - 实质性程序结果的影响
    - 控制测试时间安排
      - 含义
      - 期中实施控制测试
      - 以前控制测试的证据
    - 控制测试的范围
  - 实质性程序
    - 实质性程序的含义和要求
    - 实质性程序的性质
      - 实质性程序的类型
      - 细节测试的方向
      - 设计实质性分析的考虑因素
    - 实质性程序的时间
      - 对成本效益的权衡
      - 是否在期中实施实质性程序的考虑因素
      - 如何考虑以前审计获取的审计证据
    - 实质性程序的范围

41%

第九章　销售与收款循环的审计

> 轻装上阵

本章讲什么？

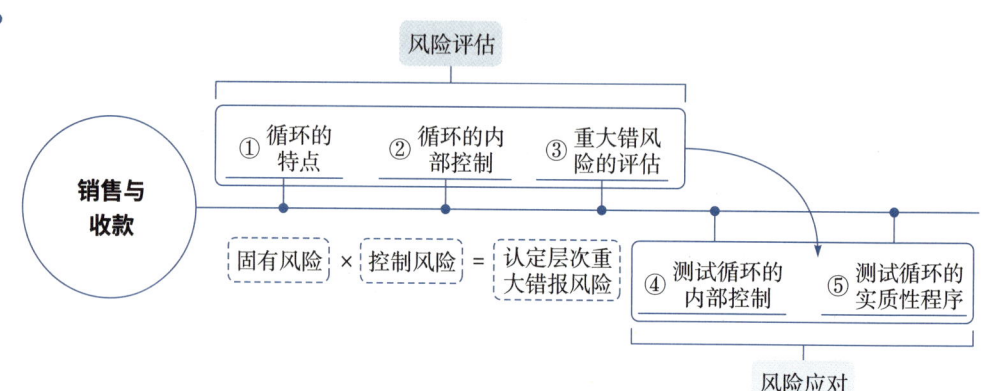

本章第一部分①销售与收款循环的特点，介绍了被审计单位的销售与收款循环的业务活动，以及主要涉及的单据与会计记录。了解②销售与收款循环的相关内部控制，是注册会计师在实施风险评估程序时的一项必要工作，其目的是识别③销售与收款循环的重大错报风险。为了应对识别出的重大错报风险，在拟信赖内部控制的情况下，注册会计师应当实施④销售收款循环的控制测试，并针对所有重大的交易账户余额或披露实施实质性程序（⑤销售与收款循环的实质性程序）。

本章如何考？

本章在考试中多以简答题、综合题的形式出现，每年考查分值为3~5分。同时，考试也会将本章知识点与"函证"的知识点相结合，进行综合命题。

本章怎么学？

在本章的学习过程中，考生需要重点掌握销售与收款循环的业务活动，以及营业收入和应收账款的实质性程序。其中，销售与收款循环的业务活动奠定了本章的基础，综合题中常要求考生结合具体情形查找与收入确认相关的关键单据，需要考生灵活运用。

2024年本章主要变化

本章在2024年微调了一些细节，比如在应收账款处增加了合同资产；对于收入确认存在舞弊风险的假定不适用于业务的具体情况作了举例；对于评估控制风险，新增了注册会计师可以根据自身偏好的审计技术或方法进行评估的观点。考生以理解为主。

考点冲浪

第一节 销售与收款循环的特点

> **名师说**：综合题中常要求考生结合具体情形查找与收入确认相关的关键单据，而不同的具体情形会出现不同的关键单据，这里我们罗列了销售与收款循环的主要的关键单据，需要考生重点掌握。

在内部控制比较健全的企业，处理销售与收款业务通常需要使用很多单据与会计记录。典型的销售与收款循环所涉及的主要单据与会计记录，见表9-1。

表9-1 销售与收款循环的主要单据

单据	含义	作用
客户订购单	客户提出的书面购货要求	用作编制销售单的依据
销售单	列示客户所订商品的名称、规格、数量以及其他与客户订购单有关信息的凭证	用作销售方内部处理客户订购单的凭证
出库单	在发运货物时编制，反映发出商品的规格、数量和其他有关内容的凭据	用作向客户开具发票的依据
销售发票	通常包含已销售商品的名称、规格、数量、价格、销售金额、运费和保险费、开票日期、付款条件等内容的凭证	用作登记销售交易的基本凭据之一
①商品价目表	列示已经授权批准的、可供销售的各种商品的价格清单	用作确定开票单价的依据
贷项通知单	表示由于销售退回或经批准的折让而导致应收货款减少的单据	用作证明应收账款的减少
②应收票据/应收款项融资/应收账款/合同资产预期信用损失计算表（2024年新修）	通常按月编制，反映月末应收票据/应收款项融资/应收账款/合同资产的预期信用损失	用作计提坏账准备的依据
应收票据/应收款项融资/应收账款/合同资产明细账	记录每个客户各项赊销、还款、销售退回及折让交易的明细账	反映每个客户各项赊销、还款、销售退回及折让交易
主营业务收入明细账	记录销售交易的明细账	反映不同类别商品或服务的营业收入的明细发生情况和总额

敲黑板①
商品价目表与准确性相关，考查选择题。

敲黑板②
应收票据/应收款项融资/收账款预期信用损失计算表与相应报表项目的准确性、计价与分摊认定相关，考查选择题。

续表

单据	含义	作用
①可变对价相关会计记录	企业与客户的合同中约定的对价金额可能因折扣、价格折让、返利等因素而变化	企业通常定期编制可变对价的相关会计记录，反映对计入交易价格的可变对价的估计和结算情况
汇款通知书	与销售发票一起寄给客户，由客户在付款时再寄回销售单位的凭证	用以防止经办人员收到款项后不入账
现金日记账和银行存款日记账	记录应收账款的收回或现销收入以及其他各种现金、银行存款收入和支出	反映应收账款的收回或现销收入以及其他各种现金、银行存款收入和支出
坏账核销审批表	批准将无法收回的应收款项融资/应收账款作为坏账予以核销的单据	用于批准将无法收回的应收款项作为坏账予以核销
客户对账单	通常按月定期寄送给客户以核对账目的单据	用于购销双方定期核对账目
转账凭证	记录转账业务的记账凭证，根据有关转账业务（即不涉及现金、银行存款收付的各项业务）的原始凭证编制的	用作登记明细账的依据
现金和银行凭证	记录现金和银行存款收入业务和支付业务的记账凭证	用作登记明细账的依据

敲黑板①

可能考查选择题。

名师说

（1）针对"汇款通知单"的理解：假设企业不编制汇款通知书，出纳人员在收到客户的货款后可能不记账，并谎称没有收到货款，此时，不知情的财务人员会对应收账款计提坏账准备，那么出纳人员就成功地蒙混过关了。

（2）"贷项通知单"的名称中有"贷项"二字，应收账款的贷方表示应收账款的减少，因此"贷项通知单"是用来表示应收账款的减少。

（3）客户对账单通常是由销售方寄给采购方的，因为销售方是债权人，相比于债务人，债权人往往会比较着急，所以对账的重任往往落在了债权人的身上。

第二节 销售与收款循环的业务活动和相关内部控制

一、销售与收款循环的①业务活动 ★★★（见表9-2）

表9-2 销售与收款循环的业务活动

业务活动	部门	单据	具体内容
接受客户订购单	客户	订购单	客户提出的书面购货要求是整个业务活动的起点。客户订购单是②外部单据，有时能为销售交易的"发生"认定提供补充证据
	销售部门	销售单	销售部门的主管对客户订购单进行授权审批，并根据经审批的订购单编制连续编号的销售单
批准赊销信用	③信用管理部门	销售单	信用管理部门根据管理层制定的赊销政策对销售单进行审批。信用管理部门的员工应将销售单与该客户已被授权的赊销信用额度以及至今尚欠的账款余额加以比较。 无论是否批准赊销，信用管理部门人员都要在销售单上签署意见，然后再将已签署意见的销售单送回销售单管理部门。该项活动与应收账款账面余额的"准确性、计价和分摊"认定有关
按销售单编制发运凭证并供货	仓库	发运凭证	为了防止仓库擅自发货，仓库只有在收到经过信用管理部门批准的销售单时才能编制发运凭证并供货
按销售单装运货物	装运部门	出库单	装运部门员工在装运之前，通常会进行独立验证，以确定从仓库提取的商品都附有经批准的销售单，且所提取商品的内容与销售单及发运凭证一致
向客户开具发票	财务部门	销售发票	（1）负责开发票的员工在开具每张销售发票之前，检查是否存在发运凭证和相应的经批准的销售单； （2）依据已授权批准的商品价目表来确定开具发票的单价； （3）将发运凭证上的商品数量与相对应的销售发票上的商品数量进行比较
记录销售	财务部门	记账凭证、明细账	（1）依据有效的发运凭证和销售单记录销售； （2）使用事先连续编号的销售发票并对发票使用情况进行监控； （3）独立检查已销售发票上的金额与会计记录金额的一致性； （4）记录销售的职责应与处理销售交易的其他功能相分离； （5）对有关记录的接触予以限制，以减少未经授权的记录发生；

敲黑板①

考生需要熟悉各个业务活动的先后顺序以及部门和单据的名称，考试中可能结合具体内部控制和审计程序考查综合题。

敲黑板②

外部单据可靠性较高，但是可能无法连续编号。

敲黑板③

如果考试中出现销售部门执行信用审批，考生需要注意这种做法是不恰当的。

续表

业务活动	部门	单据	具体内容
记录销售	财务部门	记账凭证、明细账	(6) 定期独立检查应收账款的明细账与总账的一致性； (7) 由**不负责**现金出纳和销售及应收账款记账的人员定期向客户寄发对账单，对不符事项进行调查，必要时调整会计记录，编制对账情况汇总报告并交管理层审核
确认和记录可变对价的估计和结算情况	财务部门	记账凭证、日记账、明细账	处理货币资金收入时要保证全部货币资金如数、及时地记入现金、银行存款日记账或应收账款明细账，并如数、及时地将现金存入银行
办理和记录销售退回、销售折扣与折让	财务部门	折扣与折让明细账	如果合同中存在可变对价，企业需要对计入交易价格的可变对价进行估计，并在每一资产负债表日重新估计应计入交易价格的可变对价金额，以如实反映报告期存在的情况以及报告期内发生的情况变化
提取坏账准备	财务部门	应收账款账龄分析表	企业一般定期对**应收票据/应收款项融资/应收账款**的预期信用损失进行估计，根据估计结果确认信用减值损失并计提坏账准备，管理层对相关估计进行复核和批准
核销坏账	财务部门	坏账审批表	如有证据表明某项货款已无法收回，企业应通过适当的审批程序注销这笔货款

> **名师说**
> (1) 对单据进行连续编号往往与完整性认定相关，如果销售单的编号出现断号，那说明销售单可能有遗漏，进而显示完整性认定可能存在重大错报风险。
> (2) 如果考试中出现被审计单位的客户财务状况较差，比如濒临破产，那么应收账款可能很难全部收回，此时，应收账款的"准确性、计价与分摊"认定可能存在重大错报风险。

二、销售与收款循环的内部控制 ★★★（见表 9-3）

> **敲黑板①**
> 对于这部分内容，考生只需要理解即可，这些非重点考试内容，但在实际工作中属于基本常识。

表 9-3　①销售与收款循环的内部控制

	内容
程序	(1) 询问参与销售与收款流程各业务活动的被审计单位人员，一般包括销售部门、仓储部门和财务部门的员工和管理人员； (2) 获取并阅读企业的相关业务流程图或内部控制手册等资料； (3) 观察销售与收款流程中特定控制的运用，例如观察仓储部门人员是否以及如何将装运的商品与销售单上的信息进行核对； (4) 检查文件资料，例如检查销售单、发运凭证、客户对账单等； (5) **实施穿行测试**，即追踪销售交易从发生到最终被反映在财务报表中的整个处理过程。例如选取一笔已收款的销售交易，追踪该笔交易从接受客户订购单直至收回货款的整个过程

续表

		内容
销售交易内部控制的主要内容	①职责分离	（1）销售、发货、收款三项业务的部门（或岗位）分别设立； （2）销售人员应当避免接触销货现款（销售与收款分离）； （3）编制销售发票通知单（即销售单和装运凭证）的人员与开具销售发票的人员应相互分离； （4）主营业务收入明细账与应收账款明细账由不同职员记录；赊销批准职能与销售执行职能分离； （5）订立销售合同前，指定专人就销售价格、信用政策、发货及收款方式等具体事项； （6）与客户进行谈判。谈判人员至少两人，并与订立合同的人员相分离； （7）应收票据的取得和贴现必须经由保管票据以外的主管人员的书面批准； （8）由不负责现金出纳和销售及应收账款记账的主管人员按月向客户寄发对账单
	授权审批	（1）在销售之前，赊销已经正确审批。非经正当审批，不得发出货物； （2）销售价格、销售条件、运费、折扣等必须经过审批； （3）审批人应当根据销售与收款授权批准制度的规定，在授权范围内进行审批，不得超越审批权限； （4）对于超过企业既定销售政策和信用政策规定范围的特殊交易，需要经过适当的授权
	凭证和记录	充分的凭证和记录有助于企业执行各项控制以实现控制目标。 例如：企业在收到客户订购单后，编制一份预先编号的一式多联的销售单，分别用于批准赊销、审批发货、记录发货数量以及向客户开具发票等。在这种制度下，通过定期清点销售单和销售发票，**可以避免漏开发票或漏记销售的情况**。又如：财务人员在记录销售交易之前，对相关的销售单、发运凭证和销售发票上的信息进行核对，以确保入账的营业收入是**真实发生的、准确的**
	预先编号	对凭证预先进行编号，旨在防止销售以后遗漏向客户开具发票或登记入账，也可防止重复开具发票或重复记账。 如果对凭证的编号不作清点，预先编号就会**失去其控制意义**。定期检查全部凭证的编号，并调查凭证缺号或重号的原因，是实施这项控制的关键点
	对账单	由**不负责现金**出纳和销售及应收票据/应收款项融资/应收账款合同资产记账的人员定期向客户寄发对账单，能促使客户在发现应付账款余额不正确后及时反馈有关信息。为了使这项控制更加有效，最好将账户余额中出现的**所有核对不符的账项**指定一位既不负责货币资金也不记录主营业务收入和应收票据/应收款项融资应收账款/合同资产账目的主管人员处理，然后由**独立人员**定期编制对账情况汇总报告并交管理层**审阅**
	内部核查程序	（1）销售与收款交易相关岗位及人员的设置情况。重点检查是否存在销售与收款交易不相容职务混岗的现象； （2）销售与收款交易授权批准制度的执行情况。重点检查授权批准手续是否健全，是否存在越权审批行为； （3）销售的管理情况。重点检查信用政策、销售政策的执行是否符合规定； （4）收款的管理情况。重点检查销售收入是否及时入账，应收账款的催收是否有效，坏账核销和应收票据的管理是否符合规定； （5）销售退回的管理情况。重点检查销售退回手续是否齐全，退回货物是否及时入库

敲黑板①

常见的四种职责分离包括：相邻部门分离、借贷记录分离、明细账总账分离、批准与执行分离。

第三节 销售与收款循环的重大错报风险的评估

一、销售与收款循环存在的重大错报风险★★★

（一）直接假定收入确认存在舞弊风险

（1）在识别和评估与收入确认相关的重大错报风险时，**应**基于收入确认存在舞弊风险的假定，评价哪些类型的收入、收入交易或认定导致舞弊风险。

（2）假定收入确认存在舞弊风险，并**不意味**着注册会计师**应当**将收入确认相关的所有的认定都假定为存在舞弊风险。

（3）如果认为该假定**不适用**于具体情况，从而未将收入确认作为由于舞弊导致的重大错报风险领域，**应当**在审计工作底稿中记录得出该结论的理由。

当被审计单位仅存在一种简单的收入交易（如单一租赁资产的租赁收入）时，注册会计师可能认为在收入确认方面不存在舞弊导致的重大错报风险。（2024年新增）

（二）通过实施风险评估程序识别与收入确认相关的舞弊风险（见表9-4）

表9-4 通过实施风险评估程序识别与收入确认相关的舞弊风险

	内容
风险评估	注册会计师**应当**评价通过实施风险评估程序和执行其他相关活动获取的信息是否表明存在舞弊风险因素
重大错报风险	（1）收入确认存在的舞弊风险； （2）收入的复杂性可能导致的错误； （3）发生的收入建议未能得到准确记录； （4）期末收入交易和收款交易的截止容易出现错误； （5）收款未及时入账或记入不正确的账户； （6）应收账款坏账准备的计提可能不准确 **名师说** ① 注册会计师只是假定收入确认存在舞弊风险，但这**并不意味**着收入确认一定存在舞弊风险，注册会计师仍然需要评估其重大错报风险。如果考题中描述收入确认一定存在舞弊风险，考生要知道这种说法是错误的。 ② 营业收入的各项认定均有可能存在重大错报风险，考生要注意不能片面地认为只有发生认定存在重大错报风险，不同的情形会有不同的认定存在重大错报风险，需要结合具体问题进行分析。
常用收入确认舞弊手段	**1. ①为粉饰财务报表而高估收入的舞弊手段** （1）虚构销售交易； （2）进行显失公允的交易； （3）在客户取得相关商品控制权前确认销售收入； （4）通过隐瞒退货条款，在发货时全额确认销售收入； （5）通过隐瞒不符合收入确认条件的售后回购或售后租回协议，而将以售后回购或售后租回方式发出的商品作为销售商品确认收入； （6）在被审计单位属于**代理人**的情况下，被审计单位按**主要责任人**确认收入； （7）对于属于在某一时段内履约的销售交易，通过高估履约进度的方法实现当期多确认收入；

敲黑板①
这部分内容可能作为背景出现在综合题中，在遇到这些情况的时候，考生只需知道被审计单位存在舞弊风险，应当采用第十三章"舞弊风险的应对"的相关内容来应对即可。

续表

	内容
常用收入确认舞弊手段	(8) 当存在多种可供选择的收入确认会计政策或会计估计方法时，随意变更所选择的会计政策或会计估计方法； (9) 选择与销售模式不匹配的收入确认会计政策； (10) 通过调整与单独售价或可变对价等相关的会计估计，达到多计或提前确认收入的目的； (11) 对于存在多项履约义务的销售交易，未对各项履约义务单独进行核算，而整体作为单项履约义务一次性确认收入； (12) 对于应整体作为单项履约义务的销售交易，通过将其拆分为多项履约义务，达到提前确认收入的目的 **2. 为降低税负或转移利润而低估收入** (1) 被审计单位在满足收入确认条件后，不确认收入，而将收到的货款作为负债挂账，或转入本单位以外的其他账户； (2) 被审计单位采用以旧换新的方式销售商品时，以新旧商品的**差价**确认收入； **名师说** 以旧换新销售是指销售方在销售商品的同时回收与所售商品相同的旧商品。在这种销售方式下销售的商品应当按照销售商品收入确认条件确认收入，回收的商品作为购进商品处理。 (3) 对于应采用总额法确认收入的销售交易，被审计单位采用净额法确认收入； (4) 对于属于在某一时段内履约的销售交易，被审计单位未按实际履约进度确认收入，或采用时点法确认收入； (5) 对于属于在某一时点履约的销售交易，被审计单位未在客户取得相关商品或服务控制权时确认收入，推迟收入确认时点； (6) 通过调整与单独售价或可变对价等相关的会计估计，达到少计或推迟确认收入的目的

(三) 表明被审计单位在收入方面可能存在舞弊风险的迹象（见表9-5）

表 9-5　①表明被审计单位在收入方面可能存在舞弊风险的迹象

	舞弊迹象
销售客户方面出现异常情况	(1) 销售情况与客户所处行业状况**不符**。 (2) 与**同一客户同时**发生销售和采购交易。 (3) 交易标的对交易对方而言**不具有合理用途**。 (4) 主要客户自身规模与其**交易规模不匹配**。 (5) 与新成立或之前缺乏从事相关业务经历的客户发生大量或大额的交易，或者与原有客户交易金额出现**不合理的大额增长**。 (6) 与关联方或疑似关联方客户发生**大量或大额**交易。 (7) 与个人、个体工商户发生**异常**大量的交易。 (8) 对应收款项账龄长、回款率低或缺乏还款能力的客户，**仍**放宽信用政策。 (9) 被审计单位的客户是否付款取决于下列情况： ① 能否从第三方取得融资； ② 能否转售给第三方（如经销商）； ③ 被审计单位能否满足特定的重要条件。 (10) 直接或通过关联方为客户提供融资担保

敲黑板①

这部分内容可能作为背景出现在综合题中，在遇到这些情况的时候，考生在只需知道被审计单位存在舞弊风险，应当采用第十三章"舞弊风险的应对"的相关内容来应对即可。

续表

	舞弊迹象
销售交易方面出现异常情况	(1) 在**临近期末**时发生了**大量或大额**的交易。 (2) 实际销售情况与订单不符，或者根据已取消的订单发货或重复发货。 (3) **未经**客户同意，在销售合同约定的发货期之前发送商品或将商品运送到销售合同约定地点以外的其他地点。 (4) 被审计单位的销售记录表明，已将商品发往外部仓库或货运代理人，却**未指明**任何客户。 (5) 销售价格**异常**。例如，明显高于或低于被审计单位和其他客户之间的交易价格。 (6) 已经销售的商品在期后有**大量**退回。 (7) 交易之后**长期**不进行结算
销售合同单据出现异常情况	(1) 销售合同**未签字**盖章，或者销售合同上加盖的公章并不属于合同所指定的客户； (2) 销售合同中重要条款（例如交货地点、付款条件）**缺失或含糊**； (3) 销售合同中部分条款或条件不同于被审计单位的标准销售合同，**或过于复杂**； (4) 销售合同或发运单上的日期**被更改**； (5) 在实际发货之前开具销售发票，或实际未发货而开具销售发票； (6) 记录的销售交易未经恰当授权或缺乏出库单、货运单、销售发票等证据支持
销售回款	(1) 应收款项收回时，付款单位与购买方**不一致**，存在较多代付款的情况； (2) 应收款项收回时，银行回单中的摘要与销售业务**无关**； (3) 对**不同**客户的应收款项从**同一**付款单位收回； (4) 经常采用多方债权债务抵销的方式**抵销**应收款项
资金方面出现异常情况	(1) 通过虚构交易套取资金； (2) 发生异常大量的现金交易，或被审计单位有非正常的资金流转及往来，特别是有非正常现金收付的情况； (3) **在货币资金充足的情况下仍大额举债**； (4) 被审计单位申请公开发行股票并上市，连续几个年度进行大额分红； (5) 工程实际付款进度明显快于合同约定付款进度； (6) 与关联方或疑似关联方客户发生大额资金往来
其他方面出现异常情况	(1) 采用**异常于**行业惯例的收入确认方法； (2) 与销售和收款相关的业务流程、内部控制发生**异常**变化，或者销售交易未按照内部控制制度的规定执行； (3) **非**财务人员过度参与与收入相关的会计政策的选择、运用以及重要会计估计的作出； (4) 通过实施分析程序发现**异常**或偏离预期的趋势或关系； (5) 被审计单位的账簿记录与询证函函提供的信息之间存在重大或**异常**差异； (6) 在被审计单位业务或其他相关事项未发生重大变化的情况下，询证函回函相符比例**明显异于**以前年度； (7) 被审计单位管理层**不允许**注册会计师接触可能提供审计证据的特定员工、客户、供应商或其他人员

（四）对收入确认实施分析程序

在收入确认领域实施审计程序时，分析程序是一种较为有效的方法，注册会计师需要重视并充分利用分析程序，发挥其在识别收入确认舞弊中的作用。在设计分析程序时，注册会计师需要在充分了解被审计单位及其环境等方面的基础上,识别与收入相关的财务数据和其他财务数据、非财务数据之间存在的关系,以提升实施分析程序的效果。

基于被审计单位的业务性质,可以采用不同的数据指标分析。例如,餐饮业可以考虑**翻台率**,游戏直播行业可以考虑**单客充值金额**、**实际在线时间**等。

在收入确认领域,注册会计师可以实施的分析程序的例子包括:

(1) 将账面**销售收入**、**销售清单和销售增值税销项清单**进行核对;
(2) 将本期销售收入金额与以前可比期间的**对应数据或预算数**进行比较;
(3) 分析月度或季度**销售量**、**销售单价**、**销售收入金额**、①**毛利率变动趋势**;
(4) 将销售收入变动幅度与销售商品及提供劳务收到的**现金**、**应收账款/合同资产**、**存货**、**税金**等项目的变动幅度进行比较;
(5) 将**销售毛利率**、**应收账款/合同资产周转率**、**存货周转率**等关键财务指标与可比期间数据、预算数或同行业其他企业数据进行比较;
(6) 分析销售收入等财务信息与**投入产出率**、**劳动生产率**、**产能**、**水电能耗**、**运输数量**等非财务信息之间的关系;
(7) 分析销售收入与**销售费用**之间的关系,包括销售人员的人均业绩指标、销售人员薪酬、广告费、差旅费,以及销售机构的设置、规模、数量、分布等。

当综合题给出价格或成本变动的信息时,往往是考查对毛利率的分析。

注册会计师通过实施分析程序,可能识别出未注意到的异常关系,或通过其他审计程序难以发现的变动趋势,从而有目的、有针对性地关注可能发生重大错报风险的领域,有助于评估重大错报风险,为设计和实施应对措施奠定基础。

> **名师说** 例如,如果注册会计师发现被审计单位不断地为完成销售目标而增加销售量,或者大量的销售因不能收现而导致应收账款/合同资产大量增加,需要对销售收入的真实性予以额外关注;如果注册会计师发现被审计单位临近期末销售量大幅增加,需要警惕被审计单位将下期收入提前确认或虚假销售的可能性;如果注册会计师发现单笔大额收入能够减轻被审计单位盈利方面的压力,或使被审计单位完成销售目标,需要警惕被审计单位虚构收入的可能性。

二、评估固有风险和控制风险

(一) 评估固有风险

针对识别出的销售与收款循环相关交易类别、账户余额和披露存在的重大错报风险,注册会计师应当通过评估错报发生的可能性和重要程度来评估固有风险。在评估时,注册会计师运用职业判断确定错报发生的可能性和重要程度综合起来的影响程度。

其案例可能涉及主观题,考生需要阅读全文。

②**例如**:某被审计单位从事连锁超市经营,允许消费者以现金、电子支付或银行卡方式支付货款。对于以现金方式取得的收入,注册会计师认为发生错报的**可能性较大**,其原因是现金属于易被侵占的资产。但是,由于消费者极少采用现金方式支付货款,因此,如果发生错报,其**严重程度很低**。综合考虑错报发生的可能性和严重程度,注册会计师将与现金收入相关的固有风险的风险等级③**评估为低水平**。

考试中如果出现"错报的可能性较大,严重程度很低,评估的固有风险水平可能为低水平",考生需要知道,这是正确的。

又如,某被审计单位本年度与新客户签订了一项重大合同,包含向客户转让多项商品和服务的承诺。在评估固有风险时,注册会计师认为与该交易相关的固有风险因素包括:

(1) 复杂性。例如，被审计单位需要识别合同中包含几个单项履约义务。

(2) 主观性。例如，在确定单独售价时，被审计单位需要对采用的方法和参数作出选择。

(3) 不确定性。例如，在确定涉及可变对价的交易价格和单项履约义务的履约进度时，涉及重大的管理层判断，存在估计不确定性。

(4) 其他因素。被审计单位以往年度未签订过这类合同，财务人员对相关的会计处理缺乏经验。基于上述因素，注册会计师认为错报发生的可能性较大，并且由于合同金额重大，如果发生错报，其严重程度较高。综合这些考虑，注册会计师将与该交易相关的风险的固有风险等级评估为最高级，即存在特别风险。

(二) 评估控制风险

如果计划测试销售与收款循环中相关控制的运行有效性，注册会计师应当评估控制风险。注册会计师可以根据自身偏好的审计技术或方法，以不同方式实施和体现对控制风险的评估。(2024 年新增)

例如，被审计单位的仓库管理人员只有在收到经过批准的销售单后才能编制出库单并安排发货。注册会计师计划测试该项控制的运行有效性，考虑到该项控制属于**常规性控制**，执行控制时**不涉及重大判断**，因此，将该项控制的①控制风险评估为低水平。

> **敲黑板①**
> 考试中如果出现此案例，注册会计师将控制风险评价为低风险，考生需要知道，这是正确的。

又如，被审计单位建造部门的人员每月测量产品完工进度，经该部门经理复核签字后交财务部门，作为确定履约进度和收入的依据。注册会计师计划测试该项控制的运行有效性，认为虽然执行控制的人员具备相应的知识和技能，但该项控制非常重要，且控制的运行涉及较高的主观程度，因此，综合考虑确定该项控制的风险等级为高水平。

需要说明的是，如果注册会计师拟不测试控制运行的有效性，则应当将固有风险的评估结果作为重大错报风险的评估结果。

三、根据重大错报风险评估结果设计进一步审计程序★★★（见表 9-6）

表 9-6 销售与收款循环的重大错报风险和进一步审计程序总体方案

重大错报风险描述	相关财务报表项目及认定	风险程度	是否信赖控制	进一步审计程序的总体方案	拟从控制测试中获取的保证程度	拟从实质性程序中获取的保证程度
销售收入可能未真实发生	收入：发生 应收账款：存在	特别	是	综合性方案	高	中
销售收入记录可能不完整	收入：完整性 应收账款：完整性	一般	否	实质性方案	无	低
期末收入交易可能未计入正确的期间	收入：截止 应收账款：存在/完整性	特别	否	实质性方案	无	高
发生的收入交易未能得到准确记录	收入：准确性 应收账款：计价和分摊	一般	是	综合性方案	部分	低
应收款坏账准备计提不准确	应收账款：计价和分摊	一般	否	实质性方案	无	中

> **名师说**
>
> 注册会计师基于销售与收款循环的重大错报风险评估结果、制定实施进一步审计程序的总体方案（包括综合性方案和实质性方案）继而实施控制测试和实质性程序，以应对识别出的认定层次重大错报风险。注册会计师根据重大错报风险的评估结果初步确定实施进一步审计程序的具体审计计划。考生需要注意的是具体审计计划并非一成不变，可能需要调整。
>
> 示例中的"高、中、低"需要注册会计师进行职业判断，考生在考试中需要结合具体情形进行判断。

经典例题 9-1 〔经典真题·多选题〕

下列有关采用总体审计方案的说法中，错误的有（　　）。

A. 注册会计师可以针对不同认定采用不同的审计方案
B. 注册会计师可以采用综合性方案或实质性方案应对重大错报风险
C. 注册会计师应当采用实质性方案应对特别风险
D. 注册会计师应当采用与前期审计一致的审计方案，除非评估的重大错报风险发生重大变化

〔解析〕注册会计师应当针对特别风险实施实质性程序，并不是实质性方案，选项 C 说法错误，当选；注册会计师评估的财务报表层次重大错报风险以及采取的总体应对措施，对拟实施进一步审计程序的总体审计方案具有重大影响，但无需考虑要与前期的审计方案一致，选项 D 说法错误，当选。

〔答案〕CD

第四节　①测试销售与收款循环的内部控制

> **敲黑板①**
>
> 该考点与第八章"风险应对"中的"控制测试"的考点相同。考试主要考查客观题。

在对被审计单位销售与收款循环的相关内部控制实施测试时，注册会计师需要注意以下几点：

（1）控制测试所使用的审计程序的类型主要包括询问、观察、检查和重新执行，其提供的**保证程度依次递增**。注册会计师需要根据所测试的内部控制的特征及需要获得的保证程度选用适当的测试程序。

（2）如果在期中实施了控制测试，注册会计师应当在年末审计时实施适当的前推程序，就控制在剩余期间的运行情况获取证据，以确定控制是否在整个被审计期间持续运行有效。

（3）控制测试的范围取决于注册会计师需要通过控制测试获取的保证程度。

（4）如果拟信赖的内部控制是由计算机执行的自动化控制，注册会计师除了测试自动化应用控制的运行有效性，还需要就相关的信息技术一般控制的运行有效性获取审计证据。

> ① 前推程序是指注册会计师将控制在期中的测试结果延伸至期末。
> ② 如果考试中出现所测试的人工控制利用了系统生成的信息或报告，考生需要注意注册会计师除了需要测试人工控制，还需就系统生成的信息或报告的可靠性获取审计证据。

第五节　销售与收款循环的实质性程序

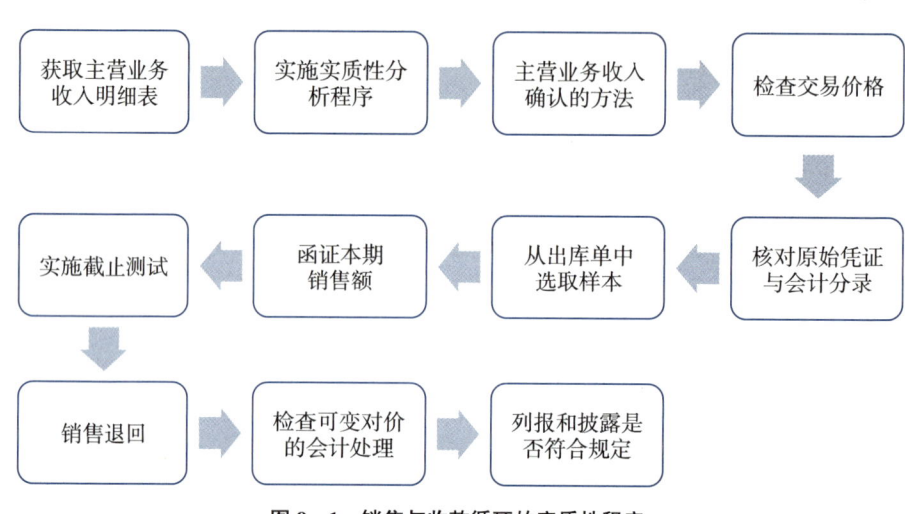

图 9-1　销售与收款循环的实质性程序

营业收入的实质性程序-知识精讲

一、营业收入的实质性程序★★★

（一）获取主营业务收入明细表

1. 复核加计是否正确，与总账数和明细账合计数核对是否相符。
2. 检查以非记账本位币结算的主营业务收入的折算汇率及折算是否正确。

（二）①实施实质性分析程序

1. 针对已识别的需要运用分析程序的有关项目，并基于对被审计单位及其环境的了解，通过进行以下比较，同时考虑有关数据间关系的影响，以建立有关数据的期望值：

（1）将账面销售收入、销售清单和销售增值税销项清单进行核对；

（2）将本期销售收入金额与以前可比期间的对应数据或预算数进行比较；

（3）分析月度或季度销售量、销售单价、销售收入金额、毛利率变动趋势；

（4）将销售收入变动幅度与销售商品及提供劳务收到的现金、应收账款/合同资产、存货、税金等项目的变动幅度进行比较；

（5）将销售毛利率、应收账款/合同资产周转率、存货周转率等关键财务指标与可比期间数据、预算数或同行业其他企业数据进行比较；

（6）分析销售收入等财务信息与投入产出率、劳动生产率、产能、水电能耗、运输数量

敲黑板①

可以结合第三章第四节"分析程序"中的"分析程序用作实质性程序"的相关知识点进行学习，其实就是将前面的原理运用在实际案例中，此处并没有新增过多的知识点。

等非财务信息之间的关系;

(7) 分析销售收入与销售费用之间的关系,包括销售人员的人均业绩指标、销售人员薪酬、广告费、差旅费,以及销售机构的设置规模、数量、分布等。

2. 确定可接受差异额。

3. 将实际金额与期望值相比较,计算差异。

4. 如果差异额超过确定的可接受差异额,调查并获取充分的解释和恰当的、佐证性质的审计证据(如通过检查相关的凭证等)。需要注意的是,**如果差异超过可接受差异额,注册会计师需要对差异额的全额进行调查证实,而非仅针对超出可接受差异额的部分**。

5. 评价分析程序的结果(见图9-2)。

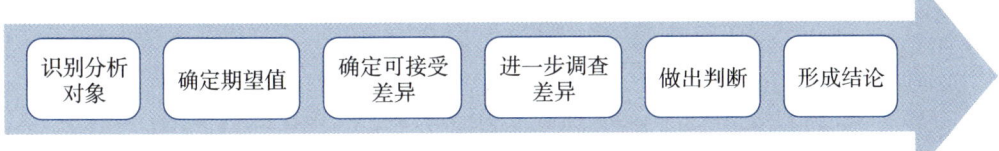

图9-2 评价分析程序的结果

▎**经典例题9-2** (2020年·综合题)

甲公司是ABC会计师事务所的常年审计客户,主要从事家电产品的生产、批发和零售。A注册会计师负责审计甲公司2019年度财务报表,确定财务报表整体的重要性为800万元,明显微小错报的临界值为40万元。A注册会计师在审计工作底稿中记录了实施进一步审计程序的情况,部分内容摘录如下:

(4) A注册会计师对甲公司店面租金费用实施实质性分析程序时,确定可接受差异额为400万元,账面金额比期望值少1 400万元。A注册会计师针对其中1 200万元的差异进行了调查,结果满意。因剩余差异小于可接受差异额,A注册会计师认可了管理层记录的租金费用。

〔要求〕针对上述事项,假定不考虑其他条件,指出A注册会计师的做法是否恰当。如不恰当,简要说明理由。

〔答案〕不恰当。需要对差异额的全额进行调查。

(三) 检查主营业务收入确认的方法是否符合企业会计准则的规定(见表9-7)

表9-7 检查主营业务收入确认的方法是否符合企业会计准则的规定

		内容
确认收入的条件	概念	根据《企业会计准则第14号——收入》的规定,企业应当在履行了合同中的履约义务及在客户取得相关商品控制权时确认收入。取得相关商品控制权,是指能够主导该商品的使用并从中获得几乎全部的经济利益。 当企业与客户之间的合同同时满足下列条件时,企业应当在客户取得商品控制权时确认收入:

续表

		内容
确认收入的条件	概念	(1) 合同各方已批准该合同并承诺将履行各自义务； (2) 该合同明确了合同各方与所转让商品或提供劳务相关的权利和义务； (3) 该合同有明确的与所转让的商品相关的支付条款； (4) 该合同具有商业实质，即履行该合同将改变企业未来现金流量的风险、时间分布或金额； (5) 企业因向客户转让商品而有权取得的**对价很可能收回** **名师说** 　　如果在销售前就得知客户无力偿付货款，例如客户濒临破产，则对价（货款）很可能收不回来，即不满足对价很可能收回，所以不能确认为收入。
	时段履约	满足下列条件之一： (1) 客户在企业履约的同时即取得并消耗企业履约所带来的经济利益； (2) 客户能够控制企业履约过程中在建的商品； (3) 企业履约过程中所产出的商品不具有可替代用途，且该企业在整个合同期间内有权就累计至今已完成的履约部分收取款项。 **名师说** 　　(1)"有权就累计至今已完成的履约部分收取款项"，是指在客户或其他方面原因终止合同的情况下，企业有权就累计至今已完成的履约部分收取能够**补偿其已发生成本和合理利润的款项**，并且该权利具有法律约束力。如果仅补偿成本，或者不能补偿合理的利润，则不能采用时段履约。 　　(2) 当履约进度不能合理确定时，企业已经发生的成本预计能够得到补偿的，应当按照已经发生的成本金额确认收入，直到履约进度能够合理确定为止。
	时点履约	应当在客户取得相关商品控制权时确认收入。判断客户是否取得控制权时，应考虑下列迹象： (1) 企业就该商品享有现时收款权利，即客户就该商品负有现时付款义务； (2) 企业已将该商品的法定所有权转移给客户，即客户已拥有该商品的法定所有权； (3) 企业已将该商品实物转移给客户，即客户已实物占有该商品； (4) 企业已将该商品所有权上的主要风险和报酬转移给客户，即客户已取得该商品所有权上的主要风险和报酬； (5) 客户已接受该商品； (6) 其他表明客户已取得商品控制权的迹象
特定收入交易		(1) 附有销售退回条款的销售，评价对退回部分的估计是否合理，确定其是否按照因向客户转让商品而预期有权收入的对价金额（即不包含预期因销售退回将退还额的金额）确认收入。 【会计知识点联系】 借：银行存款 　　贷：主营业务收入 　　　　预计负债

续表

	内容
特定收入交易	借：主营业务成本 　　应收退货成本（①<u>其他流动资产</u>） 　　贷：库存商品 (2) 对于附有质量保证条款的销售，评价该质量保证是否在向客户保证所销售商品符合既定标准之外提供了一项单独的服务，如果是额外的服务，是否作为单项履约义务约义会计处理。 【会计知识点联系】 甲公司与客户签订合同，销售一部手机。该手机自出售起一年内如果发生质量问题，甲公司负责提供质量保证服务。此外，在此期间内，由于客户使用不当（例如手机进水）等原因造成的产品故障，甲公司也免费提供维修服务。该维修服务不能单独购买。 解析： 甲公司的承诺包括：销售手机、提供质量保证服务以及维修服务。甲公司针对产品的质量问题提供的质量保证服务是为了向客户保证所销售商品符合既定标准，因此不构成单项履约义务；甲公司对由于客户使用不当而导致的产品故障提供的免费维修服务，属于在向客户保证所销售商品符合既定标准之外提供的单独服务，尽管其没有单独销售，该服务与手机可明确区分，应该作为单项履约义务。 因此，在该合同下，甲公司的履约义务有两项：销售手机和提供维修服务，甲公司应当按照其各自单独售价的相对比例，将交易价格分摊至这两项履约义务，并在各项履约义务履行时分别确认收入。 (3) ②<u>对于售后回购交易</u>，评价回购安排是否属于远期安排，企业拥有回购选择权还是客户拥有回售选择权等因素，确定企业是否根据不同的安排进行了恰当的会计处理

敲黑板①

对于此处的会计知识，考生应当熟练掌握。关于应收退货成本，在审计中，由于仅对财务报表负责，所以调整报表时只调整财务报表项目，不调整会计科目。如果考生在审计考试中，遇到附有销售退回条款的销售的考题，记住不能写应收退货成本，应当写其他流动资产（应收退货成本在其他流动资产填列）。

敲黑板②

该知识点涉及比较复杂的会计知识，在审计里面就不展开介绍了，考生可以结合会计课本中的租赁、收入等相关章节进行学习。

经典例题 9-3　（2020 年·综合题）

甲公司是 ABC 会计师事务所的常年审计客户，主要从事家电产品的生产、批发和零售。A 注册会计师负责审计甲公司 2019 年度财务报表，确定财务报表整体的重要性为 800 万元，明显微小错报的临界值为 40 万元。

资料一：

(2) 为使空调产品在激烈竞争中保持市场占有率，甲公司自 2019 年 3 月起推出 30 天保价和赠送 5 次空调免费清洗服务的促销措施。

资料二：

项目	未审数	已审数
	2019 年	2018 年
营业收入——空调	300 000	290 000
营业成本——空调	220 000	200 000
预计负债——空调产品售后清洗服务	6 000	0

(要求) 针对资料一，结合资料二，假定不考虑其他条件，指出资料一所列事项是否可能表明存在重大错报风险。如果认为可能表明存在重大错报风险，简要说明理由，并说明该风险主要与哪些财务报表项目的哪些认定相关（不考虑税务影响）。将答案直接填入答题区的相应表格内。

事项序号	是否可能表明存在重大错报风险（是/否）	理由	财务报表项目名称及认定
(2)			

<u>答案</u>

事项序号	是否可能表明存在重大错报风险（是/否）	理由	财务报表项目名称及认定
(2)	是	免费赠送的清洗服务属于公司承诺的履约义务，应当递延到未来履约时确认收入，可能存在多计营业收入和预计负债的风险	营业收入（发生） 合同负债（完整性） 预计负债（存在） 销售费用（发生）

（四）检查交易价格（见表 9-8）

表 9-8 检查交易价格

	内容
交易价格	指企业因向客户转让商品而预期有权收取的对价金额。由于**合同标价**不一定代表交易价格，被审计单位需要根据合同条款，并**结合以往的习惯做法等确定交易价格**
实质性程序	注册会计师针对交易价格的实质性程序**通常**为： (1) 询问管理层对交易价格的确定方法，在确定时管理层如何考虑可变对价、合同中存在的重大融资成分、非现金对价、应付客户对价等因素的影响； (2) 选取和阅读部分合同，确定合同条款是否表明需要将交易价格分摊至各单项履约义务，以及合同中是否包含可变对价、非现金对价、应付客户对价以及重大融资成分等； (3) 检查管理层的处理是否恰当，例如测试管理层对非现金对价公允价值的估计

（五）检查收入交易的原始凭证与会计分录

以主营业务收入明细账中的会计分录为起点，检查相关原始凭证如订购单、销售单、发运凭证、发票等，以评价已入账的营业收入是否真实发生。

（六）从出库单中选取样本

从出库单（客户签收联）中选取样本，追查至主营业务收入明细账，以确定是否存在遗漏事项（完整性认定）。

（七）函证本期销售额

结合应收账款/合同资产实施函证，选择主要客户函证本期销售额（发生、准确性）。

（八）实施截止测试

<u>正向截止</u>：测试资产负债表日前后若干天一定金额以上的出库单，与应收账款和收入明细账核对。

<u>逆向截止</u>：从应收账款和收入明细账选取在资产负债表日前后若干天一定金额以上的记账凭证，与出库单核对。

无论选择哪一种截止测试路线，如果能得以核对（从证追查到账/从账追查到证），都能

发现销售收入是否跨期入账。注册会计师**可以**选择一条或同时选择两条路线。

> **名师说**
> ① 资产负债表日前后若干天发生的交易更容易被计入错误的会计期间，所以截止测试通常测试资产负债表日前后若干天的账簿及凭证。
> ② 比如，注册会计师从2×24年12月25日的营业收入明细账查至发运凭证，如果发现发运凭证的日期是2×25年1月5日，则说明被审计单位提前确认了收入。再如，注册会计师从2×24年12月25日的发运凭证查至营业收入明细账，如果发现营业收入明细账的日期是2×25年1月5日，则说明被审计单位推迟确认了收入。

（九）销售退回

存在销货退回的，检查是否符合规定，会计处理是否正确，结合存货项目审计关注其真实性。

（十）检查可变对价的会计处理

注册会计师针对可变对价的实质性程序可能包括：

（1）获取可变对价明细表，选取项目与相关合同条款进行核对，检查合同中是否确定存在可变对价；

（2）检查被审计单位对可变对价的估计是否恰当。例如，是否在整个合同期间内一致地采用同一种方法进行估计；

（3）检查计入交易价格的可变对价金额是否满足限制条件；

（4）检查资产负债表日被审计单位是否重新估计了应计入交易价格的可变对价金额。如果可变对价金额发生变动，是否按照《企业会计准则第14号——收入》的规定进行了恰当的会计处理。

（十一）检查主营业务收入在财务报表中的列报和披露是否符合企业会计准则的规定

二、营业收入的"延伸检查"程序

如果识别出被审计单位收入真实性存在重大异常情况，且通过常规审计程序无法获取充分、适当的审计证据，注册会计师需要考虑实施"延伸检查"程序，即对检查范围合理延伸，以应对识别出的舞弊风险。

审计程序的性质、时间安排和范围应当能够应对评估的由于舞弊导致的认定层次重大错报风险。

如果注册会计师认为"延伸检查"程序是必要的，但受条件限制无法实施，或实施"延伸检查"程序后仍不足以获取充分、适当的审计证据，注册会计师应当考虑审计范围是否受限，并考虑对审计报告意见类型的影响或解除业务约定。

"延伸检查"举例：在获取被审计单位配合的前提下，对相关供应商、客户进行实地①走访。

注册会计师在访谈前，应注意对访谈提纲进行保密。

三、应收账款的实质性程序★★★

（一）取得或编制应收账款明细表（见表9-9）

表9-9 取得或编制应收账款明细表

要点	程序
加计	复核加计正确，并与总账数和明细账合计数核对是否相符；结合坏账准备科目与报表数核对是否相符。（准确性、计价和分摊）
折算	检查非记账本位币应收账款的折算汇率及折算是否正确。（准确性、计价和分摊）
重分类	分析有贷方余额的项目，查明原因，必要时作重分类调整
其他	结合其他应收款、预收款项等往来项目的明细余额，调查有无同一客户多处挂账、异常余额或与销售无关的其他款项。如有，应做出记录，必要时提出调整建议。（分类）

（二）分析与应收账款相关的财务指标

（1）复核应收账款借方累计发生额与主营业务收入关系是否合理，并将当期应收账款借方发生额占销售收入的百分比与管理层考核指标和被审计单位相关赊销政策比较。

（2）计算应收账款周转率、应收账款周转天数等指标，并与赊销政策、以前年度指标、同行业同期相关指标对比分析。

> **名师说**　应收账款周转率是主营业务收入与应收账款之比，应收账款周转天数是365与周转率之比。如果被审计单位制定了较短的信用期，那么应收账款的周转率往往会比较高，应收账款的周转天数通常会比较短；如果出现相反的情况，则表明有重大异常，需要查明原因。

（三）①函证应收账款

敲黑板①
本部分知识点与第三章第三节"函证"的内容基本一致，考生可以与之对比，进行学习。

1. 函证的决策

注册会计师应当对应收账款进行函证，除非有充分证据表明应收账款对被审计单位财务报表而言是不重要的，或者函证很可能是无效的。如果认为函证很可能无效，注册会计师应实施替代程序，检查期后收款凭证或销售合同、发运凭证、签收单等原始单据。

2. 函证对象

一般应选择以下项目作为函证对象：

（1）应收账款在全部资产中的重要程度；
（2）被审计单位内部控制的有效性；
（3）以前期间的函证结果；
（4）大额或账龄较长的项目；
（5）与债务人发生纠纷的项目；
（6）重大关联方项目；
（7）主要客户（包括关系密切的客户）项目或者新增客户项目；
（8）交易频繁但期末余额较小甚至余额为零的项目；
（9）可能产生重大错报或舞弊的非正常的项目。

3. 函证的方式（见表 9 – 10）

表 9 – 10　函证的方式及特点

方式	特点
积极式询证函	如与贵公司记录相符，请在本函下端"信息证明无误"处签章证明；如有不符，请在"信息不符"处列明不符金额
消极式询证函	如与贵公司记录相符，则无须回复；如有不符，请直接通知会计师事务所，并请在空白处列明贵公司认为是正确的信息

4. 函证时间

通常以资产负债表日为截止日，在资产负债表日后适当时间函证。如果重大错报风险低，可选择资产负债表日前适当日期为截止日，并对该截止日起至资产负债表日止发生的变动实施其他实质性程序。

5. 对函证的控制

注册会计师通常利用被审计单位提供的应收账款明细账户名称及客户地址等资料据以编制询证函，但注册会计师应当对函证全过程保持控制。

6. 对不符事项的处理

对回函中出现的不符事项，注册会计师需要调查核实原因，确定其是否构成错报。

7. ①针对未回函实施替代程序

如果认为函证很可能是无效的，注册会计师应当实施替代审计程序，获取相关、可靠的审计证据。

（1）检查资产负债表日后收回的货款，值得注意的是，注册会计师不能仅查看应收账款的贷方发生额，而是要查看相关的收款单据，以证实付款方确为该客户且确与资产负债表日的应收账款相关。

（2）检查相关的销售合同、销售单、发运凭证等文件。注册会计师需要根据被审计单位的收入确认条件和时点，确定能够证明收入发生的凭证。

（3）检查被审计单位与客户之间的往来邮件，如有关发货、对账、催款等事宜邮件。

这些程序皆属于应收账款的替代程序，注册会计师可以根据实际情况选择其中的一项或多项来实施。

（四）②对应收账款余额实施函证以外的细节测试

在未实施应收账款函证的情况下（例如，由于实施函证不可行），注册会计师需要实施其他审计程序来获取有关应收账款的审计证据。这种程序通常与上述未收到回函情况下实施的替代程序相似。

应收账款无法实施函证程序，没收到函证以及收到函证之后发现差异，注册会计师都应当实施替代性程序。

（五）检查坏账的冲销和转回

首先，注册会计师检查有无债务人破产或者死亡的，以及破产或以遗产清偿后仍无法收回的，或者债务人长期未履行清偿义务的应收账款；其次，应检查被审计单位坏账的处理是否经授权批准，有关会计处理是否正确。

（六）确定应收账款的列报是否恰当

除了企业会计准则要求的披露之外，如果被审计单位为上市公司，注册会计师还要评价其披露是否符合证券监管部门的特别规定。

敲黑板①

坏账准备的实质性程序在考试中较少考查，考生阅读即可。

四、①坏账准备的实质性程序

应收账款属于以摊余成本计量的金融资产，企业应当以预期信用损失为基础，对其进行减值会计处理并确认坏账准备。以下阐述坏账准备审计常规的实质性程序：

（1）取得或编制坏账准备明细表，复核加计是否正确，与坏账准备总账数、明细账合计数核对是否相符；

（2）将应收账款坏账准备本期计提数与信用减值损失相应明细项目的发生额核对是否相符；

（3）检查坏账准备计提和核销的批准程序，取得书面报告等证明文件，评价计提坏账准备所依据的资料、假设及方法；

（4）实际发生坏账损失的，检查转销依据是否符合有关规定，会计处理是否正确；

（5）已转销的坏账重新收回的，检查其会计处理是否正确；

（6）确定应收账款坏账准备的披露是否恰当，如企业是否在财务报表附注中清晰地说明坏账的确认标准、坏账准备的计提方法等内容。

章末总结

考点加油站

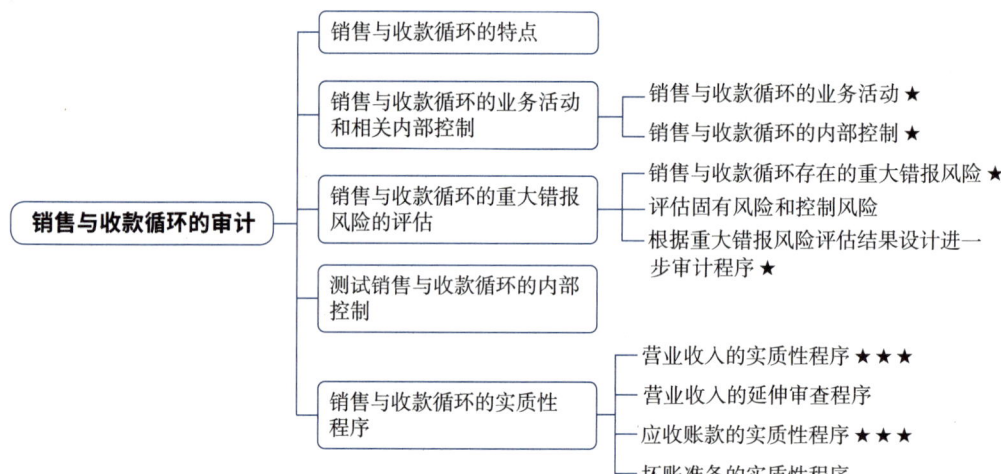

43%

第十章　采购与付款循环的审计

> 轻装上阵

本章讲什么？

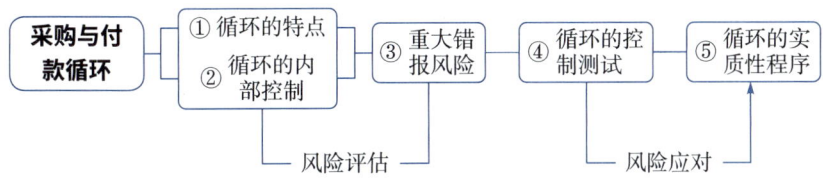

本章第一部分①**采购与付款循环的特点**，介绍了被审计单位的采购与付款循环的业务活动，以及主要涉及的单据与会计记录。了解②**采购与付款循环的相关内部控制**，是注册会计师在实施风险评估程序时的一项必要工作，其目的是为了识别③**采购与付款循环的重大错报风险**。为了应对识别出的重大错报风险，在拟信赖内部控制的情况下，注册会计师应当实施④**采购与付款循环的控制测试**，以及应针对所有重大的交易账户余额或披露实施实质性程序（⑤**采购与付款循环的实质性程序**）。

本章如何考？

本章在考试中考查频率较低，曾以简答题、综合题的形式出现，每年考查的分值为1~2分，属于难度适中、考分较低的一章。

本章怎么学？

本章以理解为主，考生需要重点关注"检查应付账款是否计入正确的会计期间，是否存在未入账的应付账款"这一内容。

2024年本章主要变化

2024年本章内容无实质性变化。

考点冲浪

第一节 ①采购与付款循环的特点

在内部控制比较健全的企业，处理采购与付款交易通常需要使用很多单据与会计记录。典型的采购与付款循环所涉及的主要单据，见表 10-1。

敲黑板①
主观题曾考查过采购与付款循环中的单据，考生需要熟悉单据的名称及其作用。

敲黑板②
如果考试中出现供应商清单未经认证，这可能在暗示企业有虚构采购交易的风险。

表 10-1 采购与付款循环的主要单据

单据	含义	作用
采购计划	对物料采购管理活动所做的预见性的安排和部署	帮助企业人员以销售和生产计划为基础，考虑供需关系及市场计划变化等因素进行合理采购
②供应商清单	企业通过文件审核及实地考察等方式对合作的供应商进行**认证**，并将通过认证的供应商信息进行手工或系统维护而形成的清单	防止企业人员向没有经过**认证**的供应商进行采购
请购单	申请购买商品、劳务或其他资产的书面凭据	由生产、仓库等相关部门的有关人员填写，用以向采购部门提出采购申请
订购单	向供应商购买订购单上所指定的商品和劳务的书面凭据	由采购部门填写，经适当的管理层审核后发送供应商用以采购商品和劳务
验收及入库单	验收单是收到商品时所编制的凭据。入库单是由仓库管理员填写的验收合格品入库的凭证	验收及入库单用以列示通过质检的、收到的商品的种类和数量等内容
卖方发票	供应商开具的、交给买方的凭证	用以载明货物或劳务、应付款金额和付款条件等事项
转账凭证	记录转账业务的记账凭证，根据有关转账业务（即不涉及现金、银行存款收付的各项业务）的原始凭证编制的	用作登记明细账的依据
付款凭证	用来记录库存现金和银行存款支出的记账凭证	用作登记明细账的依据
供应商对账单	供应商**定期**寄送给客户以核对账目的单据	由供应商编制，用于核对与采购企业的往来款项，通常标明期初余额、本期购买、本期支付给供应商的款项和期末余额等

名师说

（1）"卖方发票"通常又称"供应商发票"，它和"供应商对账单"均是外部单据，但"供应商清单"是内部单据，它用来防止企业人员向没有经过认证的供应商进行采购。因此，考生要注意，并不是所有带有"供应商"三字的单据都是外部单据。

（2）"付款凭证"和"付款凭单"只有一字之差，但作用却大相径庭，前者是记账凭证，是登记明细账的依据，后者是原始凭证，是采购方企业内部记录和支付负债的授权证明文件。考生要注意辨析。

第二节　采购与付款循环的业务活动和相关内部控制

一、采购与付款循环的业务活动★★★（见表10-2）

表10-2　①采购与付款循环的业务活动

业务活动	部门	单据	具体内容
制定采购计划	生产、仓库等部门	采购计划	基于企业的生产经营计划，生产、仓库等部门定期编制采购计划，经部门负责人等适当的管理人员审批后提交采购部门，具体安排商品及服务采购
供应商认证及信息维护	审核部门	②供应商清单	企业通常对于合作的供应商事先进行资质等审核、将通过审核的供应商信息录入系统，形成完整的供应商清单，并及时更新。采购部门只能向通过审核的供应商进行采购
请购商品和劳务	请购、预算部门	③请购单	生产部门根据采购计划对需要购买的已列入存货清单的原材料等项目填写请购单，其他部门也可以对所需要购买的商品或劳务编制请购单。请购单需经预算部门审批，资本支出和租赁合同通常要求特别授权
编制订购单	采购部门	订购单	采购部门在收到请购单后，只能对经过批准的请购单发出订购单。订购单应正确填写所需要的商品品名、数量、价格、厂商名称和地址等，预先予以顺序编号并经过被授权的采购人员签名，其正联应送交供应商，副联则送至企业内部的验收部门、应付凭单部门和编制请购单的部门。随后，应独立检查订购单的处理，以确定是否确实收到商品并正确入账
验收商品	验收部门	④验收单	验收部门核对商品、卖方发票和订购单的一致性，并编制预先按顺序编号的验收单。验收部门将商品送交仓库应取得签字收据，以确立仓库的保管责任
储存商品	仓库部门	—	⑤保管与采购职责相分离可以减少未经授权的采购和盗用商品，仓储区应相对独立，限制无关人员接近

敲黑板①
考生需要理解各个业务活动的先后顺序和具体内容，本部分考查形式以理解和应用为主，而非客观记忆。

敲黑板②
如果在考试中出现注册会计师获取了供应商清单，考生需要关注其完整性。

敲黑板③
经预算审批的请购单是证明有关采购交易的"发生"认定的凭据之一。

敲黑板④
验收单是支持相关资产的"存在"认定和相关费用的"发生"认定以及应付账款的"存在"认定的重要凭据。

敲黑板⑤
保管存货可以防止存货被盗用，这与存货的"存在"认定有关。

续表

业务活动	部门	单据	具体内容
确认和记录采购交易与负债	财务部门	应付账款明细账等	在记录采购交易前,财务部门需要检查订购单、验收单和供应商发票的一致性,确定供应商发票的内容是否与相关的验收单、订购单一致,以及供应商发票的计算是否正确。在检查无误后,会计人员编制转账凭证/付款凭证,经会计主管审核后据以登记相关账簿。如果月末尚未收到供应商发票,财务部门需根据验收单和订购单暂估相关的负债
办理付款	出纳	支票等	(1) 应由被授权的财务部门的人员负责签署支票。签署支票人应确定每张支票都附有一张已经适当批准的付款凭单,并确定支票收款人姓名和金额与凭单内容的一致; (2) 支票一经签署就应在其凭单和支持性凭证上用加盖印戳或打洞等方式将其注销,以免重复付款
记录现金、银行存款支出	会计部门	付款凭证、银行存款日记账	(1) 会计主管独立检查记入银行存款日记账和应付账款明细账的金额的一致性,以及与支票汇总记录的一致性; (2) 通过定期比较银行存款日记账记录的日期与支票副本的日期,独立检查入账的及时性
定期对账	会计部门	对账单	通过定期向供应商寄发对账单,就应付账款、预付款项等进行核对,能够及时发现双方存在的差异,对差异进行调查,如有必要作出相应调整

> **名师说** 在采购与付款循环的业务活动中,多数单据都需要预先顺序编号,但有两个单据不必预先顺序编号,它们是"请购单"和"卖方发票"。其中,"请购单" **涉及多个部门**,可以不用连续编号;"卖方发票"是**外部单据**,无法连续编号。

经典例题 10-1 (经典真题·简答题)

ABC 会计师事务所的 A 注册会计师负责审计甲公司 2015 年度财务报表,审计工作底稿中与负债审计相关的部分内容摘录如下:

(1) 甲公司各部门使用的请购单未连续编号,请购单由部门经理批准,超过一定金额还需总经理批准,A 注册会计师认为该项控制设计有效,实施了控制测试,结果满意。

(要求) 指出 A 注册会计师做法是否恰当。如不恰当,简要说明理由。

(答案) 恰当。

二、①采购与付款循环的内部控制（见表10-3）

表10-3 采购与付款循环的内部控制

	内容
职责分离	（1）请购与预算审批分离； （2）询价与确定供应商分离； （3）合同订立与审批分离； （4）采购与验收分离； （5）验收与相关会计记录分离； （6）记录存货固定资产与记录应付账款分离； （7）记录应付账款与记录日记账分离
授权审批	付款需要由经授权的人员审批，审批人员在审批前需检查相关支持文件，并对其发现的例外事项进行跟进处理
凭证的预先编号及对例外报告的跟进处理	人工：如果该控制是人工执行的，被审计单位可以安排入库单编制人员**以外的**独立复核人员定期检查已经进行会计处理的入库单记录，确认是否存在遗漏或重复记录的入库单，并对例外情况予以跟进
	自动化：如果在IT环境下，则系统可以定期生成列明跳号或重号的入库单统计例外报告，由经授权的人员对例外报告进行复核和跟进，可以确认所有入库单都进行了处理，且没有重复处理

敲黑板①

对于本知识点的相关内容，考生只需了解即可。

第三节 采购与付款循环的重大错报风险

一、采购与付款循环的相关交易与余额存在的重大错报风险★★★

（1）未完整记录负债的风险。

在承受反映较高盈利水平和营运资本的压力下，被审计单位管理层可能试图低估应付账款等负债或资产相关准备，包括低估对存货应计提的跌价准备。

> **名师说** 考试中可能会出现的低估负债和费用的例子有：① 隐瞒已收取货物但尚未收到发票的采购相关的负债；② 隐瞒尚未付款的已经购买的服务支出；③ 将本期的支出延迟到下期确认；④ 将应当及时确认损益的费用性支出资本化，然后通过资产的逐步摊销予以消化等。

（2）管理层错报负债费用支出的偏好和动因。

被审计单位管理层可能为了完成预算，满足业绩考核要求，保证从银行获得资金，吸引潜在投资者，误导股东，影响公司股价等动机，通过操纵负债和费用的确认控制损益。

（3）费用支出的复杂性。

（4）不正确地记录外币交易。

（5）舞弊和盗窃的固有风险。

（6）存在未记录的权利和义务。

敲黑板①

其案例可能涉及主观题，考生需要阅读全文。

二、①评估固有风险和控制风险

（一）评估固有风险

针对识别出的相关交易类别、账户余额和披露存在的重大错报风险，注册会计师应当通过评估错报发生的可能性和严重程度来评估固有风险。在评估时，注册会计师运用职业判断确定错报发生的可能性和严重程度综合起来的影响程度。

例如，某被审计单位从事农产品加工业务，部分原材料系向农户个人采购。在评估固有风险时，注册会计师认为与该类交易相关的固有风险因素主要是复杂性，如采购交易涉及多个农户，并且交易价格的季节性波动较大，导致核算较为复杂。此外，由于与农户的交易多为现金交易，以往年度存在白条交易的情况，存在较高的舞弊风险。基于上述因素，注册会计师认为错报发生的可能性较高，并且由于采购金额重大，如果发生错报，其严重程度较高，因此，将与该类交易相关的风险的固有风险等级<u>评估为最高级</u>，<u>即存在特别风险</u>。

（二）评估控制风险

如果注册会计师计划测试采购与付款循环中相关控制的运行有效性，应当评估相关控制的控制风险。注册会计师可以根据自身的偏好的审计技术或方法，以不同的方式实施和体现对控制风险的评估。例如，被审计单位每月由不负责应付账款核算的财务人员向供应商寄发对账单，就对账差异进行调查并编写说明，报经财务经理复核。注册会计师计划测试该项控制的运行有效性，考虑到该项控制属于<u>常规性控制</u>，<u>不涉及重大判断</u>，<u>执行控制的人员具备相应的知识和技能并且保持了适当的职责分离</u>，因此，注册会计师将该项控制的控制风险等级评估为<u>低水平</u>。

需要说明的是，如果注册会计师拟不测试控制运行的有效性，则<u>应当</u>将固有风险的评估结果作为重大错报风险的评估结果。

二、根据重大错报风险的评估结果设计进一步审计程序★★★（见表10-4）

表10-4 采购与付款循环的重大错报风险和进一步审计程序总体方案

重大错报风险描述	相关财务报表项目及认定	风险程度	是否信赖控制	进一步审计程序的总体方案	拟从控制测试中获得的保证程度	拟从实质性程序中获取的保证程度
确认的负债及费用并未实际发生	应付账款、其他应付款：存在 销售费用、管理费用：发生	一般	是	综合性方案	高	低
不计提采购相关的负债或尚未付款的服务支出	应付账款、其他应付款：完整性 销售费用、管理费用：完整性	特别	是	综合性方案	高	中
采用不正确的费用支出截止期，例如将本期的支出延迟到下期确认	应付账款、其他应付款：存在、完整性 销售费用、管理费用：截止	一般	否	实质性方案	无	高

续表

重大错报风险描述	相关财务报表项目及认定	风险程度	是否信赖控制	进一步审计程序的总体方案	拟从控制测试中获得的保证程度	拟从实质性程序中获取的保证程度
发生的采购未能以正确的金额记录	应付账款、其他应付款：准确性、计价和分摊 销售费用、管理费用：准确性	一般	是	综合性方案	高	低

> **名师说**
>
> 示例中的"高、中、低"需要注册会计师进行职业判断，考生在考试中需要结合具体情形进行判断。
>
> 注册会计师对进一步审计程序的计划是根据对重大错报风险的初步评估安排的，如果在审计过程中注册会计师了解的情况或获取的证据导致其更新相关风险的评估，则注册会计师需要执行的进一步审计程序也需要相应更新。
>
> 例如，如果注册会计师通过控制测试发现被审计单位针对完整性认定的相关控制存在缺陷，导致其需要提高对相关控制风险的评估水平，则注册会计师可能需要提高相关重大错报风险的评估水平，并进一步修改实质性审计程序的性质、时间安排和范围。

第四节　测试采购与付款循环的内部控制

表 10-5　测试采购与付款循环的内部控制 ★★★

	内容
要点	注册会计师在实际工作中，并**不需要**对该流程的所有控制点进行测试，而是**应该**针对识别的可能发生错报环节，选择足以应对评价的重大错报风险的关键控制进行控制测试。 **名师说** 当多项控制可以实现同一个目标时，注册会计师应选择足以应对评估的重大错报风险的关键控制，这就好比当不同的交通工具都能到达目的地时，按照成本效益原则，我们会选择最为便利的那种交通工具。 举例： 针对存货及应付账款的存在性认定，企业制定的采购计划及审批主要是企业为提高经营效率效果设置的流程及控制，**不能直接应对该认定**，注册会计师不需要对其执行专门的控制测试。 请购单的审批与存货及应付账款的存在性认定相关，但如果企业存在将订购单、验收单和卖方发票的一致性进行核对的"三单核对"控制，**该控制足以应对存货及应付账款的存在性风险**，则可以直接选择"三单核对"控制作为关键控制进行测试更能提高审计效率。

续表

		内容
	控制测试的具体方法**需要根据具体控制的性质确定**	
举例	人工控制	对于验收单连续编号的控制,注册会计师可以根据样本量选取几个月经复核人复核的入库单清单。检查入库单的编号是否完整。若入库单编号跳号,与复核人并进并通过询问确认跳号的原因。如需要,进行佐证并考虑是否对审计存在影响
	自动化控制	如果该控制是系统设置的,则注册会计师可以选取系统生成的例外/删改情况报告,检查每一份报告并确定是否存在管理层复核的证据以及复核是否在合理的时间内完成;与复核人讨论其复核和跟进过程,如适当,确定复核人采取的行动以及这些行动在此环境下是否恰当。确认是否发现了任何调整,调整如何得以解决以及采取的行动是否恰当。同时,由专门的信息系统测试人员测试系统的相关控制以确认例外/删改报告的完整性和准确性

> **名师说**
> 自动化控制通常处理常规事项,但对于例外事项,自动化控制往往需要人工控制的配合,此时要注意的是,注册会计师**不仅**应测试自动化控制,**还应**测试针对例外事项的人工控制。

第五节　采购与付款循环的实质性程序

一、应付账款的实质性程序★★★

（一）获取（完整准确）或编制应付账款明细表

(1) 复核加计是否正确,与报表数、总账数和明细账合计数核对相符。
(2) 检查非记账本位币的折算汇率及折算是否正确。
(3) 分析出现借方余额的项目,查明原因,必要时建议作**重分类调整**。

> **名师说**
> 应付账款是负债类科目,余额在贷方,如果余额在借方,那么在列报资产负债表时,应列示为资产。

(4) 结合预付账款、其他应付账款等往来项目的明细余额,检查有无针对同一交易在应付账款和预付款项同时记账的情况、异常余额或与购货无关的其他款项（如关联方账户或雇员账户）。

敲黑板①
这里需要跟应收账款区分：除非特殊情况,应收账款都应当函证;而应付账款是根据具体情况决定是否需要实施函证。

（二）①函证应付账款

获取适当的供应商相关清单,例如本期采购量清单、所有现存供应商名单或应付账款明细账。询问该清单是否完整并考虑该清单是否应包括预期负债等附加项目。选取样本进行测试并执行如下程序：
(1) 向债权人发送询证函。
(2) 将询证函余额与已记录金额相比较,如存在差异,检查支持性文件。评价已记录金额是否适当。

（3）对于未作回复的函证实施替代程序：如检查至付款文件（如现金支出、电汇凭证和支票复印件）、相关的采购文件（如采购订单、验收单、发票和合同）或其他适当文件。

（4）如果认为回函不可靠，评价对评估的重大错报风险以及其他审计程序的性质、时间安排和范围的影响。

> **名师说**
> ① 如果注册会计师从供应商清单中选择供应商进行函证，那么往往可以应对应付账款的完整性认定。如果注册会计师从应付账款明细账中选择供应商进行函证，则往往可以应对应付账款的存在认定。
> ② 询证函回函确认的余额与已记录金额存在差异并不一定表明存在错报，需要进行调查。
> ③ "检查至付款文件"指的是检查资产负债表日后应付账款的付款文件。如果某笔应付账款在资产负债表日后得到付款，往往说明该笔应付账款在资产负债表日前是真实存在的。

（三）①检查是否计入正确期间、是否入账（见表10-6）

敲黑板①

由于应付账款的完整性往往存在较高的重大错报风险，所以在考试中，我们需要重点关注"检查应付账款是否计入了正确的会计期间，是否存在未入账的应付账款"这一考点。

表10-6　检查是否计入正确期间、是否入账

要点	程序
查原始凭证	检查债务形成的相关原始凭证，如供应商发票、验收报告或入库单等，查找是否未及时入账
查日后贷方	检查资产负债表日后应付账款明细账贷方发生额的相应凭证，关注其购货发票的日期，确认其入账时间是否合理
查对账清单	获取供应商对账单，调节对账单和被审计单位财务记录的差异（如在途款项等），查找有无未入账的应付账款
查日后付款	针对资产负债表日后付款项目，检查银行对账单、银行汇款通知、供应商收据等，询问知情人员，查找是否未及时入账
查存货入库	结合存货监盘，检查资产负债表日前后的验收报告或入库单，检查是否有大额货到单未到的情况，确认相关负债是否计入了正确的会计期间

> **名师说**
> 注册会计师应检查资产负债表日后应付账款明细账贷方发生额的相应凭证，其中贷方发生额指的是企业发生的赊购交易，目的是检查企业是否会推迟确认赊购交易。假设注册会计师审计2×24年度财务报表，在检查2×25年1月的应付账款明细账贷方发生额的相应凭证时，发现验收单、购货发票的日期均为2×24年12月30日，即被审计单位将2×24年的应付账款计入了2×25年，导致应付账款2×24年漏记了，因此违背了完整性认定。

经典例题 10-2 （经典真题·简答题）

ABC 会计师事务所的 A 注册会计师负责审计甲公司 2015 年度财务报表，审计工作底稿中与负债审计相关的部分内容摘录如下：

（2）为查找未入账的应付账款，A 注册会计师检查了资产负债表日后应付账款明细账贷方发生额的相关凭证，并结合存货监盘程序，检查了甲公司资产负债表日前后的存货入库资料，结果满意。

〔要求〕指出 A 注册会计师做法是否恰当。如不恰当，简要说明理由。

〔答案〕不恰当。还应检查资产负债表日后货币资金的付款项目/获取甲公司与供应商之间的对账单并与财务记录进行核对调节/检查采购业务形成的相关原始凭证。

（四）寻找未入账负债测试

寻找未入账负债测试-知识精讲

获取期后收取、记录或支付的发票明细，包括获取支票登记簿/电汇报告/银行对账单以及入账的发票和未入账的发票。从中选取项目（**尽量接近审计报告日**）进行测试并实施以下程序：

（1）检查支持性文件，如相关的发票、采购合同/申请、收货文件以及接受劳务明细，以确定收到商品/接受劳务的日期及应在期末之前入账的日期。

（2）追踪已选取项目至应付账款明细账、货到票未到的暂估入账/预提费用明细表，并关注费用所计入的会计期间。调查并跟进所有已识别的差异。

（3）评价费用是否被记录于正确的会计期间，并相应确定是否存在期末未入账负债。

> **名师说**
>
> 企业想要隐瞒负债通常会倾向于资产负债表日前少记应付账款，但债务总有一天要偿还，在资产负债表日后，企业往往需要进行支付，从而留下一些记录，而这些记录就是注册会计师查找未入账负债的突破口，因此注册会计师需要重点检查期后的支付情况。
>
> 为什么选取项目的时点要尽量接近审计报告日呢？这是因为企业是在资产负债表日后偿还日前的债务，注册会计师测试的期间越长，那所能测试到的交易就越多，从而帮助注册会计师"一网打尽"。

（五）检查应付账款长期挂账的原因并作出记录，对确实无需支付的应付款的会计处理是否正确

（六）检查应付账款是否已按照企业会计准则的规定在财务报表中作出恰当列报和披露

二、①除折旧/摊销、人工费用以外的一般费用的实质性程序★

①非重点考试内容，考生仅需了解即可。

（一）一般费用的审计目标

一般费用的审计目标一般包括：确定利润表中记录的一般费用是否确认发生（发生认定）；确定所有应当记录的费用是否均已记录（完整性认定）；确定一般费用是否以恰当的金额包括在财务报表中（准确性认定）；确定费用是否已计入恰当的会计期间（截止认定）。

(二) 一般费用的实质性程序

（1）获取一般费用明细表，复核其加计数是否正确、并与总账和明细账合计数核对是否正确。

（2）实质性分析程序：

① 考虑可获取信息的来源、可比性、性质和相关性以及与信息编制相关的控制，评价在对记录的金额或比率作出预期时使用数据的可靠性。

② 将费用细化到适当层次，根据关键因素和相互关系（例如本期预算、费用类别与销售数量、职工人数的变化之间的关系等）设定预期值，评价预期值是否足够精确以识别重大错报。

③ 确定已记录金额与预期值之间可接受的、无需作进一步调查的可接受的差异额。

④ 将已记录金额与期望值进行比较，识别需要进一步调查的差异。

⑤ 调查差异，询问管理层，针对管理层的答复获取适当的审计证据；根据具体情况在必要时实施其他审计程序。

（3）从资产负债表日后的银行对账单或付款凭证中选取项目进行测试，检查支持性文件（如合同或发票），关注发票日期和支付日期，追踪已选取项目至相关费用明细表，检查费用所计入的会计期间，评价费用是否被记录于正确的会计期间。

（4）对本期发生的费用选取样本，检查其①支持性文件，确定原始凭证是否齐全，记账凭证与原始凭证是否相符以及账务处理是否正确。

（5）抽取资产负债表日前后的凭证，实施截止测试，评价费用是否被记录于正确的会计期间。

（6）检查一般费用是否已按照企业会计准则及其他相关规定在财务报表中作出恰当的列报和披露。

> **敲黑板①**
> 发生的费用选取样本，检查支持性文件，确定原始凭证是否齐全属于逆查，针对费用的发生认定。

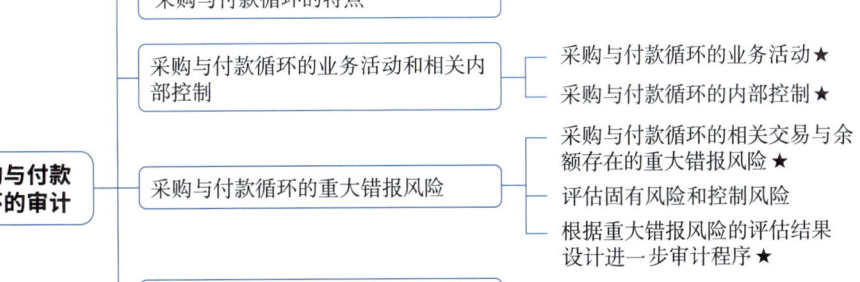

第十一章 生产与存货循环的审计

本章讲什么?

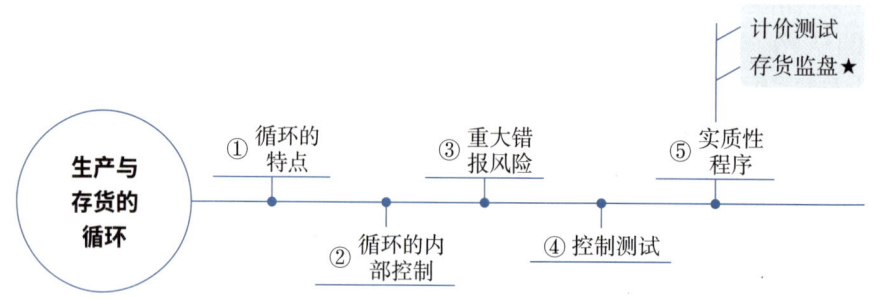

本章第一部分①**生产与存货循环的特点**,介绍了被审计单位的生产与存货循环的业务活动,以及主要涉及的单据与会计记录。了解②**生产与存货循环的相关内部控制**,是注册会计师在实施风险评估程序时的一项必要工作,其目的是识别③**生产与存货循环的重大错报风险**。为了应对识别出的重大错报风险,在拟信赖内部控制的情况下,注册会计师应当实施④**生产与存货循环的控制测试**,并针对所有重大的交易账户余额或披露实施实质性程序(⑤**生产与存货循环的实质性程序**)。

本章如何考?

本章在考试中考查频率较高,通常以简答题的形式出现,每年考查分值为6~8分,属于难度适中、考分较高的一章。

本章怎么学?

在本章的学习过程中,考生需要重点掌握存货监盘,该考点常以简答题形式出现,且考查频率较高。考生需要重点关注存货监盘的作用、监盘计划、监盘程序和特殊情况的处理这四个方面。

2024年本章主要变化

2024年本章内容无实质性变化。

第一节 生产与存货循环的特点

在内部控制比较健全的企业，处理生产与存货业务通常需要使用很多单据与会计记录。典型的生产与存货循环所涉及的主要单据与会计记录，见表 11-1。

表 11-1 ① 生产与存货循环的主要单据

单据	含义	作用
生产指令	生产指令又称生产任务通知单或生产通知单，是企业下达制造产品等生产任务的书面文件	用以通知供应部门组织材料发放，生产车间组织产品制造，会计部门组织成本计算
领发料凭证	企业为控制材料发出所采用的各种凭证，如材料发出汇总表、领料单、限额领料单、领料登记簿、退料单等	用以控制材料的发出
产量和工时记录	登记工人或生产班组在出勤时间内完成产品数量、质量和生产这些产品所耗费工时数量的原始记录	各类费用分配的依据
工薪汇总表及工薪费用分配表	工薪汇总表反映企业全部工薪的结算情况，它是企业进行工薪分配的依据。工薪费用分配表反映了各生产车间各产品应负担的生产工人工薪及福利费	工薪汇总表是用以进行工薪总分类核算和汇总整个企业的工薪费用的依据。工薪费用分配表是用以编制成本计算单的依据
材料费用分配表	用来汇总反映各生产车间各产品所耗费的材料费用的原始记录	用以编制成本计算单的依据
制造费用分配汇总表	用来汇总反映各生产车间各产品所应负担的制造费用的原始记录	用以编制成本计算单的依据
成本计算单	用来归集某一成本计算对象所应承担的生产费用的记录	用以计算某一成本计算对象的总成本和单位成本
产成品入库单和出库单	产成品入库单是产品生产完成并经检验合格后从生产部门转入仓库的凭证。产成品出库单是根据经批准的销售单发出产成品的凭证	用以登记产成品的出库与入库
存货盘点指令、盘点表及盘点标签	在实施存货盘点前，管理人员通常编制存货**盘点指令**，对存货盘点的时间、人员、流程及后续处理等方面做出安排。在盘点过程中，使用盘点表记录盘点结果，使用盘点标签对已盘点存货及数量作出标识	用以对存货实物进行盘点
② 存货货龄分析表	通过编制存货货龄分析表，识别流动较慢或滞销的存货	用以确定是否需要计提**存货跌价准备**

敲黑板①

在考试中，生产与存货循环的特点会作为综合题的背景进行考查，考生需要理解单据的名称及其作用。

敲黑板②

如果在考题中注册会计师检查了存货货龄分析表，那么其获取的证据通常与存货的准确性、计价与分摊认定相关。

第二节 生产与存货循环的业务活动和相关内部控制★★★

一、①生产与存货循环的业务活动（见表11-2）

表11-2 生产与存货循环的业务活动

业务活动	部门	单据	具体内容
计划和安排生产	生产计划部门	生产通知单、材料需求报告	生产计划部门根据**客户订单**或**销售预测**和**产品需求分析**来决定生产授权。此外，该部门通常还需要编制一份材料需求报告，列示所需要的材料和零件及其库存
发出原材料	生产部门 仓储部门	领料单	生产主管**批准**领料，仓库管理员**根据经批准的**领料单发出原材料
生产产品	生产部门	产量和工时记录	生产部门在收到生产通知单及领取原材料后，便将生产任务分解到每一个生产工人，并将所领取的原材料交给生产工人，据以执行生产任务。 生产工人在完成生产任务后，将完成的产品**交生产部门统计人员查点**，然后转交**检验员验收**并办理入库手续，或是将所完成的半成品移交下一个部门，作进一步加工
核算产品成本	会计部门	各种记录	会计部门根据生产通知单、领料单、产量和工时记录、产成品验收单编制工薪费用分配表、材料费用分配表、制造费用分配表等
产成品入库及储存	仓储部门	产成品入库单	产成品入库，须由②**仓储部门**先行点验和检查，然后签收，并将实际入库数量通知**会计部门**。除此之外，仓储部门还应根据产成品的品质特征分类存放，并填制标签
发出产成品	发运部门	出库单	产成品的发出须由**独立**的发运部门进行。装运产成品时必须持有经有关部门核准的发运通知单，并据此编制③**出库单**
存货盘点	仓储部门 财务部门	存货盘点指令、盘点表及盘点标签	管理人员编制盘点指令，安排适当人员对存货实物（包括原材料、在产品和产成品等所有存货类别）进行定期盘点，将盘点结果与存货账面数量进行核对，调查差异并进行适当调整
计提存货跌价准备	财务部门	存货货龄分析表	财务部门根据存货货龄分析表信息及相关部门提供的有关存货状况的信息，结合存货盘点过程中对存货状况的检查结果，对出现损毁、滞销、跌价等降低存货价值的情况进行分析计算，计提存货跌价准备

敲黑板①
考试会以主观题的形式考查业务活动的运用，考生需要熟悉各个业务活动的先后顺序和具体内容，但无需背诵。

敲黑板②
仓储部门点验是为了确立自身的保管责任。

敲黑板③
本章中的出库单就是销售与收款循环中的发运凭证。

名师说：很多单据往往是一式多联的，这样可以使经手这张单据的各个部门都有据可循。比如，领料单通常需一式三联。仓库管理人员发料并签署后，将其中一联连同材料交给领料部门（生产部门存根联），一联留在仓库登记材料明细账（仓库联）；一联交会计部门进行材料收发核算和成本核算（财务联）。再如，出库单一般为一式四联，一联交仓储部门；一联由发运部门留存；一联送交顾客；一联作为开具发票的依据。

二、生产与存货循环的内部控制

（一）①存货盘点

（1）生产部门和仓储部门在盘点日前对所有存货进行清理和归整，便于盘点顺利进行。

（2）每一组盘点人员中应包括仓储部门②以外的其他部门人员，即不能由负责保管存货的人员单独负责盘点存货；安排不同的工作人员分别负责初盘和复盘。

（3）盘点表和盘点标签：事先连续编号，发放给盘点人员时登记领用人员；盘点结束后回收并清点所有已使用和未使用的盘点表和盘点标签。

> 敲黑板①
> 考生需要重点关注存货盘点。考试时该考点通常会和存货监盘一起考查简答题。

> 敲黑板②
> 不能只由仓库人员进行存货盘点，不然仓库人员有问题会隐瞒不报，还需要其他部门的人员参与到盘点中来。

名师说：盘点标签通常是一式两份，在实际盘点时，比如数了一下甲类存货的数量是100，那就得在两份相同的盘点标签中填上100这个数量。其中一份贴在存货上，另一份会最终回收到盘点汇总人手中，其根据盘点标签中的品名与数量来登记盘点表，盘点表与盘点标签都是盘点工作的结果，用对盘点结果有证明作用。在盘点工作结果后，上述资料要交到财务部门，在进行必要的处理后，作为档案保管。

对于盘点标签的使用并没有一个统一的标准，各个企业在具体的使用过程中其具体的做法可能不同。所以无需太过纠结盘点标签的制式。

（4）为防止存货被遗漏或重复盘点，所有盘点过的存货贴盘点标签，注明存货品名、数量和盘点人员，完成盘点前检查现场确认所有存货均已贴上盘点标签。

（5）将不属于本单位的代其他方保管的存货单独堆放并作标识；将盘点期间需要领用的原材料或出库的产成品分开堆放并作标识。

（6）汇总盘点结果，与存货账面数量进行比较，调查分析差异原因，并对认定的盘盈和盘亏提出账务调整，经仓储经理、生产经理、财务经理和总经理复核批准后入账。

名师说：（1）盘点人员一定要包括仓储部门以外的其他部门人员。这是为什么呢？考生们设想一下，如果只有仓储部门的人员在盘点存货，那么对于其发现的盘盈或盘亏，仓储人员很可能会隐瞒不报。

（2）为什么未使用的盘点表和盘点标签也要清点呢？这是为了检查盘点表和盘点标签是否事先连续编号，从而获取完整性认定相关的审计证据。

(二) 计提存货跌价准备

(1) 定期编制**存货货龄分析表**,管理人员复核该分析表,确定是否有必要对滞销存货计提存货跌价准备,并计算存货可变现净值,据此计提存货跌价准备。

(2) **生产部门和仓储部门**每月上报残冷背次存货明细,**采购部门和销售部门**每月上报原材料和产成品最新价格信息,财务部门据此分析存货跌价风险并计提跌价准备,由财务经理和总经理复核批准并入账。

第三节 生产与存货循环的重大错报风险

一、生产与存货循环的重大错报风险★★★

影响生产与存货循环交易和余额的风险因素(以一般制造类企业为例),见表11-3。

表11-3 影响生产与存货循环交易和余额的风险因素

导致存货风险的情形	具体内容
交易的数量和复杂性	交易数量庞大,业务复杂
成本核算的复杂性	间接费用的分配可能较为复杂
产品多元化	可能需要专家验证质量、状况或价值
可变现净值难以确定	例如,价格受全球经济供求关系影响的存货,由于其**可变现净值难以确定**,会影响存货采购价格和销售价格的确定
存货存放在很多地点	增加途中毁损或遗失的风险,也可能导致重复列示
寄存的存货	存货虽然存放在企业,但可能已不归企业所有。反之,企业的存货也可能被寄存在其他企业

> **名师说** 如果考题中出现盘点结果和存货账面数量有差异,此时不应直接调整,而是要先调查分析差异的原因然后再作调整。
>
> 由于存货与企业各项经营活动的紧密联系,存货的重大错报风险往往与财务报表其他项目的重大错报风险紧密相关。例如,收入确认的错报风险往往与存货的错报风险共存,采购交易的错报风险与存货的错报风险共存,存货成本核算的错报风险与营业成本的错报风险共存,等等。

二、根据重大错报风险的评估结果设计进一步审计程序★★★

生产与存货循环的重大错报风险和进一步审计程序的总体方案示例,见表11-4。

表 11-4 生产与存货循环的重大错报风险和进一步审计程序的总体方案示例

重大错报风险描述	相关财务报表项目及认定	风险程度	是否信赖控制	进一步审计程序的总体方案	拟从控制测试中获得的保证程度	拟从实质性程序中获取的保证程度
存货可能不存在	存货:存在	特别	是	综合性	中	高
单位成本可能存在计算错误	存货:计价和分摊 营业成本:准确性	一般	是	综合性	中	低
已销售产品成本可能没有准确结转至营业成本	存货:计价和分摊 营业成本:准确性	一般	是	综合性	中	低
存货账面价值可能无法实现	存货:计价和分摊	特别	否	实质性	无	高

名师说　示例中的"高、中、低"需要注册会计师进行职业判断,考生在考试中需要结合具体情形进行判断。

注册会计师根据重大错报风险的评估结果初步确定实施进一步审计程序的具体审计计划,因为风险评估和审计计划都是贯穿审计全过程的动态的活动,而且控制测试的结果可能导致注册会计师改变对内部控制的信赖程度,因此,具体审计计划并非一成不变,可能需要在审计过程中进行调整。

第四节　①生产与存货循环的控制测试

由于生产与存货循环与其他业务循环的紧密联系,生产与存货循环中某些审计程序,特别是对存货余额的审计程序,与其他相关业务循环的审计程序同时进行将更为有效。

敲黑板①
生产与存货循环的控制测试与"风险应对"章节中的控制测试的考点相同。考试主要考查客观题。

名师说　例如,原材料的采购和记录是作为采购与付款循环的一部分进行测试的,人工成本(包括直接人工成本和制造费用中的人工费用)是作为工薪循环的一部分进行测试的。因此,在对生产与存货循环的内部控制实施测试时,要考虑其他业务循环的控制测试是否与本循环相关,避免重复测试。

如果人工控制在执行时**依赖于**信息系统生成的报告，注册会计师**还应当**针对系统生成报告的准确性执行测试。例如，与计提存货跌价准备相关的管理层控制中使用了系统生成的存货货龄分析表，其准确性影响管理层控制的有效性，因此，注册会计师需要同时测试存货货龄分析表的准确性。

第五节 生产与存货循环的实质性程序

一、存货的审计目标

存货审计，尤其是对年末存货余额的测试，通常是审计中最复杂也最费时的部分。对**存货存在**和**存货价值**的评估常常十分困难。导致存货审计复杂的主要原因，见表 11-5。

表 11-5 导致存货审计复杂的主要原因

复杂性	通常应对的审计程序
（1）存货通常是构成营运资本的最大项目； （2）存货存放于不同地点，实物控制难度大； （3）存货项目的多样性	存货监盘
（4）存货本身的陈旧和成本分配使得存货估价存在困难； （5）不同企业采用的存货计价方法存在多样性	存货计价测试

二、存货的一般审计程序（见表 11-6）

表 11-6 存货的一般审计程序

程序	内容
获取年末存货余额明细表	（1）复核单项存货金额的计算（单位成本×数量）和明细表的加总计算是否准确； （2）将本年末存货余额与上年末存货余额进行比较，总体分析变动原因
实施实质性分析程序	（1）根据对被审计单位的经营活动、供应商、贸易条件、行业惯例和行业现状的了解，确定存货周转天数的预期值； （2）根据对本期存货余额组成、实际经营情况、市场情况、存货采购情况等的了解，确定可接受的重大差异额； （3）计算实际存货周转天数和预期周转天数之间的差异； （4）通过询问管理层和相关员工，调查存在重大差异的原因，并评估差异是否表明存在重大错报风险，是否需要设计恰当的细节测试程序以识别和应对重大错报风险

三、①存货监盘（见图 11-1）

考频: 2021 年多选题（1）、2021 年综合题（3）、2020 年综合题（1）、2020 年简答题（2）、2019 年综合题（1）、2018 年简答题（4）

敲黑板①

考生需要重点关注"存货监盘"这一考点。考试常考简答题。

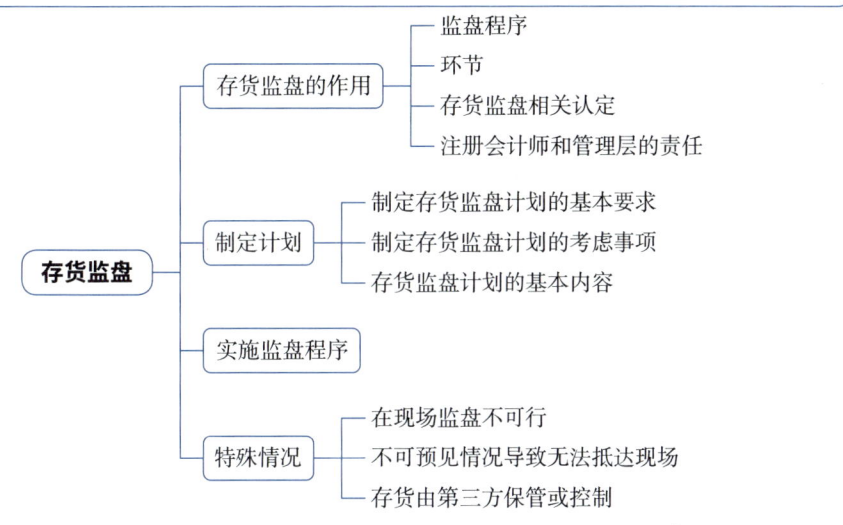

存货监盘-知识精讲（一）

存货监盘-知识精讲（二）

图 11-1 存货监盘

（一）存货监盘的作用（见表 11-7）

表 11-7 存货监盘

	要点
存货程序	如果存货对财务报表是**重要的**，②**应当实施下列审计程序**： **(1) 在存货盘点现场实施监盘（除非不可行）**； ① 评价管理层记录和控制盘点结果的指令和程序； ② 观察管理层制定的盘点程序的执行情况； ③ 检查存货； ④ 执行抽盘。 **(2) 对期末存货记录实施审计程序，以确定其是否准确反映实际的存货盘点结果**
环节	存货监盘的相关程序可以用作控制测试或者实质性程序。 例如，如果只有少数项目构成了存货的主要部分，注册会计师可能选择将存货监盘用作实质性程序
目的	获取有关存货数量和状况的审计证据

敲黑板②

熟背的内容。

续表

要点		
相关认定	主要	存货监盘主要针对存在认定
	次要	对下述认定也能提供部分审计证据： ① 完整性认定； ② 计价认定； ③ 权利和义务认定 **名师说** 存货监盘本身并不足以供注册会计师确定存货的所有权，但在某些情况下，注册会计师可能在存货监盘中获取有关存货所有权的部分审计证据。例如，如果注册会计师在监盘中注意到某些存货已经被法院查封，需要考虑被审计单位对这些存货的所有权是否受到了限制。
责任		（1）实施存货监盘是注册会计师的责任，但不能取代被审计单位管理层定期盘点存货的责任； **名师说** 考生在学习的时候要注意盘点与监盘的区分，被审计单位年末数存货叫作盘点；注册会计师年末数存货叫作监盘。 （2）管理层通常制定程序，对存货每年至少进行一次实物盘点

■ **经典例题 11-1** （经典真题·简答题）

ABC 会计师事务所的 A 注册会计师负责审计甲公司等多家被审计单位 2015 年度财务报表。与存货审计相关事项如下：

（1）丁公司管理层未将以前年度已全额计提跌价准备的存货纳入本年末盘点范围，A 注册会计师检查了以前年度的审计工作底稿，认可了管理层的做法。

〔要求〕指出 A 注册会计师的做法是否恰当。如不恰当，简要说明理由。

〔答案〕不恰当。存货监盘是检查存货的存在，已全额计提跌价的存货价值虽然为零，但数量仍存在/仍需对存货是否存在实施监盘。

■ **经典例题 11-2** （2018 年·简答题）

ABC 会计师事务所的 A 注册会计师负责审计多家被审计单位 2017 年度财务报表。与存货审计相关的部分事项如下：

A 注册会计师在审计作底稿中记录了审计计划，部分内容摘录如下：

（2）丁公司从事进口贸易，年末存货均于 2017 年 12 月购入，金额重大，A 注册会计师通过获取并检查采购合同、发票、进口报关单、验收入库单等支持性文件，认为获取了有关存货存在和状况的充分、适当的审计证据。

〔要求〕指出 A 注册会计师的做法是否恰当。如不恰当，简要说明理由。

〔答案〕不恰当。存货对财务报表是重要的，注册会计师应当实施监盘。

■ **经典例题 11-3** （2020 年·简答题）

制造业企业甲公司是 ABC 会计师事务所的常年审计客户。A 注册会计师负责审计甲公司

2019年度财务报表。与存货审计相关的部分事项如下：

(4) A注册会计师于2019年12月31日对甲公司的存货盘点实施了监盘。因人手不足，管理层和A注册会计师分别执行了其中的八个和两个仓库的盘点。在管理层完成八个仓库的盘点后，A注册会计师取得了管理层编制的盘点表，从中选取项目执行了抽盘，结果满意，据此认可了盘点结果。

〖要求〗针对上述事项，指出A注册会计师的做法是否恰当。如不恰当，简要说明理由。

〖答案〗不恰当。不能代行管理层的盘点职责。未在现场观察管理层的盘点。

（二）制定存货监盘计划

考频 2018年简答题（1）

1. ①**制定存货监盘计划的基本要求**（见表11-8）

表11-8 制定存货监盘计划的基本要求

要点	内容
监盘计划编制基础	与管理层讨论、了解、评价管理层制定的存货盘点程序
监盘计划编制依据	存货的特点、盘存制度、存货内部控制的有效性等
监盘计划编制要求	周密、细致。因为： (1) 存货风险高，存货存在与完整性认定具有较高的重大错报风险； (2) 监盘机会少：注册会计师通常只有一次机会通过存货的实地监盘对有关认定作出评价

敲黑板①
对于本知识点，考生仅需了解即可。

2. 制定存货监盘计划的考虑事项（见表11-9）

表11-9 制定存货监盘计划的考虑事项

因素	要点
重大错报风险	存货通常具有较高水平的重大错报风险，影响重大错报风险因素具体包括：存货的数量和种类、成本归集的难易程度、陈旧过时的速度或易损程度、遭受失窃难易程度
内部控制的性质	在制定存货监盘计划时，注册会计师应当了解被审计单位与存货相关的内部控制，并根据内部控制的完善程度确定进一步审计程序的性质、时间安排和范围
程序与指令	(1) 注册会计师一般需要复核或与管理层讨论其存货盘点程序； (2) 如果认为被审计单位的存货盘点程序存在缺陷，注册会计师应当提请被审计单位调整
时间安排	如果存货盘点在财务报表日以外的其他日期进行，注册会计师除实施存货监盘相关审计程序外，②**还应当实施其他审计程序**，以获取审计证据，确定存货盘点日与财务报表日之间的存货变动是否已得到恰当的记录
盘存制	永续盘存制	注册会计师应在年度中一次或多次参加盘点
	实地盘存制	注册会计师要参加盘点
存放地点	提供清单	如果存货存在于多个地点，注册会计师可以要求被审计单位提供一份完整的存货存放地点清单，③**包括期末库存量为零的仓库、租赁的仓库、以及第三方代被审计单位保管存货的仓库等**，并考虑其完整性

敲黑板②
如果由于某些原因，注册会计师择日监盘，除了监盘存货之外，注册会计师还必须针对间隔期实施其他的审计程序，并不是只有择日监盘。

敲黑板③
需要背诵的内容。

续表

因素		要点
存放地点	选择地点	注册会计师可以根据不同地点所存放存货的重要性以及对各个地点与存货相关的重大错报风险的评估结果，选择适当的地点进行监盘，并记录选择这些地点的原因
	舞弊风险	注册会计师**可能**决定在不预先通知的情况下对特定存放地点的存货实施监盘，或在同一天对所有存放地点的存货实施监盘
专家工作		注册会计师可以考虑利用专家的工作： （1）确定资产数量或资产实物状况； （2）收集特殊类别存货的审计证据； （3）面临如何评估在产品完工程度的问题

3. 存货监盘计划的基本内容（**应当**包括）（见表11-10）

表11-10　存货监盘计划的基本内容

主要内容		具体内容
监盘的目标、范围及时间安排	目标	获取被审计单位资产负债表日有关存货**数量和状况**，以及有关管理层存货**盘点程序可靠性**的审计证据，检查存货的数量是否真实完整，**是否归属被审计单位**，存货**有无毁损、陈旧、过时、残次和短缺等状况**（记忆）
	范围	取决于**存货的内容**、**性质**以及与存货相关的**内部控制**的完善程度和**重大错报风险**的评估结果
	时间	包括**实地察看盘点现场的时间、观察存货盘点的时间和对已盘点存货实施检查的时间**等，应当与被审计单位实施存货盘点的时间**相协调**
监盘的要点及关注事项		要重点关注盘点期间的存货移动、存货的状况、存货的截止确认、存货的各个存放地点及金额等
参加监盘人员的分工		根据被审计单位参加存货盘点人员**分工**、**分组**情况、存货监盘**工作量的大小和人员素质情况**确定
检查存货的范围		注册会计师应根据对被审计单位存货盘点和被审计单位内部控制的评价结果确定检查存货的范围

（三）实施存货监盘程序

考频 2018年简答题（1）

1. 评价盘点指令与程序（见表11-11）

表11-11　评价盘点指令与程序

因素	内容	
控制	运用适当的控制活动。例如，收集已使用的存货盘点记录，清点未使用的存货盘点表单，实施盘点和复盘程序	"怕不规范"
状况	准确认定在产品的完工程度，流动缓慢（呆滞）、过时或毁损的存货项目，以及第三方拥有的存货（如寄存货物）	"怕质量差"

续表

因素	内容	
数量	评价在适用的情况下用于估计存货数量的方法，如可能需要估计煤堆的重量	"怕数不清"
移动	评价对存货在不同存放地点之间的移动以及截止日前后期间出入库的控制	"怕乱移动"

2. 盘点前观察现场（见表 11-12）

表 11-12 盘点前观察现场

	内容
应盘的是否准备好	存货盘点前，注册会计师应观察盘点现场，确定应纳入盘点范围的存货是否已经适当整理和排列并附有盘点标识，防止遗漏或重复盘点 **名师说** 这里需要注意的是，既然纳入盘点范围，就意味着存货的所有权是属于被审计单位的。
未纳入的查明原因	对应纳入盘点范围而未纳入的存货，应查明原因，例如是否由第三方代管等
仔细核实他人存货	对所有权不属于被审计单位的存货，应取得规格、数量等资料，确定是否单独存放、标明，且未纳入盘点范围。即使被审计单位声明不存在受托代存存货，监盘时也应关注某些存货不属于被审计单位的迹象

3. 观察管理层制定的盘点程序（存货的移动）（见表 11-13）

表 11-13 观察管理层制定的盘点程序

		内容
盘点时的移动	通常，被审计单位在盘点过程中停止生产并关闭存货存放地点以确保停止存货的移动；特定情况下，被审计单位可能由于实际原因无法停止生产或收发货物，注册会计师可以实施下列程序：	
	"问原因"	考虑无法停止存货移动的原因及其合理性
	"划区域"	考虑在仓库内划分出独立的过渡区域；将预计在盘点期间领用的存货移至过渡区域，将盘点期间办理入库手续的存货暂时存放在过渡区域
	"要资料"	索取盘点期间存货移动的书面记录以及出、入库资料作为截止测试的资料
盘点前后的存货移动	注册会计师一般应当获取盘点日前后存货收发及移动的凭证；检查库存记录与会计记录期末截止是否正确，通常应当关注：	
	①日前入库	在截止日以前入库的存货项目是否均已包括在盘点范围内、反映在截止日的记录中
	已售未出	所有已销售但尚未装运出库的商品是否未包括在盘点范围和截止日存货账面余额
	在途存货	在途存货和被审计单位直接向顾客发运的存货是否均已得到了适当的会计处理

敲黑板①

从严格意义上说，日前入库的存货其所有权不一定属于被审计单位，不一定要纳入盘点范围。但本文是书上原文，考试再次考到这句话的概率不大，考生还是要通过判断所有权来确定存货是否纳入盘点范围，无需过于纠结。

经典例题 11-4 （经典真题·简答题）

甲公司主要从事家电产品的生产和销售。ABC 会计师事务所负责审计甲公司 2013 年度财务报表。审计项目组在审计工作底稿中记录了与存货监盘相关的情况，部分内容摘录如下：

（2）审计项目组获取了盘点日前后存货收发及移动的凭证，以确定甲公司是否将盘点日前入库的存货、盘点日后出库的存货以及已确认为销售但尚未出库的存货包括在盘点范围内。

【要求】针对上述事项，指出审计项目组的做法是否恰当。如不恰当，简要说明理由。

【答案】不恰当。已确认为销售但尚未出库的存货不应包括在盘点范围内。

4. 检查存货

在存货监盘过程中检查存货，不一定能确定存货的所有权，但有助于确定存货的存在，以及识别过时、毁损或陈旧的存货；注册会计师应把所有过时、毁损或陈旧存货的详细情况记录下来，为测试被审计单位存货跌价准备计提的准确性提供证据；对所有权不属于被审计单位的存货，应取得其规格、数量等资料，确定是否已单独存放、标明，且未被纳入盘点范围。

5. 抽盘与实物检查（见表 11-14）

表 11-14 抽盘与实物检查

要点	要求
双向抽盘	在对存货盘点结果进行测试时，注册会计师可以从存货盘点记录中选取项目追查至存货实物，以及从存货实物中选取项目追查至盘点记录，以获取有关盘点记录**准确性和完整性**的审计证据 **名师说**　盘点记录属于被审计单位的原始凭证，所以这里验证的是其准确性和完整性，知识点链接至第三章第一节，使用被审计单位生成信息时应就信息的准确性和完整性获取审计证据。
不可预见	应尽可能避免被审计单位事先了解将抽盘的存货项目 **名师说**　存货监盘的实施需要跟管理层沟通，但是不应沟通详细内容，避免审计的不可预见性受到损害。
获取记录	获取管理层完成的盘点记录的复印件，有助于日后实施程序，以确定期末存货记录是否准确地反映了实际盘点结果 **名师说**　管理层的盘点记录属于被审计单位的原始凭证，注册会计师可以复印但不能带出。
抽盘差异	（1）查明原因，及时提请被审计单位更正； （2）考虑错误的潜在范围和重大程度； （3）扩大检查范围以减少错误的发生； （4）要求被审计单位重新盘点，重新盘点的范围可能限于某一特殊领域的存货或针对特定盘点小组

经典例题 11-5 （经典真题·简答题）

ABC 会计师事务所的 A 注册会计师负责审计甲公司等多家被审计单位 2015 年度财务报表。与存货审计相关事项如下：

（5）甲公司管理层规定，由生产部门人员对全部存货进行盘点，再由财务部门人员抽取 50%进行复盘，A 注册会计师对复盘项目执行抽盘，未发现差异，据此认可了管理层的盘点结果。

要求 指出 A 注册会计师做法是否恰当。如不恰当，简要说明理由。

答案 不恰当。抽盘的总体不完整。

经典例题 11-6 （经典真题·简答题）

ABC 会计师事务所的 A 注册会计师负责审计甲公司 2016 年度财务报表，与存货审计相关的部分事项如下：

（3）在执行抽盘时，A 注册会计师从存货盘点记录中选取项目追查至存货实物，从存货实物中选取项目追查至盘点记录，以获取有关盘点记录准确性和完整性的审计证据。

要求 指出 A 注册会计师的做法是否恰当。如不恰当，简要说明理由。

答案 恰当。

6. 特殊类型存货监盘（见表 11-15）

表 11-15 ①特殊类型存货的监盘程序

存货类型	可供实施的审计程序
木材、钢筋盘条、管子	检查标记或标识。 利用专家或被审计单位内部有经验人员的工作
堆积型存货（如糖、煤、钢废料）	运用工程估测、几何计算、高空勘测，并依赖详细的存货记录。 如果堆场中的存货堆不高，可进行实地监盘，或通过旋转存货堆加以估计 **名师说** 旋转存货堆的意思是，注册会计师围绕着存货转一圈。
②使用磅秤测量的存货	在监盘前和监盘过程中均应检验磅秤的精准度，并留意磅秤的位置移动与重新调校程序。 将检查和重新称量程序相结合。检查称量尺度的换算问题
贵金属、石器、艺术品与收藏品	选择样品进行化验与分析，或利用专家的工作
散装物品（如贮窖存货，使用桶、箱、罐、槽等容器储存的液、气体、谷类粮食、流体存货等）	使用容器进行监盘或通过预先编号的清单列表加以确定。 使用浸蘸、测量棒、工程报告以及依赖永续存货记录。 选择样品进行化验分析，或利用专家的工作
生产纸浆用木材、牲畜	通过高空摄影确定其存在性，对不同时点的数量进行比较，并依赖永续存货记录

敲黑板① 对于该知识点，考生了解即可。

敲黑板② 注意，如果磅秤有移动，则注册会计师需要重新调校。

7. 监盘结束时的工作（见表 11-16）

表 11-16 监盘结束时的工作

要点	要求
再次观察	再次观察盘点现场，确定所有应纳入盘点范围的存货是否均已盘点
取得表单	取得并检查①已填用、作废及未使用的盘点表单的号码记录，确定其是否连续编号，查明已发放的表单是否均已收回，并与存货盘点的汇总记录进行核对
倒推程序	如果盘点日不是资产负债表日，注册会计师可以根据间隔期间的长短、相关内部控制的有效性等进行风险评估，实施适当程序，确定盘点日与资产负债表日之间存货变动是否已得到恰当记录
	（1）比较盘点日和财务报表日之间的存货信息以识别异常项目，并对其执行适当的审计程序； （2）对存货周转率或销售周转天数等实施实质性分析程序； （3）对盘点日至财务报表日之间的存货采购和存货销售分别实施双向检查； （4）测试存货销售和采购在盘点日和财务报表日的截止是否正确

> **敲黑板①**
> 已填用、作废及未使用的盘点表单，注册会计师都需要收回。如果考试题目中说"某张盘点表单已作废，所以注册会计师未获取"，那么，考生要能明确这种说法是错误的。

经典例题 11-7 （经典真题·简答题）

甲公司主要从事家电产品的生产和销售。ABC 会计师事务所负责审计甲公司 2013 年度财务报表。审计项目组在审计工作底稿中记录了与存货监盘相关的情况，部分内容摘录如下：

（5）在甲公司存货盘点结束前，审计项目组取得并检查了已填用、作废及未使用盘点表单的号码记录，确定其是否连续编号以及已发放的表单是否均已收回，并与存货盘点汇总表中记录的盘点表单使用情况核对一致。

〔要求〕指出审计项目组的做法是否恰当。如不恰当，简要说明理由。

〔答案〕恰当。

（四）特殊情况的处理

〔考频〕2022 年综合题（1）、2021 年综合题（1）、2020 年简答题（1）、2019 年综合题（1）

1. 在现场监盘不可行（见表 11-17）

表 11-17 在现场监盘不可行

要点		要求
分析原因	合理	由存货性质和存放地点等因素造成。例如，存货存放在对注册会计师的安全有威胁的地点
	不合理	审计中的困难、时间或成本等事项，不能作为注册会计师不实施存货监盘的理由
替代程序	可行	（1）如现场监盘存货不可行，应实施替代审计程序，以获取有关存货的存在和状况的充分、适当的审计证据； （2）检查盘点日后出售盘点日之前取得或购买的特定存货的文件记录
	不可行	考虑按规定发表非无保留意见

2. 不可预见情况导致无法抵达现场（表 11-18）

表 11-18　不可预见情况导致无法抵达现场

要点		要求
情形	无法亲临	由于不可抗力导致注册会计师无法到达存货存放地实施存货监盘
	气候因素	由于恶劣天气导致注册会计师无法实施存货监盘程序，或无法观察存货。如木材被积雪覆盖
措施		如因不可预见情况无法在存货盘点现场实施监盘，注册会计师应当： (1) 另择日期监盘； (2) 并对间隔期内的交易实施审计程序

经典例题 11-8　（2021年·综合题）

上市公司甲公司是 ABC 会计师事务所的常年审计客户，主要从事医疗器械的生产和销售。A 注册会计师负责审计甲公司 2020 年度财务报表，确定财务报表整体的重要性为 1 000 万元。A 注册会计师在审计工作底稿中记录了实施进一步审计程序的情况，部分内容摘录如下：

(1) 因航班临时取消，A 注册会计师无法在甲公司重要异地仓库的存货盘点日到达现场，通过实施替代程序获取了有关该仓库存货存在和状况的审计证据。

〔要求〕针对上述事项，指出 A 注册会计师的做法是否恰当。如不恰当，简要说明理由。

〔答案〕不恰当。应当另择日期实施监盘。

经典例题 11-9　（经典真题·简答题）

ABC 会计师事务所的 A 注册会计师负责审计甲公司 2016 年度财务报表，与存货审计相关的部分事项如下：

(2) 2016 年 12 月 25 日，A 注册会计师对存货实施监盘，结果满意。因年末存货余额与盘点日余额差异较小，A 注册会计师根据监盘结果认可了年末存货数量。

〔要求〕指出 A 注册会计师的做法是否恰当。如不恰当，简要说明理由。

〔答案〕不恰当。注册会计师应当测试盘点日与资产负债表日之间存货的变动是否已得到恰当记录。

3. 存货由第三方保管或控制（记忆）（见表 11-19）

表 11-19　存货由第三方保管或控制

程序	要求
函证	向持有存货的第三方函证存货的①数量和状况
其他审计程序	(1) 实施或安排其他注册会计师实施对第三方的存货监盘； (2) 获取其他注册会计师或服务机构注册会计师针对用以保证存货得到恰当盘点和保管的内部控制的适当性而出具的报告； (3) 检查与第三方持有的存货相关的文件记录，如仓储单； (4) 当存货被作为抵押品时，要求其他机构或人员确认

敲黑板①

如果考试中出现"注册会计师只发函验证了存货的数量"，则该程序是不适当的，应当函证存货数量和状况两方面的证据。

经典例题 11-10 （2022年·综合题）

上市公司甲公司是 ABC 会计师事务所的常年审计客户，主要从事信息技术服务和智能产品的研发、生产与销售。A 注册会计师负责审计甲公司 2021 年度财务报表，确定集团财务报表整体的重要性为 800 万元，实际执行的重要性为 600 万元。A 注册会计师的审计工作底稿部分内容摘录如下：

（4）甲公司智能产品的部分硬件委托丁公司加工。因丁公司未在年末执行存货盘点，A 注册会计师预期不能通过函证获取有关委托加工物资存在和状况方面的审计证据，要求甲公司对存放在丁公司的存货进行盘点，并计划实施监盘程序。

(要求) 针对上述事项，假定不考虑其他条件，指出 A 注册会计师的做法是否恰当。如不恰当，简要说明理由。

(答案) 恰当。

经典例题 11-11 （2021年·综合题）

上市公司甲公司是 ABC 会计师事务所的常年审计客户，主要从事医疗器械的生产和销售。A 注册会计师负责审计甲公司 2020 年度财务报表，确定财务报表整体的重要性为 1 000 万元。A 注册会计师在审计工作底稿中记录了审计计划，部分内容摘录如下：

（4）甲公司将部分设备无偿提供给医院使用，同时向医院销售这些设备使用的专用试剂。A 注册会计师拟通过检查设备移交记录和试剂销售情况，以及选取部分设备实施现场检查，获取有关设备存在的审计证据。

(要求) 针对上述事项，指出 A 注册会计师的做法是否恰当。如不恰当，简要说明理由。

(答案) 恰当。

经典例题 11-12 （2020年·简答题）

制造业企业甲公司是 ABC 会计师事务所的常年审计客户。A 注册会计师负责审计甲公司 2019 年度财务报表。与存货审计相关的部分事项如下：

（5）甲公司年末存放于第三方仓库的原材料金额重大。A 注册会计师向第三方仓库函证了这些原材料的名称、规格和数量，并测试了其单价，结果满意，据此认可了这些原材料的年末账面价值。

(要求) 针对上述事项，指出 A 注册会计师的做法是否恰当。如不恰当，简要说明理由。

(答案) 不恰当。没有就第三方保管的原材料状况获取审计证据。

四、存货的计价测试

(考频) 2019年简答题（1）

存货监盘程序主要是对存货的数量进行测试。为验证财务报表上存货余额的真实性，还应当对存货的计价进行审计。**存货计价测试包括两个方面，一是被审计单位所使用的存货单位成本是否正确，二是是否恰当计提了存货跌价损失准备。**

经典例题 11-13 （经典真题·简答题）

ABC 会计师事务所的 A 注册会计师负责审计甲公司等多家被审计单位 2015 年度财务报表。与存货审计相关事项如下：

（3）丙公司 2015 年末已入库未收到发票而暂估的存货金额占存货总额的 30%，A 注册会计师对存货实施了监盘，测试了采购和销售交易的截止，均未发现差错，据此认为暂估的存货记录准确。

〈要求〉指出 A 注册会计师做法是否恰当。如不恰当，简要说明理由。

〈答案〉不恰当。A 注册会计师没有/应当检查暂估存货的单价。

（一）存货单位成本测试（见表 11-20）

表 11-20 存货单位成本测试

情况	要点
外购	通常基于企业的原材料计价方法，结合原材料的历史购买成本，测试其账面成本是否准确，测试程序包括： （1）核对原材料采购的相关凭证（主要是与价格相关的凭证，如合同、采购订单、发票等）； （2）验证原材料计价方法的运用是否正确
自制	注册会计师需要对成本核算过程实施测试，包括： （1）直接材料成本测试； （2）直接人工成本测试； （3）制造费用测试； （4）生产成本在当期完工产品与在产品之间分配的测试

（二）存货跌价损失准备的测试（见表 11-21）

表 11-21 存货跌价损失准备的测试

步骤	程序
识别需要计提跌价损失准备的存货项目	询问管理层和相关部门员工，了解被审计单位如何收集存货的信息并为之计提必要的跌价损失准备
	如被审计单位编制存货货龄分析表，可以通过审阅分析表识别滞销或陈旧的存货
	还应结合存货监盘过程中检查存货状况而获取的信息，以判断被审计单位的存货跌价损失准备计算表是否有遗漏
检查可变现净值的计量是否合理	对期末存货采用成本与可变现净值孰低的方法计价
	可变现净值是指企业在日常活动中，存货的估计售价减去至完工时估计将要发生的成本、估计的销售费用以及相关税费后的金额
	确定存货的可变现净值，应当以取得的确凿证据为基础，并且**考虑持有存货的目的以及资产负债表日后事项的影响等因素**

章末总结

存货监盘

存货监盘的作用

- 监盘程序
  - 如果存货对财务报表是重要的，应当实施存货监盘（除非不可行）
  - 内容
    - 评价管理层记录和控制盘点结果的指令和程序
    - 观察管理层制定的盘点程序的执行情况
    - 检查存货
    - 执行抽盘
  - 目的——获取有关存货数量和状况的审计证据
- 环节——可以用作控制测试或者实质性程序
- 存货监盘相关认定——主要针对存在认定
- 注册会计师和管理层的责任
  - 存货监盘是注册会计师的责任
  - 不能取代被审计单位管理层定期盘点存货的责任

制定计划

- 制定存货监盘计划的基本要求
- 制定存货监盘计划的考虑事项
  - 时间安排
  - 存放地点
- 存货监盘计划的基本内容
  - 存货监盘的目标、范围及时间安排
  - 存货监盘的要点及关注事项
  - 参加存货监盘人员的分工
  - 抽盘存货的范围

实施监盘程序

- 评价盘点指令与程序
  - 控制活动
  - 存货的移动
  - 估计存货数量的方法
  - 存货的状态
- 盘点前观察现场
  - 应盘的是否准备好
  - 未纳入的查明原因
  - 仔细核实他人存货
- 观察管理层制定的盘点程序
  - 盘点时的移动
    - 问原因
    - 划区域
    - 要资料
  - 盘点前后的存货移动
- 检查存货
- 抽盘与实物检查
  - 双向抽盘——获取有关盘点记录准确性和完整性的审计证据
  - 获取记录——获取管理层完成的盘点记录的复印件
  - 抽盘差异
    - 查明原因，及时提请被审计单位更正
    - 考虑错误的潜在范围和重大程度
    - 扩大检查范围以减少错误的发生
    - 要求被审计单位重新盘点，重新盘点的范围可能限于某一特殊领域的存货或针对特定盘点小组
- 特殊类型存货监盘
- 监盘结束时的工作
  - 再次观察——确定所有应纳入盘点范围的存货是否均已盘点
  - 取得表单——取得并检查已填用、作废及未使用的盘点表单的号码记录，确定其是否连续编号

特殊情况

- 在现场监盘不可行
  - 由存货性质和存放地点等因素造成
  - 应实施替代审计程序
  - 检查盘点日后出售盘点日之前取得或购买的特定存货的文件记录
- 不可预见情况导致无法抵达现场——另择日期监盘并对间隔期内的交易实施审计程序
- 存货由第三方保管或控制

48%

第十二章 货币资金的审计

轻装上阵

本章讲什么？

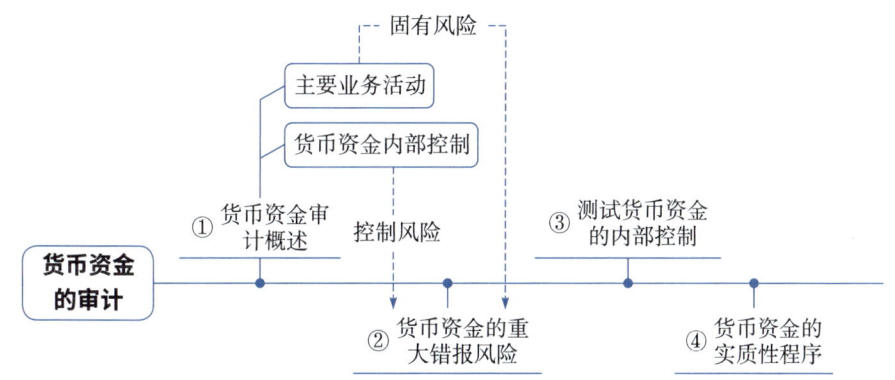

①货币资金审计概述，介绍了被审计单位的生产与存货循环的业务活动以及货币资金的内部控制。通过对主要业务活动以及内部控制的了解，注册会计师能识别出**②货币资金的重大错报风险**。为了应对识别出的重大错报风险，在拟信赖内部控制的情况下，注册会计师应当实施**③货币资金的控制测试**，以及应针对所有重大的交易账户余额或披露实施实质性程序（**④货币资金的实质性程序**）。

本章如何考？

本章在考试中考查频率不高，会以结合函证的知识点出简答题、综合题，每年考查分值为1~2分，属于难度适中、考分偏低的一章。

本章怎么学？

虽然本章在考试中通常不直接考查，但其知识点常常会作为综合题的背景出现。在本章的学习过程中，考生需要重点掌握实质性程序。其中，银行存款和其他货币资金的实质性程序往往是考试的重点。

2024年本章主要变化

2024年本章内容无实质性变化。

考点冲浪

第一节 货币资金审计概述

一、主要业务活动（见表12-1）

表12-1 主要业务活动

	内容
现金管理	出纳员**每日**对库存现金自行盘点，编制现金日报表，计算当日现金收入、支出及结余额，并将结余额与实际库存额进行核对，如有差异**及时查明原因**。**会计主管**不定期检查现金日报表。 **每月末**，会计主管指定出纳员**以外的人员**对现金进行盘点，编制库存现金盘点表，将盘点金额与现金日记账余额进行核对。对冲抵库存现金的借条、未提现支票、未做报销的原始票证，在库存现金盘点报告表中予以注明。会计主管复核库存现金盘点表，如果盘点金额与现金日记账余额存在差异，需查明原因并报经财务经理批准后进行财务处理
银行存款管理	(1) 银行账户管理：企业的银行账户的**开立**、**变更或注销**须经财务经理**审核**，报**总经理审批**。 (2) 编制银行存款余额调节表：**每月末**，会计主管指定出纳员**以外的人员**核对银行存款日记账和银行对账单，编制银行存款余额调节表，使银行存款账面余额与银行对账单调节相符。如调节不符，查明原因。会计主管复核银行存款余额调节表，对需要进行调整的调节项目及时进行处理。 (3) 票据管理：财务部门设置银行票据登记簿，防止票据遗失或盗用。出纳员登记银行票据的购买、领用、背书转让及注销等事项。空白票据存放在保险柜中。每月末，会计主管指定出纳员**以外的人员**对空白票据、未办理收款和承兑的票据进行盘点，编制银行票据盘点表，并与银行票据登记簿进行核对。会计主管复核库存银行票据盘点表，**如果存在差异，需查明原因**

二、货币资金内部控制概述

1. 岗位分工及授权批准（见表12-2）

表12-2 岗位分工及授权批准

	要点
职责分离	(1) 不得由一人办理货币资金业务的全过程； (2) 出纳员不得兼任： ① 稽核工作； ② 会计档案保管工作； ③ 收入、支出、费用、债权债务的账目登记工作。 (3) 出纳人员一般不得同时从事银行对账单的获取、银行存款余额调节表的编制工作。确需出纳人员办理上述工作的，应当指定其他人员定期进行审核、监督

续表

	要点
授权审批	(1) 审批人应按规定在授权范围内进行审批，不得超越审批权限。对于超越授权范围审批的货币资金业务，**经办人员有权拒绝办理**； (2) 重要货币资金支付业务，应实行集体决策和审批
流程办理	(1) 支付申请：向审批人提交货币资金支付申请，注明款项的用途、金额、预算、支付方式等内容； (2) 支付审批：根据职责和权限进行审批； (3) 支付复核：复核无误后，**交由出纳人员办理支付手续**； (4) 办理支付：出纳人员根据经批准的付款申请编制付款凭证，办理货币资金支付手续，及时登记库存现金和银行存款日记账； (5) 严禁未经授权的机构或人员办理货币资金业务或直接接触货币资金

2. 现金和银行存款的管理（见表12-3）

表12-3 现金和银行存款的管理

	要点
入账 出账 管理	(1) 超过库存限额的现金**应**及时存入银行； (2) 超过现金开支范围的业务**应**通过银行办理转账结算； (3) 现金收入应及时存入银行，不得用于直接支付自身的支出。特殊情况需坐支现金的，应事先报经开户银行审查批准； (4) 货币资金收入必须及时入账，不得私设"小金库"，不得账外设账，严禁收款不入账； (5) 遵守银行结算纪律，不签发没有资金保证的票据或远期支票
账户管理	加强银行账户的管理。定期检查、清理银行账户的开立及使用情况，发现问题，及时处理。**不得随意开立多个账户，禁止企业内设管理部门自行开立银行账户**
对账管理	(1) 指定专人定期核对银行账户，**每月至少核对一次**，编制银行存款余额调节表； (2) 定期和不定期地进行盘点现金，确保现金账面余额与实际库存相符。发现不符，及时查明原因，做出处理
①**电子 网上业务**	(1) 实行网上交易、电子支付等方式办理资金支付业务的企业，**应当**与承办银行**签订**网上银行操作**协议**，**明确**双方在资金安全方面的**责任与义务**、**交易范围**等； (2) 操作人员**应当**根据操作授权和密码进行规范操作，**不应**因支付方式的改变而随意简化变更所必需的授权审批程序； (3) 企业在严格实行**网上交易、电子支付操作人员不相容岗位相互分离控制**的同时，应当配备专人加强对交易和支付行为的审核

3. 票据及有关印章的管理

(1) 企业应当加强与货币资金相关的票据的管理，专设登记簿进行记录，防止空白票据的遗失和被盗用。企业因填写、开具失误或者其他原因导致作废的法定票据，应当按规定予以保存，不得随意处置或销毁。对超过法定保管期限、可以销毁的票据，在履行审核手续后进行销毁，但应当建立销毁清册并由授权人员监销。

(2) 企业应当加强银行预留印鉴的管理，财务专用章应由专人保管，个人名章必须由本人或其授权人员保管。②<u>严禁一人保管支付款项所需的全部印章</u>。

敲黑板①

随着电子支付手段的日新月异，审计考试开始逐渐涉及网上电子支付。

敲黑板②

考试中如果出现类似"为了提高工作效率，将所有印章交予财务经理保管"的说法，考生需要注意这是错误的。

4. 监督检查（见表 12-4）

表 12-4　监督检查

	要点
设计	企业应当建立对货币资金业务的监督检查制度，明确监督检查机构或人员的职责权限，定期和不定期地进行检查
内容	(1) 货币资金业务相关岗位及人员的设置情况。重点检查是否存在货币资金业务不相容岗位职责未分离的现象； (2) 货币资金授权批准制度的执行情况。重点检查货币资金支出的授权批准手续是否健全，是否存在越权审批行为； (3) 支付款项印章的保管情况。重点检查是否存在办理付款业务所需的全部印章交由一人保管的现象； (4) 票据的保管情况。重点检查票据的购买、领用、保管手续是否健全，票据保管是否存在漏洞
问题	对监督检查过程中发现的货币资金内部控制中的薄弱环节，应当及时采取措施，加以纠正和完善

第二节　货币资金的重大错报风险

> **敲黑板①**
> 对于这部分知识点，考生只需了解即可。

一、①货币资金可能发生的错报环节 ★

以一般制造业为例，与货币资金相关的交易和余额的可能发生错报环节**通常包括**的内容，见表 12-5。

> **敲黑板②**
> 与库存现金、银行存款相关的交易和余额可能发生的错报环节通常涵盖了所有认定，所以当货币资金出错时，考生不能简单地认为只有存在认定层次重大错报风险。

表 12-5　①货币资金可能发生的错报环节

	内容
存在	被审计单位资产负债表的货币资金在资产负债表日不存在
完整性	被审计单位所有应当记录的货币资金相关的收支业务未得到完整记录，存在遗漏；被审计单位的现金收款通过舞弊手段被侵占
权利和义务	记录的货币资金不是为被审计单位所拥有或控制
准确性、计价和分摊	货币资金的金额未被恰当地包括在财务报表的货币资金项目中，与之相关的计价调整未得到恰当记录
列报	货币资金未按照企业会计准则的规定在财务报表中作出恰当列报

二、①与货币资金相关的重大错报风险★ （见表12-6）

表12-6 与货币资金相关的重大错报风险

	内容
可能包括	（1）被审计单位资产负债表的货币资金项目中的库存现金和银行存款在资产负债表日不存在；（存在） （2）被审计单位所有应当记录的现金收支业务和银行存款收支业务未得到完整记录，存在遗漏；（完整性） （3）被审计单位的现金收款通过舞弊手段被侵占；（完整性） （4）记录的库存现金和银行存款不是为被审计单位所拥有或控制；（权利和义务） （5）库存现金和银行存款的金额未被恰当地包括在财务报表的货币资金项目中，与之相关的计价调整未得到恰当记录；（准确性、计价和分摊） （6）库存现金和银行存款未按照企业会计准则的规定在财务报表中做出恰当的列报（列报）
需要关注	（1）被审计单位的现金比例**较高**，并且与其所在行业的常用结算模式不同； （2）库存现金规模**明显超过**业务周转所需资金； （3）银行账户开立数量与企业实际业务规模不匹配，或存在多个零余额账户且**长期不注销**； （4）在没有经营业务的地区开立银行账户，或将高额资金存放于其经营和**注册地之外的异地**； （5）被审计单位资金存放于管理层或员工个人账户，或通过个人账户进行被审计单位交易的资金结算； （6）货币资金收支金额与现金流量表中的经营活动、筹资活动、投资活动的现金流量不匹配，或经营活动现金流量净额与净利润**不匹配**； （7）**不能提供**银行对账单或银行存款余额调节表；或提供的银行对账单没有银行印章、交易对方名称或摘要； （8）存在**长期**或大量银行未达账项； （9）银行存款明细账存在非正常转账。例如，短期内相同金额的**一收一付或相同金额的分次转入转出**等大额异常交易； （10）存在期末余额为**负数**的银行账户 （11）受限货币资金占比**较高**； （12）存款收益金额与存款的规模明显不匹配； （13）针对同一交易对方，在报告期内存在现金和其他结算方式**并存**的情形； （14）**违反**货币资金存放和使用规定，如上市公司将募集资金违规用于质押、未经批准开立账户转移募集资金、未经许可将募集资金转作其他用途等； （15）存在**大额外币**收付记录，而被审计单位**并不涉足**进出口业务； （16）被审计单位以各种理由**不配合**注册会计师实施银行函证、不配合注册会计师至人民银行或基本户开户行打印《已开立银行结算账户清单》； （17）与实际控制人（或控股股东）、银行（或财务公司）签订②**集团现金管理账户协议或类似协议**
其他注意事项	（1）**没有真实业务**支持或与交易不相匹配的大额资金或汇票往来； （2）存在**长期挂账**的大额预付款项等； （3）存在**大量**货币资金的情况下仍高额或高息举债； （4）付款方全称与销售客户名称**不一致**、收款方全称与供应商名称**不一致**； （5）开具的银行承兑汇票**没有**银行承兑协议支持

敲黑板①

这部分知识点可能成为主观题的出题背景，考生只需了解即可。此考点可以结合"销售与收款循环"的"舞弊风险"一起学习。

敲黑板②

如果考题中涉及"集团现金管理账户协议或类似协议"，考生需要注意，注册会计师应当对其实施函证。

续表

	内容
其他注意事项	（6）银行承兑票据保证金余额与应付票据相应余额比例**不合理**； （7）存在**频繁**的票据贴现； （8）实际控制人（或控股股东）频繁进行股权质押（冻结）且累计被质押（冻结）的股权占其持有被审计单位总股本的比例**较高**； （9）存在**大量**货币资金的情况下，频繁发生债务违约，或者无法按期支付股利或偿付债务本息； （10）首次公开发行股票（IPO）公司申报期内持**续现金分红**； （11）工程付款进度或结算周期**异常**等。 当被审计单位存在以上事项或情形时，可能表明存在舞弊风险

三、拟实施的进一步审计程序的总体方案 ★

注册会计师基于以上识别的重大错报风险评估结果，制定实施进一步审计程序的总体方案（包括综合性方案和实质性方案），继而实施控制测试和实质性审计程序，以应对识别出的重大错报风险，注册会计师通过综合性方案或实质性方案获取的审计证据应足以应对识别出的认定层次的重大错报风险。

这部分知识点，考生只需了解即可。

第三节 ①测试货币资金的内部控制

一、库存现金的控制测试

表12-7举例说明了几种常见的库存现金内部控制，以及注册会计师相应可能实施的内部控制测试程序。

表12-7 库存现金的控制测试

	内部控制	控制测试
现金付款的审批和复核	部门经理审批本部门的付款申请，审核付款业务是否真实发生、付款金额是否准确，以及后附票据是否齐备，并在复核无误后签字认可。财务部门在安排付款前，财务经理再次复核经审批的付款申请及后附相关凭据或证明，如核对一致，进行签字认可并安排付款	（1）**询问**相关业务部门的部门经理和财务经理其在日常现金付款业务中执行的内部控制，以确定其是否与被审计单位内部控制政策要求保持一致； （2）**观察**财务经理复核付款申请的过程，是否核对了付款申请的用途、金额及后附相关凭据，以及在核对无误后是否进行了签字确认； （3）**重新核对**经审批及复核的付款申请及其相关凭据，并检查是否经签字确认

续表

内部控制		控制测试
现金盘点	会计主管指定应付账款会计每月末的最后一天对库存现金进行盘点，根据盘点结果编制库存现金盘点表，将盘点余额与现金日记账余额进行核对，并对差异调节项进行说明，会计主管复核库存现金盘点表，如果盘点金额与现金日记账余额存在差异且差异金额超过2万元，需查明原因并报财务经理批准后进行财务处理	（1）在月末最后一天参与被审计单位的现金盘点，检查是否由应付账款会计进行现金盘点； （2）观察现金盘点程序是否按照盘点计划的指令和程序执行，是否编制了现金盘点表并根据内控要求经财务部相关人员签字复核； （3）检查现金盘点表中记录的现金盘点余额是否与实际盘点金额保持一致、现金盘点表中记录的现金日记账余额是否与被审计单位现金日记账中余额保持一致； （4）针对调节差异金额超过2万元的调节项，检查是否经财务经理批准后进行财务处理

二、银行存款的控制测试

在已识别的重大错报风险的基础上，注册会计师选取拟测试的控制并实施控制测试。表12-8举例说明了几种常见的银行存款内部控制以及注册会计师相应可能实施的内部控制测试程序。

表12-8 银行存款的控制测试

内部控制		控制测试
银行账户的开立变更和注销	会计主管根据被审计单位的实际业务需要就银行账户的开立、变更和注销提出申请，经财务经理审核后报总经理审批	（1）询问会计主管被审计单位本年开户、变更、撤销的整体情况； （2）取得本年度账户开立、变更、撤销申请项目清单，检查清单的完整性； （3）检查账户的开立、变更、撤销项目是否已经财务经理和总经理审批
银行付款的审批和复核	部门经理审批本部门的付款申请，审核付款业务是否真实发生、付款金额是否准确，以及后附票据是否齐备，并在复核无误后签字认可。财务部门在安排付款前，财务经理再次复核经审批的付款申请及后附相关凭据或证明，如核对一致，进行签字确认付款	（1）询问相关业务部门的部门经理和财务经理在日常银行付款业务中执行的内部控制，以确定其是否与被审计单位内部控制政策要求保持一致； （2）观察财务经理复核付款申请的过程，是否核对了付款申请的用途、金额及后附相关凭据，以及在核对无误后是否进行了签字确认； （3）重新核对经审批及复核的付款申请及相关凭据，并检查是否经签字确认
编制银行存款余额调节表	每月末，会计主管指定应收账款会计核对银行存款日记账和银行对账单，编制银行存款余额调节表，使银行存款账目余额与银行对账单调节相符。如果存在差异项，查明原因并进行差异调节说明。会计主管复核银行存款余额调节表，对需要进行调整的调节项目及时进行处理，并签字确认	（1）询问应收账款会计和会计主管，以确定其执行的内部控制是否与被审计单位内部控制政策要求保持一致，特别是针对未达账项的编制及审批流程； （2）针对选取的样本，检查银行存款余额调节表，查看调节表中记录的企业银行存款日记账余额是否与银行存款日记账余额保持一致、调节表中记录的银行对账单余额是否与被审计单位提供的银行对账单中的余额保持一致； （3）针对调节项目，检查是否经会计主管的签字复核； （4）针对大额未达账项进行期后收付款的检查

第四节　货币资金的实质性程序

一、库存现金的实质性程序★★★

考频 2018年综合题（1）

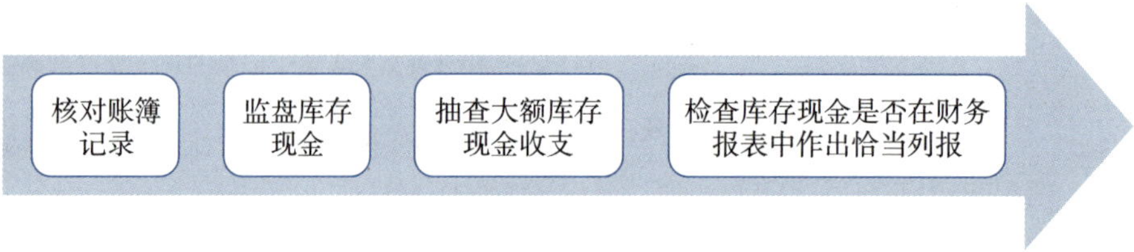

核对账簿记录 → 监盘库存现金 → 抽查大额库存现金收支 → 检查库存现金是否在财务报表中作出恰当列报

图 12-1　库存现金的实质性程序

（一）核对账簿记录

注册会计师测试现金余额的起点是核对库存现金日记账与总账的金额是否相符。同时，应检查非记账本位币库存现金的折算汇率及折算金额是否正确。如果不相符，应查明原因，必要时应建议作出适当调整。

敲黑板①

现金监盘是用作实质性程序还是控制测试，这点与存货监盘类似。

（二）监盘库存现金

监盘库存现金是证实库存现金是否存在的<u>重要程序</u>。对被审计单位现金盘点实施的监盘程序①<u>是用作控制测试还是实质性程序</u>，取决于注册会计师对风险评估结果、审计方案和实施的特定程序的判断。如果注册会计师可能基于风险评估的结果判断无须对现金盘点实施控制测试，仅实施实质性程序。

1. 制定监盘计划（见表12-9）

表 12-9　制定监盘计划

	要点
监盘范围	一般包括被审计单位各部门经管的现金，包括已收到但未存入银行的现金、零用金、找换金等。如被审计单位库存现金存放部门有两处或两处以上的，注册会计师<u>可以考虑同时实施监盘</u>
监盘时间	（1）对库存现金的监盘最好实施②<u>突击性的检查</u>； （2）最好选择在上午上班前或下午下班时
参与人员	（1）盘点人员：现金出纳员和被审计单位会计主管人员必须参加； （2）监盘人员：注册会计师
监盘地点	被审计单位③<u>各部门</u>经管的所有现金

敲黑板②

如果考试中提到"对库存现金监盘提前进行沟通"，那么这是错误的说法。

敲黑板③

这里是"各部门"，不仅限于财务部门。

2. 实施监盘（见表 12-10）

表 12-10 实施监盘

	内容
证账核对	（1）核对现金日记账与凭证的内容和金额是否相符； （2）核对凭证日期与库存现金日记账日期是否相符或接近
账实核对	将盘点金额与库存现金日记账余额进行核对
账实不符	要求被审计单位①查明原因，必要时提请调整
	如无法查明原因，要求被审计单位按管理权限批准后作出调整
	若有冲抵库存现金的借条、未提现支票、未作报销的原始凭证，应在"库存现金监盘表"中注明，必要时应提请被审计单位做出调整
其他日期	在资产负债表日以外的其他时间进行盘点和监盘时，应测试间隔期内的增减变动并调整至资产负债表日的金额

敲黑板①

账实不符不能直接进行调整。

▌**经典例题 12-1** （经典真题·简答题）

ABC 会计师事务所的 A 注册会计师负责审计甲公司 2016 年度财务报表。与货币资金审计相关的部分事项如下：

（1）A 注册会计师认为库存现金重大错报风险很低，因此，未测试甲公司财务主管每月末盘点库存现金的控制，于 2016 年 12 月 31 日实施了现金监盘，结果满意。

【要求】指出 A 注册会计师的做法是否恰当。如不恰当，简要说明理由。

【答案】恰当。

（三）抽查大额库存现金收支

查看大额现金收支，并检查原始凭证是否齐全、原始凭证内容是否完整、有无授权批准、记账凭证与原始凭证是否相符、账务处理是否正确、是否记录于恰当的会计期间等项内容。

（四）检查库存现金是否在财务报表中作出恰当列报

根据有关规定，库存现金在资产负债表的"货币资金"项目中反映，注册会计师应在实施上述审计程序后，确定"库存现金"账户的期末余额是否恰当，进而确定库存现金是否在资产负债表中恰当披露。

二、银行存款的实质性程序★★★（见图12-2）

银行存款的实质性程序-知识精讲

考频 2022年简答题（2）、2021年简答题（1）

（一）获取银行存款余额明细表

获取银行存款余额明细表，复核加计是否正确，并与总账数和日记账合计数核对是否相符；检查非记账本位币银行存款的折算汇率及折算金额是否正确。

如果对《已开立银行结算账户清单》完整性存疑，可考虑：

（1）注册会计师在企业人员陪同下到中国人民银行或基本存款账户开户行查询并打印《已开立银行结算账户清单》，观察银行办事人员的查询、打印过程，并检查被审计单位账面记录的银行人民币结算账户是否完整。

（2）结合其他细节测试，关注原始单据中收（付）款银行账户是否包含在已获取的《已开立银行结算账户清单》内。

经典例题 12-2　【2022年·简答题】

ABC会计师事务所的A注册会计师负责审计甲公司2021年度财务报表。与货币资金审计相关的部分事项如下：

（1）A注册会计师在测试甲公司与银行账户开立、变更和注销相关的内部控制时，获取了出纳编制的2021年度银行账户开立、变更和注销清单，从中选取样本进行测试，结果满意，据此认为该控制运行有效。

要求 针对上述事项，指出A注册会计师的做法是否恰当。如不恰当，简要说明理由。

答案 不恰当。应检查清单/总体的完整性。

（二）实施实质性分析

计算银行存款累计余额应收利息收入，比较应收利息与实际利息的差异，评估利息收入的合理性（如实际利息高于预期利息），检查是否存在高息资金拆借（如实际利息低于预期利息），确认银行存款余额是否存在，利息收入是否完整记录。

（三）检查银行存款账户发生额（见表12-11）

表12-11　检查银行存款账户发生额

	要点
获取账单	分析不同账户发生银行日记账漏记银行交易的可能性，获取相关账户相关期间的全部银行对账单
双向抽查　概念	对比银行对账单上的收付款流水与被审计单位银行存款日记账的收付款信息是否一致，选取银行对账单中交易与银行日记账记录核对；从银行存款日记账上选取样本，核对至银行对账单
双向抽查　账户选择	基本户，余额较大的银行账户，发生额较大且收付频繁的银行账户，发生额较大但余额较小、零余额或当期注销的银行账户，募集资金账户等

续表

		要点
双向抽查	审计程序	可以根据具体情况实施下列审计程序： （1）选定同一期间（月度、年度）的银行存款日记账、银行对账单的发生额合计数（借方及贷方）进行总体核对； （2）对银行对账单及被审计单位银行存款日记账记录进行双向核对，即在选定的账户和期间，从被审计单位银行存款日记账上选取样本，核对至银行对账单，以及自银行对账单中进一步选取样本，与被审计单位银行存款日记账记录进行核对。在运用数据分析技术时，可选择全部项目进行核对。核对内容包括日期、金额、借贷方向、收付款单位、摘要等
关注异常		对相同金额的一收一付、相同金额的多次转入转出等**大额异常**货币资金发生额，检查银行存款日记账和相应交易及资金划转的文件资料，关注相关交易及相应资金流转安排是否具有合理的①商业理由
日后事项		浏览资产负债表日前后的银行对账单和被审计单位银行存款账簿记录，关注是否存在大额、异常资金变动以及大量大额红字冲销或调整记录，如存在，需要实施进一步的审计程序

敲黑板①

在近年的综合题中常常会出现一些异常情况，针对这些情况，注册会计师需要关注这些交易背后的商业理由是否合理。

（四）取得并检查银行对账单和银行存款余额表（见表12-12）

表12-12　取得并检查银行对账单和银行存款余额表

		内容
取得并检查银行对账单		（1）取得被审计单位加盖银行印章的银行对账单，必要时亲自到银行获取对账单，并对获取过程保持控制； （2）将获取的银行对账单余额与银行日记账余额进行核对，如存在差异，获取银行存款余额调节表； （3）将资产负债表日的银行对账单与银行询证函回函核对，确认是否一致
②取得并检查银行存款余额调节表	加计数	检查调节表中加计数是否正确，以及调节后银行存款日记账余额与银行对账单余额是否一致
	调节事项	对于企业已收付、银行尚未入账的事项	检查相关收付款凭证，并取得期后银行对账单，确认未达账项是否存在，银行是否已于期后入账
		对于银行已收付、企业尚未入账的事项	检查期后企业入账的收付款凭证，确认未达账项是否存在，必要时提请被调整
	长期未达账项	关注长期未达账项，查看是否存在挪用资金等事项
	异常领款事项	特别关注银付企未付、企付银未付中支付异常的领款事项，包括没有载明收款人、签字不全等支付事项，确认是否存在舞弊

敲黑板②

近年来的重点。

经典例题12-3　（2022年·简答题）

ABC会计师事务所的A注册会计师负责审计甲公司2021年度财务报表。与货币资金审计相关的部分事项如下：

（3）甲公司银行余额调节表中存在一笔大额的企付银未付款项。A注册会计师检查了该笔付款入账的原始凭证，结果满意，据此认可了该调节事项。

〖要求〗针对上述事项，指出 A 注册会计师的做法是否恰当。如不恰当，简要说明理由。

〖答案〗不恰当。还应检查该笔付款是否已在期后银行对账单上得以反映。

银行存款余额调节表通常应由被审计单位根据不同的银行账户及货币种类分别编制，其格式如表 12-13 所示。

表 12-13 银行存款余额调节表

年　　月　　日

编制人：　　　　日期：　　　　索引号：
复核人：　　　　日期：　　　　页　次：

户别：　　　　　　　　　　　　　　　　　　　　　　　　　　　　币　别：

项　目
银行对账单余额（　　年　　月　　日）
加：企业已收、银行尚未入账金额 　其中：1.＿＿＿＿＿元 　　　　2.＿＿＿＿＿元
减：企业已付、银行尚未入账金额 　其中：1.＿＿＿＿＿元 　　　　2.＿＿＿＿＿元
调整后银行对账单金额
企业银行存款日记账金额（　　年　　月　　日）
加：银行已收、企业尚未入账金额 　其中：1.＿＿＿＿＿元 　　　　2.＿＿＿＿＿元
减：银行已付、企业尚未入账金额 　其中：1.＿＿＿＿＿元 　　　　2.＿＿＿＿＿元
调整后企业银行存款日记账金额

经办会计人员：（签字）　　　　　　　　　　　　　　　　　　　　会计主管：（签字）

经典例题 12-4　（2021 年·简答题）

甲公司是 ABC 会计师事务所的常年审计客户，A 注册会计师负责审计甲公司 2020 年度财务报表，确定财务报表整体的重要性为 300 万元。与货币资金审计相关的部分事项如下：

（5）在测试银行存款余额调节表时，A 注册会计师针对企付银未付和企收银未收调节事项，分别检查了相关的付款和收款原始凭证，据此确认了调节事项的适当性。

〖要求〗针对上述事项，指出 A 注册会计师的做法是否恰当。如不恰当，简要说明理由。

〖答案〗不恰当。还应检查期后银行对账单。

（五）函证银行存款余额，编制银行函证结果汇总表，检查银行回函

1. 函证的作用

函证银行存款余额是证实资产负债表所列银行存款是否存在的重要程序。通过函证，不仅可了解企业资产的存在，还可了解企业账面反映所欠银行债务的情况，并有助于发现企业未入账的银行借款和未披露的或有负债。

2. 函证的规定

银行函证需要以被审计单位名义向银行发函。银行要在收到询证函之日起的 10 个工作日内，根据函证要求及时回函并按有关规定收取询证费用；各有关企业或单位应根据函证的具体要求回函。

3. 函证的范围

应当对银行存款（包括零余额账户和本期注销的账户）及与金融机构往来的其他重要信息实施函证程序，除非有充分证据表明某一银行存款及与金融机构往来的其他重要信息对财务报表**不重要且与之相关的重大错报风险很低**。如果不对这些项目实施函证程序，**应**在工作底稿中说明理由。

之所以要求向本期内注销账户的银行函证，通常是因为有可能存款账户已注销，但仍有银行借款或其他负债存在。

（六）检查银行存款账户存款人

检查银行存款账户存款人是否为被审计单位，若存款人非被审计单位，应获取该账户户主和被审计单位的书面声明，确认资产负债表日是否需要提请被审计单位进行调整。

（七）关注是否存在质押、冻结等对变现有限制或存在境外的款项

关注是否存在质押、冻结等对变现有限制或存在境外的款项。如果存在，是否已提请被审计单位作必要的调整和披露。

（八）对不符合现金及现金等价物条件的银行存款

对不符合现金及现金等价物条件的银行存款在审计工作底稿中予以列明，以考虑对现金流量表的影响。

（九）抽查大额银行存款收支的原始凭证

（1）抽查大额银行存款收支的原始凭证，检查原始凭证是否齐全、记账凭证与原始凭证是否相符、账务处理是否正确、是否记录于恰当的会计期间等项内容。

（2）检查是否存在非营业目的的大额货币资金转移，并核对相关账户的进账情况；如有与被审计单位生产经营无关的收支事项，应查明原因并作相应的记录。

（十）检查银行存款收支的截止是否正确

选取资产负债表日前后若干张、一定金额以上的凭证实施截止测试，关注业务内容及对应项目，如有跨期收支事项，应考虑是否提请被审计单位进行调整。

（十一）检查银行存款是否在财务报表中作出恰当列报

如果企业的银行存款存在抵押、冻结等使用限制情况或者潜在回收风险，注册会计师应关注企业是否已经恰当披露有关情况。

对于定期存款：

（1）询问管理层定期存款存在的商业理由并评估其合理性；

（2）获取定期存款明细表，检查是否与账面记录金额一致、存款人是否为被审计单位、存款是否被质押或限制使用；

（3）监盘库存现金的同时，监盘定期存款凭据；

敲黑板①
对于未质押的定期存款，不能只检查开户证实书的复印件。

(4) 检查未质押定期存款的开户证实书①**原件**，以防止被审计单位提供的复印件是未质押（或未提现）前原件的复印件；
(5) 检查**已质押**定期存款的存单复印件并与质押合同核对；
(6) 函证定期存款相关信息；
(7) 测算利息收入合理性，判断是否存在体外资金循环；
(8) 资产负债表日后已提取的定期存款，核对兑付凭证；
(9) 关注是否在财务报表附注中对定期存款予以披露。

经典例题 12-5　（2022年·综合题）

上市公司甲公司是ABC会计师事务所的常年审计客户，主要从事信息技术服务和智能产品的研发、生产与销售。A注册会计师负责审计甲公司2021年度财务报表，确定集团财务报表整体的重要性为800万元，实际执行的重要性为600万元。A注册会计师的审计工作底稿部分内容摘录如下：

(4) A注册会计师在监盘甲公司未质押定期存款凭据时，检查了开户证实书原件，核对了存款人、金额、期限、利率等相关信息，未发现异常，结果满意。

要求 针对上述事项，假定不考虑其他条件，指出A注册会计师的做法是否恰当。如不恰当，简要说明理由。

答案 恰当。

三、其他货币资金的实质性程序★★★（见表12-14）

考频 2022年简答题（1）

表12-14　其他货币资金的实质性程序

	内容
保证金存款	检查开立银行承兑汇票的协议或银行授信审批文件
存出投资款	跟踪资金流向，并获取董事会决议等批准文件、开户资料、授权操作资料等
因互联网支付留存于第三方支付平台的资金	(1) 了解是否开立支付宝、微信等第三方支付账户。 (2) 获取相关开户信息资料，了解其用途和使用情况。 (3) 获取与第三方支付平台签订的协议，了解第三方平台使用流程等内部控制。 (4) 比照验证银行存款或银行交易的方式对第三方支付账户函证交易发生额和余额（如可行）。 (5) 获取第三方支付平台发生额及余额明细，在②**验证这些明细信息可靠性**的基础上（如观察被审计单位人员登录并操作相关支付平台导出信息的过程，核对界面的真实性，核对平台界面显示或下载的信息与提供给注册会计师的明细信息的一致性等），将其与账面记录进行核对，对大额交易考虑实施进一步的检查程序

敲黑板②
如果考题说"获取第三方支付平台的明细，直接与账面记录核对"，那么这种说法是错误的，还应验证明细信息的可靠性。

针对常见的与货币资金相关的舞弊风险，注册会计师可以特别关注或考虑实施以下程序（表12-15）。

表 12-15　针对与货币资金相关的舞弊风险采取的应对措施

	内容
1. 针对虚构货币资金相关舞弊风险	(1) **严格**实施银行**函证**程序，保持对函证全过程的控制，恰当评价回函可靠性，深入调查不符事项或函证程序中发现的异常情况； (2) 关注货币资金的真实性和巨额货币资金余额以及大额定期存单的**合理性**； (3) 了解企业开立银行账户的数量及分布，是否与企业实际经营需要相匹配且具有**合理性**，检查银行账户的完整性和银行对账单的真实性； (4) 分析利息收入和财务费用的**合理性**，关注存款规模与利息收入是否匹配，是否存在"存贷双高"现象； (5) 关注是否存在大额境外资金，是否存在缺少具体业务支持或与交易金额不相匹配的大额资金或汇票往来等**异常**情况
2. 针对大股东侵占货币资金相关舞弊风险	(1) 识别企业银行对账单中与实际控制人、控股股东或高级管理人员的大额资金往来交易，关注是否存在**异常**的大额资金流动，关注资金往来是否以真实、合理的交易为基础，关注利用无商业实质的购销业务进行资金占用的情况； (2) 分析企业的交易信息，识别交易**异常**的疑似关联方，检查企业银行对账单中与疑似关联方的大额资金往来交易，关注资金或商业汇票往来是否以真实、合理的交易为基础； (3) 关注**期后**货币资金重要账户的划转情况以及**资金受限**情况； (4) 通过公开信息等可获取的信息渠道了解实际控制人、控股股东财务状况，关注其是否存在**资金紧张或长期占用**企业资金等情况，检查大股东有无高比例股权质押的情况
3. 针对虚构现金交易相关舞弊风险	(1) 结合企业所在行业的特征恰当评价现金交易的**合理性**，检查相关的内部控制是否健全、运行是否有效，是否保留了充分的资料和证据； (2) 计算月现金销售收款、现金采购付款的占比，关注现金收、付款比例是否与企业业务性质相匹配，识别现金收、付款比例是否存在异常波动，并追查波动原因； (3) 了解现金交易对方的情况，关注使用现金结算的**合理性**和交易的真实性； (4) 检查大额现金收支，追踪来源和去向，核对至交易的原始单据，关注收付款方、收付款金额与合同、订单、出入库单相关信息是否一致； (5) 检查交易对象的相关外部证据，验证其交易真实性； (6) 检查是否存在洗钱等违法违规行为

考点加油站

章末总结

- 货币资金的审计
  - 货币资金审计概述
    - 主要业务活动
    - 货币资金内部控制概述
  - 货币资金的重大错报风险
    - 货币资金的可能发生错报环节
    - 与货币资金相关的重大错报风险
    - 拟实施的进一步审计程序的总体方案
  - 测试货币资金的内部控制
    - 库存现金的控制测试
    - 银行存款的控制测试
  - 货币资金的实质性程序
    - 库存现金的实质性程序 ★★★
    - 银行存款的实质性程序 ★★★
    - 其他货币资金的实质性程序 ★★★
    - 针对舞弊风险采取的应对措施

50%

注册会计师全国统一考试辅导用书 | 2024

CPA知识点全解及真题模拟
审 计 中册

高顿教育CPA教研中心　编著

文汇出版社

目 录

第十三章 对舞弊和法律法规的考虑

276 第一节 财务报表审计中与舞弊相关的责任
292 第二节 财务报表审计中对法律法规的考虑

第十四章 审计沟通

301 第一节 注册会计师与治理层沟通
309 第二节 前任注册会计师和后任注册会计师的沟通

第十五章 注册会计师利用他人的工作

316 第一节 利用内部审计工作
321 第二节 利用专家的工作

第十六章 对集团财务报表审计的特殊考虑

330 第一节 集团财务报表审计概述
333 第二节 了解集团及其环境、集团组成部分及其环境
334 第三节 了解组成部分注册会计师
335 第四节 重要性
337 第五节 针对评估的风险采取的应对措施
340 第六节 合并过程及期后事项
341 第七节 沟通

第十七章 其他特殊项目的审计

347 第一节 审计会计估计和相关披露
360 第二节 关联方审计
367 第三节 考虑持续经营假设
375 第四节 期初余额审计

第十八章 完成审计工作

- 382 第一节 完成审计工作概述
- 387 第二节 期后事项
- 393 第三节 书面声明

第十九章 审计报告

- 400 第一节 审计报告概述
- 401 第二节 审计意见的形成
- 401 第三节 审计报告的基本内容
- 407 第四节 在审计报告中沟通关键审计事项
- 414 第五节 非无保留意见审计报告
- 419 第六节 在审计报告增加强调事项段与其他事项段
- 423 第七节 比较信息
- 427 第八节 注册会计师对其他信息的责任

第二十章 企业内部控制审计

- 436 第一节 内部控制审计的概念
- 440 第二节 计划内部控制审计工作
- 442 第三节 自上而下的方法
- 448 第四节 控制测试的有效性
- 455 第五节 企业层面控制的测试
- 456 第六节 业务流程、应用系统或交易层面的控制的测试
- 457 第七节 信息系统控制的测试
- 458 第八节 内部控制缺陷评价
- 462 第九节 完成内部控制审计工作
- 464 第十节 出具内部控制审计报告

第二十一章 会计师事务所业务质量管理

- 477 第一节 会计师事务所质量管理体系
- 490 第二节 项目质量复核
- 493 第三节 对财务报表审计实施的质量管理

第二十二章　职业道德基本原则和概念框架

- 498　第一节　职业道德基本原则
- 500　第二节　职业道德概念框架
- 501　第三节　对职业道德概念框架的具体运用

第二十三章　审计业务对独立性的要求

- 508　第一节　基本概念和要求
- 513　第二节　经济利益
- 518　第三节　贷款和担保以及商业关系、家庭和私人关系
- 523　第四节　与审计客户发生人员交流
- 526　第五节　与审计客户长期存在业务关系
- 529　第六节　为审计客户提供非鉴证服务
- 537　第七节　收费
- 539　第八节　其他影响

第十三章 对舞弊和法律法规的考虑

轻装上阵

本章讲什么？

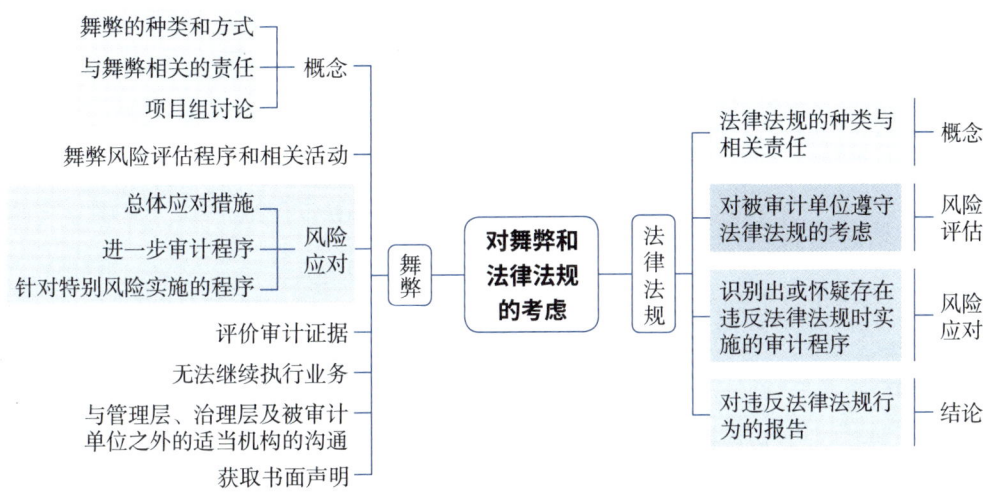

本章开始，教材内容的讲解进入到对于特殊事项的考虑。本章主要介绍注册会计师在审计过程中对于舞弊事项和违反法律法规的相关事项的考虑。

在财务报表审计中，关注舞弊事项是必要的，但注册会计师无须对所有细节都进行深入审查。重要的是明确注册会计师在审计过程中与舞弊相关的责任，并采取相应的审计程序来履行这一责任（**①财务报表审计中与舞弊相关的责任**）。

对违反法律法规的情况亦是如此，针对不同类型的法律法规，注册会计师需要承担不同的责任，自然采取的手段和措施也会不同（**②对法律法规的考虑**）。

本章如何考？

本章在考试中通常以单选题、多选题的形式出现，每年考查分值为2~4分。同时，考试也可能会将本章知识点与其他章节的知识点相结合，在简答题与综合题中出现。

本章怎么学？

在本章的学习过程中，考生应当注意哪些情况将导致被审计单位舞弊风险，以及如何应对舞弊风险；应当注意第一类法律法规和第二类法律法规的区别，以及相应的应对措施。

2024 年本章主要变化

2024 年本章的内容无实质性变化。

考点冲浪

第一节 财务报表审计中与舞弊相关的责任

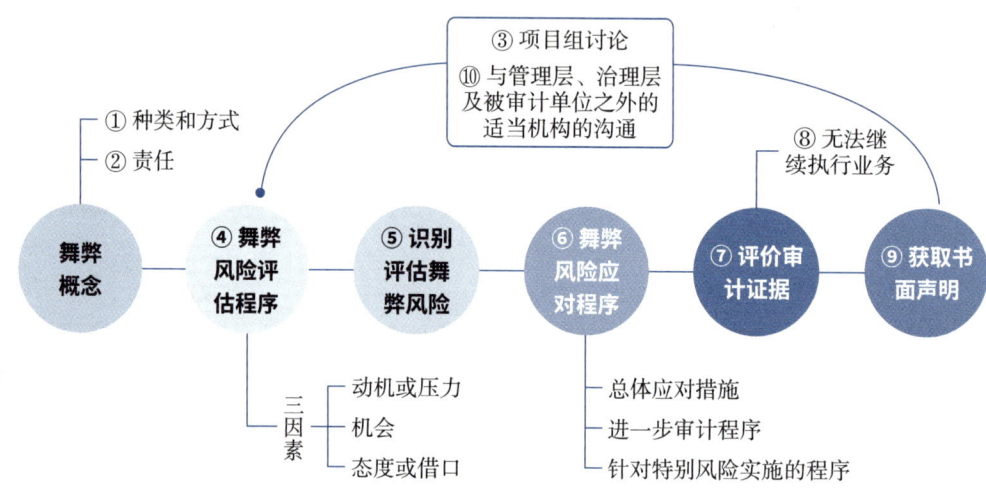

图 13－1 财务报表审计中与舞弊相关的责任

敲黑板①

注意：编制虚假财务报告导致的重大错报风险与侵占资产导致的重大错报风险之间没有孰轻孰重。如果考试中题目表述为"编制虚假财务报告导致的重大错报风险高于侵占资产导致的重大错报风险"，考生需注意这种说法是错误的。

一、舞弊的种类和方式★★（见表 13－1）

舞弊是指管理层、治理层、员工或第三方使用欺骗手段获取不当或非法利益的故意行为。在财务报表审计中，注册会计师关注的是导致财务报表发生重大错报的舞弊，与财务报表审计相关的故意错报，①包括编制虚假财务报告导致的错报和侵占资产导致的错报。

敲黑板②

有时考试不会以出现"舞弊"两个字的方式来考查考生，然而当出现表 13－1 中所述情形时，考生需要知道该题目已经涉及舞弊的相关考点，应当采用本章所述的审计程序来应对舞弊风险。

表 13－1 ②舞弊的种类和方式

种类	方式
编制虚假财务报告	（1）对编制财务报表所依据的会计记录或支持性文件进行操纵、弄虚作假（包括伪造）或篡改； （2）在财务报表中错误表达或故意漏记事项、交易或其他重要信息； （3）故意地错误使用与金额、分类、列报或披露相关的会计原则
侵占资产	（1）贪污收到的款项； （2）盗窃实物资产或无形资产； （3）使被审计单位对未收到的商品或未接受的劳务付款； （4）将被审计单位资产挪为私用

经典例题 13-1 经典真题·单选题

下列有关舞弊导致的重大错报风险的说法中，错误的是（ ）。

A. 编制虚假财务报告导致的重大错报风险，大于侵占资产导致的重大错报风险
B. 舞弊导致的重大错报未被发现的风险，大于错误导致的重大错报未被发现的风险
C. 所有被审计单位都存在管理层凌驾于控制之上的风险
D. 收入确认存在舞弊风险的假定可能不适用于所有审计项目

【解析】编制虚假财务报告导致的重大错报风险，与侵占资产导致的重大错报风险之间没有明显的大小关系。选项 A 表述错误。

舞弊可能涉及精心策划和蓄意实施以进行隐瞒（如伪造证明或故意漏记交易），或者故意向注册会计师提供虚假陈述。如果涉及串通舞弊，注册会计师可能更加难以发现蓄意隐瞒的企图。串通舞弊可能导致原本虚假的审计证据被注册会计师误认为具有说服力。所以，舞弊导致的重大错报未被发现的风险，大于错误导致的重大错报未被发现的风险。选项 B 表述正确。

由于管理层在被审计单位的地位，管理层凌驾于控制之上的风险在所有被审计单位中都会存在。选项 C 表述正确。

收入确认成为注册会计师审计的高风险领域，审计准则要求注册会计师基于收入确认存在舞弊风险的假定进行评价。但是如果注册会计师认为收入确认存在舞弊风险的假定不适用于具体业务的具体情况，从而未将收入确认作为由于舞弊导致的重大错报风险领域，注册会计师应当在审计工作底稿中记录得出该结论的理由。所以，收入确认存在舞弊风险的假定可能不适用于所有审计项目。选项 D 表述正确。

【答案】A

二、与舞弊相关的责任★

（一）治理层、管理层的责任

被审计单位治理层和管理层对防止或发现舞弊负有**主要**责任。

（二）注册会计师的责任

(1) 注册会计师有责任对财务报表整体是否不存在由于舞弊或错误导致的重大错报获取合理保证。

(2) 由于审计的固有限制，注册会计师不能对财务报表整体不存在重大错报获取绝对保证。

(3) 如果在完成审计工作后发现舞弊导致的财务报表重大错报，并不必然表明注册会计师没有①遵守审计准则。

经典例题 13-2 经典真题·单选题

在判断注册会计师是否按照审计准则的规定执行工作以应对舞弊风险时，下列各项中，不需要考虑的是（ ）。

A. 注册会计师在审计过程中是否保持了职业怀疑
B. 注册会计师是否识别出舞弊导致的财务报表重大错报
C. 注册会计师是否根据审计证据评价结果出具了恰当的审计报告
D. 注册会计师是否根据具体情况实施了审计程序，并获取了充分、适当的审计证据

【解析】注册会计师是否按照审计准则的规定实施了审计工作，取决于：

> 敲黑板①
> 注意，关于舞弊，注册会计师的责任不在于是否识别出了舞弊导致的财务报表重大错报，而在于注册会计师是否遵守了审计准则。

(1) 是否根据具体情况实施了审计程序；
(2) 是否获取了充分、适当的审计证据（选项 D）；
(3) 是否根据证据评价结果出具了恰当的审计报告（选项 C）。

保持职业怀疑对于注册会计师发现舞弊，防止审计失败至关重要，选项 A 正确。

如果在完成审计工作后发现舞弊导致的财务报表重大错报，特别是串通舞弊或伪造文件记录导致的重大错报，并不必然表明注册会计师没有遵守审计准则。故本题答案为选项 B。

答案）B

> **敲黑板①**
> 只要是与审计有关的事项，都可以在项目组讨论中进行，所以对于该知识点，考生只需了解即可。

三、①项目组内部讨论（见表 13-2）

表 13-2　项目组内部讨论

项目	内容
人员	项目组成员之间应当进行讨论，并由**项目合伙人**确定将哪些事项向未参与讨论的项目组成员通报
讨论可以达到的目的	分享对舞弊导致的重大错报的方式和领域的见解、应对措施、如何共享审计程序结果以及如何处理舞弊指控
讨论可能包括的内容	(1) 通过舞弊领域、迹象、内外部因素、监督、指控、凌驾等**识别舞弊**； (2) 如何在拟实施**审计程序**的性质、时间安排和范围中增加**不可预见性**； (3) 为**应对**由于舞弊导致财务报表发生重大错报的可能性而选择实施的**审计程序**，以及**特定类型的审计程序**是否比其他审计程序更为有效； (4) **强调**在整个审计过程中对由于舞弊导致重大错报的可能性**保持适当关注的重要性**； (5) 管理层企图通过晦涩难懂的披露使披露事项无法得到正确理解的风险（例如，包含太多不重要的信息或使用不明晰或模糊的语言）

四、**舞弊风险评估程序和相关活动**★★★★（见图 13-2）

考频）2022 年多选题（1）

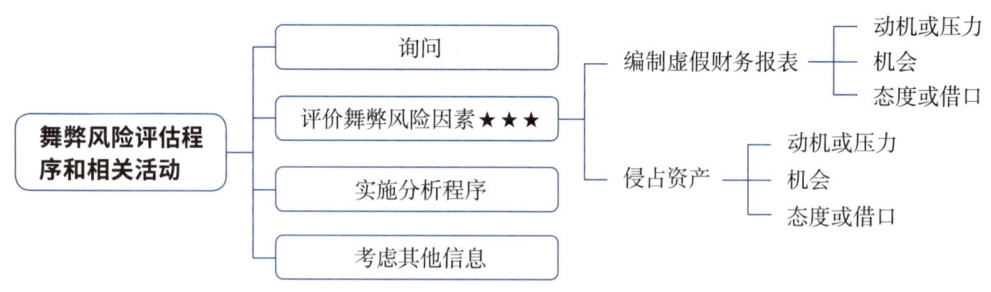

图 13-2　舞弊风险评估程序和相关活动

（一）询问

询问程序的要点及主要内容，见表 13-3。

表 13-3　询问程序的要点及主要内容

分类	要点	
询问对象	不仅应当询问治理层、管理层、内部审计人员，**还应当**询问被审计单位其他人员	
	应当考虑	（1）**不直接**参与财务报告过程的业务人员； （2）拥有不同级别权限的人员； （3）参与生成、处理或记录复杂或异常交易的人员及对其监督的人员； （4）内部法律顾问、负责道德事务的人员、负责处理舞弊指控的人员
应当询问	（1）管理层对舞弊导致的重大错报风险的评估，包括评估的性质、范围和频率等； （2）管理层对舞弊风险的识别和应对过程，包括管理层识别出的或注意到的特定舞弊风险，或可能存在舞弊风险的各类交易、账户余额或披露； （3）管理层就其对舞弊风险的识别和应对过程向治理层的通报； （4）**管理层就其经营理念和道德观念向员工的通报**	
注意事项	（1）询问治理层，以确定其是否知悉任何影响被审计单位的舞弊事实、舞弊嫌疑或舞弊指控； （2）除非治理层全部成员参与管理被审计单位，注册会计师**应当**了解治理层如何监督管理层对舞弊风险的识别和应对过程，以及为降低舞弊风险而建立的内部控制； （3）如果被审计单位设有内部审计，注册会计师**应当**询问内部审计人员，以确定其是否知悉任何影响被审计单位的舞弊事实、舞弊嫌疑或舞弊指控，并获取这些人员对舞弊风险的看法	

（二）①评价舞弊风险因素★★★

舞弊风险因素包括动机或压力、机会、态度或借口。

上述风险因素也被称为"舞弊三角"，这三个风险因素在两类舞弊行为中有不同的表现，关于与编制虚假财务报告导致的错报相关的"舞弊三角"，见表 13-4、表 13-5 和表 13-6；关于与侵占资产导致的错报相关的"舞弊三角"，见表 13-7、表 13-8 和表 13-9。

存在舞弊风险因素不一定表明发生了舞弊，但在舞弊发生时通常存在舞弊风险因素。其中，舞弊的动机或压力是舞弊发生的②首要条件。

考试可能涉及与舞弊风险三因素相关的客观题，问哪些属于压力、机会或态度，甚至会问"下列舞弊风险因素中，与编制虚假财务报告相关的有哪些"，所以考生需要清楚地区分两个分类、三因素，但无需强行记忆。

舞弊风险三因素中，动机或压力最重要，考试时可能会涉及。

表 13-4　与编制虚假财务报告导致的错报相关的舞弊风险因素——动机或压力

舞弊风险因素细类	具体示例
财务稳定性或盈利能力受到不利经济环境、行业状况或被审计单位运营情况的威胁	竞争激烈或市场饱和，且伴随着利润率的下降
	难以应对技术变革、产品过时、利率调整等因素的急剧变化
	客户需求大幅下降，所在行业或总体经济环境中经营失败的情况增多
	经营亏损使被审计单位可能破产、丧失抵押品赎回权或遭恶意收购
	在财务报表显示盈利增长的情况下，经营活动产生的现金流量经常出现负数，或经营活动不能产生现金流入
	高速增长或具有异常的盈利能力，特别是在与同行业其他企业相比时
	新发布的会计准则、法律法规或监管要求

续表

舞弊风险因素细类	具体示例
管理层为满足第三方预期或要求而承受过度的压力	外部人士对盈利能力或增长趋势存在预期（**特别是过分激进的或不切实际的预期**），包括管理层在**过于乐观**的新闻报道和年报信息中作出的预期
	需要进行**额外**的举债或权益融资以保持竞争力，包括为重大研发项目或资本性支出融资
	满足交易所的上市要求、偿债要求或其他债务合同要求的能力较弱
	报告较差财务成果将对正在进行的重大交易（如企业合并或签订合同）产生可察觉的或实际的不利影响
管理层或治理层的个人财务状况受到被审计单位财务业绩的影响	在被审计单位中拥有重大经济利益
	其报酬中相当一部分（奖金、股票期权等）取决于被审计单位能否实现（股价、经营成果、财务状况或现金流量方面的）激进目标
	个人为被审计单位的债务提供了担保
管理层或经营者受到更高级管理层或治理层对财务或经营指标的过高压力	治理层为管理层设定了过高的销售业绩或盈利能力等激励指标

表 13-5　与编制虚假财务报告导致的错报相关的舞弊风险因素——机会

舞弊风险因素细类	具体示例
组织结构复杂或不稳定	**难以确定**对被审计单位持有控制性权益的组织或个人
	组织结构**过于复杂**，有异常法律实体或管理层级存在
	高级管理人员、法律顾问或治理层**频繁变更**
对管理层的监督失效	在非业主管理的实体中，管理层由一人或少数人控制，**且**缺乏补偿性控制
	治理层对财务报告过程和内部控制实施的监督无效
内部控制要素存在缺陷	对控制的监督不充分，包括自动化控制以及针对中期财务报告（如要求对外报告）的控制
	由于会计人员、内部审计人员或信息技术人员**不能胜任而频繁更换**
	会计系统或信息系统无效，包括内部控制存在**值得关注的缺陷**
被审计单位所在行业或其业务的性质为编制虚假报告提供了机会	**从事超常重大关联方交易**，或者与未经审计或由其他会计师事务所审计的关联企业进行重大交易
	被审计单位具有强大的财务实力或能力，使其在特定行业中处于主导地位，能够对与供应商或客户签订的条款或条件作出强制规定，从而可能导致不适当或不公允的交易
	资产、负债、收入或费用建立在**重大估计的基础上**，这些估计涉及主观判断或不确定性，难以印证
	从事重大、异常或高度复杂的交易，特别是临近期末的复杂交易，对是否按"实质重于形式"原则处理存疑
	在经济环境及文化背景不同的国家或地区从事重大经营或重大跨境经营
	利用商业中介，而似乎不具有明确的商业理由
	在"避税天堂"开立重要银行账户或设立子/分公司进行经营，**而似乎不具有明确的商业理由**

表 13-6　与编制虚假财务报告导致的错报相关的舞弊风险因素——态度或借口

舞弊风险因素细类	具体示例
管理层态度不端或缺乏诚信	管理层未能有效传递、执行、支持或贯彻被审计单位价值观或道德标准，或传递的价值观或道德标准不适当
	非财务管理人员过度参与或过于关注会计政策的选择或重大会计估计的确定
	被审计单位、高级管理人员或治理层存在违反证券法或其他法律法规的历史记录，或由于舞弊或违反法律法规而被指控
	管理层过于关注保持或提高股票价格或利润趋势
	管理层向分析师、债权人或其他第三方承诺实现激进的或不切实际的预期
	管理层未能及时纠正发现的值得关注的控制缺陷
	为了避税的目的，管理层表现出有意通过使用不适当的方法使报告利润最小化
	高级管理人员缺乏士气
	业主兼经理未对个人事务与公司业务进行区分
	股东人数有限的被审计单位股东之间存在争议
	管理层总是试图基于重要性原则解释处于临界水平的或不适当的会计处理
管理层与现任或前任注册会计师之间的关系紧张	在会计、审计或报告事项上经常与现任或前任注册会计师产生争议
	对注册会计师提出不合理的要求，如对完成审计工作或出具审计报告提出不合理的时间限制
	对注册会计师接触某些人员、信息或与治理层进行有效沟通施加不适当的限制
	管理层对注册会计师表现出盛气凌人的态度，特别是试图影响注册会计师的工作范围，或者影响对执行审计业务的人员或被咨询人员的选择和保持

表 13-7　与侵占资产导致的错报相关的舞弊风险因素——动机或压力

舞弊风险因素细类	具体示例
个人的生活方式或财务状况问题	接触现金或其他易被侵占（通过盗窃）资产的管理层或员工负有个人债务，可能会产生侵占这些资产的压力
接触现金或其他易被盗窃资产的员工与被审计单位之间存在的紧张关系	已知或预期会发生裁员
	近期或预期员工报酬或福利计划发生变动
	晋升、报酬或其他奖励与预期不符

表 13-8　与侵占资产导致的错报相关的舞弊风险因素——机会

舞弊风险因素细类	具体示例
资产的某些特性或特定情形可能增加其被侵占的可能性	持有或处理大额现金
	体积小、价值高或需求较大的存货
	易转手的资产，如无记名债券、钻石或计算机芯片
	体积小、易于销售或不易识别所有权的固定资产

续表

舞弊风险因素细类	具体示例
与**资产相关的**不恰当的内部控制可能增加资产被侵占的可能性	职责分离或独立审核不充分
	对高级管理人员的支出（如差旅费及其他报销费用）的监督不足
	管理层对保管资产的员工监管不足
	对接触资产的员工选聘不严格
	对资产的记录不充分
	对交易（如采购）授权及批准制度不健全
	对现金、投资、存货或固定资产等的实物保管措施不充分
	未对资产作出完整、及时的核对调节
	未对交易作出及时、适当的记录（如销货退回未作冲销处理）
	对处于关键控制岗位的员工未实行强制休假制度
	管理层对信息技术缺乏了解，从而使信息技术人员有机会侵占资产
	对自动生成的记录的访问控制（包括对计算机系统日志的控制和复核）不充分

表 13-9 与侵占资产导致的错报相关的舞弊风险因素——态度或借口

舞弊风险因素细类	具体示例
管理层或员工不重视相关控制	忽视监控或降低与侵占资产相关的风险的必要性
	忽视与侵占资产相关的内部控制，如凌驾于现有的控制之上或未对已知的内部控制缺陷采取适当的补救措施
	被审计单位人员在行为或生活方式方面发生的变化可能表明资产已被侵占
	容忍小额盗窃资产的行为
对被审计单位存在不满甚至敌对情绪	被审计单位人员的行为表明其对被审计单位感到不满，或对被审计单位对待员工的态度感到不满

▎**经典例题 13-3** 经典真题·多选题

下列舞弊风险因素中，与编制虚假财务报告相关的有（   ）。

A. 在非所有者管理的主体中，管理层由一人或少数人控制，且缺乏补偿性控制
B. 对高级管理人员支出的监督不足
C. 会计系统和信息系统无效
D. 利用商业中介进行交易，但缺乏明显的商业理由

(解析) 选项 ACD 都与编制财务报表联系紧密，可能导致虚假的财务报表，而选项 B 则是侵占资产导致的舞弊，不会导致整个财务报表虚假。

(答案) ACD

注意风险评估阶段实施的是风险评估程序，不是实质性分析程序，实质性分析程序用于风险应对。

（三）实施分析程序

注册会计师应当评价在①**实施分析程序**时识别出的异常或偏离预期的关系，是否表明存

在由于舞弊导致的重大错报风险。

（四）考虑其他信息

注册会计师应当考虑通过项目组讨论、客户承接以及其他服务所获得的经验。

▎**经典例题 13－4**　（2022 年·多选题）

下列有关舞弊风险因素的说法中，正确的有（　　）。

A. 存在舞弊风险因素并不必然表明发生了舞弊
B. 舞弊风险因素包括实施舞弊的动机或压力、实施舞弊的机会和为舞弊寻找借口的能力
C. 舞弊风险因素在编制虚假财务报告和侵占资产两类舞弊行为中有相同的体现
D. 对于不同规模、不同所有权特征或情况的被审计单位而言，舞弊风险因素在评估重大错报风险时的重要程度可能不同

（解析）存在舞弊风险因素并不必然表明发生了舞弊，但舞弊发生时通常存在舞弊风险因素。选项 A 正确。

舞弊风险因素包括以下三类：实施舞弊的动机或压力、实施舞弊的机会、为舞弊行为寻找借口的能力。选项 B 正确。

实施舞弊的动机或压力、实施舞弊的机会、为舞弊行为寻找借口的能力，这三个风险因素在两类舞弊中有不同的体现。选项 C 错误。

对于不同规模、不同所有权特征或情况的被审计单位而言，风险因素的重要性可能不同。选项 D 正确。

（答案）ABD

五、识别和评估舞弊导致的重大错报风险★★★

（1）舞弊导致的重大错报风险属于**特别风险**。

（2）注册会计师①**应当**基于收入确认存在舞弊风险的假定，**评价**哪些类型的收入、收入交易或认定导致舞弊风险。

（3）如果认为收入确认存在舞弊风险的假定②**不适用于业务的具体情况**，未将收入确认作为舞弊导致的重大错报风险领域，注册会计师应在工作底稿中记录得出该结论的理由。

六、应对舞弊导致的重大错报风险★★★

考频　2022 年综合题（1）、2021 年多选题（1）、2020 年单选题（1）

（一）总体应对措施

（1）在**分派和督导**项目组成员时，考虑承担重要业务职责的项目组成员所具备的知识、技能和能力，并考虑由于舞弊导致的重大错报风险的评估结果。

（2）评价被审计单位对**会计政策**（特别是涉及主观计量和复杂交易的会计政策）的选择和运用，是否可能表明管理层通过操纵利润对财务信息作出虚假报告。

（3）在选择审计程序的性质、时间安排和范围时，增加审计程序的**不可预见性**。

敲黑板①

注册会计师应当基于收入确认存在舞弊风险的假定，但并不表示注册会计师无须实施风险评估程序，相反，基于该假定，注册会计师应当实施风险评估程序证明舞弊风险的假设是否正确。考试时，如果题目表述为"基于收入确认存在舞弊的假定，注册会计师无需实施风险评估程序"，考生应注意该陈述为错误陈述。

敲黑板②

考试时，如果题目陈述为"所有的项目都适用收入确认存在舞弊的假设"，考生应注意该陈述是错误的陈述。

（二）针对舞弊导致的认定层次重大错报风险实施的审计程序（见表 13-10）

表 13-10 针对舞弊导致的认定层次重大错报风险实施的程序

程序	举例
1. 改变拟实施审计程序的**性质**，以获取更可靠、相关的审计证据，或获取额外佐证的信息	（1）对特定资产进行实地观察或检查；涉及询证函时，增加交易日期、退货权、交货条款等销售协议的细节； （2）向被审计单位的非财务人员询问销售协议和交货条款的变化，以对函证获取的信息进行补充
2. 调整实施审计程序的**时间**安排	（1）在期末或接近期末实施实质性程序，以更好的应对由于舞弊导致的重大错报风险； （2）由于涉及不恰当收入确认的舞弊可能已在期中发生，针对本期较早期间发生的交易或整个报告期内的交易实施实质性程序
3. 调整审计程序的**范围**，以应对由于舞弊导致的重大错报风险	（1）扩大样本规模； （2）在更详细的层次上实施分析程序； （3）利用计算机辅助审计技术对电子交易和会计文档实施更广泛的测试

经典例题 13-5　（2021年·多选题）

针对评估的由于舞弊导致的财务报表层次重大错报风险，下列各项中，属于注册会计师应当采取的总体应对措施的有（　　）。

A. 在分派和督导项目组成员时，考虑担任重要业务职责的项目组成员所具备的知识、技能和能力

B. 评价被审计单位对会计政策的选择和运用，是否可能表明管理层通过操纵利润对财务信息作出虚假报告

C. 扩大细节测试的样本规模

D. 在选择审计程序的性质、时间安排和范围时，增加审计程序的不可预见性

（解析）在针对评估的由于舞弊导致的财务报表层次重大错报风险确定总体应对措施时，注册会计师应当：（1）在分派和督导项目组成员时，考虑承担重要业务职责的项目组成员所具备的知识、技能和能力，并考虑由于舞弊导致的重大错报风险的评估结果（选项A）；（2）评价被审计单位对会计政策的选择和运用，是否可能表明管理层通过操纵利润对财务信息作出虚假报告（选项B）；（3）在选择审计程序的性质、时间安排和范围时，增加审计程序的不可预见性（选项D）。扩大细节测试的样本规模应对的是舞弊导致的认定层次重大错报风险，不属于财务报表层次重大错报风险的总体应对措施。选项C错误，不选。

（答案）ABD

经典例题 13-6　（2020年·单选题）

下列做法中，通常无法应对舞弊导致的认定层次重大错报风险的是（　　）。

A. 改变审计程序的性质　　　　　　　　B. 改变控制测试的时间

C. 改变实质性程序的时间　　　　　　　D. 改变审计程序的范围

（解析）当存在舞弊导致的认定重大错报风险的时候，内控通常运行无效，注册会计师通常无法通过控制测试获取充分、适当的审计证据。选项B当选。

为应对评估的由于舞弊导致的认定层次重大错报风险，注册会计师采取的具体措施可能包括改变审计程序的性质、时间安排和范围。选项ACD正确，不选。

（答案）B

（三）具体应对措施

注册会计师针对舞弊导致的认定层次重大错报风险所采取的具体应对措施，取决于已发现的舞弊风险因素类型以及各类具体的交易、账户余额相关认定。表 13-11 和表 13-12 分别列举了针对两大类舞弊风险的具体应对措施。表中所列程序不可能穷尽所有可实施的审计程序，在不同业务中各个审计程序的相关性和效果也存在差异，因此，表中所列仅供参考。

表 13-11　①应对虚假财务报告审计程序举例

对于这些案例，考生只需了解其属于应对特别风险的应对措施即可。

特定认定	应对程序
管理层估计	聘用专家作出独立估计，并与管理层的估计进行比较
	将询问范围延伸至管理层和会计部门以外的人员，以印证管理层完成与作出会计估计相关的计划的能力和意图
收入确认	针对收入项目，使用分解的数据实施实质性分析程序
	向被审计单位的客户函证相关的特定合同条款以及是否存在②背后协议
	向销售和营销人员或法律顾问询问临近期末销售或发货情况，以及他们了解的与这些交易相关的异常条款或条件
	期末在发货现场实地观察发货情况或准备发出的货物（或待处理的退货）并实施其他销售及存货截止测试
	对于通过电子方式自动生成、处理、记录的销售交易实施控制测试
存货数量	检查被审计单位的存货记录
	在不预先通知的情况下对特定存放地点的存货实施监盘，或在同一天对所有存放地点实施存货监盘
	要求被审计单位在期末或临近期末实施存货盘点
	在观察存货盘点的过程中实施额外的程序
	按照存货等级、类别、地点或其他分类标准，将本期存货数量与前期比较，或将盘点数量与永续盘存记录比较
	利用计算机辅助技术进一步测试存货实物盘点目录的编制

背后协议是指某些合同条款没有写在合同上的情况。

表 13-12　应对侵占资产审计程序举例

特定认定	应对程序
货币资金有价证券	在期末或临近期末对现金或有价证券进行监盘
	直接向被审计单位客户询证所审计期间的交易活动
	分析已注销账户的恢复使用情况
存货	按照存货存放地点或产品类型分析存货短缺情况
	将关键存货指标与行业正常水平进行比较
	对于发生减计的永续盘存记录，复核其支持性文件
采购活动	利用计算机技术将供货商名单与被审计单位员工名单进行对比，以识别地址或电话号码相同的数据

续表

特定认定	应对程序
劳务，包括应付工资、相关费用等	利用计算机技术检查工资单记录中是否存在重复的地址、员工身份证明、纳税识别编号或银行账号
	检查人事档案中是否存在只有很少记录或缺乏记录的档案，如缺少绩效考评的档案
销售活动	分析销售折扣和销售退回等
	向第三方函证合同的具体条款
	获取合同是否按照规定条款得以执行的审计证据
费用开支	复核大额和异常的费用开支是否适当
	复核高级管理人员提交的费用报告的金额及适当性
向员工提供资金或担保	复核被审计单位向高级管理人员和关联方提供的贷款的授权及其账面价值

敲黑板①

属于不重要考点，了解即可。需要关注：① 阅读题目时是否能判断相关风险为舞弊风险；② 如为舞弊风险，注册会计师应当实施的额外程序。

（四）①针对舞弊易发高发领域的重点应对措施

重点关注"在建工程"以及"收入"相关舞弊风险的应对措施（见表 13-13、表 13-14）。

表 13-13　在建工程和购置资产相关舞弊风险应对措施

舞弊风险	应对措施
针对**利用在建工程**掩盖舞弊的风险	（1）检查是否存在与企业整体生产经营规划不符或与预算不符的**异常**在建工程项目； （2）检查是否存在**非正常停工**或**长期未完工**的工程项目，关注有无通过虚构在建工程项目或虚增在建工程成本进行舞弊的情形
针对通过**购置固定资产**实施舞弊的风险	（1）复核购置固定资产的理由及其合理性； （2）检查购置固定资产相关的**采购合同**、**采购发票**等，判断固定资产计价的准确性，关注是否存在**混淆费用**和成本属性来操纵利润的情形； （3）复核已入账固定资产的验收情况，观察固定资产是否确实存在并了解其使用情况

表 13-14　收入相关舞弊风险应对措施

舞弊风险	应对措施
针对**收入确认**存在的舞弊风险	（1）客观评价企业哪些类型的收入或收入认定可能存在重大舞弊风险； （2）严格核查收入的**交易背景**，关注是否存在**复杂的收入安排**，收入确认是否取决于较高层次的管理层判断等； （3）详细查阅是否存在**股权激励**等可能构成舞弊**动机**的事项； （4）关注企业**管理层变更**后，收入确认政策是否发生**重大变化**

续表

舞弊风险	应对措施
针对**虚增或隐瞒收入**舞弊风险	（1）严格执行针对收入的分析程序，关注报告期毛利率明显偏高或毛利率波动较大、经营活动现金流量与收入不匹配等情况； （2）借助数据分析工具，加强对收入财务数据与业务运营数据的多维度分析，有效识别异常情况； （3）检查交易合同，并综合运用**函证**、**走访**、**实地调查**等方法，关注**商业背景**的真实性、**资金资产**交易的真实性、**销售模式**的合理性和**交易价格**的**公允性**等，识别是否存在虚构交易或进行显失公允的交易等情况，必要时，**延伸验证**相关交易的真实性； （4）将业务系统和财务系统纳入信息系统一般控制和信息处理控制进行评价和测试，关注有无**异常设定的超级用户**等情况； （5）分析收入确认政策的合规性，关注是否存在不恰当地以**总额法代替净额法**核算等情形
针对**提前或延迟确认**收入舞弊风险	（1）严格实施收入截止测试，关注收入是否被计入恰当的期间； （2）检查**临近期末**执行的重要销售合同，关注是否存在异常的定价、结算、发货、退货、换货或验收款，关注期后是否存在退货以及改变或撤销合同条款的情况； （3）复核重要合同的重要条款，关注是否存在通过**高估履约进度**，或将单项履约义务的销售交易**拆分为多项履约义务**实现**提前**确认收入以及通过将多项履约义务**合并为单项履约义务延迟**确认收入的情况

（五）应对管理层凌驾于控制之上的风险

1. ①通过凌驾于控制之上实施舞弊的手段

（1）故意作出虚假会计分录，特别是在临近会计期末时，从而操纵经营成果或实现其他目的；

（2）故意不恰当地调整对账户余额作出估计时使用的假设和判断；

（3）故意在财务报表中漏记、提前或推迟确认报告期内发生的事项和交易；

（4）故意遗漏、掩盖或歪曲适用的财务报告编制基础要求的披露或为实现公允反映所需的披露；

（5）故意隐瞒可能影响财务报表金额的事实；

（6）故意构造复杂交易，以歪曲财务状况或经营成果；

（7）故意篡改与重大和异常交易相关的记录和条款。

2. 应对管理层凌驾于控制之上的程序（见表 13-15）

表 13-15 应对管理层凌驾于控制之上的程序

要素	内容
必要性	所有被审计单位都存在管理层凌驾于控制之上的风险。管理层凌驾于控制之上的风险属于特别风险。无论对管理层凌驾于控制之上的风险的评估结果如何，注册会计师**都应当设计和实施这三类审计程序**

应对管理层凌驾于控制之上的风险
—知识精讲

敲黑板①

如果考试出现此类案例，则暗示被审计单位存在管理层凌驾于控制之上的情况，考生需要知道被审计单位存在管理层凌驾于控制之上导致的重大错报风险。

续表

要素			内容
测试会计分录	概念		测试日常会计核算过程中做出的会计分录以及编制财务报表过程中作出的其他调整是否适当
	①程序	必要程序	（1）向参与财务报告过程的人员询问与处理分录与调整相关的不恰当或异常的活动； （2）选择报告期末作出的分录与调整
		应当考虑	考虑是否有必要测试整个会计期间的分录与调整
测试会计分录	②影响测试方法与范围的因素		可以考虑相关因素： （1）对由于舞弊导致的重大错报风险的评估。 （2）对会计分录和其他调整已实施的控制。 （3）被审计单位的财务报告过程以及所能获取的证据的性质。 （4）虚假会计分录或其他调整的特征。 （5）账户的性质和复杂程度。 （6）在常规业务流程之外处理的会计分录或其他调整
复核会计估计	概念		复核会计估计是否存在偏向并评价产生偏向的环境是否表明存在由于舞弊导致的重大错报风险
	程序		（1）追溯复核与以前年度财务报表反映的重大会计估计相关的管理层判断和假设。 （2）评价作出会计估计时的判断和决策是否反映出某种偏向（即使判断和决策单独看起来是合理的），从而可能表明存在由于舞弊导致的重大错报风险。如存在偏向，应从整体上重新评价会计估计
③评价重大交易的商业理由	目的		对超出被审计单位正常经营过程的重大交易，或基于对被审计单位及其环境的了解以及在审计过程中获取的其他信息而显得异常的重大交易，评价其商业理由（或缺乏商业理由）是否表明从事交易的目的是为了（舞弊）对财务信息作出虚假报告或掩盖侵占资产的行为
	④迹象		以下迹象可能表明被审计单位从事**超出正常经营过程的重大交易**，或虽然未超出其正常经营过程但显得异常的交易： （1）交易的形式显得过于复杂。例如，交易涉及集团内部多个实体，或涉及多个非关联的第三方。 （2）管理层未就交易的性质和会计处理与治理层进行过讨论，且缺乏充分的记录。 （3）管理层更强调采用某种特定的会计处理的需要，而不是交易的经济实质。 （4）对于涉及不纳入合并范围的关联方（包括特殊目的实体）的交易，治理层未进行适当审核与批准。 （5）交易涉及以往未识别出的关联方或涉及在没有被审计单位帮助的情况下不具备物质基础或财务能力的第三方

敲黑板①
期末的会计分录与调整应当测试，但全年的分录与调整不是一定要测，如果不测试，需要在底稿里写明理由。

敲黑板②
可能涉及单选题、多选题，需要关注。

敲黑板③
不是一定要超出正常经营过程的重大交易才应当评价商业理由，只要是"重大的交易"，都要评价商业理由。

敲黑板④
如果考试出现表中所列举的案例，则暗示被审计单位存在不正常的交易，或交易超出正常经营范围。

经典例题 13-7 （2022年·综合题）

上市公司甲公司是 ABC 会计师事务所的常年审计客户，主要从事信息技术服务和智能产品的研发、生产与销售。A 注册会计师负责审计甲公司 2021 年度财务报表，确定集团财务报表整体的重要性为 800 万元，实际执行的重要性为 600 万元。A 注册会计师的审计工作底稿部分内容摘录如下：

2021 年年初，甲公司向一新增供应商预付大额原材料采购款，期末审计时，尚未收到相关原材料。A 注册会计师检查了采购合同、付款申请单、付款凭证等支持性文件，并向该供应商函证，结果满意，据此认可了该预付款项的年末余额。

（要求）针对上述事项，假定不考虑其他条件，指出 A 注册会计师的做法是否恰当。如不恰当，简要说明理由

（答案）不恰当。应当评价预付款项的商业合理性。

应对管理层凌驾于控制之上的风险-例题解析

七、评价审计证据 ★★★

评价审计证据时应当注意的要点，见表 13-16。

表 13-16 评价审计证据

要素	内容
识别出错报	注册会计师**应当**评价该项错报是否表明存在舞弊
存在舞弊迹象	舞弊事项不太可能是孤立发生的事项，注册会计师应当评价该项错报对审计工作其他方面的影响，特别是对管理层声明可靠性的影响
舞弊涉及高管	**无论该项错报是否重大，注册会计师都应当：**（记忆） （1）**重新评价对由于舞弊导致的重大错报风险的评估结果，以及该结果对旨在应对评估的风险的审计程序的性质、时间安排和范围的影响。** （2）**在重新考虑此前获取的审计证据的可靠性时，注册会计师还应当考虑相关的情形是否表明可能存在涉及员工、管理层或第三方的串通舞弊**

经典例题 13-8 （经典真题·综合题）

甲集团公司是 ABC 会计师事务所的常年审计客户，主要从事化妆品生产、批发和零售。A 注册会计师负责审计甲集团公司 2014 年度财务报表，确定集团财务报表整体的重要性为 600 万元。A 注册会计师在审计工作底稿中记录了处理错报的相关情况，部分内容摘录如下：

（2）A 注册会计师发现甲集团公司销售副总经理挪用客户回款 50 万元，就该事项与总经理和治理层进行了沟通。因管理层已同意调整该错报并对相关内部控制缺陷进行整改，A 注册会计师未再执行其他审计工作。

（要求）指出 A 注册会计师的做法是否恰当。如不恰当，简要说明理由并提出改进建议。

（答案）不恰当。

理由：该错报涉及较高层级的管理层舞弊。

改进建议：注册会计师应当采取下列措施：

（1）重新评估舞弊导致的重大错报风险；

（2）考虑重新评估的结果对审计程序的性质、时间安排和范围的影响；

（3）重新考虑此前获取的审计证据的可靠性。

八、无法继续执行业务★★★（见表13-17）

表13-17 无法继续执行业务

情形	内容
可能对继续执业能力产生怀疑的**异常**情形	（1）管理层没有对舞弊（**即使不重大**）采取适当、必要的措施； （2）注册会计师考虑及测试结果表明存在重大且广泛的舞弊风险； （3）对管理层或治理层**胜任能力或诚信**产生重大疑虑
应对措施	（1）确定适用于具体情况的职业和法律责任，包括是否需要向审计业务委托人或监管机构报告。 （2）在法律法规允许的情况下，考虑是否需要解约。 何时解除业务约定的影响因素： ① 管理层或治理层成员参与舞弊可能产生的影响； ② 保持客户关系对注册会计师的影响。 （3）如果确定解除业务约定，注册会计师**应当**采取下列措施： ① 与管理层和治理层讨论解除业务约定的决定和理由； ② 考虑是否存在职业责任或法律责任，需要向审计业务委托人或监管机构报告解除业务约定的决定和理由

注册会计师应当获取书面声明，但是获取书面声明通常不能应对舞弊导致的重大错报风险。

九、①获取书面声明★★★

由于舞弊的性质以及注册会计师在发现舞弊导致的财务报表重大错报时遇到的困难，注册会计师向管理层和治理层（如适用）获取书面声明，确认其已向注册会计师披露了下列信息是非常重要的：

（1）管理层和治理层认可其设计、执行和维护内部控制以防止和发现舞弊的责任。
（2）已向注册会计师披露了管理层对由于舞弊导致的财务报表重大错报风险的评估结果。
（3）已向注册会计师披露了已知的涉及管理层、在内部控制中承担重要职责的员工以及其他人员的舞弊或舞弊嫌疑。
（4）已向注册会计师披露了从现任和前任员工、分析师、监管机构等方面获知的影响报表的舞弊指控或嫌疑。

十、与管理层、治理层及被审计单位之外的适当机构的沟通★★★

考频 2021年单选题（1）

针对不同的对象，注册会计师与其沟通的要点不同，见表13-18。

敲黑板②

不重要的舞弊事情也要与管理层沟通，考试的时候，如果题目里表述为"因为舞弊金额较小，所以注册会计师不打算跟管理层沟通"，考生应注意这种表述是错误的。

表13-18 注册会计师与管理层、治理层和监管机构的沟通要点

对象	要点
管理层	（1）当注册会计师已获取的证据表明存在或可能存在舞弊时，尽快提请适当层级的管理层关注，即使该事项可能被认为②**不重要**。 （2）适当层级的管理层至少要比涉嫌舞弊人员高出一个级别

续表

对象	要点
治理层	(1) 如果舞弊涉及管理层、在内部控制中承担重要职责的员工以及其舞弊行为可能导致财务报表重大错报的其他人员，应尽早就此类事项与治理层沟通。 (2) 如果怀疑舞弊涉及管理层，注册会计师**应当**将此怀疑向治理层通报，并与其讨论为完成审计工作所必需的审计程序的性质、时间安排和范围。除非法律法规禁止，注册会计师**应当**与治理层沟通这些事
与被审计单位之外的适当机构的沟通	(1) 如果识别出舞弊或怀疑存在舞弊，注册会计师应当确定是否有责任向被审计单位以外的机构报告。 (2) 尽管注册会计师对客户信息负有的保密义务可能妨碍这种报告，但如果法律法规要求注册会计师履行报告责任，注册会计师应当遵守法律法规的规定

经典例题 13-9 （2021年·单选题）

下列有关注册会计师在财务报表审计中与舞弊相关的责任的说法中，错误的是（   ）。

A. 注册会计师有责任对财务报表整体是否不存在由于舞弊或错误导致的重大错报获取合理保证

B. 注册会计师应当评价识别出的由于舞弊导致的错报对管理层声明可靠性的影响

C. 当已获取的证据表明存在或可能存在舞弊时，除非认为该事项不重要，注册会计师应当及时提请适当层级的管理层关注该事项

D. 如果识别出舞弊或怀疑存在舞弊，注册会计师应当确定是否有责任向被审计单位以外的适当机构报告

【解析】当已获取的证据表明存在或可能存在舞弊时，除非法律法规禁止，注册会计师应当及时提请适当层级的管理层关注这一事项。即使该事项（如被审计单位组织结构中处于较低职位的员工挪用小额公款）可能被认为不重要，注册会计师也应当这样做。选项C表述错误，当选。

【答案】C

第二节 财务报表审计中对法律法规的考虑

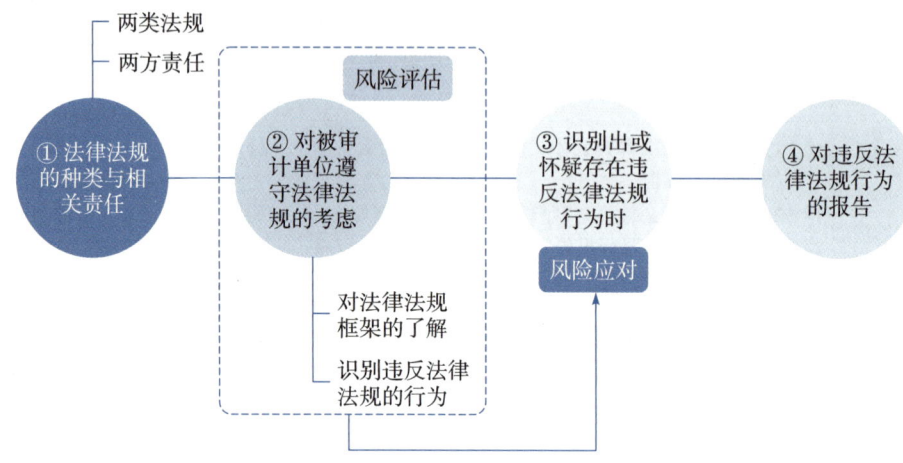

图 13-3 对法律法规的考虑

一、法律法规的种类与相关责任★★

（一）两类法规（见表 13-19）

法律法规的种类
与相关责任
-知识精讲

> **敲黑板①**
> 注意财务报告编制基础不属于审计中的法律法规。

> **敲黑板②**
> 考试时有可能不直接说第二类法律法规，考生需要注意题目中明示或暗示第二类法律法规的表述。

表 13-19 两类法规

		内容	
概念		违反法律法规是指被审计单位有意或无意违背除适用的①**财务报告编制基础以外**的现行法律法规的行为	
类型	第一类	对决定财务报表中的重大金额和披露有直接影响的法律法规	（1）税法； （2）企业年金相关法律法规等
	②第二类	（1）对决定财务报表中的金额和披露**没有直接影响**的其他法律法规； （2）遵守这些法律法规对被审计单位的经营活动、持续经营能力或避免大额罚款至关重要； （3）违反这些法律法规，**可能**对财务报表产生重大影响	（1）环境保护法； （2）经营许可法规； （3）知识产权法等

（二）两方责任（见表 13-20）

表 13-20 两方责任

	内容
管理层	在治理层的监督下确保被审计单位的经营活动符合法律法规的规定

续表

	内容	
注册会计师	针对两类不同的法律法规，注册会计师应当承担不同的责任	
	第一类	就被审计单位遵守这些法律法规的规定获取充分、适当的审计证据
	第二类	注册会计师的责任仅限于实施特定的审计程序，以有助于①识别可能对财务报表产生重大影响的违反这些法律法规的行为
要点	注册会计师没有责任防止被审计单位违反法律法规行为，也不能期望其发现所有的违反法律法规行为	
	原因	(1) 许多法律法规主要与被审计单位经营活动相关，通常不影响财务报表，且不能被与财务报告相关的信息系统所获取； (2) 违反法律法规可能涉及故意隐瞒的行为，如共谋、伪造、故意漏记交易、管理层凌驾于控制之上或故意向注册会计师提供虚假陈述； (3) 某行为是否构成违反法律法规，最终只能由法院认定

敲黑板①
如果注册会计师识别出可能对财务报表产生重大影响的违反这些法律法规的行为，应当对此行为获取充分、适当的审计证据。

> **名师说**
> (1) 在考试中，考生需要知道什么是法律法规，比方说会计准则不是法，所以违反会计准则不属于违反法律法规的范畴。
> (2) 考生需要清楚地区分什么是第一类法律法规，什么是第二类法律法规。因为针对不同的法律法规，注册会计师的责任不同，实施的审计程序也不同。

▶ **经典例题 13－10** （经典真题·单选题）

下列有关财务报表审计中对法律法规的考虑的说法中，错误的是（　　）。
A. 注册会计师没有责任防止被审计单位违反法律法规
B. 注册会计师有责任实施特定的审计程序，以识别和应对可能对财务报表产生重大影响的违反法律法规行为
C. 注册会计师通常采用书面形式与被审计单位治理层沟通审计过程中注意到的有关违反法律法规的事项
D. 如果被审计单位存在对财务报表有重大影响的违反法律法规行为，且未能在财务报表中得到充分反映，注册会计师应当发表保留意见或否定意见

【解析】注册会计师有责任实施特定审计程序，以"识别"可能对财务报表产生重大影响的违反法律法规行为。如果识别出可能对财务报表产生重大影响的违反法律法规行为，注册会计师应当就此事项获取充分、适当的审计证据，而非简单地实施特定的审计程序。选项B表述错误，当选。

【答案】B

二、对被审计单位遵守法律法规的考虑★★★

考频　2019年多选题（1）

（一）对法律法规框架的了解

(1) 适用于被审计单位及其所处行业或领域的法律法规框架。
(2) 被审计单位如何遵守这些法律法规框架。

（二）识别违反法律法规的行为

在针对被审计单位违反法律法规时，注册会计师应当针对不同的情况，采取适当的措施，具体实施的审计程序见表 13-21。

表 13-21 实施的审计程序

		程序和要求
应当实施	第一类	获取被审计单位遵守这些规定的**充分**、**适当**的审计证据
	第二类	（1）向管理层和治理层**询问**是否遵守了这些法律法规； （2）**检查**与许可证颁发机构或监管机构的往来函件
可能实施其他审计程序使注册会计师注意到违反法律法规的行为		（1）阅读会议纪要； （2）向被审计单位管理层、内部或外部法律顾问询问诉讼、索赔及评估情况； （3）对某类交易、账户余额和披露实施细节测试
书面声明		（1）对于管理层识别出的或怀疑存在的、可能对财务报表产生重大影响的违反法律法规行为，书面声明可以提供必要的审计证据； （2）不能提供充分、适当的审计证据，**不影响**注册会计师拟获取的其他审计证据的性质和范围； （3）"我们已向你们披露了所有已知的、在编制财务报表时应当考虑其影响的违反或涉嫌违反法律法规的行为"（违反法律法规在书面声明中的列示）

经典例题 13-11 （2019 年·多选题）

下列有关注册会计师在执行财务报表审计时对法律法规的考虑的说法中，正确的有（　）。

A. 注册会计师没有责任防止被审计单位违反法律法规

B. 对于直接影响财务报表金额和披露的法律法规，注册会计师应就被审计单位遵守了这些法律法规获取充分、适当的审计证据

C. 对于不直接影响财务报表金额和披露的法律法规，注册会计师应就被审计单位遵守了这些法律法规获取管理层的书面声明

D. 如果识别出被审计单位的违反法律法规行为，注册会计师应当考虑是否有责任向被审计单位以外的监管机构报告

解析 本题考查注册会计师对被审计单位违反法律法规行为的审计责任，需要逐一分析掌握。注册会计师没有责任防止被审计单位违反法律法规行为，也不能期望其发现所有的违反法律法规行为，选项 A 正确，当选；针对被审计单位需要遵守的第一类法律法规，注册会计师的责任是，就被审计单位遵守这些法律法规的规定获取充分、适当的审计证据，选项 B 正确，当选；注册会计师应当获取管理层已向注册会计师披露了所有已知的、在编制财务报表时应当考虑其影响的违反或涉嫌违反法律法规的行为的书面声明，而非获取管理层应当遵守了这些法律法规获取管理层的书面声明，选项 C 错误，不选；如果识别出或怀疑存在违反法律法规行为，注册会计师应当考虑是否有责任向被审计单位以外的监管机构和执法机构等相关机构或人员报告，选项 D 正确，当选。

答案 ABD

三、识别出或怀疑存在违反法律法规行为时实施的审计程序★★★（见表13-22）

考频 2021年综合题（1）

表13-22 识别出或怀疑存在违反法律法规行为时实施的审计程序

	程序和要求
可能表明违反法规行为的相关信息	（1）受到监管机构、政府部门调查，或支付罚金或受到处罚； （2）向未指明的服务付款或向顾问、关联方、员工或政府雇员贷款； （3）与正常水平相比，支付过多的销售佣金或代理费用； （4）采购价格显著高于或低于市场价格
怀疑存在违反法律法规行为	（1）如果治理层能够提供额外的审计证据，注册会计师可以与治理层讨论其发现； （2）如果管理层或治理层不能提供充分的信息，可以考虑向被审计单位内部或外部的法律顾问咨询； （3）如果上述咨询不适当或不满意，可考虑向会计师事务所的法律顾问咨询
注意到或识别出违反法律法规的行为相关的信息	注册会计师**应当**： （1）了解违反法律法规行为的性质及其发生的环境； （2）获取进一步信息，了解潜在财务后果，以评价对报表的影响
评价识别出的或怀疑存在的违反法律法规行为的影响	（1）评价对风险评估结果和书面声明可靠性的影响； （2）如管理层或治理层没有采取适合具体情况的补救措施，即使违反法律法规行为不重要，也可能考虑解除业务约定； （3）如不能解除业务约定，可考虑替代方案，包括在审计报告的其他事项段中描述违反法律法规行为

经典例题13-12 （经典真题·综合题）

ABC会计师事务所首次接受委托，审计上市公司甲公司2016年度财务报表，委派A注册会计师担任项目合伙人。A注册会计师确定财务报表整体的重要性为1 200万元。甲公司主要提供快递物流服务。A注册会计师在审计工作底稿中记录了实施的进一步审计程序，部分内容摘录如下：

（5）A注册会计师发现甲公司未与部分快递员签订劳动合同且未缴纳社保金。管理层解释系快递员流动频繁所致。A注册会计师检查了甲公司人事部门的员工入职和离职记录，认为解释合理，未再实施其他审计程序。

要求 假定不考虑其他条件，指出A注册会计师的做法是否恰当。如不恰当，简要说明理由。

答案 不恰当。注册会计师应当评价违法违规行为对财务报表可能产生的影响/与治理层进行沟通。

经典例题13-13 （2021年·综合题）

上市公司甲公司是ABC会计师事务所的常年审计客户，主要从事医疗器械的生产和销售。A注册会计师负责审计甲公司2020年度财务报表，确定财务报表整体的重要性为1000万元。A注册会计师在审计工作底稿中记录了实施进一步审计程序的情况，部分内容摘录如下：

（4）2020年末，甲公司因一项重大的对外担保被起诉。A注册会计师认为甲公司聘请的外部律师不具有客观性,因此未与其沟通,而是征询了独立第三方律师的法律意见。

（要求）针对上述事项,指出 A 注册会计师的做法是否恰当。如不恰当,简要说明理由。

（答案）不恰当。应与甲公司的外部律师直接沟通/应向甲公司的外部律师寄发询证函。

四、对识别出的或怀疑存在的违反法律法规行为的报告★★★

考频 2021年单选题（1）

（一）与治理层沟通（见表13-23）

表 13-23　与治理层沟通

	要点
要求	除非治理层全部成员参与管理被审计单位,否则注册会计师**应当**与治理层沟通
内容	(1) 识别出的或怀疑存在的违反法律法规行为的事项; (2) ①**不必沟通明显不重要的事项**
方式	(1) **通常采用书面形式**,注册会计师将沟通文件副本作为审计工作底稿; (2) 如果采用口头沟通方式,**应形成沟通记录并作为审计工作底稿保存**

> **敲黑板①**
> 舞弊无小事,凡事都沟通。但是违反法律法规可以有小事,如违章停车。

（二）在审计报告中反映（见表13-24）

表 13-24　在审计报告中反映

	内容
财务报表是否恰当反映	(1) 如恰当反映,出具无保留意见审计报告。 (2) ②**如未恰当反映**,出具保留或否定意见审计报告
审计范围受到限制的影响	(1) 对来自被审计单位的限制,根据审计范围受到限制的程度,发表保留意见或无法表示意见。 (2) 对来自其他条件的限制,应评价对审计意见的影响（可能没有影响）。实务中,受到其他条件限制的情况较多

> **敲黑板②**
> 需要注意的是,对于违反法律法规的,注册会计师不一定出具非无保留意见。出具非无保留意见的关键点是,是否恰当反映。如果恰当反映,虽然违反了法律法规,但依旧可以出具无保留审计意见。

（三）考虑向监管和执法机构报告

（1）当违反法律法规行为"**严重**"时才考虑是否报告。所谓严重主要是指有重大法律后果或涉及社会公众利益。

（2）了解相关法律法规是否要求报告违法法规行为。在考虑被审计单位的行为是否违反法律法规时,注册会计师可以考虑征询法律意见。

（3）如无法确定是否有相关法律法规要求向监管机构报告,或者无法确定某项违反法规行为是否应该向监管机构报告,通常先征询法律意见,再确定如何处理。

▎**经典例题 13-14**　（2021年·单选题）

下列有关注册会计师在执行财务报表审计时对法律法规的考虑的说法中,错误的是（　　）。

A. 注册会计师没有责任防止被审计单位的违反法律法规行为,也不能期望其发现所有的违反法律法规行为

B. 针对通常对决定财务报表重大金额和披露有直接影响的法律法规,注册会计师的责任

是实施特定的审计程序，以识别可能对财务报表产生重大影响的违反这些法律法规的行为

C. 如果怀疑被审计单位存在违反法律法规行为，除非法律法规禁止，注册会计师应当就此与适当层级的管理层和治理层进行讨论

D. 如果识别出或怀疑被审计单位存在违反法律法规行为，注册会计师应当考虑是否有责任向被审计单位以外的适当机构报告

【解析】注册会计师的责任是审计责任，注册会计师没有责任防止被审计单位违反法律法规的行为，也不能期望其发现所有违反法律法规的行为。选项 A 正确。

对决定财务报表中的重大金额和披露有直接影响的法律法规（即第一类法律法规），注册会计师的责任是就被审计单位遵守这些法律法规的规定获取充分、适当的审计证据。选项 B 错误。

如果怀疑被审计单位存在违反法律法规行为，注册会计师应当就此与适当层级的管理层和治理层进行讨论，因其可能能够提供额外的审计证据，除非法律法规禁止。选项 C 正确。

如果识别出或怀疑存在违反法律法规行为，注册会计师应当考虑是否有责任向被审计单位以外的适当机构报告（注意不是应当报告）。选项 D 正确。

【答案】B

章末总结

财务报表审计中与舞弊相关的责任

- **概念**
  - 舞弊的种类和方式
    - 编制虚假财务报告
    - 侵占资产
  - 与舞弊相关的责任
    - 治理层、管理层的责任 —— 对防止或发现舞弊负有主要责任
    - 注册会计师的责任 —— 如果在完成审计工作后发现舞弊导致的财务报表重大错报，并不必然表明注册会计师没有遵守审计准则

- **风险评估**
  - 询问 —— 不仅询问治理层、管理层、内部审计人员，还应当询问被审计单位其他人员
  - 评价舞弊风险因素
    - 编制虚假财务报告
    - 侵占资产导致的错报
    - 三因素
      - 动机或压力
      - 动机
      - 态度或借口
  - 实施分析程序
  - 考虑其他信息
  - 组织项目组讨论

- **风险应对**
  - 总体应对措施
    - 考虑承担重要业务职责的项目组成员所具备的知识、技能和能力
    - 评价被审计单位对会计政策的选择和运用
    - 增加审计程序的不可预见性
  - 进一步审计程序 —— 改变拟实施审计程序的性质、时间、范围
  - 针对特别风险实施的程序
    - 测试会计分录以及其他调整
      - 向参与财务报告过程的人员询问与处理分录与调整相关的不恰当或异常的活动
      - 选择在报告期末作出的分录与调整
      - 应当考虑是否有必要测试整个会计期间的分录与调整
    - 复核会计估计是否存在偏向
      - 追溯复核与以前年度财务报表反映的重大会计估计相关的管理层判断和假设
      - 评价作出会计估计时的判断和决策是否反映出某种偏向
    - 评价商业理由

- **评价审计证据**
  - 舞弊涉及高管
    - 应重新评价舞弊风险
    - 应重新评价对进一步审计程序的性质、时间安排和范围的影响
    - 应重新评价此前获取审计证据的可靠性
  - 无法继续执行业务

- **获取书面声明**
  - 管理层和治理层认可其设计、执行和维护内部控制以防止和发现舞弊的责任
  - 已向注册会计师披露了管理层对由于舞弊导致的财务报表重大错报风险的评估结果
  - 已向注册会计师披露了已知的涉及管理层、在内部控制中承担重要职责的员工以及其他人员的舞弊或舞弊嫌疑
  - 已向注册会计师披露了从现任和前任员工、分析师、监管机构等方面获知的影响报表的舞弊指控或嫌疑

- 与管理层、治理层及被审计单位之外的适当机构的沟通

财务报表审计中对法律法规的考虑

法律法规的种类与相关责任

- **种类**
  - 第一类 —— 有直接影响的法律法规
  - 第二类
    - 没有直接影响的其他法律法规
    - 可能对财务报表产生重大影响
- **责任**
  - 管理层的责任 —— 在治理层的监督下确保被审计单位的经营活动符合法律法规的规定
  - 注册会计师的责任
    - 第一类 —— 获取遵守这些规定的充分、适当的审计证据
    - 第二类 —— 实施特定的审计程序以有助于识别

对被审计单位遵守法律法规的考虑

- **对法律法规框架的了解**
  - 适用于被审计单位及其所处行业或领域的法律法规框架
  - 如何遵守这些法律法规框架
- **应当实施的程序**
  - 第一类 —— 获取遵守这些规定的充分、适当的审计证据
  - 第二类
    - 向管理层和治理层询问是否遵守了这些法律法规
    - 检查与许可证颁发机构或监管机构的往来函件
- **可以实施的程序**
  - 阅读会议纪要
  - 询问管理层、内部或外部法律顾问
  - 实施细节测试
- **书面声明**
  - 书面声明可以提供必要的审计证据，但不影响注册会计师拟获取的其他审计证据的性质和范围
  - 我们已向你们披露了所有已知的、在编制财务报表时应当考虑其影响的违反或涉嫌违反法律法规的行为

识别出或怀疑存在违反法律法规时实施的审计程序

- **怀疑存在违反法律法规行为时**
  - 与治理层讨论
  - 向内部或外部的法律顾问咨询
  - 向所在会计师事务所的法律顾问咨询
- **注意到与违反法律法规行为相关信息时**
  - 了解违反法律法规行为的性质及其发生的环境
  - 获取信息，评价对财务报表可能产生的影响
- **评价识别出的或怀疑存在的违反法律法规行为的影响**
  - 评价对风险评估结果和书面声明
  - 如果法律法规允许，可能考虑是否有必要解除业务约定
  - 如果不能解除业务约定，注册会计师可以考虑替代方案

对违反法律法规行为的报告

- 与治理层沟通 —— 不必沟通明显不重要的事项
- 在审计报告中反映
  - 如恰当反映，出具无保留意见审计报告
  - 如未恰当反映，出具保留或否定意见审计报告
- 考虑向监管和执法机构报告

 54%

第十四章 审计沟通

轻装上阵

本章讲什么？

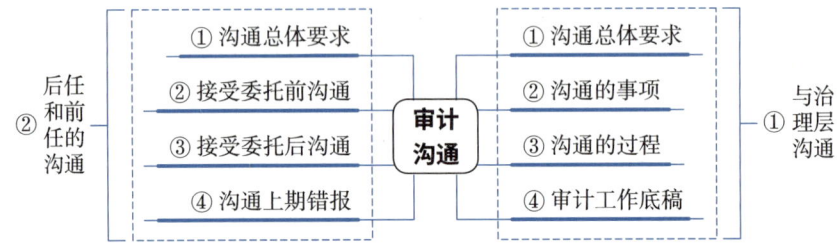

本章介绍了①与治理层沟通与②前任注册会计师和后任注册会计师的沟通。

注册会计师应当就与财务报表审计相关且根据职业判断认为与治理层责任相关的重要事项，以适当的方式及时与治理层进行沟通，以与治理层就履行各自职责达成共识并共享信息（①与治理层沟通）。

为了更好地了解被审计单位及其环境和适用的财务报告编制基础以及内部控制体系各要素，如果被审计单位经过前任注册会计师审计，则后任注册会计师在接受业务之前应当与前任注册会计师进行沟通（②前任注册会计师和后任注册会计师的沟通），以确定是否接受委托。

本章如何考？

本章在考试中多以单选题、多选题的形式出现，每年考查分值为 2~4 分。同时，考试也会将本章知识点与其他章节的知识点相结合，在综合题中出现。

本章怎么学？

在本章的学习过程中，考生应当注意区分哪些事项应当与治理层沟通，哪些事项可以与治理层沟通，以及沟通的形式与方式。在前后任沟通当中，注意哪些是必要沟通，可以用什么形式沟通，以及沟通的内容。

2024 年本章主要变化

本章在 2024 年有一处实质性调整，在与治理层沟通的沟通事项中，将"值得关注的内部控制缺陷"挪到了"补充事项"中，这一变化可能会涉及客观题，考生需要关注。

考点冲浪

第一节　注册会计师与治理层沟通

一、沟通的对象

（一）①**总体要求**（见表14-1）★★

表14-1　总体要求

	内容
确定适当沟通人员	（1）**应当**确定与被审计单位治理结构中的哪些适当人员进行沟通； （2）有关管理层的胜任能力和诚信，②**不宜**与兼任高级管理职务的治理层沟通； （3）有关注册会计师独立性，沟通对象最好是治理结构中有权决定聘任、解聘注册会计师的组织或人员； （4）如果注册会计师与治理层的下设组织（如审计委员会）或个人沟通，**应当确定**是否还需要与治理层整体进行沟通
确定人员时应当利用的信息	（1）了解被审计单位的法律结构、组织形式； （2）查阅被审计单位的章程、组织结构图； （3）询问被审计单位的相关人员
特殊考虑	如果治理结构没有被清楚地界定，导致无法清楚地识别适当的沟通对象，被审计单位也没有指定适当的沟通对象，**应尽早**与审计委托人商定沟通对象，并就商定的结果形成备忘录或其他形式的书面记录

> **敲黑板①**
> 考生需要注意表14-1中哪些事项是注册会计师应当实施的，哪些是不能实施的，考试的时候可能会涉及客观题。

> **敲黑板②**
> 如果题目中说"所有与治理层沟通的内容都要与管理层沟通"，那么这种说法是错误的，因为管理层的胜任能力和诚信是不能和管理层沟通的。

（二）与治理层下设组织或个人沟通（见表14-2）

表14-2　与治理层下设组织或个人沟通

	内容
审计委员会	尽管不同公司的审计委员会的具体权利和职责可能不同，但如果被审计单位设有审计委员会，注册会计师与其沟通成为与治理层沟通的一个关键因素
治理层全部参与管理	如果治理层全部成员参与管理，且注册会计师已与管理层沟通，就**无须再次**与负有治理责任的相同人员沟通，但**应当确信**与负有管理责任人员的沟通能够向所有负有治理责任的人员充分传递应予沟通的内容。如果不能确信这一点，就需要对沟通的要求进行调整

二、沟通的事项★★★（见图 14-1）

考频 2022 年单选题（1）、2021 年单选题（1）、2021 年综合题（1）、2020 年综合题（1）

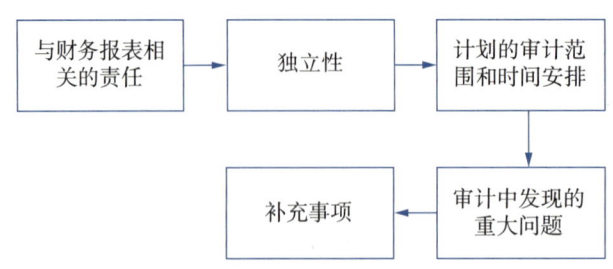

图 14-1　沟通事项框架图

（一）注册会计师与财务报表审计相关的责任

注册会计师**应当**与治理层沟通注册会计师与财务报表审计相关的责任，包括：

（1）注册会计师负责对管理层在治理层监督下编制的财务报表形成和发表意见。

（2）财务报表审计并不减轻管理层或治理层的责任。

（二）注册会计师的独立性

注册会计师需要遵守与财务报表审计相关的职业道德要求，包括对独立性的要求。如果被审计单位是①**上市实体**，注册会计师还**应当**与治理层沟通下列内容：

（1）就审计项目组成员、会计师事务所其他相关人员，以及会计师事务所和网络事务所按照相关职业道德要求保持了独立性作出声明。

（2）根据职业判断，注册会计师认为会计师事务所、网络事务所与被审计单位之间存在的可能影响独立性的所有关系和其他事项，包括会计师事务所和网络事务所在财务报表涵盖期间为被审计单位和受被审计单位控制的组成部分提供审计、非审计服务的收费总额。这些收费应当分配到适当的业务类型中，以帮助治理层评估这些服务对注册会计师独立性的影响。

（3）为消除对独立性的不利影响或将其降至可接受的水平，已经采取的相关防范措施。

敲黑板①
这里需要注意的是上市实体，上市实体不仅包括上市公司，还包括公开发行债券的企业等，其范围比上市公司大。

（三）计划的审计范围和时间安排（见表 14-3）

敲黑板②
考生需要区分哪些是"应当沟通"的，哪些是"不能沟通"的，哪些又是"可以沟通"的，重点关注前两类。

表 14-3　②计划的审计范围和时间安排

	内容
应当沟通	注册会计师**应当**与治理层沟通计划的审计范围和时间安排的总体情况，包括识别的**特别风险**
不宜沟通	沟通需要保持职业谨慎，避免损害审计的有效性。例如，不宜沟通**具体审计程序**的性质和时间安排，以及重要性水平 **名师说** 审计程序的性质、时间安排都不可以沟通。举例：注册会计师可以跟治理层沟通存货监盘的计划，但是不能告诉其何时、何地选取何种存货进行监盘。

续表

	内容
②可以沟通	（1）拟**如何应对舞弊或错误导致的特别风险**以及重大错报风险评估水平较高的领域； （2）对与审计相关的内部控制采取的**方案**； （3）在审计中对①**重要性概念**的运用； （4）实施计划的审计程序或评价审计结果需要的专门技术或知识的性质和程度，包括**利用专家的工作**； （5）当《中国注册会计师审计准则第1504号——在审计报告中沟通关键审计事项》适用时，对哪些事项可能需要重点关注因而可能构成关键审计事项所作的初步判断； （6）针对适用的财务报告编制基础或者被审计单位所处的环境、财务状况或活动发生的重大变化对单一报表及披露产生的影响，注册会计师**拟采取的应对措施**； （7）如果被审计单位设有**内部审计**，注册会计师和内部审计人员如何以建设性和互补的方式更好地协调和配合工作，包括拟利用内部审计工作，以及拟利用内部审计人员提供直接协助的性质和范围

> **敲黑板①**
> 考试时，如果题目中表述为"注册会计师可以跟治理层或管理层沟通重要性水平"，考生需知道这是错误的表述。

> **敲黑板②**
> 这7条内容都可以沟通，如果在考试中出现"注册会计师不应与治理层沟通拟如何应对舞弊或错误导致的特别风险"等表述，考生需注意这种表述是错的。

▌**经典例题 14-1** （经典真题·综合题）

ABC会计师事务所首次接受委托，审计上市公司甲公司2016年度财务报表，委派A注册会计师担任项目合伙人。A注册会计师确定财务报表整体的重要性为1 200万元。甲公司主要提供快递物流服务。A注册会计师在审计工作底稿中记录了审计计划，部分内容摘录如下：

（1）A注册会计师拟与治理层沟通计划的审计范围和时间安排，为避免损害审计的有效性，沟通内容不包括识别出的重大错报风险以及应对措施。

（要求）假定不考虑其他条件，逐项指出审计计划的内容是否恰当。如不恰当，简要说明理由。

（答案）不恰当。注册会计师应当与治理层沟通识别的特别风险。

（四）审计中发现的重大问题（见表14-4）

表14-4 审计中发现的重大问题

	内容
对会计实务重大方面的质量的看法	沟通的内容可能包括会计政策、会计估计、财务报表披露和其他相关事项
审计中遇到的重大困难	（1）在提供审计所需信息时管理层**严重**拖延或不愿意提供，或者被审计单位的人员不予配合； （2）**不合理**地要求缩短完成审计工作的时间； （3）为获取充分、适当审计证据付出的努力**远超**预期； （4）无法获取预期的信息； （5）管理层对注册会计师施加的限制； （6）管理层不愿意按要求对持续经营能力进行评估，或不愿意延长评估期间
已与管理层讨论或需要书面沟通的重大事项	（1）可能影响重大错报风险的业务环境、经营计划和战略； （2）对管理层就会计或审计问题向其他人士咨询的关注； （3）管理层就会计实务、审计准则应用、审计或其他服务费用与注册会计师的讨论或书面沟通

续表

内容	
①影响审计报告形式和内容的情形	按照相关审计准则的规定，注册会计师应当或可能认为有必要在审计报告中包含更多信息并应当此与治理层沟通的情形包括： （1）根据《中国注册会计师审计准则第 1502 号——在审计报告中发表非无保留意见》的规定，注册会计师预期在审计报告中发表非无保留意见； （2）根据《中国注册会计师审计准则第 1324 号——持续经营》的规定，报告与持续经营相关的重大不确定性； （3）根据《中国注册会计师审计准则第 1504 号——在审计报告中沟通关键审计事项》的规定，沟通关键审计事项； （4）根据《中国注册会计师审计准则第 1503 号——在审计报告中增加强调事项段和其他事项段》或其他审计准则的规定，注册会计师认为有必要（或应当）增加强调事项段或其他事项段。 在这些情形下，注册会计师可能认为有必要向治理层提供审计报告的草稿，以便于讨论如何在审计报告中处理这些事项
与监督财务报告过程相关的所有其他重大事项	审计中出现的、与治理层履行对财务报告过程的监督职责直接相关的其他重大事项，可能包括已更正的其他信息存在的对事实的重大错报或重大不一致

> **敲黑板①**
> 只要是影响到审计报告的，哪怕是措辞的修正，都属于重大事项，都应当沟通。

▎经典例题 14-2　（2022 年·多选题）

下列各项中，属于注册会计师应当与被审计单位治理层沟通审计中发现的重大问题的有（　　）。

A. 审计工作中遇到的重大困难
B. 注册会计师已与管理层书面沟通的重大事项
C. 注册会计师对被审计单位会计实务重大方面的质量的看法
D. 影响审计报告形式和内容的情形

（解析）注册会计师应当与治理层沟通审计中发现的下列重大问题：
（1）注册会计师对被审计单位会计实务重大方面的质量的看法（选项 C）。
（2）审计工作中遇到的重大困难（选项 A）。
（3）已与管理层讨论或需要书面沟通的重大事项，以及注册会计师要求提供的书面声明，除非治理层全部成员参与管理被审计单位（选项 B）。
（4）影响审计报告形式和内容的情形（选项 D）。
（5）审计中出现的、根据职业判断认为与监督财务报告过程相关的所有其他重大事项。

（答案）ABCD

▎经典例题 14-3　（经典真题·综合题）

甲集团公司是 ABC 会计师事务所的常年审计客户，主要从事化妆品生产、批发和零售。A 注册会计师负责审计甲集团公司 2014 年度财务报表，确定集团财务报表整体的重要性为 600 万元。A 注册会计师在审计工作底稿中记录了重大事项的处理情况，部分内容摘录如下：

（4）A 注册会计师认为甲集团公司 2014 年某新增主要客户很可能是甲集团公司的关联方，在询问管理层和实施追加的进一步审计程序后仍无法确定，拟因此发表保留意见。

（要求）指出 A 注册会计师的做法是否恰当。如不恰当，简要说明理由。

（答案）不恰当。注册会计师应当考虑将该事项作为审计中的重大困难与治理层进行沟通，要求治理层提供进一步的信息。

(五) 补充事项

注册会计师可能注意到一些补充事项，虽然这些事项不一定与监督财务报告流程有关，但对治理层监督被审计单位的战略方向或与被审计单位受托责任相关的义务很可能是重要的。这些事项**可能包括**与治理结构或过程有关的重大问题、缺乏适当授权的高级管理层作出的重大决策或行动。例如，《中国注册会计师审计准则第 1152 号——向治理层和管理层通报内部控制缺陷》要求注册会计师**应当**以书面形式及时向治理层通报审计过程中识别出的值得关注的内部控制缺陷。**(2024 年新增)**

在确定是否与治理层沟通补充事项时，注册会计师**可能**就其注意到的某类事项与适当层级的管理层进行讨论，除非在具体情形下不适合这么做。

如果需要沟通补充事项，注册会计师使治理层注意下列事项可能是适当的：

(1) 识别和沟通这类事项对审计目的（旨在对财务报表形成意见）而言，只是附带的。

(2) 除对财务报表形成审计意见所需实施的审计程序外，没有专门针对这些事项实施其他程序。

(3) 没有实施程序来确定是否还存在其他的同类事项。

> **名师说** 这里需要注意的是，补充事项不是一定需要沟通的事项，考试时，如果题中表述为"注册会计师**应当**与治理层或管理层沟通补充事项"，考生需要知道这是错误的表述。

三、①沟通的过程★★★（见图 14-2）

考频 2021 年单选题（1）

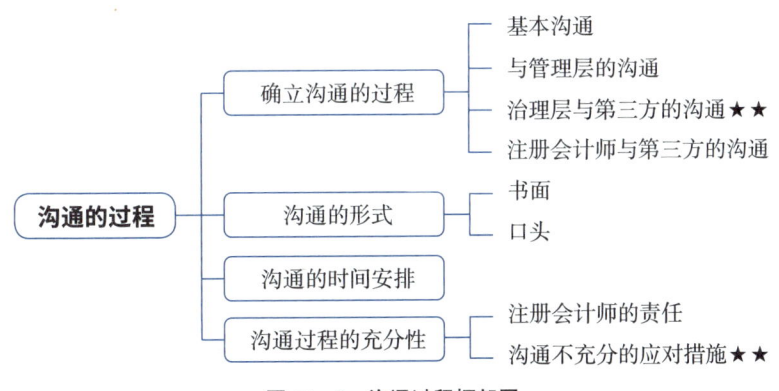

图 14-2 沟通过程框架图

敲黑板①

"沟通过程"在注册会计师考试中的常考点：
(1) 注册会计师对第三方是否负责；
(2) 什么内容应当书面沟通，什么内容可以书面沟通；
(3) 沟通不充分的应对措施。

（一）确立沟通过程（见表 14-5）

表 14-5 确立沟通过程

	内容
基本要求	（1）明确沟通目的； （2）讨论沟通形式； （3）讨论与治理层的哪些人员就特定事项沟通； （4）注册会计师对沟通的期望； （5）对注册会计师沟通的事项采取措施和进行反馈的过程； （6）对治理层沟通的事项采取措施和进行反馈的过程
与管理层沟通	在与治理层沟通某些事项前，注册会计师可能就这些事项与管理层讨论，除非这种做法并不适当。**例如：就管理层的胜任能力或诚信与其讨论可能是不适当的**
与第三方沟通	（1）治理层可能希望向第三方（如银行或特定监管机构）提供注册会计师书面沟通文件的副本。在某些情况下，向第三方披露书面沟通文件**可能**是违法或不适当的。 （2）注册会计师在书面沟通文件中声明以下内容**可能**是非常重要的： ① 书面沟通文件仅为治理层编制，在适当情况下也可供集团管理层和集团注册会计师使用，**但不应被第三方依赖**。 ② 注册会计师**对第三方不承担责任**。 ③ 书面沟通文件**向第三方披露或分发的任何限制**。 （3）除非法律法规要求，在向第三方提供与治理层书面沟通文件前**可能需要事先征得治理层同意**。 （4）法律法规也可能要求注册会计师： ① 向监管机构或执法机构报告与治理层沟通的特定事项。 例如：如果管理层和治理层没有采取纠正措施，注册会计师有义务向监管机构或执法机构报告错报。 ② 将为治理层编制的特定报告的副本提交给相关监管机构、出资机构或其他机构。例如对某些公共部门实体，需要提交给某些主管部门。 ③ 向公众公开为治理层编制的报告

（二）确定沟通形式（见表 14-6）

表 14-6 确定沟通形式

	内容
应当书面沟通	（1）对注册会计师的独立性，**应以书面形式与治理层沟通**； （2）对于值得关注的控制缺陷，**应以书面形式向治理层通报**； （3）对审计中发现的重大问题，如认为采用口头形式沟通不适当，应当以书面形式与治理层沟通
形式	对于审计准则规定应以书面形式沟通的事项，一般采用致治理层的沟通函件的方式进行书面沟通。书面沟通可能包括向治理层提供审计业务约定书
可以书面沟通	（1）对于被审计单位的违反法规行为，通常以书面形式与治理层沟通； （2）对于其他事项，可以采取口头或书面的方式沟通

▌**经典例题 14-4** （2021年·单选题）

下列各项中，注册会计师应当以书面形式与治理层沟通的是（　　）。

A. 注册会计师识别出的管理层未向注册会计师披露的重大关联方交易
B. 注册会计师识别出的可能导致对被审计单位持续经营能力产生重大疑虑的事项或情况
C. 注册会计师识别出的值得关注的内部控制缺陷
D. 被审计单位管理层对注册会计师执行审计工作的范围施加的限制

【解析】对于审计准则要求的注册会计师的独立性，应当以书面形式与治理层沟通；注册会计师还应当以书面形式向治理层通报值得关注的内部控制缺陷（选项C）；对审计中发现的重大问题　【答案】C

（三）①沟通的时间安排

敲黑板①

此处只需了解即可。

注册会计师应当及时与治理层沟通。怎样才算及时并非一成不变的，适当的沟通时间安排因业务环境的不同而不同。相关的环境包括事项的重要程度和性质，以及期望治理层采取的行动。例如：

（1）对于计划事项的沟通，**通常**在审计业务的早期阶段进行，如系首次接受委托，沟通可以随同就审计业务条款达成一致意见一并进行。

（2）对于审计中遇到的重大困难，如果治理层能够协助注册会计师克服这些困难，或者这些困难可能导致发表非无保留意见，**可能**需要尽快沟通。

（3）当《中国注册会计师审计准则第1504号——在审计报告中沟通关键审计事项》适用时，注册会计师可以在讨论审计工作的计划范围及时间安排时沟通对关键审计事项的初步看法，注册会计师在沟通重大审计发现时**也可以**与治理层进行更加频繁的沟通，以进一步讨论此类事项。

（4）无论何时（如承接一项非审计服务和在总结性讨论中）就对独立性的不利影响和相关防范措施作出了重要判断，就独立性进行沟通都**可能是**适当的。

（5）沟通审计中发现的问题包括注册会计师对被审计单位会计实务质量的看法，**也可能**作为总结性讨论的一部分。

（6）当同时审计通用目的和特殊目的财务报表时，注册会计师协调沟通的时间安排**可能是**适当的。

除了沟通事项的重要程度以外，**可能**与沟通的时间安排相关的其他因素包括：

（1）被审计单位的规模、经营结构、控制环境和法律结构；
（2）在规定的时限内沟通特定事项的法定义务；
（3）治理层的期望，包括与注册会计师定期会谈或沟通的安排；
（4）注册会计师识别出特定事项的时间。例如，注册会计师可能未能在可以采取预防措施的时间内识别出某一特定事项（如违反某项法律法规），但是沟通该事项可能有助于采取补救措施。

（四）评价沟通的充分性（见表14-7）

表14-7 评价沟通的充分性

	内容
责任	注册会计师**应当**评价其与治理层之间的双向沟通对实现审计目的是否充分
程序	注册会计师**不需要**设计专门程序以支持其对与治理层之间的双向沟通的评价，这种评价可以建立在为其他目的而实施的审计程序所获取的见解的基础上

续表

	内容
依据	(1) 针对注册会计师提出的沟通事项，治理层采取的措施的适当性和及时性； (2) 治理层在与注册会计师沟通的过程中表现出来的坦率程度； (3) 治理层在没有管理层在场的情况下与注册会计师会谈的意愿和能力； (4) 治理层表现出来的对注册会计师所提出的事项的全面理解能力； (5) 就拟沟通的形式、时间安排和期望的大致内容与治理层达成相互理解的难度； (6) 当治理层全部或部分成员参与管理被审计单位时，他们所表现出的对与注册会计师讨论的事项如何影响其治理责任和管理责任的了解； (7) 注册会计师与治理层之间的双向沟通是否符合法律法规的规定
①沟通不充分时的应对措施	(1) 根据范围受到的限制发表**非无保留意见**； (2) 就采取不同措施的后果**征询法律意见**； (3) 与第三方（如监管机构）、被审计单位外部的在治理结构中拥有更高权力的组织或人员（如企业的业主、股东大会中的股东）或对公共部门负责的政府部门**沟通**； (4) 在法律法规允许的情况下**解除业务约定**

敲黑板①
虽然不需要对与治理层的沟通实施专门审计程序，但是一旦沟通不足，注册会计师应当采取适当的措施。

四、审计工作底稿 ★★

考频 2021年综合题（1）

（1）如果审计准则要求沟通的事项是**以口头形式沟通的**，注册会计师**应当**将其包括在审计工作底稿中，并记录沟通的时间和对象。

（2）如果审计准则要求沟通的事项是**以书面形式沟通的**，注册会计师**应当保存一份沟通文件的副本**，作为审计工作底稿的一部分。

（3）如果会议纪要是沟通的**适当记录**，可将副本作为沟通记录。如果发现这些记录不能恰当地反映沟通的内容，且有差别的事项比较重大，**注册会计师**一般会**另行编制**能恰当记录**沟通内容的纪要**，将其副本连同被审计单位编制的纪要一起**致送治理层，提示两者的差别**，以免引起不必要的误解。

（4）如果根据业务环境不容易识别出适当的沟通人员，注册会计师还应当记录识别治理结构中的适当沟通人员的过程。

（5）如果治理层全部参与管理，注册会计师还应当记录对沟通的充分性进行考虑的过程，即考虑与负有管理责任人员的沟通能否向所有负有治理责任的人员充分传递应予沟通内容的过程。

经典例题 14-5 （2021年·综合题）

上市公司甲公司是ABC会计师事务所的常年审计客户，主要从事医疗器械的生产和销售。A注册会计师负责审计甲公司2020年度财务报表，确定财务报表整体的重要性为1 000万元。A注册会计师在审计工作底稿中记录了错报评价及重大事项的处理情况，部分内容摘录如下：

（3）A注册会计师在出具审计报告前与甲公司审计委员会进行了会议沟通。因甲公司编制的会议纪要与实际情况不符，A注册会计师另行编制了一份纪要，将其副本连同甲公司编制的纪要一起致送审计委员会。

要求 针对上述事项，指出A注册会计师的做法是否恰当。如不恰当，简要说明理由。

答案 恰当。

第二节 前任注册会计师和后任注册会计师的沟通

一、前后任注册会计师的概念（见表14-8）

考频 2021年单选题（1）、2019年简答题（1）

表14-8 前后任注册会计师的概念

		内容
前任注册会计师	上期前任	指对上期财务报表发表了审计意见的某家会计师事务所的注册会计师
	本期前任	指接受委托对本期财务报表进行审计，但未完成审计工作的所有其他会计师事务所的注册会计师
	要点	（1）在未变更事务所的情况下，同处于同一事务所的先后负责同一审计项目的不同注册会计师不属于前后任注册会计师的范畴； （2）如果上期财务报表仅经过①代编或审阅，执行代编或审阅业务的注册会计师不能被视为前任注册会计师； （3）与前任注册会计师进行沟通，是后任注册会计师在接受委托前②应当执行的必要审计程序
后任注册会计师	未签约	正在考虑是否接受委托，准备与前任注册会计师沟通，待了解情况之后再做决定的会计师事务所
	已签约	已签约接替前任的会计师事务所。 特例：以投标方式承接审计业务时，只有中标的事务所才是后任注册会计师。 注意：中标不等于签约

敲黑板① 如果上期财务报表仅经过代编或审阅，执行代编或审阅业务的注册会计师不能被视为前任注册会计师。

敲黑板② 后任如果没有跟前任进行沟通，则不得承接该业务。

经典例题14-6 （2019年·简答题）

ABC事务所首次接受委托审计甲公司2018年度财务报表，委派A注册会计师担任项目合伙人。与首次承接审计业务相关的部分事项如下：

（1）DEF事务所审计了甲公司2017年度财务报表。XYZ事务所接受委托审计甲公司2018年度财务报表，但未完成审计工作。A注册会计师将DEF事务所确认为前任注册会计师，与其进行了沟通。

要求 指出A注册会计师的做法是否恰当。如不恰当，简要说明理由。

答案 不恰当。前任注册会计师还包括XYZ会计师事务所/在后任注册会计师之前接受委托对当期财务报表进行审计但未完成审计工作的会计师事务所。

经典例题14-7 （2021年·单选题）

相对于执行本期财务报表审计的注册会计师而言，下列各方中，不属于前任注册会计师的是（　　）。

A. 对上期财务报表执行审计的其他会计师事务所的注册会计师
B. 对上期财务报表执行审阅的其他会计师事务所的注册会计师
C. 接受委托对本期财务报表执行审计但未完成审计工作的其他会计师事务所的注册会计师
D. 接受委托对本期财务报表执行审计并已出具审计报告的其他会计师事务所的注册会计师

前后任注册会计师的概念-例题解析

【解析】前任注册会计师，是指已对被审计单位上期财务报表进行审计，但被现任注册会计师接替的其他会计师事务所的注册会计师。接受委托但未完成审计工作，已经或可能与委托人解除业务约定的注册会计师，也被视为前任注册会计师。选项 ACD 正确，不选。

如果上期财务报表仅经过代编或审阅，执行代编或审阅业务的注册会计师不能被视为前任注册会计师。选项 B 错误，当选。

【答案】B

二、接受委托前的沟通★★

考频 2021 年多选题（1）、2019 年简答题（1）

（一）接受委托前的基本要求（见表 14-9）

表 14-9 接受委托前的基本要求

要素	要点
目的	确定是否接受委托
必要性	与前任注册会计师进行沟通，是后任注册会计师在接受委托前**应当执行**的必要审计程序
发起方	**后任注册会计师**负有主动沟通的义务
提请	**后任注册会计师**提请被审计单位以书面形式允许前任注册会计师作出充分答复
方式	**前后任注册会计师**可以采用书面或口头的方式
记录	**后任注册会计师**应在审计工作底稿记录沟通情况
要求	前后任注册会计师应当对沟通过程中获知的信息**保密**；即使未接受委托，后任注册会计师仍应履行保密义务
评价	如前任注册会计师与被审计单位提供的更换事务所的原因不符，特别是当被审计单位与前任注册会计师在会计、审计问题上存在重大意见分歧时，后任注册会计师应慎重考虑是否接受委托，①**一般**应拒绝接受委托

> **敲黑板①**
> 一般应拒绝，其实还是可能接受委托的。

（二）被审计单位不同意沟通的处理

如果被审计单位不同意前任注册会计师作出答复，或限制答复的范围，后任注册会计师**应当**向被审计单位询问原因，并考虑是否接受委托。当出现这种情况时，后任注册会计师②**一般需要拒绝接受委托**，除非可以通过其他方式获知必要的事实，或有充分的证据表明审计风险水平非常低。

> **敲黑板②**
> 需要注意的是，这里表述的"一般需要拒绝"，没有说"一定要拒绝"，如果考试中出现"如果被审计单位不同意前任注册会计师对后任注册会计师的询问作出答复，后任注册会计师应当拒绝接受委托"，这种表述是错误的。

（三）接受委托前的沟通的核心内容（记忆）

(1) 是否发现被审计单位管理层存在诚信方面的问题。

(2) 前任注册会计师与管理层在重大会计、审计等问题上存在的意见分歧。

(3) 前任注册会计师向被审计单位治理层通报的管理层舞弊、违反法律法规行为以及值得关注的内部控制缺陷。

(4) 前任注册会计师认为导致被审计单位变更会计师事务所的原因。

经典例题 14-8 (2021年·多选题)

后任注册会计师应当在接受审计委托前与前任注册会计师进行沟通。下列情形中,通常对后任注册会计师是否接受委托的决策产生影响的有( )。

A. 被审计单位变更会计师事务所的原因是不愿意支付合理的审计费用
B. 沟通结果显示前任注册会计师与管理层在收入确认的会计政策上存在重大分歧
C. 沟通结果显示被审计单位限制前任注册会计师接触其重要子公司的管理层
D. 前任注册会计师表示由于存在法律诉讼的顾虑,只能作出有限的答复

(解析) 后任注册会计师与前任注册会计师进行沟通过程中值得关注的事项包括:(1)是否发现被审计单位存在诚信方面的问题;(2)前任注册会计师与管理层在重大会计、审计等问题上存在的意见分歧;(3)前任注册会计师向被审计单位治理层通报的管理层舞弊、违反法律法规行为以及值得关注的内部控制缺陷;(4)前任注册会计师认为导致被审计单位变更会计师事务所的原因。如果受到被审计单位的限制或存在法律诉讼的顾虑,决定不向后任注册会计师作出充分答复,前任注册会计师应当向后任注册会计师表明其答复是有限的,并说明原因。此时,后任注册会计师需要判断是否存在由被审计单或潜在法律诉讼引起的答复限制。所以,选项 ABCD 均正确,当选。

(答案) ABCD

经典例题 14-9 (2019年·简答题)

ABC 事务所首次接受委托审计甲公司 2018 年度财务报表,委派 A 注册会计师担任项目合伙人。与首次承接审计业务相关的部分事项如下:

(2) A 注册会计师在与甲公司签署审计业务约定书并征得管理层同意后,与前任注册会计师进行了口头通过,沟通的内容包括:是否发现甲公司管理层存在诚信方面的问题;前任注册会计师与甲公司管理层在重大会计、审计等问题上存在的意见分歧;向甲公司治理层通报的管理层舞弊、违反法律法规行为以及值得关注的内部控制缺陷;甲公司变更事务所的原因。

(要求) 指出 A 注册会计师的做法是否恰当。如不恰当,简要说明理由。

(答案) 不恰当。注册会计师应当在接受委托前/签署业务约定书前与前任注册会计师进行沟通。

(四) 前任注册会计师的答复 (见表 14-10)

表 14-10 前任注册会计师的答复

情形	答复要求
一般	在被审计单位允许的情况下,前任注册会计师**应当**对后任注册会计师的合理询问及时做出充分的答复
多家	当多家事务所正在考虑接受委托时,前任注册会计师在**客户明确选定**后任注册会计师后,才作出答复
受限	如受到被审计单位限制或存在诉讼顾虑,决定不做充分答复,**应当向**后任注册会计师表明答复是有限的
未答	(1) 如没有理由认为变更事务所原因异常,后任需要设法再次沟通; (2) 如仍得不到答复,后任可致函前任说明如在适当的时间内得不到答复,将假设不存在专业方面的原因使其拒绝接受委托,并表明①**拟接受委托**

敲黑板①

注意,如果没有出现异常情况,前任不做答复,后任通常还是倾向于接受委托的。

三、接受委托后的沟通★★

考频 2019年简答题（1）、2020年多选题（1）

（一）①接受委托后的沟通的性质、前提和目的

接受委托后的沟通与接受委托前的沟通有所不同，它**不是必要**程序，而是由后任注册会计师根据审计工作需要自行决定的。

但与跟前任沟通一样，都需要征得被审计单位的同意。

（二）查阅前任注册会计师的工作底稿（见表14-11）

敲黑板①
①接受委托后的沟通在考试中考频较低，通常涉及的是"利用前任审计工作底稿时，后任注册会计师需要考虑什么，以及后任注册会计师应当承担什么责任"。

表 14-11 查阅前任注册会计师的工作底稿

	要点
决策	（1）接受委托后，如果需要查阅前任注册会计师的工作底稿，后任注册会计师**应当征求被审计单位同意**，并与前任注册会计师进行沟通。 （2）前任注册会计师所在的会计师事务所可**自主决定**是否允许后任注册会计师查阅、复印或摘录工作底稿。 **名师说** 　　前任注册会计师不是必须要给后任注册会计师审计工作底稿，即使被审计单位已经同意，前任注册会计师依旧可以不向后任注册会计师提供工作底稿。 （3）如果前任注册会计师决定向后任注册会计师提供工作底稿，**一般**可以考虑进一步从被审计单位（前审计客户）处获取**一份确认函**，以便降低在与后任注册会计师进行沟通时发生误解的可能性。 （4）在允许查阅工作底稿之前，前任注册会计师**应当**向后任注册会计师获取确认函，就工作底稿的使用目的、范围和责任等与其达成一致意见。如后任做出了更高程度的限制性保证，前任可能愿意提供**更多**接触工作底稿的机会
限制	后任注册会计师**可以**考虑同意前任注册会计师可能做出的限制： （1）不将查阅工作底稿获得的信息用于其他任何目的； （2）在查阅工作底稿后，不对任何人作出关于前任注册会计师的审计是否遵循了审计准则的口头或书面评论； （3）当涉及前任注册会计师的审计质量时，后任注册会计师不应提供任何专家证词、诉讼服务或承接关于前任注册会计师审计质量的评论业务
查阅内容	查阅的内容通常包括审计计划、控制测试、审计结论、具有延续性且对本期审计产生重大影响的会计、审计事项等
责任	（1）查阅前任注册会计师工作底稿获取的信息**可能**影响后任注册会计师实施**审计程序的性质、时间安排和范围**； （2）后任注册会计师**不应**在审计报告中表明，其审计意见全部或部分地依赖前任注册会计师的审计报告或工作

▌经典例题 14-10　〔2019年·简答题〕

ABC事务所首次接受委托审计甲公司2018年度财务报表，委派A注册会计师担任项目合伙人。与首次承接审计业务相关的部分事项如下：

（5）在征得甲公司管理层同意，并向前任注册会计师承诺不对任何人作出关于其是否遵循审计准则的任何评论后，A注册会计师通过查阅前任注册会计师的审计工作底稿，获取了有关甲公司固定资产余额的审计证据，并在审计报告的其他事项段中提及部分依赖了前任注册会计师的工作。

（要求）指出A注册会计师的做法是否恰当。如不恰当，简要说明理由。

（答案）不恰当。后任注册会计师应当对自身实施的审计程序/得出的审计结论负责。

四、沟通上期错报★★

（一）安排三方会谈

如果发现前任注册会计师审计的财务报表可能存在重大错报，后任注册会计师**应当提请被审计单位告知前任注册会计师**。**必要时**，后任注册会计师应当要求被审计单位安排**三方会谈**。

前后任注册会计师应当就任何在已审计财务报表报出后发现的、对已审计财务报表可能存在重大影响的信息进行沟通，以便双方按照有关审计准则作出妥善处理。

（二）无法参加三方会谈的处理

如果被审计单位拒绝告知前任注册会计师，或前任注册会计师拒绝参加三方会谈，或后任注册会计师对解决问题的方案不满意，后任注册会计师应当考虑对审计意见的影响或解除业务约定。具体讲，后任注册会计师**应当考虑**：

（1）这种情况对当前审计业务的潜在影响，并根据具体情况出具恰当的审计报告。

（2）是否退出当前审计业务。此外，后任注册会计师可考虑向其法律顾问咨询，以便决定如何采取进一步措施。

章末总结

- 审计沟通
  - 与治理层沟通
    - 沟通的对象
    - 沟通的事项
      - 与财务报表相关的审计责任 ┐
      - 注册会计师的独立性   │ 应当
      - 计划的审计范围和时间安排   │ 沟通
      - 审计中发现的重大问题   ┘
      - 补充事项
    - 沟通的过程
      - 确立沟通过程
      - 确定沟通形式
      - 安排沟通时间
      - 评价沟通的充分性
    - 审计工作底稿
  - 前后任沟通
    - 概念
      - 前任注册会计师
        - 上期前任
        - 本期前任
      - 后任注册会计师
        - 未签约后任
        - 已签约后任
    - 接受委托前沟通
      - 接受委托前沟通的必要性
      - 被审计单位不同意沟通的处理
      - 约前沟通的核心内容（记忆）
      - 前任注册会计师的答复
    - 接受委托后沟通
      - 沟通不是强制要求，应在征得被审计单位同意后进行
      - 查阅前任注册会计师的工作底稿
    - 沟通上期错报

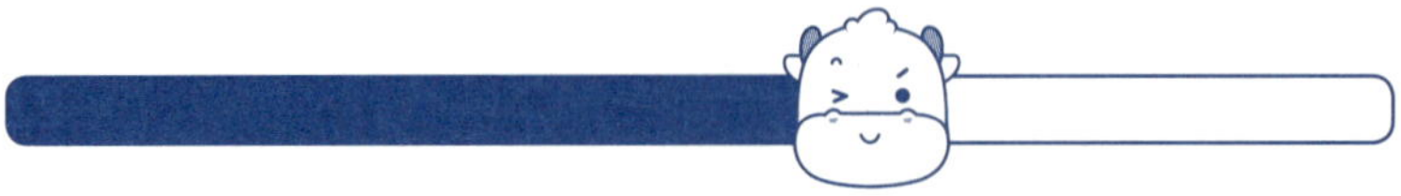

57%

第十五章 注册会计师利用他人的工作

轻装上阵

本章讲什么?

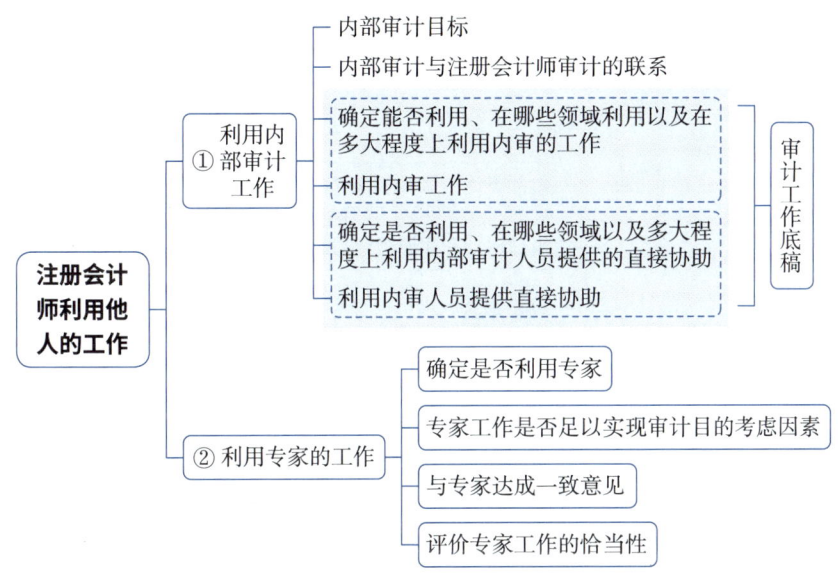

为完成审计工作,实现审计目标,注册会计师可能需要利用他人的工作。本章主要介绍注册会计师利用内部审计工作和专家的工作。

注册会计师的审计工作与企业的内部审计在很大程度上具有相似性,因此,注册会计师可以利用内部审计的工作以提高审计效率(①利用内部审计工作)。

在审计过程中,可能会遇到涉及会计、审计范畴之外的问题,此时可能需要借助专家的工作,以得出更全面的审计结论(②利用专家的工作)。

本章如何考?

本章在考试中多以单选题、多选题的形式出现,每年考查分值为 2~4 分。同时,考试也会将本章知识点与其他章节的知识点相结合,在综合题中出现。

本章怎么学?

在学习"利用内部审计工作"的过程中,考生需要关注在什么情况下才可以利用内审工作,如果利用,注册会计师应当实施哪些必要的程序,哪些情况少利用,哪些情况不得利用。题目可能把这些因素混在一起,考生需要一一分辨。在学习"利用专家的工作"的过程中,考生需要关注专家的定义、确定是否利用专家的考虑因素以及利用专家的各环节的具体要点。

2024 年本章主要变化

2024 年本章内容无实质性变化。

考点冲浪

第一节 利用内部审计工作

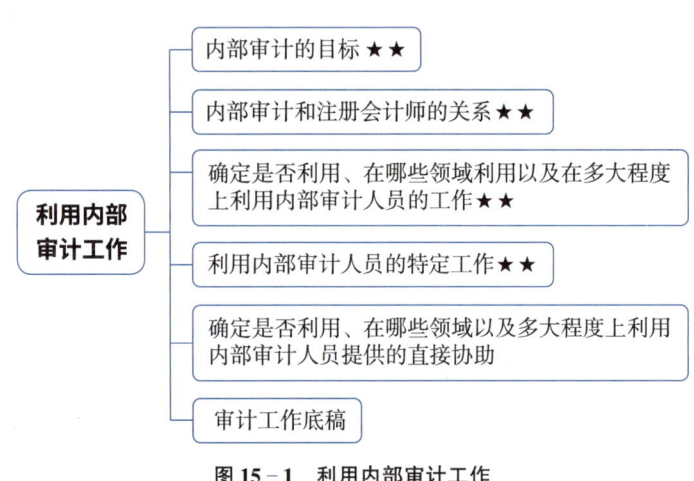

图 15-1 利用内部审计工作

一、内部审计的目标★★

(一) 定义

内部审计是指被审计单位负责执行鉴证和咨询活动,以评价和改进被审计单位的治理、风险管理和内部控制流程有效性的部门、岗位或人员。

内部审计人员是指执行内部审计活动的人员。内部审计人员可能属于内部审计部门或履行内部审计职责的类似部门。

注册会计师在审计过程中,通常需要了解和测试被审计单位的内部控制,而内部审计是被审计单位内部控制的一个重要组成部分。因此,注册会计师①**应当考虑**内部审计活动及其在内部控制中的作用,以评估财务报表重大错报风险及其对注册会计师审计程序的影响。

这里需要注意的是,内部审计属于内部控制五要素之监督,即使不利用内审工作,但对于内部审计也是需要考虑的。

(二) 内部审计的内容

被审计单位内部审计的目标是由其管理层和治理层确定的。不同被审计单位的内部审计目标差异很大,取决于被审计单位的规模和结构以及管理层和治理层的要求。内部审计**可能**包括下列一项或多项活动:

(1) 与公司治理有关的活动。
(2) 与风险管理有关的活动。

(3) 与内部控制有关的活动。
① 评价内部控制；
② 检查财务和经营信息；
③ 复核经营活动；
④ 复核遵守法律法规的情况。

二、内部审计和注册会计师的关系★★

考频 2018年单选题（1）

（一）内部审计与注册会计师审计的联系（见表15-1）

表15-1　内部审计与注册会计师审计的联系

	内容
方法相似	双方实现目标的某些方式通常相似。为支持所得出的结论，审计人员都需要获取充分、适当的审计证据，都可以运用观察、询问、函证和分析程序等审计方法
对象相关	两种审计对象密切相关，部分内容甚至重叠
关注相同	如果内部审计的工作结果表明被审计单位的财务报表在某些领域存在重大错报风险，注册会计师就应当对这些领域给予特别关注
利用工作	注册会计师在审计中利用内部审计人员的工作包括： (1) 在获取审计证据的过程中利用内部审计部门、岗位或人员的工作（即利用工作结果）； (2) 在注册会计师的指导、监督和复核下利用内部审计人员提供直接协助（即利用被审计单位的人）

（二）利用内部审计不能减轻注册会计师的责任（见表15-2）

表15-2　利用内部审计不能减轻注册会计师的责任

环节	责任
独立职业判断	注册会计师应当对与财务报表审计有关的所有重大事项独立作出职业判断，①不应完全依赖内部审计工作，包括： (1) 重要性水平的确定； (2) 重大错报风险的评估； (3) 样本规模的确定； (4) 对会计政策和会计估计的评估等
独立发表意见	注册会计师对发表的审计意见独立承担责任，这种责任并不因利用内部审计人员的工作而减轻

敲黑板①

在考试时，如果题目问哪些事项不得利用内部审计工作，那么答案往往是重大错报风险的评估、重要性水平的确定、样本规模的确定、对会计政策和会计估计的评估。

经典例题15-1　（2018年·单选题）

下列各项中，注册会计师通常可以利用内部审计人员工作的是（　　）。

A. 确定财务报表整体的重要性　　B. 评估会计政策的恰当性
C. 实施控制测试　　　　　　　　D. 确定细节测试的样本规模

解析　通常，审计过程中涉及的职业判断，如重大错报风险的评估、重要性水平的确定

（选项 A）、样本规模的确定（选项 D）、对会计政策和会计估计的评估等（选项 B），均应当由注册会计师负责执行，而控制测试通常可以利用内部审计人员的工作，选项 C 正确，当选。

答案 C

三、确定是否利用、在哪些领域利用以及在多大程度上利用内部审计人员的工作★★★（见表 15-3）

确定是否利用、在哪些领域利用以及在多大程度上利用内部审计人员的工作-知识精讲

表 15-3 确定是否利用、在哪些领域利用以及在多大程度上利用内部审计人员的工作

	内容
目标	注册会计师**应当**确定： (1) 是否能够利用内部审计的工作； (2) 如果能够利用，在哪些领域利用以及在多大程度上利用； (3) 内部审计的工作是否足以实现审计目的
应当评价	注册会计师**应当**通过评价下列事项，确定是否能够利用内部审计的工作： (1) 内部审计在被审计单位中的地位，以及相关政策和程序支持内部审计人员客观性的程度； (2) 内部审计人员的胜任能力； (3) 内部审计是否采用系统、规范化的方法（包括质量管理）
不利用	如果存在下列情形之一，注册会计师**不得利用**内部审计的工作： (1) 内部审计在被审计单位的地位以及相关政策和程序**不足以**支持内部审计人员的客观性； (2) 内部审计人员**缺乏**足够的胜任能力； (3) 内部审计**没有**采用系统、规范化的方法（包括质量管理）
少利用	当存在下列情况之一时，注册会计师**应当计划较少地**利用内部审计工作： (1) 在下列方面涉及较多判断时： ① 计划和实施相关的审计程序； ② 评价收集的审计证据。 (2) 评估的认定层次重大错报风险较高，需要对识别出的特别风险予以特殊考虑。 (3) 内部审计在被审计单位中的地位以及相关政策和程序对内部审计人员客观性的支持程度**较弱**。 (4) 内部审计人员的胜任能力**较低** **名师说** 考试时，如果题目中出现"较多""较高""较弱"，是**较少**利用内部审计的工作结果，如果出现"不足""缺乏""没有"是**不得**利用内部审计工作。考生需注意这些词语的区别，防止考试时选错。
①沟通	与治理层沟通计划的审计范围和时间安排的总体情况时，**应当**包括其计划如何利用内部审计工作

> **敲黑板①**
> 注意，如果注册会计师拟打算利用内审工作，应当与治理层沟通；如果不打算利用，可以不沟通该内容。

四、利用内部审计人员的特定工作★★

（一）准备工作

如果计划利用内部审计工作，注册会计师应当与内部审计人员讨论利用其工作的计划，以作为协调各自工作的基础。注册会计师**应当阅读**与拟利用的内部审计相关的**内部审计报告**，以了解其实施的审计程序的性质和范围以及相关的发现。

（二）审计目标

注册会计师**应当**针对计划利用的内部审计工作整体实施充分的审计程序，以确定其对于实现审计目的是否适当，包括**评价**下列事项：

(1) 内部审计工作是否经过恰当的计划、实施、监督、复核和记录。
(2) 内部审计是否获取了充分、适当的证据，以使其能够得出合理的结论。
(3) 内部审计得出的结论在具体环境下是否适当，编制的报告与执行工作的结果是否一致。

（三）实施审计程序的考虑因素

注册会计师实施审计程序的性质和范围应当与其对以下事项的评价相适应，并**应当包括重新**执行内部审计的部分工作：

(1) 涉及判断的**程度**。
(2) 评估的**重大错报风险**。
(3) 内部审计在被审计单位中的地位以及相关政策和程序支持内部**审计人员客观性的程度**。
(4) 内部审计人员的**胜任能力**。

五、确定是否利用、在哪些领域以及多大程度上利用内部审计人员提供直接协助（见表 15-4）

考频 2020 年综合题（1）

确定是否利用、在哪些领域以及多大程度上利用内部审计人员的工作以及提供的直接协助 —知识精讲

> **名师说**　是否利用内部审计工作和是否利用内部审计人员提供直接协助的区别是，前者是利用别人的工作结果，后者是直接利用人。考试时，考生需要特别注意题目考查的是利用内部审计的工作还是利用内部审计人员的直接协助，两者不要混淆。

表 15-4　确定是否利用以及在多大程度上利用内部审计人员提供直接协助

		内容
应当确定		注册会计师预期将利用内部审计人员提供直接协助时，应当： (1) 确定是否能够利用内部审计人员提供直接协助； (2) 如果能够利用，在哪些领域利用以及在多大程度上利用； (3) 如果拟利用内部审计人员提供直接协助，适当地指导、监督和复核其工作
是否利用	实施程序	注册会计师在利用内部审计人员提供直接协助时： (1) 应当评价是否存在对内部人员客观性的不利影响及其严重程度，以及提供直接协助的内部审计人员的胜任能力； (2) 询问内部审计人员可能对其客观性产生不利影响的利益和关系
	不利用	如果存在下列情形之一，注册会计师**不得利用内部审计人员提供直接协助**： (1) 存在对内部审计人员客观性的重大不利影响； (2) 内部审计人员缺乏足够的胜任能力

续表

		内容
分配范围	影响因素	在确定可能分配给内部审计人员的工作的性质和范围，以及根据具体情况对内部审计人员进行指导、监督和复核的性质、时间安排和范围时，应当考虑： (1) 在计划和实施相关审计程序以及评价收集的审计证据时，涉及判断的程度； (2) 评估的重大错报风险； (3) 针对拟提供直接协助的内部审计人员，注册会计师关于是否存在对其客观性的不利影响及其严重程度的评价结果，以及关于其胜任能力的评价结果
	不得利用	**不得利用内部审计人员**提供直接协助以实施具有下列特征的审计程序： (1) 在审计中涉及作出重大判断； (2) 涉及较高的重大错报风险，在实施相关审计程序或评价收集的审计证据时需要作出较多的判断； (3) 涉及内部审计人员已经参与或将要由内部审计向管理层或治理层报告的工作； (4) 涉及注册会计师按照规定就内审职能，以及利用内部审计工作或利用内部审计人员提供直接协助作出的决策
与治理层沟通		与治理层沟通计划的审计范围和时间安排的总体情况时，**应当沟通**拟利用内部审计人员提供直接协助的性质和范围，以使双方在就业务的具体情况下并未过度利用内部审计人员提供直接协助达成共识

经典例题 15-2 （2020年·综合题）

甲公司是 ABC 会计师事务所的常年审计客户，主要从事家电产品的生产、批发和零售。A 注册会计师负责审计甲公司 2019 年度财务报表，确定财务报表整体的重要性为 800 万元，明显微小错报的临界值为 40 万元。

A 注册会计师在审计工作底稿中记录了审计计划，部分事项如下：

（1）A 注册会计师阅读了甲公司内审部门出具的职工薪酬专项检查报告，拟在职工薪酬的审计中利用参与该专项检查的内部审计人员提供直接协助。

要求 针对上述事项，假定不考虑其他条件，指出 A 注册会计师的做法是否恰当。如不恰当，简要说明理由。

答案 不恰当。涉及内部审计人员已经参与并报告的工作，不得利用内部审计人员提供直接协助。

六、利用内部审计人员提供直接协助

（一）利用内部审计之前

在利用内部审计人员为审计提供直接协助之前，注册会计师**应当**：

（1）从拥有相关权限的**被审计单位代表人员**处获取**书面协议**，允许内部审计人员遵循注册会计师的指令，并且被审计单位不干涉内部审计人员为注册会计师执行的工作。

（2）从**内部审计人员**处获取**书面协议**，表明其将按照注册会计师的指令对特定事项保密，并将对其客观性受到的任何不利影响告知注册会计师。

（二）指导、监督和复核

注册会计师**应当**按照《中国注册会计师审计准则第1121号——对财务报表审计实施的质量管理》的规定对内部审计人员执行的工作**进行指导、监督和复核**。在进行指导、监督和复核时：

（1）注册会计师在确定指导、监督和复核的性质、时间安排和范围时应当认识到内部审计人员并不独立于被审计单位，并且指导、监督和复核的性质、时间安排和范围应当恰当应对注册会计师对**涉及判断的程度**、**评估的重大错报风险**、**拟提供直接协助的内部审计人员客观性**和**胜任能力**的评价结果。

（2）复核程序**应当包括**由注册会计师检查**内部审计人员**执行的部分工作所获取的**审计证据**。注册会计师对内部审计人员执行的工作的指导、监督和复核应当足以使注册会计师对内部审计人员就其执行的工作已获取充分、适当的审计证据以支持相关审计结论感到满意。

七、审计工作底稿（见表15-5）

表15-5　①审计工作底稿

	内容
利用内审应当记录	（1）对下列事项的评价： ① 内审的地位、相关政策和程序是否足以支持内审人员的客观性； ② 内审人员的胜任能力； ③ 内审是否采用系统、规范化的方法（包括质量管理）。 （2）利用内审工作的性质和范围以及作出该决策的基础。 （3）注册会计师为评价利用内审工作的适当性而实施的审计程序
利用内审直接工作应当记录	（1）关于是否存在对内审人员客观性的不利影响及其严重程度的评价，以及关于提供直接协助的内审人员的胜任能力的评价； （2）就内审人员执行工作的性质和范围作出决策的基础； （3）所执行工作的复核人员及复核的日期和范围； （4）从拥有相关权限的被审计单位代表人员和内审人员处获取的书面协议； （5）在审计业务中提供直接协助的内审人员编制的审计工作底稿

敲黑板①

这些内容都是应当记录的，注意选择题的考查方式。

第二节　利用专家的工作

图15-2　利用专家工作学习导图

一、确定是否利用专家的工作 ★★ （见表15-6）

考频 2022年多选题（1）、2021年单选题（1）

表15-6 确定是否利用专家的工作

	内容
定义	**专家，即注册会计师的专家，是指在会计或审计以外的领域具有专长的个人或组织，并且工作被注册会计师利用。** 例如：工程师、律师、资产评估师、精算师、环境专家、地质专家、IT专家以及①税务专家
目标	确定是否利用专家的工作；如果利用，确定专家工作是否足以实现审计目的
责任	（1）注册会计师**不应在无保留意见的审计报告中提及专家的工作**，除非法律法规另有规定。如果法律法规要求提及专家的工作，注册会计师**应当**在审计报告中指明，这种提及并不减轻注册会计师对审计意见承担的责任。 （2）如果注册会计师在审计报告中**提及专家的工作**，并且这种提及与理解审计报告中的**非无保留意见相关**，注册会计师仍应在审计报告中指明，这种提及并不减轻注册会计师对审计意见承担的责任。
可能需要利用专家工作的领域	（1）了解被审计单位及其环境； （2）识别和评估重大错报风险； （3）制定总体应对措施； （4）设计和实施进一步审计程序； （5）形成审计意见时，评价已获取审计证据的充分性和适当性
是否利用专家的考虑因素	（1）管理层在编制财务报表时是否利用了管理层的专家的工作； （2）事项的性质和重要性，包括复杂程度； （3）事项存在的重大错报风险； （4）应对识别出的风险的预期程序的性质，包括注册会计师对与这些事项相关的专家工作的了解和具有的经验，以及是否可以获得替代性的审计证据

敲黑板① 这里需要注意的是，虽然注册会计师考试中有税法，但是注册会计师并不是税法上的专家。注册会计师是审计和会计领域的专家。

▌经典例题15-3 （2022年·多选题）

下列人员中，属于注册会计师的专家的有（　　）。

A．审计项目组就疑难会计问题进行咨询的会计专家

B．参与境外组成部分审计工作的境外网络所的精算专家

C．就复杂的法律问题为审计项目组提供专业意见的律师事务所合伙人

D．向被审计单位提供用于财务报表编制目的的评估服务的资产评估师

解析 注册会计师的专家，是指在会计或审计以外的某一领域具有专长的个人或组织，并且其工作被注册会计师利用，以协助注册会计师获取充分、适当的审计证据。专家通常可以是工程师、律师、资产评估师、精算师、环境专家、地质专家、IT专家以及税务专家，也可以是这些个人所从属的组织，如律师事务所、资产评估公司以及各种咨询公司等。选项A，就会计问题进行咨询的对象不属于注册会计师的专家；选项D，为被审计单位提供服务的属于管理层的专家。

答案 BC

经典例题 15-4 （2021年·单选题）

在确定是否需要利用注册会计师的专家的工作时，下列各项因素中，注册会计师通常无须考虑的是（　　）。

A. 管理层在编制财务报表时是否利用了管理层的专家的工作
B. 审计事项的性质和重要性
C. 可能对专家的客观性产生不利影响的利益和关系
D. 应对识别出的风险的预期程序的性质

〔解析〕在确定是否需要利用注册会计师的专家的工作时，可能考虑的因素有：（1）管理层在编制财务报表时是否利用了管理层的专家的工作（选项A）；（2）事项的性质和重要性，包括复杂程度（选项B）；（3）事项存在的重大错报风险；（4）应对识别出的风险的预期程序的性质，包括注册会计师对与这些事项相关的专家工作的了解和具有的经验，以及是否可以获得替代性的审计证据（选项D）。

〔答案〕C

二、考虑专家的胜任能力、专业素质、客观性和专长领域★★（见表15-7）

〔考频〕2019年多选题（1）

表15-7 ①考虑专家的胜任能力、专业素质、客观性和专长领域

	内容
胜任能力、专业素质和客观性	胜任能力、专业素质和客观性对评价专家工作是否足以实现审计目的具有重大影响。评价外部专家客观性时，还②应询问可能对外部专家客观性产生不利影响的利益和关系
了解专家的专长领域	（1）专家的专长领域是否与审计工作相关； （2）专家使用的假设和方法（包括模型）及其在专家的专长领域是否得到普遍认可，对实现财务报告目的是否适当； （3）专家使用的内外部数据或信息的性质； （4）职业准则或其他准则以及法律法规是否适用

敲黑板①

在利用专家工作结果之前，注册会计师应当了解专家的**胜任能力、专业素质、客观性**与**专长领域**，四者缺一不可。

敲黑板②

还应询问的是可能对外部（而非内部）专家客观性产生不利影响的利益和关系。

经典例题 15-5 （2019年·多选题）

下列有关注册会计师的专家的说法中，正确的有（　　）。

A. 注册会计师的专家包括在会计和审计领域具有专长的个人或组织
B. 注册会计师的专家可以是网络事务所的合伙人或员工
C. 注册会计师的专家可以是事务所的临时工
D. 注册会计师的专家包括被审计单位管理层的专家

〔解析〕本题考查对注册会计师的专家的理解，具体分析如下：选项A，注册会计师的专家是会计或审计领域之外具有专长的个人或组织，不选；选项B，注册会计师的专家可以是事务所（包括网络所）内部的合伙人或员工（包括临时员工），也可以是事务所外部人员，当选；选项C，注册会计师的专家可以是事务所（包括网络所）内部的合伙人或员工（包括临时员工），也可以是事务所外部人员，当选；选项D，由于管理层专家的客观性不能满足注册会计师的要求，所以注册会计师的专家不包括被审计单位管理层的专家，不选。

〔答案〕BC

与专家达成一致意见-知识精讲

敲黑板①

考试时，如果题目里出现"无论是内部专家还是外部专家，都需要达成书面一致"这样的表述，则该陈述是错误的。考生需要注意的是，注册会计师和专家达成一致意见是必要的，但是不一定要形成书面协议。

三、与专家达成一致意见★★

考频 2020年单选题（1）、2018年单选题（1）、2022年多选题（1）

（一）总体要求

专家工作的性质、范围和目标可能会随着情况的变化而发生较大的变化，相应地，注册会计师和专家各自的角色与责任、注册会计师和专家沟通的性质、时间安排和范围等也可能因情况的变化而发生较大变化。因此，**无论**是对外部专家还是内部专家，注册会计师都**有必要**就这些事项与其**达成一致意见**，①**并根据需要形成书面协议**。

（二）专家工作的性质、范围和目标

当就专家工作的性质、范围和目标达成一致意见时，注册会计师通常需要与专家讨论需要遵守的相关技术标准、其他职业准则或行业要求。

（三）注册会计师与专家就各自角色和责任达成的一致意见可能包括的内容

（1）由注册会计师还是专家对原始数据实施**细节测试**。

（2）同意注册会计师与被审计单位或其他人员讨论专家的工作结果或结论，**必要时**，包括同意注册会计师将专家的工作结果或结论的细节作为注册会计师在审计报告中发表**非无保留意见**的基础。

（3）将注册会计师对专家工作形成的**结论告知专家**。

注册会计师和专家就各自角色和责任达成的一致意见，可能还包括就各自的工作底稿的使用和保管达成的一致意见。当专家是项目组的成员时，专家的工作底稿是审计工作底稿的一部分。除非协议另作安排，**外部专家的工作底稿属于外部专家，不是审计工作底稿的一部分**。

▎**经典例题 15-6** （2022年·多选题）

下列各项中，注册会计师应当与注册会计师的专家达成一致意见的有（　　）。

A．专家工作的性质、范围和目标

B．注册会计师和专家各自的角色与责任

C．对专家遵守保密规定的要求

D．对专家遵守会计师事务所的质量管理体系的要求

【解析】注册会计师应当就下列事项与专家达成一致意见：

（1）专家工作的性质，范围和目标（选项A）。

（2）注册会计师和专家各自的角色与责任（选项B）。

（3）注册会计师与专家之间沟通的性质、时间安排和范围。

（4）对专家遵守保密规定的要求（选项C）。

外部专家无需遵守事务所的质量管理体系的要求，选项D不符合题意。

【答案】ABC

（四）注册会计师和专家之间沟通的性质、时间安排和范围

有效的双向沟通有利于将专家工作的性质、时间安排、范围与审计的其他工作整合在一

起，也有利于在审计过程中对专家工作的目标进行适当的调整。**例如**，如果专家的工作与注册会计师针对某项特别风险形成的结论相关，专家不仅要在工作结束时提交一份正式的书面报告，而且要随着工作的推进随时作出口头报告。

（五）对专家遵守保密规定的要求

适用于注册会计师的相关职业道德要求中的**保密条款**同样**也适用于专家**。法律法规可能对保密作出额外规定。被审计单位也可能要求外部专家同意遵守特定的保密条款。

▎**经典例题 15 - 7**　（2020年·单选题）

下列人员中，应当遵守注册会计师所在会计师事务所的质量管理政策和程序的是（　　）。

A. 为财务报表审计提供直接协助的被审计单位内部审计人员
B. 注册会计师利用的内部专家
C. 来自其他会计师事务所的组成部分注册会计师
D. 其工作被用作审计证据的被审计单位管理层的专家

（**解析**）选项 ACD 均不属于事务所员工，无须遵守事务所的质量管理政策和程序，不选。内部专家可能是会计师事务所的合伙人或员工（包括临时员工），因此需要遵守所在会计师事务所根据《会计师事务所质量管理准则第 5101 号——业务质量管理》制定的政策和程序，选项 B 正确。

（**答案**）B

四、评价专家工作的恰当性★★

> **考频**　2022 年单选题（1）、2020 年简答题（1）

评价专家工作的恰当性-知识精讲

（一）评价的目的

判断专家工作是否足以实现审计目的。

（二）评价专家工作的特定程序（见表 15 - 8）

表 15 - 8　评价专家工作的特定程序

	要点
影响因素	(1) 对专家胜任能力、专业素质和客观性的评价； (2) 对专家的专长领域的熟悉程度； (3) 专家所执行工作的性质；
审计程序	(1) **询问**专家； (2) **复核**专家的工作底稿和报告； (3) 实施用于证实的程序：**观察**专家工作，**检查**已公布数据，向第三方**询证**，执行详细的**分析**程序，**重新计算**； (4) 必要时与具有相关专长的其他专家**讨论**； (5) 与管理层**讨论**专家的报告

（三）评价的内容（见表15-9）

表15-9 评价的内容

敲黑板①
了解的是专家选择的假设和方法，评价的则是专家使用的"重要"假设和方法，注意，了解的范围比评价要广。

	要点
重要假设和方法的相关性和合理性	注册会计师**应当**： (1) ①了解专家选择的假设和方法； (2) 评价专家使用的重要假设和方法的相关性和合理性； (3) 考虑专家选择的假设和方法与以前期间是否一致
	如果专家工作是评价管理层作出估计时使用的假设和方法，注册会计师的程序可能主要是评价专家是否已经充分复核了这些假设和方法
	如果专家工作是形成注册会计师的点估计，或是形成注册会计师用来与管理层点估计进行比较的范围，主要程序可能是评价专家使用的假设和方法
	评价重要假设和方法时，需要考虑以下方面： (1) 是否在专家的专长领域得到普遍认可； (2) 是否与适用的财务报告编制基础的要求相一致； (3) 是否依赖某些专用模型的应用； (4) 是否与管理层的假设、方法相一致，如不一致，差异的原因及影响
重要的原始数据的相关性、完整性和准确性	核实数据的来源，包括了解和测试（适用时）针对数据的内部控制以及向专家传送数据的方式（如相关）
	复核数据的完整性和内在一致性
	在许多情况下，注册会计师可能测试原始数据。如果专家已测试，注册会计师可以通过询问专家、监督或复核专家的测试来评价数据的相关性、完整性和准确性
结果或结论的相关性和合理性，以及与其他审计证据的一致性	提交结果或结论的方式是否符合职业或行业标准
	结果或结论是否得到清楚地表述，包括提及与注册会计师达成一致的目标，执行工作的范围和运用的标准
	结果或结论是否基于适当的期间，并考虑期后事项
	结果或结论在使用方面是否有任何保留、限制或约束，如果有，是否产生影响
	结果或结论是否适当考虑了其遇到的错误或偏差

▎经典例题15-8 2022年·单选题

注册会计师在对专家工作使用的重要原始数据进行评价时，下列各项中，无需评价的是（　）。

A．原始数据的相关性
B．原始数据的完整性
C．原始数据的准确性
D．原始数据的可理解性

解析 注册会计师应当评价专家的工作是否足以实现审计目的，包括：
(1) 评价专家的工作或结论的相关性和合理性，以及与其他审计证据的一致性；
(2) 如果专家的工作涉及使用重要的假设和方法，评价这些假设和方法在具体情况下的相关性和合理性；

（3）如果专家的工作涉及使用重要的原始数据，评价这些原始数据的相关性、完整性和准确性（选项ABC）。

选项D不属于注册会计师对原始数据的考虑因素。

答案 D

经典例题 15-9 （2020年·简答题）

甲公司是ABC会计师事务所的常年审计客户。A注册会计师负责审计甲公司2019年度财务报表，评估认为商誉减值存在特别风险。与商誉减值审计相关的部分事项如下：

（4）A注册会计师聘请评估专家对甲公司某项商誉的减值测试结果进行复核。A注册会计师评价了专家的胜任能力、专业素质、客观性及专长领域，获取了专家的复核报告，并实施特定程序对专家工作的恰当性作出了评价，据此认可了专家的工作。

要求 针对上述事项，逐项指出A注册会计师的做法是否恰当。如不恰当，简要说明理由。

答案 恰当。

（四）评价结果为不恰当时的措施

如果确定专家的工作不足以实现审计目的，注册会计师**应当**采取下列措施之一：

（1）就专家拟执行的进一步工作的性质和范围，与专家达成一致意见。

（2）根据具体情况，实施追加的审计程序。

通过雇用、聘请其他专家仍不能解决问题，则意味着没有获取充分、适当的审计证据，注册会计师有必要发表非无保留意见。

注册会计师利用他人的工作

利用内部审计工作

注册会计师的责任
- 应当考虑内部审计活动及其在内部控制中的作用
- 财务报表审计报告中不得提及内审
- 利用内部审计工作不能减轻注册会计师的责任

利用工作结果
- 确认范围
  - 确定是否利用
  - 哪些领域利用
  - 利用程度
- 如何利用
  - 应当与内部审计人员讨论利用其工作的计划
  - 应当阅读与利用的内部审计工作相关的内部审计报告
  - 应当针对计划利用的内部审计工作整体实施充分的审计程序
  - 应当重新执行内部审计的部分工作

提供直接协助
- 确认范围
  - 确定是否利用
  - 利用程度
  - 不利用
- 如何利用
  - 利用之前
    - 从拥有相关权限的被审计单位代表人员处获取书面协议
    - 从内审人员处获取书面协议
  - 应当对内部审计人员执行的工作进行指导、监督和复核

审计工作底稿

利用专家的工作

概念
是指在会计或审计以外的领域具有专长的个人或组织,并且工作被注册会计师利用

是否利用
- 对专家的专长领域的熟悉程度
- 专家所执行工作的性质
- 专家的胜任能力、专业素质和客观性

评价特定程序
- 注册会计师询问专家
- 复核专家的工作底稿和报告
- 实施用于证实的程序
- 必要时,与具有相关专长的其他专家讨论
- 与管理层讨论专家的报告

评价内容
- 重要的假设和方法的相关性和合理性
- 重要的原始数据的相关性、完整性和准确性
- 结果或结论的相关性和合理性,与其他证据的一致性

结果不合理
- 就专家的进一步工作的性质和范围达成一致
- 根据具体情况,注册会计师实施追加的审计程序
- 有必要时,按照规定发表非无保留意见

60%

第十六章 对集团财务报表审计的特殊考虑

轻装上阵

本章讲什么？

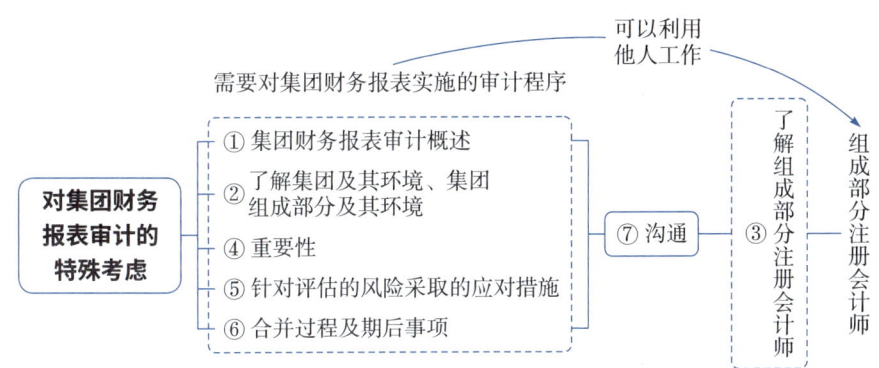

本章首节（①集团财务报表审计概述）阐述了集团财务报表的基本理念，各组成部分注册会计师负责各自部分，而集团项目组则对整个集团财务报表负责。

集团项目组要求对集团财务报表执行相应程序，通过了解集团及其环境、集团组成部分及其环境（②了解集团及其环境、集团组成部分及其环境），对集团进行风险评估，以确定各组成部分的重要性（④重要性），进而明确针对不同组成部分应实施的相应程序（⑤针对评估的风险采取的应对措施）。

鉴于集团由多个组成部分组成，集团项目组需关注各组成部分在合并成集团报表过程中是如何合并的，以及如何将不同组成部分在不同时期的期后事项统一纳入集团财务报表的编制（⑥合并过程及期后事项）。

在对集团进行审计时，集团项目组可以利用组成部分注册会计师的工作，但在利用其工作之前，必须对组成部分注册会计师进行了解，只有在其满足集团项目组的要求时，才能利用其工作成果（③了解组成部分注册会计师）。

集团项目组在利用组成部分注册会计师的工作时，应当与组成部分注册会计师沟通，当然，审计过程中，除了与组成部分注册会计师沟通，集团项目组还应当与集团的管理层和治理层沟通（⑦沟通）。

本章如何考？

本章在考试中多以简答题的形式出现，偶尔会涉及多选题与单选题，每年考查分值为2~4分。同时，考试也可能会将本章知识点与其他章节的知识点相结合，在综合题中出现。

本章怎么学？

在本章的学习过程中，考生应当注意什么时候可以利用组成部分注册会计师的工作，什么时候不可利用；针对不同的组成部分，重要性水平是否需要制定，由谁来制定，集团项目组应当实施什么程序，可以实施什么程序等。

2024 年本章主要变化

2024 年本章的内容无实质性变化。

考点冲浪

第一节　集团财务报表审计概述

考频 2019 年简答题（1）

一、集团★

集团是指由所有组成部分构成的整体，并且所有组成部分的财务信息包括在集团财务报表中。集团**至少**拥有一个以上的组成部分。

二、组成部分★

（1）**组成部分**是指某一实体或某项业务活动，其财务信息由集团或组成部分管理层编制并应包括在集团财务报表中。

（2）集团**结构影响**如何识别组成部分。

> **名师说**　有些集团的组织结构规定，由母公司、子公司、合营企业以及按权益法或成本法核算的被投资实体编制财务信息，那么，母公司、子公司、合营企业以及按权益法或成本法核算的被投资实体，或者集团本部、分支机构可被视为组成部分。一些集团可能按照职能部门、生产过程、单项产品或劳务（或一组产品或劳务）或地区分布来组织财务报告系统。在这种情况下，集团管理层或组成部分管理层可能以职能部门、生产过程、单项产品或劳务（或一组产品或劳务）或地区为单位（报告主体或业务活动）编制财务信息并将其包括在集团财务报表中。相应地，这些职能部门、生产过程、单项产品或劳务（或一组产品或劳务）或地区可被视为组成部分。

（3）集团财务报告系统中可能存在不同层次的组成部分。在这种情况下，在汇总层次上识别组成部分，**可能**比逐一识别更为合适。

三、重要组成部分★

重要组成部分的划分，见表 16-1。

表 16－1　重要组成部分的划分

分类		定义	确定方法
重要组成部分	财务重大	单个组成部分对集团具有财务重大性	(1) 集团项目组可以将选定的基准乘以某一百分比，以协助识别对集团具有财务重大性的单个组成部分。 (2) 适当的基准可能包括集团资产、负债、现金流量、利润总额或营业收入。 (3) 通常可能认为超过选定基准 15% 的组成部分是重要组成部分
	特别风险	由于特定性质或情况，可能存在导致集团财务报表发生重大错报的特别风险	如果某些组成部分由于其特定性质或情况，可能存在特别风险，该特别风险可能导致集团财务报表发生重大错报。例如，某组成部分进行外汇交易，虽然其对集团并不具有财务重大性，但仍使集团面临导致重大错报的特别风险

▋ 经典例题 16－1　（2019 年·简答题）

ABC 事务所的 A 注册会计师负责审计甲集团 2018 年度财务报表。与集团审计相关的部分事项如下：

(1) A 注册会计师将资产总额、营业收入和利润总额超过设定金额的组成部分识别为重要组成部分，其余作为不重要组成部分。

〔要求〕指出 A 注册会计师的做法是否恰当。如不恰当，简要说明理由。

〔答案〕不恰当。在识别重要组成部分时，还要考虑可能存在导致集团财务报表发生重大错报的特别风险的组成部分。

四、集团项目合伙人和集团项目组 ★

集团项目合伙人是指会计师事务所中负责某项集团审计业务及其执行，并代表会计师事务所在对集团财务报表出具的审计报告上签字的合伙人。

集团项目组是指参与集团审计的，包括集团项目合伙人在内的所有合伙人和员工。

五、组成部分注册会计师 ★

组成部分注册会计师是指基于集团审计目的，按照集团项目组的要求，对组成部分财务信息执行相关工作的注册会计师。

基于集团审计目的，**集团项目组成员**可能按照集团项目组的工作要求，**对组成部分财务信息执行相关工作**。在这种情况下，该成员①也是组成部分注册会计师。

> 敲黑板①
> 考试时，如果题目中表述为"集团项目组成员也可能是组成部分注册会计师"，考生需注意该表述是正确的。

六、集团层面控制 ★

集团层面控制是指集团管理层设计、执行和维护的与集团财务报告相关的控制。

七、合并过程 ★

(1) 通过合并、比例合并、权益法或成本法，在集团财务报表中对组成部分财务信息进行确认、计量、列报与披露。

(2) 对没有母公司但处在同一控制下的各组成部分编制的财务信息进行汇总。

八、集团财务报表审计中的责任设定★★（见表 16-2）

表 16-2　集团财务报表审计中的责任设定

	要点
概念	组成部分注册会计师对组成部分财务信息发现的问题、得出的结论、形成的意见负责；集团项目合伙人及其事务所对集团审计意见负责。①**两种责任不能相互替代、减轻**
重点	除非法律法规另有规定，注册会计师对集团财务报表出具的审计报告**不应提及组成部分注册会计师**
	即使因未能就组成部分财务信息获取充分、适当的审计证据，导致集团审计范围受限，需要发表非无保留意见且需要说明原因，**集团项目组也不应提及组成部分注册会计师，除非法规要求在审计报告中提及并且提及是必要的**
	即便法律法规要求提及，审计报告也应指明这种提及**不减轻集团项目合伙人及其所在的会计师事务所的责任**

敲黑板①
集团项目合伙人对集团报表负责，组成部分注册会计师对组成部分报表负责。

九、注册会计师的目标★

在集团财务报表审计中，担任集团审计的注册会计师的目标是：就组成部分注册会计师对组成部分财务信息执行工作的范围、时间安排和发现的问题，与组成部分注册会计师进行清晰的沟通；针对组成部分财务信息和合并过程，获取充分、适当的审计证据，以对集团财务报表是否在所有重大方面按照适用的财务报告编制基础发表审计意见。

十、审计范围受到限制★★★

关于不同组成部分审计范围受限的情况，注册会计师可以按照表 16-3 所示的处理方法，采取不同的措施。

敲黑板②
题目中常常出现张冠李戴的现象，比如出现"重要组成部分审计范围受限，但集团项目组拥有其整套财务报表和审计报告，并能接触集团管理层拥有的与该组成部分相关的信息，则可以认为已获得了充分、适当的审计证据"这种说法，需要注意这种说法是错误的。

表 16-3　审计范围受到限制

限制来源	处理方法
重要组成部分	如无法获取充分、适当的审计证据，要考虑对审计意见的影响
不重要的组成部分	（1）如集团项目组拥有其整套财务报表和审计报告，并能接触集团管理层拥有的与该组成部分相关的信息，则可能认为已获得了充分、适当的证据； （2）②**集团项目组仍有可能获取充分、适当的审计证据，但是受到限制的原因可能影响集团审计意见**

如果集团项目合伙人认为由于集团管理层施加的限制，使集团项目组不能获取充分、适当的审计证据，由此产生的影响可能导致对集团财务报表发表**无法表示意见**，集团项目合伙人**应**视具体情况采取下列措施：

（1）如果是新业务，拒绝接受业务委托，如果是连续审计业务，在法律法规允许的情况下，解除业务约定。

（2）如果法律法规禁止注册会计师拒绝接受业务委托，或者注册会计师不能解除业务约定，在可能的范围内对集团财务报表实施审计，并对集团财务报表发表无法表示意见。

第二节 ①了解集团及其环境、集团组成部分及其环境

集团项目组**应当**：

(1) 在业务承接或保持阶段获取信息的基础上，进一步了解集团及其环境、集团组成部分及其环境，包括集团层面控制。

(2) 了解**合并过程**，包括集团管理层向组成部分下达的指令。

敲黑板①

此知识点只需了解即可。

一、集团管理层下达的指令

为实现财务信息的一致性和可比性，集团管理层**通常**对组成部分下达指令。

集团管理层下达的指令通常包括：

(1) 运用的会计政策。

(2) 适用于集团财务报表的法定和其他披露要求，包括分部的确定和报告、关联方关系及其交易、集团内部交易、未实现内部交易损益以及集团内部往来余额。

(3) 报告的时间要求。

二、舞弊

注册会计师需要识别和评估由于舞弊导致财务报表发生重大错报的风险，针对评估的风险设计和实施适当的应对措施。

三、集团项目组成员和组成部分注册会计师对集团财务报表重大错报风险（包括舞弊风险）的讨论

项目组关键成员需要讨论由于舞弊或错误导致被审计单位财务报表发生重大错报的可能性。在集团审计中，**参与讨论的成员还可能包括组成部分注册会计师**。

四、了解集团及其环境、集团组成部分及其环境的程序

集团项目组**应当**对集团及其环境、集团组成部分及其环境获取充分的了解，**以足以**：

(1) 确认或修正最初识别的重要组成部分。

(2) 评估由于舞弊或错误导致集团财务报表发生重大错报的风险。

集团项目组**可以**基于下列信息，在集团层面评估集团财务报表重大错报风险：

(1) 在了解集团及其环境、集团组成部分及其环境和合并过程时获取的信息，包括在评价集团层面控制以及与合并过程相关的控制的设计和执行时获取的审计证据。

(2) 从组成部分注册会计师获取的信息。

第三节 了解组成部分注册会计师

了解组成部分注册会计师-知识精讲

考频 2022年单选题（1）、2018年单选题（1）、2021年简答题（1）、2019年简答题（1）

一、了解组成部分注册会计师的要求（见表16-4）

表16-4 了解组成部分注册会计师的要求

	要求
利用的例子	集团项目组**要求组成部分注册会计师**基于集团审计目的**执行相关工作**，就**需要了解**该组成部分注册会计师
不利用的例子	集团项目组计划**仅在**集团层面对**某个不重要的组成**部分实施分析程序，就**无需了解**该组成部分注册会计师
了解内容	（1）组成部分注册会计师是否了解并将遵守与集团审计相关的职业道德要求，特别是独立性要求； **【名师说】** 即使组成部分注册会计师为国外注册会计师，只要是基于集团审计（集团属于中国），就应当遵守中国的职业道德要求。 （2）组成部分注册会计师是否具备专业胜任能力； （3）集团项目组参与组成部分注册会计师工作的程度是否足以获取充分、适当的审计证据； （4）组成部分注册会计师是否处于积极的监管环境中

▌经典例题 16-2 （2021年·简答题）

ABC会计师事务所的A注册会计师负责审计甲集团公司2020年度财务报表。与集团审计相关的部分事项如下：

（4）A注册会计师对负责境外重要子公司丙公司审计的组成部分注册会计师进行了了解，认为该组成部分注册会计师了解并能够遵守与集团审计相关的职业道德要求，具有胜任能力，所在地区监管环境严格，据此认为可以利用该组成部分注册会计师的工作。

【要求】 针对上述事项，指出A注册会计师的做法是否恰当。如不恰当，简要说明理由。

【答案】 不恰当。还应了解集团项目组参与组成部分注册会计师工作的程度是否足以获取充分、适当的审计证据。

二、应对措施（见表16-5）

表16-5 处理措施

情况	处理措施
不符合独立性	如果组成部分注册会计师**不符合**与集团审计相关的**独立性要求**，集团项目组**不能通过参与**组成部分注册会计师的工作、实施追加的风险评估程序或对组成部分财务信息实施进一步审计程序，**消除组成部分注册会计师不具有独立性的影响**

续表

情况	处理措施
重大疑虑	如果集团项目组对下列事项存有重大疑虑： (1) 组成部分注册会计师是否了解并将遵守与集团审计相关的职业道德要求，特别是独立性的要求； (2) 组成部分注册会计师是否具备专业胜任能力； (3) 集团项目组参与组成部分注册会计师工作的程度是否足以获取充分、适当的审计证据。 集团项目组**应当**就组成部分财务信息**亲自**获取充分、适当的审计证据，而**不应**要求组成部分注册会计师对组成部分财务信息执行相关工作
非重大疑虑	**可以**通过参与组成部分注册会计师的工作、实施追加的风险评估程序或对组成部分财务信息实施进一步审计程序，**消除**对组成部分注册会计师职业道德、专业胜任能力和所处的监管环境存有的**并非重大的疑虑**

存有重大疑虑，或者不符合独立性要求，集团项目组都需亲自获取审计证据，**不得**利用组成部分注册会计师的工作。

▌**经典例题 16－3** （2022 年·单选题）

下列各项中，集团项目组不能通过对组成部分财务信息实施追加审计程序消除其不利影响的是（　　）。

A. 组成部分注册会计师不符合与集团审计相关的独立性要求
B. 对组成部分注册会计师的专业胜任能力存在并非重大的疑虑
C. 组成部分注册会计师未处于积极有效的监管环境中
D. 组成部分注册会计师的工作不充分

（解析）集团项目组不能通过参与组成部分注册会计师的工作、实施追加的风险评估程序或对组成部分财务信息实施进一步审计程序，消除组成部分注册会计师不具有独立性的影响。选项 A 符合题意。

（答案）A

第四节　重要性

考频　2021 年简答题（1）、2020 年单选题（1）、2019 年简答题（2）、2018 年单选题（1）

表 16－6　重要性

	内容
集团财务报表整体的重要性 ★★★	**集团项目组**应当确定与集团财务报表相关的重要性： (1) 集团财务报表整体重要性及实际执行的重要性； (2) 集团财务报表认定层次的重要性及实际执行的重要性； (3) 集团财务报表的明显微小错报临界值

重要性-知识精讲

续表

		内容
组成部分重要性	责任	如果组成部分注册会计师对组成部分财务信息实施①**审计或审阅**，基于集团审计目的，**集团项目组**为这些组成部分**确定组成部分重要性**
	目的	为将未更正和未发现错报的汇总数超过集团财务表整体的重要性的可能性降至适当的低水平，需要将组成部分重要性设定为②**低于**集团财务报表整体的重要性
	要求	(1) 针对不同的组成部分确定的重要性可能有所不同； (2) 在确定组成部分重要性时，无须采用将集团财务报表整体重要性按比例分配的方式； (3) 对不同组成部分确定的重要性的**汇总数**，有可能高于集团财务报表整体重要性； (4) 在制定组成部分总体审计策略时，需要使用组成部分的重要性； (5) 如果**仅**计划在集团层面对某组成部分实施分析程序，无需为该组成部分确定重要性
组成部分实际执行重要性		(1) 组成部分注册会计师**或**集团项目组需要确定组成部分实际执行的重要性； (2) 如果组成部分注册会计师对组成部分执行审计工作时，确定了组成部分实际执行的重要性，集团项目组**应当**评价该实际执行的重要性是否适当； (3) 实务中，集团项目组可能按组成部分实际执行的重要性确定组成部分整体重要性 **【名师说】** 这里需要注意的是，组成部分重要性水平应当由集团项目组确定，组成部分实际重要性水平可以由集团项目组确定，也可以由组成部分注册会计师确定。但是，如果由组成部分注册会计师确定组成部分实际执行的重要性水平，集团项目组应当对此进行评价。
明显微小错报的临界值 ★★★		**集团项目组**需要将集团财务报表的明显微小错报临界值通报给组成部分注册会计师。后者需要将在**组成部分**财务信息中识别出的**超过这个临界值**的错报通报给**集团项目组** 各个组成部分注册会计师代表集团项目组对组成部分财务信息实施相关工作时，运用的组成部分财务报表整体的重要性、实际执行的重要性**可能不同**，但运用的明显微小错报临界值**是统一的**

敲黑板①

注意，审阅也需要制定重要性水平。

敲黑板②

只能低于，不得等于或大于。

重要性-例题解析

▍**经典例题 16-4**　（2019 年·简答题）

ABC 事务所的 A 注册会计师负责审计甲集团 2018 年度财务报表。与集团审计相关的部分事项如下：

(4) A 注册会计师评估认为重要组成部分丙公司的组成部分注册会计师具备专业胜任能力，复核后认可了其确定的组成部分重要性和组成部分实际执行重要性。

〈要求〉指出 A 注册会计师的做法是否恰当。如不恰当，简要说明理由。

〈答案〉不恰当。应当由集团项目组确定组成部分重要性。

▍**经典例题 16-5**　（2019 年·简答题）

ABC 事务所的 A 注册会计师负责审计甲集团 2018 年度财务报表。与集团审计相关的部分事项如下：

(5) A 注册会计师要求所有组成部分注册会计师汇报组成部分的控制缺陷和超过组成部分实际执行重要性的未更正错报，将其与集团层面的控制缺陷和未更正错报汇总评估后认为：

甲集团公司不存在值得关注的内部控制缺陷，集团财务报表不存在重大错报。

（要求）指出A注册会计师的做法是否恰当。如不恰当，简要说明理由。

（答案）不恰当。应当要求组成部分注册会计师汇报超过集团层面明显微小错报临界值的错报。

第五节 针对评估的风险采取的应对措施

一、针对不同组成部分需执行的工作★★★（见表16-7）

考频 2022年单选题（1）、2021年简答题（1）、2020年多选题（1）、2019年简答题（1）

对于组成部分财务信息，集团项目组**应当**确定由其亲自执行或由组成部分注册会计师代为执行相关的工作类型。集团项目组**还应当**确定参与组成部分注会计师工作的性质、时间安排和范围。集团项目组确定对组成部分财务信息拟执行工作的类型以及参与组成部分注册会计师工作的程度，受下列因素的影响：

（1）组成部分的重要程度；
（2）识别出的导致集团财务报表发生重大错报的特别风险；
（3）对**集团层面控制**的设计的评价，以及其是否得到执行的判断；
（4）集团对组成部分注册会计师的了解。

如果预期集团层面控制运行有效，或者仅实施实质性程序不能提供充分、适当的审计证据，集团项目组应当测试集团层面控制运行的有效性。如果组成部分执行了集团层面控制，集团项目组可以要求组成部分注册会计师代为测试这些控制运行的有效性。

表16-7 针对不同的组成部分应当实施的审计程序

针对不同的组成部分
应当实施的审计程序
—知识精讲

组成部分类型		程序	组成部分重要性水平
重要组成部分	财务重大性	由集团项目组或组成部分注册会计师运用该组成部分重要性对该组成部分财务信息实施审计	应当制定
	特别风险	执行下列一项或多项工作： (1) 使用组成部分重要性对该组成部分实施审计； (2) 针对与特别风险相关的一个或多个账户余额、一类或多类交易或披露事项实施审计； (3) 针对特别风险实施特定的审计程序	(1) 应当制定； (2) 不制定； (3) 不制定
非重要组成部分		集团项目组应当在集团层面实施分析程序。可以将组成部分在不同层面进行汇总，用以实施分析程序	不制定
已执行工作不能提供充分、适当审计证据		**应**选择某些①**不重要的组成部分**执行下列一项或多项工作： (1) 使用该组成部分重要性对组成部分实施审计； (2) 对一个或多个账户余额、一类或多类交易或披露实施审计； (3) 使用组成部分重要性对组成部分实施②审阅； (4) 实施特定程序。 集团项目组**应当**在一段时间之后更换所选择的组成部分	(1) 应当制定； (2) 不制定； (3) 应当制定； (4) 不制定

敲黑板①

注意，下列程序是对不重要组成部分单独实施的，而不是把所有不重要组成部分汇总到一起来实施的。

敲黑板②

只有不重要的组成部分才有审阅，重要的部分都是审计。

> **名师说** 有些组成部分单个不重要，但是合起来可能很重要。例如，有 30 个组成部分，每家企业占比 1%，在只考虑金额的情况下，每家组成部分都是不重要的，但是当这些组成部分合起来的时候，占这个集团的 30%，如果仅在集团层面实施分析程序，这显然是不合适的，所以注册会计师会选择某些不重要的组成部分实施审计或者审阅。

针对不同的组成部分应当实施的审计程序 — 例题解析

■ **经典例题 16-6**　（2022 年·单选题）

对于集团财务报表审计，下列有关组成部分重要性的说法中，正确的是（　　）。

A. 组成部分重要性应当不超过集团财务报表整体的重要性
B. 不同组成部分的组成部分重要性可以相同
C. 集团项目组应当评价组成部分注册会计师确定的组成部分重要性是否适当
D. 集团项目组应当为所有重要组成部分确定组成部分重要性

〔解析〕组成部分重要性水平应当低于（不能等于，必须是小于）集团财务报表整体的重要性，而"不超过"包括了"等于"，选项 A 错误；如果组成部分注册会计师对组成部分财务信息实施审计或审阅，基于集团审计目的，集团项目组为这些组成部分确定组成部分重要性，而不是由组成部分制定，选项 C 错误；对于重要组成部分，如果仅针对与特别风险相关的一个或多个账户余额、一类或多类交易，或披露事项实施审计，或者针对特别风险实施特定的审计程序，无需制定重要性水平，即不是所有重要的组成部分都需要制定重要性水平，选项 D 错误。

〔答案〕B

■ **经典例题 16-7**　（2020 年·多选题）

对于集团财务报表审计，下列各项因素中，集团项目组在确定对组成部分财务信息拟执行的工作类型以及参与组成部分注册会计师工作的程度时，需要考虑的有（　　）。

A. 组成部分的重要程度
B. 是否识别出导致集团财务报表发生重大错报的特别风险
C. 对集团层面控制的设计的评价，以及其是否得到执行的判断
D. 集团项目组对组成部分注册会计师的了解

〔解析〕集团项目组确定对组成部分财务信息拟执行工作的类型以及参与组成部分注册会计师工作的程度，受下列因素影响：（1）组成部分的重要程度（选项 A）；（2）识别出的导致集团财务报表发生重大错报的特别风险（选项 B）；（3）对集团层面控制的设计的评价，以及其是否得到执行的判断（选项 C）；（4）集团项目组对组成部分注册会计师的了解（选项 D）。

〔答案〕ABCD

■ **经典例题 16-8**　（2019 年·简答题）

ABC 事务所的 A 注册会计师负责审计甲集团 2018 年度财务报表。与集团审计相关的部分事项如下：

（2）乙公司为重要组成部分，各项主要财务指标均占集团财务报表相关财务指标的 50% 以上，A 注册会计师亲自担任组成部分注册会计师，选取乙公司财务报表中所有金额超过组成部分重要性的项目执行了审计工作，结果满意。

〔要求〕指出A注册会计师的做法是否恰当。如不恰当，简要说明理由。

〔答案〕不恰当。乙公司是具有财务重大性的重要组成部分，应当对乙公司的财务信息执行审计。

二、集团项目组的参与工作（见表16-8）

表16-8 集团项目组的参与工作

参与类型		要点
重要组成部分	风险评估（记忆）	集团项目组**应当**参与组成部分注册会计师实施的风险评估程序，以识别导致集团财务报表发生重大错报的特别风险。 (1) 与组成部分注册会计师或组成部分管理层讨论对集团而言重要的组成部分业务活动； (2) 与组成部分注册会计师讨论由于舞弊或错误导致组成部分财务信息发生重大错报的可能性； (3) 复核组成部分注册会计师对识别出的导致集团财务报表发生重大错报的特别风险形成的审计工作底稿
	特别风险	集团项目组**应当**评价针对识别出的特别风险拟实施的进一步审计程序的恰当性；根据对组成部分注册会计师的了解，①集团项目组应当确定是否有必要参与进一步审计程序，考虑因素包括： (1) 组成部分的重要程度； (2) 识别出的导致集团财务报表发生重大错报的特别风险； (3) 集团项目组对组成部分注册会计师的了解
不重要组成部分	背景	通常，集团项目组仅在集团层面对不重要的组成部分实施分析程序。如认为不能获取充分、适当的审计证据，集团项目应当选择某些不重要组成部分实施审计/审阅/特定审计程序
	考虑要素	集团项目组参与组成部分注册会计师工作的性质、时间安排和范围，将根据集团项目组对组成部分注册会计师的了解的不同而不同。而该组成部分不是重要组成部分这一事实，将成为次要考虑的因素
其他方式	可能包括	(1) 与组成部分管理层或组成部分注册会计师会谈，获取对组成部分及其环境的了解； (2) 复核组成部分注册会计师总体审计策略和具体审计计划； (3) 单独或与组成部分注册会计师共同实施风险评估程序，识别和评估组成部分层面的重大错报风险； (4) 单独或与组成部分注册会计师共同设计和实施进一步程序； (5) 参加组成部分注册会计师与管理层的总结和其他重要会议； (6) 复核组成部分注册会计师的审计工作底稿的其他相关部分

> 敲黑板①
>
> 注意集团项目组应当评价针对特别风险拟实施的进一步审计程序的恰当性，但不是一定要参与。

经典例题 16-9（2021年·简答题）

ABC会计师事务所的A注册会计师负责审计甲集团公司2020年度财务报表。与集团审计相关的部分事项如下：

(3) 子公司乙公司存在可能导致集团财务报表发生重大错报的特别风险。A注册会计师评价后认为，组成部分注册会计师拟实施的进一步审计程序是恰当的。因该组成部分注册会计师具有足够的胜任能力，A注册会计师未参与其实施的进一步审计程序。

（要求）针对上述事项，指出 A 注册会计师的做法是否恰当。如不恰当，简要说明理由。
（答案）恰当。

第六节　合并过程及期后事项★★★

一、合并过程

集团项目组**应当**了解集团层面的控制和合并过程，包括集团管理层向组成部分下达的指令。

如果对合并过程执行工作的性质、时间安排和范围基于预期集团层面控制有效运行，或者**仅实施实质性程序不能**提供认定层次的充分、适当的审计证据，集团项目组**应当亲自**测试**或要求**组成部分注册会计师代为测试集团层面控制运行的有效性。

集团项目组应当针对合并过程设计和实施进一步审计程序，以应对评估的、由合并过程导致的集团财务报表发生重大错报的风险。设计和实施的进一步审计程序**应当包括评价所有组成部分是否均已包括在集团财务报表中**。

集团项目组**应当评价**合并调整和重分类事项的适当性、完整性和准确性，并评价是否存在舞弊风险因素或可能存在管理层偏向的迹象。合并过程可能需要对集团财务报表中列报的金额作出调整，这类调整不经过常规交易处理系统，可能不会受到针对其他财务信息的控制的约束。集团项目组对这类调整的适当性、完整性和准确性的评价**可能**包括：

（1）评价重大调整是否恰当反映了相关事项和交易。
（2）确定重大调整是否得到集团管理层和组成部分管理层（如适用）的正确计算、处理和授权。
（3）确定重大调整是否有适当的证据支持并得到充分的记录。
（4）检查集团内部交易、未实现内部交易损益以及集团内部往来余额是否核对一致并抵销。

如果组成部分财务信息没有按照集团财务报表采用的会计政策编制，集团项目组**应当**评价组成部分财务信息是否已得到适当调整，以满足编制和列报集团财务报表的要求。集团项目组**应当**确定，组成部分注册会计师上报的财务信息是否就是包括在集团财务报表中的财务信息。

如果集团财务报表包括的组成部分财务报表的报告期末不同于集团财务报表，集团项目组应当评价是否已按照适用的财务报告编制基础对这些财务报表作出恰当调整。

二、期后事项

如果集团项目组或组成部分注册会计师对组成部分财务信息实施<u>审计</u>，集团项目组或组成部分注册会计师应当实施<u>审计</u>程序，以识别组成部分自组成部分财务信息日至对集团财务报表出具审计报告日之间发生的、可能需要在集团财务报表中调整或披露的事项。

如果组成部分注册会计师执行组成部分财务信息<u>审计以外的工作</u>，集团项目组**应当**要求组成部分注册会计师告知其注意到的、可能需要在集团财务报表中调整或披露的期后事项。

▍**经典例题 16－10**　（经典真题·简答题）

ABC 会计师事务所负责审计甲集团公司 2011 年度财务报表。集团项目组在审计工作底稿中记录了集团审计策略，部分内容摘录如下：

序号	集团公司/ 组成部分	是否为重要 组成部分（是否）	集团审计策略
（5）	戊公司（子公司）	是	拟要求组成部分注册会计师实施审计，并提交其出具的戊公司审计报告。对戊公司自2012年3月10日（戊公司财务报表审计报告日）至2012年3月31日（甲集团公司财务报表审计报告日）之间发生的、可能需要在甲集团公司财务报表中调整或披露的期后事项，拟要求组成部分注册会计师实施审阅予以识别

（要求）指出上表所述的集团审计策略是否恰当。如不恰当，简要说明理由。

（答案）不恰当。应要求戊公司组成部分注册会计师实施审计程序。

第七节 沟通

如果集团项目组与组成部分注册会计师之间未能建立有效的①双向沟通关系，则存在集团项目组可能无法获取形成集团审计意见所依据的充分、适当的审计证据的风险。

一、集团项目组向组成部分注册会计师的通报 ★★★

集团项目组应当及时向组成部分注册会计师通报工作要求。通报的内容应当明确组成部分注册会计师应执行的工作和集团项目组对其工作的利用，以及组成部分注册会计师与集团项目组沟通的形式和内容。

通报的内容还应当包括：

（1）在组成部分注册会计师知悉集团项目组将利用其工作的前提下，要求组成部分注册会计师确认其将配合集团项目组的工作。

（2）与集团审计相关的职业道德要求，特别是独立性要求。

（3）在对组成部分财务信息实施审计或审阅的情况下，组成部分的重要性和针对特定类别的交易、账户余额或披露采用的一个或多个重要性水平（如适用）以及临界值，超过临界值的错报不能视为对集团财务报表明显微小的错报。

（4）识别出的与组成部分注册会计师工作相关的、由于舞弊或错误导致集团财务报表发生重大错报的特别风险。集团项目组应当要求组成部分注册会计师及时沟通所有识别出的、在组成部分内的其他由于舞弊或错误可能导致集团财务报表发生重大错报的特别风险，以及组成部分注册会计师针对这些特别风险采取的应对措施。

（5）集团管理层编制的关联方清单和知悉的其他关联方。集团项目组应当要求组成部分注册会计师及时沟通集团管理层或集团项目组以前未识别出的关联方。集团项目组应当确定是否需要将新识别的关联方告知其他组成部分注册会计师。

敲黑板①

考试的时候，如果题目中表述为"集团项目组与组成部分注册会计师是单向沟通"，考生应注意这种表述是错误的。

二、组成部分注册会计师向集团项目组沟通的事项★★

考频 2022年多选题（1）

集团项目组应当要求组成部分注册会计师沟通与得出集团审计结论相关的事项。沟通的内容**应当**包括：

（1）组成部分注册会计师是否已遵守与集团审计相关的职业道德要求，包括对独立性和专业胜任能力的要求。

（2）组成部分注册会计师是否已遵守集团项目组的要求。

（3）指出作为组成部分注册会计师出具报告对象的组成部分财务信息。

（4）因违反法律法规而可能导致集团财务报表发生重大错报的信息。

（5）组成部分财务信息中未更正错报的清单。

> **名师说**　明显微小错报可以不累计、不更正，所以清单不必包括低于集团项目组通报的临界值且明显微小的错报，但注册会计师需要考虑对低于明显微小错报临界值的系统性错报。

（6）表明可能存在管理层偏向的迹象。

（7）描述识别出的组成部分层面值得关注的内部控制缺陷。

（8）组成部分注册会计师向组成部分治理层已通报或拟通报的其他重大事项，包括涉及组成部分管理层、在组成部分层面内部控制中承担重要职责的员工以及其他人员（在舞弊行为导致组成部分财务信息出现重大错报的情况下）的舞弊或舞弊嫌疑。

（9）可能与集团审计相关或者组成部分注册会计师期望集团项目组加以关注的其他事项，包括在组成部分注册会计师要求组成部分管理层提供的书面声明中指出的例外事项。

（10）组成部分注册会计师的总体发现、得出的结论和形成的意见。

在配合集团项目组时，如果法律法规未予禁止，组成部分注册会计师可以允许集团项目组接触相关审计工作底稿。

经典例题 16-11　2022年·多选题

对于集团财务报表审计，下列事项中，集团项目组应当要求组成部分注册会计师与其沟通的有（　　）。

A. 组成部分注册会计师的总体发现、得出的结论和形成的意见
B. 表明可能存在管理层偏向的迹象
C. 识别出的组成部分层面值得关注的内部控制缺陷
D. 组成部分注册会计师是否已遵守与集团审计相关的职业道德要求

【解析】 集团项目组应当要求组成部分注册会计师沟通与集团项目组得出集团审计结论相关的事项。沟通的内容应当包括：

（1）组成部分注册会计师是否已遵守与集团审计相关的职业道德要求，包括对独立性和专业胜任能力的要求（选项D）。

（2）组成部分注册会计师是否已遵守集团项目组的要求。

（3）指出作为组成部分注册会计师出具报告对象的组成部分财务信息。

(4) 因违反法律法规而可能导致集团财务报表发生重大错报的信息。

(5) 组成部分财务信息中未更正错报的清单（清单不必包括低于集团项目组通报的临界值且明显微小的错报）。

(6) 表明可能存在管理层偏向的迹象（选项B）。

(7) 描述识别出的组成部分层面值得关注的内部控制缺陷（选项C）。

(8) 组成部分注册会计师向组成部分治理层已通报或拟通报的其他重大事项，包括涉及组成部分管理层、在组成部分层面内部控制中承担重要职责的员工以及其他人员（在舞弊行为导致组成部分财务信息出现重大错报的情况下）的舞弊或舞弊嫌疑。

(9) 可能与集团审计相关或者组成部分注册会计师期望集团项目组加以关注的其他事项，包括在组成部分注册会计师要求组成部分管理层提供的书面声明中指出的例外事项。

(10) 组成部分注册会计师的总体发现、得出的结论和形成的意见（选项A）。

【答案】ABCD

三、评价与组成部分注册会计师的沟通★★★

集团项目组**应当**评价与组成部分注册会计师的沟通。集团项目组**应当**：

(1) 与组成部分注册会计师、组成部分管理层或集团管理层（如适用）讨论在评价过程中发现的重大事项。

(2) 确定是否有必要复核组成部分注册会计师审计工作底稿的相关部分。

如果认为组成部分注册会计师的工作不充分，集团项目组**应当**确定需要实施哪些追加的程序，以及这些程序是**由组成部分注册会计师还是由集团项目组实施**。

四、与集团管理层的沟通★★

考频 2021年简答题（1）

集团项目组应当确定哪些识别出的内部控制缺陷需要向集团治理层和集团管理层通报。在确定通报的内容时，集团项目组①**应当考虑**：

(1) **集团项目组**识别出的**集团**层面内部控制缺陷。

(2) **集团项目组**识别出的**组成**部分层面内部控制缺陷。

(3) **组成部分注册会计师**提请集团项目组关注的内部控制缺陷。

敲黑板①
应当考虑，但并不是都要求通报。

经典例题16-12 （2021年·简答题）

ABC会计师事务所的A注册会计师负责审计甲集团公司2020年度财务报表。与集团审计相关的部分事项如下：

(5) 在确定需要向集团治理层和集团管理层通报的内部控制缺陷时，A注册会计师从集团项目组识别出的内部控制缺陷和组成部分注册会计师提请集团项目组关注的内部控制缺陷中，选择了通报内容。

【要求】针对上述事项，指出A注册会计师的做法是否恰当。如不恰当，简要说明理由。

【答案】恰当。

五、与集团治理层的沟通★★

集团项目组向集团治理层通报的事项，**可能**包括组成部分注册会计师提请集团项目组关注，并且集团项目组根据职业判断认为与集团治理层责任相关的重大事项。

集团项目组①<u>还应当</u>与集团治理层沟通下列事项：

（1）对组成部分财务信息拟执行工作的类型的概述。

（2）在组成部分注册会计师对重要组成部分财务信息拟执行的工作中，集团项目组计划参与其工作的性质的概述。

（3）对组成部分注册会计师的工作作出的评价，引起集团项目组对其工作质量产生疑虑的情形。

（4）集团审计受到的限制，如集团项目组接触某些信息受到的限制。

（5）涉及集团管理层、组成部分管理层、在集团层面控制中承担重要职责的员工以及②<u>其他人员</u>（在舞弊行为导致集团财务报表出现重大错报的情况下）的舞弊或舞弊嫌疑。

当考试中出现"以下事项是否应当与集团治理层沟通"这类表述，考生应当能够选出具体事项。

对于集团管理层、组成部分管理层以及在集团层面控制中承担重要职责的员工，无论其舞弊行为是否导致集团财务报表出现重大错报，集团项目组均需要与治理层沟通其舞弊或舞弊嫌疑，而其他人员是在舞弊行为导致集团财务报表出现重大错报情况下，才需要与治理层沟通。

考点加油站

章末总结

对集团财务报表审计的特殊考虑
- 组成部分
  - 不重要
    - 集团项目组应当在集团层面实施分析程序
    - 审计范围受限 —— 如集团项目组拥有其整套财务报表和审计报告，并能接触集团管理层拥有的与该组成部分相关的信息，则可能认为已获得了充分、适当的证据
  - 重要的
    - 财务重大 —— 运用该组成部分重要性对该组成部分财务信息实施审计
    - 性质特殊
      - 使用组成部分重要性对该组成部分实施审计
      - 针对与特别风险相关的一个或多个账户余额、一类或多类交易或披露事项实施审计
      - 针对特别风险实施特定的审计程序
    - 审计范围受限 —— 考虑对审计意见的影响
    - 如果既财务重大又性质特殊，使用组成部分重要性对该组成部分实施审计
  - 已执行工作不能提供充分、适当审计证据
    - 应选择某些不重要的组成部分
      - 使用该组成部分重要性对组成部分实施审计
      - 对一个或多个账户余额、一类或多类交易或披露实施审计
      - 使用组成部分重要性对组成部分实施审阅
      - 实施特定程序
- 重要性水平
  - 集团财务报表的重要性 —— 集团项目组确定集团财务报表的重要性
  - 组成部分重要性水平
    - 集团项目组应当基于集团审计目的，为这些组成部分确定组成部分重要性
    - 如果仅计划在集团层面对某组成部分实施分析程序无需为该组成部分确定重要性
  - 组成部分实际执行的重要性水平
    - 组成部分注册会计师（或集团项目组）需要确定组成部分层面实际执行的重要性
    - 集团项目组应当评价在组成部分层面确定的实际执行的重要性的适当性
  - 明显微小错报的临界值
    - 集团项目组应当基于集团审计目的，确定明显微小错报的临界值
    - 组成部分注册会计师需要将在组成部分财务信息中识别出的超过临界值的错报通报给集团项目组
- 利用组成部分注册会计师
  - 是否利用
    - 利用
      - 是否遵守职业道德要求，特别是独立性
      - 是否具备专业胜任能力
      - 是否足以获取充分、适当的审计证据
      - 是否处于积极的监管环境中
    - 不利用 —— 无需了解组成部分注册会计师
  - 了解
    - 应当亲自获取充分、适当的审计证据
      - 不符合与集团审计相关的独立性要求
      - 职业道德、专业胜任能力和所处的监管环境存有重大疑虑
    - 消除并非重大的疑虑或未处于积极有效的监管环境中的影响
      - 参与组成部分注册会计师的工作
      - 实施追加的风险评估程序
      - 对组成部分财务信息实施进一步审计程序
  - 集团项目组参与的工作
    - 重要部分 —— 应当参与风险评估
      - 讨论重要的组成部分业务活动
      - 讨论重大错报风险
      - 复核特别风险形成的审计工作底稿
    - 不重要部分 —— 根据集团项目组对组成部分注册会计师的了解审计范围受限，仍有可能获取充分、适当的审计证据
    - 特别风险 —— 应当评价针对识别出的特别风险拟实施的进一步审计程序的恰当性

64%

第十七章　其他特殊项目的审计

轻装上阵

本章讲什么？

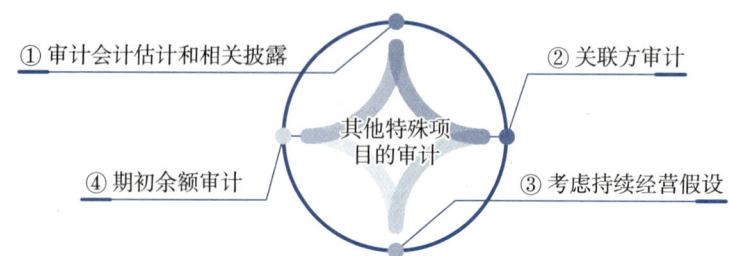

本章介绍了四个特殊事项：① **审计会计估计和相关披露**、② **关联方审计**、③ **考虑持续经营假设**、④ **期初余额审计**。这四个特殊事项每个均成一节，每节均是围绕审计顺序展开论述。首先阐述基本概念，接着介绍注册会计师如何实施风险评估程序，然后根据评估结果进行恰当的风险应对，最后得出合理的审计结论。

本章如何考？

本章属于绝对重点章节，在近5年的考试中，选择题、简答题、综合题均有考查，平均分值约为10分。同时，本章也是审计中最难理解的章节，主要是因为其中的审计程序比较抽象，考生应在理解的基础上进行学习。

本章怎么学？

在学习本章时，一定要牢牢把握住框架。对于"审计会计估计和相关披露""关联方的审计"和"考虑持续经营假设"，都需要通过"风险评估"和"风险应对"两个环节进行学习；对于"期初余额审计"，需把握好必要的审计程序和对其审计报告的影响。先掌握框架，再掌握知识，这样能取得事半功倍的效果。

2024年本章主要变化

本章第二节"关联方的审计"在2024年进行了重新编写，考生需要重点关注。

第一节 审计会计估计和相关披露

一、会计估计的性质★ (见表17-1)

考频 2018年简答题（1）

表17-1 会计估计的性质

	内容
定义	会计估计是指在缺乏精确计量手段的情况下采用的某项金额的近似值，因此具有不确定性。估计不确定性，是指会计估计在计量时易于产生内在不精确性
类型	（1）存在估计不确定性时以公允价值计量的金额（简称"公允价值会计估计"）； （2）其他需要估计的金额（如固定资产折旧）
责任	被审计单位管理层应当对所作会计估计负责。评价被审计单位会计估计是否合理、披露是否充分是注册会计师的责任。由于会计估计的主观性、复杂性和不确定性，注册会计师**应当**确定会计估计的重大错报风险是否属于特别风险
结果	会计估计的**结果**与财务报表中**原已确认**或披露的金额**存在差异**，并不必然表明财务报表**存在错报**，对公允价值会计估计而言尤其如此。 **名师说** 考试中经常出现会计估计的结果与已确认金额存在差异这一情形，考生不要因固有思维而认为有差异就一定是错报。例如被审计单位上一年年底对某未决诉讼预计赔偿金额10万元，第二年法院判决赔偿15万元。这并不表明去年年底预计的赔偿金额10万元存在错报。 但是，由于没有运用或错误运用下列两类信息而产生的差异可能表明以前期间财务报表存在错报： （1）在以前期间财务报表编制完成阶段管理层可以获得的信息。 （2）合理预期管理层已经获得并根据适用的财务报告编制基础已予以考虑的信息。

经典例题17-1 （2018年·简答题）

ABC会计师事务所的A注册会计师负责审计甲公司2017年度财务报表。与会计估计审计相关的部分事项如下：

（2）2016年末，管理层对某项应收款项全额计提了坏账准备。因2017年全额收回该款项，管理层转回了相应的坏账准备。A注册会计师据此认为2016年度财务报表存在重大错报，要求管理层更正2017年度财务报表的对应数据。

要求 指出A注册会计师的做法是否恰当。如不恰当，简要说明理由。

答案 不恰当。2016年度财务报表中的会计估计与实际结果存在差异，并不必然表明2016年度财务报表存在错报。

二、①风险评估程序和相关活动 ★★★

考频 2021年单选题（1）、2020年综合题（1）、2019年单选题（1）

在实施风险评估程序和相关活动时，注册会计师②应当了解下列内容，作为识别和评估会计估计重大错报风险的基础。

（一）了解被审计单位及其环境、适用的财务报告编制基础和内部控制体系各要素

1. 初步了解会计估计（见表17-2）

③表17-2　初步了解会计估计

要点	解释	结论
第一，可能需要作出会计估计并在财务报表中确认或披露，或者可能导致会计估计发生变化的交易、事项或情况	（1）被审计单位是否已从事新型交易。 （2）交易条款是否已改变。 （3）是否已发生新事项或情况。	第四，根据对上述三个方面的了解，注册会计师初步认为应当反映在被审计单位财务报表中的会计估计和相关披露的性质。为注册会计师就管理层如何作出会计估计与管理层进行讨论提供基础
第二，适用的财务报告编制基础	（1）适用的财务报告编制基础中与会计估计相关的规定。 （2）结合被审计单位的具体情况，如何运用上述规定，以及固有风险因素如何影响认定易于发生错报的可能性	
第三，与被审计单位会计估计相关的监管因素，包括与审慎监管相关的监管框架（如适用）	（1）涵盖会计估计的确认条件或计量方法，或者就此提供相关指引。 （2）列明适用的财务报告编制基础规定以外的其他披露，或者就此提供相关指引。 （3）指出为满足监管要求而可能存在管理层偏向的领域。 （4）包含出于监管目的的、与适用的财务报告编制基础规定不一致的要求，从而可能表明存在潜在的重大错报风险	

2. 会计估计（见表17-3）

④表17-3　会计估计

情况	内容
被审计单位如何识别和应对与会计估计相关的风险	注册会计师可以考虑管理层是否以及如何： （1）特别关注对作出会计估计时使用的方法、假设和数据的选择或运用。 （2）监控关键业绩指标，这些指标可能表明与历史或预算业绩或其他已知因素相比，业绩偏离预期或存在不一致。 （3）识别可能引起偏向的财务或其他激励政策。 （4）监控作出会计估计时使用的方法、重大假设或数据发生变化的必要性。 （5）针对作出会计估计时使用的模型进行适当的监督和复核。 （6）要求记录作出会计估计时作出的重大判断的理由，或要求对这些重大判断实施独立复核

续表

情况	内容
对是否需要运用与会计估计相关的专门技能或知识，管理层是怎样决策的，以及管理层怎样运用与会计估计相关的专门技能或知识，**包括利用管理层的专家的工作**	注册会计师可以考虑下列情况是否会增加管理层需要聘请专家的可能性： （1）需要作出会计估计的事项具有特殊性质，例如，会计估计可能涉及在采掘行业对矿产或油气储量的测量，或者对运用复杂合同条款可能发生的结果的评价。 （2）为遵守适用的财务报告编制基础的相关规定所需的模型具有复杂性。 （3）需要作出会计估计的交易、事项或情况具有异常性或偶发性
在控制活动中识别的，针对管理层对于相关交易类别、账户余额和披露涉及的会计估计和相关披露作出会计估计过程的控制	**在识别控制，评价控制的设计并确定其是否执行时**，注册会计师可以考虑下列事项： （1）管理层如何确定作出会计估计所使用的**数据的适当性**，包括管理层从外部信息来源或从总账和明细账之外的其他途径获取的数据。 （2）**由适当层级的管理层和治理层（如适用）对会计估计（包括使用的假设或数据）进行复核和批准**。 （3）将负责作出会计估计的人员和从事相关交易的人员**进行职责分离**，包括职责分配是否适当地考虑了被审计单位的性质及其产品或服务的性质。 （4）**控制设计的有效性**
被审计单位与会计估计相关的信息系统	（1）对于相关交易类别、账户余额和披露涉及的会计估计和相关披露，有关信息是如何在被审计单位的信息系统中传递的。 （2）对于相关交易类别、账户余额和披露涉及的会计估计和相关披露、管理层作出会计估计的过程。 ①管理层如何根据适用的财务报告编制基础，确定适当的方法、假设和数据来源及其是否需要作出变化； ②管理层如何了解估计不确定性的程度，是否考虑了可能发生的计量结果的区间； ③管理层如何应对估计不确定性，包括如何选择财务报表中的点估计并作出相关披露
管理层如何复核以前期间会计估计的结果以及如何应对该复核结果	—
被审计单位针对与会计估计相关的财务报告过程的监督和治理措施	注册会计师可以了解治理层是否： （1）具备相应的技能或知识，以了解用以作出会计估计的特定方法或模型的特征，或者与会计估计相关的风险（例如，与作出会计估计时使用的方法或信息技术相关的风险）。 （2）具备相应的技能或知识，以了解管理层是否按照适用的财务报告编制基础作出会计估计。 （3）独立于管理层，掌握必要信息以及时评价管理层如何作出会计估计，并有权在管理层的行动似乎不充分或不适当时质疑这些行动。 （4）监督管理层作出会计估计的过程（包括模型的使用）。 （5）监督管理层实施的监控活动

(二) 复核以前期间会计估计的结果或管理层对以前期间会计估计作出的后续重新估计 (见表17-4)

表17-4 复核以前期间会计估计的结果或管理层对以前期间会计估计作出的后续重新估计

情况		内容
必要性		注册会计师**应当**复核以前期间会计估计的结果，或者复核管理层对①**以前期间**会计估计作出的后续重新估计（追溯复核）
目的		注册会计师实施复核程序有助于识别和评价重大错报风险，**而不是质疑以前期间依据当时可获得的信息作出的适当判断**
确定复核的性质和范围		在确定复核的性质和范围时，注册会计师**应当考虑会计估计的特征**
程序	追溯时长	(1) 可以针对上期财务报表作出的会计估计实施追溯复核。 (2) 可以针对若干期间或更短的期间（如每半年或每季度）实施追溯复核
	风险为高	可能认为需要进行**更加详细**的追溯复核，包括可以特别关注以前期间作出会计估计时使用的数据和重大假设的影响
	风险为低	对因记录**常规和重复**发生交易而产生的会计估计，注册会计师可能认为**运用分析程序作为风险评估程序足以实现复核目的**

敲黑板①
以前期间不一定指上期。

(三) 确定是否需要专门技能或知识

对会计估计进行审计时，注册会计师**应当确定**，为开展下列工作，项目组**是否需要**具备专门技能或知识：

(1) 实施风险评估程序，以识别和评估重大错报风险。
(2) 设计和实施审计程序，以应对重大错报风险。
(3) 评价获取的审计证据。

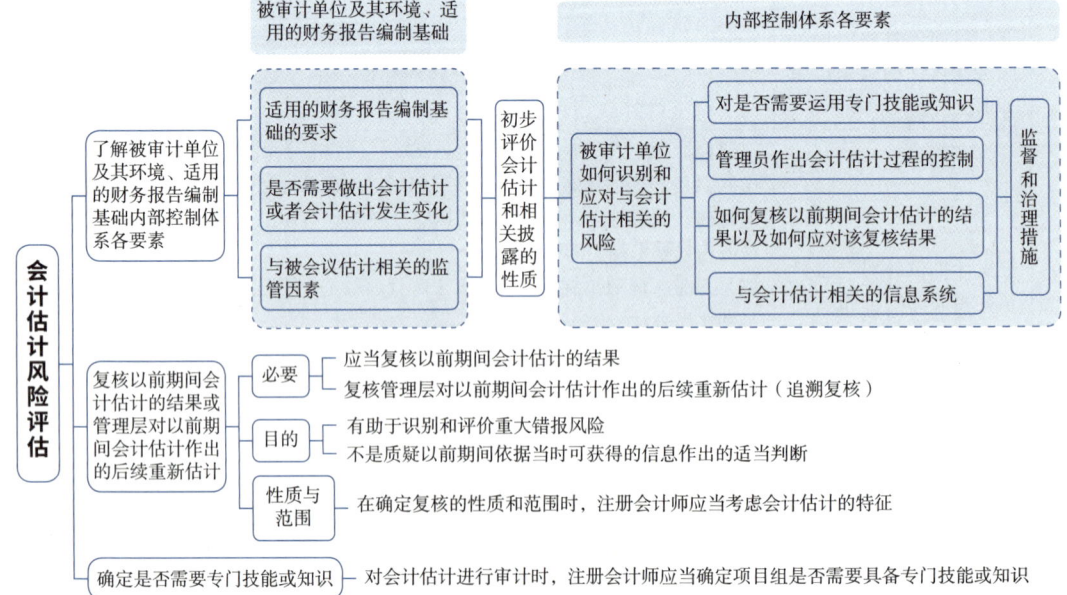

图17-1 会计估计风险评估

▌**经典例题 17 – 2** （2019 年 · 单选题）

下列有关注册会计师了解内部控制的说法中，错误的是（   ）。
A. 注册会计师应当了解与特别风险相关的控制
B. 注册会计师应当了解与会计估计相关的控制
C. 注册会计师应当了解与超出被审计单位正常经营过程的重大关联方交易相关的控制
D. 注册会计师应当了解与会计差错更正相关的控制

（解析）对于可能导致特别风险的重大错报，注册会计师应当了解相关的控制，选项 AC 正确；注册会计师应当根据《中国注册会计师审计准则第 1211 号——重大错报风险的识别和评估》的规定，了解与会计估计相关的内部控制，选项 B 正确。

（答案）D

三、识别和评估重大错报风险

考频 2022 年多选题（1）

注册会计师①应当考虑下列事项，以识别重大错报风险和评估固有风险：
(1) 估计不确定性的程度。
(2) 复杂性、主观性和其他固有风险因素对下列方面的影响程度：
①管理层作出会计估计时，对方法、假设和数据的选择和运用；
②管理层对财务报表中的点估计的选择，以及作出的相关披露。

敲黑板①
此处可能涉及客观题，考生需要关注。

（一）估计不确定性

在考虑会计估计涉及估计不确定性的程度时，注册会计师可以考虑的事项见表 17 – 5。

表 17 – 5 估计不确定性考虑的事项

考虑事项	具体内容
适用的财务报告编制基础	是否要求： (1) 使用具有固有高度估计不确定性的方法作出会计估计。例如，财务报告编制基础可能要求使用**不可观察的输入值**。 **名师说** 例如，投资性房地产的公允价值就可以是不可观察的输入值，股票的公允价值是可以观察到的输入值，通常来说，可观察到的比不可观察到的输入值更可靠。 (2) 使用具有固有高度估计不确定性的假设（**如预测期较长的假设、依据不可观察数据因而管理层难以作出的假设**），或者使用相互关联的各种假设。 (3) 披露估计不确定性。 **名师说** 在某些情况下，估计不确定性可能非常高，以致难以作出合理的会计估计，适用的财务报告编制基础**可能禁止**在财务报表中对此进行**确认或以公允价值计量**。在这种情况下，可能存在的重大错报风险不仅涉及会计估计是否应予确认或是否应以公允价值计量，而且涉及披露的合理性。针对此类会计估计，适用的财务报告编制基础可能要求披露会计估计和与之相关的估计不确定性。

续表

考虑事项	具体内容
经营环境	被审计单位所处的市场可能经历动荡或发生中断（如重大汇率变动或市场不活跃），因此会计估计可能依赖于不易观察到的数据
管理层	是否有可能（或在允许的情况下，是否可行）： (1) 对过去交易的未来实现情况（如根据或有合同条款将支付的金额），或者未来事项或情况的发生和影响（如未来信用损失的金额，或保险索赔的结算金额和结算时间）作出准确和可靠的预测。 (2) 获取关于当前状况的准确和完整的信息（如用于作出公允价值估计的、反映财务报表日市场参与方观点的估值属性信息）

（二）复杂性或主观性

在考虑复杂性或主观性对会计估计所使用方法、假设或数据的选择和运用的影响程度时，注册会计师**可以考虑**的事项见表17-6。

表17-6 复杂性或主观性考虑的事项

考虑事项		具体内容
复杂性	方法的选择和运用	(1) 管理层需要具备专门技能或知识，可能表明用以作出会计估计的方法具有固有复杂性，因此会计估计可能更易于发生重大错报。 (2) 适用的财务报告编制基础规定的计量基础的性质，可能导致需要使用复杂的方法，且需要使用从多个来源获取的、相互之间存在多种相互关系的历史和前瞻性数据或假设
	数据的选择和运用	(1) 数据生成过程的复杂性，数据来源的相关性和可靠性。 (2) 在保持数据准确性、完整性和有效性时存在的固有复杂性。 (3) 是否需要解读复杂合同条款。 **名师说** 例如，确定供应商或客户返利产生的现金流入或流出可能基于非常复杂的合同条款，需要具备特定的经验或胜任能力来理解或解读此类条款。
主观性	方法、假设或数据的选择和运用	(1) 适用的财务报告编制基础在多大程度上未对估计方法中使用的估值方法、概念、技术和因素予以明确。 (2) 金额或时间的不确定性，包括预测期的长度 **名师说** 时间越长，不确定性越强，主观性也就越高。

（三）其他固有风险因素

与会计估计相关的主观性程度会影响会计估计发生因管理层偏向或影响固有风险的其他舞弊风险因素导致的错报的可能性。管理层从该区间中选择的点估计可能在具体情况下并不适当，或者不当地受到有意或无意的管理层偏向的影响，从而导致发生错报。

> **名师说**：例如，如果会计估计具有高度主观性，则很可能更易于发生因管理层偏向或影响固有风险的其他舞弊风险因素导致的错报，并且导致可能发生的计量结果的区间范围较广。

（四）特别风险

对于识别和评估的重大错报风险，注册会计师**应当**作出职业判断，确定其是否为特别风险。如果存在特别风险，注册会计师应当识别针对该风险实施的控制，评价这些控制的设计是否有效，并确定其是否得到执行。

四、应对评估的重大错报风险的程序

考频 2020年简答题（1）、2018年简答题（2）

（一）总述

注册会计师①**应当实施下列一项或多项审计程序**：
（1）从截至审计报告日发生的事项获取审计证据。
（2）测试管理层如何作出会计估计。
（3）作出注册会计师的点估计或区间估计。

这三项程序至少要实施一项。

1. 考虑截至审计报告日发生的事项

在某些情况下，从**截至审计报告日发生**的事项获取审计证据可能提供充分、适当的审计证据以应对重大错报风险。

> **名师说**：例如，期后不久出售某停产产品的全部存货，可能为其期末可变现净值的估计提供充分、适当的审计证据。

而对于某些会计估计，截至审计报告日发生的事项不太可能提供有关会计估计的充分、适当的审计证据。

> **名师说**：例如，与某些会计估计相关的事项或情况需要较长时间才有进展；同样，由于公允价值会计估计的计量目标，期后信息可能无法反映资产负债表日存在的事项或情况，因而可能与公允价值会计估计的计量无关。

即使对特定的会计估计不采用这种测试方法，注册会计师仍需要实施审计程序，获取充分、适当的审计证据，以确定财务报表日至审计报告日之间发生的、需要在财务报表中调整或披露的事项是否已经按照适用的财务报告编制基础在财务报表中得到恰当反映。

2. 测试管理层如何作出会计估计以及会计估计所依据的数据（见表17-7）

如果测试管理层如何作出会计估计，注册会计师②**应当**设计和实施进一步审计程序，以针对与下列事项相关的重大错报风险获取充分、适当的审计证据：

如果测试管理层如何作出会计估计，以下都是应当实施的审计程序，有可能涉及客观题，考生需要注意。

(1) 管理层作出会计估计时，对方法、重大假设和数据的选择和运用。
(2) 管理层如何选择点估计，并就估计不确定性作出披露。

表 17-7 测试管理层如何作出会计估计以及会计估计所依据的数据

项目	具体内容
评价管理层使用的重大假设	**应当**针对下列方面设计和实施进一步审计程序： (1) 依据适用的财务报告编制基础，重大假设是否适当，重大假设相对于上期**发生的变化是否适当**（如适用）。 (2) 是否有迹象表明，管理层在选择重大假设时作出的判断**可能存在管理层偏向**。 (3) 根据注册会计师在审计中了解到的情况，重大假设之间是否相互**一致**，重大假设是否与其他会计估计中所使用的假设**一致**、是否与被审计单位业务活动的其他领域中所使用的相关假设**一致**。 (4) 管理层是否具有采取与重大假设相关的**特定行动的意图和能力**（如适用）
评价管理层使用的方法	**应当**针对下列方面设计和实施进一步审计程序： (1) 依据适用的财务报告编制基础，选择的方法是否适当，该方法相对于上期发生的**变化是否适当**（如适用）。 (2) 是否有迹象表明，管理层在选择方法时作出的判断**可能存在管理层偏向**。 (3) 是否按照所选择的方法计算，**计算是否准确**。 (4) 如果运用的方法涉及复杂建模，相关判断是否保持了**一贯性**，并且模型的设计是否符合适用的财务报告编制基础中的计量目标，是否适合于具体情况，以及该模型相对于上期发生的变化是否适合于具体情况（如适用）；对模型输出结果的调整是否与适用的财务报告编制基础中的计量目标一致，以及是否适合于具体情况。 (5) 在运用方法时是否保持了重大假设和数据的准确性、完整性和有效性
评价管理层使用的数据	**应当**针对下列方面设计和实施进一步审计程序： (1) 依据适用的财务报告编制基础，数据是否适当，数据相对于上期发生的**变化是否适当（如适用）**。 (2) 是否有迹象表明，管理层在选择数据时作出的判断**可能存在管理层偏向**。 (3) 数据在具体情况下是否**相关和可靠**。 (4) 是否已经恰当理解和解读数据，包括合同条款
评价管理层作出的会计估计	**应当**针对下列方面设计和实施进一步审计程序，以确定管理层是否已根据适用的财务报告编制基础，就下列方面采取适当措施。 (1) 了解估计不确定性。 (2) 选择适当的点估计，并就估计不确定性作出披露，以应对估计不确定性。 如果认为管理层没有为了解和应对估计不确定性采取适当措施，注册会计师**应当**： (1) 要求管理层实施追加程序以了解估计不确定性，或者要求管理层重新考虑对点估计的选择或就估计不确定性作出额外披露以应对估计不确定性，并评价管理层的应对措施。 (2) 如果管理层的上述应对措施不能充分应对估计不确定性，则在可行的范围内，作出注册会计师的点估计或区间估计。 (3) 评价是否存在内部控制缺陷

3. 作出注册会计师的点估计或使用注册会计师的区间估计（见表 17-8）

表 17-8　作出注册会计师的点估计或使用注册会计师的区间估计

项目	具体内容
概念	注册会计师的点估计或区间估计，是指从审计证据中得出的、用于评价管理层点估计的金额或金额区间
背景	当存在下列情形时，注册会计师作出点估计或区间估计以评价管理层的点估计以与估计不确定性相关的披露，可能是适当的方法： （1）注册会计师对管理层在上期财务报表中作出的类似事项的会计估计进行复核，认为管理层本期的会计估计过程预期是无效的； （2）被审计单位针对作出会计估计过程的控制没有得到有效设计或恰当执行； （3）管理层在需要考虑财务报表日至审计报告日之间发生的交易或事项时未予以恰当考虑，且这些交易或事项似乎与管理层的点估计相互矛盾； （4）存在适当的替代性假设或数据来源，能够被用于作出注册会计师的点估计或区间估计； （5）管理层没有采取适当的措施以了解和应对估计不确定性
假设和方法	**无论使用**的是管理层的方法、假设或数据，还是注册会计师的方法、假设或数据，注册会计师均①**应当**就这些方法、假设或数据，设计和实施进一步审计程序
作出区间估计	注册会计师**应当**： （1）确定区间估计范围内的金额均有充分、适当的审计证据支持，并根据适用的财务报告编制基础中的计量目标和其他规定，确定区间估计范围内的**金额均是**②**合理的**。 （2）针对所评估的、与估计不确定性的披露有关的重大错报风险，设计和实施进一步审计程序，以获取充分、适当的审计证据

敲黑板①

这里需要注意的是，即使是注册会计师自己的方法、假设和数据，还是应当实施进一步审计程序以验证是否适用于被审计单位。

敲黑板②

注意，是"合理"而不是"可能"。

▍**经典例题 17-3**　（2018 年·简答题）

ABC 会计师事务所的 A 注册会计师负责审计甲公司 2017 年度财务报表。与会计估计审计相关的部分事项如下：

A 注册会计师就管理层确认的某项预计负债作出了区间估计，该区间包括了甲公司所有可能承担的赔偿金额。管理层确认的预计负债处于该区间内，A 注册会计师据此认可了管理层确认的金额。

（要求）指出 A 注册会计师的做法是否恰当。如不恰当，简要说明理由。

（答案）不恰当。作出的区间估计需要包括所有合理的结果而不是所有可能的结果。

（二）测试与会计估计相关的内部控制，并实施恰当的实质性程序

当存在下列情形之一时，需要测试控制运行的有效性：
（1）预期针对会计估计流程的控制的运行是有效的。
（2）仅实施实质性程序不能提供充分、适当的审计证据。

（三）注册会计师为应对特别风险实施的审计程序

对于与会计估计相关的特别风险，如果拟信赖针对该风险实施的控制，注册会计师应当在本期测试这些控制运行的有效性。如果针对特别风险实施的程序仅为实质性程序，这些程序应当包括细节测试。

针对与会计估计相关的特别风险的细节测试**可能**包括：
(1) 检查，如检查合同以佐证条款或假设。
(2) 重新计算，如核实模型计算的准确性。
(3) 检查所使用的假设与支持性文件（如第三方公布的信息）是否相符。

五、其他相关审计程序

考频 2022年综合题(1)、2021年多选题(1)、2019年单选题(1)、2018年简答题(1)

（一）关注与会计估计相关的披露（见表17-9）

表17-9 关注与会计估计相关的披露

项目	具体内容
基本要求	(1) 注册会计师**应当针对**所评估的、与会计估计相关披露有关的认定层次重大错报风险，设计和实施进一步审计程序，以获取充分、适当的审计证据。 (2) 当会计估计涉及高度估计不确定性时，注册会计师**可能确定有必要**作出额外披露以实现财务报表的公允反映。如果管理层没有在财务报表中作出额外披露，注册会计师可能认为财务报表存在重大错报
适用的财务报告编制基础的规定可能要求披露的信息	(1) 说明金额属于估计，并说明作出估计过程的性质和局限性（包括合理可能发生的计量结果的可变性），财务报告编制基础还可能要求作出额外披露以满足披露目标。 (2) 与会计估计相关的重要会计政策，可能包括在财务报表中编制和列报会计估计时运用的特定原则、基础、惯例、规则和实务等事项。 (3) 重大或关键的判断（如对财务报表中确认的金额具有最重大影响的判断），以及重大的前瞻性假设或产生估计不确定性的其他原因

（二）识别可能存在管理层偏向的迹象（见表17-10）

表17-10 识别可能存在管理层偏向的迹象

项目	具体内容
基本要求	(1) 对于管理层就财务报表中的会计估计所作的判断和决策，注册会计师**应当评价**是否有迹象表明可能存在管理层偏向，即使这些判断和决策孤立地看是合理的。 (2) 如果识别出可能存在管理层偏向的迹象，注册会计师**应当评价**这一情况对审计的影响。如果是管理层有意误导，则管理层偏向具有舞弊性质。 (3) 管理层偏向可能难以在账户层面发现。注册会计师可能只有在对一组会计估计或所有会计估计汇总加以考虑时，或者对连续几个会计期间进行观察时，才能识别出管理层偏向 **名师说** 例如，如果包含于财务报表中的会计估计单独而言被认为是合理的，但管理层的点估计始终倾向于注册会计师关于合理结果的区间估计的一端，从而为管理层提供了更有利的财务报告结果，此类情况可能是存在管理层偏向的迹象。
可能存在管理层偏向的迹象	(1) 管理层**主观地**认为环境已经发生变化，并相应地改变会计估计或估计方法。 (2) 管理层选择或作出重大假设或数据以产生**有利于**管理层目标的点估计。 (3) 选择带有**乐观或悲观倾向**的点估计

(三) 实施审计程序之后作出总体评价（见表 17-11）

表 17-11 实施审计程序之后作出总体评价

项目	具体内容	
评价	（1）认定层次重大错报风险的评估结果是否仍然适当（包括识别出可能存在管理层偏向的迹象时）。 （2）管理层对于财务报表中会计估计的确认、计量和列报（包括披露）作出的决策，是否符合适用的财务报告编制基础。 （3）是否已经获取充分、适当的审计证据，无论这些审计证据是佐证性的，还是相矛盾的	
区间范围	当审计证据支持区间估计时，①区间可能较大，且在某些情况下可能数倍于财务报表整体的重要性。尽管较大的区间在具体情况下可能是适当的，但这可能表明注册会计师有必要重新考虑是否已就区间估计范围内的金额的合理性获取充分、适当的审计证据	
错报金额	审计证据支持的点估计可能不同于管理层的点估计	在这种情况下，注册会计师的点估计与管理层的点估计之间的差异构成错报
	审计证据支持的区间估计可能不包括管理层的点估计	在这种情况下，错报为管理层的点估计与注册会计师的区间估计之间的最小差异
②披露	对于与会计估计相关的披露，注册会计师应当评价，除适用的财务报告编制基础明确规定的披露外，管理层是否已作出其他必要的披露，以使财务报表整体实现公允反映	

实施审计程序之后对会计估计作出总体评价-知识精讲

敲黑板①

如果考试中出现"会计估计的区间可以大于财务报表整体的重要性"这种表述，那么这种表述是正确的。

敲黑板②

这里需要注意是，即使与会计估计相关的披露符合适用的财务报告编制基础明确规定，注册会计师的工作还没有结束，还应当实施其他审计程序，以评价管理层是否已作出其他必要的披露。

▍经典例题 17-4 （2022 年·综合题）

上市公司甲公司是 ABC 会计师事务所的常年审计客户，主要从事信息技术服务和智能产品的研发、生产与销售。A 注册会计师负责审计甲公司 2021 年度财务报表，确定集团财务报表整体的重要性为 800 万元，实际执行的重要性为 600 万元。A 注册会计师的审计工作底稿部分内容摘录如下：

（1）A 注册会计师使用不同于甲公司管理层的假设，对甲公司一项权益工具投资的公允价值作出的区间估计为 1 000 万元至 1 400 万元。在充分了解管理层的假设后，A 注册会计师确定在作出区间估计时已考虑了相关变量，据此认为管理层的点估计 1 200 万元不存在重大错报。

（要求）针对上述事项，假定不考虑其他条件，指出 A 注册会计师的做法是否恰当。如不恰当，简要说明理由。

（答案）恰当。

▍经典例题 17-5 （2021 年·多选题）

下列情形中，注册会计师应当认定会计估计存在错报的有（ ）。

A. 当审计证据支持点估计时，管理层的点估计与注册会计师的点估计存在差异

B. 如注册会计师运用区间估计评价管理层的点估计是适当的，管理层的点估计不在区间估计的区间内

C. 会计估计的结果与上期财务报表中已确认金额之间存在重大差异

D. 会计估计存在管理层偏向的迹象

（解析）当审计证据支持点估计时，注册会计师的点估计与管理层的点估计之间的差异构成错报，选项 A 当选。当注册会计师认为使用其区间估计能够获取充分、适当的审计证据时，在注册会计师区间估计之外的管理层的点估计得不到审计证据的支持。选项 B 存在错报，错

实施审计程序之后对会计估计作出总体评价-例题解析

报为管理层的点估计与注册会计师的区间估计之间的最小差异,选项 B 当选。选项 C,会计估计的结果与上期财务报表中已确认金额之间的差异,并不必然表明上期财务报表存在错报。选项 D,注册会计师识别出可能存在管理层偏向的迹象不必然表明会计估计存在错报。

答案 AB

(四) 获取书面声明（见表 17-12）

表 17-12 获取书面声明

项目	具体内容
应当获取	有关以下事项的书面说明: 根据适用的财务报告编制基础有关确认、计量或披露的规定,管理层和治理层（如适用）作出会计估计和相关披露时使用的方法、①重大假设和数据是适当的
可以获取	关于特定会计估计的声明。声明可能包括下列内容: (1) 作出会计估计时作出的重大判断已经考虑了管理层知悉的所有相关信息。 (2) 管理层作出会计估计时对所使用的方法、假设和数据的选择或运用的一致性和适当性。 (3) 假设适当地反映了管理层代表被审计单位采取特定行动的意图和能力（当这些意图和能力与会计估计和披露相关时）

是重大假设,不是所有假设。

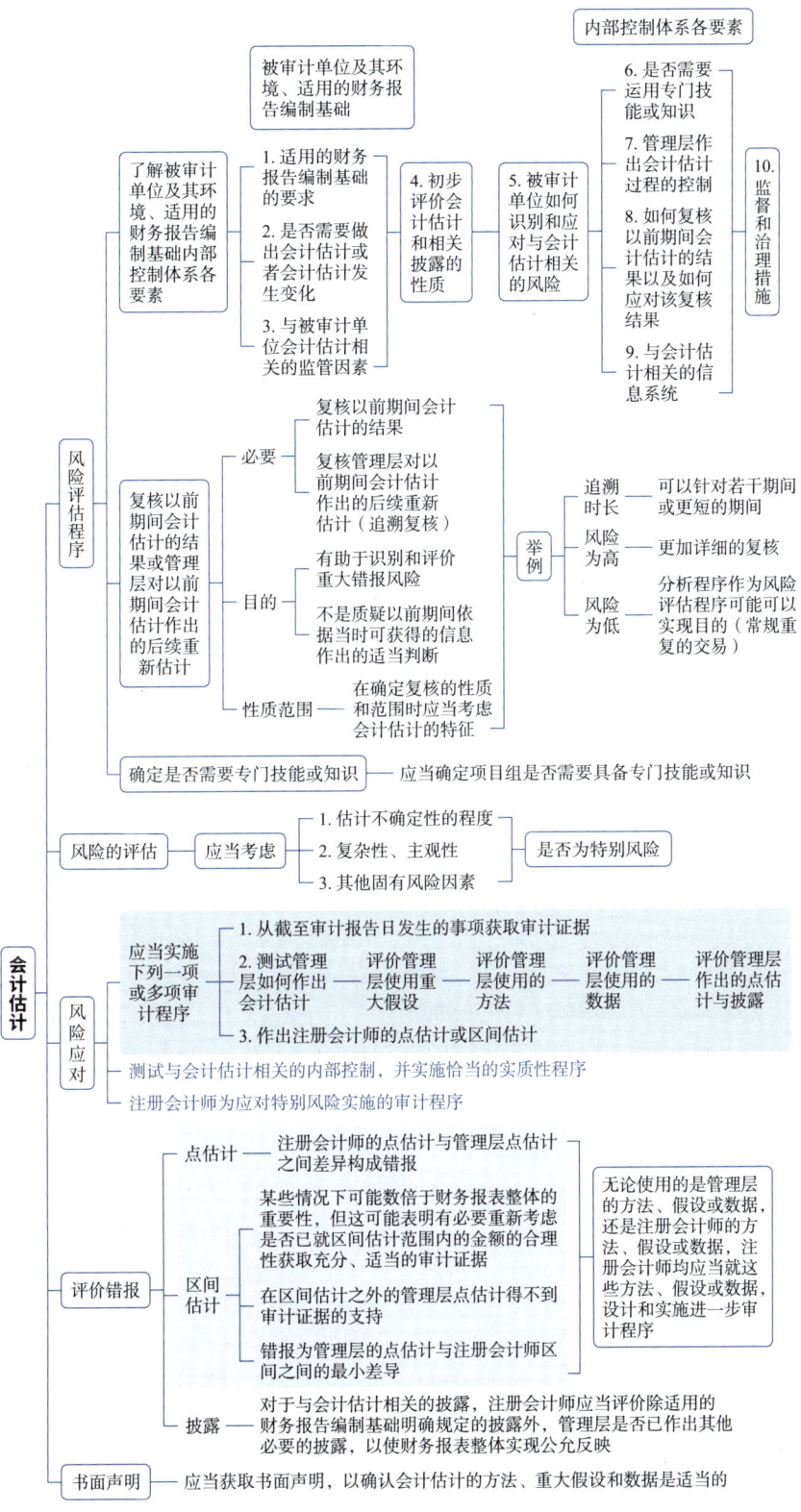

图 17-2 会计估计

第二节 关联方审计

表 17-13 关联方审计

	要点
注册会计师的审计责任	有责任实施审计程序以识别、评估和应对关联方交易导致的重大错报风险;有责任了解关联方交易以确定财务报表是否公允反映
	由于审计的固有限制,即使按规定恰当计划和实施了审计工作,也不可避免地存在某些重大错报未被发现的风险
注册会计师的审计目标	**无论**编制基础是否有规定,**都应**充分了解关联方交易,确认舞弊风险因素;根据关联方交易影响,确定财务报表是否公允反映
	如果编制基础有专门规定,则获取充分、适当审计证据,确定关联方交易是否按规定恰当识别、处理和披露

一、风险评估程序和相关工作 ★★ (见表 17-14)

考频 2020年简答题(1)

(一) 了解关联方关系及其交易

表 17-14 风险评估程序和相关工作

审计程序	具体内容
①项目组讨论	项目组内部讨论时,应当特别考虑由于关联方关系及其交易导致的舞弊或错误使得财务报表存在重大错报的可能性。讨论的内容可能包括: (1) 关联方关系及其交易的性质和范围; (2) 强调在整个审计过程中对关联方关系及其交易导致的潜在重大错报风险保持职业怀疑的重要性; (3) 可能显示管理层以前未识别或未向注册会计师披露的关联方关系或关联方交易的情形或状况(**关联方的完整性**); (4) 可能显示存在关联方关系或关联方交易的记录或文件(**关联方的完整性**); (5) 管理层和治理层对关联方关系及其交易进行识别、恰当会计处理和披露的重视程度(**控制环境**); (6) 管理层凌驾于相关控制之上的风险(**舞弊**)。 当讨论涉及舞弊情形时,项目组的内部讨论还可能包括对关联方可能如何参与舞弊的特殊考虑,包括以下方面: (1) 如何利用管理层控制的特殊目的实体进行利润操纵(**舞弊**); (2) 如何安排被审计单位与已知关键管理人员的商业伙伴之间进行交易,以达到侵占资产的目的(**舞弊**)

敲黑板①
可以将这部分内容与"风险评估""对舞弊和法律法规的考虑"及"集团审计"中的项目组讨论结合起来学习。

续表

审计程序		具体内容
询问 管理层	①应当询问（记忆）	（1）关联方的**名称**和**特征**，包括关联方自上期以来发生的**变化**； （2）被审计单位和关联方之间**关系**的性质； （3）被审计单位在本期是否与关联方发生**交易**，如果发生，交易的类型、定价政策和目的
	集团要求	集团项目组**应向**组成部分注册会计师提供集团管理层编制的关联方清单，以及集团项目组知悉的任何关联方
了解 内部控制		如果管理层建立了下列与关联方关系及其交易相关的控制，注册会计师②**应当**询问管理层和被审计单位内部其他人员，实施适当的程序，以获取对相关控制的了解。
	了解范围	（1）按照适用的财务报告编制基础，对关联方关系及其交易进行识别、会计处理和披露； （2）授权和批准重大关联方交易和安排； （3）授权和批准超出正常经营过程的重大交易和安排

敲黑板①

注册会计师应当了解与关联方关系及其交易相关的控制。

敲黑板②

这是反复强调的内容，考生需要注意可能涉及主观题。

▌经典例题 17-6 （2020年·简答题）

ABC 会计师事务所的 A 注册会计师负责审计甲公司 2019 年度财务报表。与关联方审计相关的部分事项如下：

（1）A 注册会计师通过询问关联方名称、关联方自上期以来发生的变化、是否与关联方发生交易以及交易的类型、定价政策和目的，向管理层了解了关联方关系及其交易，并在审计工作底稿中记录了询问情况。

（要求）针对上述事项，指出 A 注册会计师的做法是否恰当。如不恰当，简要说明理由。

（答案）不恰当。还应询问关联方的特征/关联方关系的性质。

（二）在检查记录或文件时对关联方信息保持警觉（2024年新增）

某些安排或其他信息可能显示管理层以前未识别或未向注册会计师披露的关联方关系或关联方交易，在审计过程中检查记录或文件时，注册会计师应当对这些安排或其他信息保持警觉。

注册会计师**应当**检查下列记录或文件，以确定是否存在管理层以前未识别或未向注册会计师披露的关联方关系或关联方交易：

（1）注册会计师实施审计程序时获取的银行和律师的询证函回函；

（2）股东会和治理层会议的纪要；

（3）注册会计师认为必要的其他记录或文件。

在实施上述审计程序或其他审计程序时，如果识别出被审计单位超出正常经营过程的重大交易，注册会计师应当向管理层询问这些交易的性质以及是否涉及关联方。

（三）项目组内部分享与关联方有关的信息（2024年新增）

在整个审计过程中，注册会计师**应当**与项目组其他成员分享获取的关联方的相关信息，例如：

（1）关联方的名称和特征；

（2）关联方关系及其交易的性质；

(3) 可能被确定为存在特别风险的重大或复杂的关联方关系或关联方交易，特别是涉及管理层或治理层财务利益的交易。

二、识别和评估重大错报风险★★★

（一）重大关联方交易导致特别风险

注册会计师应当将超出正常经营过程的重大关联方交易导致的风险确定为①特别风险。

（二）关联方施加的支配性影响（见表17-15）

表17-15 关联方施加的支配性影响

	要点
概念	管理层由一个或少数几个人支配且缺乏补偿性控制是一项舞弊风险因素，而具有支配性影响的关联方（通常为控股股东或实际控制人）借助对被审计单位财务和经营政策实施控制和重大影响的能力，通常能够对被审计单位或其管理层甚至治理层施加支配性影响
②表现	(1) 关联方否决管理层或治理层作出的重大经营决策； (2) 重大交易需经关联方的最终批准； (3) 日常经营（采购、销售或技术支持）高度依赖关联方或关联方提供的资金支持； (4) 对关联方提出的业务建议，管理层和治理层未曾或很少进行讨论； (5) 关联方在被审计单位的设计和日后管理中均发挥主导作用，也可能标明存在支配性影响
特别风险	下列情形下，支配性影响③可能存在舞弊导致的特别风险： (1) 异常频繁变更高级管理人员或专业顾问； (2) 利用中间机构从事难以判断是否具有正当商业理由的重大交易； (3) 关联方过度干涉或关注会计政策的选择或重大会计估计的作出

敲黑板①
只有当三个条件同时满足才应当是特别风险：
① 超出正常经营过程；
② 重大；
③ 关联方交易。

敲黑板②
如果考试中出现右栏的内容，考生需要知道与关联方施加的支配性影响相关的重大错报风险水平为高。

敲黑板③
注意是"可能"而不是"一定"。

针对关联方审计重大错报风险的应对措施-知识精讲

三、针对重大错报风险的应对措施★★★

考频 2021年简答题（1）、2021年综合题（1）、2020年简答题（3）

如果存在支配性影响的关联方，并且因此存在由于舞弊导致的重大错报风险，注册会计师将其评估为一项特别风险。除了遵守财务报表审计中与舞弊相关的责任的总体要求之外，注册会计师还可以实施以下程序，以了解关联方与被审计单位直接或间接建立的业务关系，并确定是否有必要实施进一步的恰当的实质性程序。

(1) 询问管理层和治理层并与之讨论；
(2) 询问关联方；
(3) 检查与关联方之间的重要合同；
(4) 通过互联网或某些外部商业信息数据库，进行适当的背景调查；
(5) 如果被审计单位保留了员工的举报报告，查阅该报告。

（一）识别以前未识别出或未披露的关联方或重大关联方

④识别出以前未能识别或未向注册会计师披露的关联方关系或交易注册会计师应当实施的审计程序：

(1) 立即将相关信息向项目组其他成员通报；
(2) 在适用的财务报告编制基础对关联方作出规定的情况下，要求管理层识别与新识别

敲黑板④
要注意首先做的程序是哪个，容易在选择题中进行考查。

出的关联方之间发生的所有交易,以便注册会计师作出进一步评价,并询问与关联方关系及其交易相关的控制为何未能识别或披露该关联方关系或交易;

(3) 对新识别出的关联方或重大关联方交易实施恰当的实质性程序;

(4) 重新考虑可能存在管理层以前未识别出或未向注册会计师披露的其他关联方或重大关联方交易的风险,如有必要,实施追加的审计程序;

(5) 如果管理层不披露关联方关系或交易看似是有意的,因而显示可能存在由于舞弊导致的重大错报风险,评价这一情况对审计的影响。

(二) 应对超出正常经营过程的重大关联方交易的重大错报风险(应当)(见表17-16)

表 17-16 应对超出正常经营过程的重大关联方交易的重大错报风险

	内容
检查相关合同或协议(记忆)	(1) 交易的商业理由; (2) 交易条款是否与管理层的解释一致; (3) 关联方交易是否已按照适用的财务报告编制基础得到恰当会计处理和披露
获取交易已经恰当授权和批准的审计证据(记忆)	(1) 超出正常经营过程的重大关联方交易经恰当授权和批准可以提供审计证据,表明该项交易已在被审计单位内部的适当层面进行了考虑,并在财务报表中恰当披露了交易的条款和条件; (2) 授权和批准①**本身不足以**就是否不存在由于舞弊或错误导致的重大错报风险得出结论,原因在于如果被审计单位与关联方串通舞弊或关联方对被审计单位具有支配性影响,被审计单位与授权和批准相关的控制可能是无效的

敲黑板①

需要注意的是,虽然授权和批准本身不足以就是否不存在由于舞弊或错误导致的重大错报风险得出结论,但是该程序是应当实施的必要审计程序。

▌经典例题 17-7 2021年·综合题

上市公司甲公司是 ABC 会计师事务所的常年审计客户,主要从事医疗器械的生产和销售。A 注册会计师负责审计甲公司 2020 年度财务报表,确定财务报表整体的重要性为 1 000 万元。A 注册会计师在审计工作底稿中记录了审计计划,部分内容摘录如下:

(3) 2020 年 11 月,甲公司将一家严重亏损的子公司转让给关联方,确认处置收益 3 000 万元。A 注册会计师拟对该交易实施以下程序:检查交易的授权审批情况;检查相关合同并评价交易条款是否与管理层的解释一致;检查该子公司的工商变更登记情况;检查甲公司收到股权转让款的相关单据;评价该交易会计处理和披露是否恰当。

要求 针对上述事项,指出 A 注册会计师的做法是否恰当。如不恰当,简要说明理由。

答案 不恰当。还应评价交易的商业理由是否合理。

▌经典例题 17-8 2020年·简答题

ABC 会计师事务所的 A 注册会计师负责审计甲公司 2019 年度财务报表。与关联方审计相关的部分事项如下:

(2) 甲公司与关联方乙公司签订协议,向其转让一幢办公楼并售后回租。A 注册会计师认为该项交易影响重大,查阅了相关协议,评价了交易的商业合理性和交易价格的公允性,向管理层询问核实了交易条款,检查了收款记录和过户文件,结果满意,据此认可了该交易的会计处理和披露。

要求 针对上述事项,指出 A 注册会计师的做法是否恰当。如不恰当,简要说明理由。

答案 不恰当。还应获取交易已经恰当授权和批准的审计证据。

经典例题 17-9 `经典真题·多选题`

如果识别出管理层未向注册会计师披露的重大关联方交易，下列各项措施中，注册会计师应当采取的有（　　）。

A. 将与新识别的重大关联方交易相关的风险评估为特别风险

B. 重新考虑可能存在管理层以前未向注册会计师披露的其他关联方或重大关联方交易的风险

C. 对新识别的重大关联方交易实施恰当的实质性程序

D. 立即将相关信息向项目组其他成员通报

【解析】识别出管理层未向注册会计师披露的重大关联方交易，注册会计会不一定将其评估为特别风险；重大关联方交易是超出正常经营过程的，才会被评估为特别风险，选项A错误。

如果识别出管理层以前未识别出或未向注册会计师披露的关联方关系或重大关联方交易，注册会计师应当：

（1）立即将相关信息向项目组其他成员沟通（选项D正确，当选）；

（2）在适用的财务报告编制基础对管理方作出规定的情况下，要求管理层识别与新识别出的关联方关系之间发生的所有交易，以便注册会计师作出进一步评价，并询问与关联方关系及其交易相关的控制为何未能识别或披露该关联方关系或交易；

（3）对新识别出的关联方或重大关联方交易实施恰当的实质性程序（选项C正确，当选）；

（4）重新考虑可能存在管理层以前未识别出的或未向注册会计师披露的其他关联方或重大关联方交易的风险，如有必要，实施追加的审计程序（选项B正确，当选）；

（5）如果管理层不披露关联方关系或交易看似是有意的，因而显示可能存在由于舞弊导致的重大错报风险，评价这一情况对审计的影响。

【答案】BCD

经典例题 17-10 `2020年·简答题`

ABC会计师事务所的A注册会计师负责审计甲公司2019年度财务报表。与关联方审计相关的部分事项如下：

（5）A注册会计师怀疑甲公司2019年末新增的大客户戊公司是甲公司的关联方。管理层解释戊公司是甲公司为开拓某地市场而签约的总经销商，并非关联方。A注册会计师查阅了相关的经销合同，向戊公司函证了销售金额和应收账款余额，检查了出库物流单据和签收记录，结果满意，认可了管理层的解释。

【要求】针对上述事项，逐项指出A注册会计师的做法是否恰当。如不恰当，简要说明理由。

【答案】不恰当。还应就是否存在关联方关系实施进一步的审计程序/所实施程序无法证实是否存在关联方关系。

（三）对关联方交易是否按照交易中的通行条款执行的认定（见表17-17）

表17-17 对关联方交易是否按照交易中的通行条款执行的认定

	要点
要求	如果管理层在财务报表中作出认定，声明关联方交易是按照公平交易中通行的条款执行的，注册会计师应当就该项认定获取充分、适当的审计证据
评价内容	(1) 考虑管理层用于支持其认定的程序是否恰当； (2) 验证并测试支持管理层认定的内部或外部数据，判断其准确性、完整性和相关性； (3) 评价管理层认定所依据的重大假设的合理性
实施程序	如果管理层认定关联方交易是按照等同于公平交易中①通行的条款执行的，则管理层在编制财务报表时需要证实这项认定。管理层用于支持这项认定的措施可能包括： (1) 将关联方交易条款与公开市场进行的类似交易的条款进行比较； (2) 将关联方交易条款与相同或类似的非关联方交易的条款进行比较； (3) 聘请外部专家确定交易的市场价格，并确认交易的条款和条件
结果	如果无法获取充分、适当的审计证据，可要求管理层撤销此披露。如果管理层不同意撤销，考虑对审计报告的影响 **名师说** 注意：有些财务报告编制基础要求披露未按照等同于公平交易中通行的条款执行的关联方交易。在这种情况下，如果管理层未在财务报表中披露关联方交易，则可能隐含着一项认定，即关联方交易是按照等同于公平交易中通行的条款执行的。

敲黑板①
注意这里的通行条款不仅仅是价格公允，还需要注意其他条款是否公平。

▍经典例题17-11　（2020年·简答题）

ABC会计师事务所的A注册会计师负责审计甲公司2019年度财务报表。与关联方审计相关的部分事项如下：

（3）甲公司管理层在财务报表附注中披露，其向控股股东控制的集团财务公司的借款为公平交易。A注册会计师将该借款的利率与同期银行借款利率进行了比较，未发现差异，据此认可了管理层的披露。

〔要求〕针对上述事项，指出A注册会计师的做法是否恰当。如不恰当，简要说明理由。

〔答案〕不恰当。还应比较该借款的其他条款和条件。

四、其他相关审计程序★★★

（一）评价会计处理和披露（见表17-18）

表17-18 评价会计处理和披露

情况	内容
评价方面	注册会计师应当评价： (1) 识别出的关联方关系及其交易是否已按照适用的财务报告编制基础得到恰当会计处理和披露； (2) 关联方关系及其交易是否导致财务报表未实现公允反映

续表

情况	内容
是否重大	注册会计师在评价错报是否重大时，应当考虑错报的金额和性质，以及错报发生的特定情况。 对财务报表使用者而言，某项交易的重要程度，可能不仅取决于所记录的交易金额，还取决于其他特定的相关因素，如关联方关系的性质

（二）获取书面声明（见表 17-19）

表 17-19　获取书面声明

	内容
①应当（记忆）	(1) 已经向注册会计师披露了全部已知的关联方**名称和特征、关联方关系及其交易**； (2) 已经按照适用的财务报告编制基础的规定，对关联方关系及其交易进行了恰当的会计处理和披露
可以	(1) 治理层批准某项特定关联方交易，该项交易可能对财务报表产生重大影响或涉及管理层； (2) 治理层就某些关联方交易的细节向注册会计师作出口头声明； (3) 治理层在关联方或关联方交易中享有财务或者其他利益

> **敲黑板①**
> 考试中可能会考核默写，所以考生需要会默写。

（三）与治理层沟通重大事项（见表 17-20）

表 17-20　与治理层沟通重大事项

	内容
应当	除非治理层全部成员参与管理被审计单位，注册会计师**应当**与治理层沟通审计工作中发现的与关联方相关的重大事项
重大事项	(1) 管理层有意或无意未向注册会计师披露关联方关系或重大关联方交易。 (2) 识别出的未经适当授权和批准的、可能产生舞弊嫌疑的重大关联方交易。 (3) 注册会计师与管理层在按照适用的财务报告编制基础的规定披露重大关联方交易方面存在分歧。 (4) 违反适用的法律法规有关禁止或限制特定类型关联方交易的规定。 (5) 在识别被审计单位最终控制方时遇到的困难

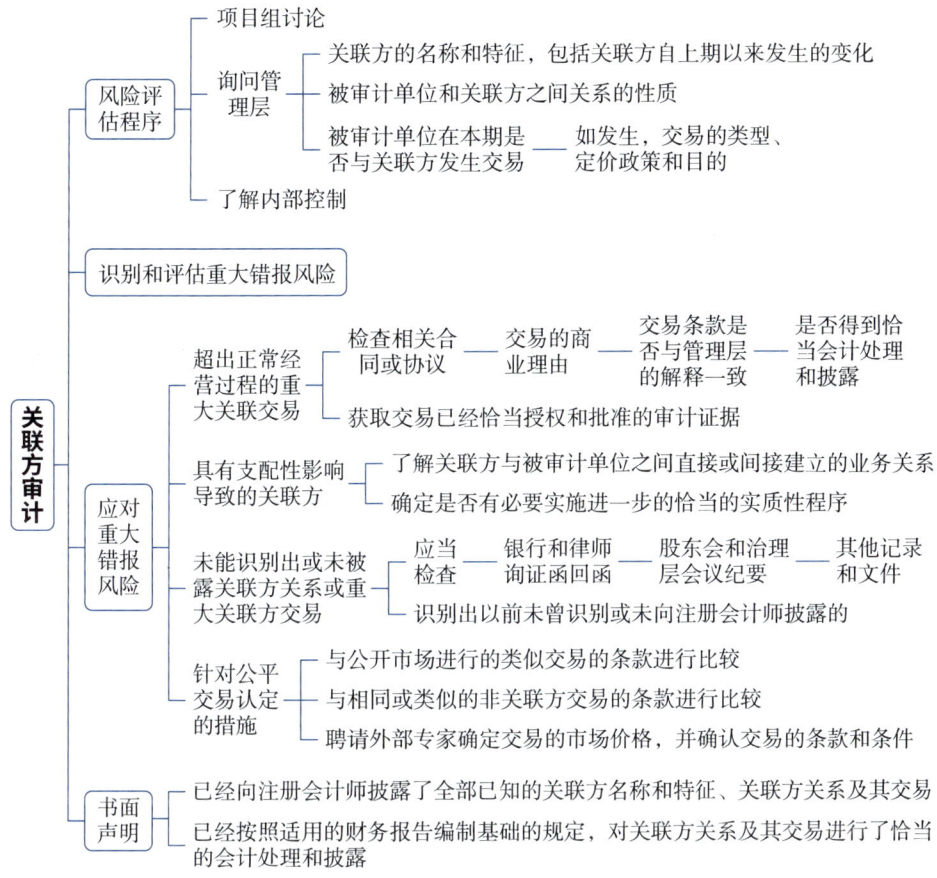

图 17-3 关联方审计

第三节 考虑持续经营假设

持续经营假设通常是会计确认和计量的基本假设之一，对财务报表的编制和审计关系重大。通用目的的财务报表是在持续经营基础上编制的，除非管理层计划将被审计单位予以清算或终止经营，或者除此之外没有其他现实可行的选择。

> **名师说**　企业是否能够持续经营会直接影响所使用的财务报告编制基础。例如，在持续经营假设的基础上，企业对于固定资产按历史成本计价，并在预计使用年限内对固定资产计提折旧，通过此种方式可将资产的成本分摊到不同期间的费用中去。如果这一假设不再成立，该项固定资产应以清算价格计价。

一、管理层的责任和注册会计师的责任★（见表17-21）

表17-21 管理层的责任和注册会计师的责任

	责任
管理层	**无论**编制基础是否明确要求对持续经营能力作出评估，编制财务报表时都要评估持续经营能力
注册会计师	**无论**编制基础是否要求管理层评估持续经营能力，都要就其运用持续经营假设的适当性获取充分、适当的审计证据，并就持续经营能力是否存在重大不确定性得出结论
注意	(1) 如果存在可能导致被审计单位不再持续经营的未来事项或情况，注册会计师**不得**对这些事项或情况作出预测； (2) 注册会计师**未**在审计报告中**提及**持续经营的**不确定性**，**不能视为**其对持续经营能力的**保证**

二、风险评估程序和相关活动★★

（一）实施的程序（见表17-22）

表17-22 实施的程序

情形	内容
管理层未对持续经营能力作出初步评估	注册会计师**应当**与管理层讨论其拟运用持续经营假设的基础，询问管理层是否存在单独或汇总起来可能导致对被审计单位持续经营能力产生重大疑虑的事项或情况
管理层已对持续经营能力作出初步评估	注册会计师**应当**与管理层进行讨论，并确定管理层是否已识别出单独或汇总起来可能导致对被审计单位持续经营能力产生重大疑虑的事项或情况
管理层已识别出这些事项或情况	注册会计师**应当**与其讨论应对计划

（二）对持续经营能力产生重大疑虑的事项或情况

被审计单位在财务、经营以及其他方面存在的某些事项或情况可能导致经营风险，这些事项或情况单独或连同其他事项或情况可能导致对持续经营能力产生重大疑虑。注册会计师应当在整个审计过程中保持对这些事项或情况的警觉，见表17-23。

表17-23 对持续经营能力产生重大疑虑的事项或情况

财务方面	经营方面	其他方面
(1) 净资产为负或营运资金为负； (2) 无法偿还到期债务； (3) 债权人撤资； (4) 经营活动产生的现金流量净额为负； (5) 关键财务比率不佳； (6) 发生重大亏损或经营资产大幅贬值； (7) 拖欠或停发股利； (8) 无法履行借款合同条款； (9) 与供应商由赊购变为货到付款； (10) 无法获得开发必要的新产品或投资所需资金	(1) 管理层计划清算被审计单位或终止经营； (2) 关键管理人员离职且无人替代； (3) 失去主要市场、客户、特许权、执照或供应商等； (4) 用工困难； (5) 重要供应短缺； (6) 出现非常成功的竞争者	(1) 违反有关资本或其他法定要求； (2) 可能面临无法支付索赔金额； (3) 法律法规或政府政策的变化预期会产生不利影响； (4) 对发生灾害未购买保险或保额不足

名师说

(1) 表 17-23 所列内容并不能涵盖所有事项或情况，也**不意味着**存在其中一个或多个项目就一定表明存在重大不确定性，就必然导致被审计单位无法持续经营。

(2) 某些措施通常可以减轻这些事项或情况的严重性，此时注册会计师不一定会得出无法持续经营的结论。

(3) 因持续经营问题导致的重大错报风险与财务报表整体广泛相关，从而会影响多项认定。

三、评价管理层对持续经营能力作出的评估 ★★★

考频 2022年单选题（1）

管理层应当**定期**对其持续经营能力作出分析和判断，确定以持续经营假设为基础编制的财务报表的适当性。管理层对被审计单位持续经营能力的评估，是注册会计师考虑管理层运用持续经营假设的一个关键部分，注册会计师**应当**评价管理层对持续经营能力作出的评估，见表17-24。

表17-24 评价管理层对持续经营能力作出的评估

		内容
期间	期间范围	(1) 管理层对持续经营能力的合理评估期间应是自财务报表日起的下一个会计期间； (2) 如果管理层评估持续经营能力涵盖的期间短于自财务报表日起的十二个月，注册会计师应当提请管理层将其**至少**延长至自财务报表日起的十二个月
期间	超出期间	(1) 注册会计师**应当询问**管理层是否知悉超出评估期间的、可能导致对持续经营能力产生重大疑虑的事项或情况。 (2) 考虑更远期间发生的事项或状况时，只有持续经营迹象达到**重大时**，注册会计师才需要考虑采取进一步措施，并提请管理层评价其潜在重要性。在这种情况下，注册会计师应当通过实施追加的审计程序，获取充分、适当的审计证据，以确定是否存在重大不确定性。 (3) **除询问管理层外，注册会计师没有责任实施其他任何审计程序** **名师说** 这里需要注意的是，对于超出期间的事项，注册会计师应当实施询问程序，如果没有识别出异常，则没有责任实施其他任何审计程序，但是如果识别出异常，注册会计师应当通过实施追加的审计程序，获取充分、适当的审计证据，以确定是否存在重大不确定性。

续表

		内容
责任	评价责任	纠正管理层缺乏分析的错误不是注册会计师的责任 **名师说** 注册会计师的责任是确定财务报告编制基础是否恰当，并不涉及纠正管理层缺乏分析的错误的行为。在不影响审计结论的情况下，注册会计师无须提请被审计单位管理层修正其错误。
	详细程序	(1) 在某些情况下，管理层缺乏详细分析以支持其评估，可能不妨碍注册会计师确定管理层运用持续经营假设是否适合具体情况； **名师说** 如被审计单位具有盈利经营的记录并很容易获得财务支持，管理层不需要详细分析就可能作出评估，注册会计师无须详细评价，就可以得出结论。 (2) 在其他情况下，注册会计师评价管理层对被审计单位持续经营能力所作的评估
	评价内容	(1) 管理层的未来应对计划； (2) 评估依据的假设； (3) 管理层作出评估时遵循的程序； (4) 管理层的计划在当前情况下是否可行
	信息来源	注册会计师在评价时，应考虑管理层的评估是否已考虑所有相关信息，包括注册会计师获取的信息

经典例题 17-12　（2022年·单选题）

下列有关注册会计师评价管理层对被审计单位持续经营能力作出的评估的说法中，错误的是（　　）。

A. 注册会计师的评价期间应当与管理层按照适用的财务报告编制基础或法律法规的规定作出评估的涵盖期间相同

B. 如果管理层评估持续经营能力涵盖的期间短于自财务报表日起的十二个月，注册会计师应当提请管理层将其至少延长至财务报表日起的十二个月

C. 如果管理层缺乏详细分析以支持其评估，注册会计师应当纠正管理层缺乏分析的错误

D. 注册会计师应当考虑管理层作出的评估是否已考虑所有相关信息，包括注册会计师实施审计程序获取的信息

【解析】在评价管理层对被审计单位持续经营能力作出的评估时，注册会计师的评价期间应当与管理层按照适用的财务报告编制基础或法律法规的规定作出评估的涵盖期间相同。选项A正确，不选。

如果管理层评估持续经营能力涵盖的期间短于自财务报表日起的12个月，注册会计师应当提请管理层将其至少延长至自财务报表日起的12个月。选项B正确，不选。

纠正管理层缺乏分析的错误不是注册会计师的责任。选项C错误，当选。

注册会计师应当考虑管理层作出的评估是否已考虑所有相关信息，包括注册会计师实施审计程序时获得的信息。选项D正确，不选。

【答案】C

四、识别出事项或情况时实施追加的审计程序★★★ （见表17-25）

考频 2020年多选题（1）

表 17-25 识别出事项或情况时实施追加的审计程序

要素	内容
责任	注册会计师**应当**通过实施追加的审计程序，获取充分、适当的审计证据，以确定是否存在重大不确定性
应当实施的追加程序	（1）如果管理层尚未对被审计单位持续经营能力作出评估，**提请其进行评估**。 （2）**评价**管理层与持续经营能力评估相关的**未来应对计划**，这些计划的结果是否可能改善目前的状况，以及管理层的计划对于具体情况是否可行；应对计划可能包括变卖资产、对外借款、重组债务、削减或延缓开支或者获得新资本等。 （3）如果被审计单位已编制**现金流量预测**，且对预测的分析是评价管理层未来应对计划时所考虑的事项或情况的未来结果的重要因素，评价用于编制预测的基础数据的可靠性，并确定预测所基于的假设是否具有充分的支持。 （4）考虑自管理层作出评估后是否存在**其他可获得的事实或信息**。 （5）要求管理层和治理层（如适用）提供有关未来应对计划及其可行性的**书面声明**

经典例题 17-13 2020年·多选题

如果识别出可能导致对被审计单位持续经营能力产生重大疑虑的事项或情况，注册会计师应当实施追加的审计程序，以确定是否存在重大不确定性。下列各项审计程序中，注册会计师应当实施的有（   ）。

A. 要求管理层提供有关未来应对计划及其可行性的书面声明
B. 评价与管理层评估持续经营能力相关的内部控制是否运行有效
C. 考虑自管理层作出评估后是否存在其他可获得的事实或信息
D. 如果管理层未对被审计单位持续经营能力作出评估，提请管理层进行评估

【解析】如果识别出可能导致对持续经营能力产生重大疑虑的事项或情况，注册会计师应当通过实施追加的审计程序，获取充分、适当的审计证据，以确定是否存在重大不确定性。这些程序应当包括下列方面：

（1）如果管理层尚未对被审计单位持续经营能力作出评估，提请其进行评估（选项D）。

（2）评价管理层与持续经营能力评估相关的未来应对计划，这些计划的结果是否可能改善目前的状况，以及管理层的计划对于具体情况是否可行。

（3）如果被审计单位已编制现金流量预测，且对预测的分析是评价管理层未来应对计划时所考虑的事项或情况的未来结果的重要因素，评价用于编制预测的基础数据的可靠性，并确定预测所基于的假设是否具有充分的支持。

（4）考虑自管理层作出评估后是否存在其他可获得的事实或信息（选项C）。

（5）要求管理层和治理层（如适用）提供有关未来应对计划及其可行性的书面声明（选项A）。

【答案】ACD

五、对审计结论和审计报告的影响★★★（见表17-26）

考频：2020年简答题（1）、2018年简答题（1）

表17-26 对审计结论和审计报告的影响

		内容
适当但存在重大不确定性	充分披露	（1）发表无保留意见，并在审计报告中增加以①"与持续经营相关的重大不确定性"为标题的单独部分，以及： ① 提醒财务报表使用者关注财务报表附注中对所述事项的披露； ② 说明这些事项或情况表明存在可能导致对被审计单位持续经营能力产生重大疑虑的重大不确定性，并说明该事项并不影响发表的审计意见。 （2）在极其特殊的情况下，②可能存在多个不确定事项，尽管注册会计师对每个单独的不确定事项获取了充分、适当的审计证据，但由于不确定事项之间可能存在相互影响，以及可能对财务报表产生累积影响，注册会计师应当发表无法表示意见
	未充分披露	发表保留或否定意见
假设不适当		（1）如不适当，无论财务报表中对管理层运用持续经营假设的不适当性是否作出披露，注册会计师均应发表否定意见； **名师说** 持续经营假设影响财务报告编制基础的选择，所以属于广泛的影响。 运用持续经营假设的不适当，属于广泛且重大的错报，因此发表否定意见。 （2）如不适当，管理层被要求或自愿选择恰当的替代基础编制财务报表，并对此作出了充分披露，注册会计师可以发表无保留意见，但可以增加强调事项段

敲黑板①
审计意见的类型不会影响是否存在"与持续经营相关的重大不确定性"事项段。

敲黑板②
通常情况下，题目里会有提示特殊情况；如果没有，按照第一种情况处理。

经典例题 17-14 2022年·简答题

ABC会计师事务所的A注册会计师负责审计多家上市公司2021年度财务报表，遇到下列与审计报告相关的事项：

（3）因丙公司出现债务逾期，管理层在财务报表中披露了导致对持续经营能力产生重大疑虑的事项、未来的应对计划，以及这些事项存在重大不确定性。A注册会计师评价认为丙公司运用持续经营假设适当，且财务报表中的披露充分、恰当，因该披露事项对财务报表使用者理解财务报表至关重要，在审计报告中增加强调事项段说明了该事项。

要求 针对上述事项，指出A注册会计师的做法是否恰当。如不恰当，简要说明理由。
答案 不恰当。应当在审计报告中增加与持续经营相关的重大不确定性部分。

经典例题 17-15 2020年·简答题

ABC会计师事务所的A注册会计师负责审计多家上市公司2019年度财务报表，遇到下列与审计报告相关的事项：

（2）因受新冠肺炎疫情影响，A注册会计师无法对乙公司某海外重要子公司执行审计工作，拟对乙公司财务报表发表无法表示意见。管理层在财务报表中充分披露了乙公司持续经营能力存在的重大不确定性和未来应对计划。A 注册会计师拟在无法表示意见的审计报告中增加与持续经营相关的重大不确定性部分，提醒报表使用者关注这一情况。

（要求）针对上述事项，指出 A 注册会计师的做法是否恰当。如不恰当，简要说明理由。

（答案）恰当。

六、与治理层沟通

考频 2019 年单选题（1）

注册会计师应当与治理层就识别出的可能导致对被审计单位持续经营能力**产生重大疑虑**的事项或情况进行沟通，除非治理层全部成员参与管理被审计单位。

与治理层的沟通**应当**包括下列方面：

(1) ①这些事项或情况是否构成重大不确定性；
(2) 在财务报表编制和列报中运用持续经营假设是否适当；
(3) 财务报表中的相关披露是否充分；
(4) 对审计报告的影响（如适用）。

敲黑板①

无论是否构成不确定性，此处只要涉及重大疑虑，均需要与治理层进行沟通。

▌经典例题 17 – 16 （2019 年·单选题）

如果注册会计师识别出可能导致对被审计单位持续经营能力产生重大疑虑的事项或情况，下列说法中，错误的是（   ）。

A. 注册会计师应当通过实施追加的审计程序，以确定这些事项或情况是否存在重大不确定性

B. 注册会计师应当评价管理层与持续经营能力评估相关的未来应对计划对具体情况是否可行

C. 注册会计师应当考虑自管理层对持续经营能力作出评估后是否存在其他可获得的事实或信息

D. 注册会计师应当根据对这些事项或情况是否存在重大不确定性的评估结果，确定是否与治理层沟通

（解析）如果识别出可能导致对持续经营能力产生重大疑虑的事项或情况，注册会计师应当通过实施追加的审计程序，获取充分、适当的审计证据，以确定是否存在重大不确定性。选项 A 正确，不选。

注册会计师应当评价管理层与持续经营能力评估相关的未来应对计划，这些计划的结果是否可能改善目前的状况，以及管理层的计划对具体情况是否可行。选项 B 正确，不选。

因为持续经营是对未来的考虑，所以，注册会计师应当考虑自管理层作出评估后是否存在其他可获得的事实或信息。选项 C 正确，不选。

注册会计师应当与治理层就识别出的可能导致对被审计单位持续经营能力产生重大疑虑的事项或情况进行沟通，除非治理层全部成员参与管理被审计单位。选项 D 错误。

（答案）D

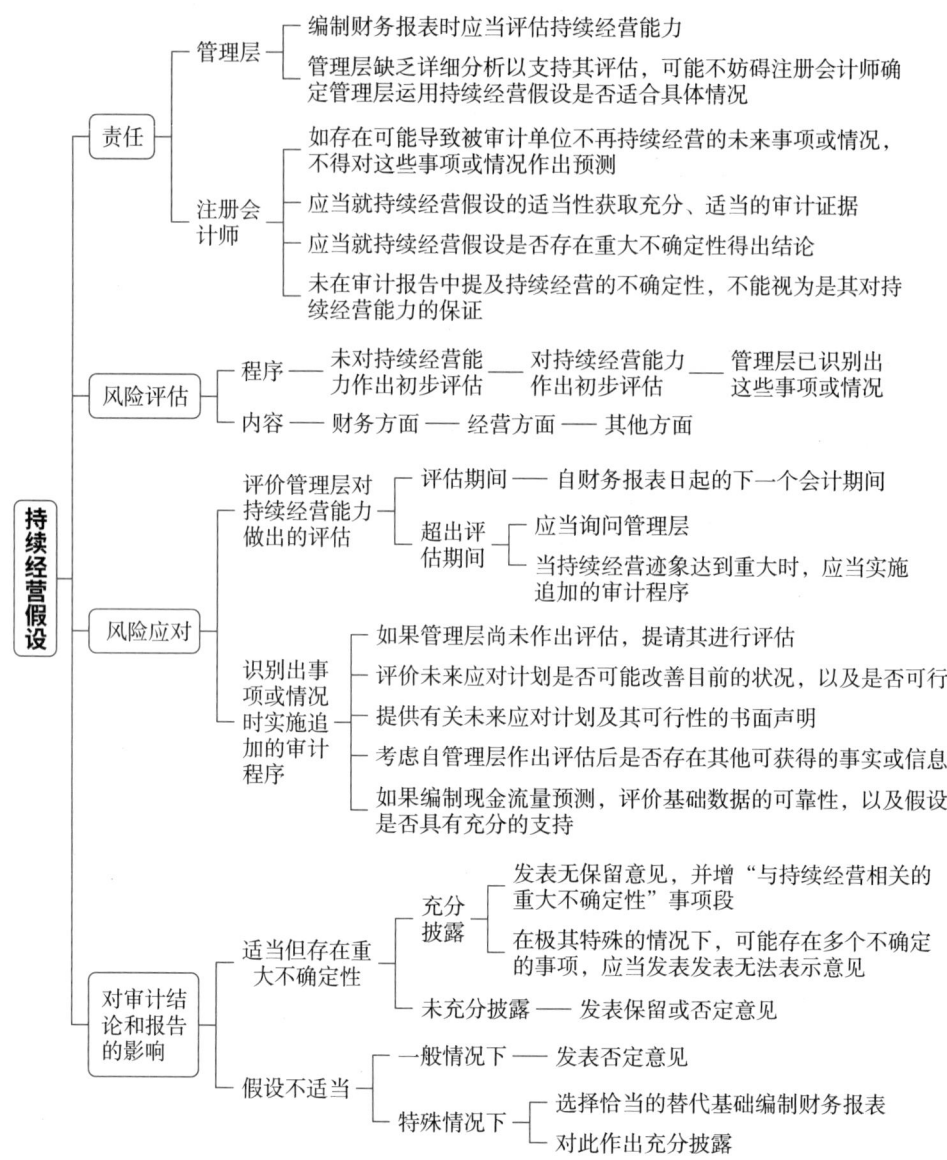

图 17-4 持续经营假设

第四节 期初余额审计

首次接受委托包括会计师事务所在被审计单位报表首次接受审计时接受的委托，以及被审计单位上期财务报表由前任注册会计师审计的情况下接受本期财务报表审计的委托。

一、期初余额的含义★（见表17-27）

表17-27 期初余额的含义

	内容
定义	期初余额是指期初已存在的账户余额。期初余额以上期期末余额为基础，反映了以前期间的交易和事项以及上期采用的会计政策的结果
责任	注册会计师对财务报表进行审计，是对被审计单位所审期间财务报表发表审计意见，**一般无须专门对期初余额发表审计意见**，但因为期初余额是本期财务报表的基础，所以要对期初余额实施适当的审计程序
关注	(1) 上期结转至本期的金额； (2) 上期所采用的会计政策； (3) 上期期末已存在的或有事项及承诺

二、期初余额的审计目标★★

1. 确定期初余额是否含有对本期报表产生重大影响的**错报**

① 确定期初余额是否存在对本期财务报表产生重大影响的错报，主要是判断期初余额的错报对本期财务报表使用者进行决策的影响程度，是否足以改变或影响其判断；

② 如果期初余额存在对本期财务报表产生重大影响的错报，则注册会计师在审计中必须对此提出恰当的审计调整或披露建议；

③ 如果期初余额不存在对本期财务报表产生重大影响的错报，则注册会计师无须对此予以特别关注和处理。

2. 确定期初余额反映的**恰当的会计政策**是否在本期财务报表中得到**一贯运用**，或会计政策的变更是否已按照适用的财务报告编制基础作出**恰当**的会计处理和充分的列报与披露

(1) 可以变更会计政策的情形。

① 法律、行政法规或者国家统一的会计制度等要求变更会计政策；

② 会计政策变更能够提供更可靠、更相关的会计信息。

(2) 变更会计政策后的追溯调整。

将会计政策变更累计影响数调整列报前期最早期初留存收益，其他相关项目的期初余额和列报前期披露的其他比较数据也应当一并调整，但确定该项会计政策变更累计影响数不切实可行的情况除外。

三、期初余额的审计程序★★★

考频 2021年单选题（1）、2019年简答题（1）

（一）影响审计程序的性质和范围的事项

注册会计师对期初余额需要实施的**审计程序的性质和范围**取决于下列事项：

(1) 被审计单位运用的会计政策。
(2) 账户余额、各类交易和披露的性质以及本期财务存在的重大错报风险。
(3) 期初余额相对于本期财务报表的重要程度。
(4) 上期财务报表是否经过审计,如果经过审计,前任注册会计师的意见是否为非无保留意见。

(二) 期初余额的一般审计程序(见表 17 - 28)

表 17 - 28 期初余额的一般审计程序

要素		要点
阅读上期财务报表和相关披露		为了达到上述期初余额的审计目标,注册会计师**应当**阅读被审计单位最近期间的财务报表和相关披露,以及前任注册会计师出具的审计报告(如有),获取与期初余额相关的信息
确定是否已正确结转至本期,或在适当的情况下已作出重新表述	结转	(1) 上期账户余额计算正确; (2) 上期总账余额与各明细账余额合计数或日记账余额合计数相等; (3) 上期各总账余额和相应的明细账余额或日记账余额已经分别恰当地过入本期的总账和相应的明细账或日记账
	重述	企业会计准则和相关会计制度的要求发生变化;或者上期期末余额存在重大的前期差错,如果前期**差错累积影响数**能够确定,按规定应当采用**追溯重述法**进行更正
确定期初余额是否反映对恰当会计政策的运用		(1) 应了解、分析被审计单位所选用的会计政策是否恰当; (2) 应确认该会计政策是否在每一会计期间和前后各期得到一贯执行,有无变更; (3) 如果会计政策发生变更,应确定其变更理由是否充分,是否按规定予以变更,并对会计政策变更作出适当的会计处理和充分披露; (4) 如果被审计单位上期适用的会计政策不恰当或与本期不一致,在实施期初余额审计时应提请被审计单位进行调整或予以披露
实施一项或多项审计程序	查阅前任工作底稿	(1) 查阅前任注册会计师的工作底稿; (2) 考虑前任注册会计师的**独立性**和**专业胜任能力**; (3) 与前任注册会计师沟通时的考虑
	实施其他专门的程序	评价本期实施的审计程序是否提供了有关期初余额的证据
		可以通过本期实施的审计程序获取部分审计证据
	流动	**名师说** 例如,下列一项或多项审计程序可以为存货期初余额提供充分、适当的审计证据: (1) 监盘当前的存货数量并调节至期初存货数量; (2) 对期初存货项目的计价实施审计程序; (3) 对毛利和存货截止实施审计程序。
	非流动	(1) 可以通过检查形成期初余额的会计记录和其他信息获取审计证据; (2) 可以向第三方函证获取部分证据; (3) 还可能需要实施追加审计程序

▌经典例题 17－17 （2020 年·简答题）

ABC 事务所首次接受委托审计甲公司 2018 年度财务报表，委派 A 注册会计师担任项目合伙人。与首次承接审计业务相关的部分事项如下：

（3）对于长期股权投资的期初余额，A 注册会计师检查了形成期初余额的会计记录，以及包括投资协议和被投资单位工商登记信息在内的相关支持文件，结果满意。

【要求】指出 A 注册会计师的做法是否恰当。如不恰当，简要说明理由。

【答案】恰当。

四、审计结论和审计报告 ★★★ （见表 17－29）

考频　2020 年多选题（1）

表 17－29　审计结论和审计报告

	内容
不能获取期初余额的充分适当证据	发表保留意见或无法表示意见
	除非法律法规禁止，对经营成果和现金流量发表保留意见或无法表示意见，对财务状况发表无保留意见
	名师说 第二种情况在实务中极其罕见，之所以可以发表不同的审计意见，原因在于： ① 期初余额审计范围受限可能不影响对期末余额的审计。例如，虽然期初存货数量的是审计范围受限的，但是注册会计师通过对期末存货的盘点，仍可能获取期末存货充分、适当的审计证据，所以可以对 12 月 31 日的财务状况发表无保留意见。 ② 期初余额审计范围受限可能影响对本期经营成果的审计。例如，期初存货的审计范围受限，虽然期末存货数量正确，但是可能导致本期营业成本的出现问题，从而影响本期经营成果。
期初余额存在对本期报表影响重大的错报	如果期初余额存在的错报对本期财务报表影响重大，应当告知管理层（提请管理层调整期初余额的错报）
	如果上期财务报表由前任审计，还应当考虑提请管理层告知前任，安排三方会谈
	如果期初余额错报对本期财务报表的影响未能得到正确处理和恰当列报，发表保留或否定意见
	如果按照适用的财务报告编制基础与期初余额相关的会计政策未能在本期得到一贯运用，或者变更未能恰当的处理、列报、披露，**发表保留或否定意见**
前任对上期报表发表了非无保留意见	应当考虑该审计报告对本期财务报表的影响
	如果导致出具非标准审计报告的事项在本期财务报表未得到解决，并且对本期财务报表的影响仍然重大，注册会计师应当对本期财务报表发表非无保留意见
	如果导致前任发表非无保留意见的事项可能与**对本期**不相关也不重大，无须因上期的非无保留意见而对本期报表发表非无保留意见

经典例题 17－18　（2020 年·多选题）

下列有关首次审计业务的期初余额审计的说法中，正确的有（　　）。

A. 如果前任注册会计师对上期财务报表发表了非无保留意见，注册会计师在评估本期财务报表重大错报风险时，应当评价导致对上期财务报表发表非无保留意见的事项的影响

B. 为确定期初余额是否含有对本期财务报表产生重大影响的错报，注册会计师应当确定适用于期初余额的重要性水平

C. 查阅前任注册会计师审计工作底稿获取的信息可能影响后任注册会计师对期初余额实施审计程序的范围

D. 即使上期财务报表未经审计，注册会计师也无需专门对期初余额发表审计意见

【解析】如果前任注册会计师对上期财务报表发表了非无保留意见，注册会计师应当考虑该审计报告对本期财务报表的影响。选项 A 正确，当选。

在确定期初余额是否含有对本期财务报表产生重大影响的错报时，注册会计师无须确定适用于期初余额的重要性水平。选项 B 错误，不选。

如果上期财务报表已经审计，注册会计师可以查阅前任注册会计师的工作底稿，如果前任注册会计师具有独立性和专业胜任能力，可以通过复核工作底稿获取有关期初余额充分、适当的审计证据，从而减少对期初余额实施审计程序的范围。选项 C 正确，当选。

注册会计师对财务报表进行审计，是对被审计单位所审期间财务报表发表审计意见，一般无须专门对期初余额发表审计意见。选项 D 正确，当选。

【答案】ACD

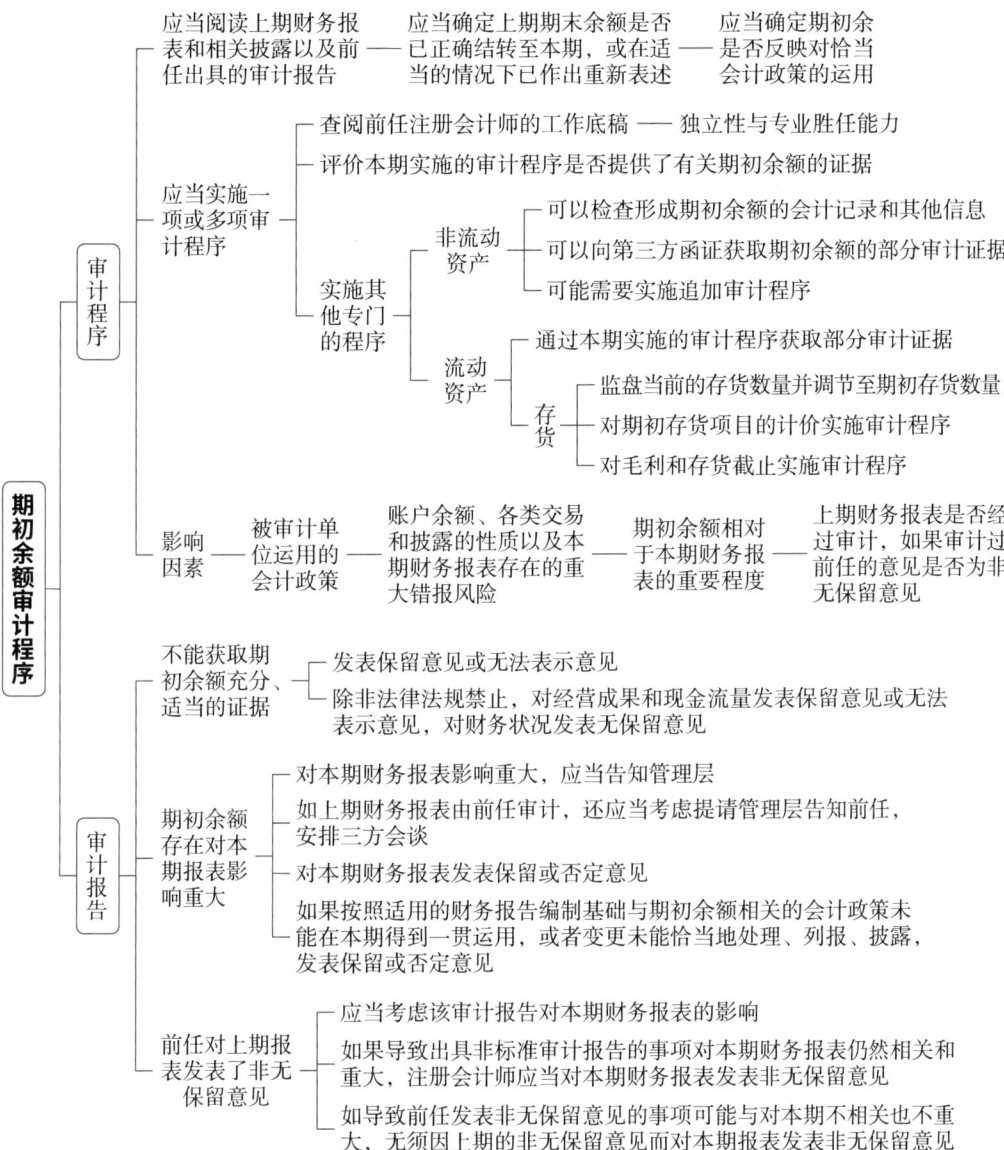

图 17-5 期初余额审计程序

考点加油站

- 特殊事项审计
  - 会计估计审计
    - 风险的评估
      - 风险评估程序
        - 了解被审计单位及其环境、适用的财务报告编制基础内部控制体系各要素
        - 复核以前期间会计估计的结果或管理层对以前期间会计估计作出的后续重新估计
        - 确定是否需要专门技能或知识
    - 风险应对
      - 应当实施下列一项或多项审计程序
        1. 从截至审计报告日发生的事项获取审计证据
        2. 测试管理层如何作出会计估计
        3. 作出注册会计师的点估计或区间估计
      - 测试与会计估计相关的内部控制,并实施恰当的实质性程序
      - 注册会计师为应对特别风险实施的审计程序
    - 评估结果 — 点估计 — 区间估计 — 披露
    - 书面声明
  - 关联方审计
    - 风险评估程序
      - 项目组讨论
      - 询问管理层
      - 了解内部控制
    - 识别和评估重大错报风险
    - 应对重大错报风险
      - 超出正常经营过程的重大关联方交易
        - 检查相关合同或协议
        - 获取交易已经恰当授权和批准的审计证据
      - 具有支配性影响导致的关联方
      - 未能识别出或未披露关联方关系或重大关联方交易 — 应当检查
        - 银行和律师询证函回函
        - 股东会和治理层会议纪要
        - 其他记录和文件
      - 针对公平交易认定的措施
    - 书面声明
  - 考虑持续经营假设
    - 责任
      - 管理层
      - 注册会计师
    - 风险评估
      - 程序
        - 未对持续经营能力作出初步评估
        - 对持续经营能力作出初步评估
        - 管理层已识别出这些事项或情况
      - 内容 — 财务方面、经营方面、其他方面
    - 风险应对
      - 评价管理层对持续经营能力作出的评估
        - 评估期间
        - 超出评估期间
      - 识别出事项或情况时实施追加的审计程序
    - 对审计结论和报告的影响
      - 适当但存在重大不确定性
        - 充分披露
        - 未充分披露
      - 假设不适当
        - 一般情况下
        - 特殊情况下
  - 期初余额审计
    - 审计程序
      - 应当阅读上期财务报表和相关披露以及前任出具的审计报告
      - 应当确定上期期末余额是否已正确结转至本期,或在适当的情况下已作出重新表述
      - 应当确定期初余额是否反映对恰当会计政策的运用
      - 应当实施一项或多项审计程序
        - 查阅前任注册会计师的工作底稿(独立性与专业胜任能力)
        - 评价本期实施的审计程序是否提供了有关期初余额的证据
        - 实施其他专门的程序
    - 审计报告
      - 不能获取期初余额的充分适当证据
      - 期初余额存在对本期报表影响重大
      - 前任对上期报表发表了非无保留意见

72%

第十八章 完成审计工作

> 轻装上阵

本章讲什么?

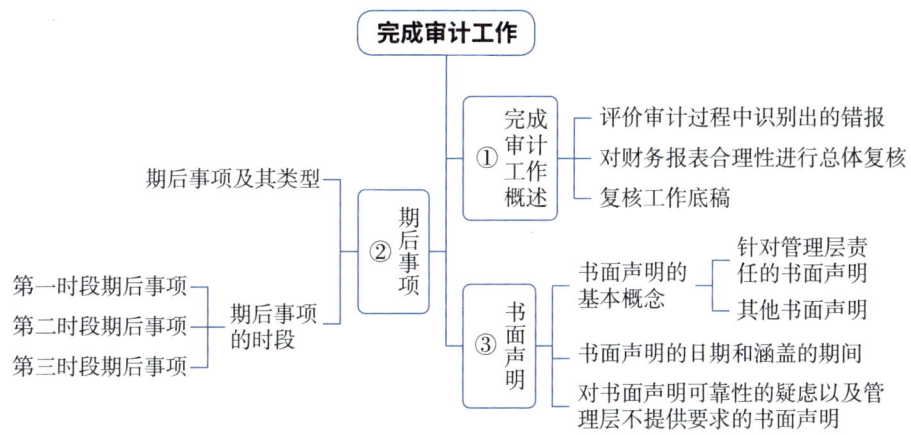

完成审计工作阶段为审计过程的最后一个环节。在此阶段,注册会计师需对审计测试结果进行汇总,并开展更具综合性的审计工作,如对审计过程中的重大发现进行评价,对发现的错报进行评估,复核审计工作底稿和财务报表(① 完成审计工作概述),关注期后事项对财务报表的可能影响(② 期后事项)等。在此基础上,注册会计师需对审计结果进行评价,并在与被审计单位进行沟通后,获取管理层的书面声明(③ 书面声明)。

本章如何考?

本章相关知识点在考试中均会以单选题、多选题、简答题、综合题的形式出现,每年考查分值为4~5分。并且,本章通常情况下会与其他章节相结合考查综合能力的运用。

本章怎么学?

完成审计工作阶段是审计的最后一个阶段,此时,需要根据已获取的审计证据评价未更正的错报的影响,以便注册会计师确定其形成审计意见和出具审计报告的类型;对于期后事项,要理清不同时段注册会计师责任以及应对措施的不同;还需要重点掌握书面声明的特征及各项要求等。

2024 年本章主要变化

2024 年本章的内容无实质性变化。

考点冲浪

第一节 完成审计工作概述

一、评价审计过程中识别出的错报 ★★★

考频 2022年多选题（1）、2022年综合题（2）、2021年单选题（1）、2021年综合题（2）、2020年简答题（1）、2019年综合题（1）、2018年综合题（2）

（一）基本概念（见表18-1）

表18-1 基本概念

要素	要点
目标	（1）评价识别出的错报对审计的影响。 （2）评价未更正错报对财务报表的影响
概念	未更正错报是指注册会计师在审计过程中**累积的且被审计单位未予更正的错报**
单项错报	注册会计师需要考虑每一单项错报（**每一单项错报都应当定性和定量评价**）。除非错报明显微小，注册会计师**应当**累积审计过程中识别出的错报
对错报的考虑	如果出现下列情形之一，注册会计师**应当**确定是否需要修改总体审计策略和具体审计计划： （1）识别出的错报的性质以及错报发生的环境表明可能存在其他错报，并且可能存在的其他错报与审计过程中累积的错报①**合计起来可能是重大的**。 （2）审计过程中累积的错报合计数**接近**按照《中国注册会计师审计准则第1221号——计划和执行审计工作时的重要性》的规定确定的**重要性**。 如果管理层应注册会计师的要求，检查了某类交易、账户余额或披露并更正了已发现的错报，注册会计师**应当实施追加**的审计程序，以确定错报是否仍然存在 **名师说** 例如：如果样本结果不支持总体账面金额，且注册会计师认为账面金额可能存在错报，注册会计师通常会建议被审计单位对错报进行调查。当被审计单位调整账面记录之后，由于错报是推断得出的，注册会计师应当实施追加审计程序，再次抽样，确定修改后的样本结果是否支持总体账面金额。
与管理层沟通	（1）除非法律法规禁止，注册会计师应当及时将审计过程中**累积的所有错报**与**适当层级的管理层进行沟通**。注册会计师**还应**要求管理层**更正这些错报**。 （2）及时与适当层级的管理层沟通错报事项是重要的，适当层级的管理层通常是指有责任和权限对错报进行评价并采取必要行动的人员。 （3）法律法规可能限制注册会计师向管理层通报某些错报，此时可以征询法律意见。 （4）如果管理层拒绝更正沟通的部分或全部错报，注册会计师**应当了解**管理层不更正错报的理由，并在评价财务报表整体是否不存在重大错报时考虑该理由

敲黑板①
该表述意味着重大错报风险水平较高，注册会计师可能会扩大审计范围，追加审计程序。

续表

要素	要点
与治理层沟通	(1) 除非法律法规禁止，注册会计师应当与治理层沟通未更正错报，以及这些错报单独或汇总起来可能对审计意见产生的影响。在沟通时，注册会计师**应当逐项指明重大的未更正错报**。**注册会计师应当要求被审计单位更正未更正错报**。如果存在大量单项不重大的未更正错报，注册会计师可能就未更正错报的笔数和总金额的影响进行沟通，①而不是逐笔沟通单项未更正错报的细节。 (2) 注册会计师应当与治理层沟通与以前期间相关的未更正错报对相关类别的交易、账户余额或披露以及财务报表整体的影响

敲黑板①

不重要的错报还是应当与治理层沟通，只是无须逐项跟治理层指明。

（二）评价未更正错报的影响（见表18-2）

表18-2 评价未更正错报的影响

评价未更正错报的影响-知识精讲

要素	要点
修改重要性水平	注册会计师在确定重要性水平时，通常依据对被审计单位财务结果的估计，因为此时可能尚不知道实际的财务结果。因此，在评价未更正错报的影响之前，注册会计师可能有必要依据实际的财务结果对重要性作出修改 **名师说** 例如，注册会计师在审计计划阶段确定的财务报表整体的重要性为100万元（经常性业务的税前利润为2 000万元×5%），实际执行的重要性为50万元。在审计过程中，注册会计师发现若干重大错报，管理层已同意调整，合计调减税前利润800万元。 在评价未更正错报前，注册会计师需要用调整后的税前利润1 200万元，重新计算财务报表整体的重要性（60万元）和实际执行的重要性（30万元）。在这种情况下，注册会计师需要考虑几个方面的问题： (1) 发现的重大错报800万元远远超出计划阶段确定的财务报表整体的重要性（100万元），表明存在比可接受的低风险水平更大的风险，注册会计师需要重新考虑对重大错报风险的评估及其应对； (2) 基于调整后的财务报表整体的重要性和实际执行的重要性，已经实施的审计程序是否充分；（例如，实际执行的重要性降低可能意味着在采用审计抽样实施细节测试时需要增加样本量） (3) 注册会计师应当用调整后的财务报表整体的重要性60万元评价未更正错报是否重大
是否重大	注册会计师应当确定未更正错报单独或汇总起来是否重大（**定性/定量**）
错报金额	注册会计师需要考虑每一项与金额相关的错报，以评价其对相关类别的交易、账户余额或披露的影响，包括评价该错报是否超过特定类别的交易、账户余额或披露的重要性水平（如适用）

续表

要素	要点
错报性质	即使某些错报低于财务报表整体的重要性，但因与这些错报相关的某些情况，在将其单独或连同在审计过程中累积的其他错报一并考虑时，注册会计师也可能将这些错报评价为重大错报 **名师说**：例如，某项错报的金额虽然低于财务报表整体的重要性，但对被审计单位的盈亏状况有决定性的影响，注册会计师应认为该项错报是重大错报。
分类错报	确定一项分类错报是否重大，**需要进行定性评估**。 （1）**性质重大导致的错报重大**。 **名师说**：例如，分类错报对负债或其他合同条款的影响，对单个财务报表项目或小计数的影响，以及对**关键比率**的影响。 （2）**性质不重大导致的错报不重大**。注册会计师识别出某项应付账款误计入其他应付款的错报，金额超过财务报表整体的重要性。由于该错报①**不影响经营业绩和关键财务指标**，注册会计师认为该项错报不重大。 **名师说**：再如，被审计单位没有及时将资产负债表日已达到可使用状态的在建工程转入固定资产，金额超过财务报表整体的重要性，相关折旧金额较小。注册会计师在考虑相关定性因素之后，认为该错报对固定资产账户余额及财务报表整体均不产生重大影响，认为该项错报不是重大错报。
以前年度	与以前期间相关的非重大未更正错报的累积影响，可能对**本期财务报表**产生重大影响。有多种可接受的方法供注册会计师评价这些未更正错报对**本期财务报表**的影响。在不同期间使用相同的评价方法可以保持一致性
错报抵销	重大：如果注册会计师认为某一单项错报是重大的，则该项错报②**不太可能**被其他错报抵销 非重大：对于同一账户余额或同一类别的交易内部的错报，这种抵销**可能**是适当的。然而，在得出抵销非重大错报是适当的这一结论之前，需要考虑可能存在其他未被发现的错报的风险
书面声明	③**注册会计师应当要求管理层和治理层（如适用）提供书面声明**，说明其是否认为未更正错报单独或汇总起来对财务报表整体的影响不重大。这些错报项目的概要应当包含在书面声明中或附在其后

敲黑板① 关于分类错报是否构成重大错报，从应试角度来看，除了表中所列举的案例，如果题目中出现"错报不影响经营业绩"或"错报不影响关键财务指标"这类表述，那么该错报通常不是重大错报。

敲黑板② 虽然准则说的是不太可能被其他错报抵销，但是考试中，重大错报不予抵销。

敲黑板③ 这里需要注意的是，即使管理层认为未更正错报对财务报表整体的影响不重大，但注册会计师认为错报对财务报表整体的影响是重大的，注册会计师还是应当获取管理层的书面声明。

经典例题 18-1　2022年·多选题

下列有关注册会计师与治理层沟通未更正错报的做法中，正确的有（　　）。

A. 对单项重大的未更正错报，注册会计师逐笔进行了沟通

B. 对存在的大量单项不重大的未更正错报，注册会计师就未更正错报的笔数和总金额的影响进行了沟通

C. 注册会计师与治理层沟通了与以前期间相关的未更正错报的影响

D. 注册会计师与治理层沟通了未更正错报单独或汇总起来可能对审计意见产生的影响

【解析】在沟通时，注册会计师应当逐项指明重大的未更正错报（选项A当选）。注册会计师应当要求被审计单位更正未更正错报。如果存在大量单项不重大的未更正错报，注册会计师可能就未更正错报的笔数和总金额的影响进行沟通（选项B当选），而不是逐笔沟通单项未更正错报的细节。注册会计师还应当与治理层沟通与以前期间相关的未更正错报对相关类别的交易、账户余额或披露以及财务报表整体的影响（选项CD当选）。

【答案】ABCD

经典例题 18－2　（2022年·综合题）

上市公司甲公司是ABC会计师事务所的常年审计客户，主要从事信息技术服务和智能产品的研发、生产与销售。A注册会计师负责审计甲公司2021年度财务报表，确定集团财务报表整体的重要性为800万元，实际执行的重要性为600万元。A注册会计师的审计工作底稿部分内容摘录如下：

（1）A注册会计师实施审计抽样检查采购交易，因样本结果不支持总体账面金额，要求甲公司管理层对错报进行调查。管理层更正了其在调查中发现的错报。因已更正错报金额与A注册会计师的推断错报接近，A注册会计师认可了管理层调整后的金额。

【要求】针对上述事项，假定不考虑其他条件，指出A注册会计师的做法是否恰当。如不恰当，简要说明理由。

【答案】不恰当。还应当实施追加审计程序，以确定错报是否仍然存在。

经典例题 18－3　（2022年·综合题）

上市公司甲公司是ABC会计师事务所的常年审计客户，主要从事信息技术服务和智能产品的研发、生产与销售。A注册会计师负责审计甲公司2021年度财务报表，确定集团财务报表整体的重要性为800万元，实际执行的重要性为600万元。A注册会计师的审计工作底稿部分内容摘录如下：

评价未更正错报的影响-例题解析

（2）A注册会计师根据经审计的财务结果对重要性作出修改，并确定了更低的实际执行的重要性。在使用修改后的重要性评估未更正错报后，A注册会计师认为未更正错报单独或汇总起来对财务报表整体的影响不重大，未实施进一步审计程序。

【要求】针对上述事项，假定不考虑其他条件，指出A注册会计师的做法是否恰当。如不恰当，简要说明理由。

【答案】不恰当。在审计完成阶段确定了更低的实际执行的重要性，注册会计师应当基于修改后的实际执行的重要性，重新考虑进一步审计程序的性质、时间安排和范围的适当性。

经典例题 18－4　（2021年·综合题）

上市公司甲公司是ABC会计师事务所的常年审计客户，主要从事医疗器械的生产和销售。A注册会计师负责审计甲公司2020年度财务报表，确定财务报表整体的重要性为1 000万元。A注册会计师在审计工作底稿中记录了错报评价及重大事项的处理情况，部分内容摘录如下：

（2）甲公司2020年度财务报表存在一笔未更正错报，系销售推广费1 200万元误计入管理费用。因该错报是分类错报，且①不影响关键财务比率，A注册会计师认为该错报不重大，同意管理层不予调整。

【要求】针对上述事项，指出A注册会计师的做法是否恰当。如不恰当，简要说明理由。

【答案】恰当。

注意关键词"不影响财务比率"。

二、①对财务报表合理性进行总体复核

敲黑板①
这里可以跟第三章第四节"分析程序"中的"总体复核"联系起来看。

在审计结束或临近结束时，注册会计师**应当**运用分析程序，确定经审计调整后的财务报表整体是否与对被审计单位的了解一致，是否具有合理性。

在运用分析程序进行总体复核时，如果识别出以前未识别的重大错报风险，注册会计师应当重新考虑对全部或部分各类别的交易、账户余额、披露评估的风险是否恰当，并在此基础上重新评价之前计划的审计程序是否充分，是否有必要追加审计程序。

三、复核工作底稿

考频 2019 年单选题（1）、2021 年多选题（1）

工作底稿复核包括项目组内部复核和②**项目质量管理复核**，见表 18-3。

表 18-3 复核工作底稿

敲黑板②
关于"项目质量复核"的内容，详见第二十一章的相关知识点。

项目组内部复核		
复核人员	（1）通常情况下，**由项目组内经验较多的人员复核经验较少的人员的工作**； （2）对较为复杂、审计风险较高的领域，需要指派经验丰富的项目组成员复核，必要时可以由项目合伙人执行复核。例如：舞弊风险的评估与应对、重大会计估计及其他复杂的会计问题、审核会议记录和重大合同、关联方关系和交易、持续经营存在的问题等	
复核范围	执行复核时，复核人员需要考虑的事项包括： （1）审计工作是否已按照职业准则和适用的法律法规的规定执行； （2）重大事项是否已提请进一步考虑； （3）相关事项是否已进行适当咨询，由此形成的结论是否已得到记录和执行； （5）已执行的审计工作是否支持形成的结论，并已得到适当记录； （6）已获取的审计证据是否充分、适当； （7）审计程序的目标是否已实现	
复核时间	审计项目组内部复核贯穿审计**全过程**，在审计计划阶段复核记录审计策略和审计计划的工作底稿，在审计执行阶段复核记录控制测试和实质性程序的工作底稿，在审计完成阶段复核记录重大事项、审计调整及未更正错报的工作底稿等	
项目合伙人复核	③内容	（1）重大事项； （2）重大判断，包括与在审计中遇到的困难或有争议事项相关的判断，以及得出的结论； （3）根据项目合伙人的职业判断，与项目合伙人的职责有关的其他事项
	要求	（1）项目合伙人**应当**对管理和实现审计项目的高质量承担**总体责任**； （2）项目合伙人**应当**在审计过程中的适当时点**复核审计工作底稿**； （3）在审计报告日**或**审计报告日之前，项目合伙人**应当**通过复核审计工作底稿与项目组讨论，确信**已获取充分**、**适当**的审计证据，支持得出的结论和拟出具的审计报告； （4）项目合伙人**应当**在签署审计报告前复核财务报表、审计报告以及相关的审计工作底稿，包括对关键审计事项的描述（如适用），项目合伙人应当在与管理层、治理层或相关监管机构签署正式书面沟通文件之前**对其进行复核**
	记录	项目合伙人应记录复核的范围和时间

敲黑板③
项目合伙人应当复核审计工作底稿，但是无须复核所有工作底稿。

经典例题 18-5 （2021年·多选题）

下列各项中，项目合伙人应当在审计过程中复核的有（   ）。
A. 与重大事项有关的审计工作底稿
B. 与重大判断有关的审计工作底稿
C. 财务报表和审计报告
D. 项目质量复核人员编制的复核记录

解析 项目合伙人应当在审计过程中的适当时点复核审计工作底稿，包括与下列方面相关的工作底稿：（1）重大事项（选项A）；（2）重大判断，包括与在审计中遇到的困难或有争议事项相关的判断，以及得出的结论（选项B）；（3）根据项目合伙人的职业判断，与项目合伙人的职责有关的其他事项。在签署审计报告前，为确保拟出具的审计报告适合审计项目的具体情况，审计项目合伙人应当复核财务报表、审计报告以及相关的审计工作底稿，包括对关键审计事项的描述（如适用），选项C正确，当选。

答案 ABC

第二节 期后事项

一、期后事项及其类型★★

考频 2020年简答题（2）、2018年综合题（1）

（一）期后事项的含义

期后事项是指财务报表日至审计报告日之间发生的事项，以及注册会计师在审计报告日后知悉的事实。

（二）期后事项的种类（见表18-4）

表18-4 期后事项的种类

	财务报表日后调整事项	财务报表日后非调整事项
定义	对财务报表日已经存在的情况提供证据的事项	对财务报表日后发生的情况提供证据的事项
要求	如果金额重大，应提请被审计单位对本期财务报表及相关的账户金额进行调整	如果财务报表可能因此类事项受到误解，应在附注中进行适当披露
举例	（1）财务报表日后诉讼案件结案； （2）财务报表日后取得确凿证据，表明某项资产在报表日发生了减值或者需要调整该项资产原先确认的减值金额； （3）财务报表日后进一步确定了财务报表日前购入资产的成本或售出资产的收入； （4）财务报表日后发现了财务报表差错或舞弊	（1）财务报表日后发生的重大诉讼、仲裁、承诺； （2）财务报表日后资产价格、税收政策、外汇汇率发生重大变化； （3）财务报表日后因自然灾害导致资产发生重大损失； （4）财务报表日后发行股票和债券以及其他巨额举债； （5）财务报表日后资本公积转增资本； （6）财务报表日后发生巨额亏损； （7）财务报表日后发生企业合并或处置子公司； （8）财务报表日后企业利润分配方案中拟分配的及经审议批准宣告发放的股利或利润

经典例题 18-6 2020年·简答题

甲公司是 ABC 会计师事务所的常年审计客户。A 注册会计师负责审计甲公司 2019 年度财务报表，评估认为商誉减值存在特别风险。与商誉减值审计相关的部分事项如下：

（5）2020 年第一季度，甲公司某重要子公司的医用防护产品开始热销，管理层认为该事项不影响与该子公司相关的商誉的减值测试。A 注册会计师检查了期后相关产品的销售情况，认可了管理层的做法。

要求 针对上述事项，指出 A 注册会计师的做法是否恰当。如不恰当，简要说明理由。

答案 恰当。

经典例题 18-7 2020年·综合题

甲公司是 ABC 会计师事务所的常年审计客户，主要从事家电产品的生产、批发和零售。A 注册会计师负责审计甲公司 2019 年度财务报表，确定财务报表整体的重要性为 800 万元，明显微小错报的临界值为 40 万元。A 注册会计师在审计工作底稿中记录了重大事项的处理情况，部分内容摘录如下：

（2）甲公司某重要客户于 2020 年 1 月初申请破产清算。管理层在计提 2019 年末坏账准备时考虑了这一情况。A 注册会计师检查了相关法律文件、评估了计提金额的合理性，结果满意，据此认可了管理层的处理。

要求 针对上述事项，假定不考虑其他条件，指出 A 注册会计师的做法是否恰当。如不恰当，简要说明理由。

答案 恰当。

经典例题 18-8 2018年·综合题

上市公司甲公司是 ABC 会计师事务所的常年审计客户，主要从事汽车的生产和销售。A 注册会计师负责审计甲公司 2017 年度财务报表，确定财务报表整体的重要性为 1 000 万元，明显微小错报的临界值为 30 万元。A 注册会计师在审计作底稿中记录了审计计划，部分内容摘录如下：

（1）2018 年 1 月初，甲公司对某型号汽车实施召回，免费更换安全气囊，预计将发生更换费用 4 000 万元。管理层在 2017 年度财务报表中确认了该项费用并进行了披露。A 注册会计师在对更换费用及相关披露实施审计程序后，认可了管理层的处理。

要求 指出 A 注册会计师的做法是否恰当。如不恰当，简要说明理由。

答案 恰当。

（三）期后事项的分类（见图 18-1）

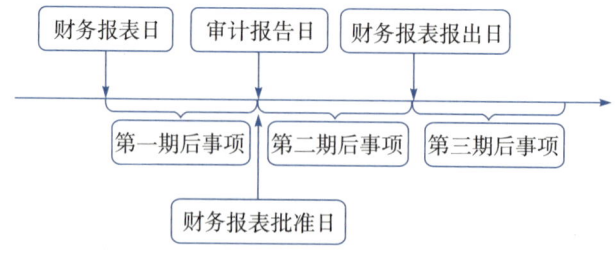

图 18-1　期后事项的分类

图解：
财务报表日： 指财务报表涵盖的最近期间的截止日期。
财务报表批准日： 指构成整套财务报表的所有报表（包括相关附注）已编制完成，并且被审计单位的董事会、管理层或类似机构已经认可其对财务报表负责的日期。
财务报表报出日： 指审计报告和已审计财务报表提供给第三方的日期。

> **名师说**
> 审计报告日**不应早于**注册会计师获取充分、适当的审计证据（包括管理层认可对财务报表的责任且已批准财务报表的证据），并在此基础上对财务报表形成审计意见的日期。在实务中，审计报告日与财务报表批准日**通常**是相同的日期。

二、财务报表日至审计报告日之间发生的事项（第一时段期后事项）★★★

（见表 18-5）

表 18-5　第一时段期后事项

	划分依据
时间	财务报表日至审计报告日之间发生的期后事项属于"**第一时段期后事项**"
责任	(1) 负有主动识别的义务； (2) **应当**设计和实施审计程序，获取充分、适当的审计证据，以确定所有在财务报表日至审计报告日之间发生的、**需要在财务报表中调整或披露的事项均已得到识别**； **名师说** 不是所有在财务报表日至审计报告日之间发生的事项都是期后事项。比如，2024年1月3日卖出，2024年1月5日退回的货物，属于2024年发生的事项，与2023年无关，所以不属于2023年的期后事项。 必须是在财务报表日至审计报告日之间发生的，需要在财务报表中调整或披露的事项，才是第一时段期后事项。 (3) 无须对之前已实施审计程序并已得出满意结论的事项执行追加的审计程序
要求	针对期后事项的专门审计程序，其实施时间**越接近**审计报告日**越好**
应当实施	(1) 了解管理层为确保识别期后事项而建立的程序； (2) 询问管理层和治理层，确定是否已发生可能影响财务报表的期后事项； (3) 查阅所有者、管理层和治理层在财务报表日后举行会议的纪要，或询问此类会议讨论的事项； (4) 查阅最近的中期财务报表
处理	(1) 如果所知悉的期后事项属于调整事项，注册会计师应当考虑被审计单位是否已对财务报表作出适当的调整； (2) 如果所知悉的期后事项属于非调整事项，注册会计师应当考虑被审计单位是否在财务报表附注中予以充分披露

注册会计师在审计报告日后至财务报表报出日前知悉的事实-知识精讲

三、注册会计师在审计报告日后至财务报表报出日前知悉的事实（第二时段期后事项）★★★（见表18-6）

考频 2022年单选题（1）、2019年综合题（1）

表18-6 第二时段期后事项

			划分依据
时间			审计报告日后至财务报表报出日前发现的事实属于"第二时段期后事项"
责任			（1）在审计报告日后，注册会计师**没有义务针对财务报表实施任何审计程序**； （2）如果注册会计师在审计报告日后至财务报表报出日前知悉了某事实，且若在审计报告日知悉可能导致修改审计报告，注册会计师应当采取以下措施： ①与管理层和治理层讨论该事项； ②确定财务报表是否需要修改； ③如果需要修改，询问管理层将如何在财务报表中处理该事项
处理	修改财务报表	一般应对	注册会计师应当将用以识别第一时段期后事项的审计程序延伸至新的审计报告日，并针对修改后的财务报表出具新的审计报告。新的审计报告日不应早于修改后的财务报表被批准的日期
		条件	（1）管理层的修改仅限于反映导致修改的期后事项的影响； （2）董事会、管理层或类似机构也仅对有关修改进行批准
		法律法规或编制基础未禁止（特殊应对）	注册会计师可以仅针对有关修改将用以识别期后事项的第一时段的审计程序延伸至新的审计报告日。在这种情况下，注册会计师应当选用下列处理方式**之一**：
		措施	（1）修改审计报告，**①针对财务报表修改部分增加补充报告日期**，从而表明注册会计师对期后事项实施的审计程序仅限于财务报表相关附注所述的修改； （2）出具新的或经修改的审计报告，在强调事项段或其他事项段中说明注册会计师对期后事项实施的审计程序仅限于财务报表相关附注所述的修改
	不修改财务报表	报告未提交	如果认为管理层应当修改财务报表而没有修改，并且审计报告尚未提交给被审计单位，注册会计师应当按照规定发表非无保留意见，然后再提交审计报告
		报告已提交	（1）如果认为管理层应当修改而没有修改，并且审计报告已经提交给被审计单位，注册会计师应当通知管理层和治理层在财务报表作出必要修改前不要向第三方报出； （2）如果财务报表在未经必要修改的情况下仍被报出，注册会计师应当采取适当措施，以设法防止财务报表使用者信赖该审计报告

敲黑板①

本书唯一可以有双重报告日期的情况。

经典例题 18-9 2019年·综合题

甲公司是 ABC 会计师事务所的常年审计客户，主要从事轨道交通车辆配套产品的生产和销售。A 注册会计师负责审计甲公司 2018 年度财务报表，确定财务报表整体的重要性为 1 000 万元，实际执行的重要性为 500 万元。A 注册会计师在审计工作底稿中记录了审计计划，部分内容摘录如下：

（4）在审计报告日后、财务报表报出日前，甲公司 2018 年末的一项重大未决诉讼终审结案，管理层根据判决结果调整了 2018 年度财务报表。在对该调整实施审计程序后，A 注册会计师对重新批准的财务报表出具了新的审计报告。

〔要求〕指出 A 注册会计师的做法是否恰当。如不恰当，简要说明理由。

〔答案〕不恰当。还应将期后事项的审计程序延伸至新的审计报告日。

注册会计师在审计报告日后至财务报表报出日前知悉的事实-例题解析

名师说　注意，如果题目里面没有明确提及是一般情况还是特殊情况，做题时一般都按照一般情况处理。

四、注册会计师在财务报表报出后知悉的事实（第三时段期后事项）★★★

（见表18-7）

考频 2021年简答题（1）

表 18-7　第三时段期后事项

	划分依据
时间	财务报表报出日后知悉的事实属于第三时段期后事项
责任	（1）没有义务针对第三时段期后事项实施任何审计程序； （2）如果注册会计师在财务报表报出后知悉了某事实，且若在审计报告日知悉可能导致修改审计报告，注册会计师应当采取以下措施： ①与管理层和治理层讨论该事项； ②确定财务报表是否需要修改； ③如果需要修改，询问管理层将如何在财务报表中处理该事项
修改事项	（1）这类期后事项应当是在审计报告日已经存在的事实； （2）该事项在审计报告日之前获知，可能影响审计报告。 只有同时满足这两个条件，注册会计师才需要采取行动

续表

		划分依据	
		情况	说明
处理	修改财务报表	（1）根据具体情况对有关修改实施必要的审计程序	①查阅法院判决文件； ②复核会计处理或披露事项； ③确定管理层对财务报表的修改是否恰当
		（2）复核管理层采取的措施能否确保所有收到原财务报表和审计报告的人士了解这一情况	①管理层应当采取恰当措施，让所有收到原财务报表和审计报告的人士了解这一情况； ②注册会计师需要对这些措施进行复核，判断它们是否能达到这样的目标
		（3）一般情况下，延伸实施审计程序，并针对修改后的财务报表出具新的审计报告	将用以识别期后事项的上述审计程序延伸至新的审计报告日，并针对修改后的财务报表出具新的审计报告，新的审计报告日不应早于修改后的财务报表被批准的日期
处理	未采取行动	（4）在特殊情况下 （条件与第二期后事项的条件一致）	修改审计报告或提供新的审计报告
		①应当在新的或经修改的审计报告中增加强调事项段或其他事项段，提醒财务报表使用者关注财务报表附注中有关修改原财务报表的详细原因和注册会计师提供的原审计报告	
		（1）如果管理层没有采取必要措施确保所有收到原财务报表的人士了解这一情况，也没有在注册会计师认为需要修改的情况下修改财务报表，注册会计师应当通知管理层和治理层，同时将设法防止财务报表使用者信赖该审计报告； （2）如果注册会计师已经通知管理层或治理层，而管理层或治理层没有采取必要措施，注册会计师应当采取适当措施，以设法防止财务报表使用者信赖该审计报告	

敲黑板①

这里需要注意的是，无论是一般情况还是特殊情况下，都应当增加强调事项段或其他事项段，这与第二期后事项不一致，第二期后事项段在双重日期时可以没有强调事项段或其他事项段。

▎**经典例题 18-10**　2021年·简答题

ABC 会计师事务所的 A 注册会计师负责审计多家上市公司 2020 年度财务报表，遇到下列与审计报告相关的事项：

（5）庚公司管理层对已公布的 2020 年度财务报表进行了更正。A 注册会计师针对更正后的财务报表出具了新的审计报告，并在审计报告中增加强调事项段和其他事项段，提醒报表使用者关注附注中有关更正原财务报表的原因，并关注注册会计师提供的原审计报告。

要求　针对上述事项，指出 A 注册会计师的做法是否恰当。如不恰当，简要说明理由。

答案　恰当。

第三节 书面声明

一、书面声明的基本概念（见表18-8）

考频 2020年单选题（1）

表18-8 书面声明的基本概念

	内容
概念	书面声明指管理层向注册会计师提供的书面陈述，用以确认某些事项或支持其他审计证据
	书面声明**不包括**财务报表及其认定，以及支持性账簿和相关记录
类型	书面声明分为针对管理层责任的书面声明以及其他书面声明
性质	书面声明是注册会计师在财务报表审计中需要获取的**必要信息**，是审计证据的重要来源
	书面声明并**不**为所涉及的任何事项提供充分、适当的审计证据
	管理层已提供**可靠书面声明**的事实，并**不影响**注册会计师就管理层责任履行情况，或具体认定获取的其他审计证据的性质和范围
	名师说 需要注意，可靠的书面声明不影响其他审计证据的性质和范围，但是不可靠的书面声明可能会导致注册会计师怀疑管理层的诚信，扩大审计范围，追加审计程序，从而影响审计证据的性质和范围。
	如果管理层修改书面声明的内容或不提供注册会计师要求的书面声明，可能使注册会计师警觉存在重大问题的可能性
形式	以声明书的形式致送注册会计师

经典例题18-11 （2020年·单选题）

下列有关书面声明的作用的说法中，错误的是（   ）。

A. 书面声明是审计证据的重要来源
B. 要求管理层提供书面声明而非口头声明，可以提高管理层声明的质量
C. 在某些情况下，书面声明可能可以为相关事项提供充分、适当的审计证据
D. 书面声明可能影响注册会计师需要获取的审计证据的性质和范围

（解析）尽管书面声明提供了必要的审计证据，但其本身并不为所涉及的任何事项提供充分、适当的审计证据，选项C错误，当选。

答案 C

二、针对管理层责任的书面声明(必要书面声明) ★★

1. 对注册会计师的要求(见表18-9)

表18-9 对注册会计师的要求

	内容
财务报表	针对财务报表的编制,注册会计师**应当**要求提供针对管理层责任的书面声明
信息和交易的完整	注册会计师**应当**要求管理层就下列事项提供书面声明: (1) 按照审计业务约定条款,已向注册会计师提供所有相关信息,并允许注册会计师不受限制地接触所有相关信息以及被审计单位内部人员和其他相关人员; (2) 所有交易均已记录并反映在财务报表中
注意	如果未从管理层获取其确认已履行的责任的①**书面声明**,注册会计师在审计过程中获取的有关管理层已履行这些责任的其他审计证据是不充分的。 注册会计师**可能还要求**管理层在书面声明中,再次确认其对自身责任的认可与理解。当存在下列情况时,这种确认尤为适当: ① 代表被审计单位签订审计业务约定条款的人员不再承担相关责任; ② 审计业务约定是在以前年度签订的; ③ 有迹象表明管理层误解了其责任; ④ 情况的改变需要管理层再次确认其责任
准则补充	(1) 在某些情况下,管理层可能在书面声明中使用限定性语言,以表明该声明是根据其已知的全部事项作出的。如果注册会计师确信声明是由承担适当责任并了解声明所涉及事项的人员作出的,则注册会计师**可以接受对这些限定性语言的使用**。 (2) 为强调管理层作出有依据的声明的必要性,注册会计师**可能要求**管理层在书面声明中确认,为作出所要求的书面声明,**管理层已进行了适当的询问**。这种询问通常不需要超出被审计单位已建立的正式的内部程序。 (3) 管理层对注册会计师所要求的书面声明的内容**作出调整**,并**不一定**意味着管理层**不提供书面声明**。然而,作出调整的真正原因可能影响审计意见的类型

> **敲黑板①**
> 不论获取了怎样的审计证据,都不能代替管理层的书面声明,书面声明是一定要获取的。

2. 参考格式

书面声明

(致注册会计师):

　　本声明书是针对你们审计ABC公司截至20×1年12月31日的年度财务报表(涵盖的期间应当与审计报告中提及的财务报表一致)而提供的。审计的目的是对财务报表发表意见,以确定财务报表是否在所有重大方面已按照企业会计准则的规定编制,并实现公允反映。

　　尽我们所知,并在作出了必要的查询和了解后,我们确认:

一、财务报表

　　1. 我们已履行(X年X月X日)签署的审计业务约定书中提及的责任,即根据企业会计准则的规定编制财务报表,并对财务报表进行公允反映。

　　2. 根据企业会计准则的有关确认、计量或披露的规定,做出会计估计和相关披露时使用的方法、重大假设和数据是适当的。

　　3. 已按照企业会计准则的规定对关联方关系及其交易作出了恰当的会计处理和披露。

　　4. 根据企业会计准则的规定,所有需要调整或披露的资产负债表日后事项都已得到调整或披露。

　　5. 未更正错报,无论是单独还是汇总起来,对财务报表整体的影响均不重大。未更正错报汇总表附在本声明书后。

　　6. (插入注册会计师可能认为适当的其他任何事项)。

二、提供的信息

7. 我们已向你们提供下列工作条件：

（1）允许接触我们注意到的、与财务报表编制相关的所有信息（如记录、文件和其他事项）；

（2）提供你们基于审计目的要求我们提供的其他信息；

（3）允许在获取审计证据时不受限制地接触你们认为必要的本公司内部人员和其他相关人员。

8. 所有交易均已记录并反映在财务报表中。

9. 我们已向你们披露了由于舞弊可能导致的财务报表重大错报风险的评估结果。

10. 我们已向你们披露了我们注意到的、可能影响本公司的与舞弊或舞弊嫌疑相关的所有信息，这些信息涉及本公司的：

（1）管理层；

（2）在内部控制中承担重要职责的员工；

（3）其他人员（在舞弊行为导致财务报表重大错报的情况下）。

11. 我们已向你们披露了从现任和前任员工、分析师、监管机构等方面获知的、影响财务报表的舞弊指控或舞弊嫌疑的所有信息。

12. 我们已向你们披露了所有已知的、在编制财务报表时应当考虑其影响的违反或涉嫌违反法律法规的行为。

13. 我们已向你们披露了我们注意到的关联方的名称和特征、所有关联方关系及其交易。

14. （插入注册会计师可能认为必要的其他任何事项）。

附：未更正错报汇总表

ABC 公司　　　　　　　　　　　　　　　　　　　　　　　　　　ABC 公司管理层

（盖章）　　　　　　　　　　　　　　　　　　　　　　　　　　（签名并盖章）

中国××市　　　　　　　　　　　　　　　　　　　　　　　　　二〇二×年×月×日

三、其他书面声明★★

如果注册会计师①认为有必要获取一项或多项其他书面声明，以支持与财务报表或者一项或多项具体认定相关的其他审计证据，应当要求管理层提供这些书面声明。其他书面声明可能是对基本书面声明的补充，但不构成其组成部分。

（1）关于财务报表的额外书面声明。包括针对下列事项作出的声明：

① 会计政策的选择和运用是否适当；

② 是否按照适用的财务报告编制基础对下列事项进行了确认、计量、列报或披露。

（2）与向注册会计师提供信息有关的额外声明。

注册会计师可能认为有必要要求管理层提供书面声明，确认其已将注意到的所有内部控制缺陷向注册会计师通报。

（3）有关特定认定的书面声明。

如果管理层的意图对投资的计价基础非常重要，但若不能从管理层获取有关该项投资意图的书面声明，注册会计师就不可能获取充分、适当的审计证据。

> **敲黑板①**
> 其他书面声明不是一定要有的，需要根据具体情况确定是否向管理层获取其他书面声明。

四、书面声明的日期和涵盖的期间★★

考频　2019 年综合题（1）

1. 书面声明的日期

（1）书面声明的日期应当尽量接近对财务报表出具审计报告的日期，但不得在审计报告日后。

(2) 由于书面声明是必要的审计证据，在管理层签署书面声明**前**，注册会计师不能发表审计意见，也不能签署审计报告。

2. 涵盖的期间

(1) 书面声明应当涵盖审计报告针对的**所有财务报表和期间**。

(2) 如果在审计报告中提及的所有期间内，**现任**管理层均**尚未就任**，现任管理层可能由此声称无法就审计报告中提及的所有期间提供部分或全部书面声明。这一事实**并不能**减轻现任管理层对财务报表整体的责任。相应地，注册会计师仍然需要向**现任**管理层获取涵盖**整个**相关**期间**的书面声明。

经典例题 18-12 （2019 年·综合题）

甲公司是 ABC 会计师事务所的常年审计客户，主要从事轨道交通车辆配套产品的生产和销售。A 注册会计师负责审计甲公司 2018 年度财务报表，确定财务报表整体的重要性为 1 000 万元，实际执行的重要性为 500 万元。A 注册会计师在审计工作底稿中记录了审计计划，部分内容摘录如下：

(3) 甲公司于 2019 年初更换了管理层。因已获取新任管理层有关 2018 年度财务报表的书面声明，A 注册会计师未再要求前任管理层提供书面声明。

〖要求〗指出 A 注册会计师的做法是否恰当。如不恰当，简要说明理由。

〖答案〗恰当。

五、对书面声明可靠性的疑虑以及管理层不提供要求的书面声明 ★★

（见表18-10）

考频 2021 年简答题（1）

表 18-10　对书面声明可靠性的疑虑以及管理层不提供要求的书面声明

		内容
对书面声明可靠性的疑虑	如果对管理层的胜任能力、诚信、道德价值观或勤勉尽责产生疑虑	应当确定这些疑虑对书面或口头声明以及审计证据总体的可靠性产生的影响
		如果认为管理层在财务报表中作出不实陈述的风险很大，以至于审计工作无法进行，除非治理层采取适当的纠正措施，否则可能需要考虑解除业务约定。如果无法解除约定，考虑发表无法表示意见
	书面声明与其他审计证据不一致	应实施审计程序以设法解决这些导致不一致的问题
		如果导致不一致的问题仍未解决，应重新考虑对管理层的胜任能力、诚信、道德价值观或勤勉尽责的评估，并确定不一致对书面或口头声明和审计证据总体的可靠性可能产生的影响
		如果认为书面声明不可靠或管理层不提供符合要求的书面声明，应采取适当措施，确定对审计意见的影响，包括发表无法表示意见

续表

		内容
管理层不提供要求的书面声明	应对措施	(1) 与管理层讨论该事项； (2) 重新评价管理层的诚信，并评价该事项对书面或口头声明和审计证据总体的可靠性可能产生的影响； (3) 采取适当措施，包括确定该事项对审计意见可能产生的影响
	①发表无法表示审计意见的情况	(1) 注册会计师对管理层的诚信产生重大疑虑，以至于认为其作出的书面声明不可靠。 (2) 管理层不提供下列书面声明： ① 针对财务报表的编制，管理层确认其根据审计业务约定条款，履行了按照适用的财务报告编制基础编制财务报表，并使其实现公允反映的责任。 ② 针对提供的信息和交易的完整性

敲黑板①

高频考点，考生需要关注。考试中出现右栏的内容时，一定发表无法表示审计意见。

▌经典例题 18－13　（2021 年·简答题）

ABC 会计师事务所的 A 注册会计师负责审计多家上市公司 2020 年度财务报表，遇到下列与审计报告相关的事项：

（3）2021 年 1 月，丁公司原总经理及财务总监因涉嫌犯罪被批捕，新任管理层拒绝就 2020 年度财务报表签署书面声明。A 注册会计师执行审计后未发现重大错报，认为未获取书面声明对财务报表可能产生的影响重大但不具有广泛性，对丁公司 2020 年度财务报表发表了保留意见。

〔要求〕针对上述事项，指出 A 注册会计师的做法是否恰当。如不恰当，简要说明理由。简要说明理由。

〔答案〕不恰当。未能获取管理层书面声明，应发表无法表示意见。

名师说　书面声明属于必要的审计证据，当管理层不提供必要的书面声明，说明注册会计师未能获取到充分、适当的审计证据，应当考虑对审计意见的影响。如果未提供的书面声明与管理层的责任相关时，说明这个影响是广泛的，注册会计师应当发表无法表示意见。

章末总结

完成审计工作

完成审计工作概述

- 未更正错报
  - 评价
    - 考虑对重要性水平的影响
    - 每一单项错报都应当定性和定量评价
  - 抵销
    - 重大 —— 不能抵销
    - 非重大
      - 需要考虑可能存在其他未被发现的错报的风险
      - 不能根据抵销结果确定错报是否非重大
- 对财务报表合理性进行总体复核
- 复核工作底稿
  - 一般要求
    - 由项目组内经验较多的人员复核经验较少的人员的工作
    - 审计项目组内部复核贯穿审计全过程
  - 项目合伙人复核
    - 内容
      - 重大事项
      - 重大判断
      - 根据项目合伙人的职业判断，与项目合伙人的职责有关的其他事项
    - 记录 —— 项目合伙人应记录复核的范围和时间

期后事项

- 概念
  - 财务报表日后调整事项
  - 财务报表日后非调整事项
- 第一期后事项
  - 时间 —— 财务报表日至审计报告日之间发生的期后事项
  - 责任 —— 应当设计和实施审计程序，获取充分、适当的审计证据，以确定所有在财务报表日至审计报告日之间发生的、需要在财务报表中调整或披露的事项均已得到识别
- 第二期后事项
  - 时间 —— 审计报告日后至财务报表报出日前发现的事实
  - 修改财务报表
    - 一般应对
    - 特殊应对
      - 条件
      - 措施
  - 未改财务报表
    - 未提交
    - 已经提交
- 第三期后事项
  - 时间 —— 财务报表报出日后知悉的事实
  - 修改财务报表
    - 一般应对
    - 特殊应对
      - 条件
      - 措施
  - 未修改财务报表

书面声明

- 基本书面声明
  - 概念
    - 书面声明可能影响注册会计师需要获取的审计证据的性质和范围
    - 可靠的书面声明不影响注册会计师需要获取的审计证据的性质和范围，不为所涉及的任何事项提供充分、适当的审计证据
  - 涵盖期间 —— 注册会计师需要向现任管理层获取涵盖整个相关期间的书面声明
  - 不提供要求的书面声明
    - 与管理层讨论该事项
    - 重新评价管理层的诚信，并评价审计证据总体的可靠性可能产生的影响
    - 采取适当措施，包括确定该事项对审计意见可能产生的影响
      - 无法表示审计意见
        - 对管理层的诚信产生重大疑虑
        - 不提供书面声明
      - 管理层责任
        - 针对提供的信息和交易的完整性
- 其他书面声明 —— 其他书面声明可能是对关于管理层责任的书面声明的补充，但不构成其组成部分

76%

第十九章 审计报告

轻装上阵

本章讲什么?

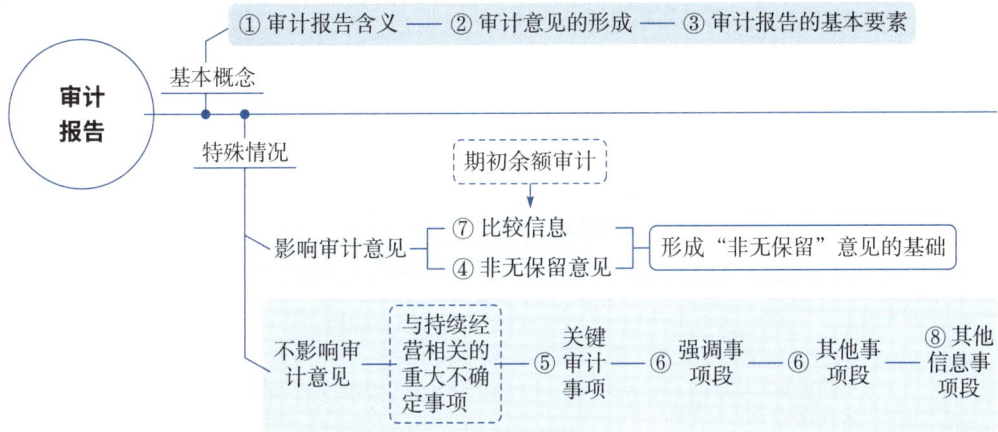

审计报告这个章节可以拆分成两个主要部分组成。第一部分是对基本概念的解释和介绍,第二部分则是对特殊情况的详细说明和分析。

在基本概念部分,我们介绍了①**审计报告的含义**,即审计报告的基本概念。审计报告中最重要的部分是审计意见,因此我们在②**审计意见的形成**部分详细介绍了审计意见的种类。此外,审计报告的基本概念部分还向大家介绍了③**审计报告的基本要素**,以便让大家了解审计报告的基本组成和结构。

只要是对审计报告有影响的事项,我们都认为是重大事项。对于重大事项,我们又将其拆分成了两个部分,第一部分会影响到审计意见(④**形成非无保留意见**、⑦**比较信息**),第二部分虽然不影响审计意见,但是会影响到审计报告的形式和内容(比如加了一个事项段,⑤**关键审计事项**、⑥**强调事项段和其他事项段**、⑧**其他信息事项段**)。

本章如何考?

本章内容在考试中非常重要,各种题型均可能涉及,尤其以简答题为主,每年考查分值为6~7分。同时,考试也可能将本章知识点与其他章节的知识点相结合,在简答题或综合题中出现。

本章怎么学?

在本章的学习过程中,考生需要在了解审计报告基本内容以及各种事项段含义的基础上,能够根据不同情形确定审计意见及审计报告的类型,在此过程中还会涉及会计、实务知识,需要考生运用综合分析的能力。本章中,"关键审计事项""非无保留意见的审计报告""强调事项段和其他事项段""比较信息"和"其他信息",是近年考试侧重考查的内容,值得重点关注。

2024年本章主要变化

2024年本章的内容无实质性变化。

第一节 审计报告概述

一、审计报告的含义★ (见表19-1)

表19-1 审计报告的含义

	内容
定义	审计报告是指注册会计师根据审计准则的规定,在执行审计工作的基础上对财务报表发表审计意见的书面文件
要点	注册会计师应当按照审计准则的规定执行审计工作
	注册会计师在实施审计工作的基础上才能出具审计报告
	注册会计师通过对财务报表发表意见履行业务约定书约定的责任
	注册会计师应当以书面形式出具审计报告

二、审计报告的作用★ (见表19-2)

表19-2 审计报告的作用

类别	内容
鉴证作用	注册会计师签发的审计报告,不同于政府审计和内部审计的审计报告,以超然独立的第三者身份,对被审计单位财务报表的合法性、公允性发表意见。这种意见具有鉴证作用,得到了政府投资者和其他利益相关者的普遍认可
保护作用	注册会计师通过审计,可以对被审计单位财务报表出具不同类型审计意见的审计报告,以提高财务报表使用者对财务报表的信赖程度,能够在一定程度上对被审计单位的债权人和股东的权益及其他利害关系人的利益起到保护作用
证明作用	审计报告是对注册会计师审计任务完成情况及其结果所作的总结,它可以表明审计工作的质量并明确注册会计师的审计责任。因此,审计报告可以对审计工作质量和注册会计师的审计责任起证明作用

第二节 审计意见的形成 ★

一、得出审计结论时考虑的领域

注册会计师应当评价根据审计证据得出的结论，以作为对财务报表形成审计意见的基础。在对财务报表形成审计意见时，注册会计师应当根据已获取的审计证据，评价是否已对财务报表整体不存在重大错报获取合理保证，见表19-3。

表19-3 得出审计结论时考虑的领域

	要点
要素	是否已获取充分、适当的审计证据
	未更正错报单独或汇总起来是否构成重大错报
	评价财务报表是否在所有重大方面按照适用的财务报告编制基础编制
	评价财务报表是否实现公允反映
	评价财务报表是否恰当提及或说明适用的财务报告编制基础

二、审计意见的类型

在财务报表审计中，注册会计师发表的审计意见类型，见图19-1。

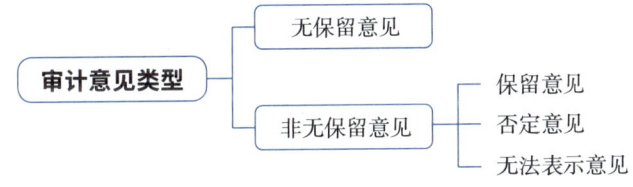

图19-1 审计意见的类型

1. 无保留意见

如果认为财务报表在所有重大方面按照适用的财务报告编制基础编制并实现公允反映，注册会计师应当发表无保留意见。

2. 非无保留意见

当存在下列情形之一时，注册会计师应当在审计报告中发表非无保留意见：

（1）根据获取的审计证据，**得出**财务报表整体**存在**重大错报的结论。

（2）无法获取充分、适当的审计证据，**不能得出**财务报表整体**不存在**重大错报的结论。

非无保留意见，包括对财务报表发表的保留意见、否定意见或无法表示意见。

第三节 审计报告的基本内容

一、审计报告的要素 ★★

无保留意见审计报告应当包括下列要素：

（1）标题；

（2）收件人；

（3）审计意见；

（4）形成审计意见的基础；

（5）管理层对财务报表的责任；

（6）注册会计师对财务报表审计的责任；

（7）按照相关法律法规的要求报告的事项（如适用）；

（8）注册会计师的签名和盖章；

（9）会计师事务所的名称、地址和盖章；

（10）报告日期。

二、单独段落

审计报告可能包括的单独段落有：

（1）与持续经营相关的重大不确定性（详见"考虑持续经营假设"章节相关内容）。

（2）关键审计事项（详见本章"第四节　在审计报告中沟通关键审计事项"）。

（3）强调事项段（详见本章"第六节　在审计报告中增加强调事项段和其他事项段"）。

（4）其他事项段（详见本章"第六节　在审计报告中增加强调事项段和其他事项段"）。

（5）被审计单位年度报告中包含的除财务报表和审计报告之外的其他信息（详见本章"第八节　注册会计师对其他信息的责任"）。

> 名师说
>
> （1）所谓"要素"，是指每份审计报告中都需包括的内容，而"单独段落"则是根据准则的要求及相关情形增加，并非每份审计报告都会包括。
>
> （2）如需在审计报告中增加"单独段落"，应加在要素"（4）形成审计意见的基础"之后、"（5）管理层对财务报表的责任"之前。
>
> （3）所有"单独段落"中所述的事项均不影响审计意见，影响审计意见的事项应在要素"（4）形成审计意见的基础"中描述，考生可结合各"单独段落"的具体内容掌握，考试的简答题常考查该点。

三、标题 ★★

审计报告应当具有标题，统一规范为"审计报告"。

四、收件人 ★★

审计报告的收件人，是指注册会计师按照业务约定书的要求致送审计报告的对象，一般是指审计业务的委托人。

审计报告**应当**按照审计业务的约定载明收件人的全称。

注册会计师**应当**与委托人在业务约定书中约定致送审计报告的对象，以防止在此问题上发生分歧或审计报告被委托人滥用。针对整套通用目的财务报表出具的审计报告，审计报告的致送对象通常为被审计单位的股东或治理层。

五、审计意见★★（见表19-4）

表19-4 审计意见

审计意见部分由两部分构成	
第一部分：指出已审计财务报表	
包含内容	（1）指出被审计单位的名称； （2）说明财务报表已经审计； （3）指出构成整套财务报表的每一财务报表的名称； （4）提及财务报表附注； （5）指明构成整套财务报表的每一财务报表的日期或涵盖的期间
第二部分：应当说明注册会计师发表的审计意见	

参考格式

（一）审计意见

我们审计了ABC股份有限公司（以下简称"ABC公司"）财务报表，包括20×1年12月31日的资产负债表，20×1年度的利润表、现金流量表、股东权益变动表以及相关财务报表附注。

我们认为，后附的财务报表在所有重大方面按照企业会计准则的规定编制，公允反映了ABC公司20×1年12月31日的财务状况以及20×1年度的经营成果和现金流量。

名师说

这段文字就是在发表审计意见，如果考试中说，××财务报表项目是按照企业按企业会计准则的规定编制，公允反映了××，其实就是在对某个财务报表项目发表审计意见。

六、形成审计意见的基础★★

审计报告应当包含标题为①"形成审计意见的基础"的部分。

参考格式

（二）形成审计意见的基础

我们按照中国注册会计师审计准则的规定执行了审计工作。审计报告的"注册会计师对财务报表审计的责任"部分进一步阐述了我们在这些准则下的责任。按照中国注册会计师职业道德守则，我们独立于ABC公司，并履行了职业道德方面的其他责任。我们相信，我们获取的审计证据是充分、适当的，为发表审计意见提供了基础。

敲黑板①

为什么会发表（一）审计意见？是因为（二）形成审计意见的基础。如果某事项会影响审计意见，注册会计师会在"形成××意见的基础"事项段进行描述。

七、管理层对财务报表的责任★★

参考格式

（五）管理层和治理层对财务报表的责任（管理层对财务报表的责任）

管理层负责按照企业会计准则的规定编制财务报表，使其实现公允反映，并设计、执行和维护必要的内部控制，以使财务报表不存在由于舞弊或错误导致的重大错报。

在编制财务报表时，管理层负责评估ABC公司的持续经营能力，披露与持续经营相关的事项（如适用），并运用持续经营假设，除非计划清算ABC公司、停止营运或别无其他现实的选择。

治理层负责监督ABC公司的财务报告过程。

八、①注册会计师对财务报表审计的责任★★

敲黑板①
对于该知识点，考生只需了解即可。

当注册会计师有责任在财务报表审计的同时对内部控制的有效性发表意见时，应当略去上述"目的并非对内部控制的有效性发表意见"的表述。

当《中国注册会计师审计准则第1401号——对集团财务报表审计的特殊考虑》适用时，通过说明下列事项，进一步描述注册会计师在集团审计中的责任：

（1）注册会计师的责任是就集团中实体或业务活动的财务信息获取充分、适当的审计证据，以对合并财务报表发表审计意见；

（2）注册会计师负责指导、监督和执行集团审计；

（3）注册会计师对审计意见承担全部责任。

> **参考格式**
>
> （六）注册会计师对财务报表审计的责任
>
> 我们的目标是对财务报表整体是否不存在由于舞弊或错误导致的重大错报获取合理保证，并出具包含审计意见的审计报告。合理保证是高水平的保证，但并不能保证按照审计准则执行的审计在某一重大错报存在时总能发现。错报可能由于舞弊或错误导致，如果合理预期错报单独或汇总起来可能影响财务报表使用者依据财务报表作出的经济决策，则通常认为错报是重大的。
>
> 在按照审计准则执行审计的过程中，我们运用了职业判断，保持了职业怀疑。我们同时：
>
> （1）识别和评估由于舞弊或错误导致的财务报表重大错报风险；对这些风险有针对性地设计和实施审计程序；获取充分、适当的审计证据，作为发表审计意见的基础。由于舞弊可能涉及串通、伪造、故意遗漏、虚假陈述或凌驾于内部控制之上，未能发现由于舞弊导致的重大错报的风险高于未能发现由于错误导致的重大错报的风险。
>
> （2）了解与审计相关的内部控制，以设计恰当的审计程序，但目的并非是对内部控制的有效性发表意见。（当注册会计师有责任在财务报表审计的同时对内部控制的有效性发表意见时，应当略去上述"目的并非是对内部控制的有效性发表意见"的表述。）
>
> （3）评价管理层选用会计政策的恰当性和作出会计估计及相关披露的合理性。
>
> （4）对管理层使用持续经营假设的恰当性得出结论。同时，根据获取的审计证据，就可能导致对ABC公司持续经营能力产生重大疑虑的事项或情况是否存在重大不确定性得出结论。如果我们得出结论认为存在重大不确定性，审计准则要求我们在审计报告中提请报表使用者注意财务报表中的相关披露；如果披露不充分，我们应当发表非无保留意见。我们的结论基于审计报告日可获得的信息。然而，未来的事项或情况可能导致ABC公司不能持续经营。
>
> （5）评价财务报表的总体列报、结构和内容（包括披露），并评价财务报表是否公允反映相关交易和事项。
>
> 我们与治理层就计划的审计范围、时间安排和重大审计发现（包括我们在审计中识别的值得关注的内部控制缺陷）等事项进行沟通。
>
> 我们还就遵守关于独立性的相关职业道德要求向治理层提供声明，并就可能被合理认为影响我们独立性的所有关系和其他事项，以及相关的防范措施（如适用）与治理层进行沟通。（此段适用于上市实体财务报表审计。）
>
> 从与治理层沟通的事项中，我们确定哪些事项对本期财务报表审计最为重要，因而构成关键审计事项。我们在审计报告中描述这些事项，除非法律法规禁止公开披露这些事项，或在极其罕见的情形下，如果合理预期在审计报告中沟通某事项造成的负面后果超过公众利益方面产生的益处，我们确定不应在审计报告中沟通该事项。（此段适用于上市实体财务报表审计。）

九、按照相关法律法规的要求报告的事项（如适用）★★

除审计准则规定的注册会计师对财务报表出具审计报告的责任外，相关法律法规可能对注册会计师设定了其他报告责任，见表19-5。

表19-5 按照相关法律法规的要求报告的事项

情形		内容
概述		这些责任是注册会计师按照审计准则对财务报表出具审计报告的责任的补充
包含出具		相关法律法规可能要求或允许注册会计师将对这些其他责任的报告作为对财务报表出具的审计报告的一部分
	处理方法	如果注册会计师在对财务报表出具的审计报告中履行其他报告责任，应当在审计报告中将其单独作为一部分，并以"按照相关法律法规的要求报告的事项"为标题。此时，审计报告应当区分为"对财务报表出具的审计报告"和"按照相关法律法规的要求报告的事项"两部分，以便将其同注册会计师的财务报表报告责任明确区分
单独出具		相关法律法规可能要求或允许注册会计师在单独出具的报告中进行报告

> 参考格式
> 二、按照相关法律法规的要求报告的事项
> 　　本部分的格式和内容，取决于法律法规对其他报告责任的性质的规定。法律法规规范的事项（其他报告责任）应当在本部分处理，除非其他报告责任与审计准则所要求的报告责任涉及相同的主题。如果涉及相同的主题，其他报告责任可以在审计准则所要求的同一报告要素部分中列示。当其他报告责任和审计准则规定的报告责任涉及同一主题，并且审计报告中的措辞能够将其他报告责任与审计准则规定的责任予以清楚地区分（如差异存在）时，允许将两者合并列示（即包含在"对财务报表出具的审计报告"部分中，并使用适当的副标题）。

十、注册会计师的签名和盖章★★

审计报告应当由项目合伙人和另一名负责该项目的注册会计师签名和盖章。
对上市实体整套通用目的财务报表出具的审计报告应当注明项目合伙人。

十一、会计师事务所的名称、地址和盖章★★

审计报告应当载明会计师事务所的名称和地址，并加盖会计师事务所公章。会计师事务所地址表明所在的城市即可。

十二、报告日期★★ （见表19-6）

考频 2017年综合题（1）

表19-6 报告日期

	内容
概念	审计报告不应早于注册会计师获取充分、适当的审计证据并在此基础上对财务报表形成审计意见的日期

续表

	内容
前提	确定审计报告日时，注册会计师应当确信已获取两方面的证据： (1) 整套财务报表（包括相关附注）已编制完成（签发财务报表）； (2) 被审计单位已经认可其对财务报表负责（已向注册会计师致送书面声明）
要求	注册会计师签署审计报告的日期可能与管理层签署已审计财务报表的日期为同一天，也可能晚于管理层签署已审计财务报表的日期 **名师说** 编制财务报表是管理层的责任，注册会计师的责任是对财务报表发表意见。注册会计师只有在管理层履行了责任的基础上，才能履行其责任。管理层通过签署财务报表确认其责任，而注册会计师通过签署审计报告确认其责任。所以站在审计的角度，必须要求管理层先签署财务报表，注册会计师才能签署审计报告。实务中，两者一般为同一天。
作用	向审计报告使用者表明，注册会计师已考虑知悉的、截至审计报告日发生的事项和交易的影响。注册会计师对不同时段的财务报表日后事项有着不同的责任，而审计报告的日期是划分时段的关键时点

经典例题 19-1 （经典真题·综合题）

ABC 会计师事务所首次接受委托，审计上市公司甲公司 2016 年度财务报表，委派 A 注册会计师担任项目合伙人。A 注册会计师确定财务报表整体的重要性为 1 200 万元。甲公司主要提供快递物流服务。A 注册会计师在审计工作底稿中记录了审计计划，部分内容摘录如下：

（2）因仅实施替代程序无法获取充分、适当的审计证据，A 注册会计师就一份重要的询证函通过电话与被询证方确认了函证信息并被告知回函已寄出，于当日出具了审计报告。A 注册会计师于次日收到回函，结果满意。

〈要求〉假定不考虑其他条件，指出审计计划的内容是否恰当。如不恰当，简要说明理由。

〈答案〉不恰当。口头回复不能作为可靠的审计证据/审计报告日前审计工作未完成/未获取充分、适当的审计证据。

敲黑板①
该知识点了解即可。

十三、与财务报表一同列报的补充信息★★（见表 19-7）

表 19-7 ①与财务报表一同列报的补充信息

	内容
补充信息概念	在某些情况下，被审计单位根据法律法规的要求，或出于自愿选择，与财务报表同列报适用的财务报告编制基础未作要求的补充信息。这种补充信息通常在补充报表中或作为额外的附注进行列示 **名师说** 例如，被审计单位列报补充信息以增强财务报表使用者对适用的财务报告编制基础的理解，或者对财务报表的特定项目提供进一步解释。

续表

		内容
是否必要组成部分	是	如果补充信息构成财务报表的必要组成部分，**应当**将其涵盖在审计意见中
	否	（1）注册会计师**应当**评价这些补充信息的列报方式是否充分、清楚地使其与已审计财务报表相区分。 （2）如果未能充分、清楚地区分，注册会计师应当要求管理层改变未审计补充信息的列报方式。 （3）如果管理层拒绝改变，注册会计师应当指出未审计的补充信息，并在审计报告中说明补充信息未审计

第四节　在审计报告中沟通关键审计事项

一、确定关键审计事项的决策框架★★★

关键审计事项：是指注册会计师根据职业判断认为对当期财务报表审计最为重要的事项。"**最为重要的事项**"并不意味着只有一项。需要在审计报告中包含的关键审计事项的数量，可能受被审计单位规模和复杂程度、业务和经营环境的性质，以及审计业务具体事实和情况的影响，见图19-2。

```
与治理层沟通的事项 → 在执行审计工作时重点关注过的事项 → 关键审计事项（最为重要的事项）
```

图19-2　确定关键审计事项的决策框架

注册会计师在确定哪些事项属于重点关注过的事项时，**应当特别考虑下列方面**：
（1）评估的重大错报风险较高的领域；
（2）与财务表中涉及重大管理层判断；
（3）当期重大交易或事项对审计的影响。

二、在审计报告中沟通关键审计事项★★★

在审计报告中沟通关键审计事项——知识精讲

考频 2021年简答题（1）、2020年简答题（1）、2019年简答题（1）、2018年简答题（2）

（一）在审计报告中单设关键审计事项部分（见表19-8）

表19-8　在审计报告中单设关键审计事项部分

	内容
定义	注册会计师根据职业判断认为对本期财务报表审计**最为重要的事项**
	注册会计师对财务报表整体形成审计意见，而不对关键审计事项单独发表意见

续表

	内容
责任	《中国注册会计师审计准则第1504号——在审计报告中沟通关键审计事项》明确了注册会计师在审计报告中的责任，该准则适用于对**上市实体整套通用目的**的财务报表进行审计，**以及**注册会计师决定或委托要求在审计报告中沟通关键审计事项的**其他情形**。如果法律法规要求注册会计师在审计报告中沟通关键审计事项，该准则亦适用
要点	导致**非无保留意见的事项**、可能导致对被审计单位持续经营能力产生重大疑虑的事项或情况**存在重大不确定性**等，虽然①**符合关键审计事项的定义**，但这些事项在审计报告中**专门的部分披露**，**不在关键审计事项部分披露**。在关键审计事项部分披露的关键审计事项必须是已经得到满意解决的事项
	注册会计师应当按照使用的审计准则的规定报告这些事项，并在关键审计事项部分提及形成保留（否定）意见的基础或与持续经营相关的重大不确定性的部分
	如果注册会计师根据《中国注册会计师审计准则第1324号——持续经营》的规定，认为可能导致对被审计单位持续经营能力产生重大疑虑的事项或情况②**不存在重大不确定性**，注册会计师仍可能确定在按照该准则的规定执行审计工作得出结论时，与该结论相关的一项或多项事项**构成关键审计事项**。在这种情况下，注册会计师在审计报告中对这些关键审计事项的描述可以包括财务报表中披露的、已识别出的事项或情况，如重大经营亏损、可获得的借款安排和潜在的债务重组，或者违反贷款协议及相关缓解因素

敲黑板①
如果考试中说，导致非无保留意见的事项、可能导致对被审计单位持续经营能力产生重大疑虑的事项或情况存在重大不确定性等，不符合关键审计事项的定义，所以不在关键审计事项部分披露，考生要知道这是错误的。

敲黑板②
持续经营能力存在重大不确定性，不应在关键审计事项段披露。但如果不存在重大不确定性，可以在关键审计事项段披露。

▎**经典例题 19-2** （2020 年·简答题）

ABC 会计师事务所的 A 注册会计师负责审计多家上市公司 2019 年度财务报表，遇到下列与审计报告相关的事项：

（4）丁公司 2019 年度营业收入和毛利率均大幅增长，A 注册会计师评估认为存在较高的舞弊风险，将收入确认作为审计中最为重要的事项与治理层进行了沟通。A 注册会计师实施审计程序后未发现收入确认存在重大错报，拟将收入确认作为审计报告中的关键审计事项，并在审计应对部分说明，丁公司的收入确认符合企业会计准则的规定，在所有重大方面公允反映了丁公司 2019 年度的营业收入。

〔要求〕针对上述事项，指出 A 注册会计师的做法是否恰当。如不恰当，简要说明理由。

〔答案〕不恰当。关键审计事项不能包含对财务报表单一要素单独发表的意见。

在审计报告中沟通关键审计事项-例题解析

▎**经典例题 19-3** （2021 年·简答题）

ABC 会计师事务所的 A 注册会计师负责审计多家上市公司 2020 年度财务报表，遇到下列与审计报告相关的事项：

（1）A 注册会计师无法就甲公司重要子公司乙公司 2020 年末计提的存货跌价准备获取充分、适当的审计证据，对甲公司 2020 年度财务报表发表了保留意见。由于将存货跌价准备作为审计中最为重要的事项与甲公司治理层进行了沟通，A 注册会计师将除乙公司相关部分之外的存货跌价准备作为审计报告中的关键审计事项。

〔要求〕针对上述事项，指出 A 注册会计师的做法是否恰当。如不恰当，简要说明理由。

〔答案〕恰当。

（二）描述单一关键审计事项（见表 19 - 9）

表 19 - 9　描述单一关键审计事项

	要点	
内容	注册会计师应当在审计报告中逐项描述每一关键审计事项	
	该事项被认定为关键审计事项的原因	
	该事项在审计中是如何应对的	
	可以描述要素	（1）审计应对措施或审计方法中，与该事项最为相关或对评估的重大错报风险最有针对性的方面； （2）对已实施审计程序的简要概述； （3）实施审计程序的结果； （4）对该事项的主要看法
	应当分别索引至财务报表的相关披露（如有）	
注意用词	不暗示注册会计师在对财务报表形成审计意见时尚未恰当解决该事项	
	将该事项与被审计单位的具体情形紧密相扣，避免使用一般化或标准化的语言	
	考虑该事项在相关财务报表披露（如有）中是如何处理的	
	不包含或暗示对财务报表单一要素单独发表的意见	
禁止	在描述关键审计事项时，注册会计师需要避免不恰当地提供被审计单位的原始信息	
	原始信息是指与被审计单位相关、尚未由被审计单位公布的信息。这些信息是被审计单位管理层和治理层的责任	
	名师说 例如，未包含在财务报表中、未包含在审计报告日可获取的其他信息或者管理层或治理层的其他口头或书面沟通中，如财务信息的初步公告或投资者简报。	
	如果确定这些信息是必要的，可以鼓励管理层或治理层披露进一步的信息，而不是在审计报告中提供原始信息	

经典例题 19 - 4　（2018 年 · 简答题）

ABC 会计师事务所的 A 注册会计师负责审计多家上市公司 2017 年度财务报表，遇到下列与审计报告相关的事项：

己公司的某重要子公司因环保问题被监管部门调查并停业整顿。A 注册会计师将该事项识别为关键审计事项。因己公司管理层未在财务报表附注中披露该子公司停业整顿的具体原因，A 注册会计师拟在审计报告的关键审计事项部分进行补充说明。

（要求）指出 A 注册会计师的做法是否恰当。如不恰当，简要说明理由。

（答案）不恰当。注册会计师不应在关键审计事项部分描述被审计单位的原始信息/关键审计事项不能替代管理层的披露/应要求管理层作出补充披露。

不在审计报告中沟通关键审计事项的情形和内容-知识精讲

三、不在审计报告中沟通关键审计事项的情形和内容★★★（见表19-10）

表19-10　不在审计报告中沟通关键审计事项的情形和内容

情形	内容
极其罕见	仅当合理预期在审计报告中沟通某关键审计事项对被审计单位或公众造成的负面后果非常严重，以至于超过在公众利益方面产生的益处时，不沟通该事项的判断才是适当的
法律法规禁止	法律法规也可能禁止公开披露某事项。**例如，公开披露某事项可能妨碍相关机构对某项违法行为或疑似违法行为的调查**

其他情形下关键审计事项的形式和内容-知识精讲

四、其他情形下关键审计事项部分的形式和内容★★★

考频 2019年简答题（1）、2018年简答题（1）

1. 不存在需要沟通的关键审计事项

如果注册会计师确定不存在需要沟通的关键审计事项，可以在审计报告中作如下表述：

> **关键审计事项**
> 除形成保留（否定）意见的基础部分或与持续经营相关的重大不确定性部分所描述的事项外，我们确定不存在其他需要在审计报告中沟通的关键审计事项。

或者：

> **关键审计事项**
> 我们确定不存在需要在审计报告中沟通的关键审计事项。

2. 无法表示意见

如果根据《中国注册会计师审计准则第1502号——在审计报告中发表非无保留意见》的规定，确定对财务报表发表无法表示意见，注册会计师**不得**在审计报告中沟通关键审计事项，除非法律法规要求沟通。

3. 增加强调事项段或其他事项段

如果注册会计师认为有必要在审计报告中增加强调事项段或其他事项段，审计报告中的强调事项段或其他事项段需要与关键审计事项部分分开列示。如果某事项被确定为关键审计事项，则**不能**以强调事项或其他事项代替对关键审计事项的描述。

▌经典例题19-5　（2018年·简答题）

ABC会计师事务所的A注册会计师负责审计多家上市公司2017年度财务报表，遇到下列与审计报告相关的事项：

（1）甲公司管理层在2017年度财务报表中确认和披露了年内收购乙公司的交易。A注册会计师将其作为审计中最为重要的事项与治理层进行了沟通，拟在审计报告的关键审计事项部分沟通该事项。同时，因该事项对财务报表使用者理解财务报表至关重要，A注册会计师拟在审计报告中增加强调事项段予以说明。

（要求）指出A注册会计师的做法是否恰当。如不恰当，简要说明理由。

（答案）不恰当。注册会计师已经在关键审计事项部分沟通该事项，不应增加强调事项段/

该事项同时符合关键审计事项和强调事项的标准，应仅作为关键审计事项。

经典例题 19-6 （2019年·简答题）

其他情形下关键审计事项的形式和内容-例题解析

ABC 会计师事务所的 A 注册会计师负责审计多家上市公司 2018 年度财务报表，遇到下列与审计报告相关的事项：

（1）因无法就甲公司 2018 年度财务报表的多个项目获取充分、适当的审计证据，A 注册会计师发表了无法表示意见，并在审计报告的关键审计事项部分说明：除形成无法表示意见的基础部分所述事项外，不存在其他需要在审计报告中沟通的关键审计事项。

（要求）指出 A 注册师的做法是否恰当。如不恰当，简要说明理由。

（答案）不恰当。当对财务报表发表无法表示意见时，注册会计师不得在审计报告中包含关键审计事项部分。

五、就关键审计事项与治理层沟通 ★★★

【考频】2020年单选题（1）

治理层在监督财务报告过程中担当重要角色。就关键审计事项与治理层沟通，能够使治理层了解注册会计师就关键审计事项作出的审计决策的基础，以及这些事项将如何在审计报告中作出描述，也能够使治理层考虑鉴于这些事项就在审计报告中沟通，作出新的披露或提高披露质量是否有用。因此，注册会计师就下列方面与治理层沟通：

（1）注册会计师确定的关键审计事项；

（2）根据被审计单位和审计业务的具体情况，①注册会计师确定不存在需要在审计报告中沟通的关键审计事项（如适用）。

敲黑板①

这里需要注意的是，即使没有需要沟通的关键审计事项，注册会计师还是应当与治理层沟通"我们确定不存在需要在审计报告中沟通的关键审计事项"。

经典例题 19-7 （2020年·单选题）

下列各项沟通中，注册会计师应当采用书面形式的是（　　）。

A. 在接受委托前，与前任注册会计师进行沟通
B. 在接受委托后，与前任注册会计师进行沟通
C. 在上市公司审计中，与治理层沟通关键审计事项
D. 在上市公司审计中，与治理层沟通注册会计师的独立性

（解析）选项 ABC 可以口头沟通，也可以书面沟通，不选；选项 D 正确，对于审计准则要求的注册会计师的独立性，注册会计师应当以书面形式与治理层沟通。

（答案）D

六、审计工作底稿

注册会计师**应当**在审计工作底稿中记录下列事项：

（1）注册会计师确定的在执行审计工作时重点关注过的事项，以及针对每一事项，是否将其确定为关键审计事项及其理由。

（2）注册会计师确定不存在需要在审计报告中沟通的关键审计事项的理由，或者仅需要沟通的关键审计事项是导致非无保留意见的事项，或者是可能导致对被审计单位持续经营能力产生重大疑虑的事项或情况存在重大不确定性（如适用）。

（3）注册会计师确定不在审计报告中沟通某项关键审计事项的理由（如适用）。

七、参考格式

（一）参考格式：关键审计事项——商誉的减值测试

相关信息披露详见财务报表附注——××

1. 事项描述

截至201×年12月31日，集团因收购YYY公司而确认了×××万元的商誉。贵公司管理层于每年年末对商誉进行减值测试。本年度，YYY公司产生了经营损失，该商誉出现减值迹象。

报告期末，集团管理层对YYY公司的商誉进行了减值测试，以评价该项商誉是否存在减值。管理层采用现金流预测模型来计算商誉的可收回金额，并将其与商誉的账面价值相比较。该模型所使用的折现率、预计现金流，特别是未来收入增长率等关键指标需要作出重大的管理层判断。通过测试，管理层得出商誉没有减值的结论。

2. 实施的审计程序

我们针对管理层减值测试所实施的审计程序包括：

（1）对管理层的估值方法予以了评估；

（2）基于我们对相关行业的了解，我们质疑了管理层假设的合理性，如收入增长率、折现率等；

（3）检查录入数据与支持证据的一致性，例如，已批准的预算以及考虑这些预算的合理性。

……

3. 实施审计程序的结果

我们认为，基于目前所获取的信息，管理层在对商誉减值测试所使用的假设是合理的，相关信息在财务报表附注——××中所作出的披露是适当的。

（二）参考格式：关键审计事项——研发费用资本化

相关信息披露详见财务报表附注——××

1. 事项描述

公司开发了大量的系统运行软件以及业务相关技术，并正在进一步开发其他技术以提高效率和产能。本年度，公司资本化的研发费用为×××万元。

由于资本化的研发费用金额较大，且评估其是否达到企业会计准则规定的资本化标准涉及重大的管理层判断（特别是以下领域），因此该领域是关键审计事项。

（1）项目的技术可行性；

（2）项目产生足够未来经济利益的可能性。

我们尤其注意到公司目前正在投资开发新技术以满足其未来发展的需要，因此我们重点关注了这些在建项目的未来经济利益是否能够支撑资本化金额，这些项目包括：

（1）为提高公司开发、运营和拓展能力，重建其技术平台的项目，如能够投入使用，其经济利益需要在较长的期限内实现，因此涉及更多判断；

（2）由于某些开发技术的创新性而使其未来经济利益涉及重大判断的项目。

鉴于新软件和系统的开发，我们也关注了已经资本化的现有软件及系统的账面余额是否发生减值。

2. 实施的审计程序及结果

我们获取了本年度资本化的研发费用的明细表，并将其调节至总账中记录的金额，未发现重大异常。

我们测试了资本化金额超过××万元的所有项目和剩余样本中抽取的金额较小的项目，具体如下：

（1）我们获取了管理层就这些项目进行资本化的原因作出的解释，包括项目的技术可行性以及项目产生足够未来经济利益的可能性等方面。我们还与负责各选定项目的项目开发经理进行访谈，以印证上述解释并了解具体项目，从而使我们能够独立评估这些项目是否满足企业会计准则规定的资本化条件。我们发现项目经理给出的解释与我们从管理层获得的解释，以及我们对业务发展的理解一致，并认可管理层得出的这些支出满足资本化条件的评价。

（2）我们询问了管理层及相关项目经理，新软件和系统的开发是否代替了资产负债表中任何现有资产或使其减值。除财务报表附注××所披露的××万元的减值准备外，我们未发现进一步的减值迹象。我们还根据我们对于新建项目及现有项目的了解，考虑是否存在任何项目中的软件因受开发活动的影响而停止使用或减少使用年限。我们未发现重大异常。

（3）为确定支出是否可直接归属于各个项目，我们获取了单个项目耗用工时的清单，抽查了项目记录的某些工时数，并与相关项目经理讨论以了解项目，确认所测试的员工的确参与了项目，并确定这些员工所执行工作的性质。我们通过将耗用工时清单中某位员工的总工时数与其标准费率相乘来确认记录的工时工资与资本化的金额相一致。

（4）我们还按照相当于公司技术开发小组平均工资的每小时费率对上述的标准小时费率进行了调节。我们认为所用费率能恰当反映内部开发员工的薪酬水平，未发现重大异常。

……

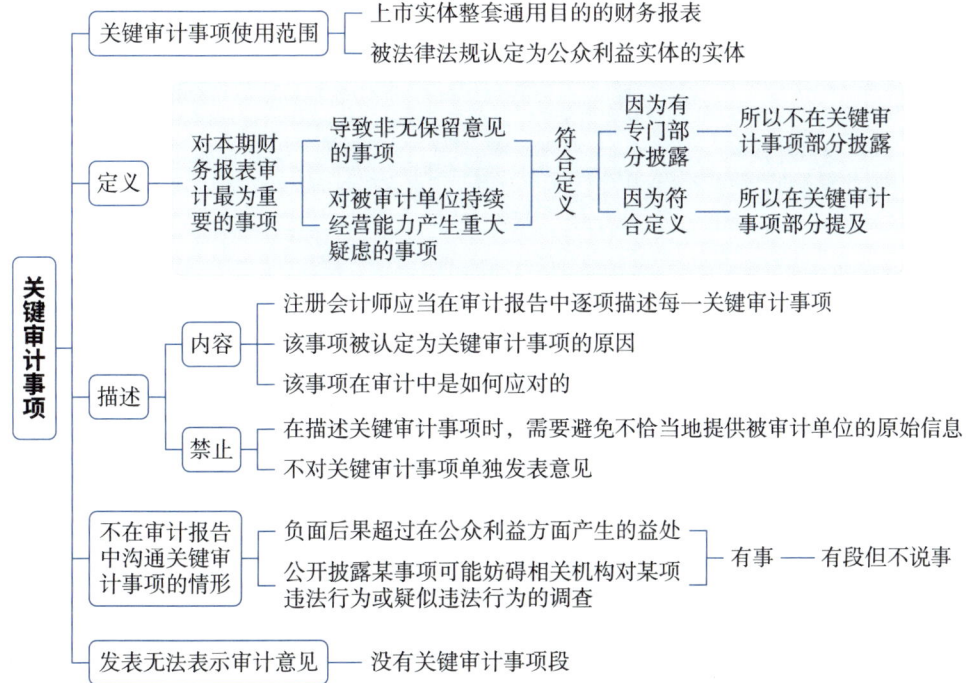

图 19-3　关键审计事项

第五节 非无保留意见审计报告

一、非无保留意见的含义★★★（见表19-11）

表19-11 非无保留意见的含义

	内容
定义	非无保留意见是指保留意见、否定意见或无法表示意见
情形	（1）根据获取的审计证据，得出财务报表整体存在重大错报的结论； （2）无法获取充分、适当的审计证据，不能得出财务报表整体不存在重大错报的结论
审计范围受限	下列情形可能导致注册会计师无法获取充分、适当的审计证据（也称为审计范围受到限制）： （1）超出被审计单位控制的情形； （2）与注册会计师工作的性质或时间安排相关的情形； （3）管理层施加限制的情形。

名师说

注意：如果注册会计师能够通过实施替代程序获取充分、适当的审计证据，则无法实施特定的程序并不构成对审计范围的限制。

辨析：

例如，被审计单位的法定代表人违规以被审计单位的名义为一些关联公司和外部单位提供了大量担保，导致被审计单位因多个债务人逾期未还款而被起诉。由于该法定代表人已失联，被审计单位管理层无法确定是否还存在其他未知的违规担保事项，注册会计师无法就或有事项和关联方交易披露的完整性实施审计程序，这种情况即属于"无法获取充分、适当的审计证据"。

又如，被审计单位由于关联方交易的转移定价问题受到税务机关的稽查，管理层没有计提可能需要补缴的税款。注册会计师在税务专家的协助下评估了补缴税款的可能性，并对可能需要补缴的税款作出了区间估计，据此提出了审计调整。被审计单位管理层以税务稽查结果存在重大不确定性、无法可靠估计为由拒绝接受该调整建议。截至审计报告日，税务机关尚未就稽查结果提供明确信息。在这种情况下，如果注册会计师根据所获得的信息和基于这些信息所作的合理判断已经足以认定财务报表存在重大错报，这种情况即属于"财务报表存在重大错报"。

确定非无保留意见的类型-知识精讲

二、确定非无保留意见的类型★★★

考频 2022年简答题（2）、2021年简答题（1）、2020年简答题（1）、2019年简答题（2）

（一）影响是否重大

（1）错报或受限金额或性质达到或超过重要性，①通常属于重大影响。
（2）错报或受限金额或金额低于但接近重要性，应谨慎考虑影响是否重大。

敲黑板①

注意，极少数情况下，如分类错报，也可能不重大。

（二）影响是否广泛

（1）大范围影响：不限于对财务报表的特定要素、账户或项目产生影响。

名师说 例如，未将重要组成部分纳入合并范围，管理层拒绝提交针对其责任的书面声明，持续经营假设不合理，无法就制造业存货的期初和期末以及当期的存货增减获取充分、适当的审计证据。

（2）虽然仅对财务报表的特定要素、账户或项目产生影响，但这些要素、账户或项目是或可能是影响财务报表的主要组成部分。

名师说 例如，占筹建期企业账面资产余额80%的在建工程无法获取充分适当的审计证据、将成熟期企业的亏损粉饰为盈利。

（3）当与披露相关时，产生的影响对理解财务报表至关重要。

名师说 例如，被审计单位持续经营能力产生重大疑虑的事项或情况存在重大不确定性，且公司正在考虑破产，管理层在财务报表中遗漏了与重大不确定性相关的必要披露（即完全未披露）。

表 19-12 非无保留意见类型的判断原则

导致发表非无保留意见的事项的性质	重大但不具有广泛性	重大且具有广泛性
财务报表存在重大错报	保留意见	否定意见
无法获取充分、适当的审计证据	保留意见	无法表示意见

经典例题 19-8（2022年·简答题）

ABC会计师事务所的A注册会计师负责审计多家上市公司2021年度财务报表，遇到下列与审计报告相关的事项：

2021年，乙公司一项大额应收款项的债务人申请破产清算。乙公司管理层认为损失金额无法可靠计量，未对该应收款项计提减值准备。A注册会计师与破产管理人沟通后认为该应收款项存在重大减值损失，因最终清偿金额难以准确估计，以审计范围受限为由对乙公司2021年度财务报表发表了保留意见。

要求 针对上述事项，指出A注册会计师的做法是否恰当。如不恰当，简要说明理由。

答案 不恰当。未计提减值准备属于作出不恰当的会计估计，财务报表存在重大错报，应当以存在重大错报为由发表保留意见。

经典例题 19-9（2021年·简答题）

ABC会计师事务所的A注册会计师负责审计多家上市公司2020年度财务报表，遇到下列与审计报告相关的事项：

因受疫情影响，A注册会计师无法对戊公司的境外重要子公司己公司财务信息执行审计，

确定非无保留意见的类型-例题解析

对戊公司 2019 年度财务报表发表了无法表示意见。2020 年 10 月，戊公司转让己公司部分股权后失去股权控制，但仍具有重大影响。因疫情严重，A 注册会计师仍无法对己公司 2020 年度财务信息执行审计。考虑到己公司财务信息仅影响戊公司个别财务报表项目，A 注册会计师对戊公司 2020 年度财务报表发表了保留意见。

〈要求〉针对上述事项，指出 A 注册会计师的做法是否恰当。如不恰当，简要说明理由。

〈答案〉不恰当。己公司 2020 年 1 月至 9 月的经营成果对戊公司合并财务报表具有重大且广泛的影响（"仍具有重大影响"）/应发表无法表示意见。

（三）不得局部无保留

（1）所谓整体性审计意见是指**否定意见**和**无法表示意见**。

（2）如对报表**整体**发表否定意见或无法表示意见，**不应**再在同一审计报告中对单一财务报表或者报表特定要素、账户或项目发表无保留意见，否则将会与对财务报表整体发表的意见矛盾。

（3）未对报表整体发表无法表示意见（前提）时，对经营成果、现金流量发表无法表示意见，及对财务状况发表无保留意见是被允许的。

三、非无保留意见审计报告的格式和内容★★★

（一）审计意见段（发表意见）（见表 19-13）

表 19-13 审计意见段（发表意见）

		内容
保留	标题	保留意见
	说明	注册会计师认为，除了形成保留意见的基础部分所述事项产生的影响外，财务报表在所有重大方面按照适用的财务报告编制基础编制，并实现公允反映
否定	标题	否定意见
	说明	注册会计师认为，由于形成否定意见的基础部分所述事项的重要性，财务报表**没有在所有重大方面**按照适用的财务报告编制基础编制，未能实现公允反映
无法表示	标题	无法表示意见
	说明	由于形成无法表示意见的基础部分所述事项的重要性，注册会计师无法获取充分、适当的审计证据以为发表审计意见提供基础，因此，注册会计师不对这些财务报表发表审计意见

（二）形成审计意见基础事项段（发表审计意见的原因）

1. 审计报告格式和内容的一致性

如果对财务报表发表非无保留意见，注册会计师应当直接在审计意见段之后增加一个部分，并使用恰当的标题，如"形成保留意见的基础""形成否定意见的基础"或"形成无法表示意见的基础"，说明导致发表非无保留意见的事项。

2. 量化说明错报影响

如果存在与具体金额相关的重大错报，例如，存货被高估，应在事项段中说明并量化该错报的财务影响。

> 参考格式（量化）
> **（二）形成保留意见的基础**
> ABC 公司 20×6 年 12 月 31 日资产负债表中存货的列示金额为×元。管理层根据成本对存货进行计量，而<u>没有根据成本与可变现净值孰低的原则进行计量</u>，这不符合企业会计准则的规定。ABC 公司的会计记录显示，如果管理层以成本与可变现净值孰低来计量存货，<u>①存货列示金额将减少×元。相应地，资产减值损失将增加×元，所得税、净利润和所有者权益将分别减少×元、×元和×元。</u>

敲黑板①
量化说明错报的影响。

如果无法量化财务影响，应在事项段中说明这一情况（原因）。

> 参考格式（无法量化说明原因）
> **（二）形成否定意见的基础**
> 如财务报表附注×所述，20×1 年 ABC 公司通过非同一控制下的企业合并获得对 XYZ 公司的控制权，<u>因未能取得购买日 XYZ 公司某些重要资产和负债的公允价值，故未将 XYZ 公司纳入合并财务报表的范围</u>。按照企业会计准则的规定，ABC 公司应将这一子公司纳入合并范围，并以暂估金额为基础核算该项收购。如果将 XYZ 公司纳入合并财务报表的范围，后附的 ABC 公司合并财务报表的多个报表项目将受到重大影响。<u>②但我们无法确定未将 XYZ 公司纳入合并范围对合并财务报表产生的影响。</u>

敲黑板②
说明无法量化的原因。

3. 存在与定性披露相关的重大错报

如果财务报表中存在与定性披露相关的重大错报，注册会计师<u>应当</u>在形成<u>非无保留意见的基础部分</u>解释该错报错在何处。

4. 存在与应披露而未披露信息相关的重大错报（保留/否定）（见表 19-14）

表 19-14 存在与应披露而未披露信息相关的重大错报

情况	要点
注册会计师应当采取的应对措施	（1）与治理层讨论未披露信息的情况； （2）在形成非无保留意见的基础部分描述未披露信息的性质； （3）<u>③如果可行并且已针对未披露信息获取了充分、适当的审计证据</u>，在形成非无保留意见的基础部分包含对未披露信息的披露，<u>除非法律法规禁止</u>
披露遗漏信息不可行	（1）管理层还没有作出这些披露，或管理层已作出但注册会计师不易获取； （2）根据注册会计师的判断，在审计报告中披露该事项过于庞杂

敲黑板③
应披未披事项，可以在审计报告中进行披露。

5. 无法获取充分、适当的审计证据

如果因无法获取充分、适当的审计证据而导致发表非无保留意见，注册会计师<u>应当</u>在形成非无保留意见的基础部分<u>说明无法获取审计证据的原因</u>。

> 参考格式（无法量化说明原因）
> **（二）形成无法表示意见的基础**
> 我们于 20×2 年 1 月接受 ABC 公司的审计委托，因而未能对 ABC 公司 20×1 年初金额为 X 元的存货和年末金额为 X 元的存货实施监盘程序。此外，我们也无法实施替代审计程序获取充分、适当的审计证据。<u>④并且，ABC 公司于 20×1 年 9 月采用新的应收账款电算化系统，由于存在系统缺陷导致应收账款出现大量错误。截至审计报告日，管理层仍在纠正系统缺陷并更正错误，我们也无法实施替代审计程序，以对截至 20×1 年 12 月 31 日的应收账款总额 X 元获取充分、适当的审计证据。</u>因此，我们无法确定是否有必要对存货、应收账款以及财务报表其他项目作出调整，也无法确定应调整的金额。

敲黑板④
说明无法获取审计证据的原因。

6. 披露其他事项

即使发表了否定意见或无法表示意见，注册会计师也**应当**在形成非无保留意见的基础部分说明注意到的、将导致发表非无保留意见的所有其他事项及其影响。这是因为，对注册会计师注意到的其他事项的披露可能与财务报表使用者的信息需求相关。

> **名师说**
> （1）如果同时存在两项重大错报，单独来看，第一项错报影响广泛，导致否定意见；另一项错报影响重大或广泛，导致保留或否定意见。两项错报汇总后仍导致否定意见，注册会计师应当在形成否定意见的基础部分说明两项错报，不应只选择一项进行说明。（如果同时存在两项重大范围受限同理）
> （2）如果因重大范围受限导致发表无法表示意见，而在先前审计中已发现报表存在重大错报，注册会计师应当在形成无法表示意见的基础部分说明存在的重大错报。

经典例题 19-10 （经典真题·简答题）

ABC 会计师事务所的 A 注册会计师负责审计多家上市公司 2016 年度财务报表，遇到下列与审计报告相关的事项：

（6）A 注册会计师认为，己公司财务报表附注中未披露其对外提供的多项担保，构成重大错报，因拟就己公司持续经营问题对财务报表发表无法表示意见，不再在审计报告中说明披露错报。

要求 指出 A 注册会计师的做法是否恰当。如不恰当，简要说明理由。

答案 不恰当。应当在形成无法表示意见的基础部分说明存在的披露错报。

> **名师说**
> 该题目中，乙公司有两个错报，第一个错报是未披露对外提供多项担保（A 错报），第二个错报是持续经营假设出现了问题（B 错报）。
> 注册会计师会通常会对 A 错报发表保留意见，这里需要注意的是，提供多项担保主要涉及的项目还是预计负债，属于不广泛的重大错报，题目里没有其他条件证明该错报范围广泛以支持注册会计师发表否定意见。
> 所以 A 错报与 B 错报汇总之后，审计报告还是发表无法表示意见，但是需要在形成无法表示意见的基础部分说明存在 A 错报。

经典例题 19-11 （2022 年·简答题）

ABC 会计师事务所的 A 注册会计师负责审计多家上市公司 2021 年度财务报表，遇到下列与审计报告相关的事项：

2022 年初，丁公司管理层发生变动，新任管理层拒绝更正 A 注册会计师识别出的一项重大错报，也未就 2021 年度财务报表提供书面声明。A 注册会计师以管理层未提供书面声明为由，对丁公司财务报表发表了无法表示意见，考虑到该未更正错报重大但不具有广泛性，不是导致发表无法表示意见的事项，未在审计报告中提及该错报。

要求 针对上述事项，指出 A 注册会计师的做法是否恰当。如不恰当，简要说明理由。

答案 不恰当。仍应在形成无法表示意见的基础部分说明识别出的重大错报及其影响/导致发表非无保留意见的其他事项及其影响。

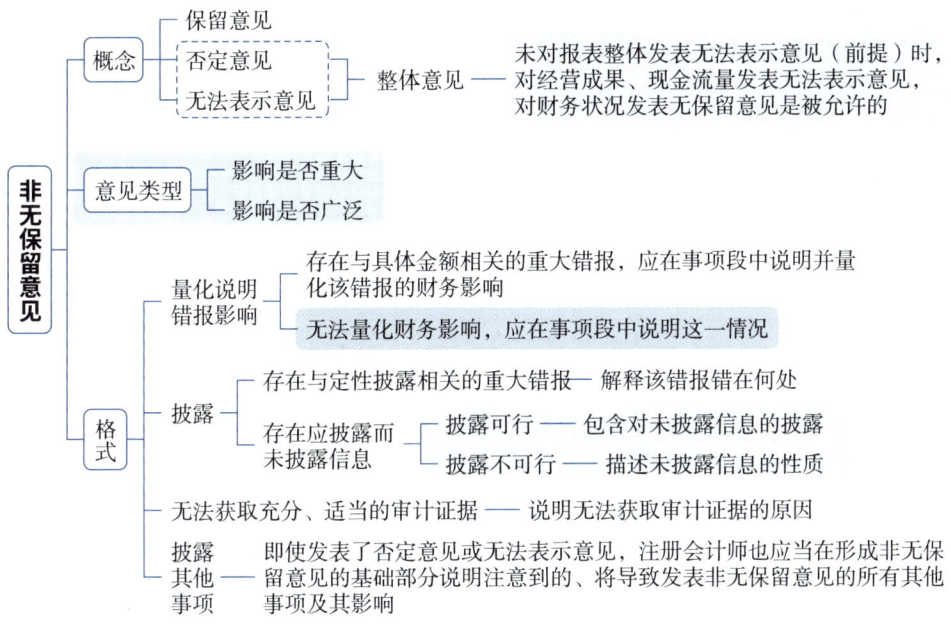

图 19-4 非无保留意见

第六节 在审计报告增加强调事项段与其他事项段

一、强调事项段 ★★★

（一）增加强调事项段的要求（见表 19-15）

考频 2021 简答题（1）、2020 年简答题（1）

强调事项段中强调的是财务信息，且已在报表中列报或披露，强调事项段只是起到指示的作用，指引报表使用者去关注相关列报或披露。

表 19-15 增加强调事项段的要求

	内容
同时满足	该事项已在财务报表中恰当列报或披露
	该事项对使用者理解财务报表至关重要
	①该事项不会导致注册会计师发表非无保留意见
	②该事项未被确定为在审计报告中沟通的关键审计事项
禁止	不得以强调代替非无保留意见或报表披露

增加强调事项段的要求-知识精讲

敲黑板①

导致发表非无保留意见的事项，注册会计师应当放在"形成××意见基础事项段"。

敲黑板②

如果一个事项同时满足关键审计事项段和强调事项段的要求，那么该事项应当放在关键审计事项段。

续表

	内容
格式	与治理层沟通所述事项和拟使用的措辞
	参考格式 （四）强调事项 　　我们提醒财务报表使用者关注，财务报表附注x描述了火灾对ABC公司的生产设备造成的影响。本段内容不影响已发表的审计意见。
注意	审计报告中包含强调事项段不影响审计意见

增加强调事项段的
要求-例题解析

▌**经典例题 19－12**　**2021年·简答题**

　　ABC会计师事务所的A注册会计师负责审计多家上市公司2020年度财务报表，遇到下列与审计报告相关的事项：

　　（2）2020年6月，丙公司因对外担保被债权人起诉，一审败诉，很可能需要承担巨额赔偿责任。管理层以案件尚未终审判决为由未计提预计负债。A注册会计师认为该事项对财务报表使用者理解财务报表至关重要，在审计报告中增加了强调事项段，提醒财务报表使用者关注附注中的相关披露。

　　要求　针对上述事项，指出A注册会计师的做法是否恰当。如不恰当，简要说明理由。

　　答案　不恰当。财务报表存在重大错报，应发表保留/否定意见。

▌**经典例题 19－13**　**2020年·简答题**

　　ABC会计师事务所的A注册会计师负责审计多家上市公司2019年度财务报表，遇到下列与审计报告相关的事项：

　　（5）戊公司管理层在2019年度财务报表附注中充分披露了与持续经营相关的多项重大不确定性。因无法判断管理层采用持续经营假设编制财务报表是否适当，A注册会计师拟发表无法表示意见，并在审计报告中增加强调事项段，提醒报表使用者关注戊公司因连续亏损已触发证券交易所退市标准的风险提示公告。

　　要求　针对上述事项，指出A注册会计师的做法是否恰当。如不恰当，简要说明理由。

　　答案　不恰当。强调事项段应提及已在财务报表中披露的事项/不符合强调事项段的定义。

> **名师说**　由于提醒财务报表使用者关注的是风险提示公告，而非财务报表附注（注意前面的参考格式），所以可以得出，该事项没有在财务报表中披露，不符合强调事项段的定义，不应在强调事项段里披露。

(二) 增加强调事项段的情形（见表 19-16）

表 19-16 增加强调事项段的情形

要求	具体情形
某些审计准则对特定情况下增加强调事项段提出具体要求	法律法规规定的财务报告编制基础不可接受，但其是由法律或法规作出的规定
	提醒报表使用者注意财务报表按照特殊目的编制基础编制（如：持续经营假设不适当，但采用了适当的替代基础）
	注册会计师在审计报告日后知悉了某些事实（即期后事项），并且出具了新的审计报告或修改了审计报告
除上述要求外，注册会计师可能认为需要增加强调事项段	异常诉讼或监管行动的未来结果存在不确定性
	提前应用（在允许的情况下）对报表有广泛影响的新会计准则
	存在已经或持续对被审计单位财务状况产生重大影响的特大灾难
	在财务报表日至审计报告日之间发生的重大期后事项

二、其他事项段★★★

(一) 增加其他事项段的要求（见表 19-17）

增加其他事项段的要求-知识精讲

> **名师说**：其他事项段中描述的是审计信息，本来就不需要在报表中列报或披露，是为了报表使用者更好地理解此次审计工作或审计报告而沟通的事项。

表 19-17 增加其他事项段的要求

	内容
同时满足	该事项未在财务报表中列报或披露
	与财务报表使用者理解审计工作、注册会计师的责任或审计报告相关的事项
	未被法律法规禁止
	该事项未被确定为在审计报告中沟通的关键审计事项
不属于其他事项段	法律法规或其他职业准则禁止注册会计师提供的信息
	①要求管理层提供的信息
	②除对财务报表出具审计报告外，还有其他报告责任
	可能被要求实施额外的规定的程序并予以报告，或对特定事项发表意见
格式	如果在审计报告中包含其他事项段，注册会计师应当将该段落作为单独的一部分，并使用"其他事项"或其他适当标题

敲黑板① 管理层应当将该信息编制在财务报表中。

敲黑板② 本条应当放在按照相关法律法规要求报告的事项段。

经典例题 19-14 （经典真题·简答题）

ABC 会计师事务所的 A 注册会计师负责审计多家上市公司 2016 年度财务报表，遇到下列与审计报告相关的事项：

（5）戊公司管理层在 2016 年度财务报表附注中披露了 2017 年 1 月发生的一项重大收购。

增加其他事项段的要求-例题解析

A 注册会计师认为该事项对财务报表使用者理解财务报表至关重要,拟在审计报告中增加其他事项段予以说明。

【要求】指出 A 注册会计师的做法是否恰当。如不恰当,简要说明理由。

【答案】不恰当。应当增加强调事项段/其他事项段用于提及未在财务报表附注中列报或披露的事项/其他事项段与财务报表使用者理解审计工作、注册会计师的责任或审计报告相关。

(二) 其他事项段说明的事项 (见表 19 - 18)

表 19 - 18 增加其他事项段的情形

情形	具体内容
与使用者理解**审计工作**相关的情形	由于管理层对审计范围施加的限制导致的影响具有广泛性,注册会计师又不能解除业务约定,可以增加其他事项段,解释为何不能解除业务约定
与使用者理解注册会计师的**责任**或审计**报告**的情形	法律法规或惯例可能要求或允许注册会计师详细说明某些事项,以进一步解释注册会计师在财务报表审计中的责任或审计报告
对**两套以上**财务报表出具审计报告的情形	如果两个编制基础在各自情形下是可接受的,可以增加其他事项段,说明被审计单位根据另一个通用目的编制基础编制了另一套财务报表,以及注册会计师对这些财务报表出具了审计报告
限制审计报告分发和使用的情形	由于审计报告旨在提供给特定使用者,可以增加其他事项段,说明审计报告只是提供给财务报表预期使用者,不应分发给其他机构或人员或者被其他机构或人员使用

【应试点拨】
(1)"增加其他事项段的情形"要掌握,考试的简答题、选择题都可能考。
(2)除了表格中列出的情形外,教材中还出现过的可能需要增加其他事项段的情形有:管理层没有针对违反法律法规行为采取适合具体情况的补救措施,注册会计师又不能解除业务约定,可以增加其他事项段描述违反法律法规的行为。
(3)在本章第七节"比较信息"中还有一些应当增加其他事项段的情形,考试中常考,需要考生掌握。请见"比较信息"中的相关内容。

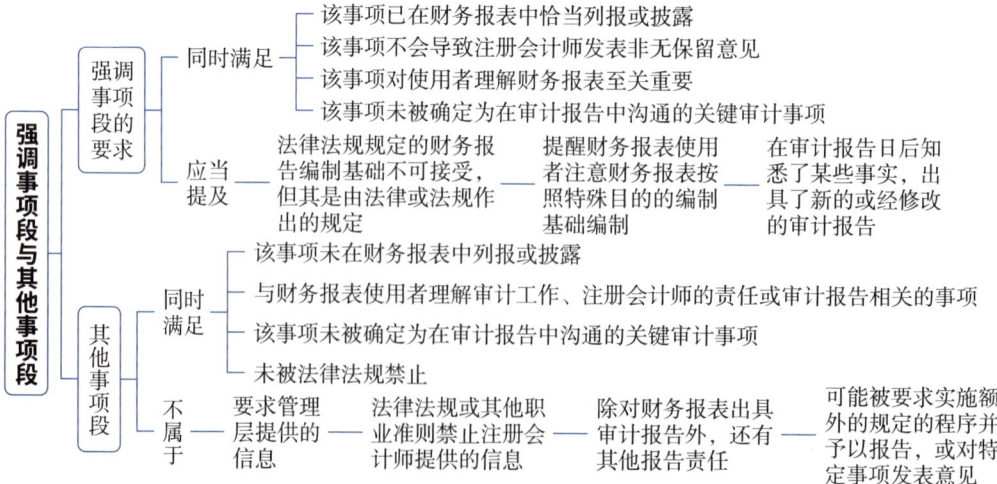

图 19 - 5 强调事项段与其他事项段

第七节 比较信息

一、比较信息的含义★ （见表19-19）

表19-19 比较信息的含义

		内容
概念	定义	是指包含于财务报表中的、符合适用的财务报告编制基础的、与一个或多个以前期间相关的金额和披露
	准则	当期财务报表的列报，至少应当提供所有列报项目上一可比会计期间的比较数据，以及与理解当期财务报表相关的说明
	要求	注册会计师在对财务报表发表审计时，应当考虑比较信息对审计意见的影响
分类	对应数据	定义	是指作为本期财务报表组成部分的上期金额和相关披露，这些金额和披露只能和与本期相关的金额和披露（称为"本期数据"）联系起来阅读
		责任	对于对应数据，审计意见仅提及本期
	比较报表	定义	是指为了与本期财务报表相比较而包含的上期金额和相关披露
		责任	对于比较财务报表，审计意见提及列报的财务报表所属的各期

二、比较信息的审计程序★★★ （见表19-20）

表19-20 比较信息的审计程序

		内容
一般审计程序		注册会计师应当确定财务报表中是否包括适用的财务报告编制基础要求的比较信息，以及比较信息是否得到恰当分类。基于上述目的，注册会计师应当评价： （1）比较信息是否与上期财务报表列报的金额和相关披露一致，如果必要，比较信息是否已经重述； （2）在比较信息中反映的会计政策是否与本期采用的会计政策一致，如果会计政策已发生变更，这些变更是否得到恰当处理并得到充分列报与披露
比较信息可能存在重大错报		应当根据实际情况追加必要的审计程序，获取充分、适当的审计证据，以确定是否存在重大错报
		如果上期财务报表已经审计，注册会计师还应当遵守《中国注册会计师审计准则第1332号——期后事项》的相关规定；如果上期财务报表已经得到更正，注册会计师应当确定比较信息与更正后的财务报表是否一致
		如果上期财务报表已经得到更正，注册会计师应当确定比较信息与更正后的财务报表是否一致
书面声明	比较财务报表	注册会计师需要要求管理层提供与审计意见所提及的所有期间相关的书面声明
	对应数据	注册会计师需要要求管理层仅就本期财务报表提供书面声明
	比较信息错误	对于管理层作出的、更正上期财务报表中影响比较信息的重大错报的任何重述，注册会计师还应当获取特定书面声明

本期财务报表中的比较信息出现重大错报的情形,见图19-6。

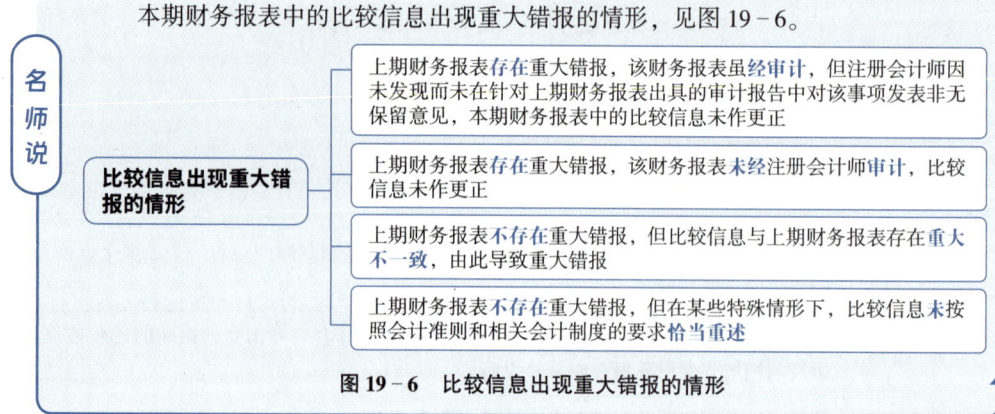

名师说 比较信息出现重大错报的情形:
- 上期财务报表**存在**重大错报,该财务报表虽**经审计**,但注册会计师因未发现而未针对上期财务报表出具的审计报告中对该事项发表非保留意见,本期财务报表中的比较信息未作更正
- 上期财务报表**存在**重大错报,该财务报表**未经**注册会计师**审计**,比较信息未作更正
- 上期财务报表**不存在**重大错报,但比较信息与上期财务报表存在**重大不一致**,由此导致重大错报
- 上期财务报表**不存在**重大错报,但在某些特殊情形下,比较信息未按照会计准则和相关会计制度的要求**恰当重述**

图19-6 比较信息出现重大错报的情形

三、审计报告:对应数据 ★★★(见表19-21)

考频 2019年简答题(1)

表19-21 审计报告:对应数据

		内容
总体要求		当财务报表中列报对应数据时,由于审计意见是针对包括对应数据的本期财务报表整体的,**审计意见通常不提及对应数据**
上期导致非无保留意见事项	解决	已按照适用的财务报告编制基础进行恰当的会计处理,或在财务报表中作出适当的披露,则针对本期财务报表发表的审计意见无需提及之前发表的非无保留意见
	未解决 对本期数据影响重大 **名师说** 同时影响本期期初和本期期末(两个数都错)	**应当**发表非无保留意见,并在导致非无保留意见事项段中**同时**提及本期数据和对应数据 参考格式 如财务报表附注×所述,ABC公司未按照企业会计准则的规定对房屋建筑物和机器设备计提折旧。这项决定是管理层在上一会计年度开始时作出的,导致我们对该年度财务报表发表了保留意见。如果按照房屋建筑物5%和机器设备20%的年折旧率计提折旧,2×19年度和2×18年度的当年亏损将分别增加×元和×元,**2×19年年末和2×18年年末的房屋建筑物和机器设备的净值将因累计折旧而减少×元和×元,并且2×19年年末和2×18年年末的累计亏损将分别增加×元和×元**。
	未解决 对本期数据影响不重大 **名师说** 仅影响对应数据(本期期初错,本期期末没错)。	应当发表非无保留意见,同时应当说明,由于未解决事项对本期数据和对应数据之间**可比性**的影响或可能的影响,因此发表了非无保留意见 参考格式 由于我们在2×18年年末接受ABC公司的委托,我们无法对2×18年年初的存货实施监盘,也不能实施替代程序确定存货的数量。鉴于年初存货影响经营成果的确定,我们不能确定是否应对2×18年度的经营成果和年初留存收益作出必要的调整。因此,我们对2×18年度的财务报表发表了保留意见。由于该事项对本期数据和对应数据的可比性存在影响或可能存在影响,我们对本期财务报表发表了保留意见。

续表

	内容
上期财务报表存在重大错报	（1）管理层拒绝重述或披露对应数据，则本期报表存在重大错报，应对本期报表发表**保留或否定意见**。 **名师说**　本期、上期报表均存在重大错报（上期期末和本期期初都错了），所以发表保留或否定意见。 （2）如果管理层拒调上期报表，但对应数据已得到适当重述或披露，可以增加强调事项段，说明对应数据已经适当重述或披露。 **名师说**　在这种情况下，本期期初不存在错报，而上期期末存在（两期不一致）。因为本期期初没有问题，所以可以发表无保留审计意见。 （3）管理层调整并重新公布上期报表并调整对应数据，按第三时段期后事项对上期报表重新出具审计报告（增加强调/其他段），无需在针对本期报表的审计意见中提及之前发表的非无保留意见 **名师说**　本期期初与上期期末都修改正确，所以本期可以发表无保留审计意见。
上期财务报表已由前任注册会计师审计	注册会计师在审计报告中**可以**提及前任注册会计师的审计报告，并**应在**其他事项段中说明： （1）上期财务报表已由前任注册会计师审计； （2）前任的意见的类型（如是非无保留意见，还应说明理由）； （3）前任注册会计师出具审计报告的日期
上期财务报表未经审计	如上期财务报表**未经审计**，注册会计师**应当**在审计报告的**其他事项段**中说明对应数据未经审计，但这种说明并不减轻注册会计师获取充分、适当的审计证据，以确定期初余额不含有对本期财务报表产生重大影响的错报的责任

▍经典例题 19-15　（2019年·简答题）

ABC会计师事务所的A注册会计师负责审计多家上市公司2018年度财务报表，遇到下列与审计报告相关的事项：

（2）乙公司管理层2017年末未计提商誉减值准备，A注册会计师无法就此获取充分、适当的审计证据，而对2017年度财务报表发表了保留意见。管理层于2018年末根据减值测试结果计提了商誉减值准备，并在2018年度利润表中确认了资产减值损失。A注册会计师认为导致上年度发表保留意见的事项已经解决，对2018年度财务报表发表了无保留意见。

（**要求**）指出A注册师的做法是否恰当。如不恰当，简要说明理由。

（**答案**）不恰当。导致上期发表保留意见的事项未得到解决/对本期数据仍有影响，应发表保留意见。

四、审计报告：比较财务报表★★★（见表19-22）

表19-22 审计报告：比较财务报表

	报告类型
总体要求	当列报比较财务报表时，审计意见**应当提及**列报财务报表所属的各期，以及发表的审计意见涵盖的各期
对上期财务报表发表的意见与以前发表的意见不同	当因本期审计而对上期财务报表发表审计意见时，如果对上期财务报表发表的意见与以前发表的意见不同，注册会计师**应当**在**其他事项段**中披露导致不同意见的实质性原因 **名师说** 　　A注册会计师在2026年对被审计单位2024年的财务状况发表的是无保留审计意见，而B注册会计师在2025年对被审计单位2024年的财务状况发表的审计意见是保留意见。 　　这就是对上期财务报表发表的意见（A注册会计师针对2024年被审计单位发表的审计意见）与以前发表的意见（B注册会计师对2024年被审计单位发表的审计意见）不同。
上期财务报表已由前任注册会计师审计	如果上期财务报表已由前任注册会计师审计，**除非**前任注册会计师对上期财务报表出具的**审计报告与财务报表一同对外提供**，注册会计师除对本期财务报表发表意见外，还应当增加其他事项段，说明下列事项： (1) 上期财务报表已经前任注册会计师审计； (2) 前任注册会计师发表的意见类型（如果是非无保留意见，还应当说明非无保留意见的理由）； (3) 前任注册会计师出具的审计报告的日期
存在影响上期财务报表的重大错报，且前任出具了无保留意见	**应**与适当层级的管理层沟通，还应当与治理层沟通，除非治理层全部参与管理被审计单位 (1) **如果上期财务报表已经更正**，且前任注册会计师同意对更正后的上期财务报表出具新的审计报告，注册会计师应当仅对本期财务报表出具审计报告； (2) 前任注册会计师可能无法或不愿对上期财务报表重新出具审计报告。注册会计师**可以**在审计报告中增加其他事项段，指出前任注册会计师对更正前的上期财务报表出具了报告
上期财务报表未经审计	如果上期财务报表**未经审计**，注册会计师**应当在其他事项段中**说明比较财务报表未经审计，但这种说明并不减轻注册会计师获取充分、适当的审计证据，以确定期初余额不含有对本期财务报表产生重大影响的错报的责任

第八节 注册会计师对其他信息的责任

一、年度报告和其他信息的定义★★★（见表19-23）

表19-23 年度报告和其他信息的定义

	内容
年度报告	一份年度报告包含或随附财务报表和审计报告，通常包括实体的发展、未来前景、风险和不确定事项，治理层声明，以及包含治理事项的报告等信息。 被审计单位的年度报告可能是一份单独的文件，也可能是服务于相同目的的系列文件组合
其他信息	是指在被审计单位年度报告中包含的除财务报表和审计报告以外的**财务信息和非财务信息**
其他信息的错报	是指对其他信息作出的不正确陈述或其他信息具有误导性，包括遗漏或掩饰对恰当理解其他信息披露的事项必要的信息 **名师说** 例如，其他信息声称说明了管理层使用的关键业绩指标，则遗漏某项管理层使用的关键业绩指标可能表明其他信息未经正确陈述或具有误导性。
注册会计师的责任	(1) 审计准则对注册会计师设定的责任，不构成对其他信息的鉴证，审计准则也不要求对其他信息提供一定程度的保证，即注册会计师对财务报表发表的审计意见不涵盖其他信息。 (2) 审计准则规定，注册会计师**应当阅读和考虑其他信息** **名师说** 这里需要注意的是，虽然注册会计师不一定对其他信息发表审计意见，但是一定要阅读，并将其实施的审计程序和得到的审计结论计入审计工作底稿。

二、获取其他信息★★★（见表19-24）

考频 2022年简答题（1）、2022年综合题（1）、2018年综合题（1）

表19-24 获取其他信息

	年度报告
讨论	注册会计师**应当**通过与管理层讨论，确定哪些文件组成年度报告，以及被审计单位计划公布这些文件的方式和时间安排
安排	**应当**就及时获取组成年度报告的文件的最终版本与管理层作出适当安排，如果可能，在审计报告日之前获取 如果组成年度报告的部分或全部文件在**审计报告日后才能**取得，**要求管理层提供书面声明**，声明上述文件的最终版本将在可获取时并且在被审计单位公布前提供给注册会计师，以使注册会计师可以完成准则要求的程序

续表

	年度报告
注意	如果治理层需要在被审计单位发布其他信息前批准其他信息，其他信息的最终版本应为治理层已经批准的用于发布的版本
	如果使用者只能通过被审计单位的网站获取①**其他信息**，则从被审计单位获取的、而不是直接从被审计单位网站获取的其他信息的版本，是注册会计师**应当**根据本准则对其执行程序的相关文件。
	注册会计师**没有责任**去查找其他信息，包括可能在被审计单位网站存在的其他信息，也不需要执行任何程序以确认其他信息在被审计单位网站得到恰当显示，或者已经以电子形式得以恰当传递或显示。
注意	可能存在这些情况：在审计报告日，被审计单位正在考虑起草可能作为被审计单位年度报告的一部分的某文件（例如，自愿提供给利益相关者的报告），而管理层无法向注册会计师确认这类文件的目的或时间。如果注册会计师无法确定这类文件的目的或时间，就本准则而言，**它不构成其他信息**

敲黑板①

其他信息应当从被审计单位获取，从网站上下载下来的报告不能作为其他信息。

▎**经典例题 19-16** （2022 年·综合题）

上市公司甲公司是 ABC 会计师事务所的常年审计客户，主要从事信息技术服务和智能产品的研发、生产与销售。A 注册会计师负责审计甲公司 2021 年度财务报表，确定集团财务报表整体的重要性为 800 万元，实际执行的重要性为 600 万元。A 注册会计师的审计工作底稿部分内容摘录如下：

A 注册会计师获取并阅读了经甲公司治理层批准用于发布的甲公司年度报告最终版本，未发现其他信息存在不一致，在出具审计报告后未再核对甲公司网站上发布的年度报告的信息。

（要求）针对上述事项，假定不考虑其他条件，指出 A 注册会计师的做法是否恰当。如不恰当，简要说明理由。

（答案）恰当。

▎**经典例题 19-17** （2018 年·综合题）

上市公司甲公司是 ABC 会计师事务所的常年审计客户，主要从事汽车的生产和销售。A 注册会计师负责审计甲公司 2017 年度财务报表，确定财务报表整体的重要性为 1 000 万元，明显微小错报的临界值为 30 万元。A 注册会计师在审计作底稿中记录了审计计划，部分内容摘录如下：

（2）因未能在审计报告日前获取甲公司 2017 年年度报告，A 注册会计师于审计报告日后从网上下载了甲公司公布的年度报告进行阅读，结果满意。

（要求）指出 A 注册会计师的做法是否恰当。如不恰当，简要说明理由。

（答案）不恰当。注册会计师应当获取管理层提供的年度报告的最终版本/不应在网上下载，应当在公布前获取年度报告。

三、阅读并考虑其他信息 ★★★

注册会计师应当阅读其他信息，具体要求见表 19-25。

表 19-25 阅读并考虑的其他信息

类型	例子	对注册会计师的要求
第一类： 其他信息中，有部分内容（金额或其他项目）与财务报表中的金额或其他项目相一致，或对其进行概括，或为其提供更详细的信息。——财务信息	（1）包含了财务报表摘录的表格、图表或图形； （2）对财务报表中列示的余额或账户提供进一步细节的披露，例如"2×19年度的收入，由来自产品X的××万元和来自产品Y的××万元组成"； （3）对财务结果的描述，例如"2×19年度研究和开发费用合计数是××万元"	在阅读时，注册会计师应当考虑这些其他信息**和财务报表之间是否存在重大不一致**。作为考虑的基础，注册会计师**应当**将这类其他信息中选取的金额或其他项目与财务报表中的相应金额或其他项目进行比较，以评价其一致性。选取哪些金额或其他项目进行**比较**属于职业判断，注册会计师**无须**对其他信息中的**所有**金额或项目与财务报表中的金额或其他项目进行比较
第二类： 其他信息中，还有一部分内容，注册会计师在审计财务报表过程中，已经针对其了解到一些情况。——非财务信息但与审计相关	（1）对产量的披露，或者按地理区域汇总产量的表格； （2）对"公司本年度新推出产品X和产品Y"的声明； （3）对被审计单位主要经营地点的概括，例如"被审计单位的主要经营中心在X国，同时在Y国和Z国也有经营场所"	在阅读时，注册会计师应当考虑其**与注册会计师在审计中了解到的情况是否存在重大不一致**
第三类： 其他信息中，除以上两部分内容外，还有部分与财务报表或注册会计师在审计中了解到的情况不相关。——非财务信息且与审计无关	例如，其他信息可能包括对被审计单位温室气体排放情况的陈述	对与财务报表或注册会计师在审计中了解到的情况不相关的其他信息中**似乎存在重大错报的迹象保持警觉**

四、当似乎存在重大不一致或其他信息似乎存在重大错报时的应对★★★

如果注册会计师识别出似乎存在重大不一致，或者知悉其他信息似乎存在重大错报，注册会计师应当与管理层讨论该事项，必要时实施其他程序以确定：

（1）其他信息是否存在重大错报；
（2）财务报表是否存在重大错报；
（3）注册会计师对被审计单位及其环境的了解是否需要更新。

> **名师说**　如果其他信息与财务报表不一致，或与注册会计师对被审计单位的了解不一致，应当先弄清楚是其他信息存在问题，还是报表/对被审计单位的了解存在问题。如果是其他信息有问题，具体见"五、当注册会计师认为其他信息存在重大错报时的应对"的相关内容；如果是报表/对被审计单位的了解有问题，具体见"六、当财务报表存在重大错报或注册会计师对被审计单位及其环境的了解需要更新时的应对"。

五、当注册会计师认为其他信息存在重大错报时的应对★★★（见表19-26）

当注册会计师认为其他信息存在重大错报时的应对-知识精讲

考频 2020年简答题（1）

表19-26 当注册会计师认为其他信息存在重大错报时的应对

		内容
审计报告日前		如果其他信息存在重大错报，注册会计师应当要求管理层更正其他信息
	同意更正	注册会计师应当确定更正已经完成
	拒绝更正	注册会计师应当就该事项与治理层进行沟通，并要求作出更正
		如果与治理层沟通后仍未得到更正
	应对措施	（1）考虑对审计报告的影响，并就注册会计师计划如何在审计报告中处理重大错报与治理层进行沟通。注册会计师可在审计报告中指明其他信息存在重大错报； （2）对财务报表发表无法表示意见可能是恰当的； （3）在相关法律法规允许的情况下，解除业务约定
审计报告日后		审计报告日后获取的其他信息存在重大错报
	得到更正	注册会计师应当根据具体情形实施必要的程序
	未更正 整体思路	**注册会计师应当考虑其法律权利和义务**，并采取恰当的措施，以提醒审计报告使用者恰当关注未更正的重大错报
	可能采取措施	（1）向管理层提供一份新的或修改后的审计报告，其中指出其他信息的重大错报。同时要求管理层将该新的或修改后的审计报告提供给审计报告使用者。注册会计师也可以复核管理层采取的、向这些使用者提供新的或修改后的审计报告的步骤； （2）提醒审计报告使用者关注其他信息的重大错报； （3）与监管机构或相关职业团体沟通未更正的重大错报； （4）考虑对持续承接业务的影响

当注册会计师认为其他信息存在重大错报时的应对-例题解析

▎经典例题 19-18 〔2020年·简答题〕

ABC会计师事务所的A注册会计师负责审计多家上市公司2019年度财务报表，遇到下列与审计报告相关的事项：

（1）A注册会计师在审计报告日后获取并阅读了甲公司2019年年度报告的最终版本，发现其他信息存在重大错报。因与管理层和治理层沟通后该错报未得到更正，A注册会计师拟在甲公司股东大会上通报该事项，但不重新出具审计报告。

〈要求〉针对上述事项，指出A注册会计师的做法是否恰当。如不恰当，简要说明理由。

〈答案〉恰当。

〈名师说〉注册会计师应当考虑其法律权利和义务，并采取恰当的措施，以提醒审计报告使用者恰当关注未更正的重大错报（A注册会计师拟在甲公司股东大会上通报该事项），但是准则没有要求一定要出具新的审计报告。可以出具审计报告，也可以不出具。

六、当财务报表存在重大错报或注册会计师对被审计单位及其环境的了解需要更新时的应对★★★

如果注册会计师认为财务报表存在重大错报，或者注册会计师对被审计单位及其环境的了解需要更新，注册会计师应当作出恰当应对，包括修改注册会计师对风险的评估、评估错报、考虑注册会计师关于期后事项的责任。

七、报告★★★（见表19-27）

考频 2018年简答题（1）

表19-27 报告

	内容
应当增加	（1）对于上市实体财务报表审计，注册会计师**已获取或预期将获取**其他信息； （2）对于上市实体以外其他被审计单位的财务报表审计，注册会计师**已获取**部分或全部其他信息
应当包括	1. 管理层对其他信息负责的说明
	日前获得	2. 指明： （1）注册会计师于审计报告日前已获取的其他信息； （2）说明注册会计师的审计意见未涵盖其他信息，因此，注册会计师对其他信息不发表（或不会发表）审计意见或任何形式的鉴证结论； （3）描述注册会计师根据审计准则的要求，对其他信息进行阅读、考虑和报告的责任； （4）选择下列**两种做法之一**进行说明： ①说明注册会计师无任何需要报告的事项； ②如果注册会计师认为其他信息存在未更正的重大错报，说明其他信息中的未更正重大错报
	日后获得	2. 指明： （1）对于上市实体财务报表审计，预期将于审计报告日后获取的其他信息； （2）说明注册会计师的审计意见未涵盖其他信息，因此，注册会计师对其他信息不发表（或不会发表）审计意见或任何形式的鉴证结论； （3）描述注册会计师根据审计准则的要求，对其他信息进行阅读、考虑和报告的责任
应当考虑	如果发表保留或者否定意见，注册会计师**应当考虑**导致非无保留意见的事项对上述说明的影响
无影响	如果导致注册会计师发表非无保留意见的事项未被包含在其他信息中，或其他信息未针对该事项，同时该事项不影响其他信息的任何部分，对财务报表发表保留意见或否定意见可能不会对其他信息事项段产生影响

续表

	内容
有影响	**1. 范围受到限制导致的保留意见** 若不确定导致非无保留意见的事项是否导致其他信息的重大错报，注册会计师需要在其他信息部分说明无法判断与导致保留意见的事项相关的其他信息是否存在重大错报。 参考格式 　　如上述"形成保留意见的基础"部分所述，我们无法就20×1年12月31日ABC集团对XYZ公司投资的账面价值，以及ABC集团按持股比例计算的XYZ公司当年度净收益份额获取充分、适当的审计证据。因此，我们无法确定与该事项相关的其他信息是否存在重大错报，基于我们已执行的工作，如果我们确定其他信息存在重大错报，我们应当报告该事实。 **2. 否定意见** 注册会计师针对在"形成否定意见的基础"部分描述的某特定事项已对财务报表发表否定意见，**并不能为省略**在审计报告中报告识别出其他信息的重大错报提供理由 参考格式 　　基于我们已执行的工作，如果我们确定其他信息存在重大错报，我们应当报告该事实。如上述"形成否定意见的基础"部分所述，①**ABC集团应当将XYZ公司纳入合并范围，并以暂估金额为基础核算该项收购**。我们认为，由于X报告中的相关金额或其他项目受到未合并XYZ公司的影响，其他信息存在重大错报。
不应包括	无法表示意见的审计报告不包括其他信息部分

> **敲黑板①**
> 该事项已经在"形成否定意见的基础"部分描述，但是为了给其他信息的重大错报提供理由，注册会计师应当在其他信息事项段再次披露。

经典例题 19-19　（2018年·简答题）

ABC会计师事务所的A注册会计师负责审计多家上市公司2017年度财务报表，遇到下列与审计报告相关的事项：

（2）A注册会计师无法就丙公司年末与重大诉讼相关的预计负债获取充分、适当的审计证据，拟对财务报表发表保留意见。A注册会计师在审计报告日前取得并阅读了丙公司2017年年度报告，未发现其他信息与财务报表有重大不一致或存在重大错报，拟在保留意见审计报告的其他信息部分说明无任何需要报告的事项。

（要求）指出A注册会计师的做法是否恰当。如不恰当，简要说明理由。

（答案）不恰当。注册会计师需要考虑导致保留意见的事项对其他信息的影响/注册会计师需要在其他信息部分说明无法判断与导致保留意见的事项相关的其他信息是否存在重大错报。

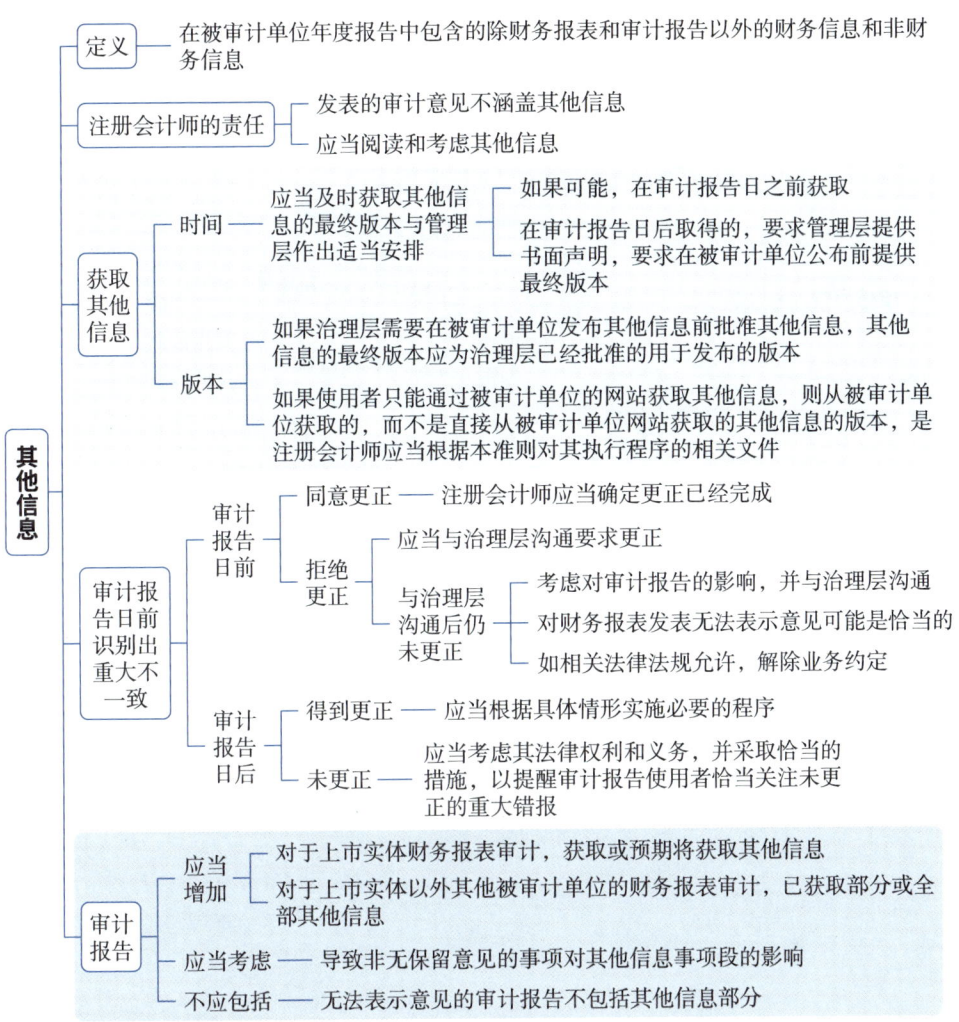

图 19-7 其他信息

章末总结

考点加油站

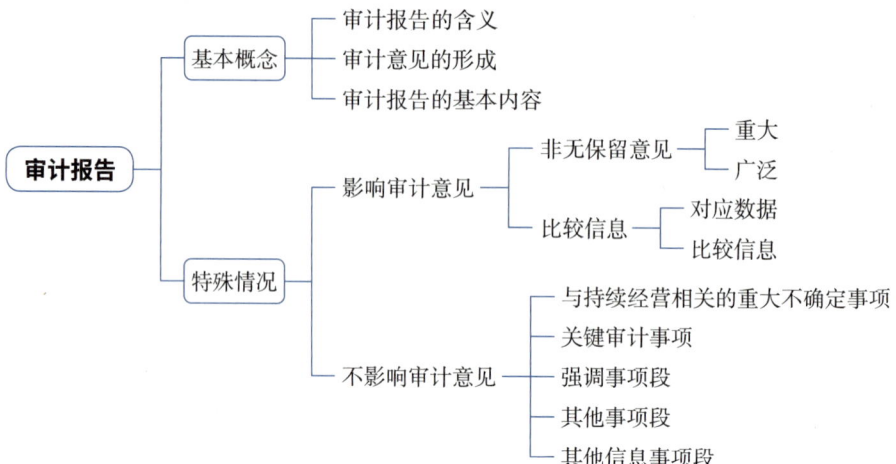

第二十章　企业内部控制审计

轻装上阵

本章讲什么？

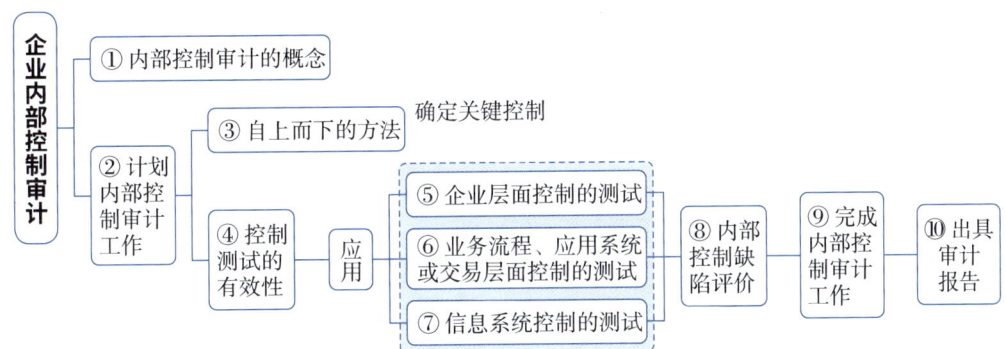

第一节阐述了① **内部控制审计的概念**。与进行财务报表审计一样，注册会计师接受业务之后需要制定审计计划（② **计划内部控制审计工作**）。

注册会计师采用③ **自上而下的方法**，确定所需测试的控制范围，即确定需要测试哪些控制。随后，注册会计师会对这些控制进行测试，以验证内部控制系统是否有效运行（④ **测试控制的有效性**）。

注册会计师将以上审计原理运用到实务中，进行⑤ **企业层面控制的测试**、⑥ **业务流程、应用系统或交易层面控制的测试**以及⑦ **信息系统控制的测试**，根据已获取的审计证据评价内部控制是否存在缺陷，并作出⑧ **内部控制缺陷评价**。

注册会计师将已经获取的证据进行归整，⑨ **完成内部控制审计工作**，认为获取了充分适当的审计证据，才能⑩ **出具审计报告**。

本章如何考？

本章是 2017 年新增章节，相关知识点在考试中以单选题、多选题的形式出现，也可能以简答题的形式进行考查，每年考查分值为 4~5 分。考试中本章属于较独立的章节，但内部控制审计与财务报表审计的异同点是经常出现的考点。

本章怎么学？

内部控制以及内部控制审计，均属于比较抽象的概念。相较于财务报表审计，内部控制审计的灵活性更强，理论知识更加抽象，学习本章时应侧重于理解，可以结合内部控制审计产生的原因去体会准则的规定，对于一些基本的知识点也应加强记忆。

2024 年本章主要变化

2024 年本章的内容无实质性变化。

考点冲浪

第一节　内部控制审计的概念

一、内部控制审计的背景

2002 年 7 月，美国国会通过《萨班斯-奥克斯利法案》，要求管理层对其内部控制进行自我评估，并要求出具财务报表审计报告的会计师事务所对管理层的自我评估进行独立鉴证并出具报告。

2010 年 4 月 26 日，财政部会同证监会等五部门发布《企业内部控制应用指引》《企业内部控制评价指引》和《企业内部控制审计指引》，要求执行企业内部控制规范体系的企业，应当对本企业内部控制的有效性进行自我评价，披露年度自我评价报告，同时聘请具有证券期货业务资格的会计师事务所依照相关审计标准对其财务报告内部控制的有效性进行审计，出具审计报告。

> **名师说**　内部控制产生的背景，同时也是建立在需要增强预期使用者对财务报表信赖的基础上的，考试中虽然不会进行直接考核，但是了解内部控制审计产生的原因，对于后续内部控制程序的理解至关重要。

二、内部控制审计的范围★

内部控制审计，是指会计师事务所接受委托，对特定基准日内部控制设计与运行的有效性进行审计。注册会计师执行的内部控制审计严格限定在**财务报告内部控制**审计。

> **名师说**　本章所讲述的内部控制，与"风险评估"章节中的"了解被审计单位的内部控制"都属于企业内部设置的内部控制，两者的主要区别在于注册会计师的审计目标不同。考生需要重点理解对注册会计师审计的不同要求。

1. 财务报告内部控制

表20－1　财务报告内部控制

项目	财务报告内部控制
概念	是指公司的董事会、监事会、经理层及全体员工实施的旨在合理保证财务报告及相关信息真实、完整而设计和运行的内部控制，以及用于保护资产安全的内部控制中与财务报告可靠性目标相关的控制 **名师说** 内部控制是被审计单位为了合理保证财务报告的可靠性、经营的效率和效果以及对法律法规的遵守，由治理层、管理层和其他人员设计与执行的政策及程序。在内部控制审计里，影响审计意见的主要是与财务报表可靠性相关的内部控制。
内容	具体而言，财务报告内部控制主要包括下列方面的政策和程序： （1）保存充分、适当的记录，准确、公允地反映企业的交易和事项。 （2）合理保证按照适用的财务报告编制基础的规定编制财务报告。 （3）合理保证收入和支出的发生以及资产的取得、使用或处置经过适用授权。 （4）合理保证及时防止或发现并纠正未经授权的、对财务报表有重大影响的交易和事项
注意	主要与经营目标或合规性目标相关的控制可能同时也与财务报告可靠性目标相关。因此，不能仅因为某一控制与经营目标或合规性目标相关而认定其属于非财务报告内部控制，注册会计师需要根据控制在特定企业环境中的目标、性质及作用，根据职业判断考虑该控制在具体情况下是否属于财务报告内部控制
辨析	财务 **名师说** 例如，企业建立的与客户定期对账和差异处理的相关控制与应收账款的存在、权利和义务等认定相关，属于财务报告内部控制。 非财务 **名师说** 例如，企业为达到最佳库存的经营目标而建立的对存货采购间隔时间进行监控的相关控制与经营效率效果相关，而不直接与财务报表的认定相关，属于非财务报告内部控制。

2. 审计责任（见表20－2）

表20－2　审计责任

要素	内容
财务报告内部控制	注册会计师对其有效性发表审计意见
非财务报告内部控制	注册会计师针对内部控制审计过程中注意到的非财务报告内部控制的重大缺陷，在内部控制审计报告中增加"非财务报告内部控制重大缺陷描述段"予以披露

三、内部控制审计基准日★ （见表20-3）

表20-3 内部控制审计基准日

要素	
概念	内部控制审计基准日，是指注册会计师**评价**内部控制在**某一时日是否有效**所涉及的基准日，也是被审计单位评价基准日，即最近一个会计期间截止日
责任	注册会计师**应当**获取内部控制在基准日**之前一段足够长的期间**内有效运行的审计证据
范围	在**整合审计**中，控制测试所涵盖的期间应当尽量与财务报表审计中拟信赖内部控制的期间保持一致

四、整合审计★

内部控制审计和财务报表审计虽然在具体目标、保证程度、评价要求、报告类型等方面存在实质性差异，但是，两者也存在多方面的联系。例如，两者都采用风险导向审计模式，均需要识别重点账户、重要类别的交易等重点审计领域。在技术层面和审计实务中，两者的审计模式、程序、方法等存在着共同之处，风险识别、评估和应对等大量工作内容相近，有很多的基础工作可以共享，在一项审计工作中发现的问题还可以为另一项审计工作提供线索和思路。因此，为提高审计效果和效率，注册师可以单独进行内部控制审计，也可以将内部控制审计和财务报表审计整合进行（以下简称"整合审计"）。

敲黑板①

客观题考查概率较高。

五、①内部控制审计与财务报表审计的辨析★

1. 共同点（见表20-4）

表20-4 共同点

要素	内容
最终目的	最终目的均为提高财务报表预期使用者对财务报表的信赖程度
方法	**风险导向审计方法**
重要性水平	两种审计中运用的重要性水平是**相同的**
重要账户、列报及其相关认定	对于同一财务报表，在两种审计中识别的重要账户、列报及其相关认定是相同的
审计程序	都可能实施询问、观察、检查以及重新执行等程序

2. 不同点（见表20-5）

表20-5 不同点

	财务报表审计	内部控制审计
目的	对**财务报表**进行审计	对**内部控制**的有效性进行审计
范围	可以**不测试**内部控制的运行有效性	**应当**针对所有重要账户和列报的每一个相关认定获取控制设计和运行有效性的审计证据

续表

	财务报表审计	内部控制审计
期间	(1) 需要获取内部控制在整个拟信赖期间运行有效的审计证据； (2) 如果拟信赖的控制自上次测试后未发生变化，且不属于旨在减轻特别风险的控制，可以利用以前审计获取的有关控制运行有效性的审计证据，但每三年至少对控制测试一次	(1) 仅需要对内部控制在基准日前**足够长的时间**（可能短于整个审计期间）内的运行有效性获取审计证据； (2) ①**应当在每一年度审计中测试内部控制**（对②**自动化控制**在满足特定条件情况下所采用的与基准相比较策略除外） **名师说** 与基准相比较的策略，是指如果认为程序变更、访问权限及计算机操作方面的一般控制有效，且可持续对其进行测试，并能证实自动化控制自最近一次测试之后未发生变化，则可将最近一次测试设为基准，在以后年度测试时，注册会计师不必重复执行测试，只需将该年的情况与基准相比较，就可以认为自动化控制是持续有效的。
评价缺陷	需要确定识别出的内部控制缺陷单独或连同其他缺陷是否构成③**值得关注的内部控制缺陷**	应当评价识别出的内部控制缺陷是否构成一般缺陷、重要缺陷或重大缺陷
沟通缺陷	(1) **应当**以书面形式及时向治理层通报值得关注的内部控制缺陷。 (2) 注册会计师还**应当**及时向相应层级的管理层通报： ① 已向或拟向治理层通报的值得关注的内部控制缺陷，除非在具体情况下不适合直接向管理层通报。此项应采用书面方式通报。 ② 在审计过程中识别出的、其他方未向管理层通报而注册会计师根据职业判断认为足够重要从而值得管理层关注的内部控制其他缺陷。此项对沟通形式没有强制要求，可以采用书面或口头形式	(1) 注册会计师**应当以书面形式**与管理层沟通其在审计过程中识别的所有其他内部控制缺陷（④**包括注意到的非财务报告内部控制缺陷**），并在沟通完成后告知治理层； (2) 对于重大缺陷和重要缺陷，注册会计师**应当**以书面形式与管理层和治理层沟通，书面沟通应在注册会计师出具内部控制审计报告前进行； (3) 如果注册会计师认为审计委员会和内部审计机构对内部控制的监督无效，**应当**就此以书面形式直接与董事会沟通
⑤标准	注册会计师**应当**按照中国注册会计师审计准则的规定出具财务报表审计报告	**应当**按照中《企业内部控制审计指引》及《企业内部控制审计指引实施意见》的相关规定出具内部控制审计报告
意见类型	(1) 无保留意见； (2) 保留意见； (3) 否定意见； (4) 无法表示意见	(1) 无保留意见； (2) 否定意见； (3) 无法表示意见

敲黑板①
注意内部控制审计和财务报表审计的区别。在财务报表审计中，控制测试可以利用以前年度的审计证据（需要考虑其是否在本期变化，是否针对特别风险）；但是在内部控制审计中，通常不能利用以前年度获取的审计证据。

敲黑板②
本章的"自动化信息处理控制"有时也会表述为"自动化控制"，二者之间没有实质性区别。

敲黑板③
值得关注的内部控制缺陷只存在于财务报表审计中，所以在内部控制审计中，就不要写值得关注的内部控制缺陷了。

敲黑板④
即使非财务报告内部控制的缺陷不会影响到审计意见，也应以书面形式告知管理层和治理层。

敲黑板⑤
注意两者之间的标准不同。

经典例题 20-1　经典真题·多选题

下列有关财务报表审计与内部控制审计的共同点的说法中，正确的有（　　）。

A. 两者识别的重要账户、列报及其相关认定相同
B. 两者的审计报告意见类型相同

C. 两者了解和测试内部控制设计和运行有效性的审计程序类型相同
D. 两者测试内部控制运行有效性的范围相同

【解析】企业内部控制审计意见包括无保留意见、否定意见和无法表示意见三种类型,没有保留意见,选项 B 错误,不选;在财务报表审计中,如果预期不信赖内部控制,可以不实施控制测试,不测试内部控制的有效性。在内部控制审计中,注册会计师应当针对所有重要账户和列报的每一个相关认定获取控制设计和运行有效性的审计证据,以便对内部控制整体的有效性发表审计意见,选项 D 错误,不选。

【答案】AC

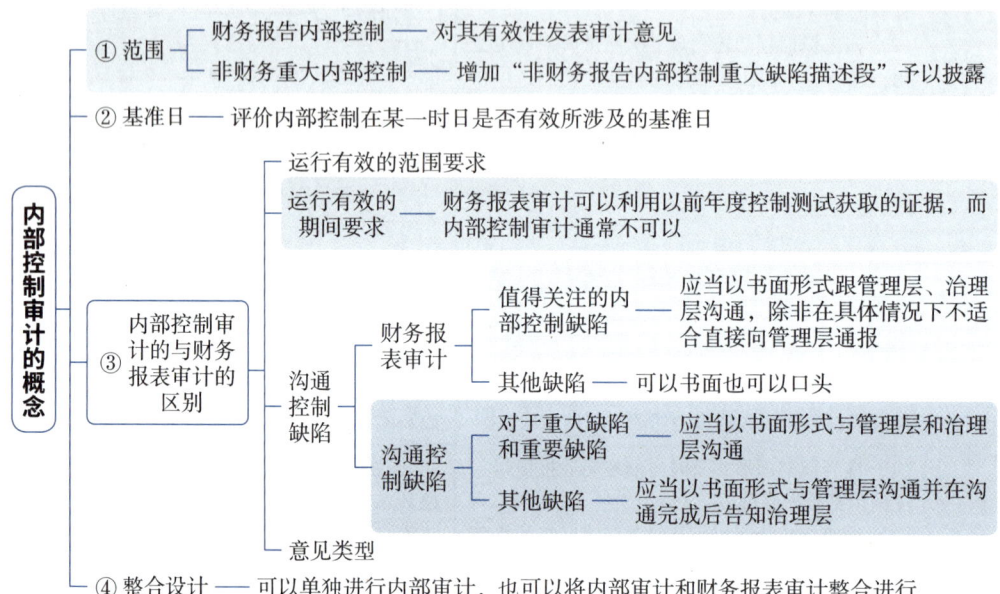

图 20-1　内部控制审计的概念

第二节　计划内部控制审计工作

一、计划审计工作时应当考虑的事项★★（见表20-6）

考频　2019年多选题（1）

本表第一列及套色部分内容需要熟读,可能涉及客观题。

表20-6　①计划审计工作时应当考虑的事项

事项	说明
与企业相关的风险	了解企业面临的风险可以帮助识别重大错报风险,继而识别重要账户、重要列报和相关认定以及识别重大业务流程,对内部控制审计的重大风险形成初步评价
相关法律法规和行业概况	注册会计师**应当了解与被审计单位业务相关的法律法规及其合规性**,并初步判断是否可能造成**非财务报告内部控制**的重大缺陷。另外,注册会计师应了解行业因素以确定其对被审计单位经营环境的影响

续表

事项	说明
企业组织结构、经营特点和资本结构等相关重要事项	注册会计师**应当了解企业的这些情况**，以便评价企业是否存在重大的、可能引起重大错报的非常规业务和关联交易，是否构成重大错报风险，以及相关的内部控制是否可能存在重大缺陷
企业内部控制最近发生变化的程度	注册会计师**应当了解**被审计单位本期内部控制发生的变化以及**变化的程度**，从而相应地调整审计计划
与企业沟通过的内部控制缺陷	注册会计师**应当了解被审计单位对以前年度审计中发现的内部控制缺陷所采取的改进措施及改进结果**，并相应适当地调整本年的内部控制审计计划。如果以前年度发现的内部控制缺陷未得到有效整改，则注册会计师需要评价这些缺陷对当期的内部控制审计意见的影响
重要性、风险等与确定内部控制有关因素	对于已识别的风险，注册会计师**应当**评价其对财务报表和内部控制的影响程度。注册会计师应当更多地关注内部控制审计的高风险领域，而**没有必要测试**那些即使有缺陷、也不可能导致财务报表重大错报的控制
对内部控制有效性的初步判断	注册会计师综合上述考虑以及借鉴以前年度的审计经验，形成对企业内部控制有效性的初步判断。对于内部控制可能存在重大缺陷的领域，注册会计师应给予充分的关注。**具体表现在：对相关的内部控制亲自进行测试而非利用他人工作；在接近内部控制评价基准日的时间测试内部控制；选择更多的组成部分进行测试；扩大相关内部控制的控制测试范围等**
可获取的、与内部控制有效性相关的证据的类型和范围	内部控制的特定领域存在重大缺陷的风险越高，注册会计师所需获取的审计证据客观性、可靠性越强

经典例题 20-2 （2019年·多选题）

在执行集团公司内控审计时，对于内部控制可能存在重大缺陷的业务流程，下列各项中正确的是（ ）。

A. 亲自进行相关测试而非利用他人工作
B. 在接近评价基准日的时间测试内部控制
C. 选择更多的子公司进行控制测试
D. 增加相关的内部控制测试量

【解析】对于内部控制可能存在重大缺陷的业务流程，集团项目组应亲自测试相关内部控制而非利用他人工作，选项A正确，当选；对于内部控制可能存在重大缺陷的业务流程（风险高），注册会计师应在接近内部控制评价基准日的时间测试内部控制，选项B正确，当选；对于内部控制可能存在重大缺陷的业务流程（风险高），注册会计师应选择更多的子公司进行内部控制测试，选项C正确，当选；对于内部控制可能存在重大缺陷的业务流程（风险高），注册会计师应增加相关内部控制的控制测试量，选项D正确，当选。

【答案】ABCD

二、①总体审计策略和具体审计计划★★

> 敲黑板①
> 该知识点属于非重点，考生只需了解即可。

（一）总体审计策略

总体审计策略用以总结计划阶段的成果，确定审计的范围、时间和方向，并指导具体审计计划的制定。

1. 总体审计的目标

（1）向具体审计领域分配资源的类别和数量，包括向高风险领域分配经验丰富的项目组成员，分配审计时间预算等；

（2）何时分配这些资源，包括是在期中审计阶段还是在关键日期调配资源等；

（3）如何管理、指导和监督这些资源，包括预期何时召开项目组预备会和总结会，预期项目合伙人和经理如何进行复核，是否需要实施项目质量管理复核等。

2. 总体审计策略中的内容

（1）确定审计业务的特征，以界定审计范围；

（2）明确审计业务的报告目标，以计划审计的时间安排和所需沟通的性质；

（3）根据职业判断，考虑用以指导项目组工作方向的重要因素；

（4）考虑初步业务活动的结果，并考虑对被审计单位执行其他业务时获得的经验是否与内部控制审计业务相关；

（5）确定执行业务所需资源的性质、时间安排和范围。

（二）具体审计计划

具体审计计划比总体审计策略更加详细，内容包括项目组成员拟实施的审计程序的性质、时间安排和范围。**注册会计师应当在具体审计计划中体现下列内容**：

（1）了解和识别内部控制的程序的性质、时间安排和范围；

（2）测试控制设计有效性的程序的性质、时间安排和范围；

（3）测试控制运行有效性的程序的性质、时间安排和范围。

三、对应对舞弊风险的考虑★★

在计划和实施内部控制审计工作时，注册会计师应当考虑财务报表审计中对舞弊风险的评估结果。在识别和测试企业层面控制以及选择其他控制进行测试时，注册会计师应当评价被审计单位的内部控制是否足以应对识别出的、由于舞弊导致的重大错报风险，并评价为应对管理层和治理层凌驾于控制之上的风险而设计的控制。

如果在内部控制审计中识别出旨在防止或发现并纠正舞弊的控制存在缺陷，注册会计师应当按照《中国注册会计师审计准则第1141号——财务报表审计中与舞弊相关的责任》的规定，在财务报表审计中制定重大错报风险的应对方案时考虑这些缺陷。

第三节 自上而下的方法

注册会计师**应当**采用自上而下的方法选择拟测试的控制。自上而下的方法分为下列步骤，见图20-1。

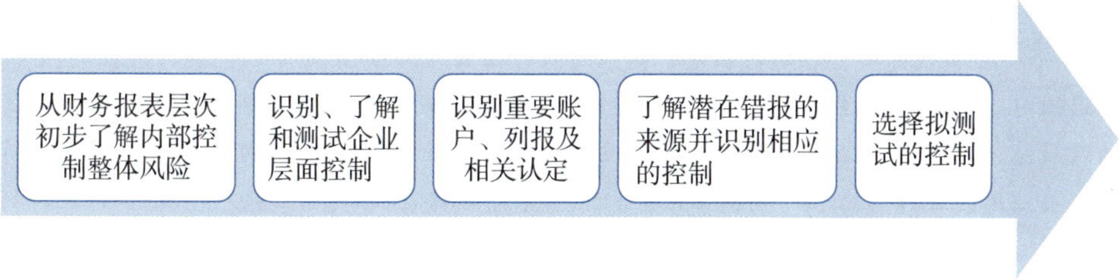

第二十章 企业内部控制审计 443

```
从财务报表层次初步了解内部控制整体风险 → 识别、了解和测试企业层面控制 → 识别重要账户、列报及相关认定 → 了解潜在错报的来源并识别相应的控制 → 选择拟测试的控制
```

图 20-1 自上而下的方法

一、识别、了解和测试企业层面的控制 ★★

考频 2020年单选题（1）

（一）企业层面控制的内涵

企业的内部控制分为①<u>企业层面控制</u>和②<u>业务流程、应用系统或交易层面</u>的控制两个层面。

1. 企业层面控制（见表 20-7）

表 20-7 企业层面控制的内容

	内容
企业层面控制	与控制环境（即内部环境）相关的控制
	针对管理层和治理层凌驾于控制之上的风险而设计的控制
	被审计单位的风险评估过程
	对内部信息传递和期末财务报告流程的控制
	对控制有效性的内部监督（即监督其他控制的控制）和内部控制评价
	集中化的处理和控制（包括共享的服务环境）、监控经营成果的控制以及针对重大经营控制及风险管理实务的政策
要点	在识别、了解和测试企业层面控制时，**注册会计师不得利用他人的工作**

敲黑板①

可以理解为财务报表层次的内部控制。

敲黑板②

可以理解为认定层次的内部控制。

2. 业务流程、应用系统或交易层面的控制

业务流程、应用系统或交易层面的控制为应对交易和账户余额认定的重大错报风险而设计，通常在业务流程内的交易或账户余额层面上运行，其作用通常能够对应到具体某类交易和账户余额的具体认定。

▎经典例题 20-3　2020年·单选题

在对被审计单位同时执行财务报表审计和内部控制审计时，下列各项工作中，注册会计师可以利用被审计单位内部审计工作的是（　　）。

A. 确定重要性水平
B. 了解企业层面控制
C. 对重大业务流程实施穿行测试
D. 确定细节测试的样本量

解析　本题考查注册会计师利用内部审计工作。注册会计师必须对与财务报表审计有关的所有重大事项独立作出职业判断，而不应完全依赖内部审计工作。通常，审计过程中涉及的职业判断，如重大错报风险的评估、重要性水平的确定（选项 A）、样本规模的确定（选项 D）、对会计政策和会计估计的评估等，均应当由注册会计师负责执行。

选项 B，企业层面的控制通常为应对企业财务报表整体层面的风险而设计。针对管理层和治理层凌驾于控制之上的风险而设计的控制也属于企业层面控制的内容之一，涉及特别风险，需要注册会计师作出独立判断，应当由注册会计师负责执行。不选。

选项 C，执行穿行测试，主要是为了证实对交易流程和相关控制的了解，注册会计师已经对交易流程和相关控制进行了初次了解，可以利用被审计单位对重大业务流程实施穿行测试，已确认对业务流程和相关内控的了解。

答案 C

（二）企业层面控制对其他控制及其测试的影响（见表 20-8）

表 20-8 企业层面控制对其他控制及其测试的影响

		内容
概念		(1) **应当**识别、了解和测试对内部控制有效性结论有重要影响的企业层面控制； (2) 对企业层面控制的评价，可能增加或减少本应对其他控制所进行的测试
举例	与控制环境相关	可能**影响**审计程序性质、时间安排和范围
	能够监督其他控制的有效性	可以**减少**原本拟对其他控制的有效性进行的测试 **名师说** 例如，被审计单位的财务总监定期审阅经营收入的详细月度分析报告。
	精确到及时防止或发现重大错报	可以**不必测试**与该风险相关的其他控制 **名师说** 例如，被审计单位制定了银行余额调节表的监督审阅流程，并且对下属所有分级机构作出定期检查，以确定所有下属单位已做好银行存款余额调节表的编制、审阅及跟踪工作。如果这个监督审阅过程中的程序有足够的精确度以复核各个下属的工作是否恰当，那么注册会计师可以考虑测试这个企业层面的控制，并且不必对与下属每个单位的银行余额调节表相关的控制进行测试。
精确度		(1) 内部控制对应的重要账户及列报的性质； (2) 管理层实施的分析对发现财务报表重大错报具有足够的精确度； (3) 管理层分析的细化程度

二、识别重要账户、列报及其相关认定 ★★（见表 20-9）

表 20-9 识别重要账户、列报及其相关认定

	内容
定义	如果某财务报表认定可能存在一个或多个错报，这个或这些错报将导致财务报表发生重大错报，则该认定为**相关认定**

续表

	内容
考虑因素	注册会计师**应当**基于财务报表层次识别重要账户、列报及其相关认定。注册会计师识别重要账户、列报及其相关认定时，应当评价的风险因素与财务报表审计中考虑的因素相同。在识别重要账户、列报及其相关认定时，**不应**考虑控制的影响 **应试点拨** 不考虑内部控制的几种情况： （1）固有风险因素； （2）固有风险； （3）识别特别风险； （4）重要账户、列报； （5）相关认定。 不仅应当在重要账户或列报层面考虑风险，而且应当深入账户或列报的成分。（**例如，固定资产账户由机器设备、房屋建筑物等部分组成**），如果某账户或列报的各明细项目存在的风险差异较大，被审计单位可能需要采用不同的控制以应对这些风险，注册会计师应当分别予以考虑，并针对各自的风险设计审计程序
结论	在识别重要账户、列报及其相关认定时，应当从**定性和定量**两个方面作出评价，包括舞弊的影响要素
	超过财务报表整体重要性的账户，通常情况下被认定为重要账户。但一个账户或列报的金额**超过**财务报表整体重要性①**并不必然**表明其属于重要账户或列报
联系	注册会计师在识别内部控制审计中的重要账户、列报及其相关认定时，**应当**评价的风险因素与财务报表审计中考虑的因素相同，因此，在这两种审计中识别的重要账户、列报及其相关认定**应当**相同

敲黑板①

考试中如果出现"高于重要性水平的项目一定是重要的账户、列报"这种说法，那么这种说法是错误的。

经典例题 20-4 （经典真题·单选题）

注册会计师执行内部控制审计时，下列有关识别重要账户、列报及其相关认定的说法中，错误的是（　　）。

A. 注册会计师应当从定性和定量两个方面识别重要账户、列报及其相关认定
B. 在识别重要客户、列报及其相关认定时，注册会计师应当确定重大错报的可能来源
C. 注册会计师通常将超过财务报表整体重要性的账户认定为重要账户
D. 在识别重要账户、列报及其相关认定时，注册会计师应当考虑控制的影响

（解析）在识别重要账户、列报及其相关认定时，注册会计师不应当考虑控制的影响，选项 D 错误，当选。

（答案）D

三、了解潜在错报的来源并识别相应的控制 ★★

（一）了解潜在错报的来源

注册会计师应当实现下列目标，以进一步了解潜在错报的来源，并为选择拟测试的控制奠定基础：

（1）了解与相关认定有关的交易的处理流程，包括这些交易如何生成、批准、处理及记录；

（2）验证识别出的业务流程中可能发生重大错报（包括由于舞弊导致的错报）的环节；

（3）识别被审计单位用于应对这些错报或潜在错报的控制；

（4）识别被审计单位用于及时防止或发现并纠正未经授权的、导致重大错报的资产取得、使用或处置的控制。

注册会计师应当亲自执行能够实现上述目标的程序，或对提供直接帮助的人员的工作进行督导。

（二）实施穿行测试

穿行测试通常是实现上述目标和评价控制设计的有效性，以及确定控制是否得到执行的有效方法。穿行测试是指追踪某笔交易从发生到最终被反映在财务报表中的整个处理过程，见表20-10。

敲黑板①
考试中如果出现"穿行测试是必要实施的"这种表述，那么该表述是错误的。

表 20-10 实施穿行测试

	内容
①通常实施穿行测试的情况	（1）存在较高固有风险的复杂领域； （2）以前年度审计中识别出的缺陷（需要考虑缺陷的严重程度）； （3）由于引入新的人员、新的系统，收购和采取新的会计政策而导致流程发生重大变化； （4）首次接受委托执行内部控制审计
应当	应当使用与被审计单位人员使用的相同的文件和信息技术对业务流程实施穿行测试，并向参与该流程或控制重要方面的相关人员进行询问
可以	（1）一般而言，对每个重要流程，选取一笔交易或事项实施穿行测试即可。 （2）采用集中化的系统为多个组成部分执行重要流程可能不必在每一个重要的经营场所或业务单位选取一笔交易或事项实施穿行测试。 （3）在实施穿行测试时，针对重要处理程序发生的环节，注册会计师可以询问相关人员对既定程序和控制规定的了解程度，确定相关人是否根据其设计的原意及时执行这些处理程序或控制。注册会计师应当关注那些不符合既定程序和控制规定的例外事项

四、选择拟测试的控制 ★★

考频 2018年单选题（1）

（一）选择拟测试控制的基本要求

（1）应当针对每一相关认定获取控制有效性的审计证据。

（2）应当对被审计单位的控制是否足以应对评估的每个相关认定的错报风险形成结论。

（3）没有必要测试与某项相关认定有关的所有控制。

（4）在确定是否测试某项控制时，应当考虑该项控制单独或连同其他控制，是否足以应对评估的某项相关认定的错报风险，而不论该项控制的分类和名称如何。

（二）选择拟测试的控制的考虑因素（见表20-11）

表 20-11 选择拟测试的控制的考虑因素

	内容
总体目标	注册会计师在选取拟测试的控制时通常选取选择关键控制，即能够为一个或多个重要账户或列报的一个或多个相关认定提供最有效果或最有效率的证据的控制

续表

	内容
考虑因素	(1) 哪些控制是不可缺少的; (2) 哪些控制直接针对相关认定; (3) 哪些控制可以应对错误或舞弊导致的重大错报风险; (4) 控制的运行是否足够精确
要点	每个重要账户、认定和重大错报风险**至少**应当有一个对应的**关键控制**
	无须测试那些即使有缺陷也合理预期不会导致财务报表重大错报的控制
	应当选择测试那些对形成内部控制审计意见有重大影响的控制
要点	**如果企业层面控制是有效的且得到精确执行**,能够及时防止或发现并纠正影响一个或多个认定的重大错报,注册会计师**可能不必就所有**流程、交易或应用层面的控制的**运行有效性获取审计证据** **名师说** 知识点关联: 如果企业层面的控制精确到及时防止或发现重大错报,可以不必测试与该风险相关的其他控制。 例如,被审计单位制定了银行余额调节表的监督审阅流程,并且对下属所有分级机构作定期检查,以确定所有下属单位已经作好银行存款余额调节表的编制、审阅及跟踪工作。如果这个监督审阅过程中的程序有足够的精确度以复核各个下属的工作是否恰当,那么注册会计师可以考虑测试这个企业层面的控制,并且不必对下属每个单位的银行余额调节表相关的控制进行测试。 **企业管理层**在执行内部控制**自我评价**时选择测试的控制,可能**多于注册会计师**认为的为了评价内部控制的有效性有必要测试的控制。管理层的这种决定,**不影响注册会计师**的控制测试决策,注册会计师只需要测试那些对形成内部控制审计意见有重大影响的控制 **名师说** 注册会计师应当查阅本年度涉及内部控制的内部审计报告或类似报告,并评价这些报告中指出的控制缺陷。

经典例题 20-5 （2018年·单选题）

在执行内部控制审计时,下列有关注册会计师选择拟测试的控制的说法中,错误的是(   )。

A. 注册会计师应当选择测试对形成内部控制审计意见有重大影响的控制
B. 注册会计师无须测试即使有缺陷也合理预期不会导致财务报表重大错报的控制
C. 注册会计师选择拟测试的控制,应当涵盖企业管理层在执行内部控制自我评价时测试的控制
D. 注册会计师通常选择能够为一个或多个重要账户或列报的一个或多个相关认定提供最有效果或最有效率的证据的控制进行测试

（解析）注册会计师应当选择测试那些对形成内部控制审计意见有重大影响的控制（选项A正确）；注册会计师无须测试那些即使有缺陷也合理预期不会导致财务报表重大错报的控制

(选项B正确);企业管理层在执行内部控制自我评价时选择测试的控制,可能多于注册会计师认为为了评价内部控制的有效性有必要测试的控制(选项C错误);注册会计师在选取拟测试的控制时,通常不会选取整个流程中的所有控制,而是选择关键控制,即能够为一个或多个重要账户或列报的一个或多个相关认定提供最有效果或最有效率的证据的控制(选项D正确)。

【答案】C

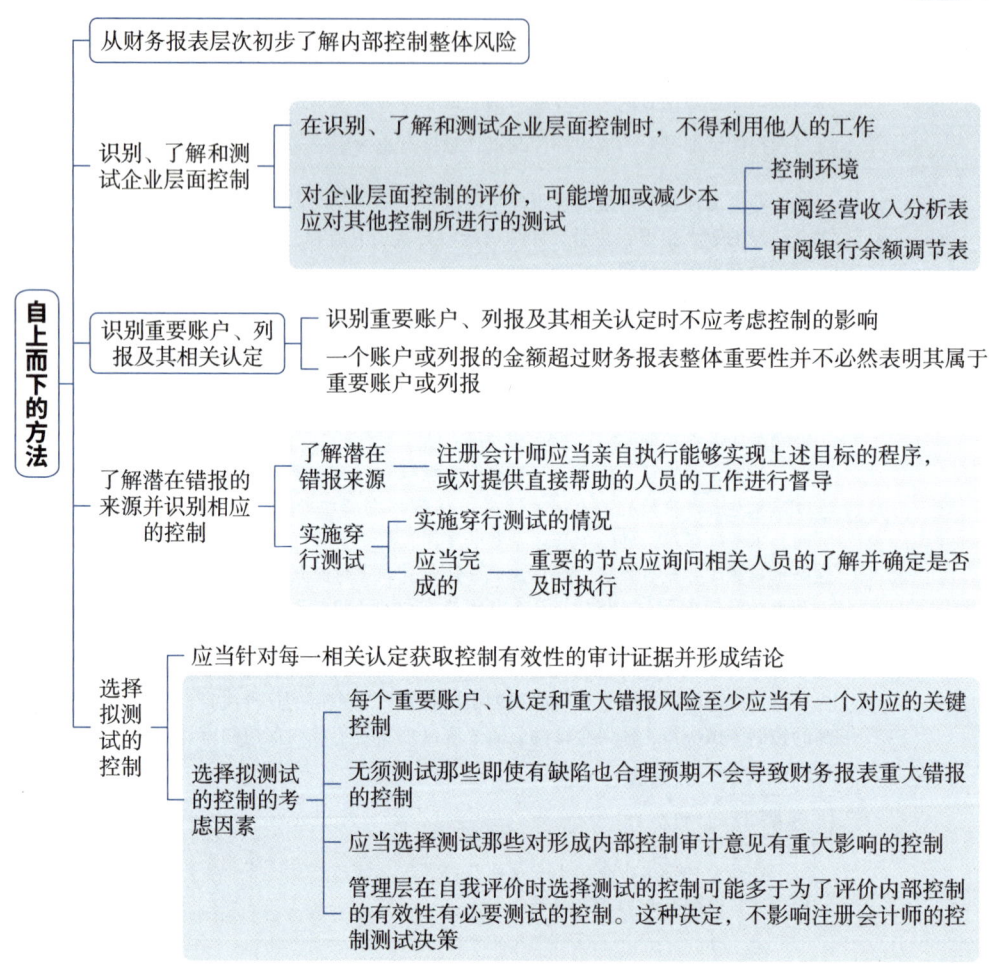

图 20-2 自上而下的方法

第四节 控制测试的有效性

一、内部控制的有效性 ★★

(1) 内部控制的有效性包括内部控制设计的有效性和内部控制运行的有效性。
(2) 注册会计师获取的有关控制运行有效性的审计证据包括:
① 控制在所审计期间的相关时点是如何运行的;
② 控制是否得到一贯执行;
③ 控制由谁或以何种方式执行。

二、与控制相关的风险★★

与控制相关的风险**包括**一项控制可能无效的风险,以及如果该控制无效,可能导致重大缺陷的风险。与控制相关的风险越高,注册会计师需要获取的审计证据就越多,见表 20-12。

表 20-12 与控制相关的风险

	内容
影响控制风险的因素	(1) 该项控制拟防止或发现并纠正的错报的性质和重要程度; (2) 相关账户、列报及其认定的固有风险; (3) 交易的数量和性质是否发生变化,进而可能对该项控制设计或运行的有效性产生不利影响; (4) 相关账户或列报是否曾经出现错报; (5) 企业层面控制(特别是监督其他控制的控制)的有效性; (6) 该项控制的性质及其执行频率; (7) 该项控制对其他控制(如控制环境或信息技术一般控制)有效性的依赖程度; (8) 执行该项控制或监督该项控制执行的人员的专业胜任能力,以及其中的关键人员是否发生变化; (9) 该项控制是人工控制还是自动化控制; (10) 该项控制的复杂程度,以及在运行过程中依赖判断的程度 **名师说** (1) 错报的性质越严重,重要程度越高,控制风险越高; (2) 通常来说,固有风险越高,控制风险可能越高; (3) 交易的数量和性质如果发生变化,控制风险就越高; (4) 如果以前出现过错误,那么今年出错的概率就较高,则控制风险就较高; (5) 企业层面控制越有效,业务流程、应用系统或交易层面控制的控制风险就越低; (6) 该项控制的性质复杂,或其执行频率较高,控制风险就高; (7) 如果对其他控制有效性的依赖程度高,且其他控制有效,则该控制的控制风险低; (8) 如果人员的专业胜任能力低,或者其中的关键人员发生变化,则控制风险水平高; (9) 通常来说人工控制的控制风险较高; (10) 该控制的复杂程度越高,或者在运行过程中依赖判断的程度越高,控制风险越高。
连续审计	以前审计所执行的审计程序的性质、时间安排和范围
	以前审计控制测试的结果
	自上次审计以来控制或流程是否发生变化

三、测试控制有效性的程序的性质★★ (见表 20-13)

表 20-13 测试控制有效性的程序的性质

	要点
询问	注册会计师通过与被审计单位有关人员进行讨论以取得与内部控制相关的信息

续表

	要点
观察	观察是测试运行不留下书面记录的控制的有效方法
检查	检查通常用于确认控制是否得以执行
重新执行	重新执行的目的是评价控制的有效性,而不是测试特定交易或余额的存在或准确性,即定性而非定量,因此一般不必选取大量的项目,也不必特意选取金额重大的项目进行测试。 通常只有当综合运用询问、观察和检查程序仍无法获取充分、适当的证据时,注册会计师才会考虑重新执行程序

四、控制测试的涵盖期间和时间安排 ★★

考频 2021年简答题(1)、2019年单选题(1)

(一) 总体要求

对控制有效性测试的实施时间**越接近基准日**,提供的控制有效性的**审计证据越有力**,见表20-14。

表 20-14 总体要求

	要点
内控审计	应当获取内部控制在基准日之前一段足够长的期间内有效运行的审计证据
整合审计	控制测试所涵盖的期间,应尽量与财务报表审计中拟信赖内部控制的期间保持一致

(二) 影响确定时间点的因素

为了获取充分、适当的审计证据,注册会计师应当在下列两个因素之间作出平衡,以确定测试的时间:
(1) 尽量在接近基准日实施测试;
(2) 实施的测试需要涵盖足够长的期间。

> **名师说** 整改后的内部控制需要在基准日之前运行足够长的时间,注册会计师才能得出整改后的内部控制是否有效的结论。因此,在接受或保持内部控制审计业务时,注册会计师应当尽早与被审计单位沟通这一情况,并合理安排控制测试的时间,留出提前量。例如,注册会计师在基准日前3个月完成期中测试工作。此外,由于对企业层面控制的评价结果将影响注册会计师测试其他控制的性质、时间安排和范围,注册会计师可以考虑在执行业务的早期阶段对企业层面控制进行测试。

(三) 如何考虑期中控制测试

在整合审计中测试控制在整个会计年度的运行有效性时,注册会计师可以进行期中测试,然后对剩余期间实施前推测试,或将样本分成两部分,一部分在期中测试,剩余部分在临近年末的期间测试。

1. 审计证据取得的时间点（见表 20-15）

表 20-15　审计证据取得的时间点

情况	内容
控制相关的风险越低	需要对该控制获取的审计证据就越少，可能对该控制实施期中测试就可以为其运行有效性提供充分、适当的审计证据
控制相关的风险越高	应当取得一部分更接近基准日的证据

2. 被取代的控制

如果被审计单位为了提高控制效果和效率或整改控制缺陷而对控制作出改变，注册会计师应当考虑这些变化并适当予以记录，见表 20-16。

表 20-16　被取代的控制

	内容
不测试	新的控制能够满足控制的相关目标，而且新控制已运行足够长的时间，足以使注册会计师通过实施控制测试评估其设计和运行的有效性，则注册会计师不再需要测试**被取代**的控制的设计和运行有效性
测试	被取代的控制的运行有效性对注册会计师执行**财务报表审计时**的控制风险评估具有重要影响，注册会计师**应当**适当地测试这些被取代的控制的设计和运行的有效性

经典例题 20-6　（2021年·简答题）

ABC 会计师事务所的 A 注册会计师负责审计上市公司甲公司 2020 年度财务报表和 2020 年末财务报告内部控制，采用整合审计方法执行审计。与内部控制审计相关的部分事项如下：

（1）2020 年 5 月，甲公司对其部分业务信息系统和财务信息系统进行升级，与采购业务相关的内部控制因此发生变化。考虑到审计效率，A 注册会计师仅测试了变更之后的内部控制设计和运行的有效性。

（要求）针对上述事项，指出 A 注册会计师的做法是否恰当。如不恰当，简要说明理由。

（答案）恰当。

3. 以前审计获取的有关控制运行有效性的审计证据

对于财务报表审计，注册会计师可以在某些方面利用以前审计中获取的有关控制运行有效性的审计证据。对于内部控制审计，除考虑对自动化应用控制实施与基准相比较的策略外（完全自动化的控制通常不会因人为失误而失效），注册会计师①**不能利用以前审计**中获取的有关控制运行有效性的审计证据，而是需要**每年获取有关控制有效性**的审计证据。

4. 期中测试和前推程序

注册会计师执行内部控制审计业务旨在对基准日内部控制有效性出具报告。如果已获取有关控制在期中运行有效性的审计证据，注册会计师**应当**确定还需要获取哪些补充审计证据，以证实剩余期间控制的运行情况。在将期中测试结果前推至审计基准日时，注册会计师**应当**考虑下列因素，以确定需获取的补充审计证据：

（1）基准日之前测试的特定控制，包括与控制相关的风险、控制的性质和测试的结果；

（2）期中获取的有关审计证据的充分性和适当性；

敲黑板①

财务报表审计中，以前审计中获取的有关控制运行有效性的审计证据可以利用，而内部控制审计中则一般不能利用。

(3) 剩余期间的长短；

(4) 期中测试之后，内部控制发生重大变化的可能性；

(5) 注册会计师基于对控制的依赖程度拟减少进一步实质性程序的程度（仅适用于整合审计）；

(6) 控制环境。

5. 自动化控制

① 如果信息技术**一般控制有效**，且关键的自动化控制**未发生任何变化**，注册会计师就①**不需要对该自动化控制实施前推测试**；

② 如果注册会计师在期中对重要的信息技术一般控制实施了测试，则通常还需要对其实施前推程序；

③ 如果重要的信息技术一般控制无效，且无法获得其他替代证据，以证实关键的自动化控制自其上次被测试后未发生变化，注册会计师在执行内部控制审计时，通常就需要获取有关该自动化控制在接近基准日的期间内是否有效运行的证据。

敲黑板①
与"风险应对"中"对自动化控制的特殊考虑"相联系。

▎**经典例题 20-7** （2019年·单选题）

对于内部控制审计业务，下列有关控制测试的时间安排的说法中，错误的是(   )。

A. 注册会计师应当获取内部控制在基准日之前一段足够长的期间内有效运行的审计证据

B. 如果被审计单位在所审计年度内对控制作出改变，注册会计师应当对新的控制和被取代的控制分别实施控制测试

C. 注册会计师对控制有效性测试的实施越接近基准日，提供的控制有效性的审计证据越有力

D. 如果已获取有关控制在期中运行有效性的审计证据，注册会计师应当获取补充证据，将期中测试结果前推至基准日

【解析】本题考查内部控制审计业务，有关控制测试的时间安排的理解，具体分析如下：注册会计师应当获取内部控制在基准日之前一段足够长的期间内有效运行的审计证据，选项A正确，不选；在被审计单位对控制作出改变的情况下，如果注册会计师认为新的控制能够满足控制的相关目标，而且新的控制已运行足够长的时间，足以使注册会计师通过实施控制测试评估其设计和运行的有效性，则注册会计师不再需要测试被取代的控制的设计和运行有效性，选项B错误，当选；注册会计师对控制有效性测试的实施越接近基准日，提供的控制有效性的审计证据越有力，选项C正确，不选；如果已获取有关控制在期中运行有效性的审计证据，注册会计师应当获取补充审计证据，将期中测试结果前推至基准日，选项D正确，不选。

【答案】B

五、控制测试的范围★★

内部控制审计-控制测试的范围-知识精讲

考频 2022年简答题（1）、2021年简答题（1）

注册会计师确定的测试范围，**应当**足以使其能够获取充分、适当的审计证据，为**基准日**内部控制是否不存在重大缺陷提供合理保证。

（一）测试人工控制的最小样本规模

在测试人工控制时，如果采用检查或重新执行程序，注册会计师测试的最小样本规模区间，见表 20-17。

表 20-17 ①测试人工控制的最小样本规模区间

控制运行频率	控制运行的总次数	测试的最小样本区间
每年 1 次	1	1
每季 1 次	4	2
每月 1 次	12	2~5
每周 1 次	52	5~15
每天 1 次	250	20~40
每天多次	大于 250	25~60

敲黑板①

近年考试中经常考到，建议考生熟悉此表内容。

案例：某公司存在一项每月运行 1 次的控制，如某一员工对 50 个银行账户每月编制银行余额调节表。

第一步，计算控制每年运行的总次数，12×50＝600（次）。

第二步，根据总次数选择表中对应的部分，应为大于 250 次，每天多次，样本规模应为 25~60。

如果由多个人员执行同一控制，应当分别确定总体，针对每个人员确定样本规模。如果由 2 个人执行 600 次控制，样本规模应为 25，即应针对每个人测试 25 次，一共 50 个样本。

在确定控制运行的总次数时，还要注意拟测试的控制是否是同质的，能否作为一个总体。在本例中，如果由统一的财务主管复核每个人编制的银行余额调节表，通过了解和评价财务主管的复核控制，可以保证经复核的控制是同质的，则可以将 2 个人执行的控制作为 1 个总体。

经典例题 20-8 （2021年·简答题）

ABC 会计师事务所的 A 注册会计师负责审计上市公司甲公司 2020 年度财务报表和 2020 年末财务报告内部控制，采用整合审计方法执行审计。与内部控制审计相关的部分事项如下：

（2）甲公司共有 30 个银行账户，A 注册会计师将财务经理每月复核银行存款余额调节表识别为一项关键控制。因该控制执行频率为每月一次，A 注册会计师选取 5 份银行存款余额调节表测试了该控制，结果满意。

内部控制审计-控制测试的范围-例题解析

要求 针对上述事项，指出 A 注册会计师的做法是否恰当。如不恰当，简要说明理由。

答案 不恰当。控制共发生 360 次/应采用控制频率为每天多次的样本量/应选取 25 至 60 份银行存款余额调节表。

（二）测试自动化应用控制的最小样本规模

在信息技术一般控制有效的前提下，除非系统发生变动，注册会计师或其专家可能只需要对某项自动化应用控制的每一相关属性**进行一次**系统查询以检查其系统设置，即可得出所测试自动化应用控制是否运行有效的结论。

（三）发现偏差时的处理

评价控制偏差的影响需要注册会计师运用职业判断，并受到控制的性质和所发现偏差数量的影响。

由于有效的内部控制不能为实现控制目标提供绝对保证，单项控制并非一定要毫无偏差地运行，才被认为有效。

例如，对每日发生多次的控制，如果初始样本规模为 25 个，当测试发现一项控制偏差，且该偏差**不是系统性偏差**时，注册会计师**可以扩大**样本规模进行测试。如果测试后再次发现偏差，则注册会计师可以得出该控制无效的结论。如果扩大样本规模没有再次发现偏差，则注册会计师可以得出控制有效的结论。

▌ 经典例题 20 - 9　（2022 年・简答题）

ABC 会计师事务所的 A 注册会计师负责审计上市公司甲公司 2021 年度财务报表和 2021 年末财务报告内部控制，采用整合审计方法执行审计。与内部控制审计相关的部分事项摘录如下：

A 注册会计师采用审计抽样随机选取 25 个样本项目，对每日发生多次的原材料采购验收控制进行测试，发现 1 个样本项目存在偏差。经调查，该偏差不属于系统性偏差，也非人为有意造成，A 注册会计师另外选取 1 个样本项目进行了测试，结果满意，据此认为该控制运行有效。

（要求）针对上述事项，指出 A 注册会计师的做法是否恰当。如不恰当，简要说明理由。

（答案）不恰当。应当扩大样本规模进行测试。

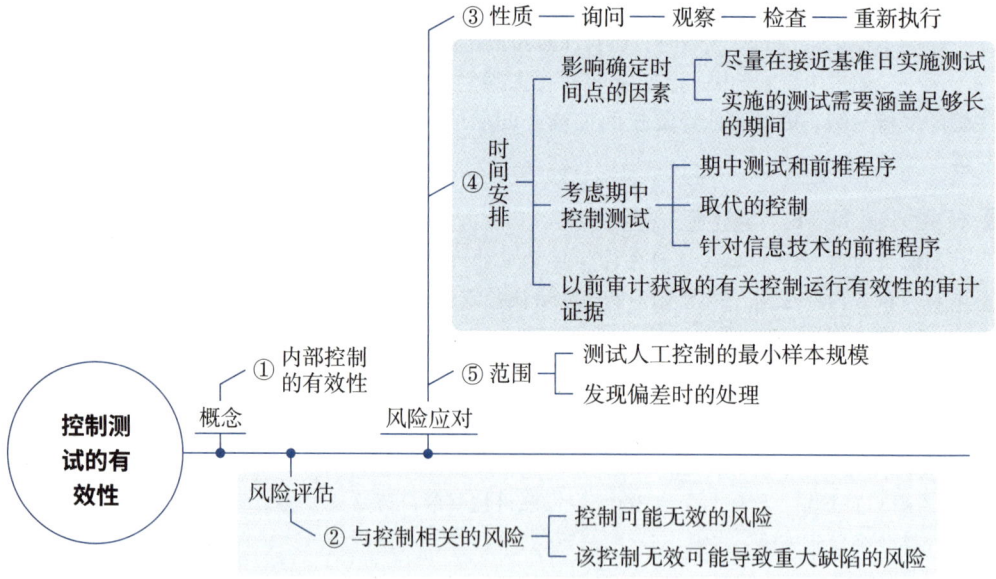

图 20 - 3　控制测试的有效性

第五节 ①企业层面控制的测试

> 敲黑板①
> 考生需要区分哪些是企业层面控制，哪些是业务层面控制。

一、与控制环境相关的控制★★

在了解和测试控制环境时，注册会计师需要考虑的方面主要包括：
（1）管理层的理念和经营风格是否促进了有效的财务报告内部控制。
（2）管理层在治理层的监督下，是否营造并保持了诚信和合乎道德的文化。
（3）治理层是否了解并监督财务报告过程和内部控制。

二、针对管理层和治理层凌驾于控制之上的风险而设计的控制★★

针对凌驾风险采用的控制可以包括但不限于：
（1）针对重大的异常交易（尤其是那些导致会计分录延迟或异常的交易）的控制。
（2）针对关联方交易的控制。
（3）与管理层的重大估计相关的控制。
（4）能够减弱管理层伪造或不恰当操纵财务结果的动机及压力的控制。
（5）建立内部举报投诉制度。

三、被审计单位的风险评估过程★★

注册会计师可以首先了解被审计单位及其环境的其他方面信息，以初步了解被审计单位的风险评估过程。
（1）被审计单位需要有充分的内部控制去识别来自外部环境的风险，比如在经济、政治、法律法规、竞争者行为、债权人需求、技术变革等方面。
（2）充分且适当的风险评估过程应当包括对重大风险的估计，对风险发生可能性的评定以及确定应对方法。

四、对内部信息传递和期末财务报告流程的控制★★

（1）期末财务报告流程对内部控制审计和财务报表审计有重要影响，注册会计师应当对期末财务报告流程进行评价。
（2）由于期末财务报告流程通常发生在管理层评价日之后，注册会计师一般只能在该日之后测试相关控制。
（3）结合财务报表审计的要求，注册会计师还应当了解管理层为确保识别期后事项而建立的程序。

五、对控制有效性的内部监督（即监督其他控制的控制）和内部控制评价★★

（1）管理层是否定期地将会计系统中记录的数额与实物资产进行核对。
（2）管理层是否为保证内部审计活动的有效性而建立了相应的控制。
（3）管理层是否建立了相关的控制以保证自我评价或定期的系统评价的有效性。
（4）管理层是否建立了相关的控制以保证监督性控制能够在一个集中的地点有效进行，如共享服务中心等。

六、集中化的处理和控制（包括共享的服务环境）★★

（1）采用集中化管理可以降低各个下属单位或分部负责人对该单位或分部财务报表的影

响，并且可能会使财务报表相关的内部控制更为有效，所以集中化的财务管理可能有助于降低财务报表错报的风险。

（2）特定服务对象单位与财务报表相关的风险越大，注册会计师在进行内控测试过程中可能更需要到共享服务中心或其服务对象单位测试与特定服务对象单位相关的内部控制。

（3）注册会计师可以考虑在内部控制审计工作初期就开始分析其内部控制的性质、对被审计单位的影响等，并且考虑在较早的阶段执行对共享服务中心内部控制的有效性测试。

（4）注册会计师还可以关注共享服务中心与财务报表相关的信息技术系统。

七、监督经营成果的控制★★

（1）一般而言，管理层对于各个单位或业务部门经营情况的监控是企业层面的主要内部控制之一。

（2）对客户投诉报告的复核及分析，以查找被审计单位的各个下属单位或业务部门是否存在违规、不合法或管理不善的情况。

（3）对违反被审计单位政策或守则行为的处理的复核。

（4）对与员工报酬或晋升相关的员工业绩评价流程的复核，以确定企业内部公平及平衡的奖惩制度的执行。

（5）对企业记录的财务报表编制流程中存在主要风险的复核，以考虑企业内部及外部存在的可能导致财务报表错报的重大风险是否已经被清楚地反映。

八、针对重大经营控制及风险管理实务的政策★★

注册会计师在这方面可以考虑的主要因素包括但不限于：

（1）企业是否建立了重大风险预警机制，明确界定哪些风险是重大风险，哪些事项一旦出现必须启动应急处理机制。

（2）企业是否建立了突发事件应急处理机制，确保突发事件得到及时妥善处理。

敲黑板①
与"风险评估"章节结合起来学习。

①第六节 业务流程、应用系统或交易层面的控制的测试

一、了解企业经营活动和业务流程★★

（1）注册会计师可以通过检查被审计单位的手册和其他书面指引获得有关信息，还可以通过询问和观察来获得全面的了解。

（2）向负责处理具体业务人员的上级进行询问通常更加有效。业务流程越复杂，注册会计师越有必要询问**信息系统人员**，以辨别有关的控制。

（3）注册会计师可以检查并在适当的情况下保存部分被审计单位文件（如流程图、程序手册、职责描述、文件、表格等）的复印件，可以考虑在图表及流程图上加入自己的文字表述。

二、识别可能发生错报的环节★★

（1）注册会计师所关注的控制，是那些能通过防止错报的发生，或者通过发现和纠正已有错报，从而确保每个流程中业务活动能够顺利运转的人工或自动化控制程序。

（2）注册会计师通过设计一系列关于控制目标是否实现的问题，从而确认某项业务流程中需要加以控制的环节。

（3）为实现某项审计目标而设计问题的数量，取决于下列因素：

① 业务流程的复杂程度；
② 业务流程中发生错报而未能被发现的概率；
③ 是否存在一种具有实效的总体控制来实现控制目标。

三、识别和了解相关控制★★

（1）控制的类型包括预防性控制和检查性控制。
（2）通常，应首先询问级别较高的人员，再询问级别较低的人员。
（3）从级别较低人员处获取的信息，应向级别较高的人员核实其完整性。
（4）注册会计师并不需要了解与每一控制目标相关的所有控制。
（5）控制与认定直接或间接相关，关系越间接，控制对防止或发现并纠正认定错报的效果越小，注册会计师应考虑识别和了解与认定关系更直接、更有效的控制。

四、记录相关控制★★

针对被审计单位已设置的控制，注册会计师应将其记录于工作底稿，同时记录由谁执行该控制。

①第七节　信息系统控制的测试

> 敲黑板①
> 与"信息技术审计"章节结合起来学习。

一、与信息技术相关的控制★★

1. 自动化控制的好处
（1）自动化控制能够有效处理大流量交易及数据。
（2）自动化控制比较不容易被绕过。
（3）自动信息系统、数据库及操作系统的相关安全控制可以实现有效的职责分离。
（4）自动信息系统可以提高信息的及时性、准确性，并使信息变得更易获取。
（5）自动信息系统可以提高管理层对企业业务活动及相关政策的监督水平。

2. 自动化控制的风险
（1）信息系统或相关系统程序可能会对数据进行错误处理，也可能会去处理那些本身存在错误的数据。
（2）自动信息系统、数据库及操作系统的相关安全控制如果无效，会增加对数据信息非授权访问的风险。
（3）数据丢失风险或数据无法访问风险，如系统瘫痪。

（4）不适当的人工干预，或人为绕过自动化控制。

二、信息技术内部控制测试 ★★

1. 信息技术一般控制测试

（1）信息系统一般控制是指为了保证信息系统的安全，对整个信息系统以及外部各种环境要素实施的、对所有的应用或控制模块具有普遍影响的控制措施。

（2）信息技术一般控制确保了应用系统控制和依赖计算机处理的自动会计程序得以持续有效地运行。

（3）信息技术一般控制包括程序开发、程序变更、程序和数据访问以及计算机运行四个方面。

2. 信息处理控制测试

（1）信息处理控制一般要经过输入、处理及输出等环节，与手工控制一样，自动化信息处理控制同样关注信息处理目标的四个要素：完整性、准确性、经过授权和访问限制。

（2）所有的自动化信息处理都会有一个手工控制与之相对应，在测试的时候，每个自动化信息处理控制都要与其对应的手工控制一起进行测试，才能得到控制是否可信赖的结论。

3. 信息处理控制与信息技术一般控制之间的关系

（1）许多应用系统中包含很多编辑检查来帮助确保录入数据的准确性。编辑检查可能包括格式检查（如日期格式或数字格式）、存在性检查（如客户编码存在于客户主数据文档之中），或合理性检查（如最大支付金额）。

（2）如果带有关键的编辑检查功能的应用系统所依赖的计算机环境存在信息技术一般控制的缺陷，注册会计师可能就不能信赖上述编辑检查功能按设计发挥作用。

第八节 内部控制缺陷评价

一、控制缺陷的分类 ★★ （见表 20-18）

表 20-18 控制缺陷的分类

情形		内容
按性质	设计缺陷	设计缺陷是指缺少为实现控制目标所必需的控制，或现有控制设计不适当、即使正常运行也难以实现预期的控制目标
	运行缺陷	运行缺陷是指现存设计适当的控制没有按设计意图运行，或执行人员没有获得必要授权或缺乏胜任能力，无法有效地实施内部控制
按严重程度	重大缺陷	重大缺陷是内部控制中存在的、**可能导致不能及时防止或发现并纠正财务报表出现重大错报**的一项控制缺陷或多项控制缺陷的组合
	重要缺陷	重要缺陷是内部控制中存在的、其严重程度不如重大缺陷，但足以引起负责监督被审计单位财务报告的人员（如审计委员会或类似机构）关注的、一项控制缺陷或多项控制缺陷的组合
	一般缺陷	一般缺陷是内部控制中存在的、除重大缺陷和重要缺陷之外的控制缺陷

二、评价控制缺陷的严重程度★★

考频 2019年单选题（1）

（一）注册会计师的责任

注册会计师<u>应当</u>评价其识别的各项控制缺陷的严重程度，以确定这些缺陷单独或组合起来，是否构成内部控制的重大缺陷。但是，在计划和实施审计工作时，<u>不要求</u>注册会计师寻找单独或组合起来<u>不构成</u>重大缺陷的控制缺陷。

（二）控制缺陷严重程度的考虑因素（见表20–19）

表20–19 控制缺陷严重程度的考虑因素

要素	因素
错报的可能性的大小	所涉及的账户、列报及其相关认定的性质
	相关资产或负债易于发生损失或舞弊的可能性
	确定相关金额时所需判断的主观程度、复杂程度和范围
错报的可能性的大小	该项控制与其他控制的相互作用或关系
	控制缺陷之间的相互作用
	①控制缺陷在未来可能产生的影响
	评价控制缺陷是否可能导致错报时，注册会计师<u>无需</u>将错报发生的概率量化为某特定的百分比或区间
错报金额大小	受控制缺陷影响的财务报表金额或交易总额
	在本期或预计的未来期间，受控制缺陷影响的账户余额或各类交易涉及的交易量
补偿性控制	在确定一项控制缺陷或多项控制缺陷的组合是否构成重大缺陷时，注册会计师<u>应当</u>评价补偿性控制的影响
	名师说 补偿性控制是针对内部控制的某些环节的不足或缺陷而采取的控制措施。可以简单地理解为：如果A出错了，B帮A错误修正，那么B就是补偿性控制。

敲黑板①

如果存在控制缺陷，但过去未发生错报，并不意味着该项缺陷不严重。该控制缺陷如果持续存在，可能无法防止或发现并纠正错报，即未来可能持续有重大错报产生，错报发生的可能性较大，严重程度较高。如果该控制缺陷在本期得以整改，则错报发生的可能性将会降低，此时在评价控制缺陷的严重程度时，应考虑该情形。所以在评价控制缺陷的时候，需要考虑未来可能产生的影响，无须考虑错报是否已经发生。

经典例题20–10 （经典真题·单选题）

注册会计师执行内部控制审计时，下列有关评价控制缺陷的说法中，错误的是（　　）。
A．如果一项控制缺陷存在补偿性控制，注册会计师不应将该控制缺陷评价为重大缺陷
B．注册会计师评价控制缺陷的严重程度时，无需考虑错报是否已经发生
C．注册会计师评价控制缺陷是否可能导致错报时，无需量化错报发生的概率
D．注册会计师评价控制缺陷导致的潜在错报的金额大小时，应当考虑本期或未来期间，受控制缺陷影响的账户余额或各类交易涉及的交易量

【解析】在确定一项控制缺陷或多项控制缺陷的组合是否构成重大缺陷时，注册会计师应当评价补偿性控制的影响。选项A错误，当选。

控制缺陷的严重程度与错报是否发生无关，而取决于控制不能防止或发现纠正错报的可

能性的大小。选项 B 正确，不选。

评价控制缺陷是否可能导致错报时，注册会计师无须将错报发生的概率量化为某特定的百分比或期间。选项 C 正确，不选。

在评价因一项或多项控制缺陷导致的潜在错报的金额大小时，注册会计师应当考虑的因素包括：(1) 受控制缺陷影响的财务报表金额或交易总额；(2) 在本期或预计未来期间受控制缺陷影响的账户余额或各类交易涉及的交易量。选项 D 正确，不选。

答案 A

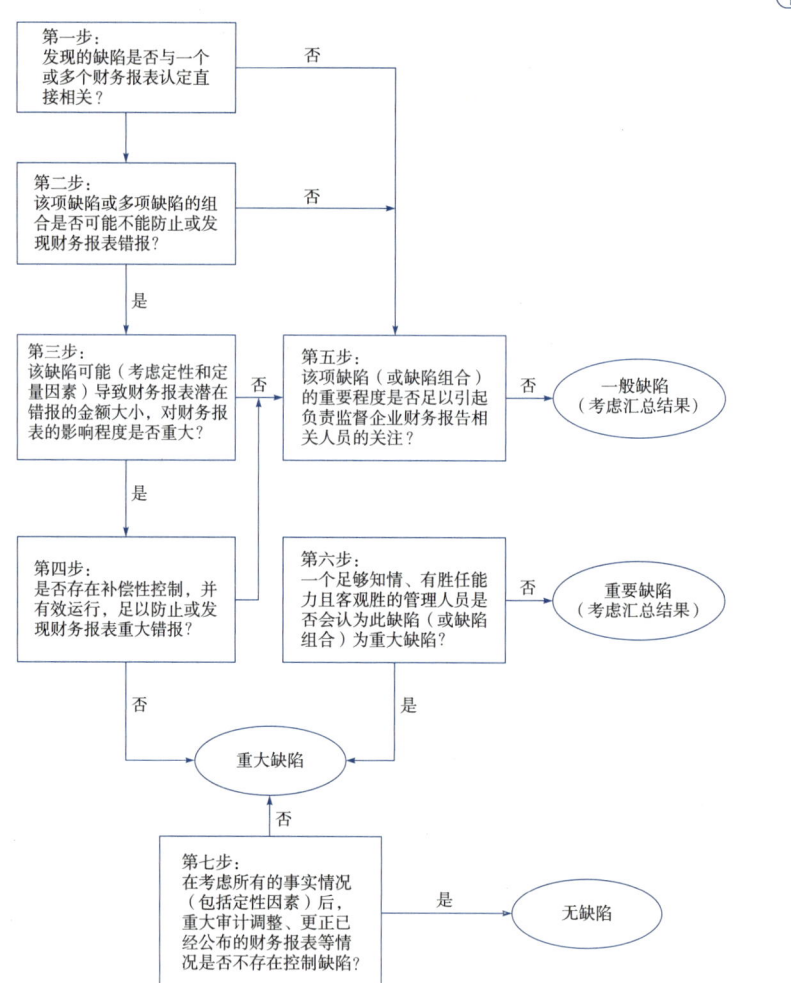

图 20-4 评价思路

三、表明可能存在重大缺陷的迹象 ★★

如果注册会计师确定发现的一项控制缺陷或多项控制缺陷的组合将导致审慎的管理人员在执行工作时，认为自身无法合理保证按照适用的财务报告编制基础记录交易，应当将这一项控制缺陷或多项控制缺陷的组合视为存在重大缺陷的迹象。下列迹象**可能**表明内部控制存在重大缺陷：

(1) 注册会计师发现董事、监事和高级管理人员的任何舞弊；

(2) 被审计单位重述以前公布的财务报表,以更正由于舞弊或错误导致的重大错报;

(3) 注册会计师发现当期财务报表存在重大错报,而被审计单位内部控制在运行过程中未能发现该错报;

(4) 审计委员会和内部审计机构对内部控制的监督无效。

四、内部控制缺陷整改 ★★

考频 2021年简答题

1. 内部控制缺陷整改及评价

如果被审计单位在基准日前对存在缺陷的控制进行了整改,整改后的控制需要**运行足够长的时间**,**才能**使注册会计师得出其**是否有效的审计结论**。

2. 内部控制缺陷整改的测试

注册会计师应当根据控制的性质和与控制相关的风险,合理运用职业判断,确定整改后控制运行的**最短**期间(或整改后控制的最少运行次数)以及**最少**测试数量(见表20-20)。

表20-20 ①整改后控制运行的最短期间(或最少运行次数)和最少测试数量

控制运行频率	整改后控制运行的最短期间或最少运行次数	最少测试数量
每季1次	2个季度	2
每月1次	2个月	2
每周1次	5周	5
每天1次	20天	20
每天多次	25次(分布于涵盖多天的期间,通常不少于15天)	25

如果被审计单位在基准日前对存在重大缺陷的内部控制进行了整改,但新控制尚没有运行足够长的时间,注册会计师应当将其视为内部控制在基准日存在重大缺陷。

经典例题 20-11 (2021年·简答题)

ABC会计师事务所的A注册会计师负责审计上市公司甲公司2020年度财务报表和2020年末财务报告内部控制,采用整合审计方法执行审计。与内部控制审计相关的部分事项如下:

(3) 期中审计时,A注册会计师发现甲公司某项每月执行一次的控制存在缺陷。甲公司于2020年12月完成整改。A注册会计师测试了整改后的控制,认为该控制在2020年12月31日是有效的。

要求 针对上述事项,指出A注册会计师的做法是否恰当。如不恰当,简要说明理由。

答案 不恰当。整改后的控制在基准日前没有运行足够长的时间/整改后的控制应至少运行2个月。

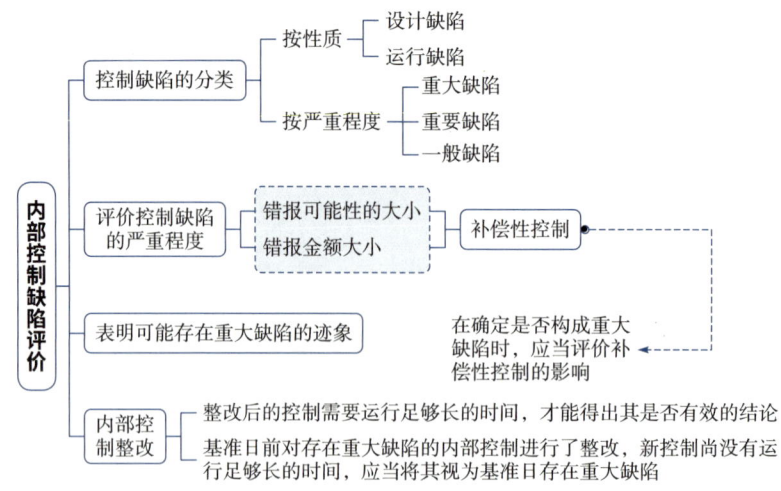

图 20-5　内部控制缺陷评价

第九节　完成内部控制审计工作

一、形成审计意见★★（见表 20-21）

考频 2022 年简答题（1）

表 20-21　形成审计意见

	内容
形成意见之前	（1）应当评价从各种来源获取的审计证据，包括对控制的测试结果、财务报表审计中发现的错报以及已识别的所有控制缺陷。 （2）**应当**查阅本年度涉及内部控制的内部审计报告或类似报告，并评价这些报告中指出的控制缺陷
形成意见之后	注册会计师**应当**评价企业内部控制评价报告对相关法律法规规定的要素的列报是否完整和恰当
应披露要素	（1）公司董事会关于建立健全和有效实施财务报告内部控制是公司董事会的责任，并就公司财务报告内部控制评价报告真实性作出的声明； （2）财务报告内部控制评价的依据； （3）根据自我评价情况，认定于评价基准日存在的财务报告内部控制重大缺陷情况； （4）对发现的重大缺陷已采取或拟采取的整改措施的说明； （5）公司董事会对评价基准日财务报告内部控制有效性的自我评价结论； （6）在财务报告内部控制自我评价过程中关注到的非财务报告内部控制重大缺陷情况

经典例题 20-12　（2022 年·简答题）

ABC 会计师事务所的 A 注册会计师负责审计上市公司甲公司 2021 年度财务报表和 2021 年末财务报告内部控制，采用整合审计方法执行审计。与内部控制审计相关的部分事项摘录如下：

应甲公司管理层的要求，A 注册会计师向其提供了内部控制审计的部分工作底稿，作为管理层对甲公司内部控制进行自我评价的基础。

(要求) 针对上述事项，指出A注册会计师的做法是否恰当。如不恰当，简要说明理由。

(答案) 不恰当。管理层在对内部控制进行评价时，不能利用注册会计师在内部控制审计中执行的工作/可能涉及承担管理层职责，因此注册会计师不应提供其相关工作底稿。

二、获取书面声明★★（见表20-22）

表20-22 获取书面声明

	内容
责任	注册会计师应当获取经被审计单位签署的书面声明
①内容 (应当)	(1) 被审计单位董事会认可其对建立健全和有效实施内部控制**负责**； (2) 被审计单位已对内部控制进行了评价并**编制**了内部控制评价报告； (3) 被审计单位**没有利用**注册会计师在内部控制审计和财务报表审计中执行的程序及其结果作为评价的基础； (4) 被审计单位根据内部控制标准评价内部控制有效性得出的**结论**； (5) 被审计单位已向注册会计师**披露**识别出的所有内部控制缺陷，并单独披露其中的重大缺陷和重要缺陷； (6) 被审计单位已向注册会计师**披露**导致财务报表发生重大错报的所有舞弊，以及其他不会导致财务报表发生重大错报，但涉及管理层、治理层和其他在内部控制中具有重要作用的员工的所有舞弊； (7) 注册会计师在**以前年度**审计中识别出的且已与被审计单位沟通的重大缺陷和重要缺陷是否已经得到解决，以及哪些缺陷尚未得到解决； (8) 在**基准日后**，内部控制是否发生变化，或者是否存在对内部控制产生重要影响的其他因素，包括被审计单位针对重大缺陷和重要缺陷采取的所有纠正措施
拒绝	如果被审计单位拒绝提供或以其他不当理由回避书面声明，注册会计师应当将其视为审计范围受到限制，解除业务约定或出具无法表示意见的内部控制审计报告
影响	注册会计师应当评价拒绝提供书面声明这一情况对其他声明（包括在财务报表审计中获取的声明）的可靠性的影响

> 敲黑板①
> 考前需要读三遍，考试中有可能涉及客观题。

三、沟通相关事项★★（见表20-23）

表20-23 沟通相关事项

		内容
重大缺陷与重要缺陷	责任	注册会计师**应当**以**书面形式**与管理层和治理层沟通
	时间	书面沟通应当在注册会计师出具内部控制审计报告**之前**进行
其他内部控制缺陷	责任	**应当**以书面形式与管理层沟通其在审计过程中识别的**所有**其他内部控制缺陷，并在沟通完成后**告知治理层**
	不必重复	在进行沟通时，注册会计师无须重复自身、内部审计人员或被审计单位其他人员以前书面沟通过的控制缺陷
禁止		注册会计师②**不应**在内部控制审计报告中声明，在审计过程中没有发现严重程度低于重大缺陷的控制缺陷

> 敲黑板②
> 此处可能考客观题，考生需重点关注。

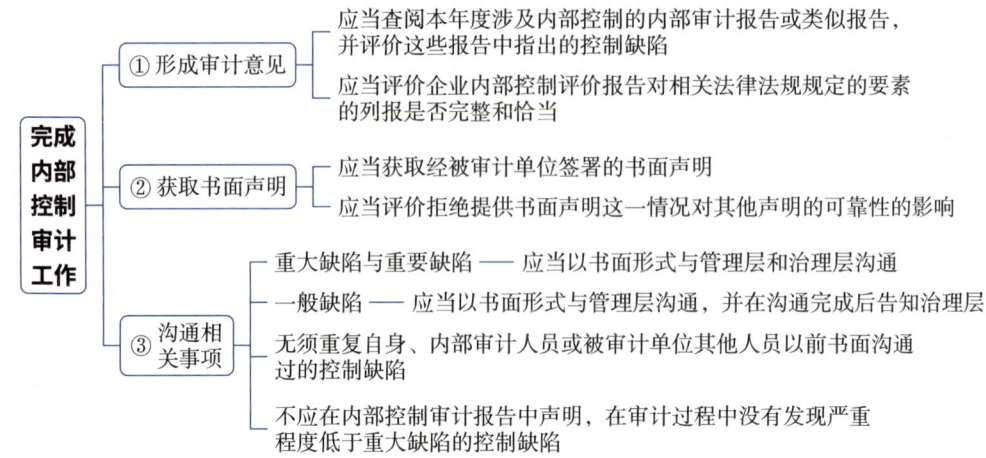

图 20-6　完成内部控制审计工作

第十节　出具内部控制审计报告

一、内部控制审计报告要素★★（见表20-24）

表 20-24　内部控制审计报告要素

要素	内容
标题	内部控制审计报告的标题统一规范为"内部控制审计报告"
收件人	内部控制审计报告的收件人，是指注册会计师按照业务约定书的要求致送内部控制审计报告的对象，一般是指审计业务的委托人
	内部控制审计报告需要载明收件人的全称
引言段	内部控制审计报告的引言段说明企业的名称和内部控制已经过审计
企业对内部控制的责任段	企业对内部控制的责任段说明，按照《企业内部控制基本规范》《企业内部控制应用指引》《企业内部控制评价指引》的规定，建立健全和有效实施内部控制，并评价其有效性是企业董事会的责任
注册会计师的责任段	注册会计师的责任段说明，在实施审计工作的基础上，对财务报告内部控制的有效性发表审计意见，并对注意到的非财务报告内部控制的重大缺陷进行披露，是注册会计师的责任
内部控制固有局限性的说明段	内部控制无论如何有效，都只能为企业实现控制目标提供合理保证。内部控制实现目标的可能性受其固有限制的影响
	导致原因：(1) 在决策时，人为判断可能出现错误和因人为失误而导致内部控制失效；(2) 控制的运行也可能无效；(3) 控制可能由于两个或更多的人员进行串通舞弊或管理层不当地凌驾于内部控制之上而被规避；(4) 在设计和执行控制时，如果存在选择执行的控制以及选择承担的风险，管理层在确定控制的性质和范围时需要作出主观判断

续表

要素	内容
财务报告内部控制审计意见段	审计意见段应当说明企业是否按照《企业内部控制基本规范》和相关规定在所有重大方面保持了有效的财务报告内部控制
注册会计师的签名和盖章	
会计师事务所的名称、地址及盖章	
审计报告日期	(1) 审计报告的日期**不应**早于注册会计师获取充分、适当的审计证据（包括董事会认可对内部控制及评价报告的责任且已批准评价报告的证据），并在此基础上对内部控制的有效性形成审计意见的日期； (2) **在整合审计中**，注册会计师在完成内部控制审计和财务报表审计后，应当分别对内部控制和财务报表出具审计报告，**并签署相同的日期**

二、内部控制审计报告的意见类型★★（见表20-25）

考频　2021年简答题（1）

表20-25　内部控制审计报告的意见类型

类型	条件
无保留意见	在基准日，在所有重大方面保持了有效的内部控制
	已经按照《企业内部控制审计指引》的要求计划和实施审计工作
否定意见	①**内部控制存在一项或多项重大缺陷**
无法表示审计意见	审计范围受到限制
解除业务约定	审计范围受到限制
强调事项	有一项或多项重大事项需要提请内部控制审计报告使用者注意
非财务重大缺陷	某项或某些控制对企业发展战略、法规遵循、经营的效率效果等控制目标的实现有重大不利影响

敲黑板①

只要有财务报告内部控制重大缺陷，就应当发表否定意见。

（一）无保留审计意见

如果符合下列所有条件，注册会计师**应当**对财务报告内部控制出具无保留意见的内部控制审计报告：

（1）在基准日，被审计单位按照适用的内部控制标准的要求，在所有重大方面保持了有效的内部控制；

（2）注册会计师已经按照《企业内部控制审计指引》的要求计划和实施审计工作，在审计过程中未受到限制。

参考格式：无保留意见内部控制审计报告

内部控制审计报告

××股份有限公司全体股东：

按照《企业内部控制审计指引》及中国注册会计师执业准则的相关要求，我们审计了××股份有限公司（以下简称××公司）××年×月×日的财务报告内部控制的有效性。

一、企业对内部控制的责任

按照《企业内部控制基本规范》《企业内部控制应用指引》《企业内部控制评价指引》的规定，建立健全和有效实施内部控制，并评价其有效性是××公司董事会的责任。

二、注册会计师的责任

我们的责任是在实施审计工作的基础上，对财务报告内部控制的有效性发表审计意见，并对注意到的非财务报告内部控制的重大缺陷进行披露。

三、内部控制的固有局限性

内部控制具有固有局限性，存在不能防止和发现错报的可能性。此外，由于情况的变化可能导致内部控制变得不恰当，或对控制政策和程序遵循的程度降低，根据内部控制审计结果推测未来内部控制的有效性具有一定风险。

四、财务报告内部控制审计意见

我们认为，××公司于××年×月×日按照《企业内部控制基本规范》和相关规定在所有重大方面保持了有效的财务报告内部控制。

××会计师事务所　　　　　　　　　　　　　　　　　　中国注册会计师：×××
　（盖章）　　　　　　　　　　　　　　　　　　　　　　　（签名并盖章）

　　　　　　　　　　　　　　　　　　　　　　　　　　中国注册会计师：×××
中国××市　　　　　　　　　　　　　　　　　　　　　　　（签名并盖章）
　　　　　　　　　　　　　　　　　　　　　　　　　　　　　××年×月×日

非无保留意见的内部控制审计报告-知识精讲

（二）非无保留意见的内部控制审计报告

1. 内部控制存在重大缺陷时的处理（见表20-26）

表20-26　内部控制存在重大缺陷时的处理

		内容	
审计意见		内部控制存在一项或多项重大缺陷，除非审计范围受到限制，**应当**对内部控制发表否定意见	
报告要素		否定意见的内部控制审计报告，**应当**包括重大缺陷的**定义**、重大缺陷的**性质**及其对内部控制的**影响程度**	
①**重大缺陷**	未包含在企业报告中	应当在内部控制审计报告中说明重大缺陷已经识别，但没有包含在企业内部控制评价报告中	
	包含在企业报告中	公允反映	应当在内部控制审计报告中说明重大缺陷在所有重大方面得到公允反映
		未公允反映	应当在内部控制审计报告中说明这一结论，并公允表达有关重大缺陷的必要信息。此外，注册会计师还应当就这些情况以书面形式与治理层沟通
要点		如果拟对内部控制的有效性发表否定意见，在财务报表审计中，②**不应依赖**存在重大缺陷的控制	

无论重大缺陷是否包含在企业内部控制评价报告中，注册会计师都需要在内部控制审计报告中进行说明。

没有重大缺陷的内部控制还是可以依赖的。

续表

	内容
对审计意见的影响	应当确定否定的内部控制审计意见对财务报表审计意见的影响，①并在内部控制审计报告中予以说明
不影响	应当在**内部控制审计报告**的导致否定意见的事项段中增加类似说明："在××公司××年财务报表审计中，我们已经考虑了上述重大缺陷对审计程序的性质、时间安排和范围的影响。本报告并未对我们在××年×月×日对×公司××年财务报表出具的审计报告产生影响。"这一说明对于保证审计报告使用者理解注册会计师为何对财务报表发表无保留意见非常重要
影响	应当在**内部控制审计**报告的导致否定意见的事项段中增加类似说明："在××公司××年财务报表审计中，我们已经考虑了上述重大缺陷对审计程序的性质、时间安排和范围的影响。"

敲黑板①

无论是否有影响，都需要在内部控制审计报告中说明。

参考格式： 否定意见内部控制审计报告

内部控制审计报告

××股份有限公司全体股东：

按照《企业内部控制审计指引》及中国注册会计师执业准则的相关要求，我们审计了××股份有限公司（以下简称××公司）××年×月×日的财务报告内部控制的有效性。

["一、企业对内部控制的责任"至"三、内部控制的固有局限性"参见标准内部控制审计报告相关段落表述。]

四、导致否定意见的事项

重大缺陷是内部控制中存在的、可能导致不能及时防止或发现并纠正财务报表出现重大错报的一项控制缺陷或多项控制缺陷的组合。

[指出注册会计师已识别出的重大缺陷，并说明重大缺陷的性质及其对财务报告内部控制的影响程度。]

有效的内部控制能够为财务报告及相关信息的真实完整提供合理保证，而上述重大缺陷使××公司内部控制失去这一功能。

××公司管理层已识别出上述重大缺陷，并将其包含在企业内部控制评价报告中。上述缺陷在所有重大方面得到公允反映。

在××公司××年财务报表审计中，我们已经考虑了上述重大缺陷对审计程序的性质、时间安排和范围的影响。本报告并未对我们在××年×月×日对×公司××年财务报表出具的审计报告产生影响。

五、财务报告内部控制审计意见

我们认为，由于存在上述重大缺陷及其对实现控制目标的影响，××公司于××年×月×日未能按照《企业内部控制基本规范》和相关规定在所有重大方面保持有效的财务报告内部控制。

××会计师事务所　　　　　　　　　　　　　　　中国注册会计师：×××
（盖章）　　　　　　　　　　　　　　　　　　　　　（签名并盖章）
　　　　　　　　　　　　　　　　　　　　　　　中国注册会计师：×××
中国××市　　　　　　　　　　　　　　　　　　　　（签名并盖章）
　　　　　　　　　　　　　　　　　　　　　　　　　××年×月×日

2. 审计范围受到限制时的处理（见表 20-27）

表 20-27　审计范围受到限制时的处理

	内容
处理方式	（1）解除业务约定； （2）出具无法表示意见
审计工作范围	预期审计工作涵盖的范围，包括涵盖的组成部分的数量及所在地点。内部控制审计范围应当包括被审计单位在**基准日**或**在此之前收购**的实体，以及**在基准日作为终止经营进行会计处理的业务**。 对于按照权益法核算的投资，审计的范围应当包括针对权益法下相关会计处理而实施的控制，但**通常不包括对权益法下被投资方的控制**
不纳入	不构成审计范围受到限制，**应当**在内部控制审计报告中增加强调事项段或者在注册会计师的责任段中，就这些实体未被纳入评价范围和内部控制审计范围这一情况作出与被审计单位类似的恰当陈述 **名师说** 证监会发布的《上市公司实施企业内部控制规范体系监管问题解答》（2011年第1期）说明，"公司在报告年度发生并购交易的，**可豁免**本年度对被并购企业财务报告内部控制有效性的评价。发生上述情况的，公司应对评价范围做出说明，披露评价范围不包括被并购企业。如果并购交易导致公司财务报告内部控制发生重大变化的，需同时予以说明。" （1）**应当**评价相关豁免是否符合法律法规的规定，以及被审计单位针对该项豁免作出的陈述是否适当； （2）如果陈述不恰当，注册会计师应当提请其作出适当修改； （3）如果①**未作出恰当修改**，应当在内部控制审计报告的强调事项段中说明被审计单位的陈述需要修改的理由
无法表示意见	**应当**在内部控制审计报告中指明审计范围受到限制，无法对内部控制的有效性发表意见，并单设段落说明无法表示意见的实质性理由 不应在内部控制审计报告中指明所执行的程序，也不应描述内部控制审计的特征，以避免对无法表示意见的误解 如果在已执行的有限程序中发现**内部控制存在重大缺陷**，注册会计师**应当**在内部控制审计报告中对重大缺陷做出详细说明： **名师说** 这里跟财务报表审计很相似，无论发表什么意见，只要是重大缺陷，都需要在审计报告中进行说明。 （1）重大缺陷的定义； （2）对识别出的重大缺陷的描述，该描述应当包括重大缺陷的性质，以及重大缺陷在存在期间对企业编制的财务报表产生的实际和潜在影响等信息

敲黑板①
这里需要注意的是，即使相关陈述不当，我们只需增加强调事项段，但是不影响审计意见。

续表

	内容
	只要认为审计范围受到限制将导致无法获取发表审计意见所需的充分、适当的审计证据，注册会计师**不必执行任何其他工作**，即可对内部控制出具无法表示意见的内部控制审计报告
	应当就未能完成整个内部控制审计工作的情况，以**书面形式**与管理层和治理层**进行沟通**

经典例题 20-13 （2021年·简答题）

ABC会计师事务所的A注册会计师负责审计上市公司甲公司2020年度财务报表和2020年末财务报告内部控制，采用整合审计方法执行审计。与内部控制审计相关的部分事项如下：

（5）因受疫情影响无法对甲公司境外重要联营企业执行审计工作，A注册会计师对甲公司2020年度财务报表发表了保留意见。考虑到内部控制审计范围不包括联营企业的内部控制，A注册会计师认为该事项不影响内部控制审计意见。

（要求）针对上述事项，指出A注册会计师的做法是否恰当。如不恰当，简要说明理由。

（答案）恰当。

非无保留意见的内部控制审计报告-例题解析

参考格式： 无法表示意见内部控制审计报告

内部控制审计报告

××股份有限公司全体股东：

我们接受委托，对××股份有限公司（以下简称××公司）××年×月×日的财务报告内部控制进行审计。

[删除注册会计师的责任段，"一、企业对内部控制的责任"和"二、内部控制的固有局限性"参见标准内部控制审计报告相关段落表述。]

三、导致无法表示意见的事项

[描述审计范围受到限制的具体情况。]

四、财务报告内部控制审计意见

由于审计范围受到上述限制，我们未能实施必要的审计程序以获取发表意见所需的充分、适当证据，因此，我们无法对××公司财务报告内部控制的有效性发表意见。

五、识别的财务报告内部控制重大缺陷

[如在审计范围受到限制前，执行有限程序未能识别出重大缺陷，则应删除本段。]

重大缺陷是内部控制中存在的、可能导致不能及时防止或发现并纠正财务报表出现重大错报的一项控制缺陷或多项控制缺陷的组合。

尽管我们无法对××公司财务报告内部控制的有效性发表意见，但在我们实施的有限程序的过程中，发现了以下重大缺陷：

[指出注册会计师已识别出的重大缺陷，并说明重大缺陷的性质及其对财务报告内部控制的影响程度。]

有效的内部控制能够为财务报告及相关信息的真实完整提供合理保证，而上述重大缺陷使××公司内部控制失去这一功能。

××会计师事务所　　　　　　　　　　　　　　　　　　　　　　　中国注册会计师：×××
（盖章）　　　　　　　　　　　　　　　　　　　　　　　　　　　　　　　（签名并盖章）
　　　　　　　　　　　　　　　　　　　　　　　　　　　　　　　　中国注册会计师：×××
中国××市　　　　　　　　　　　　　　　　　　　　　　　　　　　　　　（签名并盖章）
　　　　　　　　　　　　　　　　　　　　　　　　　　　　　　　　　××年×月×日

三、强调事项★★ （见表20-28）

表20-28　强调事项

情况	内容
应当考虑增加强调事项段的情况	（1）如果确定企业内部控制评价报告对要素的**列报不完整或不恰当**，注册会计师应当在内部控制审计报告中**增加强调事项段**，说明这一情况并解释得出该结论的理由； （2）如果注册会计师知悉在基准日并不存在、但在期后期间发生的事项，且这类期后事项对内部控制有重大影响，注册会计师**应当**在内部控制审计报告中**增加强调事项段**，描述该事项及其影响，或提醒内部控制审计报告使用者，关注企业内部控制评价报告中披露的该事项及其影响
要点	**应当**在强调事项段中指明，该段内容仅用于提醒内部控制审计报告使用者关注，并**不影响对内部控制发表的审计意见**

参考格式：带强调事项段的无保留意见内部控制审计报告

内部控制审计报告

××股份有限公司全体股东：

按照《企业内部控制审计指引》及中国注册会计师执业准则的相关要求，我们审计了××股份有限公司（以下简称××公司）××年×月×日的财务报告内部控制的有效性。

["一、企业对内部控制的责任"至"四、财务报告内部控制审计意见"参见标准内部控制审计报告相关段落表述。]

　　五、强调事项

我们提醒内部控制审计报告使用者关注，[描述强调事项的性质及其对内部控制的重大影响。]本段内容不影响已对财务报告内部控制发表的审计意见。

××会计师事务所　　　　　　　　　　　　　　　　　　　　　　　中国注册会计师：×××
（盖章）　　　　　　　　　　　　　　　　　　　　　　　　　　　　　　　（签名并盖章）
　　　　　　　　　　　　　　　　　　　　　　　　　　　　　　　　中国注册会计师：×××
中国××市　　　　　　　　　　　　　　　　　　　　　　　　　　　　　　（签名并盖章）
　　　　　　　　　　　　　　　　　　　　　　　　　　　　　　　　　××年×月×日

四、对期后事项的考虑★★（见表20-29）

表20-29 对期后事项的考虑

		内容
审计报告日前处理	概念	基准日后至审计报告日前，内部控制可能发生变化，或出现其他可能对内部控制产生重要影响的因素
	程序	注册会计师**应当**询问是否存在这类变化或因素，并获取被审计单位关于这类变化或因素的书面声明
	内容	注册会计师**应当**针对期后期间，询问并检查下列信息： （1）在期后期间出具的内部审计报告或类似报告； （2）其他注册会计师出具的涉及被审计单位内部控制缺陷的报告； （3）监管机构发布的涉及被审计单位内部控制的报告； （4）注册会计师在执行其他业务中获取的有关被审计单位内部控制有效性的信息； （5）注册会计师还应当考虑获取期后期间的其他文件
	结论	（1）如果知悉对基准日内部控制有效性有重大负面影响的期后事项，注册会计师**应当**对内部控制发表①<u>否定意见</u>； （2）如果注册会计师不能确定期后事项对内部控制有效性的影响程度，应当出具无法表示意见的内部控制审计报告
	指明	如果管理层<u>在评价报告中</u>披露了基准日之后采取的整改措施，注册会计师**应当**在内部控制审计报告中指明不对这些信息发表意见
	强调	如果注册会计师知悉②<u>在基准日并不存在、但在期后期间发生的事项</u>，且这类后事项对内部控制有重大影响，注册会计师**应当**在内部控制审计报告中增加强调事项段，描述该事项及其影响，或提醒内部控制审计报告使用者关注企业内部控制评价报告中披露的该事项及其影响
审计报告日后的处理		在出具内部控制审计报告后，如果知悉在审计报告日已存在的、可能对审计意见产生影响的情况，注册会计师**应当**按照相关规定处理。 如果被审计单位更正以前公布的财务报表，注册会计师**应当**重新考虑以前发表的内部控制审计意见的适当性

敲黑板①

基准日后发现基准日的内部控制有重大缺陷，注册会计师应当发表否定意见。

敲黑板②

该事项不会影响基准日的内部控制，所以不影响审计意见。

五、非财务报告内部控制重大缺陷★★（见表20-30）

考频 2018年多选题（1）

表20-30 非财务报告内部重大缺陷

	沟通	审计报告
一般缺陷	应当以书面形式与管理层沟通，并在沟通完成后告知治理层	无须在内部控制审计报告中说明
重要缺陷	**应当**以书面形式与企业董事会和管理层沟通，提醒企业加以改进	无须在内部控制审计报告中说明

非财务报告内部控制
重大缺陷-知识精讲

续表

	沟通	审计报告
重大缺陷	注册会计师**应当**以书面形式与企业董事会和管理层沟通，提醒企业加以改进	**应当**在内部控制审计报告中增加非财务报告内部控制重大缺陷描述段，对重大缺陷的性质及其对实现相关控制目标的影响程度进行披露，提示内部控制审计报告使用者注意相关风险，但无须对其发表审计

书面沟通应当在注册会计师出具内部控制审计报告之前进行。

▎经典例题 20-14 （2018年·多选题）

非财务报告内部控制重大缺陷-例题解析

在执行内部控制审计时，下列有关非财务报告内部控制重大缺陷的说法中，正确的有（　　）。

A. 注册会计师应当以书面形式与被审计单位董事会沟通发现的非财务报告内部控制重大缺陷

B. 注册会计师可以以书面或口头形式与被审计单位经理层沟通发现的非财务报告内部控制重大缺陷

C. 注册会计师应当在内部控制审计报告中披露非财务报告内部控制重大缺陷

D. 非财务报告内部控制重大缺陷不影响内部控制审计报告的意见类型

（解析）当注册会计师确定该项非财务报告内部控制缺陷为重大缺陷时，应当以书面形式与企业董事会和治理层沟通，选项A正确，当选；当注册会计师确定该项非财务报告内部控制缺陷为重大缺陷时，应当以书面形式而非口头形式，与企业管理层沟通，选项B错误，不选；当注册会计师确定该项非财务报告内部控制缺陷为重大缺陷时，应当在内部控制审计报告中增加非财务报告内部控制重大缺陷描述段，对重大缺陷的性质及其对实现相关控制目标的影响程度进行披露，选项C正确，当选；注册会计师不对非财务报告内部控制发表意见或提供保证，选项D正确，当选。

（答案）ACD

参考格式：非财务报告重大缺陷的内部控制审计报告

内部控制审计报告

××股份有限公司全体股东：

　　按照《企业内部控制审计指引》及中国注册会计师执业准则的相关要求，我们审计了××股份有限公司（以下简称××公司）××年×月×日的财务报告内部控制的有效性。

　　["一、企业对内部控制的责任"至"四、财务报告内部控制审计意见"参见标准内部控制审计报告相关段落表述。]

　　五、非财务报告内部控制重大缺陷

　　在内部控制审计过程中，我们注意到××公司的非财务报告内部控制存在重大缺陷［描述该缺陷的性质及其对实现相关控制目标的影响程度］。由于存在上述重大缺陷，我们提醒本报告使用者注意相关风险。需要指出的是，我们并不对××公司的非财务报告内部控制发表意见或提供保证。本段内容不影响对财务报告内部控制有效性发表的审计意见。

××会计师事务所　　　　　　　　　　　　　　　　中国注册会计师：×××
（盖章）　　　　　　　　　　　　　　　　　　　　　（签名并盖章）

　　　　　　　　　　　　　　　　　　　　　　　　中国注册会计师：×××
中国××市　　　　　　　　　　　　　　　　　　　　（签名并盖章）

　　　　　　　　　　　　　　　　　　　　　　　　××年×月×日

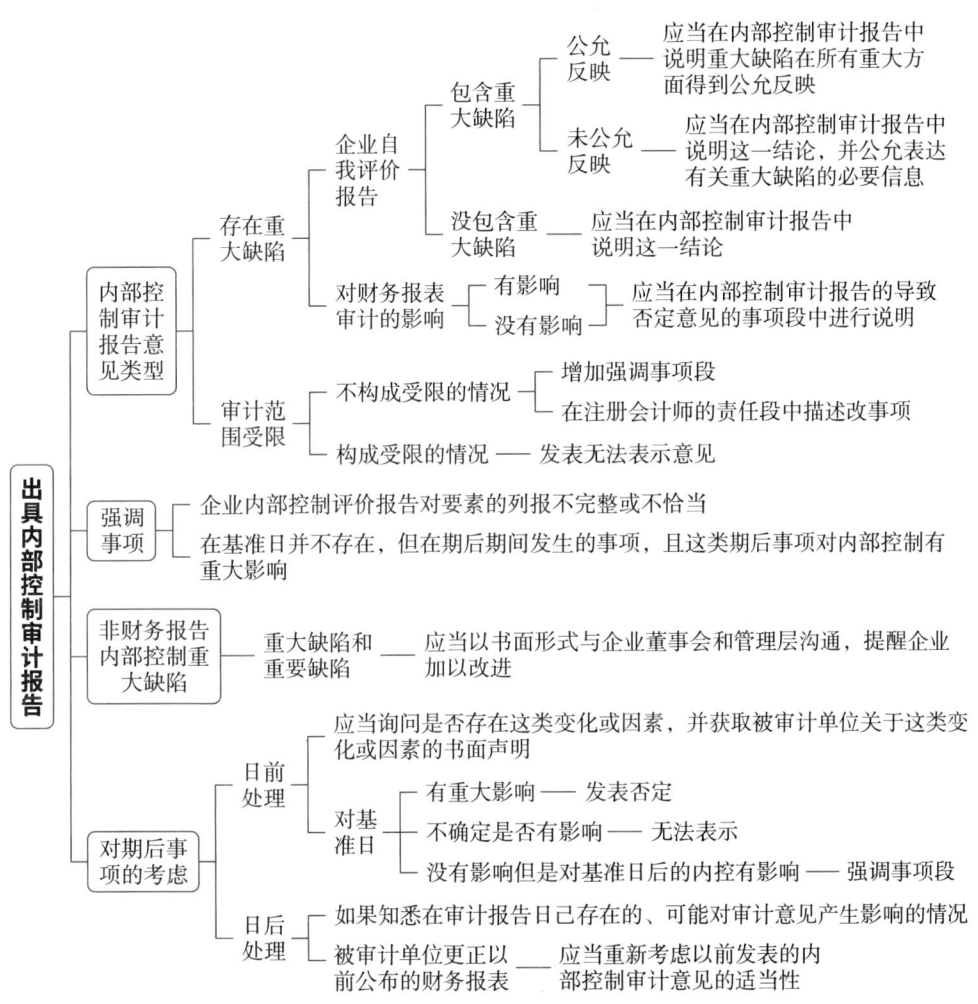

图 20-7　出具内部控制审计报告

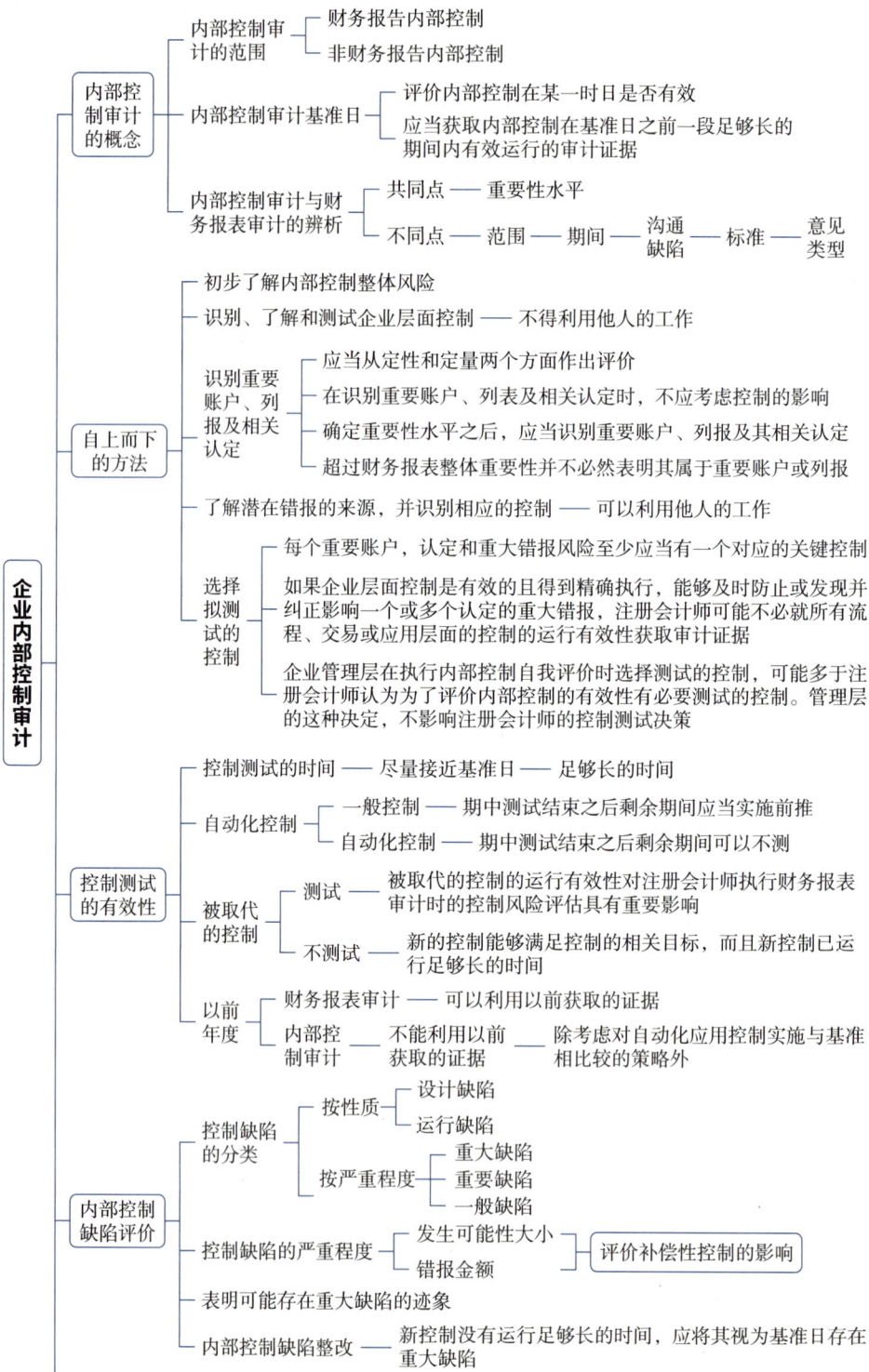

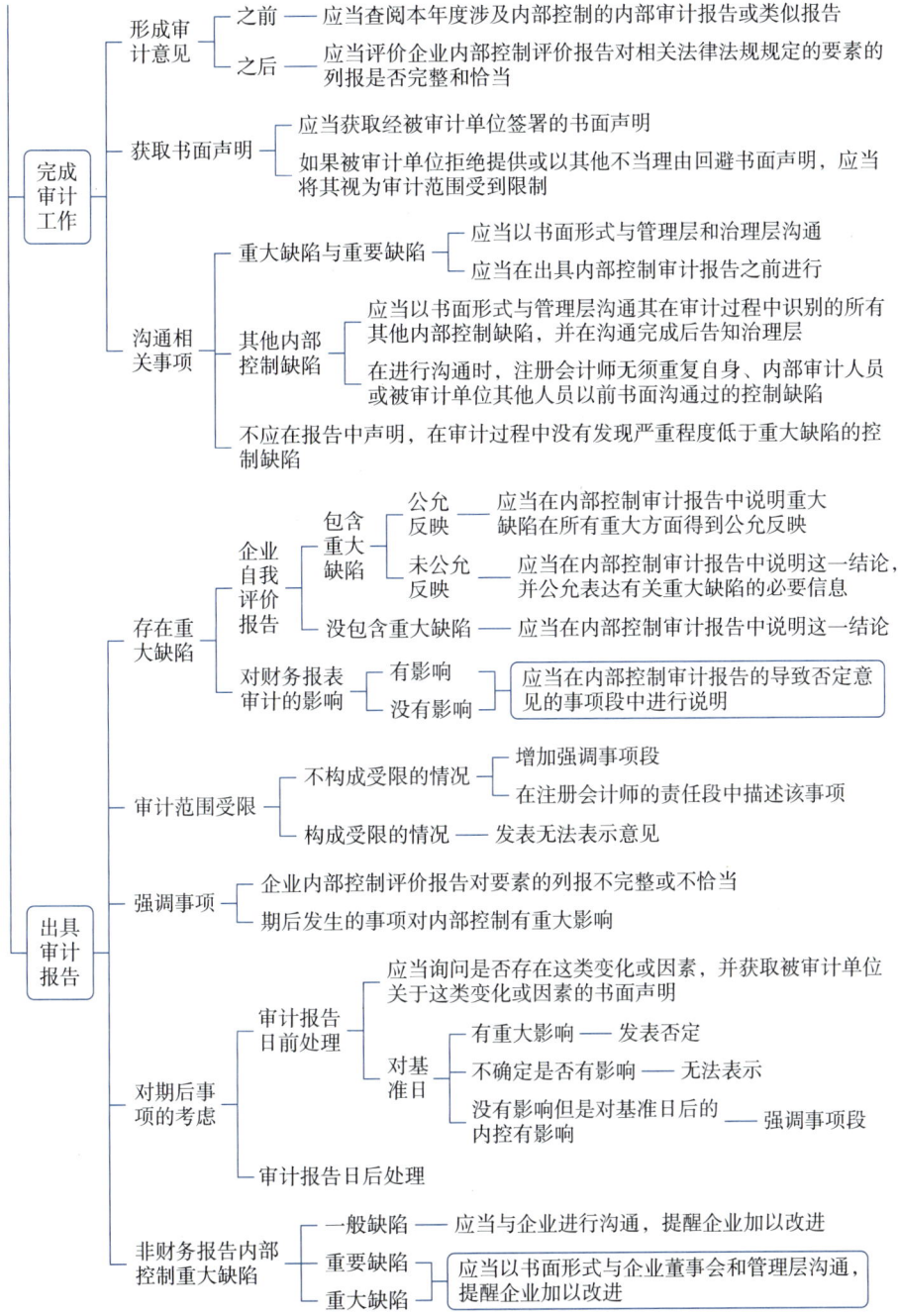

第二十一章 会计师事务所业务质量管理

轻装上阵

本章讲什么?

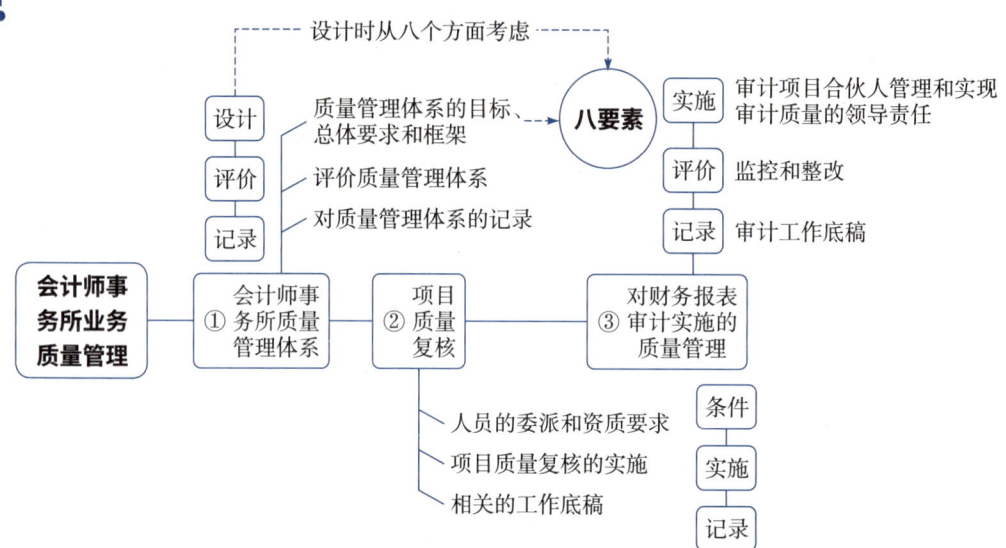

执业质量是会计师事务所的生命线,本章主要从以下三个方面介绍了会计师事务所是如何保证业务的质量的。

① **会计师事务所质量管理体系**:从会计师事务所的整体来看,为确保会计师事务所及其业务的质量,需针对本所实际情况,设计、执行并维持适宜的质量管理体系,同时定期对其进行评估。

② **项目质量复核**:在整个质量管理体系中,项目质量复核是会计师事务所针对质量风险所采取的关键应对策略。会计师事务所应制定与项目质量复核相关的政策和程序,并对满足特定条件的业务进行项目质量复核。

③ **对财务报表审计实施的质量管理**:在各项业务中,财务报表审计作为会计师事务所的核心业务,项目合伙人与审计项目组应对此业务高度重视,严格遵循质量管理要求,以确保审计业务高品质地开展。

本章如何考?

4分

本章在2021年新修之后,考查方式基本为简答题,考查内容相对而言较为直接,属于知道就能做对的章节。每年考查分值约为4分,属于重点章节。

本章怎么学?

本章不考查深奥的逻辑,所以理解难度低,但记忆性知识点较多,需要多记多背。在学习过程中,考生需要重点掌握质量管理体系各要素、项目质量复核。

2024年本章主要变化

2024年本章的内容无实质性变化。

考点冲浪

第一节 会计师事务所质量管理体系

一、质量管理体系的目标、总体要求和组成要素★★ (见表21-1)

表21-1 质量管理体系的目标、总体要求和组成要素

		内容
目标		(1) 会计师事务所及其人员按照适用的法律法规和职业准则的规定履行职责,并根据这些规定执行业务; (2) 会计师事务所和项目合伙人出具适合具体情况的业务报告
总体要求	全所统一	①在全所范围内统一设计、实施和运行。如果会计师事务所通过合并、新设等方式成立分所(或分部),应当将该分所(或分部)纳入质量管理体系中统一实施质量管理
	风险导向	(1) 针对质量管理体系的各个要素设定质量目标; (2) 识别和评估质量风险; (3) 设计和采取应对措施以应对质量风险
	量身定制管理体系	事务所应根据本事务所及其业务的性质和具体情况"量身定制"适合本事务所的质量管理体系,而**不应当机械执行会计师事务所质量管理准则,也不应当盲目地"照搬照抄"其他事务所的政策和程序**
	不断优化	质量管理体系应当是动态的,而不是一成不变的
组成要素		会计师事务所质量管理体系**应当包括针对下列八个要素**制定的政策和程序: (1) 会计师事务所的风险评估程序; (2) 治理和领导层; (3) 相关职业道德要求; (4) 客户关系和具体业务的接受与保持; (5) 业务执行; (6) 资源; (7) 信息与沟通; (8) 监控和整改程序

敲黑板①

一所不得有两种制度。

二、会计师事务所的风险评估程序★★（见图21-1）

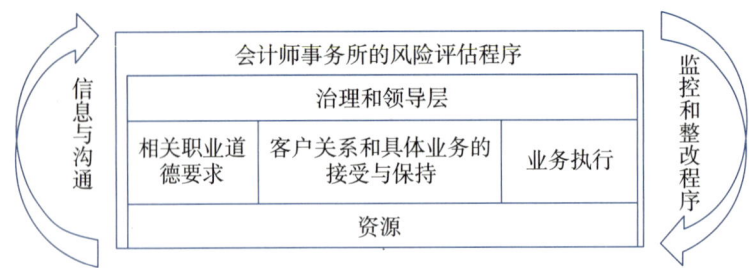

图21-1 会计师事务所的风险评估程序

按照风险导向的思路，会计师事务所应当设计和实施风险评估程序，以设定质量目标、识别和评估质量风险，并设计和采取应对措施以应对质量风险，见表21-2。

表21-2 会计师事务所的风险评估

		内容
识别和评估	概念	会计师事务所在识别和评估质量风险时，应当了解可能对实现质量目标产生不利影响的事项或情况，包括相关人员的作为或不作为
	内容	**会计师事务所**的性质和具体情况： （1）会计师事务所的复杂程度和经营特征； （2）会计师事务所在战略和运营方面的决策与行动、业务流程及业务模式； （3）会计师事务所领导层的特征和管理风格； （4）会计师事务所的资源，包括其拥有的内部资源和可获得的外部资源； （5）法律法规、职业准则的规定； （6）会计师事务所运营所处的环境； （7）会计师事务所所在网络向其成员组织统一提出的要求或统一提供的服务的性质和范围（如适用） 会计师事务所**业务**的性质和具体情况： （1）会计师事务所执行业务的类型和出具报告的类型； **名师说** 例如，所执行业务的类型是否为审计等要求提供保证程度较高的业务。 （2）业务执行对象的实体类型 **名师说** 例如，业务执行对象是否为上市公司。
动态调整	要求	会计师事务所或其业务的性质和具体情况可能发生变化。**会计师事务所应当制定政策和程序，以识别这些变化**
	程序	如果识别出变化，会计师事务所应当考虑调整之前实施风险评估程序的结果，并在适当时采取下列措施： （1）设定额外的质量目标或调整之前设定的额外质量目标； （2）识别和评估额外的质量风险、调整之前评估的质量风险或重新评估质量风险； （3）设计和采取额外的应对措施，或调整已采取的应对措施

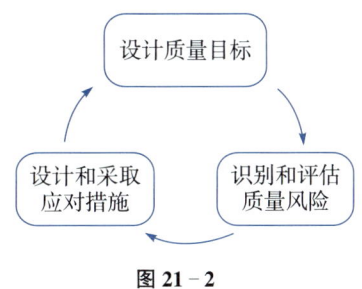

图 21-2

三、治理和领导层★★（见表 21-3）

考频 2021 年简答题（1）、2019 年简答题（1）、2018 年简答题（1）

表 21-3 治理和领导层

项目		内容
基本要求		治理和领导层应当为质量管理体系的设计、实施和运行提供良好的支持性环境
应当设立相关质量目标	质量	会计师事务所在全所范围内形成一种①"质量至上"的文化，树立质量意识
	责任	领导层对质量负责，并通过实际行动展示出其对质量的重视
	传递	会计师事务所领导层向会计师事务所人员传递"质量至上"的执业理念，培育以质量为导向的文化
	分配	会计师事务所的组织结构以及对相关人员角色职责、权限的分配是恰当的，能够满足质量管理体系设计、实施和运行的需要
	资源	会计师事务所的资源（包括财务资源）需求得到恰当的计划，并且资源的取得和分配能够为会计师事务所持续高质量地执行业务提供保障
质量管理领导层	责任	（1）会计师事务所主要负责人（**如首席合伙人、主任会计师或者同等职位的人员**）应当对质量管理体系承担②**最终责任**。 （2）会计师事务所应当指定专门的合伙人（或类似职位的人员）对质量管理体系的运行承担责任。 （3）会计师事务所应当指定专门的合伙人（类似职位的人员）对质量管理体系特定方面的运行承担责任。 **例如，会计师事务所可以指定专门的合伙人对相关职业道德要求、监控和整改等特定方面的运行承担责任**
	条件	（1）具备适当的知识、经验和资质。 （2）在会计师事务所内具有履行其责任所需要的权威性和影响力。 （3）具有充足的时间和资源履行其责任。 （4）充分理解其应负的责任并接受对这些责任履行情况的问责
	沟通	会计师事务所应当确保对质量管理体系的运行承担责任的人员、对质量管理体系特定方面的运行承担责任的人员，能够**直接**与对质量管理体系承担最终责任的人员（即主要负责人）沟通
	一体化	会计师事务所领导层**应当**建立健全一体化管理制度体系并确保有效实施，在合伙协议中明确一体化管理要求。**会计师事务所主要负责人应当对一体化管理负主要责任**

敲黑板①

质量最重要，在"质量至上"的前提下，可以考虑业绩。

敲黑板②

这里需要注意的是，首席合伙人、主任会计师或者同等职位的人员是对整个事务所的质量管理体系承担最终责任的。项目合伙人是对某一项目承担责任的。

续表

项目	内容
人员管理	(1) 会计师事务所**应当**建立实施**统一**的人员管理制度，制定**统一**的人员聘用、定级、晋升、业绩考核、薪酬、培训等方面的政策与程序并确保有效执行。 (2) 会计师事务所的人员业绩考核、晋升和薪酬政策**应当坚持以质量为导向**，将质量因素作为人员考评、晋升和薪酬的重要因素。 (3) 会计师事务所**应当**针对合伙人的晋升建立和实施质量"一票否决"制度，**不得**以承接和执行业务的收入或利润作为晋升合伙人的**首要指标**。 例如，会计师事务所可以制定政策和程序，要求在一定期间内执业有重大质量问题的人员，不得被提名晋升为合伙人。 (4) 会计师事务所**应当**在全所范围内统一进行合伙人考核和收益分配，**不得**以承接和执行业务的收入或利润作为首要指标，**不应**直接或变相以分所、部门、合伙人所在团队作为利润中心进行收益分配。 (5) 会计师事务所**应当**对分所（或分部）的负责人、质量管理负责人、财务负责人等关键管理人员实施统一委派、监督和考核，在全所范围内实施统一的调度和配置

▌经典例题 21-1 （2022 年·简答题）

ABC 会计师事务所的质量管理制度部分内容摘录如下：

职业道德主管合伙人、监控与整改合伙人对质量管理体系特定方面的运行承担责任，并定期与质量管理主管合伙人沟通，由质量管理主管合伙人统一向首席合伙人进行报告。

〔要求〕针对上述事项，指出 ABC 会计师事务所的质量管理制度的内容是否违反相关规定。如违反，简要说明理由。

〔答案〕违反。事务所应确保对质量管理体系特定方面的运行承担责任的人员，能够直接与对质量管理体系承担最终责任的人员/主要负责人/首席合伙人沟通，而非经由质量管理主管合伙人向首席合伙人报告。

▌经典例题 21-2 （2021 年·简答题）

ABC 会计师事务所的质量管理制度部分内容摘录如下：

(1) 合伙人的收益以各业务部门为单位进行分配，具体分配方案由各业务部门制定，原则上以执业质量为首要考核指标。

〔要求〕针对上述事项，指出 ABC 会计师事务所的质量管理制度的内容是否违反相关规定。如违反，简要说明理由。

〔答案〕违反。应当在全所范围内进行合伙人收益分配。

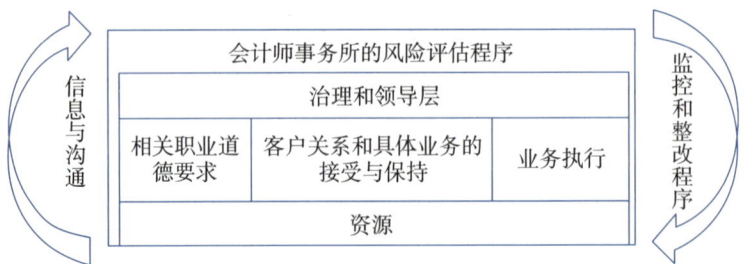

图 21-3

四、相关职业道德要求★★（见表21-4）

考频 2021年简答题（1）、2019年简答题（1）、2018年简答题（1）

表21-4 相关职业道德要求

		内容
相关质量目标	质量目标	（1）会计师事务所及其人员充分了解相关职业道德要求，并严格按照这些职业道德要求履行职责； （2）受相关职业道德要求约束的其他组织或人员（例如：网络事务所及其人员），充分了解与其相关的职业道德要求，并严格按照这些职业道德要求履行职责
	应当制定政策程序	（1）识别、评价和应对对遵守相关职业道德要求的不利影响； （2）识别、沟通、评价和报告任何违反相关职业道德要求的情况，并针对这些情况的原因和后果及时作出适当应对； （3）**至少每年一次向所有需要按照相关职业道德要求保持独立性的人员获取其已遵守独立性要求的书面确认**
轮换机制		（1）针对公众利益实体审计业务，会计师事务所应当对关键审计合伙人的轮换情况进行实时监控，通过建立关键审计合伙人服务年限清单等方式，管理关键审计合伙人相关信息，**每年对轮换情况实施复核，并在全所范围内统一进行轮换**。 （2）**会计师事务所应当完善利益分配机制，保证全所的人力资源和客户资源实现一体化统筹管理**。 （3）**会计师事务所应当定期评价利益分配机制的设计和执行情况**

经典例题21-3（2021年·简答题）

ABC会计师事务所的质量管理制度部分内容摘录如下：

（2）事务所质量管理部对上市实体审计业务的关键审计合伙人轮换进行实时监控，并每年对轮换情况实施复核。其他审计业务的关键审计合伙人轮换由各业务部门自行监控及复核。

要求 针对上述事项，指出ABC会计师事务所的质量管理制度的内容是否违反相关规定。如违反，简要说明理由。

答案 违反。会计师事务所应当针对公众利益实体审计业务对关键审计合伙人的轮换进行实时监控和复核。

经典例题21-4（2019年·简答题）

ABC会计师事务所的质量管理制度部分内容摘录如下：

（2）事务所每三年至少一次对所有需要按照相关职业道德保持独立性的人员获取其遵守独立性政策和程序的书面确认函。

要求 指出审计项目组的做法是否恰当。如不恰当，简要说明理由。

答案 不恰当。对事务所中需要按照相关职业道德要求保持独立性的人员，须每年至少一次获得这些人员遵守独立性政策和程序的书面确认函。

五、客户关系和具体业务的接受与保持★★（见表21-5）

表21-5 客户关系和具体业务的接受与保持

		内容
相关质量目标	应当设立质量目标	会计师事务所就是否接受或保持某项客户关系或针对具体业务所作出的判断是否适当，充分考虑了以下方面： (1) 会计师事务所是否针对业务的性质和具体情况以及客户（包括客户的管理层和治理层）的诚信和道德价值观获取了足以支持上述判断的充分信息； (2) 会计师事务所是否具备按照适用的法律法规和职业准则的规定执行业务的能力
		会计师事务所在财务和运营方面对优先事项的安排，并不会导致对是否接受或保持客户关系或具体业务作出不恰当的判断
相关质量目标	应当制定政策应对	(1) 会计师事务所在接受或保持某一客户关系或具体业务后知悉了某些信息，而这些信息如果在接受或保持该客户关系或具体业务之前知悉，将会导致其拒绝接受该客户关系或业务； (2) 根据法律法规的规定，会计师事务所有义务接受某项客户关系或具体业务
	树立风险意识	(1) 在决策时，会计师事务所应当充分考虑相关职业道德要求、管理层和治理层的诚信状况、业务风险以及是否具备执行业务所必需的时间和资源，审慎作出承接与保持的决策。 (2) 对于会计师事务所认定存在高风险的业务，应当设计和实施专门的质量管理程序。例如，加强与前任注册会计师的沟通、与相关监管机构沟通、访谈拟承接客户以了解有关情况、加强内部质量复核等，并经质量管理主管合伙人（或类似职位的人员）或其授权的人员审批

六、业务执行★★

考频 2018年简答题（1）

（一）执行业务（见表21-6）

表21-6 执行业务

	内容
相关质量目标	(1) 项目组了解并履行其与所执行业务相关的责任，包括项目合伙人对项目管理和项目质量承担总体责任，并充分、适当地参与项目全过程； (2) 对项目组进行的指导和监督以及对项目组已执行的工作进行的复核是恰当的，并且由经验较为丰富的项目组成员对经验较为缺乏的项目组成员的工作进行指导、监督和复核； (3) 项目组恰当运用职业判断并保持职业怀疑； (4) 项目组对困难或有争议的事项进行了咨询，并已按照达成的一致意见执行业务； (5) 项目组内部、项目组与项目质量复核人员之间（如适用），以及项目组与会计师事务所内负责执行质量管理体系相关活动的人员之间存在的意见分歧，能够得到会计师事务所的关注并予以解决； (6) 业务工作底稿能够在业务报告日之后及时得到整理，并得到妥善的保存和维护，以遵守法律法规、相关职业道德要求和其他职业准则的规定，并满足会计师事务所自身的需要

续表

		内容
①业务分派		会计师事务所**应当实行矩阵式管理**，即结合所服务**客户的行业特点和业务性质**，以及本会计师事务所分所（或分部）的**地域分布**，对业务团队进行专业化设置，以团队**专业能力**的匹配度为依据分派业务
意见分歧		(1) 明确要求项目合伙人和项目质量复核人员（如有）复核并评价项目组是否已就疑难问题或涉及意见分歧的事项进行适当咨询，以及咨询得出的结论是否得到执行。 (2) 明确要求在业务工作底稿中适当记录意见分歧的解决过程和结论。如果项目质量复核人员（如有）、项目组成员以外的其他人员参与形成业务报告中的专业意见，也应当在业务工作底稿中作出适当记录。 (3) **确保所执行的项目在意见分歧解决后才能出具业务报告**
出具报告		(1) 会计师事务所应当按照本所统一的技术标准执行业务，并出具报告。 (2) 业务报告在出具前，**应当**经项目合伙人、项目质量复核人员（如有）复核确认，确保其内容、格式符合职业准则的规定，并由项目合伙人及其他适当的人员（如适用）签署。 (3) 会计师事务所应当加强对业务报告签发过程的控制，委派专门人员负责对报告的签章进行严格管理
投诉指控		会计师事务所应当制定政策和程序，以接收、调查、解决由于未能按照适用的法律法规、职业准则的要求执行业务，或由于未能遵守会计师事务所制定的政策和程序，而引发的投诉和指控

敲黑板①

业务分派的依据：(1) 客户的行业特点和业务性质；(2) 事务所的地域分布；(3) 团队的专业能力，如果题目说根据地域分布分派业务，这是允许的。

（二）②项目组内部复核与项目质量复核（重点关注）（见表 21-7）

敲黑板②

考试中，需要读清题目中到底是组内复核还是组外复核。

项目组内部复核与项目质量复核——知识精讲

表 21-7 项目组内部复核与项目质量复核

		内容
项目合伙人的要求	概念	项目合伙人，是指会计师事务所中负责某项业务及其执行，并代表会计师事务所在出具的报告上签字的合伙人
	整体要求	会计师事务所**应当制定政策和程序，在全所范围内统一**委派具有足够专业胜任能力、时间，并且无不良执业诚信记录的项目合伙人执行业务。会计师事务所应当按照质量管理体系的要求，对项目合伙人的委派进行复核
	能力要求	(1) 是否充分了解相关法律法规和监管要求； (2) 是否能够熟练掌握和运用相关职业准则的规定； (3) 是否充分了解客户所在行业的业务特点、发展趋势、重大风险，以及该行业对信息技术的运用情况等
组内复核	概念	项目组内部复核是指在**项目组内部实施的复核**。 项目组是指执行某项业务的所有合伙人和员工，以及为该项业务实施程序的所有其他人员，但不包括外部专家，也不包括为项目组提供直接协助的内部审计人员
	程序	会计师事务所应当制定与内部复核相关的政策和程序，对内部复核的层级、各层级的复核范围、执行复核的具体要求以及对复核的记录要求等作出规定

续表

		内容
质量复核	概念	项目质量复核,是指**在报告日或报告日之前**,项目质量复核人员对项目组作出的重大判断及对据此得出的结论作出的客观评价
		项目质量复核人员,是指会计师事务所中实施项目质量复核的合伙人或其他类似职位的人员,或者由会计师事务所委派实施项目质量复核的外部人员
	范围	会计师事务所应当就项目质量复核制定政策和程序,①**并对下列业务实施项目质量复核:** (1) 上市实体财务报表审计业务; (2) 法律法规要求实施项目质量复核的审计业务或其他业务; (3) 会计师事务所认为,为应对一项或多项质量风险,有必要实施项目质量复核的审计业务或其他业务
②组内与组外复核的区别	主体不同	项目质量复核由独立于项目组的项目质量复核人员执行(**又称为项目组外复核**)
	业务范围不同	项目组内部复核是由项目组内部人员执行的复核,通常包括多个复核层级
		项目质量复核仅适用于上市实体财务报表审计业务、法律法规要求实施项目质量复核的审计业务或其他业务,以及会计师事务所政策和程序要求实施项目质量复核的审计业务或其他业务
		项目组内部复核适用于所有业务
	内容不同	项目质量复核主要聚焦于两个方面的内容: (1) 项目组作出的重大判断; (2) 根据重判断得出的结论
		项目组内部复核的内容比较宽泛,涉及项目的各个方面

> 敲黑板①
> 这些业务应当实施项目质量复核,所以考生应当熟记该范围。

> 敲黑板②
> 注意:不是所有的项目都需要项目质量复核,但是所有项目都会有组内复核。

▎**经典例题 21-5** (2018年·简答题)

ABC 会计师事务所的质量管理制度部分内容摘录如下:

(3) 对上市实体财务报表审计业务应实施项目质量复核,其他业务是否实施项目质量复核由各业务部门的主管合伙人决定。

(要求) 指出 ABC 会计师事务所的质量管理制度的内容是否恰当。如不恰当,简要说明理由。

(答案) 不恰当。针对上市实体财务报表审计以外的其他业务,应根据事务所制定的明确标准确定是否应当实施项目质量复核,而不应由各业务部主管合伙人自行决定。

> 敲黑板③
> 了解即可。

七、③资源★

(一) 相关质量目标

1. 会计师事务所招聘、培养和留住在下列方面具备胜任能力的人员:
(1) 具备与会计师事务所执行的业务相关的知识和经验,能够持续高质量地执行业务;
(2) 执行与质量管理体系运行相关的活动或承担与质量管理体系相关的责任。

2. 会计师事务所人员通过其行为展示出对质量的重视,不断培养和保持适当的胜任能力以履行其职责。会计师事务所通过及时的业绩评价、薪酬调整、晋升和其他奖惩措施对这些人员进行问责或认可。

3. 当会计师事务所在质量管理体系的运行方面缺乏充分、适当的人员时，能够从外部（如网络、网络事务所或服务提供商）获取必要的人力资源支持。

4. 会计师事务所为每项业务分派具有适当胜任能力的项目合伙人和其他项目组成员，并保证其有充足的时间持续高质量地执行业务。

5. 会计师事务所分派具有适当胜任能力的人员执行质量管理体系内的各项活动，并保证其有充足的时间执行这些活动。

6. 会计师事务所获取、开发、维护、利用适当的技术资源，以支持质量管理体系的运行和业务的执行。

7. 会计师事务所获取、开发、维护、利用适当的知识资源，为质量管理体系的运行和高质量业务的持续执行提供支持，并且这些知识资源符合相关法律法规和职业准则的规定。

8. 结合上述第4项至第7项所述的质量目标，从服务提供商获取的人力资源、技术资源或知识资源能够适用于质量管理体系的运行和业务的执行。

（二）与资源相关的政策和程序

对会计师事务所来说，从业人员的专业知识和技能水平，以及在时间上的投入，对执业质量至关重要。因此，会计师事务所需要投入足够资源，建立与下列方面相关的政策和程序：

1. 组建一支专业性强、经验丰富、运作规范的质量管理体系团队，以维持质量管理体系的日常运行；

2. 与专业技术支持相关的政策和程序，配备具备相应专业胜任能力、时间和权威性的技术支持人员，确保相关业务能够获得必要的专业技术支持；

3. 统一开展信息系统的规划、建设、运行与维护，通过持续有效的投入，维护信息系统的安全性和实用性，提高审计作业效率与质量，提升独立性与职业道德管理水平；

4. 事务所信息系统功能包括但不限于：审计作业管理、工时管理（确保相关人员投入足够的时间执行业务）、客户管理、人力资源管理、独立性与职业道德管理、电子邮件、会计核算与财务管理等，事务所的系统服务器应当架设在境内，数据信息应当在境内存储，并符合国家安全保密等规定；

5. 与业务操作规程、业务软件等有关的指引，把职业准则的要求从实质上执行到位，确保执业人员恰当记录判断过程、程序执行情况及得出的结论；

6. 实施统一的财务管理制度，制定统一的业务收费、预算管理、资金管理、费用和支出管理、会计核算、利润分配、职业风险补偿机制并确保有效执行。业务收费应当以项目工时预算和人员级差费率为基础，严禁不正当低价竞争。

八、信息与沟通★

考频 2022年简答题（1）

（一）①相关质量目标

会计师事务所应当设定下列质量目标，以支持质量管理体系的设计、实施和运行，确保相关方能够及时获取、生成和利用与质量管理体系有关的信息，并及时在会计师事务所内部或与外部各方沟通信息：

敲黑板①

了解即可。

1. 会计师事务所的信息系统能够识别、获取、处理和维护来自内部或外部的相关、可靠的信息，为质量管理体系提供支持。

2. 会计师事务所的组织文化认同并强调会计师事务所人员与会计师事务所之间，以及这些人员彼此之间交换信息的责任。

3. 会计师事务所内部以及各项目组之间能够交换相关、可靠的信息，这种信息交换包括以下方面：

（1）会计师事务所向相关人员和项目组传递信息，传递的性质、时间安排和范围足以使其理解和履行与执行业务或质量管理体系各项活动相关的责任；

（2）会计师事务所人员和项目组在执行业务或质量管理体系各项活动的过程中向会计师事务所传递信息。

4. 会计师事务所向外部各方传递相关、可靠的信息，这种信息传递包括以下方面：

（1）会计师事务所向其所在的网络、网络中的其他事务所，或者向服务提供商（如有）传递信息；

（2）会计师事务所根据相关法律法规或职业准则的规定向外部利益相关方传递信息，或为了帮助外部各利益相关方了解质量管理体系而向其传递信息。

> **敲黑板①**
>
> 注意，此处为"应当"沟通，而非"可以"沟通。本事项是应当与治理层沟通的事项，可以与第十四章第一节的"与治理层沟通"结合起来看。

（二）与信息与沟通相关的政策和程序

会计师事务所应当针对下列方面制定政策和程序：

1. **会计师事务所在执行上市实体财务报表审计业务时，①应当与治理层沟通质量管理体系是如何为持续高质量地执行业务提供支撑的；**

2. 会计师事务所在何种情况下向外部各方沟通与质量管理体系相关的信息是适当的；

3. 会计师事务所按照上述第1项和第2项的规定进行外部沟通时应当沟通哪些信息，以及沟通的性质、时间安排、范围和适当形式。

▍**经典例题 21 - 6**　2022 年·简答题

ABC 会计师事务所的质量管理制度部分内容摘录如下：

事务所定期对每个项目合伙人选取一项已完成的项目进行业务质量检查。对于承接上市实体审计业务的项目合伙人，检查周期为两年；对于其他项目合伙人，检查周期为四年。

（要求）针对上述事项，指出 ABC 会计师事务所的质量管理制度的内容是否违反相关规定。如违反，简要说明理由。

（答案）不违反。

九、监控和整改程序★★★

考频 2022 年简答题（1）、2021 年简答题（1）

（一）监控（见表 21 - 8）

表 21 - 8　监控

	内容
质量目标	（1）就质量管理体系的设计、实施和运行情况提供相关、可靠、及时的信息； （2）采取适当的行动以应对识别出的质量管理体系的缺陷，以使该缺陷能够及时得到整改

续表

		内容
监控活动	总体要求	会计师事务所应当设计和实施监控活动，既包括定期实施的监控活动，又包括持续实施的监控活动
	影响监控的性质、时间、范围因素	（1）对相关质量风险的评估结果以及得出该评估结果的理由； （2）针对质量风险的评估结果设计和采取的应对措施； （3）会计师事务所的风险评估程序以及监控和整改程序的设计； （4）质量管理体系发生的变化； （5）以前实施监控活动的结果，包括以前实施的监控活动是否仍然与评价质量管理体系相关，以及为应对以前识别出的缺陷所采取的整改措施是否有效； （6）其他相关信息
	周期	会计师事务所的监控活动应当包括从会计师事务所已经完成的项目中周期性地选择部分项目进行检查。在每个周期内，对每个项目合伙人，至少选择一项已完成的项目进行检查。①对承接上市实体审计业务的每个项目合伙人，检查周期最长不得超过三年
	复核人员要求	会计师事务所执行监控活动的人员应当符合以下要求： （1）具备有效执行监控活动所必需的胜任能力、时间和权威性； （2）具有客观性，项目组成员和项目质量复核人员不得参与对其项目的监控活动
存在缺陷	概念	会计师事务所质量管理体系的缺陷，是指会计师事务所质量管理体系的设计、实施或运行无法合理保证实现其目标
	表明存在缺陷	当存在下列情况之一时，表明会计师事务所质量管理体系存在缺陷： （1）未能设定某些质量目标，而这些质量目标对实现质量管理体系的目标是必要的； （2）未能识别或恰当评估一项或多项质量风险； （3）未能恰当设计和采取应对措施，或者应对措施未能有效发挥作用，导致一项应对措施或者多项应对措施的组合未能将相关质量风险发生的可能性降低至可接受的低水平； （4）质量管理体系的某些方面缺失，或者某些方面未能得到恰当的设计、实施或有效运行
	评价缺陷	针对识别出的缺陷，会计师事务所应当通过下列方法评价缺陷的严重程度和广泛性： （1）调查缺陷的根本原因； （2）评价这些缺陷单独或累积起来对质量管理体系的影响

> **敲黑板①**
> 该考点是经典考点，考生应当注意。注意，该点对非上市公司没有要求。

经典例题 21-7 （2021年·简答题）

ABC 会计师事务所的质量管理制度部分内容摘录如下：

（4）事务所对项目实施内部质量检查时，该项目的项目组成员及项目质量复核人员均不得担任检查人员。

要求 针对上述事项，指出 ABC 会计师事务所的质量管理制度的内容是否违反相关规定。如违反，简要说明理由。

答案 不违反。

（二）整改措施（见表21-9）

表21-9 整改措施

	内容
总体要求	（1）会计师事务所应当根据对根本原因的调查结果，设计和采取整改措施，以应对识别出的缺陷。 （2）对监控和整改程序的运行承担责任的人员应当评价整改措施是否得到恰当的设计，是否已得到实施。 （3）对监控和整改程序的运行承担责任的人员还应当评价其针对以前识别出的缺陷采取的整改措施是否有效。 （4）如果整改措施并未得到恰当的设计和执行，或未达到预期效果，对监控和整改程序的运行承担责任的人员应当采取适当措施以确保对这些整改措施已作出必要调整、使其能够达到预期效果
发现错误	如果监控发现某项业务在执行过程中遗漏了应当实施的程序，或者出具的报告可能不适当，会计师事务所应当采取以下应对措施： （1）采取适当行动，以遵守适用的法律法规和职业准则的规定； （2）当认为出具的报告不适当时，考虑其影响并采取适当的行动，包括考虑是否需要征询法律意见
沟通	对监控和整改程序的运行承担责任的人员，应当及时与会计师事务所主要负责人以及对质量管理体系的运行承担责任的人员沟通下列事项： （1）已执行的监控活动； （2）识别出的缺陷，包括缺陷的严重程度和广泛性； （3）针对识别出的缺陷采取的整改措施。 会计师事务所应当就上述事项与项目组以及在质量管理体系中承担相关责任的其他人员沟通，以使项目组和这些人员能够根据其职责迅速采取恰当行动
责任	针对缺陷的性质和影响程度，会计师事务所应当对相关人员进行问责。**这种问责应当与相关责任人员的考核、晋升和薪酬挂钩**。对执业中存在重大缺陷的项目合伙人，会计师事务所应当对其是否具备从事相关业务的职业道德水平和专业胜任能力作出评价。会计师事务所应当就监控的实施情况、发现的缺陷、评价、补救和改进措施、问责等形成监控报告，并针对存在的缺陷，及时修订完善质量管理体系

十、评价质量管理体系★★（见表21-10）

表21-10 评价质量管理体系

		内容
对质量管理体系的评价	总体要求	①**会计师事务所主要负责人**应当代表会计师事务所对质量管理体系进行评价。这种评价应当以某一时点为基准，并且②**应当至少每年一次**
	结论	作为评价的结果，主要负责人可能得出下列结论中的一项： （1）质量管理体系能够向会计师事务所合理保证该体系的目标得以实现； （2）质量管理体系的设计、实施和运行存在严重但不具有广泛影响的缺陷，除与这些缺陷相关的事项外，质量管理体系能够向会计师事务所合理保证该体系的目标得以实现； （3）质量管理体系不能向会计师事务所合理保证该体系的目标得以实现

敲黑板① 注意主语。

敲黑板② 每年一次的自我反省。

续表

	内容
措施	如果得出上述第（2）项或第（3）项结论，会计师事务所应当采取下列措施： （1）迅速采取适当行动； （2）与各项目组以及在质量管理体系中承担相关责任的其他人员就与其责任相关的事项进行沟通； （3）按照会计师事务所的政策和程序与外部各方沟通
对相关人员的业绩评价	①**会计师事务所应当定期对下列人员进行业绩评价**： （1）主要负责人； （2）对质量管理体系承担运行责任的人员； （3）对质量管理体系特定方面承担运行责任的人员。 在进行业绩评价时，会计师事务所应当考虑对质量管理体系的评价结果 **名师说** 这里业绩评价的对象与治理和领导层是一致的。

敲黑板①

虽然质量至上，不能以业绩作为首要晋升条件，但是应当有业绩评价。

十一、会计师事务所对质量管理体系的记录 ★★（见表21-11）

表21-11 会计师事务所对质量管理体系的记录

	内容
目的	（1）为会计师事务所人员对质量管理体系的一致理解提供支持，包括理解其在质量管理体系和业务执行中的角色和责任； （2）为质量管理体系的持续实施和运行提供支持； （3）为应对措施的设计、实施和运行提供证据，以支持主要负责人对质量管理体系进行评价
内容	会计师事务所应当对质量管理体系进行记录，会计师事务所②**应当**就下列方面形成工作记录： （1）主要负责人和对质量管理体系承担运行责任的人员各自的身份； （2）会计师事务所的质量目标和质量风险； （3）对应对措施的描述以及这些措施是如何应对质量风险的； （4）实施的监控和整改程序，具体包括： ①已执行监控活动的证据；
内容	②对监控发现的情况、识别出的缺陷及缺陷的根本原因作出的评价； ③为应对识别出的缺陷而采取的整改措施以及对这些整改措施在设计和执行方面的评价； ④与监控和整改程序相关的沟通。 （5）主要负责人对质量管理体系作出的评价及其依据
保存期限	会计师事务所应当规定质量管理体系工作记录的保存期限，**该期限应当涵盖足够长的期间**，以使会计师事务所能够监控质量管理体系的设计、实施和运行情况。如果法律法规要求更长的期限，应当遵守法律法规的要求

敲黑板②

注意可能会考查选择题。

第二节　项目质量复核

一、项目质量复核人员的委派和资质要求★★★（见表21-12）

项目质量复核人员的委派和资质要求－知识精讲

考频 2022年简答题（2）、2021年简答题（1）

表21-12　项目质量复核人员的委派和资质要求

		内容
委派		①会计师事务所应当在全所范围内（包括分所或分部）统一委派项目质量复核人员，并确保负责实施委派工作的人员具有必要的胜任能力和权威性
项目质量复核人的资质要求	应当	（1）项目质量复核人员应当独立于执行业务的项目组； （2）具备适当的胜任能力，包括充足的时间和适当的权威性以实施项目质量复核，项目质量复核人员的胜任能力应当至少与项目合伙人相当； （3）遵守相关职业道德要求，并在实施项目质量复核时保持独立、客观、公正； （4）遵守与项目质量复核人员任职资质要求相关的法律法规（如有）
	不应——交叉复核	例如：在同一年度内，由A项目的项目合伙人对B项目实施项目质量复核，同时由B项目的项目合伙人对A项目实施项目质量复核。**除非出现特殊情况，如具有适当胜任能力和权威性的人员不足**，否则，会计师事务所**应当**尽量避免在同一年度内交叉实施项目质量复核
	不应——前任成为现任	会计师事务所应当规定一段冷却期，要求在冷却期结束之前，前任项目合伙人不得担任该项目的项目质量复核人员。这段冷却期至少应当为**两年**（某一项目的前任项目合伙人被委任为该项目的项目质量复核人员） **名师说**：例如：甲注册会计师于2025年度担任某项目的项目合伙人，如果其在2026年度被委派担任同一项目的项目质量复核人员，将可能对其客观性产生不利影响。
协助人员资质	不应	项目合伙人和项目组其他成员也**不得**为本项目的项目质量复核提供协助
	应当同时	（1）具备适当的胜任能力，包括充足的时间，以履行对其分配的职责； （2）遵守相关法律法规的规定（如有）和相关职业道德要求
不符合资质	事务所采取的措施	会计师事务所应当对项目质量复核人员符合资质要求的情况进行实时监控，以及时识别出项目质量复核人员不再符合任职资质要求的情况
	项目质量复核人员采取措施	（1）当项目质量复核人员意识到其不再符合任职资质要求时，应当通知会计师事务所适当人员； （2）如果项目质量复核尚未开始，项目复核人员不再承担项目质量复核责任； （3）如果项目质量复核已经开始实施，复核人员立即停止实施项目质量复核

敲黑板① 注意主语是事务所，而非项目合伙人。

经典例题 21-8 （2022年·简答题）

ABC会计师事务所的质量管理制度部分内容摘录如下：

在特殊情形下，如具有适当胜任能力和权威性的人员不足，经质量管理主管合伙人和业务主管合伙人批准，项目之间可以在同一年度内交叉实施项目质量复核。该安排应当每年重新评估和批准。

要求 针对上述事项，指出ABC会计师事务所的质量管理制度的内容是否违反相关规定。如违反，简要说明理由

答案 不违反。

经典例题 21-9 （2021年·简答题）

ABC会计师事务所的质量管理制度部分内容摘录如下：

（5）项目合伙人和项目组其他成员不得担任本项目的项目质量复核人员，但可以为本项目的项目质量复核提供协助。

要求 针对上述事项，指出ABC会计师事务所的质量管理制度的内容是否违反相关规定。如违反，简要说明理由

答案 违反。为确保协助人员的客观性，项目合伙人和项目组其他成员不得为本项目的项目质量复核提供协助。

项目质量复核人员的委派和资质要求—例题解析

二、项目质量复核的实施 ★★

（一）复核程序（见表21-13）

表21-13 复核程序

		内容
阅读		阅读并了解相关信息，这些信息包括： (1) 与项目组就项目和客户的性质和具体情况进行沟通获取的信息； (2) 与会计师事务所就监控和整改程序进行沟通获取的信息，特别是针对可能与项目组的重大判断相关或影响该重大判断的领域识别出的缺陷进行的沟通
讨论		与项目合伙人及项目组其他成员讨论**重大事项**，以及在项目计划、实施和报告时作出的重大判断
复核	业务工作底稿	选取部分与重大判断相关的业务工作底稿进行复核，并评价下列方面： (1) 作出这些重大判断的依据，包括项目组对职业怀疑的运用（如适用）； (2) 业务工作底稿能否支持得出的结论； (3) 得出的结论是否恰当
	业务报告和鉴证对象信息	针对下列方面实施复核： (1) 针对财务报表审计业务，复核被审计财务报表和审计报告，以及审计报告中对关键审计事项的描述（如适用）； (2) 针对财务报表审阅业务，复核被审阅财务报表或财务信息，以及拟出具的审阅报告； (3) 针对财务报表审计和审阅以外的其他鉴证业务或相关服务业务，复核业务报告和鉴证对象信息（如适用）

续表

		内容
评价	疑难问题与争议事项	评价是否已就疑难问题或争议事项、涉及意见分歧的事项进行适当咨询，并评价咨询得出的结论
	独立性	对于财务报表审计业务，评价项目合伙人确定独立性要求已得到遵守的依据
结论		对于财务报表审计业务，评价项目合伙人得出下列结论的依据： （1）项目合伙人对整个审计过程的参与程度是充分且适当的； （2）项目合伙人能够确定作出的重大判断和得出的结论适合项目的性质和具体情况

（二）与项目质量复核相关的政策和程序

针对项目质量复核的实施，会计师事务所**应当**制定与下列方面相关的政策和程序：

1. 项目质量复核人员有责任在项目的适当时点实施复核程序，为客观评价项目组作出的重大判断和据此得出的结论奠定适当基础；

2. 项目合伙人与项目质量复核相关的责任，包括禁止项目合伙人在收到项目质量复核人员就已完成项目质量复核发出的通知之前签署业务报告；

3. 对项目质量复核人员的客观性产生不利影响的情形，以及在这些情形下需要采取的适当行动。

（三）项目组复核完成

如果项目质量复核人员怀疑项目组作出的重大判断或据此得出的结论不恰当，应当告知项目合伙人。如果这一怀疑不能得到满意的解决，项目质量复核人员应当通知会计师事务所适当人员项质就复核无法完成。如果项目质量复核人员确定项目质量复核已经完成，应当签字确认并通知项目合伙人。

三、与项目质量复核有关的工作底稿★★

注意这也属于应当记录于工作底稿的内容。

项目质量复核人员应当负责就项目质量复核的实施情况形成工作底稿。对项目质量复核形成的工作底稿应当足以使未曾接触该项目的、有经验的执业人员**①了解项目质量复核人员以及对项目质量复核提供协助的人员（如有）所执行程序的性质、时间安排和范围，以及在实施复核的过程中得出的结论。**

项目质量复核工作底稿**应当**包括下列方面的内容：

1. 项目质量复核人员及协助人员的姓名；
2. 已复核的业务工作底稿的识别特征；
3. 项目质量复核人员确定项目质量复核已经完成的依据；
4. 项目质量复核人员就无法完成项目质量复核或项目质量复核已完成所发出的通知；
5. 完成项目质量复核的日期。

第三节 对财务报表审计实施的质量管理

一、审计项目合伙人管理和实现审计质量的领导责任★★（见表21-14）

表21-14 审计项目合伙人管理和实现审计质量的领导责任

	内容
概念	审计项目合伙人，是指会计师事务所中负责某项审计项目及其执行，并代表会计师事务所在出具的审计报告上签字的合伙人
传递职业理念	（1）审计项目组**所有成员**都有责任为在项目层面管理和实现业务的高质量作出贡献；（2）审计项目组成员的职业价值观、职业道德和职业态度至关重要；（3）在审计项目组内部进行开放、顺畅、深入的沟通非常重要，这种沟通应当能够使每位审计项目组成员都能够提出自己的质疑，而不怕遭受报复
责任	（1）**审计项目合伙人应当**充分、适当地参与整个审计过程，从而能够根据审计项目的性质和具体情况，确定审计项目组作出的重大判断和据此得出的结论是否适当；（2）审计项目合伙人对管理和实现审计项目的高质量承担总体责任
签署报告之前	在签署审计报告前，**审计项目合伙人应当**确定其已经对管理和实现审计项目的高质量承担责任。审计项目合伙人应当确定下列事项：（1）审计项目合伙人已经充分、适当地参与了审计项目的全过程，能够确定审计项目组作出的重大判断和据此得出的结论是适当的；（2）考虑了审计项目的性质和具体情况、发生的任何变化，以及会计师事务所与之相关的政策和程序

二、相关职业道德要求★★（见表21-15）

表21-15 相关职业道德要求

		内容
合伙人的责任	总体要求	**审计项目合伙人应当**了解与本审计项目相关的职业道德要求，包括独立性要求
	程序	**审计项目合伙人应当**通过观察和必要的询问，在整个审计过程中对审计项目组成员违反相关职业道德要求或会计师事务所相关政策和程序的情形保持警觉
	不利影响	如果**审计项目合伙人**注意到某些事项可能对遵守相关职业道德要求产生不利影响，应当对照会计师事务所的政策和程序，利用来自会计师事务所、审计项目组或其他来源的相关信息，对这些不利影响作出评价，并采取适当行动
	签署之前	在签署审计报告之前，**审计项目合伙人应当**负责确认相关职业道德要求（包括独立性要求）已经得到遵守
项目组成员		**审计项目合伙人应当**负责确保审计项目组其他成员了解与本审计项目相关的职业道德要求，以及与会计师事务所相关的政策和程序，这些政策和程序可能包括以下方面：（1）识别、评估和应对对遵守相关职业道德要求（包括独立性要求）的不利影响；（2）可能导致违反相关职业道德要求（包括独立性要求）的情形，以及当审计项目组成员意识到这种违反时应当承担的责任；（3）当审计项目组成员意识到被审计单位存在违反法律法规的迹象时应当承担的责任

三、客户关系和审计业务的接受与保持★★

审计项目合伙人应当确定会计师事务所就客户关系和审计业务的接受与保持制定的政策和程序已得到遵守,并且得出的相关结论是适当的。

如果审计项目组在接受或保持某项客户关系或审计业务后获知了某些信息,并且,如果这些信息在接受或保持之前获知,可能会导致会计师事务所拒绝接受或保持该客户关系或审计业务,则审计项目合伙人应当立即与会计师事务所沟通该信息,以使会计师事务所和审计项目合伙人能够立即采取必要的行动。

四、业务资源★★

审计项目合伙人应当结合会计师事务所的政策和程序、审计项目的性质和具体情况,以及在执行审计项目过程中可能发生的任何变化,确定充分、适当的资源已被及时分配给审计项目组用于执行审计项目,或审计项目组能够及时获取这些资源。

如果审计项目合伙人确定所分配的资源或审计项目组能够获取的资源对于审计项目的性质和具体情况来说是不充分、不适当的,审计项目合伙人应当采取适当的行动,包括与适当的人员沟通,以向审计项目组分配或提供额外的资源或替代性资源。

审计项目合伙人应当负责根据审计项目的性质和具体情况,适当使用向审计项目组分配或提供的资源。审计项目合伙人应当确保审计项目组成员以及审计项目组成员以外提供直接协助的外部专家或内部审计人员作为一个集体,拥有适当的胜任能力,包括充足的时间执行审计项目。

审计项目合伙人应当在考虑审计项目的性质和具体情况的基础上,制定合理的时间预算,以保证审计项目合伙人和审计项目组其他成员投入充分时间参与审计项目。

五、业务执行★★ (见表21-16)

表21-16 业务执行

		内容
组内指导监督复核		审计项目合伙人应当负责对审计项目组成员进行指导、监督并复核其工作,并确定指导、监督和复核的性质、时间安排和范围符合下列要求: (1) 按照适用的法律法规和职业准则的规定,以及会计师事务所的政策和程序进行计划和执行; (2) 符合审计项目的性质和具体情况,并与会计师事务所向审计项目组分配或提供的资源相匹配
复核相关文件	总体要求	审计项目合伙人应当确保审计项目组成员在审计项目执行过程中,将职业准则以及会计师事务所的政策和程序从实质上执行到位,并恰当记录判断过程、程序执行情况及得出的结论
	复核范围	(1) 重大事项; (2) 重大判断,包括与在审计中遇到的困难或有争议事项相关的判断,以及得出的结论; (3) 根据审计项目合伙人的职业判断,与审计项目合伙人的职责有关的其他事项

续表

		内容
①时间	审计报告日	在审计报告日或审计报告日之前，审计项目合伙人应当通过复核审计工作底稿以及与审计项目组讨论，确保已获取充分、适当的审计证据，以支持得出的结论和拟出具的审计报告
	签署报告前	在签署审计报告前，为确保拟出具的审计报告适合审计项目的具体情况，审计项目合伙人应当复核财务报表、审计报告以及相关的审计工作底稿，包括对关键审计事项的描述（如适用）
	正式书面沟通	审计项目合伙人应当在与管理层、治理层或相关监管机构签署正式书面沟通文件之前对其进行复核
咨询	**审计项目合伙人应当承担下列责任：** (1) 对审计项目组就下列事项进行咨询承担责任： ①困难或有争议的事项，以及会计师事务所政策和程序要求咨询的事项； ②审计项目合伙人根据职业判断认为需要咨询的其他事项。 (2) 确定审计项目组成员已在审计过程中就相关事项进行了适当咨询，咨询可能在审计项目组内部进行，或者在审计项目组与会计师事务所内部或外部的其他适当人员之间进行。 (3) 确定已与被咨询者就咨询的性质、范围以及形成的结论达成一致意见。 (4) 确定咨询形成的结论已得到执行	
项目质量复核	针对需要实施项目质量复核的审计项目，**审计项目合伙人应当承担下列责任：** (1) 确定会计师事务所已委派项目质量复核人员； (2) 配合项目质量复核人员的工作，并要求审计项目组其他成员配合项目质量复核人员的工作； (3) 与项目质量复核人员讨论在审计中遇到的重大事项和重大判断，包括在项目质量复核过程中识别出的重大事项和重大判断； (4) 只有在项目质量复核完成后，才签署审计报告	
意见分歧	**审计项目合伙人应当承担下列责任：** (1) 对按照会计师事务所的政策和程序处理和解决意见分歧承担责任； (2) 确定咨询得出的结论已经记录并得到执行； (3) **在所有意见分歧得到解决之前，不得签署审计报告**	

> 敲黑板①
> 关于时间的问题向来是 CPA 考试中的高频考点，考生需要关注。

六、监控与整改★★

针对监控与整改，审计项目合伙人**应当**对下列方面承担责任：

1. 了解从会计师事务所的监控和整改程序获取的信息，这些信息可能是由会计师事务所提供的，也可能来自网络和网络事务所的监控和整改程序（如适用）；

2. 确定上述第1项提及的信息与审计项目的相关性及其对审计项目的影响，并采取适当行动；

3. 在整个审计过程中，对可能与会计师事务所的监控和整改程序相关的信息保持警觉，并将此类信息通报给对监控和整改程序负责的人员。

七、审计工作底稿★★

针对财务报表审计的质量管理，注册会计师应当在审计工作底稿中记录下列事项：

1. 针对相关职业道德要求（包括独立性要求）、客户关系和审计业务的接受与保持等方面识别出的事项、与相关人员进行的讨论，以及讨论得出的结论；

2. 在审计过程中进行咨询的性质、范围、得出的结论，以及这些结论是如何得到执行的；

3. 如果审计项目需要实施项目质量复核，则应当记录项目质量复核已经在审计报告日或之前完成。

章末总结

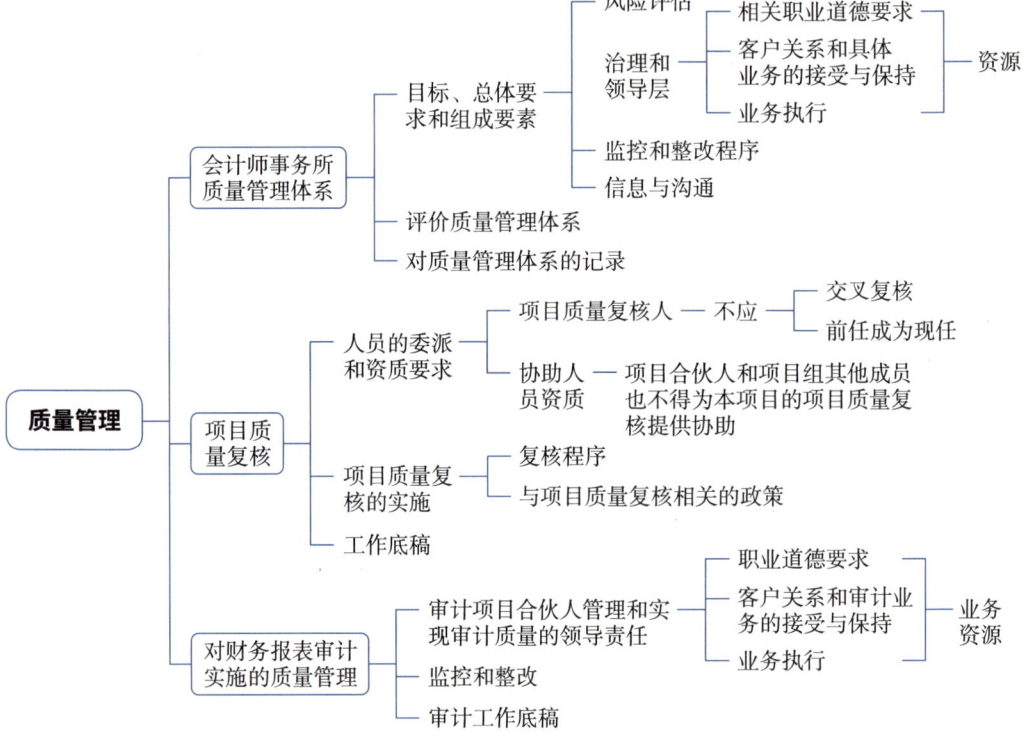
考点加油站

93%

第二十二章　职业道德基本原则和概念框架

本章讲什么？

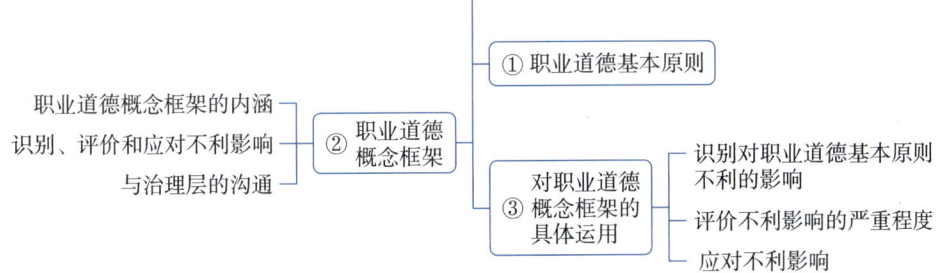

"德者，本也；财者，末也。"道德修养，是为人的根本，而注册会计师行业需要更高的道德水准。中国注册会计师协会会员职业道德守则规定了① **职业道德基本原则**，会员应当遵守。职业道德守则不可能对各式各样的情形予以逐一界定并给出相应的应对措施。因此，职业道德守则提出② **职业道德概念框架**，以指导会员遵循职业道德基本原则。③ **对职业道德概念框架的具体运用**更进一步地阐述了注册会计师在某些具体情形下该如何解决职业道德问题的思路和方法。

本章如何考？

本章属于非重要章节，每年考查分值约为 2 分，近年来本章内容多与"审计业务对独立性的要求"结合考查简答题。

本章怎么学？

本章内容广而不深，学习难度不高，建议考生结合例题及习题理解记忆。

2024 年本章主要变化

2024 年本章的内容无实质性变化。

考点冲浪

第一节　职业道德基本原则

一、诚信★

会员应当在所有的职业关系和商业关系中保持正直和诚实，秉公处事、实事求是。

不得与下列有问题的信息发生牵连：

（1）含有**严重虚假或误导性**的陈述。

（2）含有**缺乏充分依据**的陈述或信息。

（3）存在**遗漏或含糊其词**的信息。

如果注意到已与有问题的信息发生牵连，应当采取措施**消除牵连**。如果注册会计师依据执业准则出具恰当的非标准业务报告，不被视为违反诚信原则。

二、客观和公正★

会员应当公正处事、实事求是，不得由于**偏见、利益冲突或他人的不当影响**而损害自己的职业判断。

> **敲黑板①**
> 执行鉴证业务时，都要保持独立性。鉴证业务包括审计、审阅与其他鉴证业务，考题常常偷换概念，例如"执行审计业务需要保持独立性，执行审阅业务则无需考虑独立性要求"，此表述是错误的。

三、独立性★

注册会计师在①**执行审计和审阅业务以及其他鉴证业务**时，注册会计师要从**实质上和形式上**保持独立性，不得因任何利害关系影响其客观性。

四、专业胜任能力和勤勉尽责★

1. 专业胜任能力

（1）会员应通过教育、培训和执业实践获取和保持专业胜任能力。

（2）②**不应承接不能胜任的业务**，如果在**缺乏**足够的知识、技能和经验的情况下提供专业服务，就构成了一种**欺诈**。

> **敲黑板②**
> "不应承接不能胜任的业务"的时间节点是在承接业务时。如果会计师事务所的做法为"承接业务**后**招聘员工，在执行业务时满足了专业胜任能力"，此做法违反了专业胜任能力和应有的关注原则。

2. 勤勉尽责

（1）要求会员遵守法律法规、相关职业准则的要求并保持应有的职业怀疑，认真、全面、及时地完成工作任务。

（2）注册会计师应当采取适当措施以确保在其授权下从事专业服务的人员得到应有的培训和督导。

（3）在适当时，会员应当使客户、工作单位和专业服务的其他使用者了解专业服务的固有局限。

五、保密★

1. 保密要求

会员应当遵守下列要求：

（1）警觉无意中泄密的可能性，包括在社会交往中无意中泄密的可能性，特别要警觉无意中向关系密切的商业伙伴或近亲属泄密的可能性，**近亲属是指配偶、父母、子女、兄弟姐**

妹、祖父母、外祖父母、孙子女、外孙子女；

（2）对所在会计师事务所、工作单位内部的涉密信息保密；

（3）对职业活动中获知的涉及国家安全的信息保密；

（4）对拟承接的客户、拟受雇的工作单位向其披露的涉密信息保密；

（5）在未经客户、工作单位授权的情况下，不得向会计师事务所、工作单位以外的第三方披露其所获知的涉密信息，除非法律法规或职业准则规定会员在这种情况下有权利或义务进行披露；

（6）不得利用因职业关系而获知的涉密信息为自己或第三方谋取利益；

（7）不得在职业关系结束后利用或披露因该职业关系获知的涉密信息；

（8）采取适当措施，确保下级员工以及为会员提供建议和帮助的人员履行保密义务。

2. 例外情况

在下列情况下，**可以披露**涉密信息：

（1）**法律法规允许**披露，①**并且取得客户或工作单位的授权**。

（2）根据法律法规的要求，为法律诉讼、仲裁准备文件或提供证据，以及向有关监管机构**报告发现的违法行为**。

（3）法律法规允许的情况下，在法律诉讼、仲裁中**维护自己的合法权益**。

（4）接受注册会计师协会或监管机构的**执业质量检查**，答复其询问和调查。

（5）法律法规、执业准则和职业道德规范规定的其他情形。

六、良好的职业行为★

会员应当诚实、实事求是，**不得**有下列行为：

（1）**夸大宣传**提供的服务、拥有的资质或获得的经验。

（2）**贬低或无根据地比较**其他注册会计师的工作。

如果题目说"未经客户授权，不得披露涉密信息"，那么这种说法是错误的，因为这只是可以披露涉密信息的情形之一。

▌经典例题 22-1　（多选题）

下列有关职业道德基本原则的提法中，不恰当的是（　　）。

A. 只要执行业务，注册会计师就必须遵守独立性的要求

B. 会计师事务所可以先承接业务再招聘员工，在执行业务前满足专业胜任能力即可

C. 客观公正原则要求注册会计师不得由于偏见、利益冲突或他人的不当影响而损害自己的职业判断

D. 在面对监管机构的在执业质量检查时，注册会计师可以不遵循保密要求

（考点）职业道德基本原则

（解析）选项A，只有执行鉴证业务，才遵循独立性要求；选项B，会计师事务所不应承接不能胜任的业务，所以在**承接业务时**，就需要满足**专业胜任能力**。

（答案）AB

第二节 职业道德概念框架

一、职业道德概念框架的内涵★★

职业道德概念框架,是指解决职业道德问题的**思路和方法**,用以指导注册会计师:

(1) **识别**对职业道德基本原则的不利影响。
(2) **评价**不利影响的严重程度。
(3) 必要时**采取防范措施**消除不利影响或将其降低至可接受的水平。

职业道德概念框架指导处理对职业道德基本原则产生不利影响的各种情形,能够防止会员**错误地认为**只要守则未明确禁止的情形就是允许的。

敲黑板①
这五种因素的名称需要考生准确记忆,在考试的简答题叙述理由时会用到,属于得分点。

二、识别、评价和应对不利影响★★

会员应当运用职业道德概念框架来识别、评价和应对对职业道德基本原则的不利影响。

1. 对遵循职业道德基本原则产生不利影响的因素

可能对职业道德基本原则产生不利影响的因素包括①**自身利益、自我评价、过度推介、密切关系和外在压力**。

2. 评价不利影响的严重程度

如果识别出对职业道德基本原则的不利影响,会员应当评价该不利影响的严重程度处于可接受的水平。

在评价不利影响的严重程度时,②**会员应当从性质和金额两个方面予以考虑**,如果存在多项不利影响,**应当**将**多项**不利影响组合起来一并考虑。会员对不利影响严重程度的评价还受到专业服务性质和范围的影响。

敲黑板②
对于评价不利影响的严重程度的考虑因素,考试中可能涉及单选题和多选题。

3. 应对不利影响

如果会员确定识别出的不利影响超出可接受的水平,应当通过消除该不利影响或将低至可接受的水平来予以应对。会员**应当**通过采取下列措施应对不利影响:

(1) 采取可行并有能力采取的防范措施将不利影响降低至可接受的水平;
(2) 拒绝或终止特定的职业活动。

三、与治理层的沟通★★

会员在识别、评价和应对不利影响时,应当根据职业判断,就有关事项与治理层进行沟通,应当确定与客户或工作单位治理结构中的哪些适当人员进行沟通。如果会员与治理层的下设组织(如审计委员会)或个人沟通,应当确定是否还需要与治理层整体进行沟通,以使治理层所有成员充分知情。

在确定具体沟通对象时,会员可能需要考虑下列事项:

(1) 具体情况的性质和重要程度;
(2) 拟沟通的事项。

第三节 对职业道德概念框架的具体运用

一、识别对职业道德基本原则的不利影响★★

1. **自身利益**导致不利影响
（1）鉴证业务项目组成员在鉴证客户中拥有**直接经济利益**。
（2）会计师事务所的**收入过分依赖**某一客户。
（3）鉴证业务项目组成员与鉴证客户存在**重要且密切**的商业关系。
（4）会计师事务所**担心可能失去**某一重要客户。
（5）鉴证业务项目组成员正在与鉴证客户**协商受雇于**该客户。
（6）会计师事务所与客户就**鉴证业务**达成①**或有收费**的协议。
（7）注册会计师在评价所在会计师事务所**以往**提供的专业服务时，发现了**重大错误**。

敲黑板①

"或有收费"是考试的高频考点，在本节"七、收费"部分会细讲。

2. **自我评价**导致不利影响
（1）会计师事务所在对客户提供**财务系统的设计或操作**服务后，又对**系统的运行有效性**出具鉴证报告。
（2）会计师事务所为客户**编制原始数据**，这些数据构成**鉴证**业务的对象。
（3）鉴证业务项目组成员担任或最近曾经担任客户的**董事**或**高级管理人员**。
（4）鉴证业务项目组成员目前或最近曾**受雇于客户**，并且所处职位能够对鉴证对象施加**重大影响**。
（5）会计师事务所为**鉴证客户**提供直接影响**鉴证对象信息**的其他服务。

3. **过度推介**导致不利影响
（1）会计师事务所**推介**审计客户的股份。
（2）在审计客户与第三方发生诉讼或纠纷时，注册会计师担任该**客户的辩护人**。

4. **密切关系**导致不利影响
（1）项目组成员的**近亲属**担任客户的**董事**或**高级管理人员**。
（2）项目组成员的**近亲属**是客户的**员工**，其所处职位能够对业务对象施加**重大影响**。
（3）客户的**董事**、**高级管理人员**或所处职位能够对业务对象施加**重大影响**的员工，最近曾担任会计师事务所的②**项目合伙人**；
（4）注册会计师接受客户的**礼品或款待**。
（5）会计师事务所的**合伙人或高级员工**与鉴证客户存在**长期业务关系**。

敲黑板②

这里的"项目合伙人"是指会计师事务所中负责某项业务及其执行，并代表会计师事务所在报告上签字的合伙人。

5. **外在压力**导致不利影响
（1）会计师事务所受到客户**解除**业务关系的威胁。
（2）审计客户表示，如果会计师事务所不同意对某项交易的会计处理，则**不再委托**其承办拟议中的**非鉴证业务**。
（3）客户威胁将**起诉**会计师事务所。
（4）会计师事务所受到降低收费的影响而**不恰当地缩小**工作范围。
（5）由于客户员工对所讨论的事项更具有专长，注册会计师面临**服从**其判断的压力。
（6）事务所合伙人告知注册会计师，除非同意审计客户不恰当会计处理，否则将影响**晋升**。

二、评价不利影响的严重程度★★

某些由法律法规、注册会计师协会或会计师事务所制定的，用于加强注册会计师职业道德的条件、政策和程序也可能有助于识别对职业道德基本原则的不利影响。这些条件、政策和程序也是在评价不利影响的严重程度时需要考虑的因素。这些条件、政策和程序可以分为：

(1) 与客户及其经营环境相关的条件、政策和程序；
(2) 与会计师事务所及其经营环境相关的条件、政策和程序。

三、应对不利影响★★

注册会计师应当运用判断，确定如何应对超出可接受水平的不利影响，包括采取防范措施消除不利影响或将其降低至可接受的水平，或者拒绝或终止特定的职业活动。

注册会计师应当就其已采取或拟采取的行动是否能够消除不利影响或将其降低至可接受的水平形成总体结论。在形成总体结论时，注册会计师应当：

(1) 复核所作出的重大判断或得出的结论；
(2) 实施理性且掌握充分信息的第三方测试。

四、利益冲突★★

1. 保密措施

(1) 会计师事务所内部为特殊的职能部门或岗位设置单独的工作空间，作为防止泄露客户涉密信息的屏障。
(2) 限制访问客户文档的政策和程序。
(3) 会计师事务所合伙人和员工签署的保密协议。
(4) 使用物理方式和电子方式对涉密信息采取隔离措施。
(5) 专门且明确的培训和沟通。

2. 应对不利影响的防范措施

(1) 由不同的项目组分别提供服务，并且这些项目组已被明确要求遵守涉及保密性的政策和程序。

敲黑板①
利益冲突并非必然导致会计师事务所不能接受业务委托。

(2) 由未参与提供服务或不受①利益冲突影响的适当人员复核已执行的工作，以评估关键判断和结论是否适当。

五、专业服务委托★★（见表22-1）

表22-1　专业服务委托

具体情况	要求及防范措施
客户关系和业务的承接	接受委托前，注册会计师应当考虑客户的主要股东、关键管理人员和治理层是否诚信，以及客户是否涉足非法活动（如洗钱）或存在可疑的财务报告问题等
	如存在对职业道德基本原则产生不利影响问题，应当评价不利影响的严重程度，必要时采取下列防范措施可能能够应对自身利益的不利影响：

续表

具体情况	要求及防范措施
	（1）分派足够的、具有必要胜任能力的项目组成员； （2）就执行业务的合理时间安排与客户达成一致意见； （3）在必要时利用专家的工作
专业服务委托的变更	当注册会计师遇到下列情况时，应当确定是否有理由拒绝承接该项业务： （1）潜在客户要求其取代另一注册会计师； （2）考虑以投标方式接替另一注册会计师执行的业务； （3）考虑执行某些工作作为对另一注册会计师工作的补充 举例来说，下列防范措施可能能够应对上述因自身利益产生的不利影响： （1）①**要求现任或前任注册会计师提供其已知的信息**，这些信息是指现任或前任注册会计师认为，拟接任注册会计师在作出是否承接业务的决定前需要了解的信息。 （2）从其他渠道获取信息，例如通过向第三方进行询问，或者对客户的高级管理层或治理层实施背景调查

敲黑板①

此处涉及"前后任注册会计师沟通"，所以考生可以与第十四章"审计沟通"结合学习。

六、应客户的要求提供第二次意见★★

如果被要求提供第二次意见，注册会计师应当**评价不利影响**的严重程度，并在必要时采取防范措施消除不利影响或将其降低至可接受的水平，**防范措施**主要包括：

（1）征得客户同意**与前任注册会计师沟通**。
（2）在与客户沟通中说明注册会计师**发表专业意见的局限性**。
（3）**向前任**注册会计师提供第二次意见的**副本**。

> 名师说
> 如果客户**不允许**与前任注册会计师沟通，应在考虑所有情况后决定**是否适宜提供**第二次意见。

七、收费★★（见表22-2）

收费是否对职业道德基本原则产生不利影响，取决于收费报价水平和所提供的服务。

表22-2 收费

具体情形	要求及防范措施
收费过低	**可能导致**难以按照执业准则和相关职业道德要求执行业务，从而对专业胜任能力和应有的关注原则产生不利影响
	如果收费**明显低于**前任注册会计师或其他会计师事务所的相应报价，需采取的**防范措施**为： 应当确保在提供专业服务时，使工作质量不受损害并使客户**了解**专业服务的范围和收费基础

续表

具体情形	要求及防范措施
或有收费	（1）或有收费不利影响存在与否及其严重程度**取决于**业务的性质，可能的收费金额区间，确定收费的基础，是否由独立第三方复核交易和提供服务的结果。 （2）**不得**以或有收费方式提供鉴证服务，收费与否或收费多少**不得**以鉴证工作结果或实现特定目的为条件
	应当评价或有收费产生不利影响的严重程度，必要时采取的**防范措施**包括： （1）预先就收费的基础与客户达成书面协议。 （2）向预期的报告使用者披露注册会计师所执行的工作及收费的基础。 （3）实施质量控制政策和程序。 （4）由独立第三方复核注册会计师已执行的工作
介绍费或佣金	注册会计师**不得收取**与客户相关的介绍费或佣金。 注册会计师**不得**向客户或其他方**支付**业务介绍费

八、利益诱惑 ★★（见表22-3）

敲黑板①
考生只需了解出现这些举例是属于利益诱惑即可。

表22-3 ①利益诱惑

情况	具体内容
一般规定	利益诱惑可能采取多种形式，例如： （1）礼品； （2）款待； （3）娱乐活动； （4）捐助； （5）意图建立友好关系； （6）工作岗位或其他商业机会； （7）特殊待遇、权利或优先权
意图不当影响行为的利益诱惑	注册会计师**不得提供或接受**，或者授意他人提供或接受任何意图不当影响接受方或其他人员行为的利益诱惑，无论这种利益诱惑是存在不当影响行为的意图，还是注册会计师认为理性且掌握充分信息的第三方很可能会视为存在不当影响行为的意图。 **名师说** 注册会计师不应该主动索要或赠送礼物，也不应该试图说服他人参与这种行为。即使认为这种行为不会引起公众误解，也应该坚决避免涉及此类行为。 在确定是否存在或被认为存在不当影响行为的意图时，注册会计师需要运用职业判断
消除不利影响的措施	下列防范措施可能能够消除因提供或接受此类利益诱惑产生的不利影响： （1）拒绝接受或不提供利益诱惑； （2）将向客户提供专业服务的责任移交给其他人员，前提是注册会计师没有理由相信该人员在提供专业服务时可能会受到不利影响

续表

情况	具体内容
降低不利影响至可接受的水平	下列防范措施可能能够将提供或接受此类利益诱惑的不利影响降低至可接受的水平： （1）就提供或接受利益诱惑的事情，与会计师事务所或客户的高级管理层保持信息对称； （2）在由会计师事务所高级管理层或其他负责会计师事务所职业道德合规性人员监控的，或者由客户维护的记录中登记该利益诱惑； （3）针对提供利益诱惑的客户，由未参与提供专业服务的适当复核人员复核注册会计师已执行的工作或作出的决策； （4）在接受利益诱惑之后将其捐赠给慈善机构，并向会计师事务所高级管理层或提供利益诱惑的人员适当披露该项捐赠； （5）支付与所接受利益诱惑（如款待）同等价值的价款； （6）在收到利益诱惑（如礼品）后尽快将其返还给提供者

九、保管客户资产★★

除非法律法规允许或要求，注册会计师**不得**提供保管客户资金或其他资产的服务。

如果某项业务涉及保管客户资金或其他资产，注册会计师应当根据有关接受与保持客户关系和具体业务政策的要求，适当询问资产的来源，并考虑应当履行的法定义务。

十、①应对违反法律法规行为★★

违反法律法规行为包括客户、客户的治理层和管理层，以及为客户工作或在客户工作的人员有意或无意作出的与现行法律法规不符的疏漏或违法行为。举例来说，主要涉及的法律法规有以下方面：

（1）舞弊、腐败和贿赂；
（2）国家安全、洗钱和犯罪所得；
（3）证券市场和交易；
（4）银行业务、其他金融产品和服务；
（5）信息安全；
（6）税务、社会保障；
（7）环境保护；
（8）公共健康与安全。

如果注册会计师识别出或怀疑存在已经发生或可能发生的违反法律法规行为，应当与适当级别的管理层和治理层沟通。这种沟通也可能能够促使管理层或治理层对该事项展开调查。注册会计师应当根据管理层和治理层的应对，确定是否需要出于维护公众利益的目的而采取进一步行动。注册会计师可以采取的进一步行动包括：

（1）向适当机构报告该事项，即使法律法规没有要求进行报告；
（2）在法律法规允许的情况下，解除业务约定。

> 敲黑板①
>
> 本知识点属于跟治理层沟通的内容，可以与"审计沟通"章节结合来看。

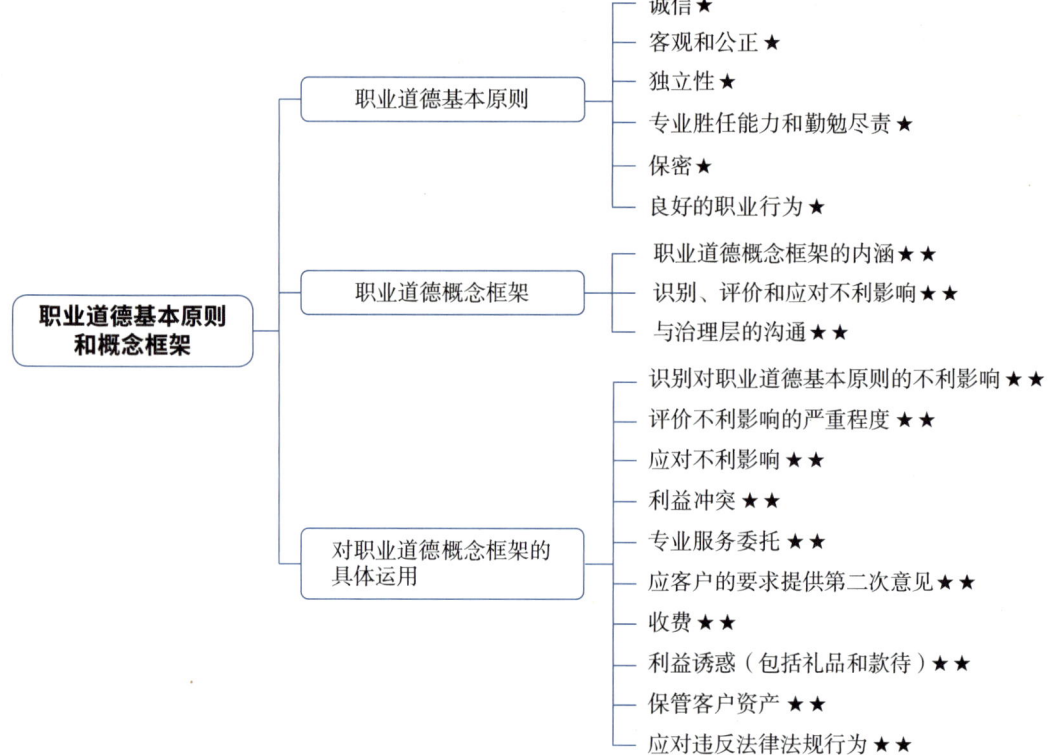

第二十三章　审计业务对独立性的要求

轻装上阵

本章讲什么？

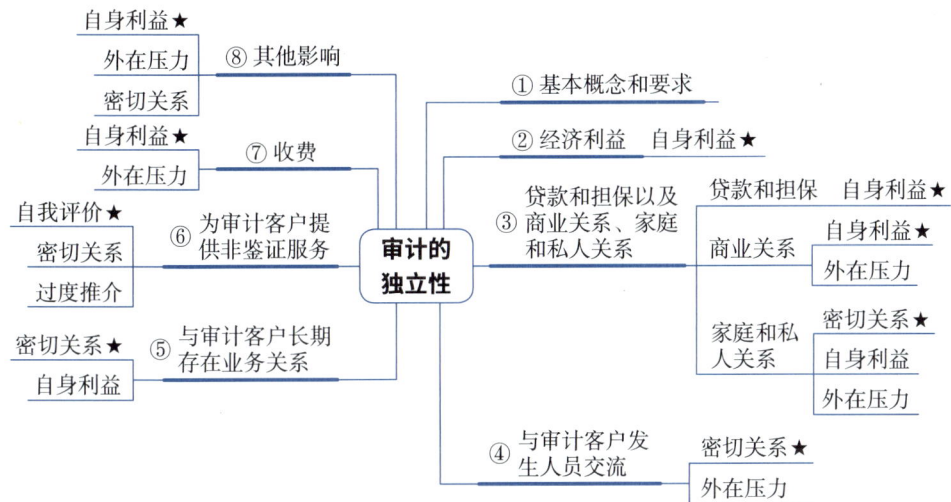

首先介绍了关于审计独立性的基本概念①**基本概念和要求**，然后再详细地从②**经济利益**，③**贷款和担保以及商业关系、家庭和私人关系**，④**与审计客户发生人员交流**，⑤**与审计客户长期存在业务关系**，⑥**为审计客户提供非鉴证服务**，⑦**收费**，⑧**其他事项**等方面详细阐述独立性在不同情况下该如何运用。

本章如何考？

本章相关知识点在考试中均以简答题的形式出现，每年考查分值稳定在6分。本章属于非常重要的章节，每年必考，且本章中的所有知识点都是考试的重点。

本章怎么学？

本章的内容较容易理解，但是由于涉及的范围广泛，要求记忆的知识点繁多，所以属于难度中等的章节。在复习本章内容时，应清晰地识别各种关系及影响独立性的具体情形，以判断是否对独立性产生不利影响。

2024年本章主要变化

本章在2024年在信息技术系统服务处新增了一个例子，对考试影响不大，考生熟悉即可。

第一节　基本概念和要求

一、独立性概念 ★

注册会计师在执行审计业务时应当保持独立性。独立性包括实质上的独立性和形式上的独立性。

（1）实质上的独立性。

实质上的独立性是一种内心状态，使得注册会计师在提出结论时不受损害职业判断的因素影响，诚信行事，遵循客观公正原则，保持职业怀疑。

（2）①形式上的独立性。

形式上的独立性是一种外在表现，使得一个理性且掌握充分信息的第三方，在权衡所有相关事实和情况后，认为会计师事务所或审计项目团队成员没有损害诚信原则、客观公正原则或职业怀疑。

> **敲黑板①**
> 考试中考查更多的是形式上的独立性。

二、②网络事务所 ★

1. 网络事务所的定义

网络事务所是指属于某一网络的会计师事务所或实体。除非本章另有说明，如果某一会计师事务所被视为网络事务所，应当与网络中其他会计师事务所的审计客户保持独立。

有关对网络事务所独立性的要求，适用于所有符合网络事务所定义的实体，而无论该实体（如咨询公司）本身是否为会计师事务所。除非另有说明，**本章所称会计师事务所包括网络事务所**。

> **敲黑板②**
> 2022年之前较少考查；但是2022年试题中开始考查何为网络事务所，需要关注此知识点。

2. 网络的确定（见图23-1）

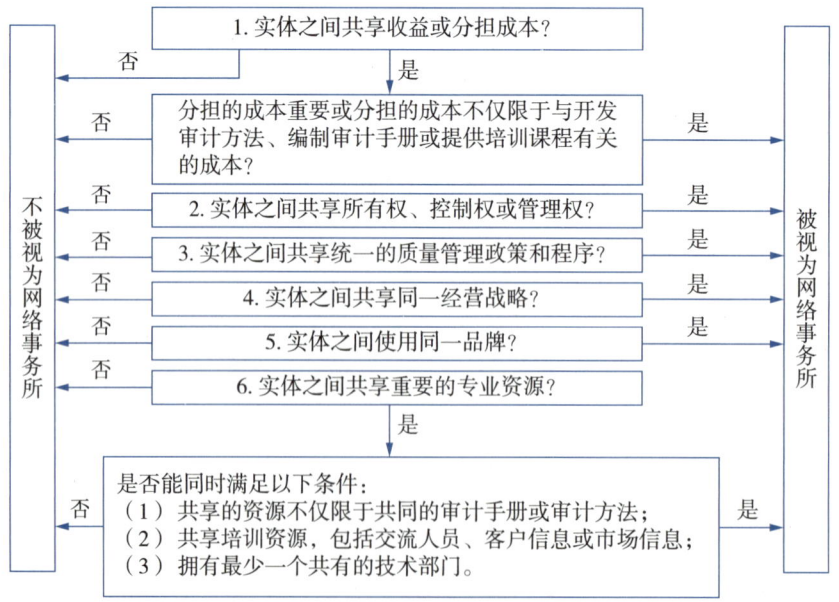

图23-1　网络事务所

三、公众利益实体★

公众利益实体包括所有①**上市公司**和**下列实体**：

（1）法律法规界定的公众利益实体。

（2）法律法规规定按照上市公司审计独立性的要求接受审计的实体，**如某些大型非上市金融企业**。

其中，上市实体是指其股权、股票或债券在认可的股票交易所挂牌交易或按照认可的股票交易所或其他类似机构的规定流通的实体。（2024年新增）

（3）如果公众利益实体以外的其他实体拥有数量众多且分布广泛的利益相关者（包括其管理层、股东、顾客、供应商、债权人等），注册会计师也应当考虑将其作为公众利益实体对待。

> 敲黑板①
> 上市公司可以理解为发行了股票的公司。

四、关联实体★

（1）能对客户施加直接或间接**控制**，并且审计客户对该实体重要；（客户是重要子公司）

（2）该实体对**审计客户**具有**重大影响**，在审计客户内拥有直接经济利益，利益对该实体重要；（审计客户是实体的重要联营、合营企业/实体投资了该审计客户）

（3）审计客户拥有其直接经济利益，且能对该实体施加**重大影响**，在实体内的经济利益对审计客户重要；（实体是审计客户的重要联营、合营企业/审计客户投资了该实体）

（4）与客户处于同一**控制**下的实体，并且该实体和审计客户对其控制方均重要；

（5）审计客户能直接或间接控制的实体。（实体是审计客户的子公司）

关联实体-知识精讲

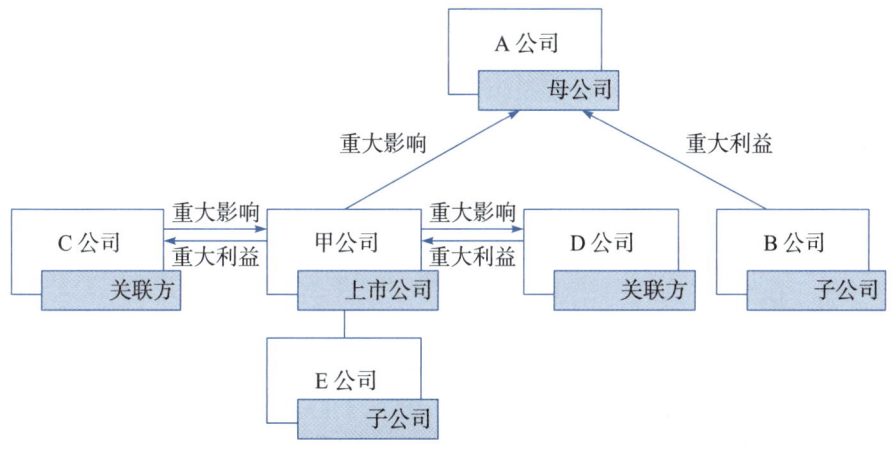

图23-2 关联实体

在审计客户是**上市公司**的情况下，本章所称的审计客户包括该客户的所有关联实体。在审计客户**不是上市公司**的情况下，本章所称的审计客户仅包括该客户直接或间接控制的关联实体。

如认为客户存在的关系或情形涉及其他关联实体，且与评价会计师事务所独立性相关，审计项目组在识别、评价对独立性的不利影响及采取防范措施时，应将其他关联实体包括在内。

表 23-1　审计客户

审计客户性质	审计客户范围	对应图标
上市公司	所有关联实体	ABCDE
非上市公司	直接或间接控制的关联实体	E

五、与治理层的沟通★

治理层是指对实体的战略方向以及管理层履行经营管理责任负有监督责任的人员或组织。治理层的责任包括对财务报告过程的监督。

注册会计师应当根据职业判断，定期就可能影响独立性的关系和其他事项与治理层沟通。

六、保持独立性的期间★

(1) 注册会计师应当在业务期间和财务报表涵盖的期间独立于审计客户。
(2) 业务期间自审计项目组开始执行审计业务之日起，至出具审计报告之日止。
(3) 如果审计业务具有①连续性，业务期间结束日应以其中一方通知解除业务关系或出具最终审计报告两者时间孰晚为准。

> **敲黑板①**
> 如果是连续审计业务，在解除业务约定前均为应保持独立性的期间。

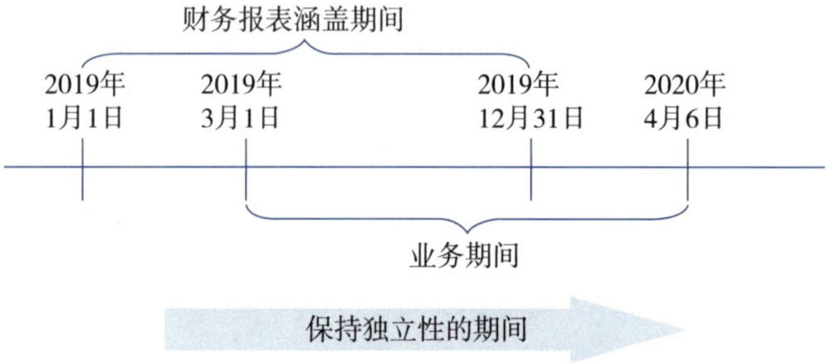

财务报表涵盖期间：2019年1月1日 —— 2019年12月31日

业务期间：2019年3月1日 —— 2020年4月6日

保持独立性的期间

图 23-3　业务期间

七、近亲属

> **敲黑板②**
> 考试当中主要涉及的是主要近亲属。

②主要近亲属是指配偶、父母或子女。

其他近亲属是指兄弟姐妹、祖父母、外祖父母、孙子女、外孙子女。

八、合并与收购★

如某实体因合并、收购成为审计客户关联实体，事务所应识别和评价以往、目前与该实体存在的利益关系，确定是否影响独立性以及在合并、收购生效日后能否继续执行审计业务。

> **名师说**
> 例如，当某一实体成为审计客户的关联实体时，如果负责该客户审计工作的项目组成员在其因在合并或收购而成为审计客户的关联实体中拥有被禁止的经济利益，如股票投资，将因自身利益对独立性产生非常严重的不利影响。又如，如果会计师事务所在合并或收购发生前，正在为该实体提供非鉴证服务，如与财务报告相关的内部控制评估服务，一旦该实体成为其某一审计客户的关联实体，会计师事务所将因自我评价产生不利影响。

事务所应在合并或收购生效日前终止利益或关系。如不能终止，**应与治理层讨论**不能终止的原因及不利影响的严重程度。

即使治理层要求，事务所只有在下列条件**同时满足**时才能同意继续执行审计业务：

(1) 自生效日起的 **6 个月内**尽快终止目前存在的利益或关系。

(2) 存在利益或关系的人员**不得**作为审计项目组成员，也不得负责项目质量控制复核。

(3) 与治理层讨论并采取适当的**过渡性措施**，包括：必要时由**审计项目组以外**的（本所）注册会计师复核审计或非鉴证工作；由**其他事务所**再次执行项目质量控制复核、评价非鉴证业务的结果或重新执行非鉴证业务并且承担责任。

九、违反职业道德守则独立性的规定 ★

（一）基本要求（见表 23-2）

表 23-2　基本要求

	内容
违反独立性应当采取的措施	(1) 终止、暂停或消除引发违规的利益或关系，并处理违规后果。 (2) 考虑是否存在适用于该违规行为的法律法规，如果存在，遵守该法律法规的规定，并考虑向相关监管机构报告该违规行为。 (3) 按照会计师事务所的政策和程序，立即就该违规行为与下列人员沟通： ①项目合伙人； ②负责独立性相关政策和程序的人员； ③会计师事务所和网络中的其他相关人员； ④根据职业道德守则的要求需要采取适当行动的人员。 (4) 评价违规行为的严重程度及其对会计师事务所的客观公正和出具审计报告能力的影响。 (5) 根据违规行为的严重程度，确定是否终止审计业务，或者是否能够采取适当行动以妥善处理违规后果。 (6) 在作出上述决策时，会计师事务所应当运用职业判断并考虑理性且掌握充分信息的第三方是否很可能得出会计师事务所的客观公正受到损害从而导致无法出具审计报告的结论
可以采取的措施	会计师事务所应当根据违规的严重程度采取必要的措施。会计师事务所可以采取的措施包括： (1) 将相关人员调离审计项目团队； (2) 由其他人员对受影响的审计工作实施额外复核或必要时重新执行该工作； (3) 建议审计客户委托其他会计师事务所复核或必要时重新执行受影响的审计工作； (4) 如果违规涉及影响会计记录或财务报表金额的非鉴证服务，由其他会计师事务所评价非鉴证服务的结果，或重新执行非鉴证服务，使得其他会计师事务所能够对该非鉴证服务承担责任
无法应对	如果会计师事务所确定无法采取行动妥善处理违规后果，应当尽快通知治理层，并按照法律法规的规定终止审计业务。如果法律法规禁止终止该审计业务，会计师事务所应当遵守相关报告或披露要求

(二) 与治理层的沟通 (见表23-3)

表23-3 与治理层的沟通

	内容
应当沟通	如果会计师事务所确定能够采取措施妥善处理违规后果,应当与治理层沟通下列事项: (1) 违规的严重程度,包括其性质和持续时间; (2) 违规是如何发生以及如何识别出的; (3) 已采取或拟采取的措施,以及这些措施能够妥善处理违规后果并使会计师事务所能够出具审计报告的原因; (4) 会计师事务所根据职业判断认为客观公正并未受到损害及其理由; (5) 会计师事务所已采取或拟采取的、用于降低进一步违规风险或避免发生进一步违规行为的措施
尽快沟通	会计师事务所应当尽快开展上述沟通,除非对于非重大的违规行为治理层有其他沟通时间方面的要求
沟通不足	如果治理层认为上述已采取或拟采取的措施不能够妥善处理违规后果,会计师事务所应当终止审计业务

(三) 相关记录 (见表23-4)

表23-4 相关记录

	内容
应当记录	(1) 违规事项; (2) 采取的措施; (3) 作出的关键决策; (4) 与治理层沟通的所有事项; (5) 与职业团体或监管机构所进行的任何沟通
继续执业	如果会计师事务所继续执行该审计业务,还应当记录下列事项: (1) 根据会计师事务所的职业判断,客观公正原则并未受到损害; (2) 所采取的措施能够妥善处理违规后果,从而使会计师事务所能够出具审计报告及其理由

十、工作记录 ★

工作记录提供了证据,用以证明注册会计师在遵守独立性要求方面形成结论时作出的判断。注册会计师应当记录遵守独立性要求的情况,包括记录形成的结论,以及为形成结论而沟通的主要内容。

工作记录可以提供证据证明会计师事务所在遵守独立性要求时作出的职业判断。然而,缺少工作记录并非判定会计师事务所是否已考虑特定事项或是否保持了独立性的决定性因素。

第二节 经济利益

一、基本概念（见表23-5）

表23-5 基本概念

	要点
直接经济利益	（1）直接拥有并控制或授权他人管理的经济利益； （2）通过投资工具拥有，并且有能力控制和影响其投资决策的经济利益； （3）常见的直接经济利益包括证券、股票、债券、认沽权、认购权、期权、权证和卖空权
间接经济利益	间接经济利益是指个人或实体通过投资工具拥有的经济利益，但没有能力控制或影响其投资决策的经济利益

> **名师说**
> 案例：
> 投资经理投资了共同基金，而这些共同基金投资了一揽子基础金融产品，在这种情况下：
> （1）该共同基金属于直接经济利益；（2）这些基础金融产品将被视为间接经济利益。

二、在审计客户中不被允许拥有的经济利益（见表23-6）

考频 2022年简答题、2021年简答题（1）、2020年简答题（1）、2018年简答题（1）

表23-6 在审计客户中不被允许拥有的经济利益

	要点
禁止	以下情形将因自身利益对独立性产生非常严重的不利影响，导致没有防范措施将其降低至可接受的水平。 （1）**会计师事务所、审计项目组团队成员或其主要近亲属**不得在审计客户中拥有直接经济利益或重大间接经济利益。 （2）①**当一个实体在审计客户中拥有控制性的权益，并且审计客户对该实体重要时**，会计师事务所、审计项目组团队成员或其主要近亲属不得在该实体中拥有直接经济利益或重大间接经济利益。 （3）当其他合伙人（**承接某项审计业务的事务所中除该项业务的项目合伙人以外的合伙人**）与执行审计业务的项目合伙人②**同处一个分部时**，其他合伙人或其主要近亲属不得在审计客户中拥有直接经济利益或重大间接经济利益。 （4）为审计客户提供**非审计服务**的其他合伙人、管理人员或其主要近亲属不得在审计客户中拥有直接经济利益或重大间接经济利益。 上述规定存在例外情况，如果与执行审计业务的项目合伙人同处一个分部的其他合伙人的主要近亲属，或者为审计客户提供非审计服务的其他合伙人或管理人员的主要近亲属同时**满足下列条件**，则该主要近亲属可以在审计客户中拥有直接经济利益或重大间接经济利益： （1）该主要近亲属作为审计客户的员工有权（例如通过退休金或股票期权计划）取得该经济利益，且会计师事务所在必要时能够应对因该经济利益产生的不利影响； （2）当该主要近亲属拥有或取得处置该经济利益点权利，或者在股票期权中，有权行使期权时，能够尽快处置或放弃该经济利益

敲黑板①
即审计客户是该实体的重要子公司。

敲黑板②
即在同一个地方的事务所。

审计项目团队成员：审计项目团队成员包括执行某项审计业务的所有合伙人和员工，以及为该项业务实施审计程序的所有其他人员（即审计项目组），还包括会计师事务所及网络事务所中能够直接影响审计业务结果的其他人员。例如，能对审计项目合伙人提出薪酬建议，以及进行直接指导、管理或监督的人员，为执行审计业务提供技术或行业具体问题、交易或事项的咨询人员（如针对与审计相关的准备计提或价值评估工作进行复核的财务交易咨询部的专业人员），或对审计业务实施项目管理的人员，包括项目质量复核人员。

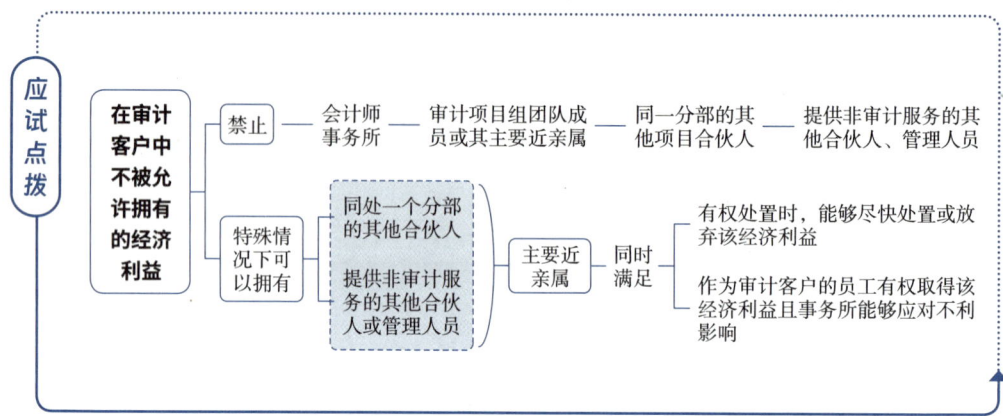

经典例题 23-1（2021年·简答题）

上市公司甲公司是 ABC 会计师事务所的常年审计客户。XYZ 公司和 ABC 会计师事务所处于同一网络。审计项目组在甲公司 2020 年度财务报表审计中遇到下列事项：

（1）2020 年 8 月，甲公司收购了乙公司 100%的股权。2020 年 9 月，项目合伙人 A 注册会计师发现其母亲持有乙公司发行的债券，面值人民币 1 万元，要求其母亲立即处置了这些债券。该投资对 A 注册会计师的母亲而言不重要。

要求 针对上述事项，指出是否可能存在违反中国注册会计师职业道德守则有关独立性规定的情况，并简要说明理由。

答案 违反。项目组成员的主要近亲属持有甲公司关联实体的直接经济利益/在收购前未处置其持有的乙公司的直接经济利益，因自身利益对独立性产生严重不利影响。

经典例题 23-2（2020年·简答题）

上市公司甲公司是 ABC 会计师事务所的常年审计客户。XYZ 公司和 ABC 会计师事务所处于同一网络。审计项目组在甲公司 2019 年度财务报表审计中遇到下列事项：

（2）甲公司是上市公司乙公司的重要联营企业。项目经理 B 注册会计师的父亲于 2020 年 1 月 6 日购买了乙公司股票 2 000 股。乙公司不是 ABC 会计师事务所的审计客户。

要求 针对上述事项，指出是否可能存在违反中国注册会计师职业道德守则有关独立性规定的情况，并简要说明理由。

答案 违反。B 注册会计师的父亲在审计业务期间拥有甲公司关联实体的直接经济利益，因自身利益对独立性产生严重不利影响。

二、与审计客户拥有共同经济利益（见表 23-7）

考频：2019 年简答题（1）

与审计客户拥有共同经济利益-知识精讲

表 23-7 与审计客户拥有共同经济利益

情形	要点
共同利益	如果会计师事务所、审计项目团队成员或其主要近亲属在某一实体拥有经济利益，并且审计客户也在该实体拥有经济利益，①除非满足下列条件之一，否则会计师事务所、审计项目团队成员及其主要近亲属不得在该实体中拥有经济利益： （1）经济利益对会计师事务所、审计项目团队成员及其主要近亲属，以及审计客户均不重要；（经济利益对双方而言都不重要） （2）审计客户无法对该实体施加重大影响（该实体不是审计客户的联营合营企业/子公司）
措施	拥有此类经济利益的人员，在成为审计项目团队成员之前，该人员或其主要近亲属应当处置全部经济利益，或处置足够数量的经济利益，使剩余经济利益不再重大

敲黑板①
两个条件只需要满足其中之一，则会计师事务所、审计项目团队成员及其主要近亲属可以在该实体中拥有经济利益。

经典例题 23-3　2019 年·简答题

上市公司甲公司是 ABC 会计师事务所的常年审计客户。XYZ 公司和 ABC 会计师事务所处于同一网络。审计项目组在甲公司 2018 年度财务报表审计中遇到下列事项：

（2）审计项目组团队成员 B 注册会计师的父亲在丙公司持有重大经济利益。丙公司为甲公司不重要的联营企业，不是 ABC 会计师事务所的审计客户。

〖要求〗指出是否可能存在违反中国注册会计师职业道德守则有关独立性规定的情况，并简要说明理由。

〖答案〗违反。甲公司对丙公司有重大影响，且项目组成员 B 的父亲在丙公司持有重大经济利益，将因自身利益对独立性产生严重不利影响。

与审计客户拥有共同经济利益-例题解析

〖名师说〗丙公司为甲公司不重要的联营企业，意味着甲公司投资了丙公司，甲公司能够对丙公司施加重大影响，但是丙公司对甲公司并不重要。

三、无意中获取的经济利益（见表 23-8）

考频 2021 年简答题（1）

表 23-8　无意中获取的经济利益

情形		要点
禁止	情况	会计师事务所、项目组团队成员或其主要近亲属、员工或其主要近亲属从审计客户处**通过继承、馈赠或因合并**而获得直接经济利益或重大间接经济利益，将因自身利益产生不利影响 **名师说** 继承、馈赠或合并，这些获取方式主要是事出突然，不是提前的有所图谋，所以即使拥有在审计客户中不被允许拥有的经济利益，只要处理及时还是可以补救的。
	防范措施	（1）如果会计师事务所、审计项目团队成员或其主要近亲属获得经济利益，应当立即**处置**全部经济利益，或处置全部直接经济利益并处置足够数量的间接经济利益，以使剩余经济利益不再重大； （2）如果审计项目团队成员以外的人员或其主要近亲属获得经济利益，应当在合理期限内**处置**，立即处置全部经济利益，或处置全部直接经济利益并处置足够数量的间接经济利益，以使剩余经济利益不再重大； （3）在完成处置该经济利益前，会计师事务所应当确定是否需要采取防范措施

经典例题 23-4　　2021 年·简答题

上市公司甲公司是 ABC 会计师事务所的常年审计客户。XYZ 公司和 ABC 会计师事务所处于同一网络。审计项目组在甲公司 2020 年度财务报表审计中遇到下列事项：

（1）2020 年 8 月，甲公司收购了乙公司 100% 的股权。2020 年 9 月，项目合伙人 A 注册会计师发现其母亲持有乙公司发行的债券，面值人民币 1 万元，要求其母亲立即处置了这些债券。该投资对 A 注册会计师的母亲而言不重要。

要求 针对上述事项，指出是否可能存在违反中国注册会计师职业道德守则有关独立性规定的情况，并简要说明理由。

答案 违反。项目组成员的主要近亲属持有甲公司关联实体的直接经济利益/在收购前未处置其持有的乙公司的直接经济利益，因自身利益对独立性产生严重不利影响。

四、与审计客户的利益相关者同时在某一实体拥有经济利益（见表 23-9）

考试很少涉及。

表 23-9　①与审计客户的利益相关者同时在某一实体拥有经济利益

情形		要点
评价	情形	会计师事务所、审计项目团队成员或其主要近亲属在某一实体拥有经济利益，并且知悉审计客户的董事、高级管理人员或具有控制权的所有者也在该实体拥有经济利益，可能因自身利益、密切关系或外在压力产生不利影响
	因素	（1）该项目组成员在审计项目组中的角色；（2）实体的所有权是由少数人持有还是多数人持有；（3）经济利益是否使得投资者能够控制该实体，或对其施加重大影响；（4）经济利益的重要性

续表

情形		要点
评价	防范措施	(1) 将拥有该经济利益的审计项目组团队成员调离审计项目组；(2) 由审计项目组以外的注册会计师复核该成员已执行的工作

五、受托管理人（见表23-10）

表23-10　受托管理人

		要点
禁止	情形	会计师事务所、审计项目组成团队员或其主要近亲属作为受托管理人在审计客户中拥有直接经济利益或重大间接经济利益，将因自身利益产生不利影响
	包括	(1) 与执行审计业务的项目合伙人处于同一分部的其他合伙人； (2) 向审计客户提供非审计服务的其他合伙人和管理人员； (3) 上述人员的主要近亲属
允许	同时满足	(1) 受托管理人、审计项目团队成员、两者的主要近亲属，会计师事务所均不是受托财产的受益人； (2) 通过信托而在审计客户中拥有的经济利益对于该项信托而言并不重大； (3) 该项信托不能对审计客户施加重大影响； (4) 受托管理人、审计项目团队成员、两者的主要近亲属，会计师事务所对涉及审计客户经济利益的投资决策没有重大影响

六、其他近亲属（见表23-11）

表23-11　①其他近亲属

敲黑板①

考试涉及较少。

情形		要点
评价	情况	如果审计项目组某一成员的其他近亲属在审计客户中拥有直接经济利益或重大的间接经济利益，将因自身利益产生非常严重的不利影响
	因素	(1) 项目组成员与其他近亲属之间的关系； (2) 经济利益对其他近亲属的重要性
	防范措施	(1) 尽快处置全部经济利益，或处置全部直接经济利益并处置足够数量的间接经济利益，以使剩余经济利益不再重大； (2) 由审计项目组以外的注册会计师复核该成员已执行的工作； (3) 将该成员调离审计项目组

七、退休金计划（见表23-12）

表23-12　②退休金计划

敲黑板②

考试涉及较少。

情形		要点
评价	背景	退休金计划也称养老金计划、公积金计划。是雇主为员工退休以及残疾、亡故等作出的投资安排的统称。根据国家的税收政策，由公司和员工单独或共同投资于特定投资品种，可享受税收优惠并可冲减经营利润。待员工退休或因疾病、伤残失去劳动能力时可支取或动用这部分资金

续表

情形		要点
	情形	如果会计师事务所通过事务所的退休金计划在审计客户拥有直接或重大间接经济利益,可能因自身利益产生不利影响
	防范措施	注册会计师应当评价不利影响的严重程度,并在必要时采取防范措施消除不利影响或将其降低至可接受的水平

第三节 贷款和担保以及商业关系、家庭和私人关系

一、贷款和担保★★★

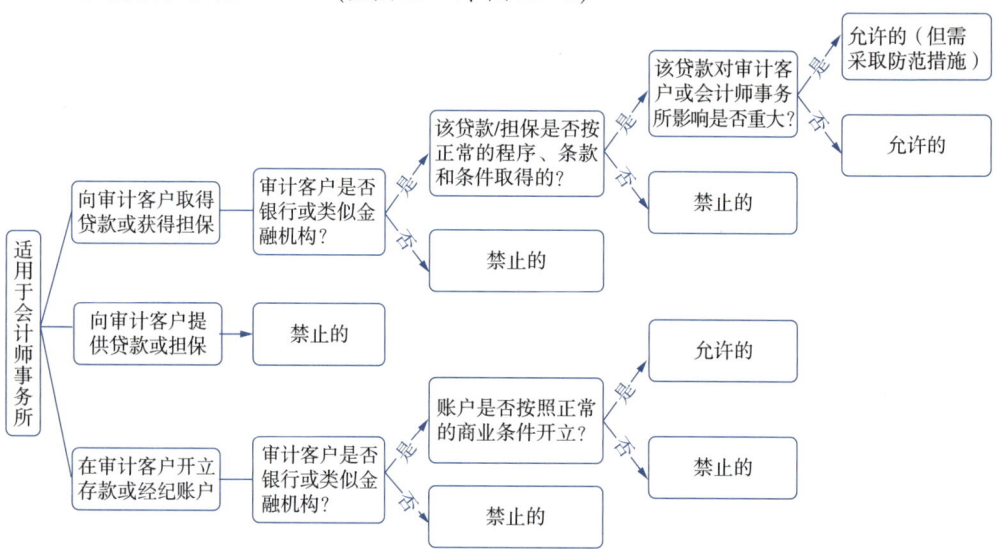

图23-4 与贷款和担保有关的适用于会计师事务所的独立性要求

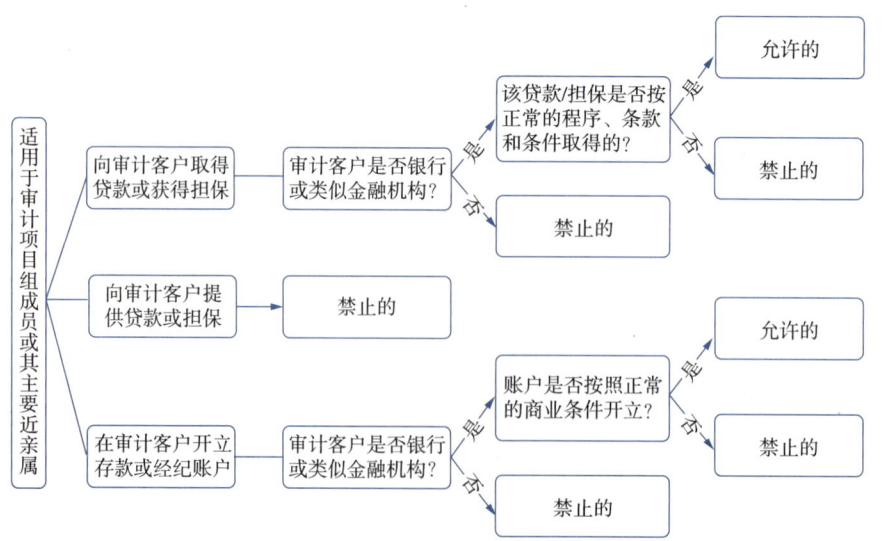

图23-5 与贷款和担保有关的适用于审计项目组成员及其主要近亲属的独立性要求

二、商业关系 ★★★

考频 2022 年简答题（1）、2021 年简答题（1）、2020 年简答题（2）、2019 年简答题（1）、2018 年简答题（1）

（一）三种特定商业关系及防范措施（见表 23-13）

表 23-13 三种特定商业关系及防范措施

情形	要点	影响
共同开办	与客户或其控股股东、董事、高级管理人员或其他为该客户执行高级管理活动的人员共同开办企业	①事务所不得介入上述商业关系；如涉及审计项目组团队成员，会计师事务所应当将该成员调离审计项目组。 如果涉及审计项目团队成员的 ②主要近亲属与审计客户或其高级管理人员，应当评价不利影响
捆绑销售	按照协议，将会计师事务所的产品或服务与客户的产品或服务结合在一起，并以双方名义捆绑销售	
相互推广	按照协议，会计师事务所销售或推广客户的产品或服务，或者客户销售或推广会计师事务所的产品或服务	

注意影响的范围，没有涉及同处一个分部的项目合伙人以及为审计客户提供非审计服务的其他合伙人、管理人员或其主要近亲属。

没有明确禁止。

经典例题 23-5 （2021 年·简答题）

上市公司甲公司是 ABC 会计师事务所的常年审计客户。XYZ 公司和 ABC 会计师事务所处于同一网络。审计项目组在甲公司 2020 年度财务报表审计中遇到下列事项：

（6）2020 年 7 月，甲公司某独立董事的妻子与 XYZ 公司的合伙人 D 合资开办了一家餐厅。D 不是甲公司审计团队成员。

要求 针对上述事项，指出是否可能存在违反中国注册会计师职业道德守则有关独立性规定的情况，并简要说明理由。

答案 不违反。D 不是审计项目团队成员，其和独立董事妻子合作开办餐厅不属于禁止的商业关系。

经典例题 23-6 （2022 年·简答题）

上市公司甲公司是 ABC 会计师事务所的常年审计客户。XYZ 公司和 ABC 会计师事务所处于同一网络。审计项目组在甲公司 2021 年度财务报表审计中遇到下列事项：

2021 年，XYZ 公司的两位经理受邀参加了甲公司为其客户举办的四场线上沙龙，对税务热点进行分享，并根据会议安排为部分与会客户提供了税务咨询服务。这些客户均不是 ABC 会计师事务所的审计客户。

要求 针对上述事项，指出是否可能存在违反独立性规定的情况。如违反，简要说明理由。

答案 违反。甲公司推介了 XYZ 公司的服务/属于禁止的商业关系，而 XYZ 公司与 ABC 会计师事务所属同一网络，因自身利益或外在压力对 ABC 会计师事务所的独立性产生严重不利影响。

> **名师说** 网络事务所在甲公司的沙龙会上免费推广了自己的商品,相当于甲公司帮助 ABC 会计事务所推荐了商品,属于禁止的商业关系。

(二) 与审计客户或其利益相关者一同在某股东人数有限的实体中拥有利益

如果会计师事务所、审计项目组团队成员或其主要近亲属,在某股东人数有限的实体中拥有经济利益,而审计客户或其董事、高级管理人员也在该实体中拥有经济利益,在同时满足下列条件时,这种商业关系不会对独立性产生不利影响:

(1) 这种商业关系对于会计师事务所、审计项目组团队成员或其主要近亲属以及审计客户均不重要;

(2) 该经济利益对上述投资者或投资组合并不重大;

(3) 该经济利益不能使上述投资者或投资组合控制该实体。

(三) 从审计客户购买商品或服务 (见表 23-14)

表 23-14 从审计客户购买商品或服务

情形		要点
发生交易	不影响独立性	会计师事务所、审计项目组团队成员或其主要近亲属从审计客户购买商品或服务,如果按照正常的商业程序公平交易,通常不会对独立性产生不利影响
	影响独立性 评价	如果交易**性质特殊或金额较大**,可能因自身利益产生不利影响
	影响独立性 防范措施	(1) 取消交易或降低交易规模; (2) 将相关审计项目组团队成员调离审计项目组

▎**经典例题 23-7** (经典真题·简答题)

上市公司甲公司系 ABC 会计师事务所的常年审计客户,从事房地产开发业务。XYZ 公司是 ABC 会计师事务所的网络事务所。在对甲公司 2013 年度财务报表执行审计的过程中存在下列事项:

(2) 2013 年 12 月,审计项目组团队成员 B 注册会计师通过银行按揭,按照市场价格 500 万元购买了甲公司出售的公寓房一套。

(要求) 指出是否可能存在违反中国注册会计师职业道德守则有关独立性规定的情况,并简要说明理由。

(答案) 违反。该交易金额对 B 注册会计师而言较大,可能因自身利益对独立性产生不利影响。

▎**经典例题 23-8** (2020 年·简答题)

上市公司甲公司是 ABC 会计师事务所的常年审计客户。XYZ 公司和 ABC 会计师事务所处于同一网络。审计项目组在甲公司 2019 年度财务报表审计中遇到下列事项:

(6) ABC 会计师事务所在甲公司经营的直播平台上推出了线上会计培训课程,按照正常商业条款向甲公司支付使用费。

> **要求** 针对上述事项，指出是否可能存在违反中国注册会计师职业道德守则有关独立性规定的情况，并简要说明理由。

> **答案** 不违反。ABC会计师事务所按照正常的商业程序使用甲公司的平台，不会对独立性产生不利影响。

三、家庭和私人关系★★★

> **考频** 2022年简答题（1）、2018年简答题（1）

如果审计项目团队成员与审计客户的董事、高级管理人员或某类员工（取决于该员工在审计客户中担任的角色）存在家庭和私人关系，可能因自身利益、密切关系或外在压力对独立性产生不利影响。

（一）主要近亲属（见表23-15）

特定员工：所处职位能够对会计记录或财务报表的编制施加重大影响的员工。

表23-15 主要近亲属

		内容
禁止	情况	主要近亲属在独立期间担任或曾任董事、高级管理人员或特定员工
	措施	调离审计项目组
评估	情况	要近亲属在客户的职位能对财务状况、经营成果和现金流量施加重大影响
	因素	(1) 主要近亲属在客户中的职位； (2) 项目成员在审计项目组的角色
	措施	(1) 将该成员调离审计项目组； (2) 合理安排审计项目组团队成员的职责，使该成员的工作不涉及其主要近亲属的职责范围

▎**经典例题23-9** （2018年·简答题）

上市公司甲公司是ABC会计师事务所的常年审计客户。XYZ公司和ABC会计师事务所处于同一网络。审计项目组在甲公司2017年度财务报表审计中遇到下列事项：

（3）XYZ公司合伙人C的丈夫于2017年7月加入甲公司并担任培训部经理。合伙人C没有为甲公司提供任何服务。

> **要求** 指出是否可能存在违反中国注册会计师职业道德守则有关独立性规定的情况，并简要说明理由。

> **答案** 不违反。合伙人C不是审计项目组团队成员，且其丈夫的职位对所审计的财务报表的编制不能施加重大影响，不会对独立性产生不利影响。

（二）其他近亲属（见表23-16）

考试涉及较少。

表23-16　①其他近亲属

评估	内容	
	情况	项目组成员的其他近亲属担任董事、高级管理人或特定员工
	因素	(1) 项目组成员与其他近亲属的关系； (2) 其他近亲属在客户中的职位； (3) 该成员在审计项目组的角色
	措施	(1) 将该成员调离审计项目组； (2) 合理安排审计项目组团队成员的职责，使该成员的工作不涉及其主要近亲属的职责范围

（三）密切关系人（见表23-17）

考试涉及较少。

表23-17　②密切关系人

评估	内容	
	情况	项目组成员与审计客户的董事、高级管理人员或特定员工存在密切关系
	因素	(1) 该员工与审计项目组团队成员的关系； (2) 该员工在客户中的职位； (3) 该成员在审计项目组的角色
	措施	(1) 将该成员调离审计项目组； (2) 合理安排审计项目组团队成员的职责，使其工作不涉及与之存在关系的员工的职责范围

（四）审计项目团队成员以外人员的家庭和私人关系（见表23-18）

考试涉及较少。

表23-18　③审计项目团队成员以外人员的家庭和私人关系

评估	内容	
	情况	非审计项目组团队成员的合伙人或员工与审计客户重要职位的人员存在家庭或个人关系
	因素	(1) 该合伙人或员工与董事、高级管理人员或特定员工之间的关系； (2) 该合伙人或员工与项目组之间的相互影响； (3) 该合伙人或员工在事务所的角色； (4) 董事、高级管理人员或特定员工在审计客户中的职位
	措施	(1) 合理安排该合伙人或员工的职责，以减少对审计项目组可能产生的影响； (2) 由组外注册会计师复核已执行的相关审计工作

第四节 与审计客户发生人员交流

如果审计客户的董事、高级管理人员或特定员工,曾经是审计项目团队的成员或会计师事务所的合伙人,可能因密切关系或外在压力产生不利影响。

一、与审计客户发生雇佣关系★★★

(一) 一般规定

(1) **项目组前成员/前合伙人加入审计客户担任董事、高级管理人员或特定员工**,见表 23-19。

表 23-19

	内容	
禁止	情形	会计师事务所前任合伙人或审计项目团队前任成员担任审计客户的重要职位且与事务所保持重要联系
	①特殊允许 (同时满足)	(1) 前任成员或前任合伙人无权从会计师事务所获取报酬或福利(除非报酬或福利是按照预先确定的固定金额支付的); (2) 应付金额对会计师事务所不重要; (3) 前任成员或前任合伙人未继续参与,并且在外界看来未参与会计师事务所的经营活动或专业活动

敲黑板①
即使同时满足这3个条件,仍可能因密切关系或外在压力对独立性产生不利影响。

(2) **前任合伙人加入的某一实体成为审计客户**。

如果会计师事务所的前任合伙人加入某一实体并担任董事、高级管理人员或特定员工,**而该实体随后成为会计师事务所的审计客户**,则可能因密切关系或外在压力对独立性产生不利影响。

会计师事务所应当评价不利影响的严重程度,并在必要时采取防范措施消除不利影响或将其降低至可接受的水平。

举例来说,防范措施可能包括:

① 修改审计计划;
② 向审计项目团队分派与该人员相比经验更加丰富的人员;
③ 由适当复核人员复核前任审计项目团队成员已执行的工作。

(3) **项目组现任成员/合伙人拟加入审计客户**。

如果审计项目团队某一成员参与审计业务,当知道自己在未来某一时间将要或有可能加入审计客户时,将因自身利益对独立性产生不利影响。会计师事务所应当制定政策和程序,要求审计项目团队成员在与审计客户协商受雇于该客户时,向会计师事务所报告。在接到报告后,会计师事务所应当评价不利影响的严重程度,并在必要时采取防范措施消除不利影响或将其降低至可接受的水平。

举例来说,防范措施可能包括:

① 将该成员调离审计项目团队,可能能够消除不利影响;
② 由适当复核人员复核该成员在审计项目团队中作出的重大判断,可能能够将不利影响降低至可接受的水平。

(二) 属于公众利益实体的审计客户

考频 2018年简答题（1）

(1) ①**关键审计合伙人加入审计客户担任重要职位**。

关键审计合伙人是指项目合伙人、项目质量管理复核负责人、项目组中负责对重大事项作出关键决策或判断的其他审计合伙人，还可能包括负责重要组成部分审计的项目合伙人，或负责对长期资产是否重大减值或重大税项的不确定性作出结论的其他合伙人。

如果某公众利益实体的**关键审计合伙人**加入该审计客户，担任董事、高级管理人员或特定员工，除非该合伙人不再担任该公众利益实体的关键审计合伙人后，该公众利益实体发布的**已审计财务报表涵盖期间不少于十二个月**，并且该合伙人**未参与该财务报表的审计**，否则独立性将视为受到损害。如图23-6所示，假设A担任客户2022年度财务报表审计的关键审计合伙人，此后不再担任该客户的关键审计合伙人，该客户发布2023年度财务报表的日期是2024年3月31日，A最早可以加入该客户担任董事、高级管理人员或特定员工的时间是2024年4月1日。

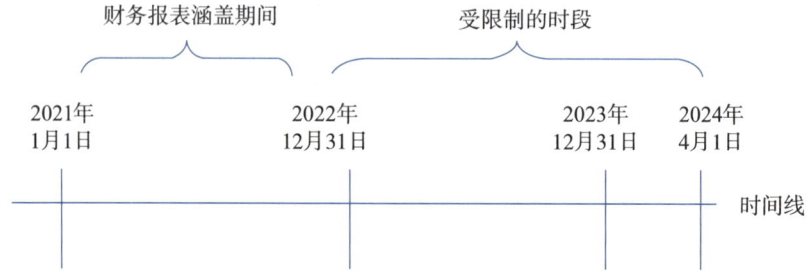

图23-6 财务报表涵盖期间与限制时段

经典例题23-10 2018年·简答题

上市公司甲公司是ABC会计师事务所的常年审计客户。XYZ公司和ABC会计师事务所处于同一网络。审计项目组在甲公司2017年度财务报表审计中遇到下列事项：

（2）B注册会计师曾担任甲公司2016年度财务报表审计的项目质量复核人，于2017年5月退休，之后未和ABC会计师事务所保持交往。2018年1月1日，B注册会计师受聘担任甲公司独立董事。

〔要求〕指出是否可能存在违反中国注册会计师执业道德守则有关独立性规定的情况，并简要说明理由。

〔答案〕违反。B注册会计师在2017年已审财务报表发布前就已担任甲公司独立董事，因密切关系和外在压力对独立性产生严重不利影响。

（2）**前任高级合伙人**加入审计客户担任重要职位。

如果会计师事务所前任**高级合伙人（或管理合伙人，或同等职位的人员）**加入属于公众利益实体的审计客户，担任董事、高级管理人员或特定员工，除非该高级合伙人**不再担任该职位已超过十二个月**，否则独立性将视为受到损害。

（3）因企业合并导致前任成员加入审计客户担任重要职位。

如果由于企业合并，会计师事务所前任关键审计合伙人或前任高级合伙人担任属于公众利益实体的审计客户的董事、高级管理人员或特定员工，在**同时满足下列条件时**，不视为独立性受到损害：

① 该人员接受该职务时，并未预料到会发生企业合并；

② 该人员在会计师事务所中应得的报酬或福利都已全额支付，除非该报酬或福利是按照预先确定的固定金额支付的，并且应付该人员的金额对会计师事务所不重要；

③ 该人员未继续参与，或在外界看来未参与会计师事务所的经营活动或职业活动；

④ 已就该人员在审计客户中的职位与治理层沟通。

二、临时借出员工★★★

如果会计师事务所向审计客户借出员工，可能因自我评价、过度推介或密切关系产生不利影响。**除非同时满足下列条件**，否则会计师事务所**不得**向审计客户借出员工：

（1）仅在短期内向客户借出员工；

（2）借出的员工不参与职业道德守则禁止提供的非鉴证服务；

（3）该员工不承担审计客户的管理层职责，且审计客户负责指导和监督该员工的活动。

会计师事务所应当评价借出员工产生不利影响的严重程度，并在必要时采取防范措施消除不利影响或将其降低至可接受的水平。

举例来说，防范措施可能包括：

（1）对借出员工的工作进行额外复核，可能能够应对因自我评价产生的不利影响；

（2）不安排借出员工作为审计项目团队成员，可能能够应对因密切关系或过度推介产生的不利影响；

（3）合理安排审计项目团队成员的职责，使借出员工不对其在借出期间执行的工作进行审计，可能能够应对因自我评价产生的不利影响。

如果因向审计客户借出员工而导致会计师事务所高度认同审计客户管理层的观点和利益，通常没有防范措施能够消除不利影响或将其降低至可接受的水平。

三、最近曾任审计客户的董事、高级管理人员或特定员工★★★（见表23-20）

考频　2019年简答题（1）

表23-20　最近曾任审计客户的董事、高级管理人员或特定员工

		内容
禁止	情形	如果在审计**财务报告**涵盖的期间，审计项目组团队成员曾担任审计客户的董事、高级管理人员或特定员工，将产生非常严重的不利影响，导致没有防范措施能够将其降低至可接受的水平。会计师事务所不得将此类人员分派到审计项目组
评估	情形	在财务报表涵盖的日期之前
	因素	（1）该成员在客户中曾担任的职务； （2）该成员离开客户的时间长短； （3）该成员在审计项目组中的角色
	防范	复核该成员已执行的工作

经典例题 23-11 （2019年·简答题）

上市公司甲公司是 ABC 会计师事务所的常年审计客户。XYZ 公司和 ABC 会计师事务所处于同一网络。审计项目组在甲公司 2018 年度财务报表审计中遇到下列事项：

（3）审计项目组团队成员 C 曾担任甲公司成本会计，2018 年 5 月离职加入 ABC 会计师事务所，同年 10 月加入甲公司审计项目组，负责审计固定资产。

【要求】指出是否可能存在违反中国注册会计师职业道德守则有关独立性规定的情况，并简要说明理由。

【答案】违反。在财务报表涵盖的期间，审计项目组团队成员曾担任审计客户的特定员工/财务人员，因自身利益、自我评价或密切关系产生不利影响。

四、兼任审计客户的董事或高级管理人员★★★

考频 2021年简答题（1）

如果事务所的合伙人或员工兼任审计客户的董事或高级管理人员，将因自我评价和自身利益产生非常严重的不利影响。事务所的合伙人或员工**不得**兼任审计客户董事或高级管理人员。

经典例题 23-12 （2021年·简答题）

上市公司甲公司是 ABC 会计师事务所的常年审计客户。XYZ 公司和 ABC 会计师事务所处于同一网络。审计项目组在甲公司 2020 年度财务报表审计中遇到下列事项：

（3）XYZ 公司 2020 年 11 月新入职的高级经理 C 没有参与甲公司审计项目。C 自 2019 年 1 月 1 日起担任甲公司独立董事，任期两年，到期后未再续任。

【要求】针对上述事项，指出是否可能存在违反中国注册会计师职业道德守则有关独立性规定的情况，并简要说明理由。

【答案】违反。事务所及其网络所的员工不得兼任审计客户的董事，否则因自我评价和自身利益对独立性产生严重不利影响。

第五节　与审计客户长期存在业务关系

一、一般规定★★★

会计师事务所长期委派同一名合伙人或高级员工执行某一客户的审计业务，将因密切关系和自身利益产生不利影响。

二、属于公众利益实体的审计客户★★★

考频 2022年简答题（1）、2021年简答题（1）、2020年简答题（1）、2019年简答题（1）

（一）冷却期基本思路（见表23-21）

冷却期基本思路
-知识精讲

表23-21 冷却期基本思路

	内容
一般规定	如果审计客户属于**公众利益实体**，会计师事务所任何人员担任下列一项或多项职务的累计时间**不得超过五年**： （1）项目合伙人； （2）项目质量复核人员； （3）其他属于关键审计合伙人的职务。 任期结束后，该人员应当遵守有关冷却期的规定 **名师说**　只有关键审计合伙人+审计客户属于公众利益实体，才会涉及五年冷却期，只要有一个条件不符合，准则就对五年冷却期没有强制性要求。
起算时点	在确定某人员担任关键审计合伙人的年限时，服务年限**应当**包括该人员在之前任职的会计师事务所工作时针对同一审计业务担任关键审计合伙人的年限（如适用）
计算方法	注册会计师担任上述职务的时间应当累计计算，除非该人员不再担任这些职务的期间达到**最短时间**要求，否则累计期间不得清零并重新计算。最短时间要求应当是一个连续的期间，至少等于该人员所适用的冷却期 **名师说**　例如，如果某人员担任某个审计客户的项目合伙人三年，之后被调离该审计项目组两年，则该人员最多只能继续担任该审计业务的关键审计合伙人两年（即五年减去累计的三年）。在此之后，该人员必须遵守有关冷却期的规定。
特殊情况	在任期内，如果某人员继担任项目合伙人之后立即或短时间内担任项目质量复核人员，可能因自我评价对客观公正原则产生不利影响，该人员**不得**在两年内担任该审计业务的项目质量复核人员
	在法律法规允许的情况下，该人员担任关键审计合伙人的期限可以延长一年

（二）冷却期规定（见表23-22）

冷却期规定
-知识精讲

敲黑板①
冷却期是连续的，不能中断。

敲黑板②
这里需要注意的是，如果在任期内，某人员继续担任项目合伙人之后2年内担任项目质量复核人员，会因自我评价对客观公正原则产生不利影响。

表23-22 冷却期规定

		内容		
	关键项目合伙人	5年中担任该角色的期限	①冷却期	
一般	项目合伙人	5	5	
	项目质量复核人	5	3	
	其他关键合伙人	5	2	
担任多项关键审计合伙人	项目合伙人	3	5	
	项目质量复核人	3	3	
	②项目合伙人和项目质量复核人	3	3	
	其他关键合伙人（不符合上述条件的）	3	2	
冷却期内关键审计合伙人不得有此列行为	（1）成为审计项目组团队成员或为审计项目提供项目质量管理； （2）就有关技术或行业特定问题、交易或事项向审计项目组或审计客户提供咨询（如果与审计项目组沟通仅限于该人员任职期间的最后一个年度所执行的工作或得出的结论，并且该工作和结论与审计业务仍然相关，则不违反本项规定）； （3）负责领导或协调会计师事务所向审计客户提供的专业服务，或者监控会计师事务所与审计客户的关系； （4）执行上述各项未提及的、涉及审计客户且导致该人员出现下列情况的职责或活动（包括提供非鉴证服务）： ①与审计客户高级管理层或治理层进行重大或频繁的互动； ②对审计业务的结果施加直接影响			
说明	上述规定并非旨在禁止个人担任会计师事务所的领导层职务，如高级合伙人或管理合伙人			
适用于新公众利益实体轮换时间表	在客户成为公众利益实体前的服务年期（X年）	成为公众利益实体后继续提供服务的年限	冷却期		
			项目合伙人	项目质量复核人	其他关键审计合伙人
	X≤3年	(5-X)年	5年	3年	2年
	X≥4年	2年	5年	3年	2年
	如客户首次公开发行证券	2年	5年	3年	2年

经典例题23-13 （2022年·简答题）

上市公司甲公司是ABC会计师事务所的常年审计客户。XYZ公司和ABC会计师事务所处于同一网络。审计项目组在甲公司2021年度财务报表审计中遇到下列事项：

项目合伙人A注册会计师曾担任甲公司2013年度至2015年度财务报表审计其他关键审计合伙人，以及2016年度和2017年度项目合伙人，之后轮换出甲公司审计项目组，未参与

2018 年度至 2020 年度甲公司财务报表审计。

（要求）针对上述事项，指出是否可能存在违反独立性规定的情况。如违反，简要说明理由。

（答案）不违反。A 注册会计师在五年关键审计合伙人任期内担任甲公司项目合伙人累计未达到三年/冷却期应当为连续两年/两年冷却期已满。

经典例题 23-14　（2019 年·简答题）

上市公司甲公司是 ABC 会计师事务所的常年审计客户。XYZ 公司和 ABC 会计师事务所处于同一网络。审计项目组在甲公司 2018 年度财务报表审计中遇到下列事项：

（1）项目合伙人 A 注册会计师曾经负责审计甲公司 2013 年度到 2015 年度财务报表，之后调离甲公司审计项目组，担任乙公司 2016 年度到 2017 年度财务报表审计项目合伙人，乙公司是甲公司不重要的子公司。

（要求）指出是否可能存在违反中国注册会计师职业道德守则有关独立性规定的情况，并简要说明理由。

（答案）不违反。A 注册会计师不是甲公司 2016 到 2017 年度关键审计合伙人/2016 年度及 2017 年度不计入甲公司关键审计合伙人五年连续任期。

冷却期规定
-例题解析

> **名师说**　项目合伙人 A 在 2016 年度到 2017 年度期间担任的是甲公司不重要子公司的合伙人。而关键合伙人通常是指对重大事项作出关键决策或判断的合伙人，所以项目合伙人 A 在 2016 年度到 2017 不是甲公司的关键合伙人，不需要计算冷却期。

第六节　为审计客户提供非鉴证服务

一、承担管理层职责★★★（见表 23-23）

（考频）2018 年简答题（1），2019 年简答题（1）

表 23-23　承担管理层职责

	要点
属于	（1）制定政策和战略方针； （2）招聘或解雇员工； （3）指导员工与工作有关的行动并对其行动负责； （4）对交易进行授权； （5）控制或管理银行账户或投资； （6）确定采纳会计师事务所或其他第三方提出的建议； （7）代表管理层向治理层报告； （8）负责按照适用的财务报告编制基础编制财务报表； （9）负责设计、执行、监督和维护内部控制
不属于	如果会计师事务所仅向审计客户提供意见和建议以协助其管理层履行职责，通常不视为承担管理层职责

续表

		要点
禁止		会计师事务所不得承担审计客户的管理层职责
知识点关联		在审计客户是**上市公司**的情况下，本章所称的审计客户包括该客户的所有关联实体。在审计客户**不是上市公司**的情况下，本章所称的审计客户仅包括该客户直接或间接控制的关联实体
关联实体	同时满足条件	(1) 会计师事务所不对该关联实体的财务报表发表意见； (2) 会计师事务所不对接受审计的实体直接或间接承担管理层职责； (3) 由于非鉴证服务的结果不构成实施审计程序的对象，因而该非鉴证服务不会因自我评价对独立性产生不利影响； (4) 会计师事务所采取防范措施应对因提供此类服务而产生的超出可接受水平的其他不利影响
	范围	(1) 直接或间接控制该审计客户的实体； (2) 在该审计客户中拥有直接经济利益的实体，该实体能够对审计客户施加重大影响，并且在客户中拥有的经济利益对该实体重大； (3) 与该审计客户处于同一控制下的实体 A 公司 母公司 C 公司 ←重大影响→ 甲公司 B 公司 关联方 ←重大利益→ 上市公司 子公司 图 23-7
	可以提供	会计师事务所可以承担管理层职责或向这些管理实体提供某些职业道德守则禁止提供的非鉴证服务 **名师说** 这里考生们可以这么理解，如果非鉴证服务的结果不构成实施审计程序的对象，那么通常不会对审计的独立性产生不利影响。

▎经典例题 23-15 （2021 年·简答题）

上市公司甲公司是 ABC 会计师事务所的常年审计客户。XYZ 公司和 ABC 会计师事务所处于同一网络。审计项目组在甲公司 2020 年度财务报表审计中遇到下列事项：

（4）甲公司是丙公司的重要联营企业。2020 年 10 月，XYZ 公司接受委托为丙公司及其子公司的财务共享服务中心提供系统设计服务。丙公司不是 ABC 会计师事务所的审计客户。

（要求）针对上述事项，指出是否可能存在违反中国注册会计师职业道德守则有关独立性规定的情况，并简要说明理由。

（答案）不违反。该服务的结果不是审计对象/不影响甲公司财务报表，不会因自我评价对独立性产生不利影响。

第二十三章　审计业务对独立性的要求　531

> **名师说**　甲公司是丙公司的重要联营企业，指的是丙公司对甲公司进行了投资。XYZ公司接受委托为丙公司及其子公司提供服务，对丙公司的报表有影响，但是该影响无法通过投资关系影响到甲公司的报表，所以对丙公司提供的非鉴证服务的结果**不构成**实施审计程序的对象，故对独立性不会产生不利影响。

经典例题 23-16　（2019年·简答题）

上市公司甲公司是ABC会计师事务所的常年审计客户。XYZ公司和ABC会计师事务所处于同一网络。审计项目组在甲公司2018年度财务报表审计中遇到下列事项：

（5）甲公司是丁公司的重要联营企业。2018年8月，XYZ公司接受丁公司委托对其拟投资的标的公司进行评估，作为定价参考。丁公司不是ABC会计师事务所的审计客户。

（要求） 指出是否可能存在违反中国注册会计师职业道德守则有关独立性规定的情况，并简要说明理由。

（答案） 不违反。对丁公司投资标的的评估不会对甲公司财务报表产生影响/不构成实施审计程序的对象，不会对独立性产生不利影响。

二、会计和记账服务★★★（见表23-24）

考频 2022年简答题（2）

表23-24　会计和记账服务

		内容
不影响	事项	沟通审计相关事项
	审计相关事项	（1）对会计准则或财务报表披露要求的运用； （2）与财务报表相关的内部控制的有效性，以及资产、负债计量方法的适当性； （3）会计调整分录的建议
不影响	事项	提供会计咨询服务，如果会计师事务所①**不承担审计客户的管理层职责**，通常不会对独立性产生不利影响
	技术支持	（1）解决账户调节问题； （2）分析和收集监管机构要求提供的信息； （3）为会计准则转换（比如为了遵守集团会计政策，从企业会计准则转换为国际财务报告准则）提供咨询服务； （4）协助了解相关会计准则、原则和解释，分享领先的行业最佳实践

敲黑板①　考试中如果没有加"不承担管理层职责"，提供技术支持则是违反独立性的。

续表

		内容
不影响	情形	日常性或机械性的会计服务和记账
	日常机械	（1）根据来源于客户的数据编制工资计算表或工资报告，供客户批准并支付； （2）在客户已确定或批准账户分类的前提下，以原始凭证（如水电费单据）或原始数据为基础，记录易于确定其金额并且重复发生的交易； （3）根据客户确定的折旧政策、预计使用寿命和净残值计算固定资产折旧； （4）将客户已记录的交易过入总分类账； （5）将客户批准的分录过入试算平衡表； （6）根据客户批准的试算平衡表中的信息编制财务报表，根据客户批准的记录编制相关财务报表附注
满足条件	情形	向**不属于公众利益实体**的审计客户提供会计和记账服务
	一般情况	会计师事务所不得向**不属于**公众利益实体的审计客户提供会计和记账服务，包括编制被审计财务报表（包括财务报表附注）或构成财务报表基础的财务信息
	同时满足	（1）该服务是日常性或机械性的； （2）会计师事务所能够采取防范措施应对因提供此类服务产生的超出可接受水平的不利影响
	防范措施	（1）由审计项目团队以外的专业人员提供此类服务； （2）由未参与提供此类服务的适当复核人员复核已执行的审计工作或所提供的此类服务
禁止		会计师事务所不得向**属于公众利益实体**的审计客户提供会计和记账服务，包括编制被审计财务报表（包括财务报表附注）或构成财务报表基础的财务信息
满足条件	情形	向属于**公众利益实体**的审计客户的分支机构或关联实体提供会计和记账服务
	同时满足	（1）该服务是**日常性或机械性的**； （2）提供服务的人员**不是**审计项目团队成员； （3）接受该服务的分支机构或关联实体从整体上对被审计财务报表**不具有重要性**，或者该服务所涉及的事项从整体上对该分支机构或关联实体的财务报表不具有重要性

经典例题 23-17　（2022年·简答题）

上市公司甲公司是 ABC 会计师事务所的常年审计客户。XYZ 公司和 ABC 会计师事务所处于同一网络。审计项目组在甲公司 2021 年度财务报表审计中遇到下列事项：

丙公司是甲公司不重要的子公司。2021 年 9 月至 12 月，丙公司会计主管休产假。应丙公司要求，XYZ 公司的 D 高级经理临时借调至丙公司负责该会计主管的相关工作。D 不是甲公司审计项目团队成员。

【要求】针对上述事项，指出是否可能存在违反独立性规定的情况。如违反，简要说明理由。

【答案】违反。D 高级经理在借调期内的工作涉及甲公司会计记录和财务报表的编制且不是日常性或机械性的/涉及承担甲公司管理层职责，因自我评价对独立性产生严重不利影响。

三、行政事务性工作★★★

行政事务性服务包括协助客户执行正常经营过程中的日常性或机械性任务。此类服务通常不需要很多职业判断,且属于文书性质的工作。①行政事务性服务的例子包括:

(1) 文字处理服务;
(2) 编制行政或法定表格供客户审批;
(3) 按照客户的指示将该表格提交给各级监管机构;
(4) 跟踪法定报备日期,并告知审计客户该日期。

向审计客户提供上述行政事务性服务通常不会对独立性产生不利影响。

敲黑板① 考试中出现以下案例时,考生需要知道其属于"行政事务"。

四、评估服务★★★（见表23-25）

表 23-25　评估服务

		内容
允许	情形	如果审计客户要求会计师事务所提供评估服务,以帮助其履行纳税申报义务或满足税务筹划目的,并且评估的结果不对财务报表产生直接影响,则通常不对独立性产生不利影响
评估	情形	向审计客户提供评估服务可能因自我评价产生不利影响
	因素	(1) 评估结果是否对财务报表产生重大影响; (2) 在确定和批准评估方法以及其他重大判断事项时,客户的参与程度; (3) 是否可获得权威的评估方法和指南; (4) 在运用权威标准或方法进行评估时,评估事项的固有主观程度; (5) 基础数据的可靠性和范围; (6) 对能引起评估金额发生重大波动的未来事项的依赖程度; (7) 财务报表披露的范围和详细程度
	措施	(1) 由未参与提供评估服务的专业人员复核已执行的审计或评估工作; (2) 不允许提供评估服务的人员参与审计业务
禁止	情形	(1) 在审计客户属于公众利益实体的情况下,如果评估结果单独或累积起来对被审计财务报表具有重大影响,则会计师事务所不得向该审计客户提供这种评估服务; (2) 在审计客户不属于公众利益实体的情况下,如果评估服务对被审计财务报表具有重大影响,并且评估结果涉及高度的主观性,则没有防范措施能够将因自我评价产生的不利影响降低至可接受的水平

五、税务服务★★★（见表23-26）

表 23-26　税务服务

	要点
影响	(1) 基于编制会计分录的目的,为审计客户计算当期所得税或递延所得税资产或负债,将因自我评价产生不利影响; (2) 如果税务建议的有效性取决于某项特定会计处理或财务报表列报,审计项目组对于相关会计处理或财务报表列报的适当性存有疑问,并且税务建议的结果或执行后果将对被审计财务报表产生重大影响,事务所不得为审计客户提供此类税务建议;

续表

要点
(3) 在提供税务服务时,如果事务所人员在公开审理或仲裁的税务纠纷中担任审计客户的辩护人,并且所涉金额对被审计财务报表影响重大,将因过度推介产生非常严重的不利影响,导致没有防范措施能够消除不利影响或将其降低至可接受的水平
①不影响 (1) 由于纳税申报表须经税务机关审查或批准,如果管理层对纳税申报表承担责任,事务所提供此类服务通常不对独立性产生不利影响; (2) 在提供税务筹划和其他税务咨询服务时,如果此类服务具有法律依据,或得到税务机关的明确认可,通常不对独立性产生不利影响; (3) 如果评价服务仅为满足税务目的,其结果对财务报表没有直接影响(即财务报表仅受有关涉税会计分录的影响),且间接影响并不重大,或者评估服务经税务机关或类似监管机构外部审计,则通常不对独立性产生不利影响

敲黑板①

考试时主要关注"不影响"的内容,其余的都是影响独立性的。

六、内部审计服务★★★（见表 23-27）

考频 2020 年简答题（1）

表 23-27　内部审计服务

		内容
禁止	承担管理职责	(1) 制定内审计政策或内部审计活动的战略方针; (2) 指导该客户内部审计员工的工作并对其负责; (3) 决定应执行来源于内部审计活动的建议; (4) 代表管理层向治理层报告内部审计活动的结果; (5) 执行构成内部控制组成部分的程序; (6) 负责设计、执行、监督和维护内部控制; (7) 实施企业内部控制评价工作,包括对内部控制的设计与运行情况的全面评估; (8) 提供内部审计外包服务,包括全部内部审计外包服务和重要内部审计外包服务,并且负责确定内部审计工作的范围
	公众利益实体	(1) 与财务报告相关的内部控制; (2) 财务会计系统; (3) 对被审计财务报表具有重大影响的金额或披露
评估	不利影响	即使审计客户不是公众利益实体,如果为客户提供了内部审计服务,而后在执行审计业务时又利用了自身的服务结果,可能因自我评价产生不利影响
同时满足 (不影响)		(1) 审计客户委派合适的、具有胜任能力的员工(最好是高级管理人员),始终负责内部审计活动,并承担设计、执行、监督和维护内部控制的责任; (2) 客户治理层或管理层复核、评估并批准内部审计服务的工作范围、风险和频率; (3) 客户管理层评价内部审计服务的适当性,以及执行内部审计发现的事项; (4) 客户管理层评价并确定应当实施内部审计服务提出的建议,并对实施过程进行管理; (5) 客户管理层向治理层报告注册会计师在内部审计服务中发现的重大问题和提出的建议。 若同时满足以上条件,事务所可以为审计客户提供内部审计服务

经典例题 23-18 （2020年·简答题）

上市公司甲公司是 ABC 会计师事务所的常年审计客户。XYZ 公司和 ABC 会计师事务所处于同一网络。审计项目组在甲公司 2019 年度财务报表审计中遇到下列事项：

（3）丙公司是甲公司的不重大子公司，其内审部门聘请 XYZ 公司提供投资业务流程专项审计服务。提供该服务的项目组成员不是甲公司审计项目组团队成员。

〈要求〉 针对上述事项，指出是否可能存在违反中国注册会计师职业道德守则有关独立性规定的情况，并简要说明理由。

〈答案〉 违反。所提供的内审计服务涉及与财务报告相关的内部控制，因自我评价对独立性产生严重不利影响。

内部审计服务
-例题解析

七、信息技术系统服务★★★（见表23-28）

考频 2021年简答题（1）、2019年简答题（1）、2018年简答题（1）

信息技术系统服务
-知识精讲

表 23-28 信息技术系统服务

	要点
影响	在下列情况下，会计师事务所不得向属于公众利益实体的审计客户提供或设计与操作信息技术系统相关的服务： （1）信息技术系统构成财务报告内部控制的重要组成部分； （2）信息技术系统生成的信息对会计记录或被审计财务报表影响重大
不影响	如果会计师事务所人员不承担管理层职责，则提供下列信息技术系统服务不被视为对独立性产生不利影响： （1）设计或操作与财务报告内部控制无关的信息技术系统； （2）设计或操作信息技术系统，其生成的信息不构成会计记录或财务报表的重要组成部分； （3）操作由第三方开发的会计或财务信息报告软件（前提是该软件无须大改就能适应客户的需求。例如，针对第三方开发的软件进行配置即可，而不需要进行定制化开发）；（2024年新增） （4）对由其他服务提供商或审计客户自行设计并操作的系统进行评价和提出建议

经典例题 23-19 （2021年·简答题）

上市公司甲公司是 ABC 会计师事务所的常年审计客户。XYZ 公司和 ABC 会计师事务所处于同一网络。审计项目组在甲公司 2020 年度财务报表审计中遇到下列事项：

（5）甲公司的重要子公司丁公司从事游戏运营业务。2020 年 8 月，丁公司聘请 XYZ 公司提供信息安全管理咨询服务，包括信息技术一般控制中的程序变更、程序和数据访问等安全政策的重新设计和优化。

〈要求〉 针对上述事项，指出是否可能存在违反中国注册会计师职业道德守则有关独立性规定的情况，并简要说明理由。

〈答案〉 违反。该服务涉及财务报告内部控制的重要组成部分，因自我评价对独立性产生严重不利影响。

信息技术系统服务
-例题解析

经典例题 23-20 （2019年·简答题）

上市公司甲公司是 ABC 会计师事务所的常年审计客户。XYZ 公司和 ABC 会计师事务所处于同一网络。审计项目组在甲公司 2018 年度财务报表审计中遇到下列事项：

（4）甲公司聘请 XYZ 公司提供人力资源系统的设计和实施服务，该系统包括考勤管理和薪酬计算等功能。

〖要求〗指出是否可能存在违反中国注册会计师职业道德守则有关独立性规定的情况，并简要说明理由。

〖答案〗违反。该系统包括薪酬计算功能，所生成的信息对会计记录或被审计单位财务报表影响重大/构成财务报告内部控制的重要组成部分，将因自我评价对独立性产生不利影响。

八、诉讼支持服务★★★

诉讼支持服务可能包括下列活动：
（1）协助管理和检索文件；
（2）担任证人，包括专家证人；
（3）计算诉讼或其他法律纠纷涉及的估计损失或其他应收、应付金额。

会计师事务所向审计客户提供诉讼支持服务，可能因自我评价或过度推介产生不利影响。举例来说，由审计项目团队以外的专业人员提供此类服务，可能能够应对因自我评价或过度推介产生的不利影响。

如果会计师事务所向审计客户提供诉讼支持服务涉及对损失或其他金额的估计，并且这些损失或其他金额影响会计师事务所将发表意见的财务报表，会计师事务所应当遵守关于评估服务的规定。

九、法律服务★★★（见表 23-29）

表 23-29　法律服务

	内容
禁止	首席法律顾问通常是一个高级管理职位，对公司法律事务承担广泛责任。事务所不得担任审计客户首席法律顾问，不得在金额重大的诉讼/纠纷中担任审计客户的辩护人
评估	会计师事务所向审计客户提供法律咨询服务或在金额**不重大**的纠纷/诉讼中担任审计客户的辩护人，将因过度推介和自我评价产生不利影响。应当评价不利影响的严重程度，必要时加以防范

十、招聘服务★★★（见表 23-30）

〖考频〗2020 年简答题（1）

表 23-30　招聘服务

	要点
影响	在向审计客户提供招聘服务时，会计师事务所不得代表客户与应聘者进行谈判
	如果属于公众利益实体的审计客户拟招聘董事、高级管理人员，或所处职位能够对客户会计记录或被审计财务报表的编制施加重大影响的高级管理人员，会计师事务所不得提供下列招聘服务： （1）寻找或筛选候选人； （2）对候选人实施背景调查

续表

	要点
不影响	只要会计师事务所人员不承担管理层职责，通常不会对独立性产生不利影响，会计师事务所通常可以提供下列服务： (1) 对多名候选人的专业资格进行审核，并就其是否适合该职位提供咨询意见； (2) 对候选人进行面试，并对候选人在财务会计、行政管理或内部控制等职位上的胜任能力提供咨询意见

经典例题 23-21　（2020年·简答题）

上市公司甲公司是 ABC 会计师事务所的常年审计客户。XYZ 公司和 ABC 会计师事务所处于同一网络。审计项目组在甲公司 2019 年度财务报表审计中遇到下列事项：

(4) 2019 年 10 月，甲公司聘请 XYZ 公司提供招聘董事会秘书的服务，包括物色候选人、组织面试并向甲公司汇报面试结果。由甲公司董事会确定最终聘用人选。

（要求） 针对上述事项，指出是否可能存在违反中国注册会计师职业道德守则有关独立性规定的情况，并简要说明理由。

（答案） 违反。为属于公众利益实体的审计客户提供高级管理人员的招聘服务，包括物色候选人，因自身利益、密切关系或外在压力对独立性产生严重不利影响。

十一、公司财务服务★★★（见表23-31）

表23-31　公司财务服务

	内容
禁止	会计师事务所**不得**提供涉及推荐、交易或承销审计客户股票的公司财务服务
	如果财务建议的有效性取决于某一特定会计处理或财务报表列报，并且**同时存在下列情形**，则会计师事务所**不得**提供此类财务建议： (1) 根据相关财务报告编制基础，审计项目团队对相关会计处理或列报的适当性存有疑问； (2) 公司财务建议的结果将对被审计财务报表产生重大影响

第七节　收费

一、收费结构★★★（见表23-32）

表23-32　收费结构

	内容
总体比例	从某一审计客户的收费总体比例＝向该客户提供所有服务收取的全部费用/**向所有审计客户提供所有服务**的全部费用
局部比例	从某一审计客户收取的全部费用占某一合伙人从所有客户收取的费用的比重，或占事务所某一分部从所有客户收取的费用总额的比重

续表

	内容
评价	收费比例较大可能因自身利益或外在压力产生不利影响。事务所应评价不利影响的严重程度并在必要时采取防范措施

二、从属于公众利益实体的某一审计客户收费的总体比例（见表23-33）

表23-33　从属于公众利益实体的某一审计客户收费的总体比例

	内容	
情况	如连续两年（滚动）从某审计客户及其关联实体的收费总体比例超过15%	
措施	应向客户治理层披露	
	意见前	对第二年度报表发表意见之前，由其他事务所再次实施项目质量管理复核
	意见后	对第二年度报表发表意见之后、对第三年度报表发表意见之前，由其他事务所对第二年度审计工作再次实施项目质量管理复核
要点	比例明显超过15%时，如意见后复核无法将不利影响降低至可接受的水平，**应当采用意见前复核**	

三、逾期收费★★★（见表23-34）

表23-34　逾期收费

	内容
概述	事务所通常要求客户在出具审计报告前付清上一年度审计费用。如审计客户长期未支付应付的审计费用，尤其是相当部分的审计费用在出具下年度审计报告前仍未支付，可能因自身利益产生不利影响
评估	事务所应当确定逾期收费是否可能被视同向客户贷款，并根据逾期收费的重要程度确定是否继续执行审计业务
措施	可采取的防范措施包括由未参与执行审计业务的注册会计师提供建议，或复核已执行的工作等

四、或有收费★★★

或有收费是指收费与否或收费多少取决于交易的结果或所执行工作的结果。如果一项收费是由法院或政府有关部门规定的，则该项收费不视为或有收费。

（1）会计师事务所在执行审计业务时，以直接或间接形式取得或有收费，将因自身利益产生非常严重的不利影响，导致没有防范措施能够将其降低至可接受的水平。**会计师事务所不得采用这种收费安排。**

（2）如果出现下列情况之一，将因自身利益产生非常严重的不利影响，导致没有防范措施能够将其降低至可接受的水平，会计师事务所不得采用这种收费安排：

① 非鉴证服务的或有收费由对财务报表发表审计意见的会计师事务所取得，并且对其影响重大或预期影响重大；

② 网络事务所参与大部分审计工作，非鉴证服务的或有收费由该网络事务所取得，并

且对其影响重大或预期影响重大；

③ 非鉴证服务的结果以及由此收取的费用金额，取决于与财务报表重大金额审计相关的未来或当期的判断。

（3）会计师事务所在向审计客户提供非鉴证服务时，如果以直接或间接形式取得或有收费，也可能因自身利益产生不利影响。

第八节 其他影响

表 23-35 其他影响

	内容
薪酬业绩	关键审计合伙人的薪酬或业绩评价不得与其向（公众利益实体）审计客户推销的非鉴证服务直接挂钩
礼品招待	事务所或审计项目组团队成员不得接受审计客户的礼品，接受的业务款待不得超出正常范围
诉讼影响	事务所或审计项目组团队成员与审计客户发生或很可能发生诉讼，将因自身利益和外在压力产生不利影响

独立性

概念与要求
- 网络事务所 — 关联实体 — 独立性的期间

具体情况

经济利益
- 在审计客户中不被允许拥有的经济利益
- 与审计客户拥有共同经济利益
- 与审计客户的利益相关者同时在某一实体拥有经济利益

贷款和担保以及商业关系、家庭和私人关系
- 贷款和担保关系
  - 适用于事务所
  - 适用于项目组成员或主要近亲属
- 商业关系 — 共同开办 — 捆绑销售 — 相互推广
- 家庭和私人关系 — 主要近亲属不得在独立期间担任或曾任董事、高级管理人或特定员工

与审计客户发生人员交流
- 项目组前成员/前合伙人加入审计客户担任董事、高级管理人员或特定员工
- 前关键/高级合伙人担任公众利益实体董事、高级管理人员或特定员工
  - 关键合伙人的定义 — 禁止冷却期内直接担任董事、高级管理人员或特定员工
  - 高级合伙人离职已超过十二个月
- 最近曾任审计客户的董事、高级管理人员或特定员工
- 兼任董高秘/出借员工

公众利益实体的长期审计业务
- 起算时点 — 包括在之前任职的会计师事务所的时间
- 计算方法 — 注册会计师担任关键合伙人的时间应当累计计算
- 禁止 — 担任项目合伙人之后，该人员不得在二年内担任该审计业务的项目质量复核人员
- 冷却期期限 — 项目合伙人 — 项目质量复核人 — 其他关键合伙人

为审计客户提供非鉴证服务
- 会计师事务所不得承担审计客户的管理层职责
  - 可以提供技术支持
  - 不得提供内部审计服务（除非极其特殊）
- 会计和记账服务
  - 公众利益实体 — 不得向属于公众利益实体的审计客户提供会计和记账服务
  - 公众利益实体的分支或关联实体
    - 审计项目团队以外的专业人员
    - 提供日常性或机械性的服务
    - 对被审计财务报表不具有重要性
  - 非公众利益实体 — 审计项目团队以外的专业人员可以提供日常性或机械性的服务
- 法律服务 — 不得担任审计客户首席法律顾问，不得在金额重大的诉讼/纠纷中担任审计客户的辩护人
- 招聘服务 — 禁止
  - 寻找或筛选候选人
  - 对候选人实施背景调查
- 公司理财服务 | 信息技术系统服务 | 评估服务 | 行政事务性服务 | 税务服务 | 诉讼支持服务 — 评价其服务是否对鉴证对象有重大影响

100%

注册会计师全国统一考试辅导用书 | 2024

CPA知识点全解及真题模拟
审 计 下册

高顿教育CPA教研中心 编著

文汇出版社

目　录

第一章	审计概述	1
第二章	审计计划	12
第三章	审计证据	23
第四章	审计抽样方法	38
第五章	信息技术对审计的影响	47
第六章	审计工作底稿	52
第七章	风险评估	59
第八章	风险应对	73
第九章	销售与收款循环的审计	86
第十章	采购与付款循环的审计	96
第十一章	生产与存货循环的审计	100
第十二章	货币资金的审计	110
第十三章	对舞弊和法律法规的考虑	117
第十四章	审计沟通	126
第十五章	注册会计师利用他人的工作	134
第十六章	对集团财务报表审计的特殊考虑	142
第十七章	其他特殊项目的审计	155
第十八章	完成审计工作	169
第十九章	审计报告	182

第二十章	企业内部控制审计	191
第二十一章	质量管理	202
第二十二章	职业道德基本原则和概念框架	209
第二十三章	审计业务对独立性的要求	212

| 跨章节主观题综合提高 | 220 |

第一章 审计概述

真题共分两个模块，其一为知识点分册的例题模块，其二为习题分册的真题巩固模块，针对这两个模块，大家均需充分关注。

真题巩固

一、单选题

1. 【2018】下列各方中，通常不属于审计报告预期使用者的是（   ）。
   A. 被审计单位的管理层
   B. 被审计单位的股东
   C. 对被审计单位财务报表执行审计的注册会计师
   D. 向被审计单位提供贷款的银行

2. 【2017】下列有关职业怀疑的说法中，错误的是（   ）。
   A. 职业怀疑要求注册会计师摒弃"存在即合理"的逻辑思维
   B. 职业怀疑要求注册会计师对引起疑虑的情形保持警觉
   C. 职业怀疑要求注册会计师审慎评价审计证据
   D. 职业怀疑要求注册会计师假定管理层和治理层不诚信，并以此为前提计划审计工作

3. 【2016】下列有关职业判断的说法中，错误的是（   ）。
   A. 如果有关决策不被该业务的具体事实和情况所支持，职业判断不能作为注册会计师作出不恰当决策的理由
   B. 注册会计师恰当记录与被审计单位就相关决策结论进行沟通的方式和时间，有利于提高职业判断的可辩护性
   C. 保持职业怀疑有助于注册会计师提高职业判断质量
   D. 职业判断涉及与具体会计处理和审计程序相关的决策，但不涉及与遵守职业道德要求相关的决策

4. 【2015】下列有关注册会计师执行的业务提供的保证程度的说法中，正确的是（   ）。
   A. 代编财务信息提供合理保证
   B. 财务报表审阅提供有限保证
   C. 对财务信息执行商定程序提供低水平保证
   D. 鉴证业务提供高水平保证

5. 【经典真题】下列关于重大错报风险的说法中，错误的是（   ）。
   A. 重大错报风险是指如果存在某一错报，该错报单独或连同其他错报可能是重大的，注册会计师为将审计风险降至可接受的低水平而实施程序后没有发现这种错报的风险
   B. 重大错报风险包括财务报表层次和各类交易、账户余额以及列报和披露认定层次的重大错报风险
   C. 财务报表层次的重大错报风险可能影响多项认定，此类风险通常与控制环境有关，但也可能与其他因素有关
   D. 认定层次的重大错报风险分为固有风险和控制风险

二、多选题

6. 【2018】下列各项中，导致审计固有限制的有（   ）。
   A. 许多财务报表项目涉及主观决策、评估或一定程度的不确定性
   B. 注册会计师获取审计证据的能力受到实务和法律上的限制
   C. 注册会计师只能在合理的时间内以合理的成本完成审计工作
   D. 注册会计师的胜任能力可能不足

7. 【2017】下列各项中，属于审计业务要素的有（   ）。
   A. 财务报表　　　　B. 审计证据
   C. 财务报告编制基础　D. 审计报告

8.【2017】下列各项中，通常需要注册会计师运用职业判断的有（ ）。
A. 确定财务报表整体的重要性
B. 确定审计工作底稿归档的最晚日期
C. 确定是否利用被审计单位的内部审计工作
D. 评价审计抽样的结果

9.【经典真题】下列各种做法中，能够降低检查风险的有（ ）。
A. 恰当设计审计程序的性质、时间安排和范围
B. 限制审计报告用途
C. 审慎评价审计证据
D. 加强对已执行审计工作的监督和复核

参考答案及解析

一、单选题

1.【答案】C
【考点】三方关系人
【解析】预期使用者是指预期使用审计报告和财务报表的组织或人员，主要是指与财务报表有重要和共同利益的主要利益相关者。显然，管理层（选项A）、股东（选项B），以及向被审计单位提供贷款的银行（选项D）都是与财务报表有重要和共同利益的主要利益相关者，属于预期使用者。（注意：由于审计意见对于增强财务报表的可信度具有积极作用，因此可能对管理层具有一定的价值。在这种情况下，管理层可以成为预期使用者之一。然而，管理层只能是预期使用者之一，而不应是唯一的预期使用者。）审计业务的三方关系人中，注册会计师作为出具审计报告的一方，具有独立性要求，通常不属于审计报告预期使用者。因此，选项C当选。

2.【答案】D
【考点】职业怀疑
【解析】职业怀疑要求客观评价管理层和治理层，注册会计师不应依赖以往对管理层和治理层诚信形成的判断，但也不能直接假定管理层和治理层缺乏诚信，选项D错误；选项ABC表述正确。

3.【答案】D
【考点】职业判断

【解析】当注册会计师的职业判断跟具体事实矛盾的时候，注册会计师应当以事实为主，不应以职业判断为由，给出与事实相违背的结论，选项A正确；恰当记录与被审计单位就相关决策结论进行沟通的方式和时间，有利于提高职业判断的可辩护性，选项B正确；保持职业怀疑有助于注册会计师提高职业判断质量，选项C正确；职业判断涉及注册会计师职业中的各类决策，包括与具体会计处理相关的决策，**以及与遵守职业道德相关的决策**，选项D错误。

4.【答案】B
【考点】保证程度
【解析】鉴证业务保证程度分为合理保证和有限保证。审计业务属于合理保证，其保证程度较高。相比之下，审阅业务提供的保证程度较低，属于有限保证。因此，选项B正确，选项D错误。另外，代编财务信息和执行商定程序都属于注册会计师提供的相关服务，并不属于鉴证服务，没有任何保证。因此，选项AC错误。

5.【答案】A
【考点】重大错报风险
【解析】如果存在某一错报，该错报单独或连同其他错报可能是重大的，注册会计师为将审计风险降至可接受的低水平而实施程序后没有发现这种错报的风险是**检查风险**，选项A错误，因此当选。重大错报风险指的是财务报表在审计前存在重大错报的可能性，

考生需要注意各类风险定义被张冠李戴的考法。在设计审计程序以确定财务报表整体是否存在重大错报时，注册会计师应当从财务报表层次和各类交易、账户余额和披露认定层次考虑重大错报风险，选项 B 正确。财务报表层次重大错报风险与财务报表整体存在广泛联系，可能影响多项认定。此类风险通常与控制环境有关，但也可能与其他因素有关。选项 C 正确。认定层次的重大错报风险分为固有风险和控制风险，选项 D 正确。

二、多选题

6. 【答案】ABC
【考点】审计的固有限制
【解析】审计的固有限制源于：①财务报告的性质（选项 A）；②审计程序的性质（选项 B）；③在合理的时间内以合理的成本完成审计的需要（选项 C）。因此，选项 ABC 正确。

7. 【答案】ABCD
【考点】审计要素
【解析】审计业务要素包括审计业务的三方关系人、财务报表、财务报告编制基础、审计证据和审计报告。因此，选项 ABCD 正确。

8. 【答案】ACD
【考点】职业判断
【解析】审计工作底稿归档的最晚日期有准则明确规定，不会因为职业判断而产生一个更晚的归档日期，选项 B 错误。

9. 【答案】ACD
【考点】检查风险
【解析】注册会计师应当合理设计审计程序的性质、时间安排和范围（选项 A），并有效执行审计程序，以控制检查风险。注册会计师还可以通过适当计划，在项目组成员之间进行恰当的职责分配，保持职业怀疑态度（选项 C），以及监督、指导和复核项目组成员执行的工作（选项 D）来控制检查风险。

模拟自测

一、单选题

1. 下列有关财务报表审计的说法中，正确的是（　　）。
   A. 审计的目的是提升企业内部控制的有效性
   B. 注册会计师应当获取充分、适当的审计证据，将重大错报风险降至可接受的低水平
   C. 审计的最终产品是审计报告，不涉及为如何利用信息提供建议
   D. 审计应以消极方式提出意见

2. 下列有关审计业务的说法中，错误的是（　　）。
   A. 审计业务的最终产品是审计报告
   B. 如果不存在除责任方之外的其他预期使用者，则该项业务不属于审计业务
   C. 审计的目的是改善财务报表质量
   D. 执行审计业务获取的审计证据大多数是结论性的而非说服性的

3. 下列有关注册会计师执行的业务提供的保证程度的说法中，正确的是（　　）。
   A. 代编财务信息提供有限保证
   B. 财务报表审阅提供有限保证
   C. 对财务信息执行商定程序提供高水平保证
   D. 鉴证业务提供低水平保证

4. 下列有关财务报表审计和财务报表审阅的区别的说法中，错误的是（　　）。
   A. 由于财务报表审阅只采用询问和分析程序，所以财务报表审阅采用的证据收集程序要少于财务报表审计
   B. 财务报表审计提出结论的方式与财务报表审阅不同
   C. 财务报表审计所需证据的数量多于财务报表审阅
   D. 财务报表审计提供的保证水平高于财务报表审阅

5. 下列各项中，属于相关服务的是（　　）。
   A. 内部控制审计
   B. 对财务信息执行商定程序
   C. 财务报表审阅
   D. 预测性财务信息审核

6. 下列有关注册会计师审计和政府审计的共同点的说法中，正确的是（　　）。
   A. 注册会计师审计和政府审计的经费或收入来源相同
   B. 注册会计师审计和政府审计的依据都是《中华人民共和国注册会计师法》
   C. 注册会计师审计和政府审计都可以作出审计决定
   D. 注册会计师审计和政府审计都是国家治理体系及治理能力现代化建设的重要方面

7. 下列有关财务报表审计业务三方关系的说法中，错误的是（　　）。
   A. 审计业务的三方关系人分别是注册会计师、被审计单位管理层和财务报表预期使用者
   B. 审计报告的收件人应当尽可能地明确为所有的预期使用者，但实务中往往很难做到这样
   C. 管理层可能成为预期使用者之一，但不是唯一的预期使用者
   D. 责任方不能是委托人

8. 下列属于所审计期间各类交易、事项及相关披露的认定是（　　）。
   A. 存在　　　　B. 权利与义务
   C. 准确性、计价和分摊　　D. 截止

9. 下列有关职业怀疑的说法中，错误的是（　　）。
   A. 职业怀疑是保证审计质量的关键要素
   B. 职业怀疑要求对引起疑虑的情形保持警觉
   C. 保持职业怀疑可以降低重大错报风险
   D. 职业怀疑与职业道德基本原则相互关联

10. 下列关于固有风险因素的说法中，错误的是（　　）。
    A. 固有风险的高低受固有风险因素的影响
    B. 固有风险因素是指在不考虑控制的情况下，导致交易类别、账户余额和披露的某一认定易于发生错报的可能性
    C. 固有风险因素可以是定性的，也可以是定量的
    D. 固有风险因素包括事项或情况的复杂性、主观性、变化、不确定性，以及管理层偏向或其他舞弊风险因素

11. 下列关于审计风险的说法中，正确的是（　　）。
    A. 审计风险取决于重大错报风险和检查风险
    B. 重大错报风险越高，可接受的审计风险水平越高
    C. 审计风险包括债权人或其他财务报表预期使用者因信赖注册会计师的审计意见而导致投资失败的风险
    D. 审计风险是指因注册会计师发表不恰当的审计意见而导致被证监会处罚的风险

12. 下列有关检查风险的说法中，错误的是（　　）。
    A. 检查风险是指如果存在某一错报，该错报单独或连同其他错报可能是重大的，注册会计师为将审计风险降至可接受的低水平而实施程序后没有发现这种错报的风险
    B. 检查风险不可能降低为零
    C. 非抽样风险通常不会导致检查风险
    D. 在既定的审计风险水平下，评估的重大错报风险越高，可接受的检查风险越低

13. 在审计风险模型中，"重大错报风险"是指（　　）。
    A. 评估的财务报表层次的重大错报风险
    B. 评估的认定层次的重大错报风险
    C. 评估的与内部环境相关的重大错报风险
    D. 评估的与信息技术一般控制相关的重大错报风险

14. 关于财务报表审计，下列针对责任方的说法中，错误的是（　　）。
    A. 责任方和预期使用者可能来自同一企业，但并不意味着两者就是同一方
    B. 责任方与预期使用者可能来自同一企业，意味着两者属于同一方
    C. 注册会计师的审计意见是为了向预期使用者提供
    D. 责任方不是唯一的预期使用者

二、多选题

15. 下列各项中，不属于合理保证鉴证业务的有（　　）。
    A. 财务报表审计业务
    B. 内部控制审计业务
    C. 审计和审阅以外的其他鉴证业务
    D. 财务报表审阅业务

16. 下列有关注册会计师审计和政府审计的区别的说法中，正确的有（　　）。
    A. 政府审计主要起强化经济监督的作用
    B. 注册会计师审计用于维护国家市场经济秩序
    C. 政府审计是行政行为，所必需的经费列入同级财政预算
    D. 注册会计师审计是市场行为，费用由注册会计师和审计客户协商确定

17. 以下有关固有风险因素的说法中，错误的有（　　）。
    A. 固有风险因素难以量化
    B. 固有风险因素包括事项或情况的复杂性、主观性、变化、不稳定性以及不可理解性
    C. 固有风险因素需要考虑控制的影响
    D. 固有风险因素通常与舞弊相关

18. 审计业务存在的标准之一是判断是否存在三方关系，关于这三方的责任，下列说法正确的有（　　）。
    A. 管理层和治理层应对编制财务报表承担完全责任
    B. 注册会计师通过审计没能够发现非故意错报，不能减轻管理层和治理层对财务报表的责任
    C. 注册会计师通过审计没能够发现故意错报，能减轻管理层和治理层对财务报表的责任
    D. 注册会计师在任何情况下，都很难识别所有的财务报表预期使用者

19. 下列各项中，可能构成审计证据的有（　　）。
    A. 注册会计师通过实施审计程序获取的审计证据
    B. 注册会计师在以前审计中获取的信息
    C. 会计师事务所接受业务时实施质量管理程序获取的信息
    D. 被审计单位的会计记录

20. 下列各项中，属于审计业务要素的有（　　）。
    A. 财务状况
    B. 审计证据
    C. 财务报告编制基础
    D. 审计业务的三方关系人

21. 下列有关职业怀疑的说法中，错误的有（　　）。
    A. 注册会计师仅需要在实施风险评估时保持职业怀疑
    B. 职业怀疑要求注册会计师在评价管理层和治理层时，不应依赖以往对管理层和治理层诚信形成的判断
    C. 保持职业怀疑可以增强注册会计师在审计中保持独立性的能力
    D. 保持职业怀疑可以使注册会计师发现所有由于舞弊导致的错报

22. 职业判断是注册会计师胜任能力的核心，下列各项中有助于提高职业判断质量的有（　　）。
    A. 丰富的知识、经验和良好的专业技能
    B. 独立、客观和公正
    C. 保持适当的职业怀疑
    D. 提高审计收费

23. 下列各项中，属于审计基本要求的有（　　）。
    A. 遵守会计准则
    B. 遵守职业道德守则
    C. 保持职业怀疑
    D. 合理运用职业判断

24. 注册会计师需要对职业判断作出适当的书面记录，下列各项中，对其进行书面记录有利于提高职业判断的可辩护性的有（　　）。
    A. 收集到的相关的所有信息
    B. 注册会计师解决职业判断相关问题的思路
    C. 注册会计师就决策结论与被审计单位进行沟通的时间
    D. 注册会计师就决策结论与被审计单位进行沟通的方式

25. 下列选项中，通常用于衡量注册会计师职业判断质量的有（　　）。
    A. 不同注册会计师对同一项目的不同判断问题作出的职业判断之间是否符合应有的内在逻辑
    B. 注册会计师是否能够证明自己的工作
    C. 准确性
    D. 意见一致性

26. 下列关于固有风险和控制风险的说法中，错误的有（　　）。
    A. 固有风险和控制风险很难进行单独评估
    B. 认定层次重大错报风险评估结果必须量化
    C. 固有风险是指在考虑相关内部控制之后，仍易于发生错报的风险
    D. 内部控制设计、运行有效，可能消除控制风险

27. 下列有关固有风险和控制风险的说法中，正确的有（　　）。
    A. 财务报表层次和认定层次的重大错报风险均可以细分为固有风险和控制风险
    B. 固有风险和控制风险与被审计单位的风险相关，独立于财务报表审计而存在
    C. 针对财务报表层次重大错报风险，注册会计师可以单独对固有风险和控制风险进行评估，也可以合并评估
    D. 固有风险始终存在，而运行有效的内部控制可以消除控制风险

28. 下列与重大错报风险相关的表述中，错误的有（　　）。
    A. 重大错报风险与注册会计师错误使用审计程序无关
    B. 重大错报风险是假定不存在相关内部控制，某一认定发生重大错报的可能性
    C. 重大错报风险独立于财务报表审计而存在
    D. 重大错报风险可以通过合理实施审计程序予以消除

29. 下列有关检查风险的说法中，正确的有（　　）。
    A. 检查风险是指财务报表在审计前存在重大错报的可能性
    B. 恰当设计审计程序的性质、时间安排和范围有助于降低检查风险
    C. 由于注册会计师通常不对所有交易、账户余额和披露进行检查以及其他原因，检查风险不可能降低为零
    D. 保持职业怀疑有助于降低检查风险

30. 注册会计师需要获取的审计证据的数量受错报风险的影响。下列表述错误的有（　　）。
    A. 评估的错报风险越高，则可接受的检查风险越低，需要的审计证据可能越多
    B. 评估的错报风险越高，则可接受的检查风险越高，需要的审计证据可能越少
    C. 评估的错报风险越低，则可接受的检查风险越低，需要的审计证据可能越少
    D. 评估的错报风险越低，则可接受的检查风险越高，需要的审计证据可能越多

31. 下列各项中，不属于审计的固有限制的有（　　）。
    A. 注册会计师获取审计证据的能力受到实务和法律上的限制
    B. 注册会计师无法将审计风险降低为零
    C. 注册会计师无法提供绝对保证
    D. 财务报表项目涉及主观决策、评估或一定程度的不确定性

32. 以下有关注册会计师审计的说法中，错误的有（　　）。
    A. 内部审计可以起到鉴证作用
    B. 内部审计对外保密
    C. 注册会计师审计是企业根据自身经营管理的需要安排进行
    D. 注册会计师审计只需要对被审计单位负责

参考答案及解析

一、单选题

1. 【答案】C
   【考点】财务报表审计的概念
   【解析】财务报表审计的目的是改善财务报表的质量，增强除管理层之外的预期使用者对财务报表的信赖程度，**不涉及提升内部控制的有效性**，选项A错误；重大错报风险是客观存在的，与被审计单位的风险相关，但**不依赖于财务报表审计而存在**，因此，我们不能使用"升高"或"降低"来描述重大错报风险，而应该使用"**评估**"来描述我们对风险的评估过程，选项B错误；财务报表审计主要的目的是对财务报表**是否不存在重大错报**提供合理保证，而**不涉及**为如何利用这些财务信息提供建议，审计的最终产品是审计报告，选项C正确；审计以**积极的方式**提出意见，增强除管理层之外的预期使用者对财务报表信赖的程度，选项D错误。

2. 【答案】D
   【考点】财务报表审计的概念
   【解析】审计报告是审计业务的最终产品，选项A正确；如果**不存在除责任方之外的**其他预期使用者，就缺乏三方关系，不构成审计业务，选项B正确；审计可以提高使用者信赖程度，能**改善财务报表质量**，选项C正确；由于审计存在固有限制，注册会计师得出审计结论和形成审计意见依据的大多数审计证据是**说服性**而非结论性的，因此，审计只能提供合理保证，而不能提供绝对保证，选项D错误。

3. 【答案】B
   【考点】保证程度
   【解析】鉴证业务的保证程度分为**合理保证**和**有限保证**，审计业务提供的是**合理保证**，它是**高水平**的保证，审阅业务提供的是**有限保证**，其保证水平**低于**审计业务的保证水平，选项D错误，选项B正确；代编财务信息、对财务信息执行商定程序都属于注册会计师提供的**相关服务**，不属于鉴证服务，**没有任何保证**，故选项AC错误。

4. 【答案】A
   【考点】保证程度
   【解析】财务报表**审计**采用的证据收集**程序**包括检查记录或文件、检查有形资产、观察、询问、函证、重新计算、重新执行、分析程序等；财务报表**审阅**采用的证据收集程序主要采用**询问和分析程序**。所以**财务报表审计**的证据收集程序多于财务报表**审阅**，选项A错误。审计提供合理保证，审阅提供有限保证，审计的保证程度高于审阅，选项BCD正确。（注意：财务报表审计主要采用询问和分析，但不限于询问和分析。）

5. 【答案】B
   【考点】保证程度
   【解析】鉴证业务包括**审计**(选项A不选)、**审阅**(选项C不选)和**其他**鉴证服务，其中，其他鉴证服务又**包括**预测性财务信息的审核(选项D不选)。**相关服务**包括代编财务信息、对财务信息执行商定程序（选项B）、税务咨询和管理咨询等。选项ACD均属于鉴证业务，选项B属于相关服务。（注意：本题内部控制审计≠内部审计，内部控制审计是鉴证业务，内部审计服务是一种非鉴证业务。）

6. 【答案】D
   【考点】注册会计师审计与政府审计
   【解析】注册会计师审计和政府审计**共同发挥作用**，是国家维护市场经济秩序，强化经济监督的有效手段，两者都是国家治理体系及治理能力现代化建设的重要方面，选项D正确。但两者也存在以下几方面的区别：①**审计目的和对象不同**。政府审计是对政府的财政收支、国有金融机构和事业单位财务收支进行审计，确定其是否真实、合法和有效；注册会计师审计是注册会计师依法对企业财务报表进行审计，确定其是否符合会计准则和相关会计制度，是否公允地反映了财务状况、经营成果和现金流量。②经费或收入来源不同。政府审计是**行政行为**，政府审计机关履行职责所必须的经费，**列入同级财政预算**，由同级人民政府予以保证；注册会计师审计是**市场行为**，是有偿服务，费用由注册会计师和审计客户**协商确定**。③取证权限不同（选项 A 错误）。政府审计具有**更大的强制力**，各有关单位和个人应当支持、协助审计机关工作，如实向审计机关反映情况，提供有关证明资料；而注册会计师审计受市场行为的局限，在获取审计证据时，很大程度上依赖于企业及相关单位配合和协助，对企业及相关单位**没有行政强制力**。④对发现问题的处理方式不同（选项 BC 错误）。审计机关对违反国家规定的财政、财务收支行为可在职权范围内**作出审计决定**或者向有关机关**提出处理、处罚意见**；注册会计师在遇到审计范围受到限制，或就审计发现的问题**提请**被审计单位**调整**有关数据或进行披露，但被拒绝时没有行政强制力。

7. 【答案】D
   【考点】三方关系人
   【解析】三方关系人包括注册会计师、管理层和预期使用者，选项 A 正确；预期使用者范围往往很广，审计报告收件人可能很难做到明确所有的预期使用者，选项 B 正确；管理层不是唯一的预期使用者，选项 C 正确；责任方可以作为委托人，选项 D 错误。

8. 【答案】D
   【考点】认定
   【解析】各类**交易和事项及相关披露**的认定包括**发生**、完整性、准确性、截止（选项 D）、分类、列报；与**期末账户余额及相关披露**的认定包括存在（选项 A 不选）、权利和义务（选项 B 不选）、完整性、**准确性、计价和分摊**（选项 C 不选）、分类、列报。

9. 【答案】C
   【考点】保持职业怀疑
   【解析】重大错报风险与被审计单位的风险相关，且独立于财务报表审计而存在，**保持**

职业怀疑不能降低重大错报风险。选项 C 错误，选项 ABD 表述正确。

10. 【答案】B
    【考点】固有风险因素
    【解析】固有风险因素是指在不考虑控制的情况下，导致交易类别、账户余额和披露的某一认定易于发生错报的**因素**，而非可能性，选项 B 错误。（注意：要能区分固有风险与固有风险因素的概念。）

11. 【答案】A
    【考点】审计风险
    【解析】审计风险应保持在一个既定的低水平上，当评估的重大错报风险较高时，注册会计师应降低检查风险，以保证审计风险在**既定**的可接受的低水平上，选项 B 错误；审计的目的是改善财务报表的质量，但**不涉及**为如何利用信息提供建议，投资与否应由当事人自主决定，选项 C 错误；审计风险是一个与审计过程相关的技术术语，**并不是**指注册会计师执行业务的法律后果，选项 D 错误；审计风险=重大错报风险×检查风险，选项 A 正确。

12. 【答案】C
    【考点】检查风险
    【解析】检查风险是指如果存在某一错报，该错报单独或连同其他错报可能是重大的，注册会计师为将审计风险降至可接受的低水平而实施程序后没有发现这种错报的风险。检查风险取决于审计程序设计的合理性和执行的有效性，选项 A 正确。由于注册会计师通常不对所有交易、账户余额和披露进行检查以及其他原因，检查风险不可能降低为零，选项 B 正确。其他原因包括注册会计师可能选择了不恰当的审计程序，审计过程执行不当，或者错误解读了审计结论。因而，抽样风险与非抽样风险均可能导致检查风险，选项 C 错误。根据审计风险模型，在既定的审计风险水平下，可接受的检查风险水平与认定层次重大错报风险的评估结果呈反向关系，选项 D 正确。

13. 【答案】B
    【考点】重大错报风险
    【解析】在既定的可接受审计风险水平下，可接受的检查风险水平与认定层次重大错报风险的评估结果呈反向关系，所以**审计风险模型中的重大错报风险是认定层次的**，选项 B 正确，选项 ACD 错误。

14. 【答案】B
    【考点】三方关系人
    【解析】责任方与预期使用者可能来自同一企业，但可能不是同一方。例如，治理层与管理层来自同一企业，但由于立场不一致，因此不是同一方。故选项 B 错误。

二、多选题

15. 【答案】CD
    【考点】保证程度
    【解析】本题考查注册会计师对所执行业务的保证水平，鉴证业务的保证程度分为合理保证和有限保证。**审计属于合理保证**（高水平保证）的鉴证业务（选项 AB 不选）；**审阅属于有限保证**（低于审计业务的保证水平）的鉴证业务（选项 D 正确）；除审计、审阅以外的**其他鉴证业务**，合理保证和有限保证都有可能提供，不能一概而论（选项 C 正确）。

16. 【答案】CD
    【考点】注册会计师审计和政府审计的区别
    【解析】注册会计师审计和政府审计共同发挥作用，是国家维护市场经济秩序、强化经济监督责任的有效手段，选项 AB 是**两者的共同点**，不选；**两者的经费或者收入来源不同、审计依据不同、审计目的和对象不同、取证权限不同、对发现问题的处理方式不同**，选项 CD 正确。

17. 【答案】ABCD
    【考点】固有风险因素
    【解析】固有风险因素可以是定性的，也可以是定量的，难以量化的说法错误，选项 A 当选；固有风险因素包括事项或情况的复杂性、主观性、变化、不确定性，以及管理层偏向或其他舞弊风险因素，选项 B 错误，当选；固有风险因素是指在**不考虑内控**的情况下，导致交易类别、账户余额和披露的某一认定易于发生错报的因素，选项 C 错误，当选；选项 D 中的"通常"意思是大概率，但固有风险因素可能涉及错误也可能涉及舞弊，选项 D 错误，当选。

18. 【答案】AB
    【考点】三方关系人
    【解析】管理层和治理层作为内部人员，对企业的情况更为了解，更能作出适合企业特点的会计处理决策和判断，因此，管理层和治理层理应**对编制财务报表承担完全责任**，选项 A 正确；财务报表审计**并不能减轻管理层或治理层的责任**，无论错报是否为故意，选项 B 正确，选项 C 错误；一般情况下，注册会计师可能无法识别预期使用审计报告的所有组织和人员，但是如果审计**服务于特定的使用者或具有特殊目的**，注册会计师就很容易识别预期使用者，选项 D 错误。

19. 【答案】ABCD
    【考点】审计证据
    【解析】审计证据在性质上具有**累积性**，主要是在审计过程中通过实施审计程序获取的（选项 A）。此外，审计证据还可能包括从其他来源获取的信息，如以前审计中获取的信息或会计师事务所接受与保持客户或业务时实施质量管理程序获取的信息（选项 BC）。除从被审计单位内部其他来源和外部来源获取的信息外，会计记录也是重要的审计证据来源（选项 D）。同样，被审计单位雇用或聘请的专家编制的信息也可以作为审计证据。

20. 【答案】BCD
    【考点】审计报告
    【解析】审计业务要素包括审计业务的三方关系人、财务报表、财务报告编制基础、审计证据和审计报告，因此选项 BCD 当选。选项 A 不属于审计要素。

21. 【答案】ACD
【考点】保持职业怀疑
【解析】注册会计师需要在**整个审计过程**中保持职业怀疑，选项 A 错误；职业怀疑要求客观评价管理层和治理层，注册会计师**不应依赖以往对管理层和治理层诚信形成的判断**，选项 B 正确；**保持独立性**可以增强注册会计师在审计中保持职业怀疑的能力，选项 C 错误，当选；保持职业怀疑，有助于使注册会计师认识到存在由于舞弊导致的重大错报的**可能性**，但**不能**使注册会计师发现**所有**由于舞弊导致的错误，选项 D 错误，当选。

22. 【答案】ABC
【考点】职业判断
【解析】注册会计师具有下列特征可能有助于提高职业判断质量：①丰富的**知识**、经验和良好的专业**技能**（选项 A）；②**独立、客观和公正**（选项 B）；③保持**职业怀疑**（选项 C）。选项 D 不正确，不当选。

23. 【答案】BCD
【考点】审计基本要求
【解析】审计的基本要求包括遵守审计准则、遵守职业道德守则、保持职业怀疑、合理运用职业判断，选项 BCD 均正确，选项 A 错误。

24. 【答案】ABCD
【考点】运用职业判断
【解析】注册会计师需要对职业判断进行适当书面记录，对下列事项进行书面记录，有利于提高职业判断的可辩护性：①对职业判断问题和目标的描述；②解决职业判断相关问题的思路（选项 B）；③收集到的**相关信息**（选项 A）（注意：此处有"所有"二字，考生可能会将选项判断为错的，但根据题干需选出的是有利于提高职业判断的可辩护性的选项，如果所有相关信息都"适当"记录了，必然能提高职业判断的可辩护性）；④得出的**结论以及得出结论的理由**；⑤就决策结论与被审计单位进行**沟通的方式和时间**（选项 CD）。

25. 【答案】BCD
【考点】衡量职业判断的质量
【解析】**衡量职业判断质量**可以基于下列三个方面：①**准确性或意见一致性**，即职业判断结论与特定标准或客观事实的相符程度，或者不同职业判断主体针对同一职业判断问题所作判断彼此认同的程度（选项 CD 正确）；②**决策一贯性和稳定性**，即同一注册会计师针对同一项目的不同判断问题，所作出的判断之间是否符合应有的内在逻辑，以及同一注册会计师针对相同的职业判断问题，在不同时点所作出的判断是否结论相同或相似（选项 A 错误）（注意：主语须是同一注册会计师，这样不同的判断问题才有可比性）；③**可辩护性**，即注册会计师是否能够证明自己的工作（选项 B 正确）。

26. 【答案】ABCD
【考点】重大错报风险
【解析】审计准则要求，对于识别的**认定层次的重大错报风险**，注册会计师应当分别评估固有风险和控制风险，选项 A 错误；**注册会计师可以定性或定量评估重大错报风险**，选项 B 错误；固有风险是指在**考虑相关的内部控制之前**，某类交易、账户余额或披露的某一认定易于发生错报（该错报单独或连同其他错报可能是重大的）的可能性，选项 C 错误；由于内部控制存在固有局限性，某种程度的**控制风险始终存在**，选项 D 错误。

27. 【答案】ABC
【考点】重大错报风险
【解析】无论是财务报表层次还是认定层次的重大错报风险，都可以进一步细分为固有风险和控制风险，选项 A 正确；重大错报风险分为固有风险和控制风险，而重大错报风险独立于财务报表审计，所以固有风险和控制风险也独立于财务报表审计而存在，选项 B 正确；财务报表层次的重大错报风险，准则没有明确规定是单独还是合并评估，两种情况均可以，选项 C 正确；由于控制的固有局限性，控制风险始终存在，选项 D 错误。

28. 【答案】BD
   【考点】检查风险
   【解析】重大错报风险是指财务报表在审计前存在重大错报的可能性，选项 A 正确，选项 B 错误；重大错报风险与被审计单位的风险相关，且**独立于财务报表审计**而存在，选项 C 正确，选项 D 错误。

29. 【答案】BCD
   【考点】检查风险
   【解析】检查风险是指如果存在某一错报，该错报单独或连同其他错报可能是重大的，注册会计师在实施审计程序后没有发现这种错报的风险，不涉及审计意见，选项 A 错误；选项 BCD 表述正确。

30. 【答案】BCD
   【考点】审计风险模型
   【解析】根据审计风险模型，如果评估的重大错报风险越高，则可接受的检查风险越低，这意味着注册会计师需要实施更多的程序来避免漏查的可能性，所以需要的证据就越多。选项 A 正确，选项 BCD 错误。

31. 【答案】BC
   【考点】审计的固有限制
   【解析】审计的固有限制源于：①财务报告的性质；②审计程序的性质；③在合理的时间内以合理的成本完成审计的需要。选项 AD 均属于固有限制，选项 BC 属于固有限制导致的结果，但不属于固有限制。

32. 【答案】ACD
   【考点】注册会计师审计与内部审计
   【解析】内部审计对外不起鉴证作用，选项 A 错误；选项 CD 均属于内部审计的特征。（注意：小心这类将内部审计和注册会计师审计的要点张冠李戴的考题。）

第二章 审计计划

真题共分两个模块,其一为知识点分册的例题模块,其二为习题分册的真题巩固模块,针对这两个模块,大家均需充分关注。

真题巩固

一、单选题

1. 【2023】确定财务报表整体重要性时,下列有关基准的选择的说法中,错误的是( )。
   A. 企业的盈利水平保持稳定,通常选择经常性业务的税前利润作为基准
   B. 如果企业为处于开办期的新设企业,通常选择总资产作为基准
   C. 如果企业为公益性质的基金会,通常选择捐赠收入减捐赠支出后的净额作为基准
   D. 如果企业近年来经营状况大幅度波动,通常选择过去三至五年经常性业务的平均税前利润或亏损作为基准

2. 【2023】下列因素中,注册会计师在为选定的基准确定百分比,以确定财务报表整体的重要性时,通常需要考虑的是( )。
   A. 与被审计单位所处行业相关的关键性披露
   B. 财务报表中是否存在高度不确定性的大额会计估计
   C. 财务报表使用者的范围
   D. 基准的相对波动性

3. 【2022】下列有关注册会计师为确定财务报表整体的重要性而选择基准的说法中,错误的是( )。
   A. 注册会计师选择的基准在各年度中通常会保持稳定
   B. 在选择基准时,注册会计师无需考虑是否存在特定会计主体的财务报表使用者特别关注的项目
   C. 注册会计师可以根据经济形势和行业状况的变化对采用的基准作出调整
   D. 在选择基准时,注册会计师需要考虑基准的相对波动性

4. 【2021】下列各项中,注册会计师为确定财务报表整体的重要性而选择基准时,通常无须考虑的是( )。
   A. 是否为首次接受委托的审计项目
   B. 被审计单位的性质
   C. 被审计单位的所有权结构
   D. 被审计单位的融资方式

5. 【2020】下列各项因素中,注册会计师在确定财务报告编制基础的可接受性时通常无需考虑的是( )。
   A. 被审计单位的性质
   B. 编制财务报表的目的
   C. 注册会计师是否充分了解财务报告编制基础
   D. 法律法规是否规定了适用的财务报告编制基础

6. 【2020】下列有关实际执行的重要性的说法中,错误的是( )。
   A. 注册会计师可以确定一个或多个实际执行的重要性
   B. 实际执行的重要性应当低于财务报表整体的重要性
   C. 并非所有审计业务都需要确定实际执行的重要性
   D. 实际执行的重要性可以被用作细节测试中的可容忍错报

7. 【2016】下列各项因素中,注册会计师在确定明显微小错报临界值时,通常无需考虑的是( )。
   A. 重大错报风险的评估结果
   B. 以前年度审计中识别出的错报
   C. 被审计单位的财务报表是否分发给广大范围的使用者
   D. 被审计单位治理层和管理层对注册会计师与其沟通错报的期望

8. 【经典真题】在办理连续审计业务时,需要注册会计师提醒被审计单位管理层关注或修

改现有业务约定条款的情况是（　　）。
A. 注册会计师对上期财务报表出具了非标准审计报告
B. 注册会计师更换两名审计助理人员
C. 被审计单位对上期财务报表作出重述
D. 被审计单位的高级管理人员近期发生变动

9. 【经典真题】在确定对项目组成员指导、监督与复核的性质、时间和范围时，注册会计师应当考虑的主要因素是（　　）。
A. 针对客户关系和具体审计业务实施的相应质量管理程序
B. 重大错报风险
C. 独立性要求
D. 审计时间预算

二、多选题

10. 【2019】下列各项中，属于注册会计师应当进行初步业务活动的有（　　）。
A. 针对接受或保持客户关系实施相应的质量管理
B. 评价遵守相关职业道德要求的情况
C. 确定审计范围和项目组成员
D. 就审计业务约定条款与被审计单位达成一致

11. 【2018】下列各项因素中，注册会计师在确定明显微小错报的临界值时通常需要考虑的有（　　）。
A. 以前年度审计中识别出的错报的数量和金额
B. 重大错报风险的评估结果
C. 被审计单位的财务指标是否勉强达到监管机构的要求
D. 财务报表使用者的经济决策受错报影响的程度

12. 【2016】下列各项中，属于具体审计计划的活动有（　　）。
A. 确定重要性
B. 确定是否需要实施项目质量管理复核
C. 确定风险评估程序的性质、时间安排和范围
D. 确定进一步审计程序的性质、时间安排和范围

13. 【经典真题】在注册会计师完成审计业务前，被审计单位提出将审计业务变更为保证程度较低的业务。下列各项变更理由中，注册会计师通常认为合理的有（　　）。
A. 环境变化对审计服务的需求产生影响
B. 对原来要求的审计业务的性质存在误解
C. 管理层对审计范围施加限制
D. 由于超出被审计单位控制的情形导致审计范围受到限制

14. 【经典真题】为确定审计的前提条件是否存在，下列各项中，注册会计师应当执行的工作有（　　）。
A. 确定管理层在编制财务报表时采用的财务报告编制基础是否可接受的
B. 确定被审计单位是否存在违反法律法规的行为
C. 确定被审计单位的内部控制是否有效
D. 确定管理层是否认可并理解其与财务报表相关的责任

参考答案及解析

一、单选题

1. 【答案】C
   【考点】财务报表整体重要性的确定
   【解析】如果企业为公益性质的基金会，通常选择捐赠收入或捐赠支出总额作为基准。答题时要注意审题，"或"即要么选择捐赠收入，要么选择捐赠支出，而非两者之差。如果企业是公益性质的基金会，其经营目的不是为了获得盈利，那么其捐赠收入减去捐赠支出后的净额通常为零或者金额很小。在这种情况下，不宜将该净额作为基准，选项C错误，当选。

2. 【答案】C
   【考点】财务报表整体重要性的确定
   【解析】选项C是财务报表整体重要性百分比的考虑因素；选项AB属于特定类别交易账户披露的重要性的考虑因素，选项D属于基准的考虑因素。

3. 【答案】B
   【考点】财务报表整体重要性的确定
   【解析】注册会计师在选择基准时，需要考虑的因素：①财务报表要素（如资产、负债、所有者权益；收入和费用）；②被审计单位的所有权结构和融资方式；③被审计单位的性质、所处的生命周期阶段以及所处行业和经济环境；④是否存在特定会计主体的财务报表使用者特别关注的项目（选项B错误）；⑤基准的相对波动性。

4. 【答案】A
   【考点】财务报表整体重要性的确定
   【解析】选择基准时应当考虑的因素：①财务报表要素；②是否存在特定会计主体的财务报表使用者特别关注的项目；③被审计单位的性质、所处的生命周期阶段以及所处行业和经济环境；④被审计单位的所有权结构和融资方式（选项CD）；⑤基准的相对波动性。**首次接受委托的审计项目重大错报风险较高，但在确定基准时，不考虑重大错报风险**，因此，选项A当选。

5. 【答案】C
   【考点】审计的前提条件
   【解析】本题考查审计的前提条件之一：存在可接受的财务报告编制基础。**确定编制财务报告基础的可接受性的因素**包括：①被审计单位的性质（选项A）；②财务报表的目的（选项B）；③财务报表的性质；④法律法规是否规定了适用的财务报告编制基础（选项D）。注册会计师未充分了解财务报告编制基础并不代表编制基础不可接受，也可能是注册会计师没有做到勤勉尽责，选项C错误。

6. 【答案】C
   【考点】实际执行的重要性
   【解析】实际执行的重要性是指注册会计师确定的低于财务报表整体重要性的一个或多个金额，旨在将未更正和未发现错报的汇总数超过财务报表整体的重要性的可能性降至适当的低水平，选项AB正确；审计准则要求注册会计师确定低于财务报表整体重要性的一个或多个金额作为实际执行的重要性，选项C错误（注意：有三种重要性是注册会计师必须制定的，分别是财务报表整体重要性，实际执行的重要性，明显微小错报临界值）；在运用审计抽样实施细节测试时，注册会计师可以将可容忍错报的金额设定为等于或低于实际执行的重要性，选项D正确。

7. 【答案】C
   【考点】明显微小错报临界值
   【解析】在确定明显微小错报的临界值时，注册会计师需考虑以下因素：①以前年度审计中识别出的错报（包括已更正和未更正错报）的数量和金额（选项B）；②重大错报风险的评估结果（选项A）；③被审计单位治理层和管理层对注册会计师与其沟通错报的期望（选项D）；④被审计单位的财务指标是否勉强达到监管机构的要求或投资者的期望。选项C属于财务报表整体重要性的百分比的考虑因素。

8. 【答案】D
   【考点】审计业务约定书
   【解析】下列因素可能导致注册会计师修改审计业务约定条款或提醒被审计单位注意现有的业务约定条款：①有迹象表明被审计单位误解审计目标和范围；②需要修改约定条款或增加特别条款；③被审计单位高级管理人员近期发生变动（选项D）；④被审计单位所有权发生重大变动；⑤被审计单位业务的性质或规模发生重大变化；⑥法律法规的规定发生变化；⑦编制财务报表采用的财务报告编制基础发生变更；⑧其他报告要求发生变化。

9. 【答案】B
   【考点】指导、监督与复核
   【解析】项目组成员的指导、监督以及对其工作进行复核的性质、时间安排和范围主要取决于下列因素：①被审计单位的规模和复杂程度；②审计领域；③评估的重大错报风险（选项B）；④执行审计工作的项目组成员的专业素质和胜任能力。选项A与选项C是在业务承接时应当考虑的因素。**注册会计师不应因审计时间的预算而缩减必要的审计程序，如指导、监督与复核**，选项D错误。

二、多选题

10. 【答案】ABD
    【考点】初步业务活动
    【解析】初步业务活动的三项内容：①针对保持客户关系和具体审计业务实施相应的质量管理程序（选项A）；②评价遵守相关职业道德要求的情况（选项B）；③就审计业务约定条款达成一致意见（选项D）。选项C确定审计范围和项目组成员发生在承接业务之后，不属于初步业务活动的内容，属于总体审计策略中的内容。

11. 【答案】ABC
    【考点】明显微小错报临界值

【解析】在确定明显微小错报的临界值时，注册会计师可能考虑以下因素：①以前年度审计中识别出的错报（包括已更正和未更正错报）的数量和金额（选项A）；②重大错报风险的评估结果（选项B）；③被审计单位治理层和管理层对注册会计师与其沟通错报的期望；④被审计单位的财务指标是否勉强达到监管机构的要求或投资者的期望（选项C）。选项D属于财务报表整体重要性的考虑因素。

12. 【答案】CD
    【考点】具体审计计划
    【解析】在制定总体审计策略时，应当考虑以下主要事项：①确定审计范围；②报告目标、时间安排及所需沟通的性质；③审计方向（选项A）；④审计资源（选项B）。具体审计计划应当包括风险评估程序、计划实施的进一步审计程序和其他审计程序，选项CD当选。（注意：具体审计计划的核心是程序，所以涉及程序的选项当选。）

13. 【答案】AB
    【考点】审计业务约定书
    【解析】下列原因可能导致被审计单位要求变更业务：①环境变化对审计服务的需求产生影响（合理的变更理由，选项A）；②对原来要求的审计业务的性质存在误解（合理的变更理由，选项B）；管理层施加的或其他情况引起的审计范围受到限制（不合理的变更理由）。（注意：上述第①和第②项常被认为是变更业务的合理理由，但如果有迹象表明该变更要求与错误的、不完整的或者不能令人满意的信息有关，注册会计师就不应将其视作合理变更。）

14. 【答案】AD
    【考点】审计的前提条件
    【解析】审计的前提条件是指管理层在编制财务报表时采用可接受的财务报告编制基础，以及就管理层责任达成一致意见，选项AD正确。

模拟自测

一、单选题

1. 对于连续审计，可能会导致注册会计师修改约定条款或提醒被审计单位注意现有条款的情形是（   ）。
   A. 被审计单位对去年的财务报表上的重大错报进行重述
   B. 法院已受理被审计单位债权人关于被审计单位的破产申请
   C. 负责该项目的审计经理离职
   D. 被审计单位内部控制环境薄弱

2. 下列有关审计业务约定书的说法中，正确的是（   ）。
   A. 审计业务约定书应当包括注册会计师和委托人的责任
   B. 如果母公司的注册会计师同时也是组成部分注册会计师，就需要考虑相关因素，决定是否向组成部分单独致送审计业务约定书
   C. 对于连续审计，注册会计师需要每期都向被审计单位致送新的审计业务约定书
   D. 注册会计师应当在签订审计业务约定书之前确定内部控制是否运行有效

3. 在完成审计业务前，被审计单位在没有合理理由的情况下，要求将审计业务变更为保证程度较低的业务，注册会计师不同意变更，而管理层又不允许继续执行原审计业务，注册会计师应当执行的措施是（   ）。
   A. 在法律法规允许的情况下，解除业务约定
   B. 将此单位拉入客户黑名单
   C. 向监管机构报告该事项
   D. 出具无法表示意见的审计报告

4. 下列有关审计计划的说法中，正确的是（   ）。
   A. 制定总体审计策略的过程应当在具体审计计划之前完成
   B. 总体审计策略不受具体审计计划的影响
   C. 具体审计计划的核心是确定审计程序的性质、时间安排和范围的决策
   D. 制定审计计划的工作应当在完成审计工作之前完成

5. 在确定对项目组成员指导、监督与复核的性质、时间和范围时，注册会计师不需要考虑的因素是（   ）。
   A. 被审计单位的规模和复杂程度
   B. 管理层是否诚信
   C. 审计领域
   D. 审计时间预算

6. 在确定重要性水平时，下列各项中通常不宜作为计算重要性水平基准的是（   ）。
   A. 经常性业务的税前利润
   B. 制造业企业捐赠收入
   C. 资产总额
   D. 慈善企业的捐赠支出

7. 注册会计师确定财务报表整体重要性时，通常先选定一个基准，再乘以百分比。在确定百分比时不需要考虑的因素是（   ）。
   A. 选定的基准
   B. 财务报表预期使用者的范围
   C. 评估的重大错报风险
   D. 被审计单位是否存在大额对外融资

8. 注册会计师确定财务报表整体重要性时，通常先选定一个基准，再乘以百分比。在确定百分比时需要考虑的因素是（   ）。
   A. 财务报表中是否含有高度不确定的大额估计
   B. 财务报表使用者是否对基准数据特别敏感
   C. 评估的固有风险
   D. 被审计单位的融资方式

9. 关于特定类别交易、账户余额或披露的重要性水平，下列说法中，错误的是（   ）。
   A. 对于财务报表审计项目，注册会计师应当确定特定类别交易、账户余额或披露的重要性水平
   B. 确定特定类别交易、账户余额或披露的重要性水平时，可将与被审计单位所处行业相关的关键性披露作为一项考虑因素

C. 特定类别交易、账户余额或披露的重要性水平应低于财务报表整体的重要性

D. 注册会计师可能确定多个特定类别交易、账户余额或披露的重要性水平

10. 下列有关重要性的说法中，错误的是（ ）。

   A. 判断某事项对财务报表使用者是否重大，是在考虑财务报表使用者整体共同的财务信息需求的基础上作出的

   B. 注册会计师应当在制定总体审计策略的审计范围时确定财务报表整体的重要性

   C. 注册会计师应当在每个审计项目中确定财务报表整体的重要性、实际执行的重要性和明显微小错报的临界值

   D. 注册会计师在确定实际执行的重要性时需要考虑重大错报风险

11. 随着审计过程的推进，注册会计师通常认为修改重要性水平的合理理由是（ ）。

   A. 管理层不同意修改超过财务报表整体重要性的某些错报

   B. 审计项目时间预算缩短

   C. 被审计单位决定处置一个重要子公司

   D. 被审计单位在下一年度采用新的固定资产折旧政策

12. 下列关于错报的说法中，错误的是（ ）。

   A. 错报分为事实错报、判断错报、推断错报

   B. 错报可能是由于错误或舞弊导致的

   C. 假设应收账款账面余额为2 000万元，样本金额有100万元的高估错报，高估部分为样本账面金额的20%，则推断错报为400万元

   D. 判断错报是指由于管理层对会计估计作出不合理的判断或不恰当地选择和运用会计政策而导致的差异

13. 下列关于明显微小错报的说法中，错误的是（ ）。

   A. 注册会计师在制定审计计划时，需要确定一个明显微小错报的临界值

   B. 金额低于明显微小错报临界值的错报应界定为明显微小错报

   C. 明显微小错报临界值通常不超过财务报表整体重要性的10%

   D. 明显微小错报可以不累积，不调整

14. 下列各项中，应当包含在审计业务约定书中的是（ ）。

   A. 审计收费安排

   B. 被审计单位的性质

   C. 财务报表的目的

   D. 用于编制财务报表所适用的财务报告编制基础

15. 下列关于错报的说法中，正确的是（ ）。

   A. 事实错报是毋庸置疑的错报，是由于错误导致的

   B. 判断错报是管理层对会计政策的错误选择和运用，是由于舞弊导致的

   C. 管理层对会计项目的估计值超过注册会计师确定的合理范围，导致出现判断错报

   D. 通过测试样本推断出的总体错报为推断错报

二、多选题

16. 注册会计师应当在审计业务开始时开展初步业务活动。下列各项中，不属于初步业务活动的有（ ）。

   A. 评价遵守独立性的情况

   B. 确定审计程序的范围与项目组成员

   C. 在执行首次审计业务时，查阅前任注册会计师的审计工作底稿

   D. 就审计业务约定条款与被审计单位达成一致意见

17. 为确定审计的前提条件是否存在，下列各项中，注册会计师应当执行的工作有（ ）。

   A. 确定是否存在高度不确定的会计估计

   B. 确定管理层在编制财务报表时采用的财务报告编制基础是否可接受的

   C. 确定被审计单位是否存在关联方

   D. 确定管理层是否认可并理解其与财务报表相关的责任

18. 在进行连续审计业务时，通常需要注册会计师提醒被审计单位管理层关注或修改现有业务约定条款的情况有（ ）。

   A. 法律法规的规定发生变化

   B. 审计项目团队负责人更换

   C. 被审计单位业务的性质或规模发生重大变化

   D. 被审计单位的高级管理人员近期发生变动

19. 在母公司的注册会计师同时也是组成部分注册会计师的情况下，在决定是否需要向组成

部分单独致送审计业务约定书时，注册会计师需要考虑的因素包括（　　）。
A. 组成部分注册会计师的委托人
B. 整个集团审计项目的收费标准
C. 是否对组成部分单独出具审计报告
D. 组成部分的重大错报风险

20. 在注册会计师完成审计业务前，被审计单位提出将审计业务变更为保证程度较低的业务。下列各项变更理由中，注册会计师通常认为不合理的有（　　）。
A. 被审计单位从A股退市，不再需要年报审计
B. 对原来要求的审计业务的性质存在误解
C. 管理层对审计范围施加限制
D. 由于洪涝原因，被审计单位的会计凭证被水泡烂，无法看清

21. 注册会计师应当为审计工作制定总体审计策略。下列属于制定总体审计策略时需要考虑的事项有（　　）。
A. 母公司与组成部分之间的控制关系的性质，以确定如何编制财务报表
B. 与管理层和治理层举行会谈的时间表
C. 初步识别可能存在较高的重大错报风险的领域
D. 签订审计业务约定书的时间安排

22. 以下各项中，属于总体审计策略的有（　　）。
A. 确定执行审计业务所必需的审计资源的性质、时间安排和范围
B. 确定向具体审计领域调配的资源
C. 确定风险评估程序的性质、时间安排和范围
D. 确定进一步审计程序的性质、时间安排和范围

23. 下列关于审计计划的说法中，正确的有（　　）。
A. 审计计划分为总体审计策略和具体审计计划
B. 总体审计策略指导具体审计计划的制定
C. 注册会计师可能根据在具体审计计划中制定的审计程序，调整总体审计策略的内容
D. 为能高效地完成审计工作，审计过程中应尽可能避免修改审计计划

24. 下列各项中，注册会计师为确定财务报表整体的重要性而选择基准时，通常无须考虑的是（　　）。
A. 重大错报风险的评估结果

B. 被审计单位的性质
C. 以前期间的审计经验表明内部控制运行有效
D. 被审计单位的融资方式

25. 在确定实际执行的重要性时，下列各项因素中，注册会计师认为应当考虑的有（　　）。
A. 对被审计单位的了解
B. 前期审计工作中识别出的错报的性质和范围
C. 实施风险评估程序的结果
D. 根据前期识别出的错报对本期错报作出的预期

26. 下列情形中，注册会计师可能认为需要在审计过程中修改财务报表整体的重要性的有（　　）。
A. 被审计单位情况发生重大变化
B. 注册会计师获取新的信息
C. 通过实施进一步审计程序，注册会计师对被审计单位及其经营情况的了解发生变化
D. 以前年度审计中识别出的错报的数量较多和金额较小

27. 如果注册会计师在审计过程中调低了最初确定的财务报表整体的重要性，那么下列各项中，正确的有（　　）。
A. 注册会计师应当调低可接受的检查风险
B. 注册会计师应当确定是否有必要修改实际执行的重要性
C. 注册会计师应当确定进一步审计程序的性质、时间安排和范围是否仍然适当
D. 注册会计师在评估未更正错报对财务报表的影响时应当使用计划阶段确定的财务报表整体的重要性

28. 在运用重要性概念时，下列各项中，注册会计师认为应当考虑包括在内的有（　　）。
A. 财务报表整体的重要性
B. 实际执行的重要性
C. 特定类别的交易、账户余额或披露的重要性
D. 明显微小错报的临界值

29. 实际执行的重要性通常为财务报表整体重要性的50%~75%，接近财务报表整体重要性75%的情况有（　　）。
A. 首次接受委托的审计项目
B. 以前年度审计调整较少
C. 管理层凌驾于内部控制之上
D. 以前期间的审计经验表明内部控制运行有效

参考答案及解析

一、单选题

1. 【答案】B
   【考点】审计业务约定书
   【解析】对于连续审计，注册会计师可以决定不在每期都致送新的业务约定书。但存在下列情形时，可能导致注册会计师修改约定条款或提醒被审计单位注意现有条款：①有迹象表明被审计单位误解审计目标和范围；②需要修改约定条款或增加特别条款；③被审计单位高级管理人员近期发生变动；④被审计单位所有权发生重大变动；⑤被审计单位业务的性质或规模发生重大变化；⑥法律法规的规定发生变化；⑦编制财务报表采用的财务报告编制基础发生变更（选项B）；⑧其他报告要求发生变化。

2. 【答案】B
   【考点】审计业务约定书
   【解析】审计业务约定书未必包括委托人的责任（注意：委托人和管理层未必是同一方），选项A错误；对于连续审计，注册会计师无须每期都向被审计单位致送新的审计业务约定书，选项C错误；内部控制是否运行有效是接受委托后的工作，无须在签订业务约定书时确定，选项D错误。

3. 【答案】A
   【考点】审计业务约定条款的变更
   【解析】在没有合理的理由的情况下，注册会计师不应同意变更。如果注册会计师不同意变更审计业务约定条款，而管理层又不允许继续执行原审计业务，则注册会计师应当执行以下措施：①在法律法规允许的情况下，解除审计业务约定（选项A）；②确定是否有约定义务或其他义务向治理层、所有者或监管机构等报告该事项（注意：向监管机构报告该事项只是选择之一，并非必须实施），选项BCD错误。

4. 【答案】C
   【考点】审计过程中对计划的更改
   【解析】审计计划包括总体审计策略和具体审计计划，虽然制定总体审计策略的过程通常在具体审计计划之前，但是两项计划具有内在紧密联系，对其中一项的决定可能会影响甚至改变另一项的决定，选项AB错误；具体审计计划的核心是确定审计程序的性质、时间安排和范围的决策，选项C正确；在审计过程中，注册会计师可能根据对被审计单位情况的了解程度对审计计划进行修正，计划审计工作是一个持续的不断修正的过程，贯穿于整个审计业务的始终，所以不能说审计计划应当在某个环节之前"完成"，选项D错误。

5. 【答案】D
   【考点】指导、监督与复核
   【解析】项目组成员的指导、监督以及对其工作进行复核的性质、时间安排和范围主要取决于下列因素：①被审计单位的规模和复杂程度（选项A）；②审计领域（选项C）；③评估的重大错报风险（注意：选项B属于体现重大错报风险的情形，如果管理层不诚信，则重大错报风险将被评估为高水平）；④执行审计工作的项目组成员的专业素质和胜任能力。注册会计师不应因审计时间的预算而缩减必要的审计程序，如指导、监督与复核，选项D错误。

6. 【答案】B
   【考点】重要性的确定
   【解析】重要性水平通常用来审计经常性业务，所以在选基准的时候也是选择经常性业务作为基准，故选项B当选。

7. 【答案】C
   【考点】财务报表整体重要性
   【解析】确定适当百分比的考虑因素：①是否为上市公司或公众利益实体；②财务报表

使用者的范围（选项B）；③被审计单位是否由集团内部关联方提供融资或是否有大额对外融资（选项D）；④财务报表使用者是否对基准数据特别敏感。此外，**百分比和选定的基准之间存在一定的联系，如经常性业务的税前利润对应的百分比通常比营业收入对应的百分比高**，因此选项A也属于需要考虑的因素。

8. 【答案】B

   【考点】财务报表整体重要性

   【解析】确定适当百分比的考虑因素：①是否为上市公司或公众利益实体；②财务报表使用者的范围；③被审计单位是否由集团内部关联方提供融资或是否有大额对外融资；④财务报表使用者是否对基准数据特别敏感。因此，选项B正确。

9. 【答案】A

   【考点】重要性的确定

   【解析】根据被审计单位的特定情况，下列因素表明**可能存在一个或多个特定类别的交易、账户余额或披露**（选项D正确，选项A错误），其发生的错报金额虽然低于财务报表整体的重要性（选项C），但合理预期将影响财务报表使用者依据财务报表作出的经济决策：①法律法规或适用的财务报告编制基础是否影响财务报表使用者对特定项目计量或披露的预期；②与被审计单位所处行业相关的关键性披露（选项B）；③财务报表使用者是否特别关注财务报表中单独披露的业务的特定方面。

10. 【答案】B

    【考点】重要性的确定

    【解析】注册会计师应在制定总体审计策略时确定适当的重要性水平。选项B错误，当选。

11. 【答案】C

    【考点】审计过程中修改重要性

    【解析】由于存在下列原因，注册会计师可能需要修改财务报表整体的重要性和特定类别的交易、账户余额或披露的重要性水平（如适用）：①审计过程中情况发生重大变化，如决定处置被审计单位的一个重要组成部分（选项C）；②获取新信息；③通过实施进一步审计程序，注册会计师对被审计单位及其经营所了解的情况发生变化。选项AB并不是修改重要性的合理理由，选项D并非重大变化，也不构成修改重要性的合理理由。

12. 【答案】C

    【考点】对错报的考虑

    【解析】应收账款账面余额为2 000万元，样本金额有100万元的高估错报（事实错报），高估部分为样本账面金额的20%，推断的总体错报金额为400万元（2 000×20%），推断错报为400-100=300万元。因此，选项C错误。

13. 【答案】B

    【考点】明显微小错报临界值

    【解析】注册会计师需要在制定审计策略和审计计划时，确定一个明显微小错报的临界值，选项A正确；明显微小的错报可以不累积，也可以不调整，选项D正确；**判断错报是否为明显微小的错报，不仅要从金额上评价，还应当从性质上评价**，选项B错误；明显微小错报临界值，可能确定为财务报表整体重要性的3%~5%，通常不超过10%，选项C正确。

14. 【答案】D

    【考点】审计业务约定书

    【解析】审计业务约定书具体内容和形式可能因被审计单位不同而不同，但应当包括：①财务报表审计的目标与范围（注意：是财务报表审计的目的，而非财务报表的目的，所以选项C不选）；②注册会计师的责任；③管理层的责任；④指出用于编制财务报表所适用的财务报告编制基础（选项D）；⑤提及注册会计师拟出具的审计报告的预期形式和内容，以及在特定情况下出具审计报告可能不同于预期形式和内容的说明。选项B和选项C属于在**确定编制财务报表所采用的财务报告编制基础的可接受性时，注册会计师需要考虑的因素**。选项 A 属于注册会计师**可能考虑**在审计业务约定书中列明的内容。

15. 【答案】C
    【考点】错报
    【解析】无论是事实错报、判断错报还是推断错报，都可能是由于错报或者舞弊导致的，选项 AB 错误；判断错报有两种，一是管理层对会计估计作出不合理的判断，二是不恰当地选择和运用会计政策，选项 C 正确；通过测试样本估计出的总体的错报减去在测试中发现的已经识别的具体错报为推断错报，选项 D 错误。

二、多选题

16. 【答案】BC
    【考点】初步业务活动的目的和内容
    【解析】初步业务活动的三项内容：①针对保持客户关系和具体审计业务实施相应的质量管理程序；②评价遵守相关职业道德要求的情况（选项 A）（注意：独立性属于职业道德基本原则之一，因此在初步业务活动中也需要评价遵守独立性的情况）；③就审计业务约定条款达成一致意见（选项 D）。选项 BC 是接受业务委托后的工作，不属于初步业务活动的内容。

17. 【答案】BD
    【考点】审计的前提条件
    【解析】审计的前提条件是指管理层在编制财务报表时采用可接受的财务报告编制基础，以及就管理层责任达成一致意见。选项 BD 正确，选项 AC 是接受委托后的工作。

18. 【答案】ACD
    【考点】审计业务约定书
    【解析】注册会计师可以决定不在每期都致送新的审计业务约定书或其他书面协议。然而，下列因素可能导致注册会计师修改审计业务约定条款或提醒被审计单位注意现有的业务约定条款：①有迹象表明被审计单位误解审计目标和范围；②需要修改约定条款或增加特别条款；③被审计单位高级管理人员近期发生变动（选项 D）；④被审计单位所有权发生重大变动；⑤被审计单位业务的性质或规模发生重大变化（选项 C）；⑥法律法规的规定发生变化（选项 A）；⑦编制财务报表采用的财务报告编制基础发生变更；⑧其他报告要求发生变化。

19. 【答案】AC
    【考点】审计业务约定书
    【解析】如果母公司的注册会计师同时也是组成部分注册会计师，注册会计师就需要考虑下列因素，决定是否向组成部分单独致送审计业务约定书：①组成部分注册会计师的委托人（选项 A）；②是否对组成部分单独出具审计报告（选项 C）；③与审计委托相关的法律法规的规定；④母公司占组成部分的所有权份额；⑤组成部分管理层相对于母公司的独立程度。

20. 【答案】CD
    【考点】审计业务约定书
    【解析】管理层施加的或其他情况引起的审计范围受到限制，通常被认为是不合理的变更业务理由，因此选项 CD 错误。**选项 A 属于环境变化对审计服务的需求产生影响的情况，通常被认为是合理的**，选项 B 也为合理理由。

21. 【答案】ABC
    【考点】总体审计策略
    【解析】注册会计师在制定总体审计策略时，主要需要考虑以下事项：①确定审计范围（选项 A）；②报告目标、时间安排和所需沟通的性质（选项 B）；③审计方向（选项 C）；④审计资源。注册会计师应当在签订审计业务约定书之后制定审计计划，选项 D 错误。

22. 【答案】AB
    【考点】总体审计策略
    【解析】注册会计师在制定总体审计策略时，应当考虑以下主要事项：①确定审计范围；②报告目标、时间安排及所需沟通的性质；③审计方向；④审计资源。因此，选项 AB 当选。具体审计计划应当包括风险评估程序、计划实施的进一步审计程序和其他审计程序（注意：当看到"性质、时间安排和范围"时，不要误以为一定是指程序，也可能是审计资源），选项 CD 不选。

23.【答案】ABC
【考点】审计过程中对计划的更改
【解析】由于未预期事项、条件的变化或在实施审计程序中获取的审计证据等情况，在审计过程中，注册会计师应当在必要时对总体审计策略和具体审计计划作出更新和修改，选项 D 错误；选项 ABC 表述正确。

24.【答案】AC
【考点】重要性的确定
【解析】选择基准时应当考虑的因素：①财务报表要素；②是否存在特定会计主体的财务报表使用者特别关注的项目；③被审计单位的性质、所处的生命周期阶段及所处行业和经济环境（选项 B）；④被审计单位的所有权结构和融资方式（选项 D）；⑤基准的相对波动性。在选择基准时无须考虑重大错报风险的评估结果，选项 A 当选。以前期间的审计经验表明内部控制运行有效，注册会计师在确定实际执行的重要性时可以选择较高的百分比，所以以前期间的审计经验表明内部控制运行有效，不影响基准的选择，而是影响实际执行重要性百分比的选择，选项 C 当选。

25.【答案】ABCD
【考点】重要性的确定
【解析】确定实际执行的重要性并非简单机械的计算，需要注册会计师运用职业判断，并考虑下列因素的影响：①对被审计单位的了解（这些了解在实施风险评估程序的过程中得到更新）（选项 AC）；②前期审计工作中识别出的错报的性质和范围（选项 B）；③根据前期识别出的错报对本期错报

作出的预期（选项 D）。

26.【答案】ABC
【考点】审计过程中修改重要性
【解析】由于存在下列原因，注册会计师可能需要修改财务报表整体的重要性和特定类别的交易、账户余额或披露的重要性水平（如适用）：①审计过程中情况发生重大变化，如决定处置被审计单位的一个重要组成部分（选项 A）；②获取新信息（选项 B）；③通过实施进一步审计程序，注册会计师对被审计单位及其经营所了解的情况发生变化（选项 C）。以前年度审计中识别出的错报的数量较多和金额较小，会导致明显微小错报临界值选择较小百分比，选项 D 错误。

27.【答案】ABC
【考点】审计过程中修改重要性
【解析】注册会计师在评估未更正错报对财务报表的影响时应当使用调整后的财务报表整体的重要性，选项 D 错误；选项 ABC 表述正确。

28.【答案】ABCD
【考点】重要性的含义
【解析】如果题干说"应当考虑包括在内"，那么选项 ABCD 全选，因为四个选项均属于重要性概念。如果题目问"所有被审计单位都应当确定的重要性"，那么选项 C 应予以排除，因为特定类别的交易、账户余额或披露的重要性水平不一定适用于被审计单位。

29.【答案】BD
【考点】实际执行的重要性
【解析】选项 AC，实际执行的重要性通常为接近财务报表整体重要性的 50%。（注意：管理层凌驾于内部控制之上，说明内部控制存在值得关注的缺陷。）

第三章 审计证据

真题共分两个模块,其一为知识点分册的例题模块,其二为习题分册的真题巩固模块,针对这两个模块,大家均需充分关注。

真题巩固

一、单选题

1. 【2023】下列有关审计证据的说法中,错误的是（　　）。
   A. 注册会计师可以考虑获取审计证据的成本与所获取信息有用性之间的关系,但不应仅以获取证据的困难和成本为由减少不可替代的审计程序
   B. 审计证据既包括支持和佐证管理层认定的信息,也包括与这些认定相矛盾的信息,信息的缺失本身也可能构成审计证据
   C. 注册会计师需要获取的审计证据的数量受其对重大错报风险评估的影响,并受审计证据质量的影响
   D. 审计证据的可靠性受其来源和性质的影响,不同来源和性质的审计证据相矛盾时,注册会计师应对这些证据加以比较并采用其中可靠的审计证据

2. 【2020】下列有关分析程序的说法中,错误的是（　　）。
   A. 分析程序所使用的信息可能包括非财务数据
   B. 注册会计师不需要在所有审计业务中运用分析程序
   C. 对某些重大错报风险,分析程序可能比细节测试更有效
   D. 分析程序并不适用于所有财务报表认定

3. 【2019】下列审计程序中,不适用于细节测试的是（　　）。
   A. 函证　　　　　B. 检查
   C. 重新执行　　　D. 询问

4. 【2019】下列各项中,不影响审计证据可靠性的是（　　）。
   A. 用作审计证据的信息与认定之间的关系
   B. 被审计单位内控是否有效
   C. 审计证据的来源
   D. 审计证据的存在形式

5. 【2018】下列有关询问程序的说法中,错误的是（　　）。
   A. 询问可以以口头或书面方式进行
   B. 询问适用于风险评估、控制测试和实质性程序
   C. 注册会计师应当就管理层对询问作出的口头答复获取书面声明
   D. 询问是指注册会计师向被审计单位内部或外部的知情人员获取财务信息和非财务信息,并对答复进行评价的过程

6. 【2017】下列有关审计证据质量的说法中,错误的是（　　）。
   A. 审计证据的适当性是对审计证据质量的衡量
   B. 审计证据的质量与审计证据的相关性和可靠性有关
   C. 注册会计师可以通过获取更多的审计证据弥补审计证据质量的缺陷
   D. 在既定的重大错报风险水平下,需要获取的审计证据的数量受审计证据质量的影响

7. 【2016】下列有关审计证据可靠性的说法中,正确的是（　　）。
   A. 可靠的审计证据是高质量的审计证据
   B. 审计证据的充分性影响审计证据的可靠性
   C. 内部控制薄弱时内部生成的审计证据是不可靠的
   D. 从独立的外部来源获得的审计证据可能是不可靠的

8. 【经典真题】下列有关注册会计师在临近审计结束时实施分析程序的说法中,错误的是（　　）。
   A. 实施分析程序的目的是确定财务报表是

否与注册会计师对被审计单位的了解一致

B. 实施分析程序所使用的手段与风险评估程序中使用的分析程序基本相同

C. 实施分析程序应当达到与实质性分析程序相同的保证水平

D. 如果通过实施分析程序识别出以前未识别的重大错报风险，注册会计师就应当修改原计划实施的进一步审计程序

9. 【经典真题】下列有关函证的说法中，正确的是（　　）。

A. 如果注册会计师认为取得积极式函证回函是获取充分、适当的审计证据的必要程序，则替代程序不能提供注册会计师所需要的审计证据

B. 如果被审计单位与银行存款存在认定有关的内部控制设计良好并有效运行，注册会计师可适当减少函证的样本量

C. 注册会计师应当对应收账款实施函证程序，除非应收账款对财务报表不重要且评估的重大错报风险低

D. 如果注册会计师将重大错报风险评估为低水平，且预期不符事项的发生率很低，可以将消极式函证作为唯一的实质性程序

二、多选题

10. 【2017】下列各项因素中，通常影响注册会计师是否实施函证的决策的有（　　）。

A. 评估的认定层次重大错报风险

B. 被审计单位管理层的配合程度

C. 函证信息与特定认定的相关性

D. 被询证者的客观性

11. 【2016】下列有关询证函回函可靠性的说法中，错误的有（　　）。

A. 被询证者对函证信息的口头回复是可靠的审计证据

B. 询证函回函中的免责条款削弱了回函的可靠性

C. 由被审计单位转交给注册会计师的回函不是可靠的审计证据

D. 以电子形式收到的回函不是可靠的审计证据

三、简答题

12. 【2021】甲公司是 ABC 会计师事务所的常年审计客户，A 注册会计师负责审计甲公司 2020 年度财务报表，确定财务报表整体的重要性为 300 万元。与货币资金审计相关的部分事项如下：

甲公司一笔 1 000 万元的定期存款于 2021 年 1 月到期。A 注册会计师于 2020 年末检查了相关的开户证实书原件，于 2021 年 2 月检查了到期兑付的银行凭证及相关的银行对账单，据此认可了该笔定期存款的存在。

要求：针对上述事项，指出 A 注册会计师的做法是否恰当。如不恰当，简要说明理由。

13. 【2020】ABC 会计师事务所的 A 注册会计师负责审计甲公司 2019 年度财务报表。与函证相关的部分事项如下：

A 注册会计师收到丙公司通过电子邮件发来的其他应收款回函扫描件后，向甲公司财务人员取得了丙公司财务人员的微信号，联系对方核实了函证内容，并在审计工作底稿中记录了沟通情况及微信对话截屏。

要求：针对上述事项，指出 A 注册会计师的做法是否恰当。如不恰当，简要说明理由。

14. 【2020】甲公司是 ABC 会计师事务所的常年审计客户。A 注册会计师负责审计甲公司 2019 年度财务报表，评估认为商誉减值存在特别风险。与商誉减值审计相关的部分事项如下：

甲公司商誉减值测试使用的折现率明显低于同行业可比公司的平均值，管理层聘请的评估专家解释其原因是甲公司融资成本较低。A 注册会计师询问管理层得到了同样的解释，据此认可了折现率的合理性。

要求：针对上述事项，逐项指出 A 注册会计师的做法是否恰当。如不恰当，简要说明理由。

15. 【2019】ABC 事务所的 A 注册会计师负责审计甲公司 2018 年度财务报表。审计工作底稿中与函证相关的部分内容摘录如下：

在实施应收账款函证程序时，A 注册会计

师将财务人员在发函信封上填写的客户地址与销售部门提供的客户清单中的地址进行核对后,亲自交予快递公司发出。

要求:指出 A 注册会计师的做法是否恰当。如不恰当,简要说明理由。

16. 【2018】ABC 会计师事务所的 A 注册会计师负责审计甲公司 2017 年度财务报表。审计工作底稿中与函证相关的部分内容摘录如下:

A 注册会计师对应收乙公司的款项实施了函证程序。因回函显示无差异,A 注册会计师认可了管理层对应收乙公司款项不计提坏账准备的处理。

要求:针对上述事项,指出 A 注册会计师的做法是否恰当。如不恰当,简要说明理由。

17. 【2017】ABC 会计师事务所的 A 注册会计师负责审计甲公司 2016 年度财务报表,与存货审计相关的部分事项如下:

A 注册会计师获取了甲公司的存货货龄分析表,考虑了生产和仓储部门上报的存货损毁情况及存货监盘中对存货状况的检查情况,认为甲公司财务人员编制的存货可变现净值计算表中计提跌价准备的项目不存在遗漏。

要求:指出 A 注册会计师的做法是否恰当。如不恰当,简要说明理由。

18. 【2015】甲公司是 ABC 会计师事务所的常年审计客户。A 注册会计师负责审计甲公司 2014 年度财务报表。审计工作底稿中与分析程序相关的部分内容摘录如下:

甲公司的产量与生产工人工资之间存在稳定的预期关系,A 注册会计师认为产量信息来自非财务部门,具有可靠性,在实施实质性分析程序时据以测算直接人工成本。

要求:针对上述事项,指出 A 注册会计师的做法是否恰当。如不恰当,提出改进建议。

19. 【经典真题】ABC 会计师事务所负责审计甲公司 2013 年度财务报表。审计工作底稿中与函证相关的部分内容摘录如下:

审计项目组评估认为应收账款的重大错报风险较低,对甲公司 2013 年 11 月 30 日的应收账款余额实施了函证程序,未发现差异。2013 年 12 月 31 日的应收账款余额较 11 月 30 日无重大变动。审计项目组据此认为已对年末应收账款余额的存在认定获取了充分、适当的审计证据。

要求:针对上述事项,指出审计项目组的做法是否恰当。如不恰当,简要说明理由。

四、综合题

20. 【2022】上市公司甲公司是 ABC 会计师事务所的常年审计客户,主要从事信息技术服务和智能产品的研发、生产与销售。A 注册会计师负责审计甲公司 2021 年度财务报表,确定集团财务报表整体的重要性为 800 万元,实际执行的重要性为 600 万元。A 注册会计师的审计工作底稿部分内容摘录如下:

因甲公司管理层要求不对应付账款实施函证,A 注册会计师拟直接实施替代审计程序,以获取与应付账款余额相关的审计证据。

要求:针对上述事项,假定不考虑其他条件,指出 A 注册会计师的做法是否恰当。如不恰当,简要说明理由。

21. 【2019】甲公司是 ABC 会计师事务所的常年审计客户,主要从事轨道交通车辆配套产品的生产和销售。A 注册会计师负责审计甲公司 2018 年度财务报表,确定财务报表整体的重要性为 1 000 万元,实际执行的重要性为 500 万元。A 注册会计师在审计工作底稿中记录了审计计划,部分内容摘录如下:

A 注册会计师采用实质性分析程序测试甲公司 2018 年度的借款利息支出,发现已记录金额与预期值之间存在 600 万元差异,因可接受差异额为 500 万元,A 注册会计师要求管理层更正了 100 万元的错报。

要求:指出 A 注册会计师的做法是否恰当。如不恰当,简要说明理由。

22. 【2018】上市公司甲公司是 ABC 会计师事务所的常年审计客户,主要从事汽车的生产和销售。A 注册会计师负责审计甲公司 2017 年度财务报表,确定财务报表整体的重要性为 1 000 万元,明显微小错报的临界值为30万元。A注册会计师在审计工作底稿中记录了审计计划,部分内容摘录如下:A注册会计师采用实质性分析程序测试甲公司2017年度运输费用,已记录金额低于预期值500万元,因该差异低于实际执行的重要性,A注册会计师认可了已记录金额。

要求:指出A注册会计师的做法是否恰当。如不恰当,简要说明理由。

参考答案及解析

一、单选题

1. 【答案】D

   【考点】审计证据的性质

   【解析】注册会计师可以考虑获取审计证据的成本与所获取信息有用性之间的关系,但不应仅以获取证据的困难和成本为理由减少不可替代的审计程序,选项A正确,不选。审计证据既包括支持和佐证管理层认定的信息,也包括与这些认定相矛盾的信息。在某些情况下,信息的缺失(如管理层拒绝提供注册会计师要求的声明)本身也构成审计证据,可以被注册会计师利用,选项B正确,不选。注册会计师需要获取的审计证据的数量受其对重大错报风险评估的影响,评估的重大错报风险越高,需要的审计证据可能越多,并受审计证据的影响,审计证据质量越高,需要的审计证据可能越少,选项C正确,不选。不同来源获取的审计证据或获取的不同性质的审计证据不一致,表明某项审计证据可能不可靠,注册会计师应当追加审计程序进行调查,选项D错误,当选。

2. 【答案】B

   【考点】分析程序

   【解析】分析程序是指注册会计师通过分析不同财务数据之间以及**财务数据与非财务数据**之间的内在关系,对财务信息作出评价,选项A正确;注册会计师在风险评估阶段和审计结束时的总体复核阶段应当运用分析程序,选项B错误,当选(注意:选项B指的是所有审计业务,而非一个审计业务中的所有环节);在某些审计领域,如果重大错报风险较低且数据之间具有稳定的预期关系,注册会计师就可以单独使用实质性分析程序获取充分、适当的审计证据,选项C正确;分析程序有其运用的前提和基础,它并不适用于所有财务认定,选项D正确。

3. 【答案】C

   【考点】审计程序

   【解析】重新执行适用于控制测试,选项C当选。细节测试包含的程序有询问、观察、检查、重新计算、函证,选项ABD都适用于细节测试,不选。

4. 【答案】A

   【考点】审计证据的适当性

   【解析】审计证据的相关性,是指用作审计证据的信息与程序的目的和所考虑的相关认定之间的逻辑联系,选项A**影响的是审计证据的相关性,不影响可靠性**,当选;通常内部控制有效时内部生成的审计证据比内部控制薄弱时内部生成的审计证据更可靠,选项B影响审计证据可靠性,不选;通常直接获取的审计证据比间接获取或推论得出的审计证据更可靠,选项C影响审计证据可靠性,不选;通常以文件、记录形式(无论是纸质、电子或其他介质)存在的审计证据比口头形式的审计证据更可靠,选项D影响审计证据可靠性,不选。

5. 【答案】C

   【考点】审计程序

   【解析】询问是指注册会计师以**书面或口头**方式,向被审计单位内部或外部的知情人员获取财务信息和非财务信息，并对答复进行评价的过程，选项 AD 正确，不选；询问适用于风险评估程序、控制测试和实质性程序，选项 B 正确，不选；针对某些事项，注册会计师可能认为有必要（**不是必须**）向管理层和治理层（如适用）获取书面声明，以证实对口头询问的答复，选项 C 错误，当选。

6. 【答案】C
   【考点】审计证据的适当性
   【解析】审计证据的适当性，是对审计证据质量的衡量，即审计证据在支持审计意见所依据的结论方面具有的相关性和可靠性，选项 AB 正确；如果审计证据的质量存在缺陷，那么注册会计师仅靠获取更多的审计证据可能无法弥补其质量上的缺陷，选项 C 错误，当选（注意：这是高频考点）；注册会计师需要获取的审计证据的数量也受审计证据质量的影响。审计证据质量越高，需要获取的审计证据数量可能越少，选项 D 正确。

7. 【答案】D
   【考点】审计证据的可靠性
   【解析】相关性和可靠性是审计证据适当性的核心内容，**只有相关且可靠的**审计证据才是高质量的，选项 A 错误；审计证据的可靠性受其来源和性质的影响，并取决于获取审计证据的具体环境，如果注册会计师获取的证据不可靠，那么证据数量再多也难以起到证明的作用，选项 B 错误；内部控制薄弱时生成的审计证据**可能是可靠的**，选项 C 错误（注意：可靠性是相对而言的，并不是绝对的）；通常，从外部独立来源获取的审计证据比从其他来源获取的审计证据更可靠，但是如果该证据是由不知情者或不具备资格者提供，则审计证据也可能是不可靠的，选项 D 正确。

8. 【答案】C
   【考点】分析程序用于总体复核
   【解析】实施分析程序的目的是确定财务报表是否与注册会计师对被审计单位的了解一致，选项 A 表述正确，不选；实施分析程序所使用的手段与风险评估程序中使用的分析程序基本相同，选项 B 表述正确，不选；在总体复核阶段实施的分析程序并非为了对特定账户余额和披露提供实质性的保证水平，因此并**不能达到与实质性分析程序相同的保证水平**，选项 C 表述错误，当选；在运用分析程序进行总体复核时，如果识别出以前未识别的重大错报风险，注册会计师就应当重新考虑对全部或部分各类交易、账户余额和披露评估的风险是否恰当，并在此基础上重新评价之前计划的审计程序是否充分，是否有必要追加审计程序，选项 D 表述正确，不选。

9. 【答案】A
   【考点】函证
   【解析】如果注册会计师认为取得积极式函证回函是获取充分、适当的审计证据的必要程序，则替代审计程序不能提供注册会计师所需的审计证据。在这种情况下，如果未获取回函，注册会计师应当确定其对审计工作和审计意见的影响，选项 A 正确，当选。注册会计师应当对银行存款（包括零余额账户和在本期注销的账户）、借款及与金融机构往来的其他重要信息实施函证程序，除非有充分证据表明这些信息对财务报表不重要且与之相关的重大错报风险很低，选项 B 错误（注意：内部控制设计良好并运行有效并不必然表明银行存款不重要/内部控制设计良好并运行有效并不意味着银行存款不重要/不代表满足该豁免条件）。注册会计师应当对应收账款实施函证程序，除非有充分证据表明应收账款对财务报表不重要，或函证很可能无效，选项 C 错误。使用消极式函证须同时满足的条件：①重大错报风险评估为低水平；②涉及大量余额较小的账户；③预期不存在大量的错误；④没有理由相信被询证者不认真对待函证。故选项 D 错误。

二、多选题

10. 【答案】ACD
    【考点】函证的决策
    【解析】影响函证决策的因素：①评估的认

定层次重大错报风险（选项 A）；②函证程序针对的认定（选项 C）；③实施除函证以外的其他审计程序；④预期被询证者对函证事项的了解；⑤预期被询证者的客观性（选项 D）；⑥预期被询证者回复询证函的能力或意愿。管理层配合注册会计师函证是管理层的义务，如果管理层不配合函证，那可能表明存在舞弊风险迹象。

11. 【答案】ABD
【考点】函证的评价
【解析】只对询证函进行口头回复不能作为可靠的审计证据，注册会计师可以要求被询证者提供直接书面回复，选项 A 错误；回函中格式化的免责条款可能并不会影响所确认信息的可靠性，选项 B 错误；如果被询证者将回函寄至被审计单位，被审计单位将其转交注册会计师，那么该回函不能视为可靠的审计证据，在这种情况下，注册会计师可以要求被询证者直接书面回复，选项 C 正确，不选；如果对电子形式的回函确认程序安全并得到适当控制，则会提高相关回函的可靠性，不能一概而论认为其不是可靠的审计证据，选项 D 错误。

三、简答题

12. 【考点】函证
【答案】不恰当。定期存款期末余额重大，应当实施函证程序。

13. 【考点】函证
【答案】不恰当。没有核实微信联络人的身份。

14. 【考点】审计程序
【答案】不恰当。仅询问管理层不足以证实管理层专家的说法。

15. 【考点】函证
【答案】不恰当。客户清单属于内部信息。/客户清单并不是用以验证发函地址准确性的适当证据。/应当通过合同、公开网站等来源核对地址。

16. 【考点】函证
【答案】不恰当。函证能为应收账款"存在"认定提供可靠的审计证据，但不能为"准确性、计价和分摊"认定提供充分、适当的证据。

17. 【考点】对审计证据特性的考虑
【答案】不恰当。注册会计师还需测试存货货龄分析表的准确性。

18. 【考点】分析程序
【答案】不恰当。测试与产量信息编制相关的内部控制/测试产量信息/测试内部信息的可靠性。

19. 【考点】函证
【答案】不恰当。注册会计师应对 2013 年 11 月 30 日和 12 月 31 日之间应收账款的变动情况实施进一步审计程序/实质性程序/将实质性程序和控制测试结合使用。

四、综合题

20. 【考点】函证
【答案】不恰当。应当考虑管理层的要求是否合理，并获取审计证据予以支持。

21. 【考点】分析程序
【答案】不恰当。差异超过可接受的差异额，注册会计师应当调查该差异，而不是将超出部分直接作为错报。

22. 【考点】分析程序
【答案】不恰当。应将差异额与可接受差异额作比较。

模拟自测

一、单选题

1. 注册会计师在对预计负债完整性认定进行审计时，下列审计程序中通常不能提供相关审计证据的是（   ）。
   A. 分析律师费用的异常变动
   B. 从记账凭证追查至预计负债明细账
   C. 检查支持性文件，如会议纪要
   D. 从预计负债明细账追查至记账凭证

2. 下列关于审计证据充分性的说法中，错误的是（   ）。
   A. 审计证据的充分性是对审计证据数量的衡量，主要与确定的样本量有关
   B. 获取更多的审计证据可以弥补这些审计证据质量上的缺陷
   C. 评估的重大错报风险越高，需要的审计证据可能越多
   D. 审计证据质量越高，需要的审计证据可能越少

3. 下列有关审计证据充分性和适当性的说法中，错误的是（   ）。
   A. 审计证据的充分性和适当性分别是对审计证据数量和质量的衡量
   B. 相关且可靠的审计证据才是高质量的审计证据
   C. 外部证据与内部证据矛盾时，注册会计师应当采用外部证据
   D. 注册会计师通常不涉及鉴定文件记录的真伪，但如果认为文件可能是伪造的，就应当作出进一步调查

4. 下列有关审计证据的说法中，正确的是（   ）。
   A. 审计证据不包括会计师事务所接受与保持客户或业务时实施质量管理程序获取的信息
   B. 注册会计师无须鉴定作为审计证据的文件记录的真伪
   C. 如果从不同来源获取的审计证据或获取的不同性质的审计证据不一致，就表明某项审计证据可能不可靠，注册会计师应当追加必要的审计程序
   D. 注册会计师不能在获取审计证据的过程中考虑成本

5. 下列有关审计证据的说法中，错误的是（   ）。
   A. 注册会计师可以考虑获取审计证据的成本与所获取信息有用性之间的关系
   B. 审计证据既包括支持和佐证管理层认定的信息，也包括与这些认定相矛盾的信息，信息的缺失本身也可能构成审计证据
   C. 为获取审计证据而实施的审计程序包括询问、检查、观察、函证、重新计算、重新执行和分析程序
   D. 审计证据的可靠性受其来源和性质的影响，不同来源和性质的审计证据相矛盾时，注册会计师应对这些证据加以比较，并采用其中较为可靠的审计证据

6. 下列注册会计师在审计过程中对审计程序的运用，正确的是（   ）。
   A. 检查程序主要运用于实质性程序中
   B. 观察程序主要运用于控制测试中
   C. 询问广泛应用于整个审计过程
   D. 函证应对的仅限于与账户余额及其项目相关的认定

7. 下列审计程序中，不适用于实质性程序的是（   ）。
   A. 函证   B. 分析程序
   C. 重新执行   D. 重新计算

8. 下列关于积极式函证与消极式函证的说法中，错误的是（   ）。
   A. 如果采用积极的函证方式，那么注册会计师应当要求被询证者在所有情况下必须回函
   B. 在采用积极式函证方式时，只有注册会计师收到回函，才能为财务报表认定提供审计证据
   C. 如果采用消极式的函证方式，那么注册会计师只要求被询证者仅在不同意询证函列示

信息的情况下才予以回函

D. 对于消极式询证函而言，未收到回函，则能明确表明所函证信息是准确性的

9. 在设计询证函时，注册会计师应当考虑可能影响函证可靠性的因素。下列各项中，通常不会影响函证可靠性的是（　　）。

A. 函证样本数量

B. 以往审计或类似业务的经验

C. 拟函证信息的性质

D. 选择被询证者的适当性

10. 下列有关注册会计师对函证的全过程保持控制的说法中，正确的是（　　）。

A. 为了增加程序的不可预见性，不告知被审计单位，由注册会计师直接发出询证函

B. 在询证函发出前，注册会计师需要恰当地设计询证函，并核实询证函中是否已正确填列被询证者直接向被审计单位回函的地址

C. 注册会计师采取跟函方式发送并收回询证函时，需要在整个过程中保持对询证函的控制，对被审计单位和被询证者之间串通舞弊的风险保持警觉

D. 为节约成本，注册会计师可以使用被审计单位内部的邮寄设施

二、多选题

11. 注册会计师执行审计工作需要证据。下列关于审计证据的说法中，正确的有（　　）。

A. 注册会计师需要获取不同来源和不同性质的审计证据

B. 审计证据一般具有结论性

C. 审计证据是指能够佐证会计记录中所记录信息的合理性的信息

D. 审计证据包括构成财务报表基础的会计记录所含有的信息和其他的信息

12. 下列关于审计程序的说法中，正确的有（　　）。

A. 检查内部记录或文件时，其可靠性主要取决于生成该记录或文件的内部控制的有效性

B. 观察所提供的审计证据仅限于观察发生的时点

C. 询问是指以口头方式向内部或外部知情人员获取相关信息

D. 重新计算可通过手工方式或电子方式进行

13. 注册会计师识别出认定层次的重大错报风险，认为取得积极式回函是获取充分、适当审计证据的必要程序。这些情况可能包括（　　）。

A. 能够佐证管理层认定的信息只能从被审计单位外部获得

B. 管理层凌驾于内部控制之上

C. 被审计单位内部可能存在串通

D. 被询证者可能受控于被审计单位

14. 下列各项因素中，通常影响注册会计师是否实施函证的决策的有（　　）。

A. 所函报表项目的固有风险及控制风险

B. 注册会计师对函证事项的了解

C. 函证信息与特定认定的相关性

D. 预期被询证者回复询证函的能力或意愿

15. 在作出是否有必要实施函证的决策时，下列各项因素中，注册会计师应当考虑的有（　　）。

A. 评估的认定层次重大错报风险水平的高低

B. 函证程序针对的认定

C. 被审计单位管理层协助注册会计师实施函证程序的能力或意愿

D. 被审计单位的经营环境、内部控制的有效性

16. 下列有关询证函回函可靠性的说法中，错误的有（　　）。

A. 被询证者对函证信息的口头回复是不可靠的审计证据

B. 询证函回函中的免责条款可能增强了回函的可靠性

C. 由被审计单位转交给注册会计师的回函不是可靠的审计证据

D. 回函金额与发函金额的差异，注册会计师应当作为错报并要求管理层更正

17. 下列有关注册会计师实施分析程序的目的的说法中，错误的有（　　）。

A. 用于了解被审计单位及其环境、适用编

制基础及内部控制体系要素中所涉及的各个方面

B. 用作控制测试程序

C. 用于应对评估的财务报表层次的重大错报风险

D. 用作临近审计结束时对财务报表进行总体复核

18. 在下列各项中，注册会计师通常认为适合运用实质性分析程序的有（　　）。

　　A. 存款利息收入

　　B. 固定资产折旧费用

　　C. 投资收益

　　D. 房屋租赁收入

19. 如果在期中实施了实质性程序，在确定对剩余期间实施实质性分析程序是否可以获取充分、适当的审计证据时，注册会计师通常考虑的因素有（　　）。

　　A. 数据的准确性

　　B. 预期值的可靠性

　　C. 可接受的差异额

　　D. 分析程序对特定认定的适用性

20. 下列有关在实施实质性分析程序时确定可接受差异额的说法中，正确的有（　　）。

　　A. 评估的重大错报风险越低，可接受的差异额越高

　　B. 重要性影响可接受差异额

　　C. 确定可接受差异额时，需要考虑一项错报单独或连同其他错报导致财务报表发生重大错报的可能性

　　D. 可接受的差异额在确定时不能高于实际执行的重要性

21. 下列有关注册会计师在临近审计结束时运用分析程序的说法中，错误的有（　　）。

　　A. 注册会计师进行分析的重点通常集中在认定层次

　　B. 注册会计师进行分析的目的在于识别可能表明财务报表存在重大错报风险的异常变化

　　C. 在总体复核阶段实施的分析程序主要在于强调并解释财务报表项目自上个会计期间以来发生的重大变化

D. 在运用分析程序进行总体复核时，如果识别出以前未识别的重大错报风险，注册会计师应当重新考虑是否有必要追加审计程序

22. 在函证过程中，注册会计师需要始终保持职业怀疑，对舞弊风险迹象保持警觉。下列各项中表明存在舞弊风险迹象的有（　　）。

　　A. 银行函证未回函

　　B. 被询证者既是被审计单位资产的保管人又是资产的管理者

　　C. 管理层坚持以特定方式发送询证函

　　D. 被询证者从私人电子信箱发送回函

23. 当管理层要求不实施函证时，注册会计师的做法正确的有（　　）。

　　A. 如果管理层要求合理，注册会计师应当实施替代程序

　　B. 注册会计师应当发表非无保留意见的审计报告

　　C. 注册会计师应当保持职业怀疑的态度

　　D. 注册会计师应当视为审计范围受到限制

24. 实质性分析程序的有效性很大程度上取决于注册会计师形成预期值的准确性。在评价预期值的准确程度时，注册会计师需要考虑的因素有（　　）。

　　A. 对实质性分析程序的预期结果作出预测的准确性

　　B. 信息的可分解程度

　　C. 信息的可获得性

　　D. 信息的可靠性

25. 下列有关注册会计师针对第三方电子询证函平台所做的评估程序的说法中，正确的有（　　）。

　　A. 评估第三方电子询证函平台聘请的信息安全认证机构或专业人员的胜任能力、专业素质和独立性

　　B. 评估通过第三方电子询证函平台收发电子询证函是否可靠

　　C. 评估信息安全认证机构或专业人员的工作是否支持通过第三方电子询证函平台实施函证程序的可靠性

　　D. 评估第三方电子询证函平台可靠性的工作通常由单个审计项目组来实施

三、简答题

26. ABC 会计师事务所 A 注册会计师负责审计甲公司 2023 年度财务报表，财务报表整体的重要性为 300 万元。审计工作底稿中与函证相关的部分内容摘录如下：

（1）甲公司为乙公司生产加工一批货物，其中委托加工材料占存货的比重较大，A 注册会计师检查了委托加工协议，并实施了函证程序。经 A 注册会计师发函后证实委托加工材料已加工完成并返回甲公司，委托加工协议和询证函回函证据不一致，A 注册会计师认为函证可信度更高，认可了回函结果。

（2）甲公司拥有一笔 1 000 万元的银行存款，管理层声明该账户已注销。A 注册会计师认为，无须对注销账户进行函证，仅通过向银行询问即认为获得了充分、适当的审计证据，对此结果表示满意。

（3）A 注册会计师评估认为应收账款的重大错报风险为低水平。A 注册会计师对 2023 年 8 月末的余额实施了函证程序，对剩余期间的销售和收款交易实施了控制测试，结果满意，据此认可了应收账款的年末的账面余额。

（4）甲公司有一笔 3 000 万元的闲置资金，在 2023 年年初进行了短期投资，A 注册会计师向债券登记机构发函询证，结果满意。

（5）某客户应收账款回函中包含条款"本回复仅用于审计目的，我方员工或代理人无任何责任，也不能免除注册会计师作其他询问或执行其他工作的责任"，A 注册会计师认为该条款不会影响回函的可靠性，据此认可了回函的结果。

要求：针对上述（1）至（5）项，逐项指出 A 注册会计师的做法是否恰当。如不恰当，简要说明理由。

27. ABC 会计师事务所 A 注册会计师负责审计甲公司 2023 年度财务报表。审计工作底稿中与函证相关的部分内容摘录如下：

（1）某海外客户应收账款回函存在大额差异，被审计单位管理层解释对方与甲公司适用不同的会计政策，A 注册会计师在工作底稿中表明该差异来源于"会计政策不一致"，认可了应收账款余额。

（2）A 注册会计师为获取银行存款的真实性，拟采用函证的方式获取审计证据，在发函前，询证函经 ABC 会计师事务所盖章后，A 注册会计师通过拨打公共查询电话核实银行的名称和地址，然后直接发出。

（3）A 注册会计师为证实甲公司的某项长期借款合同已经被终止，直接向了解这笔终止长期贷款事项和有权提供这一信息的贷款方人员进行了函证，结果满意。

（4）某客户应收账款回函中包含条款"本信息既不保证准确也不保证是最新的，其他方可能会持有不同意见"，A 注册会计师认为该条款不会影响回函的可靠性，据此认可了回函的结果。

（5）针对甲公司应收丁公司的款项，由于以往审计业务经验表明回函很可能无效，A 注册会计师未实施函证程序也未进行相关记录，直接实施了替代审计程序。

要求：针对上述（1）至（5）项，逐项指出 A 注册会计师的做法是否恰当。如不恰当，简要说明理由。

28. ABC 会计师事务所 A 注册会计师负责审计甲公司 2023 年度财务报表。财务报表整体的重要性为 500 万元，实际执行的重要性为 250 万元。审计工作底稿中与分析程序相关的部分内容摘录如下：

（1）甲公司属于房地产公司，将一幢公寓进行出租，A 注册会计师根据甲公司提供的月租金、公寓数量和空置率，测算出一幢大楼的总租金收入，据此认为通过分析程序获取的审计证据具有说服力，结果满意。

（2）A 注册会计师在临近审计结束时，认为在审计过程中发现的错报较少，因此不再实施分析程序。

（3）甲公司在 2023 年度由于生产过程中大量排出污染物，而受到环保部门罚款 300 万元，A 注册会计师通过实质性分析程序推测营业外支出入账金额正确。

（4）A 注册会计师通过实施实质性分析程序

对甲公司应收账款进行账龄分析，以获取与应收账款"准确性、计价和分摊"认定相关的审计证据。

（5）甲公司与乙公司发生一笔销售业务，甲公司账面记录的应收账款金额与预期值的可接受差异为200万元，实际差异为300万元，因差异额小于财务报表整体的重要性，A注册会计师认为无须实施进一步审计程序。

要求：针对上述（1）至（5）项，逐项指出A注册会计师的做法是否恰当。如不恰当，简要说明理由。

参考答案及解析

一、单选题

1. 【答案】D
   【考点】审计证据的适当性
   【解析】通过分析律师费用的异常变动，可以发现律师费用增加很多，但是预计负债的金额却很少的情况，选项A正确。从记账凭证追查至明细账，属于顺查。顺查是实现完整性有效的审计方式，可以证实预计负债的完整性认定，选项B正确。通过检查坚持性文件可以获取蛛丝马迹，发现未记录的预计负债，选项C正确。从预计负债明细账追查至记账凭证是逆查，针对的是预计负债的存在而非完整，所以不能提供预计负债完整相关的审计证据，选项D当选。

2. 【答案】B
   【考点】审计证据的充分性
   【解析】注册会计师仅靠获取更多的审计证据可能无法弥补其质量上的缺陷，选项B错误；审计证据的充分性是对审计证据数量的衡量，主要与注册会计师确定的样本量有关，选项A正确；注册会计师需要获取的审计证据的数量受其对重大错报风险评估的影响（评估的重大错报风险越高，需要的审计证据可能越多），并受审计证据质量的影响（审计证据质量越高，需要的审计证据可能越少），选项CD正确。

3. 【答案】C
   【考点】审计证据的充分性与适当性
   【解析】审计证据的充分性和适当性分别是对审计证据数量和质量的衡量，选项A正确；相关且可靠的审计证据才是高质量的审计证据，选项B正确；外部证据与内部证据矛盾时，注册会计师应当追加必要的审计程序，不能直接采用某一证据，选项C错误，当选；如果在审计过程中识别出的情况使其认为文件记录可能是伪造的，或文件记录中的某些条款已发生变动，注册会计师应当作出进一步调查，选项D正确。

4. 【答案】C
   【考点】审计证据的特殊考虑
   【解析】审计证据包括会计师事务所接受与保持客户或业务时实施质量管理程序获取的信息，选项A错误；审计工作通常不涉及鉴定文件记录的真伪，注册会计师也不是鉴定文件记录真伪的专家，但是，如果在审计过程中识别出的情况使其认为文件记录可能是伪造的，或文件记录中的某些条款已发生变动，注册会计师应当作出进一步调查，包括直接向第三方询证，或考虑利用专家的工作以评价文件记录的真伪，选项B错误；如果从不同来源获取的审计证据或获取的不同性质的审计证据不一致，表明某项审计证据可能不可靠，注册会计师应当追加必要的审计程序，选项C正确；注册会计师可以考虑获取审计证据的成本与所获取信息的有用性之间的关系，但不应以获取审计证据的困难和成本为理由减少不可替代的审计程序，选项D错误。

5. 【答案】D
   【考点】审计证据的性质

【解析】注册会计师可以考虑获取审计证据的成本与所获取信息的有用性之间的关系，但不应以获取审计证据的困难和成本为理由减少不可替代的审计程序，选项 A 正确。审计证据既包括支持和佐证管理层认定的信息，也包括与这些认定相矛盾的信息。在某些情况下，信息的缺乏（如管理层拒绝提供注册会计师要求的声明）本身也构成审计证据，可以被注册会计师利用，选项 B 正确。在形成审计意见的过程中，注册会计师的大部分工作是获取和评价审计证据。为获取审计证据而实施的审计程序包括询问、检查、观察、函证、重新计算、重新执行和分析程序，选项 C 正确。不同来源获取的审计证据或获取的不同性质的审计证据不一致，表明某项审计证据可能不可靠，注册会计师应当追加审计程序进行调查（注意：并非简单地比较两个证据），选项 D 错误。

6. 【答案】C
   【考点】审计程序
   【解析】检查、观察、询问程序**都可以应用于审计的整个过程**中，选项 AB 错误，选项 C 正确；函证不仅仅局限于账户余额，也可以用于协议或条款等其他事项，选项 D 错误。

7. 【答案】C
   【考点】审计程序
   【解析】实质性程序旨在发现认定层次重大错报，包括细节测试和实质性分析程序（选项 B）；细节测试包括询问、观察、检查、函证（选项 A）、重新计算（选项 D）；**重新执行只能用于控制测试**，不属于细节测试，选项 C 当选。

8. 【答案】D
   【考点】函证的方式
   【解析】对于消极式询证函而言，未收到回函并不能明确表明预期的被询证者已经收到询证函或已经核实了询证函中包含信息的准确性，选项 D 错误；选项 ABC 表述正确。

9. 【答案】A
   【考点】询证函的设计
   【解析】影响函证可靠性的因素：①函证的方式；②以往审计或类似业务的经验（选项 B）；③拟函证信息的性质（选项 C）；④选择被询证者的适当性（选项 D）；⑤被询证者易于回函的信息类型。

10. 【答案】C
    【考点】函证的评价
    【解析】询证函需要经被审计单位盖章后，由注册会计师发出（注意：没有经过被审计单位盖章的询证函往往得不到被询证者的回复），选项 A 错误；询证函发出前，注册会计师需要对询证函上的信息进行充分核对，包括不限于核实询证函中正确填列被询证者直接向**注册会计师**回函的地址，而**不是被审计单位**的地址，选项 B 错误；注册会计师需要在整个过程中保持对询证函的控制，同时，对被审计单位和被询证者之间串通舞弊的风险保持警觉，选项 C 正确；为避免询证函被拦截、篡改等舞弊风险，在邮寄询证函时，注册会计师不应使用被审计单位本身的邮寄设施，而应**独立寄发**询证函，选项 D 错误。

二、多选题

11. 【答案】AD
    【考点】审计证据
    【解析】审计证据很少是结论性的，从性质上看大多是说服性的，选项 B 错误；审计证据既包括支持和佐证管理层认定的信息，也包括与这些认定相矛盾的信息，选项 C 错误；选项 AD 表述正确。

12. 【答案】ABD
    【考点】审计程序
    【解析】询问可以**书面或口头**方式进行，选项 C 错误；内部薄弱生成的证据可靠性较低，因此检查内部记录或文件时，其可靠性主要取决于生成该记录或文件的内部控制的有效性，选项 A 正确；选项 BD 表述正确。

13. 【答案】ABC
    【考点】函证的实施
    【解析】如果注册会计师认为取得积极式函证回函是获取充分、适当的审计证据的必要程序，则替代程序不能提供注册会计师所需要的审计证据。这些情况可能包括：①可获取的佐证管理层认定的信息只能从被审计单位外部获得（选项A）；②存在特定舞弊风险因素，例如，管理层凌驾于内部控制之上（选项B），员工和（或）管理层串通使注册会计师不能信赖从被审计单位获取的审计证据（选项C）。

14. 【答案】ACD

    【考点】函证决策

    【解析】在作出函证决策时，注册会计师**应当**考虑以下三个因素：①评估的认定层次重大错报风险（注意：认定层次重大错报风险又分为固有风险和控制风险）（选项A）；②函证程序针对的认定（注意：程序和认定有对应性，函证信息与特定认定的相关性需考虑）（选项C）；③实施除函证以外的其他审计程序。除上述三个因素外，注册会计师**还可以**考虑下列因素：①**预期被询证者对函证事项的了解**(注意：回函的人是被询证者，而非注册会计师，需要关注的是被询证者对函证事项的了解情况)（选项B错误）；②预期被询证者回复询证函的能力或意愿（选项D）；③预期被询证者的客观性。

15. 【答案】ABD

    【考点】函证决策

    【解析】注册会计师应当确定是否有必要实施函证以获取认定层次充分、适当的审计证据。在作出决策时，注册会计师应当考虑以下三个因素：①评估的认定层次重大错报风险。评估的认定层次重大错报风险水平越高，对获取的审计证据的相关性和可靠性的要求越高，函证程序越可能是有效的（选项A）；②函证程序针对的认定（选项B）；③实施除函证以外的其他审计程序。此外，注册会计师还应当考虑被审计单位的经营环境、内部控制的有效性、账户或交易的性质等，选项D正确。

16. 【答案】BD

    【考点】函证的评价

    【解析】口头答复不能作为函证的可靠的审计证据，函证是指注册会计师直接从第三方获取书面答复以作为审计证据的过程，必须获取书面回复，选项A正确；回函中格式化的免责条款**可能并不会影响**所确认信息的可靠性，**有可能削弱也有可能不削弱，但不可能增强**可靠性，选项B错误；如果被询证者将回函寄至被审计单位，被审计单位将其转交注册会计师，则该回函不能视为可靠的审计证据，在这种情况下，注册会计师可以要求被询证者直接书面回复，选项C正确；针对回函差异，注册会计师**应当**调查**不符事项**，以确定是否表明存在错报，选项D错误。

17. 【答案】ABC

    【考点】分析程序

    【解析】注册会计师实施分析程序的目的包括：①用作风险评估（注意：注册会计师无须在了解被审计单位及其环境、适用编制基础及内部控制体系各要素的各个方面实施分析程序）（选项A错误）；②用作实质性程序（注意：实质性分析程序是用以应对评估的认定层次重大错报风险而非财务报表层次重大错报风险）（选项C错误）；③在审计结束或临近结束时对财务报表进行复核，以确定财务报表整体是否与其对被审计单位的了解一致（选项D正确）。分析程序分析的是数据之间的内在关系，**控制测试一般不宜用分析程序**，选项B错误。

18. 【答案】ABD

    【考点】实质性分析程序

    【解析】实性分析程序通常适用于在一段时间存在预期关系的大量交易，如果数据之间不存在预期关系，注册会计师将无法运用实质性分析程序。根据借款合同约定，借款本金与利息支出之间存在预期关系，选项A正确；将已计提折旧费用除以固定资产原值所得到的比例与该类固定资产折旧年限、净残值等固定资产折旧政策之间存在预期关系，选项B正确；投资金额与最后可得到的收益可能不稳定，很难有一个理想的预期关系，选项C错误；房屋租赁收入可以通过租金水平、公寓数量和空置率来计算，属于在一段时期内存在预期关系的大量交易，选项 D 正确。

19. 【答案】CD
    【考点】实质性分析程序
    【解析】如果在期中实施了实质性程序，并计划针对剩余期间实施实质性分析程序，注册会计师应当考虑实质性分析程序对特定认定的适用性（选项 D）、数据的可靠性、评价预期值的准确程度以及可接受的差异额（选项 C），并评估这些因素如何影响针对剩余期间获取充分、适当的审计证据的能力。选项 AB 的说法张冠李戴，故错误。

20. 【答案】ABCD
    【考点】实质性分析程序
    【解析】注册会计师评估的重大错报风险越低，需要的审计数量越少，可接受的差异额越高，选项 A 正确；注册会计师在确定已记录金额与预期值之间可接受的且无须做进一步调查的差异额时受重要性、计划的保证水平和重大错报风险的影响，选项 BC 正确；可接受的差异额在确定时不能高于实际执行的重要性，应小于等于实际执行的重要性，选项 D 正确。

21. 【答案】AB
    【考点】分析程序
    【解析】在审计结束或临近结束时实施分析程序并非为了对特定账户余额和披露提供实质性的保证水平，不如实质性分析程序那样详细和具体，而往往集中在财务报表层次，选项 A 错误；在总体复核阶段实施分析程序主要在于强调并解释财务报表项目自上个会计期间以来发生的重大变化，以证实财报信息与注册会计师对被审计单位及其环境等方面情况的了解一致，选项 B 错误，选项 C 正确；在运用分析程序进行总体复核时，如果识别出以前未识别的重大错报风险，注册会计师应当重新考虑对全部或部分各类交易、账户余额或披露评估的风险是否恰当，并在此基础上重新评价之前计划的审计程序是否充分，是否有必要追加审计程序，选项 D 正确。

22. 【考点】舞弊风险迹象
    【答案】ABCD

【解析】实施函证时需要关注的舞弊风险迹象如下：①管理层**不允许寄发**询证函。②管理层试图**拦截**、**篡改**询证函或回函，**如坚持以特定的方式**发送询证函（选项 C）。③被询证者将回函寄至被审计单位，被审计单位将其**转交**注册会计师。④注册会计师**跟进**访问被询证者，发现回函信息与被询证者记录**不一致**。例如，对银行的跟进访问表明提供给注册会计师的银行函证结果与银行的账面记录不一致。⑤从**私人电子信箱**发送的回函（选项 D）。⑥收到**同一日期发回的**、**相同笔迹**的多份回函。⑦位于**不同地址**的多家被询证者的回函**邮戳**显示的发函地址**相同**。⑧收到**不同被询证者**用快递寄回的回函，但快递的交寄人或发件人是同一个人或是被审计单位的员工。⑨回函邮戳显示的发函地址与被审计单位记录的被询证者的**地址不一致**。⑩**不正常的回函率**。例如，银行函证未回函（选项 A）；与以前年度相比，回函率偏高或回函率重大变动；向被审计单位债权人发送的询证函回函率很低。⑪**被询证者缺乏独立性**。例如，被审计单位及其管理层能够对被询证者**施加重大影响**以使其向注册会计师提供虚假或误导信息（如被审计单位是被询证者**唯一或重要的客户或供应商**）；被询证者既是被审计单位资产的**保管人又是资产的管理者**（选项 B）。

23. 【答案】AC
    【考点】管理层要求不实施函证
    【解析】如果管理层不允许寄发询证函，那么注册会计师应当保持职业怀疑（选项 C），并询问管理层不允许寄发询证函的原因，并就其原因的正当性及合理性收集审计证据；评价管理层不允许寄发询证函对评估的相关重大错报风险（包括舞弊风险），以及其他审计程序的性质、时间安排和范围的影响；如果管理层要求合理，注册会计师应当实施替代程序，以获取相关、可靠的审计证据（选项 A）。选项 BD 并非注册会计师应当实施的事项。

24. 【答案】ABCD

【考点】实质性分析程序

【解析】运用实质性分析程序时，在评价预期值的准确程度时，应当考虑的因素包括：①对实质性分析程序的预期结果作出预测的准确性（选项A）；②信息可分解的程度（选项B）；③财务和非财务信息的可获得性（选项C）。**数据的可靠性直接影响根据数据形成的预期值的准确性，所以选项D也需要考虑。**

25. 【答案】ABC

【考点】通过电子函证方式发出询证函时采取的控制措施

【解析】对于第三方电子询证函平台，注册会计师需要考虑实施的评估程序包括但不限于：①评估第三方电子询证函平台聘请的信息安全认证机构或专业人员的胜任能力、专业素质和独立性，并记录相关评估过程、获取的证据和得出的结论（选项A）。②取得第三方电子询证函平台聘请的信息安全认证机构颁发的信息系统安全测评证书或专业人员出具的鉴证报告等由电子询证函平台定期公开发布的信息，了解第三方电子询证函平台及其所有者和运营商的组织架构，是否存在被监管机构处罚、涉诉信息等与电子询证函平台的独立性、安全可靠性等方面相关的信息，评估通过第三方电子询证函平台收发电子询证函是否可靠。同时，记录其依据信息安全认证机构颁发的信息系统安全测评证书或专业人员出具的鉴证报告来合理评估第三方电子询证函平台可靠性的过程、获取的证据及得出的结论（选项B）。③了解第三方电子询证函平台聘请的信息安全认证机构或专业人员测试的范围、实施的程序、程序涵盖的期间以及自实施程序以来的时间间隔，评估信息安全认证机构或专业人员的工作是否支持通过第三方电子询证函平台实施函证程序的可靠性（选项C）。评估第三方电子询证函平台可靠性的工作**通常在会计师事务所层面实施，无须由单个审计项目组来实施**，选项D错误。

三、简答题

26. 【考点】审计证据、函证

【答案】（1）不恰当。当证据相互矛盾时，A注册会计师应追加审计程序，确认委托加工材料收回后是否入库。

（2）不恰当。A注册会计师**应当**对银行存款实施函证程序，包含零余额账户和注销的账户，除非该银行账户对财务报表而言不重要且重大错报风险很低。

（3）不恰当。A注册会计师应当对剩余期间实施实质性程序。

（4）恰当。

（5）恰当。

27. 【考点】函证

【答案】（1）不恰当。注册会计师应对不符事项进行调查，以确定是否表明存在错报。管理层的口头解释不能作为可靠的审计证据。

（2）不恰当。询证函需经甲公司盖章后，由注册会计师直接发出。

（3）恰当。

（4）不恰当。该条款会影响回函的可靠性。

（5）不恰当。注册会计师如果不对应收账款实施函证，就应当在审计工作底稿中说明理由。

28. 【考点】分析程序

【答案】（1）不恰当。注册会计师需要核实分析所依据的数据的可靠性。

（2）不恰当。在临近审计结束时，应当运用分析程序对财务报表进行总体复核/总体复核分析程序是必要程序。

（3）不恰当。实质性分析程序通常更适用于在一段时间内存在预期关系的大量交易。

（4）恰当。（注意：该小问考查的是程序与认定的相关性，所实施的账龄分析与应收账款的准确性、计价和分摊认定是相关的，故恰当。）

（5）不恰当。注册会计师应当将实际差异额与可接受差异额进行对比，而不是财务报表的整体重要性。

第四章 审计抽样方法

真题共分两个模块,其一为知识点分册的例题模块,其二为习题分册的真题巩固模块,针对这两个模块,大家均需充分关注。

真题巩固

一、单选题

1. 【2019】在运用审计抽样实施细节测试时,下列情形中,对总体进行分层可以提高审计抽样效率的是（   ）。
   A. 总体规模较大　　B. 总体变异性较大
   C. 预计总体错报较高　D. 误拒风险较高

2. 【2017】下列有关控制测试的样本规模的说法中,错误的是（   ）。
   A. 可接受的信赖过度风险与样本规模反向变动
   B. 总体规模与样本规模反向变动
   C. 可容忍偏差率与样本规模反向变动
   D. 预计总体偏差率与样本规模同向变动

3. 【2015】下列有关抽样风险的说法中,错误的是（   ）。
   A. 在使用统计抽样时,注册会计师可以准确地计量和控制抽样风险
   B. 控制测试中的抽样风险包括误受风险和误拒风险
   C. 注册会计师可以通过扩大样本规模降低抽样风险
   D. 除非注册会计师对总体中所有的项目都实施检查,否则存在抽样风险

4. 【经典真题】下列各项中,不会导致非抽样风险的是（   ）。
   A. 注册会计师选择的总体不适合于测试目标
   B. 注册会计师未能适当地定义误差
   C. 注册会计师未对总体中的所有项目进行测试
   D. 注册会计师未能适当地评价审计发现的情况

二、多选题

5. 【2018】下列审计程序中,通常不宜使用审计抽样的有（   ）。
   A. 风险评估程序
   B. 对未留下运行轨迹的控制的运行有效性实施测试
   C. 对信息处理控制的运行有效性实施测试
   D. 实质性分析程序

6. 【2017】下列各项中,属于审计抽样基本特征的有（   ）。
   A. 对具有审计相关性的总体中低于百分之百的项目实施审计程序
   B. 可以根据样本项目的测试结果推断出有关抽样总体的结论
   C. 所有抽样单元都有被选取的机会
   D. 可以基于某一特征从总体中选出特定项目实施审计程序

7. 【经典真题】下列选取样本的方法中,可以在统计抽样中使用的有（   ）。
   A. 使用随机数表选样
   B. 随意选样
   C. 使用计算机辅助审计技术选样
   D. 系统选样

三、简答题

8. 【经典真题】A 注册会计师负责审计甲公司 2011 年度财务报表。甲公司 2011 年 12 月 31 日应收账款余额为 3 000 万元。A 注册会计师认为应收账款存在重大错报风险,决定选取金额较大以及风险较高的应收账款明细账户实施函证程序,选取的应收账款明细账户余额合计为 1 800 万元。相关事项如下:

鉴于对60%应收账款余额实施函证程序未发现错报，A注册会计师推断其余40%的应收账款余额也不存在错报，无须实施进一步审计程序。

要求：针对上述事项，指出甲公司审计项目组的做法是否恰当。如不恰当，简要说明理由。

四、综合题

9. 【2019】甲公司是ABC会计师事务所的常年审计客户，主要从事轨道交通车辆配套产品的生产和销售。A注册会计师负责审计甲公司2018年度财务报表，确定财务报表整体的重要性为1 000万元，实际执行的重要性为500万元。A注册会计师在审计工作底稿中记录了审计计划，部分内容摘录如下：

甲公司供应商数量多，采购交易量大。A注册会计师拟对采购与付款循环相关的财务报表项目实施综合性方案，采用随意抽样测试相关内部控制的运行有效性，采用货币单元抽样测试应付账款的准确性和完整性。

要求：假定不考虑其他条件，指出审计计划的内容是否恰当。如不恰当，简要说明理由。

10. 【2018】上市公司甲公司是ABC会计师事务所的常年审计客户，主要从事汽车的生产和销售。A注册会计师负责审计甲公司2017年度财务报表，确定财务报表整体的重要性为1 000万元，明显微小错报的临界值为30万元。A注册会计师在审计工作底稿中记录了审计计划，部分内容摘录如下：

A注册会计师在测试与销售收款相关的内部控制时识别出一项偏差，经查系员工舞弊所致，因追加样本量进行测试后未再识别出偏差，A注册会计师认为相关内部控制运行有效，并向管理层通报了该项舞弊。

要求：指出A注册会计师的做法是否恰当。如不恰当，简要说明理由。

11. 【2015】甲集团公司是ABC会计师事务所的常年审计客户，主要从事化妆品生产、批发和零售。A注册会计师负责审计甲集团公司2014年度财务报表，确定集团财务报表整体的重要性为600万元。

A注册会计师在审计工作底稿中记录了处理错报的相关情况，部分内容摘录如下：

（3）A注册会计师使用审计抽样对管理费用进行了测试，发现测试样本存在20万元错报。A注册会计师认为该错报不重大，同意管理层不予调整。

要求：指出A注册会计师的做法是否恰当。如不恰当，简要说明理由并提出改进建议。

参考答案及解析

一、单选题

1. 【答案】B
【考点】分层
【解析】如果总体项目存在重大的变异性，注册会计师可以考虑将总体分层。分层可以降低每一层中项目的变异性，从而在抽样风险没有成比例增加的前提下减小样本规模，提高审计效率，选项B正确。

2. 【答案】B
【考点】样本规模的考虑因素
【解析】除非总体非常小，一般而言，总体规模对样本规模的影响几乎为零，选项B错误；选项ACD表述正确。

3. 【答案】B
【考点】抽样风险
【解析】控制测试中的抽样风险包括信赖过度风险和信赖不足风险，选项B错误；选项ACD表述正确。（注意：在考题中，经常会出现张冠李戴的现象，考生一定要谨慎应对。）

4. 【答案】C
   【考点】非抽样风险
   【解析】可能导致非抽样风险的原因包括下列情况：①选择了不适于实现特定目标的审计程序；②选择的总体不适合于测试目标（选项 A）；③未能适当地定义误差（选项 B）；④未能适当地评价审计发现的情况（选项 D）。在审计抽样中，未对总体中的所有项目进行测试，属于导致抽样风险的情形，选项 C 当选。

二、多选题

5. 【答案】ABCD
   【考点】审计抽样的适用范围
   【解析】审计抽样不适用于风险评估和实质性分析程序，选项 AD 正确；对未留下运行轨迹的控制，注册会计师通常采用询问、观察等审计程序，以获取有关控制运行有效性的审计证据，此时不宜使用审计抽样，选项 B 正确；在被审计单位采用信息技术处理各类交易及其他信息时，注册会计师通常只需要测试信息技术一般控制和某一时点的信息处理控制的执行情况，不需使用审计抽样，选项 C 正确。

6. 【答案】ABC
   【考点】审计抽样的基本概念
   【解析】审计抽样是指注册会计师对具有审计相关性的总体中低于百分之百的项目实施审计程序，使所有抽样单元都有被选取的机会，为注册会计师针对整个总体得出结论提供合理基础。审计抽样应同时具备三个基本特征：①对具有审计相关性的总体中低于百分之百的项目实施审计程序；②所有抽样单元都有被选取的机会；③可以根据样本项目的测试结果推断出有关抽样总体的结论。选项 ABC 正确。**只选取某些特定项目实施审计程序，不是审计抽样**。在这种情形下，注册会计师只能针对这些特定项目得出结论，而不能根据特定项目的测试结果推断总体的特征，选项 D 错误。

7. 【答案】ACD
   【考点】选样方法
   【解析】使用随机数表选样、计算机辅助审计技术选样，以及系统选样，属于随机基础选样方法，即对总体的所有项目按随机规则选取样本，因而可以在统计抽样中使用，也可以在非统计抽样中使用，选项 ACD 当选。随意选样虽然也可以选出代表性样本，但它属于非随机基础选样方法，因而不能在统计抽样中使用，只能在非统计抽样中使用，选项 B 不选。

三、简答题

8. 【考点】审计抽样的基本概念
   【答案】不恰当。选取特定项目的方法不能以样本的测试结果推断至总体/仍然可能存在重大错报风险。（注意：该考点为高频考点。）

四、综合题

9. 【考点】货币单元抽样的缺点
   【答案】不恰当。货币单元抽样不适用于测试总体的低估/完整性。（注意：该考点为高频考点。）

10. 【考点】分析偏差的性质和原因
    【答案】不恰当。控制偏差系由舞弊导致，扩大样本规模通常无效/该内部控制无效。

11. 【考点】推断总体错报
    【答案】不恰当。理由：没有推断总体错报。改进建议：注册会计师应当使用在抽样中发现的样本错报去推断总体的错报金额/应针对推断的总体错报金额评价其是否重大。（注意：本题的要求提及"如不恰当，简要说明理由并提出改进建议"，因此，在不恰当的情况下，不仅需要提出理由，还需要说明改进建议。）

模拟自测

一、单选题

1. 下列关于抽样风险的说法中,正确的是( )。
   A. 控制测试中的抽样风险包括固有风险和控制风险
   B. 细节测试中的抽样风险包括信赖过度风险和信赖不足风险
   C. 信赖过度风险和误受风险影响审计效率
   D. 只要使用了审计抽样,抽样风险总会存在

2. 下列有关抽样风险的说法中,正确的是( )。
   A. 抽样风险是由抽样引起的,与样本规模相关
   B. 抽样风险是由于对低于总体百分之百的项目进行测试引起的,与抽样方法无关
   C. 抽样风险一定会影响审计意见
   D. 如果注册会计师不能准确地计量抽样风险,则不能使用审计抽样

3. 注册会计师在审计抽样时,可以使用统计抽样,也可以使用非统计抽样方法。下列属于统计抽样所独有的特征是( )。
   A. 在设计、选取和评价样本时需要运用职业判断
   B. 随机选取样本项目
   C. 在评价样本结果时,应考虑抽样风险
   D. 同时具备随机选取样本项目并运用概率论评价样本结果

4. 下列关于属性抽样和变量抽样的说法中,正确的是( )。
   A. 属性抽样是统计抽样方法
   B. 变量抽样是非统计抽样方法
   C. 属性抽样得出的结论与总体的金额相关
   D. 变量抽样得出的结论与总体发生率相关

5. 注册会计师在进行控制测试时决定使用统计抽样方法。下列选样方法中可以使用的是( )。
   A. 简单随机选样 B. 整群选样
   C. 随意选样 D. 货币单元抽样

6. 注册会计师采用审计抽样对被审计单位的某项控制进行测试,采用的是非统计抽样方法,推断的总体偏差率低于可容忍偏差率,但两者很接近。注册会计师做法正确的是( )。
   A. 出具非无保留意见的审计报告
   B. 认为实际的总体偏差率高于可容忍偏差率的可能性很高,因而总体不能接受
   C. 考虑是否需要扩大样本规模,进一步收集审计证据
   D. 直接接受总体

7. 如果注册会计师在控制测试中使用统计抽样方法,下列关于总体的判断,正确的是( )。
   A. 总体偏差率上限大于可容忍偏差率,则总体可以接受
   B. 总体偏差率上限等于可容忍偏差率,则总体可以接受
   C. 总体偏差率上限低于且不接近可容忍偏差率,则总体可以接受
   D. 总体偏差率上限低于但接近可容忍偏差率,则总体可以接受

8. 在细节测试中使用审计抽样时,下列关于影响样本规模的因素的说法中,正确的是( )。
   A. 可接受的误受风险越高,样本规模越大
   B. 可容忍错报越高,样本规模越大
   C. 在既定的可容忍错报下,预计总体错报越大,样本规模越大
   D. 总体规模会影响样本规模,两者成正比

9. 在细节测试中,注册会计师运用非统计抽样方法进行审计抽样。下列关于评价样本结果的说法中,正确的是( )。
   A. 如果推断的总体错报远远低于可容忍错报,则总体可以接受
   B. 如果推断的总体错报等于可容忍错报,则总体可以接受
   C. 如果推断的总体错报大于可容忍错报,但两者很接近,则总体可以接受
   D. 如果推断的总体错报小于可容忍错报,差距不大也不小时,总体可以接受

10. 下列关于货币单元抽样的说法中,正确的是( )。

A. 如果在账面金额大于选样间隔的逻辑单元中发现错报，则总体错报的上限等于降序的推断错报乘以相对保证系数增量的金额与基本精确度的累计额

B. 货币单元抽样通常比传统变量抽样更易于使用

C. 货币单元抽样是一种运用属性抽样原理对发生率而不是对货币金额得出结论的统计抽样方法

D. 如果在货币单元抽样中没有发现错报，则说明不存在错报

11. 下列属于货币单元抽样的优点的有（ ）。

A. 在确定样本规模时需要考虑总体的变异性

B. 当预计总体错报金额增加时，货币单元抽样所需要的样本规模通常会比传统变量抽样更大

C. 货币单元抽样可以自动识别所有单个重大项目

D. 对零余额或负余额的选取无须进行特殊考虑

二、多选题

12. 下列有关样本代表性的说法中，错误的有（ ）。

A. 代表性是指根据样本得出的结论与对整体总体实施相同的审计程序得出的结论相同

B. 如果样本的选取是无偏向的，则该样本通常就具备了代表性

C. 确定的样本规模越大，样本就越具有代表性

D. 代表性通常只与错报的发生率而非错报的特定性质相关

13. 注册会计师实施的下列审计程序中，通常不会涉及审计抽样的有（ ）。

A. 对内部控制进行穿行测试

B. 对留下运行轨迹的控制进行的控制测试

C. 总体复核阶段的分析程序

D. 细节测试

14. 下列有关选取特定测试项目的方法的说法中，错误的有（ ）。

A. 选取特定的项目进行测试，属于审计抽样的一种

B. 选取特定项目进行测试，可以根据特定项目的测试结果推断总体的特征

C. 选取特定项目进行测试，只要满足所有抽样单元都有被选取的机会，就可以适用于审计抽样

D. 选取特定项目进行测试，只能针对特定项目得出结论，不能根据特定项目的测试结果推断总体的特征

15. 下列关于抽样风险的表述中，正确的有（ ）。

A. 使用审计抽样时，抽样风险不会影响重大错报风险

B. 使用审计抽样时，审计风险可能受到非抽样风险的影响

C. 抽样风险是指注册会计师根据样本得出的结论，可能不同于对整个总体实施与样本相同的审计程序得出的结论的风险

D. 任何情况下，注册会计师都能准确地计量和控制抽样风险

16. 下列关于非抽样风险的表述中，正确的有（ ）。

A. 注册会计师即使对某类交易的所有项目实施审计程序，也可能未能发现重大错报

B. 非抽样风险是由人为因素造成的

C. 抽样风险和非抽样风险均难以进行量化

D. 非抽样风险越大，重大错报风险越小

17. 下列各项中，直接影响控制测试样本规模的因素有（ ）。

A. 可接受差异额

B. 拟测试总体的预期偏差率

C. 控制所影响账户的可容忍错报

D. 注册会计师在评估风险时对相关控制的依赖程度

18. 注册会计师在实施细节测试时，使用审计抽样方法。下列属于对总体的要求的有（ ）。

A. 适当性　　B. 完整性
C. 同质性　　D. 变异性

19. 下列项目中，可以作为抽样单元的有（ ）。

A. 单张发票

B. 销售发票上的单个项目

C. 应收账款明细账余额

D. 一个货币单元

20. 如果在细节测试中使用审计抽样，则注册会计师在确定可接受的误受风险水平时，需要

考虑的因素包括（　　）。
A. 注册会计师愿意接受的审计风险水平
B. 评估的重大错报风险水平
C. 针对同一审计目标的其他实质性程序的检查风险
D. 预计总体错报

21. 下列关于货币单元抽样的说法中，正确的有（　　）。
A. 货币单元抽样是运用属性抽样原理得出关于金额结论的非统计抽样方法
B. 货币单元抽样是以货币单元作为抽样单元
C. 总体中每个货币单元被选中的机会相同
D. 总体中某一项目被选中的机会相同

22. 在细节测试中运用传统变量抽样。下列关于常用方法的判断中，正确的有（　　）。
A. 如果未对总体进行分层，通常不使用均值法
B. 如果样本项目预计没有差异，应选择使用差额法
C. 如果发现错报金额与项目的金额紧密相关，通常选择比率法
D. 如果发现错报的金额与项目的数量紧密相关，通常选择差额法

23. 在细节测试中使用审计抽样时，注册会计师需要考虑预计总体错报对样本规模的影响。在确定预计总体错报时需要考虑的因素包括（　　）。
A. 被审计单位的经营状况和经营风险
B. 以前年度对交易类型进行测试的结果
C. 初始样本的测试结果
D. 相关实质性程序的结果

三、简答题

24. A 注册会计师负责审计甲公司 2024 年度财务报表。甲公司本年度银行存款账户数一直为 30 个。甲公司财务制度规定，每月月末由与银行存款核算不相关的财务人员 C 针对每个银行存款账户编制银行存款余额调节表。A 注册会计师决定运用统计抽样方法测试该项控制在全年的运行有效性。相关事项如下：
（1）在确定样本规模后，A 注册会计师采用简单随机选样的方式选取样本。选取的一个银行存款账户余额非常小，A 注册会计师将其放回，另选了一个余额较大的银行存款账户予以代替。
（2）在对选取的样本项目进行检查时，A 注册会计师发现其中一张银行存款余额调节表由甲公司银行存款出纳 D 代为编制，且无人复核，A 注册会计师复核后发现该表编制正确，不将其视为控制偏差。
（3）在对选取的样本项目进行检查后，A 注册会计师将样本中发现的偏差数量除以样本规模得出的数值作为该项控制运行总体偏差率的最佳估计。

要求：（1）计算确定总体规模。
（2）针对上述（1）至（3）项，假设上述事项互不关联，逐项指出 A 注册会计师的做法是否正确。如不正确，简要说明理由。

25. A 注册会计师负责审计甲公司 2024 年度财务报表。在针对销售费用的发生认定实施细节测试时，A 注册会计师决定采用传统变量抽样方法实施统计抽样，相关事项如下：
（1）A 注册会计师将抽样单元界定为销售费用总额中的每个货币单元。
（2）A 注册会计师将总体分成两层，使每层的均值大致相等。
（3）A 注册会计师在确定样本规模时不考虑销售费用账户的可容忍错报。
（4）A 注册会计师采用系统选样的方式选取样本项目进行检查。
（5）在对选中的一个样本项目进行检查时，A 注册会计师发现所附发票丢失，于是另选一个样本项目代替。
（6）甲公司 2024 年度销售费用账面金额合计为 75 000 000 元。A 注册会计师决定采用传统变量抽样中的差额估计抽样方法，确定的总体规模为 4 000，样本规模为 200，样本账面金额合计为 4 000 000 元，样本审定金额合计为 3 600 000 元。

要求：（1）针对上述（1）至（5）项，逐项指出 A 注册会计师的做法是否存在不当之处。如果存在不当之处，简要说明理由。
（2）在不考虑上述（1）至（5）项的情况下，针对上述第（6）项，计算销售费用错报金额的点估计值。

参考答案及解析

一、单选题

1. 【答案】D
   【考点】抽样风险
   【解析】控制测试中的抽样风险包括信赖过度风险和信赖不足风险,细节测试中的抽样风险包括误受风险和误拒风险,选项AB错误;信赖过度风险和误受风险影响审计效果,信赖不足风险和误拒风险影响审计效率,选项C错误。抽样风险是由抽样而引起的,所以,只要使用审计抽样,就会产生抽样风险,选项D正确。

2. 【答案】A
   【考点】抽样风险
   【解析】抽样风险是由抽样引起的,与样本规模和抽样方法相关,选项A正确,选项B错误;抽样风险在控制测试中可分为信赖过度风险和信赖不足风险,在细节测试中可分为误受风险和误拒风险,信赖过度风险和误受风险影响审计的效果,**选项C太绝对**,错误;统计抽样可以精确计量抽样风险,非统计抽样不可能精确计量抽样风险,但如果设计得当的话,也可以达到同样的效果,选项D错误。

3. 【答案】D
   【考点】统计抽样和非统计抽样
   【解析】统计抽样**同时**具备两个特征:①随机选取样本项目(选项B);②用概率论评价样本结果(选项D)。

4. 【答案】A
   【考点】属性抽样和变量抽样
   【解析】属性抽样和变量抽样都是统计抽样方法,选项A正确,选项B错误;属性抽样得出的结论与总体发生率有关,变量抽样得出的结论与总体的金额相关,选项CD错误。

5. 【答案】A
   【考点】选样方法

   【解析】简单随机选样在统计抽样和非统计抽样中均适用,选项A正确;整群选样通常不能在审计抽样中使用,选项B错误;随意选样仅适用于非统计抽样,选项C错误;货币单元抽样适用于在细节测试中使用统计抽样,选项D错误。

6. 【答案】B
   【考点】考虑抽样风险
   【解析】注册会计师在控制测试中采用非统计抽样,测试后发现总体偏差率低于可容忍偏差率,但两者很接近,注册会计师通常认为实际总体偏差率高于可容忍偏差率的抽样风险很高,因而总体不能接受,选项B正确,选项D错误;当差额不大不小时,注册会计师需考虑扩大样本规模或实施其他测试,以进一步收集证据,选项C错误;对某一项控制是否有效,并不能直接决定最终的审计意见,选项A错误。

7. 【答案】C
   【考点】考虑抽样风险
   【解析】如果总体偏差率上限大于或等于可容忍偏差率,则总体不能接受,选项AB错误;如果总体偏差率上限低于但接近可容忍偏差率,注册会计师应当结合其他审计程序的结果,**考虑是否接受总体,并考虑是否需要扩大测试范围**,以进一步证实计划评估的控制有效性和重大错报风险水平,选项D错误;选项C表述正确。

8. 【答案】C
   【考点】样本规模的考虑因素
   【解析】可接受的误受风险越高,样本规模越小,选项A错误;可容忍错报越高,样本规模越小,选项B错误;总体规模较大的情况下,对样本的影响几乎为零,选项D错误;选项C表述正确。

9. 【答案】A
   【考点】考虑抽样风险

【解析】如果推断的总体错报总额接近或超过可容忍错报，则总体不能接受，选项 BC 错误；当推断的总体错报跟可容忍错报的差距不大也不小时，注册会计师应当仔细考虑抽样风险，并可能通过扩大样本规模以降低抽样风险的影响，选项 D 错误；选项 A 表述正确。

10. 【答案】B
【考点】货币单元抽样
【解析】如果在账面金额大于选样间隔的逻辑单元中发现错报，则总体错报的上限等于事实错报与基本精确度的累计，选项 A 错误；货币单元抽样是一种运用属性抽样原理对货币金额而不是对发生率得出结论的统计抽样方法，选项 C 错误；即使不存在错报，由于抽样风险的存在，也不能证明该项目无错报，选项 D 错误；选项 B 表述正确。

11. 【答案】C
【考点】货币单元抽样的优点
【解析】货币单元抽样**无须考虑总体的变异性**，选项 A 错误；当预计总体错报增加时，货币单元抽样所需的样本规模也会增加，选项 B 虽然表述正确，**但属于货币单元抽样的缺点**，不选（注意审题）；在货币单元抽样中，对零余额和负余额的选取需要在设计时予以特别考虑，选项 D 错误；选项 C 表述正确。

二、多选题

12. 【答案】AC
【考点】样本代表性
【解析】代表性是指根据样本得出的结论与对整体总体实施相同的审计程序得出的结论"**相似**"，而非"**相同**"，选项 A 错误；**样本的代表性与样本规模无关，而与如何选取样本相关**，选项 C 错误；选项 BD 表述正确。

13. 【答案】AC
【考点】审计抽样的适用范围
【解析】选项 A 属于风险评估程序，而风险评估程序通常不涉及审计抽样，选项 A 当选；总体复核阶段的分析程序往往集中于报表层次，比较的内容、手段与风险评估阶段基本相同，因此也不适宜采用审计抽样，选项 C 当选；选项 BD 都可以使用审计抽样，不选。

14. 【答案】ABC
【考点】审计抽样的相关概念
【解析】选取特定项目实施审计程序进行测试，不是审计抽样，选项 A 错误；注册会计师选取特定项目实施审计程序，只能针对特定项目得出结论，而不能根据特定项目的测试结果推断总体的特征，选项 B 错误，选项 D 正确；如果只选取特定项目，那不符合特征的项目就没有机会被选到，也就不能满足所有抽样单元都有被选取的机会这一要求，不属于审计抽样，选项 C 错误。

15. 【答案】ABC
【考点】抽样风险
【解析】在非统计抽样中，注册会计师不能准确地计量抽样风险，选项 D 错误；虽然抽样在控制测试中的运用会影响**控制风险的评估**，从而影响重大错报风险的评估，但是选项 A 说的是"**重大错报风险**"，而审计是无法控制或降低该风险的，所以选项 A 正确；选项 BC 表述正确。

16. 【答案】AB
【考点】非抽样风险
【解析】统计抽样中，抽样风险可以量化，选项 C 错误；重大错报风险独立于审计而存在，是指财务报表在审计前存在重大错报的可能性，与审计无关，而非抽样风险往往是由注册会计师的人为因素造成的，二者之间没有直接的变动关系，选项 D 错误；选项 AB 表述正确。

17. 【答案】BD
【考点】样本规模的考虑因素
【解析】拟测试总体的预期偏差率与样本规模同向变动，注册会计师在评估风险时对相关控制的依赖程度与样本规模同向变动，选项 BD 正确；可接受差异额属于实质性分析程序中涉及的内容，与样本规模无关，选项 A 不选；可容忍错报是细节测试中考虑的内容，**通常是先做控制测试，再实施细节测试，所以并不是直接影响控制测试样本规模的影响因素**，选项 C 不选。

18. 【答案】AB

【考点】定义总体

【解析】在细节测试中使用审计抽样时,应确保总体的适当性和完整性,选项 AB 当选;同质性属于在控制测试中对总体的要求,选项 C 不选;变异性不属于对总体的要求,选项 D 不选。

19. 【答案】ABCD

【考点】定义抽样单元

【解析】抽样单元可能是一个账户、一笔交易或交易中的一个记录(如支票簿上列示的支票信息、银行对账单上的贷方记录、销售发票或应收账款余额),也可能是货币单元,四个选项均正确。

20. 【答案】ABC

【考点】可接受误受风险的考虑因素

【解析】在确定可接受的误受风险水平时,注册会计师需要考虑下列因素:①注册会计师愿意接受的审计风险水平(选项 A);②评估的重大错报风险水平(选项 B);③针对同一审计目标或特定认定的其他实质性程序的检查风险(选项 C)。选项 D 属于影响样本规模的因素,不选。

21. 【答案】BC

【考点】货币单元抽样

【解析】货币单元抽样属于统计抽样方法,选项 A 错误;在货币单元抽样中,总体中的每个货币单元被选中的机会相同,所以总体中的某一项目被选中的概率与该项目金额成正比,项目金额越大,被选中的概率就越大,选项 D 错误;选项 BC 表述正确。

22. 【答案】ACD

【考点】传统变量抽样

【解析】比率法和差额法都要求样本项目存在错报,**如果预计没有差异或只有少量差异,就不应使用比率法和差额法**,可以考虑均值法和货币单元抽样,选项 B 错误;选项 ACD 表述正确。

23. 【答案】ABCD

【考点】预计总体错报

【解析】注册会计师在运用职业判断确定预计错报时,应当考虑被审计单位的经营状况和经营风险(选项 A)、以前年度对账户余额或交易类型进行测试的结果(选项 B)、初始样本的测试结果(选项 C)、相关实质性程序的结果(选项 D),以及相关控制测试的结果或控制在会计期间的变化等因素。

三、简答题

24. 【考点】审计抽样在控制测试中的运用

【答案】(1) 总体规模 = 30×12 = 360(个)。

(2) 第(1)项,不正确。随机抽样应当遵循随机原则选取样本,不能更换样本。

第(2)项,不正确。出纳人员编制银行存款余额调节表,需要经过复核,未经复核说明内部控制未能得到有效执行,属于控制偏差。

第(3)项,正确。

25. 【考点】传统变量抽样

【答案】(1) 第(1)项,不恰当。抽样单元应为 2024 年度确认的每笔销售费用。

第(2)项,恰当。

第(3)项,不恰当。细节测试中采用传统抽样方法确定样本规模时需要考虑可容忍错报的影响。

第(4)项,恰当。

第(5)项,不恰当。不应另选一个样本项目代替,应当查明原因,或实施替代程序,或直接将其视为错报。

(2) [(3 600 000 - 4 000 000) ÷ 200] × 4 000 = -8 000 000

第五章 信息技术对审计的影响

真题共分两个模块,其一为知识点分册的例题模块,其二为习题分册的真题巩固模块,针对这两个模块,大家均需充分关注。

真题巩固

一、单选题

1.【2019】下列有关信息技术对审计的影响的说法中,错误的是(　　)。
A. 被审计单位对信息技术的运用不改变注册会计师制定审计目标、进行风险评估和了解内部控制的原则性要求
B. 被审计单位对信息技术的运用影响审计内容
C. 被审计单位对信息技术的运用影响注册会计师需要获取的审计证据的性质
D. 被审计单位对信息技术的运用不影响注册会计师需要获取的审计证据的数量

2.【2016】下列有关注册会计师评估被审计单位信息系统的复杂度的说法中,错误的是(　　)。
A. 信息技术环境复杂,意味着信息系统也是复杂的
B. 评估信息系统的复杂度,需要考虑系统生成的交易数量
C. 评估信息系统的复杂度,需要考虑系统中进行的复杂计算的数量
D. 对信息系统复杂度的评估,受被审计单位所使用的系统类型的影响

参考答案及解析

一、单选题

1.【答案】D
【考点】信息技术对审计的影响
【解析】信息技术在企业中的应用并**不改变注册会计师制定审计目标、进行风险评估和了解内部控制的原则性要求**,审计准则和财务报告审计目标在所有情况下都适用,选项A正确;被审计单位对信息技术的运用**影响**审计内容,信息化环境下审计的内容,包括对信息化系统的处理和相关控制功能的审查,选项B正确;被审计单位对信息技术的运用**影响**注册会计师需要获取的审计证据的性质(以前大部分证据都是纸质的,在信息化环境下,现在很多证据都是电子或其他形式的),选项C正确;被审计单位对信息技术的运用**影响**注册会计师需要获取的审计证据的数量(注册会计师通过利用计算机辅助审计技术能够提高审阅大量交易的效率,且不会受到过度劳累的影响,从而可以获取更多的审计证据),选项D错误。

2.【答案】A
【考点】信息技术审计范围的确定
【解析】信息技术环境复杂并不一定意味着信息系统是复杂的,反之亦然,选项A错误。评价信息系统的复杂程度应当考虑系统复杂程度、系统实施和运行所需的参数设置范围,以及客制化程度。同时,还需要考虑系统生成的交易数量(选项B)、信息和复杂计算的数量(选项C)。与评估业务流程的复杂程度相似,对企业信息系统复杂程度的评估也不是一个纯粹的客观过程,包含大量的职业判断,也受所使用的系统类型(如商业软件和自行研发系统)的影响,选项D正确。

模拟自测

一、单选题

1. 下列有关注册会计师在信息化环境下面临的挑战的说法中,错误的是(   )。
   A. 在信息化环境下,会计核算与财务报告是由信息系统通过程序进行自动化处理的,因此审计内容很有可能包括对信息系统中相关自动化控制的测试
   B. 在信息化环境下,注册会计师需要决定是否对信息技术一般控制及信息处理控制进行了解,从而增加了审计工作的复杂度
   C. 在信息加工处理方面,信息系统封装了信息处理的过程,其内部处理逻辑、运算的中间过程,对系统的用户而言往往是独立的,传统的审计线索全面隐性化
   D. 面对海量的交易、数据和财务信息,传统的审计技术在抽样针对性和样本覆盖程度方面的局限性越来越突出

2. 下列有关信息技术对审计过程的影响的说法中,错误的是(   )。
   A. 在信息化环境下,从业务数据的具体处理过程到报表的输出都由计算机按照程序指令完成,数据均保存在磁性介质上,从而会影响到审计线索
   B. 注册会计师需要掌握相关信息技术,把信息技术当作一种有用的审计工具
   C. 在信息化条件下,由于信息化的特点,审计内容发生了相应的变化
   D. 信息技术在被审计单位的应用,不改变注册会计师对知识和技能的熟悉和掌握

3. 下列有关信息技术对审计过程的影响的说法中,错误的是(   )。
   A. 信息技术在企业中的应用并不改变风险评估的原则性要求
   B. 信息技术不改变注册会计师制定审计目标
   C. 即使针对某一具体审计目标,注册会计师能够识别出有效的信息处理控制,并且通过测试确定其运行有效后,注册会计师也不能减少相应的实质性程序的范围
   D. 无论被审计单位运用信息技术的程度如何,注册会计师均需了解与审计相关的信息技术一般控制和信息处理控制

4. 以下关于在不太复杂的IT环境下的审计的说法中,错误的是(   )。
   A. 无须"穿过计算机进行审计"
   B. 可以"绕过计算机进行审计",因此无须了解和测试信息技术一般控制和信息处理控制
   C. 不依赖信息技术一般控制和信息处理控制来降低评估的控制风险水平
   D. 更多的审计工作将依赖非信息技术类审计方法

5. 对于审计而言,数据分析是注册会计师获取审计证据的一种手段,下列关于数据分析的作用的说法中,错误的是(   )。
   A. 数据分析帮助注册会计师在运用审计抽样技术时对抽出的样本进行检查,能在很大程度上提高审计的效率和效果
   B. 数据分析可以帮助注册会计师通过对业务数据、财务数据和非财务数据进行多维度的分析,精准有效地识别异常情况,从而为审计提供方向和思路
   C. 利用数据分析技术,可以进行持续的审计和监控,及时识别出偏差
   D. 数据分析可以提供含有丰富内容的可视化图表和颗粒度更细的信息,从而提升审计的附加价值

二、多选题

6. 自动化控制可以分为多个层面。以下关于各层面内容及关系的表述中,错误的有(   )。
   A. 公司层面的控制是最高层次的控制,决定了整体控制环境

B. 一般控制和信息处理控制相辅相成，互相制约

C. 注册会计师更应关注一般控制，因为只要一般控制有效，信息处理控制就能有效运行

D. 信息处理控制是信息技术一般控制的基础

7. 系统自动控制关注的要素包括（　　）。

　A. 程序和数据访问

　B. 完整性

　C. 信息技术外包管理

　D. 准确性

8. 下列关于一般控制和公司层面控制的说法中，正确的有（　　）。

　A. 信息技术一般控制通常会对实现部分或全部财务报表认定作出直接贡献

　B. 信息技术一般控制可能对实现信息处理目标和财务报表认定作出直接贡献

　C. 公司层面信息技术控制决定了信息技术一般控制和信息处理控制的风险基调

　D. 信息安全和风险管理属于公司层面信息技术控制

9. 自动化控制能为企业带来的好处有（　　）。

　A. 自动化控制能够有效处理大量交易及数据

　B. 自动化控制更容易被绕过

　C. 自动化信息系统可以提高管理层对企业业务活动及相关政策的监督水平

　D. 自动化信息系统、数据库及操作系统的相关安全控制可以实现有效的职责分离

10. 数据分析是注册会计师在计划和执行审计工作阶段运用的一种方法，可以应用数据分析方法的审计阶段有（　　）。

　A. 风险评估阶段

　B. 了解内部控制

　C. 测试内部控制

　D. 实质性分析程序

11. 注册会计师在审计过程中运用数据分析，面临的主要挑战有（　　）。

　A. 审计证据的数字化程度

　B. 电子数据的可获得性

　C. 数据标准的统一

　D. 被审计单位的信息技术一般控制存在缺陷

参考答案及解析

一、单选题

1. 【答案】B

【考点】注册会计师在信息化环境下面临的挑战

【解析】注册会计师在执行审计业务时面临来自信息化环境的众多挑战，主要体现在以下方面：①对业务流程开展和内部控制运作的理解；②对信息系统相关审计风险的认识；③审计范围的确定；④审计内容的变化（选项A）；⑤审计线索的隐性化（选项C）；⑥审计技术改进的必要性（选项D）；⑦有待优化的知识结构；⑧与专业团队的充分协助。**无论被审计单位运用信息技术的程度如何，注册会计师均需了解与审计相关的信息技术**一般控制和信息处理控制，选项B错误。

2. 【答案】D

【考点】信息技术对审计的影响

【解析】信息技术对审计过程的影响主要体现在以下几个方面：①对审计线索的影响（选项A）；②对审计技术手段的影响（选项B）；③对内部控制的影响；④对审计内容的影响（选项C）；⑤对注册会计师的影响。信息技术在被审计单位的广泛应用要求注册会计师一定要具备相关信息技术方面的知识。因此，注册会计师要成为知识全面的复合型人才，不仅要有丰富的会计、审计、经济、法律、管理等方面的知识和技能，还需要熟悉信息系统的应用技术、结构和运行原理，有必要对信息化环境下的内部控制作出

适当的评价。因此，注册会计师必须对系统内的风险和控制都非常熟悉，才能对审计的策略、范围、方法和手段作出相应的调整，以获取充分、适当的审计证据，支持发表的审计意见，选项 D 错误。（注意：信息技术在企业中的应用不改变注册会计师制定审计目标、进行风险评估和了解内部控制的原则性要求，除此之外的其他内容均会受到信息技术的影响。）

3. 【答案】C
【考点】信息技术对审计的影响
【解析】信息技术在企业中的应用不改变注册会计师制定审计目标、进行风险评估和了解内部控制的原则性要求，选项 AB 正确；如果针对某一具体审计目标，注册会计师能够识别出有效的信息处理控制，那么在通过测试确定其运行有效后，注册会计师是**能够减少**实质性程序的范围的，选项 C 错误；无论被审计单位运用信息技术的程度如何，注册会计师均需了解与审计相关的信息技术一般控制和信息处理控制，选项 D 正确。

4. 【答案】B
【考点】IT 环境下的审计
【解析】在不太复杂的 IT 环境下，注册会计师**仍然需要了解**信息技术一般控制和信息处理控制，选项 B 错误；在不太复杂的 IT 环境下，注册会计师采取的是"绕过计算机进行审计"的传统方式，不依赖信息技术一般控制和信息处理控制来降低评估的控制风险水平，更多的审计工作将依赖非信息技术类审计方法，选项 ACD 说法正确。

5. 【答案】A
【考点】数据分析的作用
【解析】选项 A 错误，数据分析能够帮助注册会计师以快速、低成本的方式对被审计单位的整套完整数据进行检查，**而非运用抽样技术对抽出的样本数据进行检查**。数据分析能够在很大程度上提高审计的效率和效果。

二、多选题

6. 【答案】BCD

【考点】信息技术一般控制、信息处理控制与公司层面控制三者之间的关系
【解析】信息技术**一般控制是基础**，信息技术一般控制的有效与否会直接关系到信息处理控制的有效性是否能够信任，选项 BD 错误；即使一般控制有效，也不能保证信息处理控制有效运行，仍需经过了解和评估，选项 C 错误；**公司层面信息技术控制**是公司信息技术整体控制环境，决定了信息技术一般控制和信息处理控制的风险**基调**，选项 A 正确。

7. 【答案】BD
【考点】信息处理控制
【解析】系统自动控制关注的要素包括完整性（选项 B）、准确性（选项 D）、存在和发生。其中完整性是指系统处理数据的完整性；准确性是指系统运算逻辑的准确性；存在和发生是指信息系统相关的逻辑校验控制。选项 A 属于一般控制；选项 C 属于公司层面控制。（注意：考生应能区分三个层次各自的内容，不要张冠李戴。）

8. 【答案】BCD
【考点】信息技术的一般控制
【解析】信息技术一般控制**通常**会对实现部分或全部财务报表认定作出间接贡献，选项 A 错误。在有些情况下，信息技术一般控制**也可能**对实现信息处理目标和财务报表认定作出直接贡献，选项 B 正确。公司层面信息技术控制是公司信息技术整体控制环境，决定了信息技术一般控制和信息处理控制的风险基调，选项 C 正确。常见的公司层面信息技术控制包括但不限于：①信息技术规划的制定；②信息技术年度计划的制定；③信息技术内部审计机制的建立；④信息技术外包管理；⑤信息技术预算管理；⑥信息安全和风险管理（选项 D）；⑦信息技术应急预案的制定；⑧信息系统架构和信息技术复杂性。

9. 【答案】ACD
【考点】信息技术对审计的影响
【解析】概括地讲，自动化控制能为企业带来以下好处：①自动化控制能够有效处理大量交易及数据，因为自动化信息系统可以提

供与企业规则一致的系统处理方法（选项 A）；②自动化控制**比较不容易**被绕过（选项 B 错误）；③自动化信息系统、数据库及操作系统的相关安全控制可以实现有效的职责分离（选项 D）；④自动化信息系统可以提高信息的及时性、准确性，并使信息变得更易获取；⑤自动化信息系统可以提高管理层对企业业务活动及相关政策的监督水平（选项 C）。

10. 【答案】 ABCD
    【考点】 数据分析的基本步骤
    【解析】 数据分析可应用于审计的不同阶段，如风险评估、了解和测试内部控制、实质性程序等。

11. 【答案】 ABCD
    【考点】 数据分析面临的主要挑战
    【解析】 数据分析面临着许多挑战，主要包括：①审计对象信息或审计证据的数字化程度；②电子数据的可获得性；③数据标准的统一；④被审计单位的信息技术一般控制和信息处理控制存在缺陷。

第六章　审计工作底稿

真题共分两个模块，其一为知识点分册的例题模块，其二为习题分册的真题巩固模块，针对这两个模块，大家均需充分关注。

真题巩固

一、单选题

1. 【经典真题】在某些例外情况下，如果在审计报告日后实施了新的或追加的审计程序，或者得出新的结论，应当形成相应的审计工作底稿。下列各项中，无需包括在审计工作底稿中的是（　　）。
   A. 有关例外情况的记录
   B. 实施的新的或追加的审计程序、获取的审计证据、得出的结论及对审计报告的影响
   C. 对审计工作底稿作出相应变动的时间和人员，以及复核的时间和人员
   D. 审计报告日后，修改后的被审计单位财务报表草稿

2. 【经典真题】在对营业收入进行细节测试时，注册会计师对顺序编号的销售发票进行了检查。针对所检查的销售发票，注册会计师记录的识别特征通常是（　　）。
   A. 销售发票的开具人　B. 销售发票的编号
   C. 销售发票的金额　　D. 销售发票的付款人

二、多选题

3. 【经典真题】编制的审计工作底稿应当使未曾接触该项审计工作的有经验的专业人士清楚了解审计程序、审计证据和重大审计结论。下列条件中，有经验的专业人士应当具备的资质有（　　）。
   A. 了解相关法律法规和审计准则的规定
   B. 在会计师事务所长期从事审计工作
   C. 了解与甲公司所处行业相关的会计和审计问题
   D. 了解注册会计师的审计过程

4. 【经典真题】在编制重大事项概要时，下列内容中属于重大事项的有（　　）。
   A. 重大关联方交易
   B. 异常或超出正常经营过程的重大交易
   C. 导致注册会计师难以实施必要审计程序的情形
   D. 导致注册会计师出具非无保留意见的事项

5. 【经典真题】在确定审计工作底稿的格式、内容和范围时，注册会计师应当考虑的主要因素有（　　）。
   A. 编制审计工作底稿使用的文字
   B. 审计工作底稿的归档期限
   C. 实施审计程序的性质
   D. 已获取审计证据的重要程度

三、简答题

6. 【2017】ABC会计师事务所的A注册会计师负责审计多家被审计单位2016年度财务报表。与审计工作底稿相关的部分事项如下：
   （1）因无法获取充分、适当的审计证据，A注册会计师在2017年2月28日终止了甲公司2016年度财务报表审计业务。考虑到该业务可能重新启动，A注册会计师未将审计工作底稿归档。
   （2）A注册会计师在出具乙公司2016年度审计报告日次日收到一份应收账款询证函回函，确认金额无误后将其归入审计工作底稿，未删除记录替代程序的原审计工作底稿。
   （3）在将丙公司2016年度财务报表审计工作底稿归档后，A注册会计师知悉丙公司已于2017年4月清算并注销，认为无须保留与丙公司相关的审计档案，决定销毁。
   （4）A注册会计师在丁公司2016年度审计工作底稿归档后，收到管理层寄回的书面声明原件，与已归档的传真件核对一致后，直

接将其归入审计档案。

（5）A 注册会计师获取了丁公司 2016 年年度报告的最终版本，阅读和考虑年度报告中的其他信息后，通过在年度报告封面上注明"已阅读"作为已执行工作的记录。

要求：针对上述第（1）至第（5）项，逐项指出 A 注册会计师的做法是否恰当。如恰当，简要说明理由。

参考答案及解析

一、单选题

1. 【答案】D
   【考点】不包括在审计工作底稿中的内容
   【解析】审计工作底稿应当清晰记录相关的例外情况、实施的新的或追加的审计程序、获取的审计证据、得出的结论以及对审计报告的影响。因此，选项 AB 不选。在完成最终审计档案的归整工作后，如果发现有必要修改现有审计工作底稿或增加新的审计工作底稿，无论修改或增加的性质如何，注册会计师均应当记录下列事项：①修改或增加审计工作底稿的理由；②修改或增加审计工作底稿的时间和人员，以及复核的时间和人员。因此，选项 C 不选。审计工作底稿通常不包括的内容有：①已被取代的审计工作底稿的草稿或财务报表的草稿（选项 D）；②反映不全面或初步思考的记录；③存在印刷错误或其他错误而作废的文本；④重复的文件、记录等。

2. 【答案】B
   【考点】识别特征
   【解析】识别特征是被测试的项目或事项表现出来的征象或标志。对审计测试的某一个具体项目或事项而言，识别特征通常具有唯一性。销售发票是甲公司内部生成的原始记录，甲公司按照内部控制设计的要求应当对销售发票实施连续编号控制。因此，销售发票的编号符合识别特征唯一性标志。选项 B 正确，选项 ACD 错误。

二、多选题

3. 【答案】ACD
   【考点】有经验的专业人士
   【解析】有经验的专业人士是指会计师事务所内部或外部的具有审计实务经验，并且对下列方面有合理了解的人士：①审计过程（选项 D）；②审计准则和相关法律法规的规定（选项 A）；③被审计单位所处的经营环境；④与被审计单位所处行业相关的会计和审计问题（选项 C）。选项 ACD 正确，当选。**专业人士不一定是在会计师事务所长期从事审计工作的人士**，选项 B 错误。

4. 【答案】ABCD
   【考点】重大事项
   【解析】重大事项通常包括：①引起特别风险的事项（选项 AB）；②实施审计程序的结果表明财务信息可能存在重大错报，或需要修正以前对重大错报风险的评估和针对这些风险拟采取的应对措施；③导致注册会计师难以实施必要审计程序的情形（选项 C）；④可能导致在审计报告中发表非无保留意见或者增加强调事项段落的事项（选项 D）。

5. 【答案】CD
   【考点】审计工作底稿的格式、要素和范围
   【解析】注册会计师在确定审计工作底稿的格式、要素和范围时，应当考虑下列因素：①被审计单位的规模和复杂程度；②拟实施审计程序的性质（选项 C）；③识别出的重大错报风险；④已获取审计证据的重要程度（选项 D）；⑤识别出的例外事项的性质和范围；⑥当从已执行审计工作或获取审计证据的记录中不易确定结论或结论的基础时，记录结论或结论基础的必要性；⑦审计方法和使用的工具。使用的文字、归档期限不是审计工作底稿主要的考虑因素，因此选项 AB 不选。

三、简答题

6.【考点】审计工作底稿
【答案】（1）不恰当。应在业务中止后的 60 天内归档/业务中止也应归档。
（2）恰当。
（3）不恰当。会计师事务所应当自审计报告日起对审计工作底稿至少保存 10 年/在规定保存期届满前，**不应删除或废止任何性质的审计工作底稿**。
（4）不恰当。**应当记录对已归档审计工作底稿的修改或增加/应当记录修改或增加审计工作底稿的理由/应当记录修改或增加审计工作底稿的时间和人员/应当记录复核的时间和人员。**
（5）不恰当。**应当记录实施的具体程序/应当记录阅读和考虑的程序。**

模拟自测

一、单选题

1. 注册会计师正在进行归档工作，下列做法中，错误的是（　　）。
   A. 剔除底稿中重复的文件
   B. 更换印刷错误的文件
   C. 将电子文档打印后与电子文档记录一并归档
   D. 审计业务约定书作为业务合同，由行政部门单独保管，以备查询

2. 审计工作底稿的用途不包括（　　）。
   A. 便于监管机构对会计师事务所实施执业质量检查
   B. 便于会计师事务所实施项目质量复核与检查
   C. 替代被审计单位的会计记录
   D. 有助于项目组计划和执行审计工作

3. 下列各项中，不属于注册会计师编制审计工作底稿的目的的是（　　）。
   A. 在会计师事务所因执业质量而涉及诉讼或有关监管机构进行执业质量检查时，审计工作底稿能够提供证据
   B. 审计工作底稿提供了审计工作实际执行情况的记录，是形成审计报告的基础
   C. 证明注册会计师按照审计准则的规定，计划和执行了审计工作
   D. 审计工作底稿有助于为正在进行诉讼的被审计单位提供证据

4. 以下各项中，注册会计师应将其作为审计底稿组成部分的是（　　）。
   A. 注册会计师与被审计单位就重大事项的往来的电子邮件
   B. 递延所得税计算表初稿
   C. 注册会计师针对某重大事项初步思考的记录
   D. 重复复印的重要合同

5. 下列选项中，通常不属于审计工作底稿要素的是（　　）。
   A. 审计工作底稿的标题
   B. 审计过程记录
   C. 项目质量复核人员及其复核的日期与范围
   D. 审计结论

6. 下列关于对审计工作底稿的归档和保存的表述中，正确的是（　　）。
   A. 在完成最终审计档案的归整工作后，可以修改现有审计工作底稿，但不能增加新的审计工作底稿
   B. 在审计报告日后将审计工作底稿归整为最终审计工作档案，可能涉及实施新的审计程

序或得出新的审计结论

C. 如果注册会计师未能完成审计业务，此时不存在审计报告，相关审计工作底稿无须进行归档整理和保存

D. 在完成最终审计档案的归整工作后，在规定的保存期限届满前，不得删除或废弃任何性质的审计工作底稿

7. 针对审计工作底稿的归档期限和保存期限，以下说法中，错误的是（　　）。

A. 在审计工作底稿归档后就不能删除审计工作底稿

B. 审计工作底稿的保存期限可以是 15 年

C. 在审计报告日后将审计工作底稿归整为最终审计档案是一项事务性的工作，不涉及实施新的审计程序或得出新的结论

D. 审计报告日后，发现例外情况要求注册会计师实施新的或追加审计程序，或导致注册会计师得出新的结论时，注册会计师应当修改现有审计工作底稿或增加新的审计工作底稿

二、多选题

8. 以下关于审计工作底稿的表述中，不正确的有（　　）。

A. 审计工作底稿是指注册会计师对制定的审计计划、实施的审计程序、获取的相关审计证据，以及得出的审计结论作出的记录

B. 审计证据是审计工作底稿的载体

C. 审计工作底稿是出具审计报告的基础

D. 审计工作底稿形成于审计结束后

9. 在确定审计工作底稿的格式、要素和范围时，注册会计师无须考虑的因素有（　　）。

A. 已获取审计证据的重要程度

B. 识别出的例外事项的性质和范围

C. 审计程序的时间安排和范围

D. 审计报告的日期

10. 下列各项中，在注册会计师记录已实施的审计程序的性质、时间安排和范围时，应当记录的事项有（　　）。

A. 测试的具体项目或事项的识别特征

B. 引起特别风险的事项

C. 重大事项概要

D. 针对重大事项如何处理不一致的情况

11. 在编制审计工作底稿时，注册会计师应当根据具体情况判断某一事项是否属于重大事项。重大事项通常包括（　　）。

A. 导致在审计报告增加强调事项段的事项

B. 管理层篡改期末财务数据

C. 应收账款与应收票据可能存在小额分类错报

D. 导致注册会计师难以实施必要审计程序的情形

三、简答题

12. A 注册会计师负责对甲公司 2023 年度财务报表进行审计。与审计工作底稿相关的部分事项如下：

（1）A 注册会计师将审计证据记录在电子底稿中，但未将其打印出来。

（2）对被审计单位未留有运行轨迹的内部控制活动，A 注册会计师采用了观察和询问的程序进行测试。在形成审计工作底稿时，A 注册会计师以观察的时间、被观察人员的姓名和岗位为识别特征。

（3）A 注册会计师在审计过程中无法就具有高度不确定性的会计估计的相关披露获取充分、适当的审计证据，因此出具了保留意见的审计报告。A 注册会计师将该事项作为重大事项记录在审计工作底稿中。

（4）审计报告日期为 2024 年 4 月 18 日。A 注册会计师于 2024 年 4 月 20 日将审计报告提交给甲公司管理层，并于 2024 年 6 月 10 日完成审计工作底稿的归档工作。

（5）对存在多页合并编制在同一索引号中的应收账款明细表，A 注册会计师仅在第一页记录了执行人员，并标注了日期。

要求：针对上述第（1）至第（5）项，逐项指出 A 注册会计师的做法是否恰当。如不恰当，简要说明理由。

13. A 注册会计师承接甲公司 2023 年财务报表审计。有关审计工作底稿的相关事项如下：

（1）A 注册会计师于期中对被审计单位的内

部控制实施了控制测试。在剩余期间，由于内控发生重大变化，A 注册会计师于期末再次进行测试。两次测试结果都表明内部控制运行有效，A 注册会计师仅保留了期末测试的审计工作底稿。

（2）对需要询问被审计单位中特定人员的审计程序，A 注册会计师将被询问者的姓名作为识别特征记录于审计工作底稿之中。

（3）A 注册会计师在审计工作底稿归档过程中，对各项工作的完成情况核对表逐一签字确认。

（4）审计工作底稿归档后，A 注册会计师发现了某项审计程序在底稿中的记录存在错误，于是将该错误修正，生成新的工作底稿以替换原错误底稿。

（5）A 注册会计师对一笔期末大额采购业务的真实性产生怀疑，通过分辨发票的真伪、检查合同文件，未发现异常。A 注册会计师仅将在税务系统中对发票的核实结果记录在审计工作底稿中。

要求：针对上述第（1）至第（5）项，逐项指出 A 注册会计师的做法是否恰当。如不恰当，简要说明理由。

参考答案及解析

一、单选题

1. 【答案】D
   【考点】审计工作底稿的性质
   【解析】重复的文件、印刷错误的文件属于审计工作底稿不包含的内容，选项 AB 正确；**各种介质的资料可以互相转换，但均需保存**，选项 C 正确；业务约定书属于审计工作底稿包含的内容，**应与其他审计工作底稿一起归档**，选项 D 单独保管的说法错误。

2. 【答案】C
   【考点】审计工作底稿的编制目的
   【解析】**工作底稿不能代替被审计单位的会计记录**，选项 C 错误。注册会计师应当及时编制审计工作底稿，以实现下列目的：①提供证据，作为注册会计师得出实现总体目标结论的基础；②提供证据，证明注册会计师已按照审计准则和相关法律法规的规定，计划和执行了审计工作。除上述目的外，编制审计工作底稿还可以实现下列目的：①有助于项目组计划和执行审计工作（选项 D）；②有助于负责督导的项目组成员按照《中国注册会计师审计准则第 1121 号——对财务报表审计实施的质量管理》的规定，履行指导、监督与复核审计工作的责任；③便于项目组说明其执行审计工作的情况；④保留对未来审计工作持续产生重大影响的事项的记录；⑤便于会计师事务所实施项目质量复核、其他类型的项目复核，以及质量管理体系中的监控活动（选项 B）；⑥便于监管机构和注册会计师协会根据相关法律法规或其他相关要求，对会计师事务所实施执业质量检查（选项 A）。

3. 【答案】D
   【考点】审计工作底稿的编制目的
   【解析】审计工作底稿在计划和执行审计工作中发挥着关键作用。它提供了审计工作底稿审计工作实际执行情况的记录，是形成审计报告的基础，选项 B 正确；可用于项目质量复核，监督会计师事务所对审计准则的遵循情况以及第三方的检查等，选项 A 正确；在会计师事务所执业质量而涉及诉讼，或有关监管机构进行执业质量检查时，审计工作底稿能够提供证据，证明会计师事务所是否按照《中国注册会计师审计准则》的规定执行了审计工作，选项 C 正确；会计师事务所因执业质量而涉及诉讼时，审计工作底稿能够提供证据，**但不能为被审计单位提供证**

据，选项 D 错误。

4. 【答案】A
   【考点】审计工作底稿的性质
   【解析】审计工作底稿通常不包括：①已被取代的审计工作底稿的草稿或财务报表的草稿（选项 B）；②反映不全面或初步思考的记录（选项 C）；③存在印刷错误或其他错误而作废的文本；④重复的文件、记录等（选项 D）。由于这些草稿、错误的文本或重复的文件记录不直接构成审计结论和审计意见的支持性证据，因此，注册会计师通常无须保留这些记录。选项 A 属于审计工作底稿中包含的内容。

5. 【答案】C
   【考点】审计工作底稿的要素
   【解析】审计工作底稿包括下列全部或部分要素：①审计工作底稿的标题（选项 A）；②审计过程记录（选项 B）；③审计结论（选项 D）；④审计标识及其说明；⑤索引号及编号；⑥编制者姓名及编制日期；⑦复核者姓名及复核日期；⑧其他应说明事项。**项目质量复核人员及其复核的日期与范围不属于审计工作底稿的要素**，选项 C 错误。

6. 【答案】D
   【考点】审计工作底稿归档后的变动
   【解析】审计工作底稿归档后，如果有需要变动审计工作底稿的情形，那么**应当修改或增加**审计工作底稿，选项 A 错误；将审计工作底稿归整为最终审计工作档案是一项事务性工作，**不涉及实施新的审计程序或得出新的审计结论**，选项 B 错误；即使注册会计师未能完成审计业务，也应当自**审计业务中止日起**，对审计工作底稿保存至少 10 年，选项 C 错误；选项 D 表述正确。

7. 【答案】A
   【考点】审计工作底稿归档后的变动
   【解析】在完成最终审计档案的归整工作后，注册会计师不应在规定的保存期限届满前删除或废弃任何性质的审计工作底稿，**但如果已超过最高保存期限，是可以按照规定程序进行销毁的**，选项 A 错误；准则规定审计工作底稿**至少保存** 10 年，保存 15 年当然也是符合审计准则的，选项 B 正确；选项 CD 表述正确。

二、多选题

8. 【答案】BD
   【考点】审计工作底稿的含义
   【解析】审计工作底稿是审计证据的载体，选项 B 错误；**审计工作底稿形成于审计过程，也反映了整个审计过程**，选项 D 错误；选项 AC 表述正确。

9. 【答案】CD
   【考点】确定审计工作底稿的格式、要素和范围时考虑的因素
   【解析】在确定审计工作底稿的格式、要素和范围时，注册会计师应当考虑下列因素：①被审计单位的规模和复杂程度；②拟实施审计程序的性质（注意：只考虑程序的性质，不考虑*程序的时间和范围*，选项 C 当选）；③识别出的重大错报风险；④已获取的审计证据的重要程度（选项 A）；⑤识别出的例外事项的性质和范围（选项 B）；⑥当从已执行审计工作或获取审计证据的记录中不易确定结论或结论的基础时，记录结论或结论基础的必要性；⑦审计方法和使用的工具。审计报告的日期不会对确定审计工作底稿的格式、要素和范围产生影响，选项 D 当选。

10. 【答案】ABCD
    【考点】审计工作底稿的要素
    【解析】在记录已实施审计程序的性质、时间安排和范围时，注册会计师应当记录测试的具体项目或事项的识别特征，选项 A 正确；注册会计师应当对重大事项进行记录，有关重大事项的记录可能分散在审计工作底稿的不同部分，注册会计师应当将有关重大事项的记录汇总在**重大事项概要**中，选项 C 正确；**引起特别风险的事项属于重大事项**，选项 B 正确；如果识别出的信息与针对某重大事项得出的最终结论不一致，注册会计师应当记录如何处理不一致的情况，选项 D 正确。

11. 【答案】ABD

【考点】审计工作底稿的要素

【解析】注册会计师应当根据具体情况判断某一事项是否属于重大事项。重大事项通常包括：①引起特别风险的事项；②实施审计程序的结果，该结果表明财务信息可能存在重大错报，或需要修正以前对重大错报风险的评估和针对这些风险拟采取的应对措施；③导致注册会计师难以实施必要审计程序的情形（选项D）；④导致出具非无保留意见或者带强调事项段"与持续经营相关的重大不确定性"等段落的审计报告的事项（选项A）。选项B属于特别风险，当选。（注意：考试中会结合具体场景考查，不能只背准则的文字。）选项C属于常规风险，不属于重大事项。

三、简答题

12. 【考点】审计工作底稿

【答案】（1）恰当。（注意：电子底稿应能通过打印等方式，转换成纸质形式的审计工作底稿，但并非必须打印。）

（2）不恰当。识别特征应具有唯一性。观察程序以观察的对象或观察过程、相关被观察人员及其各自的责任、观察的地点和时间作为识别特征。

（3）恰当。

（4）恰当。

（5）不恰当。复核人员及复核时间也需要进行标注。

13. 【考点】审计工作底稿

【答案】（1）不恰当。期中测试的工作底稿也应予以保留。

（2）不恰当。识别特征应具有唯一性，仅凭姓名无法作为唯一的识别凭证，还需增加职位、时间等信息。

（3）恰当。

（4）不恰当。审计工作底稿归档后，注册会计师不应在规定的保存期限届满前删除或废弃任何性质的审计工作底稿。

（5）不恰当。注册会计师还应当记录实施的具体程序。

第七章 风险评估

真题共分两个模块,其一为知识点分册的例题模块,其二为习题分册的真题巩固模块,针对这两个模块,大家均需充分关注。

真题巩固

一、单选题

1. 【2019】下列情形中,通常可能导致注册会计师对财务报表整体的可审计性产生疑问的是( )。
   A. 注册会计师对管理层的诚信存在严重疑虑
   B. 注册会计师识别出与员工侵占资产相关的舞弊风险
   C. 注册会计师对被审计单位的持续经营能力产生重大疑虑
   D. 注册会计师识别出被审计单位严重违反税收法规的行为

2. 【2017】下列各项中,属于预防性控制的是( )。
   A. 财务主管定期盘点现金和有价证券
   B. 管理层分析评价实际业绩与预算的差异,并针对超过规定金额的差异调查原因
   C. 董事会复核并批准由管理层编制的财务报表
   D. 由不同的员工负责职工薪酬档案的维护和职工薪酬的计算

3. 【2017】下列有关了解被审计单位及其环境等方面的说法中,正确的是( )。
   A. 注册会计师无需在审计完成阶段了解被审计单位及其环境等方面
   B. 注册会计师对被审计单位及其环境等方面的了解程度,低于管理层为经营管理企业而对被审计单位及其环境等方面需要了解的程度
   C. 对小型被审计单位,注册会计师可以不了解被审计单位及其环境等方面
   D. 注册会计师对被审计单位及其环境等方面了解的程度,取决于会计师事务所的质量管理政策

4. 【2016】下列各项中,不属于内部环境要素的是( )。
   A. 对诚信和道德价值观念的沟通与落实
   B. 内部审计的职能范围
   C. 治理层的参与
   D. 人力资源政策与实务

5. 【2016】下列情形中,注册会计师应当将其评估为存在特别风险的是( )。
   A. 被审计单位将重要子公司转让给实际控制人控制的企业并取得大额转让收益
   B. 被审计单位对母公司的销售占总销量的50%
   C. 被审计单位与收购交易的对方签订了对赌协议
   D. 被审计单位销售产品给子公司的价格低于销售给第三方的价格

6. 【经典真题】下列有关内部环境的说法中,错误的是( )。
   A. 内部环境对重大错报风险的评估具有广泛影响
   B. 有效的内部环境本身可以防止、发现并纠正各类交易、账户余额和披露认定层次的重大错报
   C. 有效的内部环境可以降低舞弊发生的风险
   D. 财务报表层次重大错报风险很可能源于内部环境缺陷

7. 【经典真题】下列各项中,通常属于业务流程层面控制的是( )。
   A. 应对管理层凌驾于控制之上的控制
   B. 信息技术一般控制
   C. 信息处理控制
   D. 对期末财务报告流程的控制

8. 【经典真题】在了解内部控制时,注册会计

师通常不实施的审计程序是（　　）。
A. 了解控制活动是否得到执行
B. 了解内部控制的设计
C. 记录了解的内部控制
D. 寻找内部控制运行中的缺陷

9. 【经典真题】下列有关内部控制的说法中，错误的是（　　）。
A. 注册会计师应当在所有审计项目中了解内部控制
B. 内部控制无论如何有效，都只能为被审计单位实现财务报告目标提供合理保证
C. 与经营目标和合规目标相关的控制均与审计无关
D. 在某些情况下，控制得到执行，就能为控制运行的有效性提供证据

10. 【经典真题】下列各项中，注册会计师在确定特别风险时不需要考虑的是（　　）。
A. 控制对相关风险的抵销效果
B. 潜在错报的严重程度
C. 错报发生的可能性
D. 风险的性质

二、多选题

11. 【经典真题】在了解被审计单位财务业绩的衡量和评价时，下列各项中，注册会计师可以考虑的信息有（　　）。
A. 经营统计数据
B. 信用评级机构报告
C. 证券研究机构的分析报告
D. 员工业绩考核与激励性报酬政策

参考答案及解析

一、单选题

1. 【答案】A
【考点】识别和评估财务报表层次以及认定层次的重大错报风险
【解析】如果通过对内部控制的了解发现下列情况，并对财务报表局部或整体的可审计性产生疑问，注册会计师应当考虑出具保留意见或无法表示意见的审计报告：①被审计单位会计记录的状况和可靠性存在重大问题，不能获取充分、适当的审计证据以发表无保留意见；②对管理层的诚信存在严重疑虑（选项A）。必要时，注册会计师应当考虑解除业务约定。选项BCD通常不会导致注册会计师对可审计性产生疑问。

2. 【答案】D
【考点】在整体层面和业务流程层面了解内部控制
【解析】检查性控制的目的是发现流程中可能发生的错报，是事后的控制，选项ABC是对业务进行检查、复核的措施，目的是发现流程中可能发生的错报，属于检查性控制；预防性控制通常用于正常业务流程的每一项交易，以防止错报的发生，是事前的控制，选项D重点在进行工作前的**职责分离**，属于**预防性控制**，当选。

3. 【答案】B
【考点】了解被审计单位及其环境等方面
【解析】了解被审计单位及其环境等方面是一个连续和动态地收集、更新与分析信息的过程，**贯穿于整个审计过程的始终**，选项A错误；注册会计师对被审计单位及其环境等方面了解的程度，**低于**管理层为经营管理企业而对被审计单位及其环境等方面需要了解的程度，选项B正确；对小型被审计单位，注册会计师**仍然要了解**被审计单位及其环境等方面，选项C错误；评价对被审计单位及其环境等方面的了解程度是否恰当，关键是看注册会计师对被审计单位及其环境等方面的了解**是否足以识别和评估财务报表的重大**

错报风险，选项 D 错误。

4. 【答案】B
   【考点】内部环境
   【解析】内部环境要素包括：①对诚信和道德价值观念的沟通与落实（选项 A）；②对胜任能力的重视；③治理层的参与程度（选项 C）；④管理层的理念和经营风格；⑤职权与责任的分配；⑥人力资源政策与实务（选项 D）。选项 B 属于内部控制要素中**对内部控制体系的监督**的范畴。

5. 【答案】A
   【考点】需要特别考虑的重大错报风险
   【解析】注册会计师应当将识别出的**超出被审计单位正常经营过程的重大关联方交易**导致的风险确定为特别风险，选项 A 符合；选项 BCD 均不属于超出被审计单位正常经营过程的重大关联方交易。

6. 【答案】B
   【考点】内部环境
   【解析】内部环境对重大错报风险的评估具有广泛影响，选项 A 正确；内部环境本身**不能防止或发现并纠正各类交易、账户余额和披露认定层次的重大错报**，选项 B 错误；令人满意的内部环境并不能彻底防止舞弊，但有助于降低发生舞弊的风险，选项 C 正确；财务报表层次的重大错报风险很可能源于薄弱的内部环境，选项 D 正确。

7. 【答案】C
   【考点】在整体层面和业务流程层面了解内部控制
   【解析】选项 ABD 属于整体层面控制；选项 C 属于业务流程层面的控制，当选。（注意：业务流程层面的控制主要是控制活动和信息处理控制。）

8. 【答案】D
   【考点】了解内部控制的性质和程度
   【解析】注册会计师了解内部控制的目的，就是为了评价控制设计的有效性以及控制是否得到执行，选项 AB 正确；注册会计师在了解内部控制的过程中，需要将了解的相关重要信息记录在审计工作底稿中，选项 C 正确；在财务报表审计中，注册会计师主要是对财务报表发表审计意见，而非内部控制，所以不需要寻找内部控制运行中的缺陷，选项 D 错误。

9. 【答案】C
   【考点】直接控制和间接控制
   【解析】了解内部控制是审计业务的必要程序，注册会计师在所有审计项目中都**应当执行**，选项 A 正确；内部控制无论如何有效，都只能为被审计单位实现财务报告目标提供**合理保证**，选项 B 正确；如果与经营和合规目标相关的控制与注册会计师实施审计程序时评价或使用的数据相关，则这些控制**也可能与审计相关**，选项 C 错误；由于信息技术处理流程的内在**一贯性**，实施审计程序确定某项自动化控制是否得到执行，也可能实现对控制运行有效性测试的目标，这取决于注册会计师对控制（如针对程序变更的控制）的评估和测试，选项 D 正确。

10. 【答案】A
    【考点】需要特别考虑的重大错报风险
    【解析】在判断哪些风险是特别风险时，注册会计师**不应考虑识别出的控制对相关风险的抵销效果**，选项 A 正确；选项 BCD 均属于在确定特别风险时需要考虑的事项。

二、多选题

11. 【答案】ABCD
    【考点】被审计单位财务业绩的衡量和评价
    【解析】在了解被审计单位财务业绩衡量和评价情况时，注册会计师应当关注下列用于评价财务业绩的标准：①关键业绩指标（财务的或非财务的）、关键比率、趋势和经营统计数据（选项 A）；②同期财务业绩比较分析；③预算、预测、差异分析，分部信息与分部、部门或其他不同层次的业绩报告；④员工业绩考核与激励性报酬政策（选项 D）；⑤被审计单位与竞争对手的业绩比较。此外，**外部机构人员**（如分析师或信用机构、新闻和其他媒体、税务机关、监管机构、商会和资金提供方等）也可能评价被审计单位的财务业绩。注册会计师可以考虑获取这些公开信息，以便进一步了解业务并识别相矛盾的信息，选项BC正确。（注意：财务业绩的衡量与评价中既有内部因素又有外部因素。）

模拟自测

一、单选题

1. 下列有关风险评估程序的说法中，错误的是（　　）。
   A. 了解被审计单位及其环境、适用的财务报告编制基础和内部控制体系各要素贯穿于整个审计过程的始终
   B. 在设计和实施风险评估程序时，不应当偏向于获取佐证性的审计证据，也不应当排斥相矛盾的审计证据
   C. 注册会计师可以通过分析程序、观察、检查、询问和重新执行来进行风险评估
   D. 对新的审计业务，注册会计师应在业务承接阶段对被审计单位及其环境等方面情况有一个初步的了解

2. 注册会计师在设计和实施风险评估程序时，以下做法错误的是（　　）。
   A. 以获取佐证性的审计证据为主
   B. 不带倾向性地设计和实施风险评估程序
   C. 质疑相矛盾的信息以及文件的可靠性
   D. 对可能表明存在由舞弊或错误导致的错报的情况保持警觉

3. 在了解被审计单位及其环境等方面时，下列属于外部因素的是（　　）。
   A. 组织结构
   B. 所有权和治理结构
   C. 行业形势
   D. 被审计单位内部控制体系各要素

4. 下列有关组织结构、所有权和治理结构、业务模式的说法中，错误的是（　　）。
   A. 复杂的组织结构通常更有可能导致某些特定的重大错报风险
   B. 注册会计师应当了解所有权结构以及所有者与其他人员或实体之间的关系
   C. 良好的治理结构可以对被审计单位的经营和财务运作以及财务报告实施有效的监督
   D. 注册会计师需了解所有的经营风险

5. 下列关于固有风险因素的说法中，错误的是（　　）。
   A. 固有风险因素是指在内部控制有效的情况下，导致交易类别、账户余额和披露的某一认定易于发生错报的因素
   B. 固有风险因素可能是定性或定量的
   C. 注册会计师应当了解被审计单位在按照适用的财务报告编制基础编制财务报表时，固有风险因素如何影响各项认定易于发生错报的可能性
   D. 了解固有风险因素如何影响认定易于发生错报的可能性，有助于注册会计师初步了解错报发生的可能性和严重程度

6. 下列审计程序中，注册会计师在了解被审计单位内部控制时，通常不采用的是（　　）。
   A. 询问被审计单位人员
   B. 观察特定控制的运用
   C. 分析程序
   D. 检查文件和报告

7. 下列情形中，最适合采用人工控制的是（　　）。
   A. 存在大额、异常或偶发的交易
   B. 存在大量或重复发生的交易
   C. 事先可预计或预测的错误能够通过自动化控制参数得以预防或发现并纠正
   D. 用特定方法实施控制的控制活动可得到适当设计和自动化处理

8. 在了解内部环境时，注册会计师通常考虑的因素是（　　）。
   A. 内部控制的人工成分
   B. 内部控制的自动化成分

C. 被审计单位董事会对内部控制重要性的态度和认识

D. 会计信息系统

9. 下列各项中，不属于内部环境要素的是（　　）。

A. 组织结构及职权与责任的分配

B. 注册会计师对内部控制的评价

C. 管理层的理念和经营风格

D. 人力资源政策与实务

10. 在下列各项中，不属于内部控制要素的是（　　）。

A. 控制风险

B. 控制活动

C. 对内部控制体系的监督

D. 内部环境

11. 持续监督活动应当贯穿于日常经营活动与常规管理工作。下列活动中，属于持续监督活动的是（　　）。

A. 审计委员会定期了解财务数据

B. 相应级别的员工复核采购业务流程中控制的执行情况

C. 注册会计师对年度财务报表进行审计

D. 内部审计人员对控制实施风险评估

12. 被审计单位存在的下列事项中，最可能导致注册会计师解除业务约定的是（　　）。

A. 被审计单位没有书面的内部控制

B. 管理层诚信存在严重问题

C. 管理层凌驾于内部控制之上

D. 管理层没有及时完善内部控制存在的缺陷

13. 以下有关财务报表层次重大错报风险的说法中，错误的是（　　）。

A. 注册会计师对财务报表层次重大错报风险的识别和评估，受到其对被审计单位内部控制体系各要素的了解的影响

B. 财务报表层次的风险还可能源于内部环境存在的缺陷或某些外部事项或情况

C. 由舞弊导致的重大错报风险，可能与注册会计师对财务报表层次重大错报风险的考虑尤其相关

D. 被审计单位存在重大的关联方交易属于财务报表层次重大错报风险

14. 下列有关识别和评估认定层次重大错报风险的说法中，错误的是（　　）。

A. 如果判断某固有风险因素可能导致某项认定发生重大错报，但与财务报表整体不存在广泛联系，注册会计师应当将其识别为认定层次的重大错报风险

B. 注册会计师识别确定某项认定是否属于相关认定，应当考虑其固有风险和控制风险

C. 被审计单位存在复杂的联营或合资，表明长期股权投资账户的认定可能存在重大错报风险

D. 对于识别出的认定层次重大错报风险，注册会计师应当分别评估固有风险和控制风险

15. 下列各项中，不一定属于特别风险的是（　　）。

A. 根据固有风险因素对错报发生的可能性和错报的严重程度的影响，注册会计师将固有风险评估为达到或接近固有风险等级的最高级

B. 超出正常经营过程的重大关联方交易

C. 被审计单位的出纳挪用公款

D. 会计估计存在高度不确定性

16. 下列有关经营风险对重大错报风险的影响的说法中，错误的是（　　）。

A. 多数经营风险最终都会产生财务后果，从而可能导致重大错报风险

B. 注册会计师在评估重大错报风险时，没有责任识别或评估对财务报表没有重大影响的经营风险

C. 经营风险通常不会对财务报表层次重大错报风险产生直接影响

D. 经营风险可能对认定层次重大错报风险产生直接影响

二、多选题

17. 下列各项中，通常属于整体层面控制的有（　　）。

A. 控制活动　　B. 信息技术一般控制

C. 信息技术处理控制　D. 内部环境

18. 在了解内部环境时，注册会计师应当关注的

内容有（　　）。
A. 被审计单位治理层相对于管理层的独立性
B. 被审计单位管理层的理念和经营风格
C. 被审计单位员工整体的道德价值观
D. 被审计单位对内部控制的监督

19. 以下属于内部控制体系目标的有（　　）。
A. 财务报告的可靠性
B. 提高经营效率
C. 遵守适用的法律法规
D. 提高经营效果

20. 以下属于内部控制体系要素的有（　　）。
A. 内部环境　　　　B. 内部监督
C. 信息与沟通　　　D. 授权和批准

21. 以下主要是直接控制的有（　　）。
A. 内部环境　　　　B. 风险评估
C. 信息系统与沟通　D. 控制活动

22. 下列有关内部控制的说法中，错误的有（　　）。
A. 与财务报告相关的控制均与审计有关
B. 注册会计师无须在所有审计项目中了解内部控制
C. 与财务报告可靠性相关的控制通常与审计有关
D. 与合规目标相关的内部控制可能与审计无关

23. 下列关于了解内部控制的说法中，错误的有（　　）。
A. 如果认为仅通过实质性程序无法将认定层次的检查风险降至可接受的低水平，应当评价被审计单位针对这些风险设计的控制，并确定其执行情况
B. 针对特别风险，应当评价相关控制的设计情况，并确定其是否得到执行
C. 在了解内部控制时，应当执行穿行测试
D. 应当了解被审计单位所有内部控制

24. 下列有关内部环境的说法中，错误的有（　　）。
A. 在确定构成内部环境的要素是否得到执行时，注册会计师应当考虑采用询问程序获取充分、适当的审计证据
B. 在审计业务的计划阶段，注册会计师就需要对内部环境作出初步了解和评价
C. 内部环境影响被审计单位内部生成的审计证据的可信赖程度
D. 内部环境影响实质性程序的性质、时间安排和范围

25. 下列活动中，注册会计师认为属于控制活动的有（　　）。
A. 授权和批准　　　　B. 调节
C. 验证　　　　　　　D. 实物或逻辑控制

26. 下列各项控制活动中，属于检查性控制的有（　　）。
A. 计算机程序自动生成收货报告，同时更新采购档案
B. 每季度复核应收账款贷方余额并找出原因
C. 财务人员每季度复核应收账款贷方余额并找出原因
D. 财务总监复核月度毛利率的合理性

27. 注册会计师执行穿行测试可以实现的目的有（　　）。
A. 确认内部控制的运行有效性
B. 识别可能发生错报的环节
C. 确认所获取的有关流程中的预防性控制和检查性控制信息的准确性
D. 确认之前所做的书面记录的准确性

28. 在对内部控制进行初步评价并进行风险评估后，注册会计师通常需要在审计工作底稿中形成结论的有（　　）。
A. 控制本身的设计是否有效
B. 控制是否得到执行
C. 是否信赖控制并实施控制测试
D. 是否实施实质性程序

29. 以下各项中，属于识别和评估重大错报风险的步骤的有（　　）。
A. 利用实施风险评估程序所了解的信息
B. 控制两个层次的重大错报风险
C. 修正识别或评估的结果
D. 评价审计证据的适当性

30. 下列有关固有风险等级的说法中，正确的有（　　）。
A. 不同被审计单位以及同一被审计单位在不同期间的固有风险等级上限可能不同

B. 固有风险等级的评估需要注册会计师作出职业判断，除非该风险是其他审计准则规定应当作为特别风险处理的风险类型

C. 评估的固有风险等级较高，一定意味着评估的错报发生的可能性和严重程度都较高

D. 为制定适当的应对策略，注册会计师可以基于其对固有风险的评估，将重大错报风险按固有风险等级的类别进行划分

31. 评估特别风险时，以下事项可能导致注册会计师认为存在特别风险的有（　　）。

A. 交易具有多种可接受的会计处理，因此涉及主观性

B. 会计估计具有高度不确定性或模型复杂

C. 账户余额或定量披露涉及复杂的计算

D. 支持账户余额的数据收集和处理较为复杂

32. 在风险评估阶段，注册会计师应当遵守规定，形成审计工作底稿的事项有（　　）。

A. 项目组内部进行的讨论以及得出的重要结论

B. 对被审计单位及其环境、适用的财务报告编制基础和内部控制体系各要素等所了解到的要点和信息来源，以及实施的风险评估程序

C. 对所识别的控制的设计进行的评价，以及如何确定这些控制是否得到执行

D. 识别、评估的财务报表层次和认定层次重大错报风险

33. 关于直接控制和间接控制的说法中，正确的有（　　）。

A. 信息系统与沟通以及控制活动要素中的控制为直接控制

B. 直接控制对防止、发现或纠正认定层次错报产生直接影响

C. 内部环境、风险评估和内部监督中的控制主要是间接控制

D. 间接控制影响其对财务报表层次重大错报风险的识别和评估，对认定层次重大错报风险无影响

34. 针对内部控制的了解，下列说法中，正确的有（　　）。

A. 对于业务流程层面的控制，注册会计师通常需要了解被审计单位重要的业务流程和重要的交易类别

B. 连续审计时，注册会计师需要针对每年的变化的内部控制进行了解

C. 注册会计师在对内部控制的整体层面和重要业务流程层面进行了解后，可以确定是否有必要进一步了解在业务流程层面的控制

D. 如果多项控制活动能够实现同一目标，注册会计师应当了解与该目标相关的每项控制活动

35. 对了解被审计单位及其环境、适用的财务报告编制基础和内部控制体系各要素，能起到重要作用的方面有（　　）。

A. 确定在实施分析程序时所使用的预期值

B. 设计和实施进一步审计程序，以将审计风险降至可接受的低水平

C. 评价所获取审计证据的充分性和适当性

D. 考虑会计政策的选择和运用是否恰当，以及财务报表的列报是否恰当

36. 下列各项中，属于项目组内部讨论的目的的有（　　）。

A. 使经验较丰富的项目组成员有机会分享其根据对被审计单位的了解形成的见解

B. 考虑是否承接该项审计业务

C. 帮助项目组成员更好地了解在各自负责的领域中潜在的财务报表重大错报

D. 为项目组成员交流和分享在审计过程中获取的、可能影响重大错报风险评估结果或应对这些风险的审计程序的新信息提供基础

37. 注册会计师应当实施风险评估程序，以了解内容的有（　　）。

A. 组织结构

B. 行业形势

C. 信息处理控制

D. 适用的财务报告编制基础

38. 在了解被审计单位财务业绩衡量和评价情况时，注册会计师应当关注的用于评价财务业绩的标准有（　　）。

A. 非财务的关键业绩指标

B. 同期财务业绩比较分析

C. 预算、预测、差异分析

D. 员工业绩考核与激励性报酬政策
39. 在评估与特定认定层次重大错报风险相关的固有风险等级时，注册会计师应当考虑的因素有（ ）。
   A. 被审计单位的性质
   B. 错报发生的可能性
   C. 错报发生的严重程度
   D. 固有风险因素
40. 以下有关固有风险及固有风险等级的说法中，正确的有（ ）。

A. 在考虑错报发生的可能性时，注册会计师应当基于对固有风险因素的考虑，评估错报发生的概率
B. 注册会计师可以以不同的方式描述固有风险等级的类别
C. 注册会计师应当将固有风险评估为达到或接近最高等级的风险评价为特别风险
D. 在评价固有风险等级时，注册会计师无须考虑被审计单位内部控制的影响

参考答案及解析

一、单选题

1. 【答案】C
   【考点】风险评估程序和信息来源
   【解析】了解被审计单位及其环境、适用的财务报告编制基础和内部控制体系各要素是一个连续和动态地收集、更新与分析信息的过程，贯穿于整个审计过程的始终，选项A正确；注册会计师在设计和实施风险评估程序时，不应当偏向于获取佐证性的审计证据，也不应当排斥相矛盾的审计证据，选项B正确；注册会计师可以通过分析程序、观察、检查、询问来进行风险评估，重新执行只能用于控制测试(属于风险应对)，选项C错误；通常，对新的审计业务，注册会计师应在业务承接阶段对被审计单位及其环境等方面情况有一个初步的了解，以确定是否承接该业务，选项D正确。

2. 【答案】A
   【考点】风险评估程序和信息来源
   【解析】注册会计师在设计和实施风险评估程序时，**不应当偏向于获取佐证性的审计证据**，也不应当排斥相矛盾的审计证据，选项A错误。不带倾向性地设计和实施风险评估程序以获取支持重大错报风险识别和评估的审计证据，可以帮助注册会计师识别潜在的相矛盾的信息，进而帮助注册会计师在识别和评估重大错报风险时保持职业怀疑，选项B正确。职业怀疑要求对引起疑虑的情形保持警觉，这些情形包括但不限于：①质疑相矛盾的信息以及文件的可靠性（选项C）；②考虑管理层和治理层对询问的答复，以及从管理层和治理层获取的其他方面的信息；③对可能表明存在由舞弊或错误导致的错报的情况保持警觉（选项D）；④根据被审计单位的性质和具体情况，考虑获取的审计证据是否支持注册会计师对重大错报风险的识别和评估。

3. 【答案】C
   【考点】了解被审计单位及其环境等方面
   【解析】注册会计师应当实施风险评估程序，以了解下列三个方面。(1) 被审计单位及其环境，包括：①组织结构（选项A）、所有权和治理结构（选项B）、业务模式（包括该业务模式利用信息技术的程度）(**内部因素**)；②行业形势（选项C）、法律环境、监管环境和其他外部因素(**外部因素**)；③财务业绩的衡量标准，包括内部和外部使用的衡量标准(**内部因素和外部因素**)。(2) 适用的财务报告编制基础、会计政策以

及变更会计政策的原因（**内部因素**）。
(3) 被审计单位内部控制体系各要素（选项 D）（**内部因素**）。因此，选项 C 当选。

4. 【答案】D
【考点】组织结构、所有权和治理结构、业务模式
【解析】注册会计师**并非需要了解**被审计单位业务模式的**所有方面**。经营风险比财务报表重大错报风险范围**更广**，注册会计师**没有责任了解或识别所有的经营风险**，尽管多数经营风险最终都会导致财务后果，从而影响财务报表，但并非所有的经营风险都会导致重大错报风险，选项 D 错误。选项 ABC 表述正确。

5. 【答案】A
【考点】评估固有风险等级
【解析】固有风险因素是指在**不考虑内部控制**的情况下，导致交易类别、账户余额和披露的某一认定易于发生错报的因素，选项 A 错误；固有风险因素**可能是定性或定量的**，包括复杂性、主观性、变化、不确定性以及由影响固有风险的管理层偏向或其他舞弊风险因素导致易于发生错报的其他因素，选项 B 正确；在了解被审计单位及其环境和适用的财务报告编制基础时，注册会计师**还应当了解**被审计单位在按照适用的财务报告编制基础编制财务报表时，固有风险因素如何影响各项认定易于发生错报的可能性，选项 C 正确；了解固有风险因素如何影响认定易于发生错报的可能性，有助于注册会计师初步了解错报发生的可能性和重要程度，并帮助注册会计师按照审计准则的规定识别认定层次的重大错报风险，选项 D 正确。

6. 【答案】C
【考点】了解内部控制的性质和程度
【解析】实质性分析程序通常更适用于在一段时期内存在预期关系的大量交易，**不能运用在了解内控和控制测试中**，选项 C 当选。分析程序用于风险评估（除了解内控外）、实质性程序和总体复核。注册会计师通常实施下列风险评估程序，以获取有关控制设计和执行的审计证据：询问被审计单位人员（选项 A）；观察特定控制的运用（选项 B）；检查文件和报告（选项 D）；追踪交易在财务报告信息系统中的处理过程（穿行测试）。
【答案】A

7. 【考点】内部控制的人工和自动化成分
【解析】**适合采用人工控制的情况如下**：①存在大额、异常或偶发的交易（选项 A）；②存在难以界定、预计或预测的错误的情况；③针对变化的情况，需要对现有的自动化控制进行人工干预；④监督自动化控制的有效性。选项 BCD 适合于自动化控制。

8. 【答案】C
【考点】内部环境
【解析】内部环境包括治理职能和管理职能，以及治理层和管理层对内部控制及其重要性的态度、认识和措施，选项 C 当选；选项 ABD 不属于了解内部环境时的考虑因素。

9. 【答案】B
【考点】内部环境
【解析】内部环境的内容包括：①对诚信和道德价值观念的沟通与落实；②对胜任能力的重视；③治理层的参与程度；④管理层的理念和经营风格（选项 C）；⑤职权与责任的分配（选项 A）；⑥人力资源政策与实务（选项 D）。注册会计师对内部控制的评价属于内部控制要素中对内部控制的监督的范畴，选项 B 当选。（注意：组织结构及职权与责任的分配需要和职责分离相区分，前者是内部环境要素，后者是控制活动要素。）

10. 【答案】A
【考点】内部控制的概念和要素
【解析】内部控制的要素包括：①内部环境（选项 D）；②风险评估过程；③与财务报告相关的信息系统和沟通；④控制活动（选项 B）；⑤对内部控制的监督（选项 C）。

11. 【答案】B
【考点】与财务报表编制相关的内部控制体系的监督
【解析】选项 B 属于**日常经营活动中的持续**

监督活动；选项 AD 属于单独的评价活动；选项 C 不属于内部控制。

12. 【答案】B
【考点】识别和评估财务报表层次以及认定层次的重大错报风险
【解析】如果通过了解发现下列情况，并对财务报表局部或整体的可审计性产生疑问，注册会计师应当考虑出具保留意见或无法表示意见的审计报告，必要时考虑解约：①**被审计单位会计记录的状况和可靠性存在重大问题**，不能获取充分、适当的审计证据以发表无保留意见；②**对管理层的诚信存在严重疑虑**(选项 B)。

13. 【答案】D
【考点】识别和评估财务报表层次以及认定层次的重大错报风险
【解析】被审计单位存在重大的关联方交易所带来的影响通常属于认定层次的重大错报风险，选项 D 错误；注册会计师对财务报表层次重大错报风险的识别和评估，受到其对被审计单位内部控制体系各要素的了解的影响，特别是内部环境、风险评估和内部监督（这三要素主要属于间接控制），以及实施相关评价的结果和识别的控制缺陷的影响，选项 A 正确；财务报表层次的风险还可能源于内部环境存在的缺陷或某些外部事项或情况，如经济下滑，选项 B 正确；由舞弊导致的重大错报风险，可能与注册会计师对财务报表层次重大错报风险的考虑尤其相关，选项 C 正确。

14. 【答案】B
【考点】识别和评估财务报表层次以及认定层次的重大错报风险
【解析】如果判断某固有风险因素可能导致某项认定发生重大错报，但与**财务报表整体不存在广泛联系**，注册会计师应当将其**识别为认定层次的重大错报风险**，选项 A 正确。被审计单位存在复杂的联营或合资，这一事项表明长期股权投资账户的认定可能存在重大错报风险，选项 C 正确。注册会计师**识别确定某项认定是否属于相关认**定，应当依据其固有风险，而不考虑相关**控制的影响**。注册会计师识别出相关认定后，在评估认定层次重大错报风险时，才应当考虑相关控制的影响，选项 B 错误。对于识别出的认定层次重大错报风险，注册会计师应当分别评估固有风险和控制风险，选项 D 正确。

15. 【答案】D
【考点】需要特别考虑的重大错报风险
【解析】特别风险，是指注册会计师识别出符合下列特征之一的重大错报风险：①根据固有风险因素对错报发生的可能性和错报的严重程度的影响，注册会计师将固有风险评估为达到或接近固有风险等级的最高级；②根据审计准则的规定，注册会计师应当将其作为特别风险。会计估计存在高度不确定性是否属于特别风险，**需要运用职业判断**，并非一定属于特别风险，选项 D 错误。根据审计准则的规定，**应当作为特别风险的有**：①舞弊；②管理层凌驾于内部控制之上；③超出正常经营过程的重大关联方交易。

16. 【答案】C
【考点】组织结构、所有权和治理结构、业务模式
【解析】经营风险可能对各类交易、账户余额和披露的认定层次重大错报风险或财务报表层次重大错报风险产生直接影响，选项 C 错误，选项 D 正确；选项 AB 表述正确。

二、多选题

17. 【答案】BD
【考点】在整体层面和业务流程层面了解内部控制
【解析】选项 BD 属于整体层面控制，选项 AC 属于业务流程层面控制。内部控制的某些要素（如内部环境、风险评估过程、对内控的监督、一般控制）**更多地**对被审计单位**整体层面**产生影响，而其他要素（如信息系统与沟通、控制活动）则可能**更多地与特定业务流程**相关。

18. 【答案】ABC
【考点】内部环境
【解析】内部环境的内容包括：①对诚信和道德价值观念的沟通与落实（选项C）；②对胜任能力的重视；③治理层的参与程度（治理层对内部环境影响的要素有：治理层相对于管理层的独立性、决策的客观性、成员的经验和品德、治理层参与被审计单位经营的程度和收到的信息及其对经营活动的详细检查、治理层采取措施的适当性，包括提出问题的难度和对问题的跟进程度，以及治理层与内部审计人员和注册会计师的互动等）（选项A）；④管理层的理念和经营风格（选项B）；⑤职权与责任的分配；⑥人力资源政策与实务。选项D属于内部控制要素中对**内部控制的监督**的范畴。

19. 【答案】ABCD
【考点】内部控制的概念和要素
【解析】内部控制体系，是指由治理层、管理层和其他人员设计、执行和维护的体系，以合理保证被审计单位能够实现财务报告的可靠性（选项A），提高经营**效率和效果**（选项BD），以及遵守适用的法律法规（选项C）等目标。

20. 【答案】ABC
【考点】内部控制的概念和要素
【解析】内部控制体系包含以下五个相互关联的要素：①内部环境（选项A）；②风险评估；③信息与沟通（选项C）；④控制活动；⑤内部监督（选项B）。**授权和批准属于控制活动中的内容，但不属于内部控制体系的要素**，选项D错误。（注意：考生需要分清层级关系。）

21. 【答案】CD
【考点】直接控制和间接控制
【解析】信息系统与沟通（选项C）以及控制活动（选项D）要素中的控制**主要为直接控制**；内部环境（选项A）、风险评估（选项B）和内部监督中的控制**主要是间接控制**。

22. 【答案】AB
【考点】直接控制和间接控制
【解析】注册会计师应当在所有审计项目中了解内部控制，选项B错误；**与财务报告相关的内部控制可能与审计无关，但与财务报告可靠性相关的控制通常与审计相关**，选项A错误，选项C正确；与合规目标相关的内部控制**与审计可能相关，也可能无关**，选项D正确。

23. 【答案】CD
【考点】了解内部控制的性质和程度
【解析】**了解内部控制时可以实施的程序有询问、观察、检查、穿行测试，并非应当实施**，选项C错误；注册会计师应当了解**与财务报表审计相关的**内部控制，选项D错误；在仅通过实质性程序无法将认定层次的检查风险降至可接受的低水平，及存在特别风险的情况下，注册会计师**都应当**了解内部控制的设计与执行情况，选项AB正确。

24. 【答案】AB
【考点】内部环境
【解析】在确定构成内部环境的要素是否得到执行时，注册会计师**应当考虑将询问与其他风险评估程序**相结合以获取审计证据，选项A错误；在审计业务的**承接阶段**，注册会计师就需要对内部环境作出初步了解和评价，选项B错误；良好的内部环境是实施有效内部控制的基础，内部环境影响被审计单位内部生成的审计证据的可信赖程度，同时也会影响实质性程序的性质、时间安排和范围，选项CD正确。

25. 【答案】ABCD
【考点】控制活动
【解析】控制活动包括以下五个要素：①授权和批准（选项A）；②调节（选项B）；③验证（选项C）；④实物或逻辑控制（选项D）；⑤职责分离。

26. 【答案】BCD
【考点】在整体层面和业务流程层面了解内部控制
【解析】选项A属于预防性控制。预防性控

制通常用于正常业务流程的每一项交易，以防止错报的发生。检查性控制通常是管理层用来监督实现流程目标的控制，其目的是发现流程中可能发生的错报，选项BCD均属于检查性控制。

27. 【答案】BCD
【考点】在整体层面和业务流程层面了解内部控制
【解析】执行穿行测试可获得下列方面的证据：①确认对业务流程的了解；②确认对重要交易的了解是完整的，即在交易流程中所有与财务报表认定相关的可能发生错报的环节都已识别（选项B）；③确认所获取的有关流程中的预防性控制和检查性控制信息的准确性（选项C）；④评估控制设计的有效性；⑤确认控制是否得到执行；⑥确认之前所做的书面记录的准确性（选项D）。**穿行测试用于了解内部控制，不用于控制测试，无法测试内部控制的运行有效性**，选项A错误。

28. 【答案】ABC
【考点】在整体层面和业务流程层面了解内部控制
【解析】在对控制进行初步评价及风险评估后，注册会计师需要利用获得的信息，回答以下问题：①控制本身的设计是否合理（选项A）；②控制是否得到执行（选项B）；③是否更多地信赖控制而拟实施控制测试（选项C）。无论对内部控制的了解情况如何，注册会计师都应当对**所有重大**的各类交易、账户余额、列报设计和实施实质性程序，选项D不选。

29. 【答案】ACD
【考点】识别和评估财务报表层次以及认定层次的重大错报风险
【解析】识别和评估重大错报风险的步骤，包括：①利用实施风险评估程序所了解的信息（选项A）；②识别两个层次的重大错报风险；③评估两个层次的重大错报风险；④评价审计证据的适当性（选项D）；⑤修正识别或评估的结果（选项C）。**重大错报**

风险只能被识别与评估，不能被控制或降低，选项B错误。

30. 【答案】ABD
【考点】评估固有风险等级
【解析】不同被审计单位以及同一被审计单位在不同期间的固有风险等级上限可能不同，这取决于被审计单位的性质和具体情况，选项A正确。固有风险等级的评估**需要注册会计师作出职业判断**，除非该风险是其他审计准则规定应当作为特别风险处理的风险类型，选项B正确。注册会计师应根据错报发生的可能性和严重程度综合起来的影响程度，确定固有风险等级。综合起来的影响程度越高，评估的固有风险等级越高，反之亦然。评估的固有风险等级较高，并不意味着评估的错报发生的可能性和重要程度都较高，选项C错误。为制定适当的应对策略，注册会计师可以基于其对固有风险的评估，将重大错报风险按固有风险等级的类别进行划分，选项D正确。

31. 【答案】ABCD
【考点】需要特别考虑的重大错报风险
【解析】以下事项可能导致注册会计师评估认为重大错报风险具有较高的固有风险等级，进而将其确定为特别风险：①交易具有多种可接受的会计处理，因此涉及主观性（选项A）；②会计估计具有高度不确定性或模型复杂（选项B）；③支持账户余额的数据收集和处理较为复杂（选项D）；④账户余额或定量披露涉及复杂的计算（选项C）；⑤对会计政策存在不同的理解；⑥被审计单位业务的变化涉及的会计处理发生变化，如合并和收购。（注意：题干中如表述为"可能"，其囊括的范围比"一定"要大。）

32. 【答案】ABCD
【考点】审计工作底稿
【解析】以下事项属于重大事项及其相关的重大职业判断，所以审计工作底稿应当记录：①项目组内部进行的讨论以及得出的重要结论（选项A）；②对被审计单位及其环境、适用的财务报告编制基础和内部控制体系各要素等所了解到的要点和信息来源，以及实施的风险评估程序（选项B）；③对所识别的控制的设计进行的评价，以及如何确定这些控制是否得到执行的（选项C）；④识别、评估的财务报表层次和认定层次重大错报风险，包括特别风险，仅实施实质性程序不能提供充分、适当的审计证据的风险，以及作出有关重大判断的理由（选项D）。

33. 【答案】BC
    【考点】直接控制与间接控制
    【解析】信息系统与沟通以及控制活动要素中的控制主要为直接控制，并不都是直接控制，选项A错误；间接控制更可能影响其对财务报表层次重大错报风险的识别和评估，但也可能影响对认定层次重大错报风险的识别和评估，选项D错误；选项BC表述正确。

34. 【答案】ABC
    【考点】在整体层面和业务流程层面了解内部控制
    【解析】如果多项控制活动能够实现同一目标，注册会计师应当重点考虑一项控制活动单独或连同其他控制活动，是否能够以及如何防止或发现并纠正各类交易、账户余额和披露存在的重大错报，所以不必了解与该目标相关的每项控制活动，故选项D错误；选项ABC表述正确。

35. 【答案】ABCD
    【考点】风险识别和评估的作用
    【解析】注册会计师应当实施风险评估程序，以了解被审计单位及其环境、适用的财务报告编制基础和内部控制体系各要素。获得的了解具有重要作用，特别是为注册会计师在下列**关键环节**作出职业判断提供重要基础：①确定重要性水平，并随着审计工作的进程评估对重要性水平的判断是否仍然适当；②考虑会计政策的选择和运用是否恰当，以及财务报表的列报是否恰当（选项D）；③识别与财务报表中金额或披露相关的需要特别考虑的领域，包括关联方交易、管理层运用持续经营假设的合理性，或交易是否具有合理的商业目的等；④确定在实施分析程序时所使用的预期值（选项A）；⑤设计和实施进一步审计程序，以将审计风险降至可接受的低水平（选项B）；⑥评价所获取审计证据的充分性和适当性（选项C）。

36. 【答案】ACD
    【考点】项目组内部的讨论
    【解析】项目组内部讨论可以达到下列目的：①使经验较丰富的项目组成员（包括项目合伙人）有机会分享其根据对被审计单位的了解形成的见解，共享信息有助于增进所有项目组成员对项目的了解；②使项目组成员能够讨论被审计单位面临的经营风险，固有风险因素如何影响各类交易、账户余额和披露易于发生错报的可能性，以及财务报表易于发生由舞弊或错误导致的重大错报的方式和领域；③帮助项目组成员更好地了解在各自负责的领域中潜在的财务报表重大错报，并了解各自实施的审计程序的结果可能如何影响审计的其他方面，包括对确定进一步审计程序的性质、时间安排和范围的影响。特别是讨论可以帮助项目组成员基于各自对被审计单位性质和情况的了解，进一步考虑相矛盾的信息；④为项目组成员交流和分享在审计过程中获取的、可能影响重大错报风险评估结果或应对这些风险的审计程序的新信息提供基础。**选项B属于初步业务活动的目的，ACD选项属于项目组内部讨论的目的。**

37. 【答案】ABCD
    【考点】总体要求
    【解析】注册会计师应当实施风险评估程序，以了解下列三个方面：（1）被审计单位及其环境，包括：①组织结构、所有权和治理结构、业务模式（包括该业务模式利用信息技术的程度）（选项A）；②行业形势、法律环境、监管环境和其他外部因素（选项B）；③财务业绩的衡量标准，包括内部和外部使用的衡量标准。（2）适用的财务报告编制基础、会计政策以及变更会计政策的原因（选项D）。（3）被审计单位内部控制体系各要素。**注册会计师应当了解信息处理控制**（注意：这属于内部控制的范畴），选项C正确。

38. 【答案】ABCD
【考点】被审计单位财务业绩的衡量和评价
【解析】在了解被审计单位财务业绩衡量和评价情况时，注册会计师应当关注下列用于评价财务业绩的标准：①关键业绩指标（注意：财务的或非财务的都需要关注）、关键比率、趋势和经营统计数据（选项A）；②同期财务业绩比较分析（选项B）；③预算、预测、差异分析，分部信息与分部、部门或其他不同层次的业绩报告（选项C）；④员工业绩考核与激励性报酬政策（选项D）；⑤被审计单位与竞争对手的业绩比较。

39. 【答案】ABCD
【考点】评估固有风险等级
【解析】在评估与特定认定层次重大错报风险相关的固有风险等级时，注册会计师应当运用职业判断。作出该判断应当考虑被审计单位的性质和具体情况（选项A），并考虑评估的错报发生的可能性（选项B）和严重程度（选项C）以及固有风险因素（选项D）。

40. 【答案】ABCD
【考点】评估固有风险等级
【解析】在考虑错报发生的可能性时，注册会计师应当基于对固有风险因素的考虑，评估错报发生的概率，选项A正确。注册会计师可以以不同的方式描述这些等级类别（如区分最高、较高、中、低等定性描述），选项B正确。特别风险是指注册会计师识别出的符合下列特征之一的重大错报风险：①根据固有风险因素对错报发生的可能性和错报的严重程度的影响，注册会计师将固有风险评估为达到或接近固有风险等级的最高级（上限）（选项C）；②根据其他审计准则的规定，注册会计师应当将其作为特别风险。注册会计师在考虑固有风险之后才会考虑到企业的内部控制，所以在评价固有风险等级时，注册会计师**无须考虑被审计单位内部控制的影响**，选项D正确。

第八章 风险应对

真题共分两个模块,其一为知识点分册的例题模块,其二为习题分册的真题巩固模块,针对这两个模块,大家均需充分关注。

真题巩固

一、单选题

1. 【2020】下列有关控制对评估重大错报风险的影响的说法中,错误的是( )。
   A. 上年度审计中是否发现控制缺陷会影响注册会计师对重大错报风险的评估结果
   B. 控制是否得到执行不会影响注册会计师对重大错报风险的评估结果
   C. 控制运行有效性的测试结果会影响注册会计师对重大错报风险的评估结果
   D. 控制在所审计期间内是否发生变化会影响注册会计师对重大错报风险的评估结果

2. 【2016】下列有关实质性程序的说法中,正确的是( )。
   A. 注册会计师应当针对所有类别的交易、账户余额和披露实施实质性程序
   B. 注册会计师针对认定层次的特别风险实施的实质性程序应当包括实质性分析程序
   C. 如果在期中实施了实质性程序,注册会计师应当对剩余期间实施控制测试和实质性程序
   D. 注册会计师实施的实质性程序应当包括将财务报表与其所依据的会计记录进行核对或调节

3. 【2015】下列有关特别风险的说法中,正确的是( )。
   A. 注册会计师应当将管理层凌驾于控制之上的风险评估为特别风险
   B. 注册会计师应当了解并测试与特别风险相关的控制
   C. 注册会计师应当对特别风险实施细节测试
   D. 注册会计师在判断重大错报风险是否为特别风险时,应当考虑识别出的控制对相关风险的抵销效果

4. 【2015】下列有关注册会计师实施进一步审计程序的时间的说法中,错误的是( )。
   A. 注册会计师在确定何时实施进一步审计程序时需要考虑能够获取相关信息的时间
   B. 如果评估的重大错报风险为低水平,注册会计师可以选择资产负债表日前适当日期为截止日实施函证
   C. 对于被审计单位发生的重大交易,注册会计师应当在期末或期末以后实施实质性程序
   D. 如果被审计单位的控制环境良好,注册会计师可以更多地在期中实施进一步审计程序

5. 【经典真题】下列有关实质性程序的时间安排的说法中,正确的是( )。
   A. 实质性程序应当在控制测试完成后实施
   B. 应对舞弊风险的实质性程序应当在资产负债表日后实施
   C. 针对账户余额的实质性程序应当在接近资产负债表日实施
   D. 实质性程序的时间安排受被审计单位控制环境的影响

6. 【经典真题】如果注册会计师在期中执行了控制测试,并获取了控制在期中运行有效性的审计证据,下列说法中,正确的是( )。
   A. 如果在期末实施实质性程序未发现某项认定存在错报,说明与该项认定相关的控制是有效的,不需要再对相关控制进行测试
   B. 如果某一控制在剩余期间内发生变动,在评价整个期间的控制运行有效性时,无需考虑期中测试的结果
   C. 对某些自动化运行的控制,可以通过测试信息系统一般控制的有效性,获取控制在剩余期间运行有效的审计证据
   D. 如果某一控制在剩余期间内未发生变动,不需要补充剩余期间控制运行有效性的审计证据

7. 【经典真题】下列有关控制测试目的的说法中，正确的是（　　）。
   A. 控制测试旨在评价内部控制在防止或发现并纠正认定层次重大错报方面的运行有效性
   B. 控制测试旨在发现认定层次发生错报的金额
   C. 控制测试旨在验证实质性程序结果的可靠性
   D. 控制测试旨在确定控制是否得到执行

二、多选题

8. 【2016】下列有关利用以前审计获取的有关控制运行有效性的审计证据的说法中，错误的有（　　）。
   A. 如果拟信赖以前审计获取的有关控制运行有效性的审计证据，注册会计师应当通过询问程序，获取这些控制是否已经发生变化的审计证据
   B. 如果拟信赖的控制在本期发生变化，注册会计师应当考虑以前审计获取的有关控制运行有效性的审计证据是否与本期审计相关
   C. 如果拟信赖的控制在本期未发生变化，注册会计师可以运用职业判断决定不在本期测试其运行的有效性
   D. 如果拟信赖的控制在本期未发生变化，控制应对的重大错报风险越高，本次控制测试与上次控制测试的时间间隔越短

9. 【2015】下列有关审计程序不可预见性的说法中，正确的有（　　）。
   A. 注册会计师应当在签订审计业务约定书时明确提出拟在审计过程中实施具有不可预见性的审计程序，但不能明确其具体内容
   B. 注册会计师采取不同的抽样方法使当年抽取的测试样本与以前有所不同，可以增加审计程序的不可预见性
   C. 注册会计师通过调整实施审计程序的时间，可以增加审计程序的不可预见性
   D. 注册会计师需要与被审计单位管理层事先沟通拟实施具有不可预见性的审计程序的要求，但不能告知其具体内容

10. 【经典真题】下列有关采用总体审计方案的说法中，错误的有（　　）。
    A. 注册会计师可以针对不同认定采用不同的审计方案
    B. 注册会计师可以采用综合性方案或实质性方案应对重大错报风险
    C. 注册会计师应当采用实质性方案应对特别风险
    D. 注册会计师应当采用与前期审计一致的审计方案，除非评估的重大错报风险发生重大变化

11. 【经典真题】对于以前审计获取的有关下列控制运行有效性的审计证据，A注册会计师在本期审计中通常不能直接利用的有（　　）。
    A. 信息技术一般控制
    B. 自动化信息处理控制
    C. 自上次测试后已发生变化的控制
    D. 旨在减轻特别风险的控制

三、简答题

12. 【2018】ABC会计师事务所的A注册会计师负责审计多家被审计单位2017年度财务报表。与存货审计相关的部分事项如下：
    因乙公司存货不存在特别风险，且以前年度与存货相关的控制运行有效，A注册会计师因此减少了本年度存货细节测试的样本量。
    要求：指出A注册会计师的做法是否恰当。如不恰当，简要说明理由。

13. 【2018】ABC会计师事务所的A注册会计师负责审计甲公司2017年度财务报表。与会计估计审计相关的部分事项如下：
    A注册会计师认为应收账款坏账准备的计提存在特别风险，在了解相关内部控制后，对应收账款坏账准备实施了实质性分析程序，结果满意，据此认可了管理层计提的金额。
    要求：指出A注册会计师的做法是否恰当。如不恰当，简要说明理由。

四、综合题

14. 【2022】上市公司甲公司是ABC会计师事务所的常年审计客户，主要从事信息技术服务和智能产品的研发、生产与销售。A注册会计师负责审计甲公司2021年度财务

报表，确定集团财务报表整体的重要性为800万元，实际执行的重要性为600万元。A注册会计师的审计工作底稿部分内容摘录如下：

2021年，为加强客户信用等级分类管理，甲公司修改了信息系统中有关客户信用评级的参数和模型。A注册会计师在了解相关控制后，认为该变化不影响以前审计所获取证据的相关性，拟信赖以前审计获取的有关客户信用管理的自动化控制运行有效性的证据，不再在本期审计中测试这些控制。

要求：针对上述事项，假定不考虑其他条件，指出A注册会计师的做法是否恰当。如不恰当，简要说明理由。

15. 【2017】ABC会计师事务所首次接受委托，审计上市公司甲公司2016年度财务报表，委派A注册会计师担任项目合伙人。A注册会计师确定财务报表整体的重要性为1 200万元。甲公司主要提供快递物流服务。A注册会计师在审计工作底稿中记录了审计计划，部分内容摘录如下：

甲公司的个人快递业务交易量巨大，单笔金额较小。因无法通过实施细节测试获取充分、适当的审计证据，也无法有效实施实质性分析程序，A注册会计师拟在审计该类收入时全部依赖控制测试。

要求：假定不考虑其他条件，指出审计计划的内容是否恰当。如不恰当，简要说明理由。

16. 【2015】甲集团公司是ABC会计师事务所的常年审计客户，主要从事化妆品生产、批发和零售。A注册会计师负责审计甲集团公司2014年度财务报表，确定集团财务报表整体的重要性为600万元。A注册会计师在审计工作底稿中记录了风险应对的情况，部分内容摘录如下：

甲集团公司使用存货库龄等信息测算产成品的可变现净值。A注册会计师拟信赖与库龄记录相关的内部控制，通过穿行测试确定了相关内部控制运行有效。

要求：指出A注册会计师的做法是否恰当。如不恰当，简要说明理由。

参考答案及解析

一、单选题

1. 【答案】B

【考点】控制测试的性质

【解析】如果上年度审计中发现了控制缺陷，那么注册会计师可能将重大错报风险评估为高水平，选项A正确。注册会计师应当利用实施风险评估程序获得的信息，包括在评价控制设计和确定其是否得到执行时获取的审计证据，作为支持风险评估结果的审计证据。故控制是否得到执行，通常会影响到注册会计师对重大错报风险的评估结果，选项B错误。控制运行有效性越高，注册会计师越可能将重大错报风险评估为低水平，选项C正确。如果控制在所审计期间发生了变化，注册会计师可能将重大错报风险评估为高水平，选项D正确。

2. 【答案】D

【考点】实质性程序的含义和要求

【解析】无论评估的重大错报风险结果如何，注册会计师都应当针对**所有重大类别的交易、账户余额和披露实施实质性程序**，选项A错误。如果针对特别风险实施的程序仅为实质性程序，注册会计师应当实施细节测试，或将细节测试和实质性分析程序结合使用，以获取充分、适当的审计证据。为应对特别风险，需要获取具有高度相关性和可靠性的审计证据，**仅实施实质性分析程序不足以获取有关特别风险的充分、适当的审计证据**，选项B错误。如果在期中实施了实质性程序，注册会计师应当针对剩余期间实施进一步的**实质性程序**，**或将实质性程序和控制测试结合使用**，以将期中测试得出的结论合理延伸至期末，选项 C 错误。注册会计师实施的实质性程序应当包括下列与财务报表编制完成阶段相关的审计程序：①将财务报表中的信息与其所依据的会计记录进行核对或调节（选项 D）；②检查财务报表编制过程中作出的重大会计分录和其他调整。

3. 【答案】A
【考点】实质性程序的含义和要求
【解析】注册会计师应当将管理层凌驾于控制之上的风险评估为特别风险，选项 A 正确；如果对与特别风险相关的控制的评估结论为，控制本身的设计是合理的但没有得到执行，控制本身的设计就是无效的或缺乏必要的控制，那么不需要进行控制测试，选项 B 错误；注册会计师应当对特别风险实施实质性程序，未必一定要做细节测试，选项 C 错误；注册会计师在判断重大错报风险是否为特别风险时，**不应**考虑识别出的控制对相关风险的抵销效果，选项 D 错误。

4. 【答案】C
【考点】进一步审计程序的时间
【解析】何时能得到相关信息影响注册会计师考虑何时实施审计程序。例如，某些控制活动可能仅在期中（或期中以前）发生，之后可能难以再被观察到。因此，选项 A 正确。如果重大错报风险评估为低水平，那么注册会计师可选择资产负债表日适当前日期为截止日实施函证，并对所函证项目自该截止日起至资产负债表日止发生的变动实施实质性程序，选项 B 正确。对于被审计单位发生的重大交易，注册会计师应当考虑在期末或接近期末实施实质性程序，选项 C 错误（注意：应当≠应当考虑）。**如果重大交易发生在期中，则注册会计师可能会在期中就去做审计**。良好的控制环境可以减轻在期中实施进一步审计程序的一些局限性，使注册会计师在确定实施进一步审计程序的时间时有更大的灵活度，选项 D 正确。

5. 【答案】D
【考点】实质性程序的时间
【解析】注册会计师可以考虑针对同一交易**同时实施控制测试和细节测试**，以实现双重目的，选项 A 错误；如果已识别出由于舞弊导致的重大错报风险，为将期中得出的结论延伸至期末而实施的审计程序通常是无效的，注册会计师应当考虑在期末或者接近期末实施实质性程序，选项 B 错误；某些交易或账户余额以及相关认定的特殊性质（如收入截止认定、未决诉讼）决定了注册会计师必须在期末（或接近期末）实施实质性程序，并不是所有针对账户余额的实质性程序都在期末或接近期末实施，选项 C 错误；选项 D 表述正确。

6. 【答案】C
【考点】控制测试的时间
【解析】实质性程序未发现某项认定存在错报，不能说明相关的控制运行有效，选项 A 错误。在评价整个期间内部控制运行有效时，除了评价剩余期间的内控，还应当考虑变动前内部控制运行的有效性，选项 B 错误。如果已获取有关控制在期中运行有效性的审计证据，并拟利用该证据，注册会计师应当实施下列审计程序：①获取这些控制在剩余期间发生重大变化的审计证据；②确定针对剩余期间还需获取的补充审计证据。因此，选项 D 错误。对于自动运行的控制，注册会计师往往通过测试信息技术一般控制的有效性，获取控制在剩余期间运行有效性的审计证据，选项 C 正确。

7. 【答案】A
【考点】控制测试的含义和要求
【解析】控制测试是指用于评价内部控制在防止或发现并纠正认定层次重大错报方面的运行有效的审计程序，选项 A 正确，选项 C 错误；细节测试的目的是识别财务报表中各类交易、账户余额和披露中存在的认定层次重大错报，选项 B 错误；注册会计师了解内部控制的目的，就是评价控制设计的有效性以及控制是否得到执行，选项 D 错误。

二、多选题

8. 【答案】AC
   【考点】控制测试的时间
   【解析】如果拟信赖以前审计获取的有关控制运行有效性的审计证据，注册会计师应当通过实施"**询问并结合观察或检查程序**"，获取这些控制是否已经发生变化的审计证据，选项 A 错误；如果控制在本期发生变化，注册会计师应当考虑以前审计获取的有关控制运行有效性的审计证据是否与本期审计相关，选项 B 正确；如果拟信赖的控制在本期未发生变化，且不属于旨在减轻特别风险的控制，注册会计师**应当**运用职业判断决定是否在本期测试其运行的有效性，选项 C 错误；如果重大错报风险较高或对控制的信赖程度较高，注册会计师应当缩短再次测试控制的时间间隔或完全不信赖以前审计获取的审计证据，选项 D 正确。

9. 【答案】BCD
   【考点】增加审计程序不可预见性的方法
   【解析】注册会计师需要与被审计单位的高层管理人员事先沟通，要求实施具有不可预见性的审计程序，但不能告知其具体内容，选项 D 正确；注册会计师可以（而非应当）在签订审计业务约定书时明确提出这一要求，选项 A 错误；注册会计师可以采取不同的审计抽样方法，使当年抽取的测试样本与以前有所不同，选项 B 正确；注册会计师可以调整实施审计程序的时间，使其超出被审计单位的预期，提高审计程序的不可预见性，选项 C 正确。

10. 【答案】CD
    【考点】总体应对措施对拟实施进一步审计程序的总体审计方案的影响
    【解析】针对不同的认定，注册会计师可以采用不同的审计方案，选项 A 正确；拟实施进一步审计程序的总体审计方案包含实质性方案和综合性方案，选项 B 正确；注册会计师应当针对特别风险实施实质性程序，但未必是实质性方案，也可以采用综合性方案，选项 C 错误；注册会计师评估的财务报表层次重大错报风险以及采取的总体应对措施，对拟实施进一步审计程序的总体审计方案具有重大影响，**但无须与前期的审计方案一致**，选项 D 错误。

11. 【答案】CD
    【考点】控制测试的时间
    【解析】如果拟信赖的控制自上次测试后已发生变化，注册会计师应当在本期审计中测试这些控制的运行有效性，选项 C 不能被直接利用；鉴于特别风险的特殊性，对于旨在减轻特别风险的控制，注册会计师都不能依赖以前审计获取的证据，选项 D 不能被直接利用；对于一项自动的信息处理控制，由于信息技术处理过程的内在一惯性，注册会计师可以利用该项控制得以执行的审计证据和信息技术一般控制运行有效性的审计证据，作为支持该项控制在相关期间运行有效性的重要审计证据，选项 AB 能够被直接利用，不选。

三、简答题

12. 【考点】控制测试的时间
    【答案】不恰当。以前年度与存货相关的控制运行有效不构成减少本年度细节测试样本规模的充分理由/注册会计师还应当了解相关控制在本期是否发生变化。

13. 【考点】实质性程序的含义和要求
    【答案】不恰当。对特别风险的应对程序仅为实质性程序时，应当包括细节测试。

四、综合题

14. 【考点】控制测试的时间
    【答案】不恰当。相关控制已发生**实质性变化**/该变化会**导致数据累积或计算发生变化，影响以前审计所获取证据的相关性**，应当在本期测试相关控制。

15. 【考点】实质性程序的含义和要求
    【答案】不恰当。个人快递业务收入重大，注册会计师应当实施实质性程序。

16. 【考点】了解内控、控制测试的性质
    【答案】不恰当。穿行测试不能为控制运行的有效性提供充分证据/穿行测试是用于了解内部控制/还应当实施控制测试。

模拟自测

一、单选题

1. 下列各项中,通常无法提高审计程序的不可预见性的是(   )。
   A. 多选几个月的银行存款余额调节表进行测试
   B. 向以前没有询问过的被审计单位员工询问
   C. 实地盘查一些价值较低的固定资产
   D. 对被审计单位银行存款年末余额实施函证

2. 注册会计师应当针对评估的由于舞弊导致的财务报表层次重大错报风险确定总体应对措施。下列各项措施中,错误的是(   )。
   A. 修改财务报表整体的重要性
   B. 评价被审计单位对会计政策的选择和运用
   C. 指派更有经验、知识、技能和能力的项目组成员
   D. 在确定审计程序的性质、时间安排和范围时,增加审计程序的不可预见性

3. 下列有关进一步审计程序的时间的说法中,错误的是(   )。
   A. 选择进一步审计程序的时间的落脚点是确保获取审计证据的效率和效果
   B. 当重大错报风险较高时,注册会计师应当考虑在管理层不能预见的时间实施审计程序
   C. 控制环境不会对进一步审计程序的时间安排产生影响
   D. 重大错报风险的性质会影响注册会计师何时实施进一步审计程序

4. 下列有关进一步审计程序的范围的说法中,错误的是(   )。
   A. 确定的重要性水平越低,进一步审计程序的范围越广
   B. 在风险评估程序中,预计内部控制有效,在进一步审计程序中,控制测试的范围可以适当减少
   C. 评估的重大错报风险水平越高,进一步审计程序的范围越广
   D. 计划从控制测试中获取的保证程度越高,控制测试的范围越广

5. 下列有关控制测试程序的说法中,错误的是(   )。
   A. 注册会计师可以向被审计单位适当员工询问,获取与内部控制运行情况相关的信息
   B. 注册会计师需要考虑其所观察到的控制在其不在场时可能未被执行的情况
   C. 对运行情况未留有书面证据的控制,检查非常适用
   D. 如果需要进行大量的重新执行,注册会计师就要考虑通过实施控制测试,缩小实质性程序的范围是否合理

6. 下列有关控制测试的范围的说法中,错误的是(   )。
   A. 控制测试的范围是指某项控制活动的测试次数
   B. 执行控制的频率越高,控制测试的范围越大
   C. 对于一项持续有效运行的自动化控制,注册会计师通常应当考虑扩大实施控制测试的范围
   D. 控制的预期偏差率越高,实施控制测试的范围越大

7. 下列有关实质性程序的说法中,错误的是(   )。
   A. 细节测试的目的是直接发现认定层次的重大错报
   B. 实质性分析程序通常更适用于在一段时间内存在可预期关系的大量交易
   C. 实质性程序包括细节测试与实质性分析程序
   D. 实质性分析程序适用于所有的财务报表认定

8. 在考虑是否在期中实施实质性程序时,下列说法中,正确的是(   )。
   A. 控制环境越薄弱,注册会计师越适宜在期中先行实施实质性程序
   B. 评估的某项认定的重大错报风险越高,针对该认定所需获取的审计证据的相关性和可靠性要求也就越高,注册会计师应当在期末实施实质性程序

C. 如果拟将期中测试得出的结论延伸至期末，注册会计师应当考虑针对剩余期间仅实施实质性程序是否足够

D. 实质性程序所需信息在期中之后的获取不存在明显困难，一般应在期中实施实质性程序

9. 在将期中实施的实质性程序得出的结论合理延伸至期末时，下列关于注册会计师的做法的表述中，正确的是（   ）。

A. 注册会计师应当针对剩余期间实施实质性分析程序

B. 注册会计师应当针对剩余期间，将实质性程序和控制测试结合使用

C. 注册会计师应当针对剩余期间实施控制测试

D. 注册会计师针对剩余期间实施的程序应当包括实质性程序

10. 下列有关确定实质性程序的范围的说法中，错误的是（   ）。

A. 评估的认定层次的重大错报风险越高，需要实施实质性程序的范围越广

B. 如果对控制测试结果不满意，可能需要考虑扩大实质性程序的范围

C. 可接受差异额越大，作为实质性分析程序一部分的进一步调查的范围就越大

D. 确定的重要性水平越低，实质性程序的范围就越大

11. 如果注册会计师拟信赖旨在应对由于舞弊导致的重大错报风险的人工控制，假设该控制没有发生变化，下列有关测试该控制运行有效性的时间间隔的说法中，正确的是（   ）。

A. 每年测试一次

B. 每两年至少测试一次

C. 每三年至少测试一次

D. 每四年至少测试一次

二、多选题

12. 下列各项中，针对财务报表层次的重大错报风险，应当采取的措施有（   ）。

A. 利用专家的工作

B. 对指导和监督项目组成员并复核其工作的性质、时间安排和范围作出调整

C. 向项目组强调保持职业怀疑的必要性

D. 针对自动化的信息处理控制实施控制测试

13. 下列各项中，可以增加审计程序的不可预见性的有（   ）。

A. 对某些以前未测试的低于设定的重要性水平或风险较小的账户余额和认定实施实质性程序

B. 调整实施审计程序的时间，使其超出被审计单位的预期

C. 将非统计抽样调整为统计抽样方法

D. 选取不同的地点实施审计程序，并将所选定的测试地点提前与被审计单位沟通

14. 下列各项中，应对评估的重大错报风险时通常更倾向于选择实质性方案的有（   ）。

A. 被审计单位采用高度自动化信息处理程序

B. 通过实施实质性程序发现被审计单位内部控制没有识别出重大错报

C. 被审计单位不存在与特定认定相关的内部控制

D. 被审计单位的控制环境存在严重缺陷

15. 下列有关进一步审计程序的说法中，正确的是（   ）。

A. 注册会计师实施的进一步审计程序应具有目的性和针对性

B. 注册会计师设计和实施的进一步审计程序的性质、时间安排和范围，应当与评估的财务报表层次重大错报风险建立明确的对应关系

C. 只有在确保进一步审计程序的性质与特定风险相关时，扩大审计程序的范围才是有效的

D. 注册会计师在设计进一步审计程序时，审计程序的范围是最重要的考虑因素

16. 注册会计师在设计进一步审计程序时的主要考虑因素有（   ）。

A. 采用的特定控制的性质

B. 涉及的各类交易、账户余额和披露的特征

C. 风险的重要性

D. 重大错报发生的可能性

17. 不同的审计程序对特定认定错报风险的效力不同。下列关于审计程序针对特定认定的效

力，表述正确的有（　　）。
A. 对于与收入完整性认定相关的重大错报风险，控制测试通常更能有效应对
B. 实施应收账款的函证程序可以为应收账款在某一时点存在、准确性、计价和分摊认定提供充分且适当的审计证据
C. 对于与收入发生认定相关的重大错报风险，实质性程序通常更能有效应对
D. 对银行存款函证可以为银行存款的存在认定提供审计证据

18. 在确定进一步审计程序的时间时，注册会计师应当考虑的主要因素有（　　）。
A. 评估的认定层次重大错报风险
B. 审计意见的类型
C. 错报风险的性质
D. 审计证据适用的期间或时点

19. 在确定进一步审计程序的范围时，注册会计师应当考虑的主要因素有（　　）。
A. 审计程序与特定风险的相关性
B. 审计证据的相关性、可靠性
C. 计划从控制测试中获取的保证程度
D. 编制财务报表的时间

20. 注册会计师在测试内部控制运行有效性时，可能获取的审计证据有（　　）。
A. 内部控制的设计是否合理
B. 控制在所审计期间的相关时点是如何运行的
C. 内部控制是否得到执行
D. 控制由谁或以何种方式执行

21. 如果拟信赖的以前审计中测试的控制在本期已发生变化，但不属于旨在减轻特别风险的控制，下列注册会计师应该采取措施的相关说法中，正确的有（　　）。
A. 注册会计师应当重新测试已发生变化的控制
B. 如果是系统的变化，会引起数据累积或计算发生改变，应当在本期审计中进行测试
C. 如果是系统的变化，仅仅使被审计单位从中获取新的报告，这种变化通常不会影响以前审计所获取证据的相关性
D. 只要该控制不属于旨在减轻特别风险的控制，注册会计师就可以至少三年进行一次测试

22. 控制测试并非在任何情况下都需要实施，应当实施控制测试的情形包括（　　）。

A. 在评估认定层次重大错报风险时，预期控制的运行是有效的
B. 仅实施实质性程序并不能够提供认定层次充分、适当的审计证据
C. 通过实施实质性程序发现被审计单位内部控制存在重大缺陷
D. 通过实施风险评估程序，某些认定被评估为特别风险

23. 下列有关控制测试的说法中，正确的有（　　）。
A. 注册会计师应当对被审计单位的所有与审计相关的控制进行测试
B. 注册会计师应当根据特定控制的性质选择所需实施审计程序的类型
C. 如果被审计单位在期中变更了内部控制，注册会计师应当考虑不同时期控制运行的有效性
D. 对于自动化的信息处理控制，在一般控制运行有效的情况下，对应的自动化信息处理控制得到执行通常可以认定控制运行有效

24. 如果已获取有关控制在期中运行有效性的审计证据，并拟利用该证据，针对剩余期间，注册会计师应当实施的审计程序包括（　　）。
A. 获取这些控制在剩余期间发生重大变化的审计证据
B. 确定针对剩余期间还需获取的补充审计证据
C. 实质性程序
D. 测试被审计单位对控制的监督

25. 如果在期中实施了控制测试，在针对剩余期间获取补充审计证据时，注册会计师通常考虑的因素有（　　）。
A. 控制环境
B. 评估的重大错报风险水平
C. 在期中对有关控制有效性获取的审计证据的程度
D. 拟减少实质性程序的范围

26. 下列各项中，属于在考虑是否在期中实施实质性程序时考虑的因素有（　　）。
A. 控制环境和其他相关的控制
B. 评估的重大错报风险

C. 针对剩余期间，能否通过实施实质性程序或将实质性程序与控制测试相结合，降低期末存在错报而未被发现的风险

D. 需要将期中数据与期末数据进行比较

27. 下列各项中，属于在确定实质性程序的范围时应当考虑的因素的有（　　）。
   A. 重要性水平
   B. 评估的认定层次重大错报风险
   C. 实施控制测试的结果
   D. 针对某项认定所需获取的审计证据的相关性和可靠性

28. 在识别出被审计单位的特别风险后，采取的下列应对措施中，正确的有（　　）。
   A. 将特别风险所影响的财务报表项目与具体认定相联系
   B. 对于管理层应对特别风险的控制，无论是否信赖，都需要进行了解
   C. 应当专门针对识别的特别风险实施实质性程序
   D. 对于管理层应对特别风险的控制，无论是否信赖，都需要进行测试

29. 在针对特别风险计划和实施进一步审计程序时，注册会计师的下列做法中，错误的有（　　）。
   A. 控制测试和实质性程序结合
   B. 细节测试和实质性分析程序结合
   C. 仅实施控制测试
   D. 仅实施实质性分析程序

30. 在考虑利用以前年度控制测试证据时，下列观点中，恰当的有（　　）。
   A. 如果控制在本期未发生变化，注册会计师应当利用以前年度获取的控制运行有效性的证据
   B. 如果控制在本期发生变化，注册会计师不应利用以前年度获取的控制运行有效性的证据
   C. 对于旨在减轻特别风险的控制，不应利用以前年度获取的控制运行有效性的证据
   D. 针对上年测试的控制，如果本年未发生变化，且也不属于旨在减轻特别风险的控制，本年可以不再测试

31. 在确定控制测试的性质时，下列说法中，注册会计师认为错误的有（　　）。
   A. 应当考虑测试与认定直接相关和间接相关的控制
   B. 应当将观察与其他审计程序结合使用
   C. 检查程序适用于所有控制测试
   D. 重新执行程序适用于所有控制测试

三、简答题

32. A 注册会计师是甲公司 2023 年度财务报表审计业务的项目合伙人，正在针对识别出的重大错报风险设计实施审计程序，相关情况如下：

（1）针对识别出的与财务报表整体广泛相关的特别风险，A 注册会计师拟通过增加审计程序的不可预见性应对，比如选择一些以前未曾到过的盘点地点进行存货监盘。

（2）鉴于过去年度经济形势欠佳，甲公司管理层年初所设定的盈利目标实现难度较大，这将对管理层的绩效奖金产生较大影响。因此，在 2023 年年末，公司极可能篡改收入数据。A 注册会计师拟实施实质性分析程序，以获取关于营业收入项目的充分、适当的审计证据。

（3）针对甲公司固定资产的权利与义务认定，A 注册会计师从固定资产明细账中选取项目，追查到验收单等原始凭证，结果满意，据此认可了固定资产的权利与义务。

（4）审计项目组成员在实施实质性程序时发现了被审计单位内控未能发现的重大错报，A 注册会计师认为内部控制存在值得关注的缺陷，与管理层和治理层进行了沟通。

（5）注册会计师针对银行存款实施函证程序，银行回函表明被审计单位银行对账单与实际的银行存款数额不符，注册会计师因此根据银行回函差额认定被审计单位银行存款存在错报的金额。

要求：逐项指出 A 注册会计师针对评估的重大错报风险设计和实施的实质性程序是否恰当。如不恰当，简要说明理由。

参考答案及解析

一、单选题

1. 【答案】D
   【考点】不可预见的程序
   【解析】对被审计单位银行存款年末余额实施函证属于**常规审计程序**，不能增加审计程序的不可预见性，选项 D 正确。

2. 【答案】A
   【考点】应对舞弊导致的重大错报风险的总体应对
   【解析】应对舞弊导致的重大错报风险的总体应对有：①在分派和督导项目组成员时，考虑承担重要业务职责的项目组成员所具备的知识、技能和能力，并考虑由于舞弊导致的重大错报风险的评估结果（选项 C）；②评价被审计单位对会计政策（特别是涉及主观计量和复杂交易的会计政策）的选择和运用，是否可能表明管理层通过操纵利润对财务信息作出虚假报告（选项 B）；③在选择审计程序的性质、时间安排和范围时，增加审计程序的不可预见性（选项 D）。

3. 【答案】C
   【考点】进一步审计程序的时间
   【解析】良好的控制环境可以减轻在期中实施进一步审计程序的一些局限性，使注册会计师在确定实施进一步审计程序的时间时有更大的灵活度，选项 C 错误；选项 ABD 表述正确。

4. 【答案】B
   【考点】进一步审计程序的范围
   【解析】预计内部控制有效的情况下，应当通过扩大控制测试的范围，验证内控的有效性，减少实质性程序，提高审计的效率，选项 B 错误；选项 ACD 表述正确。

5. 【答案】C
   【考点】控制测试的性质
   【解析】对运行情况留有书面证据的控制，检查非常适用，如果没有留下书面记录的控制，注册会计师一般应通过观察程序进行测试，选项 C 错误；选项 ABD 表述正确。

6. 【答案】C
   【考点】控制测试的范围
   【解析】对于一项自动化应用控制，一旦确定被审计单位正在执行该控制，注册会计师通常无须扩大控制测试的范围，选项 C 错误；选项 ABD 表述正确。

7. 【答案】D
   【考点】实质性程序
   【解析】实质性分析程序有其运用的前提和基础，并不适用于所有的财务报表认定，通常更适用于在一段时间内存在可预期关系的大量交易，选项 D 错误；选项 ABC 表述正确。

8. 【答案】C
   【考点】实质性程序的时间
   【解析】控制环境和其他相关的控制越薄弱，注册会计师越不宜在期中实施实质性程序，选项 A 错误；评估的某项认定的重大错报风险越高，针对该认定所需获取的审计证据的相关性和可靠性要求也就越高，注册会计师**越应当考虑**将实质性程序集中于期末或接近期末实施，选项 B 过于绝对；如果实施实质性程序所需信息在期中之后的获取并不存在明显困难，该因素就不能成为注册会计师在期中实施实质性程序的原因，选项 D 错误。

9. 【答案】D
   【考点】实质性程序的时间
   【解析】将期中测试得出的结论合理延伸至期末，注册会计师可以选择的方法有：①针对剩余期间实施进一步实质性程序；②将实质性程序和控制测试结合使用。这两种方法都应当包括实质性程序，选项 D 正确；控制测试和实质性分析程序未必应当实施，选项 ABC 错误。

10. 【答案】C
    【考点】实质性程序的范围
    【解析】可接受的差异额越大，作为实质性分析程序一部分的进一步调查的范围就越小，选项 C 错误。

11. 【答案】A
【考点】控制测试的时间
【解析】舞弊属于特别风险，对于应对特别风险的控制，不能信赖以前年度的审计证据，而应当在当期进行测试，选项 A 正确。

二、多选题

12. 【答案】BC
【考点】总体应对措施
【解析】针对财务报表层次重大错报风险的总体应对措施：①向项目组强调保持职业怀疑的必要性（选项 C）；②指派更有经验或具有特殊技能的审计人员，或利用专家的工作（此处为"可以"采取的措施，并非"应当"采取的措施，选项 A 错误）；③对指导和监督项目组成员并复核其工作的性质、时间安排和范围作出调整（选项 B）；④在选择拟实施的进一步审计程序时融入更多的不可预见的因素；⑤按照规定，对总体审计策略或对拟实施的审计程序作出调整。选项 D 属于针对**认定层次**的重大错报风险实施的控制测试。

13. 【答案】ABC
【考点】不可预见的程序
【解析】注册会计师可以通过以下方法提高审计程序的不可预见性：①对某些以前未测试的低于设定的重要性水平或风险较小的账户余额和认定实施实质性程序（选项 A）；②调整实施审计程序的时间，使其超出被审计单位的预期（选项 B）；③采取不同的审计抽样方法，使当年抽取的测试样本与以前有所不同（选项 C）；④选取不同的地点实施审计程序，或预先不告知被审计单位所选定的测试地点。选项 D 中的"**提前**"沟通不具备增加不可预见性的作用，故错误。

14. 【答案】BCD
【考点】总体审计方案
【解析】当被审计单位采用高度自动化的信息处理时，注册会计师通常会实施控制测试，将控制测试与实质性程序结合使用时，这属于综合性方案，选项 A 错误；选项 B

的情况通常表明内部控制存在值得关注的缺陷，注册会计师应考虑以实质性程序为主，即实施实质性方案，选项 B 正确；当被审计单位不存在与特定认定相关的内部控制时，注册会计师应以实质性程序为主，选项 C 正确；如果被审计单位的控制环境存在缺陷，注册会计师应通过实施实质性程序获取更广泛的审计证据，选项 D 正确。

15. 【答案】AC
【考点】进一步审计程序
【解析】注册会计师设计和实施的进一步审计程序的性质、时间安排和范围，应当与评估的认定层次重大错报风险具备明确的对应关系，选项 B 错误；在进一步审计程序的性质、时间安排和范围中，**性质是最重要的**，选项 D 错误；选项 AC 表述正确。

16. 【答案】ABCD
【考点】进一步审计程序
【解析】注册会计师在设计进一步审计程序时的主要考虑因素有：①风险的重要性（选项 C）；②重大错报发生的可能性（选项 D）；③涉及的各类交易、账户余额和披露的特征（选项 B）；④采用的特定控制的性质（选项 A）；⑤是否拟获取审计证据，以确定内部控制在防止或发现并纠正重大错报方面的有效性。

17. 【答案】ACD
【考点】进一步审计程序的性质
【解析】实施应收账款的函证程序可以为应收账款在某一时点存在的认定提供审计证据，但通常不能为应收账款的准确性、计价和分摊认定提供**充分且适当**的审计证据，选项 B 错误；选项 ACD 表述正确。

18. 【答案】ACD
【考点】进一步审计程序的时间
【解析】进一步审计程序的时间不受审计意见类型的影响，选项 B 错误。当重大错报风险较高时，注册会计师应当考虑在期末或接近期末实施实质性程序，或采用不通知的方式，或在管理层不能预见的时间实施审计程序，选项 A 正确。注册会计师在确定何时实施审计程序时应当考虑的几项重要因素包括：①控制环境。②何时能得到相关信息。③错报风险的性质（选项C）。例如，被审计单位可能是为了保证盈利目标的实现，而在会计期末以后伪造销售合同以虚增收入，此时注册会计师需要考虑在期末这个特定时点获取被审计单位截至期末所能提供的所有销售合同及相关资料，以防范被审计单位在资产负债表日后伪造销售合同虚增收入的做法。④审计证据适用的期间或时点（选项D）。注册会计师应当根据需要获取的特定审计证据确定何时实施进一步审计程序。例如，为了获取资产负债表日的存货余额证据，注册会计师显然不宜在与资产负债表日间隔过长的期中时点或期末以后时点实施存货监盘等相关审计程序。⑤编制财务报表的时间，尤其是编制某些披露的时间，这些披露为资产负债表、利润表、所有者权益变动表或现金流量表中记录的金额提供了进一步解释。

19. 【答案】ABC
    【考点】进一步审计程序的范围
    【解析】只有当审计程序本身与特定风险相关时，扩大审计程序的范围才是有效的，选项A正确；评估的重大错报风险越高，对拟获取审计证据的相关性、可靠性的要求越高，实施的进一步审计程序的范围越广，选项B正确；如果注册会计师计划从控制测试中获取更高的保证程度，则控制测试的范围就更广，选项C正确；编制财务报表的时间属于影响注册会计师考虑在何时实施审计程序的因素，选项D错误。

20. 【答案】BD
    【考点】控制测试的概念
    【解析】在测试控制运行的有效性时，应当获取的审计证据有：①控制在所审计期间的相关时点是如何运行的（选项B）；②控制是否得到一贯执行（选项C错误）；③控制由谁或以何种方式执行（选项D）。选项A属于了解内控的内容。

21. 【答案】BC
    【考点】控制测试的时间
    【解析】如果控制在本期发生变化，注册会计师应当考虑以前审计获取的有关控制运行有效性的审计证据是否与本期审计相关，选项A错误；当控制在本期未发生变化时，注册会计师才可以至少三年测试一次不属于旨在减轻特别风险的控制，如果控制发生变化，则需要考虑变化是否与本期的审计证据相关，选项D错误；选项BC表述正确。

22. 【答案】AB
    【考点】控制测试的情形
    【解析】存在下列情形之一时，应当实施控制测试：①在评估认定层次重大错报风险时，预期控制运行有效（选项A）；②仅实施实质性程序不足以提供认定层次充分、适当的审计证据（选项B）。如果实施实质性程序发现被审计单位没有识别出的重大错报，通常表明内部控制存在值得关注的缺陷，注册会计师应当就这些缺陷与管理层和治理层进行沟通，选项C错误。针对特别风险，被审计单位如果存在预期有效的内部控制，则注册会计师应当实施控制测试，如果预期内部控制无效，则无须进行控制测试，选项D错误。

23. 【答案】BCD
    【考点】控制测试
    【解析】控制测试不是所有情况下都要实施的，当存在下列情形之一时，注册会计师应当实施控制测试：①在评估认定层次重大错报风险时，预期控制的运行是有效的；②仅实施实质性程序并不能够提供认定层次充分、适当的审计证据。与审计无关的控制，注册会计师无须了解和测试，选项A错误。选项BCD表述正确。

24. 【答案】AB
    【考点】控制测试的时间
    【解析】如果注册会计师已获取有关控制在期中运行有效的审计证据，并拟利用该证据，注册会计师应当实施下列审计程序：①获取这些控制在剩余期间发生重大变化的审计证据（选项A）；②确定针对剩余期间还需获取的补充审计证据（选项B）。对于所有重大交易、账户应当实施实质性程序，但题干中未提及重大，若为不重大交易、账户，则实质性程序并非"应当"实施的，选项 C 错误。通过测试剩余期间控制的运行有效性或测试被审计单位对控制的监督，注册会计师可以获取补充审计证据，选项 D 并非"应当"实施的。

25. 【答案】ABCD
【考点】控制测试的时间
【解析】针对期中证据以外的、剩余期间的补充证据，注册会计师应当考虑下列因素：①评估的认定层次重大错报风险的重要程度（选项 B）；②在期中测试的特定控制，以及自期中测试后发生的重大变动；③在期中对有关控制运行有效性获取的审计证据的程度（选项 C）；④剩余期间的长度；⑤在信赖控制的基础上拟缩小实质性程序的范围（选项 D）；⑥控制环境（选项 A）。

26. 【答案】ABCD
【考点】实质性程序的时间
【解析】注册会计师在考虑是否在期中实施实质性程序时应当考虑以下因素：①控制环境和其他相关的控制（选项 A）；②实施审计程序所需信息在期中之后的可获得性；③实质性程序的目的（比如需要将期中审计证据与期末审计证据相比较）（选项 D）；④评估的重大错报风险（选项 B）；⑤特定类别交易或账户余额以及相关认定的性质；⑥针对剩余期间，能否通过实施实质性程序或将实质性程序与控制测试相结合，降低期末存在错报而未被发现的风险（选项 C）。

27. 【答案】ABCD
【考点】实质性程序的范围
【解析】在确定实质性程序的范围时，注册会计师应当考虑评估的认定层次重大错报风险（选项 B）和实施控制测试的结果（选项 C）。审计证据质量越高，需要的数量可能越少，选项 D 正确。重要性水平与实质性程序的范围的变动呈反向关系，选项 A 正确。

28. 【答案】ABC
【考点】特别风险
【解析】针对特别风险，如果注册会计师不信赖，可以不进行控制测试，选项 D 错误；

选项 ABC 表述正确。

29. 【答案】CD
【考点】特别风险
【解析】对于特别风险，必须实施实质性程序，选项 C 错误；如果针对特别风险仅实施实质性程序，那么必须包括细节测试，选项 D 错误；选项 AB 表述正确。

30. 【答案】CD
【考点】控制测试的时间
【解析】对于旨在减轻特别风险的控制，不应当利用以前年度的证据，选项 A 错误；如果控制已发生变化，且这些变化对以前审计获取的审计证据的持续相关性产生影响，注册会计师应当在本期审计中测试这些控制运行的有效性，选项 B 错误；选项 CD 表述正确。

31. 【答案】BCD
【考点】控制测试的性质
【解析】应当将询问与其他审计程序结合使用，选项 B 错误；检查程序仅适用于留有书面证据的测试，选项 C 错误；并非所有的控制测试都可以重新执行，选项 D 错误；选项 A 表述正确。

三、简答题

32. 【考点】风险应对
【答案】（1）恰当。
（2）不恰当。管理层篡改收入属于舞弊，存在特别风险，为应对特别风险需要获取具有高度相关性和可靠性的审计证据，仅实施实质性分析程序不足以获取有关特别风险的充分、适当的审计证据。
（3）不恰当。针对固定资产的权利和义务认定，仅检查明细账不足以应对相关风险，应进一步检查相关的所有权凭证，如房产证、行驶证、购买发票、支出凭证等。
（4）恰当。
（5）不恰当。银行回函结果与被审计单位银行对账单不一致，注册会计师应当实施进一步审计程序，查明差异原因，而不是直接确定错报金额。

第九章 销售与收款循环的审计

真题共分两个模块,其一为知识点分册的例题模块,其二为习题分册的真题巩固模块,针对这两个模块,大家均需充分关注。

一、多选题

1. 【经典真题】下列各项审计程序中,可以为营业收入发生认定提供审计证据的有( )。
   A. 从营业收入明细账中选取若干记录,检查相关原始凭证
   B. 对应收账款余额实施函证
   C. 检查应收账款明细账的贷方发生额
   D. 调查本年新增客户的工商资料、业务活动及财务状况

二、简答题

2. 【经典真题】上市公司甲集团公司是ABC会计师事务所的常年审计客户,主要从事化工产品的生产和销售。A注册会计师负责审计甲集团公司2013年度财务报表,确定集团财务报表整体的重要性为200万元。
   A注册会计师在审计工作底稿中记录了具体审计计划,部分内容摘录如下:
   甲集团公司在发货时开具出库单,在客户验收后确认销售收入。出库单按出库顺序连续编号。A注册会计师拟选取2013年12月最后若干张和2014年1月最前若干张出库单,检查其对应的销售收入是否分别记录在2013年度和2014年度。
   要求:指出A注册会计师的处理是否恰当。如不恰当,简要说明理由。

3. 【经典真题】甲公司主要从事汽车轮胎的生产和销售,其销售收入主要来源于国内销售和出口销售。ABC会计师事务所负责甲公司20×8年度财务报表审计,并委派A注册会计师担任项目负责人。甲公司的收入确认政策为:对于国内销售,在将产品交付客户并取得客户签字的收货确认单时确认收入;对于出口销售,在相关产品装船并取得装船单时确认收入。在甲公司的会计信息系统中,国内客户和国外客户的编号分别以D和E开头。
   A注册会计师选取4个应收账款明细账户,对截至20×8年12月31日的余额实施函证,并根据回函结果编制了应收账款函证结果汇总表。有关内容摘录如下:

客户编号	客户名称	甲公司账面金额(原币万元)	回函金额(原币万元)	差异金额(原币万元)	回函方式	审计说明
D1	A公司	人民币7 616	5 000	2 616	原件	(1)
D2	B公司	人民币9 054	6 054	3 000	原件	(2)
D3	C公司	人民币7 618	7 618	0	传真件	(3)
E1	E公司	美元1 448	未回函	不适用	未回函	(4)

续表

客户编号	客户名称	甲公司账面金额（原币万元）	回函金额（原币万元）	差异金额（原币万元）	回函方式	审计说明

审计说明：
（1）回函直接寄回本所。经询问甲公司财务经理得知，回函差异是由于 A 公司的回函金额已扣除其在 20×8 年 12 月 31 日以电汇的方式向甲公司支付的一笔 2 616 万元的货款。甲公司于 20×9 年 1 月 4 日实际收到该笔款项，并记入 20×9 年应收账款明细账中。该回函差异不构成错报，无需实施进一步的审计程序。
（2）回函直接寄回本所。经询问甲公司财务经理得知，回函差异是由于甲公司在 20×8 年 12 月 31 日向 B 公司发出一批产品（合同价款 3 000 万元），同时确认了应收账款 3 000 万元及相应的销售收入。B 公司于 20×9 年 1 月 5 日收到这批产品。其回函未将该 3 000 万元款项包括在回函金额中，经检查相关的销售合同、销售发票、出库单以及相关记账凭证，没有发现异常。该回函差异不构成错报，无需实施进一步的审计程序。
（3）回函由 C 公司直接传真至本所。回函没有差异，无需实施进一步的审计程序。
（4）未收到回函。执行替代测试程序：从应收账款借方发生额选取样本，检查相关的销售合同、销售发票、出库单以及相关记账凭证，并确认这些文件中的记录是一致的。没有发现异常，无需实施进一步的审计程序。

要求：假定不考虑其他条件，逐项指出 A 注册会计师实施的审计程序及其结论是否存在不当之处。如果存在，简要说明理由并提出改进建议。

三、综合题

4.【2021】A 注册会计师在审计工作底稿中记录了审计计划，部分内容摘录如下：

A 注册会计师拟对甲公司 2020 年度新增的三家重要经销商进行实地走访，提前将访谈提纲发送给甲公司销售经理，由其转交给经销商。

要求：指出 A 注册会计师的做法是否恰当。如不恰当，简要说明理由。

参考答案及解析

一、多选题

1.【答案】ABCD
【考点】营业收入的实质性程序
【解析】针对营业收入高估（发生认定）的实质性程序包括但不限于：①从营业收入明细账中选取记录，追查至相关原始凭证（逆查）（选项 A）；②函证应收账款（选项 B）；③检查期后收款事项。检查应收账款明细账的贷方发生额，证实该应收账款是否真实存在，从而证明营业收入的发生是否真实，选项 C 正确。调查本年新增的客户信息，可以证实该新增客户是否**真实存在**，该销售是否是与真实客户发生，选项 D 正确。

二、简答题

2.【考点】营业收入的实质性程序
【答案】不恰当。甲集团公司**在客户验收时确认收入**，但注册会计师是按照产品出库时间选取样本项目/核对财务报表日前后连续编号的**出库单**并不足以有效应对收入截止测试。

3.【考点】应收账款的实质性程序
【答案】（1）不恰当。A 注册会计师只取得了甲公司财务经理的**口头解释**，没有执行进一步的检查程序以佐证财务经理的说法。改进建议：检查 20×9 年 1 月 4 日实际收到该笔 2 616 万元货款的银行进账单。
（2）不恰当。由于甲公司的国内销售应**在将**

产品交付客户并取得客户签字的收货确认单时确认收入,而 B 公司于 20×9 年 1 月 5 日才收到这批产品,因此甲公司于 20×8 年不应确认该笔 3 000 万元应收账款及相应的销售收入。改进建议:进一步检查 B 公司对该批产品的签收记录。如果 B 公司收货时间确系 20×9 年,A 注册会计师应提出审计调整,建议甲公司冲回该笔应收账款和销售收入。

(3) 不恰当。以传真方式收到的函证回复,其可靠性存在风险。改进建议:注册会计师可以与被询证者联系以核实回函的来源及内容。必要时,注册会计师可以要求被询证者提供回函原件。

(4) 不恰当。甲公司对出口销售收入的确认时点为在相关产品装船并取得装船单时,但是在执行的替代程序中并没有检查装船单这一事项。改进建议:**进一步检查装船单**。如果装船单时间系 20×9 年,A 注册会计师应提出审计调整,建议甲公司冲回相关应收账款和销售收入。

三、综合题

4. 【考点】营业收入的"延伸检查"程序

【答案】不恰当。在访谈前应注意对访谈提纲保密。

一、单选题

1. 下列关于函证应收账款的说法中,错误的是( )。
   A. 如果注册会计师不对应收账款实施函证,应当在审计工作底稿中说明
   B. 若应收账款在全部资产中所占比重较大,注册会计师应考虑扩大函证范围
   C. 若以前期间函证中发现过重大差异,或欠款纠纷较多,则注册会计师应考虑扩大函证范围
   D. 如果注册会计师不能对应收账款进行函证,则视为审计范围受限,无法获取充分、适当的审计证据

2. 以下单据中,一般不采用连续编号的是( )。
   A. 销售单   B. 发运凭证
   C. 订购单   D. 销售发票

3. 下列销售部门处理订单的内部控制中,设计无效的是( )。
   A. 订单的审批必须根据公司既定的销售政策执行
   B. 超过信用额度的销售订单,必须由销售部经理亲自审批
   C. 信用部门需对销售客户进行充分评价,再授予一定的信用额度
   D. 不满足信用部门批准要求的销售订单,应交由管理层决策

4. 下列关于与评估与收入确认有关的重大错报风险的说法中,错误的是( )。
   A. 注册会计师应当假定收入确认存在舞弊风险,因此,对收入确认无须实施风险评估程序
   B. 实施风险评估程序,对注册会计师识别与收入确认相关的舞弊风险至关重要
   C. 在评估与收入确认有关的重大错报风险时,注册会计师可以使用分析程序
   D. 如果认为收入确认存在舞弊风险的假定不适用于业务的具体情况,从而未将收入确认作为由于舞弊导致的重大错报风险领域,注册会计师应当在审计工作底稿中记录得出该结论的理由

5. 注册会计师检查发运凭证与销售发票的连续编号,其主要的测试目标是确认( )。
   A. 登记入账的销售交易是否真实发生

B. 所有销售交易是否均已登记入账
C. 销售交易分类是否恰当
D. 销售交易是否正确截止

6. 注册会计师为了审查被审计单位是否有提前确认收入的情况，下列审计程序中，最有效的是（   ）。
   A. 在资产负债表日前以账簿记录为起点实施销售业务的截止测试
   B. 在资产负债表日前以销售发票为起点实施销售业务的截止测试
   C. 分析被审计期间毛利率的变化情况
   D. 向债务人函证

7. 以下关于注册会计师基于收入确认存在的舞弊风险的说法中，正确的是（   ）。
   A. 基于收入确认的舞弊风险假定，注册会计师应当将与收入确认相关的所有认定都假定存在舞弊风险
   B. 针对不同企业与收入确认相关的存在舞弊风险的认定可能会有所不同
   C. 在评估与收入确认相关的重大错报风险时，注册会计师自行决定是否有必要假定其存在舞弊风险
   D. 如果注册会计师未将收入确认作为由于舞弊导致的重大错报风险领域，注册会计师应当将得出该结论的理由通报项目负责人

8. 以下关于"延伸检查"程序的说法中，错误的是（   ）。
   A. "延伸检查"程序并非必须实施的程序
   B. 如果注册会计师实施"延伸检查"程序，那么"延伸检查"需要覆盖所有环节
   C. "延伸检查"程序主要是为了应对注册会计师识别出的舞弊风险
   D. 在 IPO 审计中，注册会计师实施"延伸检查"程序通常相对可行

9. 针对某公司在销售合同中设有保价条款，注册会计师最应关注营业收入项目（   ）认定的重大错报风险。
   A. 截止   B. 发生
   C. 准确性、计价和分摊 D. 准确性

10. 以下审计程序中，与证实应收账款存在认定最不相关的是（   ）。
    A. 向应收账款客户进行函证
    B. 根据明细账余额，追查应收账款的形成单据，如发货单、收款单、发票、验收单等
    C. 从出库单等原始凭证追查至明细账
    D. 检查期后收款情况

11. 以下各项中，不属于虚增收入或提前确认收入的舞弊手段的是（   ）。
    A. 利用与未披露关联方之间的资金循环虚构交易
    B. 对于应采用总额法确认收入的销售交易，被审计单位采用净额法确认收入
    C. 通过隐瞒售后回购或售后租回协议，将以售后回购或售后租回方式发出的商品作为销售商品确认收入
    D. 在采用代理商的销售模式时，在代理商仅向购销双方提供接洽、磋商等中介代理服务的情况下，按照相关购销交易的总额而非净额（扣除佣金及代理费等）确认收入

12. 下列有关收入确认的舞弊风险的说法中，错误的是（   ）。
    A. 注册会计师需要结合对被审计单位及其环境等方面的了解，考虑收入确认舞弊可能如何发生
    B. 注册会计师可以评价通过实施风险评估程序和执行其他相关活动获取的信息是否表明存在舞弊风险因素
    C. 如果管理层有隐瞒收入以降低税负的动机，注册会计师需要关注收入"完整性"认定相关的舞弊风险
    D. 如果同行业利润率下滑，而管理层过于强调提供企业的利润水平，则注册会计师需要警惕管理层高估收入的风险

二、多选题

13. 下列关于销售与收款循环的内部控制的说法中，正确的有（   ）。
    A. 审批人应当根据授权批准制度的规定，在授权范围内进行审批，不得超越审批权限
    B. 对于超过企业既定销售政策和信用政策规定范围的特殊销售交易，需要经过适当的授权

C. 主营业务收入明细账与应收账款明细账由同一位职员负责记录

D. 销售部门应当负责应收账款的催收，财会部门应当督促销售部门加紧催收

14. 在对销售交易实施截止测试时，可能实施的审计程序有（   ）。

A. 通过测试资产负债表日前后若干天一定金额以上的发运凭证，与应收账款和收入明细账核对；同时，从应收账款和收入明细账中选取在资产负债表日前后若干天一定金额以上的记账凭证，与发运凭证核对，确定是否跨期

B. 复核资产负债表日前后销售和发货水平，确定是否异常

C. 取得资产负债表日后所有销售退回记录，检查是否提前确认收入

D. 结合对资产负债表日应收账款的函证程序，检查有无未取得对方认可的销售

15. 下列关于营业收入的准确性的说法中，正确的是（   ）。

A. 发票数量应当以销售单上列示的数量为准

B. 发票数量应当以发运单上列示的数量为准

C. 发票单价应当以销售单上列示的单价为准

D. 发票单价应当以经批准的价目表上列示的单价为准

16. 对未能收到回函的应收账款询证函实施替代程序时，注册会计师可以（   ）。

A. 检查形成应收账款余额的合同、发票、订购单

B. 检查资产负债表日后的收款情况

C. 检查形成应收账款余额的合同、发票、销售单以及发运凭证等文件

D. 检查被审计单位与客户之间的往来邮件

17. 注册会计师在对主营业务收入进行审计时，如果认为有必要实施分析程序。下列说法中，正确的有（   ）。

A. 比较本期各月各类主营业务收入的波动情况，分析其变动趋势是否正常，是否符合被审计单位季节性、周期性的经营规律

B. 将本期重要产品的毛利率与同行业的进行对比分析，估算全年收入，再与实际收入金额比较

C. 将本期重要产品的毛利率与上期比较，检查是否存在异常，各期之间是否存在重大波动，并查明原因

D. 将本期主营业务收入与上期主营业务收入、销售预算或预测数等进行比较，分析主营业务收入及其构成的变动是否异常，并分析原因

18. 下列审计程序中，能有效应对虚构收入的程序有（   ）。

A. 复核加计正确，并与总账数和明细账合计数核对是否相符

B. 检查与已收款交易相关的收款记录及原始凭证，检查付款方是否为销售交易对应的客户

C. 考虑利用反舞弊专家的工作，对被审计单位和客户的关系及交易进行调查

D. 计算应收账款周转率、应收账款周转天数等指标，并与被审计单位相关赊销政策、被审计单位以前年度指标、同行业同期相关指标对比，分析是否存在重大异常并查明原因

19. 下列关于应收账款函证回函中出现的不符事项的说法中，正确的有（   ）。

A. 不符事项可能是因为询证函发出时，客户已经付款，而被审计单位尚未收到货款

B. 不符事项可能是因为询证函发出时，被审计单位的货物已经发出并已作销售记录，但货物仍在途中，客户尚未收到货物

C. 不符事项可能是因为客户由于某种原因将货物退回，而被审计单位尚未收到

D. 不符事项表明应收账款存在错报

20. 甲公司销售手机并同时赠送碎屏维修服务。该服务在以前是单独售卖的项目，甲公司将该赠送服务确认为销售费用和预计负债，甲公司的财务报表中（   ）项目的（   ）认定以及（   ）项目的（   ）认定存在重大错报风险。

A. 销售费用　发生　预计负债　存在

B. 销售费用　完整性　预计负债　完整性

C. 合同负债　完整性　营业收入　发生

D. 合同负债　发生　营业收入　完整性

21. 以下属于为了达到粉饰财务报表的目的而虚增收入或提前确认收入的情形有（　　）。

A. 在客户取得相关商品控制权后确认销售收入

B. 在被审计单位属于代理人的情况下，被审计单位按主要责任人确认收入

C. 被审计单位采用以旧换新的方式销售商品时，以新旧商品的差价确认收入

D. 对属于在某一时段内履约的销售交易，通过高估履约进度的方法实现当期多确认收入

22. 下列各项审计程序中，可以为营业收入发生认定提供审计证据的有（　　）。

A. 结合对应收账款实施的函证程序，选择客户函证本期销售额

B. 检查被审计单位与客户之间的往来邮件

C. 从主营业务收入明细账中的会计分录追查至相关原始凭证如订购单、销售单、出库单、发票等

D. 对被审计单位的审计客户进行延伸检查

23. 假定企业为客户安装设备后收到安装单时确认收入，注册会计师可以考虑选择（　　）实施主营业务收入的截止测试。

A. 以主营业务收入的账簿记录为起点

B. 以安装单为起点

C. 以出库单为起点

D. 以签收单为起点

24. 下列有关销售与收款循环控制测试的说法中，正确的有（　　）。

A. 控制测试所使用的审计程序的类型主要包括询问、观察、检查和重新执行

B. 控制测试的范围取决于注册会计师需要通过控制测试获取的保证程度

C. 如果人工控制在执行时，依赖信息系统生成的报告，注册会计师应当针对系统生成的报告的可靠性执行测试

D. 如果拟信赖的内部控制是自动化控制，注册会计师需要测试一般控制和信息处理控制

三、简答题

25. A 注册会计师是甲公司 2023 年度财务报表的审计项目合伙人。在计划审计阶段，A 注册会计师需要根据所了解的甲公司及其环境，识别和应对财务报表的重大错报风险。审计工作底稿记载的 A 注册会计师部分结论摘录如下：

（1）甲公司多项应收账款在 2023 年年末存在减值迹象，但没有计提坏账准备，拟将应收账款的存在认定作为重点审计领域。

（2）甲公司的管理层预计难以达到下一年度的销售目标，本年已经超额完成销售目标，A 注册会计师需将截止认定作为重点审计领域。

（3）由于甲公司舞弊风险较高，A 注册会计师认为"延伸检查"程序是必要的，但甲公司的客户、供应商不配合，A 注册会计师认为审计范围受到了限制。

（4）A 注册会计师函证乙公司，客户表示已经付款，但是甲公司未收到货款，甲公司财务人员解释是因为刚好是银行下班，没有及时入账。注册会计师认可了该说法，结果满意。

（5）经过对销售与收款循环的内部控制的了解，A 注册会计师拟不测试相关控制，将固有风险的评估结果作为重大错报风险的评估结果。

要求：针对上述第（1）至第（5）项，逐项指出 A 注册会计师所识别和应对的重大错报风险是否恰当。如不恰当，简要说明理由。

26. A 注册会计师负责审计常年审计客户甲公司 2023 年度财务报表。在对销售与收款循环审计的过程中，遇到下列事项：

（1）甲公司仓库管理人员只有在收到经过批准的销售单后才能编制出库单并安排发货。A 注册会计师计划测试该控制的运行有效性，考虑到该项控制属于常规性控制，执行控制时不涉及重大判断，因此将该项控制的控制风险评估为低水平。

（2）2023 年 11 月甲公司与新客户签订一项重大合同，因合同金额重大会导致发生错报的严

重程度较高，故此评估固有风险等级为高级。

（3）由于甲公司采用多方债权债务抵销的方式抵销应收款项，A注册会计师据此认为收入确认方面存在舞弊风险。

（4）通过风险评估程序，注册会计师评估发现甲公司收入确认的舞弊假设并不适用于企业的具体情况，因此，没有将收入确认作为由于舞弊导致的重大错报风险领域，并在工作底稿中记录了理由。

（5）2024年1月，甲公司大量产品被退回。注册会计师询问了管理层，管理层解释是因为产品存在瑕疵，注册会计师认可了管理层的解释，结果满意。

要求：针对上述第（1）至第（5）项，逐项指出A注册会计师的做法是否恰当。如不恰当，简要说明理由。

参考答案及解析

一、单选题

1. 【答案】D
   【考点】应收账款的实质性程序
   【解析】如果注册会计师不对应收账款实施函证，应当在审计工作底稿中说明，选项A正确；应收账款在全部资产中所占比重较大，以前期间函证中发现过重大差异，或欠款纠纷较多，都是应考虑扩大函证范围的情形，选项BC正确；如果注册会计师不能对应收账款进行函证，**应实施替代性程序获取充分、适当的审计证据，而非直接视为审计范围受限**，选项D错误。

2. 【答案】C
   【考点】常见的业务活动
   【解析】订购单是**来源于客户的单据，不用连续编号**，选项C正确。选项ABD均需连续编号。

3. 【答案】B
   【考点】常见的业务活动
   【解析】销售部门不能自己批准超出信用额度的订单，超出信用额度的订单**应由信用部门或管理层予以审批**，选项B当选。

4. 【答案】A
   【考点】销售与收款循环存在的重大错报风险
   【解析】注册会计师**应当基于收入确认存在舞弊风险的假定**，评价哪些类型的收入、收入交易或认定导致舞弊风险。因此，对收入

确认应当实施风险评估程序，选项A错误，选项B正确。选项CD表述正确。

5. 【答案】B
   【考点】营业收入的实质性程序
   【解析】检查发运凭证与销售发票的连续编号是针对**完整性**认定，其目标是确认所有销售交易是否均已登记入账，选项B当选。

6. 【答案】A
   【考点】营业收入的实质性程序
   【解析】实施销售的截止测试主要目的，是确定被审计单位主营业务收入是否记录于恰当的会计期间。在资产负债表日前以账簿记录为起点实施销售业务的截止测试，主要是为了检查是否存在多记收入，同样也可以审查是否有提前确认收入的情况，选项A正确；**销售发票不能作为确认收入的依据**，选项B错误；选项CD对截止认定的效果不如选项A，通过审题予以排除。

7. 【答案】B
   【考点】销售与收款循环存在的重大错报风险
   【解析】基于收入舞弊假设，注册会计师应当评价哪些类型的收入、交易或认定导致舞弊风险，因此不同企业的相关认定会有所不同，**并非所有认定都需要假定存在舞弊风险**，选项A错误，选项B正确；收入确认的舞弊风险假定是审计准则所规定的，注册会计师**不能自行决定**是否有必要假定收入确认存在舞弊风险，选项C错误；注册会计师如

果未将收入确认作为由于舞弊导致的重大错报风险领域，**应当将得出该结论的理由记录在审计工作底稿中**，选项 D 错误。

8. 【答案】B
   【考点】营业收入的"延伸检查"程序
   【解析】如果注册会计师对某几个环节实施"延伸检查"程序获取的证据可以应对与收入确认相关的舞弊风险，则"延伸检查"程序**无须覆盖所有环节**，选项 B 错误；如果常规程序无法获取充分适当证据，注册会计师**需要考虑**实施"延伸检查"程序，但该程序**不是必须**实施的，选项 A 正确；"延伸检查"程序主要是为了**应对注册会计师识别出的舞弊风险**，选项 C 正确；在 IPO 审计中，由于存在监管要求和相关方配合，注册会计师实施"延伸检查"程序通常相对可行，选项 D 正确。

9. 【答案】D
   【考点】营业收入的实质性程序
   【解析】保价条款属于**可变对价**，交易价格的确定可能存在风险，涉及准确性认定，选项 D 正确。选项 C 是**期末账户余额大类**，不选。

10. 【答案】C
    【考点】应收账款的实质性程序
    【解析】从出库单追查至明细账，影响应收账款**完整性**认定，与存在认定无关，选项 C

当选；选项 ABD 可以为应收账款的存在认定提供审计证据，不选。

11. 【答案】B
    【考点】销售与收款循环存在的重大错报风险
    【解析】选项 B 属于**隐瞒收入**的舞弊手段，当选；选项 ACD 属于**虚增收入或提前确认收入**的舞弊手段，不选。

12. 【答案】B
    【考点】销售与收款循环存在的重大错报风险
    【解析】注册会计师需要结合对被审计单位及其环境等方面情况的具体了解，考虑收入确认舞弊可能如何发生。被审计单位不同，管理层实施舞弊的动机和压力不同，其舞弊风险所涉及的具体认定也不同，选项 A 正确。注册会计师**应当评价通过实施风险评估程序和执行其他相关活动获取的信息是否表明存在舞弊风险因素**，选项 B 错误。如果管理层有隐瞒收入以降低税负的动机，需要在报表的收入就可能会漏记，注册会计师需要更加关注与收入完整性认定相关的舞弊风险，选项 C 正确。同行业利润率下滑，而管理层过于强调提供企业的利润水平，说明管理层有高估利润的舞弊动机，注册会计师需要警惕管理层高估收入以高估利润的风险，选项 D 正确。

二、多选题

13. 【答案】ABD
    【考点】测试销售与收款循环的内部控制
    【解析】主营业务收入明细账与应收账款明细账**应由不同职员**负责记录，选项 C 错误；选项 ABD 表述正确。
    【应试指导】常见的职责分离总结如下：

总结	举例
相邻部门分离	销售、发货、收款三项业务的部门（或岗位）分别设立； 销售人员应当避免接触销货现款（销售与收款分离）； **编制销售发票通知单**（即销售单和出库单）的人员与**开具销售发票**的人员应相互分离

续表

总结	举例
借贷记录分离	主营业务收入明细账与应收账款明细账由不同职员记录
明细账、总账分离	主营业务收入明细账与主营业务收入的总账由不同职员记录
批准与执行分离	赊销批准职能与销售执行职能分离

14. 【答案】ABCD
    【考点】营业收入的实质性程序
    【解析】注册会计师对销售交易实施的**截止测试可能包括以下程序**：①通过测试资产负债表日前后若干天一定金额以上的发运凭证，与应收账款和收入明细账核对；同时，从应收账款和收入明细账选取在资产负债表日前后若干天一定金额以上的记账凭证，与发运凭证核对，确定是否跨期（选项A）。②复核资产负债表日前后销售和发货水平，确定是否异常，考虑是否追加实施截止测试（选项B）。③取得资产负债表日后所有销售退回记录，检查是否提前确认收入（选项C）。④结合对资产负债表日应收账款的函证程序，检查有无未取得对方认可的销售（选项D）。

15. 【答案】BD
    【考点】营业收入的实质性程序
    【解析】发票数量应以发运单上的为准，因为**发运单**上的数量是最终发给客户的商品数量，选项A错误，选项B正确；发票上的单价应以**经批准的价目表**上的单价为准，选项C错误，选项D正确。

16. 【答案】BCD
    【考点】应收账款的实质性程序
    【解析】合同、发票及订购单并**不能表明收入符合确认条件**，选项A的程序无法达到实施函证的替代效果，选项A错误；选项BCD均为应收账款函证的替代程序。

17. 【答案】ACD
    【考点】营业收入的实质性程序
    【解析】将本期重要产品的毛利率与同行业的进行对比分析，**主要是检查收入是否存在异常，无法据此估算全年收入**，选项B错误；选项ACD都是正确的分析方法。

18. 【答案】BC
    【考点】营业收入的实质性程序
    【解析】选项A是针对营业收入的**准确性**认定的审计程序。选项D是针对**应收账款准确性、计价和分摊**认定的审计程序。如果注册会计师认为被审计单位存在通过虚假销售做高利润的舞弊风险，可能采取一些非常规的审计程序应对该风险。例如：①调查被审计单位客户的工商登记资料和其他信息，了解客户是否真实存在，其业务范围是否支持其采购行为；②检查与已收款交易相关的收款记录及原始凭证，检查付款方是否为销售交易对应的客户；③考虑利用反舞弊专家的工作，对被审计单位和客户的关系及交易进行调查。对于与关联方发生的销售交易，注册会计师要结合对关联方关系和交易的风险评估结果，实施特定的审计程序。所以选项BC中的程序能有效应对虚构收入的情况。

19. 【答案】ABC
    【考点】应收账款的实质性程序
    【解析】对回函中出现的不符事项，注册会计师**需要调查核实原因，确定其是否构成错报**，选项D错误。因登记入账的时间差异而产生的不符事项主要表现为：①询证函发出时，客户已经付款，被审计单位尚未收到货款（选项A）；②询证函发出时，被审计单位的货物已经发出并已作销售记录，但货物仍在途中，客户尚未收到货物（选项B）；③客户由于某种原因将货物退回，而被审计单位尚未收到（选项C）；④客户对收到的货物的数量、质量及价格等方面有异议而全部或部分拒付货款。

20. 【答案】AC
    【考点】营业收入的实质性程序

【解析】甲公司销售手机并赠送碎屏维修服务该服务在以前是单独售卖的项目，应作为**单项履约义务**进行确认，**不应作为质量保证计入销售费用**（根据最新会计准则质量保证应计入营业成本），因此，销售费用和预计负债多计，选项 A 正确；碎屏维修服务尚未发生，在控制权转移之前，该项目的费用应先计入合同负债，而甲公司全额确认收入，导致收入多计，合同负债少计，选项 C 正确。

21. 【答案】BD
    【考点】销售与收款循环存在的重大错报风险
    【解析】在客户取得相关商品控制权后确认销售收入**符合准则要求**，选项 A 不选；选项 C 属于为了达到报告期内**降低税负或转移利润**等目的而少计收入的情形，不选；选项 BD 均属于为了达到粉饰财务报表的目的而虚增收入或提前确认收入的情形。

22. 【答案】ABCD
    【考点】营业收入的实质性程序
    【解析】根据销售业务循环审计方法的思路，针对应收账款存在的认定可以为营业收入发生认定提供证据，选项 A 正确；检查被审计单位与客户之间的往来邮件，可以为销售交易的真实性提供证据，选项 B 正确；从主营业务收入明细账中的会计分录追查至相关原始凭证如订购单、销售单、出库单、发票等，属于逆查，可以为营业收入的发生认定提供证据，选项 C 正确；"延伸检查"程序，可以为交易真实性提供证据，选项 D 正确。

23. 【答案】AB
    【考点】营业收入的实质性程序
    【解析】实施截止测试的前提是注册会计师充分了解被审计单位收入并能**识别能够证明某笔销售符合收入确认条件的关键单据**。在本题中，企业为客户安装设备后收到安装单时确认收入，说明安装单是能表明企业符合收入确认条件的关键单据，选项 AB 正确。

24. 【答案】ABCD
    【考点】测试销售与收款循环的内部控制

【解析】控制测试所使用的审计程序的类型主要包括**询问**、**观察**、**检查和重新执行**，其提供的保证程度依次递增，选项 A 正确；控制测试的范围**取决**于注册会计师需要通过控制测试获取的**保证程度**，选项 B 正确；如果人工控制在执行时，依赖信息系统生成的报告，注册会计师**应当**针对系统生成的报告的可靠性执行测试，选项 C 正确；如果拟信赖的内部控制是由计算机执行的自动化控制，注册会计师除了测试自动化信息处理控制的运行有效性，**还需要**就相关的信息技术一般控制的运行有效性获取审计证据，选项 D 正确。

三、简答题

25. 【考点】销售与收款循环的实质性程序
    【答案】（1）不恰当。计提坏账准备、减值准备属于应收账款准确性、计价和分摊认定的内容。注册会计师应将应收账款的准确性、计价和分摊认定作为重点审计领域。
    （2）恰当。
    （3）恰当。
    （4）不恰当。对回函中的不符事项，**不能仅通过询问**得出结论，还应通过检查相关的原始凭证和文件资料予以证实。
    （5）恰当。

26. 【考点】销售与收款循环的重大错报风险的评估
    【答案】（1）恰当。
    （2）不恰当。固有风险等级需要**综合考虑**错报发生的可能性和重要程度。
    （3）不恰当。甲公司采用多方债权债务抵销的方式抵销应收款项，属于舞弊风险迹象，但**并不意味着**甲公司收入确认方面一**定存在舞弊风险**，需要注册会计师保持警觉，进一步调查。（注意：舞弊风险迹象不等于舞弊风险。）
    （4）恰当。
    （5）不恰当。大量产品被退回说明可能存在异常的舞弊风险迹象，注册会计师需要对此保持职业怀疑，并评价该笔交易的商业合理性。

第十章 采购与付款循环的审计

真题共分两个模块,其一为知识点分册的例题模块,其二为习题分册的真题巩固模块,针对这两个模块,大家均需充分关注。

真题巩固

一、综合题

1. 【经典真题】上市公司甲集团公司是 ABC 会计师事务所的常年审计客户,主要从事化工产品的生产和销售。A 注册会计师负责审计甲集团公司 2013 年度财务报表,确定集团财务报表整体的重要性为 200 万元。
   A 注册会计师在审计工作底稿中记录了具体审计计划,部分内容摘录如下:

   甲集团公司将经批准的合格供应商信息录入信息系统形成供应商主文档,生产部员工在信息系统中填制连续编号的请购单时只能选择该主文档中的供应商。供应商的变动需由采购部经理批准,并由其在系统中更新供应商主文档。A 注册会计师认为该内部控制设计合理,拟予以信赖。
   要求:指出 A 注册会计师的处理是否恰当。如不恰当,简要说明理由。

参考答案及解析

一、综合题

1. 【考点】采购与付款循环的内部控制
   【答案】不恰当。对供应商信息修改的批准和录入是两项不相容职责。/对供应商信息修改的批准和录入均由采购部经理执行,未设置适当的职责分离,该控制设计不合理,不应当信赖。(注意:题目中"并由其在系统中更新供应商主文档"中的"其"字指代的是采购经理。考生需明晰题干中代词的正确指代对象。)

一、单选题

1. 下列单据中,无须连续编号的是( )。
   A. 销售发票   B. 付款凭单
   C. 付款凭证   D. 卖方发票

2. 记录采购交易之前,应付凭单部门应核对订购单、验收单和卖方发票的一致性并编制付款凭单。在这项控制的功能中,与完整性认定相关的是( )。
   A. 编制付款凭单前应检查是否附有订购单、卖方发票、验收单等
   B. 确定卖方发票、付款凭单计算的正确性
   C. 编制有预先顺序编号的付款凭单
   D. 在付款凭单中填入应借记的资产或费用的账户名称

3. 保管与采购职责相分离可以减少未经授权的

采购和盗用商品，这一内部控制能有效防范的认定是（   ）。
  A. 存货的分类认定
  B. 存货的存在认定
  C. 存货的准确性、计价与分摊认定
  D. 存货的完整性认定
4. 在采购过程中，可能导致低估负债的做法不包括（   ）。
  A. 把本期末的采购推迟到下期入账
  B. 故意漏记某个交易
  C. 利息支出资本化
  D. 在未决诉讼中采取乐观估计应对预计负债
5. 下列单据中，可靠性通常而言最高的是（   ）。
  A. 采购单   B. 卖方发票
  C. 供应商清单   D. 付款凭证
6. 针对存货及应付账款的存在性认定，下列控制中，最为有效的是（   ）。
  A. 制定采购计划
  B. 审批采购计划
  C. 对请购单进行预算审批
  D. 核对订购单、验收单和卖方发票的一致性并编制付款凭单
7. 下列程序中，与负债的完整性认定最不相关的是（   ）。
  A. 检查资产负债表日后应付账款明细账贷方发生额的相应凭证，关注其验收单、购货发票的日期，确认其入账时间是否合理
  B. 针对资产负债表日后付款项目，检查银行对账单及有关付款凭证，询问被审计单位内部或外部的知情人员，查找有无未及时入账的应付账款
  C. 检查资产负债表日后应付账款借方发生额相应的原始凭证
  D. 结合存货监盘程序，检查被审计单位在资产负债表日前后的存货入库资料，检查相关负债是否计入了正确的会计期间
8. 下列程序中，与应付账款的存在认定最不相关的是（   ）。
  A. 从本期的应付账款借方发生额选取项目，追查至相应原始凭证
  B. 从应付账款明细账中选供应商进行函证

  C. 检查资产负债表日后应付账款的付款文件
  D. 从应付账款明细账追查至相关的采购文件
9. 以下程序中，无法恰当应对未入账负债的风险的是（   ）。
  A. 检查长期挂账的应付款记录
  B. 从供应商清单中选择供应商进行函证
  C. 获取并检查被审计单位与其供应商之间的对账单，以及被审计单位编制的差异调节表，确定应付账款金额的准确性
  D. 检查被审计单位在资产负债表日前后的存货入库资料，检查相关负债是否计入了正确的会计期间

二、多选题

10. 下列各个环节中，需要进行职责分离的有（   ）。
  A. 询价与确定供应商
  B. 合同订立与合同审批
  C. 采购与验收
  D. 验收与相关会计记录
11. 以下单据中，属于外部单据的有（   ）。
  A. 供应商清单   B. 供应商发票
  C. 供应商对账单   D. 销售发票
12. 一般费用的审计目标通常包括（   ）。
  A. 确定费用是否超出预算
  B. 记录的费用是否发生
  C. 确定费用记录是否准确
  D. 确定所有应当记录的费用是否均已记录
13. 下列关于采购与付款循环的内部控制中，存在缺陷的有（   ）。
  A. 在 IT 环境下，系统定期生成列明跳号或重号的入库单统计例外报告，由经授权的人员对例外报告进行复核和跟进
  B. 安排入库单编制人员定期检查已经进行会计处理的入库单记录，确认是否存在遗漏或重复记录的入库单
  C. 记录应付账款与记录日记账分离
  D. 由固定资产记账人员负责记录应付账款
14. 下列关于函证应付账款的说法中，错误的有（   ）。
  A. 注册会计师应当对应付账款实施函证

B. 函证应付账款可以证实应付账款的存在认定
C. 函证应付账款无法证实应付账款的完整性认定

D. 询证函回函确认的余额与已记录金额存在差异表明应付账款存在错报

参考答案及解析

一、单选题

1. 【答案】D
   【考点】采购与付款循环的业务活动
   【解析】选项 ABC 均为内部单据，且是由同一个部门编制的，需要事先连续编号。卖方发票是外部单据，无法连续编号，选项 D 正确。（注意：在判断是否连续编号时，需要同时符合两个标准，一是属于内部单据，一是由同一部门编制。）

2. 【答案】C
   【考点】采购与付款循环的业务活动
   【解析】选项 A 与应付账款的**存在**认定相关；选项 B 与应付账款的**准确性**、**计价和分摊**认定相关；选项 C 与应付账款的**完整性**认定相关，当选；选项 D 与**分类**认定相关。

3. 【答案】B
   【考点】采购与付款循环的业务活动
   【解析】保管与采购职责相分离可以减少未经授权的采购和盗用商品，一旦**商品被盗用，会导致实物数量比账簿数量少，从而使得存货违背存在认定**。因此，选项 B 正确，选项 ACD 错误。

4. 【答案】C
   【考点】采购与付款循环的相关交易与余额存在的重大错报风险
   【解析】把本期末的采购推迟到下期入账会导致本期负债被低估，选项 A 正确；故意漏记某个交易会导致应记录的负债未记录，选项 B 正确；在未决诉讼中采取**乐观**估计应对预计负债可能会导致**少提**预计负债，选项 D 正确；**利息支出资本化会低估利息费用，高估资产，但不影响负债**，选项 C 当选。

5. 【答案】B
   【考点】采购与付款循环的业务活动
   【解析】选项 B 是**外部单据**，选项 ACD 均是内部单据，外部单据可靠性较高，因此，选项 B 当选。

6. 【答案】D
   【考点】测试采购与付款循环的内部控制
   【解析】针对存货及应付账款的存在性认定，企业制定的采购计划及审批主要是企业为提高经营效率效果设置的流程及控制，不能直接应对该认定，注册会计师不需要对其执行专门的控制测试。请购单的审批与存货及应付账款的存在性认定相关，但如果企业存在将订购单、验收单和卖方发票的一致性进行核对的"三单核对"控制，就以应对存货及应付账款的存在性风险，可以直接选择将"三单核对"控制作为关键控制进行测试以提高审计效率。因此，选项 ABC 并非最有效的控制，选项 D 当选。

7. 【答案】C
   【考点】应付账款的实质性程序
   【解析】选项 ABD 均为查找未入账的应付账款的审计程序，与负债的完整性认定相关。检查资产负债表日后应付账款借方发生额相应的原始凭证，指的是**检查期后付款情况**。如果某笔应付账款在资产负债表日后得到付款，往往说明该笔应付账款在资产负债表日前是**真实存在**的，因此该程序与应付账款的存在认定相关，与负债的完整性认定无关，选项 C 当选。

8. 【答案】A
   【考点】应付账款的实质性程序
   【解析】从本期的应付账款借方发生额选取

项目，追查至相应原始凭证，检查的是本期的付款情况。如果出现**虚假付款**的情况，那么应付账款的贷方余额会减少，从而导致**完整性**认定的风险，选项 A 不相关；如果注册会计师从应付账款明细账中选择供应商进行函证，则往往可以应对应付账款的存在认定，选项 B 相关；如果某笔应付账款在资产负债表日后得到付款，往往说明该笔应付账款在资产负债表日前是真实存在的，选项 C 相关；选项 D 是逆查，可以获取与存在认定相关的审计证据，选项 D 相关。

9. 【答案】 A
【考点】 应付账款的实质性程序
【解析】 检查长期挂账的应付款记录，可以核实债务的**真实性**，应对存在认定，但不能应对未入账负债的风险，选项 A 当选；如果注册会计师从供应商清单中选择供应商进行函证，那么往往可以应对应付账款的完整性认定，选项 B 可以应对未入账负债的风险；选项 CD 均属于查找未入账的应付账款的程序。

二、多选题

10. 【答案】 ABCD
【考点】 采购与付款循环的内部控制
【解析】 **业务的执行与审批应分离**，选项 AB 当选；**相邻岗位需要职责分离**，选项 CD 当选。

11. 【答案】 BC
【考点】 采购与付款循环的业务活动
【解析】 选项 AD 属于内部单据，选项 BC 属于外部单据。（注意：区分内外部单据是为了判断相关单据可靠性的高低，对审计工作有现实意义，考生需加以关注。）

12. 【答案】 BCD
【考点】 一般费用的实质性程序
【解析】 费用是否超出预算是财务管理的内容，并非审计的目标，选项 A 错误；选项 BCD 均为一般费用的审计目标。

13. 【答案】 BD
【考点】 采购与付款循环的内部控制
【解析】 在 IT 环境下，系统定期生成列明跳号或重号的入库单统计例外报告，由经授权的人员对例外报告进行复核和跟进，选项 A 操作正确；安排入库单编制人员**以外的**独立复核人员定期检查已经进行会计处理的入库单记录，确认是否存在遗漏或重复记录的入库单，选项 B 存在缺陷；**借贷方记录人员应相互分离**，选项 C 操作正确，选项 D 存在缺陷。

14. 【答案】 ACD
【考点】 应付账款的实质性程序
【解析】 函证应付账款**不是**必要程序，选项 A 错误；如果注册会计师从应付账款明细账中选择供应商进行函证，则往往可以应对应付账款的存在认定，选项 B 正确；如果注册会计师从**供应商清单**中选择供应商进行函证，那么往往可以应对应付账款的完整性认定，选项 C 错误；询证函回函确认的余额与已记录金额存在差异**并不一定**表明存在错报，需要进行调查，选项 D 错误。

第十一章 生产与存货循环的审计

真题共分两个模块,其一为知识点分册的例题模块,其二为习题分册的真题巩固模块,针对这两个模块,大家均需充分关注。

真题巩固

一、多选题

1. 【2021】下列各项审计程序中,注册会计师在被审计单位存货盘点现场执行监盘时应当实施的有(　　)。
   A. 评价管理层用以记录和控制存货盘点结果的指令和程序
   B. 观察管理层制定的盘点程序的执行情况
   C. 检查存货
   D. 执行抽盘

二、简答题

2. 【2016】ABC 会计师事务所的 A 注册会计师负责审计甲公司等多家被审计单位 2015 年度财务报表。与存货审计相关事项如下:
   因乙公司存货品种和数量均较少,A 注册会计师仅将监盘程序用作实质性程序。
   要求:指出 A 注册会计师的做法是否恰当。如不恰当,简要说明理由。

3. 【经典真题】甲公司主要从事家电产品的生产和销售。ABC 会计师事务所负责审计甲公司 2013 年度财务报表。审计项目组在审计工作底稿中记录了与存货监盘相关的情况,部分内容摘录如下:
   审计项目组拟不信赖与存货相关的内部控制运行的有效性,故在监盘时不再观察管理层制定的盘点程序的执行情况。
   要求:指出审计项目组的做法是否恰当。如不恰当,简要说明理由。

4. 【经典真题】A 注册会计师负责审计甲公司 2011 年度财务报表,确定存货为重要账户,并初步评估存货的完整性存在重大错报风险。A 注册会计师于 2011 年 12 月 31 日对甲公司的存货实施了监盘,按照抽样技术确定抽盘样本规模为 50。部分审计工作底稿内容摘录如下:
   (1) 管理层盘点指令要求,将盘点日前已验收但尚未办理入库手续的若干原材料单独摆放,不纳入盘点范围。
   (2) 存货监盘计划要求,在对存货盘点结果进行测试时,采取从存货盘点记录中选取项目追查至存货实物的方法。
   (3) 在抽盘过程中,A 注册会计师发现 1 个样本项目存在盘点错误,要求甲公司在盘点记录中更正了该项错误。A 注册会计师认为该错误在数量和金额方面均不重要,因此,得出抽盘结果满意的结论,不再实施其他审计程序。
   要求:(1) 针对上述第 (1) 项,指出管理层盘点指令是否恰当。如不恰当,简要说明理由。
   (2) 针对上述第 (2) 项,指出存货监盘计划是否恰当。如不恰当,简要说明理由。
   (3) 针对上述第 (3) 项,指出 A 注册会计师采取的应对措施是否恰当。如不恰当,简要说明理由,并指出正确的应对措施。

三、综合题

5. 【2019】甲公司是 ABC 会计师事务所的常年审计客户,主要从事轨道交通车辆配套产品的生产和销售。A 注册会计师负责审计甲公司 2018 年度财务报表,确定财务报表整体的重要性为 1 000 万元,实际执行的重要性为 500 万元。A 注册会计师在审计工作底稿中记录了审计计划,部分内容摘录如下:
   甲公司年末存放在客户仓库的产品余额为

2 000万元。由于无法实施监盘，且认为函证很可能无效，A注册会计师检查了甲公司相关产品的发出和客户签收记录、与客户的对账记录以及期后结算单据，查询了客户网站上开放给供应商的库存信息，据此认可了该项存货的数量。

要求：指出A注册会计师的做法是否恰当。如不恰当，简要说明理由。

6. 【2015】甲集团公司是ABC会计师事务所的常年审计客户，主要从事化妆品生产、批发和零售。A注册会计师负责审计甲集团公司2014年度财务报表，确定集团财务报表整体的重要性为600万元。A注册会计师在审计工作底稿中记录了风险应对的情况，部分内容摘录如下：

甲集团公司的存货存放在多个地点。A注册会计师基于管理层提供的存货存放地点清单，并根据不同地点所存放存货的重要性及评估的重大错报风险确定了监盘地点。

要求：指出A注册会计师的做法是否恰当。如不恰当，简要说明理由。

参考答案及解析

一、多选题

1. 【答案】ABCD
   【考点】存货监盘
   【解析】在存货盘点现场实施监盘时，注册会计师应当实施下列审计程序：①评价管理层用以记录和控制存货盘点结果的指令和程序（选项A）；②观察管理层制定的盘点程序的执行情况（选项B）；③检查存货（选项C）；④执行抽盘（选项D）。

二、简答题

2. 【考点】存货监盘
   【答案】恰当。
3. 【考点】存货监盘
   【答案】不恰当。无论是否信赖内部控制，注册会计师在监盘中均应当观察管理层制定的盘点程序的执行情况。
4. 【考点】存货监盘
   【解析】（1）不恰当。盘点日前验收的货物都应**纳入**存货盘点范围。
   （2）不恰当。该计划只能取得存货记录准确性的审计证据，还应从存货**实物中选取项目追查至盘点记录**，以证实存货记录**完整性**。
   （3）不恰当。抽盘过程中发现错误意味着甲公司的盘点中很可能还存在其他错误。应当查明原因，并考虑潜在错误的范围和重大程度。（注意审题，如果不恰当，不仅要说明理由，还要说明正确的应对措施。）

三、综合题

5. 【考点】存货监盘
   【答案】恰当。
6. 【考点】存货监盘
   【答案】不恰当。注册会计师应当考虑存货存放地点清单的完整性。

模拟自测

一、单选题

1. 下列关于生产与存货循环的内部控制中，存在缺陷的是（　　）。
   A. 生产计划部门根据客户订单或销售预测和产品需求分析来决定生产授权
   B. 成品的发出须由独立的发运部门进行
   C. 生产主管批准领料，仓库管理员根据经批准的领料单发出原材料
   D. 仓库人员独立盘点存货

2. 注册会计师实施存货监盘主要针对的认定是（　　）。
   A. 存在
   B. 完整性
   C. 准确性、计价与分摊
   D. 权利与义务

3. 下列有关存货监盘的说法中，正确的是（　　）。
   A. 如果认为被审计单位的存货盘点程序存在缺陷，注册会计师应当提请被审计单位调整
   B. 注册会计师实施存货监盘通常可以为确定存货的所有权提供充分、适当的审计证据
   C. 如果被审计单位的存货存放在不同地点，注册会计师的监盘应当覆盖所有存放地点
   D. 不属于被审计单位的存货也应纳入存货盘点范围

4. 注册会计师在现场实施存货监盘时，不应执行的程序是（　　）。
   A. 评价管理层用以记录和控制存货盘点结果的指令和程序
   B. 观察管理层制定的盘点程序的执行情况
   C. 检查存货
   D. 执行复盘

5. 存货监盘的目的，通常不涉及的是（　　）。
   A. 提供存货是否真实存在的审计证据
   B. 提供存货是否属于被审计单位所有的部分审计证据
   C. 提供存货是否记录完整的部分审计证据
   D. 提供存货的单位成本是否准确的审计证据

6. 在对存货实施监盘程序时，以下各项注册会计师的做法中，正确的是（　　）。
   A. 如果存货盘点日不是资产负债表日，注册会计师应当实施适当的审计程序，确定盘点日与资产负债表日之间存货的变动是否已得到恰当的记录
   B. 对拟抽盘的存货项目提前与被审计单位进行沟通，以提高存货监盘的效率
   C. 从存货盘点记录中选取项目追查至存货实物，以测试盘点记录的完整性
   D. 如果被审计单位声明不存在受托代存存货，则无须关注是否存在某些存货不属于被审计单位的情况

7. 下列关于注册会计师对存货监盘范围的说法中，不正确的是（　　）。
   A. 注册会计师可以根据各个仓库所存放存货的重要性以及对各个地点与存货相关的重大错报风险的评估结果，选择适当的地点进行监盘
   B. 期末库存量为零的仓库不需要纳入监盘
   C. 如果识别出由于舞弊导致的影响存货数量的重大错报风险，注册会计师可能决定在不预先通知的情况下对特定存放地点的存货实施监盘
   D. 在连续审计中，注册会计师可以考虑在不同期间的审计中变更所选择的实施监盘的地点

8. 下列单据中，属于生产与存货循环起点的是（　　）。
   A. 生产通知单　　B. 领料单
   C. 验收单　　　　D. 入库单

9. 注册会计师在实施抽盘程序时发现差异，以下做法中，错误的是（　　）。
   A. 查明抽盘差异的原因，并及时提请被审计单位更正

B. 考虑错误的潜在范围和重大程度，在可能的情况下，扩大检查范围以减少错报的发生

C. 要求被审计单位重新盘点

D. 当抽盘差异小于明显微小错报临界值时，不作进一步调查

二、多选题

10. 在编制存货监盘计划时，注册会计师需要考虑的因素有（　　）。
    A. 与存货相关的固有风险
    B. 与存货相关的内部控制的性质
    C. 对存货盘点是否制定了适当程序并下达了正确的指令
    D. 存货盘点的时间安排

11. 以下有关存货监盘的程序中，应当实施的有（　　）。
    A. 检查存货
    B. 观察管理层制定的盘点程序的执行情况
    C. 评价管理层用以记录和控制存货盘点结果的指令和程序
    D. 对存货周转实施分析程序

12. 如果存货对财务报表是重要的，注册会计师应当实施的程序有（　　）。
    A. 对期末存货记录实施审计程序，以确定其是否准确反映实际的存货盘点结果
    B. 利用专家工作
    C. 再次观察盘点现场，以确定所有应纳入盘点范围的存货是否均已盘点
    D. 取得并检查已填用、作废及未使用盘点表单的号码记录，确定其是否连续编号，查明已发放的表单是否均已收回，并与存货盘点的汇总记录进行核对

13. 以下属于了解生产和存货循环的业务活动和相关内部控制的程序的有（　　）。
    A. 通过比较不同时期存货存放地点清单，分析仓库的变动情况
    B. 获取并阅读企业的相关业务流程图或内部控制手册等资料
    C. 观察生产和存货循环中特定控制的运用
    D. 检查文件资料

14. 为确认被审计单位提供的仓库清单的完整性，注册会计师可以实施的程序有（　　）。
    A. 检查被审计单位存货的出入库单
    B. 比较被审计单位不同时期的仓库清单，关注仓库变动情况
    C. 检查费用支出明细账和租赁合同
    D. 询问营销人员、仓库人员，以了解有关存货存放地点的情况

15. 下列关于存货的实质性程序中，正确的有（　　）。
    A. 存货监盘程序主要是对存货的数量和单价进行测试
    B. 在监盘过程中，注册会计师需要将所有过时、毁损或陈旧存货的详细情况记录下来，为测试存货跌价准备提供证据
    C. 因不可预见的情况导致注册会计师无法在存货盘点现场实施监盘，注册会计师应当实施替代程序以获取充分、适当的审计证据
    D. 注册会计师在监盘过程中应当观察管理层制定的盘点程序的执行情况

三、简答题

16. 甲公司是一家煤炭生产企业，存货是其重要资产。XYZ 会计师事务所的 A 注册会计师负责审计甲公司 2023 年财务报表。与存货审计相关的事项如下：

（1）A 注册会计师主要利用磅秤对甲公司存放在外的煤堆进行了称量。

（2）对于所有权不属于甲公司的煤堆，A 注册会计师认为不必获取其相关资料。

（3）在 A 注册会计师获取盘点表单时，甲公司称最后三张为作废单据，不予提供，A 注册会计师未提出异议。

（4）A 注册会计师因航班延误，取消了异地存货的监盘，改为检查存货出售的相关文件记录。

（5）A 注册会计师计划通过实施存货监盘以获取有关计价与分摊的充分、适当的审计证据。

要求：针对上述事项，逐项指出 A 注册会计师的做法是否恰当。如不恰当，简要说明理由。

17. 甲公司从事水产养殖，存货有各类鱼和虾，存货占总资产的比重较高。由于甲公司有大型仓库，所以经常为客户提供售后代管服务。ABC会计师事务所的A注册会计师负责审计甲公司2023年财务报表。与存货审计相关的事项如下：

（1）A注册会计师认为甲公司的存货价值较低，故将存货的重大错报风险评估为低水平。

（2）A注册会计师通过检查2023年年末存货在2024年的出售情况，获取了存货充分、适当的审计证据。

（3）A注册会计师评估发现甲公司对存货的内部控制无效，因此不再评价管理层用以记录和控制存货盘点结果的指令和程序。

（4）A注册会计师认为盘点日尚未装运出库的存货应纳入盘点范围。

（5）A注册会计师在抽盘后发现实际盘点结果和存货记录存在差异，让甲公司人员及时作出了调整。

（6）在存货盘点前，A注册会计师对未纳入盘点范围的存货，查明了其未被纳入的原因。

要求：针对上述事项，逐项指出A注册会计师的做法是否恰当。若不恰当，请简要说明理由。

18. 甲公司从事电子产品的生产和销售，存货对其是重要的，且重大错报风险较高。甲公司在多地拥有仓库，会为其他公司提供寄存服务。ABC会计师事务所的A注册会计师负责审计甲公司2023年财务报表。与存货审计相关的事项如下：

（1）由于甲公司的存货存放在多地，数量庞大，A注册会计师计划在2023年12月10日开始监盘工作。

（2）A注册会计师认为必须在同一天对各地仓库同时开展监盘工作。

（3）A注册会计师制定了监盘计划，其中监盘目标是获取甲公司2023年12月31日存货的数量。

（4）A注册会计师认为无须监盘所有存货，可以根据不同地点所存放存货的重要性，以及对各个地点与存货相关的重大错报风险的评估结果，选择适当的地点进行监盘。

（5）A注册会计师为了增加程序的不可预见性，决定在甲公司盘点完成后入场实施存货监盘。

（6）甲公司有一处存货摆放在危险地区，A注册会计师考虑到前往该地区监盘可能会威胁到生命安全，故未前往监盘，实施了替代程序。

要求：针对上述事项，逐项指出A注册会计师的做法是否恰当。若不恰当，请简要说明理由。

19. ABC会计师事务所的A注册会计师负责审计甲公司等多家被审计单位2023年度财务报表。与存货审计相关事项如下：

（1）丙公司存货记录常常出现少记、漏记的情况，A注册会计师计划对异地存放或由第三方保管的存货实施严格的函证程序，结果满意，据此认可了丙公司的盘点记录。

（2）由于存货盘点现场在战乱地区，实施存货监盘不可行，A注册会计师拟另择日期实施存货监盘以获取存货的数量和状况等充分、适当的审计证据。

（3）对丙公司生产纸浆用的木材，A注册会计师采用高空摄影的方法确定其价值。

（4）丁公司在盘点过程中无法停止生产，A注册会计师在询问管理人员之后考虑其无法停止的原因，认为合理。丁公司仓库设置了独立的过渡区，A注册会计师要求将在监盘过程中收到的存货单独码放，不纳入存货监盘的范围。

（5）戊公司有一批重要存货存放于外地仓库。A注册会计师向外地仓库实施了函证，获取了证实其存在和状况的审计证据。

要求：针对上述第（1）至第（5）项，逐项指出A注册会计师做法是否恰当。如不恰当，简要说明理由。

20. ABC会计师事务所的A注册会计师负责审计甲公司2023年度财务报表。与存货审计相关的事项如下：

（1）甲公司的营业收入核算存在特别风险，A注册会计师在了解相关内部控制后，预期内部控制运行有效，实施了控制测试后结果满意,未实施实质性程序。

(2) 在甲公司存货盘点结束前,A 注册会计师取得并检查了已填用、作废及未使用盘点表单的号码记录,并与存货盘点的汇总记录进行了核对。

(3) A 注册会计师评估认为甲公司存在少计提存货跌价准备的风险。在了解了甲公司与存货计价相关的内部控制后,A 注册会计师认为内部控制设计有效并得到执行,因此该风险不构成特别风险。

(4) A 注册会计师在抽盘存货时,发现某存货存在盘点错误,要求甲公司在盘点记录中更正该项错误。A 注册会计师认为该错误在数量和金额方面均不重要,据此认可了抽盘结果,不再实施其他审计程序。

(5) A 注册会计师取得了甲公司编制的存货货龄分析表,并测试了其准确性和完整性,通过审阅分析表识别滞销或陈旧的存货,据此认为已经识别出需要计提跌价准备的存货项目。

要求:针对上述第(1)至第(5)项,逐项指出 A 注册会计师的做法是否恰当。如不恰当,简要说明理由。

参考答案及解析

一、单选题

1. 【答案】D
   【考点】生产与存货循环的内部控制
   【解析】每一组盘点人员中**应包括仓储部门以外的其他部门人员**,即不能由负责保管存货的人员单独盘点存货,选项 D 存在缺陷;选项 ABC 中的内部控制均恰当。

2. 【答案】A
   【考点】存货监盘
   【解析】存货监盘针对的**主要**是存货的**存在**认定,对存货的完整性认定及准确性、计价和分摊认定,也能提供部分审计证据。此外,注册会计师还可能在存货监盘中获取有关存货所有权的部分审计证据。但存货监盘本身并不足以供注册会计师确定存货的所有权,注册会计师可能需要执行其他实质性程序以应对所有权认定的相关风险。因此,选项 A 正确,选项 BCD 不选。

3. 【答案】A
   【考点】存货监盘
   【解析】注册会计师一般需要复核或与管理层讨论其存货盘点程序,如果认为被审计单位的存货盘点程序存在缺陷,注册会计师应当提请被审计单位调整,选项 A 正确;存货监盘主要验证存货的存在认定,其本身并**不足以使注册会计师确定存货的所有权**,注册会计师可能需要执行其他实质性审计程序以应对所有权认定的相关风险,选项 B 错误;如果被审计单位有不同品种的存货,且存放在不同地点,注册会计师的监盘**应当根据不同存放地点的存货的重要性和重大错报风险,确定适当的监盘地点**,而非覆盖所有存放地点,选项 C 错误;对于所有权不属于被审计单位的存货,注册会计师应当取得其规格、数量等有关资料,确定是否已单独存放,标明**未被纳入盘点范围**,选项 D 错误。

4. 【答案】D
   【考点】存货监盘
   【解析】在存货盘点现场实施监盘时,注册会计师应当实施下列审计程序:①评价管理层用以记录和控制存货盘点结果的指令和程序(选项 A);②观察管理层制定的盘点程序的执行情况(选项 B);③检查存货(选项 C);④执行抽盘。选项属 D 于被审计单位的工作,并非注册会计师应当执行的程序。(注意:盘点、复盘是被审计单位的工作,监盘是注册会计师执行的程序。)

5. 【答案】D

【考点】存货监盘

【解析】注册会计师监盘存货的目的在于获取有关存货数量和状况的审计证据。因此存货监盘针对的主要是存货的存在认定，对存货的完整性认定及准确性、计价和分摊认定，也能提供部分审计证据。此外，注册会计师还**可能**在存货监盘中获取有关存货所有权的**部分**审计证据，但**不包括存货的单位成本是否准确的审计证据，这属于在计价测试中需要关注的内容**，选项 D 通常不会涉及，当选。

6. 【答案】A

【考点】存货监盘

【解析】如果存货盘点日不是资产负债表日，注册会计师应当实施适当的审计程序，确定盘点日与资产负债表日之间存货的变动是否已得到恰当的记录，选项 A 正确。注册会计师**应该尽可能避免**让被审计单位提前了解将抽盘的存货项目，选项 B 错误。从存货盘点记录中选取项目追查至存货实物，以测试存货盘点记录的准确性；**从实物中选取项目追查至存货盘点记录，以测试存货盘点记录的完整性**，选项 C 错误。即使在被审计单位声明不存在受托代存货的情形下，注册会计师在存货监盘时**也应当关注**是否存在某些存货不属于被审计单位的迹象，以避免盘点范围不当，选项 D 错误。

7. 【答案】B

【考点】存货监盘

【解析】在获取完整的存货存放地点清单的基础上，注册会计师可以根据不同地点所**存放存货的重要性**(不是仓库的重要性)以及对各个地点与存货相关的重大错报风险的评估结果，选择适当的地点进行监盘，并记录选择这些地点的原因，选项 A 正确；如果被审计单位的存货存放在多个地点，注册会计师可以要求被审计单位提供一份完整的存货存放地点清单，包括期末库存量为零的仓库、租赁的仓库，以及第三方代被审计单位保管存货的仓库等，并考虑其完整性，选项 B 错误；如果识别出由于舞弊导致的影响存货数量的重大错报风险，注册会计师在检查被审计单位存货记录的基础上，**可能决定在不预先通知的情况下**对特定存放地点的存货实施监盘，或在同一天对所有存放地点的存货实施监盘，选项 C 正确；在连续审计中，注册会计师**可以考虑**在不同期间的审计中变更所选择的实施监盘的地点，以此增加程序实施的效果，选项 D 正确。

8. 【答案】A

【考点】生产与存货循环的业务活动

【解析】生产通知单是生产与循环的起点，选项 A 正确；领料单是领料凭证，选项 B 错误；验收单是验收部门验收产品的凭证，选项 C 错误；入库单是产成品入库的凭证，选项 D 错误。（注意：虽然本考点在考试中一般不会以直接考查的形式出现，但本题有助于考生熟悉各大循环的单据，为应对实质性程序中单据的检查打下基础。）

9. 【答案】D

【考点】存货监盘

【解析】注册会计师在实施抽盘程序时发现**差异**，表明被审计单位的存货盘点很可能在准确性或完整性方面存在错误。由于检查的内容通常仅仅是已盘点存货中的一部分，所以在检查中发现的错误意味着被审计单位的存货盘点很可能还存在着其他错误。一方面，**注册会计师应当查明原因，并及时提请被审计单位更正**(选项 A)；另一方面，注册会计师应当考虑**错误的潜在范围和重大程度，在可能的情况下，扩大检查范围以减少错误的发生**(选项 B)。注册会计师还可要求**被审计单位重新盘点**，选项 C 正确。重新盘点的范围可限于某一特殊领域的存货或特定盘点小组。只要存在抽盘差异，均需作进一步调查，选项 D 错误。

二、多选题

10. 【答案】ABCD

【考点】存货监盘

【解析】在编制存货监盘计划时，注册会计

师需要考虑以下事项：①与存货相关的重大错报风险(**认定层次重大错报风险又分为固有风险和控制风险**)（选项A）；②与存货相关的内部控制的性质（选项B）；③对存货盘点是否制定了适当程序并下达了正确的指令（选项C）；④存货盘点的时间安排（选项D）；⑤被审计单位是否一贯采用永续盘存制；⑥存货存放的地点；⑦是否需要专家协助。

11. 【答案】ABC
   【考点】存货监盘
   【解析】选项ABC属于注册会计师应当实施的监盘程序，选项D属于可以实施的程序。**考生需注意审题。**

12. 【答案】ACD
   【考点】存货监盘
   【解析】如果存货对财务报表是重要的，注册会计师**应当**实施下列程序，对存货的存在和状况获取充分、适当的审计证据：①在存货盘点现场实施监盘（除非不可行）。②对期末存货记录实施审计程序，以确定其是否准确反映实际的存货盘点结果（选项A）。如果注册会计师不具备其他专业领域的专长与技能，**可以利用专家工作**，选项B并**非强制程序**，不选。**在被审计单位存货盘点结束前**，注册会计师应当①再次观察盘点现场，以确定所有应纳入盘点范围的存货是否均已盘点（选项C）；②取得并检查已填用、作废及未使用盘点表单的号码记录，确定其是否连续编号，查明已发放的表单是否均已收回，并与存货盘点的汇总记录进行核对（选项D）。（注意：看到"存货"一词，考生可能只能联想到监盘程序，但在整个存货监盘过程中，我们不仅要关注监盘涉及的四个程序，还需要关注上述"应当"实施的程序。）

13. 【答案】BCD
   【考点】生产与存货循环的内部控制
   【解析】注册会计师通常通过实施下列程序，以了解生产和存货循环的业务活动和相关内部控制：①询问参与生产和存货循环各业务活动的被审计单位人员，一般包括生产部门、仓储部门、人事部门和财务部门的员工和管理人员。②获取并阅读企业的相关业务流程图或内部控制手册等资料（选项B）。③观察生产和存货循环中特定控制的运用。例如，观察生产部门如何将完工产品移送入库并办理手续（选项C）。④检查文件资料。例如，检查原材料领料单、成本计算表、产成品出入库单等（选项D）。⑤实施穿行测试，即追踪一笔交易在财务报告信息系统中的处理过程。例如，选取某种产成品，追踪该产品制定生产计划、领料生产、成本核算、完工入库的整个过程。选项A属于**分析程序，不适用于了解内部控制**。

14. 【答案】ABCD
   【考点】存货监盘
   【解析】如果被审计单位的存货存放在多个地点，注册会计师可以要求被审计单位提供一份完整的存货存放地点清单，包括期末库存量为零的仓库、租赁的仓库，以及第三方代被审计单位保管存货的仓库等，并考虑其完整性。根据具体的风险评估结果，注册会计师可以考虑执行以下一项或多项审计程序：①询问被审计单位除管理层和财务部门以外的其他人员，如营销人员、仓库人员等，以了解有关存货存放地点的情况（选项D）。②比较被审计单位不同时期的存货存放地点清单，关注仓库变动情况，以确定是否存在因仓库变动而未将存货纳入盘点范围的情况（选项B）。③检查被审计单位存货的出入库单，关注是否存在被审计单位尚未告知注册会计师的仓库，如期末库存量为零的仓库（选项A）。④检查费用支出明细账和租赁合同，关注被审计单位是否租赁仓库并支付租金。如果有，则确认该仓库是否已包括在被审计单位提供的仓库清单中（选项C）。⑤检查被审计单位"固定资产——房屋建筑物"明细清单，了解被审计单位可用于存放存货的房屋建筑物。

15. **【答案】** BD
    【考点】 存货监盘
    【解析】 存货监盘程序主要是对存货的**数量和状况**进行测试。为验证财务报表上存货余额的真实性，注册会计师还应当对存货进行计价测试，选项 A 错误。注册会计师应当把所有过时、毁损或陈旧存货的详细情况记录下来，这既便于进一步追查这些存货的处置情况，又能为测试被审计单位存货跌价准备计提的准确性提供证据，选项 B 正确。因不可预见的情况导致注册会计师无法在存货盘点现场实施监盘，注册会计师**应另择日期实施监盘**，选项 C 错误。注册会计师应当观察管理层制定的盘点程序的执行情况，选项 D 正确。

三、简答题

16. **【考点】** 存货监盘
    【答案】（1）不恰当。对于**堆积型存货**，注册会计师往往运用工程估测、几何计算、高空勘测等方法计量，并依赖详细的存货记录。
    （2）不恰当。对**所有权不属于**被审计单位的存货，注册会计师**应当取得**其规格、数量等有关资料，确定是否已单独存放、标明，且未被纳入盘点范围。
    （3）不恰当。已作废的单据**也应获取**。
    （4）不恰当。航班延误不属于存货监盘不可行的情况，**不能用替代程序**获取充分、适当的审计证据/航班延误属于不可预见的情况，应当另择日期实施监盘，并对间隔期间的变动实施审计程序。
    （5）不恰当。存货监盘只能获取与准确性、计价和分摊认定相关的**部分**证据。

17. **【考点】** 存货监盘
    【答案】（1）不恰当。甲公司的存货是鱼和虾，**属于鲜活易腐的存货，容易发生减值**，注册会计师不应将其重大错报风险评估为低水平。
    （2）不恰当。甲公司存货占总资产比重较高，说明存货是**重要的**，注册会计师应对存货实施监盘程序。
    （3）不恰当。评价管理层用以记录和控制存货盘点结果的指令和程序属于存货监盘程序，应当实施。
    （4）不恰当。甲公司经常为客户提供售后代管服务，所以在盘点日尚未装运出库的货物，可能是已销售给客户后代为保管的，不应全部纳入盘点范围。
    （5）不恰当。抽盘过程中发现的**差异**意味着甲公司的盘点中很可能还存在其他错误。注册会计师**应当查明原因，并考虑潜在错误的范围和重大程度**。
    （6）恰当。

18. **【考点】** 存货监盘
    【答案】（1）不恰当。甲公司存货的重大错报风险较高，**不适宜在期中**实施监盘。
    （2）不恰当。对**相同品种**的存货，注册会计师**需要在同一天开展监盘工作，但对不同种类的存货**，并非必须在同一天进行监盘。
    （3）不恰当。监盘目标除了需要获取甲公司资产负债表日有关存货的数量，还需要获取其**状况**以及有关管理层存货**盘点程序可靠性**的审计证据，检查存货的数量是否**真实完整**，是否归属被审计单位，存货**有无毁损、陈旧、过时、残次和短缺等状况**。
    （4）恰当。
    （5）不恰当。注册会计师实施监盘的时间包括**实地察看盘点现场的时间、观察存货盘点的时间和对已盘点存货实施检查的时间**，在盘点后才入场不符合要求。
    （6）恰当。

19. **【考点】** 存货监盘
    【答案】（1）不恰当。对异地存放或由第三方保管的存货实施严格的函证程序通常是应对虚构存货的程序，**无法有效应对存货少记、漏记的情况，还需实施其他程序**。
    （2）不恰当。由于存货盘点现场在战乱地区，注册会计师应考虑监盘人员的人身安全，监盘不可行。此时应当实施替代程序以获取充分、适当的审计证据。
    （3）不恰当。**高空摄影只能确定用于生产纸浆的木材是否存在，无法为计价提供充分、适当的审计证据。

（4）不恰当。注册会计师应当确定收到的存货是否应纳入盘点范围。如果需要，注册会计师应当将其纳入存货监盘范围。

（5）不恰当。**外地仓库也属于戊公司管控**，注册会计师应实施监盘。

20. 【考点】存货监盘

【答案】（1）不恰当。针对特别风险，应当实施实质性程序。

（2）不恰当。注册会计师需要确定盘点表单的号码记录是否连续编号，查明已发放的表单是否均已收回。

（3）不恰当。在判断哪些风险是特别风险时，**不应考虑识别出的控制对相关风险的抵销效果**。

（4）不恰当。在抽盘中发现的错误意味着被审计单位的存货盘点很可能还存在其他错误。一方面，注册会计师应当查明原因，并及时提请被审计单位更正；另一方面，注册会计师应当考虑错误的潜在范围和重大程度，在可能的情况下，扩大检查范围以减少错误的发生。注册会计师还可以要求被审计单位重新盘点。

（5）不恰当。注册会计师还需要结合存货监盘过程中检查存货**状况**而获取的信息作出判断。

第十二章 货币资金的审计

真题共分两个模块,其一为知识点分册的例题模块,其二为习题分册的真题巩固模块,针对这两个模块,大家均需充分关注。

一、单选题

1. 【2016】下列审计程序中,通常不能为定期存款的存在认定提供可靠的审计证据的是( )。
   A. 函证定期存款的相关信息
   B. 对于未质押的定期存款,检查开户证实书原件
   C. 对于已质押的定期存款,检查定期存单复印件
   D. 对于在资产负债表日后已到期的定期存款,核对兑付凭证

二、简答题

2. 【2017】ABC 会计师事务所的 A 注册会计师负责审计甲公司 2016 年度财务报表。与货币资金审计相关的部分事项如下:
   (1) A 注册会计师认为库存现金重大错报风险很低,因此,未测试甲公司财务主管每月末盘点库存现金的控制,于 2016 年 12 月 31 日实施了现金监盘,结果满意。
   (2) 对于账面余额与银行对账单余额存在差异的银行账户,A 注册会计师获取了银行存款余额调节表,检查了调节表中的加计数是否正确,并检查了调节后的银行存款日记账余额与银行对账单余额是否一致,据此认可了银行存款余额调节表。
   (3) 因对甲公司管理层提供的银行对账单的真实性存有疑虑,A 注册会计师在出纳陪同下前往银行获取银行对账单。在银行柜台人员打印对账单时,A 注册会计师前往该银行其他部门实施了银行函证。
   (4) 甲公司有一笔 2015 年 10 月存入的期限两年的大额定期存款。A 注册会计师在 2015 年度财务报表审计中检查了开户证实书原件并实施了函证,结果满意,因此,未在 2016 年度审计中实施审计程序。
   (5) 为测试银行账户交易入账的真实性,A 注册会计师在验证银行对账单的真实性后,从银行存款日记账中选取样本与银行对账单进行核对,并检查了支持性文件,结果满意。
   (6) 银行在询证函回函中注明:"接收人不能依赖函证中的信息。"A 注册会计师认为该条款不影响回函的可靠性,认可了回函结果。
   要求:针对上述第(1)至第(6)项,逐项指出 A 注册会计师的做法是否恰当。如不恰当,简要说明理由。

参考答案及解析

一、单选题

1. 【答案】C
   【考点】银行存款的审计程序
   【解析】对于已质押的定期存款,除检查定期存单复印件外,还应与相应的质押合同核对,选项 C 错误,当选;选项 ABD 都可以提供可靠的审计证据。

二、简答题

2. 【考点】银行存款的实质性程序

   【答案】（1）恰当。

   （2）不恰当。还应检查调节事项/还应关注长期未达账项/还应关注未达账中异常的支付款项。

   （3）不恰当。应全程关注银行对账单的打印过程/未对银行对账单获取过程保持控制。

   （4）不恰当。应当对重大账户余额实施实质性程序。

   （5）恰当。

   （6）不恰当。该条款影响回函可靠性。

模拟自测

一、单选题

1. 出纳人员可以从事的工作是（   ）。
   A. 稽核　　　　　　B. 会计档案的保管
   C. 登记收入明细账　D. 登记收付款凭证

2. 下列有关货币资金的内部控制中，存在缺陷的是（   ）。
   A. 对于重要货币资金支付业务实施集体决策
   B. 超过库存限额的现金应及时存入银行
   C. 严禁未经授权的机构或人员办理货币资金业务或直接接触货币资金
   D. 现金收入应及时存入银行，不得用于直接支付自身的支出，因特殊情况需坐支现金的，应事先报经财务经理审查批准

3. 现金监盘最能有效应对的认定是（   ）。
   A. 存在　　　　　　B. 完整性
   C. 准确性、计价与分摊　D. 列报

4. 下列审计程序中，通常应对银行存款存在认定的是（   ）。
   A. 亲自到中国人民银行查询并打印《已开立银行结算账户清单》
   B. 关注原始单据中被审计单位收付款银行是否包含在注册会计师已获取的开立银行账户清单内
   C. 询问办理货币资金业务的相关人员，了解银行账户的开立、使用、注销等情况
   D. 对银行账款余额进行函证

5. 被审计单位有定期存款，注册会计师可以考虑实施的程序是（   ）。
   A. 监盘定期存款凭据
   B. 对于未质押的定期存款，检查定期存单复印件
   C. 对于已质押的定期存款，检查开户证实书原件
   D. 函证定期存款相关信息

6. 下列审计程序中，可以为银行存款的权利和义务认定提供可靠的审计证据的是（   ）。
   A. 询问银行存款账户户主是否为被审计单位
   B. 函证银行存款
   C. 检查银行存款收支的截止是否正确
   D. 实施实质性分析程序

7. 以下关于银行存款的实质性程序的说法中，错误的是（   ）。
   A. 针对同一账户的发生额，可以对银行对账单及被审计单位银行存款日记账记录进行双向核对
   B. 银行业金融机构应当按照要求将回函直接寄回被审计单位财务部门
   C. 对于在报告期内到期结转的定期存款、资产负债表日后已提取的定期存款，检查核对相应的兑付凭证、银行对账单或网银记录等
   D. 对于相同金额的一收一付，检查银行存款日记账和相应交易及资金划转的文件资料，关注相关交易及相应资金流转安排是否具有合理的商业理由

8. 对于银行存款余额调节表的检查，以下关于注册会计师应当关注的事项中，错误的是（   ）。
   A. 检查调节表中加计数是否正确，检查调节后银行存款日记账是否与银行存款总账一致
   B. 特别关注银付企未付、企付银未付中支付异常的领款事项，包括没有载明收款人、签字不全等支付事项，确认是否存在舞弊
   C. 针对年末银行存款余额调节表中企业已开支票、银行尚未扣款的调节项，检查相关支票存根、记账凭证，以及期后银行对账单
   D. 对于企收银未收款项，检查被审计单位收款入账的原始凭证，检查其是否已在期后银行对账单上得以反映

9. 注册会计师了解被审计单位与货币资金有关的内部控制时，不应实施的程序是（   ）。
   A. 函证银行存款
   B. 询问参与货币资金业务的人员
   C. 观察出纳报销过程
   D. 检查是否编制银行余额调节表

二、多选题

10. 以下事项或情形中，可能表明货币资金有重大错报风险的有（   ）。
    A. 银行存款明细账存在非正常转账的"一借一贷"
    B. 在没有经营业务的地区开立银行账户
    C. 企业资金存放于管理层或员工个人账户
    D. 违反货币资金存放和使用规定

11. 下列有关库存现金监盘的说法中，正确的有（   ）。
    A. 应与被审计单位协调库存现金的监盘时间
    B. 监盘范围包括财务部门掌管的所有现金
    C. 监盘时间最好选择在上午上班前或下午下班时
    D. 在非资产负债表日进行监盘时，应将监盘金额调整至资产负债表日的金额，并对变动情况实施程序

12. 针对银行账户的发生额，注册会计师可以实施的程序有（   ）。
    A. 分析不同账户发生银行日记账漏记银行交易的可能性

    B. 获取并检查银行对账单，获取时全程关注打印过程
    C. 从银行对账单中选取交易的样本与被审计单位银行日记账记录进行核对
    D. 从被审计单位银行存款日记账上选取样本，核对至银行对账单

13. 以下程序中，可以查定期存款存在认定的有（   ）。
    A. 函证定期存款相关信息
    B. 在资产负债表日后已提取的定期存款，核对相应的兑付凭证
    C. 在监盘库存现金的同时，监盘定期存款凭据
    D. 检查被审计单位是否在财务报表附注中对定期存款进行清晰披露

14. 下列有关函证的说法中，错误的有（   ）。
    A. 如果注册会计师认为取得积极式函证回函是获取充分、适当的审计证据的必要程序，则替代程序不能提供注册会计师所需要的审计证据
    B. 如果被审计单位与银行存款存在认定有关的内部控制设计良好并有效运行，注册会计师可适当减少函证的样本量
    C. 注册会计师应当对应收账款实施函证程序，除非应收账款对财务报表不重要且评估的重大错报风险低
    D. 如果注册会计师将重大错报风险评估为低水平，且预期不符事项的发生率很低，可以将消极式函证作为唯一的实质性程序

15. 监盘库存现金是注册会计师证实被审计单位资产负债表所列库存现金是否存在的一项重要程序。下列说法中，错误的有（   ）。
    A. 已收到但未存入银行的现金需要纳入盘点范围
    B. 出纳员和财务部门以外的人员必须参加盘点
    C. 现金监盘程序只能用作实质性程序
    D. 若有冲抵现金的借条、未提现支票，必要时应提请被审计单位作出调整

16. 下列有关票据及有关印章管理的说法中，错误的有（   ）。
    A. 专设登记簿进行记录各种票据的购买、

保管、领用、背书转让、注销等

B. 对超过法定保管期限、可以销毁的票据，应当建立销毁清册并由授权人员监销

C. 个人名章必须由本人保管

D. 如需一人保管支付款项所需的全部印章，应经过授权审批

三、简答题

17. ABC会计师事务所的A注册会计师负责审计甲公司2023年度财务报表，与货币资金审计相关的部分事项如下：

（1）因对甲公司提供的银行对账单的真实性存有疑虑，A注册会计师要求甲公司管理层提供书面声明，声明对账单的真实性。

（2）A注册会计师在甲公司人员陪同下到基本存款账户开户行查询打印《已开立银行结算账户清单》，观察甲公司人员的查询、打印过程，并检查甲公司账面记录的银行人民币结算账户是否完整。

（3）A注册会计师在进行现金监盘时，将各部门的所有现金以及未提现支票纳入监盘范围。

（4）甲公司12月银行存款余额调节表中有一项企付银未付是2023年9月1日产生的。A注册会计师检查了甲公司付款的原始凭证，并检查了该项付款是否已在期后银行对账单上得以反映，核对一致，结果满意。

（5）银行存款余额函证的回函结果显示与函证信息存在差异，且该差异超过了明显微小错报临界值，A注册会计师将该差异累积后找管理层更正。

要求：针对上述第（1）至第（5）项，逐项指出A注册会计师的做法是否恰当。如不恰当，简要说明理由。

18. A注册会计师负责审计甲公司2023年财务报表。在对甲公司2023年财务报表进行审计时，A注册会计师负责审计货币资金项目，实施程序如下：

（1）基于风险评估结果，A注册会计师将现金监盘程序用作实质性程序。

（2）A注册会计师在检查银行存款余额调节表时发现存在企付银未付的款项，针对该情况检查了相关付款的原始凭证，还检查了该项付款是否已在期后银行对账单上得以反映。在检查期后银行对账单时，A注册会计师就对账单上所记载的内容，如支票编号、金额等，与被审计单位支票存根进行核对，结果满意。

（3）考虑到出纳人员日常工作繁忙，A注册会计师计划于监盘日前一日通知出纳人员，以确保现金盘点工作的妥善准备。

（4）A注册会计师在被审计单位人员上班前，对被审计单位所有库存现金存放地点同时进行盘点，现金出纳员和被审计单位会计主管人员也参与了现金盘点过程。

（5）A注册会计师在检查甲公司留存于支付宝账户的资金时，获取了支付宝平台的发生额及余额明细，并与账面记录进行核对，结果满意。

要求：假定不考虑其他因素，针对上述（1）至第（5）项，逐项指出A注册会计师库存现金监盘工作是否恰当。如不恰当，简要说明理由。

参考答案及解析

一、单选题

1. 【答案】D
【考点】货币资金内部控制概述

【解析】出纳人员**不得兼任稽核，会计档案保管和收入、支出、费用、债权债务账目的登记工作**，选项ABC错误；出纳人员负责登记收付款凭证，选项D正确。

2. 【答案】D
【考点】货币资金内部控制概述
【解析】现金收入应及时存入银行，不得用于直接支付自身的支出，因特殊情况需坐支现金的，应事先报经**开户银行**审查批准，选项 D 存在缺陷；选项 ABC 操作正确。

3. 【答案】A
【考点】库存现金的实质性程序
【解析】现金监盘通过检查现金以确定其是否存在，主要针对**存在**认定，选项 A 正确。

4. 【答案】D
【考点】银行存款的实质性程序
【解析】对银行账款余额进行函证证实的是**存在**认定，选项 D 正确；选项 ABC 属于针对完整性认定的审计程序。

5. 【答案】A
【考点】银行存款的实质性程序
【解析】对于**未质押**的定期存款，检查**开户证实书原件**，以防止被审计单位提供的复印件是未质押（或未提现）前原件的复印件，选项 B 错误。对于**已质押**的定期存款，检查定期存单**复印件**，并与相应的质押合同核对，选项 C 错误。定期存款也属于银行存款，注册会计师**应当**对银行存款实施函证程序，除非有充分证据表明其对财务报表不重要且与之相关的重大错报风险很低。选项 D **不属于可以考虑实施的程序，而是应当实施的程序**，选项 D 错误。选项 A 属于注册会计师可以考虑实施的程序，表述正确。

6. 【答案】B
【考点】银行存款的实质性程序
【解析】询问无法获取充分、适当的审计证据，其获取的审计证据**可靠性较低**，选项 A 错误；函证银行存款可以获取**存在**、**权利和义务**认定相关可靠的审计证据，选项 B 正确；检查银行存款收支的截止是否正确，对应的是存在和完整性认定，选项 C 错误；实施实质性分析程序，对应的是存在、完整性、准确性、计价和分摊认定，选项 D 错误。

7. 【答案】B
【考点】银行存款的实质性程序

【解析】针对同一银行账户，注册会计师可以根据具体情况实施下列审计程序：①选定同一期间（月度、年度）的银行存款日记账、银行对账单的发生额合计数（借方及贷方）进行总体核对。②对银行对账单及被审计单位银行存款日记账记录进行双向核对（选项 A），即在选定的账户和期间，从被审计单位银行存款日记账上选取样本，核对至银行对账单，以及自银行对账单中进一步选取样本，与被审计单位银行存款日记账记录进行核对。在运用数据分析技术时，可选择全部项目进行核对。核对内容包括日期、金额、借贷方向、收付款单位、摘要等。银行业金融机构应当按照要求将回函**直接寄回事务所或交付跟函注册会计师**，选项 B 错误。对于在报告期内到期结转的定期存款、资产负债表日后已提取的定期存款，检查、核对相应的兑付凭证、银行对账单或网银记录等，选项 C 正确。对于相同金额的一收一付、相同金额的多次转入转出等大额异常货币资金发生额，检查银行存款日记账和相应交易及资金划转的文件资料，关注相关交易及相应资金流转安排是否具有合理的商业理由，选项 D 正确。

8. 【答案】A
【考点】银行存款的实质性程序
【解析】取得并检查银行存款余额调节表后，注册会计师应当关注的事项：①检查调节表中加计数是否正确，调节后银行存款日记账余额与银行**对账单**余额是否一致（选项 A 错误）；②检查调节事项（选项 CD 属于调节事项，且表述正确）③关注长期未达账项，查看是否存在挪用资金等事项；④特别关注银付企未付、企付银未付中支付异常的领款事项，包括没有载明收款人、签字不全等支付事项，确认是否存在舞弊（选项 B）。

9. 【答案】A
【考点】银行存款及控制测试
【解析】了解内部控制的程序有询问、观察、检查和穿行测试。选项 B 属于询问程序；选项 C 属于观察程序；选项 D 属于检查程序。

函证不属于了解内部控制使用的具体审计程序，属于细节测试，选项 A 当选。

二、多选题

10. 【答案】ABCD
    【考点】与货币资金相关的重大错报风险
    【解析】选项 ABCD 均**可能表明货币资金有重大错报风险**。

11. 【答案】CD
    【考点】**库存现金的实质性程序**
    【解析】对库存现金的监盘**最好实施突击性**的检查，选项 A 错误；监盘范围一般包括被审计单位各部门经管的**所有现金**，而非**仅财务部门**，选项 B 错误；选项 CD 表述正确。

12. 【答案】ABCD
    【考点】银行存款的实质性程序
    【解析】检查银行存款账户发生额时，注册会计师可以考虑对银行存款账户的发生额实施以下程序：①分析不同账户发生银行日记账漏记银行交易的可能性，获取相关账户相关期间的全部银行对账单（选项 A）；②如果对被审计单位银行对账单的真实性存有疑虑，则可以在被审计单位的协助下亲自到银行获取银行对账单，并关注银行办事人员的打印过程（选项 B）；③从银行对账单中选取交易的样本与被审计单位银行日记账记录进行核对（选项 C），从被审计单位银行存款日记账上选取样本，核对至银行对账单（选项 D）；④浏览银行对账单，选取大额异常交易，如银行对账单上有一收一付相同金额，或分次转出相同金额等，检查被审计单位银行存款日记账上有无该项收付金额记录。

13. 【答案】ABC
    【考点】银行存款的实质性程序
    【解析】检查被审计单位是否在财务报表附注中对定期存款进行清晰披露主要是针对列报认定，选项 D 错误；选项 ABC 均可以查定期存款的**存在**认定。

14. 【答案】BCD
    【考点】银行存款的实质性程序
    【解析】注册会计师应当对银行存款（包括零余额账户和在本期内注销的账户）、借款及与金融机构往来的其他重要信息实施函证程序。所以，**即使内部控制设计良好并有效运行，注册会计师也不能减少函证的样本量**，选项 B 错误。注册会计师应当对应收账款实施函证程序，除非应收账款对财务报表**不重要或函证很可能无效**，选项 C 错误。采用消极式函证作为唯一的实质性程序，**还需要满足**错报少、预期被询证者不会不认真等条件，选项 D 错误。选项 A 表述正确。

15. 【答案】BC
    【考点】银行存款其他货币资金的实质性程序
    【解析】企业盘点库存现金通常包括对已收到但未存入银行的现金、零用金、找零金等的盘点，选项 A 正确。盘点库存现金的时间和人员应视被审计单位的具体情况而定，但**现金出纳员和被审计单位会计主管人员必须参加**，并由注册会计师进行监盘，选项 B 错误。现金监盘程序**既可以用作控制测试，也可以用作实质性程序**。监盘程序是用作控制测试还是实质性程序，取决于注册会计师对风险评估结果、审计方案和实施的特定程序的盘点，选项 C 错误。若有冲抵库存现金的借条、未提现支票、未作报销的原始凭证，应在库存现金监盘表中注明，必要时应提请被审计单位作出调整，选项 D 正确。

16. 【答案】CD
    【考点】货币资金概述及控制测试
    【解析】企业应当加强与货币资金相关的票据的管理，明确各种票据的购买、保管、领用、背书转让、注销等环节的职责权限和程序，并专设登记簿进行记录，防止空白票据的遗失或被盗用，选项 A 正确；对超过法定保管期限、可以销毁的票据，在履行审核手续后进行销毁，但应当建立销毁清册并由授权人监销，选项 B 正确；企业应当加强银行预留印鉴的管理，财务专用章应由专人保管，**个人名章必须由本人或其授权人员保管**，选项 C 过于绝对，错误；**严禁一人保管支付款项所需的全部印章**，选项 D 错误。

三、简答题

17. 【考点】银行存款的实质性程序
    【答案】（1）不恰当。注册会计师**应当对银行对账单的真实性保持警觉**，必要时亲自到银行获取对账单，并对全过程保持控制。
    （2）不恰当。应观察**银行办事人员的查询、打印过程**。
    （3）不恰当。未提现支票**不应纳入监盘范围**。
    （4）不恰当。该未达账项属于**长期未达账项**，注册会计师还需查看是否存在挪用资金等事项。
    （5）不恰当。当函证信息与银行回函结果不符时，注册会计师应当调查不符事项，以确定是否存在错报。

18. 【考点】银行存款的实质性程序
    【答案】（1）恰当。
    （2）恰当。
    （3）不恰当。对库存现金的监盘最好实施**突击性检查**，不应提前通知。
    （4）不恰当。库存现金应由出纳盘点，**由注册会计师监盘**。
    （5）不恰当。注册会计师**没有验证**支付宝明细信息的可靠性。

第十三章 对舞弊和法律法规的考虑

真题共分两个模块,其一为知识点分册的例题模块,其二为习题分册的真题巩固模块,针对这两个模块,大家均需充分关注。

真题巩固

一、单选题

1. 【2016】下列有关收入确认的舞弊风险的说法中,错误的是（　　）。
   A. 关联方交易比非关联方交易更容易增加收入的发生认定存在舞弊风险的可能性
   B. 对于以营利为目的的被审计单位,收入的发生认定存在舞弊风险的可能性通常大于完整性认定存在舞弊风险的可能性
   C. 如果被审计单位已经超额完成当年的利润目标,但预期下一年度的目标较难达到,则收入的截止认定存在舞弊风险的可能性较大
   D. 如果被审计单位采用履约进度百分比法确认收入,且合同完工进度具有高度估计不确定性,则收入的准确性认定存在舞弊风险的可能性较大

2. 【2015】下列程序中,通常不用于评估舞弊风险的是（　　）。
   A. 考虑在客户接受或保持过程中获取的信息
   B. 实施实质性分析程序
   C. 组织项目组内部讨论
   D. 询问治理层、管理层和内部审计人员

3. 【2015】下列舞弊风险因素中,与实施舞弊的动机或压力相关的是（　　）。
   A. 非财务管理人员过度参与会计政策的选择或重大会计估计的确定
   B. 职责分离或独立审核不充分
   C. 管理层在被审计单位中拥有重大经济利益
   D. 组织结构过于复杂,存在异常的法律实体或管理层级

4. 【经典真题】关于注册会计师对被审计单位违反法律法规行为的审计责任,下列说法中,正确的是（　　）。
   A. 注册会计师有责任发现被审计单位所有的违反法律法规行为
   B. 针对通常对决定财务报表中的重大金额和披露有直接影响的法律法规的规定,注册会计师应当获取被审计单位遵守这些规定的充分、适当的审计证据
   C. 注册会计师没有责任专门实施审计程序以发现被审计单位的违反法律法规行为
   D. 对被审计单位的违反法律法规行为,注册会计师应当在审计报告中予以反映

二、多选题

5. 【2015】如果识别出被审计单位违反法律法规的行为,下列各项程序中,注册会计师应当实施的有（　　）。
   A. 评价识别出的违反法律法规行为对注册会计师风险评估的影响
   B. 评价被审计单位书面声明的可靠性
   C. 就识别出的所有违反法律法规行为与治理层进行沟通
   D. 了解违反法律法规行为的性质及其发生的环境

6. 【经典真题】下列各项做法中,可以应对舞弊导致的重大错报风险的有（　　）。
   A. 选取以前年度未寄发询证函的客户的应收账款余额实施函证
   B. 在同一天对所有存放在不同地点的存货实施监盘
   C. 扩大营业收入细节测试的样本规模
   D. 通过实地走访,核实供应商和客户真实存在

参考答案及解析

一、单选题

1. 【答案】B
   【考点】识别和评估舞弊导致的重大错报风险
   【解析】在某些情况下，关联方交易及其关系的性质可能导致关联方交易比非关联方交易具有更高的财务报表重大错报风险，选项A正确。在以营利为目的被审计单位，管理层实施舞弊的动机或压力不同，其舞弊风险所涉及的具体认定以及舞弊风险发生的可能性也不同，注册会计师**需要作出具体分析**。例如，管理层可能出于避税的目的少计收入，这样完整性认定就存在舞弊风险。因此，选项B错误。（注意：盈利指利润为正；营利指获取利益。）如果被审计单位已经超额完成当年的利润目标，但预期下一年度的目标较难达到，则被审计单位可能会将本年应该确认的收入推迟至下一年，收入的截止认定存在舞弊风险的可能性较大，选项C正确。如果被审计单位采用履约进度百分比法确认收入，且合同完工进度具有高度估计不确定性，影响金额，则收入的准确性认定存在舞弊风险的可能性较大，选项D正确。

2. 【答案】B
   【考点】舞弊的风险评估程序和相关活动
   【解析】注册会计师通常采用下列程序评估舞弊风险：①询问；②评价舞弊风险因素；③实施分析程序（注意：这里的分析程序是风险评估中的分析程序，而非实质性分析，选项B错误）；④考虑其他信息。

3. 【答案】C
   【考点】舞弊的风险评估程序和相关活动
   【解析】选项A属于与编制虚假财务报告导致的错报相关的态度或借口舞弊风险因素；选项B属于与侵占资产导致的错报相关的机会舞弊风险因素；选项C属于与编制虚假财务报告导致的错报相关的动机和压力舞弊风险因素，当选；选项D属于与编制虚假财务报告导致的错报相关的机会舞弊风险因素。

4. 【答案】B
   【考点】对法律法规的考虑
   【解析】注册会计师**没有责任**防止被审计单位违反法律法规行为，也不能期望其发现所有的违反法律法规行为，选项A错误；针对通常对决定财务报表中的重大金额和披露有直接影响的法律法规的规定即"第一类"法律法规，注册会计师应当获取被审计单位遵守这些规定的充分、适当的审计证据，选项B正确；针对"第一类"法律法规，注册会计师**有责任**就被审计单位遵守这些法律法规的规定获取充分、适当的审计证据，针对"第二类"法律法规，注册会计师仅限于实施特定的审计程序，如询问等，选项C错误；如果财务报表已恰当地反映了企业违反法律法规的行为，则注册会计师无须就此出具非无保留意见，选项D错误。

二、多选题

5. 【答案】ABD
   【考点】舞弊的风险评估程序和相关活动
   【解析】如果注意到与识别出的或怀疑存在的违反法律法规的行为相关的信息，注册会计师应当采取下列措施：①了解违反法律法规行为的性质及其发生的环境（选项D）；②获取进一步的信息，以评价对财务报表可能产生的影响（选项A）；③评价被审计单位书面声明的可靠性（选项B）。注册会计师应当与治理层沟通审计过程中注意到的有关违反法律法规的事项，但**不必沟通明显不重要的事项**，因此选项C不选。

6. 【答案】ABCD
   【考点】应对舞弊导致的重大错报风险
   【解析】注册会计师应对舞弊导致的认定层次重大错报风险时，应当考虑**改变拟实施的实质性程序的性质**、时间和范围，以增加不可预见性，选项ABCD正确。

模拟自测

一、单选题

1. 无论对管理层凌驾于内部控制之上的风险的评估结果如何，注册会计师都应当设计和实施的应对程序中不包括的是（   ）。
   A. 测试日常会计核算过程中作出的会计分录以及其他调整是否适当
   B. 询问负责处理舞弊指控的人员
   C. 复核会计估计是否存在偏向，并评价产生这种偏向的环境是否表明存在由于舞弊导致的重大错报风险
   D. 对于超出被审计单位正常经营过程的重大交易，评价其商业理由

2. 下列事项中，属于编制虚假财务报告导致的错报的是（   ）。
   A. 贪污收到的款项
   B. 盗窃实物资产或无形资产
   C. 将被审计单位资产挪为私用
   D. 在财务报表中错误表达或故意漏记事项、交易或其他重要信息

3. 下列不属于编制虚假财务报告的动机和压力的是（   ）。
   A. 客户需求大幅下降，所在行业或总体经济环境中经营失败的情况增多
   B. 由于会计人员不能胜任而频繁更换
   C. 难以应对技术变革、产品过时、利率调整等因素的急剧变化
   D. 个人为被审计单位的债务提供了担保

4. 下列各项中，不属于为编制虚假财务报告提供机会的是（   ）。
   A. 利用商业中介，而此项安排似乎不具有明确的商业理由
   B. 在经济环境及文化背景不同的国家或地区从事重大经营活动
   C. 难以确定对被审计单位持有控制性权益的组织或个人
   D. 业主兼经理未对个人事务与公司业务进行区分

5. 下列各项中，属于舞弊发生的首要条件的是（   ）。
   A. 实施舞弊的动机或压力
   B. 为舞弊行为寻找借口的能力
   C. 公司组织结构过于复杂
   D. 会计系统和信息系统无效，包括内部控制存在值得关注的内部控制缺陷的情况

6. 如发现虚构货币资金相关舞弊风险，注册会计师应当采取的措施中通常不包括（   ）。
   A. 实施函证程序，保持对函证全过程的控制
   B. 了解企业开立银行账户的数量及分布
   C. 在存货监盘中，关注存货的所有权及完整性
   D. 分析利息收入和财务费用的合理性

7. 以下关于注册会计师基于收入确认存在的舞弊风险的说法中，正确的是（   ）。
   A. 注册会计师应当假定与收入确认相关的所有认定都存在舞弊风险
   B. 对于存在舞弊风险的与收入相关的各项认定，不同的企业会有所不同
   C. 在评估与收入确认相关的重大错报风险时，注册会计师应当根据职业判断判定是否有必要假定其存在舞弊风险
   D. 如果注册会计师未将收入确认作为由于舞弊导致的重大错报风险领域，就应当在项目组中进行沟通，无须进行记录

8. 下列各项中，属于被审计单位舞弊借口的是（   ）。
   A. 被审计单位所处行业竞争激烈
   B. 难以确定对被审计单位持有控制性权益的组织或个人
   C. 治理层为管理层设定了过高的销售业绩
   D. 管理层未能及时纠正发现的值得关注的内部控制缺陷

二、多选题

9. 关于项目组内部讨论，下列说法中，错误的有（　　）。

    A. 在讨论过程中，项目组成员应当假定管理层存在舞弊行为

    B. 项目组成员应当进行讨论，可以由项目合伙人确定要将哪些事项向未参与讨论的项目组成员通报

    C. 项目组内部讨论可以确定如何处理可能引起注册会计师关注的舞弊指控

    D. 项目组内部讨论必须在审计计划阶段完成

10. 注册会计师在识别舞弊导致的重大错报风险时，应当询问管理层的事项包括（　　）。

    A. 管理层对财务报表可能存在由于舞弊导致的重大错报风险的评估

    B. 管理层就其对舞弊风险的识别和应对过程向治理层的通报

    C. 管理层就其经营理念和道德观念向员工的通报

    D. 管理层识别出的或关注到的特定舞弊风险，或可能存在舞弊风险的各类交易、账户余额或披露

11. 如果发现的错误是舞弊导致，且该舞弊涉及管理层，无论错报是否重大，注册会计师都应当实施的程序包括（　　）。

    A. 重新评价对由于舞弊导致的重大错报风险的评估结果

    B. 重新评价原评估结果对旨在应对评估的风险的审计程序的性质、时间安排和范围的影响

    C. 重新考虑此前获取的审计证据的可靠性，相关情形是否表明可能存在涉及员工、管理层或第三方的串通舞弊

    D. 与治理层进行沟通

12. 如果注册会计师注意到与识别出或怀疑存在的违反法律法规行为相关的信息，应当采取的措施有（　　）。

    A. 了解违反法律法规行为的性质

    B. 获取进一步信息，以评价对财务报表可能产生的影响

    C. 了解违反法律法规行为发生的环境

    D. 对某类交易、账户余额和披露实施细节测试

13. 在实施其他审计程序时，可能使注册会计师注意到识别出的或怀疑存在的违反法律法规行为，这些审计程序可能包括（　　）。

    A. 对某类交易、账户余额和披露实施细节测试

    B. 评价违反法律法规的行为对财务报表可能产生的影响

    C. 向被审计单位管理层、内部或外部法律顾问询问诉讼、索赔及评估情况

    D. 了解违反法律法规行为的性质及其发生的环境

14. 注册会计师是否按照审计准则的规定实施了审计工作，取决于（　　）。

    A. 是否根据具体情况实施了审计程序

    B. 是否获取了充分、适当的审计证据

    C. 是否发现了伪造文件或记录导致的重大错报

    D. 是否根据审计证据评价结果出具了恰当的审计报告

15. 应对舞弊导致的重大错报风险的总体应对措施有（　　）。

    A. 分派更有经验和能力的人员进项目组

    B. 对被审计单位涉及主观计量的会计政策的选择进行评价

    C. 改变拟实施审计程序的性质

    D. 增加审计程序的不可预见性

16. 项目组就由于舞弊导致财务报表发生重大错报的可能性进行讨论时，下列各项中，可能讨论的内容有（　　）。

    A. 遇到的哪些情形可能表明存在舞弊

    B. 已知悉的对被审计单位产生影响的外部和内部因素

    C. 为应对由于舞弊导致财务报表发生重大错报的可能性而选择实施的审计程序，以及特定类型的审计程序是否比其他审计程序更为有效

    D. 强调在整个审计过程中对由于舞弊导致重大错报的可能性保持适当关注的重要性

17. 下列关于注册会计师在评价识别出的或怀疑存在的违反法律法规行为的影响的说法中，错误的有（　　）。

A. 应当评价识别出的或怀疑存在的违反法律法规的行为对风险评估和书面声明可靠性的影响

B. 注册会计师识别出的或怀疑存在的特定违反法律法规行为的影响，取决于该行为的实施和隐瞒与具体控制活动之间的关系

C. 当管理层或治理层没有采取注册会计师认为适合具体情况的补救措施时，如果违反法律法规的行为对财务报表不重要，则注册会计师不必考虑在法律法规允许的情况下解除业务约定

D. 如果管理层或治理层没有采取注册会计师认为在具体情形下适当的补救行动，并且注册会计师不可能解除业务约定，则其应在强调事项段中描述识别出的或怀疑存在的违反法律法规的行为

18. 如果注册会计师认为存货数量存在舞弊导致的重大错报风险，下列做法中，通常能应对该风险的有（　　）。

A. 要求被审计单位在报告期末或临近期末的时点实施存货盘点

B. 在不预先通知被审计单位的情况下对特定存放地点的存货实施监盘

C. 利用专家的工作对特殊类型的存货实施更严格的检查

D. 扩大与存货相关的内部控制测试的样本规模

参考答案及解析

一、单选题

1. 【答案】B

【考点】应对舞弊导致的重大错报风险

【解析】管理层凌驾于控制之上的风险属于特别风险。无论对该风险的评估结果如何，注册会计师都应当设计和实施审计程序，用于下列事项：①测试日常会计核算过程中作出的会计分录以及编制财务报表过程中作出的其他调整是否适当（选项 A）；②复核会计估计是否存在偏向，并评价产生这种偏向的环境是否表明存在由于舞弊导致的重大错报风险（选项 C）；③对于超出被审计单位正常经营过程的重大交易，或基于对被审计单位及其环境等方面情况的了解，以及在审计过程中获取的其他信息而显得异常的重大交易，评价其商业理由（或缺乏商业理由）是否表明被审计单位从事交易的目的是对财务信息作出虚假报告或掩盖侵占资产的行为（选项 D）。选项 B 属于风险评估程序，不是针对管理层凌驾于控制之上的风险的应对程序，不当选。

2. 【答案】D

【考点】与舞弊相关的责任

【解析】与财务报表审计相关的故意错报，包括编制虚假财务报告导致的错报和侵占资产导致的错报。管理层可能通过以下方式编制虚假财务报告：①对编制财务报表所依据的会计记录或支持性文件进行操纵、弄虚作假（包括伪造）或篡改；②在财务报表中错误表达或故意漏记事项、交易或其他重要信息（选项 D）；③故意错误地使用与金额、分类、列报或披露相关的会计原则。侵占资产可能是通过以下方式进行：①贪污收到的款项（选项 A）；②盗窃实物资产或无形资产（选项 B）；③使被审计单位对未收到的商品或未接受的劳务付款；④将被审计单位资产挪为私用（选项 C）。

3. 【答案】B

【考点】舞弊的风险评估程序和相关活动

【解析】选项 AC 属于财务稳定性或盈利能力受到不利经济环境、行业状况或被审计单位运营情况的威胁带来的动机或压力；选项 B 属于被审计单位内部控制要素存在缺陷，为编制虚假财务报告提供了机会，是与编制虚假财务报告导致的错报相关的舞弊风险因素中的"机会"；选项 D 属于管理层或治理层的个人财务状况受到被审计单位财务业绩的影响带来的动机或压力。

4. 【答案】D

【考点】舞弊的风险评估程序和相关活动

【解析】选项 AB 属于被审计单位所在行业或其业务的性质为编制虚假财务报告提供了机会；选项 C 属于组织结构复杂或不稳定，为编制虚假财务报告提供了机会；选项 D 属于管理层态度不端正或缺乏诚信的情况，应归为编制虚假财务报告的**态度或借口**。

5. 【答案】A

【考点】舞弊的风险评估程序和相关活动

【解析】舞弊三角为实施舞弊的动机或压力，实施舞弊的机会，为舞弊行为寻找借口的能力。其中，舞弊者具有舞弊的**动机或压力是舞弊发生的首要条件**，选项 A 正确；选项 B 为舞弊行为寻找借口的能力，不属于首要条件；选项 CD 属于实施舞弊的机会，不属于首要条件。

6. 【答案】C

【考点】舞弊的风险评估程序和相关活动

【解析】针对虚构货币资金相关舞弊风险，重点应对措施包括：①严格实施银行函证程序，保持对函证全过程的控制，恰当评价回函可靠性，深入调查不符事项或函证程序中发现的异常情况（选项 A）；②关注货币资金的真实性，巨额货币资金余额以及大额定期存单的合理性；③了解企业开立银行账户的数量及分布，是否与企业实际经营需要相匹配且具有合理性，检查银行账户的完整性和银行对账单的真实性（选项 B）；④分析利息收入和财务费用的合理性，关注存款规模与利息收入是否匹配，是否存在"存贷双高"现象（选项 D）；⑤关注是否存在大额境外资金，是否存在缺少具体业务支持或与交易金额不相匹配的大额资金或汇票往来等异常情况。选项 C 属于**存货相关舞弊风险的应对措施**，不当选。

7. 【答案】B

【考点】识别和评估舞弊导致的重大错报风险

【解析】注册会计师**应当**基于收入确认存在舞弊风险的假定，**评价**哪些类型的收入、收入交易或认定导致舞弊风险，选项 A 错误；存在舞弊风险的与收入相关的各项认定，会因被审计单位的不同而不同，选项 B 正确；审计准则规定在识别和评估由于舞弊导致的重大错报风险时，注册会计师**应当**基于收入确认存在舞弊风险的假定，不能自行决定是否有必要假定收入确认存在舞弊风险，选项 C 错误；如果注册会计师未将收入确认作为由于舞弊导致的重大错报风险领域，就**应当**将得出该结论的理由记录在审计工作底稿中，选项 D 错误。

8. 【答案】D

【考点】舞弊的风险评估程序和相关活动

【解析】被审计单位的财务稳定性或盈利能力受到行业状况的威胁，属于舞弊的动机或压力，选项 A 错误；选项 B 属于组织结构复杂或不稳定带来的舞弊机会；管理层或经营者受到更高级管理层或治理层对财务或经营指标过高要求的压力，属于舞弊的动机或压力，选项 C 错误；选项 D 属于管理层态度不端或缺乏诚信的情况，应归为舞弊的态度或借口，选项 D 当选。

二、多选题

9. 【答案】ABD

【考点】识别和评估舞弊导致的重大错报风险

【解析】在讨论过程中，项目组成员不应假定管理层存在舞弊行为，需要结合具体情况进行判断，但在这个过程中要保持职业怀疑，选项 A 错误；项目组成员应当进行讨论，并应当由项目合伙人确定要将哪些事项向未参与讨论的项目组成员通报，选项 B 错误；项目组内部讨论可以确定如何在项目组成员中共享实施审计程序的结果，以及如何处理可能引起注册会计师关注的舞弊指控，选项 C 正确；项目组内部讨论**应当贯穿审计过程的始终**，不局限于某个阶段，选项 D 错误。

10. 【答案】ABCD

    【考点】识别和评估舞弊导致的重大错报风险

    【解析】注册会计师**应当**向管理层询问下列事项：①管理层对财务报表可能存在由于舞弊导致的重大错报风险的评估，包括评估的性质、范围和频率等（选项 A）；②管理层对舞弊风险的识别和应对过程，包括管理层识别出的或关注到的特定舞弊风险，或可能存在舞弊风险的各类交易、账户余额或披露（选项 D）；③管理层就其对舞弊风险的识别和应对过程向治理层的通报（选项 B）；④管理层就其经营理念和道德观念向员工的通报（选项 C）。

11. 【答案】ABCD

    【考点】应对舞弊导致的重大错报风险

    【解析】如果识别出某项错报，并有理由认为该项错报是或可能是由于舞弊导致的，且涉及管理层，特别是涉及较高层级的管理层，无论该项错报是否重大，注册会计师都应当：①重新评价对由于舞弊导致的重大错报风险的评估结果，以及该结果对旨在应对评估的风险的审计程序的性质、时间安排和范围的影响（选项 AB）；②重新考虑此前获取的审计证据的可靠性，注册会计师还应当考虑相关的情形是否表明可能存在涉及员工、管理层或第三方的串通舞弊（选项 C）。当舞弊涉及管理层，注册会计师**应当与治理层进行沟通**，选项 D 正确。

12. 【答案】ABC

    【考点】识别出或怀疑存在违反法律法规行为时实施的审计程序

    【解析】如果注意到与识别出或怀疑存在违反法律法规行为相关的信息，注册会计师应当：①了解违反法律法规行为的性质及其发生的环境（选项 AC）；②获取进一步的信息，以评价对财务报表可能产生的影响（选项 B）。选项 D 属于使注册会计师**关注到违反法律法规行为的程序**。

13. 【答案】AC

    【考点】使注册会计师注意到识别出或怀疑存在违反法律法规行为时实施的审计程序

    【解析】为形成审计意见所实施的审计程序，可能使注册会计师注意到识别出的或怀疑存在的违反法律法规行为，这些审计程序可能包括：①阅读会议纪要；②向被审计单位管理层、内部或外部法律顾问询问诉讼、索赔及评估情况（选项 C）；③对某类交易、账户余额和披露实施细节测试（选项 A）。选项 BD 均属于使注册会计师**关注到与识别出的或怀疑存在的违反法律法规行为的相关信息的审计程序**，不符合题意，不选。

14. 【答案】ABD

    【考点】与舞弊相关的责任

    【解析】注册会计师是否按照审计准则的规定实施了审计工作，取决于：①是否根据具体情况实施了审计程序（选项 A）；②是否获取了充分、适当的审计证据（选项 B）；③是否根据证据评价结果出具了恰当的审计报告（选项 D）。如果注册会计师在完成审计工作后发现舞弊导致的财务报表重大错报，特别是串通舞弊或伪造文件记录导致的重大错报，**并不必然表明**注册会计师没有遵守审计准则，选项 C 错误。

15. 【答案】ABD

    【考点】应对舞弊导致的重大错报风险

    【解析】在针对评估的由于舞弊导致的财务报表层次重大错报风险确定**总体应对措施**时，注册会计师应当：①在分派和督导项目组成员时，考虑承担重要业务职责的项目组成员所具备的知识、技能和能力，并考虑由于舞弊导致的重大错报风险的评估结果（选项 A）；②评价被审计单位对会计政策（特别是涉及主观计量和复杂交易的会计政策）的选择和运用，是否可能表明管理层通过操纵利润对财务信息作出虚假报告（选项B）；③在选择审计程序的性质、时间安排和范围时，增加审计程序的不可预见性（选项D）。注册会计师应当考虑通过下列方式，应对舞弊导致的**认定层次**重大错报风险：①改变拟实施审计程序的性质，以获取更为可靠、相关的审计证据，或获取额外的佐证信息，包括更加重视实地观察或检查，在实施函证程序时改变常规函证内容，询问被审计单位的非财务人员等（选项C错误）；②调整实施实质性程序的时间安排，包括在期末或接近期末实施实质性程序，或针对本期较早期间发生的交易或整个报告期内的交易实施实质性程序；③调整审计程序的范围，以应对由于舞弊导致的重大错报风险的评估结果，包括扩大样本规模、采用更详细的数据实施分析程序等。

16. 【答案】ABCD

【考点】项目组内部讨论

【解析】项目组就由于舞弊导致财务报表发生重大错报的可能性进行内部讨论的内容可能包括：①项目组成员认为财务报表易于发生由于舞弊导致的重大错报的方式和领域，管理层可能编制和隐瞒虚假财务报告的方式，以及侵占资产的方式等。②可能表明管理层操纵利润的迹象，以及管理层可能采取的导致虚假财务报告的利润操纵手段。③管理层企图通过晦涩难懂的披露使披露事项无法得到正确理解的风险。例如，包含太多不重要的信息或使用不明晰或模糊的语言；④已知悉的对被审计单位产生影响的外部和内部因素。这些因素可能产生动机或压力使管理层或其他人员实施舞弊，可能提供实施舞弊的机会，可能表明存在为舞弊行为寻找借口的文化或环境（选项C）。⑤对接触现金或其他易被侵占资产的员工，管理层对其实施监督的情况。⑥注意到的管理层或员工在行为或生活方式上出现的异常或无法解释的变化。⑦强调在整个审计过程中对由于舞弊导致重大错报的可能性保持适当关注的重要性（选项D）。⑧遇到的哪些情形可能表明存在舞弊（选项A）。⑨如何在拟实施审计程序的性质、时间安排和范围中增加不可预见性。⑩为应对由于舞弊导致财务报表发生重大错报的可能性而选择实施的审计程序，以及特定类型的审计程序是否比其他审计程序更为有效（选项C）。⑪注册会计师注意到的舞弊指控。⑫管理层凌驾于控制之上的风险。

17. 【答案】CD

【考点】识别出或怀疑存在违反法律法规行为时实施的审计程序

【解析】注册会计师应当评价识别出的或怀疑存在的违反法律法规行为对审计的其他方面可能产生的影响，包括对注册会计师风险评估和被审计单位书面声明可靠性的影响，选项A正确；注册会计师识别出的或怀疑存在的特定违反法律法规行为的影响，取决于该行为的实施和隐瞒与具体控制活动之间的关系，以及牵涉的管理人员或个人（为被审计单位工作或受其指导）的级别，尤其是被审计单位最高权力机构牵涉其中所产生的影响，选项B正确；当管理层或治理层没有采取注册会计师认为适合具体情况的补救措施，或者识别出的或怀疑存在的违反法律法规的行为导致注册会计师对管理层或治理层的诚信产生疑虑（**即使违反法律法规的行为对财务报表不重要**），注册会计师**可能考虑**在法律法规允许的情况下解除业务约定，选项C错误；在特殊情况下，管理层或治理层没有采取适合具体情形的补救行动，并且不可能解除业务约定，在其他事项段中描述识别出的或怀疑存在的违反法律法规行为。**对该行为的描述不应该在强调事项中，而应在其他事项段中**，选项D错误。

18. 【答案】ABC

【考点】应对舞弊导致的重大错报风险

【解析】注册会计师应对舞弊导致的认定层次重大错报风险时,应当考虑改变拟实施的实质性程序的性质、时间和范围,以增加不可预见性。选项 A 属于改变审计程序的时间,当选;选项 B 能增加不可预见性,当选;选项 C 能改变审计程序的性质,当选;如果注册会计师认为存货数量存在舞弊导致的重大错报风险,说明与存货相关的内部控制并没有得到有效执行,此时扩大控制测试的样本规模无效,选项 D 错误。

第十四章 审计沟通

真题共分两个模块,其一为知识点分册的例题模块,其二为习题分册的真题巩固模块,针对这两个模块,大家均需充分关注。

真题巩固

一、单选题

1. 【经典真题】在与治理层沟通审计工作中遇到的重大事项时,下列各项中,注册会计师通常认为无需沟通的是( )。
   A. 管理层在提供审计所需要信息时出现严重拖延
   B. 管理层对审计工作施加限制
   C. 审计项目组修改审计时间预算
   D. 注册会计师为获取充分、适当的审计证据需要付出的努力远远超过预期

2. 【经典真题】下列有关前后任注册会计师的说法中,正确的是( )。
   A. 前任注册会计师包括对前期财务报表执行审阅的注册会计师
   B. 在未发生会计师事务所变更的情况下,同处于某一会计师事务所的先后负责同一审计项目的不同注册会计师不属于前后任注册会计师的范畴
   C. 在发生会计师事务所变更的情况下,先后就职于不同会计师事务所的同一注册会计师不属于前后任注册会计师的范畴
   D. 如果委托人在相邻两个会计年度中连续变更多家会计师事务所,前任注册会计师不包括在后任注册会计师之前接受业务委托对当期财务报表进行审计,但未完成审计工作的会计师事务所

3. 【经典真题】下列有关前后任注册会计师沟通的总体要求的说法中,错误的是( )。
   A. 后任注册会计师负有主动沟通的义务
   B. 前后任注册会计师的沟通需要征得被审计单位同意
   C. 前后任注册会计师应当对沟通过程中获知的信息保密
   D. 前后任注册会计师的沟通可以采用书面或口头形式,其中接受委托前的沟通应当采用书面形式

4. 【经典真题】下列有关前后任注册会计师沟通的说法中,错误的是( )。
   A. 在确定向后任注册会计师提供哪些审计工作底稿时,前任注册会计师应当征得被审计单位同意
   B. 在查阅前任注册会计师的审计工作底稿前,后任注册会计师应当征得被审计单位同意
   C. 在允许后任注册会计师查阅审计工作底稿前,前任注册会计师应当向其取得确认函
   D. 为获取更多接触前任注册会计师审计工作底稿的机会,后任注册会计师可以在工作底稿使用方面作出较高程度的限制性保证

二、多选题

5. 【经典真题】在确定与被审计单位治理结构中的哪些适当人员沟通时,下列做法中正确的有( )。
   A. 如果被审计单位设有审计委员会或监事会,应当着重与审计委员会或监事会沟通
   B. 如果被审计单位是集团的组成部分,沟通的对象除了被审计单位的治理层,还可能包括集团治理层
   C. 在与被审计单位治理层沟通前,不应先与被审计单位内部审计人员沟通
   D. 在与被审计单位治理层沟通前,应当先与被审计单位管理层沟通

6. 【经典真题】在与治理层沟通计划的审计范围和时间时,通常包括的内容有( )。

A. 具体审计计划
B. 财务报表层次的重要性水平
C. 对与审计相关的内部控制采取的方案
D. 如何应对由于舞弊或错误导致的重大错报风险

三、简答题

7. 【经典真题】ABC 会计师事务所首次接受委托，对甲公司 2012 年度财务报表进行审计，委派 A 注册会计师担任项目合伙人。甲公司 2011 年度财务报表由 XYZ 会计师事务所的 X 注册会计师负责审计。相关事项如下：
A 注册会计师在接受委托前与 X 注册会计师进行电话沟通，询问其是否发现甲公司管理层存在诚信方面的问题，以及与甲公司管理层在重大会计审计问题上是否存在意见分歧，并在沟通之后告知甲公司管理层。
要求：指出 A 注册会计师的处理是否恰当。如不恰当，简要说明理由。

四、综合题

8. 【2015】甲集团公司是 ABC 会计师事务所的常年审计客户，主要从事化妆品生产、批发和零售。A 注册会计师负责审计甲集团公司 2014 年度财务报表，确定集团财务报表整体的重要性为 600 万元。A 注册会计师在审计工作底稿中记录了重大事项的处理情况，部分内容摘录如下：
在审计过程中，A 注册会计师与甲集团公司管理层讨论了值得管理层关注的内部控制缺陷，并在审计报告日后、审计工作底稿归档日前以书面形式向集团管理层和治理层通报了值得关注的内部控制缺陷。
要求：指出 A 注册会计师的做法是否恰当。如不恰当，简要说明理由。

9. 【经典真题】上市公司甲集团公司是 ABC 会计师事务所的常年审计客户，主要从事化工产品的生产和销售。A 注册会计师负责审计甲集团公司 2013 年度财务报表，确定集团财务报表整体的重要性为 200 万元。
A 注册会计师在审计工作底稿中记录了评估错报及处理重大事项的情况，部分内容摘录如下：
A 注册会计师在审计过程中与甲集团公司管理层讨论了值得关注的内部控制缺陷和内部控制的其他缺陷，因此，不再以书面形式向管理层正式通报。
要求：指出 A 注册会计师的处理是否恰当。如不恰当，提出改进建议。

参考答案及解析

一、单选题

1. 【答案】C
【考点】沟通的事项
【解析】注册会计师在与治理层沟通审计工作中遇到的重大事项时，**应当沟通审计工作中遇到的重大困难**。重大困难可能包括下列事项：①在提供审计所需信息时管理层严重拖延或不愿意提供，或者被审计单位的人员不予配合（选项 A）；②不合理地要求缩短完成审计工作的时间；③为获取充分、适当的审计证据需要付出的努力远远超过预期（选项 D）；④无法获取预期的信息；⑤管理层对注册会计师施加的限制（选项 B）；⑥管理层不愿意按照要求对被审计单位持续经营能力进行评估，或不愿意延长评估期间。选项 C 不属于需要沟通的重大事项，当选。

2. 【答案】B
【考点】前后任注册会计师的概念
【解析】前任注册会计师包括对**最近一期**财务报表发表了**审计意见**的会计师事务所的注册会计师，以及接受委托但**未完成**审计工作的、**已经或可能**解约的**所有会计师事务所**的注册会计师，选项 AD 错误；前任注册会计师和后任注册会计师是就会计师事务所发生**变更**时的情况而言的，在未发生会计师事务所变更的情况下，同处于某一会计师事务所中的不同的注册会计师不属于前后任注册会计师的范畴，选项 B 正确，选项 C 错误。

3. 【答案】D
【考点】接受委托前的沟通
【解析】在前后任注册会计师的沟通过程中，后任注册会计师负有主动沟通的义务，选项 A 正确；前后任注册会计师的沟通通常由后任注册会计师主动发起，但需征得被审计单位的同意，选项 B 正确；前后任注册会计师应当对沟通过程中获知的信息保密，选项 C 正确；前后任注册会计师的沟通**可以采用书面或口头**的方式，即使是接受委托前的沟通，后任注册会计师也**可以采用书面或口头**形式，选项 D 错误。

4. 【答案】A
【考点】接受委托后的沟通
【解析】前任注册会计师**可以自主决定**可供后任注册会计师查阅、复印或摘录的工作底稿内容，选项 A 错误；接受委托后，如果需要查阅前任注册会计师的工作底稿，后任注册会计师应当征得被审计单位同意，并与前任注册会计师进行沟通，选项 B 正确；在允许查阅工作底稿前，前任注册会计师应当向后任注册会计师获取确认函，就审计工作底稿的使用目的、范围和责任等达成一致意见，选项 C 正确；在实务中，如果后任注册会计师在工作底稿的使用方面作出了更高程度的限制性保证，那么前任注册会计师可能会愿意向其提供更多的接触工作底稿的机会，选项 D 正确。

二、多选题

5. 【答案】AB
【考点】沟通的对象
【解析】在与被审计单位治理层沟通前，可以先与被审计单位内部审计人员沟通，选项 C 错误；有关管理层的**胜任能力和诚信**，不宜与兼任高级管理职务的治理层沟通，选项 D 错误；选项 AB 表述正确。

6. 【答案】CD
【考点】沟通的事项
【解析】注册会计师可以沟通的事项有：①拟如何应对舞弊或错误导致的特别风险以及重大错报风险评估水平较高的领域（选项 D 正确）；②对与审计相关内部控制采取的方案（选项 C 正确）；③在审计中对重要性概念的运用；④实施计划的审计程序或评价审计结果需要的专门技术或知识的性质和程度，包括利用专家的工作；⑤当关键审计事项准则适用时，对哪些事项可能需要重点关注因而可能构成关键审计事项所作的初步判断；⑥针对适用的财务报告编制基础或者被审计单位所处的环境、财务状况或活动发生的重大变化对单一报表及披露产生的影响，注册会计师拟采取的应对措施；⑦如果被审计单位设有内部审计，注册会计师和内部审计人员如何以建设性和互补的方式更好地协调和配合工作，包括拟利用内部审计工作，以及拟利用内部审计人员提供直接协助的性质和范围。**对于具体审计程序、重要性水平，注册会计师都不应与治理层沟通，否则会损害程序的不可预见性**，选项 AB 错误。

三、简答题

7. 【考点】接受委托前的沟通
【答案】不恰当。与前任注册会计师的沟通需要事先征得被审计单位的同意。沟通中还应该包括向被审计单位治理层通报的管理层舞弊、违反法律法规行为和值得关注的内部控制缺陷，以及前任注册会计师认为导致被审计单位变更会计师事务所的原因。

四、综合题

8. 【考点】沟通的过程
【答案】恰当。
【应试指导】在确定**何时向治理层致送书面沟通文件**时，要分两种情形。见下表：

情形	要求
上市实体	治理层可能需要在批准财务报表前收到注册会计师的书面沟通文件，以履行出于监管或其他目的与内部控制有关的特定责任
其他实体	注册会计师可能会在较晚的日期致送书面沟通文件，最晚应在最终完成审计档案归档前

注意：本题未提及甲公司是否为上市实体，则默认为其他实体，所以注册会计师在审计工作底稿归档日前，以书面形式向集团管理层和治理层通报了值得关注的内部控制缺陷这一举措是恰当的。

9.【考点】沟通的过程

【答案】不恰当。注册会计师向管理层通报值得关注的内部控制缺陷应当采取书面形式。

模拟自测

一、单选题

1. 下列各项中，注册会计师应当以书面形式与治理层沟通的是（　　）。
   A. 注册会计师识别出的舞弊风险
   B. 未更正错报
   C. 注册会计师的责任
   D. 值得关注的内部控制缺陷

2. 以下有关沟通时间安排的说法中，不恰当的是（　　）。
   A. 对于计划事项的沟通，通常在审计业务的早期进行
   B. 对于审计中遇到的重大困难，可能需要尽早沟通
   C. 当同时审计通用目的和特殊目的财务报表时，注册会计师协调沟通的时间安排可能是适当的
   D. 对于可能存在的关于注册会计师独立性的事项，应当在审计报告完成时，以书面形式沟通

3. 在确定与治理层沟通的事项时，下列各项中，注册会计师通常认为不宜沟通的是（　　）。
   A. 审计中发现的被审计单位员工存在的舞弊风险
   B. 对某些重大会计问题的看法
   C. 管理层对造成内部控制缺陷的实际原因的了解
   D. 管理层胜任能力存在问题

4. 下列有关前后任注册会计师接受委托前的沟通的说法中，错误的是（　　）。
   A. 在接受委托前进行沟通的目的是确定是否能接受委托
   B. 如果在接受委托前没有进行必要沟通，则应视为后任注册会计师没有实施必要的审计程序
   C. 如果前任注册会计师与被审计单位在重大会计问题上存在意见分歧，后任注册会计师应当拒绝接受委托
   D. 后任注册会计师应当提请被审计单位同意前任注册会计师对其询问作出充分答复

5. 发现前任注册会计师审计的财务报表可能存在重大错报时，后任的处理方式不包括（　　）。
   A. 要求被审计单位通知前任
   B. 提醒被审计单位向前任注册会计师提出退还已收取的审计费用
   C. 必要时要求前任参与三方会谈
   D. 如果前任注册会计师拒绝参加三方会谈，后任注册会计师应当考虑是否解除业务约定

6. 接受委托后，下列关于后任注册会计师与前任沟通的说法中，正确的是（　　）。
   A. 审计工作底稿的所有权归属于会计师事务所
   B. 如果前任注册会计师决定向后任注册会计师提供工作底稿，应当考虑进一步从被审计单位处获取一份确认函
   C. 后任注册会计师不应同意前任注册会计师在查阅工作底稿中作出的各种限制

D. 在允许查阅工作底稿之前，前任注册会计师可以向后任注册会计师获取确认函

二、多选题

7. 以下有关注册会计师与治理层沟通过程的充分性的说法中，错误的有（　　）。
   A. 如果认为双向沟通不充分，注册会计师应当评价其对重大错报风险评估以及获取充分、适当的审计证据的能力的影响，并采取适当的措施
   B. 注册会计师必须设计专门程序以支持其对与治理层之间的双向沟通的评价
   C. 如果注册会计师与治理层之间双向沟通不充分的情况得不到解决，就必须发表非无保留意见
   D. 注册会计师与治理层之间双向沟通不充分可能导致业务约定解除

8. 下列有关注册会计师与治理层沟通过程中，正确的有（　　）。
   A. 许多事项必须在正常的审计过程中与管理层讨论，包括审计准则要求与治理层沟通的事项
   B. 与治理层讨论管理层的诚信可能是不适当的
   C. 如果被审计单位没有内部审计，注册会计师可以在与治理层沟通前与内部审计人员讨论相关事项
   D. 在某些情况下，向第三方披露书面沟通文件可能是违法或不适当的

9. 下列有关前后任注册会计师的说法中，正确的有（　　）。
   A. 前任注册会计师包括对上期财务报表实施代编业务的注册会计师
   B. 已接受委托并签订业务约定书，接替前任注册会计师执行财务报表审计业务的注册会计师属于后任注册会计师
   C. 如果被审计单位委托注册会计师对已审计财务报表进行重新审计，正在考虑接受委托的注册会计师也被视为后任注册会计师，无论其最终是否与被审计单位签订业务约定书
   D. 被审计单位委托注册会计师对已审计财务报表进行重新审计，正在考虑接受委托的注册会计师如最终未签约，则不属于后任注册会计师

10. 下列有关接受委托后前任注册会计师与后任注册会计师的沟通的说法中，错误的有（　　）。
    A. 接受委托后的沟通是被审计单位根据自身时间决定的
    B. 最有效、最常用的沟通方式是查阅前任注册会计师的工作底稿
    C. 接受委托后，如果要查阅前任注册会计师的工作底稿，只需要征得前任注册会计师的同意
    D. 后任注册会计师如果考虑通过查阅前任注册会计师的工作底稿获取有关期初余额的审计证据，需要考虑前任注册会计师的独立性和专业胜任能力

11. 以下关于确定治理层沟通对象的说法中，正确的有（　　）。
    A. 查阅被审计单位的章程、组织结构图能够帮助注册会计师识别出适当的沟通对象
    B. 在上市公司审计中，与独立性相关的问题最好与在被审计单位治理结构中有权决定聘任、解聘注册会计师的组织或人员沟通
    C. 管理层无法胜任财务报表的编制，应与兼任高级管理职务的治理层人员沟通
    D. 在任何情况下，注册会计师都可以确定适当的沟通对象

12. 下列各项中，注册会计师应当与被审计单位治理层沟通的有（　　）。
    A. 注册会计师在审计过程中识别出的值得关注的内部控制缺陷
    B. 影响审计报告的形式和内容的情形
    C. 已与管理层讨论或需要书面沟通的重大事项
    D. 注册会计师对被审计单位财务报表披露重大方面的质量的看法

13. 关于接受委托前的沟通内容的说法中，正确的有（　　）。
    A. 管理层诚信方面的问题应当沟通
    B. 前任注册会计师与管理层在重大会计、审计等问题上存在的意见分歧
    C. 前任注册会计师认为导致被审计单位变更会计师事务所的原因
    D. 前任注册会计师向被审计单位治理层通报的管理层舞弊

参考答案及解析

一、单选题

1. 【答案】D
   【考点】沟通的过程
   【解析】应当以书面沟通的两个事项是注册会计师的独立性、值得关注的内部控制缺陷，选项D正确；对于其他事项，注册会计师可以采取口头或书面的方式沟通，并非"应当"书面沟通，选项ABC错误。

2. 【答案】D
   【考点】沟通的过程
   【解析】对于计划事项的沟通，通常在审计业务的早期阶段进行，如系首次接受委托，沟通可以随同就审计业务条款达成一致意见一并进行，选项A正确；对于审计中遇到的重大困难，如果治理层能够协助注册会计师克服，或者这些困难导致发表非无保留意见，可能需要尽快沟通，选项B正确；当同时审计通用目的和特殊目的财务报表时，注册会计师协调沟通的时间安排可能是适当的，选项C正确；**无论何时**（如承接一项非审计服务和在总结性讨论中）就对独立性的不利影响和相关防范措施作出了重要判断，就独立性进行沟通都可能是适当的，选项D错误。

3. 【答案】D
   【考点】沟通的过程
   【解析】在与治理层沟通某些事项前，注册会计师可能与管理层讨论某些事项，除非这种做法并不适当。例如，**就管理层的胜任能力或诚信与其讨论可能是不适当的**，选项D当选。选项ABC均需与治理层沟通。

4. 【答案】C
   【考点】接受委托前的沟通
   【解析】在接受委托前，后任注册会计师与前任注册会计师进行沟通的目的，是了解被审计单位更换会计师事务所的原因，及是否存在不应接受委托的情况，以确定是否接受委托，选项A正确。与前任注册会计师进行沟通，是后任注册会计师在接受委托前应当执行的必要审计程序。如果没有进行必要沟通，则应视为后任注册会计师没有实施必要的审计程序，选项B正确。如果前任注册会计师提供的信息与被审计单位提供的更换会计师事务所的原因不符，特别是当被审计单位与前任注册会计师在重大会计、审计问题上存在意见分歧时，后任注册会计师**应慎重考虑是否接受委托**，选项C错误。后任注册会计师进行主动沟通的前提是征得被审计单位的同意。后任注册会计师应当提请被审计单位以书面方式同意前任注册会计师对其询问作出充分答复，选项D正确。

5. 【答案】B
   【考点】沟通上期错报
   【解析】发现前任注册会计师审计的财务报表可能存在重大错报时的处理：①安排三方会谈。如果发现前任注册会计师审计的财务报表可能存在重大错报，后任注册会计师应当提请被审计单位告知前任注册会计师（选项A）。必要时，后任注册会计师应当要求被审计单位安排三方会谈（选项C）。②无法参加三方会谈的处理：如果被审计单位拒绝告知前任注册会计师，或前任注册会计师拒绝参加三方会谈，或后任注册会计师对解决问题的方案不满意，后任注册会计师应当考虑对审计意见的影响或解除业务约定（选项D）。关于被审计单位与前任注册会计师之间存在的事项，与后任注册会计师的处理方式并无关联，选项B错误。

6. 【答案】A
   【考点】接受委托后的沟通
   【解析】审计工作底稿的所有权属于会计师事务所，前任注册会计师所在的会计师事务所可自主决定是否允许后任注册会计师获取工作底稿部分内容，或摘录部分工作底稿，选项A正确；如果前任注册会计师决定向后任注册会计师提供工作底稿，一般**可考虑**进一步从被审计单位处获取一份确认函，以便降低在与后任注册会计师进行沟通时发生误解的可能性,选项B错误;为了获取对工作底稿的更多接触机会,后任注册会计师可以考虑同意前任注册会计师在自己查阅工作底稿过程中可能作出的限制,选项C错误;在允许查阅工作底稿之前,前任注册会计师**应当向后任注册会计师获取确认函,就工作底稿的使用目的、范围和责任等与其达成一致意见**,选项D错误。(注意:明确选项B与选项D的区别。)

二、多选题

7. 【答案】BC
【考点】沟通的过程
【解析】注册会计师应当评价其与治理层之间的双向沟通对实现审计目的是否充分。如果认为双向沟通不充分,注册会计师应当评价其对重大错报风险评估以及获取充分、适当的审计证据的能力的影响,并采取适当的措施,选项A正确。但注册会计师**不需要设计专门程序以支持其对与治理层之间的双向沟通的评价**,这种评价可以建立在为其他目的而实施的审计程序所获取的审计证据的基础上,选项B错误。如果注册会计师与治理层之间的双向沟通不充分,并且这种情况得不到解决,注册会计师可以采取下列措施:①根据范围受到的限制发表非无保留意见,如保留意见、无法表示意见和否定意见(选项C错误,**发表非无保留意见只是措施之一,而非必选项**);②就采取不同措施的后果征询法律意见;③与第三方(如监管机构)、被审计范围外部的在治理结构中拥有更高权利的组织或人员(如企业的业主、股东大会中的股东)或对公共部门负责的政府部门进行沟通;④在法律法规允许的情况下解除业务约定(选项D)。

8. 【答案】BCD
【考点】沟通的过程
【解析】许多事项**可以**在正常审计过程中与管理层讨论,包括审计准则要求与治理层沟通的事项,选项A错误。在与治理层沟通某些事项前,注册会计师可能就这些事项与管理层讨论,除非这种做法并不适当。例如,就管理层的胜任能力或诚信与其讨论可能是不适当的,选项B正确。如果被审计单位设有内部审计,内部审计可能对事项有所了解,注册会计师可以在与治理层沟通前与内部审计人员讨论相关事项,选项C正确。在某些情况下,向第三方披露书面沟通文件可能是违法或不适当的,选项D正确。

9. 【答案】BC
【考点】前后任注册会计师的概念
【解析】如果上期财务报表**仅经过代编或审阅**,执行代编或审阅业务的注册会计师**不能被视为前任注册会计师**,选项A错误。后任注册会计师通常包括:①在签订业务约定书之前,正在考虑接受委托的注册会计师;②已接受委托并签订业务约定书,接替前任注册会计师执行财务报表审计业务的注册会计师(选项B);③被审计单位委托注册会计师对已审计财务报表进行重新审计,**正在考虑接受委托**或已经接受委托的注册会计师(选项C正确,选项D错误)。(注意:后任注册会计师未必会签订业务约定书。)

10. 【答案】AC
【考点】接受委托后的沟通
【解析】接受委托后的沟通与接受委托前的沟通不同,它不是必要程序,而是由后任注册会计师根据审计工作的需要自行决定的,选项A错误(注意:沟通的发起方是后任注册会计师,而非被审计单位);沟通可以采用打电话、举行会谈、致送审计问卷等方式,但最有效、最常用的方式是查阅前任注册会计师的工作底稿,选项B正确;接受委托后,如果需要查阅前任注册会计师的工作底稿,后任注册会计师**应当征得被审计单位同意**,并与前任注册会计师进行沟通,选项C错误;如果上期财务报表由前任注册会计师审计,后任注册会计师可考虑通过查阅前任注册会计师的工作底稿获取有关期初余额的审计证据,并考虑前任注册会计师的独立性和专业胜任能力,选项D正确。

11. 【答案】AB
【考点】沟通的对象
【解析】通常了解被审计单位的法律结构、

组织形式,查阅被审计单位的章程、组织结构图,询问被审计单位的相关人员等,都有助于注册会计师获取有关审计单位治理结构和治理过程的信息,帮助其清楚地识别出适当的沟通对象,选项 A 正确;在上市公司审计中,有关注册会计师独立性问题的沟通,其沟通对象最好是被审计单位治理结构中有权决定聘任、解聘注册会计师的组织或人员,选项 B 正确;与管理层诚信、胜任能力相关的问题,**不宜**与兼任高级管理人员的治理层人员沟通,选项 C 错误;如果被审计单位的治理结构没有被清楚界定,这可能将导致注册会计师无法清楚地识别适当的沟通对象,选项 D 错误。

12. 【答案】ABCD

    【考点】沟通的事项

    【解析】注册会计师应当与治理层沟通的事项:(1) 注册会计师与财务报表审计相关的责任。(2) 计划的审计范围和时间安排。(3) 审计中发现的重大问题,包括:①注册会计师对被审计单位会计实务(包括会计政策、会计估计和财务报表披露)等重大方面的质量的看法(选项 D);②审计工作中遇到的重大困难;③已与管理层讨论或需要书面沟通的重大事项(选项 C);④影响审计报告形式和内容的情形(选项 B);⑤审计中出现的、根据职业判断认为与监督财务报告过程相关的所有重大其他事项。(4) 注册会计师的独立性。(5) 补充事项中值得关注的内部控制缺陷(选项 A)。

13. 【答案】ABCD

    【考点】接受委托前的沟通

    【解析】接受委托前,后任注册会计师应当与前任注册会计师进行沟通,沟通事项包括:①是否发现被审计单位管理层存在诚信方面的问题(选项 A);②前任注册会计师与管理层在重大会计、审计等问题上存在的意见分歧(选项 B);③前任注册会计师向被审计单位治理层通报的管理层舞弊、违反法律法规行为以及值得关注的内部控制缺陷(选项 D);④前任注册会计师认为导致被审计单位变更会计师事务所的原因(选项 C)。

第十五章 注册会计师利用他人的工作

真题共分两个模块,其一为知识点分册的例题模块,其二为习题分册的真题巩固模块,针对这两个模块,大家均需充分关注。

真题巩固

一、单选题

1. 【2015】下列参与审计业务的人员中,不属于注册会计师的专家的是（　　）。
   A. 受聘于会计师事务所对投资性房地产进行评估的资产评估师
   B. 就复杂会计问题提供建议的会计师事务所技术部门人员
   C. 对与企业重组相关的复杂税务问题进行分析的会计师事务所税务部门人员
   D. 对保险合同进行精算的会计师事务所精算部门人员

2. 【经典真题】注册会计师在评价专家的工作是否足以实现审计目的时,下列各项中,不需评价的是（　　）。
   A. 专家工作结果或结论的合理性和相关性
   B. 专家工作涉及使用的所有假设和方法的合理性和相关性
   C. 专家工作结果或结论与其他审计证据的一致性
   D. 专家工作涉及使用的重要原始数据的相关性、完整性和准确性

3. 【经典真题】在确定是否需要利用专家的工作时,注册会计师通常不需考虑的因素是（　　）。
   A. 审计项目组成员对所涉及事项具有的知识和经验
   B. 根据所涉及事项的性质、复杂程度和重要性确定的重大错报风险
   C. 出具审计报告的时间要求
   D. 预期获取的其他审计证据的数量和质量

二、多选题

4. 【经典真题】下列各项审计工作中,注册会计师不能利用内部审计工作的有（　　）。
   A. 评估重大错报风险
   B. 确定重要性水平
   C. 确定控制测试的样本规模
   D. 评估会计政策和会计估计

三、简答题

5. 【2016】甲公司是 ABC 会计师事务所的常年审计客户。A 注册会计师负责审计甲公司 2015 年度财务报表,确定财务报表整体的重要性为 200 万元。审计工作底稿中与会计估计审计相关的部分事项摘录如下:
2015 年甲公司聘请 XYZ 咨询公司提供精算服务,并根据精算结果进行了会计处理,A 注册会计师评价了 XYZ 咨询公司的胜任能力和专业素质,了解和评价了其工作,认为可以将其工作结果作为审计证据。
要求:指出 A 注册会计师做法是否恰当。如不恰当,简要说明理由。

6. 【经典真题】甲公司拟申请首次公开发行股票并上市,ABC 会计师事务所负责审计甲公司 2010 年度至 2012 年度的比较财务报表,委派 A 注册会计师担任项目合伙人,B 注册会计师担任项目质量管理复核合伙人。相关事项如下:
A 注册会计师拟利用会计师事务所聘请的外部信息技术专家,对甲公司的信息系统进行测试。该信息技术专家不是项目组成员,不受 ABC 会计师事务所质量管理政策和程序的约束。
要求:指出 ABC 会计师事务所或其注册会计师的做法是否恰当。如不恰当,简要说明理由。

参考答案及解析

一、单选题

1. 【答案】B
   【考点】专家的定义
   【解析】注册会计师的专家是指在**会计或审计以外**领域具有专长的个人或组织,选项B不属于注册会计师的专家。资产价值评估、税务问题、精算等方面的专家均属于注册会计师的专家,选项ACD正确。

2. 【答案】B
   【考点】评价专家工作的恰当性
   【解析】注册会计师应当评价专家的工作是否足以实现审计目的,即评价专家工作的恰当性。注册会计师需评价专家的工作结果或结论的相关性和合理性,以及与其他审计证据的一致性,选项AC正确;如果专家的工作涉及使用**重要的**假设和方法,注册会计师应评价这些假设和方法在具体情况下的相关性和合理性,选项B错误;如果专家的工作涉及使用重要的原始数据,注册会计师应评价这些原始数据的相关性、完整性和准确性,选项D正确。

3. 【答案】C
   【考点】确定是否利用专家的工作
   【解析】在确定是否利用专家的工作,以协助获取充分、适当的审计证据时,注册会计师可能考虑的因素包括:①管理层在编制财务报表时是否利用了管理层的专家的工作;②事项的性质和重要性,包括复杂程度;③事项存在的重大错报风险(选项B);④应对识别出的风险的预期程序的性质,包括注册会计师对与这些事项相关的专家工作的了解和具有的经验,以及是否可以获得替代性的审计证据(选项D)。另外,注册会计师还需要考虑审计项目组成员对所涉及事项具有的知识和经验。如果在会计或审计以外的某一领域的专长对获取充分、适当的审计证据是必要的,注册会计师应当确定是否利用专家的工作,选项A正确,不选。**出具审计报告的时间要求与是否利用专家工作无关,无须考虑该时间要求**,选项C当选。

二、多选题

4. 【答案】ABCD
   【考点】不能利用内部审计工作的情形
   【解析】注册会计师应当对**与财务报表审计有关的所有重大事项独立作出职业判断**,而不应完全依赖内部审计工作。通常审计过程中涉及的职业判断,如重大错报风险的评估(选项A)、重要性水平的确定(选项B)、样本规模的确定(选项C)、对会计政策和会计估计的评估(选项D)等,均应当由注册会计师负责执行。

三、简答题

5. 【考点】考虑专家的胜任能力、专业素质和客观性和专长领域
   【答案】不恰当。注册会计师未评价管理层的专家的客观性/注册会计师应评价管理层的专家的客观性。

6. 【考点】确定是否利用专家的工作
   【答案】恰当。

模拟自测

一、单选题

1. 在确定是否需要利用专家的工作时，注册会计师通常无须考虑的因素是（　　）。
   A. 审计项目组成员对所涉及事项具有的知识和经验
   B. 根据所涉及事项的复杂程度
   C. 审计工作底稿归档的时间
   D. 事项存在的重大错报风险

2. 下列参与审计业务的人员中，不属于注册会计师的专家的是（　　）。
   A. 对石油和天然气储量进行估算的专业人士
   B. 对合同、法律和法规进行解释的专业人士
   C. 对企业合并中收购的资产和承担的负债进行评估的资产评估师
   D. 管理层利用的除会计、审计领域以外具有专长的专业人士

3. 下列有关利用专家工作的表述中，不正确的是（　　）。
   A. 外部专家不受会计师事务所质量管理政策和程序的约束
   B. 注册会计师需要考虑专家选择的假设和方法与以前期间采用的假设和方法是否一致
   C. 专家的工作底稿是审计工作底稿的一部分
   D. 如果专家的工作是评价管理层作出会计估计时使用的基础假设和方法，注册会计师实施的程序可能主要是评价专家是否已经充分复核了这些假设和方法

4. 关于注册会计师利用专家工作的说法中，正确的是（　　）。
   A. 注册会计师利用专家工作可以减轻对发表的审计意见的责任
   B. 注册会计师在确定是否利用专家工作时，只需考虑专家的专业胜任能力
   C. 注册会计师在利用专家工作时，需要与专家达成一致意见，根据具体情况判断后，可以不形成书面协议
   D. 专家无须遵守会计师事务所制定的保密制度

5. 下列有关注册会计师的外部专家的说法中，错误的是（　　）。
   A. 注册会计师应当询问可能对所有专家客观性产生不利影响的利益和关系
   B. 通常情况下，外部专家的工作底稿属于外部专家
   C. 注册会计师应当了解外部专家的专长领域
   D. 外部专家需要具有专业胜任能力

6. 下列有关注册会计师的专家的说法中，错误的是（　　）。
   A. 注册会计师的专家是会计、审计以外的具有专长的个人或组织
   B. 注册会计师的专家可能是会计师事务所的内部专家
   C. 注册会计师的专家不包括网络事务所的合伙人
   D. 注册会计师的专家可能是会计师事务所的外部专家

7. 在确定是否可以利用内部审计工作时，注册会计师通常不需要考虑的因素是（　　）。
   A. 内部审计部门在被审计单位的地位以及相关人员的客观性
   B. 内部审计主管的专长领域
   C. 内部审计是否采用了规范化的质量管理办法
   D. 内部审计人员的专业胜任能力

8. 下列各项中，注册会计师通常可以利用内部审计人员工作的是（　　）。
   A. 对会计政策的选择和运用
   B. 确定组成部分重要性水平
   C. 审计抽样中样本规模的确定
   D. 对销售与收款循环的控制进行测试

二、多选题

9. 注册会计师评价专家的工作是否足以实现审计目的时，下列各项中，需要评价的有（　　）。
   A. 专家的工作结果或结论的相关性和完整性
   B. 专家工作所涉及使用的重要的假设和方法

的合理性和相关性

C. 专家工作所涉及使用的重要的原始数据的相关性、完整性和准确性

D. 专家工作结果或结论与其他审计证据的一致性

10. 如果确定专家的工作不足以实现审计目的，下列说法中正确的有（   ）。

A. 应评价专家工作涉及使用的重要假设和方法的相关性和合理性

B. 应评价专家的工作所涉及使用重要原始数据的相关性、完整性和准确性

C. 需要就专家拟执行的进一步工作的性质和范围，与专家达成一致意见，或根据具体情况，实施追加的审计程序

D. 如果注册会计师认为专家的工作不足以实现审计目的，且注册会计师通过实施追加的审计程序仍不能解决，则意味着没有获取充分、适当的审计证据

11. 注册会计师与专家各自的角色和责任达成的一致意见，可能包括的内容有（   ）。

A. 由注册会计师还是专家对原始数据实施细节测试

B. 同意注册会计师与被审计单位或其他人员讨论专家的工作结果或结论

C. 同意注册会计师将专家的工作结果作为注册会计师在审计报告中发表非无保留意见的基础

D. 将注册会计师对专家工作形成的结论告知管理层

12. 有关注册会计师在审计报告中提及专家的工作，下列说法中，正确的有（   ）。

A. 注册会计师在审计报告中提及专家工作的行为，可以减轻注册会计师对审计意见承担的责任

B. 注册会计师不应在无保留意见的审计报告中提及专家的工作，除非法律法规另有规定

C. 如果专家工作与注册会计师发表非无保留意见相关，注册会计师可以根据具体情况判断是否在审计报告中提及专家工作

D. 如果法律法规要求提及专家工作，注册会计师应当在审计报告中指明这种提及并不减轻注册会计师对审计意见承担的责任

13. 在评价内部审计工作时，注册会计师通常需要考虑的因素有（   ）。

A. 内部审计工作是否经过恰当的计划、实施、监督、复核和记录

B. 内部审计是否获取了充分、适当的审计证据

C. 内部审计人员得出的结论在具体环境下是否恰当

D. 内部审计人员编制的报告是否与已执行工作的结果一致

14. 下列各项中，注册会计师通常可以较少利用内部审计工作的有（   ）。

A. 计划和实施相关的审计程序涉及较多判断

B. 内部审计人员缺乏足够的胜任能力

C. 评估投资性房地产政策的选用

D. 内部审计人员的胜任能力较低

15. 注册会计师预期利用内部审计人员提供直接协助时，应当进行的工作有（   ）。

A. 确定是否能够利用内部审计人员提供直接协助

B. 如果利用内部审计人员提供直接协助，适当地指导、监督和复核其工作

C. 如能利用，确定在哪些领域利用

D. 如能利用，确定在多大程度上利用

16. 下列情形中，注册会计师应当较少利用内部审计工作的有（   ）。

A. 内部审计人员为缺乏内审知识及经验的实习生

B. 评价收集的证据存在较多判断

C. 内部审计没有采用系统、规范化的方法

D. 评估的认定层次的重大错报风险较高

17. 以下各项中，属于注册会计师不得利用内部审计人员提供直接协助的情形有（   ）。

A. 内部审计人员的客观性存在重大不利影响

B. 内部审计人员缺乏足够的胜任能力

C. 涉及较高的重大错报风险

D. 涉及注册会计师按照规定就内部审计，以及利用内部审计工作或利用内部审计人员提供直接协助作出的决策

18. 下列各项审计工作中，注册会计师不能利用内部审计工作的情形有（   ）。

A. 内部审计没有实施质量管理

B. 内部审计人员缺乏足够的胜任能力

C. 内部审计在被审计单位的地位以及相关政策和程序不足以支持内部审计人员的客观性

D. 内部审计没有采用系统、规范化的方法

参考答案及解析

一、单选题

1. 【答案】C

   【考点】确定是否利用专家的工作

   【解析】在确定是否需要利用专家的工作时，注册会计师通常需要考虑的因素有：①管理层在编制财务报表时是否利用了专家的工作；②事项的性质和重要性，包括复杂程度（选项B）；③事项存在的重大错报风险（选项D）；④应对识别出的风险的预期程序的性质，包括注册会计师对与这些事项相关的专家工作的了解和具有的经验，以及是否可以获得替代性的审计证据（选项A）。**审计工作底稿归档的时间要求与利用专家工作无关**，选项C错误。

2. 【答案】D

   【考点】专家的定义

   【解析】这里的专长，是指在某一特定领域中拥有专门技能、知识和经验。例如：①对复杂的金融工具、土地及建筑物、厂房和机器设备、珠宝、艺术品、古董、无形资产、企业合并中收购的资产和承担的负债，以及可能发生减值的资产进行估价（选项C）；②对保险合同或员工福利计划相关的负债进行精算；③对石油和天然气储量进行估算（选项A）；④对环境负债和场地清理费用进行估价（选项B）；⑤对合同、法律和法规进行解释；⑥对复杂或异常的纳税问题进行分析。**管理层的专家**，是指在会计、审计以外的某一领域具有专长的个人或组织，其工作被管理层利用以协助编制财务报表，并非注册会计师中的专家，选项D错误。

3. 【答案】C

   【考点】利用专家的工作

   【解析】当专家是会计师事务所中的人员时，专家的工作底稿是审计工作底稿的一部分，选项C**过于绝对**，错误；外部专家不是项目组成员，不受会计师事务所制定的质量管理政策和程序的约束，选项A正确；注册会计师利用专家工作，需要考虑专家选择的假设和方法与以前期间采用的假设和方法是否一致，选项B正确；如果专家的工作是评价管理层作出会计估计时使用的基础假设和方法，注册会计师实施的程序可能主要是评价专家是否已经充分复核了这些假设和方法，选项D正确。

4. 【答案】C

   【考点】利用专家的工作

   【解析】注册会计师对发表的审计意见独立承担责任，这种责任**不因利用专家的工作而减轻**，选项A错误；在确定是否利用专家的工作时，不止需要考虑专家的专业胜任能力，**还需要考虑专家的专业素质和客观性等**，选项B错误；无论是对外部专家还是内部专家，注册会计师都有必要就这些事项与其达成一致意见，并根据需要形成书面协议，因此根据情况决定**不形成书面协议也是可以的**，选项C正确；不管是内部专家还是外部专家，**均需遵守保密条款**，选项D错误。

5. 【答案】A

   【考点】利用专家的工作

   【解析】在评价**外部专家**的客观性时，注册会计师应当询问可能对外部专家客观性产生不利影响的利益和关系，选项A错误；除非协议另有安排，外部专家的工作底稿属于外部专家，而不是审计工作底稿的一部分，选项B正确；注册会计师应当评价专家是否具有实现审计目的所必需的胜任能力、专业素质和客观性，选项D正确；注册会计师应当

充分了解专家的专长领域，选项 C 正确。

6. 【答案】C
【考点】利用专家的工作
【解析】注册会计师的专家，是指在会计或审计以外的某一领域具有专长的个人或组织，并且其工作被注册会计师利用，以协助注册会计师获取充分、适当的审计证据，选项 A 正确；专家**既可能**是会计师事务所的内部专家（如会计师事务所或网络事务所的合伙人或员工，包括临时工），**也可能**是会计师事务所的外部专家，选项 BD 正确，选项 C 错误。

7. 【答案】B
【考点】利用内部审计工作
【解析】在了解内部审计并对其进行评估时，注册会计师应当考虑下列重要因素，对这些因素的不同评价决定着注册会计师是否可以利用内部审计工作以及利用的程度：①内部审计在被审计单位中的地位，以及相关政策和程序支持内部审计人员客观性的程度（选项 A）；②内部审计是否采用系统、规范化的方法，包括质量管理（选项 C）；③内部审计人员的胜任能力（选项 D）。内部审计人员的专长领域并**不会影响**注册会计师对内部审计工作的利用，选项 B 错误。

8. 【答案】D
【考点】利用内部审计工作
【解析】注册会计师必须对与财务报表审计有关的所有重大事项独立作出职业判断，而不应完全依赖内部审计工作。通常审计过程中涉及的职业判断，如重大错报风险的评估、重要性水平的确定（选项 B）、样本规模的确定（选项 C）、对会计政策和会计估计的评估（选项 A）等，均应当由注册会计师负责执行，不能利用内部审计人员的工作。实施**控制测试**是为了获取控制运行有效性的审计证据，可以利用内部审计人员的工作，选项 D 当选。

二、多选题

9. 【答案】BCD
【考点】利用专家的工作

【解析】注册会计师在评价专家的工作是否足以实现审计目的时，应当评价专家的工作结果或结论的相关性和合理性，以及与其他审计证据的一致性，选项 D 正确；注册会计师对专家工作结果或结论的评价**不涉及完整性**，选项 A 错误；如果专家的工作涉及使用重要的假设和方法，注册会计师应评价这些假设和方法在具体情况下的相关性和合理性，选项 B 正确；如果专家的工作涉及使用重要的原始数据，注册会计师应评价这些原始数据的相关性、完整性和准确性，选项 C 正确。

10. 【答案】CD
【考点】利用专家的工作
【解析】如果确定专家的工作**不足以**实现审计目的，注册会计师应当就专家拟执行的进一步工作的性质和范围，与专家达成一致意见，根据具体情况，实施追加的审计程序，选项 C 正确。如果注册会计师认为专家的工作不足以实现审计目的，且注册会计师通过实施追加的审计程序仍不能解决，则意味着没有获取充分、适当的审计证据，注册会计师有必要发表非无保留意见，选项 D 正确。注册会计师应当评价专家的工作**是否足以**实现审计目的，评价专家的工作结果或结论的相关性和合理性，以及与其他审计证据的一致。如果专家的工作涉及使用重要的假设和方法，注册会计师应评价这些假设和方法在具体情况下的相关性和合理性，选项 A 错误。如果专家的工作涉及使用重要的原始数据，注册会计师应评价这些原始数据的相关性、完整性和准确性，选项 B 错误。（注意：选项 AB 看似表述正确，但文不对题，题目问的并不是专家工作需要评价的内容。考生需要谨慎对待这类将不同考点张冠李戴的考法。）

11. 【答案】ABC
【考点】利用专家的工作
【解析】注册会计与专家就各自角色和责任达成的一致意见可能包括下列内容：①由注册会计师还是专家对原始数据实施细节

测试（选项 A）；②同意注册会计师与被审计单位或其他人员讨论专家的工作结果或结论，必要时，包括同意注册会计师将专家的工作结果或结论的细节作为注册会计师在审计报告中发表非无保留意见的基础（选项 BC）；③将注册会计师对专家工作形成的结论告知专家（选项 D 错误）。

12. 【答案】 BCD
【考点】 利用专家的工作
【解析】 注册会计师对发表的审计意见独立承担责任，这种责任并**不因利用专家的工作而减轻**，选项 A 错误；注册会计师不应在无保留意见的审计报告中提及专家的工作，除非法律法规另有规定，选项 B 正确；如果注册会计师在审计报告中提及专家的工作，并且这种提及与理解审计报告中的**非无保留意见**相关，注册会计师仍应在报告中指明，这种提及不减轻注册会计师对审计意见承担的责任，选项 C 正确；如果法律法规要求提及专家的工作，注册会计师应当在审计报告中指明，这种提及并不减轻注册会计师对审计意见承担的责任，选项 D 正确；

13. 【答案】 ABCD
【考点】 利用内部审计工作
【解析】 在确定内部审计人员的特定工作是否足以实现审计目的时，注册会计师**应当评价**：①内部审计工作是否经过恰当的计划、实施、监督、复核和记录（选项 A）；②内部审计人员是否已获取充分、适当的审计证据，使其能够得出合理的结论（选项 B）；③内部审计人员得出的结论在具体环境下是否恰当，编制的报告是否与已执行工作的结果一致（选项 CD）。

14. 【答案】 AD
【考点】 利用内部审计工作
【解析】 当存在下列情形之一时，注册会计师应当计划较少地利用内部审计工作，而更多地直接开展审计工作：（1）在下列方面涉及较多判断时：①计划和实施相关的审计程序（选项 A）；②评价收集的审计证据。（2）评估的认定层次重大错报风险较高，需要对识别出的特别风险予以特殊考虑。（3）内部审计在被审计单位中的地位及相关政策和程序对内部审计人员客观性的支持程度较弱。（4）内部审计人员的胜任能力较低（选项 D）。选项 B 属于**不得利用内部审计人员工作的情形**；选项 C 属于**对会计政策的评估，不应利用内部审计工作**。

15. 【答案】 ABCD
【考点】 利用内部审计人员提供直接协助
【解析】 当被审计单位存在内部审计，并且注册会计师预期将利用内部审计人员提供直接协助时，注册会计师应当：①确定是否能够利用内部审计人员提供直接协助（选项 A）；如果能利用，在确定在哪些领域利用及多大程度上利用（选项 CD）；③如果拟利用内部审计人员提供直接协助，适当地指导、监督和复核其工作（选项 B）。

16. 【答案】 BD
【考点】 利用内部审计工作
【解析】 当存在下列情形之一时，注册会计师应当计划较少地利用内部审计工作，而更多地直接执行审计工作：（1）在下列方面涉及较多判断时：①计划和实施相关的审计程序；②评价收集的审计证据（选项 B）。（2）评估的认定层次重大错报风险较高，需要对识别出的特别风险予以特殊考虑（选项 D）。（3）内部审计在被审计单位中的地位以及相关政策和程序对内部审计人员客观性的支持程度较弱。（4）内部审计人员的胜任能力较低。选项 AC 是**不得利用内部审计工作的情形**。

17. 【答案】 ABD
【考点】 利用内部审计人员直接提供协助
【解析】 当存在下列情形之一时，注册会计师**不得利用内部审计人员提供直接协助**：①存在对内部审计人员客观性的重大不利影响（选项 A）；②内部审计人员对拟执行的工作缺乏足够的胜任能力（选项 B）。注册会计师不得利用内部审计人员提供直接协助以实施具有下列特征的程序：①在审计中涉及作出重大判断；②涉及较高的重大错报风险，在实施相关审计程序或评价收集的审计证据时需要作出较多的判断（选项 C **没有提在实施相关审计程序或评价收集的审计证据时需要作出较多的判断，错误**）；③涉及内部审计人员已经参与并且已经或将要由内部审计向管理层或治理层报告的工作；④涉及注册会计师按照规定就内部审计，以及利用内部审计工作或利用内部审计人员提供直接协助作出的决策（选项 D）。

18. 【答案】ABCD
【考点】利用内部审计工作
【解析】如果存在下列情形之一，注册会计师不得利用内部审计的工作：①内部审计在被审计单位的地位以及相关政策和程序不足以支持内部审计人员的客观性（选项 C）；②内部审计人员缺乏足够的胜任能力（选项 B）；③内部审计没有采用系统、规范化的方法，包括质量管理（选项 AD）。

第十六章　对集团财务报表审计的特殊考虑

真题共分两个模块，其一为知识点分册的例题模块，其二为习题分册的真题巩固模块，针对这两个模块，大家均需充分关注。

真题巩固

一、单选题

1. 【2018】对于集团财务报表审计，下列有关组成部分重要性的说法中，错误的是（　　）。
   A. 组成部分重要性应当小于集团财务报表整体的重要性
   B. 组成部分重要性应当由集团项目组确定
   C. 不重要的组成部分无需确定组成部分重要性
   D. 不同组成部分的组成部分重要性可能不同

2. 【2015】在了解组成部分注册会计师后，下列情形中，集团项目组可以通过参与组成部分注册会计师的工作消除其疑虑或影响的是（　　）。
   A. 集团项目组对组成部分注册会计师的专业胜任能力存有重大疑虑
   B. 集团项目组对组成部分注册会计师的职业道德存有重大疑虑
   C. 组成部分注册会计师未处于积极有效的监管环境中
   D. 组成部分注册会计师不符合与集团审计相关的独立性要求

3. 【经典真题】下列有关集团项目组与集团治理层的沟通内容的说法中，错误的是（　　）。
   A. 沟通内容应当包括引起集团项目组对组成部分注册会计师工作质量产生疑虑的情形
   B. 沟通内容应当包括集团项目组计划参与组成部分注册会计师工作性质的概述
   C. 如果集团项目组认为组成部分管理层的舞弊行为不会导致集团财务报表发生重大错报，无须就该事项进行沟通
   D. 沟通内容应当包括集团项目组对组成部分注册会计师工作作出的评价

二、简答题

4. 【2021】ABC 会计师事务所的 A 注册会计师负责审计甲集团公司 2020 年度财务报表。与集团审计相关的部分事项如下：
   （1）在确定组成部分重要性时，A 注册会计师将集团财务报表整体的重要性乘以一定倍数，作为组成部分重要性的汇总数，按照组成部分的规模在各组成部分之间进行分配，并确保单个组成部分重要性不超过集团财务报表整体的重要性。
   （2）在对所有不重要组成部分的汇总财务信息实施集团层面分析程序后，A 注册会计师从中选取一些组成部分，对这些组成部分的汇总财务信息实施了审阅。
   （3）子公司乙公司存在可能导致集团财务报表发生重大错报的特别风险。A 注册会计师评价后认为，组成部分注册会计师拟实施的进一步审计程序是恰当的。因该组成部分注册会计师具有足够的胜任能力，A 注册会计师未参与其实施的进一步审计程序。
   （4）A 注册会计师对负责境外重要子公司丙公司审计的组成部分注册会计师进行了了解，认为该组成部分注册会计师了解并能够遵守与集团审计相关的职业道德要求，具有胜任能力，所在地区监管环境严格，据此认为可以利用该组成部分注册会计师的工作。
   （5）在确定需要向集团治理层和集团管理层通报的内部控制缺陷时，A 注册会计师从集团项目组识别出的内部控制缺陷和组成部分注册会计师提请集团项目组关注的内部控制缺陷中，选择了通报内容。
   要求：针对上述第（1）至第（5）项，逐项

指出 A 注册会计师的做法是否恰当。如不恰当，简要说明理由。

5. 【2019】ABC 事务所的 A 注册会计师负责审计甲集团 2018 年度财务报表。与集团审计相关的部分事项如下：

乙公司为重要组成部分，各项主要财务指标均占集团财务报表相关财务指标的 50% 以上。A 注册会计师亲自担任组成部分注册会计师，选取乙公司财务报表中所有金额超过组成部分重要性的项目执行了审计工作，结果满意。

要求：指出 A 注册会计师的做法是否恰当。如不恰当，简要说明理由。

6. 【经典真题】ABC 会计师事务所的 A 注册会计师担任多家被审计单位 2013 年度财务报表审计的项目合伙人，遇到下列事项：

因持续经营能力存在重大不确定性，组成部分注册会计师对乙公司的子公司出具了带持续经营相关的重大不确定性事项段的无保留意见审计报告。乙公司管理层认为该事项不会对乙公司财务报表产生重大影响。A 注册会计师同意乙公司管理层的判断，拟在无保留意见审计报告中增加其他事项段，提及组成部分注册会计师对子公司出具的审计报告类型、日期和组成部分注册会计师名称。

要求：指出 A 注册会计师的做法是否恰当。如不恰当，简要说明理由。

7. 【经典真题】甲集团公司拥有乙公司等 6 家全资子公司。ABC 会计师事务所负责审计甲集团公司 2011 年度财务报表，确定甲集团公司合并财务报表整体的重要性为 500 万元。集团项目组在审计工作底稿中记录了集团审计策略，部分内容摘录如下：

组成部分	（1）是否为重要组成部分（是/否）	（2）是否由其他会计师事务所执行相关工作（是/否）	（3）拟执行工作的类型	（4）组成部分重要性	（5）说明
乙公司	是	否	审计	500 万元	确定该组成部分实际执行的重要性为 300 万元
丙公司	是	是	审计	200 万元	该组成部分实际执行的重要性由其他会计师事务所自行确定，无需评价
丁公司	是	是	审计	100 万元	确定该组成部分实际执行的重要性为 60 万元
戊公司	否	否	审阅	不适用	执行审阅工作，无需确定组成部分重要性
戊公司	否	否	集团层面分析程序	不适用	执行集团层面分析程序，无需确定组成部分重要性
庚公司	否	否	审计	400 万元	确定该组成部分实际执行的重要性为 240 万元

要求：假定不考虑其他条件，结合上表中第（1）（2）和第（3）列，分别指出第（4）列所列内容是否恰当。如不恰当，简要说明理由。

8. 【经典真题】ABC 会计师事务所负责审计 D 集团公司 2010 年度财务报表，并委派 A 注册会计师担任审计项目合伙人。D 集团公司属于家电制造行业，共有 4 家全资子公司，各子公司的相关资料摘录如下：

公司名称	主营业务	资产总额在集团中所占的份额	营业收入在集团中所占的份额	利润总额在集团中所占的份额	说明
E 公司	彩电	80%	50%	78%	（1）
F 公司	冰箱	5%	5%	6%	（2）
G 公司	洗衣机	5%	40%	5%	（3）
H 公司	集团产品的出口销售	5%	5%	4%	（4）

说明：
（1）E 公司的业务和财务状况稳定；
（2）F 公司从事的业务刚刚开始两年，规模较小，财务状况较为稳定；
（3）为拓展市场，G 公司向部分主要客户提供特殊退货安排；
（4）H 公司从事了若干远期外汇合同交易，以管理 2010 年度外汇汇率持续波动的风险。

要求：假定在确定某子公司对集团而言是否具有财务重大性时，A 注册会计师采用资产总额、营业收入和利润总额为基准。代 A 注册会计师确定哪些子公司为集团审计中重要组成部分，哪些子公司为非重要组成部分，并简要说明理由。

9. 【经典真题】上市公司甲集团公司是 ABC 会计师事务所的常年审计客户，主要从事化工产品的生产和销售。A 注册会计师负责审计甲集团公司 2013 年度财务报表，确定集团财务报表整体的重要性为 200 万元。

资料一：
甲集团公司拥有一家子公司和一家联营企业，与集团审计相关的部分信息摘录如下：

组成部分	组成部分类型	执行工作的类型	组成部分注册会计师
子公司乙公司	重要	审计	XYZ 会计师事务所的 X 注册会计师
持有 20% 股权的联营企业丙公司	不重要	集团层面分析程序	不适用

资料二：
A 注册会计师在审计工作底稿中记录了具体审计计划，部分内容摘录如下：
A 注册会计师参与 X 注册会计师实施的风险评估程序的性质和范围包括：（1）与 X 注册会计师讨论对集团而言重要的乙公司业务活动；（2）复核 X 注册会计师对识别出的导致集团财务报表发生重大错报的特别风险形成的审计工作底稿。

要求：针对资料二，结合资料一，假定不考虑其他条件，指出 A 注册会计师的处理是否恰当。如不恰当，简要说明理由。

参考答案及解析

一、单选题

1. 【答案】C
   【考点】组成部分的重要性
   【解析】如果组成部分注册会计师对组成部分财务信息实施审计或审阅，基于集团审计目的，为这些组成部分确定组成部分重要性。为将未更正和未发现错报的汇总数超过集团财务报表整体的重要性的可能性降至适当的低水平，组成部分重要性应当低于集团财务报表整体的重要性，选项A正确。如果仅针对组成部分财务信息在集团层面实施分析程序，集团项目组无须确定或评价组成部分财务报表实际执行的重要性。集团项目组应当确定集团财务报表整体的重要性，只有对需要进行审计或审阅的组成部分才需要确定组成部分重要性，选项B正确，选项C错误。集团项目组针对不同组成部分确定的重要性水平可能不同，选项D正确。

2. 【答案】C
   【考点】了解组成部分注册会计师的要求
   【解析】集团项目组可以通过参与组成部分注册会计师的工作、实施追加的风险评估程序或对组成部分财务信息实施进一步审计程序，消除对组成部分注册会计师专业胜任能力的**并非重大的疑虑**，或消除组成部分注册**会计师未处于积极有效的监管环境中的影响**，选项C正确；选项ABD中集团项目组应当就组成部分财务信息亲自获取充分、适当的审计证据，而不能通过参与组成部分注册会计师的工作、实施追加的风险评估程序或对组成部分财务信息实施进一步审计程序，消除组成部分注册会计师的不利影响。

3. 【答案】C
   【考点】与集团治理层的沟通
   【解析】集团项目组应当与集团治理层沟通下列事项：①对组成部分财务信息拟执行工作类型的概述；②在组成部分注册会计师对重要组成部分财务信息拟执行的工作中，集团项目组计划参与其工作的性质的概述（选项B）；③对组成部分注册会计师的工作作出的评价，引起集团项目组对其工作质量产生疑虑的情形（选项AD）；④集团审计受到的限制；⑤涉及**管理层、组成部分管理层、在集团层面控制中承担重要职责的员工**（注意：这三类人即使其舞弊行为没有导致集团财务报表出现重大错报，注册会计师也应与治理层沟通）以及其他人员（在舞弊行为导致集团财务报表出现重大错报的情况下）的舞弊或舞弊嫌疑（选项C错误）。

二、简答题

4. 【考点】对集团财务报表审计的特殊考虑
   【答案】（1）不恰当。组成部分重要性应低于集团财务报表整体的重要性。
   （2）不恰当。应当对各组成部分财务信息单独实施审阅。（注意：对汇总的财务信息执行工作主要运用在集团层面分析中，而非审阅中。）
   （3）恰当。
   （4）不恰当。还应了解集团项目组参与组成部分注册会计师工作的程度是否足以获取充分、适当的审计证据。
   （5）恰当。

5. 【考点】针对不同组成部分需执行的工作
   【答案】不恰当。乙公司是具有财务重大性的重要组成部分，注册会计师应当对乙公司的财务信息执行审计。（注意：针对组成部分财务信息执行审计是对组成部分的整个财务信息实施的，而非仅限于其中的重大交易、账户。）

6. 【考点】集团财务报表审计中的责任设定
   【答案】不恰当。不应在审计报告中提及组成部分注册会计师/如果提及组成部分注册会计师，应指明这种提及并不减轻ABC会计师事务所/A注册会计师对乙公司审计意见承担的责任。
【应试指导】在审计报告中能否提及某些信息，应根据具体情况判断：
①除非法律法规要求，否则不能在审计报告中提及内部审计、组成部分注册会计师；
②除非法律法规另有规定，否则注册会计师不应在无保留意见的审计报告中提及专家；
③可以在审计报告提及前任注册会计师。

7. 【考点】重要性
【答案】

组成部分	是否恰当（是/否）	理由
乙公司	否	组成部分重要性应当低于集团财务报表整体的重要性。
丙公司	否	如果实际执行的重要性由组成部分注册会计师确定，集团项目组应当评价其适当性。
丁公司	是	
戊公司	否	如果对组成部分财务信息执行审阅，应当确定组成部分重要性。
戊公司	是	
庚公司	是	

8. 【考点】与集团财务报表审计有关的概念
【答案】E 公司为重要组成部分，这是由于 E 公司的资产、利润总额以及营业收入在集团中所占份额较高，对集团**具有财务重大性**；G 公司为重要组成部分，这是由于 G 公司的营业收入在集团中所占份额较高，对集团**具有财务重大性**，且特殊退货安排使得 G 公司的收入确认存在**可能导致集团财务报表发生重大错报的特别风险**；H 公司为重要组成部分，这是由于 2010 年度外汇汇率持续波动，H 公司从事的远期外汇合同交易存在**可能导致集团财务报表发生重大错报的特别风险**；F 公司为非重要组成部分，这是由于其资产、利润总额以及营业收入在集团中所占份额较低，且财务状况较为稳定。

9. 【考点】集团项目组的参与工作
【答案】不恰当。A 注册会计师没有与 X 注册会计师讨论由于舞弊或错误导致乙公司财务信息发生重大错报的可能性，工作不充分。

模拟自测

一、单选题

1. 集团项目组应当在业务承接或保持阶段获取信息的基础上，进一步了解集团及其环境、集团组成部分及其环境，但在下列内容中，不是必须了解的是（   ）。
   A. 集团管理层向组成部分下达的指令
   B. 集团层面控制
   C. 所有与组成部分审计相关的内部控制
   D. 集团及其环境

2. 集团项目组与集团治理层沟通的下列事项中，不恰当的是（   ）。
   A. 集团项目组接触某些信息受到的限制
   B. 对组成部分财务信息拟执行的具体工作的详细描述
   C. 对组成部分注册会计师的工作作出的评价

D. 集团项目组计划参与重要组成部分的注册会计师工作的性质的概述

二、多选题

3. 了解集团和组成部分及其环境时，集团项目组的下列做法中，错误的是（　　）。
   A. 集团项目组应当了解所有组成部分注册会计师
   B. 集团项目组应当了解集团组成部分及其环境
   C. 集团项目组应当了解集团管理层向组成部分下达的指令
   D. 集团项目组应当亲自测试集团层面控制运行的有效性

4. 下列有关组成部分重要性的说法中，错误的是（　　）。
   A. 组成部分重要性应当小于集团实际执行的重要性
   B. 组成部分实际执行的重要性必须由集团项目组确定
   C. 如果针对重要组成部分仅实施特定审计程序，可以不为其确定组成部分重要性
   D. 集团项目组应当确定组成部分明显微小错报临界值

5. 下列各项中，如果基于集团审计目的对组成部分财务信息实施审计或审阅，可以由组成部分注册会计师执行的工作有（　　）。
   A. 集团层面的控制测试
   B. 确定组成部分重要性
   C. 确定组成部分实际执行的重要性
   D. 确定组成部分工作的类型

6. 如果决定由集团项目组对存在特别风险的重要组成部分的财务信息执行审计工作，下列程序中可以选择实施的包括（　　）。
   A. 使用组成部分重要性对集团财务信息实施审计
   B. 使用组成部分重要性对该组成部分财务信息实施审计
   C. 针对与可能导致集团财务报表发生重大错报的特别风险相关的一个或多个账户余额、一类或多类交易、披露事项实施审计
   D. 针对可能导致组成部分财务报表发生重大错报的特别风险实施特定的审计程序

7. 以下组成部分中，一般会构成重要组成部分的是（　　）。
   A. 利润总额占集团80%的子公司
   B. 为集团各子公司提供特殊退货安排的子公司
   C. 某个工业制造集团中专门从事资金管理和金融服务的财务公司
   D. 某组成部分使用衍生工具进行交易

8. 以下关于集团明显微小错报的临界值说法中，正确的有（　　）。
   A. 组成部分注册会计师需要设定临界值，不能将超过该临界值的错报视为对集团财务报表明显微小的错报
   B. 集团项目组注册会计师需要设定临界值，不能将超过该临界值的错报视为对集团财务报表明显微小的错报
   C. 组成部分注册会计师需要将在组成部分财务信息中识别出的超过组成部分明显微小错报临界值的错报通报给集团项目组
   D. 组成部分注册会计师需要将在组成部分财务信息中识别出的超过集团明显微小错报临界值的错报通报给集团项目组

9. 集团项目组应当向组成部分注册会计师通报的内容有（　　）。
   A. 明确组成部分注册会计师与集团项目组沟通的形式和内容
   B. 与集团审计相关的职业道德要求，特别是独立性要求
   C. 识别出的与组成部分注册会计师工作相关的、由于舞弊或错误导致集团财务报表发生重大错报的特别风险
   D. 集团管理层编制的关联方清单和集团项目组知悉的任何其他关联方

10. 在集团审计中如果已经执行的工作不能获取充分、适当的审计证据，集团项目组应选择不重要的组成部分执行的工作包括（　　）。
    A. 使用组成部分重要性对集团财务信息实施审计
    B. 使用组成部分重要性对组成部分财务信息实施审阅
    C. 对一个或多个账户余额、一类或多类交

易或披露实施审阅

D. 实施特定程序

11. 对于集团财务报表审计，集团项目组计划要求组成部分注册会计师执行组成部分财务信息的相关工作，需要了解组成部分注册会计师的相关事项包括（   ）。

A. 组成部分注册会计师是否了解并将遵守与集团审计相关的职业道德要求

B. 组成部分注册会计师是否处于积极的监管环境中

C. 组成部分注册会计师是否具备专业胜任能力

D. 集团项目组参与组成部分注册会计师工作的程度是否足以获取充分、适当的审计证据

12. 注册会计师在集团财务报表审计业务中可能遇到审计范围受限的情况，下列各项中，表述正确的有（   ）。

A. 如果集团项目合伙人认为由于集团管理层施加的限制使集团项目组不能获取充分、适当的审计证据，由此产生的影响可能导致对集团财务报表发表无法表示意见，集团项目合伙人应当直接发表无法表示审计意见的审计报告

B. 即使接触的组成部分信息受到限制，集团项目组仍有可能获取充分、适当的审计证据

C. 如果重要的组成部分的审计范围受限，则集团项目组将无法获取充分、适当的审计证据，从而应当考虑该事项对审计意见的影响

D. 如果不重要组成部分的审计范围受限，但集团项目组拥有其整套财务报表和审计报告，并能接触集团管理层拥有的与该组成部分相关的信息，集团项目组依然能获得充分、适当的证据

13. 在下列各项中，集团项目组需要将其视为无法获取充分、适当的审计证据的情形有（   ）。

A. 集团管理层限制集团项目组接触不重要组成部分的信息

B. 集团管理层限制集团项目组接触重要组成部分的信息

C. 对于收入占到集团收入 40% 的子公司，集团项目组无法按照准则要求参与组成部分注册会计师的工作

D. 集团管理层限制集团项目组对存在大量过时存货的联营企业实施审计

14. 在确定哪些识别出的内部控制缺陷需要向集团治理层和集团管理层通报时，下列各项中，属于集团项目组应当考虑的有（   ）。

A. 集团项目组识别出的集团层面内部控制缺陷

B. 集团项目组识别出的组成部分层面内部控制缺陷

C. 组成部分注册会计师识别出的内部控制缺陷

D. 组成部分注册会计师提请集团项目组关注的内部控制缺陷

三、简答题

15. ABC 会计师事务所接受委托，审计甲集团公司 2023 年财务报表。审计项目组在审计的过程中，遇到如下问题：

（1）在制定集团具体审计计划时，集团项目组确定了集团财务报表整体的重要性。

（2）子公司乙公司 2023 年实现的利润总额占甲集团公司 2023 年利润总额的 80%，注册会计师选取乙公司的营业收入、存货等多个项目实施审计程序。

（3）集团项目组经过了解发现组成部分注册会计师 C 持有甲公司股票，因此集团项目组决定对该组成部分财务信息实施进一步审计程序，以消除该不利影响。

（4）子公司丙公司为不重要的组成部分。集团项目组将不重要组成部分的财务信息在不同层面进行汇总，实施了集团层面的分析程序。

（5）子公司丁公司为重要的组成部分，由代表集团项目组的组成部分注册会计师运用组成部分的重要性对其财务信息实施审计，集团项目组不再参与该组成部分的审计工作。

（6）对重要组成部分实施审计，并在集团层面对不重要的组成部分实施分析程序后，集

团项目组仍然认为无法获取充分、适当的审计证据，拟考虑对集团财务报表发表保留意见。

要求：针对上述事项第（1）至第（6），逐项指出审计项目组的做法是否恰当。如果不恰当，简要说明理由。

16. ABC会计师事务所负责审计甲集团公司2023年度财务报表。集团项目组在审计工作底稿中记录了集团审计策略，部分内容摘录如下：

（1）A注册会计师审计不重要的联营企业乙公司。即使组成部分注册会计师拒绝让集团项目组接触相关审计工作底稿，集团项目组仍可能获取充分、适当的审计证据，因此不会影响集团管理层对集团项目组所作声明的可靠性。

（2）集团项目组制定的集团财务报表整体的重要性为500万元，集团项目组按照不同组成部分重要性汇总数小于集团财务报表整体重要性的要求为各组成部分确定了重要性。

（3）集团项目组预期集团层面控制运行有效，安排组成部分注册会计师代为测试这些控制运行的有效性。

（4）集团项目组连续多年负责甲集团的审计工作，为了保证审计的效率，决定每年对固定的几个组成部分实施审计程序。

（5）集团管理层挪用公款，但由于最终未导致重大错报，集团项目组未将该事项与集团治理层进行沟通。

要求：逐项指出上述集团审计策略是否恰当。如不恰当，简要说明理由。

17. 甲集团公司是ABC会计师事务所的常年审计客户，主要从事化妆品的生产、批发和零售。A注册会计师负责审计甲集团公司2024年度财务报表，确定集团财务报表整体的重要性为600万元。

资料一：

A注册会计师在审计工作底稿中记录了审计计划，部分内容摘录如下：

（1）子公司乙公司从事新产品研发。2024年度新增无形资产1 000万元，为自行研发的产品专利。A注册会计师拟仅针对乙公司的研发支出实施审计程序。

（2）子公司丙公司负责生产，其产品全部在集团内销售。A注册会计师认为丙公司的成本核算存在可能导致集团财务报表发生重大错报的特别风险，拟仅针对与成本核算相关的财务报表项目实施审计。

（3）甲集团公司的零售收入来自40家子公司，每家子公司的主要财务报表项目金额占集团的比例均低于1%。A注册会计师认为这些子公司均不重要，拟实施集团层面分析程序。

（4）DEF会计师事务所作为组成部分注册会计师负责审计联营企业丁公司的财务信息，其审计项目组按丁公司利润总额的3%确定组成部分重要性为300万元，实际执行的重要性为150万元。

（5）子公司戊公司负责甲集团公司主要原材料的进口业务，通过外汇掉期交易管理外汇风险。A注册会计师拟使用50万元的组成部分重要性对戊公司财务信息实施审阅。

资料二：

A注册会计师在审计工作底稿中记录了甲集团公司的财务数据，部分内容摘录如下：

金额单位：万元

集团/组成部分	2024年（未审数）		
	资产总额	营业收入	利润总额
甲集团公司（合并）	80 000	60 000 其中：批发收入 38 000 零售收入 20 000 其他 2 000	12 000

续表

集团/组成部分	2024 年（未审数）		
	资产总额	营业收入	利润总额
乙公司	1 900	200	(300)
丙公司	60 000	40 000	8 000
丁公司	20 000	50 000	10 000
戊公司	2 000	200	50

要求：针对资料一第（1）至第（5）项，结合资料二，假定不考虑其他条件，逐项指出资料一所列审计计划是否恰当。如不恰当，简要说明理由。

参考答案及解析

一、单选题

1. 【答案】C
   【考点】在承接与保持阶段获取了解
   【解析】在集团审计中，集团项目组应当：①在业务承接或保持阶段获取信息的基础上，进一步了解集团及其环境（选项D）、集团组成部分及其环境，包括集团层面控制（选项B）；②了解合并过程，包括集团管理层向组成部分下达的指令（选项A）。集团项目组没有必要了解所有与组成部分审计相关的内部控制，选项C错误。

2. 【答案】B
   【考点】与集团治理层的沟通
   【解析】集团项目组应当与集团治理层沟通下列事项：①对组成部分财务信息拟执行工作的类型的概述（选项B错误，不是对具体工作进行描述，而是对工作类型进行描述）；②在组成部分注册会计师对重要组成部分财务信息拟执行的工作中，集团项目组计划参与其工作的性质的概述（选项D）；③对组成部分注册会计师的工作作出的评价，引起集团项目组对其工作质量产生疑虑的情形（选项C）；④集团审计受到的限制，如集团项目组接触某些信息受到的限制（选项A）；⑤涉及集团管理层、组成部分管理层、在集团层面控制中承担重要职责的员工以及其他人员的舞弊或舞弊嫌疑。

二、多选题

3. 【答案】AD
   【考点】了解集团及其环境、集团组成部分及其环境
   【解析】如果集团项目组计划仅在集团层面对某些组成部分实施分析程序，集团项目组无须了解这些组成部分注册会计师，选项A错误；集团项目组应当对集团及其环境、集团组成部分及其环境获取充分的了解，选项B正确；集团项目组应当了解集团层面的控制和合并过程，包括集团管理层向组成部分下达的指令，选项C正确；如果对合并过程执行工作的性质、时间安排和范围基于预期集团层面控制有效运行，或者仅实施实质性程序不能提供认定层次的充分、适当的审计证据，集团项目组应当亲自测试或要求组成部分注册会计师代为测试集团层面控制运行的有效性，选项D错误。

4. 【答案】ABD
   【考点】组成部分的重要性
   【解析】组成部分重要性应当小于集团财务

报表整体的重要性，**未必要小于集团实际执行的重要性**，选项 A 错误；组成部分实际执行重要性**也可以由**组成部分注册会计师制定，选项 B 错误；集团项目组**应当确定集团明显微小错报临界值**，选项 D 错误。（注意：如果组成部分注册会计师对组成部分财务信息实施审计或审阅，集团项目组应当基于集团审计目的，为这些组成部分确定组成部分重要性。这里的审计或审阅指的是对于整个组成部分财务信息实施的审计或审阅，而非特定审计程序。）；选项 C 表述正确。

5. 【答案】AC
   【考点】重要性
   【解析】如果对合并过程执行工作的性质、时间安排和范围基于预期集团层面控制运行有效，或者仅实施实质性程序不能提供充分、适当的审计证据，集团项目组应当测试集团层面控制运行的有效性。如果组成部分执行了集团层面控制，集团项目组**可以要求**组成部分注册会计师代为测试这些控制运行的有效性，选项 A 正确。集团项目组应当将组成部分重要性设定为低于集团财务报表整体的重要性，即组成部分重要性由集团项目组确定，选项 B 错误。在审计组成部分财务信息时，**集团项目组或组成部分注册会计师**需要确定组成部分层面实际执行的重要性，选项 C 正确。在集团审计中，对于组成部分财务信息，集团项目组**应当确定**其亲自执行或由组成部分注册会计师代为执行的相关工作类型，选项 D 错误。（注意：要能区分相关概念中的确定和执行。）

6. 【答案】BC
   【考点】针对评估的风险采取的应对措施
   【解析】对由于其特定性质或情况，可能存在导致集团财务报表发生重大错报的特别风险的重要组成部分，集团项目组或代表集团项目组的组成部分注册会计师应当执行下列一项或多项工作：①使用组成部分重要性对**组成部分**财务信息实施审计（选项 A 错误，**选项 B 正确**）；②针对与可能导致集团财务报表发生重大错报的特别风险相关的一个或多个账户余额、一类或多类交易或披露事项实施审计（选项 C）；③针对可能导致**集团财务报表**发生重大错报的特别风险实施特定的审计程序（选项 D 错误）。（注意：考生需仔细审题。）

7. 【答案】ABCD
   【考点】与集团财务报表审计有关的概念
   【解析】重要组成部分可分为财务重大的组成部分和存在特别风险的组成部分。财务重大的组成部分，指单个组成部分对集团具有财务重大性。集团项目组可以将选定的基准乘以某一百分比，以协助识别对集团具有财务重大性的单个组成部分。通常可能认为超过选定基准 15% 的组成部分是重要组成部分，选项 A 超过 15%，当选。存在特别风险的组成部分，指由于单个组成部分的特定性质或情况，可能存在导致集团财务报表发生重大错报的特别风险。选项 BCD 都具有特定性质，因此集团项目组通常会将其识别为重要组成部分。

【应试指导】**可能存在导致集团财务报表发生重大错报的特别风险的情形在考试中会灵活考查，常见的考查情形有：**①组成部分从事特殊行业。例如，某个工业**制造集团中**，有某一财务公司专门从事资金管理和金融服务。②某一单个组成部分的**某类交易、账户余额或披露超过集团财务报表整体重要性**，或其性质和金额**不符合集团项目组的预期**。③某一单个组成部分从事与集团其他同类组成部分**不同的交易活动**。例如，因出口持有大量外币的组成部分，为规避汇率风险而从事**外汇掉期**交易、**远期外汇合同**交易，使用**衍生工具**进行交易等。④某一单个组成部分的财报涉及**重大会计估计和判断**。例如，组成部分管理层对固定资产剩余使用年限的估计变更使得固定资产**折旧额发生重大变动**，执行**特殊退货**安排，存在**大量过时存货**等。⑤某一单个组成部分的经营模式、业务流程、计算机信息技术系统、内部控制及关键管理人员发生**重大变化**。⑥注册会计师在**以前年度**审计过程中，发现存在使集团财务报表发生重大错报的特别风险的组成部分。⑦**新收购**的组成部分。⑧被**监管部门特别关注**。

8. 【答案】BD
   【考点】明显微小错报的临界值
   【解析】集团项目组需要设定临界值，不能将超过该临界值的错报视为对集团财务报表明显微小的错报，选项 A 错误，选项 B 正确；组成部分注册会计师需要将在组成部分财务信息中识别出的超过**集团**明显微小错报临界值的错报通报给集团项目组，选项 C 错误，选项 D 正确。

9. 【答案】ABCD
   【考点】集团项目组向组成部分注册会计师的通报
   【解析】集团项目组应当向组成部分注册会计师通报的内容包括：①明确组成部分注册会计师应执行的工作和集团项目组对其工作的利用；②组成部分注册会计师与集团项目组沟通的形式和内容（选项 A）；③在组成部分注册会计师知悉集团项目组将利用其工作的前提下，要求组成部分注册会计师确认其将配合集团项目组的工作；④与集团审计相关的职业道德要求，特别是独立性要求（选项 B）；在对组成部分财务信息实施审计或审阅的情况下，组成部分的重要性和针对特定类别的交易、账户余额或披露采用的一个或多个重要性水平以及临界值，超过临界值的错报不能视为对集团财务报表明显微小的错报；⑥识别出的与组成部分注册会计师工作相关的、由于舞弊或错误导致集团财务报表发生重大错报的特别风险（选项 C）；⑦集团管理层编制的关联方清单和集团项目组知悉的任何其他关联方（选项 D）。

10. 【答案】BD
    【考点】针对评估的风险采取的应对措施
    【解析】如果集团项目组认为对重要组成部分财务信息执行的工作、集团层面控制和合并过程执行的工作以及在集团层面实施的分析程序还不能获取形成集团审计意见所依据的充分、适当的审计证据，就应当选择某些不重要的组成部分，并对已选择的组成部分财务信息亲自或由代表集团项目组的组成部分注册会计师执行下列一项或多项工作：①使用组成部分重要性对**组成部分财务信息**实施审计（选项 A 错误）；②对一个或多个账户余额、一类或多类交易或披露实施审计（选项 C 错误）；③使用组成部分重要性对组成部分财务信息实施审阅（选项 B）；④实施特定程序（选项 D）。

11. 【答案】ABCD
    【考点】了解组成部分注册会计师的要求
    【解析】如果计划要求组成部分注册会计师执行组成部分财务信息的相关工作，集团项目组应当了解下列事项：①组成部分注册会计师是否了解并将遵守与集团审计相关的职业道德要求，特别是独立性要求（选项 A）；②组成部分注册会计师是否具备专业胜任能力（选项 C）；③集团项目组参与组成部分注册会计师工作的程度是否足以获取充分、适当的审计证据（选项 D）；④组成部分注册会计师是否处于积极的监管环境中（选项 B）。

12. 【答案】BC
    【考点】评价审计证据的充分性和适当性
    【解析】如果集团项目合伙人认为由于集团管理层施加的限制，使集团项目组不能获取充分、适当的审计证据，由此产生的影响可能导致对集团财务报表发表无法表示意见，集团项目合伙人**应当视具体情况采取下列措施**：①如果是新业务，拒绝接受业务委托，如果是连续审计业务，在法律法规允许的情况下，解除业务约定；②如果法律法规禁止注册会计师拒绝接受业务委托，或者注册会计师不能解除业务约定，在可能的范围内对集团财务报表实施审计，并对集团财务报表发表无法表示意见。因此，选项 A 太绝对，错误。选项 C 的表述为应当考虑而非应当发表非无保留意见，故正确。如集团项目组拥有其整套财务报表和审计报告，并能接触集团管理层拥有的与该组成部分相关的信息,则**可能**认为已获得了充分、适当的证据。即使接触信息受到限制,集团项目组仍有**可能**,**但不是一定能**获取充分、适当的审计证据,这种可能性随着组成部分对集团重要程度的增加而减少。因此,选项 B 正确,选项 D 错误。

13. 【答案】BCD

【考点】评价审计证据的充分性和适当性

【解析】如果受限制的信息与**不重要的组成部分**有关,集团项目组**仍有可能**获取充分、适当的审计证据,只是受到限制的原因可能会影响集团审计意见,选项 A 错误。如果集团管理层限制集团项目组或组成部分注册会计师接触重要组成部分的信息,则集团项目组或组成部分注册会计师将无法获取充分、适当的审计证据。**收入占到集团收入 40% 的子公司属于重要组成部分;存在大量过时存货表明该组成部分可能存在导致集团财务报表发生重大错报的特别风险,属于重要组成部分**。因此,选项 BCD 的情况均是**重要组成部分**信息受限,全都当选。

14. 【答案】ABD

【考点】与集团管理层的沟通

【解析】集团项目组在确定哪些识别出的内部控制缺陷需要向集团治理层和集团管理层通报时,应当考虑的事项有:①集团项目组识别出的集团层面内部控制缺陷(选项 A);集团项目组识别出的组成部分层面内部控制缺陷(选项 B);组成部分注册会计师**提请**集团项目组关注的内部控制缺陷(选项 D)。组成部分注册会计师**识别出**的内部控制缺陷**范围**比**提请**集团项目组关注的内部控制缺陷范围更广,**不属于应当考虑的事项**,选项 C 错误。(注意:考生需明晰提请与识别的区别。)

三、简答题

15. 【考点】针对评估的风险采取的应对措施

【答案】(1) 不恰当。集团项目组应当在制定**集团总体审计策略**时确定集团财务报表整体的重要性,而不是在制定具体审计计划时确定集团财务报表整体的重要性。

(2) 不恰当。乙公司具有**财务重大性**,属于重要组成部分,组成部分注册会计师应使用组成部分重要性对**组成部分财务信息实施审计**。

(3) 不恰当。如果组成部分注册会计师不符合与集团审计相关的独立性要求,集团项目组不能通过对组成部分财务信息实施进一步审计程序来消除组成部分注册会计师不具有独立性的影响。

(4) 恰当。(注意:针对不重要的组成部分,集团项目组应当实施集团层面分析,题目未提及不重要的组成部分汇总起来是否重大,故不必进一步考虑其他程序。)

(5) 不恰当。集团项目组应当参与重要组成部分注册会计师实施的风险评估程序,以识别可能导致集团财务报表发生重大错报的特别风险。

(6) 不恰当。集团项目组应当选择某些不重要的组成部分对其财务信息执行审计或审阅,以获取充分、适当的审计证据/集团项目组应当选取不重要的组成部分对组成部分财务信息实施审计或审阅,或对特定项目实施审计或特定程序,以获取充分、适当的审计证据。

16. 【考点】针对评估的风险采取的应对措施

【解析】(1) 不恰当。不重要的组成部分审计范围受限,集团项目组仍可能获取充分适当的审计证据,但受到限制的原因可能影响集团管理层对集团项目组的询问所作答复的可靠性,以及集团管理层对集团项目组所作声明的可靠性。

(2) 恰当。(注意:虽然对不同组成部分确定的重要性的汇总数,有可能高于集团财务报表整体重要性,但各个组成部分重要性的汇总数低于集团财务报表整体重要性,并不违反准则要求。)

(3) 恰当。(注意:集团层面控制既可以由集团项目组测试,也可以由组成部分注册会计师代为测试。)

(4) 不恰当。集团项目组对组成部分的选择通常采用定期轮换的方式。

(5) 不恰当。集团管理层挪用公款属于舞弊行为，**无论是否导致重大错报**，均应与集团治理层进行沟通。

17. 【考点】对集团财务报表审计的特殊考虑

【答案】(1) 恰当。(注意：乙公司从事新产品研发属于存在可能导致集团财务报表发生重大错报的特别风险，且乙公司财务并不重大，从资料二可以看出，各项数据均未超过集团数据的15%，因此，对研发支出实施审计是恰当的。)

(2) 不恰当。丙公司是具有财务重大性的重要组成部分，注册会计师应当对丙公司的财务信息实施审计。

(3) 不恰当。零售收入占集团营业收入的三分之一，对这40家子公司仅在集团层面实施分析程序，程度不够/零售收入金额重大，对这40家子公司仅在集团层面实施分析程序，程度不够。

(4) 不恰当。组成部分重要性应当由集团项目组确定。

(5) 不恰当。戊公司的业务涉及外汇掉期交易，属于可能存在导致集团财务报表发生重大错报的特别风险的重要组成部分，应当实施审计程序。

第十七章 其他特殊项目的审计

真题共分两个模块,其一为知识点分册的例题模块,其二为习题分册的真题巩固模块,针对这两个模块,大家均需充分关注。

真题巩固

一、单选题

1. 【2022】下列有关会计估计的说法中,错误的是( )。
   A. 会计估计一般包括存在估计不确定性时以公允价值计量的金额,以及其他需要估计的金额
   B. 作出会计估计的难易程度取决于估计对象的金额或性质
   C. 会计估计的结果与财务报表中原来已确认或披露的金额存在差异,并不必然表明财务报表存在错报
   D. 会计估计的准确程度取决于管理层对不确定的交易或事项的结果作出的主观判断

2. 【2017】下列有关超出被审计单位正常经营过程的重大关联方交易的说法中,错误的是( )。
   A. 此类交易导致的风险可能不是特别风险
   B. 注册会计师应当评价此类交易是否已按照适用的财务报告编制基础得到恰当会计处理和披露
   C. 注册会计师应当检查与此类交易相关的合同或协议,以评价交易的商业理由
   D. 此类交易经过恰当授权和批准,不足以就其不存在由于舞弊或错误导致的重大错报风险得出结论

二、多选题

3. 【2015】针对识别出的可能导致对被审计单位持续经营能力产生重大疑虑的事项或情况,假定治理层不参与管理被审计单位,下列各项中,注册会计师应当与治理层沟通的有( )。
   A. 注册会计师对这些事项或情况实施的追加审计程序
   B. 在财务报表编制和列报中运用持续经营假设是否适当
   C. 财务报表中的相关披露是否充分
   D. 这些事项或情况是否构成重大不确定性

4. 【2015】下列有关注册会计师首次接受委托时就期初余额获取审计证据的说法中,正确的有( )。
   A. 对流动资产和流动负债,注册会计师可以通过本期实施的审计程序获取有关期初余额的审计证据
   B. 注册会计师可以通过向第三方函证获取有关期初余额的审计证据
   C. 如果上期财务报表已经审计,注册会计师可以通过查阅前任注册会计师的审计工作底稿获取有关期初余额的审计证据
   D. 对非流动资产和非流动负债,注册会计师可以通过检查形成期初余额的会计记录和其他信息获取有关期初余额的审计证据

5. 【经典真题】下列各项中,构成错报的有( )。
   A. 管理层对导致特别风险的会计估计的估计不确定性的披露不充分
   B. 管理层作出的点估计小于注册会计师作出的区间估计的最小值
   C. 管理层作出的点估计与注册会计师作出的点估计存在差异
   D. 会计估计的结果与财务报表中原已确认的金额存在差异

三、简答题

6. 【2018】ABC 会计师事务所的 A 注册会计师

负责审计多家上市公司2017年度财务报表，遇到下列与审计报告相关的事项：

因原董事长以公司名义违规对外提供多项担保，导致戊公司2017年发生多起重大诉讼，多个银行账户被冻结，业务停止，主要客户和员工流失。管理层在2017年度财务报表中确认了大额预计负债，并披露了持续经营存在的重大不确定性。A注册会计师认为存在多项对财务报表整体具有重要影响的重大不确定性，拟对戊公司财务报表发表无法表示意见。

要求：指出A注册会计师的做法是否恰当。如不恰当，简要说明理由

7.【2018】ABC会计师事务所的A注册会计师负责审计甲公司2017年度财务报表。与会计估计审计相关的部分事项如下：

管理层编制盈利预测以评价递延所得税资产的可回收性。A注册会计师向管理层询问了盈利预测中使用的假设的依据，并对盈利预测实施了重新计算，结果满意，据此认可了管理层的评价。

要求：指出A注册会计师的做法是否恰当。如不恰当，简要说明理由。

8.【2016】ABC会计师事务所的A注册会计师负责审计甲公司2015年度财务报表。审计工作底稿中与负债审计相关的部分内容摘录如下：

由于2015年人员工资和维修材料价格持续上涨，甲公司实际发生的产品质量保证支出与以前年度的预计数相差较大，A注册会计师要求管理层就该差异进行追溯调整。

要求：指出A注册会计师的做法是否恰当。如不恰当，简要说明理由。

9.【经典真题】ABC会计师事务所负责审计甲公司2013年度财务报表，审计项目组在审计工作底稿中记录了与公允价值和会计估计审计相关的情况，部分内容摘录如下：

为确定甲公司管理层在2012年度财务报表中作出的会计估计是否恰当，审计项目组复核了甲公司2012年度财务报表中的会计估计在2013年度的结果。

要求：指出审计项目组的做法是否恰当。如不恰当，简要说明理由。

10.【经典真题】ABC会计师事务所负责审计上市公司甲公司2012年度财务报表。审计项目组在审计工作底稿中记录了与关联方关系及其交易相关的审计情况，部分内容摘录如下：

审计项目组向甲公司管理层获取了下列与关联方关系及其交易相关的书面声明：（1）已向注册会计师披露了全部已知的关联方名称；（2）已按照企业会计准则的规定，对关联方关系及其交易进行了恰当的会计处理和披露；（3）所有关联方交易均不涉及未予披露的"背后协议"。

要求：指出审计项目组的做法是否恰当。如不恰当，提出改进建议。

11.【经典真题】ABC会计师事务所首次接受委托，对甲公司2012年度财务报表进行审计，委派A注册会计师担任项目合伙人。甲公司2011年度财务报表由XYZ会计师事务所的X注册会计师负责审计。相关事项如下：

X注册会计师拒绝让A注册会计师查阅其2011年度审计工作底稿，A注册会计师据此认为无法对存货的期初余额获取充分、适当的审计证据。

要求：指出A注册会计师的处理是否恰当。如不恰当，简要说明理由。

参考答案及解析

一、单选题

1. 【答案】B
   【考点】会计估计的性质
   【解析】会计估计，是指根据适用的财务报告编制基础的规定，计量涉及估计不确定性的某项金额，如企业合并取得的资产或负债的公允价值，选项A正确。作出会计估计的难易程度取决于估计对象的**性质**。例如，估计预提租金费用可能只需要简单的计算，而对滞销或过剩存货跌价准备的估计则需要对现有数据进行详细分析，对未来销售作出预测。复杂的会计估计可能对特定的知识和判断有较高要求。被审计单位管理层应当对其作出的包括在财务报表中的会计估计负责。因此，选项B错误。会计估计的结果与财务报表中原来已确认的或披露的金额存在差异，**并不必然**表明财务报表存在错报，因为任何已观察到的结果都不可避免地受到作出会计估计的时点后所发生的事项或情况的影响，选项C正确。会计估计通常是被审计单位在不确定情况下作出的，其准确程度取决于管理层对不确定的交易或事项的结果作出的主观判断，选项D正确。

2. 【答案】A
   【考点】针对超出正常经营过程的重大关联方交易的应对措施
   【解析】超出被审计单位正常经营过程的重大关联方交易属于特别风险，选项A错误。对于识别出的超出生产经营过程的重大关联方交易，注册会计师应当：①检查相关合同或协议；②评价交易的商业理由（选项C）；③评价交易条款是否与管理层的解释一致；④评价关联方交易是否已按照适用的财务报告编制基础得到恰当的会计处理和披露（选项B）；⑤获取交易已经恰当授权和批准的审计证据。当然，授权和批准本身不足以就是否不存在由于舞弊或错误导致的重大错报风险得出结论（选项D），原因在于如果被审计单位与关联方串通舞弊或关联方对被审计单位具有支配性影响，被审计单位与授权和审批相关的控制可能是无效的。

二、多选题

3. 【答案】BCD
   【考点】与治理层沟通
   【解析】追加的审计程序属于具体审计程序，注册会计师不应与治理层沟通，选项A错误。注册会计师应当与治理层沟通的事项有：①这些事项或情况是否构成重大不确定性（选项D）；②管理层在编制财务报表时运用持续经营假设是否适当（选项B）；③财务报表中的相关披露是否充分（选项C）；④对审计报告的影响（如适用）。

4. 【答案】ABCD
   【考点】期初余额的审计程序
   【解析】注册会计师应当根据期初余额有关账户的不同性质实施相应的审计程序：对于流动的资产和负债，注册会计师可以通过本期实施的审计程序获取部分审计证据，比如应收账款在本期收回，就可以为其期初余额的相关认定提供审计证据，选项A正确；对于非流动的账户，则可以通过检查形成期初余额的会计记录和其他信息获取审计证据，比如固定资产的原值，可以通过检查期初的相关信息，比如采购发票等，可以获取到相关的审计证据，选项D正确；在某些情况下，对于非流动账户信息，也可以通过向第三方函证获取有关期初余额部分审计证据，比如长期借款的期初余额，可以向银行进行函证，选项B正确；如果上期财务报表已经审计，本期的期初余额即为上期的期末余额，前任注册会计师已对其实施相关的审计程序，注册会计师可以通过查阅前任注册会计师的审计工作底稿，获取有关期初余额的审计证据，选项C正确。

5. 【答案】ABC

　　【考点】评价会计估计的合理性并确定错报

　　【解析】会计估计的结果与财务报表中原来已确认或披露的金额存在差异，并不必然表明财务报表存在错报。对于公允价值会计估计而言尤其如此，因为任何已观察到的结果都不可避免地受到作出会计估计的时点后所发生的事项或情况的影响，选项 D 错误。披露不充分、管理层点估计在注册会计师区间估计之外或与注册会计师的点估计有差异均构成错报，选项 ABC 当选。

三、简答题

6. 【考点】对审计结论和审计报告的影响

　　【答案】恰当。

　　【应试指导】有关持续经营对审计报告的影响，见下图：

（图示：
运用持续经营假设是否适当
- 是，但存在重大不确定性 → 考虑是否充分披露
  - 是：无保留+与持续经营相关的重大不确定性
  - 是，但存在多项不确定性：无法表示
  - 否：保留/否定
- 难以判断：无法表示
- 否
  - 无论是否充分披露：否定
  - 如果采用替代基础，且作了充分披露：无保留/无保留+强调）

7. 【考点】应对评估的重大错报风险

　　【答案】不恰当。还应当执行程序评价盈利预测中假设的合理性。/仅执行询问和重新计算无法获取有关假设合理性的充分、适当的审计证据。

8. 【考点】会计估计的性质

　　【答案】不恰当。资产负债表日后价格有变化并不代表前期会计估计存在差错。

9. 【考点】风险评估程序和相关活动

　　【答案】不恰当。复核上期财务报表中会计估计的结果，是注册会计师为了识别和评估本期会计估计重大错报风险而执行的风险评估程序，其目的不是质疑上期依据当时可获得的信息而作出的判断。

10. 【考点】其他相关审计程序

　　【答案】不恰当。管理层书面声明还应当包括已经向审计项目组披露了的全部已知的关联方的特征、关联方关系及其交易。

11. 【考点】期初余额的审计程序

　　【答案】不恰当。除查阅前任注册会计师的审计工作底稿外，可以实施其他追加的审计程序以获得期初存货的相关证据。

模拟自测

一、单选题

1. 下列有关注册会计师复核以前期间财务报表中会计估计的结果的说法中，错误的是（　　）。

   A. 注册会计师可以针对上期财务报表作出的会计估计实施追溯复核，也可以针对若干期间或更短的期间实施追溯复核

   B. 复核以前期间的会计估计无法为评估控制风险提供相关的审计证据

   C. 注册会计师应当复核以前期间会计估计的结果，或者复核管理层对以前期间会计估计作出的后续重新估计

   D. 复核的目的不是质疑上期依据当时可获得的信息而作出的判断

2. 下列有关注册会计师确定点估计或区间估计的方法中，错误的是（　　）。

   A. 需要使用与管理层一致的模型

   B. 可以使用注册会计师的自有方法

C. 可以雇用或聘请在专门领域具有专长的人员开发或运用模型，或者提供相关假设

D. 可以使用与管理层不同的模型

3. 下列关于会计估计的说法中，错误的是（   ）。

A. 注册会计师应当确定，依据适用的财务报告编制基础，会计估计和相关披露是否合理。如不合理，则构成错报

B. 如果审计证据支持的点估计不同于管理层的点估计，则注册会计师的点估计与管理层的点估计之间的差异构成错报

C. 如果审计证据支持的区间估计不包括管理层的点估计，则错报为管理层的点估计与注册会计师的区间估计之间的最小差异

D. 当审计证据支持区间估计时，区间可能较大，但不能超过财务报表整体的重要性

4. 在询问关联方关系时，下列组织或人员中，注册会计师的询问对象通常不包括的是（   ）。

A. 内部审计人员

B. 董事会成员

C. 证券监管机构

D. 负责道德事务的人员

5. 下列情形中，注册会计师应当将其评估为存在特别风险的是（   ）。

A. 被审计单位期后有大量异常退货，均来自联营企业，金额占总收入的70%

B. 被审计单位与子公司的交易额超过总销售额的80%

C. 被审计单位与收购交易的对方签订了对赌协议

D. 被审计单位销售给某公司的产品合同价格低于其他公司

6. 下列有关超出被审计单位正常经营过程的重大关联方交易的说法中，错误的是（   ）。

A. 此类交易导致的风险属于特别风险

B. 注册会计师应当评价交易条款是否与管理层的解释一致

C. 注册会计师应当评价交易的商业理由

D. 若此类交易经过恰当授权和批准，则不存在由于舞弊或错误导致的重大错报风险

7. 如果注册会计师识别出超出正常经营过程的重大关联方交易导致的舞弊风险，下列程序中，通常最能够有效应对该风险的是（   ）。

A. 评价交易是否具有合理的商业理由

B. 检查交易是否按照适用的财务报告编制基础进行会计处理和披露

C. 交易条款是否与管理层的解释一致

D. 交易已经恰当授权和批准

8. 下列关于考虑持续经营假设的说法中，错误的是（   ）。

A. 注册会计师未在审计报告中提及持续经营的不确定性，不能被视为其对被审计单位持续经营能力的保证

B. 如果被审计单位存在一个或多个项目可能导致对持续经营假设产生重大疑虑的事项或情况，就必然导致被审计单位无法持续经营

C. 与持续经营问题相关的重大错报风险，属于财务报表层次重大错报风险

D. 注册会计师应当评价管理层对持续经营能力作出的评估

9. 在下列事项中，最可能使注册会计师对持续经营能力产生疑虑的是（   ）。

A. 难以获得开发必要新产品所需资金

B. 投资活动产生的现金流量为负数

C. 以股票股利替代现金股利

D. 存在重大关联方交易

10. 在管理层提出的下列应对计划中，最有可能缓解注册会计师对持续经营能力的重大疑虑的是（   ）。

A. 建设新产品生产线，提高生产能力

B. 以低于市场的价格购买已租入的设备

C. 出售部分固定资产

D. 将经营租赁固定资产转换为融资租赁固定资产

11. 在确定管理层评估持续经营能力的适当性时，下列选项中正确的是（   ）。

A. 管理层评估持续经营能力的期间不得少于自资产负债表日起的6个月

B. 如果被审计单位具有良好的盈利能力和外部资金支持，管理层无须针对持续经营能力作出评估

C. 如果存在超出评估期间但可能对持续经营能力产生疑虑的事项，管理层没有义务确

定其潜在的影响

D. 管理层对持续经营能力作出评估时考虑的信息，应当包括注册会计师实施审计程序获取的信息

12. 注册会计师对被审计单位 2022 年 1 月至 12 月财务报表进行审计，并于 2023 年 3 月 31 日出具审计报告。管理层在编制 2022 年 1 月至 12 月财务报表时，评估其持续经营能力应当涵盖的最短期间是（　　）。

A. 2023 年 1 月 1 日至 2023 年 6 月 30 日止期间

B. 2023 年 4 月 1 日至 2024 年 3 月 31 日止期间

C. 2023 年 1 月 1 日至 2023 年 12 月 31 日止期间

D. 2022 年 1 月 1 日至 2024 年 3 月 31 日止期间

13. 甲公司 2×23 年度财务报表已经 XYZ 会计师事务所的 X 注册会计师审计。ABC 会计师事务所的 A 注册会计师负责审计甲公司 2×24 年度财务报表。下列有关期初余额审计的说法中，错误的是（　　）。

A. A 注册会计师应当阅读甲公司 2×23 年度财务报表和相关披露，以及 X 注册会计师出具的审计报告

B. 为确定期初余额是否含有对本期财务报表产生重大影响的错报，A 注册会计师需要确定适用于期初余额的重要性水平

C. A 注册会计师评估认为 X 注册会计师具备审计甲公司需要的独立性和专业胜任能力，因此，可能通过查阅 2×23 年度审计工作底稿，获取关于非流动资产期初余额的充分、适当的审计证据

D. A 注册会计师未能对 2×23 年 12 月 31 日的存货实施监盘，因此，除对存货的期末余额实施审计程序，有必要对存货期初余额实施追加的审计程序

14. 管理层在本期财务报表中作出公平交易的认定时，下列程序中，无法为证实此项认定提供充分、适当审计证据的是（　　）。

A. 将本期关联方交易条款与以前年度的关联方交易条款进行比较

B. 将本期关联方交易条款与相同或类似非关联方交易的条款进行比较

C. 聘请外部专家确定交易的市场价格

D. 比较本期关联方交易条款与公开市场进行的类似交易条款

二、多选题

15. 在识别和评估与会计估计相关的重大错报风险时，注册会计师应当了解被审计单位及其环境、适用的财务报告编制基础和内部控制体系各要素。下列各项中，属于注册会计师应当了解的内容有（　　）。

A. 可能需要作出会计估计并在财务报表中确认或披露的交易、事项或情况

B. 与被审计单位会计估计相关的监管因素

C. 被审计单位如何识别和应对与会计估计相关的风险

D. 被审计单位与会计估计相关的信息系统

16. 下列各项中，属于与会计估计相关的风险评估程序有（　　）。

A. 了解适用的财务报告编制基础

B. 了解内部控制体系

C. 复核以前期间会计估计的结果

D. 测试管理层如何作出会计估计

17. 注册会计师应当考虑下列事项，以识别重大错报风险和评估固有风险（　　）。

A. 估计不确定性　　B. 复杂性

C. 主观性　　　　　D. 特殊性

18. 以下属于应对与会计估计相关的重大错报风险的程序有（　　）。

A. 从截至审计报告日发生的事项获取审计证据

B. 测试管理层如何作出会计估计

C. 作出注册会计师的点估计或区间估计

D. 确定项目组是否需要专门技能或知识

19. 通常导致注册会计师作出点估计或区间估计以评价管理层的点估计以及与估计不确定性相关的披露的情况有（　　）。

A. 被审计单位针对作出会计估计过程的控制没有得到有效设计或恰当执行

B. 存在适当的替代性假设或数据来源，能够

被用于作出注册会计师的点估计或区间估计

C. 管理层采取了适当措施以了解和应对估计不确定性

D. 管理层本期的会计估计过程预期是有效的

20. 在测试管理层如何作出会计估计时，注册会计师应当实施的程序有（　　）。

A. 评价管理层作出会计估计时，对方法的选择和运用

B. 评价管理层作出会计估计时，对假设的选择和运用

C. 评价管理层作出会计估计时，对数据的选择和运用

D. 评价管理层如何选择点估计，并就估计的不确定性作出披露

21. 注册会计师审计关联方时，应当向管理层询问的事项有（　　）。

A. 关联方名称

B. 关联方特征

C. 被审计单位和关联方之间关系的性质

D. 与关联方的资金往来频率

22. 如果识别出管理层未向注册会计师披露的重大关联方交易，下列各项措施中，注册会计师应当采取的有（　　）。

A. 对新识别出的关联方或重大关联方交易实施相应的控制测试

B. 在适用的财务报告编制基础对关联方作出规定的情况下，要求管理层识别与新识别出的关联方之间发生的所有交易

C. 将此类风险确定为存在由于舞弊导致的重大错报风险

D. 立即将相关信息向项目组其他成员通报

23. 在适用的财务报告编制基础对关联方作出规定的情况下，下列各项中，应当包含在被审计单位管理层和治理层（如适用）书面声明中的有（　　）。

A. 已向注册会计师披露了全部已知的关联方名称

B. 已向注册会计师披露了全部已知的关联方特征

C. 已向注册会计师披露了全部已知的关联方关系

D. 已向注册会计师披露了全部已知的关联方交易

24. 下列有关对持续经营假设的说法中，错误的是（　　）。

A. 如果适用的财务报告编制基础不要求管理层对持续经营能力作出专门评估，注册会计师也有责任对被审计单位的持续经营能力是否存在重大不确定性作出评估

B. 如果适用的财务报告编制基础不要求管理层对持续经营能力作出专门评估，注册会计师没有责任对被审计单位的持续经营能力是否存在重大不确定性作出评估

C. 如果适用的财务报告编制基础不要求管理层对持续经营能力作出专门评估，管理层没有责任对持续经营进行评估

D. 即使适用的财务报告编制基础不要求管理层对持续经营能力作出专门评估，管理层也仍有责任对持续经营进行评估

25. 根据对被审计单位持续经营能力的审计结论，注册会计师在判断应出具何种类型的审计报告时，下列说法中，正确的有（　　）。

A. 如果被审计单位运用持续经营假设适当但存在重大不确定性，且财务报表附注已作充分披露，应当发表无保留意见，并在审计报告中增加以"与持续经营相关的重大不确定性"为标题的单独部分

B. 如果存在多项对财务报表整体具有重要影响的重大不确定性，且财务报表附注已作充分披露，在极少数情况下，可能认为发表保留意见是适当的

C. 如果存在可能导致对被审计单位持续经营能力产生重大疑虑的事项和情况，且财务报表附注未作充分披露，应当发表保留意见或否定意见

D. 如果管理层编制财务报表时运用持续经营假设不适当，应当发表保留意见或否定意见

26. 下列各项中，属于针对期初余额的审计目标的有（　　）。

A. 确定期初余额是否含有对本期财务报表

产生重大影响的错报

B. 确定期初余额反映的恰当的会计政策是否在本期财务报表中得到一贯运用

C. 确定会计政策的变更是否已按照适用的财务报告编制基础作出恰当的会计处理和充分的列报与披露

D. 确定期初余额是否含有对上期财务报表产生重大影响的错报

27. 针对期初余额，如果无法获取充分、适当的审计证据，注册会计师可能发表的审计意见有（　　）。

A. 无保留意见，并在强调事项段予以说明

B. 保留意见

C. 对经营成果和现金流量（如相关）发表保留意见或无法表示意见，而对财务状况发表无保留意见

D. 无法表示意见

28. 在对关联方进行审计的过程中，注册会计师应当与项目组其他成员分享获取的关联方的相关信息有（　　）。

A. 关联方的名称和特征

B. 关联方关系及其交易的性质

C. 可能被确定为存在特别风险的重大或复杂的关联方关系或关联方交易

D. 涉及管理层或治理层财务利益的交易

三、简答题

29. A 注册会计师负责审计甲公司 2023 年度财务报表。审计项目组在审计工作底稿中记录了与关联方关系及其交易相关的审计情况，部分内容摘录如下：

（1）A 注册会计师发现甲公司将其重要子公司出售给甲公司的母公司，并取得了大额收益。A 注册会计师获取了交易已经恰当授权和批准的审计证据，结果满意，未再实施其他审计程序。

（2）A 注册会计师在了解了甲公司与关联方交易相关的内部控制后，认为其内部控制设计合理，但不拟信赖，拟直接实施细节测试。

（3）甲公司财务报表附注中披露，其向关联方乙公司出售的产品是按照等同于公平交易中通行的条款执行的。A 注册会计师将甲公司向乙公司出售产品的价格与相同产品在活跃市场价格进行比较，结果一致，据此认为该项披露不存在重大错报。

（4）审计项目组向甲公司管理层获取了下列与关联方关系及其交易相关的书面声明：①已向注册会计师披露了全部已知的关联方名称和特征、关联方关系及其交易；②已按照企业会计准则的规定，对关联方关系及其交易进行了恰当的会计处理和披露。

（5）A 注册会计师在识别甲公司最终控制方时遇到困难，认为即使与治理层沟通也不会取得进展，因此未进行沟通。

要求：指出审计项目组的做法是否恰当。如不恰当，简要说明理由。

30. ABC 会计师事务所的 A 注册会计师负责审计甲公司 2023 年度财务报表。财务报表整体重要性为 500 万元。与会计估计审计相关的部分事项如下：

（1）A 注册会计师复核了甲公司 2022 年度财务报表中应收账款的坏账准备，发现其与实际坏账之间存在差异，因此 A 注册会计师得出了上期财务报表存在错报的结论。

（2）因甲公司 2022 年度经营情况较上年度没有发生重大变化，A 注册会计师通过实施分析程序对上年会计估计在本年的结果进行了复核，以评估与会计估计相关的重大错报风险。

（3）A 注册会计师评估认为甲公司与存货计提减值准备相关的风险不属于特别风险，因此未了解与相关的内部控制。

（4）甲公司针对长期股权投资减值准备的计提存在特别风险，A 注册会计师了解相关内部控制后，直接对存货跌价准备实施了细节测试，结果满意，据此认可了管理层计提的金额。

（5）A 注册会计师针对预计负债作出的点估计为 300 万元，而管理层作出的点估计为 250 万元，A 注册会计师指出错报金额为 50 万元，认为该错报属于事实错报。

要求：针对上述第（1）至第（5）项，逐项指出A注册会计师的做法是否恰当。如不恰当，简要说明理由。

31. ABC会计师事务所的A注册会计师负责审计甲公司2023年度财务报表。财务报表整体重要性为500万元。与会计估计审计相关的部分事项如下：

（1）A注册会计师认为甲公司存货减值准备的计提存在特别风险，虽然与其相关的内部控制很可能无效，但仍对其内部控制进行了了解，并实施了实质性分析程序，结果满意。

（2）A注册会计师就甲公司确认的预计负债作出的区间估计为100万元至200万元，管理层作出的估计为150万元，注册会计师认为不存在错报。

（3）甲公司确认的固定资产累计折旧为100万元，注册会计师确定的累计折旧为150万元，两者差额是因甲公司财务人员抄写错误导致的。由于固定资产折旧属于会计估计，所以A注册会计师据此得出该项目存在50万元的判断错报。

（4）A注册会计师识别出甲公司与金融资产估值相关的风险属于特别风险，且管理层未能实施控制进行恰当应对，A注册会计师决定采用口头形式与治理层进行沟通。

（5）A注册会计师在复核上期应收账款坏账准备的计提时发现，本期实际结果与上期计提金额存在差异，因此认为本期坏账准备的计提存在错报。

要求：针对上述第（1）至第（5）项，逐项指出A注册会计师的做法是否恰当。如不恰当，简要说明理由。

参考答案及解析

一、单选题

1. 【答案】B
【考点】风险评估程序和相关活动
【解析】通过实施追溯复核，注册会计师可以获取关于以前期间**会计估计过程有效性的信息**，所以注册会计师可以通过复核以前间的会计估计，获取评估控制风险的相关证据，选项B错误；选项ACD表述正确。

2. 【答案】A
【考点】应对评估的重大错报风险
【解析】注册会计师在确定点估计或区间估计时，可以采用下列方法：①与管理层使用不同的模型，如公开出售的供特定部门或行业使用的模型、专有的模型，或注册会计师自行开发的模型（选项A错误，选项D正确）；②使用管理层采用的模型，但使用有别于管理层的假设或数据来源的替代性假设或数据来源；③使用注册会计师的自有方法，但使用有别于管理层的假设的替代性假设（选项B）；④雇用或聘请在专门领域具有专长的人员开发或运用模型，或者提供相关假设（选项C）；⑤考虑其他类似的交易、事项或情况，或者类似的资产或负债的市场（如相关）。

3. 【答案】D
【考点】应对评估的重大错报风险
【解析】**当审计证据支持区间估计时，区间可能较大，且在某些情况下可能数倍于财务报表整体的重要性**，选项D错误；选项ABC表述正确。

4. 【答案】C
【考点】风险评估程序和相关工作
【解析】注册会计师的询问对象通常包括除管理层外，可能知悉关联方关系及其交易以及相关控制的其他人员，具体有：①治理层成员（选项B董事会属于治理层）；②负责生成、处理或记录超出正常经营过程的重大交易的人员，以及对其进行监督或监控的人员；③内部审计人员（选项 A）；④内部法律顾问；⑤负责道德事务的人员（选项 D）。故本题答案为选项 C。

5. 【答案】A
【考点】识别和评估重大错报风险
【解析】选项 A 属于超出正常经营过程的重大关联方交易，应评估为存在特别风险。（注意：期后有大量异常退货表明"超出正常经营过程"，金额占总收入的 70% 表明"重大"。期后异常退货均来自联营企业，说明涉及"关联方"。）选项 BCD 没有完全符合超出正常经营过程的重大关联方交易的三个条件。
【应试指导】**超出正常经营过程**的交易，常见的有：①复杂的股权交易，如重组或收购；②与处于法制不健全的地区的境外实体之间的交易；③对外提供厂房租赁或管理服务，而没有收取对价；③异常大额折扣或退货的销售；④循环交易，如售后回购交易；⑤在合同期限届满之前变更条款的交易。

6. 【答案】D
【考点】针对重大错报风险的应对措施
【解析】注册会计师应当将识别出的、超出被审计单位正常经营过程的重大关联方交易导致的风险确定为特别风险，选项 A 正确。对于识别出的超出正常经营过程的重大关联方交易，注册会计师应当检查相关合同或协议（如有），并评价交易的商业理由（或缺乏商业理由）是否表明被审计单位从事交易的目的可能是为了对财务信息作出虚假报告或隐瞒侵占资产的行为，选项 C 正确。评价交易条款是否与管理层的解释一致，选项 B 正确。评价关联方交易是否已按照适用的财务报告编制基础得到恰当会计处理和披露。此外，注册会计师还应获取交易已经恰当授权和批准的审计证据。**授权和批准本身不足以就是否不存在由于舞弊或错误导致的重大错报风险得出结论**，选项 D 错误。

7. 【答案】A
【考点】针对重大错报风险的应对措施

【解析】如果交易属于超出正常经营过程的重大关联方交易，注册会计师应当检查相关合同或协议（如有），并评价**交易的商业理由**(或缺乏商业理由）是否表明被审计单位从事交易的目的可能是为了对财务信息作出虚假报告或为了隐瞒侵占资产的行为，选项 A 最有效；评价交易条款是否与管理层的解释一致；评价关联方交易是否已按照适用的财务报告编制基础得到恰当会计处理和披露。此外，注册会计师还应获取交易已经恰当授权和批准的审计证据。后几条程序往往在其他情形中也会被实施，有效性较选项 A 而言，没有那么高。

8. 【答案】B
【考点】风险评估程序和相关活动
【解析】即使被审计单位存在一个或多个项目可能导致对持续经营假设产生重大疑虑的事项或情况，也**不一定**会导致被审计单位无法持续经营，选项 B 错误。

9. 【答案】A
【考点】风险评估程序和相关活动
【解析】难以获得开发**必要**新产品所需资金，说明企业资金流断流，可能会导致被审计单位无法继续经营下去，选项 A 当选。通常判断一个企业能不能持续经营下去，主要看资金流是否断流。如果资金流不断，企业通常能持续经营下去。选项 B，投资活动的现金流量为负数并不表明企业持续经营存在问题，但如果是经营活动的现金流量为负数，就需要引起关注。选项 CD 并未体现企业资金流紧张或断裂等问题。

10. 【答案】C
【考点】风险评估程序和相关活动
【解析】出售部分固定资产可以快速获取所需资金，保证企业有充足的现金流以持续经营，选项 C 当选。

11. 【答案】D
【考点】评价管理层对持续经营能力作出的评估
【解析】管理层对持续经营能力的合理评估期间应是自财务报表日起的下一个会计期

间。如果管理层评估持续经营能力涵盖的期间短于自财务报表日起的**12个月**，注册会计师应当提请管理层将其至少延长至自财务报表日起的 12 个月，选项 A 错误。如果被审计单位具有盈利经营的记录并很容易获得财务支持，管理层**可能不需要进行详细分析就能作出评估**(注意：可以不详细评估，但仍需要评估)，选项 B 错误。如果在超过评估期间识别出导致产生重大疑虑的事项或情况，注册会计师**可能需要**提请管理层评价这些事项或情况对于其评估被审计单位持续经营能力的潜在重要性，选项 C 错误。注册会计师应当考虑管理层作出的评估是否已考虑所有相关信息，**包括注册会计师实施审计程序获取的信息**，选项 D 正确。

12. 【答案】C

    【考点】评价管理层对持续经营能力作出的评估

    【解析】管理层对持续经营能力的合理评估期间应是自财务报表日起的下一个会计期间；如果管理层评估持续经营能力涵盖的期间短于自财务报表日起的 12 个月，注册会计师应提请管理层将其至少延长至**自财务报表日起的 12 个月**。因此，选项 C 正确。

13. 【答案】B

    【考点】期初余额的审计程序

    【解析】为达到期初余额的审计目标，注册会计师应当阅读被审计单位最近期间的财务报表和相关披露，以及前任注册会计师出具的审计报告（如适用），获取与期初余额相关的信息，选项 A 正确；注册会计师首次接受委托时，需要获取充分、适当的审计证据以确定期初余额是否含有对本期财务报表产生重大影响的错报，但**不需要对其发表审计意见，也无须确定适用于期初余额的重要性水平**，选项 B 错误；注册会计师可能会通过复核前任注册会计师的审计工作底稿获取有关期初余额的审计证据，但这种复核是否能够获取充分、适当的审计证据，受前任注册会计师独立性和专业胜任能力影响，选项 C 正确；如果因为委托时间滞后，注册会计师未能对上期期末存货实施监盘，本期有必要对存货的期初余额实施追加的审计程序，选项 D 正确。

14. 【答案】A

    【考点】识别和评估重大错报风险

    【解析】将本期关联方交易条款与以前年度的关联方交易条款作比较，无法证明该关联方交易是公正的，选项 A 当选；选项 BCD 都能为管理层在本期财务报表中作出公平交易的认定提供充分、适当的审计证据。

二、多选题

15. 【答案】ABCD

    【考点】风险评估程序和相关活动

    【解析】了解被审计单位及其环境、适用的财务报告编制基础和内部控制体系各要素时，注册会计师应当了解与被审计单位会计估计相关的下列方面：①可能需要作出会计估计并在财务报表中确认或披露，或者可能导致会计估计发生变化的交易、事项或情况（选项 A）；②适用的财务报告编制基础；③与被审计单位会计估计相关的监管因素，包括与审慎监管相关的监管框架（如适用）（选项 B）；④根据对上述三个方面的了解，注册会计师初步认为应当反映在被审计单位财务报表中的会计估计和相关披露的性质；⑤被审计单位针对与会计估计相关的财务报告过程的监督和治理措施；⑥对是否需要运用与会计估计相关的专门技能或知识，管理层是怎样决策的，以及管理层怎样运用与会计估计相关的专门技能或知识，包括利用管理层的专家的工作；⑦被审计单位如何识别和应对与会计估计相关的风险（选项 C）；⑧被审计单位与会计估计相关的信息系统（选项 D）；⑨在控制活动中识别的，针对管理层对于相关交易类别、账户余额和披露涉及的会计估计和相关披露作出会计估计过程的控制；⑩管理层如何复核以前期间会计估计的结果以及如何应对该复核结果。

16. 【答案】ABC
    【考点】风险评估程序和相关活动
    【解析】在实施风险评估程序和相关活动，以了解被审计单位及其环境时，注册会计师应当了解下列内容，作为识别和评估会计估计重大错报风险的基础：①了解被审计单位及其环境、适用的财务报告编制基础和内部控制体系各要素（选项 AB）；②复核以前期间会计估计的结果或管理层对以前期间会计估计作出的后续重新估计（选项 C）；③确定是否需要专门技能或知识。选项 D 属于应对环节所实施的程序。

17. 【答案】ABC
    【考点】识别和评估重大错报风险
    【解析】注册会计师应当考虑下列事项，以识别重大错报风险和评估固有风险：①**估计不确定性**（选项 A）；②**复杂性或主观性**（选项 BC）；③**其他固有风险因素**。固有风险是指在不考虑控制的情况下，某类交易、账户余额或披露的某一认定易于发生错报（该错报单独或连同其他错报可能是重大的）的可能性。当某事项具有特殊性时，说明其与众不同，但并不能说明其存在错报的可能性大，选项 D 不选。

18. 【答案】ABC
    【考点】应对评估的重大错报风险
    【解析】针对评估的认定层次重大错报风险，注册会计师在考虑形成风险评估结果的依据的基础上，应当设计和实施以下一项或多项进一步的审计程序：①从截至审计报告日发生的事项获取审计证据（选项 A）；②测试管理层如何作出会计估计（选项 B）；③作出注册会计师的点估计或区间估计（选项 C）。选项 D 属于风险评估环节所实施的程序。（注意：要能够区分风险评估与风险应对环节的审计程序，不要张冠李戴。）

19. 【答案】AB
    【考点】应对评估的重大错报风险
    【解析】当存在下列情形时，注册会计师作出点估计或区间估计以评价管理层的点估计以及与估计不确定性相关的披露，可能是适当的方法：①注册会计师对管理层在上期财务报表中作出的类似事项的会计估计进行复核后认为管理层本期的会计估计过程预期是**无效的**（选项 D 错误）；②被审计单位针对作出会计估计过程的控制没有得到有效设计或恰当执行（选项 A）；③管理层未恰当考虑财务报表日至审计报告日之间发生的交易或事项，且这些交易或事项似乎与管理层的点估计相互矛盾；④存在适当的替代性假设或数据来源，能够被用于作出注册会计师的点估计或区间估计（选项 B）；⑤管理层**没有采取**适当的措施以了解和应对估计不确定性（选项 C 错误）。（记忆技巧：**在管理层处理不当的情况下，注册会计师就得自行处理了。**）

20. 【答案】ACD
    【考点】应对评估的重大错报风险
    【解析】为测试管理层如何作出会计估计，注册会计师应当设计和实施进一步审计程序，以针对与下列事项相关的重大错报风险获取充分、适当的审计证据：①管理层作出会计估计时，对方法（选项 A）、重大假设和数据（选项 C）的选择和运用；②管理层如何选择点估计，并就估计不确定性作出披露（选项 D）。选项 B 中的"假设"应修改为**重大假设**。

21. 【答案】ABC
    【考点】风险评估程序和相关工作
    【解析】注册会计师审计关联方时，应当向管理层询问下列事项：①关联方名称和特征，包括关联方自上期以来发生的变化（选项 AB）；②被审计单位和关联方之间关系的性质（选项 C）；③被审计单位在本期是否与关联方发生交易，如发生，交易的类型、定价政策和目的。选项 D **不属于应当询问的内容**。

22. 【答案】BD
    【考点】针对重大错报风险的应对措施

【解析】如果识别出管理层以前未识别出或未向注册会计师披露的关联方关系或重大关联方交易，注册会计师应当：①立即将相关信息向项目组其他成员通报（选项 D）；②在适用的财务报告编制基础对关联方作出规定的情况下，要求管理层识别与新识别出的关联方之间发生的所有交易，以便注册会计师作出进一步评价，并询问与关联方关系及其交易相关的控制为何未能识别或披露该关联方关系或交易（选项 B）；③对新识别出的关联方或重大关联方交易实施恰当的实质性程序（选项 A 错误）；④重新考虑可能存在管理层以前未识别出或未向注册会计师披露的其他关联方或重大关联方交易的风险，如有必要，实施追加的审计程序；⑤如果管理层不披露关联方关系或交易看似是有意的，因而显示**可能存在**由于舞弊导致的重大错报风险，评价这一情况对审计的影响（选项 C 错误）。

23. 【答案】ABCD

【考点】其他相关审计程序

【解析】如果适用的财务报告编制基础对关联方作出规定，注册会计师**应当**向管理层和治理层（如适用）获取下列**书面声明**：①已经向注册会计师披露了全部已知的关联方**名称和特征**、**关联方关系及其交易**；②已经按照适用的财务报告编制基础的规定，对关联方关系及其交易进行了恰当的会计处理和披露。因此，选项 ABCD 全都当选。

24. 【答案】BC

【考点】管理层的责任和注册会计师责任

【解析】**无论**编制基础是否要求管理层评估持续经营能力，注册会计师**都要就其运用持续经营假设的适当性获取充分、适当审计证据，并就持续经营能力是否存在重大不确定性得出结论**，选项 A 正确，选项 B 错误；无论编制基础是否要求管理层评估持续经营能力，管理层都要对其持续经营能力进行评估，选项 C 错误，选项 D 正确。

25. 【答案】AC

【考点】对审计结论和审计报告的影响

【解析】如果存在**多项**对财务报表整体具有重要影响的重大不确定性，且财务报表附注已作充分披露，在极少数情况下，可能认为发表**无法表示意见**是适当的，选项 B 错误；如果管理层编制财务报表时**运用持续经营假设不适当，应当发表否定意见**，选项 D 错误；选项 AC 表述正确。

26. 【答案】ABC

【考点】期初余额的审计目标

【解析】在执行首次审计业务时，注册会计师针对期初余额的目标是，获取充分、适当的审计证据，以确定：①期初余额是否含有对**本期**财务报表产生重大影响的错报（选项 A 正确，选项 D 错误）；②期初余额反映的恰当的会计政策是否在本期财务报表中得到一贯运用，或会计政策的变更是否已按照适用的财务报告编制基础作出恰当的会计处理和充分的列报与披露（选项 BC）。

27. 【答案】BCD

【考点】审计结论和审计报告

【解析】审计后不能获取有关期初余额的充分、适当的审计证据，注册会计师可能：①发表适合具体情况的保留意见或无法表示意见（选项 A 错误，选项 BD 正确）；②除非法律法规禁止，对经营成果和现金流量（如相关）发表保留意见或无法表示意见，而对财务状况发表无保留意见（选项 C）。

28. 【答案】ABCD

【考点】项目组内部分享与关联方有关的信息

【解析】在整个审计过程中，注册会计师应当与项目组其他成员分享获取的关联方的相关信息。例如：①关联方的名称和特征（选项 A）；②关联方关系及其交易的性质（选项 B）；③可能被确定为存在特别风险的重大或复杂的关联方关系或关联方交易，特别是涉及管理层或治理层财务利益的交易（选项 CD）。

三、简答题

29. 【考点】关联方审计

【答案】（1）不恰当。该交易属于**超出正常经营过程的重大关联方交易**，注册会计师应当检查相关合同或协议（如有）并对下列事项作评价：①交易的商业理由（或缺乏商业理由）是否表明被审计单位从事交易的目的可能是为了对财务信息作出虚假报告或为了隐瞒侵占资产的行为；②交易条款是否与管理层的解释一致；③关联方交易是否已按照适用的财务报告编制基础得到恰当会计处理和披露。

（2）恰当。（注意：如果注册会计师不拟信赖内部控制，则不必实施控制测试。）

（3）不恰当。注册会计师还应当关注该关联方交易的其他条款和条件是否与独立各方之间通常达成的交易条款相同。

（4）恰当。

（5）不恰当。除非治理层全部成员参与管理被审计单位，注册会计师**应当与治理层沟通**在识别被审计单位最终控制方时遇到的困难。

30. 【考点】会计估计审计

【答案】（1）不恰当。会计估计的结果与财务报表中原来已确认或披露的金额存在差异，并不必然表明财务报表存在错报。

（2）不恰当。**没有发生重大变化并不能说明会计估计是与常规和重复发生的交易相关的**，分析程序可能不足以实现复核目的。

（3）不恰当。应当了解**会计估计相关的内部控制**。

（4）恰当。

【应试指导】

针对特别风险可能出现的五种组合搭配

了解内控	控制测试	实质性程序	
		实质性分析	细节测试
√			√
√		√	√
√	√	√	
√	√		√
√	√	√	√

（5）不恰当。该错报属于判断错报。

31. 【考点】会计估计审计

【答案】（1）不恰当。针对特别风险，仅实施实质性分析程序无法应对。

（2）恰当。（注意：管理层的点估计在注册会计师的区间估计范围内，不存在错报。）

（3）不恰当。因甲公司财务人员抄写错误导致的错报属于事实错报。

（4）不恰当。未能实施控制应对特别风险说明甲公司存在值得关注的内部控制缺陷，注册会计师应当采用书面形式与治理层沟通。

（5）不恰当。注册会计师复核以前期间会计估计的结果，是为了识别和评估本期的重大错报风险。本期实际结果与上期存在差异，并不表明本期存在错报。

第十八章　完成审计工作

真题共分两个模块，其一为知识点分册的例题模块，其二为习题分册的真题巩固模块，针对这两个模块，大家均需充分关注。

真题巩固

一、单选题

1. 【2022】在审计报告日后至财务报表报出日前，如果注册会计师知悉了若在审计报告日知悉可能导致修改审计报告的事项，下列有关注册会计师采取的措施的说法中，错误的是（　　）。
   A. 如果管理层修改了财务报表，注册会计师应当根据具体情况对有关修改实施必要的审计程序
   B. 如果认为管理层应当修改财务报表而没有修改，并且审计报告尚未提交给被审计单位，注册会计师应当修改审计意见类型，然后再提交审计报告
   C. 如果认为管理层应当修改财务报表而没有修改，并且审计报告已经提交给被审计单位，注册会计师应当通知管理层和治理层在财务报表作出必要修改前不要向第三方报出
   D. 如果审计报告已经提交给被审计单位，且管理层在财务报表未经必要修改的情况下仍将其报出，注册会计师应当采取适当措施，以设法防止使用者信赖该审计报告

2. 【2021】下列有关未更正错报的说法中，错误的是（　　）。
   A. 在评价未更正错报时，注册会计师需要考虑每一单项错报，以评价其对相关类别的交易、账户余额或披露的影响
   B. 注册会计师与治理层沟通未更正错报时，应当逐项指明未更正错报的性质和金额
   C. 注册会计师应当考虑与以前期间相关的未更正错报对相关类别的交易、账户余额或披露以及财务报表整体的影响
   D. 注册会计师应当要求管理层提供书面声明，说明其是否认为未更正错报单独或汇总起来对财务报表整体的影响不重大

3. 【2016】下列有关项目合伙人复核的说法中，错误的是（　　）。
   A. 项目合伙人无须复核所有审计工作底稿
   B. 项目合伙人通常需要复核项目组对关键领域所作的判断
   C. 项目合伙人应当复核与重大错报风险相关的所有审计工作底稿
   D. 项目合伙人应当在审计工作底稿中记录复核的范围和时间

4. 【2016】下列有关审计报告日的说法中，错误的是（　　）。
   A. 审计报告日可以晚于管理层签署已审计财务报表的日期
   B. 审计报告日不应早于管理层书面声明的日期
   C. 在特殊情况下，注册会计师可以出具双重日期的审计报告
   D. 审计报告日应当是注册会计师获取充分、适当的审计证据，并在此基础上对财务报表形成审计意见的日期

5. 【2016】下列有关书面声明的说法中，错误的是（　　）。
   A. 即使管理层已提供可靠的书面声明，也不影响注册会计师就管理责任履行情况或具体认定获取的其他审计证据的性质和范围
   B. 为支持与财务报表或某项具体认定相关的其他审计证据，注册会计师可以要求管理层提供关于财务报表或特定认定的书面声明
   C. 如果管理层不向注册会计师提供所有交易均已记录并反映在财务报表中的书面声明，注册会计师应当对财务报表发表保留意见或

无法表示意见

D. 如果在审计报告中提及的所有期间内，现任管理层均尚未就任，注册会计师也需要向现任管理层获取涵盖整个相关期间的书面声明

6. 【2015】下列有关注册会计师对错报进行沟通的说法中，错误的是（　　）。

A. 注册会计师应当要求管理层更正审计过程中发现的超过明显微小错报临界值的错报

B. 除非法律法规禁止，注册会计师应当与治理层沟通未更正的错报

C. 注册会计师应当与治理层沟通与以前期间相关的未更正错报对相关类别的交易、账户余额或披露以及财务报表整体的影响

D. 除非法律法规禁止，注册会计师应当及时将审计过程中发现的所有错报与适当层级的管理层进行沟通

二、多选题

7. 【2015】下列有关期后事项审计的说法中，正确的有（　　）。

A. 注册会计师应当恰当应对在审计报告日后知悉的，且如果在审计报告日知悉可能导致注册会计师修改审计报告的事实

B. 在财务报表报出后，注册会计师没有义务针对财务报表实施任何审计程序

C. 注册会计师应当要求管理层提供书面声明，确认所有在财务报表日后发生的、按照适用的财务报告编制基础的规定应予调整或披露的事项均已得到调整或披露

D. 注册会计师应当设计和实施审计程序，获取充分、适当的审计证据，以确定所有在财务报表日至财务报表报出日之间发生的，需要在财务报表中调整或披露的事项均已得到识别

三、简答题

8. 【经典真题】上市公司甲公司是 ABC 会计师事务所的常年审计客户，A 注册会计师负责审计甲公司 2013 年度财务报表。审计工作底稿中与确定重要性和评估错报相关的部分内容摘录如下：

金额单位：万元

项目	2013 年	2012 年	备注
营业收入	16 000（未审数）	15 000（已审数）	2013 年，竞争对手推出新产品抢占市场，甲公司通过降价和增加广告投放促销
税前利润	50（未审数）	2 000（已审数）	2013 年，降价及销售费用增长导致盈利大幅下降
财务报表整体的重要性	80	100	
实际执行的重要性	60	75	
明显微小错报的临界值	0	5	

A 注册会计师仅发现一笔影响利润表的错报，即管理费用少计 60 万元。A 注册会计师认为，该错报金额小于财务报表整体的重要性，不属于重大错报，同意管理层不予调整。

要求：指出 A 注册会计师的做法是否恰当。如不恰当，简要说明理由。

四、综合题

9. 【2018】上市公司甲公司是 ABC 会计师事务所的常年审计客户，主要从事汽车的生产和销售。A 注册会计师负责审计甲公司 2017 年度财务报表，确定财务报表整体的重要性为 1 000 万元，明显微小错报的临界值为 30 万元。A 注册会计师在审计工作底稿中记录了审计计划，部分内容摘录如下：

因不同意 A 注册会计师提出的某些审计调整建议，管理层拒绝在书面声明中说明未更正错报单独或汇总起来对财务报表整体的影响不重大。考虑到未更正错报对财务报表的影响很小，A 注册会计师同意管理层不提供该项声明。

要求：指出 A 注册会计师的做法是否恰当。如不恰当，简要说明理由。

10. 【2016】甲公司是 ABC 会计师事务所的常年审计客户，主要从事肉制品的加工和销售。A 注册会计师负责审计甲公司 2015 年度财务报表，确定财务报表整体的重要性为 100 万元。审计报告日为 2016 年 4 月 30 日。A 注册会计师在审计工作底稿中记录了重大事项的处理情况，部分内容摘录如下：

审计过程中累积的错报合计数为 200 万元。因管理层已全部更正，A 注册会计师认为错报对审计工作和审计报告均无影响。

要求：指出 A 注册会计师的做法是否恰当。如不恰当，简要说明理由。

11. 【经典真题】甲公司是 ABC 会计师事务所的常年审计客户。A 注册会计师负责审计甲公司 2013 年度财务报表，确定财务报表整体的重要性为 240 万元，税前利润为 180 万元。

A 注册会计师在审计过程中识别并累积了 3 笔错报，并认为这些错报均不重大，同意管理层不予调整。甲公司 2013 年度未更正错报列示如下（不考虑税务影响）：

金额单位：万元

序号	错报说明	借方项目	贷方项目	金额
（1）	2014 年的管理费用计入 2013 年度	其他应付款	管理费用	50
（2）	2013 年末提前确认 a 产品销售收入	营业收入	应收账款	1 000
		存货	营业成本	900
（3）	少计提固定资产减值准备	资产减值损失	固定资产	150

要求：假定不考虑其他条件，指出 A 注册会计师的判断存在哪些不当之处，并简要说明理由。

参考答案及解析

一、单选题

1. 【答案】B
【考点】第二时段期后事项
【解析】如果管理层修改了财务报表，注册会计师应当根据具体情况对有关修改实施必要的审计程序，选项 A 正确；如果认为管理层应当修改财务报表而没有修改，并且审计报告尚未提交给被审计单位，注册会计师**应当发表非无保留意见**，然后再提交审计报告（注意：审计意见可能原本就是非无保留意见，所以不一定会涉及修改审计意见类型），选项 B 错误；如果管理层应当修改财务报表而没有修改，并且审计报告已经提交给被审计单位，注册会计师应当通知管理层和治理层（除非管理层全员参与管理被审计单位）在财务报表作出必要修改前不要向第三方报出，选项 C 正确；如果财务报表在未经必要修改的情况下仍被报出，注册会计师应当采取适当措施，以设法防止财务报表使用者信赖该审计报告，选项 D 正确。

2. 【答案】B
【考点】评价审计过程中识别出的错报
【解析】注册会计师在评价未更正错报是否重大时，既要考虑未更正错报单独或连同其他未更正错报的金额，还需要考虑错报性质及错报发生的特定环境，在评价时，注册会计师需要考虑每一单项错报，以评价其对相关类别的交易、账户余额或披露的影响，选项 A 正确。除非法律法规禁止，注册会计师应当与治理层沟通未更正错报，以及这些错报单独或汇总起来可能对审计意见产生的影响。在沟通时，注册会计师**应当逐项指明重大的**未更正错报，选项 B 错误。注册会计师应当确定未更正错报单独或汇总起来是否重大，应当考虑的因素有：①相对特定类别的交易、账户余额或披露以及财务报表整体而言，错报的金额和性质以及错报发生的特定环境；②与以前期间相关的未更正错报对相关类别的交易、账户余额或披露以及财务报表整体的影响（选项 C）。注册会计师应当要求管理层和治理层（如适用）提供书面声明，说明其是否认为未更正错报单独或汇总起来对财务报表整体的影响不重大，选项 D 正确。

3. 【答案】C
【考点】复核工作底稿
【解析】合伙人复核的内容包括：①重大事项；②重大判断，包括与在审计中遇到的困难或有争议事项相关的判断，以及得出的结论；③根据项目合伙人的职业判断，与项目合伙人的职责有关的其他事项。与重大错报风险相关的事项**大于**以上范围，所以不是所

有与重大错报风险相关的事项都需要复核。因此，选项 C 错误，选项 AB 正确。为了明确责任，在各自完成与特定工作底稿相关任务之后，编制者和复核者都应当在工作底稿上签名并注明编制日期和复核日期，选项 D 正确。

4. 【答案】D
【考点】完成审计工作概述
【解析】注册会计师签署审计报告的日期可能与管理层签署已审财务报表的日期为同一天，也可能晚于管理层签署已审财务报表的日期，选项 A 正确。书面声明的日期应当尽量接近财务报表出具审计报告的日期，但不得在审计报告日后，选项 B 正确。在极其特殊的情况下，可能会出具双重日期的审计报告。例如，注册会计师知悉第二时段期后事项时，针对财务报表修改部分增加补充报告日期的情形。选项 C 正确。审计报告**不应早**于注册会计师获取充分、适当的审计证据并在此基础对财务报表形成审计意见的日期，审计报告日与审计意见日期可以不是同一天，选项 D 错误。

5. 【答案】C
【考点】书面声明
【解析】管理层已提供可靠书面声明的事实，并不影响注册会计师就管理层责任履行情况或具体认定获取的其他审计证据的性质和范围，选项 A 正确；如果注册会计师认为有必要获取一项或多项其他书面声明（即非强制），以支持与财务报表或者一项或多项具体认定相关的其他审计证据，就应当要求管理层提供这些书面声明，选项 B 正确；如果管理层不向注册会计师提供所有交易均已记录并反映在财务报表中的书面声明，注册会计师**应当对财务报表发表无法表示意见**，选项 C 错误；即使在审计报告中提及的所有期间内，现任管理层均尚未就任，注册会计师仍然需要向现任管理层获取涵盖整个相关期间的书面声明，选项 D 正确。

6. 【答案】D
【考点】评价审计过程中识别出的错报

【解析】除非法律法规禁止，注册会计师应当及时将审计过程中**累积的**所有错报（即超过明显微小错报临界值的所有错报）与适当层级的管理层进行沟通。注册会计师还应当要求管理层更正这些错报。选项 A 正确，选项 D 错误；除非法律法规禁止，注册会计师应当与治理层沟通未更正错报，以及这些错报单独或汇总起来可能对审计意见产生的影响，选项 B 正确；注册注册会计师还应当与治理层沟通与以前期间相关的未更正错报对相关类别的交易、账户余额或披露以及财务报表整体的影响，选项 C 正确。

二、多选题

7. 【答案】ABC
   【考点】第三时段期后事项
   【解析】注册会计师应当设计和实施审计程序，获取充分、适当的审计证据，以确定所有在**财务报表日至审计报告日**之间发生的**需要在财务报表中调整或披露的事项**均已得到识别，选项 D 错误；选项 ABC 表述正确。

三、简答题

8. 【考点】评价审计过程中识别出的错报
   【答案】不恰当。该错报虽然小于财务报表整体的重要性，但会使甲公司**税前利润由盈利转为亏损**，属于重大错报。

四、综合题

9. 【考点】书面声明
   【答案】不恰当。注册会计师**仍应当要求**管理层提供有关未更正错报的书面声明/书面声明可以增加有关不同意某事项构成错报的。
10. 【考点】评价审计过程中识别出的错报
    【答案】不恰当。累积的错报合计数 200 万元超过财务报表整体的重要性，注册会计师没有考虑对其审计工作的影响/应当确定是否需要考虑修改审计计划。
11. 【考点】评价审计过程中识别出的错报
    【答案】（1）对第 2 笔未更正错报的判断不当。注册会计师需要考虑每一单项错报，以评价其对相关类别交易、账户余额或披露的影响/不能以抵销的影响评估错报是否重大/营业收入和营业成本的错报金额重大。
    （2）对 3 笔未更正错报汇总影响的判断不当。汇总错报将导致甲公司**由盈转亏**/汇总错报掩盖了损益变化的趋势。

模拟自测

一、单选题

1. 下列关于重要性水平的运用的说法中，正确的是（　　）。
   A. 当错报金额高于财务报表整体重要性水平时，注册会计师可能发表非无保留意见的审计报告
   B. 注册会计师应当使用实际执行重要性水平，评价已识别出的错报对财务报表的影响和对审计报告中审计意见的影响
   C. 注册会计师应当选取所有高于明显微小错报临界值的财务报表项目实施进一步审计程序
   D. 未更正的错报汇总金额不超过实际执行重要性水平，不影响注册会计师的审计意见

2. 审计报告日后，注册会计师被动知悉了某事实，且如果在审计报告日前知悉可能影响审计意见。下列做法中，错误的是（　　）。
   A. 与管理层讨论该事项，确定是否需要修改财务报表

B. 如果需要修改财务报表，注册会计师应当对修改后的财务报表实施恰当的审计程序

C. 如果财务报表已经对外进行报出，则注册会计师无须采取任何行动

D. 如果认为管理层应当修改财务报表，而管理层拒绝修改，若审计报告尚未提交，注册会计师应当按照规定发表非无保留意见

3. 下列有关注册会计师对错报进行评价的说法中，错误的是（　　）。

A. 在评价未更正错报影响之前，注册会计师可能有必要依据实际的财务结果对重要性作出修改

B. 某项错报的金额可能低于重要性水平，但仍可能认为其是重大的

C. 确定一项分类错报是否重大，需要进行定性评估，即使分类错报超过了重要性水平，仍可能认为该分类错报对财务报表整体不产生重大影响

D. 未更正错报是指注册会计师在审计过程中发现的所有错报

4. 对于审计过程中累积的错报，下列做法中，正确的是（　　）。

A. 如果错报单独或汇总起来未超过财务报表整体的重要性，注册会计师可以不要求管理层更正

B. 如果错报单独或汇总起来未超过特定类别交易、账户余额、披露的重要性水平，注册会计师可以不要求管理层更正

C. 如果一项错报从金额或性质上均明显微小，则注册会计师无须要求管理层更正

D. 注册会计师应当要求管理层更正审计过程中识别的所有错报

5. 下列有关注册会计师针对错报进行沟通的说法中，错误的是（　　）。

A. 如果管理层拒绝更正沟通的部分或全部错报，注册会计师应当了解管理层不更正错报的理由，并在评价财务报表整体是否不存在重大错报时考虑该理由

B. 如果法律法规限制注册会计师就某些错报与管理层或被审计单位的其他人员沟通，则注册会计师不应沟通该错报

C. 管理层更正所有错报（包括注册会计师通报的错报），能够保持会计账簿和记录的准确性

D. 注册会计师应当要求管理层更正审计过程中发现的超过明显微小错报临界值的错报

6. 针对错报是否可以抵销，下列说法中，错误的是（　　）。

A. 如果收入和费用均存在重大高估错报100万元，则两项错报能相互抵销对利润的影响，据此，注册会计师可以认为这两项错报均不重大

B. 如果注册会计师认为某一单项错报是重大的，则该项错报不太可能被其他错报抵销

C. 对于同一账户余额或同一类别的交易内部的错报，这种抵销可能是适当的

D. 确定一项分类错报是否重大，需要进行定性评估

7. 以下属于财务报表日后调整事项的是（　　）。

A. 财务报表日后进一步确定财务报表日前购入资产的成本或售出资产的收入

B. 财务报表日后发生重大仲裁、承诺

C. 财务报表日后因自然灾害导致资产发生重大损失

D. 财务报表日后发生巨额亏损

8. 关于注册会计师对期后事项的责任，下列表述中，错误的是（　　）。

A. 有责任实施必要的审计程序，以确定截至审计报告日发生的期后事项是否均已得到识别

B. 在审计报告日后，没有责任针对财务报表实施审计程序

C. 在审计报告日后至财务报表报出日前，如果知悉了可能对财务报表产生重大影响的事实，有责任采取措施

D. 在财务报表报出后，如果知悉了可能对财务报表产生重大影响的事实，没有责任采取措施

9. 下列文件中，注册会计师认为可以作为书面声明的是（　　）。

A. 董事会会议纪要

B. 财务报表副本

C. 注册会计师列示管理层责任并经甲公司管理层确认的信函

D. 内部法律顾问出具的法律意见书

10. 下列有关书面声明的作用的说法中，错误的是（　　）。

　A. 管理层修改书面声明的内容或不提供注册会计师要求的书面声明，可能使注册会计师警觉存在重大问题的可能性

　B. 要求管理层提供书面声明而非口头声明，可以促使管理层更加认真地考虑声明所涉及的事项

　C. 书面声明不会影响注册会计师获取其他审计证据的性质和范围

　D. 管理层已提供可靠书面声明的事实，并不影响注册会计师就管理层责任履行情况或具体认定获取的其他审计证据的性质和范围

11. 下列有关书面声明日期的说法中，正确的是（　　）。

　A. 出具审计报告前的任何日期

　B. 尽量接近审计报告日，但不得在其之后

　C. 资产负债表日

　D. 注册会计师离开审计现场的日期

12. A 注册会计师负责审计甲公司 2023 年度财务报表，现场审计工作完成日为 2024 年 2 月 28 日，财务报表批准日为 2024 年 3 月 20 日，审计报告日为 2024 年 3 月 29 日，财务报表报出日为 2024 年 3 月 31 日。下列有关书面声明日期的说法中，正确的是（　　）。

　A. 注册会计师取得日期为 2024 年 2 月 28 日的书面声明

　B. 注册会计师取得日期为 2024 年 3 月 31 日的书面声明

　C. 注册会计师取得日期为 2024 年 2 月 28 日的书面声明，并于 2024 年 3 月 29 日就 2024 年 2 月 28 日至 2024 年 3 月 29 日之间的变化获取管理层的更新声明

　D. 注册会计师取得日期为 2024 年 3 月 20 日的书面声明

13. 审计被审计单位某项重要的金融资产时，如果注册会计师就管理层持有该金融资产的意图向管理层获取了书面声明，但发现该书面声明与其他审计证据不一致，那么注册会计师通常首先采取的措施是（　　）。

　A. 提请管理层修改其对持有该金融资产意图的书面声明

　B. 实施审计程序解决书面声明与其他审计证据不一致的问题

　C. 考虑对审计证据总体可靠性和审计意见的影响

　D. 修改进一步审计程序的性质、时间安排和范围

二、多选题

14. 下列有关项目合伙人复核的说法中，错误的有（　　）。

　A. 项目合伙人应当对管理和实现审计项目的高质量承担总体责任

　B. 项目合伙人通常需要复核与重大事项相关的工作底稿

　C. 项目合伙人应当复核固有风险等级为中等以上项目的所有审计工作底稿

　D. 项目合伙人需要运用职业判断确定是否在审计工作底稿中记录复核的范围

15. 下列有关审计工作底稿复核的说法中，错误的有（　　）。

　A. 审计项目组的内部复核主要集中在完成审计工作阶段

　B. 审计工作底稿中应当记录复核人员姓名及其复核时间

　C. 对一些较为复杂、审计风险较高的领域应当由项目合伙人复核

　D. 项目组内部工作底稿应当交叉复核

16. 注册会计师出具审计报告的日期为 2×24 年 3 月 15 日，财务报表报出日为 2×24 年 3 月 20 日。在审计过程中注册会计师了解到的下列期后事项中，属于非调整事项的有（　　）。

A. 2×24 年 2 月 1 日，被审计单位 2×23 年年末的某项交易性金融资产发生大幅贬值

B. 2×24 年 2 月 10 日，被审计单位发生重大诉讼

C. 2×24 年 2 月 15 日，被审计单位于 2×23

年确认的一笔大额销售被退回

D. 2×24 年 3 月 16 日，被审计单位发生企业合并

17. 注册会计师出具审计报告的日期为 2×24 年 3 月 15 日，财务报表报出日为 2×24 年 3 月 20 日，对于截至 2×24 年 3 月 15 日发生的期后事项，注册会计师的下列做法中，正确的有（　　）。

A. 设计专门的审计程序识别这些期后事项

B. 尽量在接近资产负债表日时实施针对期后事项的专门审计程序

C. 尽量在接近审计报告日时实施针对期后事项的专门审计程序

D. 不对财务报表实施任何审计程序

18. 注册会计师出具审计报告的日期为 2×24 年 3 月 15 日，财务报表报出日为 2×24 年 3 月 20 日，如果被审计单位管理层针对 2×24 年 3 月 20 日后发现的事实，修改了 2×23 年度财务报表，注册会计师应当采取的措施有（　　）。

A. 根据具体情况对有关修改实施必要的审计程序

B. 复核管理层采取的措施能否确保所有收到原财务报表和审计报告的人士了解这一情况

C. 针对修改后的 2×23 年度财务报表出具新的审计报告

D. 在针对 2×23 年度财务报表的审计报告中增加强调事项段，提醒财务报表使用者关注财务报表附注中有关修改原财务报表的详细原因和注册会计师提供的原审计报告

19. 下列有关期后事项审计的说法中，正确的有（　　）。

A. 期后事项是指财务报表日至财务报表报出日之间发生的事项

B. 期后事项是指财务报表日至审计报告日之间发生的事项，以及注册会计师在审计报告日后知悉的事实

C. 注册会计师无须主动识别财务报表报出日后发现的期后事项

D. 如果组成部分注册会计师对某组成部分实施审阅，集团项目组可以不要求该组成部分注册会计师实施审计程序以识别可能需要在集团财务报表中调整或披露的期后事项

20. 下列情况中，注册会计师可能会要求管理层在书面声明中再次确认其对自身责任的认可与理解的有（　　）。

A. 代表被审计单位签订审计业务约定条款的人员不再承担相关责任

B. 审计业务约定是在以前年度签订的

C. 有迹象表明管理层误解了其责任

D. 情况的改变需要管理层再次确认其责任

21. 下列有关书面声明的说法中，注册会计师认为错误的有（　　）。

A. 管理层已提供可靠书面声明的事实，可能影响注册会计师就具体认定获取的审计证据的性质和范围

B. 如果管理层已就某事项提供书面声明，那么注册会计师的责任可在一定程度上减轻

C. 书面声明提供的审计证据需要其他审计证据予以佐证

D. 书面声明提供了必要的审计证据，但其本身并不为所涉及的任何事项提供充分、适当的审计证据

22. 下列与管理层声明相关的表述中，错误的有（　　）。

A. 如果在审计报告提及的所有期间内，现任管理层均尚未就任，注册会计师无须向现任管理层获取涵盖整个相关期间的书面声明

B. 如果管理层的某项声明与其他审计证明相矛盾，注册会计师应当调查这种情况

C. 如果管理层拒绝提供注册会计师认为必要的声明，注册会计师应当出具否定意见的审计报告

D. 注册会计师不应以管理层声明替代能够合理预期获取的其他审计证据

23. 下列有关书面声明的说法中，错误的有（　　）。

A. 如果未从管理层获取其确认已履行责任的书面声明，则注册会计师在审计过程中获取的有关管理层已履行这些责任的其他审计证据是不充分的

B. 如果对管理层的胜任能力产生重大疑虑，注册会计师应当确定这些疑虑对书面或口头声明和审计证据总体的可靠性可能产生的影响

C. 如果书面声明与其他审计证据不一致，注册会计师应当依赖可靠性较高的其他审计证据

D. 书面声明的日期应当和审计报告日相同，且应当涵盖审计报告针对的所有财务报表和期间

24. 下列各项中，属于注册会计师应当获取的书面声明有（　　）。

A. 管理层认为，未更正错报单独或汇总起来对财务报表整体的影响不重大

B. 管理层和治理层已向注册会计师披露了已知的所有人员的舞弊或舞弊嫌疑

C. 所有交易均已记录并反映在财务报表中

D. 被审计单位将及时足额支付审计费用

25. 下列各项中，注册会计师应当要求被审计单位管理层提供书面声明的有（　　）。

A. 管理层和治理层（如适用）作出会计估计和相关披露时使用的方法、重大假设和数据是适当的

B. 管理层和治理层认可其设计、执行和维护内部控制以防止和发现舞弊的责任

C. 管理层已经向注册会计师披露了全部已知的关联方名称和特征、关联方关系及其交易

D. 管理层已经按照适用的财务报告编制基础的规定，对关联方关系及其交易进行了恰当的会计处理和披露

26. 在评价未更正错报的影响时，下列说法中，注册会计师认为正确的有（　　）。

A. 未更正错报的金额不得超过明显微小错报的临界值

B. 未更正错报的金额不得超过实际执行的重要性

C. 注册会计师应当要求被审计单位更正未更正错报

D. 注册会计师在评价未更正错报是否重大时，除考虑未更正错报单独或连同其他未更正错报的金额是否超过财务报表整体的重要性外，还需要考虑错报性质以及错报发生的特定环境

参考答案及解析

一、单选题

1. 【答案】A
【考点】评价审计过程中识别出的错报
【解析】在形成审计结论阶段，应使用财务报表整体重要性水平，评价已识别出的错报对财务报表的影响和对审计报告中审计意见的影响，选项 B 错误。注册会计师通常会选取金额超过**实际执行重要性**的，而非"明显微小错报临界值"的财务报表项目实施进一步审计程序，选项 C 错误。考虑一项错报是否重大不仅需要考虑错报的金额，还需要考虑错报的**性质**。例如，某项错报的金额虽然低于实际执行重要性水平，但对被审计单位的盈亏状况有决定性的影响，注册会计师应认为该项错报是重大错报。因此，选项 D 错误。选项 A 表述正确。

2. 【答案】C
【考点】期后事项
【解析】如果注册会计师在审计报告日后知悉了某事实，且若在审计报告日知悉可能导致修改审计报告，那么注册会计师应当实施恰当的审计程序；如果财务报表在未经必要修改的情况下，仍被报出，注册会计师应当采取适当措施，以设法防止财务报表使用者信赖该审计报告。故选项 C 错误，选项 ABD

程序正确。

3. 【答案】D
   【考点】评价审计过程中识别出的错报
   【解析】未更正错报是指注册会计师在审计过程中**累积的且被审计单位未予更正的**错报，选项 D 错误；选项 ABC 表述正确。

4. 【答案】C
   【考点】评价审计过程中识别出的错报
   【解析】只要错报超过明显微小错报临界值，注册会计师就应当要求管理层更正，但明显微小错报不需要更正和累积，选项 C 正确，选项 AB 错误；注册会计师应当要求管理层更正审计过程中**累积**的所有错报，选项 D 错误。

5. 【答案】B
   【考点】评价审计过程中识别出的错报
   【解析】法律法规可能限制注册会计师就某些错报与管理层或被审计单位的其他人员沟通。例如，如果与管理层沟通可能不利于适当机构对被审计单位发生的或怀疑存在的违反法律法规行为进行调查，那么法律法规可能明确禁止进行沟通。在某些情况下，注册会计师的保密义务与通报义务之间可能存在复杂的潜在冲突，此时，注册会计师可以考虑征询法律意见。（注意：选项 B 中的关键词是"法律法规限制"而非"法律法规禁止"。）选项 ACD 表述正确。

6. 【答案】A
   【考点】评价审计过程中识别出的错报
   【解析】如果注册会计师认为某**一单项错报是重大的，则该项错报不太可能被其他错报抵销**。如果收入和费用均存在重大高估错报 100 万，即使两项错报能相互抵消对利润的影响，这两项错报也仍然属于重大错报。因此，选项 A 错误。选项 BCD 表述正确。

7. 【答案】A
   【考点】期后事项及其类型
   【解析】"财务报表日后调整事项"是指在财务报表日已经存在的事项，但在资产负债日后为其提供新的或进一步的证据的事项，这类事项需要提请被审计单位管理层调整财务报表及与之相关的披露信息，选项 A 正确；选项 BCD 都是资产负债表日后发生的事项，属于财务报表日后非调整事项。

8. 【答案】D
   【考点】期后事项
   【解析】注册会计师应当设计和实施审计程序，获取充分、适当的审计证据，以确定所有在财务报表日至审计报告日之间发生的、需要在财务报表中调整或披露的事项（即期后事项）均已得到识别，选项 A 正确。在审计报告日后，注册会计师没有义务针对财务报表实施任何审计程序，选项 B 正确。（注意：实施审计程序是主动义务，审计报告日后，注册会计师均无主动义务。）在审计报告日至财务报表报出日前，如果知悉了某事实，且若在审计报告日知悉可能导致修改审计报告，注册会计师应当与管理层和治理层讨论该事项，并采取相应措施，选项 C 正确。在财务报表报出后，如果知悉了某事实，且若在审计报告日知悉可能导致修改审计报告，注册会计师应当与管理层和治理层（如适用）讨论该事项，并确定财务报表是否需要修改。如果需要修改，注册会计师应询问管理层将如何在财务报表中处理该事项。因此，选项 D 错误。

9. 【答案】C
   【考点】书面声明的基本概念
   【解析】书面声明是指管理层向注册会计师提供的**书面陈述**，用以确认某些事项或支持其他审计证据，选项 C 正确。书面声明不包括财务报表及其认定（选项 B），以及支持账簿和相关记录（选项 AD）。

10. 【答案】C
    【考点】书面声明
    【解析】管理层修改书面声明的内容或不提供注册会计师要求的书面声明，可能使注册会计师警觉存在重大问题的可能性，从而追加审计程序，因此，书面声明**可能影响**注册会计师获取其他审计证据的性质和范围，选项 A 正确，选项 C 错误；但如果管理层**已提供可靠书面声明**的事实，则并

不影响注册会计师就管理层责任履行情况或具体认定获取的其他审计证据的性质和范围，选项 D 正确；书面声明可以促使管理层更加认真地考虑声明所涉及的事项，选项 B 正确。

【应试指导】书面声明到底影响注册会计师获取其他证据的性质和范围吗？

要看书面声明是否可靠。如果可靠，则不影响；如果不可靠，被修改了，甚至管理层不提供书面声明，则可能会影响。

11. 【答案】B

    【考点】书面声明的日期

    【解析】书面声明的日期**应当尽量接近**对财务报表出具审计报告的日期，但**不得在审计报告日后**，选项 B 正确。

12. 【答案】C

    【考点】书面声明的日期

    【解析】书面声明的日期应当尽量接近对财务报表出具审计报告的日期，但不得在审计报告日后。在某些情况下，注册会计师在审计过程中获取有关财务报表特定认定的书面声明可能是适当的，此时，可能有必要要求管理层更新书面声明，选项 C 正确。

13. 【答案】B

    【考点】对书面声明可靠性的疑惑

    【解析】如果书面声明与其他审计证据不一致，注册会计师应当**首先**实施审计程序以设法解决这些不一致的问题，选项 B 正确。注册会计师可能需要考虑风险评估结果是否仍然适当。如果认为不适当，则需要修正风险评估结果，并确定进一步审计程序的性质、时间安排和范围，以应对评估的风险。如果问题仍未解决，注册会计师应当重新考虑对管理层的胜任能力、诚信、道德价值观或勤勉尽责的评估，或者对管理层在这些方面的承诺或贯彻执行的评估，并确定书面声明与其他审计证据的不一致对书面或口头声明和审计证据总体的可靠性可能产生的影响。

二、多选题

14. 【答案】CD

    【考点】复核工作底稿

    【解析】项目合伙人复核的内容包括：①重大事项；②重大判断，包括与在审计中遇到的困难或有争议事项相关的判断，以及得出的结论；③根据项目合伙人的职业判断，与项目合伙人的职责有关的其他事项。固有风险等级为中等以上的项目**大于以上范围**，所以不是所有固有风险等级为中等以上的项目都需要复核，选项 C 错误。项目合伙人应当在审计工作底稿中记录复核的范围和时间，这是准则强制的，无须职业判断，选项 D 错误。

15. 【答案】ACD

    【考点】复核工作底稿

    【解析】审计项目组内部复核**贯穿审计全过程**，选项 A 错误；对**一些较为复杂、审计风险较高的领域**，如舞弊风险的评估与应对、重大会计估计及其他复杂的会计问题、审核会议记录和重大合同、关联方关系和交易、持续经营存在的问题等，需要指派经验丰富的项目组成员执行复核，**必要时可以由项目合伙人执行复核**，选项 C 太绝对，错误；会计师事务所针对业务执行的质量目标应当包括**由经验较为丰富的项目组成员对经验较为缺乏的项目组成员的工作进行指导、监督和复核**，选项 D 错误；选项 B 表述正确。

16. 【答案】ABD

    【考点】期后事项及其类型

    【解析】选项 BD 都是资产负债表日后发生的，属于非调整事项。**选项 A 比较具有迷惑性，可能会被误认为跨期的调整事项，但我们需要注意，交易性金融资产是以公允价值计量的，不存在减值调整问题，并且该大幅贬值事项属于资产负债表日后发生的事项，所以也属于非调整事项**。选项 C 属于调整事项。

17. 【答案】AC

    【考点】第一时段期后事项

【解析】2×24年3月15日发生的期后事项，在审计报告日前，属于第一时段的期后事项，注册会计师**应当设计和实施审计程序**，获取充分、适当的审计证据，以确定所有**在财务报表日至审计报告日之间发生的、需要在财务报表中调整或披露的事项均已得到识别**，选项A正确，选项D错误；针对第一时段的期后事项的专门审计程序，其实施**时间越接近审计报告日越好**，选项B错误，选项C正确。

18. 【答案】ABC
【考点】第三时段期后事项
【解析】如果管理层修改了财务报表，注册会计师**应当采取下列措施**：①根据具体情况对有关修改实施必要的审计程序（选项A）；②复核管理层采取的措施能否确保所有收到原财务报表和审计报告的人士了解这一情况（选项B）；③延伸实施审计程序，并针对修改后的财务报表出具新的审计报告（选项C）；④修改审计报告或提供新的审计报告。（注意：此题要选择应当采取的措施，而非可能采取的措施。）注册会计师应当在新的或经修改的审计报告中增加强调事项段**或**其他事项段（注意：并非一定是强调事项段），提醒财务报表使用者关注财务报表附注中有关修改原财务报表的详细原因和注册会计师提供的原审计报告，选项D错误。

19. 【答案】BCD
【考点】期后事项
【解析】期后事项是指**财务报表日至审计报告日之间发生**的事项，以及注册会计师在**审计报告日后知悉**的事实，选项A错误，选项B正确；财务报表报出日后知悉的事实属于第三时段期后事项，注册会计师没有义务针对财务报表实施任何审计程序，选项C正确；如果组成部分注册会计师执行组成部分财务信息**审计以外的工作**，**集团项目组应当要求组成部分注册会计师告知**其注意到的、可能需要在集团财务报表中调整或披露的期后事项（即可以不要求

实施审计程序），选项D正确。

20. 【答案】ABCD
【考点】书面声明
【解析】注册会计师可能会要求管理层在书面声明中再次确认其对自身责任的认可与理解。当存在下列情况时，这种确认尤为适当：①代表被审计单位签订审计业务约定条款的人员不再承担相关责任（选项A）；②审计业务约定是在以前年度签订的（选项B）；③有迹象表明管理层误解了其责任（选项C）；④情况的改变需要管理层再次确认其责任（选项D）。

21. 【答案】AB
【考点】书面声明
【解析】即使管理层已提供可靠书面声明，也**并不影响**注册会计师就具体认定获取的审计证据的性质和范围，选项A错误；管理层已提供可靠书面声明的事实并**不能减轻**注册会计师的责任，也并不影响注册会计师就管理层责任履行情况或具体认定获取的其他审计证据的性质和范围，选项B错误；选项CD表述正确。

22. 【答案】AC
【考点】书面声明
【解析】如果在审计报告提及的所有期间内，现任管理层均尚未就任，注册会计师**仍然需要**向现任管理层获取涵盖整个相关期间的书面声明，选项A错误；如果管理层拒绝提供注册会计师认为必要的声明，注册会计师应当出具**无法表示意见**而不是保留意见或否定意见的审计报告，选项C错误；选项BD表述正确。

23. 【答案】CD
【考点】书面声明
【解析】如果书面声明与其他审计证据不一致，注册会计师首先应该调查原因，然后再确定修改哪类审计证据，选项C错误；书面声明的日期**应当尽量接近**对财务报表出具审计报告的日期（并非应当是同一天），但不得在审计报告日后，选项D错误；选项AB表述正确。

24. 【答案】AC
   【考点】书面声明
   【解析】针对未更正错报，注册会计师应当要求管理层和治理层（如适用）提供书面声明，说明其是否认为未更正错报单独或汇总起来对财务报表整体的影响不重大，选项 A 正确；注册会计师应当向管理层和治理层获取，其已向注册会计师披露了**已知**的涉及管理层、在内部控制中承担重要职责的员工以及其他人员（在舞弊行为导致财务报表出现重大错报的情况下）的**舞弊或舞弊嫌疑**（并非所有人员的舞弊都要声明，选项 B 错误）；针对管理层责任，注册会计师应当获取书面声明，主要包括财务报表的编制以及提供的信息和交易的完整性，选项 C 正确；被审计单位及时足额支付审计费用**无须**包含在书面声明中，选项 D 错误。

25. 【答案】ABCD
   【考点】书面声明
   【解析】选项 ABCD 所反映的事项均需要管理层提供书面声明。考生需要熟悉各种注册会计师应当要求管理层提供书面声明的内容。这些内容分布于各章节中，现总结如下：

考点	具体内容
舞弊	（1）认可注册会计师设计、执行和维护内部控制以防止和发现舞弊的**责任**； （2）已向注册会计师披露了管理层对由于舞弊导致的财务报表**重大错报风险的评估结果**； （3）已向注册会计师披露了**已知**的涉及管理层、在内部控制中承担重要职责的员工以及其他人员（在舞弊行为导致财务报表出现重大错报的情况下）的**舞弊或舞弊嫌疑**； （4）已向注册会计师披露了从现任和前任员工、分析师、监管机构等方面**获知的**、影响财务报表的**舞弊指控或舞弊嫌疑**
会计估计	根据适用的财务报告编制基础有关确认、计量或披露的规定，管理层和治理层（如适用）作出会计估计和相关披露时**使用的方法**、**重大假设和数据是适当的**
关联方	（1）已向注册会计师披露了**全部已知的**关联方**名称和特征、关联方关系及其交易**； （2）**已按编制基础**对关联方关系及其交易进行了恰当的**会计处理和披露**
未更正错报	说明其是否认为**未更正错报**单独或汇总起来对财务报表整体的影响不重大，并将声明涉及的错报项目概要包含在书面声明中或附在其后
期后事项	确认所有在财务报表日后发生的、按照适用的财务报告编制基础的规定应予调整或披露的事项均已得到调整或披露
责任	（1）针对财务报表的编制，**确认其**根据审计业务约定条款履行了按照适用的财务报告编制基础**编制财务报表**并使其实现公允反映的**责任**。 （2）针对提供的信息和交易的完整性，书面声明： ①按照审计业务约定条款，已向注册会计师**提供所有相关信息**，并**允许**注册会计师不受限制地**接触所有**相关信息以及被审计单位内部**人员**和其他相关人员； ②所有**交易**均**已记录**并反映在财务报表中

26. 【答案】CD
   【考点】评价审计过程中识别出的错报
   【解析】未更正错报是指注册会计师在审计过程中累积的且被审计单位未予更正的错报。当错报金额超过明显微小错报临界值时，除极其特殊的情况下，审计准则要求注册会计师将这些错报累积并记录在审计工作底稿中，因此，未更正错报一般会超过明显微小错报临界值，选项 A 错误。同理，未更正错报有可能超过实际执行的重要性，选项 B 错误。选项 CD 表述正确。

第十九章　审计报告

真题共分两个模块，其一为知识点分册的例题模块，其二为习题分册的真题巩固模块，针对这两个模块，大家均需充分关注。

真题巩固

一、简答题

1. 【2017】ABC 会计师事务所的 A 注册会计师负责审计多家上市公司 2016 年度财务报表，遇到下列与审计报告相关的事项：

   丁公司 2016 年发生重大经营亏损。A 注册会计师实施审计程序并与治理层沟通后，认为可能导致对持续经营能力产生重大疑虑的事项或情况不存在重大不确定性。因在审计工作中对该事项进行过重点关注，A 注册会计师拟将其作为关键审计事项在审计报告中沟通。

   要求：指出 A 注册会计师的做法是否恰当。如不恰当，简要说明理由。

2. 【2016】甲公司是 ABC 会计师事务所的常年审计客户，主要从事肉制品的加工和销售。A 注册会计师负责审计甲公司 2015 年度财务报表，确定财务报表整体的重要性为 100 万元。审计报告日为 2016 年 4 月 30 日。A 注册会计师在审计工作底稿中记录了重大事项的处理情况，部分内容摘录如下：

   因甲公司 2015 年年末多项诉讼的未来结果具有重大不确定性，A 注册会计师拟在审计报告中增加强调事项段，并与治理层就该事项和拟使用的报告措辞进行了沟通。

   要求：指出 A 注册会计师的做法是否恰当。如不恰当，简要说明理由。

3. 【2015】ABC 会计师事务所的 A 注册会计师担任多家被审计单位 2014 年度财务报表审计的项目合伙人，遇到下列导致出具非标准审计报告的事项：

   （1）甲公司 2014 年年初开始使用新的 ERP 系统，因系统缺陷导致 2014 年度成本核算混乱，审计项目组无法对营业成本、存货等项目实施审计程序。

   （2）2014 年，因采用新发布的企业会计准则，乙公司对以前年度投资形成的部分长期股权投资改按公允价值计量，并确认了大额公允价值变动收益，未对比较数据进行追溯调整。

   （3）因丙公司严重亏损，董事会拟于 2015 年对其进行清算。管理层运用持续经营假设编制了 2014 年度财务报表，并在财务报表附注中充分披露了清算计划。

   （4）丁公司是金融机构，在风险管理中运用大量复杂金融工具，因风险管理负责人离职，人事部暂未招聘到合适的人员，管理层未能在财务报表附注中披露与金融工具相关的风险。

   （5）戊公司 2013 年度财务报表未经审计。管理层将一项应当在 2014 年度确认的大额长期资产减值损失作为前期差错，重述了比较数据。

   要求：针对上述第（1）至第（5）项，逐项指出 A 注册会计师应当出具何种类型的非标准审计报告，并简要说明理由。

4. 【经典真题】ABC 会计师事务所的 A 注册会计师担任多家被审计单位 2013 年度财务报表审计的项目合伙人，遇到下列导致出具非标准审计报告的事项：

   （1）甲公司为 ABC 会计师事务所 2013 年度承接的新客户。前任注册会计师由于未就 2011 年 12 月 31 日存货余额获取充分、适当的审计证据，对甲公司 2012 年度财务报表发表了保留意见。审计项目组认为，导致保留意见的事项对本期数据本身没有影响。

(2) 2013年10月，上市公司乙公司因涉嫌信息披露违规被证券监管机构立案稽查。截至审计报告日，尚无稽查结论。管理层在财务报表附注中披露了上述事项。

(3) 丙公司管理层对固定资产实施减值测试，按照未来现金流量现值与固定资产账面净值的差额确认了重大减值损失。管理层无法提供相关信息以支持现金流量预测中假设的未来5年营业收入，审计项目组也无法作出估计。

(4) 2014年2月，丁公司由于生产活动产生严重污染，被当地政府部门责令无限期停业整改。截至审计报告日，管理层的整改计划尚待董事会批准。管理层按照持续经营假设编制了2013年度财务报表，并在财务报表附注中披露了上述情况。审计项目组认为管理层运用持续经营假设符合丁公司的具体情况。

(5) 戊公司于2013年9月起停止经营活动，董事会拟于2014年内清算戊公司。2013年12月31日，戊公司账面资产余额主要为货币资金、其他应收款以及办公家具等固定资产，账面负债余额主要为其他应付款和应付工资。管理层认为，如采用持续经营编制基础，对上述资产和负债的计量并无重大影响，因此，仍以持续经营假设编制2013年度财务报表，并在财务报表附注中披露了清算计划。

(6) 2013年1月1日，己公司通过收购取得子公司庚公司。由于庚公司账目混乱，己公司管理层决定在编制2013年度合并财务报表时不将其纳入合并范围。庚公司2013年度的营业收入和税前利润约占己公司未审合并财务报表相应项目的30%。

要求：针对上述第（1）至第（6）项，假定不考虑其他条件，逐项指出A注册会计师应当出具何种类型的非标准审计报告，并简要说明理由。

参考答案及解析

一、简答题

1. 【考点】在审计报告中沟通关键审计事项

   【答案】恰当。（注意：虽然导致发表保留意见或否定意见的事项，或者可能导致对被审计单位持续经营能力产生重大疑虑的事项或情况存在重大不确定性，这些事项都不在审计报告的关键审计事项部分进行描述，但题目中的表述是"可能导致对持续经营能力产生重大疑虑的事项或情况不存在重大不确定性"，正因为"不存在重大不确定性"，所以该事项可以作为关键审计事项在审计报告中沟通。考生需注意审题。）

2. 【考点】强调事项段

   【答案】恰当。（注意：很多考生会将"重大不确定性"误认为是"与持续经营相关的重大不确定性"，但本题的表述是"多项诉讼的未来结果具有重大不确定性"，这是可以增加强调事项段的情形。考生审题时不应过度联想。）

3. 【考点】审计报告

   【答案】（1）保留意见/无法表示意见审计报告。**无法获取**充分、适当的审计证据，对财务报表影响**重大/重大而广泛**。

   （2）保留意见审计报告。比较数据存在**重大错报但不广泛**，当期数据存在**重大错报但不广泛**。

   （3）否定意见审计报告。被审计单位运用**持续经营假设不适当**。

   （4）保留意见审计报告。存在影响**重大但不具有广泛性**的披露错报。（注意：管理层未能在财务报表附注中披露与金融工具相关的风险，违反完整性认定，且题目未涉及持续经营方面的问题，因此，并不具有广泛性。）

（5）带其他事项段的保留意见审计报告。**应当在其他事项段**中说明对应数据**未经审计，且存在影响重大但不广泛**的错报。

4.【考点】审计报告

【答案】提示：本题问的是出具何种类型的非标准审计报告。与问做法是否恰当的题目相比，本题的难度更高。对于非标准审计报告，常见的有无保留意见、带有强调事项段/其他事项段/与持续经营相关的重大不确定性的无保留意见，考生需要在其中定位到答案。

（1）保留意见审计报告。2012年度审计报告中导致保留意见的事项**对本期数据和对应数据的可比性仍有影响**。

（2）带强调事项段的无保留意见审计报告。证券监管机构的稽查结果存在不确定性。（注意：本题中管理层已恰当披露了该事项，故增加的是强调事项段，而非其他事项段。）

（3）保留意见/无法表示意见审计报告。无法获取充分、适当的审计证据/审计范围受到限制。

（4）带"与持续经营相关的重大不确定性"的无保留意见审计报告。导致对持续经营能力产生疑虑的事项或情况具有重大不确定性。（注意：这里需要联系"考虑持续经营假设"的内容。本题中管理层运用持续经营假设符合丁公司的具体情况，因此注册会计师发表无保留意见。此外，由于导致对持续经营能力产生疑虑的事项或情况具有重大不确定性，因此该审计报告需要带"与持续经营相关的重大不确定性"。）

（5）否定意见审计报告。运用持续经营假设不适当。（注意：这里需要联系"考虑持续经营假设"的内容。只要持续经营假设运用不当，无论管理层是否充分披露，注册会计师均应发表否定意见。）

（6）否定意见审计报告。重要子公司未合并，导致合并财务报表产生**重大而广泛**的错报。

模拟自测

一、单选题

1. 下列有关在审计报告中沟通关键审计事项的说法中，错误的是（　　）。

   A. 注册会计师需要对关键审计事项单独发表意见

   B. 关键审计事项，是指注会计师根据职业判断认为对当期财务报表审计最为重要的事项

   C. 关键审计事项是从注册会计师与治理层沟通过的事项中选取的

   D. 除非法律法规要求，在对财务报表发表无法表示意见时，注册会计师不得在审计报告中沟通关键审计事项

2. 下列各项错报中，通常对财务报表不具有广泛影响的是（　　）。

   A. 被审计单位更换全新的会计操作系统

   B. 被审计单位财务系统存在系统性错误

   C. 针对已经减值的重要固定资产，没有计提固定资产减值准备

   D. 当错报与披露相关时，产生的影响对财务报表使用者理解财务报表至关重要

3. 下列事项中，不会导致注册会计师在审计报告中增加强调事项段的是（　　）。

   A. 法律法规规定的财务报告编制基础不可接受，但其是基于法律法规作出的规定

   B. 所审计财务报表采用特殊编制基础编制

   C. 含有已审计财务报表的文件中的其他信息与财务报表存在重大不一致，并且需要对其

他信息作出修改，但管理层拒绝修改

D. 存在已经或持续对被审计单位财务状况产生重大影响的特大灾难

4. 下列关于关键审计事项的说法中，错误的是（   ）。

A. 导致否定意见的事项本身是审计中最为重要的事项，需要列示在关键审计事项中

B. 如果沟通某些敏感信息可能会给审计单位带来较为严重的负面影响，不宜在审计报告中作为关键审计事项沟通

C. 如果对财务报表发表无法表示意见，通常情况下，审计报告中不应存在关键审计事项

D. 某事项被确定为在审计报告中沟通的关键审计事项，该事项不能同时在强调事项部分披露

5. 针对在审计报告中增加其他事项段，以下说法中，错误的是（   ）。

A. 对两套以上财务报表出具审计报告时，可以在审计报告中增加其他事项段

B. 已被确定为在审计报告中沟通的关键审计事项，不能再被确认为其他事项

C. 与限制审计报告分发和使用相关的事项，可以在审计报告其他事项段中说明

D. 被审计单位提前应用对财务报表有重大影响的新会计准则，可以在审计报告其他事项段中说明

6. 针对注册会计师在财务报表审计中获取其他信息，以下说法中，错误的是（   ）。

A. 注册会计师应当阅读其他信息

B. 如果部分文件在审计报告日后才能取得，注册会计师应当要求管理层提供书面声明，声明这些文件的最终版本将在可获得时并且在被审计单位公布后提供给注册会计师

C. 通过与管理层讨论，确定由哪些文件组成年度报告，以及被审计单位计划公布这些文件的方式和时间安排

D. 其他信息是指在被审计单位年度报告中包含的除财务报表和审计报告以外的财务信息和非财务信息

二、多选题

7. 下列事项中，不会导致注册会计师在审计报告中增加其他事项段的有（   ）。

A. 异常诉讼或监管行动的未来结果存在不确定性

B. 当财务报表列报对应数据时，上期财务报表未经审计

C. 对两套以上财务报表出具审计报告的情形

D. 含有已审计财务报表的文件中的其他信息与财务报表存在重大不一致，并且需要对财务报表作出修改，但管理层拒绝修改

8. 如果上期财务报表已由前任注册会计师审计，注册会计师在审计报告中可以提及前任注册会计师对对应数据出具的审计报告，并且应当在审计报告的其他事项段中说明的事项有（   ）。

A. 上期财务报表已由前任注册会计师审计

B. 前任注册会计师发表的意见的类型

C. 如是无保留意见，还应当说明发表无保留意见的基础

D. 前任注册会计师出具的审计报告的日期

9. 下列各项错报中，通常对财务报表具有广泛影响的有（   ）。

A. 被审计单位没有披露某项关联方交易

B. 信息系统缺陷导致的应收账款、存货等多个财务报表项目的错报

C. 被审计单位没有将重要子公司纳入合并范围

D. 被审计单位的某项固定资产少计提一个月折旧

三、简答题

10. ABC会计师事务所的A注册会计师负责审计多家上市公司2023年度财务报表，遇到了下列与审计报告相关的事项：

（1）A注册会计师由于无法对甲公司的存货实施监盘，也无法实施替代审计程序，因此对乙公司2023年度财务报表发表了保留意见，并在审计报告"形成保留意见的基础"部分对该事项进行了描述。A注册会计师认

为没有必要再在关键审计事项部分提及。

（2）A注册会计师拟对上市实体戊公司2023年度整套通用目的的财务报表发表无保留意见。由于不存在需要在审计报告中沟通的关键审计事项，因此，在审计报告中未包含关键审计事项部分。

（3）丙公司主要从事制造业，其存货在资产总额中占比高达80%。由于无法在2023年年末对丙公司的存货实施监盘，A注册会计师认为该事项对财务报表的影响重大但不具有广泛性，因此拟对财务报表发表保留意见。

（4）丁公司2023年利润总额亏损达200万元。审计过程中，A注册会计师在固定资产减值准备的审计方面未能获取充分、适当的审计证据，涉及金额为220万元。由于该错报重大但影响范围有限，A注册会计师计划对财务报表发表保留意见。

（5）戊公司管理层将一项本应在2023年度确认的固定资产减值准备视为前期差错，并对比较数据进行了重述。在与A注册会计师沟通后，戊公司并未作出更正。经过评估，A注册会计师认为该错误报告虽然重大，但并未广泛影响整体财务状况，因此对此事项发表了保留意见。

（6）A注册会计师于审计报告日前获取了己公司年度报告的最终版本，通过对年度报告的阅读和考虑，未发现其他信息的重大错报，因此，未在无保留意见的审计报告中包含其他信息部分。

要求：针对上述第（1）至第（6）项，逐项指出A注册会计师的做法是否恰当。如不恰当，简要说明理由。

11. ABC会计师事务所的A注册会计师负责审计多家上市公司2024年度财务报表，遇到下列与审计报告相关的事项：

（1）A注册会计师认为甲公司的研发费用资本化事项存在特别风险，但经审计未发现重大错报。在将研发费用资本化事项作为审计中最为重要的事项与甲公司治理层进行了沟通后，A注册会计师将该事项作为审计报告中的关键审计事项，在审计应对部分说明了实施的审计程序和结果，并注明"研发费用资本化符合企业会计准则的规定，在所有重大方面公允反映了甲公司2024年度的研发费用"。

（2）2025年1月，乙公司原总经理及财务总监辞职，新任管理层拒绝就"所有交易均已记录并反映在2024年财务报表中"提供书面声明。A注册会计师执行审计后未发现重大错报，认为未获取书面声明对财务报表可能产生的影响重大但不具有广泛性，对乙公司2024年度财务报表发表了保留意见。

（3）丙公司出现债务逾期，管理层在财务报表中披露了导致对持续经营能力产生重大疑虑的事项、未来的应对计划，并注明这些事项存在重大不确定性。A注册会计师评价认为丙公司运用持续经营假设适当，且财务报表中的披露充分、恰当。A注册会计师将该披露事项作为审计中最为重要的事项，并在审计报告中增加了关键审计事项段说明该事项。

（4）丁公司管理层对已公布的2024年度财务报表进行了更正。A注册会计师针对更正后的财务报表出具了新的审计报告，并在审计报告中增加强调事项段和其他事项段，提醒财务报表使用者关注附注中有关更正原财务报表的原因，并关注注册会计师提供的原审计报告。

（5）由于无法审计戊公司的重要子公司，A注册会计师对戊公司2024年度财务报表发表了无法表示意见，并在其他信息部分指出，其他信息中的金额和其他项目因导致对财务报表发表无法表示意见的事项，可能存在重大错报。

要求：针对上述第（1）至第（5）项，逐项指出A注册会计师的做法是否恰当。如不恰当，简要说明理由。

12. ABC会计师事务所的A注册会计师负责审计多家上市公司2024年度财务报表，遇到下列与审计报告相关的事项：

（1）因B地区发生核泄漏，A注册会计师无法对甲公司在B地区的重要联营企业执行审计工作，拟对甲公司财务报表发表无法表示意见。管理层在财务报表中充分披露了甲公司持续经营能力存在的重大不确定性和未来的应对计划。A注册会计师拟在无法表示意见的审计报告中增加与持续经营相关的重大不确定性部分，提醒报表使用者关注这一情况。

（2）乙公司管理层以无法获取子公司财务信息为由，未将子公司纳入合并范围。A注册会计师实施审计程序获取充分、适当审计证据后，认为上述事项导致的错报对财务报表具有重大且广泛的影响，拟对财务报表发表无法表示意见。

（3）丙公司采用高度自动化的系统运营企业，几乎所有信息均以电子形式反映。A注册会计师认为仅实施实质性程序是不充分的，但丙公司的信息技术一般控制和信息处理控制均无效，A注册会计师认为存在重大且广泛的审计范围限制，发表了无法表示意见。

（4）2024年11月初，丁公司因处置重要子公司戊公司的部分股权而对其丧失控制，自此不再将其纳入合并财务报表范围。由于无法获取戊公司2024年度财务报表和相关财务信息，A注册会计师认为无法就与剩余股权相关的财务报表项目获取充分、适当的审计证据，对财务报表发表了否定意见。

（5）2024年年末，己公司将大额债权转让给庚公司，因转回相关的坏账准备而产生的利润占当年利润总额的80%。因无法就该交易的商业理由获取充分、适当的审计证据，A注册会计师对财务报表发表了保留意见。

要求：针对上述第（1）至第（5）项，逐项指出A注册会计师的做法是否恰当。如不恰当，简要说明理由。

13. ABC会计师事务所的A注册会计师负责审计多家上市公司2024年度财务报表，遇到下列与审计报告相关的事项：

（1）A注册会计师对甲公司关联方关系及交易实施审计程序并与治理层沟通后，对是否存在未在财务报表中披露的关联方关系及交易仍存有疑虑，拟将其作为强调事项段在审计报告中沟通。

（2）A注册会计师在乙公司审计报告日后获取并阅读了乙公司2024年年度报告的最终版本，发现其他信息存在重大错报，与管理层和治理层沟通后，该错报未得到更正。A注册会计师拟重新出具审计报告，指出其他信息存在的重大错报。

（3）ABC会计师事务所首次接受委托，审计丙公司2024年度财务报表。A注册会计师拟在审计报告中增加其他事项段，说明上期财务报表由前任注册会计师审计。

（4）A注册会计师发现丁公司2023年度财务报表存在一项重大错报。丁公司管理层调整了2024年度财务报表对应数据，在财务报表附注中作了充分披露，并将该事项告知前任注册会计师X。A注册会计师认为该问题已解决，无须实施其他程序。

（5）因原董事长以公司名义违规对外提供多项担保，导致戊公司2024年发生多起重大诉讼，多个银行账户被冻结，业务停止，主要客户和员工流失。管理层在2024年度财务报表中确认了大额预计负债，并披露了持续经营存在的重大不确定性。A注册会计师认为存在多项对财务报表整体具有重要影响的重大不确定性，拟对戊公司财务报表发表无法表示意见。

要求：针对上述第（1）至第（5）项，逐项指出A注册会计师的做法是否恰当。如不恰当，简要说明理由。

参考答案及解析

一、单选题

1. 【答案】A
   【考点】在审计报告中沟通关键审计事项
   【解析】关键审计事项的应对以对财务报表整体进行审计并形成审计意见为背景。注册会计师对财务报表整体形成审计意见，而**不对关键审计事项单独发表意见**，选项 A 错误；选项 BCD 表述正确。

2. 【答案】C
   【考点】确定非无保留意见的类型
   【解析】选项 C 属于仅对财务报表的**特定账户产生影响，且不涉及财务报表的主要组成部分**，通常对财务报表不具有广泛影响。

3. 【答案】C
   【考点】强调事项段
   【解析】（1）某些审计准则对注册会计师在特定情况下，在审计报告中增加强调事项段提出具体要求。这些情形包括：①法律法规规定的财务报告编制基础不可接受，但其是基于法律法规作出的规定（选项 A）；②提醒财务报表使用者注意财务报表按照特殊目的编制基础编制（选项 B）；③注册会计师在审计报告日后知悉了某些事实（即期后事项），并且出具了新的审计报告或经修改的审计报告。除上述审计准则要求增加强调事项段的情形外，注册会计师可能认为需要增加强调事项段的情形有：①异常诉讼或监管行动的未来结果存在不确定性；②在财务报表日至审计报告日之间发生的重大期后事项；③在允许的情况下，提前应用对财务报表有广泛影响的新会计准则；④存在已经或持续对被审计单位财务状况产生重大影响的特大灾难（选项 D）。如果其他信息存在重大错报，且管理层拒绝更正，注册会计师应就该事项与治理层沟通，并要求作出更正；如果沟通后其他信息仍未得到更正，**注册会计师应考虑在审计报告"其他信息"部分进行反映**。因此，选项 C 不会导致注册会计师在审计报告中增加强调事项段。

4. 【答案】A
   【考点】在审计报告中沟通关键审计事项
   【解析】导致非无保留意见的事项、可能导致对被审计单位持续经营能力产生重大疑虑的事项或情况存在重大不确定性在审计报告中专门的部分披露，**不在关键审计事项部分披露**，选项 A 错误；选项 BCD 表述正确。

5. 【答案】D
   【考点】其他事项段
   【解析】可能需要在审计报告中增加其他事项段的情形包括：①与使用者理解审计工作相关的情形；②与使用者理解注册会计师的责任或审计报告相关的情形；③对两套以上财务报表出具审计报告的情形（选项 A）；④限制审计报告分发和使用的情形（选项 C）。如果认为有必要沟通虽然未在财务报表中列报或披露，但根据职业判断认为与财务报表使用者理解审计工作、注册会计师的责任或审计报告相关的事项，在同时满足下列条件时，注册会计师应当在审计报告中增加其他事项段：①未被法律法规禁止；②该事项未被确定为在审计报告中沟通的关键审计事项（选项 B）。选项 D 属于可能在审计报告中增加**强调事项段**的情形，而非增加其他事项段的情形。

6. 【答案】B
   【考点】注册会计师对其他信息的责任
   【解析】管理层应当声明这些文件的最终版本将**在可获得时并且在被审计单位公布前**提供给注册会计师，选项 B 错误。

二、多选题

7. 【答案】AD
   【考点】其他事项段
   【解析】选项 A 属于可能在**强调事项段描述**

的内容；选项 B 属于应当增加其他事项段的情形；选项 C 属于可能增加其他事项段的情形；选项 D 中财务报表需要修改，说明财务报表存在**重大错报**，该事项不在其他事项段反映，这可能会影响注册会计师的审计意见类型，反映在"形成非无保留意见的基础"段落中。

8. 【答案】ABD
【考点】其他事项段
【解析】如果上期财务报表已由前任注册会计师审计，注册会计师在审计报告中可以提及前任注册会计师对对应数据出具的审计报告，并且**应当在审计报告的其他事项段中说明**：①上期财务报表已由前任注册会计师审计（选项 A）；②前任注册会计师发表的意见的类型（**如是非无保留意见，还应当说明发表非无保留意见的理由**）（选项 B 正确，选项 C 错误）；③前任注册会计师出具的审计报告的日期（选项 D）。

9. 【答案】BC
【考点】确定非无保留意见的类型
【解析】下列错报对财务报表的影响具有广泛性：①**不限于对财务报表特定要素、账户或项目产生影响**（选项 B）；②虽然仅对特定要素、账户或项目产生影响，但其可能是财务报表的**主要组成部分**（选项 C）；③当与披露相关时，产生的影响对财务报表使用者理解财务报表**至关重要**。某项关联方交易未进行披露，影响的是特定的账户或项目，选项 A 错误；固定资产少提折旧，可能影响的是固定资产和成本费用等科目，不属于广泛影响，选项 D 错误。

三、简答题

10. 【考点】审计报告
【答案】
（1）不恰当。注册会计师应当按照适用的审计准则规定报告这些事项，并在关键审计事项部分**提及**形成保留意见的部分。
（2）不恰当。在对于上市实体整套通用目的的财务报表进行审计时，**应当包括**关键审计事项的部分。

（3）不恰当。丙公司的存货项目是财务报表的**主要组成部分**，所以该事项重大且影响广泛，注册会计师**应当发表无法表示审计意见**。
（4）不恰当。该笔错报会导致利润总额**由盈利转为亏损**，错报重大且广泛，注册会计师应当发表**否定意见**。
（5）恰当。
（6）不恰当。在对上市公司财务报表的审计过程中，如果注册会计师已经获取其他信息，应当在审计报告中包含其他信息部分，并**说明注册会计师无任何需要报告的事项**。

11. 【考点】审计报告
【答案】（1）不恰当。**不应在关键审计事项中对财务报表单一要素发表意见**。（注意：题目中出现类似"……符合企业会计准则的规定，在所有重大方面公允反映了……"的字段，是审计意见的表述。）
（2）不恰当。未能获取有关管理层责任的书面声明，应发表无法表示意见。（注意："所有交易均已记录并反映在 2024 年财务报表中"是体现在管理层责任的书面声明中的，因此，管理层拒绝提交有关管理层责任的书面声明，注册会计师应发表无法表示意见。）
（3）不恰当。应当在审计报告中而非在关键审计事项段中增加与持续经营相关的重大不确定性部分。（注意：导致发表保留意见或否定意见的事项，或者可能导致对被审计单位持续经营能力产生重大疑虑的事项或情况存在重大不确定性，这些事项都不在审计报告的关键审计事项部分进行描述。）
（4）恰当。（注意：对已公布的报表进行更正说明事情发生在财务报表报出日后，属于第三时段的期后事项，因此根据第三时段期后事项的处理，注册会计师应当在新的或经修改的审计报告中增加强调事项段或其他事项段。）

(5) 不恰当。**无法表示意见**的审计报告**不应包括其他信息**部分。

12. 【考点】审计报告

 【答案】(1) 恰当。(注意：无法表示意见的审计报告不能增加关键审计事项和其他信息，但可以增加与持续经营相关的重大不确定性。)

 (2) 不恰当。财务报表存在**重大且广泛的错报**/**应发表否定意见**。(注意：虽然乙公司无法获取子公司财务信息，但其未将子公司纳入合并报表属于重大且广泛的错报，并且注册会计师就该事项能获取到充分、适当的审计证据，应发表否定意见，而非无法表示意见。)

 (3) 恰当。(注意："仅实施实质性程序是不充分的，但被审计单位的控制无效"属于审计范围受限的情形。)

 (4) 不恰当。戊公司为重要子公司，2024年1月至10月的经营成果对丁公司合并财务报表具有**重大而广泛**的影响，且注册会计师**审计范围受到限制，应发表无法表示意见**。

 (5) 不恰当。坏账准备占到利润总额的80%，说明其构成财务报表的**主要组成部分**，审计范围受到**重大且广泛的限制**，注册会计师应发表**无法表示意见**。

13. 【考点】审计报告

 【答案】(1) 不恰当。强调事项段提及的是已在财务报表中**恰当**列报或披露的事项/**应当发表非无保留意见**。

 (2) 恰当。

 (3) 不恰当。还应当说明**前任注册会计师出具的审计报告的日期，以及前任注册会计师发表的审计意见类型**。

 (4) 恰当。

 (5) 恰当。

第二十章　企业内部控制审计

真题共分两个模块，其一为知识点分册的例题模块，其二为习题分册的真题巩固模块，针对这两个模块，大家均需充分关注。

真题巩固

一、单选题

1. 【2019】在执行内部控制审计时，下列有关注册会计师评价控制缺陷的说法中，错误的是（　　）。
   A. 在评价控制缺陷的严重程度时，注册会计师无需考虑错报是否发生
   B. 在评价控制缺陷是否可能导致错报时，注册会计师无需量化错报发生的概率
   C. 在评价一项控制缺陷或多项控制缺陷的组合是否构成重大缺陷时，注册会计师应当考虑补偿性控制的影响
   D. 如果被审计单位在基准日完成了对所有存在缺陷的内部控制的整改，注册会计师可以评价认为内部控制在基准日运行有效

2. 【经典真题】甲公司财务人员每月与前35名主要客户对账，如有差异则进行调查。A注册会计师以与各主要客户的每次对账为抽样单元，采用非统计抽样测试该控制，确定最低样本数量时可以参照的控制执行频率是（　　）。
   A. 每月1次　　B. 每周1次
   C. 每日1次　　D. 每日数次

二、简答题

3. 【2022】ABC会计师事务所的A注册会计师负责审计上市公司甲公司2021年度财务报表和2021年年末财务报告内部控制，采用整合审计方法执行审计。与内部控制审计相关的部分事项摘录如下：
   A注册会计师测试了截至2021年11月30日甲公司与计提借款利息相关的关键控制，结果满意。A注册会计师在期末审计时询问了相关会计人员，了解到该控制在剩余期间得到一贯执行，且无异常，考虑到甲公司控制环境良好，且该控制不复杂，执行时不需要作出重大判断，未再实施其他前推程序，据此认为该控制在2021年年末仍然运行有效。
   要求：针对上述事项，指出A注册会计师的做法是否恰当。如不恰当，简要说明理由。

参考答案及解析

一、单选题

1. 【答案】D
   【考点】内部控制缺陷整改
   【解析】控制缺陷的严重程度**与错报是否发生无关**，而是取决于控制不能防止或发现纠正错报的可能性的大小，选项A正确；评价控制缺陷是否可能导致错报时，注册会计师无须将错报发生的概率量化为某特定的百分比或期间，选项B正确；在确定一项控制缺陷或多项控制缺陷的组合是否构成重大缺陷时，注册会计师应当评价补偿性控制的影响，选项C正确；如果被审计单位在基准日前对存在缺陷的控制进行了整改，整改后的控制需要运行**足够长的时间**，才能使注册会计师得出其是否有效的审计结论，选项D错误。

2. 【答案】D

【考点】控制测试的范围

【解析】控制发生的总次数 = 35×12 = 420 次，大于 250 次，根据人工控制最低样本可列出如下规模表：

控制运行频率	控制运行的总次数	测试的最小样本区间
每年 1 次	1	1
每季 1 次	4	2
每月 1 次	12	2~5
每周 1 次	52	5~15
每天 1 次	250	20~40
每天多次	大于 250	25~60

控制的执行频率应当是每日数次，选项 D 正确。（注意：确定控制执行频率需要结合全年运行的总次数。）

二、简答题

3. 【考点】控制测试的时间安排

【答案】恰当。

控制情况对应的前推测试计划举例如下：

控制情况	前推测试
控制**不复杂**，执行时**不需要作出重大判断**（如核对分类账和银行的收款记录）	询问控制是否得到一贯执行以及剩余期间是否出现异常现象
控制**不复杂**，但**交易量大**，且**具有多重目的**，如果运行无效导致的**后果较严重**（财务总监核对出库报告和应收账款明细账，以确保应收账款余额的完整性和存在性）	询问，并**多次观察**财务总监执行复核
控制具有**较高主观性**(不复杂)，但对报表具有**潜在重大影响**，存在潜在的舞弊风险（财务总监、信用经理复核应收账款账龄分析表并共同决定是否需要对应收账款余额计提坏账准备）	**检查**该控制在基准日之前几次运行情况的证据

模拟自测

一、单选题

1. 在内部控制审计中，下列有关计划审计工作的说法中，错误的是（　　）。
   A. 注册会计师通过了解企业在经营活动中面临的各种风险，进而识别可能对财务报表产生重要影响的风险
   B. 内部控制的变化会直接影响注册会计师确定的内部控制审计程序的性质、时间安排和范围
   C. 注册会计师应当对识别出的所有存在控制缺陷的领域进行测试
   D. 内部控制的特定领域存在重大缺陷的风险越高，注册会计师所需获取的审计证据可靠性越强

2. 在内部控制审计中，注册会计师在计划审计工作时应当考虑的事项不包括（　　）。
   A. 审计业务约定书中约定的审计收费标准
   B. 与企业沟通过的内部控制缺陷
   C. 对内部控制有效性的初步判断
   D. 被审计单位的股权结构、企业实际控制人及关联方

3. 下列各项中，不属于企业层面控制的是（　　）。
   A. 财务总监对企业所得税汇算表进行复核
   B. 监控经营成果的控制以及针对重大经营控制及风险管理实务的政策
   C. 共享的服务环境
   D. 与控制环境相关的控制

4. 下列关于在内部控制审计中，识别重要账户、列报及其相关认定的说法中，错误的是（　　）。
   A. 注册会计师应当基于财务报表层次识别重要账户、列报及其相关认定
   B. 超过财务报表整体重要性的账户，应当被认定为重要账户
   C. 低于财务报表整体重要性的账户，也可能会被认定为重要账户
   D. 注册会计师识别重要账户、列报及其相关认定时应当评价的风险因素，与其财务报表审计中考虑的因素相同

5. 注册会计师执行内部控制审计时，下列有关识别重要账户、列报及其相关认定的说法中，错误的是（　　）。
   A. 在确定重要账户、列报及其相关认定时，无须考虑以前年度审计中识别的错报
   B. 在确定重要账户、列报及其相关认定时，注册会计师应当将所有可获得的信息综合考虑
   C. 某负债类账户虽然金额不重大，但因很可能被显著低估，故注册会计师将其确定为重要账户
   D. 在识别重要账户、列报及其相关认定时，注册会计师不应考虑与其相关的控制风险

6. 注册会计师执行内部控制审计时，下列有关穿行测试的说法中，错误的是（　　）。
   A. 对于存在较高固有风险的复杂领域，注册会计师通常会实施穿行测试
   B. 对于重要的业务流程，注册会计师可能需要进行多次的穿行测试
   C. 在实施穿行测试过程中，注册会计师应当关注那些不符合既定程序和控制规定的例外事项
   D. 注册会计师应当使用与被审计单位人员使用的相同的文件和信息技术对业务流程实施穿行测试

7. 注册会计师执行内部控制审计时，下列有关选择拟测试的控制的说法中，错误的是（　　）。
   A. 注册会计师为了评价内部控制的有效性而测试的控制与企业管理层在执行内部控制自我评价时选择测试的控制是一致的
   B. 注册会计师没有必要测试与某项相关认定有关的所有控制
   C. 注册会计师应当选择对形成评价结论具有重要影响的控制进行测试

D. 注册会计师应当针对每一相关认定获取控制有效性的审计证据

8. 注册会计师执行内部控制审计时，下列有关测试控制的有效性的说法中，错误的是（　　）。

   A. 注册会计师应当测试控制设计的有效性和控制运行的有效性

   B. 注册会计师应当根据与控制相关的风险，确定所需获取的审计证据

   C. 如果注册会计师在期中对重要的信息技术一般控制实施了测试，则通常不需要对其实施前推程序

   D. 与控制相关的风险越高，注册会计师需要获取的审计证据就越多

9. 如果注册会计师在审计过程中注意到非财务报告内部控制重大缺陷，下列措施中，正确的是（　　）。

   A. 可以书面或口头形式与企业董事会和管理层沟通

   B. 在财务报告内部控制审计报告中不应提及非财务报告内部控制

   C. 在内部控制审计报告中增加非财务报告内部控制重大缺陷描述段

   D. 发表否定意见

10. 在执行内部控制审计时，如果因审计范围受到限制，导致无法获取充分、适当的审计证据，注册会计师的下列做法中，错误的是（　　）。

    A. 解除业务约定

    B. 出具无法表示意见的内部控制审计报告

    C. 即使发表的是无法表示意见，如果在已执行的有限程序中发现内部控制存在重大缺陷，注册会计师也应当在内部控制审计报告中进行详细说明

    D. 在无法表示意见审计报告中，指明已执行的程序

11. 在内部控制审计中，注册会计师应当增加强调事项段的情形是（　　）。

    A. 企业内部控制评价报告对要素的列报不完整或不恰当

    B. 审计过程中注意到的非财务报告内部控制重大缺陷

    C. 审计范围受到限制

    D. 存在相关法律法规的豁免规定允许被审计单位不将某些实体纳入内部控制的评价范围

12. 下列关于企业层面控制对其他控制的影响的说法中，错误的是（　　）。

    A. 注册会计师对企业层面控制的评价，可能增加或减少本应对其他控制所进行的测试

    B. 注册会计师可以考虑在执行业务的早期阶段对企业层面的控制进行测试

    C. 如果某些企业层面的内部控制对重大错报仅有间接影响，那么这些控制不会影响注册会计师对其他控制所执行的程序

    D. 如果企业层面的内部控制有效，可能会使注册会计师修改原本拟对其他控制所进行的测试程序

13. 下列有关内部控制审计的说法中，正确的是（　　）。

    A. 内部控制审计是指对财务报表期间内部控制的有效性发表审计意见

    B. 对特定基准日发表审计意见意味着只需要测试基准日这一天的内部控制

    C. 内部控制审计基准日是指最后一个会计期间的截止日

    D. 内部控制的测试期间应当与财务报表审计的测试期间相同

14. 下列关于内部控制缺陷的说法中，错误的是（　　）。

    A. 内部控制缺陷按照严重程度可分为重大缺陷、重要缺陷、一般缺陷

    B. 重大缺陷指内部控制中存在的、可能导致不能及时防止或发现并纠正财务报表出现重大错报的一项控制缺陷或多项控制缺陷的组合

    C. 重要缺陷指内部控制中存在的、可能导致不能及时防止或发现并纠正财务报表出现重大错报的一项控制缺陷或多项控制缺陷的组合

    D. 一般缺陷指内部控制中存在的、除重大缺陷和重要缺陷之外的控制缺陷

15. 下列关于内部控制审计对财务报表审计意见的影响的说法中，错误的是（　　）。

A. 如果拟对内部控制的有效性发表否定意见，可以对财务报表发表无保留意见

B. 如果对内部控制的有效性发表否定意见，对财务报表审计发表无保留意见，应当在财务报表审计报告中增加其他事项段进行说明

C. 如果对内部控制的有效性发表否定意见，注册会计师应当确定该意见对财务报表审计意见的影响，并在内部控制审计报告中予以说明

D. 如果对内部控制的有效性发表否定意见，对财务报表审计发表的审计意见未受到影响，应当在内部控制审计报告的导致否定意见的事项段中增加说明

二、多选题

16. 在内部控制审计中，如果在测试内部控制有效性时发现控制偏差，下列关于控制偏差的说法中，正确的有（   ）。

    A. 注册会计师需要运用职业判断评价控制偏差的影响

    B. 只要发现一项偏差，就可以得出该控制无效的结论

    C. 如果测试发现的一项控制偏差，不是系统性偏差，注册会计师就可以扩大样本规模进行测试

    D. 如果某控制偏差是被另一项控制所发现的，则意味着被审计单位可能存在有效的检查性控制

17. 在内部控制审计中，有关注册会计师选择拟测试的控制的说法中，正确的有（   ）。

    A. 在内部控制审计中，注册会计师需要了解与每一控制目标相关的所有控制

    B. 在了解控制时，注册会计师应重点考虑一项控制活动单独或连同其他控制，是否能够以及如何防止或发现并纠正重大错报

    C. 如果多项控制能够实现同一目标，注册会计师应当测试与该目标相关的每一项控制

    D. 注册会计师应考虑控制与认定之间的关系，选择能够为相关认定提供最有效或最有效率的证据的控制进行测试

18. 在执行内部控制审计时，下列有关注册会计师评价控制缺陷的说法中，错误的有（   ）。

    A. 应当评价其识别的控制缺陷单独或组合起来，是否构成内部控制的重要缺陷

    B. 在评价控制缺陷的严重程度时，应当考虑固有风险因素，而不应考虑相关控制的影响

    C. 如果多项控制缺陷影响财务报表的同一账户或列报，错报发生的概率会提高

    D. 控制缺陷的严重程度与是否已发生以及已经发生的错报金额相关

19. 在评价一项控制缺陷或多项控制缺陷的组合是否可能导致账户发生错报时，注册会计师应当考虑的风险因素包括（   ）。

    A. 控制缺陷之间的相互作用

    B. 控制缺陷在未来可能产生的影响

    C. 所涉及的账户及其相关认定的性质

    D. 发生舞弊的可能性

20. 在内部控制审计中，如果财务报告内部控制存在重大缺陷或重要缺陷，下列说法中，错误的有（   ）。

    A. 如果认为内部控制存在一项财务报告内部控制重大缺陷，除非审计范围受到限制，注册会计师应当对内部控制发表保留意见

    B. 如果认为内部控制存在多项重要缺陷，除非审计范围受到限制，注册会计师应当对内部控制发表保留意见

    C. 如果认为内部控制存在一项或多项财务报告内部控制重大缺陷，注册会计师应当对内部控制发表否定意见

    D. 如果对财务报告内部控制的有效性发表否定意见，注册会计师应当确定该意见对财务报表审计的影响，并在内部控制审计报告中予以说明

21. 以下有关内部控制审计中对期后事项的考虑的说法中，错误的有（   ）。

    A. 如果知悉对基准日内部控制有效性有重大负面影响的期后事项，注册会计师应当对内部控制发表否定意见

    B. 如果注册会计师不能确定期后事项对基准日内部控制有效性的影响程度，应当解除业务约定

C. 如果管理层在评价报告中披露了基准日之后采取的整改措施，由于该事项不影响基准日的内部控制，所以注册会计师无须在内部控制审计报告中提及

D. 如果知悉在基准日并不存在、但在期后期间发生的事项，注册会计师应当在内部控制审计报告中增加强调事项段

22. 在内部控制审计业务中，注册会计师应当获取经被审计单位签署的书面声明。以下各项中，书面声明应当包含的内容有（   ）。

A. 被审计单位已经利用注册会计师在内部控制审计和财务报表审计中执行的程序及其结果作为评价的基础

B. 被审计单位已向注册会计师披露识别出的所有内部控制缺陷，并单独披露其中的重大缺陷和重要缺陷

C. 在基准日后，内部控制是否发生变化，或者是否存在对内部控制产生重要影响的其他因素，包括被审计单位针对重大缺陷和重要缺陷采取的所有纠正措施

D. 被审计单位已对内部控制进行了评价，并编制了内部控制评价报告

23. 下列关于企业内部控制审计的说法中，正确的有（   ）。

A. 内部控制审计是为了评价特定基准日财务报告内部控制设计与运行的有效性而进行的审计

B. 注册会计师执行的内部控制审计是针对财务报告内部控制进行的

C. 注册会计师对在内部控制审计过程中，注意到的非财务报告内部控制的重大缺陷，需要与治理层进行沟通，但不能将其体现在内部控制审计报告中

D. 针对财务报告内部控制，注册会计师对其有效性发表审计意见

24. 下列各项中，属于内部控制审计与财务报表审计的共同点有（   ）。

A. 两者的最终目的均为提高财务报表预期使用者对财务报表的信赖程度

B. 两者了解和测试内部控制设计和运行有效性的基本方法相同

C. 两者对内部控制进行了解和测试的目的相同

D. 两者识别的重要账户、列报及其相关认定相同

25. 在内部控制审计中，注册会计师识别重要账户、列报及其相关认定时，需要考虑的因素有（   ）。

A. 舞弊的影响

B. 财务报表整体重要性

C. 固有风险

D. 相关控制的影响

26. 在内部控制审计中，下列关于重要账户的说法中，正确的有（   ）。

A. 如果某账户可能存在一个错报，该错报单独或连同其他错报导致财务报表发生重大错报，则该账户为重要账户

B. 超过财务报表整体重要性的账户，无论在内部控制审计还是财务报表审计中，都有可能被认定为不重要的账户

C. 在识别重要账户时，注册会计师不必确定重大错报的可能来源

D. 在内部控制审计中识别的重要账户应当与财务报表审计中识别的相同

27. 下列各项中，属于注册会计师应当在总体审计策略中体现的内容有（   ）。

A. 确定审计业务的特征，以界定审计范围

B. 明确审计业务的报告目标

C. 了解和识别内部控制的程序性质、时间安排和范围

D. 项目组成员的选择及项目组成员审计工作的分派

三、简答题

28. ABC 会计师事务所接受甲公司委托，负责审计其 2023 年度财务报表和 2023 年年末财务报告内部控制，并采用整合审计方法执行审计。与内部控制审计相关的部分事项摘录如下：

（1）注册会计师主要采用询问的方式识别和了解相关内部控制，为了更好地了解控制的执行情况，仅通过询问级别较低人员获取相

关信息。

（2）在采用自上而下的方法执行内部控制审计时，注册会计师识别并选取了能够充分应对重大错报风险的控制。项目组认为不需要再测试针对同类认定的其他控制。

（3）甲公司应收账款会计每天将分类账户中的收款记录与在线银行收款记录进行核对，如有差异则进行调查。项目组抽取了财务报表日前后两天的收款记录进行检查，结果满意，据此认为该项控制有效。

（4）每月月末由客户信用经理和销售总监对应收账款账龄分析表进行共同决定是否需要对长期未收款的应收账款余额计提坏账准备。注册会计师与甲公司治理层沟通后，甲公司在2023年12月25日前对该重大缺陷进行了整改。项目组认为在基准日前已经整改，不再将其视为重大缺陷。

（5）甲公司管理层利用公司资金违规为控股股东进行担保，由于控股股东及时偿还了借款，注册会计师认为与资金相关的内部控制不存在重大缺陷。

要求：请根据内部控制审计相关指引的规定，逐项指出注册会计师的做法是否恰当。如不恰当，请简要说明理由。

参考答案及解析

一、单选题

1. 【答案】C
   【考点】计划内部控制审计工作
   【解析】注册会计师**没有必要**测试那些即使有缺陷也不可能导致财务报表重大错报的控制，选项C错误；选项ABD表述正确。

2. 【答案】A
   【考点】计划内部控制审计工作
   【解析】在计划审计工作时，注册会计师应当评价下列事项对财务报告内部控制、财务报表及审计工作的影响：①与企业相关的风险；②相关法律法规和行业概况；③企业组织结构、经营特点和资本结构等相关重要事项（选项D）；④企业内部控制最近发生变化的程度；⑤与企业沟通过的内部控制缺陷（选项B）；⑥重要性、风险等与确定内部控制重大缺陷相关的因素；⑦对内部控制有效性的初步判断（选项C）；⑧可获取的、与内部控制有效性相关的证据的类型和范围。

3. 【答案】A
   【考点】识别、了解和测试企业层面控制
   【解析】选项A属于业务流程、应用系统或交易层面的控制，不当选。企业层面控制包括下列内容：①与控制环境（即内部环境）相关的控制（选项D）；②针对管理层和治理层凌驾于控制之上的风险而设计的控制；③被审计单位的风险评估过程；④对内部信息传递和期末财务报告流程的控制；⑤对控制有效性的内部监督（即监督其他控制的控制）和内部控制评价；⑥集中化的处理和控制（包括共享的服务环境）（选项C）；⑦监控经营成果的控制以及针对重大经营控制及风险管理实务的政策（选项B）。

4. 【答案】B
   【考点】识别重要账户、列报及其相关认定
   【解析】一个账户或列报的金额超过财务报表整体重要性，**并不必然表明**其属于重要账户或列报，注册会计师还需要考虑定性的因素，选项B错误。（注意：选项A是本题的干扰项。内部控制审计遵循的是自上而下的理念，财务报表层次会影响重要账户、列报及其相关认定的识别，因此，选项A是正确的。考生需对这一观点加以关注。）

5. 【答案】A
   【考点】识别重要账户、列报及其相关认定
   【解析】**以前年度**审计中识别出的错报**会影响**注册会计师对某账户、列报及其相关认定固有风险的评估，选项 A 错误；选项 BCD 表述正确。（注意：在识别重要账户、列报及其相关认定时，注册会计师应当考虑其固有风险，而不应考虑相关控制的影响，所以也不应考虑与其相关的控制风险，选项 D 正确。该选项的表述较为灵活，考生需要加以关注。）

6. 【答案】B
【考点】穿行测试
【解析】对于每个重要的流程，选取一笔交易或事项实施穿行测试即可，选项 B 错误；选项 ACD 表述正确。

7. 【答案】A
【考点】选择拟测试的控制
【解析】企业管理层在执行内部控制自我评价时选择测试的控制，**可能多于**注册会计师认为为了评价内部控制的有效性有必要测试的控制，选项 A 错误；选项 BCD 表述正确。

8. 【答案】C
【考点】测试控制的有效性
【解析】如果信息技术**一般控制有效且关键的自动化控制未发生任何变化**，注册会计师就**不需要**对该自动化控制实施前推测试。但是，如果注册会计师在**期中对重要的信息技术一般控制实施了测试**，则通常还需要对其**实施前推程序**。自动化控制一般无须前推测试，但一般控制仍然需要。因此，选项 C 错误。选项 AD 在**内部控制审计下是正确的，但在财务报表审计中是错误的**。本题题干的表述是内部控制审计，故选项 AD 正确。（注意：考生一定要仔细审题。）选项 B 表述正确。

9. 【答案】C
【考点】非财务报告内部控制重大缺陷
【解析】如果在审计过程中注意到的非财务报告内部控制存在重大缺陷，注册会计师应当采用书面形式进行沟通（选项 A 错误），在内部控制审计报告中**增加非财务报告内部控制重大缺陷描述段**（选项 C ），对重大缺陷的性质及其对实现相关控制目标的影响程度进行披露（选项 B 错误），提示内部控制审计报告使用者注意相关风险，但无须对其发表审计意见（选项 D 错误）。

10. 【答案】D
【考点】内部控制审计报告类型
【解析】如果审计范围受到限制，注册会计师应当**解除业务约定或出具无法表示意见的内部控制审计报告**，选项 AB 正确；如果在已执行的有限程序中发现内部控制存在重大缺陷，注册会计师应当在内部控制审计报告中对重大缺陷作出详细说明，选项 C 正确；注册会计师**不应**在内部控制审计报告中指明所执行的程序，也不应描述内部控制审计的特征，以避免对无法表示意见的误解，选项 D 错误。

11. 【答案】A
【考点】强调事项段
【解析】在选项 B 的情形下，注册会计师应当增加"非财务报告内部控制重大缺陷"单独段落；在选项 C 的情形下，注册会计师应当在意见段当中对其进行描述；选项 D **不属于**应当增加强调事项段的情形，该事项也**可以**在注册会计师的责任段中进行说明。

12. 【答案】C
【考点】自上而下的方法
【解析】虽然某些企业层面的内部控制对重大错报仅有间接的影响，但这些控制可能会影响注册会计师拟测试的其他控制及其对其他控制所执行程序的性质、时间安排和范围，选项 C 错误；选项 ABD 表述正确。

13. 【答案】C
【考点】内部控制审计的概念
【解析】内部控制审计是指对**特定基准日内部控制的有效性发表审计意见**，选项 A 错误；对特定基准日内部控制的有效性发表意见，**并不意味着**注册会计师只测试基准日这一天的内部控制，而是需要考查**足够长一段时间**内部控制设计和运行的情况，选项 B 错误；在整合审计中，控制测试所涵盖的期间应当尽量与财务报表审计中**拟信赖内部控制**的期间保持一致，选项 D 错误；选项 C 表述正确。
14. 【答案】C
    【考点】评价控制缺陷的严重程度
    【解析】重要缺陷是内部控制中存在的，其严重程度不如重大缺陷，但足以引起负责监督被审计单位财务报告的人员（如审计委员会或类似机构）关注的一项控制缺陷或多项控制缺陷的组合，选项 C 错误。
15. 【答案】B
    【考点】内部控制审计对财务报表审计意见的影响
    【解析】如果拟对内部控制的有效性发表否定意见，在财务报表审计中，注册会计师不应依赖存在重大缺陷的控制，需要实施实质性程序确定与该控制相关的账户是否存在重大错报。如果实施实质性程序的结果表明该账户不存在重大错报，注册会计师可以对财务报表发表无保留意见；如果拟对内部控制的有效性发表否定意见，无论对财务报表的审计意见是否受到影响，都应当在内部控制审计报告的导致否定意见的事项段中增加说明。选项 B 错误。

二、多选题

16. 【答案】AD
    【考点】测试控制有效性程序的性质
    【解析】由于有效的内部控制不能为实现控制目标提供绝对保证，**单项控制并非一定要毫无偏差地运行，才被认为有效**，选项 B 错误；选项 C 还需排除人为故意造成的偏差，即使一项偏差不是系统性偏差，但是**人为故意造成的**，那注册会计师也**不能扩大样本规模**，选项 C 错误；选项 AD 表述正确。
17. 【答案】BD
    【考点】选择拟测试的控制
    【解析】注册会计师并**不需要了解**与每一控制目标相关的**所有的控制**，选项 A 错误；如果多项控制能够实现同一目标，注册会计师就不必测试与该目标相关的每一项控制，选项 C 错误；选项 BD 表述正确。

18. 【答案】ABD
    【考点】评价控制缺陷的严重程度
    【解析】注册会计师应当评价其识别的控制缺陷是否构成**重大缺陷**，而非重要缺陷，选项 A 错误；在评价控制缺陷的严重程度时，应当考虑该项控制与其他控制的相互作用或关系、控制缺陷之间的相互作用以及控制缺陷在未来可能产生的影响等因素，这些因素均与控制相关，选项 B 错误；控制缺陷的严重程度**与错报是否发生无关**，而取决于控制不能防止或发现并纠正错报的可能性的大小，以及因一项或多项控制缺陷导致的**潜在错报**的金额的大小，选项 D 错误。
19. 【答案】ABCD
    【考点】评价控制缺陷的严重程度
    【解析】在评价一项控制缺陷或多项控制缺陷的组合是否可能导致账户发生错报时，注册会计师应当考虑的风险因素包括：①所涉及账户、列报及其相关认定的性质（选项 C）；②相关资产或负债易于发生损失或舞弊的可能性（选项 D）；③确定相关金额时所需判断的主观程度、复杂程度和范围；④该项控制与其他控制的相互作用或关系；⑤控制缺陷之间的相互作用（选项 A）；⑥控制缺陷在未来可能产生的影响（选项 B）。
20. 【答案】ABC
    【考点】内部控制审计报告的意见类型
    【解析】如果认为内部控制存在一项或多项**财务报告内部控制重大缺陷，除非审计范围受到限制**，注册会计师应当对内部控制发表**否定意见**，选项 AC 错误；重要缺陷不影响审计意见，选项 B 错误；选项 D 表述正确。
21. 【答案】BCD
    【考点】对期后事项的考虑
    【解析】如果注册会计师**不能确定**期后事项对内部控制有效性的影响程度，应当出具**无法表示意见**的内部控制审计报告，选项 B 错误。如果管理层在**评价报告中披露**了基准日之后采取的整改措施，注册会计师**应当在内部控制审计报告中指明不对这些信息发表意见**，选项 C 错误。如果知悉在基准日并不存在、但在期后期间发生的事项，**且这类期后事项对内部控制有重大影响**，注册会计师应当在内部控制审计报告中增加强调事项段；**如果没有重大影响，则无须增加强调事项段**，选项 D 错误。

22. 【答案】BCD
    【考点】获取书面声明
    【解析】书面声明的内容应当包括：①被审计单位董事会**认可其对建立健全和有效实施内部控制负责**；②被审计单位已对内部控制进行了**评价**，并编制了**内部控制评价报告**(选项 D)；③被审计单位**没有利用**注册会计师在内部控制审计和财务报表审计中执行的程序及其结果作为评价的基础(选项 A 错误)；④被审计单位根据内部控制标准评价内部控制有效性得出的**结论**；⑤被审计单位已向注册会计师披露识别出的**所有内部控制缺陷**，并**单独披露**其中的**重大缺陷和重要缺陷**(选项 B)；⑥被审计单位已向注册会计师披露**导致财务报表发生重大错报的所有舞弊**，以及其他不会导致财务报表发生重大错报，但**涉及管理层、治理层和其他在内部控制中具有重要作用的员工的所有舞弊**；⑦注册会计师在**以前年度**审计中识别出的且已与被审计单位沟通的重大缺陷和重要缺陷**是否已经得到解决**，以及哪些缺陷尚未得到解决；⑧在**基准日后**，内部控制是否发生**变化**，或者是否存在对内部控制产生**重要影响**的其他因素，包括被审计单位针对重大缺陷和重要缺陷采取的**所有纠正措施**(选项 C)。

23. 【答案】ABD
    【考点】内部控制审计的基本概念
    【解析】注册会计师对内部控制审计过程中注意到的非财务报告内部控制的重大缺陷，在内部控制审计报告中增加**非财务报告内部控制重大缺陷描述段**予以披露，选项 C 错误；选项 ABD 表述正确。

24. 【答案】ABD
    【考点】整合审计
    【解析】两者对内部控制进行了解和测试的**目的不同**。注册会计师在财务报表审计中了解和测试内部控制，是为了识别、评估和应对重大错报风险，据此确定实质性程序的性质、时间安排和范围，并获取与财务报表是否在所有重大方面按照适用的财务报告编制基础编制相关的审计证据，以支持对财务报表发表的审计意见；注册会计师在内部控制审计中了解和测试内部控制，是为了对内部控制的有效性发表审计意见。因此，选项 C 错误。选项 ABD 表述正确。

25. 【答案】ABC
    【考点】识别重要账户、列报及其相关认定
    【解析】在识别重要账户、列报及其相关认定时，需要从定性和定量两个方面作出评价。超过财务报表整体重要性的账户，通常情况下被认定为重要账户，选项 B 正确；从性质上说，注册会计师可能因为某账户或列报受固有风险或舞弊风险的影响而将其确定为重要账户或列报，即便该账户或列报从金额上看并不重大，选项 AC 正确；在识别重要账户、列报及其相关认定时，**不考虑相关控制的影响**，因为内部控制审计的目标本身就是评价控制的有效性，选项 D 错误。

26. 【答案】ABD
    【考点】识别重要账户、列报及其相关认定
    【解析】在识别重要账户、列报及其相关认定时，注册会计师**应当确定**重大错报的可能来源，选项 C 错误；超过财务报表整体重要性的账户，无论在内部控制审计还是财务报表审计中，**通常情况**下被认定为重要账户，但超过财务报表整体重要性**并不必然表明其属于重要账户**，也有可能会被认定为不重要账户，选项 B 正确（注意：在客观题中，该选项必然是正确的，但在简答题中，如果题目没有额外说明，如分类错报，考生通常应默认大于重要性水平的账户是重大的）；选项 A 是重要账户的定义，表述正确；选项 D 是财务报表审计与内部控制审计的相同点，表述正确。（注意：对于财务报表审计和内部控制审计而言，在识别重要账户、列报及其相关认定时应当评价的风险因素是相同的，且两者识别的重要账户、列报及其相关认定也是相同的。）

27. 【答案】ABD
    【考点】总体审计策略
    【解析】了解和识别内部控制的程序性制、时间安排和范围，属于对内部控制进行具体的识别，是**具体审计计划**的内容，选项 C 错误；选项 ABD 都是注册会计师应当在总体审计策略中体现的内容。

三、简答题

28. 【考点】内部控制审计

【答案】（1）不恰当。对于从级别较低人员处所获取的信息，注册会计师需要向级别较高人员核实其完整性，并确定是否与级别较高人员所理解的预定控制相符。

（2）恰当。

（3）不恰当。注册会计师实施的测试需要涵盖足够长的时间。（注意：该控制运行的频率为每日数次，测试天数至少为 15 天。）

（4）不恰当。被审计单位在 2023 年 12 月 25 日进行整改时，新控制尚未运行足够长的时间，注册会计师应当将其视为重大缺陷。（注意：对于运行频率为每月运行一次的控制，应至少测试两个月。）

（5）不恰当。甲公司管理层利用公司资金违规为控股股东进行担保，说明内部控制存在重大缺陷。

第二十一章 质量管理

真题共分两个模块，其一为知识点分册的例题模块，其二为习题分册的真题巩固模块，针对这两个模块，大家均需充分关注。

真题巩固

一、简答题

1. 【2022】ABC 会计师事务所的质量管理制度部分内容摘录如下：

   项目合伙人在执行上市实体财务报表审计业务时，应当与被审计单位管理层或治理层沟通质量管理体系是如何为持续高质量地执行业务提供支撑的。

   要求：指出 ABC 会计师事务所的质量管理制度的内容是否违反《会计师事务所质量管理准则第 5101 号——业务质量管理》和《会计师事务所质量管理准则第 5102 号——项目质量复核》的相关规定。如违反，简要说明理由。

2. 【2022】ABC 会计师事务所的质量管理制度部分内容摘录如下：

   审计分部主管合伙人在本分部范围内统一分派项目质量复核人员。审计分部主管合伙人担任项目合伙人的项目，由质量管理主管合伙人负责分派项目质量复核人员。

   要求：指出 ABC 会计师事务所的质量管理制度的内容是否违反《会计师事务所质量管理准则第 5101 号——业务质量管理》和《会计师事务所质量管理准则第 5102 号——项目质量复核》的相关规定。如违反，简要说明理由。

3. 【2021】ABC 会计师事务所的质量管理制度部分内容摘录如下：

   项目合伙人对项目管理和项目质量承担总体责任，项目质量复核人员对项目质量复核的实施承担总体责任。

   要求：指出 ABC 会计师事务所的质量管理制度的内容是否违反《会计师事务所质量管理准则第 5101 号——业务质量管理》和《会计师事务所质量管理准则第 5102 号——项目质量复核》的相关规定。如违反，简要说明理由。

4. 【2019】ABC 会计师事务所的质量管理制度部分内容摘录如下：

   事务所每年对业务收入考核排名前十位的合伙人奖励 50 万元，对业务质量考核排名后十位的合伙人罚款 5 万元。

   要求：指出 ABC 会计师事务所的质量管理制度的内容是否恰当。如不恰当，简要说明理由。

参考答案及解析

一、简答题

1. 【考点】信息与沟通

   【答案】违反。应当与治理层沟通/不能只与管理层沟通。

2. 【考点】质量管理体系的总体要求

   【答案】违反。应在**全所范围内统**一委派项目质量复核人员。

3. 【考点】业务执行

【答案】不违反。

质量管理中各责任人的对应责任列示如下：

责任人	责任
会计师事务所主要负责人	对质量管理体系承担**最终责任**
	对一体化管理负主要责任
	评价质量管理体系
质量管理主管合伙人	对质量管理体系的运行承担责任
负责特定方面的合伙人	对质量管理体系特定方面的运行承担责任，如职业道德要求、监控和整改等方面
项目质量复核人	对项目质量复核的实施承担总体责任
项目合伙人	对管理和实现审计项目的高质量承担总体责任

4. 【考点】治理和领导层

【答案】不恰当。事务所的奖惩制度没有体现以**质量**为导向。（注意：事务所的业绩评价制度可以纳入业务收入等质量以外的指标，但质量必须放在首位。本题中事务所的业绩评价更看重业务收入，没有将质量放在首位，故不恰当。）

一、单选题

1. 针对需要实施项目质量复核的审计项目，对审计项目合伙人应当承担的责任表述不恰当的是（   ）。

    A. 确定会计师事务所已委派项目质量复核人员

    B. 委派项目质量复核人员

    C. 配合项目质量复核人员的工作

    D. 与项目质量复核人员讨论在审计中遇到的重大事项和重大判断

2. 关于项目合伙人，下列说法错误的是（   ）。

    A. 针对意见分歧，审计项目合伙人应当确定咨询得出的结论已经记录并得到执行

    B. 在审计报告日或审计报告日之前，审计项目合伙人应当通过复核审计工作底稿以及与审计项目组讨论，确保已获取充分、适当的审计证据，以支持得出的结论和拟出具的审计报告

    C. 审计项目合伙人应当在与管理层、治理层或相关监管机构签署正式书面沟通文件之后对相关文件进行复核

    D. 在签署审计报告前，为确保拟出具的审计报告适合审计项目的具体情况，审计项目合伙人应当复核财务报表、审计报告以及相关的审计工作底稿，包括对关键审计事项的描述（如适用）

3. 下列针对财务报表审计实施的质量管理中，不存在缺陷的是（　　）。
   A. 审计项目合伙人应当在完成审计工作阶段复核审计工作底稿
   B. 在审计报告日或审计报告日之前，审计项目合伙人应当通过复核审计工作底稿以及与审计项目组讨论，确保已获取充分、适当的审计证据，以支持得出的结论和拟出具的审计报告
   C. 为了遵守保密协议，审计项目组不可以向会计师事务所外部人员进行咨询
   D. 当审计项目合伙人与项目质量复核人员之间出现意见分歧时，应听从项目质量复核人员的意见

4. 会计师事务所在委派项目组时，下列做法中正确的是（　　）。
   A. 项目合伙人和项目质量复核人共同对项目总体质量负责
   B. 在同一年度项目之间交叉实施项目质量复核
   C. 对高风险业务的承接，安排质量管理合伙人授权的人员审批
   D. 项目组成员为项目质量复核提供协助

5. 下列关于项目质量复核的说法中，错误的是（　　）。
   A. 如果项目质量复核人员怀疑项目组作出的重大判断或据此得出的结论不恰当，应当通知项目合伙人
   B. 项目质量复核人员需要复核已经过项目合伙人签署的审计报告
   C. 如果项目质量复核人员对项目组作出的重大判断的怀疑不能得到满意的解决，项目质量复核人员应当通知会计师事务所适当人员项目质量复核无法完成
   D. 如果项目质量复核人员确定项目质量复核已经完成，应当签字确认并通知项目合伙人

二、多选题

6. 以下关于项目质量复核的说法中，错误的有（　　）。
   A. 项目合伙人和项目组成员不得成为本项目的项目质量复核人员
   B. 项目合伙人和项目组成员不得为本项目的项目质量复核提供协助
   C. 事务所主要负责人对项目质量复核的实施承担总体责任
   D. 会计师事务所应当对项目质量复核人员的资质要求进行定期监控

7. 当项目质量复核人员意识到其不再符合任职资质要求时，应采取的措施有（　　）。
   A. 应当通知会计师事务所适当人员
   B. 如果项目质量复核尚未开始，不再承担项目质量复核责任
   C. 如果项目质量复核已经开始实施，立即停止实施项目质量复核
   D. 如果项目质量复核已经开始实施，由项目合伙人另行安排一位新的项目质量复核人员接替

8. 为确保会计师事务所执业人员按照相关职业道德要求履行职责，会计师事务所应当制定的政策和程序的有（　　）。
   A. 识别、评价和应对对遵守相关职业道德要求的不利影响
   B. 识别、沟通、评价和报告任何违反相关职业道德要求的情况
   C. 至少每年一次向所有需要按照相关职业道德要求保持独立性的人员获取其已遵守独立性要求的口头确认
   D. 针对违反相关职业道德要求的情况作出适当应对

9. 下列属于质量管理体系组成要素的有（　　）。
   A. 会计师事务所的风险评估程序
   B. 职业怀疑
   C. 资源
   D. 相关职业道德要求

三、简答题

10. ABC会计师事务所首次接受委托，负责审计上市公司甲公司2023年度财务报表，并委派A注册会计师担任审计项目合伙人，审计报告日为2024年3月20日。相关事项如下：
   （1）ABC会计师事务所委派B注册会计师担

任该项目的质量复核合伙人，并负责甲公司某不重要联营企业的审计。

（2）在出具审计报告时，A注册会计师和B注册会计师均在审计报告上作了签字盖章。

（3）A注册会计师就某一重大审计问题咨询会计师事务所技术部门，但直至审计报告日，仍未与技术部门达成一致意见。经与B注册会计师讨论，A注册会计师出具了审计报告。

（4）B注册会计师在2024年3月25日完成了项目质量复核。

（5）由于A注册会计师所在分部所承接的客户主要是高科技企业，因此该分部会更注重自身信息系统的提升，并独立开展信息系统的规划、建设、运行和维护工作。

要求：针对上述第（1）至第（5）项，逐项指出ABC会计师事务所及甲公司审计项目组成员是否违反审计准则和质量管理准则的规定。如果违反，简要说明理由。

11. 甲公司属于建筑行业，ABC会计师事务所接受委托，负责审计上市公司甲公司2023年度财务报表，并委派A注册会计师担任审计项目合伙人。遇到下列事项：

（1）B注册会计师在2022年及之前担任乙银行项目合伙人，未接触甲公司等类型的建筑企业，具有客观性，ABC会计师事务所委派其担任甲公司2023年项目质量复核人。

（2）B注册会计师为了保持客观性，在执行复核的过程中，未与项目合伙人进行讨论。

（3）在审计报告出具后，B注册会计师随机选取若干份工作底稿进行了复核，没有发现重大问题。

（4）会计师事务所要求所有公众利益实体财务报表审计业务、法律法规要求实施项目质量复核的业务以及被判定为高风险的业务均需实施项目质量复核。

（5）由于项目质量复核人员需要对项目质量复核的实施承担总体责任，对项目质量复核提供协助的人员无须在底稿中记录姓名。

要求：针对上述情形，逐项指出是否违反审计准则和质量管理准则的规定。如果违反，简要说明理由。

12. ABC会计师事务所的质量管理制度部分内容摘录如下：

（1）对于高风险业务，项目合伙人审批后方能承接。

（2）对于会计师事务所制定的质量管理体系，承接和执行鉴证业务时应当遵守，对非鉴证业务不作强制要求。

（3）项目质量复核人应代表事务所对质量管理体系进行评价。

（4）ABC事务所质量管理政策规定，事务所应当实行矩阵式管理，以团队专业能力的匹配度为依据分派业务。

（5）ABC事务所质量管理部门每两年进行一次业务检查，每次选取每位承接上市公司审计业务合伙人已完成的一个项目。对于其他项目合伙人，根据相关标准判断是否需要进行检查。

要求：针对上述第（1）至第（5）项，逐项指出ABC会计师事务所的做法是否违反《会计师事务所质量管理准则第5101号——业务质量管理》和《会计师事务所质量管理准则第5102号——项目质量管理》的相关规定。如违反，简要说明理由。

参考答案及解析

一、单选题

1. 【答案】B
   【考点】业务执行
   【解析】针对需要实施项目质量复核的审计项目，审计项目合伙人应当承担下列责任：①确定会计师事务所已委派项目质量复核人员（选项 A）；②配合项目质量复核人员的工作，并要求审计项目组其他成员配合项目质量复核人员的工作（选项 C）；③与项目质量复核人员讨论在审计中遇到的重大事项和重大判断，包括在项目质量复核过程中识别出的重大事项和重大判断（选项 D）；④只有在项目质量复核完成后，才签署审计报告。项目质量复核人员，指会计师事务所中实施项目质量复核的合伙人或其他类似职位的人员，或者由会计师事务所委派实施项目质量复核的外部人员。**项目质量复核人员由会计师事务所统一委派，不能由项目合伙人确定**，选项 B 错误。

2. 【答案】C
   【考点】业务执行
   【解析】审计项目合伙人应当在与管理层、治理层或相关监管机构签署正式书面沟通文件**之前**对相关文件进行复核，选项 C 错误；选项 ABD 表述正确。

3. 【答案】B
   【考点】业务执行
   【解析】审计项目合伙人应当**在审计过程中的适当时点复核审计工作底稿**，选项 A 错误；在审计报告日或审计报告日之前，审计项目合伙人应当通过复核审计工作底稿以及与审计项目组讨论，确保已获取充分、适当的审计证据，以支持得出的结论和拟出具的审计报告，选项 B 正确；咨询可能在审计项目组内部进行，或者在审计项目组与会计师事务所**内部或外部**的其他适当人员之间进行，选项 C 错误；当审计项目合伙人与项目质量复核人员之间出现意见分歧时，审计项目组应当遵守会计师事务所处理及解决意见分歧的政策和程序，选项 D 错误。

4. 【答案】C
   【考点】项目质量复核人员的委派和资质要求
   【解析】**项目合伙人**对项目总体质量负责，选项 A 错误；会计师事务所应当**尽量避免在同一年度内交叉**实施项目质量复核，选项 B 错误；对于会计师事务所认定存在高风险的业务，应当设计和实施专门的质量管理程序，并经**质量管理合伙人（或类似职位的人员）或其授权的人员**（注意：授权人员也是可以的）审批，选项 C 正确；项目合伙人和项目组其他成员**不得为本项目的项目质量复核提供协助**，选项 D 错误。

5. 【答案】B
   【考点】项目质量复核的实施
   【解析】如果项目质量复核人员怀疑项目组作出的重大判断或据此得出的结论不恰当，应当告知项目合伙人，选项 A 正确；如果这一怀疑不能得到满意的解决，项目质量复核人员应当通知会计师事务所适当人员项目质量复核无法完成，选项 C 正确；如果项目质量复核人员确定项目质量复核已经完成，应当签字确认并通知项目合伙人，选项 D 正确；只有在项目质量复核完成后，才能签署审计报告，选项 B 错误。（注意：项目质量复核在前，签署审计报告在后。）

二、多选题

6. 【答案】CD
   【考点】项目质量复核人员的委派和资质要求
   【解析】项目质量复核人员应当独立于执行业务的项目组，项目合伙人和项目组其他成员不得成为本项目的项目质量复核人员，选项 A 正确；为了确保协助人员的客观性，项目合伙人和项目组其他成员不得为本项目的项目质量复核提供协助，选项 B 正确；**项目质量复核人员应当对项目质量复核的实施承担总体责任**，选项 C 错误；会计师事务所应当对项目质量复核人员符合资质要求的情况进行**实时监控（而非定期监控）**，以及时识别出项目质量复核人员不再符合任职资质要求的情况，并采取适当措施，包括委派一位新的项目质量复核人员，选项 D 错误。

7. 【答案】ABC
【考点】项目质量复核人员的委派和资质要求
【解析】当项目质量复核人员意识到其不再符合任职资质要求时，应当通知会计师事务所适当人员，选项 A 正确；如果项目质量复核尚未开始，该复核人员不再承担项目质量复核责任，选项 B 正确；如果项目质量复核已经开始实施，则立即停止实施项目质量复核，选项 C 正确；项目质量复核人员的委派应由会计师事务所来实施，**不得由项目合伙人来实施**，选项 D 错误。

8. 【答案】ABD
【考点】会计师事务所质量管理体系
【解析】为确保会计师事务所执业人员按照相关职业道德要求（包括独立性要求）履行职责，会计师事务所应当制定下列政策和程序：①识别、评价和应对对遵守相关职业道德要求的不利影响（选项 A）；②识别、沟通、评价和报告任何违反相关职业道德要求的情况，并针对这些情况的原因和后果及时作出适当应对（选项 BD）；③至少每年一次向所有需要按照相关职业道德要求保持独立性的人员获取其已遵守独立性要求的**书面确认**（选项 C 错误）。

9. 【答案】ACD
【考点】质量管理体系的目标、总体要求和组成要素
【解析】会计师事务所质量管理体系应当包括针对下列八个要素制定的政策和程序：①会计师事务所的风险评估程序（选项 A）；②治理和领导层；③相关职业道德要求（选

项 D）；④客户关系和具体业务的接受与保持；⑤业务执行；⑥资源（选项 C）；⑦信息与沟通；⑧监控和整改程序。选项 B **属于审计的基本要求，不属于质量管理体系要素**。

三、简答题

10. 【考点】质量管理
【答案】（1）违反。项目质量复核人在复核期间**不能以其他方式参与审计业务**，否则影响其客观性。
（2）违反。项目质量复核人员**不签署审计报告**。审计报告应由项目合伙人和其他适当的人员（如适用）签署。
（3）违反。只有在项目组与被咨询方**分歧解决后，才能出具审计报告**。
（4）违反。项目质量复核应在**审计报告日或之前**完成。
（5）违反。会计师事务所需要在**全所范围内统一**开展信息系统的规划、建设、运行与维护工作。（注意：全所范围统一管理涉及人事、财务、业务、技术标准和信息管理五个方面。）

11. 【考点】项目质量复核
【答案】（1）违反。B 注册会计师未曾接触过建筑公司，可能不具备适当的胜任能力，不符合项目质量复核人员的任职资质。（注意：项目质量复核人员不具备客观性是常考情形。项目质量复核人员不仅要具备客观性，还要具备适当的胜任能力，这是考生容易忽略的，需要加以关注。）
（2）违反。在实施项目质量复核时，项目质量复核人员**应当**与项目合伙人及项目组其他成员**讨论**重大事项，以及在项目计划、实施和报告时作出的重大判断。
（3）违反。项目质量复核应当在出具审计报告**之前**完成，并且项目质量复核人员应当选取与项目组作出**重大判断及形成结论**有关的工作底稿复核，而不是随意选择复核样本。
（4）不违反。（注意：项目质量复核实施的

对象包括：上市实体财务报表审计业务；法律法规要求实施项目质量复核的审计业务或其他业务；会计师事务所认为，为应对一项或多项质量风险，有必要实施项目质量复核的审计业务或其他业务。题目中公众利益实体的范围大于上市实体，因此会计师事务所不违反规定。）

（5）违反。项目质量复核工作底稿应当包括项目质量复核协助人员的姓名。

12. 【考点】会计师事务所质量管理体系

【答案】（1）违反。高风险业务需经**质量管理主管合伙人或其授权的人员**审批。

（2）违反。**非鉴证服务**也需要遵循质量管理体系的规定。

（3）违反。会计师事务所的**主要负责人**应当代表会计师事务所**对质量管理体系进行评价**。

（4）不违反。

（5）违反。应当在每个周期内对每个承接**上市实体**审计业务的项目合伙人，至少选择一项已完成的项目进行检查，检查周期最长不得超过三年。上市实体的范围大于上市公司。

第二十二章 职业道德基本原则和概念框架

真题共分两个模块,其一为知识点分册的例题模块,其二为习题分册的真题巩固模块,针对这两个模块,大家均需充分关注。

真题巩固

一、多选题

1. 【2020】下列有关业务工作底稿的说法中,正确的有( )。
   A. 未经客户许可,会计师事务所不得将业务工作底稿摘录给第三方
   B. 如经客户许可,会计师事务所可以将业务工作底稿摘录给第三方
   C. 未经会计师事务所许可,项目组不得将业务工作底稿摘录给客户
   D. 如客户提出要求,会计师事务所应当将业务工作底稿摘录给客户

二、简答题

2. 【经典真题】2013年1月,DEF会计师事务所与XYZ会计师事务所合并成立ABC会计师事务所,相关事项如下:
   ABC会计师事务所以"强强联手,服务最优"为主题在多家媒体刊登广告,宣传两家会计师事务所的合并事宜。
   要求:指出ABC会计师事务所的做法是否恰当。如不恰当,简要说明理由。

参考答案及解析

一、多选题

1. 【答案】BC
   【考点】保密
   【解析】会员在下列情况下可以披露涉密信息:①法律法规允许披露,并且取得客户或工作单位的授权;②法律法规允许的情况下,在法律诉讼、仲裁中维护自己的合法权益;③根据法律法规的要求,为法律诉讼、仲裁准备文件或提供证据,以及向有关监管机构报告发现的违法行为;④接受注册会计师协会或监管机构的执业质量检查,答复其询问和调查;⑤法律法规、执业准则和职业道德规范规定的其他情形。**取得客户授权只是可以将业务工作底稿摘录给第三方的条件之一**,选项A过于绝对,错误;选项B表述正确;工作底稿的所有权属于会计师事务所,因此,未经会计师事务所许可,项目组不得将业务工作底稿摘录给客户,选项C正确,选项D错误。

二、简答题

2. 【考点】良好的职业行为
   【答案】不恰当。"强强联手,服务最优"夸大宣传了事务所提供的服务/无根据地比较其他注册会计师的工作/违反职业道德守则中有关专业服务营销的要求。(注意:会员在向公众传递信息以及推介自己和工作时,应当客观、真实、得体,不得损害职业形象,不得有下列行为:①夸大宣传提供的服务、拥有的资质或获得的经验;②贬低或无根据地比较他人的工作。)

模拟自测

一、单选题

1. 下列业务中，不要求遵守独立性原则的是（　　）。
   A. 对财务信息执行商定程序
   B. 审计服务
   C. 审阅服务
   D. 预测性财务信息审核

二、多选题

2. 下列情况中，属于因自身利益对职业道德基本原则产生不利影响的有（　　）。
   A. 注册会计师在客户中拥有直接经济利益
   B. 注册会计师在评价所在会计师事务所以往提供的专业服务时，发现了重大错误
   C. 注册会计师能够接触到涉密信息，而该涉密信息可能被用于谋取个人私利
   D. 会计师事务所以过低的报价获得新业务，可能导致注册会计师难以按照适用的职业准则要求执行业务

3. 以下情形中，注册会计师可以披露涉密信息的情况有（　　）。
   A. 法律法规允许的情况下，在法律诉讼、仲裁中维护自己的合法权益
   B. 法律法规允许披露，并且取得客户或工作单位的授权
   C. 接受注册会计师协会的执业质量检查，答复其询问和调查
   D. 根据法律法规的要求，为法律诉讼、仲裁准备文件或提供证据，以及向有关监管机构报告发现的违法行为

三、简答题

4. ABC 会计师事务所委派 A 注册会计师担任上市公司甲公司 2023 年度财务报表审计项目合伙人，审计项目团队在审计中遇到下列事项：
   （1）ABC 会计师事务所为甲公司介绍了生意伙伴，并收取了 10 万元介绍费，该介绍费对会计师事务所而言不重大。
   （2）审计业务约定书约定，按照审计后的税前利润的 5% 的比例计算审计费用。
   （3）经项目合伙人及项目经理批准，A 注册会计师从其他项目组处借阅了审计工作底稿中与甲公司相关的部分。
   （4）审计过程中遇甲公司与其供应商发生诉讼，A 注册会计师为客户进行辩护并提供相关支持资料。
   （5）甲公司承诺未来为项目合伙人提供参加各类商业活动的机会。
   要求：针对上述第（1）至第（5）项，逐项指出是否可能违反中国注册会计师职业道德守则有关独立性规定的情况，并简要说明理由。

5. 上市公司甲公司系 ABC 会计师事务所的常年审计客户。在对甲公司 2023 年度财务报表审计中，审计项目组遇到下列事项：
   （1）会计师事务所的培训制度要求，不同项目的项目组成员需要互相查阅审计工作底稿进行学习，学满一定学时后颁发培训合格证。
   （2）审计业务约定书约定，审计费用为 500 万元，如果在 2024 年 4 月 30 日，公司股价能提升 10% 以上，则在原基础上增加 50 万元的审计费用。
   （3）A 注册会计师将某项重大会计问题的相关资料提供给事务所其他项目组成员以探讨具体处理方法。
   （4）在业务承接阶段，A 注册会计师向甲公司宣传 ABC 会计师事务所在各方面均处于行业领导地位。
   （5）接受中注协的执业质量检查，A 注册会计师在答复询问和调查时将所知的所有信息进行了如实披露。
   要求：针对上述第（1）至第（5）项，逐项指出注册会计师的做法是否恰当。如不恰当，简要说明理由。

参考答案及解析

一、单选题

1. 【答案】A
   【考点】职业道德基本原则
   【解析】会计师事务所在承办审计和审阅业务以及其他鉴证业务时,应当从整体层面和具体业务层面采取措施,以保持会计师事务所和项目团队的独立性,选项BCD均需遵守独立性原则;选项A属于**非鉴证业务,不要求遵守独立性原则**。

二、多选题

2. 【答案】ABCD
   【考点】职业道德概念框架的内涵
   【解析】因自身利益产生不利影响的情形主要包括:①注册会计师在客户中拥有直接经济利益(选项A);②会计师事务所的收入过分依赖某一客户;③会计师事务所以较低的报价获得新业务,而该报价过低,可能导致注册会计师难以按照适用的职业准则要求执行业务(选项D);④注册会计师与客户之间存在密切的商业关系;⑤注册会计师能够接触到涉密信息,而该涉密信息可能被用于谋取个人私利(选项C);⑥注册会计师在评价所在会计师事务所以往提供的专业服务时,发现了重大错误(选项B)。

3. 【答案】ABCD
   【考点】保密
   【解析】保密原则有例外事项,注册会计师在下列情况下可以披露涉密信息:①法律法规允许披露,并取得客户或工作单位的授权(选项B);②根据法律法规的要求,为法律诉讼、仲裁准备文件或提供证据,以及向有关监管机构报告所发现的违法行为(选项D);③法律法规允许的情况下,在法律诉讼、仲裁中维护自己的合法权益(选项A);④接受注册会计师协会或监管机构的执业质量检查,答复其询问和调查(选项C);⑤法律法规、执业准则和职业道德规范规定的其他情形。

三、简答题

4. 【考点】职业道德基本原则和概念框架
   【答案】(1)违反。会计师事务所**不得收取或支付介绍费、佣金**,否则将因自身利益对客观公正、专业胜任能力和勤勉尽责原则产生非常严重的不利影响。
   (2)违反。注册会计师**不得以或有收费**方式提供鉴证服务。
   (3)违反。注册会计师**未经授权**将其他项目组审计工作底稿发给甲公司审计项目组成员,违反了**保密**规定。
   (4)违反。当客户与第三方发生诉讼或纠纷时,注册会计师为该客户辩护,将因过度推介对职业道德基本原则产生不利影响。
   (5)违反。提供商业机会属于**利益诱惑**,注册会计师将因自身利益、密切关系或外在压力对职业道德基本原则产生不利影响。

5. 【考点】职业道德基本原则和概念框架
   【答案】(1)不恰当。不同项目组的成员相互查阅底稿,违反了**保密**规定。
   (2)不恰当。除法律法规允许外,注册会计师不得以**或有收费**方式提供鉴证服务,收费与否或收费多少不得以鉴证工作结果或实现特定目的为条件。
   (3)不恰当。未经客户许可,注册会计师**不得泄露客户**信息给项目组以外的其他人员。
   (4)不恰当。注册会计师向公众传递信息以及推介自己和工作时,**不得夸大宣传**提供的服务、拥有的资质和获得的经验。
   (5)恰当。

第二十三章 审计业务对独立性的要求

真题共分两个模块,其一为知识点分册的例题模块,其二为习题分册的真题巩固模块,针对这两个模块,大家均需充分关注。

真题巩固

一、简答题

1. 【2017】ABC 会计师事务所委派 A 注册会计师担任上市公司甲公司 2016 年度财务报表审计项目合伙人。ABC 会计师事务所和 XYZ 公司处于同一网络。审计项目组在审计中遇到下列事项:
（1）A 注册会计师因继承其祖父的遗产获得甲公司股票 20 000 股,承诺将在有权处置这些股票之日起一个月内出售。
（2）B 注册会计师曾担任甲公司 2011 年度至 2015 年度财务报表审计项目合伙人,之后被调离甲公司审计项目组,担任乙公司 2016 年度财务报表审计项目合伙人。乙公司是甲公司重要的子公司。
（3）2016 年 11 月,丙公司被甲公司收购成为其重要子公司。2017 年 1 月 1 日,甲公司审计项目组成员 C 的妻子加入丙公司并担任财务总监。
（4）D 注册会计师和 A 注册会计师同处一个分部,不是甲公司审计项目组成员。D 的母亲和甲公司某董事共同开办了一家早教机构。
（5）丁公司是甲公司的母公司,聘请 XYZ 公司为其共享服务中心提供信息系统的设计和实施服务。该共享服务中心承担丁公司下属各公司的财务及人力资源等职能。丁公司不是 ABC 会计师事务所的审计客户。
要求:针对上述第（1）至第（5）项,逐项指出是否存在违反中国注册会计师职业道德守则有关职业道德和独立性规定的情况,并简要说明理由。

2. 【2016】ABC 会计师事务所委派 A 注册会计师担任上市公司甲公司 2015 年度财务报表审计项目合伙人。ABC 会计师事务所和 XYZ 公司处于同一网络。审计项目组在审计中遇到下列事项:
（1）甲公司于 2014 年 8 月首次公开发行股票并上市,A 注册会计师自 2010 年度起担任甲公司财务报表审计项目合伙人。
（2）2015 年 10 月,审计项目组就某重大会计问题咨询了事务所技术部的 B 注册会计师。B 注册会计师的妻子于 2015 年 6 月购买了甲公司的股票,于 2015 年 12 月卖出。
（3）审计项目组成员 C 曾任甲公司重要子公司的出纳,2014 年 10 月加入 ABC 会计师事务所,2015 年 9 月加入甲公司审计项目组,参与审计固定资产项目。
（4）A 注册会计师受邀参加了甲公司年度股东大会,全体参与人员均获得甲公司生产的移动硬盘作为礼品。
（5）甲公司聘请 XYZ 公司担任某合同纠纷的诉讼代理人,诉讼结果将对甲公司财务报表产生重大影响。
（6）甲公司购买的成本核算软件由 XYZ 公司和一家软件公司共同开发和推广,该软件公司不是 ABC 会计师事务所的审计客户或其关联实体。
要求:针对上述第（1）至第（6）项,逐项指出是否存在违反中国注册会计师职业道德守则有关独立性规定的情况,并简要说明理由。

3. 【经典真题】甲银行是 A 股上市公司,系 ABC 会计师事务所的常年审计客户。XYZ 咨询公司是 ABC 会计师事务所的网络事务所。在对甲银行 2012 年度财务报表执行审计的过程中存在下列事项:
（1）A 注册会计师担任甲银行 2012 年度财

务报表审计项目合伙人。其于 2012 年 10 月按正常商业条件在甲银行开立账户，并购买 10 000 元甲银行公开发行的三个月期非保本浮动收益型人民币理财产品。该理财产品主要投资于各类债券基金。

（2）B 注册会计师曾担任甲银行 2011 年度财务报表审计项目经理，并签署该年度审计报告。B 注册会计师于 2012 年 4 月 30 日辞职，于 2012 年年末加入甲银行下属某分行，担任财务负责人。

（3）乙保险公司与甲银行均为丙公司的重要子公司。乙保险公司于 2012 年 2 月聘请 XYZ 咨询公司为其提供与财务会计系统相关的内部审计服务，并由乙保险公司承担管理层职责。乙保险公司及丙公司不是 ABC 会计师事务所的审计客户。

（4）XYZ 咨询公司的合伙人 C 的父亲持有甲银行少量股票。截至 2012 年 12 月 31 日，这些股票市值为 6 000 元。合伙人 C 自 2011 年起为甲银行下属某分行提供企业所得税申报服务，但在服务过程中不承担管理层职责。

（5）甲银行持有上市公司丁公司 3% 的股份，对丁公司不具有重大影响。该投资对甲银行也不重大。甲银行 2012 年度审计项目经理 D 注册会计师于 2012 年 11 月购买 500 股丁公司股票。截至 2012 年 12 月 31 日，这些股票市值为 3 000 元。

（6）甲银行于 2012 年初收购戊银行，为将两个银行的财务信息系统进行整合，聘请 XYZ 咨询公司重新设计财务信息系统。

要求：针对上述第（1）至第（6）项，逐项指出是否存在违反中国注册会计师职业道德守则的情况，并简要说明理由。

4. 【经典真题】上市公司甲公司系 ABC 会计师事务所的常年审计客户。在对甲公司 2011 年度财务报表审计中，ABC 会计师事务所遇到下列与职业道德相关的事项：

（1）A 注册会计师在 2006 年度至 2010 年度期间担任甲公司财务报表审计项目经理，并签署了 2009 年度和 2010 年度甲公司审计报告。2011 年度，A 注册会计师新晋升为合伙人，担任甲公司 2011 年度财务报表审计项目合伙人。

（2）甲公司与 ABC 会计师事务所签订协议，由甲公司向其客户推荐 ABC 会计师事务所的服务。每次推荐成功后，由 ABC 会计师事务所向甲公司支付少量的业务介绍费。

（3）审计项目组成员 B 因工作较忙，授权理财顾问管理其股票账户。在 B 不知情的情况下，理财顾问通过该账户代其购买了少量甲公司股票。截至 2011 年 12 月 31 日，这些股票市值合计为 500 元。

（4）审计项目组成员 C 为新员工，其妻子曾担任甲公司财务经理，于 2011 年 3 月离职。

（5）经甲公司总经理批准，审计项目组成员可以按成本价购买甲公司的产品，每人限购 2 000 元。

（6）甲公司在海外有一家规模很小的分公司，其财务经理突然离职。在新聘财务经理上任前，由 ABC 会计师事务所的海外网络事务所借调一名审计部经理临时负责其财务经理工作，借调时间为一周。

要求：针对上述第（1）至第（6）项，逐项指出 ABC 会计师事务所及甲公司审计项目组成员是否违反中国注册会计师职业道德守则，并简要说明理由。

5. 【经典真题】甲公司计划发行 A 股并上市，聘请 ABC 会计师事务所审计其 2009 年度、2010 年度及 2011 年度财务报表。A 注册会计师担任甲公司审计项目合伙人。在审计过程中，ABC 会计师事务所遇到下列与职业道德相关的事项：

（1）A 注册会计师和甲公司的董事是同学，两人共同投资开设一家餐厅，各占 50% 股份，该投资对双方均不重大。

（2）审计业务约定书约定，甲公司如上市成功，将另行奖励 ABC 会计师事务所，奖励金额按发行股票融资额的 0.1% 计算。

（3）XYZ 咨询公司是 ABC 会计师事务所的网络事务所。自 2011 年 10 月 1 日起，甲公司将其内部审计职能外包给 XYZ 咨询公司，包括负责确定内部审计工作范围。

(5) 2011年3月1日，ABC会计师事务所接受委托，为甲公司编制企业所得税纳税申报表，该表经甲公司财务总监签署后报出。

(6) 甲公司是上市公司乙公司的重要子公司。乙公司不是ABC会计师事务所的审计客户。审计项目组成员B的妻子因在乙公司担任公关部经理而获得乙公司股票期权。

要求：逐项指出ABC会计师事务所及甲公司审计项目组成员是否违反中国注册会计师职业道德守则，并简要说明理由。

参考答案及解析

一、简答题

1.【考点】独立性

提示：考查独立性的简答题要求和其他类型的简答题要求有所不同，无论是否违反相关规定，均需要说明理由，即使答案是不违反，也需说明理由。考生需要加以关注。

【答案】（1）违反。A注册会计师应当在有权处置时**立即处置**甲公司股票，否则将因自身利益对独立性产生严重不利影响。

（2）违反。B注册会计师**在冷却期不应参与甲公司的审计业务**，否则将因密切关系或自身利益对独立性产生严重不利影响。

（3）违反。C的**妻子在甲公司审计业务期间/执行审计期间担任丙公司财务总监**，将因自身利益、密切关系或外在压力对独立性产生严重不利影响。

（4）不违反。D**不是甲公司审计项目组成员**，其母亲与甲公司董事的合作**不属于被禁止的商业关系**。

（5）违反。丁公司共享服务中心承担甲公司的财务职能/所涉及的财务系统构成甲公司财务报告内部控制的重要组成部分/生成的信息**对甲公司财务报表影响重大**，为共享服务中心提供设计和实施服务将因自我评价对独立性产生严重不利影响。

2.【考点】独立性

【答案】（1）不违反。A注册会计师在甲公司首次公开发行股票后/上市后担任关键审计合伙人的时间**没有超过2年**，不违反有关独立性的规定。

（2）违反。B注册会计师属于审计项目团队成员/B注册会计师的咨询意见**直接影响审计结果**，其妻子在审计期间拥有直接经济利益，将因自身利益对独立性产生严重不利影响。

（3）不违反。审计项目组成员C在财务报表涵盖期间之前加入事务所，且其在审计项目组中的工作，**不涉及评价其就职于甲公司的子公司时所做的工作/出纳工作**，因此，不会对独立性产生不利影响。

（4）违反。A注册会计师**不得收受**甲公司的任何礼品/收受甲公司礼品属于不当行为。

（5）违反。为审计客户担任诉讼代理人，且该纠纷所涉金额**对被审计财务报表有重大影响**，将因自我评价或过度推介对独立性产生严重不利影响。

（6）违反。ABC会计师事务所的网络所参与了甲公司重要财务系统的设计/参与设计的成本核算软件构成甲公司财务报表内部控制的重要组成部分/生成的信息**对会计记录或被审计财务报表影响重大**，将因自我评价对独立性产生严重不利影响。

3. 【考点】独立性
   【答案】

事项序号	是否存在违反职业道德守则的情况（是/否）	理由
（1）	否	A注册会计师按**正常商业条件**在**甲银行**开立账户并购买甲银行的产品，且**交易金额不大**。该理财产品投资的各类债券基金**也属于不重大的间接经济利益**。因此，上述事项**不会对独立性产生不利影响**
（2）	是	作为甲银行2011年度审计报告**签字注册会计师**，B注册会计师适用职业道德守则对项目合伙人/审计关键合伙人的规定。其离职加入甲银行下属分行担任财务负责人的时间，早于甲银行发布2012年已审财务报表之日，**尚在冷却期内**，因此将因密切关系或外在压力对独立性产生严重不利影响
（3）	否	乙保险公司是甲银行的关联实体，但因其**不是ABC会计师事务所的审计客户**，且XYZ咨询公司为其提供内部审计服务结果**不会构成**ABC会计师事务所对甲银行实施审计程序的对象，因此不会因自我评价产生不利影响。鉴于**由乙保险公司承担管理层职责，因此**该服务也不存在对独立性的其他不利影响
（4）	是	为甲银行的关联实体**提供非审计服务的合伙人C及其主要近亲属不得在甲银行中拥有任何直接经济利益**，否则将因自身利益对独立性产生严重不利影响
（5）	否	虽然D注册会计师与甲银行均拥有丁公司的股票，但因其持有的**经济利益并不重大**，且甲银行不能对丁公司施加重大影响，上述投资不被视为损害独立性
（6）	是	重新设计后的财务信息系统所生成的信息**对会计记录或被审计财务报表影响重大**，因此，XYZ咨询公司不能为甲银行重新设计财务信息系统，否则将因自我评价对独立性产生严重不利影响

4. 【考点】独立性
   【答案】（1）不违反。担任甲公司关键审计合伙人**没有超过五年**，不违反有关独立性要求。
   （2）违反。会计师事务所**不得**向审计客户支付业务介绍费。
   （3）违反。审计项目组成员B授权给理财顾问管理的经济利益属于B所拥有的直接经济利益。审计项目组成员**不得在其审计客户中拥有直接经济利益**，否则将对独立性产生严重不利影响。
   （4）违反。审计项目组成员C的妻子曾在2011年财务报表审计涵盖期间担任能对财务报表的编制**施加重大影响**的职务，对独立性产生严重不利影响。
   （5）违反。该交易**不属于公平交易**，将对独立性产生不利影响。
   （6）违反。财务经理**涉及管理层职责**。短期借调员工不得承担甲公司的管理层职责，否则将对独立性产生不利影响。

5. 【考点】独立性
   【答案】（1）违反。与甲公司董事合资办企业，将因自身利益或外在压力对独立性产生严重影响，是被**禁止的商业关系**。
   （2）违反。提供审计服务**不得采用或有收费**，否则将因自身利益对独立性产生严重影响。
   （3）违反。确定内部审计范围等内部审计服**务涉及承担管理层职责**，将对独立性产生严重影响。XYZ咨询公司是ABC会计师事务所的网络事务所，不应为甲公司提供该服务。
   （5）不违反。**在管理层承担责任的情况下，**

提供编制纳税申报表的服务不影响独立性。

（6）违反。项目组成员主要近亲属**不得**在乙公司**拥有直接经济利益**，否则将因自身利益对独立性产生严重影响。

模拟自测

一、简答题

1. 上市公司甲公司是 ABC 会计师事务所的常年审计客户。XYZ 公司和 ABC 会计师事务所处于同一网络。审计项目组在甲公司 2024 年度财务报表审计中遇到下列事项：

（1）乙公司是甲公司不重要的子公司，项目合伙人 A 的父亲于 2025 年 1 月购买了乙公司的债券 50 万元。

（2）丙公司是甲公司旗下的一家汽车销售公司，审计项目经理 B 从丙公司购买了一辆家用轿车，采用的是按揭贷款的方式，丙公司对该笔交易在流程进行了优先处理。

（3）项目组成员 C 与甲公司的监事共同成立一家英语培训机构，拟于 2025 年正式开业。

（4）项目质量控制复核人 D 的妻子在甲公司不重要的子公司丙公司担任财务 BP。

（5）甲公司按照市面上的公允价格聘请 XYZ 会计师事务所为财务部所有人员提供财务培训，培训内容主要为企业会计准则中新修订的内容。

要求：针对上述第（1）至第（5）项，逐项指出是否存在违反中国注册会计师职业道德守则有关职业道德和独立性规定的情况，并简要说明理由。

2. 上市公司甲公司是 ABC 会计师事务所的常年审计客户。XYZ 公司和 ABC 会计师事务所处于同一网络。审计项目组在甲公司 2024 年度财务报表审计中遇到下列事项：

（1）项目合伙人 A 的父亲自 2022 年以来，一直持有乙公司的股票。为了业务发展的需要，甲公司于 2024 年购入了乙公司部分股权，乙公司成为甲公司重要子公司。

（2）丙公司是甲公司旗下的一家融资租赁公司。审计项目组成员 B 的妻子经营的企业因小额资金周转需要，与丙公司按照正常的商业流程签订了一份融资租赁合同。

（3）XYZ 会计师事务所邀请丙公司参加事务所的年会，并在年会上介绍了丙公司的融资租赁业务，XYZ 会计师事务所就此没有收取任何费用。

（4）项目组成员 C 的父亲，在丙公司担任独立董事。甲公司是丙公司不重要的联营企业。

（5）项目合伙人 D 注册会计师曾担任甲公司 2017 年度至 2021 年度的项目质量复核人，未参与 2022 和 2023 年度财务报表审计。

要求：针对上述第（1）至第（5）项，逐项指出是否存在违反中国注册会计师职业道德守则有关职业道德和独立性规定的情况，并简要说明理由。

3. 上市公司甲公司是 ABC 会计师事务所的常年审计客户。XYZ 公司和 ABC 会计师事务所处于同一网络。审计项目组在甲公司 2024 年度财务报表审计中遇到下列事项：

（1）项目合伙人 A 于 2023 年 12 月购入甲公司不重要联营企业乙公司的股票，价值 400 万元，持有至今。甲公司于 2024 年 2 月将乙公司的股份全部抛售后对乙公司不再具有重大影响。

（2）项目合伙人 B 因家庭内部原因，需要 5 万元资金周转，甲公司按照同期银行贷款利息借款给该合伙人，该合伙人在 10 天内及时将款项归还。

（3）XYZ 公司与丙公司约定，将丙公司的产品与会计师事务所服务进行捆绑销售。丙公司是甲公司重要子公司。

（4）甲公司财务经理于2024年3月加入ABC会计师事务所，担任项目组成员。

（5）D注册会计师在2020年度至2023年度均为甲公司的项目合伙人，在2024年度担任该项目的项目质量复核合伙人。

要求：针对上述第（1）至第（5）项，逐项指出是否存在违反中国注册会计师职业道德守则有关职业道德和独立性规定的情况，并简要说明理由。

4. 上市公司甲公司是ABC会计师事务所的常年审计客户。XYZ公司和ABC会计师事务所处于同一网络。审计项目组在甲公司2024年度财务报表审计中遇到下列事项：

（1）项目合伙人B与A注册会计师同处于一个分部，项目合伙人B的父亲在甲公司担任工会主席。

（2）乙公司是甲公司的一个重要子公司。在2024年10月，ABC事务所向乙公司提供贷款100万，但在2024年12月31时乙公司已全部归还本金及利息。

（3）甲公司聘请乙公司为其提供合并财务报表系统的优化升级服务。乙公司不是ABC会计师事务所的审计客户。根据乙公司和ABC会计师事务所的合作协议，双方共享培训资源，但不交流人员、客户信息或市场信息。

（4）甲公司的重要子公司丙公司为新能源汽车销售公司，2024年度接受政府补贴收入3 000万元。因这3 000万元的涉税问题与税务部门产生纠纷，丙公司聘请XYZ会计师事务所协助解决税务纠纷。

（5）审计过程中，甲公司招聘运营总监，A注册会计师应甲公司的要求对可能录用人员的证明文件进行检查，并就是否录用形成书面意见。

要求：针对上述第（1）至第（5）项，逐项指出是否存在违反中国注册会计师职业道德守则有关职业道德和独立性规定的情况，并简要说明理由。

5. 上市公司甲公司是一家多元化经营的房地产企业，是ABC会计师事务所的常年审计客户。XYZ公司和ABC会计师事务所处于同一网络。审计项目组在甲公司2024年度财务报表审计中遇到下列事项：

（1）乙公司致力于AI技术的研发，且属于行业领先水平，甲公司管理层非常看好乙公司在该领域的发展前景。在2024年年底，双方已达成初步战略合作意图。甲公司投资3亿元支持乙公司的各项研发工作，并对乙公司能施加重大影响。项目合伙人A的父亲是一名风险投资者，于2024对乙公司投资了500万元。

（2）丙公司是甲公司的重要联营公司。丙公司在2024年向银行申请贷款时，由XYZ会计师事务所为其提供担保。

（3）甲公司对其一处居民住宅进行处置。项目组成员B与其按照市场价1 000万元达成交易，并顺利办理完过户手续。

（4）甲公司项目合伙人A注册会计师曾经负责审计甲公司不重要的子公司丁公司2019年度到2023年度财务报表。

（5）甲公司2024年度业绩超额完成，在2025年1月公司举办了盛大的庆祝晚会，特邀请审计项目组全体人员参加。在晚会现场的抽奖活动中，项目组成员抽到了二等奖，获得拍立得相机一部。

要求：针对上述第（1）至第（5）项，逐项指出是否存在违反中国注册会计师职业道德守则有关职业道德和独立性规定的情况，并简要说明理由。

6. 上市公司甲公司是ABC会计师事务所的常年审计客户。XYZ公司和ABC会计师事务所处于同一网络。审计项目组在甲公司2024年度财务报表审计中遇到下列事项：

（1）审计助理A为甲公司提供了一系列文字处理服务，不对财务报表产生重大影响。

（2）审计项目组成员B与甲公司财务经理K毕业于同一所大学。

（3）甲公司购买的成本核算软件由XYZ公司和另外一家软件公司共同开发完成。

（4）甲公司聘请XYZ会计师事务所担任某合同纠纷的诉讼代理人，XYZ会计师事务所按照诉讼标的收取相应的款项。

(5) 甲公司研发的无人机于 2024 年 12 月上市。甲公司在 ABC 会计师事务所的新年晚会上展示了该产品，并宣布事务所员工可以按照甲公司给其同类大客户的优惠价格购买。

要求：针对上述第（1）至第（5）项，逐项指出是否存在违反中国注册会计师职业道德守则有关职业道德和独立性规定的情况，并简要说明理由。

参考答案及解析

一、简答题

1. 【考点】独立性
   【答案】（1）违反。项目合伙人 A 的父亲在**审计业务期间**拥有甲公司**关联实体**的直接经济利益，将因自身利益对独立性产生不利影响。（注意：在各实体中，只有子公司，无论重要与否，均属于被审计单位的关联实体。）
   （2）违反。审计项目组成员从审计客户处购买商品或服务，如果**不是按照正常的商业程序的公平交易**，则可能因自身利益对独立性产生不利影响。
   （3）违反。项目组成员与被审计客户的**高级管理人员**之间存在**密切的商业关系**，可能因自身利益或外在压力对独立性产生不利影响。
   （4）违反。审计项目**团队成员**的主要近亲属在审计客户的关联实体中担任能够对**财务报表施加重大影响的职位**，将因自身利益、密切关系或外在压力对独立性产生不利影响。（注意：项目质量复核人员虽然不属于项目组成员，但属于项目团队成员。）
   （5）违反。对审计客户提供财务培训的结果，**将会对财务报表产生重大影响**，将因自身利益、自我评价等对独立性产生不利影响。

2. 【考点】独立性
   【答案】（1）违反。**在审计业务期间**，项目合伙人的父亲拥有审计客户的关联实体的直接经济利益，将因自身利益对独立性产生不利影响。
   （2）不违反。该交易是按**正常的商业程序**进行的公平交易，**且金额不重大**，不会对独立性造成不利影响。
   （3）违反。会计师事务所及其网络事务所**不得推广客户的产品或服务**。XYZ 会计师事务所的行为属于**禁止的商业关系**。
   （4）不违反。丙公司**不是甲公司的关联实体**，项目组成员的主要近亲属在非关联实体丙公司担任高管不会对独立性造成不利影响。
   （5）违反。D 注册会计师担任**项目质量复核人员累计达到五年**，冷却期应当为连续三年，2024 年尚在冷却期中，将因自身利益或密切关系对独立性产生不利影响。

3. 【考点】独立性
   【答案】（1）违反。**在独立期间**，项目合伙人 A 与审计客户甲公司共同拥有乙公司**重大经济利益**，将因自身利益对独立性产生不利影响。（注意：虽然不重要的联营企业不属于审计客户的关联实体，但是只要是甲公司的联营企业，就意味着甲公司能对其施加重大影响，且项目合伙人 A 持有 400 万乙公司股票，表明其持有的经济利益是重大的。由于是连续审计，2023 年 12 月至 2024 年 2 月尚在独立期间内，故违反独立性。）
   （2）违反。甲公司**不是金融机构**，审计项目组成员**从不属于银行或类似金融机构的审计客户取得贷款**，将因自身利益对独立性产生不利影响。
   （3）违反。丙公司是甲公司的**关联实体**，事务所及其网络事务所与审计客户及其关联实体进行捆绑销售属于禁止的商业关系，会计师事务所不得介入此类商业关系。

（4）违反。项目组成员在所审计的财务报表涵盖期间担任审计客户的财务经理，该职位能对财务报表施加重大影响，可能因为自身利益、自我评价或密切关系对独产性产生不利影响。

（5）违反。冷却期结束前，前任项目合伙人不得担任项目质量复核人，冷却期至少两年，2024年尚处于冷却期。（注意：虽然2024年尚在关键审计合伙人的五年任职期限内，但考生答题时还需联系质量管理准则中的规定。当项目合伙人的角色转变为项目质量复核人时，需要满足两年冷却期的要求。）

4. 【考点】独立性

【答案】（1）不违反。工会主席不属于对财务报表施加重大影响的职位，不会对独立性产生不利影响。

（2）违反。会计师事务所向审计客户关联实体提供贷款，将因自身利益对独立性产生非常严重的不利影响。

（3）不违反。乙公司与ABC会计师事务所仅共享培训资源，不应被视为ABC会计师事务所的网络事务所，无须与ABC会计师事务所的审计客户保持独立。

（4）违反。在提供税务服务时，所涉及事项可能对财务报表具有重大影响，属于会计师事务所不得提供的服务，可能因自我评价或过度推介对独立性产生不利影响。

（5）违反。A注册会计师为甲公司提供高级管理人员招聘服务，可能因自身利益、密切关系或外在压力对独立性产生不利影响。

5. 【考点】独立性

【答案】（1）违反。项目合伙人的父亲与审计客户同时在某一实体中拥有经济利益，且经济利益对双方均重要，可能因自身利益、密切关系或外在压力对独立性产生不利影响。

（2）违反。会计师事务所向审计客户提供担保，将因自身利益对独立性产生非常不利影响。

（3）违反。从审计客户处购买商品或服务，但交易金额较大，可能因自身利益对独立性产生不利影响。

（4）违反。A注册会计师在冷却期不应参与甲公司的审计业务，否则将因密切关系或自身利益对独立性产生严重不利影响。

（5）违反。审计项目组成员不得接受审计客户的礼品，否则可能因为自身利益、密切关系或外在压力对独立性产生非常不利的影响，且没有防范措施能够将其降低至可接受的水平。

6. 【考点】独立性

【答案】（1）不违反。该服务属于行政事务性服务，不会对独立性产生不利影响。

（2）不违反。项目组成员B与审计客户甲公司的财务经理是校友关系，但不构成密切关系，所以不构成对独立性的影响。

（3）违反。网络事务所开发的财务软件影响了甲公司重要的财务系统，可能会因自我评价对独立性产生不利影响。

（4）违反。会计师事务所担任辩护人，并且纠纷所涉事项可能影响财务报表，属于禁止提供的服务类型。

（5）违反。该展示活动被视为ABC会计师事务所向其员工推销甲公司产品，属于禁止的商业关系，将因自身利益对独立性产生严重不利影响。

跨章节主观题综合提高

跨章节综合题（一）

甲公司是 ABC 会计师事务所的常年审计客户，主要从事轨道交通车辆配套产品的生产和销售。A 注册会计师负责审计甲公司 2018 年度财务报表，确定财务报表整体的重要性为 1 000 万元，实际执行的重要性为 500 万元。

资料一：

A 注册会计师在审计工作底稿中记录了所了解的甲公司情况及其环境，部分内容摘录如下：

（1）因 2017 年 a 产品生产线的产能利用率已接近饱和，甲公司于 2018 年初开始建设一条新的生产线，预计工期 15 个月。

> **审题过程**
> ①资料一及资料二的上期已审数为已知信息，需要结合资料二本期未审数分析是否存在重大错报风险。
> ②资料一提到 a 产品在 2017 年的产能利用率已经达到饱和，所以仅凭现有设备无法达到高于 2017 年的产量。另外，截至 2018 年年底，甲公司年初新建的生产线并未完成，所以 2018 年的产量应该与 2017 年产量相当，均处于产能峰值水平。题干中并未提及 2018 年的售价发生变化，所以，可以推断 2018 年 a 产品的营业收入应该与 2017 年的营业收入大体相当。
> ③资料二显示 2018 年 a 产品营业收入较 2017 年增长 50%，显然收入存在高估风险。
> ④由于收入确认和成本结转同时进行，故成本也存在高估风险。

（2）甲公司于 2018 年 5 月应乙公司要求，开始设计开发新产品 b 的模具。乙公司于 2018 年 10 月汇付甲公司 1 200 万元，为模具前期开发提供资金支持。双方约定该款项从 b 产品的货款中扣除。

> **审题过程**
> ①资料一及资料二的上期已审数为已知信息，需要结合资料二本期未审数分析是否存在重大错报风险。
> ②从资料一可知，虽然甲公司为乙公司提供磨具开发服务，乙公司也汇付甲公司 1 200 万元，但是该笔汇款是从 b 产品未来的货款中扣除。由于没有其他条件，我们可以将研发服务与销售产品视同为一项单项履约义务；由于货物尚未交付，因此该笔 1 200 万元应该属于预收乙公司的货款，甲公司应按合同负债进行处理。
> ③资料二显示甲公司将 1 200 万元全部计入了其他收益，违反了会计处理原则。
> ④从上面的分析可知，其他收益有多计风险，合同负债有少计风险。

（3）2018 年 3 月，甲公司与丙公司签订销售合同，为其定制 c 产品，并应丙公司的要求与其签订采购合同，向其购买 c 产品的主要原材料。

> **审题过程**
> ①资料一及资料二的上期已审数为已知信息，需要结合资料二本期未审数分析是否存在重大错报风险。
> ②从资料一可知，c 产品是丙公司的定制产品，且应丙公司的要求，定制产品的主要原材料是向丙公司（委托方）进行采购的，故甲公司并不具有对这些原材料的控制权，该

业务属于受托加工服务，甲公司赚取的应该是加工费，应该以净额法确认收入。

③资料二显示甲公司按总额法确认了收入，并将 c 产品的主要原材料确认为存货。

④通过以上分析可以得出，营业收入和营业成本均存在高估风险。由于 c 产品的主要原材料不能作为甲公司的存货，因此，存货存在高估风险。

(4) 2018 年，由于竞争对手改进生产工艺，大幅提高了产品质量，甲公司 d 产品的订单量锐减。

【审题过程】

①资料一及资料二的上期已审数为已知信息，需要结合资料二本期未审数分析是否存在重大错报风险。

②资料一提到 d 产品受到竞品影响订单量锐减。在这种情况下，与 d 产品生产相关的专有技术，即无形资产存在减值风险。

③资料二中，存货列报金额显著低于上一年度，很可能是因为本年订单锐减，所以不再生产该产品，因此与 d 产品生产相关的无形资产应当大幅度地减值，但资料显示，与之相关的无形资产仅比去年减少了六分之一，有可能未对无形资产计提减值准备，或减值金额不够。

④由于资产减值损失有低估风险，无形资产的准确性、计价和分摊也可能有重大错报风险。

(5) 2018 年 9 月，甲公司委托丁公司研发一项新技术，甲公司承担研发过程中的风险并享有研发成果。委托合同总价款为 5 000 万元，合同生效日预付 40%，成果交付日支付剩余款项。该研发项目 2018 年末的完工进度约为 30%。

【审题过程】

①资料一及资料二的上期已审数为已知信息，需要结合资料二本期未审数分析是否存在重大错报风险。

②资料一提到甲公司委托丁公司研发技术，同时甲公司承担主要风险和成果，说明该项实质活动相当于甲公司自己的研发活动，并非丁公司的研发活动。由于甲公司承担主要风险和成果，所以甲公司支付给丁公司的 2 000 万元应计入甲公司的研发费用或开发支出。考生们需要注意的是，只有在确认收入时，才需要判断是否满足在一段时间内的履行条件。在单纯地确认成本时，主要是看实际支付费用的多少，而非完工进度。故本题不能按照完工进度确认研发费用。

③资料二显示，甲公司将 5 000 万元的 40%，即 2 000 万元都计入了预付款项，会计处理不妥，应当计入研发费用或开发支出。

④上述分析表明，预付款项存在高估风险，研发费用或开发支出存在低估风险。

资料二：

A 注册会计师在审计工作底稿中记录了甲公司的财务数据，部分内容摘录如下：

金额单位：万元

项目	未审数 2018 年	已审数 2017 年
营业收入——a 产品	30 000	20 000
营业成本——a 产品	21 000	14 000
营业收入——c 产品	10 000	0
营业成本——c 产品	9 800	0
营业收入——d 产品	2 200	8 000
营业成本——d 产品	2 000	5 500
其他收益——b 产品模具补贴	1 200	0
预付款项——丁公司研发费	2 000	0
存货——a 产品	9 000	7 000
存货——c 产品主要原材料	2 000	0
存货——d 产品	200	1 000
在建工程——b 产品模具	2 400	0
无形资产——d 产品专有技术	2 500	3 000

资料三：

A 注册会计师在审计工作底稿中记录了审计计划，部分内容摘录如下：

（1）甲公司利用生产管理系统中的自动化控制进行生产工人的排班调度，以提高生产效率。A 注册会计师认为该控制与审计无关，拟不纳入了解内部控制的范围。

> **审题过程**
>
> 生产管理系统中的排班调度控制仅与提高企业经营的效率和效果有关，与财务报表审计无关，注册会计师无须了解。A 注册会计师做法正确。

（2）甲公司供应商数量多，采购交易量大。A 注册会计师拟对采购与付款循环相关的财务报表项目实施综合性方案，采用随意抽样测试相关内部控制的运行有效性，采用货币单元抽样测试应付账款的准确性和完整性。

> **审题过程**
>
> 题目中未提及 A 注册会计师采用的抽样方法到底是统计抽样还是非统计抽样，因此用随意抽样进行控制测试不存在不恰当之处。（注意：如果题目明确提出采用统计抽样，则注册会计师不能采用随意抽样来选取样本。）
>
> 题目中，A 注册会计师采用货币单元抽样测试应付账款的完整性是不恰当的，因为货币单元抽样不适用于测试低估风险。

资料四：

A 注册会计师在审计工作底稿中记录了实施进一步审计程序的情况，部分内容摘录如下：

（1）A 注册会计师抽样测试了与职工薪酬相关的控制，发现一个偏差。因针对职工薪酬实施实质性程序未发现错报，A 注册会计师认为该偏差不构成缺陷，相关控制运行有效。

> **审题过程**　此处考查控制测试结果与实质性程序结果的关系。实质性程序未发现错报并不意味着内部控制一定不存在缺陷，所以 A 注册会计师的做法不恰当。

（2）A 注册会计师采用实质性分析程序测试甲公司 2018 年度的借款利息支出，发现已记录金额与预期值之间存在 600 万元差异，因可接受差异额为 500 万元，A 注册会计师要求管理层更正了 100 万元的错报。

> **审题过程**　实际金额与注册会计师预期值的差异大于可接受差异额，表明实际金额不可接受。注册会计师应当对全部的差异进行调查，而不应仅对超过可接受差异额的部分金额进行调查。

（3）甲公司年末存放在客户仓库的产品余额为 2 000 万元。由于无法实施监盘，且认为函证很可能无效，A 注册会计师检查了甲公司相关产品的发出和客户签收记录、与客户的对账记录以及期后结算单据，查询了客户网站上开放给供应商的库存信息，据此认可了该项存货的数量。

> **审题过程**　甲公司的存货存放在客户的仓库，属于存货存放于第三方。
> 当存货存放于第三方时，注册会计师可以实施下列一项或多项审计程序：
> ①向持有存货的第三方函证存货的数量和状况；
> ②实施或安排其他注册会计师实施对第三方的存货监盘；
> ③获取其他注册会计师或服务机构注册会计师针对用以保证存货得到恰当盘点和保管的内部控制的适当性而出具的报告；
> ④检查与第三方持有的存货相关的文件记录，如仓储单；
> ⑤当存货被作为抵押品时，要求其他机构或人员确认。
> 本题中，A 注册会计师检查了产品的发出和签收记录、客户的对账记录和期后结算单据，查询了客户网站上的库存信息，属于实施了以上程序的第四条。因此，A 注册会计师遵守了审计准则。

（4）甲公司原材料年末余额为 10 000 万元，包括 3 000 个项目。A 注册会计师在实施计价测试时，抽样选取了 50 个项目作为测试样本，发现两个样本存在错报，这两个样本的账面金额为 150 万元和 50 万元，审定金额为 120 万元和 40 万元。A 注册会计师采用比率法推断的总体错报为 2 400 万元。

> 比率法计算过程：
> ①算比率，即样本审定金额与样本账面金额之比＝（120+40）÷（150+50）＝0.8；
> ②算总体审定金额，即总体账面金额×上述比率＝10 000×0.8＝8 000（万元）；
> ③算推断的总体错报，即总体账面金额－总体审定金额＝10 000－8 000＝2 000（万元）。
> 题目中总体错报为 2 400 万元，不恰当。

资料五：

A 注册会计师在审计工作底稿中记录了重大事项的处理情况，部分内容摘录如下：

（1）A 注册会计师在审计过程中发现，甲公司出纳利用内部控制缺陷挪用公司资金 600 万元。甲公司管理层追回了该款项，并将出纳开除。因该事项未对甲公司造成损失，且管理层已向治理层汇报，A 注册会计师认为无须再与治理层沟通。

> 出纳挪用公司资金的金额重大，属于严重的舞弊行为，表明甲公司资金管理制度存在值得关注的内部控制缺陷，必须与治理层沟通。

（2）甲公司 2018 年度财务报表存在一笔 400 万元的未更正错报，系少计提企业所得税所致。因该错报金额小于财务报表整体的重要性，A 注册会计师认为该错报不重大，不影响审计结论。

> 对错报的评价不能只看金额不看性质。注册会计师不能因错报的金额低于重要性就认为其不重要，如果该错报涉嫌舞弊等性质严重的情况，则仍然应视为重大错报。

（3）甲公司于 2019 年初更换了管理层。因已获取新任管理层有关 2018 年度财务报表的书面声明，A 注册会计师未再要求前任管理层提供书面声明。

> 准则要求，注册会计师需要向现任管理层获取涵盖整个相关期间的书面声明，并未要求一定要获取前任管理层的书面声明，故 A 注册会计师的做法符合审计准则的要求。

（4）在审计报告日后、财务报表报出日前，甲公司 2018 年末的一项重大未决诉讼终审结案，管理层根据判决结果调整了 2018 年度财务报表。在对该调整实施审计程序后，A 注册会计师对重新批准的财务报表出具了新的审计报告。

> 此处考查期后事项。因被审计单位修正了 2018 年度财务报表，注册会计师应当重新实施审计程序并出具新的审计报告，但是同时必须将对第一时段期后事项的主动识别程序的实施延长到新的审计报告日。

要求：

(1) 针对资料一第（1）至第（5）项，结合资料二，假定不考虑其他条件，逐项指出资料一所列事项是否可能表明存在重大错报风险。如果认为可能表明存在重大错报风险，简要说明理由，并说明该风险主要与哪些财务报表项目的哪些认定相关（不考虑税务影响）。

事项序号	是否可能表明存在重大错报风险（是/否）	理由	财务报表项目名称及认定
(1)			
(2)			
(3)			
(4)			
(5)			

(2) 针对资料三第（1）至第（2）项，假定不考虑其他条件，逐项指出 A 注册会计师的做法是否恰当。如不恰当，简要说明理由。

事项序号	是否恰当（是/否）	理由
(1)		
(2)		

(3) 针对资料四第（1）至第（4）项，假定不考虑其他条件，逐项指出 A 注册会计师的做法是否恰当。如不恰当，简要说明理由。

事项序号	是否恰当（是/否）	理由
(1)		

续表

事项序号	是否恰当 （是/否）	理由
（2）		
（3）		
（4）		

（4）针对资料五第（1）至第（4）项，假定不考虑其他条件，逐项指出 A 注册会计师的做法是否恰当。如不恰当，简要说明理由。

事项序号	是否恰当 （是/否）	理由
（1）		
（2）		
（3）		
（4）		

【答案】

（1）

事项序号	是否可能表明存在重大错报风险 （是/否）	理由	财务报表项目名称及认定
（1）	是	2017年产能利用率已接近饱和，2018年营业收入大幅增长，可能存在多计营业收入、营业成本的风险。	营业收入（发生）； 营业成本（发生）。
（2）	是	客户汇入的款项不是补贴收入/是预收款，可能存在多计其他收益的风险。	其他收益（发生）； 合同负债（完整性）。
（3）	是	c产品的主要原材料由客户提供，且毛利率很低，该业务可能是受托加工业务/需要采用净额法确认收入，可能存在多计存货、营业收入和营业成本的风险。	存货（存在）； 营业收入（发生）； 营业成本（发生）。

续表

事项序号	是否可能表明存在重大错报风险（是/否）	理由	财务报表项目名称及认定
（4）	是	产品订单锐减，可能导致相关的无形资产/专有技术出现减值，可能存在少计无形资产减值的风险。	资产减值损失（完整性/准确性）；无形资产（准确性、计价和分摊）。
（5）	是	由于甲公司承担研发过程中的风险并享有研发成果，该项研发实质上是甲公司的自主研发，可能存在少计开发支出或研发费用，多计预付款项的风险。	开发支出/研发费用（完整性）；预付款项（存在）。

（2）

事项序号	是否恰当（是/否）	理由
（1）	是	
（2）	否	货币单元抽样不适用于测试总体的低估/完整性。

（3）

事项序号	是否恰当（是/否）	理由
（1）	否	实施实质性程序未发现错报，并不能说明相关的控制运行有效。
（2）	否	差异超过可接受的差异额，注册会计师应当调查该差异，而不是将超出部分直接作为错报。
（3）	是	
（4）	否	推断的总体错报应为2 000万元。

（4）

事项序号	是否恰当（是/否）	理由
（1）	否	该事项表明存在值得关注的内部控制缺陷，应当与治理层沟通。
（2）	否	是否构成重大错报还应当考虑错报的性质。
（3）	是	
（4）	否	还应将对期后事项的审计程序延伸至新的审计报告日。

跨章节综合题（二）

甲公司是 ABC 会计师事务所的常年审计客户，主要从事家电的生产、批发和零售。A 注册会计师负责审计甲公司 2019 年度财务报表，确定财务报表整体的重要性为 800 万元，明显微小错报临界值为 40 万元。

资料一：

A 注册会计师在审计工作底稿中记录了所了解的甲公司情况及其环境，部分内容摘录如下：

（1）2019 年 6 月，甲公司推出了应用 AI 技术的新款洗衣机。一经推出，新产品迅速占领市场并持续热销。甲公司自 2019 年末起以成本价清理旧款洗衣机库存。

> **审题过程**
> ①资料一为已知信息，需要结合资料二分析财务报表是否存在重大错报风险。
> ②资料一显示，甲公司以成本价对旧款洗衣机进行库存清理。清理过程中会发生运费、税费等费用，因此，成本价扣除相关费用后的可变现净值将低于成本。这意味着旧款洗衣机已发生减值，应计提资产减值损失。预期今年资产减值损失的计提比例会高于去年。
> ③资料二显示，去年旧款洗衣机的减值计提比例为 1 600÷40 000＝4%；今年在清理库存的情况下，减值计提比例为 800÷20 000＝4%，与去年持平。这说明很可能存在少计提存货减值的风险。

（2）为使空调在激烈竞争中保持市场占有率，甲公司自 2019 年 3 月起推出 30 天保价和赠送 5 次空调免费清洗服务的促销措施。

> **审题过程**
> ①资料一为已知信息，需要结合资料二分析财务报表是否存在重大错报风险。
> ②资料一中提到的 30 天保价，意为如果空调在顾客购买后 30 天内降价，则甲公司需要返还差价。这属于可变对价，应按照发生概率进行收入确认，但资料二中对此并未给出进一步信息，无法验证，所以不属于主要风险。
> ③资料一中提到的赠送 5 次免费清洗服务，属于额外向顾客提供服务，不属于质量保证义务，因此不能确认为预计负债，而应作为单项履约义务处理。由于清洗服务还未发生，控制权尚未转移，应将相关价款进行递延确认，先确认为合同负债，在实际提供服务时再结转为营业收入。
> ④资料二显示，注册会计师确认了预计负债 6 000 万元，根据会计的记账准则可以推断出确认了销售费用 6 000 万元。可能存在多计销售费用、预计负债的风险。同时，这说明对于赠送的空调清洗服务，注册会计师并未进行递延确认，存在多计收入、少计合同负债的风险。

(3) 2018年12月31日，甲公司取得常年合作电商平台乙公司20%股权，对其具有重大影响。乙公司2019年接受委托对甲公司自有电子商务平台进行升级改造。乙公司2019年度净利润为3亿元。

> **审题过程**
> ①资料一为已知信息，需要结合资料二分析财务报表是否存在重大错报风险。
> ②资料一显示，甲公司与乙公司为关联方，且甲公司对乙公司具有重大影响，甲公司对持有的乙公司20%的股权应采用权益法进行核算。乙公司2019年净利润为3亿元，甲公司按持股比例应确认投资收益为3×20%＝0.6（亿元），即6 000万元。但乙公司对甲公司的电子商务平台进行升级改造说明甲、乙在2019年期间存在内部交易，故在计算投资收益时，应先对内部交易进行抵销处理，题目中并未给出具体内部交易的金额，但投资收益的金额一定会小于6 000万元。
> ③资料二显示，乙公司确认的长期股权投资金额上一年度为50 000万元，本年度为56 000万元，据此可以推算出本年确认的投资收益为6 000万元。结合资料一，可推测可能存在未抵销内部交易的情形，投资收益可能存在计算错误的风险。

(4) 2019年，甲公司获得节能产品价格补贴5 000万元和智能家电研发补助6 000万元。

> **审题过程**
> ①资料一为已知信息，需要结合资料二分析财务报表是否存在重大错报风险。
> ②资料一显示的节能产品价格补贴，属于企业销售商品对价的组成部分，应确认为收入，不适用政府补助准则。
> ③资料二显示注册会计师将价格补贴的5 000万元确认为其他收益，可能存在多计其他收益、少确认收入的风险。
> ④资料一显示的智能家电研发补助，应属于政府鼓励企业进行研发给予的资金。资料二显示，上一年度的研发费用支出为25 000万元，本年度为24 000万元。本年的研发支出并未出现大额增长，说明这项研发补助很可能是与资产相关的政府补助，应确认为递延收益。
> ⑤资料二显示注册会计师将研发补助确定为其他收益，这说明可能存在多计其他收益、少计递延收益的风险。

(5) 2019年1月起，甲公司将智能家电的质保期由一年延长至两年，产品销量因此有所增长。

> **审题过程**
> ①资料一为已知信息，需要结合资料二分析财务报表是否存在重大错报风险。
> ②资料一显示智能家电的质保期延长一倍，那么由此产生的质量保证金也会出现类似幅度的增长。
> ③资料二显示，注册会计师确认的产品质量保证相关的预计负债，增长率为（7 200－6 000）÷6 000＝20%，这明显与资料一显示的信息不符，很可能存在少计提预计负债的风险。

资料二：

A注册会计师在审计工作底稿中记录了甲公司的财务数据，部分内容摘录如下：

金额单位：万元

项目	未审数 2019年	已审数 2018年
营业收入——洗衣机（旧款）	130 000	220 000
营业成本——洗衣机（旧款）	120 000	170 000
营业收入——空调	300 000	290 000
营业成本——空调	220 000	200 000
其他收益——节能产品价格补贴	5 000	0
其他收益——研发补助	6 000	3 000
研发费用	24 000	25 000
存货——洗衣机（旧款）	20 000	40 000
存货——洗衣机（旧款）存货跌价准备	800	1 600
长期股权投资——乙公司	56 000	50 000
固定资产——电子商务平台系统	15 000	5 000
预计负债——空调产品售后清洗服务	6 000	0
预计负债——智能家电产品质量保证	7 200	6 000

资料三：

A注册会计师在审计工作底稿中记录了审计计划，部分事项如下：

（1）A注册会计师阅读了甲公司内部审计部门出具的职工薪酬专项检查报告，拟在职工薪酬的审计中利用参与该专项检查的内部审计人员提供直接协助。

【审题过程】职工薪酬专项检查报告，本身就是由内部审计人员完成的，在审计时，如果再利用内部审计人员对此项工作提供协助，会造成自己评价自己工作的情形。所以审计准则中规定了涉及内部审计人员已经参与并报告的工作，不得利用内部审计人员提供直接协助。

（2）在制定存货监盘计划时，A注册会计师从甲公司信息系统中导出存货存放地点清单，与管理层存货盘点计划中的信息进行了核对，从中选取了拟执行存货监盘的地点。

【审题过程】在利用被审计单位内部生成的信息时，应考虑其准确性和完整性。无论是从甲公司信息系统里导出的存货存放地点清单，还是管理层盘点计划中的信息，都属于被审计单位内部的信息。对两者进行核对，并不能确认存货地点的完整性和准确性。

(3) 因实施穿行测试时发现甲公司与投资和筹资相关的内部控制未得到执行，A 注册会计师将投资和筹资循环的审计策略由综合性方案改为实质性方案，并用新编制的审计计划工作底稿替换了原工作底稿。

> **审题过程**
>
> 审计工作底稿是对注册会计师工作过程的记录，当具体审计计划发生改变时，注册会计师应在审计工作底稿中对改变的过程、理由等进行记录。如果直接将新审计计划替换原先的工作底稿，底稿就无法体现整个审计过程。如果注册会计师在审计过程中对总体审计策略或具体审计计划作出重大修改，应当在审计工作底稿中记录作出的重大修改及其理由。

资料四：

A 注册会计师在审计工作底稿中记录了实施进一步审计程序的情况，部分内容摘录如下：

(1) A 注册会计师在期中审计时针对 2019 年 1 月至 9 月与采购相关的内部控制实施测试，发现存在控制缺陷，因此，未测试 2019 年 10 月至 12 月的相关控制，通过细节测试获取了与 2019 年度采购交易相关的审计证据。

> **审题过程**
>
> 在财务报表审计中，控制测试的目的是减少实质性程序，提高审计效率。当内控存在缺陷时，注册会计师应当通过实质性程序获取相关审计证据。

(2) 甲公司销售经理每月将销售费用实际发生额与预算数进行比较分析，并编制分析报告，交副总经理审核。A 注册会计师选取了 4 个月的分析报告，检查了报告上副总经理的签字，据此认为该控制运行有效。

> **审题过程**
>
> 在进行控制测试时，不能只检查签字。因为该副总经理可能未作审核就签了字，所以只检查签字，不足以认定控制运行有效。

(3) 甲公司 2019 年年末应收账款余额较 2018 年年末增长 30%，明显高于 2019 年度的收入增幅。管理层解释系调整赊销政策所致。A 注册会计师检查了甲公司赊销政策的变化情况，扩大了函证、截止测试和期后收款测试的样本量，并走访了甲公司的重要客户，结果满意。

> **审题过程**
>
> 针对应收账款因内销政策变化出现的异常增长，注册会计师采取了非常充分的应对措施，检查政策，扩大细节测试的范围，并且实施了延伸检查程序，即通过实地走访客户了解相关情况，从内外部分别获取相关审计证据，风险应对程序充分且适当。

(4) A 注册会计师对甲公司店面租金费用实施实质性分析程序时,确定可接受差异额为 400 万元,账面金额比期望值少 1 400 万元。A 注册会计师针对其中 1 200 万元的差异进行了调查,结果满意。因剩余差异小于可接受差异额,A 注册会计师认可了管理层记录的租金费用。

> **审题过程**
>
> 在使用实质性分析程序时,如果账面金额与预期值有差异,应当对整个差异额进行调查,不能仅针对部分差异进行调查。

资料五:
A 注册会计师在审计工作底稿中记录了重大事项的处理情况,部分内容摘录如下:
(1) A 注册会计师在审计过程中发现了一笔 300 万元的重分类错报,因金额较小未提出审计调整,要求管理层在书面声明中说明该错报对财务报表整体的影响不重大。

> **审题过程**
>
> 准则规定,注册会计师应当要求管理层更正审计过程中累积的所有错报,即超过明显微小错报临界值的所有错报。题目中,明显微小错报临界值为 40 万元,注册会计师应要求管理层对这笔 300 万元的重分类错报进行更正。

(2) 甲公司某重要客户于 2020 年 1 月初申请破产清算。管理层在计提 2019 年年末坏账准备时考虑了这一情况。A 注册会计师检查了相关法律文件,评估了计提金额的合理性,结果满意,据此认可了管理层的处理。

> **审题过程**
>
> 管理层在计提应收账款坏账准备时,应考虑客户申请破产清算的情况,注册会计师对于此情况应进行核实,以确认应收账款坏账金额的准确性。破产清算会涉及向法院提出申请,故注册会计师通过检查相关法律文件评估金额的合理性,程序恰当。

(3) A 注册会计师在审计中发现甲公司采购总监存在受贿行为,立即与总经理沟通了该事项,获悉董事会已收到内部员工举报,正在进行调查。A 注册会计师认为无须再与董事会或股东会沟通。

> **审题过程**
>
> 采购总监属于管理层,管理层的舞弊行为属于应当与治理层沟通的情形。

(4) 甲公司总经理因新冠肺炎疫情滞留外地,无法签署书面声明,A 注册会计师与其视频沟通。总经理表示同意书面声明的内容,并授权副总经理在书面声明上签字并加盖公章。A 注册会计师接受了甲公司的做法。

书面声明应当由总经理进行签署,但"非常时期行非常之事",在新冠肺炎疫情期间,甲公司总经理滞留外地,属于不可抗力。注册会计师通过视频沟通确认了人员信息,总经理表示同意书面声明的内容,表明其对财务报表责任的认可,对副总经理的授权是在特殊情况下的合理做法。

要求:

(1) 针对资料一第(1)至第(5)项,结合资料二,假定不考虑其他条件,逐项指出资料一所列事项是否可能表明存在重大错报风险。如果认为可能表明存在重大错报风险,简要说明理由,并说明该风险主要与哪些财务报表项目的哪些认定相关(不考虑税务影响)。

事项序号	是否可能表明存在重大错报风险(是/否)	理由	财务报表项目名称及认定
(1)			
(2)			
(3)			
(4)			
(5)			

(2) 针对资料三第(1)至第(3)项,假定不考虑其他条件,逐项指出A注册会计师的做法是否恰当。如不恰当,简要说明理由。

事项序号	是否恰当(是/否)	理由
(1)		
(2)		
(3)		

(3) 针对资料四第（1）至第（4）项，假定不考虑其他条件，逐项指出 A 注册会计师的做法是否恰当。如不恰当，简要说明理由。

事项序号	是否恰当 （是/否）	理由
（1）		
（2）		
（3）		
（4）		

(4) 针对资料五第（1）至第（4）项，假定不考虑其他条件，逐项指出 A 注册会计师的做法是否恰当。如不恰当，简要说明理由。

事项序号	是否恰当 （是/否）	理由
（1）		
（2）		
（3）		
（4）		

【答案】
(1)

事项序号	是否可能表明存在重大错报风险（是/否）	理由	财务报表项目名称及认定
(1)	是	旧款产品价格调整至成本价，扣除税费等相关费用后，可变现净值将低于存货账面价值，而存货跌价准备计提比例与上年一致，可能存在少计存货跌价准备的风险。	资产减值损失（完整性/准确性）；存货（准确性、计价和分摊）。
(2)	是	赠送的清洗服务属于公司承诺的履约义务，应当递延到未来履约时再确认收入，可能存在多计营业收入和预计负债的风险。	营业收入（发生）；合同负债（完整性）；预计负债（存在）；销售费用（发生）。
(3)	是	甲公司在对乙公司投资采用权益法核算时，直接用乙公司净利润计算，未抵销与联营企业乙公司之间发生的未实现内部交易，可能存在多计投资收益的风险。	投资收益（准确性）；长期股权投资（准确性、计价和分摊）。
(4)	是	节能产品价格补贴很可能构成产品价格的组成部分，可能存在少计营业收入的风险。2019年度研发费用未见增长，而计入损益的研发补助大幅增长，相关补助可能与资产相关，可能存在少计递延收益的风险。	其他收益（发生）；营业收入（完整性/准确性）；递延收益（完整性）。
(5)	是	质保期延长一倍，产品质量保证预计负债仅增长20%，可能存在少计预计负债的风险。	营业成本（准确性）；预计负债（准确性、计价和分摊）。

(2)

事项序号	是否恰当（是/否）	理由
(1)	否	涉及内部审计人员已经参与并报告的工作，不得利用内部审计人员提供直接协助。
(2)	否	应当就信息的准确性和完整性获取审计证据/还应考虑存货存放地点清单的完整性。
(3)	否	不应替换原工作底稿，应当在原工作底稿的基础上记录对审计计划作出的重大修改及其理由。

(3)

事项序号	是否恰当（是/否）	理由
(1)	是	
(2)	否	仅检查签字不足以证明控制运行有效/还应了解总经理是否确实复核了报告内容。
(3)	是	
(4)	否	需要对差异额的全额进行调查。

(4)

事项序号	是否恰当（是/否）	理由
(1)	否	应当要求管理层更正所有超过明显微小错报临界值的错报，即累积的错报。
(2)	是	
(3)	否	舞弊涉及管理层，应当与治理层沟通/舞弊涉及在内部控制中承担重要职责的员工，应当与治理层沟通。
(4)	是	

跨章节综合题（三）

上市公司甲公司是 ABC 会计师事务所的常年审计客户，主要从事医疗器械的生产和销售。A 注册会计师负责审计甲公司 2020 年度财务报表，确定财务报表整体的重要性为 1 000 万元。

资料一：

A 注册会计师在审计工作底稿中记录了所了解的甲公司情况及其环境，部分内容摘录如下：

（1）为占领市场，甲公司 2020 年对 a 设备采取新的销售模式：将售价减半为每台 50 万元，设备销售合同约定，客户必须向甲公司购买 a 设备使用的试剂，试剂采购合同根据需求另行签订。甲公司预期试剂销售的利润可以弥补设备降价的损失。2020 年，a 设备销量增长 20%。

> **审题过程**
> ①资料一和资料二已审数为已知信息，需要结合资料二未审数分析财务报表是否存在重大错报风险。
> ②资料二显示 a 设备营业收入为 30 000 万元，营业成本为 36 500 万元。经计算，毛利率为（30 000-36 500）÷30 000＝-20.67%。甲公司设备售价减半导致毛利率出现负数，这意味着 a 设备存在减值风险。
> ③根据资料二可知，存货减值准备与上年一致，这表明可能存在少计提存货减值准备的风险。

（2）2020 年 6 月，甲公司受乙公司委托为其生产 1 000 台专用设备 b，每台售价 6 万元。乙公司指定了 b 设备主要部件的供应商，并与该供应商确定了主要部件的规格和价格。

> **审题过程**
> ①资料一和资料二已审数为已知信息，需要结合资料二未审数分析财务报表是否存在重大错报风险。
> ②资料二显示 b 设备营业收入为 6 000 万元，营业成本为 5 500 万元。经计算，毛利率为（6 000-5 500）÷6 000＝8.33%，毛利率偏低。结合资料一"乙公司指定了 b 设备主要部件的供应商，并与该供应商确定了主要部件的规格和价格"，可推测出甲公司的业务可能是受托加工业务，而受托加工业务应当采用净额法确认收入。
> ③从资料二显示来看 b 设备 2020 年的营业收入为 6 000 万元，即 1 000×6＝6 000（万元），采用的是总额法确认收入，这表明可能存在多计收入和成本的风险。

（3）甲公司采用经销模式销售 2020 年 10 月推出的新产品 c 设备，每台售价 50 万元。合同约定，经销商在实现终端销售后向甲公司支付设备款，在采购设备半年内未实现终端销售的可以退货。截至 2020 年年末，甲公司累计销售 c 设备 100 台，与经销商对账显示这些设备均未实现终端销售。

> ①资料一和资料二已审数为已知信息，需要结合资料二未审数分析财务报表是否存在重大错报风险。
> ②资料一显示，"合同约定，经销商在实现终端销售后向甲公司支付设备款，在采购设备半年内未实现终端销售的可以退货"，这意味着 c 设备可能是委托代销产品，委托代销产品应在实现终端销售时确认收入，未实现终端销售，不应确认收入。
> ③资料二显示，c 设备营业收入为 5 000 万元，即 50（万元）×100，这与资料一中"截至 2020 年年末，甲公司累计销售 c 设备 100 台，与经销商对账显示这些设备均未实现终端销售"相矛盾。既然未实现终端销售，那么就不应对这 100 台设备确认收入。注册会计师应注意可能存在多计收入和成本的风险。

（4）2020 年 5 月，甲公司与丁大学合作研发一项新技术，预付研发经费 3 000 万元。2020 年年末，该研发项目进入开发阶段。

> ①资料一和资料二已审数为已知信息，需要结合资料二未审数分析财务报表是否存在重大错报风险。
> ②资料一显示，"2020 年年末，该研发项目进入开发阶段"，这意味着在 2020 年 5 月至 2020 年年末，该项目处于研究阶段。在研究阶段产生的经费消耗应计入研发费用——费用化支出中。
> ③资料二显示，预付账款为 3 000 万元，即甲公司并未根据资金消耗情况，进行费用核算，这表明存在多计预付账款、少计费用的风险。

（5）2020 年 7 月，甲公司收到当地政府支付的新冠肺炎疫情停工损失补助 2 000 万元。

> ①资料一和资料二已审数为已知信息，需要结合资料二未审数分析财务报表是否存在重大错报风险。
> ②资料一中显示"甲公司收到当地政府支付的新冠肺炎疫情停工损失补助 2 000 万元"，该项补助属于政府补助收入，应在营业外收入核算中。
> ③资料二中的其他收益为 2 000 万元，这与资料一相矛盾，表明存在记错账户的风险。

资料二：

A 注册会计师在审计工作底稿中记录了甲公司的财务数据，部分内容摘录如下：

金额单位：万元

项目	2020 年 未审数	2019 年 已审数
营业收入——a 设备	30 000	50 000
营业成本——a 设备	36 500	30 000
营业收入——b 设备	6 000	0

续表

项目	2020 年	2019 年
	未审数	已审数
营业成本——b 设备	5 500	0
营业收入——c 设备	5 000	0
营业成本——c 设备	2 800	0
其他收益——停工损失补偿	2 000	0
预付款项——丁大学	3 000	0
存货——a 设备	10 000	8 000
存货——a 设备存货跌价准备	100	100
合同资产——c 设备经销商	5 000	0

资料三：

A 注册会计师在审计工作底稿中记录了审计计划，部分内容摘录如下：

（1）A 注册会计师拟对甲公司 2020 年度新增的三家重要经销商进行实地走访，提前将访谈提纲发送给甲公司销售经理，由其转交给经销商。

> **审题过程**
>
> "提前将访谈提纲发送给甲公司销售经理，由其转交给经销商"会损害审计程序的不可预见性。

（2）A 注册会计师拟委托境外网络所的 B 注册会计师对甲公司境外仓库的存货执行现场监盘，并通过视频直播观察监盘过程。

> **审题过程**
>
> 虽然未到现场监盘，但安排了网络所注册会计师监盘，并通过视频观察监盘过程，体现了 A 注册会计师的谨慎性。

（3）2020 年 11 月，甲公司将一家严重亏损的子公司转让给关联方，确认处置收益 3 000 万元。A 注册会计师拟对该交易实施以下程序：检查交易的授权审批情况；检查相关合同并评价交易条款是否与管理层的解释一致；检查该子公司的工商变更登记情况；检查甲公司收到股权转让款的相关单据；评价该交易会计处理和披露是否恰当。

> **审题过程**
>
> "甲公司将一家严重亏损的子公司转让给关联方，确认处置收益 3 000 万元"属于超出正常经营过程的重大关联方交易。转让子公司体现超出正常经营过程，确认收益 3 000 万元体现重大（财务报表整体重要性为 1 000 万元），转让给关联方则属于关联方交易。对于此类交易注册会计师应当检查相关合同或协议（如有），并评价：①交易的商业理由（或缺乏商业

理由）是否表明被审计单位从事交易的目的可能是为了对财务信息作出虚假报告或为了隐瞒侵占资产的行为；②交易条款是否与管理层的解释一致；③关联方交易是否已按照适用的财务报告编制基础得到恰当会计处理和披露。此外，注册会计师还应获取交易已经恰当授权和批准的审计证据。据题干可知，注册会计师未对交易的商业理由进行评价。

（4）甲公司将部分设备无偿提供给医院使用，同时向医院销售这些设备使用的专用试剂。A注册会计师拟通过检查设备移交记录和试剂销售情况，以及选取部分设备实施现场检查，获取有关设备存在的审计证据。

审题过程　注册会计师实施该项审计程序的目的是获取设备存在的审计证据。先检查移交记录和试剂销售情况，能确定交易的真实性，在此基础上进行现场检查，可以确定设备是否存在。

资料四：
A注册会计师在审计工作底稿中记录了实施进一步审计程序的情况，部分内容摘录如下：
（1）因航班临时取消，A注册会计师无法在甲公司重要异地仓库的存货盘点日到达现场，通过实施替代程序获取了有关该仓库存货存在和状况的审计证据。

审题过程　航班临时取消，注册会计师可以另择日期监盘，不应该取消监盘而改用替代程序。

（2）甲公司的直销设备在送达客户指定场所并安装验收后确认收入。在测试直销设备营业收入的完整性时，A注册会计师检查了仓储部门留存的发运凭证的完整性，从中选取样本，追查至营业收入明细账，结果满意。

审题过程　该项交易需要在客户验收后确认收入，因此注册会计师应从验收单或具备类似作用的单据中选取样本，而不应该从发运凭证中选取样本进行检查。

（3）A注册会计师在对甲公司2020年度的职工薪酬实施实质性分析程序时，获取了人事部门提供的员工人数和平均薪酬数据，在评价了这些数据的可靠性后作出预期，预期值与已记录金额之间的差异低于可接受差异额，结果满意。

> **审题过程**　注册会计师在形成预期时使用的是内部信息，需要先考虑信息的可靠性。此外，实际差异额低于可接受的差异额，注册会计师无须实施程序追查差异额。该程序恰当。

（4）2020年年末，甲公司因一项重大的对外担保被起诉。A注册会计师认为甲公司聘请的外部律师不具有客观性，因此未与其沟通，而是征询了独立第三方律师的法律意见。

> **审题过程**　注册会计师不能因为内部律师不具有客观性而不沟通。注册会计师对此诉讼事件进行调查，需要获取充分证据，内外部律师对该事件的了解程度可能不同，只从独立第三方律师处了解相关信息，可能并不充分。

资料五：

A注册会计师在审计工作底稿中记录了错报评价及重大事项的处理情况，部分内容摘录如下：

（1）A注册会计师发现甲公司2020年12月少结转营业成本5万元，系因系统中设置的成本差异分配参数有误所致。因错报金额小于明显微小错报的临界值，A注册会计师没有累积该项错报。

> **审题过程**　系统参数有误可能会导致一系列类似的错误。已被发现的错报小于明显微小错报临界值，但可能还有更多未被发现的错报，因此注册会计师不能仅考虑金额因素，就据此认为该项错报不需要累积，还应该考虑错报的性质。

（2）甲公司2020年度财务报表存在一笔未更正错报，系销售推广费1 200万元误计入管理费用。因该错报是分类错报，且不影响关键财务比率，A注册会计师认为该错报不重大，同意管理层不予调整。

> **审题过程**　将销售费用计入管理费用属于分类错报，虽然涉及金额重大，但如果满足对利润和关键指标都不产生影响这一条件，就可以被认为不重大。题干中的错报未对利润及关键财务比率产生影响，因此，注册会计师的做法是恰当的。

（3）A注册会计师在出具审计报告前与甲公司审计委员会进行了会议沟通。因甲公司编制的会议纪要与实际情况不符，A注册会计师另行编制了一份纪要，将其副本连同甲公司编制的纪要一起致送审计委员会。

> **审题过程**
> 虽然甲公司会议纪要记录有误,但注册会计师采取了另行编制纪要并致送甲公司审计委员会的措施,这能够保证甲公司对会议沟通内容不存在误解,该做法恰当。

要求:

(1) 针对资料一第(1) 至第(5) 项,结合资料二,假定不考虑其他条件,逐项指出资料一所列事项是否可能表明存在重大错报风险。如果认为可能表明存在重大错报风险,简要说明理由,并说明该风险主要与哪些财务报表项目的哪些认定相关(不考虑税务影响)。

事项序号	是否可能表明存在重大错报风险(是/否)	理由	财务报表项目名称及认定
(1)			
(2)			
(3)			
(4)			
(5)			

(2) 针对资料三第(1) 至第(4) 项,假定不考虑其他条件,逐项指出 A 注册会计师的做法是否恰当。如不恰当,简要说明理由。

事项序号	是否恰当(是/否)	理由
(1)		
(2)		
(3)		
(4)		

(3) 针对资料四第（1）至第（4）项，假定不考虑其他条件，逐项指出 A 注册会计师的做法是否恰当。如不恰当，简要说明理由。

事项序号	是否恰当（是/否）	理由
（1）		
（2）		
（3）		
（4）		

(4) 针对资料五第（1）至第（3）项，假定不考虑其他条件，逐项指出 A 注册会计师的做法是否恰当。如不恰当，简要说明理由。

事项序号	是否恰当（是/否）	理由
（1）		
（2）		
（3）		

【答案】

(1)

事项序号	是否可能表明存在重大错报风险（是/否）	理由	财务报表项目名称及认定
（1）	是	新业务模式导致设备销售毛利出现负数，未来试剂销售情况存在不确定性，可能存在少计存货跌价准备的风险。	资产减值损失（完整性/准确性）；存货（准确性、计价和分摊）。
（2）	是	b 设备的毛利率较低，主要部件的供应商及其价格由乙公司指定，可能是受托加工业务/可能需要按净额确认收入，可能存在多计收入和成本的风险。	营业收入（准确性/发生）；营业成本（准确性/发生）。

续表

事项序号	是否可能表明存在重大错报风险（是/否）	理由	财务报表项目名称及认定
(3)	是	经销商在未实现终端销售前没有付款义务，且可以退货，该业务可能是委托代销，可能存在多计收入，少计存货的风险/c设备的控制权可能没有转移给经销商，可能存在多计收入，少计存货的风险。	营业收入（发生）；合同资产（存在）；营业成本（发生）；存货（完整性）。
(4)	是	未确认研究阶段发生的费用，可能存在少计研发费用的风险/应根据研发进展情况确认已发生的研发费用，可能存在少计研发费用的风险。	研发费用（完整性）；预付款项（准确性、计价和分摊/存在）。
(5)	是	疫情导致的停工损失为非常损失，可能存在多计其他收益的风险/收到的补助与日常活动无关，可能存在多计其他收益的风险。	其他收益（分类/发生）；营业外收入（分类/完整性）。

(2)

事项序号	是否恰当（是/否）	理由
(1)	否	在访谈前应注意对访谈提纲保密。
(2)	是	
(3)	否	还应评价交易的商业理由是否合理。
(4)	是	

(3)

事项序号	是否恰当（是/否）	理由
(1)	否	应当另择日期实施监盘。
(2)	否	应当从验收报告中选取样本。
(3)	是	

续表

事项序号	是否恰当（是/否）	理由
(4)	否	应与甲公司的外部律师直接沟通/应向甲公司的外部律师寄发询证函。

(4)

事项序号	是否恰当（是/否）	理由
(1)	否	该错报可能是一项系统性错报/可能存在其他类似的错报。
(2)	是	
(3)	是	

跨章节综合题（四）

上市公司甲公司是 ABC 会计师事务所的常年审计客户，主要从事信息技术服务和智能产品的研发、生产与销售。A 注册会计师负责审计甲公司 2021 年度财务报表，确定集团财务报表整体的重要性为 800 万元，实际执行的重要性为 600 万元。

资料一：

A 注册会计师在审计工作底稿中记录了所了解的甲公司情况及其环境，部分内容摘录如下：

（1）甲公司于 2020 年年初以 1 亿元购入 a 专利技术，用于对智能学习机产品进行升级改造，于 2021 年年初推出新版智能学习机，全面替代老版产品。因价格不变，产品销量增长了 20%。

> **审题过程**
> ①资料一为已知信息，需要结合资料二分析财务报表是否存在重大错报风险。
> ②资料二显示 2020 年营业收入为 30 000 万元，营业成本为 20 000 万元，经计算旧版智能学习机毛利率为（30 000-20 000）÷30 000＝33.33%；2021 年营业收入为 36 000 万元，营业成本为 24 000 万元，经计算新版智能学习机毛利率为（36 000-24 000）÷36 000＝33.33%，从报表看，两者毛利率一致。
> ③分析资料一，根据"甲公司于 2020 年年初以 1 亿元购入 a 专利技术，用于对智能学习机产品进行升级改造"可知，2021 年推出的新版智能学习机的单位成本会因为 a 专利技术的摊销额而升高；根据"因价格不变，产品销量增长了 20%"可知，新版智能学习机单位价格与旧版一致。因此，可推测出新版学习机毛利率要低于旧版学习机。这与资料二体现的新版、旧版毛利率一致的情况相矛盾，所以，可能存在少计成本、多计费用的风险。

（2）2021 年 11 月，甲公司承建乙公司安防系统集成业务，合同总价 2 000 万元，工期 3 个月。合同约定客户按监理确认进度的 70%付款，完工验收并试运行 2 个月后支付尾款，若客户违约，甲公司有权终止合同，已收取的款项不予返还。

> **审题过程**
> ①资料一为已知信息，需要结合资料二分析财务报表是否存在重大错报风险。
> ②分析资料一，根据"合同约定客户按监理确认进度的 70%付款，完工验收并试运行 2 个月后支付尾款，若客户违约，甲公司有权终止合同，已收取的款项不予返还"可知，甲公司仅有权获得已收取的款项，但不具有合格收款权，不一定能够按照进度获取相应收入补偿，该合同可能不属于一段时间确认收入的情形，属于时点确认收入的情形，应当在控制权转移时确认收入，当期未满足收入确认条件。
> ③资料二显示，营业收入为 1 000 万元，营业成本为 700 万元，表明可能存在多计收入成本、少计合同负债及存货等风险。

（3）2021 年，甲公司与丙公司签订合同为其开发定制化 b 智能业务管理系统。截至 2021 年年底，该项目已发生支出 1 000 万元，初步完成前期研发工作，系统方案通过丙公司评审，进入项目正式实施阶段。

> 审题过程
> ①资料一为已知信息，需要结合资料二分析财务报表是否存在重大错报风险。
> ②分析资料一，根据"甲公司与丙公司签订合同为其开发定制化 b 智能业务管理系统"可知，甲公司是为丙公司提供研发服务，所发生的研发支出属于提供服务的成本。
> ③资料二显示，研发费用为 1 000 万元，这意味着甲公司将该项目列为自行使用的研发项目，这与资料一界定的服务相矛盾，表明可能存在甲公司多计研发费用、少计成本的风险。

（4）2020 年，甲公司承担了一项国家重大课题研究项目，并于 2021 年 6 月收到科研经费 2 000 万元。该课题研究成果归甲公司所有，并将用于其现有业务中，国家根据需要可以指定第三方使用。

> 审题过程
> ①资料一为已知信息，需要结合资料二分析财务报表是否存在重大错报风险。
> ②分析资料一，根据"该课题研究成果归甲公司所有并将用于甲公司现有业务"可知，研究成果最终会成为甲公司的资产。甲公司可以按照总额法先确认递延收益，并随着资产的摊销逐步摊销至其他收益，也可以采用净额法，在无形资产形成时冲减无形资产的账面价值。
> ③资料二显示，其他收益为 2 000 万元，据此推断，甲公司很可能采用的是总额法。在这种情况下，甲公司应在无形资产形成后，随着其摊销，递延收入转入其他收益。此时，无形资产尚未研发完成，表明可能存在多计其他收益、少计递延收益的风险。

（5）2020 年 12 月，甲公司签订了一份办公室租赁合同，租赁开始日为 2021 年 1 月 1 日，年租金 300 万元，租期 1 年，且甲公司拥有 4 年的续租选择权。新办公室于 2021 年 7 月初完成装修后投入使用，装修支出共计 500 万元。

> 审题过程
> ①资料一为已知信息，需要结合资料二分析财务报表是否存在重大错报风险。
> ②分析资料一，根据"甲公司拥有 4 年的续租选择权"和"装修支出共计 500 万元"可知，由于花费了高额的装修费，甲公司很可能续租。因此，甲公司应确认使用权资产。
> ③资料二显示，使用权资产为 0 元，表明可能存在少计使用权资产和租赁负债的风险。

资料二：
A 注册会计师在审计工作底稿中记录了甲公司的财务数据，部分内容摘录如下：

金额单位：万元

项目	未审数 2021 年	已审数 2020 年
营业收入——智能学习机	36 000	30 000
营业成本——智能学习机	24 000	20 000
营业收入——乙公司安防系统	1 000	0

续表

项目	未审数 2021年	已审数 2020年
营业成本——乙公司安防系统	700	0
管理费用——新办公室租赁费用	300	0
研发费用——丙公司b系统	1 000	0
其他收益——国家重大课题补助	2 000	0
使用权资产	0	100
无形资产——a专利	6 000	8 000
开发支出——国家重大课题	5 000	1 000
长期待摊费用 新办公室装修	450	0

资料三：

A注册会计师在审计工作底稿中记录了审计计划，部分内容摘录如下：

（1）2021年，为加强客户信用等级分类管理，甲公司修改了信息系统中有关客户信用评级的参数和模型。A注册会计师在了解相关控制后，认为该变化不影响以前审计所获取证据的相关性，拟信赖以前审计获取的有关客户信用管理的自动化控制运行有效性的证据，不再在本期审计中测试这些控制。

　　客户信用评级的参数和模型发生改变，将导致客户信用等级随之改变，并直接影响应收账款的相关认定，因此，这应属于实质性的变化，在本期审计中，应当对该控制进行测试。注册会计师认为该变化不影响以前审计所获取证据的相关性，进而没有在本期进行测试，是不恰当的。

（2）因甲公司管理层要求不对应付账款实施函证，A注册会计师拟直接实施替代审计程序，以获取与应付账款余额相关的审计证据。

　　管理层要求不对应付账款实施函证时，表明审计范围受限，注册会计师应当考虑不实施函证的理由是否合理，并考虑是否可能存在舞弊因素。题目中，注册会计师直接实施了替代审计程序，缺少对舞弊风险因素的考虑，因此，实施的程序不充分。

（3）甲公司智能产品的部分硬件委托丁公司加工。因丁公司未在年末执行存货盘点，A注册会计师预期不能通过函证获取有关委托加工物资存在和状况方面的审计证据，要求甲公司对存放在丁公司的存货进行盘点，并计划实施监盘程序。

> 通过实施存货监盘，注册会计师可以获取有关期末存货的存在和状况的充分、适当的审计证据，这一程序也能为存货的完整性认定及准确性、计价和分摊提供部分审计证据。对于存放在第三方的存货，注册会计师计划通过实施存货监盘，获取相关存货的审计证据，程序充分、适当。

资料四：

A 注册会计师在审计工作底稿中记录了实施进一步审计程序的情况，部分内容摘录如下：

（1）A 注册会计师使用不同于甲公司管理层的假设，对甲公司一项权益工具投资的公允价值作出的区间估计为 1 000 万元至 1 400 万元。在充分了解管理层的假设后，A 注册会计师确定其在作出区间估计时已考虑了相关变量，据此认为管理层的点估计 1 200 万元不存在重大错报。

> 注册会计师作出区间估计以评价管理层的点估计时，管理层的点估计包含在审计证据支持的区间估计里（1 200 万元在"1 000 万元至 1 400 万元"的区间内），通常表明不存在重大错报。注册会计师在作出点估计或区间估计时，使用的假设、方法可以与被管理层的假设、方法不一致。无论是否一致，注册会计师都应当实施进一步审计程序。注册会计师对管理层的假设进行充分了解后，考虑了相关变量，程序充分、适当。

（2）2021 年年初，甲公司向一新增供应商预付大额原材料采购款，期末审计时，尚未收到相关原材料。A 注册会计师检查了采购合同、付款申请单、付款凭证等支持性文件，并向该供应商函证，结果满意，据此认可了该预付款项的年末余额。

> 年初付款，年末还没收到货，支付给当年新增的供应商，而且金额是"大额"，这些都表明可能存在舞弊风险迹象，注册会计师按照常规的程序难以应对此类风险，还应对商业理由的合理性进行评价。

（3）甲公司在将车载产品交付车厂时提供销售发票，在车厂完成产品安装后确认收入。A 注册会计师在实施销售截止测试时，选取资产负债表日前后 15 天的明细账记录和销售发票，将发票日期与记账日期进行双向核对，未发现收入跨期的情况。

> 根据资料可知车厂在完成产品安装后确认收入。注册会计师对销售实施截止测试时，应重点关注车厂已确认的收入是否已经完成产品安装，以及已完成安装的产品是否已确认收入。注册会计师检查的重点应该是核对产品安装的日期与记账日期。发票日期不是确认收入的关键时点，核对发票日期无意义。

（4）A 注册会计师在监盘甲公司未质押定期存款凭据时，检查了开户证实书原件，核对了存款人、金额、期限、利率等相关信息，未发现异常，结果满意。

> **审题过程**
> 对于未质押的定期存款，注册会计师应当检查相关原件，不能只看复印件。本题中注册会计师按照要求检查了原件并核实了相关主要信息，程序充分、适当，并无不当之处。

资料五：

A 注册会计师在审计工作底稿中记录了错报评价及重大事项的处理情况，部分内容摘录如下：

（1）A 注册会计师实施审计抽样检查采购交易，因样本结果不支持总体账面金额，要求甲公司管理层对错报进行调查。管理层更正了其在调查中发现的错报。因已更正错报金额与 A 注册会计师的推断错报接近，A 注册会计师认可了管理层调整后的金额。

> **审题过程**
> 审计抽样方法是根据样本的结果推断总体错报。注册会计师应当要求管理层记录并调整已发现的事实错报，在被审计单位对已发生的错报进行更正后，注册会计师应当实施进一步审计程序，以确定错报是否依然存在。

（2）A 注册会计师根据经审计的财务结果对重要性作出修改，并确定了更低的实际执行重要性。在使用修改后的重要性评估未更正错报后，A 注册会计师认为未更正错报单独或汇总起来对财务报表整体的影响不重大，未实施进一步审计程序。

> **审题过程**
> 在审计完成阶段，如果注册会计师对重要性水平进行了修正，需要确定较低的金额，则应重新考虑进一步审计程序的性质、时间安排和范围的适当性，重新评价已执行的程序是否充分，已获取的审计证据是否足以应对重大错报风险。例如，实际执行重要性水平较低可能意味着需要增加样本量等。

（3）A 注册会计师获取并阅读了经甲公司治理层批准用于发布的甲公司年度报告最终版本，未发现其他信息存在不一致，在出具审计报告后未再核对甲公司网站上发布的年度报告的信息。

> **审题过程**
> 注册会计师对其他信息的责任主要是阅读和考虑，考虑的要点为是否存在其他信息与财务报表之间的重大不一致。阅读的时间为审计报告日前，阅读的内容要求为年度报告文件的最终版本。注册会计师已完全按照审计准则的规定完成了对其他信息的工作，无须在审计报告日后再核对网站上的信息，所以程序是恰当的。

要求：

（1）针对资料一第（1）至第（5）项，结合资料二，假定不考虑其他条件，逐项指出资料一所列事项是否可能表明存在重大错报风险。如果认为可能表明存在重大错报风险，简要说明理由，并说明该风险主要与哪些财务报表项目的哪些认定相关（不考虑税务影响）。

事项序号	是否可能表明存在重大错报风险（是/否）	理由	财务报表项目名称及认定
（1）			
（2）			
（3）			
（4）			
（5）			

（2）针对资料三第（1）至第（3）项，假定不考虑其他条件，逐项指出 A 注册会计师的做法是否恰当。如不恰当，简要说明理由。

事项序号	是否恰当（是/否）	理由
（1）		
（2）		
（3）		

（3）针对资料四第（1）至第（4）项，假定不考虑其他条件，逐项指出 A 注册会计师的做法是否恰当。如不恰当，简要说明理由。

事项序号	是否恰当（是/否）	理由
（1）		
（2）		

续表

事项序号	是否恰当 （是/否）	理由
（3）		
（4）		

（4）针对资料五第（1）至第（3）项，假定不考虑其他条件，逐项指出A注册会计师的做法是否恰当。如不恰当，简要说明理由。

事项序号	是否恰当 （是/否）	理由
（1）		
（2）		
（3）		

【答案】

（1）

事项序号	是否可能表明存在重大错报风险 （是/否）	理由	财务报表项目名称及认定
（1）	是	新版学习机价格不变的情况下，毛利率没有变化，产品成本中可能未包含外购专利的摊销，可能存在少计成本、多计费用的风险。	营业成本（完整性/分类）；管理费用（发生/分类）。
（2）	是	该系统集成业务很可能不属于某一时段内履行的履约义务，可能存在多计收入和成本的风险。	营业收入（发生）；合同资产/应收账款（存在）/合同负债（完整性）；营业成本（发生）；存货（完整性）。
（3）	是	前期研发工作可能是为客户提供的一项服务，而不是自身的研发支出，可能存在多计研发费用的风险。	存货/营业成本（完整性）；研发费用（发生）。
（4）	是	课题研发支出资本化，科研经费可能是与资产相关的政府补助，可能存在多计其他收益、少计递延收益的风险。	其他收益（发生）；递延收益（完整性）。
（5）	是	新办公室的租赁期很可能长于1年，可能不能作为短期租赁处理/可能需要确认使用权资产和租赁负债，存在少计使用权资产和租赁负债的风险。	使用权资产（完整性）；租赁负债（完整性）。

(2)

事项序号	是否恰当（是/否）	理由
(1)	否	相关控制已发生实质性变化/该变化会导致数据累积或计算发生变化，影响以前审计所获取证据的相关性，应当在本期测试相关控制。
(2)	否	应当考虑管理层的要求是否合理，并获取审计证据予以支持。
(3)	是	

(3)

事项序号	是否恰当（是/否）	理由
(1)	是	
(2)	否	应当评价预付款项的商业合理性。
(3)	否	发票日期与收入确认日期可能不一致，应当检查能够体现车厂完成安装日期的支持性文件。
(4)	是	

(4)

事项序号	是否恰当（是/否）	理由
(1)	否	还应当实施追加审计程序，以确定错报是否仍然存在。
(2)	否	在审计完成阶段确定了更低的实际执行的重要性，注册会计师应当基于修改后的实际执行的重要性，重新考虑进一步审计程序的性质、时间安排和范围的适当性。
(3)	是	